2020

BEIJING EDUCATION YEARBOOK

北京教育年鉴

北京市教育委员会　编

北京出版集团
北京出版社

图书在版编目（CIP）数据

北京教育年鉴．2020/北京市教育委员会编．—北京：北京出版社，2021.3
ISBN 978-7-200-16401-5

Ⅰ．①北… Ⅱ．①北… Ⅲ．①教育事业—北京—2020—年鉴 Ⅳ．①G527.1-54

中国版本图书馆CIP数据核字（2021）第044320号

责任编辑：苏楠
责任印制：李巍

北京教育年鉴 2020
BEIJING JIAOYU NIANJIAN 2020
北京市教育委员会 编
*
北京出版集团
北京出版社 出版
（北京北三环中路6号）
邮政编码：100120
网址：www.bph.com.cn
北京出版集团总发行
北京天恒嘉业印刷有限公司印刷
*
890毫米×1240毫米 16开本 48印张 1800千字
2021年3月第1版 2021年3月第1次印刷
ISBN 978-7-200-16401-5
定价：200.00元
如有印装质量问题，由本社负责调换
质量监督电话：010-58572293 58572393

STAFF MEMBER 工作人员

北京教育年鉴编纂委员会（2020）

主　　任　刘宇辉　郑吉春

副 主 任　狄　涛　李军锋　李　奕　王文生　黄　侃　张永凯　丁大伟　刘晓明　温　涛　王定东　冯洪荣　葛巨众　冯义国

常务委员（按姓氏笔画排序）

马千里　王东江　王建辉　王艳霞　刘　霄　刘新军　杨江林　庞成立　姚林修　赵长顺　徐建姝　聂　荣　郭春彦　寇红江　魏旭斌

委　　员（按姓氏笔画排序）

王　泳　王　栋　王力志　卢向红　龙　梅　冷传才　吴　洁　吴雅星　宋晓辉　张凤华　张宪国　张晓玲　李丽辉　李善廷　杜建峰　杨志强　武怀海　范忠伟　陶春梅　韩宝来　潘芳芳

《北京教育年鉴》（2020）工作人员名录

主　　编　赵长顺

执行主编　华　蕾

责任编辑（按姓氏笔画排序）

王永刚　华　蕾　孙晓楠　张晓兰　汪　玥　胡　雨　曾　婷

特约编辑（按姓氏笔画排序）

1997

1997 年起，逐年编纂

2020

EDITOR'S NOTE

编辑说明

一、《北京教育年鉴》是一部大型专业性资料工具书。在中共北京市委教育工委、北京市教委领导下，由北京教育志编纂委员会办公室（北京教育年鉴编辑部）主持编纂。本年鉴始终坚持以马克思列宁主义、毛泽东思想、邓小平理论、“三个代表”重要思想、科学发展观、习近平新时代中国特色社会主义思想为指导，遵循实事求是的原则，科学、客观地反映北京教育事业发展的实际情况。

二、本年鉴以文章和条目为基本体裁，条目为主，使用规范的语体文、记述体，直陈其事，文字力求言简意赅。文前配有彩色图片，文内配有彩色随文图片，文后附有主题词索引、单位名称索引、人名索引和随文图片索引。

三、本年鉴从 1997 年开始逐年编纂。当年出版的年鉴，记述上一年内北京教育事业各个方面发生的新情况，为领导决策提供依据，为教育规划发展提供资料，为国内外各方面人士了解、研究北京教育事业提供最新的信息。自 2017 年起，本年鉴以正式出版的年鉴版本、《北京教育年鉴简本》和《北京教育年鉴》网络版（njzypt.jyzh.cn）三个版本呈现，各有侧重。

四、本年鉴除记述北京市属教育部门情况外，对北京行政区划内中央部委所属各级各类教育单位的情况也作全面记述，力求反映北京教育事业全貌。

五、2020 卷年鉴按教育管理、教育教学、教育服务支撑三大系统布局结构，采用分类编纂法，设北京教育总述、年度关注、大事记、首都教育系统庆祝中华人民共和国成立 70 周年、学前教育、基础教育、普通高等教育、职业与继续教育、民办教育、德育体育美育劳育、党的工作、综合管理、教育督导、科学研究、师资建设、学生管理、招生与考试、交流与合作、京津冀教育协同发展、各区教育、市教委直属单位、社会团体、人物、文献、调研报告、统计表、附录 27 个类目。

六、2020 卷年鉴新增“首都教育系统庆祝中华人民共和国成立 70 周年”专栏，全面记述首都教育系统全方位、多层次参与庆典活动，以及全天候、多领域做好服务保障的情况。

七、本年鉴附录部分通过图表记述北京行政区划内教育事业发展基本情况，便于读者查询相关信息。

八、本年鉴收录单位在收录时限内更名的，以原名称为正名，新名称用括号附在正名后。由于版面限制，年鉴中出现的国务院和北京市行政机构原则上使用规范简称，彩色插页和随文图片的说明使用各单位的规范简称，具体见附录“部分单位全称简称对照表”。

九、本年鉴收录北京各级教育行政部门主要负责人名录，所列均以 2019 年内任职为限，其中任免情况分别予以注明。

十、本年鉴收录的文章、条目和图片均由各级教育行政部门和各级各类教育单位专人提供，并经部门和单位主要负责人审核。北京市教育事业统计资料由北京市教委发展规划处提供。

十一、本年鉴记述货币名称中，人民币直书“元”，其他货币采用通用名称。

十二、本年鉴涉及各项年度数据以 2019 年 12 月 31 日为统计口径，其他非年度数据以统计部门或业务主管部门的统计口径为准。

十三、本年鉴反映 2019 年 1 月 1 日至 12 月 31 日期间情况（部分内容依据实际情况时限向前略有延伸）。

Editor's Note

1.Beijing Education Yearbook is a large scale specialized reference book. It is compiled by Compilation Committee of Beijing Education Yearbook (Beijing Education Yearbook Editorial Office) under the guidance of Education Commission of Beijing Municipal Committee of CPC and Beijing Municipal Education Committee. It always guided by Marxism-Leninism, Mao Zedong Thought, Deng Xiaoping Theory, the important thought of Three Represents, the Scientific Outlook on Development and Xi Jinping Thought on Socialism with Chinese Characteristics for a New Era, also follows the principle of seeking truth from facts to reflect the actual situations scientifically and objectively.

2.With articles and entries as the basic literature type, this yearbook is mainly consists of entries. It uses narratives to present straightly and make efforts to be concise and comprehensive. There are pictures in color before and in the articles. The indexes of key words, units and names are at the back of the articles.

3.This Yearbook has been published annually since 1997. Each yearbook records previous year's new development of Beijing education system, which offers both references for decision making and information for educational planning and development. In addition, it also helps people from both home and abroad to understand and do research on Beijing education. Since 2017, this yearbook has been presented in three versions, the officially published yearbook version, the Brief Edition of the Beijing Education Yearbook and the online edition of the Beijing Education Yearbook (njzypt.jyzh.cn),the contents of them are emphasized differently.

4.This Yearbook embodies the panorama of Beijing education situation, including not only those educational departments directly under Beijing Municipal, but also all kinds of educational units at all levels under the ministries and commissions in the administrative divisions of Beijing.

5.The 2020 Education Yearbook was compiled by categories, which has three major sections including Education Management, Teaching and Education Service. This yearbook contains 27 categories, chronologically including Generality of Beijing Education, Annual Concern, Major Event Records, The Capital Education System Celebrate The 70th Anniversary of The Founding of The People' Republic of CHINA, Preschool Education, Elementary Education, Higher education, Vocational Education and Further Education, Non-State Education, Moral Physical Aesthetic and Labour Education, Party Work, Integrated Management, Education Supervision, Scientific Research, Teachers Construction, Students Management, Enrolling and Testing, Communication and Cooperation, Beijing-Tianjin-Hebei Education Coordinated Development, Districts Education, Units Directly Subordinate To Beijing Municipal Education, Social

Groups, Personage, Documents, Research Report, Statistical List, Appendix.

6.The 2020 Education Yearbook added The Capital Education System Celebrates The 70th Anniversary of The Founding of The People' Republic of CHINA category. The new category comprehensively describes the all-round and multi-level participation of The Capital Education System in the celebration activities, as well as the all-weather and multi-field service guarantee work.

7.For the readers' convenience ,the appendix section uses charts to indicate the basic education development of different districts in Beijing.

8.In this Yearbook, those working units which have changed their names during the editing period would still be referred to as their primitive names with the new names in the following brackets. Due to layout limitations, abbreviations are used in referring to Party and government institutions in the yearbook. Abbreviations are used in referring to the name of the Institutions in captions of the colour images. Details could be found in the Appendix Full name & Abbreviation table of some institutions.

9.This Yearbook contains a namelist of chief leaders of Beijing Educational Administrative sections at various levels, all of whom held office in 2019 and the appointment and dismissal are noted separately.

10.All the articles, entries and pictures in this yearbook are provided by specialized staff from all types of educational administrative sections and examined carefully by their chief managers. The Statistical Material of Beijing Education is provided by Development Planning Department of Beijing Municipal Education Committee.

11.In terms of the currency in this yearbook, RMB is referred to as Yuan and the common names are used in referring to other currencies.

12.Every annual statistic involved in this yearbook takes the statistical criteria of December 31th, 2019, other non-annual statistics are taken from statistical or operating departments.

13.This Yearbook describes educational events between January 1st 2019 and December 31th 2019. Some of its contents may dated back a minor deal according to its practical circumstances.

庆祝中华人民共和国成立70周年

CELEBRATE THE 70th ANNIVERSARY OF THE FOUNDING OF THE PEOPLE'S REPUBLIC OF CHINA

01 10月1日，首经贸1000余名师生完成新中国成立70周年群众游行、广场联欢和志愿服务等工作任务（首经贸　供）

02 10月1日，海淀区教育系统师生参加庆祝新中国成立70周年活动（海淀区教委　供）

党建工作 PARTY-BUILDING WORK

01 6月10日，市教委召开“不忘初心，牢记使命”教育活动启动仪式（王辉 摄）

02 8月5日，市教委召开全面从严治党、政治纪律和政治规矩、廉洁自律交流研讨活动（王辉 摄）

03 11月20日，市委教育工委组织开展北京高校思政课教师同备一堂课活动（市教委相关处室 供）

01 7月8日至12日，地大开展“西望知海”党建扶贫活动（地大 供）

02 9月24日，一幼党支部召开主题教育启动大会（步繁 摄）

03 9月24日，北大领导班子赴北大红楼参观学习，重温建党初心，牢记育人使命（北大 供）

04 11月12日，顺义区小学教研室与天竺一小、牛栏山一小开展“党支部共建、党员手拉手”活动（袁志新 摄）

改革创新 REFORMATION AND INNOVATION

01 3月1日，市教委召开《国家职业教育改革实施方案》座谈会（王辉 摄）

02 4月26日，市教委召开北京市中小学集团化办学与学区制管理房山区现场会（房山区教委 供）

03 9月6日，《北京市中小学校幼儿园校园安全管理规定（试行）》发布（东城区教委 供）

01 3月至12月，市委宣传部、市教委、市财政局等单位共同举办2019年北京市民族艺术进校园活动（张君　摄）

02 5月29日，北京市“一校一品”体育教学改革阶段成果展示活动（顺义区教委　供）

03 6月13日，市教委开展2019年德育工作区校行——走进燕山活动（王辉　摄）

04 8月26日，东城区教委召开东城区2019年中学教育工作会（徐鹏　摄）

05 10月18日，市教委召开2019年对区政府履行教育职责综合督导动员部署暨义务教育优质均衡发展工作推进会（蔡赫　摄）

人才培养 TALENT CULTIVATION

学前教育

01 3月25日，东城二幼举办“礼在北京·感恩每一次与你相遇”中小学交通安全主题教育活动
（徐鹏　摄）

02 4月6日，丰台一幼开展冰壶趣味体验活动
（易明延　摄）

03 5月29日，怀柔二幼开展传统京剧进二幼活动
（怀柔二幼　供）

04 10月22日至24日，三教寺幼儿园开展秋月节活动
（于晓琳　摄）

基础教育

01 5月9日，北京市综合实践活动课程建设与展示研讨会召开，学生进行耕种体验　　（怀柔区教委　供）

02 9月19日，东城区举办第13届中小学民族团结教育周主题活动启动仪式　　（徐鹏　摄）

03 10月，市教委面向16个区，抽取5万名中小学生开展《国家学生体质健康标准》监测　　（张志华　摄）

04 11月29日，海淀区教委举办2019年全国礼乐教育实践探索研讨会暨《小学礼乐文明教育》地方教材发布会　　（海淀区教委　供）

05 12月4日，一六六中及附属校尉胡同小学连续5年在国家宪法日当天以宪法晨读作为第一课　　（刘毅　摄）

高等教育

01　4月4日，警察学院在首都公安英烈祭奠园举办“缅怀公安英烈 永铸忠诚警魂”主题活动
（警察学院　供）

02　8月30日，协和医学院开展不断深化医学教育改革研讨会
（邓明俊　摄）

03　8月，中国消防救援学院2019级新生入学报到
（杨永　摄）

04　8月31日，北航“冯如三号”无人机创下25公斤至100公斤级油动无人机续航时间世界纪录
（北航　供）

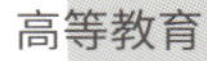

高等教育

01 4月27日，清华举行108年校庆草坪音乐会（清华 供）

02 4月29日，“奔跑吧，青年！”北大首届五四青春长跑举行（北大 供）

03 6月29日至30日，警察学院组织开展2019在京招生本科公安院校考生面试、体检、体能测评工作（警察学院 供）

04 10月，北理工建设国内首家高校“职涯体验中心”（北理工 供）

01 6月10日，金隅学校开展习近平《青年中国说》暨阳光晨读诵读比赛（金隅学校　供）

02 6月15日，电气工程学校学生开展现代学徒制工学交替活动（电气工程学校　供）

03 8月，交通职院无人机实训室建成，学生在做实验（交通职院　供）

04 11月14日，北开大获批北京老年开放大学（李剑虹　摄）

01

02

03

04

01 3月14日，海嘉双语学校举办数学节活动
（海嘉双语学校　供）

02 4月10日，王府外国语学校举办第五届科学节成果展
（詹敏　摄）

03 9月7日，华嘉学院在CKEC中韩电竞嘉年华国际电竞赛事现场参与执行工作
（华嘉学院　供）

04 12月20日，科技经营管理学院学生在化妆室上实训课
（科技经营管理学院　供）

人才强教 STRONG TALENT TO TEACH

01 5月14日，北京市中小学教师法治教育基本能力展评培训成果总结会
（市教委相关处室　供）

02 7月26日，市委教育工委组织北京高校新上岗思政课教师拜师、宣誓仪式
（市教委相关处室　供）

03 12月14日，市教委开展2019年北京市中小学特级校长评选 活动　（蔡赫　摄）

01 3月29日，海淀民族幼儿园开展“学为人师 行为世范”教师师德故事分享会（海淀民族幼儿园 供）

02 4月26日，芳草地国际学校青年教师在首届“精彩杯”课堂教学大赛上作课（朝阳区教委 供）

03 11月13日，宣武回民小学开展“风采杯”教学展示活动（宣武回民小学 供）

04 11月，外事学校开展“推进课程思政，落实立德树人”的市、区、校级骨干教师研究课活动（外事学校 供）

01　4月12日，北科院举办第九届教师教学技能大赛（何兴安　摄）

02　6月9日，二外加大人才引进力度，师资队伍结构不断优化（罗文玉　摄）

03　12月12日，社职院举办首届辅导员大赛深度辅导专项赛（赵绪珍　摄）

04　12月30日，石油大学召开2019年人才工作会（石油大学　供）

COMMUNICATION AND COOPERATION | 交流与合作

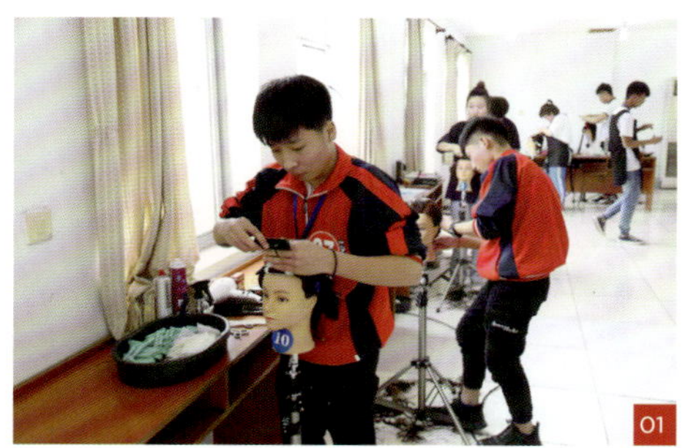
01

02

03

01 5月27日至5月31日，市教委举办2019北京市美发美容技术技能大赛暨京津冀院校交流赛（周京红 摄）

02 9月4日，大兴一职沉浸式教学体验 助力京蒙对口职教帮扶工作（孙海曼 摄）

03 11月25日至26日，石园小学开展为河北沽源拉手学校送课活动（崔静 摄）

01　5月16日，国际人工智能与教育大会召开　（蔡赫　摄）

02　10月10日，延庆一职学生与菲律宾留学生开展同一课堂活动　（卫秀宗　摄）

03　10月28日，中日基础教育交流团到朝阳外国语学校北苑分校交流，日本教师讲授“多边形面积计算”课程　（朝阳区教委　供）

04　2019年，市教委继续开展引进外籍教师参与中小学英语教学改革项目　（国际教育交流中心　供）

目　录

CONTENTS

幼儿园选介

基础教育

综述

小学教育

中学教育

民族教育

特殊教育

小学选介

中学选介

民族教育学校选介

特殊教育学校选介

普通高等教育

综述

本科教育

学位与研究生教育

普通高等学校

■ 北京大学

■ 中国人民大学

■ 清华大学

■ 北京交通大学

职业教育

继续教育

学习型城市建设

高等职业院校

民办教育管理

民办高等学校选介

■ 北京城市学院

■ 北京北大方正软件技术学院

■ 北京经贸职业学院

■ 北京经济技术职业学院

■ 北京汇佳职业学院

■ 北京科技经营管理学院

■ 北京吉利学院

■ 首都师范大学科德学院

■ 北京工商大学嘉华学院

■ 北京科技职业学院

■ 北京培黎职业学院

■ 北京邮电大学世纪学院

■ 北京工业大学耿丹学院

■ 北京艺术传媒职业学院

■ 北京第二外国语学院中瑞酒店管理学院

■ 北京网络职业学院

民办高等教育机构选介

民办中小学幼儿园选介

德育体育美育劳育

综述

德育

■ 德育工作

■ 专门教育

国防教育

体育卫生

■ 体育

■ 学校卫生

冬季奥林匹克教育

艺术与校外教育

■ 艺术教育

■ 校外教育

■ 科技活动

劳动教育

党的工作

综述

组织干部工作

宣传与思想政治教育

统一战线与群众工作

纪检与监察

安全稳定

离退休干部与关心下一代工作

机关党建

综合管理

综述

政策法规

发展规划

财务

审计

基本建设

后勤管理

信息化管理

校园安全

语言文字

教育督导

综述

督政

督学

评估与监测

科学研究

综述

科研管理

科研成果

教育科学研究

教育教学研究

师资建设

综述

师德建设

师资管理

师资培训

职称评定与资格认定

学生管理

综述

学籍管理

创新创业

毕业与就业

征兵工作

奖贷助学

招生与考试

综述

高级中等学校招生

高中毕业会考

普通高中学业水平合格性考试

普通高等学校招生

研究生招生

成人高等学校招生

高等教育自学考试

社会考试

交流与合作

综述

国际交流与合作

■ 中外合作办学

■ 友好往来

■ 一带一路

■ 外国学生教育与管理

各区教育

东城区

西城区

朝阳区

丰台区

石景山区

海淀区

门头沟区

平谷区

密云区

延庆区

燕山地区

市教委直属单位

北京教育科学研究院

北京教育考试院

社会团体

人物

逝世人物

文献

调研报告

统计表

附录

高等教育

职业与继续教育

师资建设

部分单位全称简称对照表

索引

CONTENTS

PRESCHOOL EDUCATION

SUMMARY

NURSERY EDUCATION

INTRODUCTION OF SELECTED KINDERGARTENS

ELEMENTARY EDUCATION

SUMMARY

INTRODUCTION OF SELECTED SECONDARY SCHOOLS

INTRODUCTION OF SELECTED ETHNIC EDUCATION SCHOOLS

INTRODUCTION OF SELECTED SPECIAL EDUCATION SCHOOLS

HIGHER EDUCATION

SUMMARY

VOCATIONAL AND CONTINUING EDUCATION

INTRODUCTION OF SELECTED STATE KEY SECONDARY VOCATIONAL SCHOOLS

NON-STATE EDUCATION

SUMMARY

MANAGEMENT OF NON-STATE EDUCATION

INTRODUCTION OF SELECTED NON-STATE COLLEGES AND UNIVERSITIES

INTEGRATED MANAGEMENT

SUMMARY

POLICIES AND REGULATIONS

DEVELOPMENT PLAN

FINANCIAL AFFAIRS

AUDIT

FUNDAMENTAL CONSTRUCTION

LOGISTICS MANAGEMENT

INFORMATIZATION MANAGEMENT

CAMPUS SAFETY

LANGUAGE

EDUCATION SUPERVISION

SUMMARY

SCIENTIFIC RESEARCH

TEACHERS CONSTRUCTION

UNITS DIRECTLY SUBORDINATE TO BEIJING MUNICIPAL EDUCATION

SOCIAL GROUPS

APPENDIX

HIGHER EDUCATION

VOCATIONAL EDUCATION AND FURTHER EDUCATION

TEACHERS CONSTRUCTION

COMPARISON TABLE OF FULL NAME AND ABBREVIATION

INDEX

以服务保障新中国成立 70 周年庆祝活动为主线，推进教育系统党的建设迈上新台阶

深化改革，落实立德树人根本任务取得新成效

强化支撑，推动教育治理能力现代化实现新提升

2020 北京教育总述

GENERALITY OF BEIJING EDUCATION

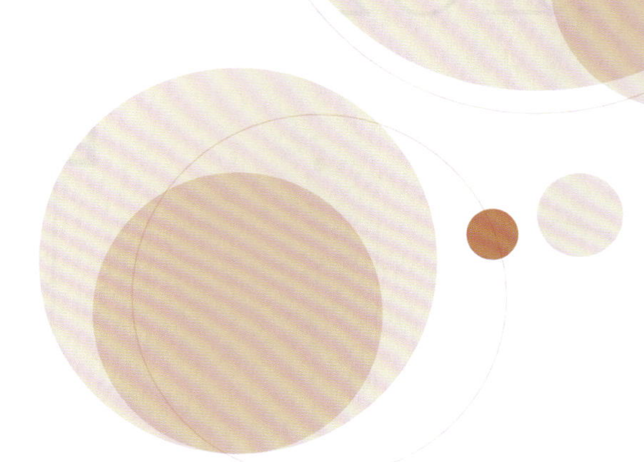

北京教育总述

GENERALITY OF BEIJING EDUCATION

2019 年北京教育事业发展简况

1733 所幼儿园
654 所普通中学
336 所初中
318 所高中
941 所小学
20 所特殊教育学校
6 所工读学校
111 所中等职业学校
93 所普通高等学校
18 所成人高校
16 所民办普通高校

基本情况

学前教育

北京市共有幼儿园 1733 所；幼儿园在园幼儿 46.76 万人。

基础教育

北京市共有普通中学 654 所，其中，高中 318 所、初中 336 所；小学 941 所；特殊教育学校 20 所；工读学校 6 所。

基础教育在校学生 140.32 万人，其中，普通高中 15.29 万人，普通高中在校生中本市户籍 14.15 万人、非本市户籍 1.14 万人；初中 30.87 万人，初中在校生中本市户籍 24.56 万人、非本市户籍 6.32 万人；小学 94.16 万人，小学在校生中本市户籍 68.38 万人、非本市户籍 25.78 万人。

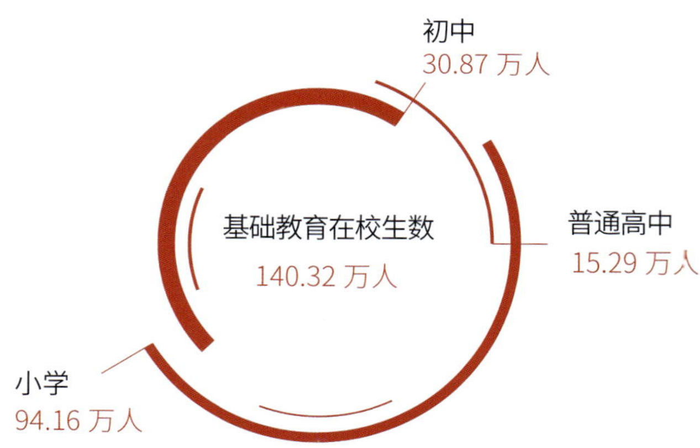

特殊教育学校在校生 6962 人;工读学校在校生 451 人。

中等职业教育

北京市共有中等职业学校 111 所，其中，中等专业学校 29 所、成人中专 11 所、职业高中 44 所、技工学校 27 所。

中等职业学校在校学生 7.65 万人，其中，中等专业学校 3.00 万人、成人中专学校 1.12 万人、职业高中 0.82 万人、技工学校 2.72 万人。

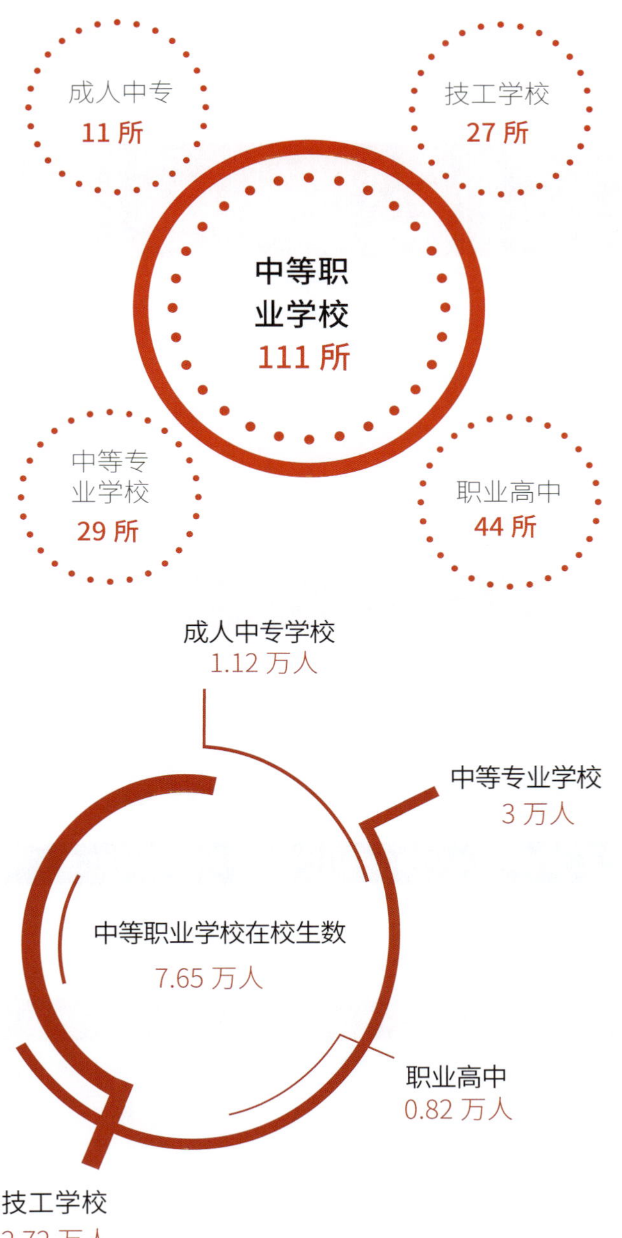

研究生教育

北京市共有 59 所普通高校和 88 个科研机构培养研究生，在学研究生 36.06 万人，比上年增加 2.46 万人。其中，博士生 10.08 万人，比上年增加 0.74 万人；硕士生 25.98 万人，比上年增加 1.72 万人。2019 年招收研究生 12.39 万人，比上年增加 0.67 万人。在 59 所普通高校中，中央部委属高校 38 所，研究生在校生 29.79 万人，招生 10.16 万人；市属高校（含民办高校）21 所，研究生在校生 4.39 万人，招生 1.64 万人。

普通本专科教育

北京市共有普通高等学校 93 所，普通本专科在校生 58.60 万人，比上年增加 0.49 万人。其中，普通本科在校生 51.20 万人，比上年增加 0.49 万人；普通专科在校生 7.40 万人，与上年同期持平。2019 年普通高校本专科招生 15.68 万人，比上年增加 0.10 万人。在 93 所普通高校中，市属普通高校 54 所（含民办高校 16 所），普通本专科在校生 26.32 万人，比上年减少 0.02 万人。

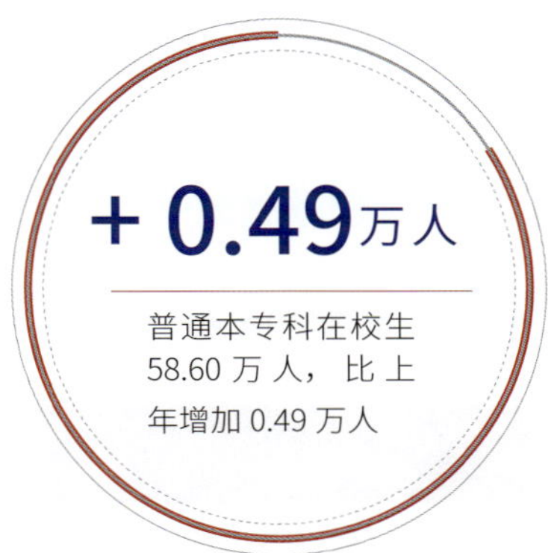

+ 0.49 万人

普通本科在校生 51.20 万人，比上年增加 0.49 万人

+ 0.10 万人

普通高校本专科招生 15.68 万人，比上年增加 0.10 万人

成人教育

北京市共有独立设置成人高校 18 所，成人高等学历教育在校生 12.97 万人，招生 4.76 万人。

培训机构 3188 所，注册学生 272.93 万人。

民办教育

北京市有民办普通高校 16 所，民办高等教育机构 64 所，民办中学 99 所，民办中等职业学校 19 所，民办小学 53 所，民办幼儿园 765 所。

中外合作办教育

北京市有中外合作办普通高中 4 所，中外合作办幼儿园 2 所，中外合作办职业技术培训机构 2 所。

教育资源状况

北京市高等教育设施情况

单位：万平方米

		学校产权占地面积	学校产权校舍面积	学校产权教室面积	学校产权图书馆面积	学校产权实验实习场地面积	学校产权学生宿舍面积	学校产权正在施工校舍面积	非学校产权独立使用占地面积	非学校产权独立使用校舍面积
普通高校	计	4820	4220	362	164	590	903	294	678	217
	市属	1651	1238	183	62	217	301	35	274	130
成人高校		132	79	15	4	4	15	0	2	1
民办高等教育机构		35	53	12	3	3	16	0	91	108

北京市高等教育设备情况（学校产权）

		固定资产（万元）	教科仪器（万元）	图书（万册）	教学用计算机（台）	教室（间）	网络多媒体教室（间）
普通高校	计	19640081	6753572	11830	458047	19859	14064
	市属	5559881	2014975	4315	204786	11051	6782
成人高校		291143	40065	228	10708	1165	719
民办高等教育机构		213574	19855	173	10005	1124	86

注：以上两个表格中市属普通高校办学条件包含民办普通高校数据

北京市基础教育设施情况

单位：万平方米

	占地面积	校舍建筑面积	教室面积	实验室面积	图书室面积
普通中学	2569.41	1535.78	326.19	92.83	41.79
小学	1443.27	759.09	271.14	21.98	18.90

北京市基础教育设备情况

	固定资产（万元）	仪器设备（万元）	计算机（台）	图书（万册）	电子图书（万册）
普通中学	4283458.20	1197734.99	363493	3115.71	799.78
小学	2275647.65	807625.67	262809	2769.57	395.29

师资队伍状况

北京市小学教职工 6.19 万人，其中，专任教师 5.58 万人，生师比 13.8 ∶ 1；普通中学教职工 9.13 万人，其中，专任教师 7.13 万人，生师比 8.2 ∶ 1。普通高校教职工 14.14 万人，其中，专任教师 6.87 万人。

（崔晶　张晓兰）

2019 年北京教育事业发展综述

2019 年，北京教育系统坚持以习近平新时代中国特色社会主义思想为指导，全面贯彻党的教育方针，深入落实全国和全市教育大会精神，聚焦立德树人，狠抓难点攻坚，做好风险防范，持续提高质量，制订出台《首都教育现代化 2035》及五年实施方案，加快推进教育现代化。

以服务保障新中国成立 70 周年庆祝活动为主线，推进教育系统党的建设迈上新台阶

圆满完成服务保障新中国成立 70 周年庆祝活动等各项任务。首都教育系统 9 万余名师生参与并完成各项国庆任务，参加群众游行师生占游行总人数的 60%。组织开展贯穿全年的“我和我的祖国”爱国主义主题教育活动，以“学起来、讲起来、唱起来、做起来”为主要形式，开展特色教育活动 4000 余场，覆盖首都 300 余万名师生。组建 30 个宣讲团分赴全国 100 余所高校讲述“国庆故事”。服务保障第二届“一带一路”国际合作高峰论坛、亚洲文明对话大会、2019 中国北京世界园艺博览会等重大主场外交活动，完成志愿服务和训练演出任务，展示教育系统的良好形象。

打响高校党的政治建设攻坚战。以“四个一”举措为牵引，在全国率先研究制定《关于加强高校党的政治建设的若干措施》，同步制定任务清单，逐校审阅实施办法。与教育部党组共同召开首都高校党的政治建设工作会。落实市领导联系高校制度，18 名市领导带着问题清单入校专项督导。组建 10 个工作组指导 83 所高校召开党的政治建设专题民主生活会。把“高校党的政治建设突出问题”纳入主题教育专项整治。年底逐校听取党委书记专项汇报，开展“四不两直”（不发通知、不打招呼、不听汇报、不用陪同接待，直奔基层、直插现场）入校检查，有效压实责任。

开展“不忘初心、牢记使命”主题教育。市委教育工委加强对高校主题教育的指导，开展立德树人根本任务大学习、大讨论、大落实活动，抓好“8+2”专项整治（是指“不忘初心、牢记使命”主题教育中，市委落实中央要求，结合北京实际，形成的专项整治任务）。轮训高校院（系）770 名行政正职，高校“为党育人、为国育才”的自觉性明显增强。市委教育工委、市教委机关系统及直属单位领导班子带头学习研讨，聚焦教育系统重点难题深入调研，发现问题，现场解决，挂账督办，一抓到底。

加强党对教育工作的全面领导的制度建设。坚持和完善高校党委领导下的校长负责制，积极推进“三长进常委”。探索推进中小学校党组织领导下的校长负责制，把职业院校、民办学校纳入到党建工作整体布局，持续推动民办学校“两个覆盖”，推动完成 16 所民办普通高校党组织书记全部进入董（理）事会、进入决策层。做好基层党建述职评议考核，组织 33 所高校党委书记现场述职。

加强领导班子和干部队伍建设。突出政治标准，持续打造高素质、专业化干部队伍，协助中央主管部委、市委组织部选好用好高校领导干部，调配高校干部 117 人次，统筹调配机关和直属单位处级干部 128 人次，完成公务员职级套转、职务晋升 410 人次，培训干部 700 余人次，选派 6 名两委机关干部到新疆、西藏等对口支援地区和协同发展重点领域挂职。强化监督执纪，畅通信访举报受理渠道，加强日常监督，建立健全“以案为鉴、以案促改”警示教育机制，始终保持从严执纪、问责追责的高压态势。压实主体责任，指导高校校院两级制定责任清单，作为日常监督和动态抽查的重要内容。加大对处级干部的教育监督。用好巡视巡察手段，加强对高校巡察工作的指导，建立培训咨询、问题反馈、工作督促、整改落实等 6 项工作机制，

10 月 8 日，什刹海体校举行“唱响国歌、守护国旗”主题升旗仪式
（什刹海体校 供）

58所高校巡察党组织近600个，继续做好处级直属单位巡察工作。

深化改革，落实立德树人根本任务取得新成效

加强师德师风和思想政治建设。印发幼儿园、中小学、高校教师职业行为十项准则、师德考核办法以及违反职业道德行为处理办法等文件，开展全系统师德考核年活动。发挥首都高校的育人优势，构建支撑“三全育人”的大环境。发挥思政课主渠道作用，打造改革创新“十大工程”。创设北京市学校思政课教师“同备一堂课”制度。建设思政课教学案例库，遴选建设北京市马克思主义学院。培训思政骨干3000余人次，实施师生服务首都“四个中心”功能建设“双百行动计划”。

构建以社会主义核心价值观为引领的大中小幼一体化德育体系。以服务保障重大活动和新中国成立70周年等重要纪念日为契机，组织开展“学习新思想，做好接班人”“守护国旗 唱响国歌 致敬国徽”等贯穿全年的“我和我的祖国”爱国主义主题教育活动。组织36万人次中小学生参加“四个一”活动。加强以宪法为核心的法治教育，开展全市大中小学生“学宪法 讲宪法”演讲比赛、知识竞赛、艺术作品征集等系列活动，获得教育部和北京市多项奖励。开展第三届中小学教师法治教育基本能力展评活动，邀请高校法律专家给予指导。

推进体育改革发展。积极推进校园足球的普及发展，建设全国和北京市校园足球特色校345所，全面落实中小学生奥林匹克教育，广泛开展冰雪进校园活动，上冰上雪学生87万人次，“一校一品”体育教学改革试点校稳步扩大到158所。全面落实防控近视“京十条”及实施保障工作方案，组织“爱动护眼促健康”系列健康宣传教育活动。

深化美育教育。进一步完善“高参小”项目运行机制，发挥舞蹈和戏剧课程试点校、京剧进课堂实验学校示范作用。建设全国中华优秀传统文化传承基地8个，举办民族艺术进校园活动近900场，惠及学生40万人次。推出戏曲电视公开课24期，覆盖观众200万人次；编辑发放戏曲知识读本40万册；举办校园戏曲节经典剧目展演30余场，专家讲座10余场，覆盖学生6万人。举办中小学生艺术节，覆盖全市中小学生。

完善实践育人体系。依托社会大课堂完善中小学实践育人体系，进一步强化实践育人功能，拓宽学生实践平台，丰富社会大课堂资源。加强劳动教育，召开劳动教育教学大会。初中学生全面参与综合社会实践活动，学工学农2.2万人次。持续开展好中小学生课后服务，提升学生综合素质。新建5个大学生共享实习实践基地，支持创新创业项目1.7万余个。

巩固提高，推进学有所教取得新突破

推动学前教育普及普惠安全优质发展。落实第三期学前教育行动计划，通过新建、改建、扩建及鼓励引导社会资本举办幼儿园等多种方式扩增138所幼儿园。截至12月底，全市普惠率79.36%。治理无证幼儿园，无证园比2018年底减少481所，在园幼儿得到妥善安置。引导现有无证园整改后合法规范办园，转增学位2.2万余个。

推动基础教育优质均衡发展。北京市15个区及燕山地区88所学校2870名学生参加PISA 2018测试，与上海、江苏、浙江作为一个整体取得全部3项科目（阅读、数学、科学）均排名世界第一的好成绩。持续实施中学教师开放型在线辅导计划，扩展到8个郊区，参与辅导学生8万余人。加大对回天地区等重点区域的支持力度，以城区优质学校“手拉手”和市级教研基地为抓手，实现回天地区小学优质资源全覆盖，切实提升区域教育水平。建立全市中小学教育设施建设项目库，推进规划建设项目落地，保障学位需求。增加优质高中招生，落实校额到校计划。

建设高素质专业化教师队伍。指定《北京市教师教育振兴行动计划实施办法》，持续实施《北京市拓展中小学教师来源行动计划（2018—2022年）》，全面提升教师教育质量。创新教师、校长高端培训的新模式，提升培训质量。成立“北京市名校长领航工程·李希贵校长工作室”，遴选23名学员培养卓越校长。实施名师、名校长（园长）工程，集中培养200余人。开展中小学法治教育名师工作室建设。创新编制管理，开展市级教育系统事业编制“周转池”制度

10月12日，怀柔区渤海中学组织全校学生走进珐琅厂和月亮湖庄园进行社会大课堂实践活动 （怀柔区教委 供）

试点。积极推进校长职级制改革，完成首批特级校长遴选，激发校长办学活力。

深入推进，服务首都经济社会发展取得新成绩

推动高等教育内涵、特色、差异化发展。落实统筹推进北京高等教育改革发展的若干意见，全面支持高校“双一流”建设，推进市属高校分类改革特色发展。立项建设北京高校高精尖学科 99 个，遴选 100 个北京高校重点建设一流专业，支持 228 项“优质本科课程”和 225 项“优质本科教材课件”建设。重点建设 8 个“北京学院”、8 个“卓越联盟”，形成高校资源共享新格局。完成首批 39 个卓越青年科学家项目立项。22 个高精尖创新中心汇聚起 4000 余人的科研队伍。北京高校主持的 42 项科技成果获国家科学技术奖（一等奖 2 项、二等奖 40 项），包括通用项目 37 项（占全国高校主持通用项目成果获奖总数的 23%）。全面提高大学生创新创业能力，蝉联全国“互联网 +”创新创业大赛总冠军。大学生总体就业率 95.9%，实现“稳就业”目标。推进“一街三园多点”建设，1113 支创业团队入驻市级大学生创业园和 25 个高校分园，实现创业团队数量和质量双增长。

发展适应北京经济社会发展需求的职业教育。深化职业教育改革，7 所高职院校入选国家特高计划。推进特色高水平项目建设，遴选出 12 所特色高水平职业院校、首批 48 个骨干特色专业、40 个工程师学院和大师工作室。遴选推荐 29 所中、高职院校参与首批“1+X 证书”试点，试点学生规模 3000 余人。持续推进高端技术技能人才贯通培养试验，投放招生计划 4020 人、录取 3240 人，完成率 80.6%。

支持和规范民办教育发展。建立由市教委牵头，相关 20 个市级政府部门组成的全市民办教育工作联席会议，统筹协调全市民办教育工作。印发实施《现有民办学校变更法人登记类型实施办法》，研制《关于进一步规范民办非学历高等教育机构行为的意见》。恢复民办高等教育发展促进项目，设立专项资金，对符合首都城市功能战略定位的 34 个项目给予支持。深化民办高校年检结果应用和信息强制公开制度。健全民办高校退出机制，依法依规停止 5 所学校办学许可。开展外籍人员在学科类培训机构任教情况的专项检查。对各区查处的 60 余家违规培训机构通过媒体向社会公开。

深入推进教育协同开放。落实《京津冀教育协同发展行动计划》，雄安新区“交钥匙”学校提前开工，4 所援助学校办学质量显著提升，北京财贸职业学院挂牌建设廊坊校区，全市中小学校与河北省贫困县的 260 所学校建立结对帮扶关系，各区选派出 190 名支教教师，组织 1700 余人次赴河北开展教学教研活动，学生交流 5000 余人次，提升京津冀教育协同发展水平。促进教育援助转型升级，创新实践“互联网 + 教育扶贫”模式，深化“组团式”教育援助。创设高校“引智帮扶”联盟，推进职教精准扶贫，开展各类职业培训 102 万人次，在全国中职学校满意度调研中位列第一。加大教育开放力度，制定《教育领域开放改革三年行动计划》《国际学校发展三年行动计划（2019—2021 年）》，在“三城一区”和海淀、朝阳等重点区域新建一批国际学校，全面放开全市中小学幼儿园接收外国学生就读。

强化支撑，推动教育治理能力现代化实现新提升

推进依法治教。召开新世纪第一次全系统教育法治工作会，加强顶层谋划。加强和市人大、市司法局沟通力度，开展专项调研，逐条梳理 7 部地方教育法规不适用条款，推进修法进程。加强合法性审查，全面清理行政规范性文件，废止 82 件。全面梳理教育标准体系，明确立改废计划。深化放管服改革，确定新版权力清单，下放国际学校审批等权力，全面清理证明和中介，减材料、减时限超过 65%。推行审批、备案事项“双随机一公开”执法检查全覆盖，明确责任分工，建立培训、督办、通报、约谈机制，全市教育行政检查达到 1.8 万余次，立案实施行政处罚 47 件，比 2018 年增长近一倍，在全国教育执法工作会和全国教育工作会上交流经验。制定《中小学依法治教基本标准》《中小学幼儿园学生伤害事故处理办法》，对 38 所市属高校章程执行情况入校执法检查，依法治校纵深推进。办理各类行政案件 37 件，努力化解矛盾，切实维护师生合法权益。

强化教育督导职能。首次开展对 8 个区政府履行教育职责情况综合督导检查，将政府履职督导评估、教育执法检查、优质均衡督导评估、专项督导等工作有机整合，开创综合督政新模式。组织 1445 名挂牌责任督学每月深入中小学、幼儿园，开展经常性督导，全年整改问题近万条，助推教育督导“长牙齿、树权威”。首次统筹组织对 592 所幼儿园的办园质量督导评估。完成北京农学院等 7 所院校本科教学审核评估。完成国家义务教育质量监测实施工作，321 所样本校近 9600 名学生参与。

提升“接诉即办”水平。坚持“民有所呼、我有所应”，紧扣“七有”“五性”要求，通过找堵点、消盲点、击痛点的“三步法”，着力解决师生群众的操心事、烦心事、揪心事，全年“12345”解答教育问题来电 4.7 万余次。强化大数据分析，提前预测教育热点难点，把“致灾因子”变成“减灾因子”，由“接诉即办”向“未诉先办”转变。《北京日报》以“大数据提前‘预警’教育热点”为题，头版报道市教委接诉即办工作取得的成效。全年接待来访 1400 余人次，办理来信及网上信访 900 余件次。

完善教育经费管理。完善预算绩效管理办法，提高教育经费使用效益，探索推进绩效成本核算。完善家庭经济困难学生资助工作，修订学生资助资金管理办法，扩大义务教育学校生活补助范围，提高本专科生国家助学金资金标准。加强内部审计工作，完成 25 所市属高校预算执行和决算内部审计。

（王海泉　谢文全　刘转林）

（本栏责任编校　张晓兰）

加强中小学健康教育

《首都教育现代化 2035》政策解读

《北京市中小学校幼儿园安全管理规定（试行）》政策解读

危险化学品安全综合治理

2020 年度关注

ANNUAL CONCERN

- 年度聚焦
- 政策解读
- 社会关注

年度关注

ANNUAL CONCERN

年度聚焦

健全普及普惠安全优质的学前教育体系

2019 年 1 月 31 日，为进一步规范普惠性幼儿园管理，促进普惠性学前教育事业发展，市教委研究制定《北京市普惠性幼儿园认定与管理办法（试行）》（以下简称《管理办法》）。《管理办法》主要涉及四个方面的内容。

普惠性幼儿园认定范围。登记性质为非营利性，并在北京市幼儿园办园质量督导评估中评价结果获得 C 类及以上的幼儿园、社区办园点、中小学附设幼儿班，都可以申请举办普惠性幼儿园。在《北京市普惠性幼儿园认定与管理办法（试行）》出台前已经认定为普惠性幼儿园的，在按照《北京市幼儿园办园质量督导评估办法（试行）》规定参与办园质量评估前维持原有认定。新开办的幼儿园，自招生开始，可由区教育行政部门根据其条件基础和管理情况，暂定办园质量临时类别，临时类别报市教育行政部门备案。临时类别有效期为 1 年。

普惠性幼儿园认定程序。对于符合条件并想要举办普惠性幼儿园的单位或个人，举办普惠性幼儿园只需要两步操作：一是向区教育行政部门提出书面申请，并按区教育行政部门要求提交相关材料；二是在区教育行政部门审核、公示后，与区教育行政部门签署书面承诺书并备存承诺书。

9 月至 11 月，大兴区红黄蓝幼儿园开展安全教育系列活动

（大兴区教委　供）

普惠性幼儿园扶持政策。2018 年起，市政府不断完善全市学前教育成本分担机制，加大政府托底保障和普惠力度，对普惠性幼儿园提供多项保障扶持政策。具体包括：提供 1000 元 /（生 · 月）生均定额补助，提供补助标准不高于 5 元 /（平方米 · 天）租金补助，提供 10000 元 / 生标准一次性扩学位补助，支持普惠性

幼儿园逐步提高教师工资待遇，实施办园质量奖励，加强保教指导等。

普惠性幼儿园管理要求。除现行法律法规和规范性文件对幼儿园提出的常规管理要求之外，《北京市普惠性幼儿园认定与管理办法（试行）》对普惠性幼儿园在管理方面作出如下特别要求：一是普惠性幼儿园在办园质量方面需达到 C 类及以上。3 年认定有效期满后需由区教育督导部门对幼儿园办园质量重新开展评价，评价合格后可再次认定。二是普惠性幼儿园需与区教育行政部门签订协议。如在认定有效期内办园出现违反协议行为的，由区教育行政部门责令限期整改。整改期间，停止发放生均定额补助。经整改合格的，恢复发放生均定额补助。区教育行政部门依法对相关责任人追责处理。三是普惠性幼儿园在办园质量督导评估中评定结果不合格的，由区教育行政部门责令限期整改，整改期限最长为 1 年。在整改期间，按 85% 额度发放生均定额补助，经整改合格的，恢复 100% 补助额度。四是在出现违反协议行为或办园质量督导评估结果不合格之后，经整改依然不合格的，区教育行政部门依法依规对该园享受的财政补助资金进行停拨、审计。五是普惠性幼儿园用于人员经费支出比例占保教费收入和财政生均定额补助收入之和的比例原则上不低于 70%。六是普惠性幼儿园需依法就所申领的财政补助资金的使用与管理情况接受政府财务审计。

截至年底，北京市普惠幼儿园 1610 所（含分园、分址），在园幼儿 40 万人，普惠率 79.36%，其中，享受市级普惠性幼儿园生均补贴的 1005 所，受益幼儿 24 万人。

（市教委学前教育处）

完善中小学集团化办学　推动区域教育均衡发展

2019 年，“北京市中小学集团化办学项目”被纳入市政府重要民生实事项目，项目主要目标是进一步扩大集团化办学覆盖面，集团覆盖学校新增 100 所，推动区域教育均衡发展再上新台阶。

项目于 1 月启动，市教委全年投入 6400 万元，为集团化办学提供有效支撑和保证。经过市、区教委统筹实施，全力以赴加快推进。形成推动区域教育均衡发展的初步成果：一是建立市区联动，学区内协同推进集团化办学有效机制；二是探索出扩大义务教育优质资源多种实践途径；三是完善集团化办学政策，制定《北京市中小学集团化办学指导意见》，东城区、海淀区、朝阳区和怀柔区等区因地制宜制定相应文件；四是集团化办学促进学校发展，初步形成城六区原有教育集团示范引领，郊区集团覆盖新增学校乘势发展的新格局。

4 月 26 日，市教委在房山区召开“聚焦民生实事　扩大优质供给——北京市中小学集团化办学与学区制管理房山区现场会”，要求各区按照市教委统一部署，年内完成扩大集团化办学覆盖面，集团化办学覆盖学校新增 100 所的实事任务。至 11 月，北京市中小学集团化办学覆盖学校新增 101 所（城区 16 所、郊区 85 所），全市有各类教育集团 158 个，学区 131 个，66% 以上中小学纳入学区制管理。

2017 年 9 月，中共中央办公厅、国务院办公厅印发《关于深化教育体制机制改革的意见》，明确提出“探索集团化办学”的改革任务。北京市在 2016 年中小学集团化办学专项研究基础上，在全市逐步总结推广集团化办学典型经验，并开展市级政策研制工作。2018 年 11 月，印发《北京市关于推进中小学集团化办学的指导意见》。

（市教委基础教育一处）

5 月 14 日，门头沟丰台跨区联动初中数学教学研讨会召开

（门头沟区教委　供）

加强中小学健康教育

近年来，中小学生在成长过程中暴露出来的健康问题日益增多，特别是肥胖、视力障碍、不良情绪、性早熟、意外伤害、校园欺凌等社会现象的出现，间接反映出学生群体在生理、心理及道德方面存在诸多隐患，中小学生的健康问题面临巨大挑战。大量研究表明：健康教育能够为解决这些问题提供新的思路和策略，也是开展各类健康促进活动的适宜切入点。

为应对这一现状，解决中小学健康教育中面临的实际问题和需求，实施健康中国战略，市教委于7月10日印发《北京市中小学健康教育指导纲要（试行）》（以下简称《纲要》）。

《纲要》创新性地细化原有国家层面《中小学健康教育指导纲要》的内容体系，突出对于社会动态发展背景下，学生心理和生理发育过程中的新问题及应对策略。这些变化强调对于学生健康素养的培养要求、注重学生的技能培养和在真实情境中的实际应用，对学生健康教育课程的建设、课堂教学和健康教育师资力量的培养都提出新的要求。

《纲要》提出建设长效机制，一是关注学生的成长发展规律，全面培养适合未来社会的人才。建议各学校和健康教育的实施主体能够依据学生的生理和心理的发展水平，进行科学的健康教育。同时，要求活动的开展要同学生的发展水平相适应，实施过程需考虑个体之间的差异。特别是在能力培养层面，打破以往以知识传递为单一传播的途径，强调技能的培养，将学生个体置于真实的社会环境之中，让学生从实践应用和迁移的角度来思考自身应有的健康责任与社会责任，采取有利于健康的行为和生活方式，最终推动社会范围内健康促进的更好发展。二是细化学生在不同发展阶段的个体差异，具体落实于学校健康教育的多个层面。为推进学校在进行中小学健康教育的具体落实，提供健康教育的不同内容载体，主要内容包括：个人卫生习惯，生长发育与性健康，营养与健康，疾病预防，烟草、酒精与毒品，心理健康，运动与健康，安全应急与避险8个领域的具体内容。在8个领域具体内容的学习过程中，要掌握健康知识与技能、树立健康观念与意识、养成健康生活方式与行为并做出有利于健康的决策。循序渐进地将健康教育内容贯穿于中小学生在校学习的全部阶段。

《纲要》具体落实举措包括：一是以学校作为健康教育的主阵地，开展多种形式的健康教育。根据不同学校的资源差异属性，设计健康教育的课程体系，在不增加教师和学生负担前提下，将日常教学计划同教师日常的教学内容和工作有机结合。同时，学校可通过开展的班团队活动、学生社团活动、社会实践活动等多种途径，让学生在参与日常教学活动中掌握健康生活技能。二是注重家庭和社区乃至于全社会的共同参与，共建健康教育的生态体系。《纲要》指明学生家长和社区成员在学生成长过程中的角色和发挥的作用，号召通过社会的群体氛围来影响学生的健康素养的形成，尊重学生身心发育的特点及规律，开展各种有益于中小学生身心健康的教育活动，促进学校、家庭和社会密切合作，共同促进学生健康成长。三是以评价体系的构建促健康教育工作的顺利推进。各级教育行政部门和学校管理者在“大健康”观念的引导下，根据学校已有的自身资源及特色，从教学活动、健康情境创设及学生服务的不同层面，为提升学生的健康素养进行全方位的支持。四是以课程、教师队伍以及教学资源整合建设促学生健康素养提升。学校的健康教育课程、教师队伍以及教学资源的建设是顺利实施健康教育的三个重要的因素。课程作为健康教育实施的重要载体，能否根据学生的身心发展特点和新时代学生需求来设计符合学生的课程是健康教育高效落实的重要保障。课程不局限于教室内的课程，同时也可以是打破时间和空间界限的外延课程，《纲要》倡导课内和课外的结合，经常和集中的宣传，在课程的整体设计上建议避免主题内容的交叉，有系统地安排和统筹教学内容，减轻教师和学生的负担。

通过全社会的共同努力，为提升学生健康素养提供多方位的学习和教学资源，使学校、家庭和社会成为学生日常可获取健康知识的重要途径和场所。

（市教委体育卫生与艺术教育处）

6月4日至5日，东城区儿童青少年近视防控推进会暨视力健康达人赛活动举办 （东城区教委 供）

推进中小学教师“区管校聘”管理改革

为全面深化新时代教师队伍建设改革，全面落实中小学“以区为主”管理体制、全面深化中小学教师管理体制机制改革，切实加强区域内中小学教师的统筹管理，努力破解教师交流轮岗工作中遇到的困难和问题，为促进校长教师合理流动、优化中小学教师资源配置提供制度保障，促进义务教育优质均衡发展，大力推进教育公平，办好人民满意的教育，市教委于12月23日印发《关于推进中小学教师“区管校聘”管理改革的指导意见》（以下简称《指导意见》）。

《指导意见》的四项工作原则。《指导意见》面向区级教育行政部门所属公办中小学校在编在岗教职工实施。

坚持体制创新的原则。推进中小学教师“区管校聘”管理改革核心是创新中小学教师管理体制，在编制管理中，要在核定的教职工编制总量内，按照严控总量、盘活存量、优化结构、增减平衡的要求，采取互补余缺、有增有减的办法，统筹安排区内校长教师交流轮岗，实现“学校人”向“系统人”转变，要构建相关部门职责明确、权责分明、协同推进的工作机制，要构建基础教育现代治理体系，提升现代教育治理水平。

坚持综合改革的原则。把“区管校聘”管理改革与全面推行中小学学区制管理（集团化办学）、岗位管理、公开招聘、聘用管理、校长教师交流轮岗、职称评审、考核评价、薪酬分配等制度改革等协同配套、统筹实施，形成改革政策的组合拳，有效推进综合改革。

坚持公正公平的原则。要依法依规公开实施办法、工作流程和动态信息，规范操作程序，严肃工作纪律，强化监督，切实维护教师权益，防止不规范、不公平的情况发生。

6月18日，朝阳实验小学西直河分校请语文特级教师工作室教师为学校青年教师诊课 （朝阳区教委 供）

坚持“试点先行、平稳衔接、不断完善、有序推进”的原则。选择有条件和积极性的区先行开展试点，实现改革政策的平稳衔接，在总结试点经验、不断完善改革政策的基础上有序推进，充分尊重基层学校意见，努力调动广大校长和教师工作积极性，努力办人民满意的教育。

《指导意见》的主要内容。一是创新编制管理方式。统筹区域事业单位编制资源，加大内部挖潜和购买服务力度，盘活事业编制存量，优化编制结构，向教师队伍倾斜，采取多种形式增加教师总量，优先保障教育发展需要。建立跨区域（领域、行业）调整机制，建立区级机构编制部门会同财政和教育行政部门根据生源变化和教育教学改革需要，统筹分配各校教职工编制数，实行学区内、教育集团内（跨学段）统筹配置，每年动态调整的管理机制。

二是改进岗位管理办法。区级人力社保部门会同教育部门，根据北京市核定的中小学校职称结构比例和本区域中小学校编制总量，按照岗位设置政策，核定区域内中小学校专业技术高、中、初级岗位数量，并实行总量控制。教育行政部门会同人力社保部门在核定的岗位总量内，按照各学区（教育集团）内各级各类学校实际情况，将岗位打包分配到各学区（教育集团），实行集中管理，由各学区（教育集团）统筹具体分配到各学校，并报同级人力社保部门备案。

三是完善公开招聘制度。鼓励和支持各区探索以学区（教育集团）为单位根据岗位设置的需要和实际需求统筹招聘教师。

四是完善岗位聘用制度。学校在学区（教育集团）统筹分配的编制和岗位数量内科学制定本校岗位设置方案，确定管理人员、专业技术人员和工勤人员岗位结构，依法依规做好聘用合同的签订、履行。全面推行竞聘上岗制度，鼓励各区积极探索建立校内竞聘、学区（教育集团）内竞聘、跨学区（教育集团）竞聘等多种形式竞争上岗和组织统筹调剂相结合的教师资源配置模式，建立竞争择优、能上能下的用人机制。

五是完善校长教师交流轮岗制度。各区要根据义务教育优质均衡发展和中小学布局结构调整的需要，制定交流轮岗工作实施方案，重点推进学区（教育集团）内校长教师资源的统筹均衡配置，组织骨干校长教师向农村学校、一般学校流动，超编学校向缺编学校流动。

六是完善教师管理制度。落实学校用人自主权，学校按照有关规定做好教师考核评价、职称评聘、薪酬分配等管理工作。探索建立学区（教育集团）内相对统一的教师考核评价、职称评聘、薪酬分配办法，切实破除校长教师交流轮岗的制度性障碍。

七是逐步建立教师退出机制。教师年度考核不合格的，学校可以降低岗位等级或调整岗位聘用。对于不服从组织安排或者安排到新岗位后年度考核仍不合格的，学校可按规定程序解除聘用合同。对教师资格定期注册不合格或逾期不注册的人员，不得再从事教学工作岗位。

（市教委人事处）

全面推行校长职级制

2019 年，市教委在全市中小学幼儿园全面推行校长职级制。校长职级设置特级、高级、中级、初级，其中，高级、中级分别设置一、二、三等，特级、高级、中级、初级校长结构比例控制为 0.5：4：4.5：1。

10 月 31 日，市委组织部、市委教育工委、市教委、市人力社保局、市财政局等部门印发《关于北京市推行中小学校长职级制度的实施意见（试行）》，全面部署工作任务。11 月 7 日，市委教育工委、市教委开展 2019 年中小学校长职级评审和认定工作。成立北京市中小学校长职级制评审委员会，设主任 1 人、副主任 1 人、委员 11 人；组建 5 个专家评议组，共计 23 名专家，由在京高校、研究机构中熟悉基础教育研究和管理的专家构成。先后 6 次召开推进会，从工作层面指导各区推进落实，深入昌平、顺义、海淀、西城、东城等区调研进展情况，指导解决具体问题。12 月 6 日，各区完成区级校长职级的评审与认定工作。12 月 15 日，完成特级校长评审工作。实施校长职级制，将进一步加强中小学校长队伍建设，拓展校长职业发展空间，促进校长专业化发展，建立“教育家办学”的激励机制和政策导向。

（市教委人事处）

深化考试招生制度改革取得明显效果

2015 年，北京市贯彻落实《中共中央关于全面深化改革若干重大问题的决定》和《国务院关于深化考试招生制度改革的实施意见》，以及教育部出台的四个配套文件的具体要求，成立以市领导任组长，各有关委办局和相关单位参加的领导小组，研究编制北京市考试招生制度改革有关方案。2016 年 5 月 24 日，市教委正式发布《北京市深化考试招生制度改革实施方案》。

改革总体目标是积极稳妥推进考试招生制度改革，到 2020 年基本建立符合首都教育实际的现代教育考试招生制度，形成分类考试、综合评价、多元录取的考试招生模式，健全促进公平、科学选才、监督有力的体制机制，构建衔接沟通各级各类教育、认可多种学习成果的终身学习“立交桥”，全面推进素质教育，促进学生健康成长、全面发展。

2019 年，北京市深化考试招生制度改革取得明显效果。

义务教育入学坚持免试就近原则，初中取消特长生招生，城六区公办学校寄宿招生计划比上年减少 10%，全市公办小学、初中就近入学率首次双双达到 99% 以上，创历史新高。高级中等学校招生，坚持和完善优质高中校部分招生计划分配到初中校制度，全市实际执行校额到校计划 1.7 万个。

北京市在初中年级开展开放性科学实践活动和综合社会实践活动，全面落实立德树人。在中考分数中包含活动情况的考评，每门课原始分中包含 10 分。实践活动引导和鼓励高校、科研院所、科技馆、企业、社会团体等社会资源单位参与开发。开放性科学实践活动和综合社会实践活动是全面落实立德树人的根本任务，坚持育人为本、德育为先，坚持教育教学与生产劳动、社会实践相结合的重要举措，有利于培养学生综合运用科学知识解决问题的能力、交流与合作的能力、创新意识和实践能力，有利于培育和践行社会主义核心价值观。

中高考改革给学生更多的选择权，促进学生全面发展和个性成长。中高考改革都采取选考的模式，照顾到各个层面学生的需求和发展，真正体现以学生为本的教改理念；支持考生按特长选择多种组合，充分尊重考生的个性化发展，让考生有更多的学习选择，给予每个考生展示自身优势的机会。

改革招生计划分配方式，促进教育公平。在中高考改革中，通过改革计划分配方式，将招生计划向教学水平薄弱的学校和区倾斜。在高招计划编制中设立农村专项计划，全部面向农村户籍的学生，并且全部是本科一批的计划。在中招计划编制中，建立市级优质高中教育资源统筹工作机制，安排在名额分配批次进行，确保每所公办初中校学生升入优质高中机会不断提高。这些都体现首都教育政策的公平性和导向性，充分发挥考试招生政策的传导作用，促进义务教育的均衡发展和素质教育的全面落实，让首都教

5月18日，怀柔区初中生到怀柔职校体验"深海探秘——仿生机械鱼探究"初中生开放性实践课　　（怀柔职校　供）

育发展成果更多更公平地惠及广大学生。

英语考试改革，提升学生综合英语素养。中高考英语考试均增加听力、口语考试。听力、口语考试与统考笔试分离，学生有两次考试机会。英语考试形式的改革，有利于增强学生英语学习的兴趣，提升学生的综合英语素养，提高学生对外交往的能力。推进英语教学改革，是适应北京国际交往中心的城市定位的一项重要举措。

实施高水平人才交叉培养计划，增加优质教育资源。从2015年开始，北京市属高校增加"高水平人才交叉培养计划"的人才培养模式改革，即市属高校与在京中央高校、海外境外知名高校联合培养学生（即"双培"和"外培"计划）。两个计划的实施，对于促进市属高校与中央高校、海（境）外名校之间的交流合作，提高学校生源质量、提升教育教学水平等方面有较大的推动作用。

实施贯通培养试验项目，打造人才成长"立交桥"。从2015年开始，北京市支持部分职业院校与示范高中、本科院校、国内外大企业合作，选择对接产业发展的优势专业招收初中毕业生，完成高中阶段基础文化课学习后，接受高等职业教育和本科专业教育（其中本科教育通过专升本转段录取）。参与贯通培养的学校在招生专业上瞄准高端产业，与未来5年首都大力发展的高精尖产业有关。这项改革试验得到考生和家长的认可，给考生提供更多的选择机会，让考生尽可能地按照自己的个性和特长来选择成才道路，让每个学生都有出彩的机会。

（市教委发展规划处）

推进校园冰雪运动蓬勃发展

为响应习近平总书记提出的3亿人参与冰雪运动的号召，贯彻落实中共中央办公厅、国务院办公厅《关于以2022年北京冬奥会为契机大力发展冰雪运动的意见》精神，按照市政府《关于加快冰雪运动发展的意见（2016—2022年）》及7项配套规划等文件要求，市教委围绕普及青少年冰雪运动的工作目标和职责任务，密切协同北京冬奥组委、市体育局等有关部门，联动各区和学校等基层力量，统筹协调冰雪运动的优质资源，以"重普及、重育人"为基本原则，按照"试点先行""普及推广""全面提升"三步走的长远规划和阶段目标，因地制宜地推进冰雪运动进校园，促进学生身心全面发展。

加强顶层设计，明确各阶段任务目标。2016年初，市教委以冰雪嘉年华、冰雪冬令营等特色活动为切入点，广泛动员各区、各学校开展冰雪进校园活动。2016年至2017年，市教委连续开展冰雪进校园系列推广普及活动，将冰雪运动带进校园，融入课程，取得初步成效。2018年，市教委克服北京"缺冰少雪"的自然条件困难，以冰雪文化、课程开设、师资提升、完善竞赛、特色学校、后备人才、条件保障、国际交流为八项主要措施，提出"合理布局、科学实施、因地制宜、稳中求进、顺势而为"的工作原则，创设符合北京特质、学校特色和学生特点的体制机制。

为保障北京校园冰雪运动的发展，市教委会同有关部门出台《关于支持北京市校园冰雪运动发展项目管理办法》，加大对校园冰雪运动发展的支持力度，明确"造气氛、打基础、促发展、上水平"四步走的计划，逐步形成具有北京特色的校园冰雪运动发展体系。

围绕育人目标，全面推进校园冰雪运动普及发展。市教委挖掘冰雪运动的育人功能，融通智育、美育和德育，创建多种喜闻乐见的教育形式，一方面通过文化活动让所有学生亲近冰雪，参与运动；另一方面为有兴趣和特长的学生搭建平台。

一是开设冰雪运动课程，全面推进校园冰雪运动普及。

市教委重视发挥课堂作用，引导和鼓励各区根据自身特色、发挥各区资源优势，开发适合青少年的冰雪课程，逐渐形成“郊区以雪为主，城区以冰为主”的区域特色。截至2019年，北京市通过各类课程上冰上雪的学生84万人次。2019年，市教委继续面向16个区征集冰雪运动的优秀课例，并举办北京市中小学奥林匹克教育课堂教学实践培训。

二是开展冰雪竞赛活动，为学生个性发展提供平台。市教委注重丰富冰雪活动的内容和形式。市级活动竞赛既有面向全体中小学生的普及性活动，也有面向有冰雪基础学生的特色活动。内容包括：冬奥知识竞赛、奥运知识展、冬奥冠军宣讲团、队列滑进校园、创编冰上剧、夏令营、冬令营等各类冰雪运动普及推广活动。截至2019年，北京市冰雪运动推广普及活动及各项冰雪体验课走进16个区的百余所学校，覆盖50余万名学生。另外，北京市持续开展北京市中小学生冬季运动会、校际冰球联赛、花样滑冰比赛、滑雪比赛、旱地冰球、陆地冰壶和越野滑轮等高水平竞赛活动。赛事规模逐渐扩大，水平逐步提升，形成校园冰雪运动赛事品牌。截至目前，参加高水平冰雪赛事的学生达万余人次。2019年12月，北京市举办第四届中小学生冬季运动会，是北京市中小学生中参赛规模最大、项目设置最多、赛期安排最长、场地分布最广的一项市级冬季运动综合性赛事。

三是培育校园冰雪文化，营造校园冰雪文化氛围。市教委在普及冰上、雪上的体育运动项目的同时，注重把德育、美育与体育有机融合在一起，着力实施“冬季奥林匹克教育文化计划”，将冬季奥林匹克文化及内涵带进校园。2019年，市教委更加关注学生实际获得，在原有的文化活动基础上，举办模拟冬奥会、冬奥主题演讲、冬奥小记者培训、冬奥体验日、冬奥营等活动。

四是加强高水平运动队建设，构建冰雪后备人才培养长效机制。市教委一方面依托冰雪运动特色学校，组建冰雪社团，培养冰雪运动后备人才；另一方面在原有的体育传统项目学校以及高水平体育社团中增设冰雪项目，为有冰雪运动特长的学生提供学习发展的平台。2019年3月，教育部办公厅印发《关于2018年高水平运动队建设项目调整有关事项的通知》，首次将冰雪运动项目纳入高水平运动队招生范畴，北京理工大学和北京舞蹈学院获批招生资格。

统筹优质资源，全力保障校园冰雪运动发展。一是加强师资队伍培养。在市、区两级层面上分步骤推进冰雪师资的培养和培训。2018年，市教委联合市体育局出台《北京市冰雪运动校园辅导员任职条件和培训大纲》。同年，北京教育学院完成对全市首批冰雪特色校的体育教师培训。各区、学校也根据区域冰雪资源特点和自身情况，开展冰雪运动师资培训活动。另一方面充分挖掘体育院校教学资源，加快冰雪运动专业人才培养。首都体育学院在体育教育、运动训练、休闲体育等专业下新增设冰雪运动方向，并建立9个冰雪运动人才培养基地。

二是推动场馆设施建设。市教委坚持因地制宜、形式多样、注重实效的原则，鼓励支持各区和各学校为青少年学生提供学习、体验冰雪运动安全、有效、可持续发展的场馆设施条件。目前，北京市部分学校夏季通过引进仿真冰面、仿真雪、旱地冰球、旱地冰壶、旱地滑雪等辅助设备，在校园内开展实践体验课程。冬季则利用天气寒冷的自然条件，以及机器设备等手段，在校园内建造简易冰场。尤其是东城区，连续两年在部分学校建设可移动、可拆卸冰场。

三是建设冰雪特色学校。市教委于2019年5月建设113所冰雪运动特色学校和107所奥林匹克教育示范学校，同时也全部被教育部评为全国冰雪运动特色学校和奥林匹克教育示范学校。各区也开展区级冰雪运动特色学校建设，逐步形成市、区两级冰雪运动特色学校的布局。

（市教委体育卫生与艺术教育处）

6月4至5日，东城区儿童青少年近视防控推进会暨视力健康达人赛活动举办 （东城区教委 供）

加快发展老年教育

中国老年教育发展30余年来，经历由服务离休老干部到退休老干部直到全体老年人的教育对象转型过程，经历由休闲性、福利性到文化性、教育性的教育性质转变过程。但长期以来，老年教育缺乏国家层面的顶层设计，使老年教育的发展方向不明、战略缺失，一直在摸索中进行。

1996年10月1日起施行的《中华人民共和国老年人权益保障法》规定“老年人有继续受教育的权利。国家发展老年教育，鼓励社会办好各类老年学校。各级人民政府对老年教育应当加强领导，统一规划。”2010年7月，国务院发布《国家中长期教育改革和发展规划纲要（2010—2020年）》，提出“重视老年教育”。这是老年教育第一次出现在国家教育纲要之中，首次在国家层面确立老年教育的教育地位和教育属性。2016年10月，国务院办公厅印发的《老年教育发展规划（2016—2020年）》是中国历史上第一个专门为老年教育制定并颁布的纲领性文件。截至2018年底，24个省、市、自治区出台落实国务院《老年教育发展规划（2016—2020年）》的相关规划或实施意见。

北京市经过前期充分调研、征求意见，最终于2019年1月24日由市委教育工委、市教委、市委老干部局、市科委、首都精神文明办、市民政局、市人力社保局、市财政局、市文旅局、市卫健委、市农业农村局、市体育局、市总工会、团市委、市妇联联合印发《北京市关于加快发展老年教育的实施意见》（以下简称《实施意见》）。

《实施意见》的主要举措体现在五个方面。一是明确目标任务。未来3～5年内，建立多部门横向协同、纵向联动的工作机制，完善覆盖市、区、街（乡镇）、居（村）四级老年教育服务体系。扩充老年教育办学数量，全市培育100个市级老年学习示范校（点）及一大批区级老年学习示范校（点），建成3～5所市级养老服务人才培训院校。以各种形式经常性参与教育活动的老年人占老年人口总数的比例达到40%左右。二是完善服务体系。依托北京开放大学推动建立北京老年开放大学，统筹指导全市老年大学教育教学工作，各区社区学院（成人教育中心、社区教育中心）建立区域老年大学，街（乡镇）、居（村）成人教育学校加挂老年教育学校（点）的牌子。普通高校、职业院校增设相关专业、开发相关课程；各类学校积极向有组织的老年团体、服务机构开放场地、提供学习资源支持。鼓励企事业单位、社会组织等举办或参与贴近老年人生活的教育服务。三是提升服务能力。创新教育方式，开发、建设、整合相关数字学习资源建立老年教育网上学习平台，探索完善“互联网+老年教育”服务模式，推进线上线下一体化学习。扩大资源供给，整合教育、文化、体育、科技等资源，建设老年教育基地。加强各级各类老年教育机构基础设施建设，改善办学条件。依托市级养老服务人才培训院校（已挂牌3所：北京劳动保障职业学院、北京市劲松职业高中、北京社会管理职业学院）广泛开展涉老养老人才的培训。四是积极开发老年人力资源。鼓励和培育各类社区老年学习团队，整合师资资源，加强专业辅导，搭建老年学习成果市级展示平台。依托北京老教育工作者总会、北京老医药卫生工作者协会等组建老年教育志愿者服务团队，开展专业志愿服务。五是完善政策保障。健全市级相关部门工作机制，研究协调解决相关问题。增加老年教育经费投入，建立以受教育者购买服务为主，社会资本投入为辅，政府适当补贴的机制。把老年教育工作纳入本市教育发展规划和督导检查内容。成

5月9日，市委教育工委、市教委机关离退休老同志趣味运动会举办 （老干部活动中心 供）

立北京市老年教育研究基地，加强科学研究，开展国际交流与区域合作。加大宣传力度，营造良好氛围。

《实施意见》的出台是积极应对北京市人口老龄化快速发展的新形势、贯彻落实国务院《老年教育发展规划（2016—2020年）》的重要举措，为加快发展北京市老年教育事业提供政策支持与保障。可以进一步健全老年教育工作机制，完善覆盖市、区、街（乡镇）、居（村）四级老年教育服务体系，扩大老年教育供给，整合调动社会各类资源参与老年教育，让老年人共享改革发展的成果，进一步增强老年教育的公益性、普惠性、便捷性，提升服务能力，完善北京市终身教育服务体系，推动实现老有所教、老有所学、老有所为、老有所乐，切实增强老年人的责任感、荣誉感、幸福感和获得感。

（市教委职业与成人教育处）

政策解读

《首都教育现代化 2035》政策解读

9月17日，市委、市政府发布《首都教育现代化 2035》，提出推进首都教育现代化的总体目标：

一、《首都教育现代化 2035》编制的背景和意义

《首都教育现代化 2035》的制定是贯彻落实党的十九大精神和全国、全市教育大会精神，加快推进首都教育现代化的重要举措。

新中国成立特别是改革开放以来，首都实现教育大众化、普及化的历史性跨越，基本实现教育现代化。党的十八大以来，市委、市政府全面贯彻党的教育方针，坚持教育优先发展，大力推进教育综合改革，持续加大教育投入，教育发展实现新飞跃。2018年9月10日，全国教育大会召开，习近平总书记在大会上发表重要讲话，系统回答关系教育现代化的重大理论和实践问题，对加快教育现代化、建设教育强国、办好人民满意的教育作出全面部署，为新时代教育提供根本遵循。2018年10月18日，全市教育大会召开，发出全面推进首都教育现代化的动员令，在首都教育发展史上具有里程碑式的重大意义。

2017年9月，中共中央、国务院正式批复《北京城市总体规划（2016年—2035年）》。2018年12月，中共中央、国务院印发《中国教育现代化 2035》。编制《首都教育现代化 2035》，面向2035年描绘教育发展的远景蓝图，为新时代开启首都教育现代化建设新征程指明方向，是深入贯彻落实党的十九大精神和全国、全市教育大会精神的实际行动，也是落实首都城市战略定位，推进实施《北京城市总体规划（2016年—2035年）》和《中国教育现代化 2035》的有力举措。

二、《首都教育现代化 2035》突出特点

《首都教育现代化 2035》具有以下突出特点：

12月，大峪中学开展全面育人系列——课堂教学活动
（门头沟区教委 供）

一是服务国家战略。从决胜全面建成小康社会，开启全面建设社会主义现代化国家新征程出发，对接科教兴国、人才强国、创新驱动发展、“一带一路”建设、京津冀协同发展等国家战略设立目标任务，为建设教育强国发挥积极作用。

二是回应群众期盼。文件立足人民群众对优质教育日益增长的需求，直面首都教育发展不平衡不充分的各类矛盾，坚持实事求是，尽力而为，量力而行，科学设计首都教育现代化的发展目标与重点任务，让教育改革发展的成果更多更公平的惠及大众，办好人民满意的教育。

三是体现前瞻引领。深入学习贯彻习近平总书记关于教育的重要论述，深入分析政治领域、经济领域、社会领域和科技变革对首都教育的新挑战、新要求，努力把握未来教育改革发展新趋势，明确首都教育现代化发展的目标和任务。

四是彰显首都特色。坚持牢牢把握首都城市战略定位，把首都教育放在“四个中心”功能建设的大局中，深入思考回答“建设什么样的首都教育，怎样建设首都教育”这个问题，提出与新版城市总体规划相衔接的教育发展战略，为建设国际一流的和谐宜居之都提供人才保障和智力支持。

三、首都教育现代化的战略目标

《首都教育现代化 2035》对标国家推进教育现代化和北京建设国际一流的和谐宜居之都战略安排，在深入分析首都教育发展现状和趋势的基础上，提出到 2020 年总体实现教育现代化，到 2035 年实现高水平教育现代化，到本世纪中叶达到发达国家前列水平。同时，提出十个方面的 2035 年主要发展目标：一是建成德智体美劳全面培养的教育体系；二是全面普及高质量的学前教育；三是高标准实现优质均衡的义务教育；四是提供高质量多样化的高中阶段教育；五是职业教育有力支撑城市发展；六是高等教育国际竞争力全面提升；七是残疾儿童少年都享有适宜的教育；八是形成充满活力的终身学习环境；九是形成全社会共同参与的教育治理新格局；十是人民群众教育获得感明显增强。这些目标的确定，以国家教育现代化建设的总体战略目标为依据，与北京城市总体规划相衔接，体现教育要同首都城市战略定位相适应、同人民群众期待相契合、同首善标准相匹配的目标要求。

四、《首都教育现代化 2035》部署的战略任务

《首都教育现代化 2035》提出推进教育现代化的十二项战略任务，可分为三个部分，一是从服务首都城市战略定位出发，逐一围绕“四个中心”功能建设、京津冀协同发展战略，提出五项任务，包括全面落实立德树人根本任务、打造首都文化发展繁荣的高地、提升科技创新驱动的支撑能力、开创教育对外开放新局面、促进京津冀教育协同发展。二是从教育自身深化内涵发展出发，提出四项任务，包括提供更公平更充分的教育服务、发展世界先进水平的高质量教育、建设高素质专业化教育人才队伍、实现信息化与教育深度融合。三是在形成教育共建共享合力方面，提出三项任务，包括构建融通便捷的终身教育体系、强化教育投入保障教育可持续发展、实现教育治理体系与能力现代化。这些战略任务从牢牢把握首都城市战略定位出发，既立足当前，聚焦教育发展的突出问题和薄弱环节，突出补短板、夯基础，又着眼长远，反映时代要求，顺应未来发展趋势。

（市教委发展规划处）

《北京市中小学校幼儿园安全管理规定（试行）》政策解读

9 月 1 日，经市政府同意《北京市中小学校幼儿园安全管理规定（试行）》（以下简称《规定》）正式施行。下面将有关重点内容解读如下：

一、《规定》出台的目的意义

广大青少年学生的健康安全涉及千万家庭的幸福安宁，关系教育系统和整个社会的和谐稳定。学校安全是师生安全的重要基础保障，《规定》的出台是北京市学校安全工作适应新形势、新情况、新要求的重要举措，是当前和今后一定时期加强北京市学校安全工作的重要基础性文件，将对北京市学校安全管理工作起到重要的规范和指导作用。

5 月 7 日，东城区教委联合东城区应急管理局在崇文回民小学举办“5 · 12”防灾减灾周启动仪式　　（东城区教委　供）

2019 年，史家胡同小学周边交通综合治理成果

（市教委相关处室 供）

二、《规定》的总体要求和主要内容

《规定》提出学校安全工作的总体要求，即坚持以人为本、生命至上、安全第一；坚持“党政同责、一岗双责、齐抓共管、失职追责、尽职免责”和“管行业必须管安全、管业务必须管安全、管生产经营必须管安全”；遵循积极预防、依法管理、综合防控、齐抓共管、各负其责、社会参与的原则。

《规定》明确学校安全管理工作的主要内容，从构建学校安全领导组织体系、管理制度体系、宣传教育体系、综合防控体系、隐患排查整治体系、突发事件应急处置体系“六个体系”，到建立学校及周边安全综合治理机制和学校安全事故调查处理机制“两个机制”，搭建出学校安全管理工作的总体系统框架。

三、《规定》在管理体制机制方面的创新

《规定》根据新一轮政府机构改革和职能分工调整，结合首都社会治理和教育治理工作实际，一是首次集中明确市区政府、街道乡镇以及宣传、政法、机构编制、网信、教育、公安、财政、人力社保、生态环境、住房城乡建设、交通、文化旅游、卫生健康、应急、消防救援、市场监管、城管执法、保险监 18 个相关委办局的学校安全工作职责，依法强化学校安全工作的属地责任，形成工作合力。二是首次建立由市、区两级政府分管领导为召集人的教育联席会议制度，加强对学校安全工作的组织领导。三是首次建立由市、区政府分管领导带队、各相关委办局参加的学校安全联合检查机制，加大对学校重大安全隐患的执法检查力度。四是首次将“街乡吹哨、部门报到”机制引入学校安全管理，打通学校及周边安全工作落实“最后一公里”关键环节。五是进一步明确学校安全管理主体责任，首次提出学校安全工作实行校长负责制，学校校长直接负责安全工作；要求学校结合岗位设置，明确其他校级干部、部门负责人及全校教育教学行政后勤岗位人员的安全管理职责，建立覆盖全体教职员工的安全管理责任体系。

四、《规定》在学校安全管理方面的突破

《规定》明确学校日常安全管理的规范要求，具有较强的针对性和可操作性，并在管理措施上有多项突破。一是在专门机构和专职人员方面，明确学校设立安全管理机构（部门），按照规定标准配备专职安全管理人员；二是在保安力量方面，明确提高学校专职保安员的配备标准；三是在学校周边环境方面，明确在学校周边 200 米范围内建立学生安全区域，全面加强对校园周边环境秩序的监督管理；四是在交通秩序方面，明确校园门前 100 米（校门两侧各 50 米）禁止停放机动车，解决学生上下学安全问题；五是明确依法查处校闹行为，严禁借学生伤害事故，围堵学校、殴打教职工、干扰学校正常教育教学秩序。

五、《规定》在学校安全教育方面的特点

《规定》把安全教育作为重要教育教学内容，纳入学校课程体系。一是明确根据不同学龄阶段学生的生理心理特点、接受能力以及可能遇到的安全风险，增强安全教育的针对性和实效性。强调重点针对消防、治安、食品、交通、用电、用火和防溺水、防踩踏、防侵害、防暴恐袭击、防黑恶势力渗透、防极端天气、防自然灾害等可能造成伤害的安全威胁，加强安全防范宣传教育，包括组织开展应急救援进校园活动，使学生掌握基本防范技能和自救、互救、逃生能力。二是明确学校要在开学初、放假前，有针对性地对学生集中开展安全教育；新生入学后应开展新生入学安全教育，帮助新生及时了解学校安全制度规定。三是明确学校要开展实验室安全教育、建设专门的安全宣传教育体验教室、利用社会资源开展安全教育、开展突发事件应急演练、开展对教职工和保安员的培训等要求。此外，还明确学校要开展家校安全共育，引导家长履行监护人义务，对孩子开展家庭安全教育和遵纪守法教育，关心关注孩子身心健康，支持配合学校安全教育和日常管理工作。

《规定》还强化安全事故处理和应急管理以及考核奖励、责任追究和保障机制。

（市教委学校后勤处）

社会关注

宣武师范学校附属第一小学发生恶性伤害学生事件

1月8日，北京市宣武师范学校附属第一小学发生恶性伤害学生事件。学校聘用的劳务派遣人员贾某某，因对劳务合同到期后不再续签不满，于上午11时15分许持手锤将20名学生（16男4女）头部打伤，受伤学生被及时送往医院救治。贾某某被学校工作人员控制，后被警方带走。事发后，李克强、孙春兰作出重要批示，蔡奇到市委总值班室指挥调度，陈吉宁等市领导赶赴现场靠前指挥，市教委和西城区委、区政府主要领导赶到现场组织处置。1月21日，检察机关以涉嫌故意杀人罪对贾某某作出批捕决定。至1月23日，受伤学生全部出院。

（市教委学校后勤处）

危险化学品安全综合治理

近年来，国内发生多起危险化学品引发的生产安全事故，造成人员伤亡和财产损失。为贯彻落实国务院、北京市关于加强危险化学品安全管理工作决策部署，规范普通中学实验课程使用危险化学品，保障学生生命安全，防范学校危险化学品事故发生，市教委、市公安局、市应急管理局结合中学教育教学特点，于9月6日印发《北京市普通中学危险化学品安全管理规范（试行）》《北京市普通中学危险化学品安全管理技术指南（试行）》（以下简称《规范》和《指南》）。

两个文件主要参考《安全生产法》《危险化学品安全管理条例》《易制毒化学品管理条例》《易制爆危险化学品治安管理办法》《中小学实验室规程》《中小学校岗位安全工作指导手册》《教学实验用危险固体、液体的使用与保管》《中小学、幼儿园安全技术防范系统要求》《易制爆危险化学品储存场所治安防范要求》《中小学校设计规范》等法律法规和标准。

《规范》包括8个部分，要求学校建立党政主要领导为第一责任人的危险化学品安全管理组织机构，由副校长协助组织实施，加强管理队伍建设，完善规章制度。对危险化学品采购管理、储存管理、使用管理、应急管理，以及责任追究等进行规范。

《指南》重点从具体操作内容和技术指标层面对《规范》中所提内容进行明确的规定和说明，对学校在危险化学品管理中应遵守的治安防范、安全生产管理、日常教育与培训、实验室废物处置、应急准备与处置等环节进行技术指导。

2019年，北京教育系统牢固树立“首都无小事，事事连政治”的思想，开展危险化学品安全综合治理。持续推进危险化学品综合治理三年行动计划，会同市公安局、应急管理局组织开展岁末年初、国庆等重要时期学校危化品专项执法检查。迎接国务院安委会危险化学品安全管理专项巡查。市教委会同市应急管理局、市公安局分期分批次组织开展学校危险化学品安全专题培训2060人次；联合市应急局、市消防救援总队召开全市高校危险化学品安全专项治理工作会，部署开展专项治理行动。

（市教委学校后勤处）

（本栏责任编校　华蕾）

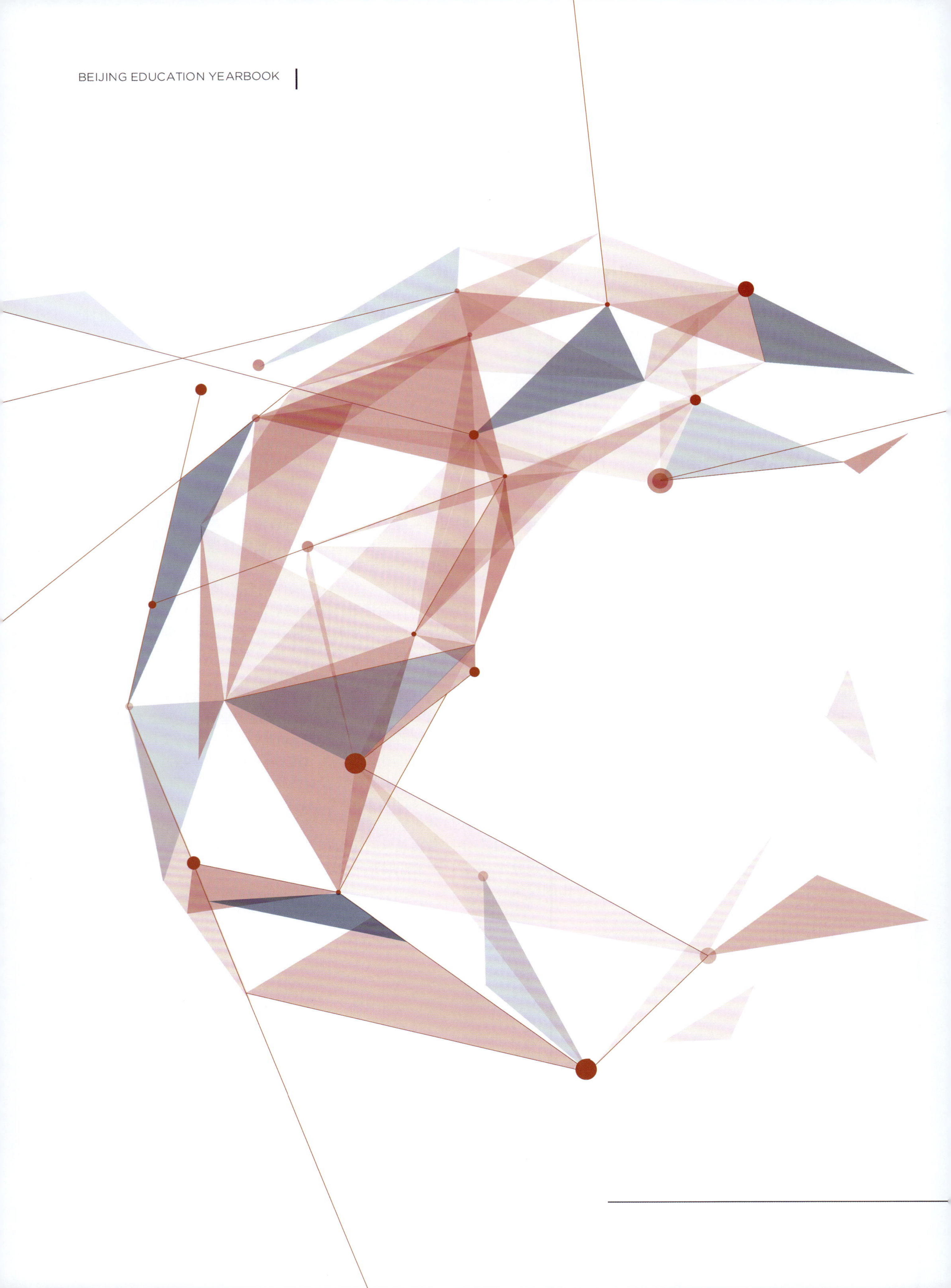

2020 大事记

MAJOR EVENT RECORDS

- 《首都教育现代化 2035》发布
- 《关于加强高校党的政治建设的若干措施》印发
- 《北京市中小学校幼儿园安全管理规定（试行）》施行
- 《关于进一步完善义务教育学校绩效工资分配制度的指导意见》印发
- 《关于推进中小学教师“区管校聘”管理改革的指导意见》印发

大事记
MAJOR EVENT RECORDS

2019 年北京教育大事记

1 月

3 日　北京高校 22 个项目入选教育部第一批、第二批高校思想政治工作精品项目。

7 日　市教委、天津市教委、河北省教育厅联合发布《京津冀教育协同发展行动计划（2018—2020 年）》。

8 日　2018 年度国家科学技术奖励大会举行，北京高校作为第一完成单位的37项通用成果获国家科学技术奖励。

△　43 个项目入选市教委、市人力社保局评选的 2019 年新增“3+2”中高职衔接办学项目。该项目自 2012 年实施至今有试点项目 324 个。

9 日　市委教育工委完成机关整体搬迁，正式入驻城市副中心新址办公。

△　39 个项目入选北京高校卓越青年科学家计划项目。

9 日至 11 日　北京市最后一次高中毕业会考举行。

11 日　市人力社保局、市教委印发《北京市高等学校教师职务聘任管理办法》。

16 日　中国农业大学植物保护专业和园艺专业通过中俄联合国际认证，成为中国农林类高校中首所参与并通过中俄联合国际专业认证的高校。

21 日　北京 10 所高校与北京互联网法院签署共建协议，“互联网法律人才培养中心”暨“互联网法学教育实践基地”揭牌。

24 日　市委教育工委、市教委、市委老干部局等 15 个部门联合印发《北京市关于加快发展老年教育的实施意见》。

△　12 所院校入选北京市特色高水平职业院校建设单位，48 个专业（群）入选第一批北京市特色高水平骨干专业（群）建设单位，40 个实训基地入选第一批北京市职业院校实训基地（工程师学院、技术技能大师工作室）建设单位。

11 月，怀柔渤海中学参加中央电视台录制的《我的美丽乡村》综艺文化展演节目　　（怀柔渤海中学　供）

3月20日，垂杨柳中心小学劲松分校开展学生走进故宫参观学习活动 （垂杨柳中心小学劲松分校 供）

25日 北京高校17个支部和10名个人分别入选教育部首批高校“百个研究生样板党支部”和“百名研究生党员标兵”创建名单。

26日 市委办公厅、市政府办公厅印发《北京市教育委员会职能配置、内设机构和人员编制规定》，明确市教委是市政府组成部门，为正局级，加挂北京市语言文字工作委员会、北京市人民政府教育督导室牌子，归口市委教育工委领导。3月至5月完成处室职能调整和干部配备工作，任免干部102人。

30日 市教委印发《北京市加强乡村小规模学校和乡镇寄宿制学校建设的实施方案》，明确到2020年的工作目标。

31日 市教委印发《北京市普惠性幼儿园认定与管理办法（试行）》。至年底，北京市普惠性幼儿园1610所，在园幼儿40万人，普惠率79.36%。

△ 市教委、市政府教育督导室印发《北京市幼儿园办园质量督导评估办法（试行）》。

至6月 市教委完成北京农学院、北京舞蹈学院、北京城市学院、北京印刷学院、中国音乐学院、北京电影学院、中国戏曲学院7所市属高校本科教学工作审核评估。至此，市教委完成全部21所市属高校本科教学工作审核评估。

2月

3日 经市政府审议通过，市教委印发《北京市国际学校发展三年行动计划（2019—2021年）》。

27日 北京大学的“揭示水合离子的原子结构和幻数效应”成果入选2018年度中国科学十大进展。

28日 清华大学、北京化工大学、北京理工大学、首都师范大学入选教育部首批高等学校科技成果转化和技术转移基地。

3月

11日 市教委、市发展改革委、市财政局、市人力社保局、市委编办印发《北京市教师教育振兴行动计划实施办法（2018—2022年）》。

11日和9月2日 市教委分别公布2019年社会大课堂市级资源单位项目，上半年项目1605个、下半年项目1174个。至年底，市级社会大课堂资源单位接待学生123.88万人。

12日 市教委组织的北京市中小学学工劳动教育交流研讨会在北京市自动化工程学校召开。

14日 北京市教育部“国培计划”名校长名师领航工程名校长名师工作室授牌，5个名校长工作室和4个名师工作室正式成立。

△ 市教委认定426所学校为全市首批义务教育学校管理标准达标学校。

16日 北京理工大学发起和倡议，9所诞生于延安的高校自愿联合组成的延河高校人才培养联盟成立。

19日 市教委召开北京市基础教育阶段创新人才培养十年总结会。

20日 北京市教育系统庆祝新中国成立70周年“我和我的祖国”爱国主义主题教育活动启动仪式在清华大学举行。

△ 市政府办公厅批复同意建立北京市民办教育工作联席会议制度。联席会议由市政府副秘书长担任召集人，21个委办局为联席会议成员单位。这是全国各省市中规格较高的民办教育联席会议。

21日 市委教育工委、市教委召开北京教育系统全面从严治党工作会。

22日　市教委印发《关于进一步做好校额到校工作的通知》，2019年初中综合素质评价首次纳入中招录取中，与校额到校招生“硬挂钩”。

23日至26日　市科协、市教委、市科委、市知识产权局、怀柔区政府联合主办第39届北京青少年科技创新大赛。评出优秀青少年科技创新项目奖项，颁发“北京青少年科技创新市长奖”，公布第二届北京青少年创客国际交流展示活动获奖名单等奖项。

25日　市教委印发《全面开展民办学校规范办学防范化解风险专项行动的通知》，全面开展民办学校规范办学防范化解风险专项行动。

29日　市教委印发《卓越教师培养计划2.0的实施意见》。

3月　市教委、市发展改革委、市财政局联合印发《关于市级统筹建设一批优质学校工作方案》，初步选址市统筹建设的优质学校项目17个。至年底，6所优质学校项目开工建设。

△　哈佛大学和剑桥大学校长分别访问北京大学和清华大学。

至7月　市教委配合新疆及西藏组织部门招录54名优秀毕业生赴新疆及西藏基层工作。

至11月　北京市35310人通过教师资格认定。

至12月　市教委组织49.70万人次中小学生参加“四个一”活动。

△　北京市首次开展师范专业第二级认证。市教委委托教育部高等教育教学评估中心对首都师范大学汉语言文学、学前教育、数学与应用数学，北京联合大学学前教育、小学教育5个专业开展师范类专业第二级认证。

△　市委宣传部、市教委、市财政局等单位共同举办2019年北京市民族艺术进校园活动，组织60余个艺术团体进校园演出703场（中小学653场、高校50场），举办专场演出127场（中小学99场、高校28场）。

4月

18日　国内首部校园安全教育电影《妈妈你真棒》宣传活动暨中国风险治理教育创新网络启动仪式在北京举行。该片由海淀区教委、东方核芯力联合教育部、应急管理部、共青团中央等16家单位共同摄制。

20日至21日　市教委、市体育局联合举办2019年北京市中小学生民族传统体育节。

22日　208个项目入选市教委评选的2018年北京市职业教育与成人教育教学改革项目。

25日　智利共和国总统塞瓦斯蒂安·皮涅拉访问清华大学。

△　柬埔寨王国首相洪森携访华代表团访问北京大学。

26日　市教委召开北京市中小学集团化办学与学区制管理房山区现场会，要求各区年内完成集团化办学覆盖学校新增100所的实事任务。至年底，北京市中小学集团化办学覆盖学校新增101所（城区16所、郊区85所）。

△　清华大学授予俄罗斯总统普京名誉博士学位。中共中央总书记、中央军委主席、国家主席习近平出席仪式。

30日　市教委确定49名校长（园长）为第三批北京市中小学名校长（名园长）发展工程学员。

4月　市教委发布《2019年北京市特岗计划乡村教师招聘公告》，为10个远郊区乡村中小学校招聘中小学音乐、体育、美术、历史、地理、生物紧缺学科教师288人。

△　市教委组织北京市29所中高职院校参与首批6个国家职业教育1+X证书试点。9月，组织26所中高职院校参与第二批10个国家职业教育1+X证书试点。

△　海淀区教委率先在自学考试中采用试卷智能跟踪

4月30日，汇文中学学生通过舞台剧的形式展示五四运动发生的时代背景　（东城区教委　供）

及取卷无感身份验证。

5月

1日　市委印发《关于加强高校党的政治建设的若干措施》，首次明确高校党的政治建设内涵和实现路径。

4日　市委教育工委、北京大学举办“五四运动与新时代”纪念五四运动100周年学术研讨会暨五四运动研究中心成立仪式。五四运动研究中心由市委教育工委、北大共建。

7日　市教委批准设立北京第一实验学校、北京第一实验中学。两所学校均位于北京城市副中心宋庄地区。

8日　市教委、北京教育科学研究院共同举办“弘扬生态文明，共建美丽家园”北京市中小学生态文明主题教育启动仪式暨《2019年中国北京世界园艺博览会中小学生知识读本》发放仪式。

9日　北京高校“引智帮扶”联盟成立大会在北京农业职业学院举行。

15日　希腊共和国总统普罗科比斯·帕夫洛普洛斯访问清华大学。

16日　53所高校的99个学科入选北京高校高精尖学科建设名单。

16日至18日　市教委承办国际人工智能与教育大会。会议由教育部、联合国教科文组织、中国联合国教科文组织全国委员会与市政府联合主办。习近平致贺信。中央政治局委员、国务院副总理孙春兰出席开幕式，宣读习近平贺信并致辞。会议通过成果文件《北京共识》。

18日　首都高校第57届学生田径运动会开幕式，首次设立甲C组，即体育院校、普通高校体育院系及普通高校非运动训练专业学生（体育教育、民族传统体育、社会体育等专业本科生、研究生）组别。

21日　市教委印发《关于做好初中课程教学与初中学业水平考试衔接工作的通知》。

23日　市教委印发《市级中小学教师专项绩效奖励实施办法》，确定项目分类年度绩效考评制度和项目库动态调整机制；明确奖励项目新增、暂停和取消的标准和程序，强化市级监督管理。

28日　北京市第15届哲学社会科学优秀成果奖揭晓，北京教育系统176项成果获奖，占全部获奖成果的84.62%。

28日至29日　清华大学倡议发起，9个国家的12所高校共同成立世界大学气候变化联盟。

6月

3日　教育部、市委共同召开首都高校党的政治建设工作会议，部署首都高校党的政治建设工作。孙春兰，中央政治局委员、市委书记蔡奇参加会议并讲话。

5日　科技部、财政部发布国家科技资源共享服务平台优化调整名单，北京科技大学国家材料腐蚀与防护科学数据中心和中国地质大学（北京）国家岩矿化石标本资源库入选。

7日至8日　59029人参加北京市2019年普通高等学校招生考试。23日，各批次录取最低控制分数线确定。统一招生录取53720人。

13日　市教委主办的“构建实践育人体系，促进学生全面发展”2019年北京市中小学德育工作区校行活动在燕山中小学素质教育综合实践基地举行。

18日　习近平给北京体育大学2016级研究生冠军班全体学生回信，提出勉励和期望，并向北体大全体师生和正积极备战奥运等赛事的运动员、教练员致以诚挚问候。

△　市教委、北京市禁毒委员会办公室联合举办北京市中小学“6·26”国际禁毒日主题宣传教育活动。

△　10人当选2018—2019学年度“北京市优秀学生”。

21日　市教委与市体育局、北京冬奥组委新闻宣传部、北京奥运城市发展促进中心联合举办北京市中小学生奥林

6月21日，2019年北京市中小学生奥林匹克教育及冰雪进校园系列活动启动　（中关村三小　供）

匹克教育及冰雪进校园系列活动启动仪式。

24日至26日 63724人参加2019年北京市高级中等学校招生考试文化课考试。7月28日，统一招生录取结果发布，全市参加统一招生学校录取35762人。

25日 教育部、市委教育工委联合举办“5·25”大学生心理健康教育月活动总结交流会。

26日 市教委会同北京援疆和田指挥部、各区教委启动援疆教师考核。这是对近年来教育援疆工作的集中检验，也是对援疆干部教师的整体评价。

30日，北京市社区学习服务联盟由北京开放大学发起成立，首批成员单位62家。

6月 市教委修订完善《中小学生综合素质发展评价监测指标体系》，制定《北京市中小学生综合素质发展评价监测办法》。

△ 市政府教育督导委员会领导及成员单位调整，新增市委组织部、市委宣传部、市经济信息化局、市民宗委、市规划自然资源委、市城市管理委、市交通委7家成员单位，成员单位增至21家。

△ 市教委印发《关于开展教育信息化融合创新“双百”示范行动的通知》，着力构建与教育现代化发展目标相适应的教育信息化体系。

7月

7日 市教委、青海省玉树藏族自治州人民政府、首都师范大学、青海师范大学签订《教育发展战略合作框架协议》。

8日至9日 第八届世界和平论坛在清华大学举办。

10日 市教委印发《北京市中小学健康教育指导纲要(试行)》，增加“甄别和评估与健康有关的信息、产品和服务”“网络安全”“校园欺凌”等内容。

△ 教育部、交通运输部联合印发《关于共建北京交通大学的意见》。

△ 市教委、市财政局、市人力社保局、市委编办印发《北京市师范生公费教育实施细则》。

15日 33所高校的62篇毕业论文（设计）入选市教委评选的北京高校学历继续教育优秀毕业论文（设计）。继续教育优秀毕业论文（设计）遴选工作将每年组织一次。

30日 市教委会同市财政局印发《北京市高等学校菁英奖学金项目管理办法（试行）》。

7月 北京高校、科研机构（除军队院校以外）录取研究生132231人，其中，146个高校、科研机构录取硕士生104633人，82家招生单位录取博士生27598人。

△ 北京教育网络和信息中心启动全市数字教育资源“百千万”汇聚共享工作。

△ 北京市教育系统统一门户“京学通”平台启动。

△ 市教委与德国巴登符腾堡州教育部共同主办首届北京中德职业教育合作“上汽大众杯”汽车维修国际技能大赛。这是北京市首次举办中德职业院校学生间的技术技能比赛。

8月

2日 中国—赞比亚职业技术学院开学典礼暨北京二业职业技术学院分院授牌仪式在赞比亚举行。这是中国职业院校在海外独立举办的第一所开展学历教育的高等职业学院。

5日 教育部办公厅公布2019年度全国创新创业典型经验高校名单，北京科技大学为北京唯一入选高校。

6日 北京5所职业院校入选教育部首批国家级职业教育教师教学创新团队立项建设单位。

23日 市教委等十部门联合印发《北京市儿童青少年近视防控十条措施》及实施保障工作方案。

28日 市委教育工委公布10个工作室入选首批北京高校“心理名师工作室”。

30日 市教委、市财政局印发《关于扩大义务教育学校生活补助范围的通知》，补助标准小学每人每月150元，初中每人每月180元，每年按10个月计发。

8月 市教委对市属高校和直属单位开展事业单位“吃空饷”及长期不在岗问题专项整治工作。经过摸排统计，存在问题人员2271人。至年底，清理整顿工作基本处理完成。

7月，首届北京中德职业教育合作汽车维修国际技能大赛举办
（市教委相关处室　供）

至10月　市委教育工委集中整顿高校软弱涣散基层党组织。

9月

1日　《北京市中小学校幼儿园安全管理规定（试行）》施行。

△　北京学校小学部开学。

4日　市教委印发《关于进一步强化北京高校教风学风考风建设的通知》。

△　33人获教育部评选的全国优秀教师称号，3人获全国优秀教育工作者称号。

5日　人力社保部、教育部公布2019年全国教育系统先进名单，北京18个单位获全国教育系统先进集体称号，17人获全国模范教师、2人获全国教育系统先进工作者称号。

6日　市教委、市公安局、市应急管理局印发《北京市普通中学危险化学品安全管理规范（试行）》《北京市普通中学危险化学品安全管理技术指南（试行）》。

9日　北京市召开庆祝第35个教师节座谈会。蔡奇，市委副书记、市长陈吉宁参加会议。

17日　市委、市政府发布《首都教育现代化2035》，提出推进首都教育现代化的总体目标。

30日　市委教育工作领导小组印发《北京市建设全国“三全育人”综合改革试点区实施方案》。

9月　市委“不忘初心、牢记使命”主题教育领导小组办公室、市委教育工委制定《关于“高校党的政治建设方面存在的突出问题”的整改方案》。至12月，整改全部完成。

至12月　北京34所市属高校开展“不忘初心、牢记使命”主题教育。

至12月　市教委联合首都师范大学推动实施“首都教育远程互助工程”，打造教育扶贫支援新亮点。

10月

1日　首都教育系统9.6万余名师生完成服务保障中华人民共和国成立70周年庆祝活动各项任务，其中，参加群众游行师生人数占游行总人数的60%。

10日　市委教育工作领导小组印发《加快推进首都教育现代化实施方案（2018—2022年）》。

15日　中国教师发展基金会举办第一届杰出教学奖、教学大师奖和创新创业英才奖颁奖典礼，清华大学姚期智获教学大师奖，全国仅1人获奖；北京大学黄如获杰出教学奖，全国5人获奖。北京高校4名学生获得创新创业英才奖，全国10人获奖。

18日　中国政法实务大讲堂首场专题讲座在北京大学开讲。

22日　经市政府专题会审议通过，市教委、市人力社保局、市财政局印发《关于进一步完善义务教育学校绩效工资分配制度的指导意见》。此举旨在通过核增绩效工资总量，切实保证中小学教师平均工资收入高于所在地区公务员平均工资收入水平。

24日　教育部、北京市在清华大学举行首都教育系统服务保障国庆活动总结表彰大会暨首场宣讲会。27日，市委教育工委在中国人民大学举行首都师生服务保障国庆活动专场宣讲会暨学校思想政治理论课教师“同备一堂课”

2019年，府学小学怀柔分校开设安全教育体验课程
（府学小学怀柔分校　供）

活动。

25 日至 12 月 29 日　市教委、市体育局、国家体育总局冬季运动管理中心、北京冬奥组委新闻宣传部、北京奥运城市发展促进中心联合主办北京市第四届中小学生冬季运动会。这是北京市中小学生中参赛规模最大、项目设置最多、赛期安排最长、场地分布最广的一项市级冬季运动综合性赛事。

29 日　市人才工作局召开会议向新入选的北京学者和青年北京学者颁发证书和工作室标牌。2019 年度北京学者 14 人、青年北京学者 17 人，其中，市属高校系统入选北京学者 5 人、青年北京学者 7 人。

30 日　市教委主办的北京市农村教育质量提升工作现场会在北京市昌平区百善学校举行。

△　市教委批准设立北京第二实验学校、北京第四实验学校。

10 月　北京高校 12 个中心入选教育部 2019 年教育部工程研究中心建设项目。

△　市教委面向 16 个区抽取 5 万名中小学生开展《国家学生体质健康标准》监测，覆盖基础教育各学段。监测结果显示：北京市中小学生体质健康水平总体平稳，但仍然存在区域发展不平衡，不充分的现象。

△　市教委启动北京市学科类校外线上培训备案工作。12 月 31 日之前完成对 267 家机构、11 万名培训人员（包括 10 万名外籍教师）、3063 门课程等备案材料的集中审查，逐一对机构提出整改意见。

△　市教委推行民办学校基本信息公示公告制度，将审批和管理的民办普通高校、民办非学历高等教育机构的办学许可证、学校章程、招生简章和广告、学籍和教学制度、年检结果、处罚决定的基本信息统一向社会公布。

截至 10 月　北京地区普通高等学校、研究生培养单位共培养毕业生 234986 人。其中，北京生源毕业生 63795 人，占毕业生总数 27.15%。

11 月

1 日　北京理工大学入选教育部 2019 年全国普通高校中华优秀传统文化传承基地，是北京唯一入选高校。

1 日至 3 日　北京大学、市教委、韩国高等教育财团联合举办第 16 届北京论坛。

8 日　北京老年开放大学经市教委批复，依托北京开放大学设立，并于 11 月 14 日第 15 届北京市全民终身学习活动周开幕式上正式授牌。

△　由北京经济管理职业学院牵头组建的北京数字经济职业教育集团召开成立大会。

9 日　市委宣传部、市委教育工委公布北京市首批重点建设马克思主义学院名单，8 所高校的马克思主义学院入选。

12 日　市教委认定第三批北京市民终身学习示范基地 35 个、北京市职工继续教育基地 14 个和北京市新型职业农民培训基地 18 个。

13 日至 12 月 2 日　市教委、市语委联合开展 2019 年度语言文字工作规范化达标建设工作，16 个区评出基础教育阶段达标校 427 所（含幼儿园），高等院校达标校 94 所。

14 日　北京市第 15 届全民终身学习活动周开幕，表彰 2019 年市教委认定的 113 名“第十批首都市民学习之星”、14 个北京市职工继续教育基地、35 个北京市民终身学习示范基地、18 个北京市新型职业农民培训基地。

2019 年，石景山金顶街二小实行行政领导陪餐制度
（石景山金顶街二小　供）

21 日　中国地质大学（北京）北京学院挂牌成立。

22 日　北京高校 13 人当选中国科学院院士，11 人当选中国工程院院士。

26 日　市教委、北京教育科学研究院联合主办北京市学校美育工作推进会。

△　北京教育网络和信息中心举办北京基础教育阶段首次“虚拟现实＋ 5G”远程教育教学直播实验活动。

28 日　国家卫健委、教育部、市政府在中国传媒大学联合举办 2019 年世界艾滋病日主题活动。

11 月　市教委提前实现全市中小学幼儿园“阳光餐饮”建设全覆盖目标。

△　市教委完成专任教师未持证上岗问题整改。

△　北京市 6 个幼儿园案例入选教育部 2019 年全国幼儿园优秀游戏活动案例。

12 月

2 日　市教委、首都精神文明办认定 218 所中小学为第四批北京市中小学文明校园。

3 日　市教委、北京教育科学研究院联合召开北京市中小学劳动教育大会。

4 日　北京外国语大学接待萨尔瓦多总统纳伊布 · 布克尔访问，并授予其名誉博士学位。

5 日　市委教育工委市教委、北京大学、清华大学 3 家单位入选首批教育融媒体建设试点单位。

9 日　76 名教师获得第 15 届北京市高等学校教学名师奖，70 名教师获得第 3 届北京市高等学校青年教学名师奖。该评选由市教委举办。

10 日　教育部发布 2019 年度高等学校科学研究优秀成果奖（科学技术）奖励结果，北京高校 66 个通用项目及 3 名个人获奖。

△　市教委、市税务局、市委编办等十部门联合印发《北京市现有民办学校变更法人登记类型的实施办法（试行）》。

△　市教委、北京教育科学研究院共同召开北京市中小学思想政治学科教育大会。

△　北京 7 所高职院校入选教育部、财政部评选的中国特色高水平高职学校和专业建设计划建设单位。

12 日　市教委认定大兴区为“北京市建设学习型城市工作示范区”。

△　市教委召开市级学校安全工作联席会全体会议第一次会议，建立由市领导带队，教育、公安、交通、卫健、市场、应急、城管、消防 8 个市级部门联合开展的校园安全联合检查工作制度，明确首次对全市 1568 所中小学幼儿园开展专项督导。

截至 15 日　教育部控辍保学工作台账上，北京疑似失学学生人数从 1873 人降至 165 人。

17 日　教育部公布第五届中国“互联网 +”大学生创新创业大赛获奖名单，北京获得 8 个金奖、10 个银奖、18 个铜奖。其中，清华大学“交叉双旋翼复合推力尾桨无人直升机”团队获得总冠军。

20 日　市教委印发《北京市中小学依法治校基本标准》。

21 日　北京高校卓越法治人才培养联盟成立。

11 月 1 日，仁和中心幼儿园中班幼儿及家长委员会开展安全应急知识实践活动　（仁和中心幼儿园　供）

12月17日，清华“交叉双旋翼复合推力尾桨无人直升机”团队获中国“互联网+”大学生创新创业大赛总冠军　　（清华　供）

21日至23日　北京市2020年全国硕士研究生招生考试举行，135501人参加考试。

22日至23日　清华大学、市教委联合召开终身学习与未来人才国际会议。

23日　市教委、市委编办、市人力社保局、市财政局联合印发《关于推进中小学教师“区管校聘”管理改革的指导意见》。

24日　市委教育工委召开北京教育系统警示教育大会。

△　教育部公布2019年度国家级和省级一流本科专业建设点名单，北京高校462个专业入选国家级一流本科专业建设点、155个专业入选北京市级一流本科专业建设点。

25日　市教委公布北京高校重点建设一流专业名单，北京49所高校100个专业入选。

△　2019年北京市教育扶贫协作与支援合作工作总结推进会召开。

28日　市教委、市经信局联合举办首届北京高校诚信演讲比赛决赛。

30日　40个教学团队获批北京高校优秀本科育人团队，在本科教学管理岗位上的40人获批北京高校优秀本科教学管理人员。该评选由市教委举办。

△　市教委公布2019年“优质本科课程”重点项目35个、重点委托项目1个、一般项目192个；“优质本科教材课件”35个、一般项目190个。

31日　市教委批准设立北京第三实验学校。

△　市教委发布建设北京人文社会科学研究中心的意见，指出在北京高校建设一批北京人文社会科学研究中心。

至12月　北京市200余所大中小学校及幼儿园组织学生20万人参加庆祝中华人民共和国成立70周年大会、联欢活动以及2019北京世界园艺博览会开幕式、“一带一路”第二届高峰论坛演出等国家级重大活动。

6月2日至9日，信息职院承接世界园艺博览会志愿服务任务　　（信息职院　供）

△　市教委牵头开展2019年学生体质与健康调研及国家学生体质健康标准抽查复核工作。

是年

至年底　市教委落实《2019年残疾学生助学服务项目实施方案》，全市建立助学服务档案2170份，为1051名学生落实各项政策。

2019 年，石景山区教育扶贫与协作——教师赴内蒙古呼伦贝尔莫旗支教　　（石景山区教委　供）

△　市教委推进民办培训机构疏解整治和规范管理。全年压缩培训机构 53 个，减少培训 14262 人次。依法进行停止办学资格公告，推进 5 个民办高等教育机构退出。

△　市教委接收非京生源毕业生 1210 人。

△　市教委落实乡村教师岗位生活补助发放，为全市 370 个乡村中小学 16446 名教师发放乡村教师岗位生活补助 6.75 亿元。

△　市教委调整市属高校教师职务学术评议权，将高校教师“教育管理研究”正高级学术评议工作下放至各高校；将高职院校（含北京教育学院、北京开放大学 2 所成人高校）正高级学术评议工作下放至各院校。

△　市教委推进 17 所市建共管和市建区办学校建设，完成全部学校与承办校对接。

△　市教委面向 9 个区 48 所项目校推送外籍教师 34 人。

△　市教委会同市财政局、房山区、昌平区论证高教园区环境提升项目，分别下达 7.78 亿元和 0.78 亿元资金用于支持良乡、沙河 2 个高教园区建设。

△　市教委开展校园“厕所革命”，成立推进中小学校“厕所革命”工作领导小组，编制《北京市学校“厕所革命”活动实施方案》《北京市中小学校幼儿园厕所管理规范（试行）》。

（本栏责任编校　华蕾）

首都教育系统 9.6 万余名师生参与庆祝中华人民共和国成立 70 周年庆祝活动及志愿服务等工作

2020 首都教育系统庆祝中华人民共和国成立70周年

THE CAPITAL EDUCATION SYSTEM CELEBRATE THE 70th ANNIVERSARY OF THE FOUNDING OF THE PEOPLE'S REPUBLIC OF CHINA

首都教育系统庆祝中华人民共和国成立 70 周年

THE CAPITAL EDUCATION SYSTEM CELEBRATE THE 70th ANNIVERSARY OF THE FOUNDING OF THE PEOPLE'S REPUBLIC OF CHINA

首都教育系统庆祝中华人民共和国成立 70 周年活动服务保障

在中华人民共和国成立 70 周年庆祝活动中，首都教育系统以高度的政治自觉和使命担当，以“精精益求精、万万无一失”的工作作风，组织 9.60 万余名师生参与群众游行、广场联欢、阅兵、庆祝晚会和志愿服务等工作，圆满完成任务，为 70 周年大庆作出重要贡献。全方位、多层次参与国庆活动筹备工作，全天候、多领域做好服务保障，为国之大典提供重要的智力支持和人才保障。参与国庆活动的广大师生展现昂扬向上、奋发有为的精神面貌，得到习近平总书记和王沪宁等中央领导的充分肯定以及社会各界的广泛好评。

一是高标准完成群众游行任务。全市各级各类学校 6.60 万余名师生参与国庆群众游行，36 个方阵中有 22 个高校主责方阵，9 个方阵为高校独立方阵，还有 31 所高校和 10 所中学的 2892 名师生组成广场合唱团。游行队伍中“同心追梦”方阵由海淀区 2019 名中小学生组成行进管乐方阵，其中，最小的 8 岁、最大的 14 岁，是群众游行方阵中平均年龄最小的方阵。“祖国万岁”方阵人数最多，共 5000 人，朝阳区 2000 名中学生、2000 名大学生参与其中。广大师生秉持“党有号召，我有行动”的担当信念，以极大热情投入到群众游行训练演练之中，在天安门广场踏出“自由、生动、欢愉、活泼”的精彩节拍，走出新时代首都师生的精气神。

二是高质量服务广场联欢活动。全市 1151 名高校师生参与广场联欢活动中心表演区等各环节演出，成为贯穿“四个篇章”的重要力量。1400 名大中小学师生组成“千人合唱团”，与“千人交响乐团”相呼应，唱出首都师生的爱国豪情，唱响铭刻时代烙印、饱含奋斗激情的经典乐章。

三是高水平提供专业支撑。全市 20 余所院校的专家团队集中攻坚中央和市委交办的专项任务，完美呈现国庆标识、“红飘带”大型景观雕塑、主题彩车等国庆大典重要元素，精准完成庆祝活动、电视转播、管理人员坐席安排和集结疏散等数字推演任务，提供烟火燃放、空气质量、桥梁检测等技术保障，用高超的艺术水平和高精尖的科学技术在国庆活动中写下浓墨重彩的一笔。

四是高效率保障国庆系列活动。全市 500 余名师生参与《奋斗吧中华儿女》庆祝晚会的训练排演，以 8 场演出演绎中华民族从站起来到富起来再到强起来的奋斗史诗；700 余名师生代表参与服务国家勋章和国家荣誉称号颁授仪式；800 名师生参与烈士纪念日向人民英雄敬献花篮仪式；1.70 万余名师生参与志愿服务，为庆典、游园、城市运行等提供优质服务。

总的来看，一方面首都教育系统是国庆活动服务保障工作的重要力量，另一方面，国庆活动也为各级各类学校落实立德树人根本任务搭建起重要平台。广大师生通过参加国庆活动形成的正确认识和高昂士气，是国庆活动留下的最宝贵的精神财富，也是谱写新时代首都教育事业新篇章的重要资源。

总结起来，主要有四个方面的重要经验。

一是必须坚持扎根中国大地办教育，主动把教育工作融入党和国家事业发展的全局。首都各级各类学校坚守和践行“为人民服务、为中国共产党治国理政服务、为巩固和发展中国特色社会主义制度服务、为改革开放和社会主义现代化建设服务”的办学宗旨，坚决贯彻市委“将新中国成立 70 周年庆祝活动为纲”的总要求，把自身发展主动融入国家和首都发展的大局。各学校围绕国庆专项任务组建精兵强将，调动一切可以调动的资源集中攻关，在服务国家重大需求的过程中促进相关学科专业的发展迭代，彰显中国特色社会主义教育的时代价值。清华大学、中央美术学院、北京工业大学等高校承担群众游行 36 个主题彩车中 35 个彩车的设计任务，每辆彩车都承载着国之大典的思想性和艺术性，成为展现新中国成立 70 年来历史性成就的生动载体。北京理工大学、北京电影学院等高校以秒级和厘米级的精度，对群众游行、联欢活动和阅兵进行全要素、全方位、全流程的三维仿真模拟，为庆祝活动的策划、组织和现场指挥提供高效准确的技术和数据支撑。中国音乐学院、北京服装学院等高校整合行业优质资源，高品质完成庆祝活动系列音乐的创作编排以及 306 款群众游行服装的设计制作任务。

二是必须坚持党建引领，让党的旗帜高高飘扬在每名师生心中。各单位将筹备和服务保障国庆活动作为重要的政治任务，作为最实际、最生动的“不忘初心、牢记使命”主题教育，坚持把党的政治建设摆在首位，全部成立临时党组织，按照“支部建在连上”的宝贵经验和优良传统，在每个中队、每个任务团队都建立临时党支部或党小组，实现党组织和党的活动对全体参与师生的“双覆盖”，使各单位国庆工作成为党领导下的坚强阵地。各单位党政一把手在国庆活动中靠前指挥、奋战一线，带领各级党组织书记全面落实党建第一责任，发挥“关键少数”的表率引领作用。北京大学、中国地质大学（北京）、北方工业大学、北京工商大学等高校将国庆工作进展作为学校党委常委会固定议题确定下来，及时研究解决突出问题，发挥把方向、管大局、保落实的领导核心作用。中国农业大学、首都师范大学、首都经济贸易大学、北京电子科技职业学院等高校组织参训师生开展“我与祖国共成长”“初心之旅”等主题党日活动，组织各级党组织书记、历届国庆活动亲历者参与主题教育。中国人民大学、北京师范大学、中央民族大学、北京舞蹈学院、北京建筑大学以及朝阳区教委、海淀区教委等单位党委依托临时党组织，在参训师生中广泛开展入党教育和入党积极分子培养考察工作，参训师生主动向临时党组织递交入党申请书和思想汇报，部分单位按组织程序批准在国庆任务中表现突出的师生加入党组织。北京市外事学校、北京市实验职业学校、北京市大兴区第一职业学校等中职学校将弘扬爱国主义贯穿于全年日常工作中。

三是必须坚持正面教育，充分发挥思想政治工作的生命线作用。蔡奇指出，庆祝活动是一堂生动的新中国历史课、爱国主义教育课、新时代思政课，彰显非同凡响的政治效果、精神价值和引领作用。服务保障国庆活动既是对学校思想政治工作成效的检验，也是开展爱国主义教育的宝贵契机。3 月，市委教育工委和教育部思政司共同启动“我和我的祖国”爱国主义主题教育活动，通过“小我融入大我，青春献给祖国”“青春告白祖国”等系列活动将爱国主义教育持续引向深入，为国庆活动奠定思想基础、营造群众氛围。各学校加强师生思想引领，以主题教育方式将师生参与国庆活动的过程转化为思想教育的鲜活课堂，打出一套组织师生学起来、唱起来、讲起来、做起来的教育组合拳，实现立德树人和国庆服务保障工作的“双促进”“双提升”。各校选拔政治素质好、业务能力突出的辅导员、思政课教师和学工干部骨干直接参与国庆活动，与学生同吃同住同训练，将思想政治工作做在日常、做到个人，用实际行动诠释“骄阳下的陪伴是最动人的身教”。北京航空航天大学、北京石油化工学院、北京农学院等高校推动训练过程和主题教育课程化，按照“讲—学—感—践”的思路，将专题讲座、主题研讨、参与体验有机融入到国庆训练中，引导参训学生深入学习领会习近平新时代中国特色社会主义思想的深刻内涵，正确把握“小我”与“大我”的关系，坚定“四个自信”。对外经济贸易大学、北京第二外国语学院、北京财贸职业学院等高校调动学校有经验的党政干部对每名参训师生开展“一对一”谈心谈话，摸排师生思想动态，及时发现和解决苗头性倾向性问题。北京中医药大学、首都医科大学、北京青年政治学院、北京工业职业技术学院等高校将每天训练和教育内容做成“课表”，精确到每个环节，做到“训前有动员有拉歌，训中有鼓劲有宣讲，训后有总结有节目”，把训练和思想教育融为一体。海淀区教育系统 35 所中学校 2600 余名师生参与的“情景式表演三”方阵中，北京市第五十七中学、北京市第一六一学校等学校邀请参加过历次国庆游行活动的亲历者分享他们的故事，感受祖国的变化；参训师生以国庆阅兵为主题，搜集整理中华人民共和国成立以来历次国庆阅兵的资料，以班级为单位绘制主题小报，交流、学习和展示。

四是必须坚持形成合力，着力构建全过程育人的大格局。此次国庆活动政治要求高、筹备周期长、训练任务重，做好服务保障工作，是一场不折不扣的攻坚战、持久战。各单位统筹协调保卫、后勤、医疗等 10 余个方面的力量形成保障合力，从领导到普通学生，从专业教师到后勤员工均参与其中，以国庆服务保障工作进行一次“三全育人”的大练兵。中国科学院大学、北京体育大学、首都体育学院等高校加强对师生的人文关怀和生活保障，及时调整餐饮供给、洗澡时间和电梯运行，根据天气提供绿豆汤和姜汤，打造师生国庆训练温暖“大后方”。中国政法大学、北京林业大学、北京城市学院等高校抓好校园各项安保维稳措施，启动校园一级防控，以强有力的组织体系、严格的责任机制推动各项工作落到实处，密切关注师生思想动态和网络舆情，有效防范境外负面信息倒灌，守好校园阵地。海淀区前进小学服务保障教师团队为学生设置白色的旗桶，保障学生在训练过程中的人身安全。朝阳区北京市陈经纶中学服务保障团队从饮食、加餐的及时到位，到为学生购买水瓶肩带，挑换服装鞋帽都细致入微，保障师生精神饱满参加训练。

“大国崛起有我在”，首都教育系统师生将与祖国共成长，为实现“两个一百年”奋斗目标和中华民族伟大复兴的中国梦而努力奋斗！

（市委教育工委　市教委）

中华人民共和国成立70周年

The 70th Anniversary of the Founding of The People's Republic of China

中央美院参与设计庆祝中华人民共和国成立 70 周年活动标识
（中央美院　供）

印刷学院负责设计庆祝中华人民共和国 70 周年大会纪念册
（印刷学院　供）

北理工打造数字版国庆盛典，场景精度校准到厘米　（北理工　供）

01 西城区教育系统 402 人参加“杨帆远航”方阵群众游行（西城教委　供）

02 信息科大2301名师生组成“浴血奋战”方阵（信息科大　供）

03 服装学院学生在女民兵方阵里接受检阅（服装学院　供）

04 八一学校师生代表参加“同心追梦”方阵情景式表演（八一学校　供）

05 清华师生参加“伟大复兴”方阵群众游行（清华　供）

01 汇文中学学生参加合唱方阵演出

（汇文中学 供）

02 工商大学师生参加群众游行活动

（工商大学 供）

03 朝阳区学生参加游行活动

（音像报刊总社 供）

04 首都高校学生参加广场群众联欢

（音像报刊总社 供）

05 现代音乐研修学院学生参加广场群众联欢

（现代音乐研修学院 供）

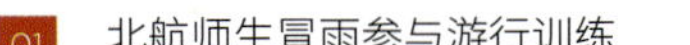

01 北航师生冒雨参与游行训练 （北航 供）

02 清华游行队伍最后一次合练 （清华 供）

03 北理工学生参加预备役部队方阵训练 （北理工 供）

04 信息科大师生参加群众游行方阵排练 （信息科大 供）

05 八一学校师生参加群众游行“同心追梦”方阵训练 （八一学校 供）

06 北大师生参加群众游行“凝心聚魂”方阵训练 （北大 供）

01 北航志愿者服务观礼嘉宾 （北航 供）

02 清华志愿者服务观礼嘉宾 （清华 供）

03 北大志愿者搬运活动物资 （北大 供）

04 警察学院学生承担阅兵现场气球放飞任务 （警察学院 供）

05 电科职院学生参加礼宾志愿服务 （电科职院 供）

01　育英学校学生参加“同心追梦”方阵表演（音像报刊总社　供）

02　民大学生完成联欢彩排（民大　供）

03　女子学院师生完成表演任务（女子学院　供）

04　外经贸大留学生完成游行任务（外经贸大　供）

05　北方工大师生参加“健康中国”联欢表演（北方工大　供）

52 所高校 30 个宣讲团赴全国宣讲“国庆故事”

为深入学习贯彻习近平总书记国庆系列重要讲话和批示精神，充分发掘利用庆祝活动留下的宝贵精神财富，持续唱响爱国主义教育时代强音，10 月，在教育部指导下，市委教育工委组织参与国庆活动任务的 52 所高校成立 30 个首都教育系统服务保障国庆活动宣讲团，按照一个宣讲团对接一个省份和地区的工作安排，400 余名宣讲员面向全国 100 余所高校 10 余万名师生交流分享参与国庆活动的经历，讲述“国庆故事”，将庆祝活动所激发的精气神和正能量传播到祖国各地。在半个多月时间里，宣讲团累计宣讲 100 余场，相关微博话题阅读量超过 1 亿次，宣讲直播观看量超过 1000 万次，成为全国教育系统一场“现象级”活动。

宣讲活动筹划于国庆训练期间，在庆祝活动后迅速展开，在全国各地各高校再次掀起爱国主义热潮。

一是提前谋划部署，以“精精益求精”的作风抓好宣讲组织工作。国庆训练进入收尾阶段，市委教育工委要求各校总结梳理服务保障国庆活动的好经验、好做法，做好优秀师生的选树和典型事迹的挖掘工作，提前部署国庆宣讲工作。庆祝活动后的第一周，市委教育工委联合教育部思政司召开专题座谈会，听取参与国庆活动的各方面师生代表分享国庆体验和感受，全面策划全国宣讲工作。10 月 24 日，教育部会同北京市召开首都教育系统服务保障国庆活动总结表彰大会暨首场宣讲会，正式部署启动全国宣讲工作并为宣讲团授旗。10 月 30 日至 31 日，市委教育工委会同教育部思政司率“示范团”前往广东省，在深圳大学、华南理工大学开展京外首场宣讲，正式拉开“南下、北上、东进、西出”的全国大宣讲序幕。

二是提高政治站位，高质量高水平凝练打磨“国庆故事”。各高校党委高度重视宣讲工作，将其作为学习贯彻习近平总书记国庆系列重要讲话精神的重要举措，纳入“不忘初心、牢记使命”主题教育的重要安排，全部成立由校领导担任负责人的工作专班，建立多部门协同的工作机制，全力打造高品质的宣讲团队。清华大学党委书记陈旭、北京大学党委书记邱水平牵头部署谋划，深入一线推动工作落实。北京林业大学党委书记王洪元、北京青年政治学院党委书记程晓君专门带队赴外地宣讲。各高校坚持优中选优，精心选拔优秀师生代表组建宣讲团，并组织专业力量进行指导。中国人民大学宣讲团精心备课，在生动案例和精彩故事中突出新中国史、改革开放史教育，分析“为什么自信、自信从哪里来”，诠释社会主义核心价值观的历史底蕴和灵魂精髓。北京航空航天大学举办三次集体备课会，邀请宣讲专家、思政课名师对宣讲员进行现场培训，组织宣讲团深入学校思政课堂进行“翻转试讲”。在教育部统一部署下，各校与对接省市教育部门协同发力，选取复旦大学、南京大学等当地重点高校陆续开讲，并与师生代表开展交流研讨，用真情打动人、用情怀感染人、用担当鼓舞人，演绎一场场生动的爱国主义教育大课。

三是引发热烈反响，在全国奏响同频共振的爱国大合唱。宣讲活动得到各地各高校师生的热烈响应、踊跃参与和积极点赞。北京理工大学在湖南的两个小时宣讲，收获近百次雷鸣般的掌声。中央美术学院、北京服装学院深入挖掘河北省的“地方元素”，巧妙嵌入到宣讲环节，引发师生共情。宣讲期间，新华社、人民网、光明网、中国青年报、中国日报、中国教育报等中央媒体和各地主流媒体都对活动进行全景式报道。

宣讲活动成为传播好声音、放大正能量的有效载体，成为历练队伍、锻造骨干的有力之举。宣讲活动是庆祝活动后，对高校思想政治工作的又一次考验和检阅，涌现出一批敢担当、善作为的优秀思政工作干部，为今后常态化做好重大活动服务保障工作储备骨干人才。同时，树榜样、立标杆，让榜样讲述先进事迹的工作模式，成为做好新时代高校思想政治工作的重要借鉴。宣讲活动成为抢抓工作机遇、创新教育模式的有益探索。此次服务保障新中国成立 70 周年庆祝活动和开展全国宣讲，是首都教育系统将被动接受任务转化为主动抢抓机遇、持续扩大战果的有益实践。通过主题教育的有效载体将训练过程中形成的“知”和“意”转化升级为“情”和“行”，形成“全链条式”的工作模式，为今后以主题教育活动引领全年思想政治工作提供有益经验。

结合深入贯彻落实中共中央、国务院《新时代爱国主义教育实施纲要》，市委教育工委进一步凝练和深化全国宣讲工作成果，扩大宣讲辐射的深度和广度，着眼长效完善工作机制，将新时代爱国主义教育引向深入。

一是以宣讲活动推动爱国主义“大家谈”。此次全国宣讲活动集结 400 余名优秀的宣讲员，市委教育工委组织这支队伍深入大中小学各级基层组织，与师生开展“面对面”、深层次的交流座谈，形成爱国主义“大家谈”的生动局面。

二是编辑出版《国庆记忆——首都师生服务保障新中国成立 70 周年庆祝活动纪实》。市委教育工委将把此次宣讲活动中形成的典型人物、先进事迹、精彩故事集结出版。同时，在“学习强国”学习平台录制传播国庆宣讲视频。

三是顺势做好《北京市建设全国“三全育人”综合改革试点区实施方案》的宣传。此次国庆活动的服务保障工作是各高校“三全育人”工作的一次“大练兵”。

（市委教育工委宣传教育处）

女子学院服务保障国庆活动事迹宣讲会

（女子学院　供）

首都教育系统服务保障国庆活动宣讲团

（北航　供）

10月30日至11月17日，市委教育工委会同教育部思政司组织参与国庆活动任务的52所高校，成立30个首都教育系统服务保障国庆活动宣讲团

（市教委相关处室　供）

“我和我的祖国”爱国主义主题教育活动

2019 年，市委教育工委组织开展北京教育系统庆祝新中国成立 70 周年“我和我的祖国”爱国主义主题教育活动。活动贯穿全年，每月结合重要节点和重大节日，以“学起来”“唱起来”“讲起来”“做起来”为主要内容，充分考虑不同学段、年龄段学生身心发展特点，在幼儿园、小学、中学、高校分别围绕“我的祖国是花园”“我的祖国我的家”“我的祖国我的梦”“我的祖国我奋斗”设计教育活动内容；在教师群体中以“我的祖国我建设”为切入点设计教育活动内容。“学起来”主要是以课堂教学、主题班会等形式，深入学习习近平新时代中国特色社会主义思想，深入学习党史、新中国史、改革开放史、社会主义发展史，不断增强师生“四个自信”。“唱起来”主要是以歌咏活动、文艺演出等形式唱响主旋律、讴歌新时代，展现教育系统师生的良好精神风貌。“讲起来”主要是组织师生讲述“我与祖国共成长”的励志奋进故事，分享成长体会，展现家国情怀。“做起来”主要是以社会实践、志愿服务、参与国庆活动等形式，以实际行动表达爱国热情。市级层面每月结合重要节点和重大节日开展示范性活动，包括幼儿园“小脚丫走北京”活动、小学生传唱新童谣展示活动、中学生时事辩论赛、“新时代青年传承‘五四’爱国精神”主题演讲比赛、高校师生服务北京“四个中心”功能建设“双百行动计划”等。主题教育活动期间，全市各级学校举办特色教育活动 4000 余场，参与师生 300 余万人。

（市委教育工委宣传教育处　市教委基础教育一处）

3 月 20 日，北京教育系统庆祝新中国成立 70 周年“我和我的祖国”爱国主义主题教育活动启动仪式在清华大学举行

3 月至 5 月，开展中小学主题班会评优活动，评出主题班会特等奖 2 个、一等奖 37 个；开展中小学国旗下演讲活动，征集并选送 183 篇优秀演讲稿在相关媒体宣传刊载

5 月 24 日，“我和我的祖国”爱国主义主题教育活动“做起来”暨 2019 年北京高校师生服务首都“四个中心”功能建设“双百行动计划”启动

5 月至 6 月，开展中小学“我爱祖国 同唱国歌”视频征集活动，征集到优秀视频 44 件，面向中小学生展示推广

7 月 21 日，举办北京市第三届中学生时事辩论赛决赛

9 月 5 日，“向祖国报告”首都大学生庆祝中华人民共和国成立 70 周年诗诵会在北京大学百周年纪念讲堂举行

9 月 15 日，举办北京市小学生传唱新童谣展演活动，现场展示优秀童谣作品 108 篇、优秀童谣传唱节目 20 个

9 月，开展中小学“讲好中国故事”视频征集活动，征集到优秀视频作品 25 件，面向中小学生展播

01 3月20日，“我和我的祖国”主题教育活动在清华启动（清华 供）

02 6月12日，启喑实验学校拍摄《我和我的祖国》手语MV（启喑实验学校 供）

03 9月5日，市教委举办北京市中小学生“我和我的祖国”传唱新童谣展演活动（市教委相关处室 供）

04 9月26日，北航举办“我和我的祖国”歌唱快闪活动（北航 供）

05 9月，崇文回民幼儿园师生共同制作国旗（崇文回民幼儿园 供）

06 5月20日，中央财大举办“我和我的祖国”毕业快闪活动（中央财大 供）

（本栏责任编校 华蕾）

1733 所

幼儿园

46.76 万人

在园幼儿

7.98万人

教职工

2020 | 学前教育

PRESCHOOL EDUCATION

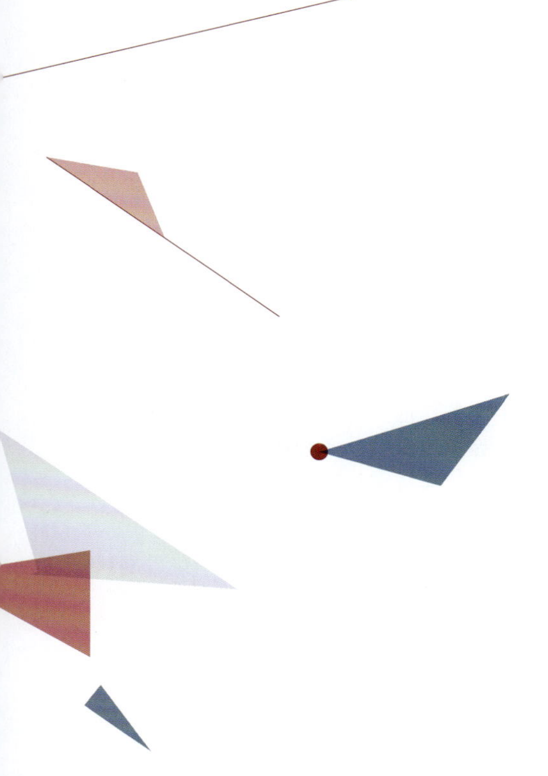

综述

概述

2019 年，北京市共有各类幼儿园 1733 所，其中，教育部门办园 506 所、其他部门办园 47 所、地方企业办园 39 所、事业单位办园 49 所、部队办园 76 所、集体办园 249 所、中外合作办园 2 所、民办园 765 所（包括普惠性民办幼儿园 334 所）。在园幼儿 46.76 万人，比上年增加 1.70 万人，同比增长 3.76%；全市幼教职工 7.98 万人，比上年增加 0.81 万人，同比增长 11.30%。其中，专任教师 4.12 万人，比上年增加 0.23 万人，同比增长 6%。

（郭春彦）

学前教育资源继续扩大

2019 年，北京市继续落实《北京市第三期学前教育行动计划》。通过新建、改扩建幼儿园，以租代建、举办分园分址、发展多样化学前教育服务等形式，扩大学前教育资源，解决适龄儿童的看护困难。截至 11 月，新建、改建、扩建 138 所幼儿园，新增学位 30362 个。

（孙艳云）

普惠性幼儿园认定与管理办法印发

1 月 31 日，市教委印发《北京市普惠性幼儿园认定与管理办法（试行）》。明确普惠性幼儿园的认定范围、申报条件、认定程序、退出机制、保障支持和日常监管要求，建立健全普惠性幼儿园管理制度。至年底，北京市普惠幼儿园有 1610 所，在园幼儿 40 万人，普惠率 79.36%。

（孙艳云）

学前教育宣传月活动

5 月至 12 月，市教委开展学前教育宣传月活动。各区聚焦“科学做好入学准备”等主题，开展现场宣传、“理解童心，科学做好入学准备”征文等活动，向社会发放《入学准备，一起行动》等宣传资料，多视角、多形式正面宣传呈现幼儿园教师工作，唤醒家长科学育儿意识，促进家园合作共育。

（郭春彦）

学前教育产教合作联盟成立

7 月 5 日，首钢工学院以产、学、研、用一体化为主要途径，作为理事长单位牵头成立学前教育产教合作联盟。该联盟是由首钢工学院联合首实教育集团有限公司、中国传媒大学幼儿园、国管局幼儿园、公安部幼儿园、幼乐美（北京）教育科技有限公司等 9 家在京副理事长单位及 30 余家理事成员单位，按照“平等互利、资源共享、合作共赢、共谋发展”的原则成立的跨领域、多元化、开放性的职业教育合作组织。各成员单位之间将不断创新办学模式和运行机制，为推动学前教育人才培养及幼儿教育事业的健康发展贡献力量。

（卢芳）

幼儿园名园长沙龙活动

7 月，北京教育科学研究院与新华社北京分社共同举办北京市幼儿园名园长沙龙活动。活动以“提升园长专业能力，促进幼儿园发展”为主题，分别围绕“公平”“质量”“教育误区”3 个专题开展圆桌讨论。全面解读国家政策，向社会解疑释惑，传播正能量，同时宣传北京市学前教育发展成就，展示北京市幼儿园园长的风采形象。

（吕国瑶）

6 个案例入选全国幼儿园优秀游戏案例

11 月，教育部公布 2019 年全国幼儿园优秀游戏活动案例评选结果，北京市 6 个幼儿园案例入选。经幼儿园申报、地方推荐、专家独立评审、结果公示等程序，全国 130 个案例入选。北京市遴选工作由北京教育科学研究院负责，组织 45 名评审专家，分成 15 个评审小组，评审 16 个区报送的 3000 篇案例（文字、照片、视频），最终向教育部报送参评案例 126 个。

（常宏）

北京市幼儿园入选 2019 年
全国幼儿园优秀游戏活动案例

案例名称	所在班级	申报园所
“战狼”小分队——棒棒投弹兵	大班	中共中央办公厅警卫局北长街幼儿园
墙上的轨道滑梯	中班	北京市西城区洁民幼儿园
超市变形记	中班	北京市石景山区幼儿园分园
滚珠的探索	大班	北京市东城区崇文第三幼儿园
我们的“广州路”	中班	北京市大兴区第七幼儿园
我们想拍动画片	大班	北京市第六幼儿园

（常宏）

保育教育

昌平教工幼儿园开展传统节日主题教育

1 月 11 日和 6 月 4 日至 6 日，北京市昌平区教工幼儿园分别开展腊八节和端午节主题教育活动。腊八节活动中，各班教师介绍腊八节来历和习俗、制作腊八粥的食材和方法，幼儿认识各种豆子。幼儿挑选食材，由食堂制作腊八粥。师幼 423 人参加活动。端午节活动中，教师介绍端午节由来和习俗，用玩具材料搭建龙舟，举办陆地龙舟赛、在熟鸡蛋上绘画、包粽子等活动。教师及幼儿 449 人参加活动。

（褚小芹）

延庆四幼开展世园会主题课活动

3 月 11 日，北京市延庆区第四幼儿园开展“延庆是我家，世园靠大家”主题课活动。幼儿和家长观看世园筹备进展专题片，演唱歌曲《绿色北京》，参与世园志愿活动，参加世园知识讲座，开展文明出行志愿服务实践活动。教师、家长、幼儿 80 人参加活动。

（鲁爱文）

建南幼儿园举办健康知识讲座

3 月 25 日和 3 月 27 日，北京市顺义区建南幼儿园分别在永欣园区、鲁能园区举办“家园携手、共育成长——膳食平衡与运动”健康讲座。保健医分析幼儿营养及体质现状，按照幼儿园膳食和家庭营养的配比，指导家长如何为幼儿挑选食材并掌握烹饪技巧；分析幼儿运动管理及幼儿身体机能发育特点，针对 3～6 岁幼儿大肌肉发展目标，指导家长开展家庭亲子运动；结合图片、文字和视频，指导家长配合园所做好肥胖幼儿管理、体弱幼儿锻炼，共同促进幼儿体能发展。家长 197 人参加活动。

（耿波）

1 月 11 日，昌平教工幼儿园开展腊八节主题教育活动
（昌平教工幼儿园　供）

大兴二幼举办传统文化活动

4 月 3 日至 12 日，北京市大兴区第二幼儿园总园举办“儿童艺术遇见传统文化”主题艺术节。根据幼儿年龄特点，小、中、大班分别开展传统手工艺品制作、民俗认知、古典艺术体验活动。闭幕文艺汇演分为幼儿表演和传统技艺展示两部

分，演出大合唱《弟子规》、现代皮影舞蹈《我是一颗跳跳糖》、民族舞《采茶》等节目，涵盖舞蹈、绘画、T 台秀、诗朗诵、武术操、歌曲 6 个品类；大兴区文化馆艺术家表演民族舞《天边》和花样抖空竹。幼儿 300 人参与活动。

（王嘉美）

北京五幼举办首次幼儿开放性走班活动

4 月 4 日，北京市第五幼儿园举办“快乐时光体验日”幼儿开放性游戏课程首次活动。课程设立幻彩水墨、科学探索、职业体验、数字宝盒、创意阅读等 10 余项游戏活动，打破班级界限，幼儿自主选择、自主游戏、自主评价、自主发现问题并解决问题，提升服务意识与学习能力。幼儿园挑选 20 名教师担任该课程的专任教师，设计课程相关的报名系统，每个活动限定报名人数，满额即止，幼儿与家长在每周三晚间自主报名。选修课于每周五下午开展，时长 1 小时。

（石利颖　吕晓菲）

东华门幼儿园社区早教服务项目启动

4 月 22 日，北京市东城区东华门幼儿园和智德社区联合启动“党心连童心、送教进社区”服务项目。该项目旨在共享优质教育资源，开展 0 ～ 3 岁婴幼儿和家长亲子教育活动，为家长提供正确的育儿理念和方法。幼儿园成立由党员教师和骨干教师组成的早教小组，每两周开展一次活动，包括共享阅读、家长沙龙、讲座等。至年底，开展 8 次活动。

（赵智虹）

大兴二幼举办区级非遗项目进校园活动

5 月 7 日，北京市大兴区第二幼儿园开展区级非遗项目进校园活动。北京“路家班”小蚂蚁皮影艺术团讲解、演示皮影戏的特点和制作工艺，表演《小羊过桥》等 4 部经典皮影戏。幼儿尝试操控皮影道具，表演剧目片段。教师组织幼儿开展谈话、绘画等多种活动，加深对皮影戏工艺与传承发展的认识。幼儿 190 余人参与活动。

（王嘉美）

棉幼举办幼小衔接研讨活动

5 月 7 日，北京市西城区棉花胡同幼儿园举办幼小衔接研讨活动。执行园长作《做好幼小衔接，帮助幼儿积极迎接小学生活》报告，结合幼儿园的一日生活环节解读大班幼儿的身心发展特点和学习规律；奋斗小学教师和棉幼大班教师以“同课异构”的形式分别开展语文、语言活动的教学展示。奋斗小学校长和教师参加活动并参观园所环境。

（周玉平）

怀柔二幼启动分区混龄体验式户外活动

5 月 14 日，北京市怀柔区第二幼儿园启动分区混龄体验式户外活动。户外活动场地分成三个区域：自由选区，包括平衡体验区、投掷体验区、跑跳体验区、钻爬体验区、搭建体验区、球类体验区、攀爬体验区、骑行体验区、传统民间游戏体验区 9 个分体验区，全园幼儿不分年龄自主选区；一物多玩体验区，高、中、矮长短不一的木凳在幼儿的自由搭配下形成一种体育器材的多种玩法，提高幼儿创造性；游戏情景体验区包括丢手绢、“两人三足”、舞狮舞龙等传统民间游戏，促进幼儿身体健康。幼儿 500 余人参加活动。

（郑慧敏）

延庆二幼开展幼小衔接系列活动

6 月 1 日至 28 日，北京市延庆区第二幼儿园开展幼小衔接系列活动。第一周开展“走进小学周”活动，连续 4 次走进延庆四小参观学校环境、课堂教学、社团活动。第二周开展“亲密接触”活动，邀请延庆四小一年级 10 名学生走进二幼 5 个大班共同活动、游戏、解答问题。第三周开展“忆学实践”活动，组织整理我的小书包、好朋友常联系、体验课件 10 分钟等活动。第四周开展“童心话别”活动，组织毕业拍照、跳蚤市场、毕业典礼等活动。幼儿 300 人次参加活动。

（曹怀秀）

5 月 14 日，怀柔二幼启动分区混龄体验式户外活动

（怀柔二幼　供）

崇文回民幼儿园开展传统文化教育

6月3日，北京市东城区崇文回民幼儿园在国子监开展传统文化教育。大班幼儿身着古代汉服，参加“正衣冠”“朱砂开智”“启蒙描红”等仪式，向父母、教师行礼，游览国子监和孔庙，感受传统文化的博大精深，激发勤奋学习的斗志。

（吴蕊）

三教寺幼儿园“合力小课堂”开课

8月25日，北京市西城区三教寺幼儿园微信公众平台“合力小课堂”开课。“合力小课堂”分为环境篇、自理篇、体能篇、幼小衔接和四季课程资源包等5项内容，由全园教师共同收集资料，录制编辑视频。环境篇包括小花园、中院、后院、音乐教室、美术教室、阅读教室、小厨房7部分。自理篇包括洗手、擦手、接水、喝水、穿衣物、进餐等19部分。体能篇包括身高体重、10米折返跑、立定跳远等7部分。幼小衔接包括“营造良好的家庭氛围”“孩子情感与社会适应的培养”“孩子好习惯和学习品质的养成”等5部分。四季课程资源包括冬雪季、古诗篇、巧手制作篇等5部分。至年底，在微信平台共推送“合力小课堂”互动文章31篇，有效促进家园共育工作。

（孙兆雯）

平谷一幼开展传统艺术课程走班教学

9月至12月，北京市平谷区第一幼儿园开展“幼儿经典文化之中国传统艺术”园本课程走班教学活动。每月第三、四周的周二至周五下午，教师轮流到本班组的其他班级开展国画、剪纸、刺绣、扎染和泥塑传统艺术教学活动。教师自制微课，准备材料，激发幼儿对传统艺术的兴趣。

（于海清）

劲松一幼开展垃圾分类活动

9月9日，北京市朝阳区劲松第一幼儿园开展“与环境做朋友”垃圾分类活动。教师自编自演舞台剧《垃圾分类总动员》，幼儿参加“给垃圾找家”游戏，学习垃圾分类知识。师幼119人参加活动。

（王 琦）

六一幼儿院开展“六一摇篮课程”研讨会

10月16日，北京市六一幼儿院举办“坚守红色传统、构建摇篮课程”研讨会。活动由六一幼儿院与海淀教科院共同举办，听取院长《坚守红色传统 构建摇篮课程》主题发言，首次对外发布“六一摇篮课程”，提出“永远和孩子在一起”办院理念，“成为最美幼儿园”办院愿景，“脸上有笑、心中有爱、行动有力的六一小主人”培养目标。课程以“摇篮”和“五角星”为原型，构建“六位一体”的课程模型，以实践活动为特色实施途径，让幼儿在真实情境中发现真问题，在解决问题过程中培养真能力。三个院区所有班级进行课程实践，开展“果子熟了”“采摘园”“为祖国妈妈过生日”等系列活动。中国教科院、市教委、区教育工委和区教委领导及专家，幼儿园教师100余人参加活动。

（张凤珠）

延庆一幼开展爱眼、护眼活动

11月，北京市延庆区第一幼儿园开展爱眼、护眼活动。小班开展亲子共创爱眼儿歌、保护眼睛儿歌朗诵等活动；中班开展绘制爱眼护眼宣传画、创编眼保健操等活动；大班开展爱眼情景剧、宣传小使者等活动。幼儿园邀请家长举办《E起来保护眼睛》讲座。幼儿及家长1000人参加活动。

（张俊燕）

9月至12月，平谷一幼开展传统艺术课程走班教学

（平谷一幼 供）

12月25日，芳庄三幼开展“读诗歌、颂祖国”活动
（芳庄三幼 供）

八角幼儿园开展消防安全教育

11月8日，北京市石景山区八角幼儿园开展“11·9消防安全总动员”教育活动。消防官兵讲解消防安全知识，演示灭火器的使用方法；幼儿按年龄班分为三个消防中队，参与“极速逃生”“抢救伤员”“冲锋陷阵”等游戏。幼儿184人参加活动。

（贺梦瑜）

密云七幼开展体验式家长培训

11月8日，北京市密云区第七幼儿园开展“体验式”家长培训活动。培训前，4名教师带领家长体验语言谈话、无稿创意剪纸、拼搭万能工匠、户外游戏4项活动，让家长感受阳光课程。体验活动后，举办《体验实践，提升认知》讲座，讲解体验活动背后的教育意义和幼儿发展价值，使家长全方位、多角度了解幼儿园阳光课程教育理念。家长64人参加培训。

（赵敏）

总后勤部六一幼儿园组织安全教育活动

11月11日至15日，中国人民解放军总后勤部六一幼儿园开展“安全连着你和我”安全教育活动。幼儿园聘请检察官举办《呵护幼苗——未成年保护法》讲座，讲解法律条文和典型案例，帮助教师增强法律意识和职业责任感；聘请安全讲解员讲解安全常识，开展实践演练，提升幼儿自我保护能力；全园开展灭火器使用方法培训、新教学楼消防系统实践操作、冬季防火安全演练等系列安全教育活动；后勤营房部门对全园的水、电、暖等设施彻底检查和维修，消除安全隐患。师幼400余人参与活动。

（张京）

三教寺幼儿园开展冬雪季活动

12月16日至30日，北京市西城区三教寺幼儿园开展“弘扬优秀传统文化，做小小中华传承人——冬雪季”系列活动。幼儿园围绕冬季节日节气特点，设立冬季习俗、地域特色、冰雪游戏、祈福文化4个板块。在冬季习俗活动中，制作冬季美食——冰雪椰蓉球，组织幼儿说冬季谚语、探索冬藏秘密等活动；地域特色活动中，幼儿观看白纸坊太狮表演，了解太狮文化、体验舞龙舞狮，自制舞龙玩具；冰雪游戏包括奥运冰雪项目体验、“我为冬奥会加油”以及冰雪小游戏；祈福文化活动包括诵读传统诗词、童谣，亲子共写新年心愿卡，制作灯笼，写福字，送春联，绘年画等。幼儿及家长896人参加活动。

（郭颖）

芳庄三幼开展“读诗歌、颂祖国”活动

12月25日，北京市丰台区芳庄第三幼儿园开展“读诗歌、颂祖国”活动。全园幼儿表演集体诵读、配乐朗读、领读伴读等节目，其中，中大班幼儿利用活动区时间朗诵《祖国妈妈在我心中》，利用过渡环节时间排练《我骄傲我是中国人》。幼儿投票评出一等奖10人、二等奖20人、三等奖50人、集体奖18个。师幼459人参加活动。

（刘毓）

幼儿园选介

北京市东城区东华门幼儿园

2019年，北京市东城区东华门幼儿园为教育部门办园类别，日托制。3月，东华门幼儿园与国职校区分园正式分离，由三址办园变为本部和大鹁鸽胡同校区两址办学，本部占地面积2212.24平方米，校舍建筑面积3009.08平方米；大鹁鸽胡同校区占地面积796.84平方米，校舍建筑面积938.94平方米。全年教育经费投入311.89万元。固定资产总值1321.28万元。本部拥有幼儿多功能厅、幼儿图书馆、幼儿科学活动室等专用教室4个，普通教室8个；大鹁鸽胡同校区拥有普通教室4个。教职工91人，包括教师73人，均为专科以上学历，中级以上职称35人；保健医4人，均为专科以上学历，中级以上职称1人。开设教学班12个，其中，小班4个、大班8个。幼儿入园109人，离园114人，在园344人。

东华门幼儿园践行“生活即教育，行为即课程”的教育理念，开展庆新年制作糖人、泡腊八蒜、端午包粽子等体验活动，融合中国传统节日与“行为课程”。利用社会资源，开展“拥抱春天、乐享自然”春游活动，“农耕体验、劳动快乐”秋游活动，游览故宫博物院、参观义利面包厂等亲子活动。开展“阳光体育、健康宝贝”21 天体能锻炼打卡活动，增强幼儿体质素养；结合爱眼日、爱牙日、爱耳日宣传护理知识；通过消防演练、情景游戏提高幼儿安全意识，加强安全教育；开展“国旗伴成长，九月快乐启航”爱国主义教育活动，增强幼儿爱国情感。设立教科研部，开设“名家讲坛”“新手工作坊”，定期邀请专家开展讲座、培训和听课评课活动，为教师发展搭建平台，提供各种参观、学习、观摩、展示机会；开展“师徒结对”活动，落实“双培养”计划。

（赵智虹）

北京市东城区崇文回民幼儿园

2019 年，北京市东城区崇文回民幼儿园为教育部门办园类别，日托制。分为东花市园区和东八角园区两址办园，占地面积 2525 平方米，建筑面积 3337 平方米。固定资产总值 557.67 万元，全年教育经费投入 2194.37 万元。拥有计算机 93 台，普通教室 27 间。教职工 66 人（含专任教师 51 人），包括高级职称 2 人、中级职称 12 人、东城区骨干教师 3 人、本科以上学历 34 人。开设教学班 14 个，其中，小班 5 个、中班 4 个、大班 5 个。本园幼儿入园 88 人，离园 88 人，在园 269 人；分园幼儿入园 54 人，在园 140 人。

2019 年，幼儿园聚焦教师发展核心能力，助推队伍整体优化发展，鼓励教师个人特色发展。幼儿园每周五开展“快乐日”活动，幼儿自主选择游戏内容和游戏伙伴；开展“在角色游戏中了解幼儿真正需求，支持幼儿主动发展”园本教研，研究游戏材料的投放，观察幼儿在游戏中的表现；举办家长沙龙、家长进课堂、家长半日开放等活动，增强家园共育合力。

（吴蕊）

9 月 24 日至 27 日，崇文回民幼儿园举办国庆系列活动

（崇文回民幼儿园　供）

北京市第五幼儿园

2019 年，北京市第五幼儿园为教育部门办园类别，日托制。设有东城区夕照寺街五幼园本部，北京市第五幼儿园分园、五幼城市副中心园和街道托管园“东城区红湖幼儿园”3 所分园。园本部占地面积 8023.77 平方米，校舍建筑面积 6986.78 平方米。全年教育经费投入 6514 万元。固定资产总值 2600 万元，无形资产 16.50 万元。拥有多功能游戏室、宝宝书吧和玩具图书馆等专用教室 6 个，普通教室 20 个。教室内设有教学终端触摸一体机和钢琴等教学设施。信息化经费投入 51.50 万元，校园网出口总带宽 1000Mbps，数字资源量 873GB。教职工 190 人，包括教师 149 人（含专科以上学历 148 人、中级以上职称 77 人、特级教师 1 人、北京市学科教学带头人 1 人、北京市骨干教师 2 人）、保健医 9 人（均为专科以上学历、中级以上职称 4 人）。本部园开设 20 个教学班，其中，小班 8 个、中班 6 个、大班 6 个。幼儿入园 220 人，离园 198 人，在园 729 人。

2019 年，幼儿园加强内涵管理，形成“整体整齐”“联系联动”的工作新格局与“一园一优、共通共融”的园所新理念，强化顶层设计，注重源头管理，建构“团队管理 1+3 模式”，努力探索课程管理“1+3”、党建工作“1+3”、大后勤管理、大安全理念、大保健格局等管理模式；创建“和合”党建品牌，建立五幼党建示范点与“一室一坊一廊一隅一群”全方位无接缝的红色宣教带。以新中国成立 70 周年为契机，组织开展“我和我的祖国”爱国主义教育系列活动。在建园 65 周年之际，兴建“五幼园史馆”，展示上千张图片和大量视频与实物资料。

发挥名园辐射引领作用，派出骨干教师前往大凉山等教育贫困地区支教；在“亚洲幼教年会”“首都学前教育论坛”“中国教育学会学前教育学术年会”等会议上交流经验；承接成都“未来教育家”项目、教育部“国培计划”边远贫困地区校长助力工程学员跟岗研修，全国名园长工作室、香港考察团、西挪威大学学前专业学生跟岗学习等40余次。

5月31日，北海幼儿园举办建园70周年暨“六一”儿童节演出活动 （北海幼儿园 供）

加大教师队伍建设，制订“以研代训、研修一体”的培养方案，采用“逐级、定向、开放、多维、立体”的指导模式，关注各阶段教师的专业发展、落实青年教师的“夯基、提能、登高”三阶策略，发挥骨干“头雁”教师的振翅效应。幼儿园获得首批“全国足球特色幼儿园”称号。

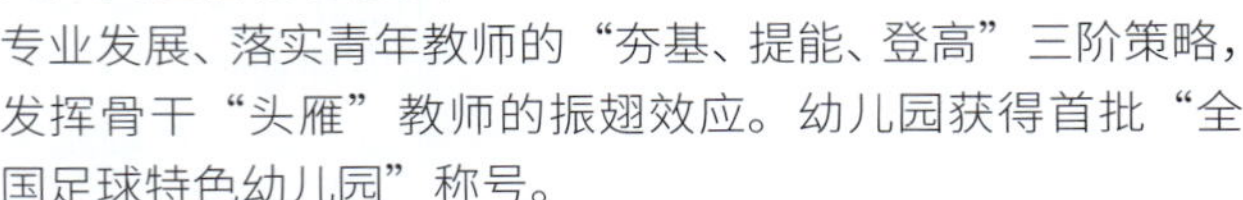

（石利颖 吕晓菲）

北京市东城区崇文第三幼儿园

2019年，北京市东城区崇文第三幼儿园为教育部门办园类别，日托制。占地面积3988平方米，校舍建筑面积3216平方米。全年教育经费投入2461万元。固定资产总值1051万元，图书9820册。拥有幼儿计算机室、特殊资源教室和幼儿棋类教室等专用教室5个，普通教室14个。计算机95台，多媒体教室座位16个，校园网出口总带宽2Mbps。教职工80人，包括教师56人，均为专科以上学历，中级以上职称29人；保健员3人，包括中级以上职称1人。开设14个教学班，其中，小班4个、中班5个、大班5个。幼儿入园120人，离园119人，在园413人。

2019年，幼儿园不断强化师德建设，注重培养高素质专业化优秀人才，加强骨干教师的培养及队伍建设，评选园级“新秀”教师、骨干教师等先进榜样24人。修订和梳理安全宣传教育、安全演练等制度和方案10余个，幼儿安全教育主题12个，幼儿安全演练活动案例6个。利用季节、节日、节气及社会热点事件，开展庆祝国庆“我是中国娃”升班仪式、“红歌伴我行”亲子运动会、“到月亮上去旅行”游园会、“萌娃迎冬奥、欢乐冰雪季”新年主题活动、“亲子冰花秀”展示等活动。大中班开设幼儿足球运动课程，教师自编快乐足球晨间游戏操，组织开展园级第三届“童乐杯”足球赛和亲子足球赛，被评为首批“全国足球特色幼儿园”。

（李晶）

北京市北海幼儿园

2019年，北京市北海幼儿园为教育部门办园类别，日托制。分本部、后海、白米园三址办园，总占地面积26516平方米，建筑面积11854平方米。全年教育经费投入6084.58万元，固定资产总值4819.76万元。藏书2.66万册。学校信息化经费投入11.42万元，校园网出口总带宽100Mbps，数字资源量310GB，计算机366台。拥有儿童资源库、科学屋和传统文化游戏教室等专用教室6个，普通教室28个。教职工146人，包括正高级职称1人、副高级职称9人、中级职称52人、市级骨干教师3人。教职工中专任教师125人，包括全日制硕士研究生2人、本科学历104人、专科学历19人；保健医7人，包括中级职称2人。开设28个教学班。其中，全日制小班9个、半日制小班2个、中班10个、大班7个。幼儿入园205人，离园280人，在园790人。网址：www.bjsbhyey.cn。

2019年，幼儿园建园70周年。幼儿园支持雄安新区、通州行政副中心建设，在代培、支教、送教下社区、微课堂等工作中发挥辐射作用。通过道德大讲堂、实践研究、培训、科研年会等活动提升教师思想政治素养和专业素养；利用行政教研、中心组学习、“顶层设计会”等形式加强干部队伍建设。组织“一月一节”、主题游戏、特色社团等活动，发掘、探索支持幼儿自主发展的有效路径。

（肖茜）

北京市西城区三教寺幼儿园

2019年，北京市西城区三教寺幼儿园为教育部门办园类别，日托制。分里仁街本部、小学大班部、少年宫小班部和大栅栏活动中心4址办学，总占地面积6184平方米，校舍建筑面积6564.21平方米，运动场地面积1454.61平方米，绿化用地面积2000平方米。藏书1001册。固定资产总值840.70万元，全年教育经费投入3183万元。学校信息化经费投入35万元，计算机129台，校园网出口总带宽1.20Mbps，数字资源量4500GB。教职工84人，包括高级职称8人、中级职称26人。教师中专任教师70人，包括特级教师1人、北京市骨干教师4人，本科以上学历59人。开设教学班23个，其中，小班13个、中班5个、大班5个。幼儿离园159人，入园199人，在园551人。

2019年，幼儿园参与教育部基础教育课程教材发展中心“中华优秀传统文化传承项目”子课题，承担北京教育学院“协同创新平台——基于乡土资源开发的幼儿园课程文化建设”子项目“和合文化背景下幼儿园四季课程建设”，从课程起源、课程理念、课程设计和课程实施四个方面完成园本传统文化课程框架构建。幼儿园开展“秋月节”和“冬雪季”园级主题活动，各班围绕秋冬两个季节中包含的节日节气、习俗谚语、传统游戏等活动，丰富“四季课程”内涵。提升教师传统文化素养，先后成立教师空竹队、敲鼓队、秧歌队，对幼儿起到示范引领作用；邀请泥彩塑、空竹、水墨画等“非遗”大师来园开设传统技艺课，幼儿近距离感受传统文化。

（刘璐）

北京市西城区棉花胡同幼儿园

2019年，北京市西城区棉花胡同幼儿园为教育部门办园类别，日托制，设育德分园、松树街分园、七条分址、西城区少年宫学前教育中心4个分园。总占地面积8280平方米，校舍建筑面积7151平方米，运动场地面积3008平方米，绿化用地面积70平方米。藏书15180册。固定资产总值2212万元，全年教育经费投入6132.92万元。学校信息化经费投入20万元，计算机283台，数字资源量2100GB。在编教职工149人，其中，专任教师127人，包括高级职称10人、中级职称33人、初级职称84人，特级教师1人、北京市骨干教师1人、西城区学科教学带头人7人，专科以上学历98人。开设教学班28个，其中，小班11个、中班8个、大班9个。幼儿离园213人，入园289人，在园885人。

2019年，幼儿园开展新中国成立70周年庆祝活动，举办“我爱你，中国”教师文艺汇演，通过舞蹈、歌表演、水墨画等多种形式表达对祖国的热爱；教师、幼儿、家长联合录制《我和我的祖国》快闪视频，营造班级和楼道节日氛围，开展唱红歌、玩传统游戏、表演传统故事、举办成就展等活动，让幼儿在操作体验和游戏中感受祖国的繁荣强盛。幼儿园坚持社会性教育传统，继续开展幼儿品德教研，申报并立项西城区教育教学创新发展项目“德育一体化发展的幼小衔接机制与实践研究”。作为北京市学校德育研究会副会长基地园，多次组织15所德育基地园研讨社会主义核心价值观、落实立德树人根本任务等内容，推进幼儿园德育教育的研究与实践。年内，幼儿园被教育部评为“全国足球特色幼儿园”。

（周玉平）

9月29日，棉花胡同幼儿园举办国庆文艺汇演活动
（棉花胡同幼儿园　供）

北京市朝阳区三里屯幼儿园

2019年，北京市朝阳区三里屯幼儿园为教育部门办园类别，日托制。占地面积3108平方米，建筑面积2872平方米，活动场地面积946平方米。固定资产总值1079万元。全年教育经费投入1685万元。教室内设有电视机、计算机、电子白板等教学设施。教职工46人，其中，教师42人，高级职称7人、中级职称11人；保健员2人，其中，中级职称1人。开设教学班10个，其中，小班4个、中班3个、大班3个。幼儿入园87人，离园94人，在园269人。

2019年，幼儿园突出师德教育，培养“融正立德，内外兼修，知行合一”的教师队伍，开展“观摩日”“研究坊”“畅聊吧”“学研圈”等研学活动，完成中国学前教育研究会、北京市教育学会课题，编辑成果图书10本，公开发表课题文章20余篇。教师10人获朝阳区研究玩具、研究儿童、研究教学策略案例评比一、二等奖，4 人获全国“三研究”案例评选一、二等奖；2 人获北京市第三届科研课题（教学基本功）研究课评比二等奖；153 余篇论文获市级以上奖励。1 名教师获“全国模范教师”荣誉称号。

（李建）

北京市朝阳区劲松第一幼儿园

2019 年，北京市朝阳区劲松第一幼儿园为教育部门办园类别，日托制。占地面积 6442 平方米，建筑面积 7132 平方米，活动场地面积 1730 平方米。固定资产总值 2501 万元。全年教育经费投入 3650 万元。教室内设有多媒体一体机、计算机、钢琴等教学设施。教职工 104 人，其中，教师 95 人，包括高级职称 13 人、中级职称 30 人；保健员 7 人，包括中级职称 5 人。开设教学班 20 个，其中，小班 8 个、中班 7 个、大班 5 个。幼儿入园 189 人，离园 139 人，在园 606 人。

2019 年，幼儿园将“立德树人”作为教师良好师德标准，将朝阳区幼儿园教师职业行为十项准则纳入每月师德考核；通过每周一次“火花社”活动以及“最美的国，奋斗的我”等活动，讲述个人和身边教师故事，评出幼儿园师德榜样 18 人、师德标兵 27 人、好干部 3 人、好党员 5 人、进步奖 27 人。教师获首都精神文明奖 1 人、首都劳动模范 1 人，“国家级高层次人才支持计划领军人才”1 人。

（崔亚红）

北京市朝阳区惠新里幼儿园

2019 年，北京市朝阳区惠新里幼儿园为教育部门办园类别，日托制。占地面积 13466 平方米，建筑面积 7798 平方米，活动场地面积 7050 平方米。固定资产总值 1778 万元。全年教育经费投入 3811 万元。专用教室 3 个，教室内设有多媒体一体机、电视、数码照相机等教学设施。教职工 101 人，其中，教师 90 人，均为专科以上学历，高级职称 8 人、中级职称 25 人；保健员 6 人，均为专科以上学历，中级职称 3 人。开设教学班 22 个，其中，小班 8 个、中班 8 个、大班 6 个。幼儿入园 203 人，离园 220 人，在园 624 人。

2019 年，幼儿园再次梳理园所文化，将办园目标、教育理念整合为以“尊重”为核心的文化体系。将文化蕴于园所各项活动中，将文化建设与师德工作相结合形成共同愿景，凝聚团队力量，进一步强化师德监督评价作用，规范教师行为。通过倡导“尊重”“微笑”和“拥抱”工作守则，促使教师言语行为转变。以区级骨干教师评选、职称评审、“乐研杯”集体活动遴选展示为契机，以点带面，促进教师专业成长，新增区级学科带头人 5 人、区级骨干教师 13 人、区级优秀青年教师 3 人。加强幼儿园教学活动日常指导与评价，专题研讨活动区环境创设、观察评价和师幼互动，解决教师实践困惑问题。

（陈盈）

4 月 23 日，劲松一幼开展读书活动
（劲松一幼 供）

北京市丰台区丰台第一幼儿园

2019 年，北京市丰台区丰台第一幼儿园为教育部门办园类别，日托制，分六址办园：东大街园、丰益分园、民族分园、草桥分园、顺八分园、西局分园。总占地面积 2 万平方米、校舍总建筑面积 1.17 万平方米。固定资产总值 2500.90 万元，全年教育经费投入 4632 万元。拥有美术创意教室、多功能音乐室和绘本图书馆等专用教室 18 个，普通教室 51 个。教室内设有计算机、消毒柜、直饮机、钢琴等设施。教职工 211 人，包括教师 98 人，均为专科以上学历，中级以上职称 49 人；保健员 9 人，均为专科以上学历，中级以上职称 6 人。开设教学班 49 个，其中，小班 18 个、中班 18 个、大班 13 个。幼儿入园 425 人，离园 408 人，在园 1395 人。网址：www.ft1y.com。

2019 年，幼儿园立足幼儿生活需要，将幼儿的发展与生活融为一体，深挖园内核心资源、园外资源、“走进来”资源，开展冰壶趣味课程、亲子冬奥会项目体验、幼儿照顾社区 2 岁宝宝来园游玩等活动。朱继文园长工作室召开“遇见儿童、育见美好、预见未来”交流活动，举办《专业发展的新解与新建》《有爱的教育》等专题讲座5场，700余人参会。接待本市及外地幼儿园园长、教师10余人学习培训，做到“五个一”：每日一计划、每周一总结、每周一专题、每周一交流、每月一分享。

（易明延）

中国人民解放军总后勤部六一幼儿园

2019年，中国人民解放军总后勤部六一幼儿园为北京市示范幼儿园，日托制，12月更名为中央军委机关事务管理总局红星幼儿园（丰台园）。占地面积2.40万平方米、建筑面积1.10万平方米。幼儿图书1.53万册，教师用书6760册。固定资产总值1098.49万元。全年教育经费投入966.77万元，其中，国家拨款486.20万元、自筹480.57万元。园内建有幼儿礼堂、乐高游戏室、舞蹈教室、古筝教室、体育拓展室、亲子游戏室等配套用房。教室内设有钢琴、互动一体机、移动黑板等教学设施。教职工97人。教职工中专任教师46人，均为专科以上学历，包括中学高级教师1人、幼儿园高级教师16人、一级和二级教师19人；保育员17人，包括高级保育员1人、初级保育员16人；后勤工作人员34人。开设教学班17个，其中，小班10个、中班3个、大班4个。幼儿入园211人，离园161人，在园421人。

幼儿园重视幼儿艺术启蒙教育，开设舞蹈和古筝特色课程。6月，幼儿园排练的冬奥会主题舞蹈《好朋友》获得全国第十届“小荷风采”少儿舞蹈大赛金奖，并于7月到广州参加展演；7月，幼儿获得全国青少年民乐大赛总决赛集体金奖2个、个人银奖4个、铜奖3个、优秀奖1个。7月19日，幼儿园南区翻建改造工程竣工，新建教学楼建筑面积5208平方米，9月正式投入使用。年内，幼儿园围绕“我和我的祖国”主题，开展传唱歌曲、录制快闪视频、争做护旗手等系列国庆活动；师幼用玩具插片拼插天安门、设计制作神舟火箭、新型战机和航空母舰，感受祖国的强大；利用家园微信平台宣传亲子爱国活动，讲述爱国故事。

（张京）

北京市丰台区芳庄第三幼儿园

2019年，北京市丰台区芳庄第三幼儿园为教育部门办园类别，日托制。占地面积0.70万平方米、校舍建筑面积0.51万平方米。固定资产总值1721.98万元。全年教育经费投入2352.48万元。拥有幼儿图书室、美术教室等专用教室7个，普通教室18个。教室内设有多功能一体机、摄像机等教学设施。教职工70人，包括教师59人，均为专科以上学历，中级以上职称38人；保健员6人，均为专科以上学历，中级以上职称5人。开设18个教学班，其中，小班6个、中班6个、大班6个。幼儿入园134人，离园170人，在园423人。

2019年，幼儿园以培养“阳光快乐儿童”为目标，开展区域活动、绘本游戏化、数学游戏化等课程游戏化研究，完善《幼儿园阳光开放课程》，以传统文化为主线组织端午节活动、爱国诗歌展演、传统民间游艺会等活动。2名教师参加庆祝中华人民共和国成立70周年游行方阵。

（刘毓）

11月4日，芳庄三幼开展传统民族游戏活动（芳庄三幼 供）

北京市石景山区幼儿园

2019年，北京市石景山区幼儿园为教育部门办园类别，日托制。占地面积3093平方米，校舍建筑面积2051平方米。固定资产总值2076万元。全年教育经费投入1357万元，其中，国家拨款1176万元、自筹经费181万元。专用教室1个、普通教室8个。教室内设有触控一体机、投影仪等教学设施。教职工48人，包括教师27人，均为专科以上学历，中级以上职称20人；保健员2人，均为专科以上学历，中级以上职称1人。开设8个教学班，其中，小班3个、中班3个、大班2个。幼儿入园82人，离园58人，在园228人。网址：1y.sjsedu.cn。

2019年，幼儿园以党建为核心，不断提升教职工思想政治觉悟，坚持“每月一人物”师德评选，弘扬立德树人正能量；强化安全管理，建立安全领导小组，加强园所安全检查与管理，开展安全教育培训和演练；实施“五育”体系，包括课程育人：围绕游戏特色，探索混龄游戏，开展幼儿主动学习研究；文化育人：装点环境文化，让每一面墙都会“说话”；活动育人：围绕节日开展主题教育，开展“我和我的祖国”、糖画等系列活动；实践育人：开展“助力冬奥国际家庭日”等活动，增加幼儿社会体验；协同育人：家园共育，目标一致，共同承担教育孩子的责任。

（伉艳艳）

北京市石景山区八角幼儿园

2019年，北京市石景山区八角幼儿园为教育部门办园类别，日托制。占地面积1970平方米、校舍建筑面积1328平方米，固定资产总值1185.96万元。全年教育经费投入1046.81万元，其中，国家拨款1046.71万元、自筹经费0.10万元。拥有CPM（玩具图书馆）教室和乐高教室2个专用教室，普通教室6个。教室内设有计算机、液晶电视和CD机等教学设施。教职工33人，包括教师21人，其中，专科以上学历19人、中级以上职称14人；保健员2人，均为专科以上学历、中级以上职称。开设6个教学班，其中，小班2个、中班2个、大班2个。幼儿入园57人，离园67人，在园182人。

2019年，幼儿园开设乐高课程，引进“慧玩儿数学”游戏材料；加强家园联系，开展趣味亲子运动会、“六一”文艺汇演、观看木偶剧、新生亲子半日体验、家长开放日等活动；提高辐射带动作用，接待内蒙古赤峰市宁城县大城子镇幼儿园4人跟岗实践，开展送教进社区等活动。幼儿园通过区教委一级一类园所考核和区妇幼保健院托幼机构保健工作综合评估；77篇论文、课例、课件获得国家及市区级奖励，课题“提高幼儿园数学活动中师幼互动质量的实践研究——基于CLASS课堂互动评估系统视角”结题。

（贺梦瑜）

北京明天幼稚集团

2019年，北京明天幼稚集团为教育部门办园类别，日托制。集团包括19个分园，分别是一幼塔院园、二幼双榆树园、二幼南区园、三幼志强园、三幼学院路园、四幼知春里园、五幼万泉河园、五幼东升园、六幼金沟河园、六幼小灵通园、七幼定西园、七幼百合花园、七幼沙沟园、八幼上地园、八幼佳园园、九幼永泰园、九幼安宁里园、九幼锦顺园、十幼铁路园。总占地面积67632平方米，校舍建筑面积53419平方米。固定资产总值17685.93万元。全年教育经费投入25431.55万元。拥有互动教室、视频会议室和特色教室等专用教室41个，普通教室145个。教室内设有电子白板、计算机和电视等教学设施。正式在编教职工646人，其中，教师456人，包括研究生学历16人、本科学历411人、专科学历39人，中学高级职称34人、小学高级职称233人；保育员41人，保健医35人。开设145个教学班，其中，小班52个、中班52个、大班41个。幼儿入园1718人，离园1838人，在园4535人。

10月23日，石景山区幼儿园举办示范园开放活动
（石景山区幼儿园　供）

网址：www.mtyzjt.com.cn

2019年，幼稚集团坚持“教育高地、文化高地、幸福高地”共同愿景，坚持“求真、立美、至善”集团精神，加强安全管理、保教常规、课程建设、教育科研、队伍建设、财务后勤保障等管理工作，推动各园规范化、特色化办园发展，发挥集团化办园优势，与中共中央对外联络部合作开办北京中外友好幼儿园，在怀柔区承办北京明天幼稚集团怀柔分园，开创集团化办园新体制和新模式。

（杨吉　陈璨）

北京市六一幼儿院

2019年，北京市六一幼儿院为教育部门办园类别，设有玉泉山院区、西山庭院院区、西三旗院区，另设有河北雄安院区。玉泉山院区、西山庭院院区、西三旗院区总占地面积74377.36平方米，建筑面积22936.56平方米，运动场地面积13342平方米，绿化用地面积14080平方米。藏书2.85万册，其中，幼儿图书0.40万册、教师用书2.45万册。固定资产总值7557万元。全年教育经费投入7000万元。计算机200台，网络多媒体教室1个，校园网出口总带宽300Mbps，数字资源量4400GB。教职工123人，包括高级职称13人、中级职称35人。教职工中专任教师104人，包括北京市学科教学带头人1人、海淀区学科带头人8人、海淀区骨干教师15人，本科以上学历88人。开设教学班38个，其中，小班15个、中班12个、大班11个。幼儿入园351人，离园314人，在园1062人。网址：www.bj61.cn。

2019年，六一幼儿院推出《六一摇篮课程》，以“脸上有笑、心中有爱、行动有力的六一小主人”为培养目标，以实践活动为实施途径，三院区开展“果子熟了”“采摘园”“为祖国妈妈过生日”等系列活动。幼儿院与北京中视星广文化联合创编大型舞台剧《马背摇篮》，6月1日在北京国安剧院公演。

（张凤珠）

北京市海淀区四季青镇常青幼儿园

2019年，北京市海淀区四季青镇常青幼儿园隶属四季青镇政府，日托制。占地面积7000平方米，校舍建筑面积5657平方米。固定资产总值2900余万元。全年教育经费投入1563.53万元，其中，市区拨款1064.60万元，自筹经费498.93万元。拥有钢琴、形体2个专用教室，普通教室19个，教室内设有电子白板、投影仪等教学设施。教职工112人，其中，教师68人，包括专科以上学历64人、中级以上职称6人；保健员6人。开设19个教学班，其中，小班8个、中班7个、大班4个。幼儿入园240人，离园102人，在园600人。

2019年，幼儿园建园40周年。园所开展“我爱我的幼儿园画展”“我为常幼献诗歌”等系列活动，将建园以来积淀的优秀案例、教科研成果集结成册，出版《常青幼儿园主题案例集》《四季常幼，快乐同行》《保育教师养成案例集》《常青幼儿园自制运动玩具》等丛书。

（蔡莹爽）

北京师范大学实验幼儿园

2019年，北京师范大学实验幼儿园为其他教育部门办园类别，日托制和寄宿制兼收。设有2个分园，总占地面

5月17日，常青幼儿园实施集中用餐陪餐制度

（常青幼儿园　供）

积 16056 平方米，其中，本园 8595 平方米、望京分园 3461 平方米、龙樾分园 4000 平方米；总建筑面积 15305 平方米，其中，本园 6613 平方米、望京分园 3880 平方米、龙樾分园 4812 平方米。藏书 3.60 万册。固定资产总值 3488 万元，其中，新增 81 万元。全年教育经费投入 4237 万元，其中，国家拨款 1897 万元、自筹经费 2340 万元。园内设有多功能厅、音乐教室、美术教室等专用教室，班级内配备电教设施。教职工 358 人，包括专任教师 201 人，保育员 58 人、保健员 23 人。教师中硕士研究生学历 30 人、本科学历 101 人、专科学历 68 人、中专学历 2 人，一级以上职称 40 人。开设教学班 56 个，其中，婴班 8 个、小班 13 个、中班 14 个、大班 10 个、混龄班 11 个（包括全托班 5 个）。幼儿入园 600 人，离园 391 人，在园 1536 人。中文网址：child.bnu.edu.cn，英文网址：bnuk.english.bnu.edu.cn。

4 月至 12 月，北师大实验幼儿园开展主题开放式大厅活动
（北师大实验幼儿园 供）

2019 年，幼儿园坚持立德树人根本任务，坚持办“负责任、高质量、有中国特色”的学前教育，坚定落实“以儿童为本”的教育理念，全方位做好保教工作，积极培养管理和教师两支队伍，不断推进幼儿园内涵式发展。继续扩大优质学前教育资源，珠海校区幼儿园已完成前期建筑设计调研，进入建筑设计招投标阶段；3 月，校本部婴幼园开园。继续做好“蒙以养正”保教工作，为幼儿提供营养均衡的膳食，强调文化育人和“五育”并举，重视爱国主义教育和劳动教育；录制幼儿生活常规小视频，帮助新教师更好落实“以儿童为本”的教育理念。校本部园被评为首批“全国足球特色幼儿园”。

幼儿园是北京师范大学“卓越教育实践基地”“教育培训先进单位”，是北京师范大学教育学部学前教育系 SEED 儿童早期发展与教育国际会议的协办单位，接待德国、英国、丹麦、澳大利亚、日本、韩国以及全国各地 300 余位学前教育工作者参观交流。幼儿园派出教师队伍前往新疆阿勒泰、甘肃庆阳、江西井冈山支教，培训当地教职工 220 人；接待 8 个省市管理者和教师 151 人来园跟岗学习；培训农村一线教师 70 人。

（丁乐）

北京市门头沟区第一幼儿园

2019 年，北京市门头沟区第一幼儿园为教育部门办园类别，日托制，分总园和西园两址办学，总占地面积 9800 平方米，校舍建筑面积 5565.60 平方米，运动场地面积 2750 平方米，绿化用地面积 2300 平方米。藏书 1.20 万册。固定资产总值 2862.50 万元，全年教育经费投入 2820.91 万元。计算机 32 台，校园网出口总带宽 100Mbps，数字资源量 500TB。教职工 74 人，包括高级职称 7 人、中级职称 21 人。教职工中专任教师 70 人，包括北京市骨干教师 1 人、本科以上学历 39 人。开设教学班 16 个，其中，小班 6 个、中班 5 个、大班 5 个。幼儿入园 145 人，离园 128 人，在园 442 人。

幼儿园以“乐彩课程”建设为中心，在“五育并举，生态观照”课程理念引领下，开展具有探究性、幼儿感兴趣的大主题课程、小社团课程、园所特色嘉年华课程，关注幼儿的学习方式，推进课程生活化、游戏化。根据教师队伍现状，教学干部带领骨干教师到南京、杭州和成都等地学习，园长带领骨干教师参加儿童深度学习论坛，激励教师将先进的理念渗入教学和管理工作中。针对教师半日活动指导的共性问题，开展 13 次培训，覆盖全园不同岗位的教师。3 月，总园幼儿食堂正式挂牌“A 级 2 星食堂”，7 月至 9 月完成总园教学楼文化建设改造和室外装修、西园基建改造，改善办园环境。

（杨薇）

北京市房山区良乡第二幼儿园

2019 年，北京市房山区良乡第二幼儿园为教育部门办园类别，日托制。占地面积 5602 平方米，校舍建筑面积 3816.41 平方米，运动场地面积 2300 平方米，绿化用地面积 1236 平方米。藏书 7234 册。固定资产总值 466.12 万元，全年教育经费投入 1409.45 万元。信息化经费投入 16.65 万元，计算机 92 台，校园网出口总带宽 100Mbps。教职工 73 人，包括高级职称 4 人、中级职称 21 人。教职工中专任教师 49 人，包括区级骨干教师 7 人、园级骨干教师 8 人、本科以上学历 45 人。开设教学班 12 个，其中，小班 4 个、中班4个、大班4个。幼儿入园107人，离园104人，在园333人。

2019年，幼儿园秉承“发展幼儿、服务家长、成就教师”的办园宗旨，坚持继承与发展并重的原则，形成“三三”办园理念：三“xiao”（微笑、仿效、孝道）文化引领成长；“三精”（精心、精细、精品）管理务实笃行；“三成”（成长、成人、成才）教育润己泽人。承担的北京市教育学会“十三五”科研课题结题，《传统文化浸润童年》一书即将出版；组织教研活动，开展五大领域教育教学研究、民间艺术教育融入幼儿园课程建设实践等专题研讨。

（安小盼）

北京市通州区新城东里幼儿园

2019年，北京市通州区新城东里幼儿园为教育部门办园类别，日托制。分东里幼儿园中大班部、玉桥东小区小班部两址办园。幼儿园占地面积4712.39平方米、校舍建筑面积3213.02平方米。全年教育经费投入2525.84万元，固定资产总值906.73万元。藏书0.10万册。拥有音乐、科学2个专用教室，普通教室12个。计算机86台，学校信息化经费投入55.21万元，校园网出口总带宽100Mbps，数字资源量2000GB。教职工56人，均为专科以上学历，包括教师50人、保健医3人、中级以上职称14人。开设12个教学班，其中，小班4个、中班4个、大班4个。幼儿入园137人，离园150人，在园445人。

2019年，幼儿园凸显“润心”教育文化，完善四季课程，构建“一步一景”文化景观及功能区，开展“拥抱自然、滋润心扉”“快乐运动、滋养身心”“健康成长、润泽心灵”“多彩世界、润溢心田”四季活动内容，诠释“润”“融”“享”教育理念。采取幼儿园大课题带教师小课题的研究模式，增强园所课题管理能力，年内承担北京市“十三五”规划课题1项、通州区“十三五”规划课题11项、北京市教育学会课题2项、北京市学前教育研究会课题13项。幼儿园举办晨间锻炼月活动、家长开放日、家长课堂、家访等家园共育活动；承担通州区中仓街道西营社区“逐梦未来”早教基地工作，每周六开展亲子活动。

（史新杰）

12月19日，新城东里幼儿园开展泥工环境展评活动

（新城东里幼儿园　供）

北京市顺义区建南幼儿园

2019年，北京市顺义区建南幼儿园为教育部门办园类别，日托制。实行集团化办园模式，永欣分园、鲁能分园共占地面积1.08万平方米，校舍建筑面积0.65万平方米。固定资产总值651.85万元。全年教育经费投入2632.49万元，均为国家拨款。拥有音体室、录播室和会议室等专用教室4个，普通教室21个。教室内设有电视、计算机和电子屏等教学设施。教职工122人，包括教师69人，均为专科以上学历，中级以上职称12人；保健员4人，均为专科以上学历，中级以上职称2人。开设21个教学班，其中，小班6个、中班7个、大班8个。幼儿入园272人，离园194人，在园853人。

2019年，幼儿园坚持以主题活动为载体，抓思想、稳业务、促教学，稳中求进。开展主题教科研活动，构建研究型团队。教研活动以带班教师为主，从幼儿拍球弱项做起，以体验式教研为主，分组实践体验拍球活动，避免教研活动“纸上谈兵”。科研组扩充园内骨干教师为兼职科研员，发挥科研作用，制订“目标确立、策略制定、成果预期”三年科研工作蓝图，运用“马赛克”拼图式研究方法，确立“十四五”课题“关注教师的专业发展和重视科研方法的使用”。落实主题课程建设，树立以德育人目标。开展“我的祖国是花园”爱国主题活动，包括“我的祖国是花园，花园里面来运动”幼儿运动节、“我的祖国是花园，花园里面来歌唱”红歌会、“幼儿读中国、读给祖国听”精品诵读比赛、“小手拉大手”爱国主题亲子活动。结合传统节日，开展“月圆京城、情系中华”“我爱我家乡”“小脚丫走天下”等寓教于乐的实践活动。凸显特色主题课程，整理、分类、细化《乐合课程》之乐言课程，组织《幼儿快乐体育游戏》课程展示与观摩活动，增设“茶艺”体验课。

（耿波）

北京市顺义区仁和中心幼儿园

2019 年，北京市顺义区仁和中心幼儿园为教育部门办园类别，日托制。占地面积 3989 平方米，校舍建筑面积 2518 平方米。固定资产总值 471 万元。全年教育经费投入 1931 万元，均为国家拨款。拥有教科研室、阅览室和音体室 3 个专用教室，普通教室 9 个。教室内设有电子白板、计算机和音箱等教学设施。教职工 56 人，包括教师 32 人，均为专科以上学历，中级以上职称 16 人；保健医 2 人，均为专科以上学历，中级以上职称 1 人。开设 9 个教学班，其中，小班 4 个、中班 3 个、大班 2 个。幼儿入园 142 人，离园 58 人，在园 381 人。

2019 年，幼儿园继续以“教在理智的有意、学在快乐的无心”为教育理念，构建“仁爱、和谐、喜阅”的园所文化氛围。开展“园级骨干教师”评选、“我身边的师德榜样”评选、“中华人民共和国成立 70 周年庆祝活动——仁和中心幼儿园工作总结表彰大会”等活动，实行师德“一票否决制”，将师德纳入教职工月质量评价中，每月一考核。以师徒“结对帮扶”的形式，加大新教师和青年教师的培养力度，坚持室内外区域游戏研究，每周二、四上午开展户外自主游戏；每月开展“故事盒”制作与讲故事、边弹边唱、舞蹈展示等活动，提高教师专业基本功。继续落实“快乐体育”项目，严格“种子教师”每月项目集中培训工作；课题“绘本综合主题教育活动”结题。每周开展家长进课堂活动，举办亲子运动会、亲子共读活动，开展“小脚丫走北京”亲子社会实践活动，引导幼儿爱国家爱家乡。

（张晴　高国华）

北京市顺义区怡馨幼儿园

2019 年，北京市顺义区怡馨幼儿园为教育部门办园类别，日托制。占地面积 3213 平方米，校舍建筑面积 3228 平方米。固定资产总值 360.33 万元。全年教育经费投入 1641.85 万元，均为国家拨款。拥有音体室、美工坊和美食坊 3 个专用教室，普通教室 9 个。教室内设有钢琴、触控一体机和录音机等教学设施。教职工 60 人，包括教师 52 人，均为专科以上学历，中级以上职称 26 人；保健员 2 人，均为专科以上学历、中级以上职称。开设 9 个教学班，其中，小班 3 个、中班 3 个、大班 3 个。幼儿入园 141 人，离园 83 人，在园 403 人。

2019 年，幼儿园坚持走改革创新之路，以“五化”管理促服务保质量。一是夯实根基，党建工作全域化，开展“践行六模范、争当示范岗”活动，亮出身份，评选优秀共产党员。二是向善崇德，思想建设常态化，进一步加强师德师风建设，确保隔周五的政治学习和业务学习时间。三是 F+S 分工（F 为英文 First 的首字母，S 为英文 Second 的首字母。F+S 分工表示一责任人与第二责任人分工合作），常规工作精细化，将每项工作分为第一责任人和协同责任人完成，着眼细微处。四是活动引领，文化建设团队化，提出“探究型主题活动”的课程形式，召开各岗现状分析会，开展“我的祖国是花园”系列主题教育活动、“小脚丫走家乡”春游活动、“童心向祖国、童声颂首都、童歌赞顺义、童年耀怡馨”“六一”庆祝活动。五是培养和引进并举，素养提升项目化，坚持“分层培训、分类激励”，提高不同层次教师专业水平，参加北京市乡村幼儿园教师培训班 8 人次，参加顺义区区域游戏培训班 4 人次。

（马福新　何四芳）

北京市昌平区教工幼儿园

2019 年，北京市昌平区教工幼儿园为教育部门办园类别，日托制。占地面积 4525 平方米，校舍建筑面积 6696 平方米。固定资产总值 3312 万元。全年教育经费投入 2032 万元。有多功能厅 1 个，语言专用教室 1 个，普通教室 14 个。教室内设有触控一体机、摄像机、便携式播放器等教学设施。教职工 81 人。教职工中专任教师 65 人，包括本科以上学历 53 人、高级职称 9 人、中级职称 23 人；保健员 5 人，包括专科以上学历 4 人、中级以上职称 2 人。开设教学班 14 个，其中，小班 5 个、中班 4 个、大班 5 个。幼儿入园 136 人，离园 132

4 月 19 日，昌平教工幼儿园举办亲子运动会

（教工幼儿园　供）

人，在园447人。

2019年，幼儿园以“为了孩子的健康快乐发展”为办园宗旨，秉承“自主、开放、和谐、发展”的办园理念，形成“善思乐学，能说会道”的办园特色。以教科研为龙头，深化语言特色教育，将之融入健康、语言、社会、科学、艺术五大领域教育中，为幼儿创设自主、宽松的语言交流环境。加强园本教研工作，小中大班三个教研组分别围绕“开放式区域游戏大带小策略的探究”“区域游戏计划与落实的探究”以及“幼儿玩具玩法指导的探究”开展教研。举办2次教师和幼儿边弹边唱展示活动；重视师德教育，每月开展2次师德师风教育活动；召开5次工会委员代表大会，举办教职工运动会、传统节日庆祝会、教职工读书笔记分享交流活动，教师“京北丽人”团队2次进社区开展志愿服务活动。重视校园安全工作，每月组织1次安全排查、1次火灾地震逃生应急疏散演练和防恐防暴演练。召开幼儿膳食管理委员会会议，提高食堂人员基本技能，开展面点、切菜、烹饪展示赛3次。重视传统节日教育，利用传统节日开展主题教育活动，弘扬中华民族传统文化；开展幼儿户外体能观摩活动，每月展示1次幼儿体能锻炼活动；每月根据幼儿盥洗环节中出现的问题更换盥洗间的环境创设内容，力争让每位幼儿会洗手、会如厕；举办护眼知识家教讲座，做好传染病预防和培训工作。发挥示范园的引领作用，接待河北省、河南省、湖北省“国培计划”乡村教师培训班的300余名学员参观和跟岗学习；与内蒙古阿旗第三幼儿园开展“手拉手”活动，3名业务骨干教师到内蒙古阿旗第三幼儿园开展为期2天的帮扶与指导活动。

（褚小芹）

4月16日至18日，昌平工业幼儿园开展家长半日开放活动
（工业幼儿园 供）

北京市昌平区工业幼儿园

2019年，北京市昌平区工业幼儿园为教育部门办园类别，日托制。分本园、冠华园南园（9月1日正式投入使用）两址办学，总占地面积1.44万平方米，建筑面积1.25万平方米。图书馆藏书1.70万册。固定资产总值5513万元。全年教育经费投入5859万元。计算机89台，校园网出口总带宽1000Mbps，数字资源量2000GB。普通教室37个，专用教室7个。教职工182人（其中特岗教师79人），包括高级职称12人、中级职称33人，本科以上学历63人，北京市骨干教师1人。开设教学班37个。幼儿入园610人，离园205人，在园1076人。网址：www.bjcpgyyey.cn。

2019年，幼儿园开展“把握幼儿心理、实施适宜教育”主题教研活动，提高教师观察、分析幼儿的能力；开展教师、干部协同培训，借助同伴学习形式解决教师实践中的遇到的问题。改造幼儿食堂大锅灶、天然气设施，修缮幼儿园大门，清洗教学楼太阳能热水器。完成幼儿年度体检和体能测试，优秀率87.40%。

（袁媛）

北京市昌平区回龙观镇中心幼儿园

2019年，北京市昌平区回龙观镇中心幼儿园为教育部门办园类别，日托制。占地面积0.54万平方米，校舍建筑面积0.32万平方米。固定资产总值109万元，全年教育经费投入2002万元。拥有博雅书屋、自然体验馆、自然创意馆3个专用教室，普通教室10个。教室内设有钢琴、计算机、电子白板等教学设施。教职工67人，包括专任教师36人、保健员3人。教职工中专科以上学历66人，中级以上职称25人，北京市骨干教师2人，区级骨干教师11人，区级学科带头人3人。开设10个教学班，其中，小班3个、中班4个、大班3个。幼儿入园79人，离园76人，在园256人。

2019年，幼儿园以“自然教育”为特色，构建“自然共生”园本课程；成立教师工作坊，发挥教师特长、提升教师专业能力；以科研带教研，提高教学水平；结合“二十四节气”，开展民俗节、科艺节、读书节等活动，提升幼儿能力；拓宽家园共育途径，成立家长教师协会，增进家园互信；发挥示范辐射作用，承担各项开放、观摩、示范活动，扩大园所影响力。

（杨凡）

北京市大兴区第二幼儿园

2019年，北京市大兴区第二幼儿园为教育部门办园类别，日托制。分三址办园，总占地面积13580平方米，校舍建筑面积9172平方米，固定资产总值2244万元。全年教育经费投入4197万元，均为国家拨款。拥有奥尔夫音乐专用教室2个，普通教室32个。教室内设有交互式电子白板、计算机、电子钢琴等教学设施。教职工163人，包括教师89人，均为专科以上学历，高级教师4人，一级教师37人；保健医6人，均为专科以上学历、中级以上职称。开设教学班32个，其中，小班10个、中班13个、大班9个。幼儿入园316人，离园227人，在园976人。

2019年，幼儿园贯彻“浸中华文化底蕴、立优秀思想根基”的指导方针，围绕“本真、幸福”的办园理念，制定不同课程主线，形成“一园一品”的课程架构。举办传统文化艺术展演、传统美食节、区级非遗项目进校园活动，启动“民间游戏融入幼儿园游戏课程”园级课题研究，以传统文化元素丰富园所特色与内涵；尝试菜单式家长讲堂活动；编制幼儿园中长期规划。接待邯郸三幼教师、“国培计划”2019年跟岗教师访问交流，到对口支援的新疆224团和泰新村第一幼儿园送教。幼儿园获得大兴区幼儿园管理工作一等奖。

（王嘉美）

北京市大兴区第七幼儿园

2019年，北京市大兴区第七幼儿园为教育部门办园类别，日托制。分两址办园，占地面积5423平方米（双高园2223平方米、春天园3200平方米）、校舍建筑面积5423平方米。固定资产总值7041万元。全年教育经费投入2210万元，均为国家拨款。拥有普通教室19个（双高园7个、春天园12个），专用教室2个，内设电子显示屏、计算机和电视等教学设施。教职工115人，包括教师49人，均为专科以上学历，中级以上职称32人；保健员4人，其中，专科以上学历2人、中级以上职称2人。开设19个教学班，其中，小班7个、中班7个、大班5个。幼儿入园212人，离园117人，在园606人。

2019年，双高园区以探究课程为依托，注重贴近大自然，重点研究探究式种植活动、stem理念下幼儿探究活动的设计与实施等问题；春天园区以社会化课程为依托，注重生活教育，开展“二十四节气”活动、绘本主题活动、戏剧表演等活动。年内，幼儿园接待参观活动5次；课题“园长课程领导力视角下自然探究课程构建的实践研究”入选教育部重点课题，区域活动案例“我们的小蛮腰”获教育部优秀活动案例；幼儿园获大兴区“师德建设先进集体”称号。

（赵郁）

北京市大兴区第十一幼儿园

2019年，北京市大兴区第十一幼儿园为教育部门办园类别，日托制。占地面积3924平方米，校舍建筑面积3175.55平方米，固定资产总值819万元。全年教育经费投入1238.30万元，均为国家拨款。拥有戏水馆、运动馆和美术馆等专用教室4个；普通教室9个。教室内设有多媒体、多功能游戏床等教学设施。教职工76人，包括教师21人，均为专科以上学历，中级以上职称8人；保健员3人，均为专科以上学历，中级以上职称1人。开设20个教学班，其中，亲子班8个、小班5个、中班4个、大班3个。幼儿入园465人，离园31人，在园434人。

2019年，幼儿园注重挖掘中华优秀传统文化资源，开展“二十四节气”主题活动，幼儿通过感知操作、绘画、表演、建构、记录等方式表达对节气文化的理解和感受，培养幼儿的民族文化认同感和自信心；组织职工参观故宫博物院和印刷学院博物馆，参加端午香囊制作、古法造纸、草木扎染等民族文化艺术培训。开展“我爱大兴”活动，在为期两个月的时间里，幼儿走进大兴区8个特色乡镇，了解当地的风俗习惯及历史文化。挖掘革命文化中的教育资源，开设“周一集体嗨课”活动，以讲演“英雄人物”故事为主题，挖掘民族英雄、

6月17日，大兴二幼开展国庆活动

（大兴二幼　供）

革命英雄、国家典范事迹，通过讲故事、情景表演等形式，开展敬畏英雄、崇尚英雄的爱国主义教育。4月至6月，幼儿园足球队参加“全国少儿足球星计划——北京赛区”比赛和在国家体育馆举行的足球嘉年华活动。

（刘芳）

北京市怀柔区第二幼儿园

2019年，北京市怀柔区第二幼儿园为教育部门办园类别，日托制。占地面积4140平方米，校舍建筑面积3017平方米，体育场面积1386平方米。固定资产总值1865.64万元。全年教育经费投入2800.16万元。藏书2.42万册，大小玩教具2.10万件。设有教师电子备课室、多功能活动教室和幼儿美术活动教室等专用教室，教室内配有计算机、钢琴和照相机等设施。信息化经费投入22万元，拥有计算机134台。教职工87人，包括专任教师82人，其中，本科以上学历62人、高级职称7人、市级学科带头人1人、区级骨干教师6人。开设教学班13个，其中，大班4个、中班4个、小班5个。幼儿入园175人，离园134人，在园514人。

2019年，幼儿园秉承“崇尚自然、七彩阳光”办园理念，以“托起七彩教育、培育阳光儿童”为宗旨，推动园所全面发展。以“幼儿发展”为根本，培养未来中国公民；以“教师专业成长”为重点，锻造骨干，培养卓越教师；以“为家长服务”为宗旨，提升共育实效；以“祖国在我心中”为主题，开展“我向祖国送祝福”“亲子创编祝福诗歌”“诵红歌做红色传承人”诗歌朗诵会、“爱祖国爱家乡”亲子社会实践、“孝老敬亲”等系列活动，弘扬中华优秀传统，厚植爱国之心。年内，幼儿园获北京市“家园共育”首批示范园称号。

（郑慧敏）

北京市怀柔区第三幼儿园

2019年，北京市怀柔区第三幼儿园为教育部门办园类别，日托制。占地面积16800平方米，建筑面积9800平方米，运动场地面积5500平方米；建有4372平方米的自然生态园、25平方米的沙池。幼儿图书17000册，教师阅览室藏书5000册。固定资产总值5011.61万元，全年教育经费投入3582.18万元。信息化经费投入112.90万元，计算机160台，校园网出口总带宽1000Mbps。普通教室27个，专用教室2个。教职工130人，包括高级职称11人、中级职称42人，本科以上学历103人。开设教学班27个，其中，小班10个、中班9个、大班8个。幼儿入园340人，离园41人，在园874人。

2019年，幼儿园构建“和乐”文化理念，以“生活即教育”思想为指导，继续开展生活教育课程探究，挖掘生活中的教育元素，开展生活教育系列活动，形成生活主题活动115个。结合“每月之星”活动，开展师德演讲系列活动；邀请专家举办生活课程的价值取向、目标定位等专题讲座，开展“走出去、请进来”培训活动70余次，撰写课程建设、骨干教师培养、新职教师培养等方面心得体会160余篇。开展教育研究，将生活课程资源库整理成书《和乐生活助力成长 向阳花园清润童心》；承担北京市“十三五”教育规划课题“利用生活中的教育资源，支持幼儿主动学习的方法的研究”，完成北京市教育学会“十三五”课题“在

5月28日，怀柔三幼开展亲子社会实践活动

（怀柔三幼　供）

亲近自然的活动中促进幼儿自主发展的研究”。开展主题式亲子开放、探秘式家长助教、体验式幼小衔接等特色家园活动，开设舞蹈、美术、生活体验、武术等多项特色教学活动，大、中、小班每周一次体育活动，中、大班每周到公共图书馆阅读一次，大班每周到科学探索馆一次，各年龄班每周轮流进行美术、舞蹈、生活体验活动，覆盖率100%。与北京市第一幼儿园签约成为“手拉手”园，接待市、区级开放活动19次，与学前教育第三联盟、“手拉手”园交流活动17次；接待怀柔区怀北幼儿园、新贤家园干部挂职锻炼，与承德市丰宁满族自治县前方民族幼儿园开展对口帮扶活动6次。

（李煜）

北京市平谷区第一幼儿园

2019年，北京市平谷区第一幼儿园为教育部门办园类别，日托制。占地面积5155平方米，校舍建筑面积5335平方米。全年教育经费投入2135.22万元，均为国家拨款。固定资产总值1110.21万元。图书室藏书2.50万册。拥有美工活动室、幼儿图书室、录播室等专用教室6个，普通教室15个。计算机128台，信息化经费投入9.80万元，校园网出口总带宽500Mbps，数字资源量100GB。教师68人，包括区级骨干教师12人、专科以上学历67人、中级以上职称39人。保健员2人，均为本科学历、中级以上职称。开设15个教学班，其中，小班5个、中班5个、大班5个。幼儿入园191人，离园176人，在园476人。

2019年，幼儿园完成第四届中国学前教育高峰论坛暨“两寻找三研究”文化育人成果汇报、北京市学前教育技术专业委员会第12届年会、提升幼儿园家园共育有效性专题培训等工作。加强教师队伍建设，举办教师文案撰写能力、国画技能、计算机使用技巧、全景数学课程等专题培训，开展艺术活动走班教学、音乐教育活动展示评价、《3～6岁儿童学习与发展指南》语言领域理论知识考核、班级主题汇报交流等活动。多举措增强幼儿体质，家园携手开展“我运动、我健康”活动，坚持每天早晨20分钟秋季晨练、冬季晨跑活动，评选“投掷小达人”；继续深化幼儿“养正教育”，开展学雷锋大带小、“花儿祭英烈”清明节悼念活动、写生、升国旗、五星小标兵评选等活动。加强园本特色课程建设，以幼儿经典文化教育课程为平台，成立国画、剪纸、刺绣、扎染、泥塑5个园本教研小组，定期开展园本研训活动，并通过走班教学和跨园剪纸教研活动提升教师施教能力。

（于海清）

11月12日，平谷一幼开展保育员技能培训

（平谷一幼　供）

北京市平谷区第四幼儿园

2019年，北京市平谷区第四幼儿园为教育部门办园类别，日托制。占地面积5109.20平方米，校舍建筑面积4205.80平方米，运动场地面积1842.50平方米，绿化月地面积200平方米。藏书10859册。固定资产总值1597.10万元，全年教育经费投入2088.18万元。学校信息化经费投入3.30万元，计算机115台，校园网出口总带宽100Mbps，数字资源量50GB。教职工67人，包括高级职称9人、中级职称32人。专任教师44人，包括本科以上学历38人。开设教学班18个，其中，小班6个、中班6个、大班6个。幼儿入园197人，离园187人，在园546人。

2019年，幼儿园坚持“骨干教师引领、经验教师拔高、青年教师成长”的原则，加强教师队伍建设。青年教师重点培养教学能力，组织展示课5次，通过教案指导、教学展示、活动点评、总结反馈环节，提升授课能力；同时提高边弹边唱、绘画、讲故事等教学技能。成熟教师重点提高探索意识，研究图书、美工、益智等七大区域中的1个区域，开展“家园共育案例”专题交流活动。骨干教师发挥示范引领作用，细化探索主题活动实施方案，开展主题活动汇报，与青年教师结对帮扶。成立班、组、园三级家委会，每月召开1次家委会，介绍幼儿园办园特色，征求家长意见，品尝幼儿伙食；利用电话、短信、班级博客、微信等媒介搭建家园沟通平台，开展亲子共背经典词句、共画同一个故事等活动。

（张艳波）

北京市密云区第一幼儿园

2019年，北京市密云区第一幼儿园为教育部门办园类别，日托制。占地面积3162平方米，校舍建筑面积3286平方米。固定资产总值2194.44万元。全年教育经费投入1593.23万元。拥有美工创意坊、音体室和绘本馆3个专用教室，普通教室11个。教室内设有电视、计算机和摄像机等教学设施。教职工66人，包括教师56人，均为专科以上学历，中级以上职称18人；保健员3人，均为专科以上学历，中级以上职称2人。开设11个教学班，其中，小班4个、中班3个、大班4个。幼儿入园113人，离园111人，在园333人。

2019年，幼儿园以民族传统节日、民族传统游戏、民族传统美德、民族传统艺术为教育内容，结合体育节、艺术节、故事月、"六一"儿童节等活动，确定每月的教育主题，开发"多元共育，快乐发展"中国娃主题教育园本课程，每个班级根据主题确定切入点，以思维导图形式理清脉络，依托主题网络图组织开展教育活动，增强主题教育的目的性、计划性、适宜性和可操作性，教育效果明显提升。探索幼儿发展评价方式，以儿童学习故事为主，融合幼儿成长档案、日常观察记录、影像记录、作品分析等多种手段，采用教师评、家长评、同伴评、幼儿自评的多元方式对幼儿进行科学客观的发展评价。通过"家教家风"讲座、家长半日开放活动、幼儿"哇"时刻、儿童学习故事、二维码微故事等形式，让家长了解幼儿在园情况，形成家园共育合力。

（侯莹莹）

北京市密云区第七幼儿园

2019年，北京市密云区第七幼儿园为教育部门办园类别，日托制。占地面积4356.81平方米，校舍建筑面积5880.81平方米。固定资产总值781.53万元。全年教育经费投入2239.80万元。拥有图书活动室、美术活动室、舞蹈活动室和科学活动室4个专用教室，普通教室18个。教室内设电钢琴、计算机和玩具柜等教学设施。教职工82人，包括教师64人，均为专科以上学历，中级以上职称9人；保健员5人，均为专科以上学历，中级以上职称2人。开设18个教学班，其中，小班6个、中班6个、大班6个。幼儿入园178人，离园182人，在园542人。

2019年，幼儿园通过师德讲座、师德承诺书、"我为你点赞""星级教师"表彰评选等活动，进一步加强师资队伍建设；开展中华人民共和国成立70周年系列教育活动，选派11名教师参加庆祝联欢活动；举办主题活动建构培训、舞蹈培训、边弹边唱培训和足球培训，提升教师主题活动组织实施能力；设立党员教师"帮扶岗"，帮助青年教师快速成长。依托阳光文化推进"阳光乐课程"，组织"三节三爱"主题教育活动，开展"我的祖国是花园"国庆系列活动、小足球活动和"我是小戏迷"等主题实践活动；以艺术与创造为切入点开展园本课程建设，组织安全剧创编与表演活动，运用皮影、版画、线描画、创意制作等形式培养幼儿想象力和创造力；举办"阅读悦美、润泽成长"第一届幼儿阅读节、新春庙会、体育节、艺术节等活动，促进幼儿全面发展。为家长解读课程建设，指导家长使用"幼教三六五平台"。落实安全网格管理责任制，组织全园应急演练活动8次，班级疏散演练40次。

（赵敏）

11月21日，密云一幼开展区域评比活动

（密云一幼　供）

北京市延庆区第一幼儿园

2019年，北京市延庆区第一幼儿园为教育部门办园类别，日托制。幼儿园占地面积3518.96平方米，校舍建筑面积5017.14平方米。全年教育经费投入2545.24万元。固定资产总值2761.16万元。图书室藏书3.90万册，包括电子图书2.10万册。拥有社会体验馆、儿童阅览室和木工坊等5个专用教室，普通教室21个。计算机114台，信息化经费投入312.99万元，校园网出口总带宽1024Mbps，数字资源量200GB。教职工104人，包括专任教师88人，均为专科以上学历，中级以上职称12人，北京市骨干教师2人，延庆区骨干教师12人；保健员6人，均为专科以上学历，中级以上职称3人。开设21个教学班，其中，小班 8 个、中班 6 个、大班 7 个。幼儿入园 192 人，离园 170 人，在园 582 人。

2019 年，幼儿园以“新动力 · 心体验 · 欣成长”为办园理念，以体验教育为办园特色，开展 6 次文化建设讨论，组织公共环境“蜗牛精神”解读及“作品秀”等活动，将园所文化理念融入工作学习中。加强师德师风建设，学习“新时代幼儿园教师行为规范十项准则”等规定，开展师德考核定级工作，确定师德优秀教师 17 人、师德合格教师 72 人。按需分层提升教师专业能力，开展新入职教师说课比赛、青年教师教学展示、成熟教师研究游戏、骨干教师研究教研活动的设计与组织等活动，教师外出参加培训 698 人次；展评结合，分 3 次对 9 个班级的 27 名教师颁发优秀班集体流动红旗。加强健康领域体验活动，支持幼儿自主体验、快乐成长，积累主题案例 49 个。

（张俊燕）

北京市延庆区第二幼儿园

2019 年，北京市延庆区第二幼儿园为教育部门办园类别，日托制。占地面积 0.36 万平方米，校舍建筑面积 0.50 万平方米。全年教育经费投入 2309.95 万元。固定资产总值 1407.35 万元。藏书 4.90 万册，包括电子图书 2.80 万册。拥有舞蹈室、艺术室、幼儿阅览室等 4 个专用教室，普通教室 15 个。多媒体设施 18 套，台式计算机 56 台，便携式计算机 35 台，校园网出口总带宽 100Mbps，数字资源量 650GB。教职工 78 人，包括专科以上学历 77 人、高级教师 9 人、北京市骨干教师 2 人、延庆区骨干教师 19 人、园级骨干教师 18 人；保健员 3 人，均为专科以上学历，包括中级以上职称 1 人。开设 15 个教学班，其中，小班 6 个、中班 4 个、大班 5 个。幼儿入园 162 人，离园 176 人，在园 466 人。

2019 年，幼儿园以“快乐发展”为办园理念，以“一切为了孩子的幸福人生”为办园宗旨，构建“雁文化”管理体系。以“雁文化”为引领，将“仁 义 礼 智 信”融入文化建设中，每个班级、办公室确立“能”“慧”等主题字，凝练“一班一办一字”雁文化，形成扶翼丰羽体育节、营养健康美食节、炫彩童心艺术节、爱国爱家传统节、小舞台大世界展示日、新年成长展示“四节一日一展示”雁文化品牌活动。落实“雁序”管理模式，修改完善“二幼雁阵晋级标准”，重新申报与考核雁阵梯队，确定“头雁”教师 6 人、“壮雁”教师 21 人、“雏雁”教师 19 人。建立“头雁”优先学习机制，培养市级骨干教师和延庆名师；支持“壮雁”参加区级基本功活动和科研团队，培养区级骨干成熟型智慧教师；建立“雏雁”培训清单，开展专业基本功成绩达标活动，培养专业合格教师。以“构建有生命意识的幼小衔接课程，培养自主、自信、文明、快乐的完整儿童”为重点，结合幼儿园五大教育领域，围绕身体适应性、学习适应性和社会适应性三个方面进行理论梳理和实践操作，形成主题课程、游戏活动、环境材料、论文集和案例集 5 册园本课程材料；完成市区级课题 27 个。

（曹怀秀）

北京市延庆区第四幼儿园

2019 年，北京市延庆区第四幼儿园为教育部门办园类别，日托制。占地面积 1.13 万平方米，校舍建筑面积 0.75

10 月 16 日，延庆二幼组织节约粮食教育活动

（延庆二幼　供）

4 月 29 日，延庆四幼举行环保教育活动
（延庆四幼　供）

万平方米。全年教育经费投入 3036.80 万元。固定资产总值 2130.70 万元。图书室藏书 0.60 万册，包括电子图书 0.23 万册。拥有图书室、生活馆和科技室等 5 个专用教室，普通教室 20 个。计算机 94 台，信息化经费投入 9.70 万元，校园网出口总带宽 200Mbps，数字资源量 750GB。教职工 100 人，包括专任教师 82 人，其中，专科以上学历 81 人、中级以上职称 25 人、北京市骨干教师 1 人、延庆区骨干教师 16 人；保健员 4 人，均为专科以上学历，中级以上职称 1 人。开设 22 个教学班，其中，小班 8 个、中班 7 个、大班 7 个。幼儿入园 220 人，离园 210 人，在园 645 人。

2019 年，幼儿园围绕“生命、自然、成长”的核心理念，狠抓一日流程规范工作。加强教师队伍建设，干部及后备干部 150 人次参加儿童观察评价系统等 12 项专题培训；按照“三级六阶段”的模式，打造骨干、成熟、新职教师团队，骨干教师研究区域互动游戏，成熟教师研究户外活动，新职教师研究科学领域教学；青年教师自主选择教育区域录制视频，开展说课 DV 展示活动，推荐 7 名教师和 3 名教研组长参加区级比赛；组织全体专任教师开展讲述工作感悟故事活动。深化园本课程研究，制定 10 个可视化一日活动组织流程，开展“祖国我爱你”“秋天真快乐”“天冷我不怕”等 8 个主题活动；通过轮滑、足球、滑板社团，满足幼儿个性化发展需求，全年 400 人次参加活动；注重幼儿养成教育，开展爱牙、护眼活动。探索家园互动策略，开展教师家园共育能力培训 20 人次；组织家长半日开放、亲子元旦活动，家长 1200 人次参加活动；举办家长沙龙活动，指导家长育儿方法，160 人次参与活动；启动家长志愿服务活动，每天每班 1 名家长在指定位置执勤，共计 640 人参与志愿服务活动。

（鲁爱文）

北京市房山区燕山阳光幼儿园

2019 年，北京市房山区燕山阳光幼儿园为教育部门办园类别，日托制。占地面积 6675.11 平方米，校舍建筑面积 3303 平方米，运动场地面积 2655.61 平方米，绿化用地面积 970 平方米。藏书 4447 册，电子图书 30 册。固定资产总值 1166.35 万元，全年教育经费投入 1058.55 万元。拥有计算机 30 台，校园网出口总带宽 20Mbps，数字资源量 320GB。教职工 59 人，包括高级职称 2 人、中级职称 16 人。教职工中专任教师 26 人，包括本科以上学历 19 人。开设教学班 9 个，其中，小班 3 个、中班 3 个、大班 3 个。幼儿入园 101 人，离园 123 人，在园 308 人。

2019 年，幼儿园围绕“让阳光教育渗透到幼儿园的每一个角落，让教师成为播撒‘爱与阳光’的使者，使幼儿园成为幼儿成长的阳光乐园”的办园宗旨，关注师幼成长、提升办园质量。以健康基地为依托，增强健康体育教育特色，引进轮滑和足球项目。8 月，幼儿园成为全国足球特色幼儿园，以游戏的方式提高幼儿足球活动实效。持续开展阳光木工坊活动，完善园本课程。

（王钦）

（本栏责任编校　王永刚）

小学教育

中学教育

特殊教育

民族教育

2020 基础教育

ELEMENTARY EDUCATION

- 义务教育控辍保学工作推进
- 特殊教育提升计划落实
- 千名残疾儿童助学服务
- 首批认定 426 所义务教育学校管理标准达标校
- 基础教育阶段创新人才培养十年总结
- 北京学校小学部开学
- 促进农村教育质量提升

基础教育

ELEMENTARY EDUCATION

综述

概述

2019年，北京市有小学941所（比上年减少29所）。毕业138968人、招生182873人、在校生941614人。教职工61934人，包括专任教师55758人。学校占地面积1443.27万平方米，校舍建筑面积759.09万平方米。固定资产总值227.56亿元，其中，教学仪器设备资产值80.76亿元。

北京市有普通中学654所（比上年增加10所），其中，初级中学192所、高级中学36所、完全中学170所、九年一贯制学校144所、十二年一贯制学校112所。初中毕业73344人、招生117398人、在校生308722人；高中毕业50390人、招生51403人、在校生152857人。教职工91277人（比上年增加2303人），包括专任教师71271人（比上年增加2373人）。学校占地面积2569.41万平方米，校舍建筑面积1535.78万平方米。固定资产总值428.35亿元，其中，教学仪器设备资产值119.77亿元。

北京市有民族学校38所，其中，小学31所、中学7所。在校生25807人，包括少数民族学生7352人。教职工2761人，包括少数民族教职工414人，专任教师2400人。民族中学分布在西城、朝阳、海淀、门头沟、通州、大兴6个区；民族小学分布在东城、西城、朝阳、海淀、昌平、通州、顺义、大兴、房山、怀柔、密云、延庆12个区。内地新疆高中班办班学校11所，在校生4396人；内地西藏班（校）6所，在校生1240人；内地青海班办班学校5所，在校生833人。

北京市教育部门所属市级特殊教育中心1个、区级特殊教育中心15个、特殊教育学校20所。全市义务教育阶段在读残疾学生6962人、毕业1386人、招生1026人。特教学校教职工1234人，包括专任教师993人。

（张琳　陆小红）

集团化办学项目推进

2019年，市教委推进集团化办学市政府民生实事项目，推动区域教育均衡发展再上新水平。4月26日，市教委在

4月26日，北京市中小学集团化办学与学区制管理房山区现场会召开　（房山区教委　供）

房山区召开“聚焦民生实事 扩大优质供给——北京市中小学集团化办学与学区制管理房山区现场会”，要求各区按照市教委统一部署，年内完成扩大集团化办学覆盖面，集团化办学覆盖学校新增100所的实事任务。市教委、房山区政府领导，市教委相关处室、各区教委、优质教育资源输出单位相关负责人及房山区教育单位代表等400余人参加会议。至年底，北京市中小学集团化办学覆盖学校新增101所（城区16所、郊区85所）。全市有各类教育集团158个，学区131个，66%以上中小学纳入学区制管理。

（韩景毅）

义务教育控辍保学工作推进

2019年，市教委推进义务教育控辍保学工作。具体工作内容有，指导各区针对不同失学辍学原因，做好辍学学生劝返复学工作；与公安局建立学籍系统与人口信息系统比对机制，从源头预防辍学；商请市公安局联合建立中小学生学籍信息管理系统和北京市人口基础信息库比对核查机制；完善学籍管理系统，将在籍不在学学生分类与教育部辍学学生分类相统一，加强控辍保学过程监控。经过核查、劝返，截至12月15日，教育部控辍保学工作台账上，北京疑似失学学生人数从1873人降至165人。

（王蕤）

17所市建共管和市建区办校建设推进

2019年，市教委推进17所市建共管和市建区办学校建设，完成全部学校与承办校对接。17所学校分别位于通州、怀柔、大兴、丰台、房山、朝阳、顺义、昌平、海淀、石景山、延庆、平谷12个区，其中市建共管学校7所、市建区办学校10所。2018年，市政府制订《关于市级统筹建设一批优质学校工作方案》，发挥优质教育在吸引人才和支撑发展方面的积极作用，落实疏解非首都功能要求，在城市副中心、三城一区（中关村科学城、怀柔科学城、未来科学城和北京亦庄经济技术开发区）等重点产业功能区和人才聚集区加快建设一批优质学校，由北京市第五中学、中国人民大学附属中学、北京大学附属中学等优质学校承办。

（张琳）

特殊教育提升计划落实

2019年，市教委全面落实特殊教育提升计划。优化各区特殊教育资源布局，以规划建设区级特殊教育提升计划重点建设项目库为抓手，建立月报监督机制，追踪项目实施进度，推进全市融合教育服务实体达标建设。推进市级示范性特教项目建设与规范实施，规划建立由普通学校中的资源教室、学区融合教育资源中心、区特殊教育中心和市特殊教育中心融合教育组成的4级专业服务实体网络。结合区域特殊教育发展实际，规划建设25个学区融合教育资源中心、5个自闭症教育康复基地，推进各区特教中心规范化建设和专业实力扩充，形成具有北京特色的特殊教育及融合教育专业支持格局和发展模式。

（张琳）

千名残疾儿童助学服务

2019年，市教委会同市残联印发《2019年残疾学生助学服务项目实施方案》，推进残疾学生助学服务。依托市级

9月22日，西城培智中心校自闭症教育基地开展家长咨询活动
（西城培智中心校 供）

示范性学区融合教育资源中心和市级自闭症儿童教育康复训练基地等特殊学生服务实体，为1000名残疾儿童少年提供专业评估、精准康复、辅具适配、无障碍就学服务。针对残疾学生居住分散、教育康复需求差异大等特点，确定以送教上门残疾学生为重点，学前和高中等教育阶段残疾学生为补充的服务对象范围，开展上门助学、集中助学、分散助学等助学服务，对各学段残疾学生进行评估建档，制订个性化支持方案，为其接受融合教育提供精准系列支持保障服务。全市建立助学服务档案2170份，为1051名学生落实各项政策，包括享受康复服务392人、申请并购买辅具438人、办理残疾人证17人、享受扶残助学政策266人、参与非教育辅助服务30人、福利院接受送教服务学生49人，满意度100%。

（张琳）

乡村小规模学校和乡镇寄宿制学校建设加强

1月30日，市教委印发《北京市加强乡村小规模学校和乡镇寄宿制学校建设的实施方案》。方案明确到2020年的工作目标，提出坚持问题导向、兜住底线、因地制宜的基本原则，提出统筹布局规划、改善办学条件、强化师资建设、强化经费保障、提高办学水平和加强组织领导6个方面的建设和管理要求。方案强调市级统筹、区级主责、学校主体，做到各负其责、压实责任、注重落实，建立问题清单，明确具体任务、完成时限、工作标准和责任主体。

（王薤）

东城怀柔教育对口帮扶校签约

2月28日，东城区与怀柔区教育对口帮扶校签约仪式在北京市怀柔区第三中学举行。怀柔三中与北京市第一七一中学、北京市怀柔区第一小学与北京市东城区府学胡同小学分别签订一体化办学协议，北京市怀柔区第三幼儿园与北京市第一幼儿园签订手拉手合作协议。怀柔三中挂牌北京市第一七一中学怀柔分校初中部，怀柔一小挂牌“北京市府学胡同小学怀柔分校”。2所东城学校统筹管理本校区和怀柔分校教育教学工作，2所怀柔分校分别纳入一七一中学教育集团和府学胡同小学优质教育资源带，实施统一管理，享受成员校相应权利。根据合作协议，怀柔三中、怀柔一小干部、教师可到东城总校跟岗学习，分校师生可到总校开展游学等教育教学活动；总校选派教育教学干部、骨干教师到怀柔分校从事管理和教学工作，定期选派干部、教研组长、骨干教师到分校听课、研课，开展联合教研、师徒结对活动。东城区教委、怀柔区教育两委相关领导及负责人，6所签约校领导24人参加签约仪式。

（缐金秋　张晓清　许银萍）

首批认定426所义务教育学校管理标准达标校

3月14日，市教委认定426所学校为全市首批义务教育学校管理标准达标学校。同时启动全市第二批义务教育学校管理标准达标校建设工作，联合北京师范大学专家团队深入全市各区18所中小学开展入校调研，了解和指导各区第二批义务教育学校管理标准达标校验收工作。北京市义务教育学校管理标准化建设工作于2018年全面启动。市教委于2018年底对各区达标验收工作进行抽样调研。在学校申报、各区推荐基础上，经过市教委2019年第9次主任办公会审议，认定首批达标校。

（冯雪）

基础教育阶段创新人才培养十年总结

3月19日，市教委召开北京市基础教育阶段创新人才培养十年总结会。会议总结十年翱翔工作，表彰优秀成果和先进集体、个人。10年间，北京市以“人才培养方式创新”为中心，以“落实立德树人和培育核心素养”为两个根本，打造由900余名骨干教师、700余名专家、200余名志愿者组成的3支队伍，推动工作机制、培养方式、教学方式、评价方式创新。培养工作通过基地建设与资源整合，开展7项探索，推动创新教育普及化、普通教育创新化，形成人才培养方式创新“北京模式”。会议由北京教育科学研究院、北京青少年科技创新学院共同承办。

（朱娜）

顺义昌平结对协作工作启动

3月29日，顺义区教委、昌平区教委联合召开“推动生态涵养区发展”教育结对协作工作启动会。会议解读《顺义区教委与昌平区教委结对协作推动生态涵养区生态保护和绿色发展工作实施方案》。根据方案，未来3～4年，顺义区8所优质学校对接昌平区生态涵养镇的8所中小学（含教师进修学校），通过开展交流合作，补短板、强弱项，推动昌平生态涵养区基础教育质量提升。两区教委相关科室负责人、结对校校长等30余人参加会议。

（吕心丰　陈刚）

第九届书香燕京阅读指导活动

4月至11月，市教委举办第九届“书香燕京——北京市中小学阅读指导活动”。4月15日，印发《关于开展第九届“书香燕京——北京市中小学阅读指导活动”的通知》；4月19日，召开第九届“书香燕京——北京市中小学阅读指导活动”启动会。活动围绕“我爱你，中国”主题，开展征文、书法斗方作品比赛和2019京津冀课外阅读指导课教学风采大赛等评比活动。16个区561所学校选送师生征文157335篇、书签52462件、斗方9703幅、阅读指导课290节参加评选。评出征文一等奖1805人、二等奖4862人、三等奖8744人，最美书签5795件，最美斗方1231幅，京津冀阅读指导课金奖14节、优秀奖16节；区县组织先进单位13个、区县组织先进个人62人；学校组织先进单位285个、学校组织先进个人621人。

（陆小红　赵文强）

北京学校小学部开学

9月1日，北京学校小学部开学。开设教学班12个，招收学生400余人，全部为一年级学生。因学校正在建设中，暂时租用中国人民大学附属中学通州校区办学。北京学校开学是为配合市级党政机关搬迁，兑现当地政府搬迁承诺，整体提升通州区教育质量。北京学校是市教委直属的十二年一贯制公立学校，建设投资由市政府固定资产投资全额安排。

（张琳）

促进农村教育质量提升

10月30日，市教委主办的北京市农村教育质量提升工作现场会在北京市昌平区百善学校举行。活动组织观摩“四校联盟”课堂教学和教研活动展示，观看课程教育成果展板、展品，参观校园。市教委相关负责人肯定昌平区在农村教育质量提升工作中主动作为、整体谋划的做法；“四校联盟”立足实际、持之以恒、改革创新的工作模式；指出农村学校要因地制宜、因校制宜，落实立德树人根本任务，立足课堂教学改革，提高课堂教学实效，培养学生综合素质，促进学生全面发展，加强教师队伍建设，提高育人队伍水平，重视家庭教育，形成家校共育合力。活动由昌平区教委与“四校联盟”（百善学校、北京市昌平区长陵学校、北京市昌平区亭自庄学校、北京市昌平区阳坊中学）共同承办。市教委相关处室负责人，昌平区教委及各郊区教委领导，中小学干部代表等300人参加活动。

（袁宝山　赵立伶）

“回天行动计划”教育提升展示活动

11月6日，市教委举办“汇聚优质教育资源 助力回天质量提升”——“回天行动计划”教育提升展示活动。活动中，昌平区回龙观和天通苑地区11所“手拉手”项目校展示教育质量提升阶段性成果；昌平区教委作《借回天行动计划，助区域质量提升》主题报告。活动肯定“回天地区”提升教育质量行动计划成效并对下一步提高“回天地区”教育质量，促进义务教育均衡发展提出提高站位、突出重点、巩固成果3点意见。市教委领导，市教委相关处室、北京教育科学研究院、昌平区教委相关负责人，昌平区部分中小学代表等300余人参加活动。

（向姣姣　袁宝山）

11月6日，市教委举办“回天行动计划”教育提升展示活动
（市教委相关处室　供）

基础教育首次远程虚拟教育教学直播实验

11月26日，北京教育网络和信息中心举办北京基础教育阶段首次“虚拟现实＋5G”远程教育教学直播实验活动。活动在周口店北京人遗址通过VR技术将真实的洞内实景和教学内容叠加，采用5G技术传播，使学生在教室实现远程虚拟上课。活动将虚拟现实与教育融合，为未来教育带来新的发展方向。活动由房山区教委、周口店遗址博物馆等单位共同协办。教育部、中央电教馆、市教委、北京教育科学研究院等单位相关负责人，师生代表等200余人参加活动。这样的远程教育教学直播活动在北京基础教育阶段尚属首次。

（马东）

2018国际学生评估项目测试（PISA）结果公布

12月5日，教育部官网转载《人民日报》关于2018年国际学生评估项目测试（PISA）结果的相关论述。在全部79个参测国家（地区）对15岁学生的抽样测试中，中国四省市（北京、上海、江苏、浙江）作为一个整体取得全部3项科目（阅读、数学、科学）均排名第一的好成绩。四省市学生在阅读、数学、科学3项关键能力素养上的平均成绩分别为555分、591分、590分。2018年4月26日，国际学生评估项目（Program for International Student Assessment，缩写PISA）2018测试实施。测试分答题和问卷调查2个阶段，采用计算机在线考试方式。北京市15个区及燕山地区88所学校2870名学生参加测试。PISA是由经济合作与发展组织（OECD）设立的大规模国际教育评价项目，旨在评价15岁学生应用知识与技能适应未来生活的能力。2015年，北京市首次组织学生参加该测试。

（马可）

中小学思想政治学科教育大会

12月10日，市教委、北京教育科学研究院共同召开北京市中小学思想政治学科教育大会。会议组织听取专家报告并开设4个分论坛。专家报告从教材建设、道德价值引领、监测评价3个角度明确中小学思想政治理论课作为落实立德树人根本任务关键课程的价值与意义。4个分论坛分别围绕“核心素养在义务教育道德与法治教学中的落实”“思想政治学科议题式教学的实践与思考”“义务教育道德与法治课程实践育人的北京探索”“法治教育专册的衔接研究与落实”4个主题，展示课例并组织研讨。教育部、市教委、北京师范大学等单位领导专家，市教委、各区教委和教科研部门负责人，全市中小学思政课教师代表及天津、河北两地思政课教师代表等500余人参加会议。同时，会议通过云直播实现千余人在线参与。

（张延书　时雁）

3个案例入选全国民族教育信息化应用与实践优秀案例

12月12日，教育部发布《全国民族教育信息化应用与实践优秀案例》入选名单，北京市有3个案例入选。3个案例分别为北京西藏中学“无线同屏技术在物理课堂中的应用”、北京市宣武回民小学“全息交互协作学习终端帮助小学生使用形象思维构建科学概念”和北京市东城区崇文回民幼儿园“科学测试 智能分析 助力儿童健康成长”。4月15日至6月1日，市教委开展民族教育信息化应用优秀案例征集遴选活动。各区教委推选出20个优秀案例作为推荐上报教育部的优秀案例报送市教委。市教委根据教育部民族教育发展中心征集要求，将20个优秀案例上报教育部。

（陆小红）

引进外籍教师参与中小学英语教学改革

至年底，市教委委托北京市国际教育交流中心管理引进外籍教师参与中小学英语教学改革项目。国际交流中心面向9个区48所项目校开展外籍教师招募与管理，推送外籍教师34人。全年组织在岗外籍教师开展教学培训活动7次、文化参访活动8次，累计参与200余人次。

（史玉婷）

海淀分别与延庆、昌平、怀柔开展教育协作

至年底，海淀区教委分别与延庆区教委、昌平区教委、怀柔区教委签约合作。4月11日，与延庆区签订基础教育领域结对协议。5月22日，海淀12所中小学与延庆第一批15所中小学结对拉手。6月4日，海淀区教师进修学校教研员与延庆区教育科学研究中心教研员结成22对“师徒”关系，共同参与实施教研员专业素养提升和名师工作室建设2个项目。海淀区教师进修学校将成立23个名师工作室。6月5日，与昌平区教委、北京市海淀区中关村第二小学签订三方协议，合作举办“北京市海淀区中关村第二小学昌平学校”。9月1日，中关村二小昌平学校开学，有教职工8人，首批招收一年级学生84人。7月24日，与怀柔区教委签约合作。8月17日，北京市海淀区中关村第一小学与北京市怀柔区雁栖学校、北京市海淀区五一小学校与北京市怀柔区杨宋镇中心小学分别签订城乡一体化合作办学协议。8月28日，北京市怀柔区北房镇中心幼儿园与北京明天幼稚集团签订一体化办园协议，北房镇中心园挂牌“北京明天幼稚集团怀柔分园”。10月20日，北京市怀柔区教科研中心与北京市海淀区教师进修学校签订一体化教研合作协议。12月25日，成立“海淀—怀柔一体化教研发展项目”名师工作室24个。每个工作室由1名海淀名师主持，怀柔教研中心指定1名相应学科教研员（或骨干教师）担任工

12月10日，市教委、北京教科院共同召开全市中小学思想政治学科教育大会 （东城区教委　供）

作室牵头人，每个工作室有学员5～7人，首批学员205人。

（宋亚甫　张美丽　线金秋）

小学教育

“京山杯”小学教育论坛

5月24日和11月29日，由怀柔、平谷、房山、门头沟四区教委联合举办的第九届和第十届“京山杯”小学教育论坛活动分别在怀柔区和平谷区举行。第九届论坛活动中，怀柔区以“聚焦学科质量提升”为主题，采取教育沙龙形式分享经验；平谷区以“聚焦学生身心健康”为主题，展示校本课程、特色品牌活动；房山区以“聚焦学科育人”为主题，呈现育人模式；门头沟区围绕“聚焦思政课质量提升”主题，分享思政课教师队伍建设和全方位育人典型做法。市教委、怀柔区委教育工委、怀柔区教委、平谷区教委、门头沟区教委、中国教育学会小学教育专业委员会、北京师范大学教育学院负责人，四区小教科科长、学校领导和骨干教师等360人参加论坛。第十届论坛举办《课堂质量提升的几个特征》讲座；四区32名校长分4个专题，分别交流对《关于深化教育教学改革 全面提高义务教育质量的意见》内涵的理解、认识、思考及学校层面落实意见精神的举措与效果；各区交流在质量监控、学生学业评价等方面的认识、思考、经验与做法。四区小学校长、教育教学副校长，各区教委相关人员等320余人参加活动。

（线金秋　孙荣菊　陈立新）

第八届“民实杯”小学青年教师教学大赛

7月至12月，市教委举办北京市第八届“民实杯”小学青年教师教学大赛。比赛以“努力建构资源整合的生态课堂”为主题，涉及语文、数学、艺术（含美术、音乐）和体育4个学科。比赛落实立德树人根本任务，聚焦当前课程建设“综合＋学科”“情景＋主题”“儿童＋经验”等研究重点，利用教学资源，促进民族文化传承在课程与课堂的有效实施。16个区40所小学128名教师参加教学展示。评出一等奖45人、二等奖44人、三等奖39人。27名获得一等奖的教师参加现场说课和答辩。

（陆小红　王振清）

深化教学改革学校现场研讨会

10月17日，市教委在北京市丰台区丰台第五小学召开“深化教育教学改革 提升课堂教学品质”学校现场研讨会。现场会第一阶段，丰台五小展示数学、语文2节公开课。现场会第二阶段，丰台区教委汇报丰台区教育改革发展情况，丰台五小从学校教育教学改革设计、中层干部引领实施、教师实践研究3个层面汇报课堂教学改革研究成果。市教委相关处室负责人及各区主管小学教育副主任、小教科长和小学校长代表等240余人参加会议。

（韩景毅）

“京苏粤冀蒙”教育教学研讨会

11月20日至22日，北京市顺义区东风教育集团举办“京苏粤冀蒙”五地联动小学教育教学研讨会。活动分合作签约、校长论坛、教学研讨、参观交流4个板块。东风教育集团与河北省邯郸市复兴区户村教育集团签订合作协议书，就学校管理、班级管理、教学研究、家校共建和课程改革等方面内容制订交流规划。活动举办5场“家校育人”经验介绍、37节精彩观摩课，组织参观顺义区4所小学。

（孔玉会）

中学教育

清华基础教育高峰论坛

4月10日至11日，清华大学附属中学举办第四届清华基础教育高峰论坛“互联网＋教育”新中高考背景下走班制教学专题研讨暨展示交流活动。活动与北京市教育学会高中教育研究分会共同主办，设置专题报告、主题分享

10月17日，市教委召开“深化教育教学改革 提升课堂教学品质”学校现场研讨会　（丰台五小　供）

和课堂展示3个环节。活动组织听取《全面深化新时代教育体制机制改革，促进教师全面发展》《新高考改革与高中特色发展》《技术装备发展与学习方式转变》等讲座，观摩清华附中初高中全学科、原生态实时课堂及精品展示课214节。教育部、市教委相关领导，清华附中领导班子及来自全国各地的校长、教师等500余人参加活动。

（计澂）

京郊6所高中组建生态教育联盟

5月10日，京郊6所示范高中组建生态教育联盟并在北京市延庆区第一中学举办京郊高中学校教育教学工作交流研讨活动。6所学校分别为延庆一中、北京市顺义牛栏山第一中学、北京市密云区第一中学、北京市昌平区第一中学、北京市昌平区第二中学、北京师范大学附属中学平谷第一分校。根据协议，各联盟校将建立统一考务平台，实现考试数据共享；开展青年教师赛课活动，成立评审专家组，制订赛课评分标准，召开学科表彰活动；以名师工作室形式开展联合教研、课题研究、同课异构等活动；建立校长联席会议制度，商议协调联盟的重要事务。活动组织各校领导参观延庆一中校园环境，听取学校各部门、学部、学科职能介绍。延庆一中解读京郊示范高中教育教学改革合作活动工作方案，对未来六校联盟发展提出具体设想。

（赵文新　吴东华）

五省三市重点高中联盟同课异构教学研讨

10月9日至10日，“五省三市”重点高中教育联盟同课异构教学研讨活动在北京市第十中学举行。来自天津市紫云中学、浙江省绍兴第一中学、青岛市第九中学、上海市金山中学、唐山市开滦第一中学、大连市第二十高级中学、江苏省连云港新海高级中学的80名数学、心理学科教师参加活动，就“等比数列前n项和”和“科学管理 把握未来”2个课题展开研讨交流。

（宋东明）

全国中学教育论坛

10月19日，清华大学附属中学举办全国中学教育论坛暨清华附中国际教育实践与探索研讨会。论坛设置国际教育主题论坛、圆桌讨论、国际教育成果展及工作坊和教学课堂展示4个单元。参会人员听取《探索与开创——清华附中国际化教育之路》主题报告；围绕面向未来的教育创新、中西教育的融合和发展、课堂教育变革等话题开展2场圆桌讨论；观摩清华附中课堂教学展示，涉及小学至高中3个学段、7个学科、14门课程；参观国际教育成果展，了解清华附中国际部、北京市朝阳区清华附中国际学校以及清澜山学校办学理念和教学成果。有关专家领导及学校干部、教师等600人参加活动。

（宋涵音）

民族教育

内地民族班管理干部民族政策培训

4月18日至19日，市教委和市民委联合举办北京市内地民族班管理干部民族政策培训班。培训邀请中央民族大学教授作《民族政策》专题培训，新疆维吾尔自治区驻京工作组党委书记作《新疆工作形势》专题报告，中国教育科学研究院专家作《学校安全风险防控体系建设》专题讲座。针对内地民族班结核病等传染病高发特点，培训班专门安排市卫健委、市疾控中心和市结防所布置传染病防控工作，参会人员就如何进一步强化内地民族班的教育管理服务进行分组讨论并在培训会上作交流发言。市教委、市民宗委相关处室负责人，全市14个内地民族班办班校所属区教委及燕山教委主管主任、科长，区民宗办（委、局）主管主任，区卫健委疾控科负责人、区疾控中心主管主任及独立设置结防所的主管领导，21所内

10月19日，清华附中举办全国中学教育论坛暨清华附中国际教育实践与探索研讨会——课堂教学展示　（清华附中　供）

地民族班办班学校校长、主管校长及校医等200人参加培训。

（陆小红　王振清）

中小学“民族杯”风筝工艺制作暨放飞展示

5月11日，由北京市民族教育学会和顺义区委统战部共同主办的北京市中小学“民族杯”风筝工艺制作暨放飞展示活动在北京市顺义区后沙峪中心小学举行。展示设置软板类、硬板类、软翅类、硬翅类4个项目，包括风筝绘画和场地放飞2项内容。活动邀请山东省风筝艺术专业委员会专家为师生作风筝知识讲座及放飞展示。评审组从风筝造型、扎、糊、绘、空中效果及角度等方面进行综合打分，评选出团体奖30个，一等奖90人、二等奖180人、三等奖130人。来自全市近百所中小学的450名师生参加比赛。

（王振清　陆小红）

第二届内地民族班演讲比赛

6月2日，市教委举办北京市第二届内地民族班演讲比赛。来自20所内地民族班办班学校的41名学生，围绕“我的祖国我的梦”主题，结合亲身经历分享亲身感受，歌颂伟大祖国，歌颂中国特色社会主义，歌颂中国共产党，歌颂各民族大团结，弘扬爱国主义精神和以改革创新为核心的时代精神。最终评出一等奖17人、二等奖13人、三等奖11人。市教委、北京市民族教育学会、门头沟区教委相关领导，内地民族班师生代表等360余人参加活动。

（陆小红　王振清）

首届青少年民族民间舞蹈大赛

7月11日，北京市民族教育学会与北京市民族文化交流中心联合举办“石榴花杯”北京首届青少年民族民间舞蹈大赛。比赛设置独舞和群舞2个组别。经过选拔，14支队伍400余名选手进入总决赛，展示61个舞蹈作品。比赛评出金奖11个、银奖20个、铜奖30个。

（王振清）

5月11日，北京市中小学“民族杯”风筝工艺制作暨放飞展示活动在后沙峪中心小学举行　（顺义区教委　供）

民族团结进步教育实践活动成果征集

9月26日至10月25日，市教委开展民族团结进步教育实践活动成果征集活动，要求各区教委结合庆祝中华人民共和国成立70周年，组织各中小学开展好“我和祖国共奋进 唱响新时代团结之歌”民族团结进步教育实践活动。各区教委推选出42个优秀成果报送市教委，市教委组织专家对各区上报成果进行评选。最终评出一等奖10个、二等奖27个、三等奖5个。市教委推荐10个一等奖获奖作品参加教育部组织的成果征集活动。

（陆小红）

内地民族班校长学习调研

12月15日至18日，市教委组织18所内地民族班办班学校主管领导和民族教育专家27人到浙江省和上海市内地民族班办班学校学习调研。其间，调研团听取浙江省教育厅、上海市教育委员会和嘉兴市教育局关于内地民族班教育管理服务及新高考改革选课走班的先进经验介绍，分别走进浙江省杭州师范大学附属中学、嘉兴市秀州中学和上海市崇明中学、复旦中学4所内地民族班办班学校。

（陆小红）

特殊教育

平谷丰润特教合作办学

3月5日，平谷区教委与河北省唐山市丰润区教育局达成“京冀特殊教育协同发展”合作意向。北京市平谷区特教中心与唐山市丰润区特教学校签订合作办学协议。根据协议，双方将利用各自优质教育资源开展合作交流；两校共同探讨学校管理有效机制和领导、教师队伍建设，组织名师、学科带头人、骨干教师等建立“手拉手”关系；开展教育教学科研合作项目，加强前沿信息和成功经验的交流、推广；互派学生参加运动会、社会实践、艺术节等主题活动，寒、暑假期间互派干部教师开展访问、考察、讲座讲学等活动，以加强两校师生间的交流、学习，共同成长进步。

（吴玉仙）

特殊教育专业服务实体评估

9月至11月，市教委开展北京市特殊教育专业服务实体评估工作。根据市级标准化建设标准，通过各特殊教育专业服务实体自评、专家组实地检查督导等形式，对全市164所市级示范性资源教室项目校、40所市级示范性学区融合教育资源中心项目校和15个区级特殊教育中心进行评估督导。11月26日至27日，市教委召开市级示范性资源教室、学区融合资源中心、区特殊教育中心标准化建设检查督导总结培训会，总结督导整体情况和各区特殊教育工作。

（张琳　朱振云）

特教与成教学习共同体研修工作室成立

11月8日，北京市首家特殊教育与成人职业教育“学习共同体研修工作室”揭牌仪式在北京市东城区培智中心学校举行。工作室由东城培智中心校、北京市东城区职业大学、北京市东城区职工大学3所学校联合组建，设在东城培智中心校。活动发布首批“教师资源库”和“课程资源库”名录并为首批进入“学习共同体研修工作室”的12名客座教授颁发聘书。三校将依托工作室实施科研项目，构建具有东城区特殊教育与成人、职业教育特点的“一基地三平台”模式。初期由东城职大教师提供专业课程服务，东城培智中心校教师利用教研时间参与课程学习。

（肖晓萌）

“全国盲校智能无障碍公益活动”启动

12月3日，“全国盲校智能无障碍公益活动”在北京市盲人学校启动。智能办公硬件无障碍联盟宣布向包括盲人学校在内的全国30所盲人学校及特殊教育院校捐赠一批钉钉智能办公硬件。向盲人学校捐赠的钉钉智能办公硬件设备分别被安装在学校门口、学生公寓楼、医务室等处。10月15日，中国信息无障碍技术标准联合工作组、中国残疾人信息和无障碍技术研究中心、深圳市信息无障碍研究会、阿里巴巴技术公益委员会、阿里巴巴集团标准化部及阿里巴巴钉钉联合发起成立中国首个“智能办公硬件无障碍联盟”，旨在倡议万物智能互联时代无障碍智能硬件的普及，推进全球首个智能办公硬件无障碍标准建设落地。

（高爽　单纬华）

“海景门昌”特教联盟加强交流合作

至年底，北京市“海景门昌”特教联盟举办各类交流活动。6月24日，举办特奥冰雪嘉年华，学生在专业教练指导下体验冰上行走。联盟4所成员校学生、家长、教师等50余人参加活动。10月18日，举办第一届联盟特奥运动会，设置运动项目类、民俗游戏类、身体素质类3个类别17个运动项目。联盟4所成员校师生、家长600余人参与活动。10月至12月，分别举办应用行为分析、正面管教、创意舞动、感知觉4个模块分期培训。活动由北京市健翔学校作为优质校负责组织安排。11月29日，举办联盟首届班主任基本功展示活动，设置主题班会设计、带班育人方略宣讲、情景问答和魅力展示4个环节。4所学校11名班主任参加展示。2017年11月，四校联盟成立，有健翔学校海培校区、北京市石景山区培智中心学校、北京市门头沟区特教学校、北京市昌平区特殊儿童教育学校4所成员校。

（王海涛　刘娟　白芸）

小学选介

北京市东城区府学胡同小学

2019年，北京市东城区府学胡同小学占地面积2.10万平方米，建筑面积1.70万平方米，运动场地面积0.61万平方米。图书馆藏书10.27万册。固定资产总值7719.70万元，

10月18日，“海景门昌”特教联盟举办第一届特奥运动会

（健翔学校　供）

全年教育经费投入 9705 万元。学校信息化经费投入 160 万元，拥有计算机 648 台，校园网出口总带宽 100Mbps，数字资源量 130GB，“信息技术”课程 1 课时 / 周。教职工 236 人，包括高级职称 31 人、中级职称 117 人。专任教师 228 人，包括特级教师 3 人、北京市骨干教师 6 人、北京市学科教学带头人 1 人；本科以上学历 223 人。开设教学班 82 个。毕业 503 人、招生 598 人、在校生 3348 人。

2019 年，学校落实立德树人根本任务，发挥优质教育资源引领辐射作用。学校被认定为数学游戏与课程建设实验学校、北京市中小学研学旅行课程化项目区级实验校、奥林匹克冬奥会教育示范学校、国学教育典范校。开启城乡一体化合作办学探索。2 月 28 日，北京市府学胡同小学怀柔分校挂牌，两校共育共享府学文化、课程资源、优质师资、研修培训。

五育并举，整合劳动教育资源，推进“学府式府学”博学苑课程。在上好劳动技术课程的同时，将其他学科教学和相关教育活动中融入劳动教育内容。承办北京市小学劳动技术学科东西城联动探索“日常生活劳动技术进课堂”教学研究现场会，分享府学劳动技术教育实践探索。

营造校园冰雪文化氛围。贯彻落实《北京东城区青少年“健康 · 成长 2020”工程》《东城区校园冰雪运动五年行动计划（2018—2022 年）》，推进校园冰雪运动普及，开展“体育节”活动，丰富学校“旱地冰壶”“陆地冰球”等冰雪课程，打造校园冰雪文化。

继续深入实践“国际理解教育计划”，发挥优质教育资源辐射效应。搭建国际教育平台，与瑞典青少年冰球队、澳大利亚南奥本小学师生开展交流活动，组织学生到德国、意大利、芬兰、加拿大开展境外综合实践体验课程学习；接待来自台湾、张家口等地的教育同行来校参观交流、跟岗挂职等。

（许银萍）

北京市东城区史家胡同小学

2019 年，北京市东城区史家胡同小学分三址办学，分别为高年级部、二年级部和一年级部。3 个校区总占地面积 2.49 万平方米，校舍建筑面积 3.92 万平方米，运动场地面积 0.59 万平方米。图书馆（室）藏书 5.76 万册。固定资产总值 2.30 亿元，全年教育经费投入 1.82 亿元。学校信息化经费投入 368.93 万元，拥有计算机 885 台，网络多媒体教室 140 个，校园网出口总带宽 1000Mbps，数字资源量 2000GB，“信息技术”课程 1 课时 / 周。教职工 394 人，包括高级职称 69 人、中级职称 162 人。专任教师 373 人，包括特级教师 4 人、北京市骨干教师 16 人；本科以上学历 367 人。开设教学班 106 个。毕业 656 人、招生 799 人、在校生 4272 人。

2019 年，学校坚持党建引领，强化组织保障。党总支设计实施“不忘初心、牢记使命”主题教育史家教育集团系列活动，结合建校 80 周年，开展“教师榜样聚光——走访 100 位史家好教师”活动，挖掘师德典型。举办“不忘初心 立德树人深耕课堂提升质量”学科育人教育教学现场会，以教师队伍建设主题论坛及 296 节现场课的形式，展现学校育人模式变革及课堂教学转型成果。学校获“全国教育系统先进集体”称号，被认定为“中国冰雪运动推广示范单位”。校本教材《写给孩子的传统文化——博悟之旅》被推荐为“百部家庭教育指导读物”。

五育并举。构建“服务＋德育课程”框架，出版《我们在服务中快乐成长》学生活动手册，共计 6 册。“深化‘无边界’课程建设，《中华优秀传统文化 · 博悟课程》开发与实施”获国家级教学成果一等奖。与北京师范大学共同举办《全球化时代的国际理解教育：使命与挑战》国际理解教育国际研讨会。以金帆舞蹈团、金帆合唱团、金帆管乐团、金帆书画院等金牌社团为龙头，完成庆祝改革开放 40 周年大型文艺晚会等多项国家重大政治活动演出任务。构建“创意生活社区”课程群，加强学生劳动教育。

完成庆祝新中国成立 70 周年活动服务保障工作。金帆合唱团 3 名教师和 78 名学生承担日间千人合唱领唱、晚间千人合唱及千人交响、《我和我的祖国》快闪和录音 3 项任务；1 名学生参加教育部“立德树人”彩车游行。

（张怡　金少良）

北京光明小学

2019 年，北京光明小学分四址办学，分别为本校区、本校区低年级部、和义校区和广渠校区。4 个校区总占地面积 2.37 万平方米，校舍建筑面积 2.39 万平方米，运动场地面积 1.06 万平方米。图书馆藏书 2.74 万册。固定资产总值 3257.55 万元，全年教育经费投入 8285.15 万元。学校信息化经费投入 156.74 万元，拥有计算机 658 台，网络多媒体教室 133 个，校园网出口总带宽 1024Mbps，数字资源量 150GB，“信息技术”课程四年级和五年级 1 课时 / 周。教职工 211 人，包括高级职称 24 人、中级职称 105 人。专任教师 197 人，包括特级教师 1 人、北京市骨干教师 1 人、北京市学科教学带头人 1 人、享受国务院专家津贴 1 人；本科以上学历 188 人。开设教学班 65 个。毕业 396 人、招生 517 人、在校生 2439 人，包括寄宿生 48 人。

2019 年，学校继续坚持“以德为先 · 以学生为本 · 健康治校”教育理念，推进四校址均衡优质发展。关注学生身心全面健康成长，将陈氏太极拳融入日常体育课堂，开展“美食 · 荟萃”学生聚餐，增加每日眼保健操次数，基于一年级新生情绪、人际交往、学习多维度评估，开展沙盘辅导、注意力训练、行为课程、班级团体音乐治疗，结合不同学段学生特点和家长需求开设家长讲座、连续性小型家长沙龙，启动“青年班主任工作坊”，家校共同助力学生成长。

立足学生核心素养培育。探索跨学科主题综合课程，聚焦“‘一带一路’非遗”项目，学生人人宣讲、参与研究性学习。加强爱国主义教育，组织学生唱响优秀爱国歌曲，组织教师梳理建校以来的教育教学实践成果，邀请退休教师、全体家长走进学校了解学校光明教案 · 光明课堂、光明课堂空间拓展实践探索。

发挥优质教育资源引领辐射作用。作为中国教育科学研究院全国名校长名教师挂职研修基地校、教育部全国课程改革骨干教师研修基地，接待河北、重庆、广州等地 200 余名校长、教师到校参观交流。作为东城区教育系统新任教师骨干带教基地校，共有 20 名市、区骨干教师、学科组长参与指导培养龙潭—体育馆路学区 5 所学校的 40 余名新任教师。

（卢凤霞　郭颖）

北京市西城区志成小学

2019 年，北京市西城区志成小学分两址办学，分别为南址和北址。2 个校区总占地面积 13457 平方米，校舍建筑面积 6977 平方米，运动场地面积 2500 平方米。图书馆藏书 5.11 万册。固定资产总值 2084 万元，全年教育经费投入 5900 万元。学校信息化经费投入 12 万元，拥有计算机 270 台，网络多媒体教室 57 个，校园网出口总带宽 100Mbps，“信息技术”课程 1 课时 / 周。教职工 127 人，包括高级职称 6 人、中级职称 60 人。专任教师 120 人，本科以上学历 118 人。开设教学班 44 个。毕业 206 人、招生 375 人、在校生 1525 人，包括随班就读生 7 人。

2019 年，学校继续加强社会主义核心价值观教育，在有效完成国家课程基础上，围绕教师发展和课程建设两大主线，着力培养学生创新精神和实践能力。学校成为北京市体育联盟“一校一品”试点校。“3 ＋ 1 ＋ 1”课程实施效果良好，即国家课程中体育 3 个基本能力模块＋特色校本化实施中传统体育模块＋特色三大球（足、篮、排）模块，3 个模块课程实行同课位排课。与北京市第三十五中学共同举办体育改革推进会暨“一校一品”成果展示活动，开创学校体育教育新局面。

重视青年教师成长。成立“智成长”青年教师工作室，组织多项培训活动；举办“志成杯”青年教师说课比赛，促进教师学习、研究、交流的氛围形成。推进艺术教育。举办“立志·成才”综合实践艺术团课程展示活动，从戏剧、合唱、舞蹈、器乐 4 个方面展示艺术教育成果。发挥优质教育资源引领辐射作用，参与由台盟北京市委主办的“同一蓝天下、共上一堂课”活动，与贵州、甘肃两地 2 所学校的学生共上一堂课。

（王彬）

北京市西城区红莲小学

2019 年，北京市西城区红莲小学教学楼整体改造项目完成并通过验收。学校占地面积 5943 平方米，建筑面积 4788 平方米，运动场地面积 2384 平方米。图书室藏书 2.26 万册。固定资产总值 1197 万元，全年教育经费投入 2852 万元。学校信息化经费投入 20 万元，拥有计算机 199 台，网络多媒体教室 31 个。教职工 58 人，包括高级职称 5 人、中级职称 29 人。专任教师 56 人，本科以上学历 58 人。开设教学班 25 个。毕业 103 人、招生 158 人、在校生 941 人。

2019 年，学校坚持党的领导，完善各项规章制度，深入开展“不忘初心 牢记使命”主题教育，形成党、政、工、团、队工作合力。承办西城区科研月活动，展示学校研究成果。全年分 2 批次接待来自延安、咸阳的 5 名校长到校跟岗学习，每批为期 1 个月。

12 月 2 日，2019 年西城区中小学科研月红莲小学专场展示活动举行　（红莲小学　供）

把“立德树人”放在工作首位，关注学生核心素养培养，促进每名学生德智体美劳全面发展。学校成为北京市校园足球特色学校、西城区体育传统学校。学校阮乐团首次参加北京市艺术展演活动获银奖。整合校内外课程与教师资源，形成开学典礼、毕业典礼特色课程；构建学校安全教育体系，形成具有年段特点的安全教育课程，形成安全整体教育“呵护伞”。成立家长志愿者服务队，上下学期间共同保障学生安全。坚持校内教师开放课和家长进校园，建立家长课堂实践课交流，深化家校合作。提供学生托管服务，关注家庭个性化需求，确定弹性放学时间。建立学校食堂，保证全体师生在校用餐。

借力“城宫计划”，实施素质教育。“城宫计划”有社团59个，学生参与率100%。继续将校外教育资源引入校内，让学生在校内、在课后参与各类活动课。实施课程拓展，让校内教师立足学科教学开设英语剧、数独、机器人等特色校本课，同时开设京绣、沙画、口技等非物质文化遗产课，将培养学生智慧、审美、体魄、社会责任、创新思维5个维度的能力作为目标。

（王军艳　李宁）

北京市西城区师范学校附属小学

2019年，北京市西城区师范学校附属小学分两址办学，分别为六铺炕校区和展览路校区。2个校区总占地面积2.66万平方米，校舍建筑面积2.90万平方米，体育场（馆）面积1.41万平方米。图书室藏书9.55万册。固定资产总值4971万元，全年教育经费投入11949万元。学校信息化经费投入200万元，拥有计算机776台，网络多媒体教室150个，校园网出口总带宽4000Mbps，数字资源量500GB，“信息技术”课程2课时/周。教职工268人，包括高级职称32人、中级职称105人。专任教师263人，本科以上学历268人。开设教学班101个。毕业436人、招生808人、在校生4002人。学校有社团56个。

2019年，学校在全部学科展开“学科特色表达”系统研究。“学科表达”，即学生经过6年学习之后在某一个学科需要具备一定的核心素养，对这些核心素养的文字表述便是附小独特的“学科特色表达”。学校在推进教研组“特色表达”研究基础上，推出APDA新型教研模式，从分析（Analysis）、说课（Presentation）、上课（Demonstration）、评课（Assessment）4个维度，通过教师分工合作，完成对1个单元或1节课的研究，已完成100余节课的APDA研究。

探索现代学校管理方式。建立教研组长、骨干教师、年级辅导员列席行政会制度，骨干教师和学科带头人列席教学干部会制度；成立阅读交流委员会，由一线教师策划、组织，面向全体师生开展读书沙龙活动。新组建形体与艺术、综合实践2个教研组，为形体课、舞蹈课、健美操及跨越全校的综合实践课提供支持。

探索课程组织管理方式变革。利用北京科学中心场馆资源开发场馆科学课程，把科学课堂搬到科技馆。加强艺术社团梯队建设，将原管乐团升级为管弦乐团，将唯一的舞蹈社团升级重组为精英团、成长团和苗苗团。丰富原美术社团专业，增加传统国画和素描社团。

开展“我和我的祖国”系列教育教学活动。具体内容有“我和我的祖国”音乐艺术教育月展演、“我的家乡”主题班队会比赛、民族团结教育精品课展示等。选派4名教师承担庆祝新中国成立70周年活动编导和群众游行任务，51名学生参加国家勋章和国家荣誉称号颁授仪式。

（齐静）

3月13日至4月26日，西师附小利用北京科学中心场馆及展线课程资源开发科学场馆课程　　（西师附小　供）

北京市朝阳区白家庄小学

2019年，北京市朝阳区白家庄小学分七址办学，分别为本部北校区、本部南校区、朝外校区、望京新城校区、望京科技园校区、汇景苑校区和珑玺校区。7个校区总占地面积6.14万平方米，校舍建筑面积4.77万平方米，运动场地面积3.29万平方米。图书馆（室）藏书11.11万册。固定资产总值2.44亿元，全年教育经费投入1.07亿元。学校信息化经费投入378万元，拥有计算机2708台，网络多媒体教室192个，校园网出口总带宽1024Mbps，数字资源量1000GB，“信息技术”课程0.5课时/周。教职工349人，包括高级职称45人、中级职称133人。专任教师342人，包括特级教师1人、北京市骨干教师9人、北京市学科教学带头人1人；本科以上学历338人。开设教学班132个。毕业582人、招生1072人、在校生4576人，包括随班就读生7人。

2019年，学校在“尊重”理念引领下，加强文化建设，立德树人，整体提升。举办北京市“探究龙文化，深度根植爱国情”主题课程展示活动，展示“尊重文化”课程建设成果。

深化“双名工程”。为

做好学生的“四个引路人”，教师结合“三轨并行”评价制度、师德民主评议、学生满意度评价等相关制度，开展自我培育和互助学习，促进教师在自我反思、友善沟通和学术素养方面有所提升。举办2019—2020学年第一学期教师专业化发展经验交流大会，展示新时期优秀教师风采。实施《白家庄小学教师师德考核方案》，通过网上自评、互评，开展师德月评活动。

10月25日，白家庄小学学生在科技节中体验VR科技
（白家庄小学东辰分校　供）

推进教育综合改革，开展课堂革命。推进“自我发展课堂实践研究”“编程课程设计研究”等8项教学改革。推出校级展示课84节，区级以上展示课113节。学校被选为“北京市中小学人工智能教育与应用”实验校。

培养全面发展的学生。推进2个金帆团、1个金鹏团建设，“朝花”“朝韵”等区级社团发展至8个。举办“美在身边，爱在传承”学校文化节系列活动之金帆书画院新年画展，展示“工艺剪纸”“沥粉画”等平面作品260件、立体作品20余件。举办“传承传统文化，弘扬冬奥精神，实现自我超越”冰雪嘉年华文化节，首次将冬奥教育与德育、体育、校园文化建设等工作有机结合。云鹤合唱团参加2019世界合唱大奖赛暨第四届欧洲合唱比赛获童声合唱组银奖。学校被评为北京市首批“五星级健康促进学校”。

（李瑞霞）

北京市朝阳区实验小学

2019年，北京市朝阳区实验小学分两址办学，分别为幸福校区和柳芳校区。2个校区总占地面积10463平方米，校舍建筑面积1975平方米，运动场地面积9015平方米。图书馆（室）藏书1.88万册。固定资产总值8401万元，全年教育经费投入8991万元。学校信息化经费投入30万元，拥有计算机411台，校园网出口总带宽60Mbps，数字资源量77GB，“信息技术”课程0.5课时/周。教职工172人，包括高级职称24人、中级职称64人。专任教师158人，包括特级教师1人、北京市骨干教师7人；本科以上学历153人。开设教学班53个。毕业240人、招生312人、在校生1420人，包括寄宿生340人，随班就读生7人。

2019年，学校以促进学生全面发展为目标，逐步构建开放多元，质量上乘，具有国际视野的课程体系。学校被评为全国教育系统先进集体，获评首都劳动奖章，被认定为北京市冰雪运动特色学校。

围绕“立德树人”，打造高效、自主、高认知课堂。举办“春华杯”“秋实杯”集团教学联赛；依托“青蓝工程”项目，培养高水平教师队伍。结合“集团互巡”“质量月督导”“特级教师进校园”等工作，开展校区、集团、区域教研活动，提升教研水平。制订“学分评价方案”，对学生进行多元、立体评价。运用信息技术辅助教学，5G网络下VR教学服务项目在幸福校区投入使用。推广行为习惯60条，用60条奖励卡强化学生行为习惯养成。“构建《朝实行为规范60条》促进小学生养成教育实践研究”入选朝阳区教育教学成果并成为市级成果培育对象。

推进学生体质健康工作。开展篮球嘉年华等体育活动，增加学生户外活动时间。成立学校健康研究指导中心（原学校卫生室），负责对学生进行常规日常保健、宣传及应急处理工作，学生龋齿率从2012年17.16%下降至6.83%，下降10.33个百分点；学生视力不良检出率从2010年55.03%下降至43.05%，下降11.98个百分点。

完成庆祝新中国成立70周年活动服务保障工作。集团67名师生参加相关活动。其中，27名教师和1名蒙古族学生代表参加“祖国万岁”方阵游行、6名教师和37名学生参加花绳表演、2名学生参加联欢晚会第二篇章“希望的田野上”和第三篇章“领航新时代”演出。

（孙滨）

北京市朝阳区呼家楼中心小学

2019年，北京市朝阳区呼家楼中心小学分四址办学，分别为本校区、西校区、南校区和东校区。4个校区总占地面积2.99万平方米，校舍建筑面积1.92万平方米，运动场地面积 1.59 万平方米。图书馆（室）藏书 4.43 万册。固定资产总值 11534 万元，全年教育经费投入 1938 万元。学校信息化经费投入 159 万元，拥有计算机 696 台，网络多媒体教室 107 个，校园网出口总带宽 1024Mbps，数字资源量 100GB，“信息技术”课程 0.5 课时 / 周。教职工 149 人，包括高级职称 17 人、中级职称 66 人。专任教师 138 人，包括北京市骨干教师 5 人；本科以上学历 114 人。开设教学班 11 个。毕业 430 人、招生 406 人、在校生 1865 人，包括寄宿生 247 人，随班就读生 4 人。

2019 年，学校在 PDC 理念（“project”“drive”“create”的简写，即项目、驱动、生成，强调育人观念转变，利用系统优化理论通过项目驱动方式达成育人目标）引领下推进改革。承办第二届 PDC 教育国际学术论坛，就“全球视野下未来教育的变革与发展”话题，探讨协同育人新模式。推进教学改革，实施“教学方式的变革”“对数学问题解决能力测评的思考”“小学数学核心素养下的概念教学”等 7 项专题改革。

队伍建设延续“以培促学”方式，培养和锻炼教师教育教学能力。推进教研文化和课堂文化建设，精细课堂管理。开展集团联合视导，针对不同教师群体进行分层指导，促进常态教育教学中问题解决和学校高效运行整体推进。加强社会主义核心价值观教育；落实《中小学班主任工作规定》，制订班主任队伍培训计划，开展“班主任专业化发展”系列培训，提高班主任队伍组织治理和教育能力。

（秦翠华）

北京市朝阳区第二实验小学

2019 年，北京市朝阳区第二实验小学分七址办学，分别为管庄校区高部、管庄校区低部、北辰福第校区、远洋一方校区、双桥校区高部、双桥校区低部和常营校区。7 个校区总占地面积 7.24 万平方米，校舍建筑面积 3.99 万平方米，运动场地面积 3.12 万平方米。图书馆（室）藏书 14.28 万册。固定资产总值 2 亿元，全年教育经费投入 1.57 亿元。学校信息化经费投入 63 万元，拥有计算机 1445 台，网络多媒体教室 246 个，校园网出口总带宽 1024Mbps，数字资源量 1200GB，“信息技术”课程 0.5 课时 / 周。教职工 445 人，包括高级职称 39 人、中级职称 137 人。专任教师 431 人，包括北京市骨干教师 7 人；本科以上学历 425 人。开设教学班 193 个。毕业 664 人、招生 1529 人、在校生 6798 人，包括随班就读生 32 人。

2019 年，学校在“多彩童年”办学理念指导下，走内涵发展之路，实现由外向内的战略转变。

创新管理模式。构建“两个一二三”集团化办学工作框架，即“一个结构、两个关系、三个防止”和“一个目的、两个层次、三个意识”，形成科学民主管理网络。以校务会作为管理基本载体，规范各项工作管理。推出学校文化载体《教师手册》，形成学校文化核心，成为学校办学和教师行为规范，突出体现“变规定为约定”“变管理为治理”“变他律为自律”制度文化。

强化教师培养，分步推进培养策略。推出“绽放工程”，分批次、全方位、多角度打造教师团队。抓青年教师队伍建设，提出以“青蓝工程”为载体，拉动新教师成长的教师培养策略。成立由各校区教学主管、市级学科骨干教师组成的教学指导团，隔周进入各校区 1 次，分学科开展青年教师重点培养工作。举办“多彩杯”青年教师课堂教学大赛为青年教师创造历练机会。

建设特色学校。打造“五馆课程”特色，即“基础课程＋拓展课程＋实践课程”。以跨学科项目学习方式组织学生选择活动主题主动参与探究，培养学生综合运用知识解决问题的能力。学校被评为北京市课程建设先进单位。举办金帆书画院书法教育成果展示活动，展示金帆书画院“人人爱书法 人人写书法 人人懂书法”教育特色。发展学校体育特色，学校被评为北京校园足球公开赛示范赛区。学生获 2019 年北京市体育传统项目学校田径比赛暨北京市中学生田径冠军赛小学组团体、小学男子团体 2 个总分第一名。

（尹永宾）

北京舞蹈学院附中丰台实验小学

2019 年，北京舞蹈学院附中丰台实验小学占地面积 9510 万平方米，建筑面积 5270 平方米，运动场地面积 2240 平方米。图书馆（室）藏书 1.15 万册。固定资产总值 1364 万元，全年教育经费投入 1945 万元。学校信息化经费投入 19.58 万元，拥有计算机 177 台，网络多媒体教室 24 个，校园网出口总带宽 100Mbps，数字资源量 200GB，“信息技术”课程 1 课时 / 周。教职工 50 人，包括高级职称 2 人、中级职称 26 人。专任教师 49 人，本科以上学历 46 人。开设教学班 17 个。毕业 78 人、招生 105 人、在校生 523 人，包括寄宿生 173 人。学校有社团 43 个。

2019 年，学校坚持开展课堂教学改革实践活动，深入课堂教学改革，提高课堂实效，深化德育管理。开展各类德育、少先队活动，包括“童心奥斯卡，舞台话西游”北舞附小第十届校园戏剧节、“国家安全、关系你我”北舞附小全民国家安全日主题教育、“爱有感召，薪火相传”主题学雷锋活动等。通过“国家精神，民族之魂”精彩周一国旗下讲话、班级评比、班级文化节等活动，推进班级文化建设。借力北京市中小学课外活动模式创新与应用研究课题及北京市少先队课题研究工作，丰富学校德育课程文化建设。

推进艺术教育工作。构建具有北舞附小特色的艺术课程体系，形成学校艺术教育品牌，通过“高参小”“合作办学”等项目锻炼教师队伍、培育学生素养，成功举办“树立理想，相约未来，我与祖国共成长——北舞附小 2019 年毕业班铃声节暨金帆团专场”“祖国在我心中，红歌唱响校园——北舞附小 2019 年小天使艺术节”系列活动。学校原创舞蹈作品《胡同里的笑声》《新书包》双获北京市第 22 届学生艺术节舞蹈展演金奖。

完成庆祝新中国成立 70 周年活动服务保障工作。选派 3 名教师参加训练，参训时长 1800 小时，2 名教师参加“不忘初心”方阵游行。

（胡春凝）

北京市丰台区师范学校附属小学

2019 年，北京市丰台区师范学校附属小学分两址办学，分别为本校区和城南校区。2 个校区总占地面积 16179 平方米，建筑面积 9665 平方米，运动场面积 7654 平方米。图书馆藏书 5.99 万册，电子图书 10 万册。固定资产总值 3551 万元，全年教育经费投入 5159 万元。学校信息化经费投入 33.54 万元，拥有教师计算机 145 台、教师用笔记本电脑 118 台、教师用 iPad 平板电脑 145 台、学生计算机 117 台、学生用 iPad 平板电脑 954 台、办公用计算机 16 台，网络多媒体教室 56 个，互动教学设备 100 套，校园网出口总带宽 100Mbps，数字资源量 13TB，“信息技术”课程 2 课时 / 周。教职工 149 人，包括高级职称 18 人、中级职称 62 人。专任教师 143 人，本科以上学历 138 人。开设教学班 56 个。毕业 294 人、招生 358 人、在校生 2076 人。

2019 年，学校在课堂教学主阵地，凸显精准教学研究成果。围绕精准教学实践成果提炼，组织历时 2 个月的个人展示课活动，以单元整体教学研究为平台，教研组全体教师在单元整体精备课基础上，分别作课程展示，展示现场课 107 节。突出展示学校艺术教育成果，加强艺术教育工作落实。加强对艺术社团的管理和打造，重视收集学生艺术作品成果，在丰台影剧院举办“传承真文化，合韵颂祖国”丰师附小新春文艺汇演活动。少先队依托重大节日、纪念日组织开展活动：“教师节”组织学生自制花束送恩师，国庆节组织全体学生开展“红领巾心向党，争做新时代好少年”主题系列实践活动。

营造教科研氛围，提高教科研工作实效。在各年级学科任命科研负责人，与行政组长共同组织组内教科研活动。通过备课汇报、课题阶段总结汇报、期末质量分析会等形式，加强学科教师间的沟通与交流。学校有 8 个丰台区“十三五”教育科研规划课题被批准立项。保证学校所有教研组在学校精准教学研究基础上都有子课题研究。

（薛燕）

北京市丰台区丰台第五小学

2019 年，北京市丰台区丰台第五小学教育集团分六址办学，分别为本校区、银地校区、京铁校区、鸿业校区、科丰校区和万柳分校（独立法人）。除万柳分校外，其他 5 个校区总占地面积 5.32 万平方米，建筑面积 3.12 万平方米，体育场面积 2.50 万平方米。图书馆藏书 12.80 万册，电子图书 10 万册。固定资产总值 6007 万元，全年教育经费投入 716 万元。学校信息化经费投入 121 万元，拥有计算机 1056 台，网络多媒体教室 151 个，校园网出口总带宽 10Mbps，数字资源量 3200GB，“信息技术”课程 1 课时 / 周。教职工 311 人，包括高级职称 36 人、中级职称 129 人。专任教师 293 人，包括北京市骨干教师 7 人；本科以上学历 297 人。开设教学班 116 个。毕业 762 人、招生 750 人、在校生 4263 人。学校有社团 230 个。

2019 年，丰台五小教育集团以培养“五自”学生为育人目标，推进学习共同体建设。学校邀请日本教育家佐藤学教授带领专家团队分 6 次走进集团各校区，开展学习共同体教学研讨活动。组织全体教师为国内外同行展示自主课堂改革 3.0 版教学成果。每个学期集团内部各校区开放课堂一次，全体干部集体大巡课，鼓励教师带着课题教学，把研究重点放在班级学习共同体文化建设和学生习惯培养上。李磊名校长工作室邀请成员校教师参与市区和校级各类教师培训、集体备课、课堂教学研讨等活动，扩大优质教育资源辐射作用。

12 月 27 日，丰台五小京铁校区与中科院行政管理局中科科行联合举办迎新年科技嘉年华活动（丰台五小京铁校区 供）

五育并举，促学生全面发展。通过邀请专家举办班级建设、家校沟通、亲子沟通等讲座以及班主任讲堂活动、“五小好少年”和“校园好集体”等评选活动发挥德育共同体作用。首都师范大学音乐学院“李刚教授合唱指挥工作室”全年开展教师培训和指导工作 20 余次。金帆民乐团获北京市第 22 届艺术节展演金奖，管乐团获北京市第22届艺术节展演银奖。组织各校区拍摄《我和我的祖国》快闪、《祝福祖国》等微视频。组织22名教师分别参加庆祝新中国成立70周年活动“不忘初心”“从严治党”2个方阵游行。参加游行人员累计培训5000小时。

（徐文宇　张彦　李燕军）

北京市石景山外语实验小学

2019年，北京市石景山外语实验小学分两址办学，分别为外语实验小学和外语实验小学分校。2个校区总占地面积2.10万平方米，建筑面积1.56万平方米，运动场地面积0.65万平方米。图书馆（室）藏书5.54万册，电子图书1.50万册。固定资产总值7234万元，全年教育经费投入3908万元。学校信息化经费投入399万元，拥有计算机236台，网络多媒体教室20个，校园网出口总带宽1000Mbps，数字资源量30GB，“信息技术”课程1课时/周。教职工99人，包括高级职称10人、中级职称51人。专任教师92人，包括特级教师1人、北京市骨干教师3人；本科以上学历94人。开设教学班35个。毕业160人、招生218人、在校生1263人。学校有社团29个。

2019年，学校继续以“全面健康发展，凸显人文素养；培养国际视野，彰显英语特长”为育人目标，致力于推进学生终生发展的综合素质教育。开展“激情冰雪·相约冬奥”主题教育，传递冰雪运动正能量。开展创建全国文明城区工作，面向教职工、学生、家长进行多角度宣传，营造全民动员、积极创建的氛围。组织党员学习雷锋，与“为校服务、为创城助力”活动结合，发挥党员教师先锋模范作用，助力创城工作。培养学生阅读习惯，举办“学习新思想，做好接班人”主题阅读活动，引领学生读典籍，用典故。

落实结对帮扶。接待来自内蒙古2所对口帮扶学校（宁城县苏木皋民族联合小学和宁城县头道营子实验小学）的领导教师来校交流；选派干部及骨干教师一行5人赴内蒙古宁城县开展送教下乡活动，采取同课异构、听课、评课等形式支持当地教育发展。

加强爱国主义教育，完成庆祝新中国成立70周年活动服务保障工作。举办“致敬七十载 奋进好少年”中国少年先锋队石景山外语实验小学第二次代表大会。学校师生2人参与“立德树人”方阵游行。

（封微）

10月17日，“激情冰雪·相约冬奥”主题教育实践活动走进石景山外语实验小学　（石景山外语实验小学　供）

北京市石景山区金顶街第二小学

2019年，北京市石景山区金顶街第二小学占地面积3.06万平方米，校舍建筑面积2.51万平方米，运动场（馆）面积1.31万平方米。图书室藏书4.20万册，包括电子图书0.36万册。固定资产总值5464万元，全年教育经费投入4666万元。学校信息化经费投入2222万元，拥有计算机260台，网络多媒体教室73个，校园网出口总带宽1000Mbps，数字资源量5.5TB，“信息技术”课程1课时/周。教职工121人，包括高级职称11人、中级职称50人。专任教师108人，本科以上学历112人。开设教学班46个。毕业256人、招生316人、在校生1738人，包括外省市借读生101人。

2019年，学校作为北京九中教育集团成员，确立“借助集团资源、立足自身基础、谋求跨越式发展”发展策略。结合学校60年发展积淀，吸纳集团文化精髓，打造“金色童年教育”文化品牌，提出“金色童年，幸福成长”核心理念。按照北京市《义务教育课程设置实验方案》，梳理“阳光课程”整体框架，推进课程建设与实施。通过国家、地方、校本课程联动，纵向建构品质、才智、体质3个领域课程。开设科技类、艺术类、表演类选修课程70余门，成立彩虹合唱团、“金之声”管乐团、小小金帆舞蹈团等社团，设立“阳光课程”多元评价体系。

活动育人。培养学生阅读习惯，开展“阅读改变命运，写作改变人生”读书写作交流等系列活动，邀请儿童文学作家与学生互动，分享经历和感悟。举办图书跳蚤市场活动，让闲置的图书“跳”起来，培养学生理财意识、语言表达、计算及社交能力。作为全国足球特色校，打造足球文化节，接待韩国首尔特别市麻浦区师生代表团进校，与校足球队进行友谊赛。

（舒建英）

北京市海淀区中关村第二小学

2019 年，北京市海淀区中关村第二小学分五址办学，分别为中关村校区、华清校区、百旺校区、万泉河分校和昌平学校。5 个校区总占地面积 5.11 万平方米，建筑面积 5.21 万平方米，体育场（馆）面积 1.83 万平方米。图书馆藏书 12 万册，电子图书 60 万册。固定资产总值 19682 万元，全年教育经费投入 1381 万元。学校信息化经费投入 264 万元，拥有计算机 550 台，网络多媒体教室 132 个，校园网出口总带宽 200Mbps，数字资源量 5TB。“信息技术”课程 1 课时 / 周。教职工 324 人，包括高级职称 46 人、中级职称 152 人。专任教师 273 人，包括特级教师 2 人、北京市骨干教师 4 人、北京市学科教学带头人 2 人；本科以上学历 271 人。开设教学班 132 个。毕业 723 人、招生 910 人、在校生 5283 人。学校有社团 167 个。

2019 年，学校落实“以人为本 立德树人”办学理念，创设“宽松和谐”育人环境，践行“桃红李白 心暖花开”教育愿景，引领全体教师以科研促发展，探索实践学校四大领域综合改革。开展以“唱响中国童声 唱响爱国情”“奋斗吧 二小少年”“同心追梦 儒雅少年献礼新中国 70 华诞”为主题的全校性教育活动。

发挥优质教育资源引领辐射作用。作为北京市优质品牌学校，承办北京市海淀区万泉河小学，与海淀区教委、昌平区教委合作举办“北京市海淀区中关村第二小学昌平学校”，将万泉河分校、昌平学校纳入一体化管理，分校教师通过视频会议能够直接观摩集团总校骨干教师研究课，参加暑期蓄力成长班。选派 3 名教师赴四川凉山开展为期 4 个月的支教工作。

完成庆祝新中国成立 70 周年活动服务保障工作。组织 3 个校区近 200 名师生完成“同心追梦”方阵游行、广场合唱、《奋斗吧 中华儿女》演出 3 项任务。

（张苗）

北京市海淀区中关村第三小学

2019 年，北京市海淀区中关村第三小学分五址办学，分别为万柳北校区、万柳南校区、红山校区、雄安校区和科技园分校。5 个校区总占地面积 11.50 万平方米，建筑面积 9.44 万平方米，运动场地面积 3.58 万平方米。图书馆（室）藏书 21.40 万册，电子图书 5 万册。固定资产总值 1.97 亿元，全年教育经费投入 2.35 亿元。学校信息化经费投入 606.94 万元，拥有计算机 974 台，网络多媒体教室 10 个，校园网出口总带宽 250Mbps，数字资源量 60TB，“信息技术”课程 1 课时 / 周。教职工 547 人，包括高级职称 47 人、中级职称 136 人。专任教师 439 人，包括特级教师 5 人、北京市骨干教师 7 人、北京市学科教学带头人 3 人、河北省骨干教师 5 人；本科以上学历 499 人。开设教学班 203 个。毕业 792 人、招生 1035 人、在校生 8752 人。学校有社团 28 个。

2019 年，学校将教育孩子、团结人们、引领社会作为历史使命和社会责任，努力办人民满意的教育。

发挥优质教育资源引领辐射作用，推进家校社协同育人。分别与河北省保定市榜样堂学校、河北赤城县样田乡中心小学 2 所学校签订合作协议，落实教育帮扶工作。开设“周末图书馆”公益课程，面向学校师生、家长和社区邻家少年儿童，每 1 ～ 2 周邀请专家学者到校举办专题讲座，带领读者读书、品书。承办北京市海淀区科技园小学，科技园小学更名为“北京市海淀区中关村第三小学科技园分校”。举办“好老师进社区”第五季活动，采用教师自主申报和校中校推荐方式产生 22 名“好老师”组成 7 个团队进社区开展活动。召开家长志工会，组织家长志工与家校委教师代表交流工作心得和教育经验，为 65 名家长志工代表颁发《致谢信》。启动开放校园主题系列活动，开展成学农场种植、毕业生回家日、退休教师回家日等活动。

10 月至 11 月，中关村三小开设“周末图书馆”公益课程
（中关村三小 供）

推进教育教学改革，培育全面发展的学生。举办信息技术与数学学科融合探究研讨会，展示学校信息技术课程改革成果。学校获评2018—2019学年度北京市基础教育课程建设先进单位。协办2019年北京市中小学生奥林匹克教育及冰雪进校园系列活动启动仪式，展示旱地冰球、旱地越野滑雪、旱地越野滑雪等课程成果。推进艺术教育，举办首届戏剧周和戏剧联演、“大家音乐季”系列演出等活动。

完成庆祝新中国成立70周年活动服务保障工作。76名学生与9名干部教师参加“同心追梦”“从严治党”2个方阵游行，学校获评“同心追梦”情境式表演三方阵先进集体。

（张蕾）

北京大学附属小学

2019年，北京大学附属小学占地面积2.86万平方米，校舍建筑面积3.39万平方米，体育场（馆）面积1.16万平方米。图书馆(室)藏书8.07万册。固定资产总值5134万元，全年教育经费投入8942万元。学校信息化经费投入1080万元，拥有计算机397台，网络多媒体教室101个，校园网出口总带宽10000Mbps，数字资源量20TB，“信息技术”课程1课时/周。教职工201人，包括高级职称26人、中级职称140人。专任教师178人，包括特级教师4人、北京市骨干教师8人、北京市学科教学带头人1人；本科以上学历199人。开设教学班62个。毕业371人、招生392人、在校生2188人。

2019年，学校坚持立德树人，以培育和践行社会主义核心价值观为重点，以师德建设和育人能力提升为抓手，突出文化建设和养成教育。加强家校社三方合作，组织家长开放日活动，与好未来公司建立战略合作关系，共同开展双师课堂、纸笔课堂研究工作。

加强师资队伍建设。组织新入职教师作课堂教学展示汇报课。组织区级以上骨干教师参加2019年海淀区小学学科带头人、骨干教师展示活动，教师获现场说课特等奖9个、一等奖5个，教学设计一等奖11个，论文评比一等奖26个；组织2名新教师参加北京市“启航杯”教学基本功比赛，均获一等奖。完成教师招聘工作，审查简历1000余份，面试400余人，听试讲课100余节。

推进科研工作。“生命研学系列课程”成果获北京市一等奖，“北大少年行”研学旅行成果获北京市二等奖；参加海淀区教育科学规划“十三五”第二批课题立项申报，8名教师通过立项。召开“2019小学教育发展论坛”，举办“2019年新媒体技术教学应用研讨会暨第12届全国中小学创新课堂教学实践观摩活动”。

完成庆祝新中国成立70周年活动服务保障工作。选派34名少先队员参加群众游行情境表演。

（庄严）

清华大学附属小学

2019年，清华大学附属小学本校区占地面积3.30万平方米，建筑面积2.30万平方米，运动场地面积1.93万平方米。图书馆藏书13.50万册。固定资产总值1590万元，全年教育经费投入7279万元。学校信息化经费投入510万元，拥有计算机550台，网络多媒体教室68个，校园网出口总带宽500Mbps，数字资源量500GB，“信息技术”课程1课时/周。教职工164人，包括高级职称12人、中级职称76人。专任教师156人，包括特级教师3人、北京市骨干教师8人、北京市学科教学带头人1人；本科以上学历157人。开设教学班48个。毕业367人、招生353人、在校生2083人。学校有社团26个。清华附小成志幼儿园开园。园所位于学校北侧，占地面积5332平方米，建筑面积4416平方米，有教职工35人。首届招收小班4个，幼儿120人。

2019年，学校在成志教育引领下，继续坚持儿童站立学校正中央的理念，为儿童聪慧与高尚人生奠基。以角色成长贯通学段三进阶，继续深化“1＋X课程”研究，以主题统领融通年度课程群，落实四动课堂动力系统。推进思想政治教育建设，获北京市德育成果特等奖1项、一等奖2项。

五育并举。承办第四届北京国际儿童阅读论坛暨“2019‘成志’儿童阅读国际论坛”，作《影响一生的主题阅读》主题发言，选派7名教师作成志阅读课堂展示。实现多项国家级竞赛“零的突破”，冰球队获首届全国冰雪运动竞赛冰球比赛小学组冠军。金帆民乐团获“全国艺术节展演一等奖”。美育课程案例获“全国艺术育人一等奖”。学生多次获得体育、艺术、科学类奖励，包括2019年世界头脑奥林匹克国际邀请赛一等奖，以及国家级奖励14个、市级奖励18个。学生近视率及肥胖率连续下降，分别为46.39%和7.73%，分别比上一年降低6.78个和1.69个百分点。

完成庆祝新中国成立70周年活动服务保障工作。34名学生、2名教师参加“同心追梦”方阵游行，1名教师参加“立德树人”方阵游行，10名教师参加“祖国万岁”方阵游行，1名教师作为民兵方阵成员接受检阅；28名学生参加文艺晚会演出。

（李晓丽　刘雷荻　安华）

北京师范大学实验小学

2019年，北京师范大学实验小学占地面积1.38万平方米，建筑面积1.24万平方米，体育场馆面积0.81万平方米。图书馆藏书14.54万册，电子图书0.73万册。固定资产总值3446万元，全年教育经费投入6458万元。学校信息化经费投入46万元，拥有计算机639台，网络多媒体教室65个，校园网出口总带宽1024Mbps，数字资源量15.82TB，“信息技术”课程1课时/周。教职工124人，包括高级职称20人、中级职称81人。专任教师97人，包

11月21日，北师大实验小学开展机器人进课堂实践
（北师大实验小学 供）

学校信息化经费投入847万元，拥有计算机296台，网络多媒体教室4个，校园网出口总带宽130Mbps，“信息技术”课程1课时/周。教职工293人，包括高级职称19人、中级职称127人。专任教师261人，包括特级教师1人、北京市骨干教师4人；本科以上学历271人。开设教学班114个。毕业757人、招生710人、在校生4542人，包括随班就读生24人。

2019年，学校以2019奋斗彩虹为引领，全面提升办学品质。落实《义务教育学校管理标准》，构建七彩教育文化战略，举办七彩教育集团首次毕业典礼，勉励毕业生为理想勇敢前进。

推进体育、科技、艺术教育。探索体育教学模式，挖掘体育教育中的育人功能；规划学校体育教育环境中的体育文化建设，以文化育人；探索学校体育评价体系一体化顶层设计。加强科技教育师资队伍建设，完善科技教育资源建设。学生获北京市体育传统项目学校健美操比赛4项冠军、3项亚军、3项季军及团体冠军。全国青少年气排球夏令营暨中国小学生排球联赛中，学生获女子U8室内、男子U8室内、男子U9气排球3项冠军。校园足球精英赛中，以三战全胜的战绩获得冠军。全国DI创新思维大赛中，获挑战C艺术类、挑战D即兴类2个项目冠军，同时获挑战D项目即时挑战第一名。第21届“飞向北京 飞向太空”全国青少年航空航天模型教育竞赛中，获带降火箭项目1金1铜和伞降火箭项目铜牌。

加强基础设施建设。举办水艺芳游泳馆建馆十周年庆祝活动；完成多功能厅棒棒堂扩建改造工作，将多功能厅面积由430平方米扩展至780平方米，座位数由354个增加到660个，投资1300余万元。

完成庆祝新中国成立70周年活动服务保障工作。5名教师参加“圆梦奥运”“绿水青山”2个方阵游行，9名学生参加联欢活动第二篇章“在希望的田野上”队列表演和第三篇章“领航新时代”《我和我的祖国》快闪演出。

（金立文 徐筠）

括特级教师2人、北京市骨干教师6人；本科以上学历117人。开设教学班36个。毕业259人、招生212人、在校生1431人。

2019年，学校开展教育主题活动，践行“价值育人”“教师育人”“家庭育人”。号召全校教师向援藏教师学习，组织优秀教师开展“说说我的教育故事”系列活动，提升学校师德建设水平。分析学校意识形态工作存在的问题，解读《北京师范大学实验小学落实意识形态工作责任制实施方案》。

推动科技创新。针对各年级学生特点，开设乐高基础搭建、计算思维、考古、Scratch入门、人工智能、信息学6门科创类课程。创新实验室建成并投入使用。将教研与培训相结合，在第二届国际课程、教学与教材研究大会上，学校教师与机器人佩珀(Pepper)共同为学生上科学课1节。组织师生59人赴美国友好校参与夏季课程体验活动，赴新加坡、澳大利亚友好校游学，赴芬兰参加教师培训；接待国内外教育同仁、教师、学生来访1023人次，各学科教师作展示课105节。

促进义务教育均衡发展。与三沙市永兴学校签订协同发展协议书。选派教师志愿服务队5名教师分赴云南、甘肃等西部地区支教。学校教师志愿服务队获第二届最美教师志愿者评选活动“最美教师志愿者团体奖”。

（曾珮）

中国人民大学附属小学

2019年，中国人民大学附属小学分六址办学，分别为本校区、银燕分校、亮甲店分校（东校区和西校区）、京西分校和雄安校区。本校区占地面积3.20万平方米，校舍建筑面积3.75万平方米，运动场（馆）面积2.05万平方米。设有7个主题图书馆，藏书4万册，包括电子图书2万册。固定资产总值5807万元，全年教育经费投入10597万元。

北京市大峪中学分校附属小学

2019年，北京市大峪中学分校附属小学占地面积1.27万平方米，建筑面积1.29万平方米，运动场地面积0.25万平方米。图书馆（室）藏书0.80万册。固定资产总值13105万元，全年教育经费投入756万元。学校信息化经

10月18日，门头沟区语文教研活动在大峪中学分校附小举行
（大峪中学分校附小　供）

费投入117.50万元，拥有计算机87台，网络多媒体教室18个，校园网出口总带宽1000Mbps。教职工27人，包括中级职称6人。专任教师24人，本科以上学历24人。开设教学班8个。招生266人、在校生266人。

2019年，学校落实日常养成教育和"真善美"常态课堂，通过文化引领课堂高品质发展。抓实队伍建设，以首届"峪分杯"教学基本功展示为抓手，开展课堂教学评比、说课比赛、常态课诊断等活动；鼓励教师参加各类竞赛，以赛促训，促进专业提升。接待全区一、二年级语文教师46人走进学校，开展"核心素养视野下小学语文教材内容转化为教学内容的实践研究"门头沟区语文教研活动。推荐3名教师参与区级骨干教师评选，通过率100%，教师队伍整体发展呈上升趋势。操场、食堂正式投入使用，完成资源教室、国学教室、录课教室建设。

筑牢德育阵地，为学生成长聚力。初步构建"小五日"德育课程体系，深化入学养正课程，《峪分附小21天养成手册》投入使用，推出系列视频版《中小学生日常行为规范》。为学生搭建展示舞台，以庆祝新中国成立70周年及少先队建队70周年为契机，开展区级"逐梦新时代 争做好队员"主题队日活动；带领学生参加国家图书馆司马光诞辰1000年活动并进行课本剧展演。

（王德欣　付彩云　黄静）

北京市房山区良乡第三小学

2019年，北京市房山区良乡第三小学占地面积10558平方米，校舍建筑面积8800平方米，运动场地面积4700平方米。图书馆（室）藏书3.20万册。固定资产总值4111.41万元，全年教育经费投入3346.81万元。学校信息化经费投入45.90万元，拥有计算机287台，网络多媒体教室33个，校园网出口总带宽1000Mbps，数字资源量2000GB。教职工89人，包括高级职称10人、中级职称54人。专任教师88人，包括北京市骨干教师3人；本科以上学历83人。开设教学班33个。毕业213人、招生195人、在校生1182人。

2019年，学校落实立德树人根本任务，聚焦师生发展和学校办学品质提升。以"把有意义的事做得有意思"为指导，确立厚植爱国情怀、做细养成教育、夯实德育课程、构建勤敏少年培养模式。举办"带着国旗去旅行"等爱国主义教育系列活动。

发挥党员先锋模范作用，引领和推动学校全面提升育人质量。逐步形成以"立达先锋、精准服务"为核心的服务党建文化特色学校党建文化。以学生实际获得为核心，探索"尊重、互动、发展"立达课堂。承办"房山区课程视域下的课堂教学改进现场会"，将单元教学探索打造为学校推进课堂教学改进的着力点。

（顾艳宁）

北京市房山区良乡第四小学

2019年，北京市房山区良乡第四小学分两址办学，分别为瑞雪校区和滨河校区。2个校区总占地面积5.62万平方米，校舍建筑面积0.59万平方米，运动场地面积1.32万平方米。图书馆（室）藏书3.45万册。固定资产总值1362万元，全年教育经费投入3392万元。学校信息化经费投入195.44万元，拥有计算机258台，网络多媒体教室39个，校园网出口总带宽1024Mbps，数字资源量5GB，"信息技术"课程0.5课时/周。教职工71人，包括高级职称9人、中级职称28人。专任教师67人，包括北京市骨干教师1人；本科以上学历70人。开设教学班28个。毕业129人、招生289人、在校生994人，包括随班就读生1人。

2019年，学校继续深入研究五育并举、关键要素撬动的"四小素质教育体系"。构建两校区一体两翼式管理格局——所有管理岗位2个校区一条线管到底，双向流动管理。实现统一编班、统一排课、统一标准、统一评价，教师双向流动任课。推进艺术教育，举办"遇见美好——良乡四小大拇指金帆合唱团专场音乐会"和"艺"象画展。

启动品牌初中筹备工程。首先启动小初衔接课程研究，成立小初衔接课题组，研究初中课程与中考，邀请中学优秀教师走近课堂与教师，寻找小学学科能力持续发展关键点，以改善小学教学，初步构建初中课程体系。启动卓越计划，满足学生个性化成长需要，激发学生发展潜力。

整体构建家长学校。系统设计家长学校课程，培养家庭教育讲师，举办家庭教育沙龙，提升家庭教育水平；构建家长学校管理机制，实现家长学校自主运行；构建家长参与学校活动机制。推进学习方式变革，围绕运用信息技术转变学习方式、运用情感分析技术落位三维目标、运用信息技术转变管理方式3个核心点，优化学生学习和学校管理，提升教学质量与品位。

（齐利敏）

北京教育科学研究院通州区第一实验小学

2019年，北京教育科学研究院通州区第一实验小学占地面积1.72万平方米，校舍建筑面积0.37万平方米，运动场地面积0.43万平方米。图书馆（室）藏书3.19万册。固定资产总值2859.94万元，全年教育经费投入5471.83万元。学校信息化经费投入46.64万元，拥有计算机436台，网络多媒体教室60个，校园网出口总带宽2750Mbps，数字资源量4500GB，“信息技术”课程1课时/周。教职工143人，包括高级职称15人、中级职称64人。专任教师139人，包括北京市骨干教师3人、北京市学科教学带头人2人；本科以上学历141人。开设教学班45个。毕业302人、招生476人、在校生2111人。

2019年，学校围绕发现教育特色实验，提升管理科学化水平，推进教师团队阶梯化成长。建构“发现·管理”机制，生成自觉自新管理文化，推进学校管理标准化建设。学校被认定为北京市首批义务教育学校管理标准达标学校。

全面提升教师素养。在马斯洛成长需求理论基础上，建构“课堂中的行走与行走中的课堂”教师培养策略。依托“运河计划”教育领域人才工作室、特级教师工作站等优势资源，打造层级培养工程，提升教师专业能力与研究素养，推进教师团队阶梯化成长。1名教师入选北京市名师工程。

规范教育研究。明确思维培养特质，聚焦课堂实际效果，开展ASK项目、友善用脑项目、创新思维能力培养项目等20个主题项目研究，每个项目研究经过教师个体课题——教研组课题——学校课题层层推进，形成特色化项目表达。承办“基础教育改革与发现教育之路”办学实践研讨活动，展示学校教育实验“立足教育发生与未来发展，以学术研究推进教育实践”办学成果。

协同发展促进多元交流。与内蒙古、河北等地“手拉手”学校开展教育交流活动11次，发挥教育影响力，建设成长共同体。承办北京市“小学道德与法治学科”跨区域联动同课异构教学研讨活动。

（陈军华）

北京市史家小学通州分校

2019年，北京市史家小学通州分校占地面积4.05万平方米，校舍建筑面积3.06万平方米，运动场地面积1.76万平方米。图书馆（室）藏书4.98万册。固定资产总值17438万元，全年教育经费投入7500万元。学校信息化经费投入279.31万元，拥有计算机638台，网络多媒体教室89个，校园网出口总带宽5750Mbps，数字资源量2862GB，“信息技术”课程1课时/周。教职工181人，包括高级职称20人、中级职称78人。专任教师169人，包括北京市骨干教师5人；本科以上学历178人。开设教学班61个。毕业458人、招生528人、在校生2793人，包括随班就读生2人。

2019年，学校紧抓北京城市副中心教育全面发展契机，以“十三五”科研课题为载体，借助城乡一体化、区域共同体、质量提升工程等项目，推进特色建设工程。强化欣赏教育在实际工作中的体现，每月开展一次“教师讲坛”活动，分享欣赏教育心得。梳理欣赏教育十年办学成果，出版《美在欣赏中绽放》专著。举办“感动校园十件事”“感动校园好老师”“最美史分人”评选活动，树立榜样，增强教师认同感。精细管理，实行“近距离服务”“走动式管理”。通过每周一次“行政进课堂”“一日跟班听课”等方式，全方位诊断学生、教师、班级管理。保障安全健康环境，将卫生工作纳入学校常规工作中，完善卫生

3月14日，史家小学通州分校举办包饺子大赛
（史家小学通州分校 供）

工作制度、预案等，确保学生在健康环境中学习。

（刘艳　仵会平）

北京小学通州分校

2019 年，北京小学通州分校占地面积 2.23 万平方米，校舍建筑面积 1.95 万平方米，运动场地面积 0.74 万平方米。图书馆（室）藏书 3.29 万册，电子图书 6 万册。固定资产总值 3112 万元，全年教育经费投入 5265.06 万元。学校信息化经费投入 144.88 万元，拥有计算机 411 台，网络多媒体教室 55 个，校园网出口总带宽 3250Mbps，数字资源量 600GB，“信息技术”课程 1 课时 / 周。教职工 132 人，包括高级职称 17 人、中级职称 58 人。专任教师 55 人，包括北京市骨干教师 5 人；本科以上学历 132 人。开设教学班 40 个。毕业 349 人、招生 411 人、在校生 1961 人。

2019 年，学校持续改进办学薄弱领域，铸造活力教育品牌学校。

深化办学理念，凸显活力特质。编印《活力教育》理念读本，开发学校价值观课程。召开通州区“建构‘体育＋’课程群，促进师生活力成长”的思考与实践三级课程建设研讨会，举办“绘美运河童心梦 书赞通州畅未来”“美术＋”育人的探索和实践现场活动，深化活力课程理念，推动活力教育可持续发展。

细化教学过程管理，提升教学管理效能。教学领导坚持深入一线，监控课堂质量，通过整合优质教育资源，引进校外优质专家，开展各学科教师培训。在迎接广州骨干教师到校研训活动中，开展微培训 6 次，呈现语文、英语学科研究课 23 节。

拓宽实施途径，提升德育实效。结合学生成长和发展特点，将德育内容融入重要节日纪念日、班队活动、志愿服务、社团活动等主题教育活动中，引领学生在活动中体验感悟。开展高雅艺术进校园、冰雪嘉年华、“社区邻里节”绘制百米长卷等活动，让学生在体验中收获知识。

（高明丽）

北京市通州区张家湾镇中心小学

2019 年，北京市通州区张家湾镇中心小学下辖 4 所完小（张湾镇民族小学、张湾村民族小学、枣林庄民族小学、上店小学）。5 个校区总占地面积 5.89 万平方米，校舍建筑面积 2.24 万平方米，运动场地面积 3.09 万平方米。图书馆（室）藏书 12.60 万册。固定资产总值 3939 万元，全年教育经费投入 9516 万元。学校信息化经费投入 131.72 万元，拥有计算机 802 台，网络多媒体教室 112 个，校园网出口总带宽 5750Mbps，数字资源量 800GB，“信息技术”课程 1 课时 / 周。教职工 228 人，包括高级职称 30 人、中级职称 106 人。专任教师 207 人，包括北京市骨干教师 1 人；本科以上学历 212 人。开设教学班 79 个。毕业 347 人、招生 408 人、在校生 2534 人，包括随班就读生 9 人。

2019 年，学校以“做主人”教育为办学特色，以“培养适应社会发展的发展人”为办学理念。借助“优秀党员”“第四届主人之星”“十佳班主任”等评选活动，加强队伍建设，提升师德素养。

深入课堂实践，培养“主人”素质。完善课程实施框架和运行系统，以学科实践活动的研究为支点，撬动学校课程整体改革，先后开展“语文教师课堂评优”“校本课程展示”“台湾专家进校园”等课堂实践与研究活动。探索学生管理文化的途径与方式，推进学生自主管理，通过开展“作家进校园”“冬季体育竞赛”“科技嘉年华”等活动，培养学生多种兴趣与能力。学生获中国小篮球联赛北京赛区

5 月 17 日，张家湾镇中心小学举办“一校一品”特色活动展示暨张家湾镇中心小学第三届全员运动会（张家湾镇中心小学　供）

U12 混合组冠军，北京市民族健身操舞金奖。

加强文化建设。开展学生诗词大会、假期优秀作品展、“我手我秀”双语口语大赛等特色活动。学校获评 2018 年首都特色优质原创课程辅助资源通州区先进单位、北京市教师教育基地校。

（张海涛）

北京市顺义区东风小学

2019 年，北京市顺义区东风教育集团分四校区五址办学，分别为本部校区、建新校区、仓上校区和裕龙校区（裕龙校址、现代校址）。4 个校区总占地面积 8.51 万平方米，建筑面积 3.79 万平方米，运动场地面积 4.67 万平方米。图书馆（室）藏书 17.61 万册。固定资产总值 6950 万元，全年教育经费投入 21123 万元。学校信息化经费投入 205.93 万元，拥有计算机 1130 台，网络多媒体教室 7 个，校园网出口总带宽 4024Mbps，数字资源量 5680GB，“信息技术”课程 4 课时 / 周。教职工 515 人，包括高级职称 93 人、中级职称 233 人。专任教师 432 人，包括特级教师 2 人、北京市骨干教师 6 人；本科以上学历 441 人。开设教学班 173 个。毕业 1186 人、招生 1310 人、在校生 7091 人。学校有社团 143 个。

2019 年，东风教育集团聚焦课程改革，做强教育品牌，推动体验教育课程化、特色化纵深发展。

立德为先。创新升旗、开学典礼、毕业典礼等校园仪式，开展“图书漂流浸润书香满园 唱响国歌彩绘万里河山”主题教育活动、“唱响国歌 献礼祖国”合唱比赛，以“礼赞中国”为主题组织全校师生录制《我和我的祖国》快闪。集团 8000 名师生和家长共同完成“和风雅颂 礼赞中国”大型演出。

推动“东风工匠教师”工程。制订“东风工匠教师”素养模型和评选标准，以“东风工匠教师”素养指标为标准，在“感动东风校园人物”品牌活动中加入专项（爱生、师能、科研等）人物评选，让普通教师能够入选。完善把骨干教师培养成党员，把党员教师培养成教学、科研、管理骨干的“双培养”机制。

创新教研模式，加强集团内部横纵向联合教研。启动集团内教学督导，各校区相互借鉴、取长补短。以赛事为平台，加速教师专业成长，借助学校“体验杯”、顺义区“临空杯”两大教师基本功赛事，开展团队互助式教研。以“项目引进”为资源，拓宽专业提升路径。借力英语外教项目、数学“深度学习”项目、英语“教与学”能力提升项目等项目以及各学科教师工作室，促进教师成长。

推广冰雪健身品牌运动。作为“2022 年冬奥会和冬残奥会示范校”，组织师生参加冬奥宣讲进校园、奥运冬令营、冬奥冰雪旱地模拟冰球（冰壶）体验等系列活动。

（张茜　郑新颖）

北京市顺义区天竺第一小学

2019 年，北京市顺义区天竺第一小学占地面积 23549 平方米，校舍建筑面积 7721 平方米，运动场地面积 11340 平方米。图书馆（室）藏书 4.67 万册。固定资产总值 1248.35 万元，全年教育经费投入 2397.44 万元。学校信息化经费投入 11.72 万元，拥有计算机 162 台，网络多媒体教室 32 个，校园网出口总带宽 1000Mbps，数字资源量 580GB，“信息技术”课程 1 课时 / 周。教职工 60 人，包括高级职称 10 人、中级职称 30 人。专任教师 50 人，包括北京市骨干教师 3 人；本科以上学历 59 人。开设教学班 18 个。毕业 78 人、招生 92 人、在校生 508 人，包括外省市借读生 368 人，随班就读生 3 人。学校有社团 12 个。

2019 年，学校在“合和教育”办学理念引领下，深化素质教育，关注教师发展，提高学生素质。加强师风建设，开展“师德师风”系列活动，助力“青蓝工程”。加强德育队伍建设，落实班主任培训工作。低年级学生着眼于良好习惯养成，高年级学生侧重于加强心理健康教育。宣讲安全出行、安全用电等常识，帮助学生树立安全意识。

落实常规教学、课程建设、项目研究 3 项重点工作。聚焦教学全环节，强化教学规范管理，实现常态教学减负增效。依托中华优秀传统文化教育基地校、顺义区冰雪特色校优势，突出中华优秀传统文化和体育课程特色。以生命课堂研究、生本教育培训、高效课堂项目为依托，多渠道推进合作学习研究。召开“小学语文‘字源识字资源’应用与创新的研究”成果推进会、“顺义区智慧课堂建设与应用现场会”，推广研究成果。

（孙俊娟　李国辉）

北京市昌平区昌盛园小学

2019 年，北京市昌平区昌盛园小学占地面积 1.37 万平方米，建筑面积 1.11 万平方米，体育场（馆）面积 0.52 万平方米。图书馆藏书 4.27 万册。固定资产总值 5175 万元，全年教育经费投入 5329 万元。学校信息化经费投入 99.60 万元，拥有计算机 468 台，网络多媒体教室 57 个，校园网出口总带宽 1000Mbps，数字资源量 1000GB，“信息技术”课程 1 课时 / 周。教职工 136 人，包括高级职称 19 人、中级职称 64 人。专任教师 113 人，包括特级教师 1 人、北京市骨干教师 7 人、北京市学科教学带头人 1 人；本科以上学历 121 人。开设教学班 45 个。毕业 393 人、招生 347 人、在校生 1878 人。学校有社团 34 个。

2019 年，学校加强规范化、常规化管理，规范教育教学行为。落实学科德育要求，加强学科德育建设，落实学科德育指导意见，加强“道德与法治”等国家德育课程教学管理，开展随堂听课活动。深耕细作“尊重”课堂教学和课堂实践活动整体统一实施，以统编版教材为重点，以北京市书

10月16日，北京市书法现场会在昌盛园小学举行
（昌盛园小学　供）

法现场会为契机，以昌平区第五届青年教师“创先杯”大赛为抓手，关注典型案例的指导与收集，关注日常实际教学效果发生，继续构建修正“探究作业 2.0 版本”，加强“大纲 2.0 版本的日常渗透与修正”培养学生良好学习习惯和可持续学习能力。骨干教师在组内发挥引领示范作用，指导从教 6 年以下的青年教师高质量完成昌平区“创先杯”大赛任务。

（王京辉）

北京市昌平区城北中心小学

2019 年，北京市昌平区城北中心小学占地面积 2.91 万平方米，校舍建筑面积 1.84 万平方米，运动场地面积 1.63 万平方米。图书室藏书 11.15 万册。固定资产总值 7258 万元，全年教育经费投入 10821 万元。学校信息化经费投入 452.23 万元，拥有计算机 1047 台，网络多媒体教室 127 个，校园网出口总带宽 1000Mbps，“信息技术”课程 1 课时 / 周。教职工 297 人，包括高级职称 43 人、中级职称 146 人。专任教师 284 人，包括北京市骨干教师 5 人；本科以上学历 256 人。开设教学班 98 个。毕业 750 人、招生 697 人、在校生 3816 人，包括随班就读生 5 人。

2019 年，学校抓作风、保质量、强队伍、重安全、树品牌，各项工作齐头并进。家校共育，举办德育论坛、家长讲堂、主题活动，组织学生走进博物馆、大剧院、特殊儿童学校参与社会实践和社区志愿服务。先后开展“不忘初心，牢记使命”主题教育系列活动、德育系列校本培训、“厉害了我的国”学生大讲堂系列活动、班主任工作室系列活动、第一届科技节等教育及文体活动，举办“金帆奏响养正曲 童心绘就中国梦”美术教育教学现场会、第 20 届童话节、第二届师生书画作品展暨北京市学生金帆书画院美术分院作品展、2019 届管乐团毕业生汇报音乐会、“责任于心 逐梦前行”第 11 届德育论坛等大型活动，为学生搭建展示平台。深植“养正”理念，发挥引领示范作用，与河北雄安、内蒙古阿鲁科尔沁旗牵手对接，接待来自内蒙古、新疆、陕西、河北等地的百余名干部教师到校跟岗交流。

（王英）

北京市昌平区南口镇小学

2019 年，北京市昌平区南口镇小学占地面积 1.33 万平方米，校舍建筑面积 0.43 万平方米，运动场地面积 0.60 万平方米。图书馆藏书 1.60 万册。固定资产总值 1086 万元，全年教育经费投入 2442 万元。学校信息化经费投入 10 万元，拥有计算机 675 台，网络多媒体教室 29 个，校园网出口总带宽 1000Mbps，数字资源量 3378GB，“信息技术”课程 1 课时 / 周。教职工 70 人，包括高级职称 10 人、中级职称 34 人。专任教师 66 人，本科以上学历 62 人。开设教学班 21 个。毕业 118 人、招生 144 人、在校生 595 人，包括随班就读生 1 人。

2019 年，学校以立德树人为根本任务，深化基础教育综合改革，以“建设儒雅文化，打造书香校园”为核心，以“读万卷书，行万里路”“我和我的祖国”等系列活动为平台，把落实《义务教育管理标准》、培育和践行社会主义核心价值观、全面实施素质教育作为根本任务。推进课程和课堂教学改革、教科研等重点工作，加强两支队伍建设，提高教育教学质量。落实国家课程主体地位，加强部编教材的使用研究，建设精品特色校本课程（武术）和 STEM、创客课程，提升课程建设品质和实施效果。加强教育信息化对教育教学质量提升的促进作用；打造以学生为中心的生态课堂，促进教与学方式转变，整体提升教学质量和学生学科素养；加强学科德育、中华优秀传统文化教育和实践育人；以养成教育和劳动教育为引领，使学生行有所悟，德有所立，逐步形成学校德育工作特色。

（陶爱萍）

北京市昌平第二实验小学

2019 年，北京市昌平第二实验小学分两址办学，分别为东校区和西校区。2 个校区总占地面积 3.09 万平方米，建筑面积 1.77 万平方米，运动场地面积 1.10 万平方米。图书馆藏书 4.55 万册。固定资产总值 4768 万元，全年教育经费投入 5449 万元。学校信息化经费投入 46 万元，拥有计算机 288 台，网络多媒体教室 82 个，校园网出口总带宽 1000Mbps，数字资源量 265GB，“信息技术”课程 1 课时 / 周。教职工 153 人，包括高级职称 17 人、中级职称 35 人。专任教师 148 人，包括北京市骨干教师 2 人；本科以上学历 148 人。开设教学班 58 个。毕业 290 人、招生 450 人、在校生 2283 人，包括外省市借读生 1154 人，随班就读生 8 人。

2019 年，学校以“学生发展为核心”深化创新养成教育课程、社会实践活动课程、劳动课程、电影课程、仪式课程、心理健康课程和家长学校课程，形成多元立体德育课程体系，举办“家长学校大讲堂”11 期，500 余名家长自愿报名参与“家校护学岗”活动。体现全学科阅读，将课内外、校内外阅读相互统整、融合。围绕庆祝新中国成立 70 周年和“回天有我”等重点工作，举办民乐、合唱专场音乐会各 1 场，举办《放飞的纸飞机》戏剧展演、“歌唱祖国”主题系列活动、“新中国的第一”主题宣讲活动等。开展“不忘初心、牢记使命”主题教育，持续加强党风廉政建设和师德师风建设，为润泽生命的教育保驾护航。在“回天计划”引领下，与北京市海淀区万泉小学开展姊妹校新学期手拉手交流活动。接待香港九龙华仁学院师生 39 人到校交流访问，展示学校足球、衍纸、面塑等 13 门校本选修课程。

（佟倩倩　赵红艳）

北京印刷学院附属小学

2019 年，北京印刷学院附属小学占地面积 7839 平方米，建筑面积 8049 平方米，体育场面积 2500 平方米。图书室藏书 1.98 万册。固定资产总值 1049 万元，全年教育经费投入 2258 万元。学校信息化经费投入 14.20 万元，拥有计算机 169 台，网络多媒体教室 19 个，数字资源量 100GB，“信息技术”课程 1 课时 / 周。教职工 58 人，包括高级职称 6 人、中级职称 24 人。专任教师 58 人，包括北京市骨干教师 2 人；本科以上学历 58 人。开设教学班 18 个。毕业 112 人、招生 111 人、在校生 637 人。学校有社团 20 个。

2019 年，学校在“印记多彩童年 刷亮幸福人生”办学理念引领下，重视教师专业发展，以“课题教研”为工作方式，围绕教学改革热点、难点问题开展教研工作。语文学科开发出学生 3 级 9 段朗诵评价体系，推动学校多彩阅读活动开展；心理教师团队编制《小学积极心理品质》教材。突出学校艺术特色，通过班级戏剧组、年级戏剧社、学校戏剧团层级建设，打造美育特色。研发《教育戏剧课程》《小戏锦集》《戏剧课程教材》《微电影课程》《心理剧课程》教材，通过课程把教育戏剧作为一种教学方法在课堂教学中应用，改变戏剧仅作为艺术社团的单一方式。

加强交流，发挥优质教育资源辐射作用。承办全国心育学术年会、大兴区语文教育大会、北京市基教研中心市级研讨等国家、市、区级活动，送课到“手拉手”学校及联盟校。接待香港、内蒙古、廊坊等地交流考察团及跟岗培训人员 200 余人。

（李书凤）

北京师范大学大兴附属小学

2019 年，北京师范大学大兴附属小学占地面积 1.57 万平方米，建筑面积 0.97 万平方米，运动场地面积 0.71 万平方米。图书馆（室）藏书 2.66 万册，电子图书 0.83 万册。固定资产总值 701 万元，全年教育经费投入 3235 万元。学校信息化经费投入 2.50 万元，拥有计算机 445 台，网络多媒体教室 35 个，校园网出口总带宽 25Mbps，数字资源量 2500GB，“信息技术”课程 1 课时 / 周。教职工 83 人，包括高级职称 14 人、中级职称 37 人。专任教师 67 人，包括北京市骨干教师 3 人；本科以上学历 8 人。开设教学班 25 个。毕业 146 人、招生 160 人、在校生 946 人，包括外省市借读生 503 人。学校有社团 74 个。

2019 年，学校构建全员育人德育工作体系，立足学生成长，通过德育课程建设培养学生行为习惯，多样社团组建发展学生潜能，搭建学生成长和展示平台。立足课堂，培养学生认知能力，采取“主题”形式，遵循“实践性”课程定位并按照课程体系领域和展示平台进行梳理及跨学科整合。坚持“无体育不教育”理念，构建“两操一课＋N 社团＋全员体育”模式，开展绘本、戏剧、舞蹈、合唱等项目实践与探索。引导学生崇尚劳动、尊重劳动，将劳动教育细化到日常习惯之中。将天文课程作为科技教育品牌项目。学校被确定为北京市中小学科技教育示范学校、全国创客菁英实力评比百佳创新校园、大兴区首批养成教育达标学校、大兴区校园阅读示范校等。

（刘娜）

北京市大兴区安定镇中心小学

2019 年，北京市大兴区安定镇中心小学分五址办学，分别为安定中心校、后安定校区、通马坊校区、东白塔民族小学校区和西芦各庄校区。5 个校区总占地面积 8.82 万平方米，建筑面积 19.11 万平方米，运动场地面积 2.37 万平方米。图书馆（室）藏书 5.39 万册。固定资产总值 9178

12 月 19 日，安定镇中心小学开展“中国绘画大师赏析公益大课堂”公益美育活动（安定镇中心小学 供）

万元，全年教育经费投入 4881 万元。学校信息化经费投入 210 万元，拥有计算机 651 台，网络多媒体教室 42 个，校园网出口总带宽 25Mbps，数字资源量 210GB，“信息技术”课程 1 课时 / 周。教职工 93 人，包括高级职称 14 人、中级职称 39 人。专任教师 93 人，本科以上学历 84 人。开设教学班 41 个。毕业 185 人、招生 287 人、在校生 1378 人，包括外省市借读生 162 人。学校有社团 40 个。

2019 年，学校以立德树人为根本任务，开展校本教研活动，提高课堂教育教学实效。通过“活动载体＋师德践行＋心灵共同体”路径，实施师德建设工程；通过“专业阅读＋随笔写作＋学习共同体”路径，实施读书工程；通过“专家引领＋读研思行＋学科共同体”路径，实施校本培训工程。探索“两依托 两带动 多维度”教师专业发展模式，以“专家工作室”“兴安杯”教学基本功大赛为依托，提升教师教学能力；以“1 ＋ 1”骨干引领和科研课题带动为教师发展提供平台；通过多维度活动，构建资源圈、建设资源带、开发资源包，提升教师专业水平和教学能力。构建德智体美劳全面培养的育人体系，举办“中国绘画大师赏析公益大课堂”公益美育活动、“普及书法教育 · 弘扬传统文化”京津冀小学书法教育工作现场会等活动，成为北京青少年诗词创作协会青少年诗词创作基地校。学校被评为大兴区首批养成教育达标优秀学校。

（王艳）

北京小学翡翠城分校

2019 年，北京小学翡翠城分校分三址办学，分别为北校区、南校区高部和南校区低部。3 个校区总占地面积 4.06 万平方米，建筑面积 3.49 万平方米，运动场地面积 0.95 万平方米。图书馆（室）藏书 5.65 万册。固定资产总值 5447 万元，全年教育经费投入 6516 万元。学校信息化经费投入 201 万元，拥有计算机 587 台，网络多媒体教室 97 个，校园网出口总带宽 50Mbps，数字资源量 200GB，“信息技术”课程 1 课时 / 周。教职工 179 人，包括高级职称 17 人、中级职称 67 人。专任教师 160 人，包括北京市骨干教师 3 人；本科以上学历 179 人。开设教学班 61 个。毕业 251 人、招生 361 人、在校生 2207 人，包括外省市借读生 358 人。学校有社团 32 个。

2019 年，学校从全面育人角度出发，鲜明学生培养目标，凸显师生绿色成长；发挥市级党建示范点引领作用，加强党风廉政建设，开展校长推荐书目、团队亮相、翡翠之星等活动。在学校“绿色成长教育”理念引导下，围绕“五自”管理（即自主管理时间、空间、身体、情绪、行规），推行分年级《五自管理细则（试行）》，使学生有目标可遵循，可自主落实。

五育并举，以社会大课堂活动为载体，从整体育人角度出发，落实“中华优秀传统文化行”教育实践与体验活动的要求，务实“绿野仙踪主题实践课程”。在教学方面，落实学科 10% 的实践活动，鼓励学科教师自主申报课题，推行海量阅读，深化课程教材改革。创新备课、上课模式，提高效率，深入研究语文、数学、英语 10% 的学科实践。

（张杰）

北京市怀柔区第一小学

2019 年，北京市怀柔区第一小学占地面积 1.52 万平方米，校舍建筑面积 1.02 万平方米，运动场地面积 0.80 万平方米。图书馆藏书 6.27 万册。固定资产总值 4523.68 万元，全年教育经费投入 4823.24 万元。学校信息化经费投入 347.97 万元，拥有计算机 323 台，网络多媒体教室 55 个，校园网出口总带宽 200Mbps，数字资源量 850GB，“信息技术”课程 1 课时 / 周。教职工 142 人，包括高级职称 19 人、中级职称 79 人。专任教师 120 人，本科以上学历 131 人。开设教学班 43 个。毕业 247 人、招生 329 人、在校生 1641 人。

2019 年 2 月 28 日，学校与北京市东城区府学胡同小学签订一体化办学协议，加挂“北京市府学胡同小学怀柔分校”校牌，成为府学胡同小学优质教育资源带成员校，开启城乡一体化办学实践。学校提出“1—4—3”一体化实

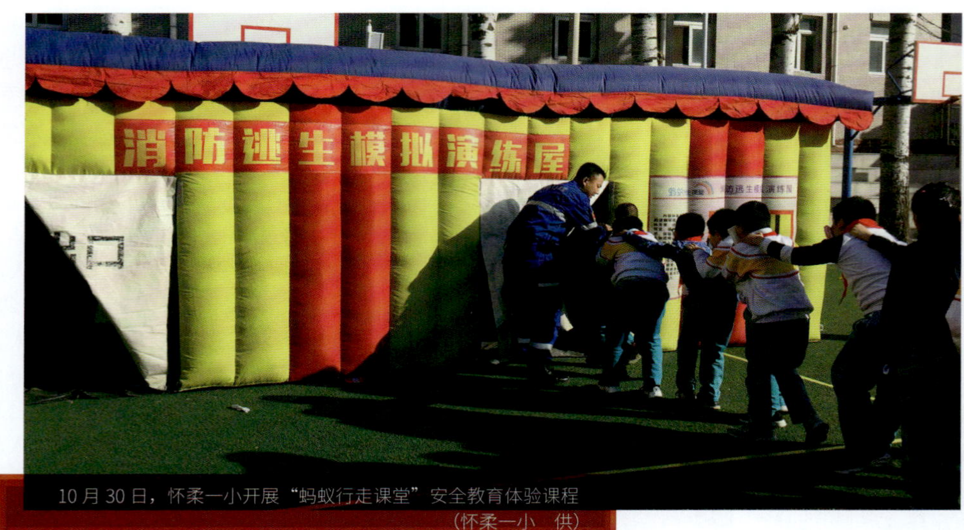

10月30日，怀柔一小开展“蚂蚁行走课堂”安全教育体验课程
（怀柔一小 供）

践的路径：即确定1个目标，与“一体校”在理念、资源、方法、成果上共享；共育共享府学文化、共育共享课程资源、共育共享优质师资、共育共享研修培训4个途径；认同、实施、超越3步走策略。

特色活动重育人。提出全体教职工要树立人人都是德育工作者的思想，德育无小事，事事关系德育，教职工的言行就是无声德育的“全员育人”理念。移植府学资源带特色传统礼文化“五礼导行”：入学礼、入队礼、尊师礼、祭祀礼、毕业礼。与总校同步开展读书节、体育节、艺术节、科技节、英语节“五节”活动。

家校携手共成长。公布校长邮箱、各部门电话，接受监督，建起家校沟通桥梁。健全学校、年级、班级各级家委会，启动驻校家长参与教育教学管理工作。驻校家长每月到校2天，了解学校工作。启动“家庭教育指导能力”教师培训项目和家长培训项目，打造一支既有家庭教育基础理论知识又有实践指导能力的家庭教育骨干队伍。

加强教师管理和专业化建设。依托府学优质教育资源带自培（教师自我培训）、组培（学科组内教研）、部培（部门专项培训）、校培（校级通识培训）、外培（基于项目与高校定制培训）“五位一体”教师培训机制，组织教师参与集中教研。加强提升语文教学的深入研讨，总校为各年级组选派优秀骨干教师每2周（定期或根据实际需要）到学校指导语文学段教学。

（张晓清）

北京市怀柔区第三小学

2019年，北京市怀柔区第三小学占地面积8087平方米，建筑面积6059平方米，体育场地面积3490平方米。图书馆藏书4.50万册。固定资产总值2203万元，全年教育经费投入3641万元。学校信息化经费投入49万元，拥有计算机303台，网络多媒体教室35个，校园网出口总带宽100Mbps，数字资源量20GB，“信息技术”课程1课时/周。教职工130人，包括高级职称18人、中级职称68人。专任教师116人，包括北京市学科教学带头人2人；本科以上学历121人。开设教学班35个。毕业270人、招生270人、在校生1551人，包括外省市借读生27人。学校有社团95个。

2019年，学校落实《教育十三五规划》，建设“和而不同”学校特色，实现师生共同成长。以深化教育改革为主题，构建“慧信”特色课程体系，促进学校内涵式发展与教育品质提升。2名教师合作的微课获“北京市小学电化教育专业委员会第20届年会”一等奖，并代表怀柔区作主题发言。

加强教师队伍建设，夯实教育实施基础。依托领航计划，专业培训引领教师教育理念成长，打造怀柔三小优势平台、发挥学校小团队作用，邀请3名特级教师到校作讲座、培训。开展骨干教师教学特色研讨会、课堂文化周、教师读书分享会等特色活动。

（陈晓燕）

北京市怀柔区实验小学

2019年，北京市怀柔区实验小学占地面积3.30万平方米，校舍建筑面积1.86万平方米，运动场地面积1万平方米。图书馆（室）藏书4.80万册。固定资产总值1.22亿元，全年教育经费投入0.41亿元。学校信息化经费投入100万元，拥有计算机300台，网络多媒体教室57个，校园网出口总带宽1000Mbps，数字资源量1000GB，“信息技术”课程1课时/周。教职工132人，包括高级职称18人、中级职称72人。专任教师106人，包括北京市骨干教师1人；本科以上学历122人。开设教学班37个。毕业230人、招生240人、在校生1478人。学校有社团25个。

2019年，学校“在标准中规范，在规范中创新”，建构办学特色化、育人现代化、课堂优质化、学生发展均衡化道路。发挥德育基地作用，与富乐北里社区、区图书馆、雏鹰科普基地等周边社会资源单位建立共建关系，开展社会大课堂活动。引入“攀登阅读平台”助推学校阅读活动，在走廊、过道、教室墙壁上展示师生读书心语、书画作品。举办读书节、读书会、“图书漂流”等读书活动，培养学生阅读习惯。

体育教育塑造学生健康体魄。体育教师与班主任携手，家庭锻炼（陪伴成长手册）跟踪监控，微信小视频打卡等联动组合，为每名学生设定专属目标，连续 3 年在怀柔区中小学生田径运动会中获小学组团体总分第一名。加强乒乓球、足球 2 个校园传统特色项目训练，打造体育特色品牌。德育教育培育爱国主义情怀。开展《守则》《规范》教育，开展《北京市中小学生“我和我的祖国”传唱新童谣》、心理团体辅导课等系列活动，践行立德树人理念。系统实施《实验小学 YUE 少年积分成长计划》，每月进行集体表彰，组织月冠军学生外出参加科技体验、影视教育等实践活动。3 次在怀柔区德育展示活动中作典型汇报。

（吕永梅）

北京第二实验小学平谷分校

2019 年，北京第二实验小学平谷分校下辖北京市平谷区上营小学和北京市平谷区王辛庄第一幼儿园。3 个校区总占地面积 2.71 万平方米，校舍建筑面积 0.69 万平方米，运动场地面积 1.12 万平方米。图书室藏书 2.41 万册。固定资产总值 1565.82 万元，全年教育经费投入 3567.90 万元。学校信息化经费投入 300.69 万元，拥有计算机 212 台，网络多媒体教室 23 个，校园网出口总带宽 100Mbps，数字资源量 260GB，“信息技术”课程 1 课时 / 周。教职工 97 人，包括高级职称 20 人、中级职称 50 人。专任教师 96 人，包括北京市骨干教师 2 人；本科以上学历 85 人。开设教学班 22 个。毕业 64 人、招生 89 人、在校生 551 人。

2019 年，学校打造美丽乡村学校，完善美丽乡村课程体系，在基础课程和拓展课程基础上，开设十大体育课程、十大艺术课程、十大体验课程等“十大课程”。实施“3×15 ＋ 2”体艺工程，组织学生每天进行 15 分钟足球操、15 分钟跑操、15 分钟硬笔书法和 2 分钟跳绳锻炼。定期邀请专家进校指导课程开发、课堂教学、文化建设等工作。推动“美丽学校”建设，表彰“美丽家长”“美丽少年”“美丽教师”和“美丽家属”。开展垃圾分类工作，分层设立垃圾分检站、建立监督评价机制、全方位立体宣传。学校获评“北京市综合实践活动特色学校”。

家校联动提升教育合力。开展“家校联系集中活动月”活动，把每年的 5 月和 10 月作为“家长开放日”。建立班主任、学科教师家访机制。定期召开家长委员会和学生餐家长委员会成员会议。落实干部“承包”策略，全面提升教育教学质量。校级干部包校（园）区，全面参与基层教学管理及教学活动，督导行动计划落实情况；业务干部包年级，负责年级组工作方案制订及落实，参与各年级教学活动的督导、检查和评价；校级及业务干部包学科教研组，全程参与学科研训活动；中层及以上干部包班级，负责班级日常管理、检查和评价等家校协同工作；中层及以上干部包学困生、包“熊猫体型”学生。

遏制学生视力不良率和肥胖率上升趋势。落实主体责任，层层落实学生体质健康提升方案；提供物质保障，总务处定期进行桌椅调试、灯光检测、体能测试器材器具的购买和维修；加强技术指导，体育教师、保健医是首席指导员，分别负责体能训练、眼保健操及用眼知识、健康饮食及肥胖防控等方面的技术指导和监测；实施“熊猫体型”学生结对帮扶工程，坚持“运动打卡”工作，督促学生减轻体重、增强体质。

（郭红梅）

北京市平谷区第一小学

2019 年，北京市平谷区第一小学占地面积 2.48 万平方米，建筑面积 1.27 万平方米，运动场地面积 0.57 万平方米。图书室藏书 5.50 万册。固定资产总值 2576.70 万元，全年教育经费投入 4807.57 万元。学校信息化经费投入 5.50 万元，拥有计算机 546 台，网络多媒体教室 63 个，校园网出口总带宽 100Mbps（共享），数字资源量 80GB，“信息技术”课程 1 课时 / 周。教职工 152 人，包括高级职称 13 人、中级职称 89 人。专任教师 135 人，包括北京市骨干教师 1 人；本科以上学历 146 人。开设教学班 42 个。毕业 255 人、招生 275 人、在校生 1555 人。

2019 年，学校以提升质量为中心，努力打造一所“三力一度”（有活力、有竞争力、有影响力和有温度）的学校。

9 月 10 日，平谷一小“学军人风采，强自身素质”国防课程开课
（平谷一小　供）

强化干部服务意识，践行“教师吹哨，干部报到”口号。以“双积分”（师德积分、党员积分）为抓手，结合常规工作中听课、学习、校本培训等契机，多举措提升教师队伍素质。做好对口帮扶工作，接待内蒙古商都、四川凉山教师来校学习。

完善课程体系建设。在开足开齐国家课程基础上，注重拓展课程和发展课程的建设与开发。坚持“随到随读”“随到随写”课程。拓展课程涉及体育、艺术、科技、学科拓展4个方面。体育、艺术、科技课程主要立足于社团活动，同时开设软式棒球、书画、足球等课程。拓展课程分为实践课程和劳动课程2类，实践课程实现1个年级1个主题，开设“开心农场”劳动课程；发展课程分为主题研究课、单学科实践活动课程和多学科实践活动课程3类，主题研究课为年级德育课程，单学科实践活动课程和多学科实践活动课程以落实国家课程10%的实践课程为目的反向推动课程教学。

文化引领学校发展。营造“四四六”学生文化，即：听说读写，坐立行表，朗朗读书声、铮铮国歌声、唰唰跑操声、脆脆诵诗声、棒棒展示声、切切问候声。创办新校刊《教书匠》和校报《读书郎》。开展“五彩评价，伴我成长”学生过程评价，涵盖科学文化、文明礼仪、运动健康、卫生环保、团结守纪、身心健康、劳动实践等方面。

（景国莲）

北京实验学校附属小学

2019年，北京实验学校附属小学占地面积13340平方米，校舍建筑面积5352平方米，运动场地面积8500平方米。图书馆（室）藏书4.84万册。固定资产总值2658.37万元，全年教育经费投入3959.94万元。学校信息化经费投入36.34万元，拥有计算机385台，网络多媒体教室39个，校园网出口总带宽100Mbps，数字资源量300GB，“信息技术”课程1课时/周。教职工104人，包括高级职称9人、中级职称66人。专任教师91人，包括北京市骨干教师1人；本科以上学历97人。开设教学班33个。毕业233人、招生277人、在校生1350人。

2019年，“北实附小教育集团”成立，学校成为集团龙头校。学校被认定为“北京市冰雪项目特色学校”“奥林匹克教育示范学校”，成为平谷区唯一同时获得这2项荣誉的学校。

深化教学改革，强化教学常规管理。每周安排3节校级公开课，通过集体教研、二次上课等方式，提高教学教研水平和常态教学实效。1名教师获全国优师优课大赛一等奖，1名教师获全国绿色课堂大赛二等奖，1名教师获全国名校联盟青年教师教学大赛一等奖。举办第三届魅力教学节暨家长开放周，推出观摩课32节。

立德树人，完善桃宝评价改革。构建1.0日常评价、2.0扬长评价、3.0跨界评价三位一体评价格局，成立桃宝电视台记者团和校园讲解社团。强化艺术科技教育，组织学生走进北京航天控制中心参观体验。

提升校园文化品位。建成集桃文化、砚文化、印章文化于一体的桃源池，形成桃宝秀、桃李石、桃源池三位一体的“三桃文化景观”，利用走廊、楼梯、天花板等空间完善文化布局，形成面面墙壁会说话，处处景观能育人的文化氛围。承接平谷区教育研修中心为期2周的新疆和田校长跟岗培训项目。

（王彩霞）

北京市密云区季庄小学

2019年，北京市密云区季庄小学占地面积1.18万平方米，建筑面积0.57万平方米，体育场地面积0.67万平方米。图书室藏书4.09万册。固定资产总值2553.43万元，全年教育经费投入2579.84万元。学校信息化经费投入7万元，拥有计算机303台，网络多媒体教室38个，校园网出口总带宽1000Mbps，数字资源量460GB，“信息技术”课程1课时/周。教职工74人，包括高级职称13人、中级职称31人。专任教师62人，包括北京市骨干教师3人；本科以上学历71人。开设教学班26个。毕业177人、招生167人、在校生1080人。

2019年，学校落实立德树人，创建多彩校园。整合校内外资源，拓展科技艺术教育渠道，开设学科视野拓展类、强身健体类、科技信息类、益智启思类、艺术修养类5类94门课外课程。科技、体育、艺术、文学类社团协调发展；利用共享资源，继续开设游泳课程；在全员参与的情况下，开设冰雪课程。组织班级篮球、小足球比赛，举办庆六一戏剧、艺术展演，为学生搭建展示平台。

培育优雅少年。依托节日，培育“传承优秀传统文化”的优雅美少年。上好道德与法治课、心理健康课和市级大课堂实践课，加强学生劳动教育，培育“身心健康”的优雅美少年。开展“三爱三节”教育、填写“绿色倡议书”、开展“文明如厕”专项活动，培育“绿色环保”的优雅美少年。结合“三真三实”主题教育，把习惯与行为、表彰与总结、协同与发展融合，培育“践行社会主义核心价值观”的优雅美少年。

建设优秀团队。以校级班主任工作室为抓手，加强班主任队伍建设。成立“智·爱”校级班主任工作室。重点从班级文化氛围创设、班级小导游培养、班级特色文化活动和班务管理4个方面提升班主任班级管理水平和育人水平。组织教师参加各级各类学习、培训活动，选派优秀班主任、青年班主任参加活动。发现校内优秀班主任先进做法，宣传、总结“班级管理”先进典型。开展“一班一品”班级文化建设，加强学生对班级文化的认同；开展班主任基本功培训，培养青年班主任。

（姚青山）

北京市朝阳区实验小学密云学校

2019年，北京市朝阳区实验小学密云学校占地面积2.19万平方米，建筑面积0.63万平方米，运动场面积0.84万平方米。图书馆（室）藏书5.19万册。固定资产总值2247.02万元，全年教育经费投入2599.37万元。学校信息化经费投入41.85万元，拥有计算机144台，网络多媒体教室36个，校园网出口总带宽1000Mbps，数字资源量500GB，“信息技术”课程1课时/周。教职工88人，包括高级职称10人、中级职称25人。专任教师83人，包括北京市骨干教师1人、北京市学科教学带头人1人；本科以上学历83人。开设教学班25个。毕业152人、招生178人、在校生1036人。

2019年，学校强化“育人理念、体系建设、课堂变革、评价导向、组织保障”，统筹“教研力量、管理力量、社会资源”，打造师生共同发展、家校协同育人、教学质量一流的地区名校。以核心素养提升为宗旨开展“落实学生的课堂获得”“小学生思维外化学习方式的研究”等系列教学研修活动6次，构建生命力课堂，培养学生会观察、会思考、会表达、会合作的学习能力。开设舞蹈、足球、篮球、京剧等21个社团，将京剧社团建设作为重点，走特色发展之路。

加强教师队伍建设。发挥团队建设优势，以各年级组、教研组为学习基地购买学习书籍，举办读书会4次；发挥骨干教师“传帮带”作用，18名青年教师与骨干教师结为师徒关系；选派2名教师到总校跟岗学习，利用2周1次的教师集会时间开展“落实课堂实际获得 学分制促学生全面发展”经验分享。

立德树人。开展民族精神教育系列活动，凸显育人实效。以纪念日教育为重点，创建校园文化氛围，通过讲解、图片、文档、电影等形式开展主题节日教育活动。从细节入手，深化习惯培养工程。坚持区级习惯风景线“见面微笑招手礼”“文明礼让靠右行”和校级风景线“桌面桌斗物品摆放一致”“小黄帽挂在桌斗左侧一致”“书包正面朝上摆放椅子下方一致”的强化和落实。推进学校“奖励卡”机制，优化教育细节管理；加强班主任队伍建设，打造“年级有特色、班级有品牌”班级建设模式。

（李连银　李士新）

4月30日，朝阳实验小学密云学校举办民族艺术进校园活动
（朝阳实验小学密云学校　供）

北京市密云区第七小学

2019年，北京市密云区第七小学占地面积2.08万平方米，校舍建筑面积1.19万平方米，运动场地面积0.70万平方米。图书馆(室)藏书1.15万册。固定资产总值1186万元，全年教育经费投入1200万元。学校信息化经费投入675.62万元，拥有计算机137台，网络多媒体教室39个，校园网出口总带宽1000Mbps，数字资源量500GB，“信息技术”课程1课时/周。教职工45人，包括高级职称7人、中级职称19人。专任教师36人，包括特级教师1人；本科以上学历44人。开设教学班14个。招生194人、在校生523人。学校有社团34个。

2019年，学校围绕立德树人根本任务，培育和践行社会主义核心价值观，促进学生德智体美劳全面发展。推进课程建设，持续深入开展诵读活动，成立“溢彩诗社”，新开发诵诗校本教材第三册，完善校本课程教材12本；新实施麦博思考力课程，初步培养学生思维品质和逻辑推理能力。

德育工作。以“生命教育”德育课程体系建设为抓手，实施“美丽少年”教育。注重队伍建设，以课题为引领，促进班主任教师提高业务水平。加强“一班一品”建设，增强环境育人和文化育人效果；重点开展习惯养成强化月活动、民族精神教育季系列活动、传统节日等教育活动。在教育实践中逐步完善“生命教育”德育课程体系，促进学生形成健全的人格、树立远大志向。

教育教学工作。以教研组建设为依托，开展“低年级课堂教学规范”研讨活动；邀请专家开展学习探究和指导活动，转变传统观念。围绕“低年级课堂组织教学实效性”，开展教师论坛和教师示范课和研究课活动；围绕童真课堂文化建设，开展专题学习和研究活动；围绕“改变评价方式，让学生快乐幸福成长”，开展乐考乐购活动。立足“低年级课堂组织教学实效性”，举办主题讲座1场，骨干教师展示课2场24节，非骨干教师研究课2场27节，征集论文22篇。树立教师终身学习意识，组织学习研讨3次，学校考核2次，专题培训1次，过关评比2次。

（刘拓）

北京市延庆区第一小学

2019年，北京市延庆区第一小学占地面积7700平方米，建筑面积8302平方米，体育场面积3000平方米。图书馆藏书5万册。固定资产总值2038.54万元，全年教育经费投入3597.86万元。学校信息化经费投入5万元，拥有计算机291台，网络多媒体教室45个，校园网出口总带宽1000Mbps，数字资源量1500GB，“信息技术”课程三年级至五年级0.5课时/周、六年级1课时/周。教职工103人，包括高级职称13人、中级职称39人。专任教师89人，包括特级教师1人、北京市骨干教师3人；本科以上学历97人。开设教学班35个。毕业208人、招生244人、在校生1323人。

2019年，学校努力建设学生幸福快乐成长的“榆园”。推进“小组合作学习”研究，制订研究专题和实施方案。以专家引领和案例研讨方式开展教师培训，以分层展示促进教师交流，提高教师合作学习能力。举办不同层次的小组合作学习课堂教学评优活动，将小组合作学习的开展作为评选优秀教研组、科研先进个人的重要条件。

整体打造篮球特色，推进篮球校本课程建设，运用好“小篮球”校本教材。全员开展篮球普及活动，开设篮球技巧课。高标准建设“榆风”篮球队，聘请外籍教师每周进行4次训练，每次1.5小时。推进艺术教育，聘请吴灵芬工作室成员和市级专家每周为校合唱团、民乐团授课1次，每次2小时。

实施养成教育三年行动计划。推进课间“三个一”主题活动，即“整理书本、摆齐桌椅、捡拾垃圾”。开展让楼道静下来、让行为美起来、让教室亮起来主题教育活动。结合教师志愿服务，规范学生红绿灯路口遵守交通规则通行。开展重阳敬老感恩教育、走进世园绿色教育；开展“开学典礼”“入学式”“入队仪式”等仪式教育；举办篮球节、优秀学生事迹报告会、端午节等校园特色节日活动和传统节日教育活动；举办“六一”表彰展演、元旦表彰、升旗手推介等活动，树立身边榜样。

（罗广明）

北京市延庆区第二小学

2019年，北京市延庆区第二小学占地面积2.53万平方米，建筑面积1.83万平方米，体育场（馆）面积0.69万平方米。图书馆藏书5.30万册。固定资产总值10330万元，全年教育经费投入4981万元。学校信息化经费投入30.73万元，拥有计算机328台，网络多媒体教室57个，校园网出口总带宽100Mbps，数字资源量30GB，“信息技术”课程1课时/周。教职工117人，包括高级职称9人、中级职称47人。专任教师94人，包括北京市骨干教师1人；本科以上学历104人。开设教学班38个。毕业268人、招生323人、在校生1624人。

2019年，学校做实做细常规管理，促进学校优质发展。成立“教师研修学院”。设立语文、数学、英语、思政、综合、艺术和体育研修分院，制订研修实施方案，个人发展规划。落实课程设置实施方案，制订小组合作学习常规规范，多次邀请思维导图专家进行“思维导图在小学课堂教学中的应用研究”课题指导与培训。课题组教师带动学科和年级，形成“借助思维导图进行课堂教学”的教学模式。

抓实校园生态文明教育。组织153名师生参加2019年中国北京世界园艺博览会开幕前夕迎宾和“共培友谊绿洲”活动。举办征文、画手抄报和墙报等比赛，开展系列世园主题教育活动，制作世园活动光盘，印制“花之语”世园专刊；成立“助力世园冬奥、建设美丽家园”宣讲团，参与全区生态文明宣传教育和创建森林城市等活动。建立校内绿色植物园，种植典型花卉和12种中草药，同时建立唐家堡立体葡萄种植园劳动实践基地，组织学生参与种植体验。

加强爱国主义教育。利用开学典礼上爱国主义教育第一课。组织校合唱队参加电影《我和我的祖国》全球首场电影发布5G直播活动，学生参加“我和我的祖国”小学生传唱新童谣优秀作品展演活动，师生及家长谈观看国庆阅兵感受，退休教师开展“情浓重阳 相聚天安门 共享70周年成就展”活动。

（盛敏）

北京市燕山向阳小学

2019年，北京市燕山向阳小学占地面积1.45万平方米，校舍建筑面积0.85万平方米，体育场（馆）面积0.51万平方米。图书馆（室）藏书3万册。固定资产总值4269.55万元，全年教育经费投入3165.74万元。学校信息化经费投入57.70万元，拥有计算机245台，网络多媒体教室40个，校园网出口总带宽100Mbps，“信息技术”课程1课时/周。教职工84人，包括高级职称5人、中级职称46人。专任教师80人，包括北京市骨干教师2人；本科以上学历79人。开设教学班28个。毕业216人、招生223人、在校生1011人，包括随班就读生1人。

2019年，学校以教师队伍建设、课程体系构建、学生素养提升为重点，推进《义务教育学校管理标准》达标学校创建，将“标准”落到实处。

秉承关怀教育理念，提升教师队伍素养。实施目标管理，要求干部做到“五讲”，即“讲上进、讲责任、讲奉献、讲团结、讲创新”，要求教师做到“四比”，即“比学习、比敬业、比能力、比贡献”。完善评价激励机制，改统一标准为分类标准，改单一主体评价为多元主体评价，将总结性评价与发展性评价相结合。

发挥关怀教育特色，促进课程建设发展。将关怀教育理论与课程结合，打破原有分科课程壁垒，构建关怀教育课程体系。形成关怀文化、关怀思维、关怀体能、关怀艺术、关怀科学5个课程体系，实现低年级普及与提高相结合，发展学生特长，中高年级传统文化与特色相结合，打造学校品牌。

以育德活动为抓手，引领德育工作创新发展。开展“手势礼”文明礼仪教育，做到“三个坚持”，即坚持“手势礼文明岗”监督机制、坚持召开“手势礼周例会”、坚持执行常规评比制度，促进学生良好行为习惯养成。借助合育中心平台，让学生选定家庭劳动岗、校园值日岗、社区服务岗，开辟农事劳动基地，录制《向阳小学合育中心“学会整理”课程》，提升学生劳动素养。

（董永仿）

中学选介

北京市第二中学

2019年，北京市第二中学占地面积2.94万平方米，建筑面积4.52万平方米，运动场地面积0.74万平方米。图书馆藏书9.68万册。固定资产总值1.02亿元，全年教育经费投入1.47亿元。学校信息化经费投入200万元，拥有计算机685台，网络多媒体教室60个，校园网出口总带宽1Gbps，数字资源量20GB，“信息技术”课程2课时/周。教职工250人，包括高级职称118人、中级职称60人。专任教师219人，包括特级教师6人、北京市骨干教师7人；本科以上学历219人。开设高中教学班45个。毕业388人、招生400人、在校生1169人。高中录取分数线552分（东城区），应届高考本科上线率100%。学校有社团22个，艺体团体4个。

1月4日，二中举办高一年级唐诗大赛

（二中　供）

2019年，二中在教育集团平台下，深化考试招生制度改革，落实北京市普通高中学业水平考试实施和普通高中学生综合素质评价办法。搭建平台安排各学科市级研讨活动，推进教研组高端备课。抓好高一年级学业规划教育，突出高二年级职业规划教育，辅助高三年级专业规划教育。改进教学班走班管理措施，形成“行政班＋走班”学制。关注高考改革，积累和总结改革项目在实践中成功和需要改进完善的内容。建设部分学科校本教学体系，继续编印校本读本，协同推进社团竞赛活动。

坚持“立德树人”根本任务。开展“我和我的祖国”系列主题教育活动。举办“礼赞新中国、奋进新时代”诗朗诵和歌唱比赛。通过学校295周年校庆表彰活动、高三毕业典礼暨18岁成人仪式、“十三百”主题教育等活动，对学生进行理想教育、感恩教育和励志教育。坚持管理育人，落实中小学生守则和日常行为规范要求，推进习惯养成、行为规范、文明礼仪教育。坚持协同育人，启动第二批“双导师”工作，由教师和家长共同担任学生成长导师，发挥家长教育资源作用。加强德育教师队伍建设，组织德育论坛和班主任基本功比赛，提高青年教师育人能力，提升班主任专业化水平。

（钮小桦）

北京市第一六六中学

2019年，北京市第一六六中学分两址办学，分别为灯市口校区和东四六条校区。2个校区总占地面积2.12万平方米，校舍建筑面积2.46万平方米，运动场地面积0.64万平方米。图书馆（室）藏书9.16万册。固定资产总值7973.03万元，全年教育经费投入4895.32万元。学校信息化经费投入96万元，拥有计算机915台，网络多媒体教室54个，校园网出口总带宽200Mbps，数字资源量25TB，“信息技术”课程2课时/周。教职工258人，包括高级职称

96 人、中级职称 80 人。专任教师 228 人，包括特级教师 2 人、北京市骨干教师 5 人、北京市学科教学带头人 1 人；本科以上学历 249 人。开设教学班 52 个（初中 30 个、高中 22 个）。毕业 512 人（初中 294 人、高中 218 人）；招生 648 人（初中 405 人、高中 243 人）；在校生 1709 人（初中 1024 人、高中 685 人），包括寄宿生 22 人，随班就读生 1 人。高中录取分数线 526 分（东城区），应届高考本科上线率 99.63%。

2019 年，学校中学部建校 155 周年、小学部建校 70 周年。学校贯彻落实全国、全市教育大会精神，走具有百年老校“博雅”特色的改革与发展之路。推进法治治理，通过协商讨论制定学校章程，完善由校长、党总支、教师、学生、家长委员会和社区代表组成的学校治理共同体。

引领教师专业进步。依托红色校史，在教师中开展续写“榜样校友”活动，传承学校革命传统和红色基因。成立“青蓝工作室”，研究不同教师的发展模型和培养方案。班主任工作坊开展“新角色新定位”系列培训。启动学校“基于课程标准的教学”课改项目，本着专家引领、教师自愿参与原则，采取周末集中浸入式培训学习方式，涉及语文、数学、英语、物理、化学、生物、历史、地理、政治、心理 10 个学科，有 32 名初高中教师参与。

立德树人。承办“不忘初心 追梦前行 争做新时代教育先锋”2019 年东城区中小学德育工作会分会场活动，以活动型课为载体，展示 4 节主题课程。学校金帆话剧团在首都剧场上演话剧《茶馆》、男声合唱团在国家大剧院举办“博响少年志，雅颂七十年”专场音乐会。“小小政协”持续参与建言资政，向社会发声。学校获北京青少年“模拟政协”年度推进奖。

完成庆祝新中国成立 70 周年活动服务保障工作。经过 3 个月的训练，男生合唱团 40 名高中学生代表东城区中学生参加千人合唱团演出，25 名教职工和 88 名高中生完成集体舞演出和标兵任务。学校获市委和市政府表彰，被评为“北京市筹备和服务保障中华人民共和国成立 70 周年庆祝活动先进集体”。

（王蕾　周燕）

北京市广渠门中学

2019 年，北京市广渠门中学分三址办学，分别为校本部、高三学部和初三学部（临时过渡）。校本部和高三学部 2 个校区总占地面积 2.54 万平方米，建筑面积 3.44 万平方米，运动场地面积 1.12 万平方米。图书馆藏书 10 万册。固定资产总值 1.41 亿元，全年教育经费投入 1.40 亿元。学校信息化经费投入 813 万元，拥有计算机 1011 台，网络多媒体教室 104 个，校园网出口总带宽 1024Mbps，数字资源量 2520GB，“信息技术”课程初中 2 课时 / 周、高中 1.5 课时 / 周。教职工 277 人，包括高级职称 91 人、中级职称 83 人。专任教师 245 人，包括北京市骨干教师 7 人；本科以上学历 271 人。开设教学班 73 个（初中 46 个、高中 27 个）。毕业 592 人（初中 318 人、高中 274 人）；招生 779 人（初中 492 人、高中 287 人）；在校生 2051 人（初中 1255 人、高中 796 人），包括寄宿生 470 人（初中 4 人、高中 466 人）。高中录取分数线 538 分（东城区），应届高考本科上线率 100%。

2019 年，学校在建设学府型学校、促进生命优质成长的办学之路上不断前行。召开首届学术年会，通过学刊发布、报告解读等方式探讨新时期教育教学改革工作的新样态与新追求。

抓实党建工作。先后召开“唱响我辈生命赞歌 簇新时代光辉理想”党员事迹分享会和庆祝建党 98 周年纪念大会。组织拍摄《我和我的祖国》音乐纪录片，举办“向祖国母亲 70 岁生日献礼”装饰校园井盖活动。广渠门中学党建示范基地落成，通过梳理学校党建工作发展脉络、回顾学校办学成果，打造学生的育人场所与教师的精神高地。

9 月 16 日，广渠门中学举办“向祖国母亲 70 岁生日献礼”装饰校园井盖活动　（广渠门中学　供）

推进素质教育。举办“让师生‘救’在身边”开学第一课。金帆管乐团举办雷锋日义演活动，所筹善款全部用于资助太阳村建设。举行“争做塑形达人，拥有健美青春”控制肥胖主题活动，倡导健康生活与科学健身方式。1 名学生作为北京地区中学生代表，参加第二届世界顶尖科学家论坛。

完成庆祝新中国成立 70 周年活动服务保障工作。选派 200 余名师生参加千人合唱、群众联欢活动。

（罗佳伊　吴臻）

北京市第五十中学

2019 年，北京市第五十中学占地面积 2.79 万平方米，校舍建筑面积 2.42 万平方米，运动场地面积 1.01 万平方米。图书馆藏书 10.99 万册。固定资产总值 7400.36 万元，全年教育经费投入 9976.65 万元。学校信息化经费投入 182.48 万元，拥有计算机 500 台，网络多媒体教室 51 个，校园网出口总带宽 1024Mbps，数字资源量 4096GB，“信息技术”课程 2 课时 / 周。教职工 234 人，包括高级职称 91 人、中级职称 65 人。专任教师 167 人，包括北京市骨干教师 1 人；本科以上学历 166 人。开设教学班 48 个（初中 24 个、高中 24 个）。毕业 481 人（初中 257 人、高中 224 人）；招生 618 人（初中 358 人、高中 260 人）；在校生 1593 人（初中 874 人、高中 719 人），包括寄宿生 187 人，外省市借读生 114 人。高中录取分数线 518 分（东城区），应届高考本科上线率 98.2%。

2019 年，学校通过开展教职工思想政治学习、教师发展论坛、微党课等多种方式加强师德师风建设，贯彻落实全国教育大会精神、《新时代中小学教师职业行为十项准则》。

落实中高考改革。开展多种形式师训工作，行政干部开展年级工作视导，提高教师专业水平。做好走班教学精细化管理，开创“优选三科，定一走二”走班模式，实行合班上课，有效利用有限师资，提高课堂实效。

做好课后服务工作。依据《关于加强中小学生课后服务的指导意见》，构建管理机制，细化课后服务工作方案，制定“统筹校内外资源，发挥团队合作精神”教师工作细则，设置课后体育活动、社团活动、校本选修课程等。

加强平安校园建设和健康促进校建设。建立台账，落实校园安全“网格化”管理。履行健康促进学校承诺，落实各项卫生健康政策和学校“星级健康促进校”创建工作计划，建立健全心理和健康教育工作网。

以庆祝新中国成立 70 周年为契机，加强爱国主义教育。组织 40 名师生代表参加国庆当日晚间广场联欢活动。以参观建国 70 周年成就展、讲党课、举行升旗仪式等方式，引领师生感受祖国强大。

（张剑平）

北京汇文中学

2019 年，北京汇文中学占地面积 5.21 万平方米，校舍建筑面积 6.65 万平方米，运动场地面积 2.80 万平方米。图书馆藏书 10.89 万册，电子图书 10 万册。固定资产总值 3576 万元，全年教育经费投入 14768 万元。学校信息化经费投入 490 万元，拥有计算机 861 台，网络多媒体教室 104 个，校园网出口总带宽 1000Mbps，数字资源量 5000GB，“信息技术”课程 1 课时 / 周。教职工 242 人，包括高级职称 94 人、中级职称 72 人。专任教师 181 人，包括特级教师 3 人、北京市骨干教师 4 人、北京市学科教学带头人 1 人；本科以上学历 238 人。开设教学班 54 个（初中 30 个、高中 24 个）。毕业 620 人（初中 303 人、高中 317 人）；招生 664 人（初中 354 人、高中 310 人）；在校生 1928 人（初中 1018 人、高中 910 人），包括寄宿生 60 人。高中录取分数线 540 分（东城区），应届高考本科上线率 100%。

2019 年，学校坚持“全人教育”思想指导下的“以人为本，重在发展”核心办学理念。培养全面发展的学生，2 名学生获第 33 届中国化学奥林匹克竞赛金牌。学生获北京市学生机器人智能大赛、软件认证比赛、北京市青少年 DI 创新思维竞赛一等奖。2 名学生获“2019 年北京市中小学生天文观测竞赛梅西耶马拉松竞赛”初中组一等奖。金帆合唱团在国家大剧院音乐厅举行“家 · 国 · 情——庆祝中华人民共和国成立 70 周年专场音乐会”。9 月 30 日，金帆合唱团初中团参加天安门广场烈士纪念日活动。10 月 1 日，金帆合唱团 37 名学生参加庆祝新中国成立 70 周年活动千人合唱演出。

推进教育优质均衡发展和课程建设，聚力教师队伍建设。举办北京汇文中学教育集团说课比赛，召开“集团化办学背景下教师校本研修策略的实践研究课题子课题开题暨培训会”等。在北京市中小学第二届“京教杯”青年教师教学基本功培训与展示活动中，5 人获一等奖，其中 1 人代表北京市参加第二届全国中小学青年教师教学竞赛决赛获中学英语组一等奖。

打造安全、红色校园。新教学楼经检测合格投入使用，学生结束 6 年的周转校区学习后回迁。配合消防月要求，对全体教职员工和学生进行消防安全教育，组织全员消防疏散演练活动。作为唯一一所中学资源单位，被列为东城区红色文化教育地图的16个坐标之一。举办“我和我的祖国”爱国主义主题教育——暨“五四”纪念活动。

（于敏霞　王苗）

北京市第一六一中学

2019 年，北京市第一六一中学分两址办学，分别为位于南横西街 94 号的新校址和长安校区。2 个校区总占地面积 5.38 万平方米，建筑面积 4.51 万平方米，运动场面积 1.66 万平方米。图书馆（室）藏书 14.36 万册。固定资产总值 1.19 亿元，全年教育经费投入 1.43 亿元。学校信息化经费投入 729.35 万元，拥有计算机 595 台，网络多媒体教室 107 个，校园网出口总带宽 1024Mbps，数字资源量 3.6TB，“信息技术”课程1课时/周。教职工261人，包括高级职称96人、中级职称78人。专任教师198人，包括特级教师1人、北京市骨干教师3人；本科以上学历254人。开设教学班43个（初中24个、高中19个）。毕业565人（初中291人、高中274人）；招生529人（初中299人、高中230人）；在校生1411人（初中785人、高中626人），包括外省市借读生17人。高中录取分数线545分（西城区），应届高考本科上线率100%。学校有社团15个。

2019年，学校除初一年级外的5个年级迁入位于西城区南横西街94号的新校址，新校址各类教育教学配套设施更加完善；位于前门西大街43号的初中校舍同时启动改扩建工程。

以教研促教育教学质量提升。先后承办“北京市物理高考研讨会”和“北京市中学数学团队教研能力提升教学研讨会”，学校教师分别作主题报告，通过研究课展示、研究成果汇报、学情调研汇报等形式展示学校办学特色。

培育学生综合素质。作为北京市学生金鹏科技团生命科学分团基地校，学校科技教育以生命科学研究为龙头，带动创客、智能机器人等项目发展。1名学生获第34届全国青少年科技创新大赛二等奖和第18届北京青少年科技创新“市长奖”。邀请中国工程院院士、神舟号飞船总设计师戚发轫入校主讲西城区“开学一课”——《中国航天与航天精神》。学校被评为全国校园足球特色学校。话剧社参加2019年“西城区百姓戏剧节·西城区学校戏剧联盟”演出季，展演剧目《无人生还》。

完成庆祝新中国成立70周年活动服务保障工作。初二年级5名学生作为北京市中小学生代表，参加“中华人民共和国国家勋章和国家荣誉称号颁授仪式”；合唱团学生38人参加广场合唱。

（石华　陈阳）

北京市第一五六中学

2019年，北京市第一五六中学占地面积1.25万平方米，建筑面积1.55万平方米，运动场地面积0.30万平方米。图书馆藏书8.73万册。固定资产总值2318万元，全年教育经费投入6594万元。学校信息化经费投入105万元，拥有计算机612台，网络多媒体教室43个，校园网出口总带宽4403Mbps，“信息技术”课程2课时/周。教职工141人，包括高级职称45人、中级职称45人。专任教师108人，本科以上学历137人。开设教学班31个（初中14个、高中17个）。毕业300人（初中99人、高中201人）；招生369人（初中219人、高中150人）；在校生978人（初中520人、高中458人）。高中录取分数线526分（西城区），应届高考本科上线率100%。

2019年，学校作为西城区唯一意识形态工作示范点学校，加强意识形态工作领导与管理。启动政治教师讲政治活动，通过宣讲提升教职工政治觉悟和育人水平。在学生层面，通过开展纪念五四运动一百周年系列活动等，培育学生爱国主义情感；通过各种活动和课程推行传统文化教育，加强“城宫计划”中的京剧课程建设，使学生建立文化自信。

推进教师课题研究和校本培训。重点推进“移动学习促进学生个性化学习的教学方式研究”“适应学校生源变化的学科教学方式的实践研究”“基于核心素养的高中综合实践活动校本化实施行动研究”3个市级课题的研究工作。完成创新发展项目申报，获得连续3年的教师培训资金保障。分批选派骨干教师前往上海、浙江等地学习考察课改带来的教育教学方式变革，走进西城区优质校开展关于学科走班的主题交流，分批外派教师代表参加市、区级生涯规划培训。依托“名师大讲堂”，定期为班主任推送线上学习课程。

挖掘社会教育资源，丰富学生学习体验。将研学旅行作为综合实践活动重要校外教学内容之一，组织高一、高二年级学生分赴徽州和洛阳，开展为期一周的研学旅行。组织高中人文班学生到现代文学馆、曹雪芹故居、老舍故居等，开展文学主题学习活动；到颐和园等皇家园林进行艺术审美学习；到平谷三羊古火山风景区、京东大溶洞景区进行野外地理考察学习。学校代表西城区参加全国“落实《中小学综合实践活动课程指导纲要》深化教育改革”工作推进会，并作大会主题发言，展示学校综合实践活动教育成果。

（李蓓蕾）

北京市第三十五中学

2019年，北京市第三十五中学分四址办学，分别为初中部、高中部、国际部和北京市贯通培养项目亦庄部。初中部和高中部2个校区总占地面积5.80万平方米，校舍建筑面积7.41万平方米，运动场地面积1.15万平方米。图书馆（室）藏书9.50万册。固定资产总值1.48亿元，全年教育经费投入1.76亿元。学校信息化经费投入89万元，拥有计算机1325台，网络多媒体教室159个，校园网出口总带宽5120Mbps，数字资源量9000GB，“信息技术”课程1课时/周。教职工378人，包括高级职称114人、中级职称93人。专任教师329人，包括特级教师1人；本科以上学历329人。开设教学班90个（初中50个、高中40个）。毕业728人（初中398人、高中330人）；招生1115人（初中721人、高中394人）；在校生3044人（初中1908人、高中1136人），包括寄宿生6人，随班就读生6人。高中录取分数线540分（西城区），应届高考本科上线率99.59%。

2019年，学校以创建具有中国特色、中国风格、中国气派的现代学校为办学目标，探索建立个性化育人模式。

科技优质教育资源发挥辐射作用。“水下机器人项目中国地区第一教育基地”挂牌。凝练学校科技创新课程成果的《中学生科学探究实验室教程》发行，获得2018—

5月27日，北京市“一校一品”体育教学改革展示交流活动西城区分会场展示活动在三十五中举行　（三十五中　供）

2019学年度北京市课程建设优秀成果评选二等奖。多次承办国内外学生科技创新赛事和交流活动，包括“2019年创新教育实践研训活动暨新时代基础教育育人方式改革研讨会”“2019年北京国际科普方法研讨会暨北京市学生金鹏科技团校长论坛”等。1名学生获第18届北京青少年科技创新“市长奖”；6名学生代表中国参加第14届国际标准奥林匹克竞赛，其中3人获初中组银牌，这是中国首次在该项赛事中获奖。

人文艺术教育探索建立个性化育人模式。北京电视台“护航计划”栏目2次走进学校，报道学校如何培养“有中国情怀的世界人，有世界眼光的中国人”。召开“发扬五四精神，担当青春使命”纪念“五四”运动100周年座谈会暨《李大钊教育文存》首发式，同步开讲李大钊“青春课程”和鲁迅“立人课程”。为纪念鲁迅家族迁居八道湾100周年，邀请知名作曲家创作并由学校金帆民乐团和合唱团学生演绎的大型民族交响音诗《民族魂鲁迅》首演。召开第11届教育教学工作研讨会，形成深化改革共识。打造体育教育特色，举办北京市“一校一品”体育教学改革展示交流西城区分会场展示活动，展示学校“一校一品”教学改革阶段性成果。选派260名师生参加庆祝新中国成立70周年活动广场晚会、群众游行、合唱等7个项目。

（姜雪）

北京市西城外国语学校

2019年，北京市西城外国语学校分三址办学，分别为西直门校区、百万庄校区和北礼士路校区。3个校区总占地面积4.59万平方米，校舍建筑面积6.56万平方米，运动场地面积1.28万平方米。图书馆（室）藏书11.19万册。固定资产总值7727万元，全年教育经费投入2178万元。学校信息化经费投入144万元，拥有计算机1379台，网络多媒体教室109个，校园网出口总带宽5120Mbps，数字资源量10GB，“信息技术”课程2课时/周。教职工258人，包括高级职称103人、中级职称79人。专任教师202人，包括北京市骨干教师1人；本科以上学历252人。开设教学班58个（初中36个、高中22个）。毕业369人(初中198人、高中171人)；招生618人（初中460人、高中158人）；在校生1714人（初中1221人、高中493人），包括随班就读生1人。高中录取分数线516分(西城区)，应届高考本科上线率94.9%。

2019年，学校推进素质教育，强化学生思想道德建设，深化课堂教学改革，努力提高教育教学质量。

专注队伍建设，完善师德建设长效机制。在招聘准入和考核评价中强化师德考查，杜绝有偿补课。加强中层干部培养，选派优秀干部到附属小学挂职副校级岗位。加强年级组队伍建设，以年级组为基本单位建立党小组、工会小组；教学部门建立新课程下的教研组评价制度，完善教研组长聘任制度。成立“教师发展工作室”，开展中青年教师综合素养提升工作。

推进教育教学改革，发展素质教育。开展特色精品活动。打造“F＋”育人模式，跨语种融合，跨文化融合。开设多语种课程，让每个学生至少接触2门外语。建设平安校园。守护舌尖上的安全，开展食堂工作大检查；校务办公室落实干部值班制度；总务后勤部门做好日常巡检、修缮、检查保养工作。做好宣传工作，定期月报小结，开设学校微信公众号，宣传学校重大活动，促进部门之间、家校之间的相互了解，强化教育共识。

（石玲玲　闫路春　张新伟）

北京市第六十六中学

2019年，北京市第六十六中学分两址办学，分别为枣林前街校区和白广路校区。2个校区总占地面积2.54万平方米，校舍建筑面积2.51万平方米，运动场地面积0.86万平方米。图书馆（室）藏书10.63万册。固定资产总值4945万元，全年教育经费投入12106万元。学校信息化经费投入126.72万元，拥有计算机1427台，网络多媒体教室66个，校园网出口总带宽5120Mbps，“信息技术”课程2课时/周。教职工264人，包括高级职称63人、中级职称116人。专任教师182人，包括北京市骨干教师1人；本科以上学历182人。开设教学班44个（初中26个、高中18个）。毕业350人（初中160人、高中190人）；招生579人（初中379人、高中200人）;在校生1499人（初中 932 人、高中 567 人），包括随班就读生 4 人。高中录取分数线 498 分（西城区），应届高考本科上线率 94.5%。

2019 年，学校开发学生自主发展德育课程，提高学生自我教育水平。以智慧教室建设为载体，各班发挥班级图书角作用，在完善班徽、班训、班歌基础上提出班级口号，开展班级承诺展示和诚信宣言活动，营造“崇德向善 和谐心灵”班级文化。开设 30 个社团课程，涉及中华传统文化、非物质文化遗产、体育、科技、艺术、心理等方面。

11 月 11 日，六十六中举办科技节
（六十六中　供）

加强学校家庭教育指导。开展“重家教 树家风 传美德 共育人”主题教育实践活动，通过“家庭教育大讲堂”“家校共培育 亲子共成长”主题班、队会等，推动家庭、学校和社会形成养成教育合力，引导家长履行家庭教育职责，掌握科学的家庭教育理念和方法。

加强教师队伍建设。从源头抓起，做好新教师聘任工作；实施“青蓝工程”，发挥师带徒作用，开展青年教师课堂教学评优活动；开展学科带头人、骨干教师、党员教师示范课活动；以教研组为抓手提高教研组建设能力，促进教师专业成长。

发展特色乒乓球体育课程培养工作。把握建队方向，积极引进人才，调动各方资源支持球队发展。为学生量身设计发展方向，提供学习、训练机会，让特长学生融入集体。球队全年输送到北京大学、东南大学各 2 人，中国政法大学、华中科技大学、华南理工大学各 1 人，其他大学 5 人。收获全国冠军 5 个、亚军 1 个、季军 2 个，北京市团体冠军 2 个、个人冠军 3 个。

（陶晓燕）

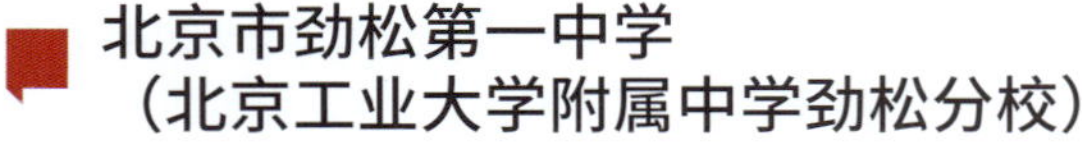

北京市劲松第一中学（北京工业大学附属中学劲松分校）

2019 年 4 月 11 日，北京市劲松第一中学更名为北京工业大学附属中学劲松分校。学校分两址办学，分别位于劲松一区 125 号和农光里 100 号。2 个校区总占地面积 1.65 万平方米，建筑面积 1.26 万平方米，运动场地面积 0.61 万平方米。图书馆（室）藏书 5.92 万册。固定资产总值 4753 万元，全年教育经费投入 3239 万元。学校信息化经费投入 30 万元，拥有计算机 401 台，网络多媒体教室 55 个，校园网出口总带宽 1024Mbps，数字资源量 1000GB，“信息技术”课程 1 课时 / 周。教职工 67 人，包括高级职称 15 人、中级职称 26 人。专任教师 58 人，本科以上学历 67 人。开设初中教学班 23 个。毕业 57 人、招生 226 人、在校生 518 人，包括随班就读生 12 人。

2019 年，学校深化特色办学，规范教育教学管理流程，以信息化建设为突破口，依托重点项目及创新项目实施，打造区域优质资源学校。

增强“立德树人”使命感和责任感。学生发展中心制订《学生星级评价量表》，配合实施《学生星级教育成长足迹》手册，构建学生自主管理模式。

实施规范化管理。借助各方面平台、资源，聘请专家指导教研组建设，落实干部进组进班听课，组织党员及骨干教师献课，要求教研组教师全员听评课，提升教研活动实效。规范学校各类质量监测及考试流程，重视考试质量分析。邀请学科专家、教研员开展论文撰写、读书、中考方向把握等培训。

落实学生综合素质培养“2 + 1 + 1”工程（培养学生掌握 2 项终身体育技能、1 项艺术特长或爱好、1 项科技兴趣特长）。校冰壶队获首届北京中小学冰壶比赛第三名，学校获“冰壶运动进校园”突出贡献奖。行进打击乐团获全国青少年打击乐比赛金奖。天文社团获北京市中小学生天文观测摄影比赛一等奖。

（鲁薇）

北京市金盏学校

2019 年，北京市金盏学校占地面积 3.16 万平方米，校舍建筑面积 0.93 万平方米，运动场地面积 1.90 万平方米。图书馆（室）藏书 2.70 万册。固定资产总值 4936 万元，全年教育经费投入 4222 万元。学校信息化经费投入

110 万元，拥有计算机 826 台，网络多媒体教室 49 个，校园网出口总带宽 1024Mbps，数字资源量 40GB，“信息技术”课程小学 0.5 课时 / 周、初中 1 课时 / 周。教职工 104 人，包括高级职称 12 人、中级职称 51 人。专任教师 91 人，包括北京市骨干教师 1 人；本科以上学历 101 人。开设教学班 32 个（小学 20 个、初中 12 个）。毕业 118 人（小学 69 人、初中 49 人）；招生 198 人（小学 104 人、初中 94 人）；在校生 956 人（小学 695 人、初中 261 人），包括随班就读生 18 人。

2019 年，学校以“微改变，融入教育深综改；大作为，追寻幸福的教育”为工作主题，完善九年一贯教育治理体系，增强全体师生实际获得感。调整组织架构，构建并运行“九一三三”（九年一贯、三学部、三中心）内部组织机构，探索学校内部治理有效途径。

鼓励教师主动融入深综改。组织教师重点针对“如何有效开展小组合作”“课后作业到底应该怎样布置”“如何在课堂上观察学生”等问题开展行动研究。在总结“5.5 + 3.5”小初衔接实验项目研究阶段成果及 2018—2019 学年语文、数学、英语学科小初衔接课程基础上，以大教研组为单位，开展“跨学科主题教学”研究。

搭建金字塔型人才梯队。实施教师培养“关爱计划、成长计划和幸福计划”及青年教师普及培训、骨干教师重点培养、拔尖人才突出引领“三步走战略”。聘请高校教授、教研员、兼职教研员等专家成立学校发展专家指导团，针对学校管理、课堂教学、教师专业成长等方面内容给予指导。通过青年教师研究会、智慧大讲堂等平台，助力全体教师分享智慧、幸福成长。

发挥德育工作动力、导向和保障作用。梳理和探索九年一贯制德育文化体系，加强各学段德育工作衔接贯通，将社会主义核心价值观和金盏教育价值观融入教育教学全过程。以北京市朝阳区实验小学养成教育 60 条为依据，完善《金盏学校幸福一日》德育校本课程。把养成教育与教学课程改革结合，教育、引导学生增强自律意识。开展理想信念教育、时事政策教育、“三节三爱”教育等系列主题教育实践活动。落实《关于加强中小学劳动教育的意见》文件精神，通过组织学生参与“金盏花园”种植活动、“小河长”志愿活动等活动，培养学生积极劳动态度、良好劳动习惯。

（付冬梅）

北京教育学院朝阳分院附属学校

2019 年，北京教育学院朝阳分院附属学校分两址办学，分别为中学部校区和小学部校区。2 个校区总占地面积 1.59 万平方米，校舍建筑面积 1.30 万平方米，运动场地面积 0.40 万平方米。图书馆（室）藏书 5.06 万册。学校信息化经费投入 3 万元，拥有计算机 295 台，网络多媒体教室 59 个，校园网出口总带宽 1024Mbps，数字资源量 100GB，“信息技术”课程小学 0.5 课时 / 周、初中 1 课时 / 周。教职工 111 人，包括高级职称 21 人、中级职称 47 人。专任教师 99 人，包括北京市骨干教师 1 人；本科以上学历 97 人。开设教学班 30 个（小学 12 个、初中 18 个）。毕业 97 人（小学 51 人、初中 46 人）；招生 120 人（小学 33 人、初中 87 人）；在校生 532 人（小学 233 人、初中 299 人），包括随班就读生 13 人（小学 3 人、初中 10 人）。

2019 年，学校重点在深化学科建设、推动课堂教学改进、强化教师基本功训练等方面开展工作。

推进学校课程改革探索、校本培训及课题研究工作。提升教师对如何将先进教学理念转化为课堂教学行为的认知，任课教师 100% 参与“大单元教学设计”实战训练，提升教师新时代、新课改背景下课堂教学设计能力。学校独立主持的 11 个区级课题结题，覆盖中小学所有学科，90% 以上的教师参与研究。连续 12 年获评“中考工作优秀校”。

五育并举。德育工作围绕“不忘初心，薪火相传，砥砺奋进，再创辉煌”主题，以文化节形式开展系列主题教育活动。开展教师讲述教育故事、宣传学习模范典型人物、爱国主义教育演讲比赛等活动。学校获评区级师德先进单位、北京市五星级健康促进校。组织学生参加生物模型大赛、植物栽培大赛、纸飞机比赛等比赛，75 人获奖。

建设特色学校。推进班主任工作室建设、班级文化特色建设、九年四段学生发展体系和年级德育流程建设 4 个重点项目，发挥辐射引领作用，形成中小学班级文化特色。年级组结合学情顶层设计，研究制订年级德育流程。

完成庆祝新中国成立 70 周年活动服务保障工作。1 名教师作为民兵方队队员接受检阅，10 名教师参加“祖国万岁”方阵游行。

（姜秀梅）

北京市朝阳区教育研究中心附属学校

2019 年，北京市朝阳区教育研究中心附属学校分两址办学，分别为东校区和西校区，2 个校区总占地面积 2.45 万平方米，校舍建筑面积 1.69 万平方米，运动场地面积 1.56 万平方米。图书馆（室）藏书 4.64 万册。固定资产总值 7402 万元，全年教育经费投入 3970 万元。学校信息化经费投入 110 万元，拥有计算机 505 台，网络多媒体教室 76 个，校园网出口总带宽 60Mbps，数字资源量 1300GB，“信息技术”课程 1 课时 / 周。教职工 104 人，包括高级职称 28 人、中级职称 25 人。专任教师 87 人，包括北京市骨干教师 1 人；本科以上学历 100 人。开设教学班 30 个。毕业 180 人、招生 302 人、在校生 834 人，包括寄宿生 176 人，随班就读生 11 人。

2019 年，学校继续营造“正能量”氛围，加强意识形态建设，倡导全体教职工做到“传递正能量”。学校获中国教育学会“十三五”规划课题“开放性实践活动课程资源开发机制研究”总课题优秀成果评比活动特等奖。

强化师德建设，加强学生基本行为规范底线要求。建设高素质人才队伍，制订教师分层培养方案和行动计划，继续完善教职工考评方案，开展专任教师年度质量考核研究。发挥家委会作用，结合校区特点开展德育工作。东校区以“落实养成教育，培育阳光智慧学子品质”重点项目为抓手，强调规范的基础上，注重学生自主管理。西校区以“构建基于学生自主管理模式习惯养成教育研究”创新项目为抓手，给予学生更多自主管理机会，鼓励学生参与全程管理。

完善阳光智慧课程体系。以“开展基于核心素养导向学校阳光智慧课程体系构建与实施研究”重点项目为抓手开展研究，完善现有课程体系。围绕“阳光智慧”课堂，借助信息技术，推进教与学方式研究。与北京师范大学开展深度合作，以“开展基于‘4C’核心能力培养阳光智慧课堂教学改进实践研究”创新项目为抓手，研究如何将“4C”核心能力落实在课堂上。借助信息技术手段反馈学生学习状况数据，基于反馈数据实证、调整和优化教学实施。

（喻江）

中国科学院附属实验学校

2019 年，中国科学院附属实验学校分四址办学，分别为科学园校区、南沙滩校区、华严里校区和初中校区。4 个校区总占地面积 12307 平方米，校舍建筑面积 6501 平方米，运动场地面积 4335 平方米。图书馆（室）藏书 7.77 万册。固定资产总值 10635 万元，全年教育经费投入 8088 万元。学校信息化经费投入 19 万元，拥有计算机 330 台，网络多媒体教室 78 个，校园网出口总带宽 1000Mbps，数字资源量 800GB，“信息技术”课程小学 0.5 课时 / 周、初中 1 课时 / 周。教职工 194 人，包括高级职称 33 人、中级职称 85 人。专任教师 189 人，北京市骨干教师 1 人；本科以上学历 190 人。开设教学班 82 个（小学 66 个、初中 16 个）。毕业 243 人（小学 200 人、初中 43 人）；招生 540 人（小学 387 人、初中 153 人）；在校生 2445 人（小学 2066 人、初中 379 人），包括寄宿生 506 人（小学 350 人、初中 156 人），随班就读生 24 人（小学 9 人、初中 15 人）。

2019 年，学校坚持办学特色发展，注重课程体系建设，落实学科实践活动，培养学生核心素养，实现“五年上台阶”预期目标。

重视教师队伍建设，深化名师工程。积极参加朝阳区“博研苑”项目，举办国际专家教学工作坊和首届“中科杯”教学基本功培训展示活动，启动“青蓝工程”，采取“师徒结对”方式，实现骨干教师与青年教师双培养。开展师徒展示课、骨干引领课等系列教学研究活动，通过开展校本教研、教学质量分析会、检查教案作业反馈会等进行新任教师培训，促进教师专业素养提升。

统筹规划德育工作。德育活动突出中科院特色，弘扬科学精神，带领学生走进中科院院所、台站，走近两院院士，邀请 5 名院士举办科学家进校园讲座 32 场。规划建设 80 余个社团，学生获市级科技活动奖项 350 人次；13 名学生参加北京市中小学生跳绳精英赛，获初中男子组连续三摇跳第一名、小学集体花样跳绳规定套路特等奖。校交响乐团被朝阳区教委认定为“朝花”社团，根与芽社团和小小发明家、未来科学家社团被朝阳区教委认定为“朝英”社团。学校获北京市天文知识竞赛优秀组织奖。

落实新课程改革，以现代课程体系建构为抓手，打造“科教融合”特色。推进科普阅读工程，研发 5 门科教融合 2.0 课程，开设校本科技课程 17 门。承担教育科学“十三五规划”教育部重点课题“面向教育现代化 2035 中小学体育与健康课程开发研究”等课题研究。

完成庆祝新中国成立 70 周年活动服务保障工作。1 名教师作为民兵方队成员接受检阅，14 名教师参加“祖国万岁”方阵游行。学校舞蹈团 28 名学生参加《奋斗吧 中华儿女》文艺晚会集体舞演出。

（王丽梅　王芃）

北京市陈经纶中学

2019 年，北京市陈经纶中学分四址办学，分别为本部高中校区、本部初中校区、帝景分校和保利分校。4 个校区总占地面积 8.21 万平方米，校舍建筑面积 8.12 万平方米，运动场地面积 3.88 万平方米。图书馆（室）藏书 16.21 万册。固定资产总值 3.63 亿元，全年教育经费投入 3.29 亿元。学校信息化经费投入 303 万元，拥有计算机 2754 台，网络多媒体教室 196 个，校园网出口总带宽 1024Mbps，数字资源量 3800GB，“信息技术”课程小学 0.5 课时 / 周、初中和高中 1 课时 / 周。教职工 451 人，包括高级职称 115 人、中级职称 95 人。专任教师 340 人，包括特级教师 13 人、北京市骨干教师 25 人、北京市学科教学带头人 4 人；本科以上学历 340 人。开设教学班 155 个（小学 35 个、初中 88 个、高中 32 个）。毕业 966 人（小学 104 人、初中 483 人、高中 379 人）；招生 1300 人（小学 304 人、初中 666 人、高中 330 人）；在校生 4104 人（小学 1313 人、初中 1788 人、高中 1003 人），包括寄宿生 829 人，随班就读生 9 人。高中录取分数线 543 分（朝阳区），应届高考本科上线率 100%。

2019 年，学校推进集团化办学改革，发挥市级名校在朝阳区义务教育学区化综合改革中的作用，为全区教育均衡化发展作贡献。

提升教师专业发展水平。开展寒、暑假教师全员培训，继续充实经纶教师书架，引导教师自主阅读教育专著。成立学科研究中心和骨干发展中心，聘任 2 名正高级教师任中心负责人。与北京师范大学合作，15 个学科对接北师大知名专家，接受专家教学与研究指导。树立身边榜样，举办首届“经纶杯”青年政治教师基本功展示活动，表彰首

11月18日，陈经纶中学嘉铭分校学生参加北京市青少年锦标赛短道速滑比赛　　（陈经纶中学嘉铭分校　供）

届“十佳教学能手”。

落实“立德树人”根本任务。以“实施做人德育，建设青春校园”为德育工作目标，构建德育管理长效机制。成立学校德育工作理事会、班主任工作研究会和“人生远足”管理理事会，加强德育工作新内涵挖掘与积累，强化“人生远足”社会实践德育品牌建设，实现德育活动课程化。

深化课程改革，培育全面发展的学生。推进小学低段课改和校本课程建设。在2019年第15届朝阳区教育教学成果年度奖评选中，6项课题获德育类、教学类和课程类年度成果奖。推进“人生远足”课程建设，发布博鳌研学旅行平台，举办“贯穿南北的古运河”研学活动。加强科技、体育、艺术社团建设。建设冰雪特色学校，举办首届“经纶杯”青少年冰上运动项目邀请赛。成为国内首个中国工程院院士陈清泉“青少年科创小院士培养基地”。本部初中校区获评教育部课题研究卓越贡献示范单位、教育部2018年度网络学习空间应用普及活动优秀学校。学生获首届全国中小学班级合唱展示活动金奖、2019年全国啦啦操锦标赛冠军。在第39届北京青少年科技创新大赛中，学生获金奖1项、银奖3项、铜奖6项和专利奖2项。学生获第19届北京市中小学生金鹏科技论坛项目研究一等奖2项、二等奖4项、三等奖3项。

完成庆祝新中国成立70周年活动服务保障工作。400余名师生参加群众游行，本部高中校区“经纶之声”金帆合唱团66名师生参加联欢活动“精彩合唱”演出。

（黄杰）

北京化工大学附属中学

2019年，北京化工大学附属中学分四址办学，分别为高中部校区、初中部校区、小学部小关校区和小学部安苑校区。4个校区总占地面积4.04万平方米，校舍建筑面积2.36万平方米，运动场地面积1.72万平方米。图书馆（室）藏书6.75万册。固定资产总值10559万元，全年教育经费投入7361万元。学校信息化经费投入21万元，拥有计算机727台，网络多媒体教室104个，校园网出口总带宽60Mbps，数字资源量500GB，“信息技术”课程小学0.5课时/周、初中和高中1课时/周。教职工175人，包括高级职称39人、中级职称69人。专任教师128人，包括北京市骨干教师1人、北京市学科教学带头人1人；本科以上学历124人。开设教学班56个（小学25个、初中18个、高中13个）。毕业236人（小学89人、初中70人、高中77人）；招生312人（小学99人、初中115人、高中98人）；在校生1189人（小学611人、初中276人、高中302人），包括随班就读生7人。高中录取分数线501分（朝阳区），应届高考本科上线率98.53%。

2019年，学校秉承“美的教育 美好人生”办学理念，“习于智长 化与心成”校训，加强教育教学科研管理，优化特色办学模式，促进学生健康成长和个性发展。学校被评为北京市文明校园，被认定为北京市校园足球特色学校。

推进课程建设和教学模式改革。依托北京化工大学支持，落实市教委“1＋3”试验项目，开展物理、化学实验教学一体化“大学先修课程”，涉及物理实验36项、化学实验88项。教学内容整理编辑后形成并出版《物理演示实验》和《现代中学综合化学实验》2本校本教材成果。依托“理想教育文化”项目，借助“诊断式督导”专家指导，开展“靶思维”课堂教学模式改革探索，推进课堂教学水平提升。

德育以育人树德为基础，以“为学生提供美的教育”为总目标，围绕社会主义核心价值观、中华传统文化教育开展系列活动。发布《尚美学生公约》绘本，以此为抓手推动养成教育、爱国主义教育、核心价值观教育。各校区分别开展“海棠诗会”“海棠书苑”“海棠文学社”“海棠听语”系列校园文化活动，营造传统文化学习氛围。采取学科实践活动与研究性学习相结合，京内、京外综合实践活动创新发展模式，初、高中联合举办火车专列邯郸研学活动。

加强队伍建设。通过“师徒结对”、青年教师座谈会、读书交流、骨干教师献课、专家评课、外出培训等方式提升教师专业水平。各学科组围绕“主体教育”开展常态教育科研活动，每学期组织2～3天集中校本培训，组织3小时教师“限时论文写作”，评选出“主体性教育”优秀论文60篇。

（季梅）

中央美术学院附属实验学校

2019年，中央美术学院附属实验学校分四址办学，分别为高中部、小学一部、小学二部和初中部。4个校区总占地面积4.49万平方米，校舍建筑面积3.51万平方米，运动场地面积1.85万平方米。图书馆（室）藏书10.69万册。固定资产总值16905万元，全年教育经费投入3456万元。学校信息化经费投入6万元，拥有计算机898台，网络多媒体教室158个，校园网出口总带宽1000Mbps，数字资源量150GB，“信息技术”课程小学0.5课时/周、初中和高中1课时/周。教职工249人，包括高级职称43人、中级职称95人。专任教师204人，本科以上学历245人。开设教学班69个（小学28个、初中28个、高中13个）。毕业288人（小学135人、初中80人、高中73人）；招生333人（小学137人、初中142人、高中54人）；在校生1418人（小学796人、初中412人、高中210人），包括寄宿生123人，随班就读生9人。高中（美术班）录取分数线433分（朝阳区）；应届高考本科上线率82%、美术特色应届高考本科上线率94%。学校有社团81个。4月11日，学校接收北京市高家园中学并入，接收教职工55人，学生102人。

2019年，学校按照2019—2021三年发展规划完成过渡整合和调整转型任务，提升办学质量和美术特色水平。

提升教学教研质量。组织13次校内培训、1次暑期核心素养高端培训，教师50人次外出研修、写生。承办全国中小学教学思维创新理论与实践研讨会，为全国500名教育系统干部教师共研共学提供平台。开发校本教材4册，校刊3期。小学在朝阳区质量月检查中，A级课占55.6%，在酒仙桥学区推出7节展示课，19个班依托中央美术学院“高参小”项目开设美术“思创课程”，印制绘本画6册。初中开设朗诵、戏剧、书法、风景画、单片机5门校本课程，开展学科月主题活动，7名教师承担课题研究展示课。

打造美术特色品牌。高中优化美术专业课程结构，规划开发美术专业课程和校本课程，补充原有美术教学大纲，建立素质教育统领下的课程、教材、教法模式一体化美术课程体系。加强美术教师专业培训，实施青年教师和骨干教师“双培养”，美术联考本科通过率100%。国际教育与美术特色融合发展，形成美术特色国际品牌。举办青少年绘本国际艺术节，吸引近千名中外学生参与。组织初、高中师生为大山子和高家园社区居民楼提供楼道墙面彩绘志愿服务。组织师生参加高水平美术社团6校联展。

践行社会主义核心价值观。设计开展一月一主题德育活动，坚持“管理育人、环境育人、服务育人”和全员德育，高中形成科任教师—班主任—年级组长—德育处及美术专业班主任管理机制。推进社团、社会实践和研究性学习等德育活动课程化。组织大型实践活动94次，学生获团体奖23项。服装社团获北京市第二届中小学生技术创意设计展示活动团体一等奖和个人创意设计一等奖7个、个人表演一等奖5个；舞蹈社团获全国啦啦操总决赛冠、亚军；科技社团获第12届“我爱祖国海疆”全国青少年航海模型教育竞赛总决赛金牌2枚。

（黄春丽）

北京市丰台第八中学

2019年，北京市丰台第八中学分两址办学，分别为北大地校区和中海校区。2个校区总占地面积1.84万平方米，建筑面积1.44万平方米，运动场地面积0.70万平方米。图书馆（室）藏书4.20万册。固定资产总值2384万元，全年教育经费投入4428万元。学校信息化经费投入43万元，拥有计算机599台，网络多媒体教室40个，校园网出口总带宽100Mbps，“信息技术”课程2课时/周。教职工136人，包括高级职称30人、中级职称43人。专任教师116人，包括北京市骨干教师1人；本科以上学历132人。开设教学班32个。毕业285人、招生407人、在校生1087人，包括寄宿生33人，外省市借读生20人。学校有社团25个。

2019年，学校依托“至真文化”建设，培育和践行社会主义核心价值观。完善至真课程体系，整合社会资源。召开“教师智慧共研 提升教研品质”教研组期末总结暨校本研训会，明确校本研训主题为“学生规范养成教育”，举办“生态观察摄影 神奇科学世界”科学体验活动，拉开社团建设新篇章，戏剧社团、篮球社团、生态饲养观察摄影社团被认定为丰台区特色社团，举办“当传统文化遇上创客”第四届创客嘉年华暨专题研讨活动。营造“真、好”教师文化氛围，提升育人品质。成立“骨干教师工作室”，加强骨干教师自我引领力建设。借助“骨干教师同步课例在线”录课项目，开放骨干教师课堂。全面培养青年教师，以青年班为载体，组织教师参加各类市、区、校级课题研究。更新德育工作教育观念，全员、全过程、全方位育人，发挥活动育人作用，举办感恩教师、传统文化体验、离队建团等活动，组织学生参加学农活动。开展系列心理讲座、预防校园欺凌讲座、安全疏散演练等活动，共建和谐校园。选派6名教师参加庆祝新中国成立70周年活动“不忘初心”方阵游行。

（李亚娟）

北京市第十二中学

2019年，北京市第十二中学教育集团分七址办学，分别为本部校区、科丰校区、朗悦学校、南站学校、附属实验小学、附属幼儿园和钱学森学校；5月，经北京市丰台区机构编制委员会办公室批准，十二中南站校区更名为北京市第十二中学南站学校。除隶属于房山区教委的朗悦学校外，其他6个校区总占地面积17.63万平方米，校舍建筑面积15.17万平方米，体育场（馆）面积4.65万平方米。图书馆（室）藏书24.30万册。固定资产总值1.91亿元，全年教育经费投入1.89亿元。学校信息化经费投入130.30万元，拥有计算机2324台，网络多媒体教室307个，校园网出口总带宽200Mbps，数字资源量16.5TB，“信息技术”课程2课时/周。教职工610人，包括高级职称194人、中级职称170人。专任教师539人，包括特级教师25人、北京市骨干教师13人、北京市学科教学带头人1人；本科以上学历529人。开设教学班148个（学前14个、小学30个、初中55个、高中49个）。毕业1045人（幼儿园28人、小学61人、初中523人、高中433人）；招生1608人（幼儿园165人、小学220人、初中675人、高中548人）；在校生4923人（幼儿园385人、小学1001人、初中1950人、高中1587人），包括寄宿生1127人，随班就读生4人。高中录取分数线543分（丰台区），应届高考本科上线率100%。

2019年，集团办学从“同形”“同构”走向“同质”。初步形成以学校核心文化为基石、以高质量教育为生命力、以特色化发展为方向的新局面。各校区联合发布《学校发展行动纲领》，细化育人总目标为学段分目标。钱学森学校成立“院士1＋X”领航室，余梦伦、曾广商、龙乐豪、刘竹生、姜杰5名院士领衔开设6门前沿科创课程。附属实验小学成为全国分享式教学联盟实践基地校。

十二中钱学森学校开设科创课程——人脸识别系统

（十二中 供）

纵横衔接立德铸魂。作为“北京市大中小德育一体化研究”副会长单位，推进集团德育课程纵向贯通设计。召开劳动教育研讨会，顶层设计劳动教育体系。各校区将劳动教育纳入德育课程。首期优质家长工作坊开班，与家校社共育咨询室、家长夜校等组织形式共同完善协同育人机制。“创新公益实践项目”第一期收官，第二期项目启动。以庆祝新中国成立70周年和十二中建校85周年为契机开展爱国主义教育，践行社会主义核心价值观。在纪念全民族抗战爆发81周年仪式上，学生连续第四年代表全国青少年诵读抗战家书。集团选派32名教师代表和52名学生代表，分别参加“立德树人”“不忘初心”方阵游行。

推进名师工程。实施“唯美教师塑造工程”和“卓越教师培养计划”，为教师发展搭建学习、工作、支持、展示四大平台。51名教师分别获得“京教杯”“师慧杯”“创新杯”“启航杯”奖励。教师论文《氯水漂白作用的探究》在美国《分析化学科学杂志》上发表，微课程《明治维新》获得首都原创课程辅助资源一等奖。

国家课题引领创新。国家级课题“普通高中创新人才培养的实践研究”结题。学校以此为带动深入开展实践研究，带动全国9所同类学校共同探讨创新人才培养新途径，共享研究成果。构建基于学科素养四维系统的“四问＋智慧教育”学习环境，与北京师范大学合作实施“高端备课教学改进”项目。

（刘志强　李婷婷）

北京市丰台区丰台第二中学

2019年，北京市丰台区丰台第二中学分两址办学，分别为本部和初中部。2个校区总占地面积6.02万平方米，建筑面积4.25万平方米，运动场地面积1.70万平方米。图书馆（室）藏书12.95万册。固定资产总值18771万元，全年教育经费投入9312万元。学校信息化经费投入463.64万元，拥有计算机1602台，网络多媒体教室132个，校园网出口总带宽100Mbps，数字资源量1634GB，“信息技术”课程1课时/周。教职工248人，包括高级职称94人、中级职称56人。专任教师217人，包括特级教师11人、北京市骨干教师6人；本科以上学历239人。开设教学班55个（初中31个、高中24个）。毕业436人（初中168人、高中268人）；招生 666 人（初中 432 人、高中 234 人）；在校生 1774 人（初中 1082 人、高中 692 人），包括寄宿生 335 人，随班就读生 27 人。高中录取分数线 526 分（丰台区），应届高考本科上线率 100%。

2019 年，学校完成整体建设工作，以“务本求实谋发展，我与祖国共成长”为年度主题，坚持简约管理、阳光文化，推进集团化建设发展。深化德育管理。以社会主义核心价值观教育为核心，结合国内外重大事件、社会实践和社会热点，完善德育课程建设。13 名教师参加庆祝新中国成立 70 周年活动“不忘初心”方阵游行。

优化课程建设。以课改为契机，以学生兴趣和需求为出发点，开设篮球、乒乓球、排球等特色社团。培养全面发展的学生，舞蹈队获丰台区艺术节一等奖，金帆管乐团入围“第 12 届中国国际青年艺术周国际管乐节——暨全国优秀管乐团队展演”并入选“示范乐团”，桥牌队获第六届“十市百校杯”北京市中学生桥牌邀请赛冠军。通过班会课程、校园四节、行走课程等精品教育活动，培养学生适应社会发展的必备品格和能力。打造“尚品”教育品牌。举办市级办学实践研讨会、语文学科研讨会等活动。加强年级主任、班主任队伍建设，通过各层次培训为班主任发展搭建平台。

（刘丹）

北京市第十中学

2019 年，北京市第十中学分三址办学，分别为高中部、初中部和新疆班。3 个校区总占地面积 5.77 万平方米，建筑面积 1.24 万平方米，运动场地面积 1.66 万平方米。图书馆（室）藏书 5.71 万册。固定资产总值 7048 万元，全年教育经费投入 9647 万元。学校信息化经费投入 173.65 万元，拥有计算机 1211 台，网络多媒体教室 78 个，校园网出口总带宽 200Mbps，数字资源量 5TB，“信息技术”课程 1 课时 / 周。教职工 231 人，包括高级职称 97 人、中级职称 79 人。专任教师 233 人，包括特级教师 5 人、北京市骨干教师 7 人；本科以上学历 234 人。开设教学班 48 个（初中 19 个、高中 29 个）。毕业 455 人（初中 132 人、高中 323 人）；招生 467 人（初中 193 人、高中 274 人）；在校生 1400 人（初中 563 人、高中 837 人），包括寄宿生 550 人，外省市借读生 272 人。高中录取分数线 495 分（丰台区）。学校有社团 27 个。

2019 年，学校加强校本研训引领队伍建设，推进区域交流提升教学质量。落实好面向青年教师、成熟期教师和骨干教师的“青蓝工程”“攀登工程”和“引擎工程”。与内蒙古扎赉特旗学校开展结对帮扶，双方互派校级干部和教师开展教育考察、访问交流活动。举办“五省三市”重点高中联盟同课异构活动，为学校教师搭建资源共享平台。

注重课程开发，拓展科研渠道。初中部开设“古镇长街话桑梓”“红小豆的青春修练手册”“生命的脚印”校本课程。高中部开设“生活中的化学”“舌尖上的地理”“物理高端实验”等 50 余门校本课程。新疆部开设民族舞蹈社、街舞社、乒乓球社等 14 个社团，其中以音乐、美术、舞蹈为主的艺术类社团成为具有民族特色的美育工作阵地。

推进多元社会实践活动，拓展学生生活空间和视野。组织初一、高一年级全体学生到门头沟灰峪挖化石，开展“生命的脚印”主题实践活动。学校牵头组织集群中小学的部分学生到中国科学院遥感与数字地球研究所，开展长辛店教育集群科技课题探究活动。组织“山海相连——五省三市重点高中联盟”学生开展为期 2 天的湖南研学活动。

加强爱国主义教育，筑牢民族团结基石。通过“结对子”等方式，点亮学生学习之路；通过老中青三代思政教师讲“开学第一课”、观看革命影片、收看新闻联播等活动，培育学生成长之心。举办唐诗宋词里的秋韵、节日文化习俗漫谈、登高赏菊忆重阳等传统文化传承活动。选派 15 名教师参加庆祝新中国成立 70 周年活动“不忘初心”方阵游行。

（霍静华）

北京市第十八中学

2019 年，北京市第十八中学教育集团分五址办学，分别为方庄校区、左安门校区、西马校区、附属实验小学和附属实验小学彩虹分校。5 个校区总占地面积 8.55 万平方米，建筑面积 6.04 万平方米，运动场地面积 3.67 万平方米。图书馆（室）藏书 20.14 万册，电子图书 41.68 万册。固定资产总值 2.19 亿元，全年教育经费投入 1.21 亿元。学校信息化经费投入 112 万元，拥有计算机 480 台，网络多媒体教室 65 个，校园网出口总带宽 200Mbps，数字资源量 6000GB，“信息技术”课程 2 课时 / 周。教职工 378 人，包括高级职称 109 人、中级职称 112 人。专任教师 331 人，包括特级教师 8 人、北京市骨干教师 4 人、北京市学科教学带头人 1 人；本科以上学历 358 人。开设教学班 101 个（小学 32 个、初中 45 个、高中 24 个）。毕业 599 人（小学 69 人、初中 350 人、高中 180 人）；招生 782 人（小学 120 人、初中 400 人、高中 262 人）；在校生 2429 人（小学 706 人、初中 1123 人、高中 600 人），包括寄宿生 310 人，外省市借读生 158 人。高中录取分数线 521 分（丰台区），应届高考本科上线率 80%。学校有社团 41 个。

2019 年，学校将教师教育信息化能力提升作为年度工作重点。按照国家教师信息技术应用能力 2.0 标准要求，开展骨干教师信息技术应用能力培训，推动教师教育信息技术应用能力从 1.0 向 2.0 提升。学校成为北京市第一个中小学教师人工智能培训基地；作为全国唯一中小学参展单位，参加国际人工智能教育大会；举办“5G + MR”全息物理名师公开课，组织北京、上海、青岛、成都四地名校名师共上一节课；学校被评为市教委机器人创客教育基地学校。对口帮扶青海玉树州，开展教育信息技术支教活动，采取课例研究、说课、学科备课等形式，组织线上教研交流活动 6 次，涉及小学语文、数学、科学、美术等学科；组织线上优质课共享活动 8 次，共享 9 节课程；通过网络共享物理和化学 2 个学科全部实验操作资料。

（管杰）

北京市第九中学分校

2019 年，北京市第九中学分校占地面积 3.19 万平方米，校舍建筑面积 1.45 万平方米，运动场地面积 1.20 万平方米。图书馆（室）藏书 3.61 万册，电子图书 6.10 万册。固定资产总值 10967 万元，全年教育经费投入 4766 万元。学校信息化经费投入 3.94 万元，拥有计算机 656 台，网络多媒体教室 34 个，校园网出口总带宽 100Mbps，数字资源量 329GB，“信息技术”课程 1 课时 / 周。教职工 128 人，包括高级职称 37 人、中级职称 37 人。专任教师 91 人，包括北京市骨干教师 2 人；本科以上学历 126 人。开设教学班 28 个。毕业 260 人、招生 405 人、在校生 1017 人，包括韩国留学生 1 人，随班就读生 3 人。

2019 年，学校以创建全国文明城区为目标，以立德树人为根本任务，以学生为中心，加强师德建设，建设文明校园。

建设优质社团，培育全面发展的学生。啦啦操队获北京市体育传统项目学校健美操比赛初中组——FIG 有氧踏板第一名、2019—2020 年全国啦啦操联赛清华大学站公开少年乙组集体技巧初级（1 级）自选第一名。科技社团 13 人获全国青少年人工智能创新展示交流活动现场编程项目一、二、三等奖，包括一等奖 3 人。打造品牌项目——明星闪亮活动，评选优秀个人和集体奖项 18 个、“最美九中之星”28 人。

发挥优质教育资源引领辐射作用。3 次承办区级教研活动，分别为全区语文文言文教学研讨活动、“构建有效学习过程 全面培养英语学科素养”英语区级教学研讨活动和初三体育教学观摩与研讨之排球专题教研活动；举办“关注学生心理健康，促进学生健康成长”学生心理健康教育区级展示交流活动；承办《团队教研创新 专业能力提升》市级数学研讨会，义务教育学校管理标准化建设石景山区第二、三批学校工作推进会和石景山区生命教育专题研讨会。依据市、区有关精神，继续对内蒙古宁城县汐子中学、湖北竹山县茂华中学、河北雄安县昝岗镇中学实施对口帮扶，通过校际合作交流，助力教育均衡发展。

完成庆祝新中国成立 70 周年活动服务保障工作。选派 8 名教师、56 名师生分别参与群众游行和联欢活动。学校作为参与国庆联欢活动的唯一市属中学，被评为“北京市筹备和服务保障中华人民共和国成立 70 周年庆祝活动先进集体”。

（杨明）

北京市京源学校

2019 年，北京市京源学校分四址办学，分别为幼儿部七星园校区、幼儿部融景城校区、小学部校区和中学部校区。4 个校区总占地面积 5.51 万平方米，校舍建筑面积 4.69 万平方米，运动场地面积 2.03 万平方米。图书馆藏书 11.60 万册，电子图书 5 万册。固定资产总值 3.11 亿元，全年教育经费投入 1.24 亿元。学校信息化经费投入 27 万元，拥有计算机 621 台，网络多媒体教室 140 个，校园网出口总带宽 100Mbps，数字资源量 12000GB，“信息技术”课程 2 课时 / 周。教职工 307 人，包括高级职称 82 人、中级职称 107 人。专任教师 255 人，包括特级教师 2 人、北京市骨干教师 4 人、北京市学科教学带头人 1 人；本科以上学历 285 人。开设教学班 79 个（幼儿部 18 个、小学 26 个、初中 22 个、高中 13 个）。毕业 631 人（幼儿部 94 人、小学 181 人、初中 226 人、高中 130 人）；招生 808 人（幼儿部 191 人、小学 175 人、初中 313 人、高中 129 人）；在校生 2556 人（幼儿部 438 人、小学 965 人、初中 817 人、高中 336 人），包括寄宿生 82 人，随班就读生 4 人。高中录取分数线 543 分（石景山区），应届高考本科上线率 100%。

2019 年，学校中、小、幼整体协调发展，在德育、课

12 月 9 日，京源学校举办 2019 北京市京源学校“绚丽芳华”京剧专场演出（京源学校 供）

程改革、科技教育等多个方面获得认可。学校获评京城百所特色校。

坚持活动育人。举办美育体系建设研讨会、“我和我的祖国”系列教育活动、翱翔特别论坛、京昆艺术团专场演出等活动，展示学校发展成果。

加强教育交流合作。举办中芬澳三国教师基础教育研讨会。与芬兰梅恩泰—维尔普拉市教育局签订《北京市京源学校与芬兰维尔普拉中学缔结姊妹校友好关系意向书》。接待友好学校澳大利亚中央海岸文法学校、台北市私立静心高级中学师生代表团到校交流访问，接待“香港中小学校长领导研习班”校长代表到校参观考察，接待新疆喀什市第二十八中学 11 名干部教师到校交流访问、跟岗学习。

（董冉）

人大附中石景山学校

2019 年 9 月 2 日，人大附中石景山学校举行开学典礼暨揭牌仪式。学校占地面积 6.03 万平方米，校舍建筑面积 5.29 万平方米，运动场地面积 1.88 万平方米。图书馆（室）藏书 3.58 万册，电子图书 1.18 万册。固定资产总值 12391 万元，全年教育经费投入 4095 万元。学校信息化经费投入 281.15 万元，拥有计算机 764 台，网络多媒体教室 129 个，校园网出口总带宽 1024Mbps，数字资源量 12TB，“信息技术”课程 2 课时 / 周。教职工 115 人，包括高级职称 4 人、中级职称 23 人。专任教师 103 人，本科以上学历 115 人。开设教学班 35 个（小学 17 个、初中 9 个、高中 9 个）。毕业 326 人（初中 165 人、高中 161 人）；招生 338 人（小学 173 人、初中 115 人、高中 50 人）；在校生 1058 人（小学 598 人、初中 272 人、高中 188 人），包括寄宿生 83 人，随班就读生 3 人。高中录取分数线 454 分（西城区），应届高考本科上线率 98.8%。

2019 年 7 月 21 日，石景山区教委与人大附中西山学校签订合作办学协议，由中国人民大学附属中学冠名，人大附中西山学校承办，成立“人大附中石景山学校”，并以人大附中石景山学校为龙头成立教育集团，带动石景山西部地区教育发展。学校秉承人大附中办学理念，融汇人大附中西山学校“深耕内涵，融合创新”办学方略，与人大附中和人大附中联合学校其他成员校在教师培训、教师备课、学生的学习内容和考试内容等方面实现资源共享。

学校以“植根传统，放眼国际，创造未来”为办学理念，以创建一所涵养个性、激发潜能、奠基幸福的未来学校为办学目标，通过建设“1 对 1 数字化未来学习”、中外融合课程、“中国心”系列课程、“国际理解”系列课程、综合实践课程、PBL 项目式学习等特色课程，培养复合型人才。举办系列学科特色活动，包括“中国字、中国心”硬笔书法大赛，英语才艺展示，“雪地里的小精灵”语文、数学、英语学科融合教学活动等。组织初中、高中学生分别到中国科学技术馆和李宁中国青少年体育培训基地开展社会大课堂综合实践活动，开阔学生视野。

（张妍）

12 月 16 日，人大附中石景山学校组织一年级学生在雪地里学习数学　（人大附中石景山学校　供）

北京理工大学附属中学

2019 年，北京理工大学附属中学校本部（包括本校、小学部、东校区、南校区 4 个校区）占地面积 7.70 万平方米，建筑面积 7.86 万平方米，体育场面积 2.95 万平方米。图书馆藏书 20.49 万册。固定资产总值 2.93 亿元，全年教育经费投入 2.24 亿元。学校信息化经费投入 305.85 万元，拥有计算机 1000 台，网络多媒体教室 126 个，校园网出口总带宽 500Mbps，数字资源量 17TB，“信息技术”课程小学三年级至六年级 1 课时 / 周、初中一年级至二年级 1 课时 / 周、高一年级 1.5 课时 / 周。教职工 407 人，包括高级职称 147 人、中级职称 166 人。专任教师 366 人，包括特级教师 14 人、北京市骨干教师 9 人、北京市学科教学带头人 2 人；本科以上学历 390 人。开设教学班 123 个（小学 27 个、初中 59 个、高中 37 个）。毕业 987 人（小学 105 人、初中 501 人、高中 381 人）；招生 1446 人（小学 214 人、初中 817 人、高中 415 人）；在校生 4514 人（小学 1036 人、初中 2231 人、高中 1247 人）。高中录取分数线 526 分（海淀区），应届高考本科上线率 100%。

2019 年，北理工附中教育集团采取“一体化发展，一贯制教育”办学模式，全方位提升集团整体办学品质。继续承办北京理工大学附属小学，采取“纵向统筹协调，横向自主创新”管理方式，实现集团优质教育资源共享。

五育并举，全面育人。德育工作坚持传承与创新相结合，以“发现教育”为引领，创设全员德育育人环境；引领学生规划人生、发展学业、成长心理，提高综合素养。从生涯、学业和生活 3 个方面入手，发掘学校、大学、网络和家长资源，建立学校、家庭、高校和企业联动机制。学校被教育部认定为全国冰雪运动特色学校，冰壶队获北京市冰壶锦标赛混双项目金牌。推进科技、艺术特色教育。无线电测向队获全国青少年无线电测向锦标赛少年男子团体第一名，单片机所获全国青少年电子信息与智能控制创新实践展示活动团体一等奖，建模所 6 人获全国青少年建筑模型总决赛一等奖。金帆乐团作为“中华杯”中国第 13 届优秀管乐团队（行进）展演示范乐团参加展演并获金奖；承办北京理工大学附属中学教育集团非遗教育作品展，选送师生非遗作品 300 件参加展览，涉及马勺脸谱、陶艺、扎染等项目。

完成庆祝新中国成立 70 周年活动服务保障工作。金帆乐团 77 名学生、2 名教师、1 名志愿者教师承担“同心追梦”方阵情景式表演任务；8 名青年教师承担“圆梦奥运”方阵表演任务，另有 7 名替补教师参与暑期训练。

（文伟　王雳　彭警）

北京市第十九中学

2019 年，北京市第十九中学分三址办学，分别为万泉庄校区、阳春光华校区和闵庄校区。3 个校区总占地面积 9.91 万平方米，建筑面积 8.55 万平方米，体育场（馆）面积 6.37 万平方米。图书馆（室）藏书 5.66 万册，电子图书 1.10 万册。固定资产总值 2863 万元，全年教育经费投入 12973 万元。学校信息化经费投入 153 万元，拥有计算机 1282 台，网络多媒体教室 115 个，校园网出口总带宽 220Mbps，数字资源量 150GB，“信息技术”课程初中 1 课时 / 周、高中 2 课时 / 周。教职工 225 人，包括高级职称 94 人、中级职称 88 人。专任教师 192 人，包括返聘特级教师 4 人、北京市骨干教师 4 人、北京市学科教学带头人 1 人；本科以上学历 221 人。开设教学班 62 个（初中 38 个、高中 23 个、国际部 1 个）。毕业 590 人（初中 331 人、高中 255 人、国际部 4 人）；招生 887 人（初中 600 人、高中 285 人、国际部 2 人）；在校生 2370 人（初中 1526 人、高中 834 人、国际部 10 人），包括国际部寄宿生 10 人，随班就读生 17 人，外省市借读生 428 人。高中录取分数线 495 分（海淀区），应届高考本科上线率 93.97%（理科 97.01%、文科 86.15%）。

2019 年，学校坚持落实“建设优质理想学校”办学目标和“为孩子幸福人生奠基”育人目标，深化教育综合改革。推动规划落实，完成东校区综合楼回收，推进西校区回收谈判工作，加强一贯制学校建设，建成“十九中附属幼儿园”。完善培元德育课程体系建设，在各学科推行基于学情的教学设计，积极心理形成“四体系”和“五平台”大格局。

加强对口帮扶和交流合作。根据“中国好老师”对口帮扶项目、京蒙扶贫协作工作实施方案、京冀对接帮扶协议以及海淀区与丹江口市合作帮扶协议的要求，推进对口帮扶工作。通过参观学习、座谈交流、教师结对、示范引领、外出送教等方式，开展帮扶交流活动 22 次。举办“中国好老师”项目教学专题论坛和德育论坛 4 次，28 名教师作专题演讲。举办教科研年会，邀请 2 名专家作专题讲座。举办“培元 · 守正 · 创新——新品牌学校建设现场展示”活动，展示项目建设成果。分别接待香港、台湾师生交流团到校参观访问，展示学校艺术教育成果及传统文化课程。与湖北丹江口市思源学校签订为期 3 年的友好合作协议。

完成庆祝新中国成立 70 周年活动服务保障工作。学校行进艺术团打击乐声部和旗舞声部师生 39 人参加“同心追梦”方阵游行，学校被评为庆祝活动“同心追梦”情境式表演三方阵先进集体。

（江翠红）

清华大学附属中学

2019 年，清华大学附属中学分三址办学，分别为校本部、奥林匹克森林公园校区和将台路校区。校本部占地面积 7.88 万平方米，校舍建筑面积 9 万平方米，运动场地面积 1.80 万平方米。图书馆（室）藏书 13.91 万册。固定资产总值 1.32 亿元，全年教育经费投入 3.19 亿元。学校信息化经费投入 490 万元，拥有计算机 1200 台，网络多媒体教室 162 个，校园网出口总带宽 400Mbps，数字资源量 24TB，“信息技术”课程初一和初二年级 1 课时 / 周、高一年级 2 课时 / 周。教职工 411 人，包括高级职称 115 人、中级职称 86 人。专任教师 275 人，包括特级教师 24 人、北京市骨干教师 14 人、北京市学科教学带头人 2 人；本科以上学历 372 人。开设教学班 95 个（初中 49 个、高中 46 个）。毕业 1082 人（初中 507 人、高中 575 人）；招生 1263 人（初中 663 人、高中 600 人）；在校生 3603 人（初中 1833 人、高中 1770 人），包括寄宿生 438 人，外省市借读生 96 人。高中录取分数线 553 分（海淀区），应届高考本科上线率 100%。校本部有社团 73 个。

2019 年，学校以继续落实“清华附中十三五规划”为目标，以“为领袖人才奠基”为使命。积极应对中高考改革，明确改革方向，调整教学策略，与教育部装备司共同举办“互联网＋教育”聚焦新中高考改革背景下走班制教育教学研讨交流活动；邀请专家作新中考政策及新高考背景下的招生政策的解读报告等。

6 月 5 日至 9 日，清华附中师生赴四川凉山彝族自治州开展支教助学活动——课后交流（清华附中 供）

发挥优质教育资源引领辐射作用。举办 2019 教育大数据高峰论坛、承办国家教育行政学院 2 期全国各地市教育局长研修班及全国基础教育改革动态先修班。清华附中学生综合素质评价系统在北京、贵州、青海等地投入使用。建立完整的 STEM 课程体系，进行 STEM 课程标准研究，形成理论指导篇《STEM 课程的概念、能力和方法》和研发实践指导篇《STEM 课程的设计、开发与实施》。在京内外开办广华、合肥学校，帮扶雄县、大兴、常熟等地筹办学校并已开学。承担边远地区、贫困地区支教活动，帮扶新疆麦盖提县开展第四批骨干教师培训项目，实施“中华英才培养计划”，组织一体化学校进行“微公益梦起航”支教活动等。

注重体育、艺术、科技人才培养。男子、女子篮球队双获北京市中小学生篮球冠军赛暨耐克高中篮球联赛冠军。在 2019 年全国中学生田径锦标赛中，获 7 金 5 银 2 铜，同时获得初中组团体总分第一名、初中女子团体冠军、高中男子团体亚军。金帆民乐团举办《金帆颂祖国情——清华附中金帆民乐团庆祝新中国建国周年系列音乐会》。

完成庆祝新中国成立 70 周年活动服务保障工作。高 19 级混声合唱团参加《奋斗吧 中华儿女》演出；36 名师生参加“同心追梦”方阵游行。

（王殿军）

北京市十一学校

2019 年，北京市十一学校占地面积 15.60 万平方米，建筑面积 16 万平方米，体育场（馆）面积 3.96 万平方米。图书馆藏书 15 万册。固定资产总值 7.75 亿元，全年教育经费投入 3.78 亿元。学校信息化经费投 500 万元，拥有计算机 3532 台，网络多媒体教室 357 个，校园网出口总带宽 820Mbps，“信息技术”课程 2 课时 / 周。教职工 629 人，包括高级职称 196 人、中级职称 135 人。专任教师 541 人，包括特级教师 26 人、北京市骨干教师 10 人、北京市学科教学带头人 3 人；本科以上学历 612 人。开设教学班 2001 个。毕业 1614 人（初中 675 人、高中 939 人）；招生 1639 人（初中 864 人、高中 775 人）；在校生 4980 人（初中 2308 人、高中 2672 人）。高中录取分数线 550 分（海淀区），应届高考本科上线率 100%。

2019 年，北京十一联盟总校启动中国芯 K—12 课程研究，各学科围绕“解析课程标准、设计核心任务、研发工具资源”等方面开展工作。继续深化课程改革，围绕核心素养、学生需求和未来发展，增强课程选择性和适切度，成立作业研究中心，减轻学生负担，增加作业实效。

培养全面发展的学生。4 名学生参加的中国代表队（共 5 人），在第三届机器人全球挑战赛中，跻身十二强并获张衡设计金奖。学校冰球队获北京市校际冰球联赛初中组冠军、海淀区校际冰球联赛冠军、中国中学生冰球联赛冠军和全国冰雪运动会冰球比赛冠军。

加强硬件设施建设。在学生公寓设置健身房，体育馆增设储物柜，开辟演讲练习空间，建造弥漫式博物馆，教学楼安装公共直饮水设备，建设在线课堂，开设心理减压室，增加公共区域彩色打印机数量。

完成庆祝新中国成立 70 周年活动服务保障工作。8 名教师参加“圆梦奥运”方阵游行。加强爱国主义教育，组织“海陆空致敬祖国”机器人方阵献礼祖国、“穿在身上的校服记忆”等系列专题活动。

（聂璐）

中国人民大学附属中学

2019 年，中国人民大学附属中学占地面积 9.72 万平方米，建筑面积 11.53 万平方米，体育场（馆）面积 2.54 万平方米。图书馆藏书 17.05 万册，电子图书 6.10 万册。固定资产总值 4.31 亿元，全年教育经费投入 3.88 亿元。学校信息化经费投入 409.27 万元，拥有计算机 2045 台，校园网出口总带宽 850Mbps，数字资源量 49TB，“信息技术”

课程 1 课时 / 周。教职工 547 人，包括高级职称 276 人、中级职称 205 人。专任教师 459 人，包括特级教师 20 人、北京市骨干教师 16 人、北京市学科教学带头人 4 人；本科以上学历 530 人。开设教学班 146 个（初中 57 个、高中 89 个）。毕业 2120 人（初中 810 人、高中 1310 人）；招生 1787 人（初中 751 人、高中 1036 人）；在校生 5258 人（初中 2165 人、高中 3093 人）。高中录取分数线 558 分（海淀区），应届高考本科上线率 100%。新增人大附中昌平学校、人大附中石景山学校、人大附中拉萨幸福学校（筹）、陕西延安中学（筹）4 所成员校，承办或协办成员校增至 28 所。

2019 年，学校以爱国主义教育为主旋律，举办“我和我的祖国”系列活动，培养学生爱国情怀。推动非遗课程进校园，新开设茶道和以故宫为主题的传统文化课程。

推进素质教育。优化课程设计，外语类课程在原有英语、法语、德语、日语、意大利语、韩语、西班牙语等基础上，发展“一带一路”沿线小语种课程，组织开展“一带一路”多彩文化之旅。构建“人工智能＋ X”中学人工智能课程体系，开设机器人、数据挖掘、计算机视觉等相关课程 20 余门。从面向全体学生的普及教育，到面向部分学生的选修课程，从专业人工智能算法到跨学科实践应用，再到深入动手研究，形成金字塔式横向跨学科纵向分层次的中小学“STEAM ＋人工智能教育”课程体系。

学生在五大学科竞赛全国决赛中获得金牌 17 枚、银牌 9 枚、铜牌 2 枚，省级赛区一等奖 110 个；国际比赛中，获第 50 届国际物理奥林匹克竞赛（IPHO）金牌、第 60 届国际数学奥林匹克竞赛（IMO）金牌、第 20 届亚洲物理奥林匹克竞赛（APHO）金牌、第 32 届国际青年物理学家竞赛（IYPT）金牌各 1 枚，第 17 届国际语言学奥林匹克竞赛（IOL）银牌 1 枚。学校 2 支队伍在第六届全国青少年电子信息智能创新大赛总决赛中，获得高中组工程赛一等奖和初中组工程赛二等奖。学生研究项目“基于北斗卫星的垃圾回收及运输优化系统”“基于北斗卫星＋互联网大熊猫放归保护生态旅游系统的构想与设计”分获第十届“北斗杯”全国青少年科技创新大赛全国总决赛中学组一、二等奖。

（孙江波　杨春燕　李作林）

北京市第二十中学

2019 年，北京市第二十中学占地面积 7.22 万平方米，建筑面积 4.71 万平方米，体育场（馆）面积 2.70 万平方米。图书馆（室）藏书 9.03 万册。固定资产总值 2.09 亿元，全年教育经费投入 1.42 亿元。学校信息化经费投入 220 万元，拥有计算机 500 台，网络多媒体教室 81 个，校园网出口总带宽 250Mbps，数字资源量 300GB，“信息技术”课程 1.5 课时 / 周。教职工 294 人，包括高级职称 109 人、中级职称 69 人。专任教师 281 人，包括特级教师 3 人、北京市骨干教师 1 人；本科以上学历 294 人。开设教学班 78 个（初中 48 个、高中 30 个）。毕业 738 人（初中 430 人、高中 308 人）；招生 1119 人（初中 775 人、高中 344 人）；在校生 2911 人（初中 1904 人、高中 1007 人），包括寄宿生 247 人。高中录取分数线 508 分（海淀区），应届高考本科上线率 98%。

2019 年，学校以“德育为首，全面发展，追求一流，办有特色”为办学指导思想，坚持立德树人，推进教学改革，促进学生多元发展。承办北京市首都特色普通高中课改实施项目市级实验学校工作会、首届新高考与课堂教学方式变革教育论坛、海淀区第二届校园中医药文化节等活动。

全面育人。构建“345 模式”艺术课程体系，形成联动课堂教学、课外活动、艺术实践 3 种教育领域，跨越音乐、美术、舞蹈、戏剧 4 个艺术门类，形成 5 个艺术社团。科技教育注重内涵建设，探索“以质量求发展，以特色促发展，以创新谋发展”可持续发展之路，与中国科技馆、航天员培训中心、IBM 公司、金山公司等单位长期合作，为学生开展科学实践搭建平台。作为北京市田径体育传统项目学校，在高中年级开设篮球、足球、武术等 7 门选修课程，成立街舞社、篮球社、足球社等学生社团。学校被教育部评选为“2019 年全国青少年冰雪特色学校”“2019 年全国青少年篮球特色学校”“全国冰雪教育奥林匹克示范校”。承办北京市 2019 年学生金奥运动队田径运动会，连续 21

6 月 27 日，二十中承办海淀区第二届校园中医药文化节
（二十中　供）

次获海淀区中学生田径运动会 8 个团体总分第一名。与北京体育大学建立“教体融合，合作育人”模式，加挂“北京体育大学附属中学”牌子。

完善五彩课程体系。形成以育人目标为支撑，分层级、多领域、立体化、全方位为特征的“三层级、五领域”（简称 3L5F）五彩课程体系。开展高中学生研学旅行活动，开发山东、河南、湖北等 8 条研学线路。创新国际教育，推进“国际修学课程体系”研究与实践，搭建国际礼仪课程、国际接待课程、国际修学课程 3 级国际教育课程构架，开设意大利人文科学（历史、艺术）考察、南非自然科学（生物、地理）考察、英国文化（物理、文学）考察、俄罗斯文化（化学、史政）考察等课程。推进“法国大学科技学院联盟免高考直升项目”建设，“法国大学科技学院联盟国际生精英入学项目”第一批 18 名学员分别被法国 7 所大学录取。

（贺正东）

9 月 19 日至 10 月 17 日，首师大附中举办第九届读书节
（首师大附中 供）

首都师范大学附属中学

2019 年，首都师范大学附属中学占地面积 3.42 万平方米，建筑面积 4.80 万平方米，运动场地面积 1.08 万平方米。图书馆藏书 12 万册，电子图书 1.70 万册。固定资产总值 1.70 亿元，全年教育经费投入 2.36 亿元。学校信息化经费投入 1598 万元，拥有计算机 1073 台，网络多媒体教室 120 个，校园网出口总带宽 200Mbps，数字资源量 50TB，“信息技术”课程 2 课时 / 周。教职工 402 人，包括高级职称 131 人、中级职称 98 人。专任教师 323 人，包括特级教师 10 人、北京市骨干教师 10 人、北京市学科教学带头人 2 人；本科以上学历 322 人。开设教学班 99 个（初中 39 个、高中 60 个）。毕业 1076 人（初中 309 人、高中 767 人）；招生 1195 人（初中 650 人、高中 545 人）；在校生 3877 人（初中 1630 人、高中 2247 人），包括寄宿生 333 人，外省市借读生 137 人。高中统招录取分数线 546 分（海淀区），应届高考本科上线率 100%。学校有社团 48 个。

2019 年，学校坚守“正志笃行、成德达才”教育理念，培养正志笃行、成德达才、胸怀天下、报效祖国的创新人才。深化“四三二一”教育教学综合改革，以四修课程体系为基础，实行三维管理体制和双导师制相结合，围绕两项育人原则，最终实现让每名学生成德达才目标。学校被认定为首批“全国优秀师德实践与创新基地”；在海淀区第四批中学学科教研基地评估认定中，英语、化学、历史、政治、信息技术、体育与健康 6 个学科被认定为海淀区中学学科教研基地。2 名教师分获“全国模范教师”“全国优秀教师”称号。

落实“立德树人”根本任务，全面发展素质教育。四修课程体系将“全面发展”与“学有特长”相统一。推进书香校园工程建设，将整个校园变成一座没有围墙的“街区制图书馆”，实现时时可阅读、处处可阅读、人人可阅读。重视创客教育，以青牛创客空间为平台倡导先进理念。支持信息学、机器人等科技社团发展，学校被认定为北京市金鹏科技团。坚持活动育人，开展“一二 · 九”远足纪念活动，组织高一年级学生以班级为单位徒步 18 公里到达北京植物园“一二 · 九”纪念亭，该项活动作为学校传统特色爱国主义教育活动，已连续开展 34 年。

完成庆祝新中国成立 70 周年活动服务保障工作。39 名学生和 1 名教师参加“同心追梦”方阵游行，2 名教师作为志愿者参与活动后勤保障工作。

（范广宁　邓晨）

北京大学附属中学

2019 年，北京大学附属中学占地面积 5.16 万平方米，建筑面积 4.86 万平方米，操场面积 1.20 万平方米，体育馆一期及教学北楼面积 3.75 万平方米。图书馆藏书 10 万册，电子图书与北大图书馆共享。固定资产总值 3892 万元，全年教育经费投入 24784 万元。学校拥有笔记本电脑 441 台、台式机 567 台、平板电脑 227 台，网络多媒体教室 199 个，校园网出口总带宽 1.2Gbps，数字资源量 2TB，“信息技术”课程 2 课时 / 周。教职工 358 人，包括高级职称 123 人、中级职称 113 人。专任教师 303 人，包括特级教师 7 人、北京市骨干教师 6 人、北京市学科教学带头人 1 人；

本科以上学历 346 人。开设教学班 238 个（初中 41 个、高中 197 个）。毕业 816 人（初中 224 人、高中 592 人）；招生 825 人（初中 290 人、高中 535 人）；在校生 2530 人（初中 950 人、高中 1580 人）。高中录取分数线 540 分（海淀区），应届高考本科上线率 100%。

2019 年，学校坚持德育为先、育人为本，促进学生全面发展，推进课程改革。运动与健康教育中心、视觉与表演艺术中心、信息与通用技术中心转型升级为“俱乐部＋教练”模式，成为以项目制为引领的艺体技俱乐部，将传统意义上的“课堂”转变为“俱乐部”，通过“激烈的比赛”“现场的演出”“真实的项目”打造团队，服装设计俱乐部学生获 2019 北京市中小学生技术设计创意大赛服装再造项目团体一等奖。改善教学环境，启动东南角房屋拆除工作及田径场体育馆二期建设项目。

推进教育交流合作，发挥优质教育资源引领辐射作用。承接国家体育总局运动员培养项目，引进美国蒙特沃德高中篮球队青训体系，探索体教融合新模式，首批招收初一、初二年级学生 12 人。与腾讯教育创想中心签订战略合作协议，双方将共同在校内设立腾讯编程教学实验室。承办的北大附中西三旗学校开学，首批开设 9 个教学班，招收学生 273 人；承办的民办中学——北京市北达资源中学更名为北大附中实验学校并重建，举办者由北京大学资源集团变更为北大资产经营有限公司。

（赵彦芳）

北京市八一学校

2019 年，北京市八一学校分五址办学，分别为本部、北校区、小学部、附属玉泉中学和保定分校区。本部、北校区和小学部 3 个校区总占地面积 14.80 万平方米，校舍建筑面积 10.74 万平方米，运动场地面积 2.57 万平方米。图书馆（室）藏书 42.66 万册，电子图书 0.40 万册。固定资产总值 4.37 亿元，全年教育经费投入 2.38 亿元。学校信息化经费投入 300 万元，拥有计算机 2461 台，网络多媒体教室 238 个，校园网出口总带宽 500Mbps，数字资源量 10000GB，“信息技术”课程 1.5 课时 / 周。教职工 430 人，包括高级职称 156 人、中级职称 168 人。专任教师 362 人，包括特级教师 6 人、北京市骨干教师 11 人、北京市学科教学带头人 2 人；本科以上学历 411 人。开设教学班 136 个（小学 50 个、初中 48 个、高中 38 个）。毕业 1104 人（小学 230 人、初中 449 人、高中 425 人）；招生 1575 人（小学 431 人、初中 658 人、高中 486 人）；在校生 5251 人（小学 1957 人、初中 1891 人、高中 1403 人），包括随班就读生 6 人。高中录取分数线 538 分（海淀区）。

2019 年，学校基于“面向 2035，创建世界一流科技高中”战略规划，推进各项工作。

课程改革。构建跨学科及学科融合课程体系。基于项目式课程，开展自主开发和资源校本化教研；基于专家系统支持，组织学科教与学方式变革教研；基于教师资源整合，实践跨校际的课程开发、教学、教研。组建辩论课程（语文、政治）、思想力课程（政治）、模拟政协课程（政治）、数学建模课程（数学、物理、化学、生物、信息技术）、学术力课程（14 个学科 8 个领域）、设计思维课程（多学科）、未来太空城市课程（物理、信息技术）等课程项目组。

教师队伍。以分级逐层落实、基于研究的教师成长共同体 2 条主线共同推进，组建基于研究的研究成长共同体，包括基于蓝思分级阅读的教学改进、高端备课教学改进、学习科学素养提升、项目式课程开发等项目组。借助专家支持、资源整合、信息技术等，构建教师成长生态系统。充分解读、试用、实施执行《八一学校教师、行政人员绩效考核量化评价及教师荣誉体系》，强调教师考核体系的引导性。

基础设施建设。初三模块房建成并投入使用，为初三年级学生迁入本部打下基础。完成北校区教室和学生活动场所改造。小学部彩和坊校区改扩建工程开工。

完成庆祝新中国成立 70 周年活动服务保障工作。89 名学生和 3 名教师代表参加“同心追梦”方阵情景式表演。金帆合唱团学生 60 人参加文艺晚会《奋斗吧 中华儿女》演出。

（左秋洁　张萍萍）

北京市第一〇一中学

2019 年，北京市第一〇一中学分三址办学，分别为圆明园校区、双榆树校区和温泉校区。圆明园校区占地面积 21.10 万平方米，建筑面积 6.01 万平方米，运动场地面积 4.16 万平方米。图书馆（室）藏书 13.48 万册，电子图书 6 万册。固定资产总值 2.89 亿元，全年教育经费投入 2.95 亿元。学校信息化经费投入 1620 万元，拥有计算机 2471 台，网络多媒体教室 144 个，校园网出口总带宽 210Mbps，“信息技术”课程 2 课时 / 周。教职工 447 人，包括高级职称 187 人、中级职称 156 人。专任教师 320 人，包括特级教师 13 人、北京市骨干教师 17 人、北京市学科教学带头人 2 人；本科以上学历 443 人。开设教学班 127 个（初中 76 个、高中 51 个）。毕业 1284 人（初中 615 人、高中 669 人）；招生 1812 人（初中 1163 人、高中 649 人）；在校生 4686 人（初中 2865 人、高中 1821 人），包括寄宿生 845 人，外省市借读生 381 人。高中统招录取分数线 550 分（海淀区），应届高考本科上线率 100%。圆明园校区有社团 80 个。

2019 年，一〇一中教育集团坚持落实立德树人办学目标和培养未来卓越担当人才育人目标，促进各校区优质均衡发展。

推进“智慧校园”建设。打造智能个性化学习平台应用场景，推进智慧化教学平台建设，研究集团化办学条件下的信息化建设，加快建设新课程体系下软件管理服务平台。完成“六大中心”管理框架改革，整合成立学校发展中心、教师发展中心、学生发展中心、课程教学中心、国际教育中心、后勤保障中心，推进集团治理“六个一体化”。

7月，三家店铁路中学举办“门头沟区少年儿童体育竞技项目——足球科普铁中夏令营”（三家店铁路中学 供）

优化师资队伍，新增正高级教师2人。探索“智慧·生态”教学模式，引进高端教育技术，辅助学生学习。举办首届教育教学年会，探讨未来教育发展。

落实社会主义核心价值观教育，培养学生责任与担当意识。学校成为北京市大中小幼一体化德育研究基地校。完善生涯教育课程体系，深化学校科普教育。成立“英才学院”具体执行与高校联合培养计划，启动与高校联合育人模式创新实验，与同济大学签订“苗圃计划”合作协议、与北京理工大学合作建设创新实践基地。培养科技特长生及科技创新拔尖人才，学生参加第39届北京青少年科技创新大赛获一等奖5个、二等奖3个。发展冰雪项目，学校被评为全国冰雪运动特色校、北京2022年冬奥会和冬残奥会奥林匹克教育示范学校。

（康文中）

北京市三家店铁路中学

2019年，北京市三家店铁路中学占地面积2.30万平方米，校舍建筑面积1.17万平方米，运动场地面积0.97万平方米。图书馆（室）藏书1.87万册。固定资产总值4228万元，全年教育经费投入4765万元。学校信息化经费投入61万元，拥有计算机386台，网络多媒体教室20个，校园网出口总带宽1000Mbps，“信息技术”课程2课时/周。教职工80人，包括高级职称20人、中级职称37人。专任教师65人，包括特级教师1人；本科以上学历72人。开设教学班20个（小学12个、初中8个）。毕业74人（小学37人、初中37人）；招生117人（小学74人、初中43人）；在校生579人（小学415人、初中164人），包括寄宿生51人。

2019年，学校围绕“打造教育精品区”构想，结合学校“三穌”育人理念，丰富办学模式，提升育人质量。

打造学校特色。推进校园足球特色校建设，引进高端教练、开展各级比赛、加强足球文化交流，学校被评为“全国青少年足球特色学校”。挖掘教师资源，借力北京市航模协会，深入开展航模教育；加强基地建设，承办2019年“京津冀”航空模型邀请赛暨北京市青少年航空模型比赛，发挥区域优质资源引领辐射作用。

加强教师队伍建设。举行“三穌杯”课堂教学比赛；针对薄弱学科，探索多渠道多方式教学；打造生态课堂、有效常态课堂，助力课堂教学改革；围绕“提高课堂教学效益”中心，为青年教师搭建成长平台，开设青年教师成长课；推动以“教学与学习方式的转变”为主题的研究课建设。

（李挚）

北京市房山区良乡第二中学

2019年，北京市房山区良乡第二中学占地面积3.25万平方米，校舍建筑面积1.70万平方米，运动场地面积1.60万平方米。图书馆（室）藏书4.77万册。固定资产总值5423.44万元，全年教育经费投入7191.48万元。学校信息化经费投入8.30万元，拥有计算机420台，网络多媒体教室62个，校园网出口总带宽100Mbps，数字资源量150GB，“信息技术”课程1课时/周。教职工181人，包括高级职称65人、中级职称68人。专任教师147人，包括北京市骨干教师2人；本科以上学历177人。开设教学班36个。毕业341人、招生495人、在校生1397人，包括随班就读生5人。

2019年，学校着力提升教师教育教学专业能力，打造德艺双馨品位教师。继续完善《良乡二中校本研修三年发展规划》，找准教师发展实际需求，立足教研组建设，在课程设计与开发、教师专业素养提升、信息化技术培训、教育教学观念变革、新中考命题的研究与实践等方面，通过专家讲座、专题培训、校际交流、联合教研、课例研究、外出学习、参与区域大数据实验项目、基本功大赛等多种渠道和方式，实现教师专业素养提升。

培育和践行社会主义核心价值观，落实养成教育三年规划。以实施“梧桐文化”为核心，围绕“五掌握、五具有”开展德育工作。构建德育框架，将科技节、艺术节、体育节、读书节“四个节”打造成学校品牌活动。

开启集团化办学模式，成立良乡二中教育集团。集团有良乡二中、北京市房山区大宁学校、北京市房山区石窝中学、北京市房山区南尚乐中学、北京市房山区张坊中学、北京市房山区晨曦中学 6 所成员校。

（王皓）

北京市房山区长沟中学

2019 年，北京市房山区长沟中学占地面积 65407 平方米，建筑面积 19722 平方米，运动场地面积 1824 平方米。图书馆（室）藏书 1.68 万册。固定资产总值 7621.98 万元，全年教育经费投入 3075.47 万元。学校信息化经费投入 25.98 万元，拥有计算机 460 台，网络多媒体教室 4 个，校园网出口总带宽 50Mbps，数字资源量 60GB，“信息技术”课程 1 课时 / 周。教职工 64 人，包括高级职称 22 人、中级职称 28 人。专任教师 62 人，本科以上学历 62 人。开设初中教学班 12 个。毕业 105 人、招生 133 人、在校生 363 人。

2019 年，学校坚持科学质量观和整体育人观，以促进内涵发展为目标，全面提升学生综合素养。深化“毓秀教育”文化体系，优化“毓秀课程”。实现安全领域工作从小到大，由弱变强发展历程。文化立校，特色育人，走城乡一体化之路。与中央工艺美术学院附属中学续签合作协议，有效期 3 年，在文化课程建设、课堂教学、校本研训、美术教育、学生社团建设、学生活动 6 个领域接受帮扶。打造美术教育特色项目，确定绘画、欣赏、设计 3 门课为美术基础课，以“素描”“速写”“国画”“书法”“陶艺”“装饰画”作为具体课程实施。

（穆美佳）

北京市通州区运河中学

2019 年，北京市通州区运河中学分两址办学，分别为东校区和西校区。2 个校区总占地面积 10.60 万平方米，建筑面积 7.69 万平方米，东校区体育场面积 4.41 万平方米。图书馆藏书 8.44 万册。固定资产总值 1.42 亿元，全年教育经费投入 1.39 亿元。学校信息化经费投入 268 万元，拥有计算机 1386 台，网络多媒体教室 139 个，校园网出口总带宽 2750Mbps，数字资源量 5500GB，“信息技术”课程 1 课时 / 周。教职工 335 人，包括高级职称 110 人、中级职称 86 人。专任教师 287 人，包括特级教师 4 人、北京市骨干教师 8 人、北京市学科教学带头人 2 人；本科以上学历 331 人。开设教学班 68 个（初中 32 个、高中 36 个）。毕业 817 人（初中 196 人、高中 621 人）；招生 943 人（初中 543 人、高中 400 人）；在校生 2594 人（初中 1189 人、高中 1405 人），包括寄宿生 769 人。高中录取分数线统招 491 分、校额到校 518 分（通州区）。

2019 年，学校注重培养“品学兼优、全面发展、学有特长、体魄强健、阳光心态、品行儒雅”的中学生。

发挥教师创造力，促进教师专业发展。举办“新芽杯教学竞赛”“名师大讲堂”等教育教学活动，“成立通州区‘运河计划’领军人才运河中学工作室”。学校被评为“北京市中小学教师教育基地校”、通州区实践育人“彩虹计划”实践教育基地。五育并举，培养和谐发展的学生。满足学生个性化学习需求，开设机器人、书法绘画、篆刻等各类艺术、体育、科技类实践课程，开展传统文化进校园活动，分批组织高中学生到外地研学，让学生们在玩中学、研中学，定期开展成果展示交流活动。为学生多元发展搭建平台。开设全学科阅读 ASR、知识产权进校园、生涯规划、中华篆刻、运河民间美术等特色校本课程及 140 余项研究性学习项目。

对口支援，管理一体化，集团化办学。与内蒙古奈曼旗东明中学和奈曼旗第一中学建立对口支援合作关系，先后 2 次选派 8 名骨干教师、特级教师赴内蒙古交流和指导教学。7 月，学校西校区开始招收初一新生，东、西两校区实行一体化管理，2 个校区初中教育教学同步并逐步尝试、实践初中一体化管理。8 月 29 日，运河中学附属小学落成并揭牌。学校将在小升初、初升高上进行探索实践，开展联合培养和贯通培养。

（刘凌）

北京市通州区潞河中学

2019 年，北京市通州区潞河中学占地面积 17.06 万平方米，建筑面积 10.02 万平方米，运动场地面积 2 万平方米。图书馆藏书 15.30 万册，包括电子图书 2.80 万册。固定资产总值 2.90 亿元，全年教育经费投入 1.90 亿元。学校信息化经费投入 100 万元，拥有计算机 2600 台，网络多媒体教室 78 个，校园网出口总带宽 700Mbps，数字资源量 2500GB，“信息技术”课程初中 1 课时 / 周、高中 2 课时 / 周。教职工 383 人，包括高级职称 170 人、中级职称 134 人。专任教师 310 人，包括特级教师 11 人、北京市骨干教师 16 人、北京市学科教学带头人 6 人；本科以上学历 370 人。开设教学班 78 个（初中 30 个、高中 48 个）。毕业 897 人（初中 286 人、高中 611 人）；招生 1183 人（初中 432 人、高中 751 人）；在校生 2996 人（初中 1170 人、高中 1826 人），包括寄宿生 961 人，随班就读生 1 人。高中录取分数线 520 分（通州区统招），应届高考本科上线率 96%。

2019 年，学校在城市副中心高速建设背景下，汇聚各方智慧、凝结各方力量，发挥潞河优质教育影响力。着力提升教育教学质量，组织实施初高中课程改革，落实招考制度改革。初、高中部各年级结合学生特点落实新课程要求，把科学的质量观落实到教育教学全过程。围绕选课走班模式下的教学改进，科学指导学生选课和学习。做好创新人才培养实验项目。与高校、优质资源单位合作，满足资优学生个性化和多样化发展需求。命名“辛德惠班”，与前期命名的“钱学森班”一同开展教育教学改革实验，探索人才培养新模式。依托“金鹏天文团”“翱翔计划”“创客教育”“斯坦福创新实验室”等项目开展创新人才培养，加大学科竞赛及培优课程培养力度。

（刘晓蕾）

北京市通州区永乐店中学

2019年，北京市通州区永乐店中学占地面积13.10万平方米，校舍建筑面积8.76万平方米，运动场地面积2.95万平方米。图书馆藏书8.39万册，电子图书10万册。固定资产总值1.34亿元，全年教育经费投入1.55亿元。学校信息化经费投入285万元，拥有计算机947台，网络多媒体教室135个，校园网出口总带宽1000Mbps，数字资源量1000GB，“信息技术”课程1课时/周。教职工296人，包括高级职称100人、中级职称70人。专任教师227人，包括特级教师2人、北京市骨干教师5人；本科以上学历292人。开设教学班46个（初中12个、高中34个）。毕业610人（初中91人、高中519人）；招生347人（初中155人、高中192人）；在校生1689人（初中403人、高中1286人），包括寄宿生1420人，随班就读生1人。高中录取分数线499分（通州区），应届高考本科上线率73.8%。

2019年，学校秉承“规范管理、制度治校”办学特色和“艰苦奋斗、自强不息、开拓创新、不甘人后”永中精神。

规划发展，文化引领。新建分子生物学室、植物组培室、室内生物园区、物理探究演示实验室、音乐教室、数码互动实验室、冰雪馆等专业教室和场馆，开放科技教室、体育馆、游泳馆等场所，满足学生个性化学习需要，为学生搭建多元发展平台。

打造专业化教师团队，促进教师专业发展。引入友善用脑教学理念和“138”课堂教学范式。为新入职教师创建“五四青年培训班”模式。对于初级、中级和高级教师分别制订“青蓝”“超越”和“卓越”工程，建立4个名师、4个特级教师发展团队，将教研组和备课组打造成学术型、科研型团队组织。学校入选北京市中小学教师教育基地校。以课题提高课堂实效，推动师资队伍建设。创建以责任教育为核心理念的基础类、拓展类、发展类三级体系课程26门，依托游泳、冰雪、养殖等41个学生社团分类推进课程建设。引入“友善用脑”课题，全年课题立项40项。

打造特色化、多元化、个性化发展平台。举办中华传统经典吟咏艺术节、希望之星英文风彩大赛、戏剧大赛、科技节、文体节等活动，通过特色课程、特色课堂、国际国内研学等形式，推进中华传统文化教育。发挥优质教育资源引领辐射作用。主导与河北省三河市第一中学、天津市城关中学组成的京津冀基础教育协同发展共同体，推进京津冀基础教育协同发展。与新加坡国际学校泰国曼谷校区、韩国首尔市九老区互派师生交流。组织学生到加拿大、美国等国家和江南、陕北等地研学，内引外联，联手打造振兴副中心农村教育新高地。

（蒋金凤）

北京中加学校

2019年，北京中加学校占地面积7.19万平方米，建筑面积3.65万平方米，运动场地面积1.93万平方米。图书馆藏书4.23万册，电子图书0.50万册。固定资产总值1102万元，全年教育经费投入3400万元。学校信息化经费投入80万元，拥有计算机392台，网络多媒体教室55个，校园网出口总带宽1250Mbps，数字资源量13GB，“信息技术”课程4课时/周。教职工110人，包括高级职称5人、中级职称14人。专任教师42人，外籍教师18人，本科以上学历42人。开设高中教学班12个。毕业125人、招生78人、在校生259人，全部为寄宿生。高中录取分数线430分（通州区）。

2019年，学校以“双一流”（一流的国内课程和一流的国际课程）建设为目标，发展校本课程特色，在国家课程必修课基础上，开设学业规划类、学科拓展类、传统文化类、发展指导类、社会生活类、身心健康类、兴趣爱好类、双语理科类8类校本课程供学生选修。

提高国际课程教学质量。推进AP课程（针对“美国大学预修课程考试”开设

10月31日，永乐店中学冰雪课程开课

（永乐店中学 供）

的授课辅导）与国际竞赛课程的各项工作。召开 AP 课程教师培训会，完成 AP 手册、AP 校本教材编写；组织开展具有国际认证水平的课程及活动，包括爱丁堡公爵国际奖、加拿大法律讲座、各学科国际竞赛等。加强国际交流，拓宽学生视野，组织学生参加 2019 北京创梦模拟联合国春季会议、2019 美国大学理事会中国年会、加拿大国际冬令营等交流活动。

加强爱国主义教育。举办庆祝中华人民共和国成立 70 周年系列活动。组织高三年级全体师生参加“尊崇英雄烈士，厚植家国情怀”抗日战争纪念活动；组织党员、申请入党人员到“白乙化烈士纪念馆”缅怀革命先烈；组织全体师生参与长沙研学;高中组举办“铭记历史，永怀爱国情”大合唱比赛。

适应多样化社会需求，培养学生兴趣特长。组织学生志愿者参加百名摄影师聚焦新中国70年首发式志愿者服务，号召学生参加第 21 届北京希望马拉松活动，募集到的善款全部用于资助贫困癌症患者和癌症防治研究事业。推进个人发展咨询中心建设，举办“面向全体学生、关注个体差异、助力个人成长”主题研讨会，介绍中心建设初衷及服务学生的宗旨。组织 18 名学生参加 2019 北京创梦模拟联合国春季会议。在北京市第二届中小学生技术创意设计展示活动中，学生剪纸作品《红楼梦》获一等奖、烫画作品《清明上河图》获三等奖。

（王莉）

北京市第四中学顺义分校

2019 年，北京市第四中学顺义分校占地面积 12.12 万平方米，建筑面积 4.38 万平方米，运动场地面积 2.94 万平方米。图书馆藏书 7.37 万册。固定资产总值 1.02 亿元，全年教育经费投入 1.04 亿元。学校信息化经费投入 15 万元，拥有计算机 508 台，网络多媒体教室 72 个，校园网出口总带宽 100Mbps，数字资源量 320GB，“信息技术”课程 1 课时 / 周。教职工 247 人，包括高级职称 92 人、中级职称 93 人。专任教师 182 人，包括特级教师 1 人、北京市骨干教师 4 人、北京市学科教学带头人 1 人；本科以上学历 239 人。开设教学班 50 个（初中 26 个、高中 24 个）。毕业 600 人（初中 322 人、高中 278 人）；招生 600 人（初中 320 人、高中 280 人）；在校生 1786 人（初中 954 人、高中 832 人），包括寄宿生 980 人，外省市借读生 156 人。高中录取分数线 450 分（顺义区）。学校有社团 42 个。

2019 年，学校从深化课程共享，实现总校名师到分校授课，分校学生到总校留学，分校学生选修课程；共享人力资源，总校名师到分校指导教研、授课、讲座；分享智力资源，总校管理者通过部门研讨、分校视导、共同教研等形式助力分校干部教师成长；分享平台资源，分校教师参加西城区教研活动，参与总校高端论坛和国际活动；传承文化资源，分校与总校在教育理念上一脉相承，复制四中优秀文化基因，构建“和润”特色文化 5 个方面与北京市第四中学深化合作。学校被评为“首都文明校园”。

探索教改新路。面对选考、走班教学和新中高考改革等重大教改命题，从学生生涯规划课程做起，引导学生适应选考和走班教学新模式。在适应新中高考改革上，创新教学模式，打造行政班和课程班并举模式，必考科目坚持行政班教学、选考科目实行走班教学，通过资源统筹、教师挖潜、引进总校和社会教育资源，开齐开足国家课程。

深化“和润育人”特色文化和课程体系建设。开展劳动模范进校园、优秀家风故事展播、美丽校园我来拍等活动。课程建设上，坚持“突出点—连成线—织成网—铺成面—立起架—形成体—大起来”建设思路，实现科学架构。初中围绕“一带一路”“端午情思”任务群链接各科；高中突出社团建设与社会出口相结合，助力学生全面发展。全年开设校本课程 80 余门。

（周雪斌）

北京市顺义牛栏山第一中学

2019 年，北京市顺义牛栏山第一中学占地面积 18.17 万平方米，校舍建筑面积 12.34 万平方米，运动场地面积 5.65 万平方米。图书馆（室）藏书 13 万册，电子图书 9 万册。固定资产总值 1.40 亿元，全年教育经费投入 1.82 亿元。学校信息化经费投入 112 万元，拥有计算机 1289 台，网络多媒体教室 112 个，校园网出口总带宽 1120Mbps，数字资源量 960GB，“信息技术”课程 1 课时 / 周。教职工 375 人，包括高级职称 150 人、中级职称 138 人。专任教师 269 人，包括特级教师 9 人、北京市骨干教师 12 人、北京市学科教学带头人 3 人；本科以上学历 359 人。开设教学班 53 个（初中 2 个、高中 51 个）。毕业 792 人（初中 89 人、高中 703 人）；招生 974 人（初中 90 人、高中 884 人）；在校生 2363 人（初中 90 人、高中 2273 人），包括寄宿生 2347 人，随班就读生 2 人。高中录取分数线 513 分（顺义区）。应届高考本科上线率 98%。学校有社团 22 个。

2019 年，学校课程设计以“自觉＋”教育理念为出发点，构建“四自五育”课程体系，实现教师网络课程发布，学生网络选课、抢课机制，促进学生德、智、体、美、劳全面发展。变革学习方式，探索基于问题、真实情境的多学科整合项目式学习、小组合作学习。开设涵盖语文、地理、历史、政治、美术 5 个学科的人文综合课，打破学科、年级、课时、教材限制，实现学生从知识走向智慧的课堂教学目标。

坚持立德树人，培养学生树立正确的国家观、历史观、民族观、文化观。以“立志、尚学、求实、创新”校训为核心，结合中国传统节日对学生进行传统文化教育，增强学生文化自信；通过“亚洲文明对话”等重大活动内容宣讲，让学生领略多元文化，增强学生民族自信；在“宪法日”“国家安全日”开展爱国、法治、安全教育。组织学生走进社区开展公益活动、到祥云小镇开展《我和我的祖国》快闪活动并进行文明礼仪宣传，组织学生为西藏地区学生捐书；构建协同育人机制，面向家长开展“春晖讲堂”活动，促进学校、学生和家长之间的沟通。

着力建设创新型教师团队。校党委开展“自觉牛中人”“元圣先锋”品牌创建活动，通过党员带动，打造学术型大学科组制团队和自主发展型教师团队。通过举办学术年会、青年教师评优课、优秀教师示范课等活动，创设教师自主发展平台，为教师成长提供支撑。5 名教师获北京市中小学第二届“京教杯”青年教师基本功展示一等奖。

4 月 30 日，牛栏山一中举办首届教育教学学术年会——青年教师授课展示　　（牛栏山一中　供）

（许坤）

北京市顺义区杨镇第一中学

2019 年，北京市顺义区杨镇第一中学占地面积 26.68 万平方米，校舍建筑面积 12 万平方米，运动场地面积 4.79 万平方米。图书馆（室）藏书 11.60 万册，电子图书 10 万册。固定资产总值 1.51 亿元，全年教育经费投入 2.17 亿元。学校信息化经费投入 60 万元，拥有计算机 534 台，网络多媒体教室 72 个，校园网出口总带宽 260Mbps，数字资源量 2000GB，“信息技术”课程 2 课时 / 周。教职工 402 人，包括高级职称 177 人、中级职称 155 人。专任教师 273 人，包括特级教师 3 人、北京市骨干教师 8 人、北京市学科教学带头人 2 人；本科以上学历 398 人。开设高中教学班 55 个。毕业 768 人、招生 472 人、在校生 1970 人，包括寄宿生 1785 人，随班就读生 1 人。高中录取分数线 483 分（顺义区），应届高考本科上线率 90.2%。学校有社团 13 个。

2019 年，学校依法治校，提升管理水平。建立学校章程，制订发展规划，完善学校各项规章制度。形成内控机制，借助行家、专家智慧和力量，明确合同审订、印章使用、政府采购等要求，做到制度约束、流程规范。用法治思维处理纠纷，聘请专业法律顾问，协助处理教职工意外伤害、外聘人员劳资纠纷、合同法律效用等问题。学校获评北京市综合实践活动课程实施特色学校、2019 年北京市中小学校园影视工作先进单位。

立德树人。课程建设以“重品德，尚人文，促进人格成长”为核心，加强学科教学德育渗透与引领，通过精准推送服务、校园职业招聘会、校园庙会实践、学生微公益等活动，培养有理想、有责任、有担当、有情怀的新时代青年。发挥北京市民族团结示范校引领作用，新疆籍学生与非新疆籍学生同班、混住，共同参加“共度中国年”“民族一家亲”等活动。

提高办学质量。以高考改革为契机，探索课堂教学改革。确定以学生为中心，形成“设问、解问、追问、新问”四问课堂教学主线，教学过程呈现“与自己对话、与他人对话、与客观世界对话”的对话型课堂教学样式，明确“有知识、有方法、有生活、有意义”好课标准。

打造“健体、健美、健魄”体育品牌特色。以群体活动、课堂改革、竞技体育为载体，开展“走下网络、走出宿舍、走向操场”校园足球推广主题系列活动，举办以“新兴项目走进校园，区级研究引领课堂”为主题的顺义区高中体育与健康学科区级研究观摩活动。

（李洪峰）

北京市顺义区第一中学

2019 年，北京市顺义区第一中学占地面积 66000 平方米，建筑面积 50212 平方米，体育场（馆）面积 4250 平方米。图书馆（室）藏书 12.10 万册。固定资产总值 1.30 亿元，全年教育经费投入 1.29 亿元。学校信息化经费投入 40 万元，拥有计算机 530 台，网络多媒体教室 54 个，校园网出口总带宽 1170Mbps，数字资源量 9.77TB，“信息技术”课程 1 课时 / 周。教职工 288 人，包括高级职称 119 人、中级职称 106 人。专任教师 230 人，包括特级教师 7 人、北京市骨干教师 6 人；本科以上学历 283 人。开设教学班 45 个（初中 2 个、高中 43 个）。毕业 529 人（全部为高中生）；招生 662 人（初中 43 人、高中 619 人）；在校生 1682 人（初中 43 人、高中 1639 人），包括寄宿生 1231 人。高中录取分数线 487 分（顺义区），应届高考本科上线率 91.7%。学校有社团 14 个。

2019 年，学校坚持立德树人根本任务，聚焦生态文明教育，探索生态型课程和生态型课堂，推进生态校园建设。将背诵社会主义核心价值观纳入升旗仪式，高标准开展“不忘初心，牢记使命”主题教育。被评为全国生态文明教育百强学校、全国绿色教育创新学校。

推进生态课程建设。开展“红色湖湘行”“西北文化行”“生态科考行”等游学课程，举办走进国家大剧院、名人故居等微游学活动。校本选修精品课程《雷雨》受邀参加西城区学校戏剧联盟演出。全年作校级展示课 11 节、青年教师考评课 11 节、区级研究课 34 节、市级研究课 33 节、国家级同课异构课 3 节。7 名教师的优秀课例被编入《以学生为本的教学设计（高中卷）》。

加强学生培养。首届“1 + 3”项目试验班招生，配备骨干教师团队，实行小班化教学，进行个性化培养，实现初高中课程有机融通，构建“1 + 3”培养特色课程体系。引进中科院优质资源，创新开展系列综合实践活动，提升学生核心素养。1 名学生在中华人民共和国第二届青年运动会中获男子标枪、铁饼 2 块金牌，成为标枪、铁饼“双一级”运动员。赛艇队获全国中学生赛艇锦标赛最佳团队配合奖、全国青少年赛艇俱乐部联赛混合团体高中组 500 米四人双桨有舵手项目第一名。

（陈惠明　李学园）

北京市昌平区第一中学

2019 年，北京市昌平区第一中学占地面积 6.74 万平方米，校舍建筑面积 5.10 万平方米，运动场地面积 3.56 万平方米。图书馆藏书 12.50 万册，电子图书 2 万册。固定资产总值 1.39 亿元，全年教育经费投入 1.22 亿元。学校信息化经费投入 102 万元，拥有计算机 640 台，网络多媒体教室 94 个，校园网出口总带宽 1000Mbps，“信息技术”课程 1 课时 / 周。教职工 303 人，包括高级职称 118 人、中级职称 72 人。专任教师 234 人，包括特级教师 6 人、北京市骨干教师 11 人、北京市学科教学带头人 3 人；本科以上学历 287 人。开设教学班 73 个（小学 4 个、初中 36 个、高中 33 个）。毕业 679 人（初中 293 人、高中 386 人）；招生 977 人（小学 120 人、初中 400 人、高中 457 人）；在校生 2567 人（小学 120 人、初中 1201 人、高中 1246 人），包括寄宿生 445 人（初中 65 人、高中 380 人），随班就读生 5 人。高中录取分数线 498 分（昌平区），应届高考本科上线率 99.48%。

2019 年，学校打造昌平一中教育品牌，创建“三生两思”集团德育教学课程体系，探索一中特色 STEAM 课程、贯通课程、项目课程实施。作为北京市中小学教师教育培养基地校，扩大名师数量。推进“虚拟学校”项目、“PAD 教学”项目，完成网络环境下、PAD 支持下的“两思课堂”教学模式优化。推进创新人才培养项目，加强与高校、科研院所的合作，落实科创培优项目。

拓宽多元育人途径，科学规划与整合学生社团课程、生涯指导课程、“视界”讲堂公共选修课程，构建德育课程体系。加强平安校园建设，关注青少年身心健康工作、落实安全健康管理制度，做到安全教育常态化。推进初高中学生综合素质评价工作，综合素质评价电子平台信息录入及时、准确、高质量。发挥传统校特色校优势，积极发现培养体育、艺术人才，借助全国、市、区级比赛契机，为学生全面多元发展搭建平台。学校获评北京 2022 年冬奥会和冬残奥会奥林匹克教育示范学校。

（刘靖）

北京市昌平区第二中学

2019 年，北京市昌平区第二中学占地面积 8.20 万平方米，建筑面积 6.84 万平方米，体育场（馆）面积 3.69 万平方米。图书馆（室）藏书 13.90 万册，电子图书 4.41 万册。固定资产总值 1.20 亿元，全年教育经费投入 1.53 亿元。学校信息化经费投入 89 万元，拥有计算机 1346 台，网络多媒体教室 129 个，校园网出口总带宽 1000Mbps，数字资源量 620GB，“信息技术”课程 2 课时 / 周。教职工 386 人，包括高级职称 136 人、中级职称 114 人。专任教师 319 人，包括特级教师 8 人、北京市骨干教师 6 人；本科以上学历 366 人。开设教学班 90 个。毕业 892 人、招生 1535 人、在校生 3354 人。

2019 年，学校重视制度建设，打造书香校园。开展艺术节、戏剧节、体育节、诗朗诵等活动。各年级研学、社会大课堂实践活动课程化、系列化。开展班主任大讲堂、班主任主题教案设计评比、班主任主题教育演讲比赛等活动，促进班主任综合素质提升。承担市、区级课题 12 项，承办北京市“任务群与新高考视角下的文言文教学”研讨会。学校被评为北京市青少年“拔尖”科技后备人才培养基地。

培养全面发展的学生。金帆民乐团代表北京市参加全国第六届中小学生艺术展演活动获金奖。民乐团、舞蹈团参加北京市第 22 届学生艺术节集体项目比赛获金奖，管乐团获银奖。舞蹈团代表昌平区参加北京市第二届礼让斑马线专项行动广场舞比赛活动获金奖。学校田径队参加市级、国家级比赛，获 8 金 11 银 5 铜，3 名运动员达到国家二级运动员标准。足球队 5 人达到国家二级运动员标准。健美操队多次获全国、市级一等奖。

（秦卫红）

北京市昌平区第三中学

2019 年，北京市昌平区第三中学占地面积 4.32 万平方米，校舍建筑面积 1.69 万平方米，运动场地面积 1.62 万平方米。图书馆（室）藏书 4.22 万册，电子图书 10 万册。固定资产总值 3122 万元，全年教育经费投入 4519 万元。学校信息化经费投入 76.59 万元，拥有计算机 473 台，网络多媒体教室 47 个，校园网出口总带宽 1000Mbps，数字资源量500GB,"信息技术"课程1课时/周。教职工135人,包括高级职称33人、中级职称38人。专任教师94人,包括特级教师1人、北京市骨干教师3人;本科以上学历94人。开设教学班19个(初中11个、高中8个)。毕业164人(初中77人、高中87人);招生85人(全部为初中生);在校生425人(初中245人、高中180人),包括寄宿生115人,随班就读生2人。应届高考本科上线率93.8%。学校有社团15个。8月,昌平三中并入昌平一中教育集团,更名为昌平一中教育集团西关校区,办学性质不变。

2019年,学校坚持立德树人、活动育人,推动特色发展。党支部每月组织党纪一小时学习;借助"学习强国"平台,开展学习竞赛;组织党员参与志愿服务活动;举办党员讲"示范课"活动;召开党员师德事迹宣讲会;在"不忘初心、牢记使命"主题教育中,开好"三会一课",成立学习小组交流研讨,评选学习之星;开展民主评议党员活动,评选优秀党员。

推进教学研究。教师上市、区级研究课22节;组织传统文化成果展示、与国防防务学院外籍学生文化交流等活动;学校领导班子坚持周一听评课制度,全年听课56节。加入昌平一中教育集团后,围绕"三生两思"课程理念,开展培训及教学实践探索。致力于建设"三生"德育课程,确定德育课程主题——"看最好的别人,做最好的自己",每月开展系列主题活动。成立学生自律委员会、校园文明礼仪岗。开设"促进成长"德育课程,召开"随手清洁一平方"主题班会,组织志愿者认领校园绿植,表彰"守正好青年,致忠好榜样"。开展应急疏散演练、红十字救护知识培训、垃圾分类讲座和课外实践等活动,落实"关注生命"德育课程。"走班教学排课系统及管理""食堂排烟系统更新""消防报警系统维修更新及消防栓更新"3个市级专项项目完成并投入使用,提高学校对走班教学进行信息化、科学化管理的水平,完善学校消防安全防范设施,排除食堂消防隐患。

(魏爱红)

3月29日,昌平三中与社区团组织启动"金葵花"青少年手工课堂共建项目 (昌平三中 供)

北京市昌平实验中学

2019年,北京市昌平实验中学占地面积3.36万平方米,建筑面积1.98万平方米,体育场(馆)面积1.12万平方米。图书馆藏书6.54万册。固定资产总值5622万元,全年教育经费投入7206万元。学校信息化经费投入441万元,拥有计算机610台,网络多媒体教室68个,校园网出口总带宽1000Mbps,数字资源量600GB,"信息技术"课程1课时/周。教职工195人,包括高级职称69人、中级职称43人。专任教师156人,包括特级教师1人、北京市骨干教师4人、北京市学科教学带头人1人;本科以上学历187人。开设教学班51个(小学36个、初中3个、高中12个)。毕业204人(初中51人、高中153人);招生416人(小学264人、初中40人、高中112人);在校生1962人(小学1425人、初中104人、高中433人),包括寄宿生153人,外省市借读生523人。高中录取分数线475分(昌平区),应届高考本科上线率93.2%。

2019年,学校深化"自主诊断式"教学模式研究,梳理"学科走组式"课堂教学改革成果,推行积极心理取向的学生综合素质评价和学生发展指导。小学部依托"学科走组式教学试验"推进符合学校实际的生态课堂教学改革,开展学科"走组式"研究课、"十九大"进课堂、"习惯养成"研究课示范课、师徒同课异构活动,加强对课堂教学组织形式和课后学习指导与管理方法的研究。中学部深化课堂教学改革,开展"党的十九大精神进校园、进课堂、进师生头脑"主题教育活动,梳理走组式课堂教学成果并开展展示活动,加强教学常规管理,凸显学校"让诊断成为习惯"管理特色。

加强教师队伍建设。小学部注重教师自身素质提高,举办班主任沙龙培训、"没有爱就没有教育"主题演讲等活动,加强"全学科阅读素养培育""中医药文化进课堂""珠心算实验"等项目研究。中学部打造科技、体育、艺术、劳动优质教师队伍,加强对选修课、兴趣小组的管理和投入,加强"虚拟学校"项目管理及信息技术与学科整合研究力度,关注"互联网+混合式学习"方式研究。

关注学生素质教育。小学部建立以"学校教育为主导的家校合作机制",定期召开家长会;发挥学生干部参与管理作用,利用"红领巾先锋岗"宣传"美德少年";开设班级选修课、课外兴趣活动课、周末艺术课。中学部组织学生参加"故宫一日研学",举办研学成果汇报展示;开发符合学校实际的特色校本课程，加大对生涯指导课程、花钵大鼓课程、合唱课程的训练和投入力度。

（肖杰　袁子波）

北京市第十五中学南口学校

2019年，北京市第十五中学南口学校占地面积9.60万平方米，建筑面积3.23万平方米，运动场地面积1.74万平方米。图书馆藏书4.50万册，电子图书10万册。固定资产总值3641万元，全年教育经费投入5836万元。学校信息化经费投入240万元，拥有计算机456台，网络多媒体教室56个，校园网出口总带宽1000Mbps，数字资源量10TB，“信息技术”课程初中1课时/周、高中2课时/周。教职工155人，包括高级职称57人、中级职称47人。专任教师151人，包括北京市骨干教师2人；本科以上学历151人。开设教学班18个（初中12个、高中6个）。毕业163人（初中85人、高中78人）；招生237人（初中157人、高中80人）；在校生635人（初中398人、高中237人），包括寄宿生223人，随班就读生10人。高中录取分数线482分（昌平区）。

2019年，学校立德树人，以学生良好行为习惯养成为重点，开展系列爱国主义、集体主义、核心价值观等方面教育，通过初高中研学和游学、学校主题月活动、课堂主渠道等多种方式，培育学生良好政治素质、道德品质、法治意识和行为习惯。加强课程建设，创新安排综合性学习和开放型学习课程，深化“减负”工作，学科教研以“做中学”为主题，深化课堂教学改革，组织教师拓展、课例展示、专家指导、集中培训、学生展示等活动，提升学生核心素养。重视防震减灾工作，推动平安校园建设，采用“三级联动”机制，形成以领导小组统筹部署，德育、教学、后勤分工负责，班主任和学科教师具体实施模式。学校被中国地震局认定为国家防震减灾科普示范学校。打造机器人教育特色，通过开设科技类校本课程、组织科技类课外活动、开展科技社团和学科教学渗透科技教育等方式推进科技教育。学生获北京市第20届中小学师生电脑作品评选活动机器人竞赛机器人中鸣超级轨迹项目初中组冠军、第17届全国中小学信息技术创新与实践大赛智能餐饮机器人项目高中组冠军。

（程红玲）

北京市大兴区德茂学校

2019年1月，北京市大兴区旧宫镇第二中心小学与北京市大兴区德茂中学合并更名为北京市大兴区德茂学校。学校分三址办学，分别为东校区中学部、西校区小学部和北校区小学部。3个校区总占地面积4.84万平方米，建筑面积2.18万平方米，运动场地面积1.76万平方米。图书馆（室）藏书14万册。固定资产总值5663万元，全年教育经费投入5016万元。学校信息化经费投入26.26万元，拥有计算机904台，网络多媒体教室79个，校园网出口总带宽1000Mbps，数字资源量2100GB，“信息技术”课程1课时/周。教职工159人，包括高级职称42人、中级职称61人。专任教师153人，包括北京市骨干教师2人、北京市学科教学带头人1人；本科以上学历125人。开设教学班44个（小学30个、初中14个）。毕业288人（小学162人、初中126人）；招生343人（小学199人、初中144人）；在校生1482人（小学1047人、初中435人），包括寄宿生9人，外省市借读生451人。学校有社团22个。

2019年，学校推进教育教学改革和小初衔接课程研发。推进“五有四动七环节”（“五有”，即有自主探究、有学生展示、有质疑解疑、有生活链接、有学生评价；“四动”，即动脑、动情、动手、动口；“七环节”，即倡导课堂过程中设置导入、自学、交流、展示、反馈、提升、小结7个环节）课堂模式建设，探索课堂评价新举措，落实生态课堂。重视小初衔接，将六年级学生归入中学部校区，由中学、小学部教师共同执教。梳理课程体系，形成“情真”“致美”“学高”“德茂”4类课程。

推进养成教育。启动“悦读·阅美”阅读工程；举办活力文化节活动。学校金帆民乐团参加北京市第22届学生艺术节器乐展演首次获金奖；8月，金帆民乐团受邀参加英国爱丁堡音乐节。

6月27日，德茂学校金帆民乐团在北京音乐厅举办音乐会

（德茂学校　供）

组织师生到山西、陕西开展研学活动。

着力提高服务意识和服务品质。推行学生就餐制度改革，落实校长陪餐制。推行中小学部年级组长例会制，加强年级组长纽带作用。重新梳理学校新闻宣传工作，对宣传员进行专业培训，明确人员职责。成立“名师工作坊”，促进教师专业化发展。

（王喜燕）

北京亦庄实验中学

2019 年，北京亦庄实验中学占地面积 9.86 万平方米，建筑面积 11.78 万平方米，体育场（馆）面积 2.52 万平方米。图书馆（室）藏书 5.83 万册。固定资产总值 7382 万元，全年教育经费投入 8997 万元。学校信息化经费投入 989.57 万元，拥有计算机 701 台，网络多媒体教室 97 个，校园网出口总带宽 1000Mbps，数字资源量 300GB，“信息技术”课程 2 课时 / 周。教职工 155 人，包括高级职称 18 人、中级职称 12 人。专任教师 147 人，包括特级教师 1 人、北京市骨干教师 1 人；本科以上学历 147 人。开设教学班 57 个（初中 39 个、高中 18 个）。招生 445 人（初中 309 人、高中 136 人）；在校生 1231 人（初中 850 人、高中 381 人），包括寄宿生 728 人。高中录取分数线 532 分（大兴区），应届高考本科上线率 97%。学校有社团 78 个。

2019 年，学校完善标准化管理体系构建，建立以年级管理为主，其他各部门为年级服务扁平化、分布式组织架构。推进“基于标准的学习”教学改革，将国家课程校本化，构建分层、分类、综合、特需课程体系。编制各学科标准细目，同时确定课程分层标准，让课程标准成为教育教学依据，实现由教到学的转变。已开发学科课程 150 门、综合实践课程 34 门、职业考察课程 39 门、社团课程 43 门、游学课程 7 门，编制初中教学“资源包”51 套、高中 31 套，约 240 万字。将教师队伍建设作为学校发展关键要素，成立教师发展中心、互助中心，通过教育年会、教学沙龙、读书沙龙、名师讲堂、专题研修、线上分享、线下研讨等方式，为青年教师专业发展搭建平台。教学科研方面，新立项北京市课题 2 个、大兴区课题 9 个。

（赵亚）

12 月 23 日，亦庄实验中学举行“待定”技术节

（亦庄实验中学　供）

北京市大兴区第一中学

2019 年，北京市大兴区第一中学占地面积 6.20 万平方米，建筑面积 4.57 万平方米，体育场（馆）面积 0.76 万平方米。图书馆（室）藏书 12.63 万册。固定资产总值 16.49 亿元，全年教育经费投入 3.28 亿元。学校信息化维护经费投入 10 万元，拥有计算机 1040 台，网络多媒体教室 64 个，校园网出口总带宽 1500Mbps，数字资源量 2000GB，“信息技术”课程 1 课时 / 周。教职工 347 人，包括高级职称 135 人、中级职称 144 人。专任教师 267 人，包括特级教师 5 人、北京市骨干教师 4 人、北京市学科教学带头人 3 人。开设教学班 62 个（初中 20 个、高中 36 个、“1 + 3”试验班 6 个）。毕业 960 人（初中 391 人、高中 569 人）；招生 1011 人（初中 292 人、高中 719 人）；在校生 2692 人（初中 925 人、高中 1767 人），包括寄宿生 467 人，外省市借读生 58 人。高中录取分数线 498 分（大兴区），应届高考本科上线率 97.3%。

2019 年，学校全面加强党的领导，强化师德师风建设，开展各类文体活动，引导教职工发扬大兴一中“教师精神”，埋头苦干、担当奉献。推进课改，在高一物理、化学、生物 3 个学科实施分层走班教学，其他学科不走班、不分层。以提升教学质量为目标，开展“基于学习任务的课堂教学改进研究”和“基于教师专业发展的教师教学质量评价研究”，提高课堂教学质量，规范日常教学督导、教研活动。开展爱国主义教育，组织师生观看爱国电影、阅读红色书籍、表演红色剧目、演唱红色歌曲、讲述爱国故事，发挥课堂主阵地作用，让爱国主义教育入脑入心。学校获评大兴区师德建设先进集体、先进基层党组织。学校田径队以 7 金 5 银 3 铜成绩获全国中学生田径锦标赛金牌榜第一名；全国传统项目学校游泳比赛（海宁站）中，学生打破初中女子 200 米仰泳全国纪录夺冠。

（姜苗）

北京市大兴区兴华中学

2019 年，北京市大兴区兴华中学分两址办学，分别为高中部校区和仰山校区。2 个校区总占地面积 6.06 万平方米，建筑面积 4.80 万平方米，运动场地面积 1.80 万平方米。图书馆（室）藏书 10.40 万册。固定资产总值 1.09 亿元，全年教育经费投入 1.36 亿元。学校信息化经费投入 40 万元，拥有计算机 905 台，网络多媒体教室 72 个，校园网出口总带宽 1000Mbps，数字资源量 2046GB，“信息技术”课程 1 课时 / 周。教职工 352 人，包括高级职称 131 人、中级职称 161 人。专任教师 284 人，包括特级教师 1 人、北京市骨干教师 3 人；本科以上学历 284 人。开设教学班 65 个（小学 16 个、初中 13 个、高中 36 个）。毕业 631 人（小学 75 人、初中 105 人、高中 451 人）；招生 657 人（小学 139 人、初中 127 人、高中 391 人）；在校生 2614 人（小学 897 人、初中 464 人、高中 1253 人），包括寄宿生 584 人，外省市借读生 30 人。高中录取分数线 483 分，应届高考本科上线率 90.58%。学校有社团 15 个。

2019 年，学校坚持立德树人根本任务，自觉担当起“立己达人、筑梦兴华”教育使命，通过各类特色课程和教育教学活动，把学生培养成能够自省自律、友善乐群，具有家国情怀的人。完善特色育人工作体系，强化管理育人，构建管理“双螺旋”机制，实现学子“双贯通”养成，创新活动育人形式，实现学部贯通养成、校区贯通养成。打造“聚力·筑梦”党建品牌，开创“支部建在学部年级，党小组建在教研组”特色党建工作机制。以“不忘初心、牢记使命”主题教育活动为契机，打造教学综合改革项目 2.0 版，联合北京教育学院，启动“加强学科教学研究，提升教师综合素养”项目，以课堂改革、课程建设、活动品牌为载体，实现学生自主发展、贯通培养的育人目标。

五育并举，打造科技教育特色。作为北京市科技示范校，借助十二年一体发展和教师资源优势，打通学段、学科，融合开展活动。开展青少年科技创新系列活动。承办“2019 年首都科技创新成果推介——青少年科技创新活动暨北京市大兴区兴华中学第五届科技节”；举办“走近科技、筑梦未来”第五届科技节大型体验活动、“我的班级我做主，智能遥控班级花车秀”等活动。

（李晶）

北京市大兴区榆垡中学

2019 年，北京市大兴区榆垡中学占地面积 6.15 万平方米，建筑面积 3.55 万平方米，运动场地面积 1.92 万平方米。图书馆（室）藏书 4.68 万册。固定资产总值 7553 万元，全年教育经费投入 6587 万元。学校信息化经费投入 24 万元，拥有计算机 370 台，网络多媒体教室 63 个，校园网出口总带宽 1000Mbps，数字资源量 2TB，“信息技术”课程 2 课时 / 周。教职工 159 人，包括高级职称 56 人、中级职称 66 人。专任教师 111 人，包括北京市骨干教师 1 人；本科以上学历 151 人。开设初中教学班 21 个。毕业 187 人、招生 260 人、在校生 691 人，包括外省市借读生 35 人。学校有社团 18 个。

2019 年，学校落实立德树人根本任务，提升师生实际获得。坚持五育并举，举办艺术节、体育节、读书节等校园文化节，为学生全面发展、个性成长搭建平台。冰雪运动队 10 名运动员参加 2019 年大兴区中小学冬季运动会获得团体总分第一名。建构“行知 5 +”实践课程——京味文化系列、永定河文化系列、科技文化系列、历史文化系列、拓展文化系列。制订班主任培训计划，设计《班主任工作现状和需求调研问卷》，根据问卷结果安排班主任培训主题和内容。使用《榆垡中学养成教育家校联系手册》，开展系列家庭教育指导，发挥家委会作用，实现家校共育。注重安全卫生工作，开展安全、健康系列培训讲座，为学生健康成长保驾护航。研究制订《榆垡中学教育质量提升工作实施方案》，提出“以教研为抓手，以课堂为突破口，以改进教学方式、方法为重点，以质量提升为目标”工作思路，从外引、内升 2 个维度改进教学工作。外引方面，根据区教委“不忘初心、牢记使命”主题教育活动基层调研提出的意见建议，逐步梳理调整，转变教育观念，外聘特级教师或学科名师指导薄弱学科教学；内升方面，成立学科指导组，由教务主任任组长，成员包括校长、书记、教学干部、相关学科教研组长，为教师提供听课指导。开展“骨干教师课堂开放周”活动，发挥骨干教师示范、引领和辐射作用，推进学校“自主教育”办学实践。举办首届“自主杯”教育教学思想论坛，围绕“凝心聚力转型提升构建特色启航榆中”主题，以促进教师转变教学观念，让更多教师参与到课堂改革中。

（刘瑞金　王颖）

人大附中北京经济技术开发区学校

2019 年 1 月 15 日，北京市大兴区编办批复北京市第二中学亦庄学校更名为人大附中北京经济技术开发区学校。学校仍为大兴区教委所属公益一类科技事业单位，分两址办学，分别为本部和北校区。2 个校区总占地面积 11.74 万平方米，建筑面积 11.79 万平方米，体育场面积 2.47 万平方米，风雨操场建筑面积 1.31 万平方米。图书馆（室）藏书 10.07 万册。固定资产总值 1.35 亿元，全年教育经费投入 2.44 亿元。学校信息化经费投入 1200 万元，拥有计算机 1600 台，网络多媒体教室 208 个，校园网出口总带宽 400Mbps，数字资源量 450GB，“信息技术”课程 2 课时 / 周。教职工 587 人，包括高级职称 110 人、中级职称 135 人。专任教师 460 人，包括特级教师 16 人、北京市骨干教师 3 人、北京市学科教学带头人 1 人；本科以上学历 482 人。开设教学班 135 个（小学 80 个、初中 42 个、高中 13 个）。毕业 612 人（小学 360 人、初中 201 人、高中 51 人）；招生 1325 人（小学 638 人、初中 516 人、高中 171 人）；在校生 4667 人（小学 3110 人、初中 1237 人、高中 320 人），包括寄宿生 200 人，外省市借读生 1621 人。高中录取分数线 481 分（大兴区），应届高考本科上线率 96%。学校有社团 104 个。

2019 年，学校立德树人，五育并举。加强爱国主义教育，开展纪念“五四”运动 100 周年活动、庆祝中华人民共和国成立 70 周年系列活动。建设优质教师队伍，组织 200 余名教师参加由中国人民大学附属中学、中国人民大学附属中学联合学校总校、创新人才教育研究会联合举办的“2019 暑期教职员工岗位培训”。坚持培养全面发展的学生，承办全国青少年科普科幻教育大会、第七届北京市高中生演讲比赛决赛、第一届中芬教育论坛北京亦庄主题日活动等。与中国科学技术馆建立馆校合作关系，成为大兴区唯一“馆校结合基地校”。学校获第十届世界和平合唱节“金奖”和“最佳民族特色表演奖”、中国中学生跆拳道联赛总决赛暨 2020 年世界中学生运动会选拔赛团体总冠军、第八届全国全民健身操舞大赛总决赛特等奖等。

推进教育交流合作及对口帮扶工作。围绕开办“具有芬兰特色的、符合区域需求的国际化大教育”的发展目标，与芬兰凯撒卡里奥体育学院，以“体育＋教育”为主题，开展教育互学互研、冰雪特色教育交流、国际文化教育交流活动；与芬兰马克林尼高中签订“友好交流意向书”，与美国奥克伍德学校签订“友好校合作备忘录”。接待对口帮扶地区跟岗研修教师 26 人。

（侯萱　李雪）

北京市怀柔区第五中学

2019 年，北京市怀柔区第五中学占地面积 2.70 万平方米，校舍建筑面积 1.46 万平方米，运动场地面积 1.74 万平方米。图书馆（室）藏书 7.16 万册。固定资产总值 7725 万元，全年教育经费投入 7063 万元。学校信息化经费投入 341.70 万元，拥有计算机 932 台，网络多媒体教室 61 个，校园网出口总带宽 1000Mbps，数字资源量 2048GB，“信息技术”课程 1 课时 / 周。教职工 184 人，包括高级职称 62 人、中级职称 71 人。专任教师 138 人，包括特级教师 1 人、北京市骨干教师 3 人；本科以上学历 183 人。开设教学班 38 个。毕业 278 人、招生 398 人、在校生 1148 人，包括随班就读生 7 人。

2019 年，学校把立德提质、守正创新作为工作重点，全面践行社会主义核心价值观、全面提升教育教学质量。以教改促提质，注重教学常规过程监控和管理，教学过程各个环节形成制度性规定。完善“多彩校本课程”建设体系。学校承担的怀柔区首个市级楹联基地校建设工作进入楹联效果设计阶段。

完善德育体系。构建全员育人、全程育人德育体系，分年级渐次推进以“习惯、感恩、责任”为主题的德育工作。与学校科研特色建设相结合，推进德育科研工作。由北京市教育学会推荐、中国教育学会审核通过的国家级课题“基于互联网开展立德树人教育研究”立项。开通“百度智慧课堂”和“菁学网”2 个网络资源平台供教师试用。

打造多维科研特色。树立“问题即课题、教育即研究、成长即成果”思想，建立国家级、市级、区级、校级 4 级科研课题网络。拓展教育科研研究深度与参与广度，引导更多教师向学术型、专家型教师升华。3 个市级课题、9 个区级课题获批立项，6 个区级课题结题。

（赵录志）

12 月 17 日，怀柔五中开展“致慧”主题教育活动

（怀柔五中　供）

北京市怀柔区第一中学

2019 年，北京市怀柔区第一中学占地面积 5.65 万平方米，校舍建筑面积 3.37 万平方米，运动场地面积 2.77 万平方米。图书馆（室）藏书 10 万册，电子图书 6.40 万册。固定资产总值 2.27 亿元，全年教育经费投入 1.13 亿元。学校信息化经费投入 1237.72 万元，拥有计算机 950 台，网络多媒体教室 72 个，校园网出口总带宽 100Mbps，数字资源量 1405GB，“信息技术”课程 2 课时 / 周。教职工 254 人，包括高级职称 77 人、中级职称 69 人。专任教师 201 人，包括特级教师 2 人、北京市骨干教师 2 人、北京市学科教学带头人 2 人；本科以上学历 170 人。开设教学班 44 个（初中 2 个、高中 42 个）。毕业 543 人（初中 80 人、高中 463 人）；招生 638 人（初中 79 人、高

中 559 人）；在校生 1511 人（初中 79 人、高中 1432 人），包括寄宿生 550 人。高中录取分数线 499 分（怀柔区），应届高考本科上线率 97%。学校有社团 32 个。

2019 年，学校围绕质量提升，在海量阅读、课案教学、大教研组改革等方面做好规划和部署。成为中央财经大学和中国人民解放军战略支援部队航天工程大学“优秀生源基地”。推行课案教学法，要求每个年级、学科和每堂课都要使用课案教学。课案分为预习案、训练案和检测案，内容上包括每个章节的学习目标、基本问题等，同时配有随堂练习。推行大教研组制度。一个学科一个办公室，便于开展教研活动和备课活动。

推动海量阅读。在高一、高二年级和“1 + 3”项目班开展海量阅读工程，通过保障阅读时间、规范阅读内容、创设阅读环境、建立激励机制等措施，训练提高学生阅读能力。在保障阅读时间方面，保持晨读传统，拓展晨读内容，将每周四下午最后一节课作为全校强制阅读时间。在规范阅读内容方面，由各科教师定期推荐阅读书单，进行指定阅读，并与学生自由阅读相结合。在创设阅读环境方面，在每个班级建立阅读角，放置书架和图书，方便学生阅读。在激励机制方面，通过组织美文评比、演讲比赛、朗诵比赛等与读书相关的活动，激发学生阅读兴趣。

（宋维煜　韩晓阔）

北京市第一 0 一中学怀柔分校

2019 年，北京市第一 0 一中学怀柔分校占地面积 6.55 万平方米，建筑面积 4.84 万平方米，运动场地面积 2.40 万平方米。图书馆（室）藏书 6.07 万册。固定资产总值 23798 万元，全年教育经费投入 7690 万元。学校信息化经费投入 123.20 万元，拥有计算机 777 台，网络多媒体教室 69 个，校园网出口总带宽 1000Mbps，数字资源量 8900GB，“信息技术”课程初中 1 课时 / 周、高中 2 课时 / 周。教职工 185 人，包括高级职称 38 人、中级职称 39 人。专任教师 149 人，包括特级教师 2 人、北京市骨干教师 1 人；本科以上学历 149 人。开设教学班 34 个（初中 24 个、高中 10 个）。毕业 295 人（全部为初中生）；招生 459 人（初中 299 人、高中 160 人）；在校生 1281 人（初中 960 人、高中 321 人），全部为寄宿生，包括外省市借读生 26 人，随班就读生 2 人。高中录取分数线 542 分（怀柔区）。

2019 年，学校实行机构改革，成立学校发展中心、教师发展中心、课程教学中心、学生发展中心、后勤保障中心。依托总校开展“大备课”“大教研”“大课堂”“大考试”共建、共享、共进活动。通过总校名师送课、培训讲座、专家指导、校区联合教研等方式，提升教师专业水平。1 名教师获得“首都劳动奖章”。建设“生态 · 智慧”课堂，邀请总校领导到校举办相关讲座，举办首届“生态 · 智慧”课堂名师经验分享会、“生态 · 智慧”课堂讲课比赛。

培育全面发展的学生。与中国科学院合作开设科普起航课程，对初一、初二年级学生进行科学素养培育；预科年级开设科技人才培养系列课程。与中国古动物馆共同建立全国首个“古生物学人才培养基地”。学校挂牌成为北京市科技教育促进会会员单位，打造科技教育特色品牌。

（张琴苑　于洁）

北京绿谷小香玉艺术学校

2019 年，北京绿谷小香玉艺术学校占地面积 2.07 万平方米，校舍建筑面积 1.92 万平方米，运动场地面积 1 万平方米。图书馆（室）藏书 1.87 万册。固定资产总值 4042.23 万元，全年教育经费投入 4435.98 万元。学校信息化经费投入 123.60 万元，拥有计算机 251 台，网络多媒体教室 2 个，校园网出口总带宽 2000Mbps，数字资源量 600GB，“信息技术”课程 1 课时 / 周。教职工 129 人，包括高级职称 31 人、中级职称 49 人。专任教师 85 人，包括北京市骨干教师 2 人；本科以上学历 122 人。开设教学班 18 个（小学 12 个、初中 6 个）。毕业 73 人（小学 60 人、初中 13 人）；招生 75 人（全部为小学生）；在校生 535 人（小学 394 人、初中 141 人），包括寄宿生 535 人。

2019 年，学校践行立德树人根本任务，坚持依法治校，实施民主管理。树立服务意识，落实“双积分”制。落实《平谷区振兴教育三年行动计划》，扎根常态课堂，规范管理。加强教师备课、上课、教研和反馈等督促和检查。加强教师教学过程监督指导，坚持实施“常态课听课”制度，提升课堂教学效果。教研工作以教研组为单位开展，做到时间有保证、内容有主题、活动有实效。

提高办学特色品质。构建艺术特色教育体系，推出《家中小课堂》网络课堂，通过网络小课堂让家长一同了解基本专业知识；推出“小校学堂”，由名师名家、专业艺术教师团队为学生及家长解读专业知识、作示范指导；推出“小校大讲堂”，开展“戏曲进校园”活动，促进人人认识戏曲、了解戏曲。发挥“金帆舞蹈团”优势，定期举办艺术节，承办北京首都学生演出季。

加强德育管理。定期召开班主任例会、开展班会课，月月有主题，开展文明礼仪教育。开辟多种教育渠道，构建社会、学校、家庭三位一体德育教育体系。创建平安校园，建立安全工作责任制和责任追究制，签订各类安全责任书，完善学校安全工作规章制度。

（张东旭）

北京市平谷中学

2019 年，北京市平谷中学占地面积 7.31 万平方米，校舍建筑面积 6.60 万平方米，运动场地面积 1.85 万平方米。图书馆（室）藏书 7.80 万册，电子图书 30 万册。固定资产总值 9507 万元，全年教育经费投入 10587 万元。学校信息化经费投入 400 万元，拥有计算机 900 台，网络多媒体教室 80 个，校园网出口总带宽 200Mbps，数字资源量 1000GB，“信息技术”课程 2 课时 / 周。教职工 313 人，包括高级职称 139 人、中级职称 109 人。专任教师 198 人，包括特级教师 1 人、北京市骨干教师 1 人、北京市学科教学带头人 1 人；本科以上学历 292 人。开设教学班 58 个（初中 16 个、高中 42 个）。毕业 704 人（初中 145 人、高中 559 人）；招生 733 人（初中 183 人、高中 550 人）；在校生 2066 人（初中 465 人、高中 1601 人），包括寄宿生 780 人。高中录取分数线 477 分（平谷区），应届高考本科上线率 93.4%。

2019 年，学校继续施行“1 + 3”招生项目，招收优质学生。完善教师队伍建设，邀请市教研员作全学科指导，成立政治学科基地，建设初中智慧课堂，为青年教师提供学习机会和展示平台，开展教师集团培训 200 余个课时，实现教师市、区级研究课数量、质量双提升。

建设课程资源体系。开发学校内外、区域内外课程资源，为学生搭建成长平台，开设综合新闻课程，提升学生评新闻、写新闻素质。在初一、初二、高二年级开设基于学科，补基础、拓视野、强特长校本课程 35 门；助力高一学生应对新高考，设置学科生涯课程；为初三“1 + 3”项目学生开设 3D 打印、典范英语和智能互联的创客课程，培育学生核心素养。依托学校开放型智慧图书馆，每周开放图书馆 6 天，开设原著阅读课程；购买美国线上英语课程 200 余节，有效提升初中英语课程质量；依托城区万亩森林公园，开发以生态城市建设为主题的研究性学习课程；开发以大桃为研究目标的项目化学科课程，探索文理融合学习课程。开放实验室，为学生提供开放性常规实验 30 组（物理 15 组、化学 11 组、生物 4 组），学生可以在课余时间走进实验室设计个性化实验。开设学长讲堂、平中大讲堂、班级讲堂、年级讲堂，与北京大学、北京航空航天大学、中国食品研究院等单位合作，引进优质课程资源。

（杜德胜）

北京实验学校

2019 年，北京实验学校占地面积 3.53 万平方米，建筑面积 2.43 万平方米，运动场地面积 1.20 万平方米。图书馆（室）藏书 8.35 万册，包括电子图书 1.78 万册。固定资产总值 6397.72 万元，全年教育经费投入 8094.36 万元。学校信息化经费投入 40.25 万元，拥有计算机 663 台，网络多媒体教室 49 个，校园网出口总带宽 100Mbps，数字资源量 14GB，“信息技术”课程 2 课时 / 周。教职工 222 人，包括高级职称 93 人、中级职称 85 人。专任教师 134 人，包括特级教师 1 人、北京市骨干教师 1 人；本科以上学历 216 人。开设教学班 29 个（初中 3 个、高中 20 个、内高班 6 个）。毕业 322 人；招生 334 人（初中 87 人、高中 168 人、内高班 79 人）；在校生 971 人（初中 87 人、高中 630 人、内高班 254 人），包括寄宿生 637 人。高中录取分数线 398 分（平谷区），应届高考本科上线率 79%。

2019 年，学校作为北京实验学校平谷教育集团龙头校，致力于打通幼、小、初、高 4 个学段，建设一体化课程系统和教育教学体系。

打造魅力课堂。通过校长培训、海淀教师示范课、魅力大课堂等系列活动，引导教师理解并践行魅力课堂核心，推进魅力课堂学科化、课型化研究。突出艺体特色。高一“发现”特长生，高二、高三“专项培养”，组建美术、体育班，科学安排专业课和文化课。学校被认定为“北京市奥林匹克教育示范学校”。重视民族教育，加强玉树内高班教育教学管理，通过抓常规促养成，抓教育促团结，抓细节促效能，抓活动促融合，不断提升学生民族自豪感和品格修养。学校被评为“民族团结进步创建示范单位”。

完善课程体系。建立“三修两活”课程结构，即必修、选修、特（色）修和综合实践活动、学科活动，学术委员带领各学科教师共同研究学科课程实施方案。教师在研究中不断转变观念，提升课程理解力和实施力。构筑安全屏障，设立以校长、书记为组长，主管安全校长为常务副组长，处室主任和各班主任为成员的领导小组，健全突发事件安全预案，签订安全责任书，完善各项制度。通过多种培训、讲座、演练等方式，强化师生安全意识，构建“隔离墙”与“防护网”。

（任淑莲　郭峰亭）

北京市密云区第六中学

2019 年，北京市密云区第六中学占地面积 4.48 万平方米，校舍建筑面积 2.38 万平方米，运动场地面积 1.80 万平方米。图书馆（室）藏书 5.90 万册。固定资产总值 3828 万元，全年教育经费投入 5694 万元。学校信息化经费投入 31 万元，拥有计算机 536 台，网络多媒体教室 56 个，校园网出口带宽 1000Mbps，数字资源量 2GB，“信息技术”课程 1 课时 / 周。教职工 162 人，包括高级职称 46 人、中级职称 39 人。专任教师 130 人，包括北京市骨干教师 2 人；本科以上学历 157 人。开设教学班 37 个。毕业 399 人、招生 558 人、在校生 1502 人。

2019 年，学校以“深综改”精神为指引，以“为学生成功人生奠基”理念为基石，推进各项工作。

加强教师队伍建设。开展新教师培训、师德故事宣讲大会、巾帼标兵等评选活动，树立爱岗敬业、争先创优典型；成立青年教师俱乐部，开展红蓝工程、骨干教师献课、共读一本书等活动；组织部分教师外出学习，开阔视野。

重视学生实际获得。按照“日常工作精细化，重点活动精彩化”思路，使常态工作和重点活动有机结合；不同年级开展特色“诗词大会”“成语大会”“科学素养展示”等活动，不断加强班级文化建设。组建学生会，设立学生先锋岗，实行班级量化积分管理，评选优秀班集体；举办德育论坛等，组织“快闪”活动庆祝新中国成立 70 周年。

加大品牌建设力度。开设足球、篮球、游泳等多种社团，确定篮球、足球、游泳、冰雪、民乐为重点特色项目。通过举办班级篮球联赛、足球赛，开展学生游泳技能考核展示活动，举办庆新春文艺演出等活动，展示特色建设成果。

（闫婧）

北京市密云区古北口中学

2019 年，北京市密云区古北口中学占地面积 1.25 万平方米，建筑面积 0.40 万平方米，体育场（馆）面积 0.50 万平方米。图书室藏书 1.71 万册。固定资产总值 1387.33 万元，全年教育经费投入 1373.56 万元。学校信息化经费投入 17.78 万元，拥有计算机 128 台，网络多媒体教室 24 个，校园网出口总带宽 100Mbps，数字资源量 200GB，“信息技术”课程 1 课时 / 周。教职工 37 人，包括高级职称 11 人、中级职称 15 人。专任教师 31 人，本科以上学历 37 人。开设教学班 6 个。毕业 39 人、招生 35 人、在校生 112 人。

2019 年，学校以“全面育人、发展特长”为办学理念，打造长城底蕴的校园文化。发挥校团队活动室、升国旗仪式、德育教育园地等德育阵地作用，对学生进行思想品德教育。开展爱国主义教育，组织学生撰写国庆阅兵式观后感，开展“我和我的祖国”班级合唱活动，激发学生爱国热情。

加强课程建设。在市级地方课程中融入中华优秀传统文化、专题教育、心理教育等教学内容，提升学生素养。开设《魅力古北口》、古诗文诵读、软笔书法等校本课程，培养学生知家乡、爱家乡的情感。注重特色发展，培养学生特长，开设男女足球、合唱、美术等社团，定期开展活动。拓宽学生视野，组织非遗文化、航空科技进校园活动。开展社会大课活动，培养学生动手能力、解决问题能力；组织全校学生走进滑雪场，体验冰雪运动。依托“春雨计划”项目，贯彻“生动课堂”理念。以设计学生活动为基本途径，以师友互助合作学习形式为主要抓手，建设具有古北口中学特色的生动课堂。开展推门课、教研组“生动课堂”研究课、青年教师评优课等赛课活动强化教师生动课堂理念。

（贾凤伶）

北京市密云区太师庄中学

2019 年，北京市密云区太师庄中学占地面积 4.31 万平方米，建筑面积 1.96 万平方米，运动场面积 1.65 万平方米。图书室藏书 4.80 万册。固定资产总值 6446 万元，全年教育经费投入 3569 万元。学校信息化经费投入 81 万元，拥有计算机 330 台，网络多媒体教室 57 个，校园网出口总带宽 1000Mbps，数字资源量 300GB，“信息技术”课程 2 课时 / 周。教职工 100 人，包括高级职称 23 人、中级职称 27 人。专任教师 67 人，包括北京市骨干教师 1 人；本科以上学历 88 人。开设教学班 18 个。毕业 128 人、招生 140 人、在校生 451 人，包括寄宿生 156 人。

2019 年，学校围绕“提高教育质量”战略主题，推进生动课堂建设，提高教育教学质量。

教师队伍建设。形成常态化、模块化校本研修体系，建立评价与激励机制促进教师乐教乐学。完善教研组、备课组评价机制，促进教研活动落实。通过有效教研，落实“师友互助”理念，探究生动课堂模式。突出课堂教学中的展、评、测，开展说课、录课、一师一优课、学科开放性实践课等系列活动。落实骨干教师与青年教师结对计划，发挥“骨干教师大讲堂”作用，以“青年教师联盟”为平台，促青年教师成长。

建设全面发展的课程体系。重点推进学生选修课程建设，开设体育类、科技类、艺术类、学科拓展类 4 类 18 项特色课程。组织学生开展探寻白天鹅、远足踏青、社会大课堂等学科实践活动，培养学生综合实践能力。举办密云区中学库北学区阅读工程展示活动、“诵读经典，争做感恩少年”3 分钟演讲活动，倡导校园读书风尚。开展初三年级体育中考模拟考试，为备考和教学指明方向、明确任务。为贯彻落实区教委“手拉手”教育扶贫政策，组织教师团队赴河北省张家口市蔚县代王城中学支教，开展同课异构教学研讨活动。

11 月 27 日，太师庄中学与河北省蔚县代王城中学开展教学交流研讨活动 （太师庄中学 供）

实践环境育人，文化育

人。为促进班主任专业发展，构建家、校一体德育课程模式，开设“卓越教师成长计划”班主任课程；成立骨干班主任工作室，发挥骨干班主任辐射指导作用，为青年班主任搭建学习、交流平台。举办“一班一品”班级文化建设主题教育活动交流会、班主任“静远书社”读书交流会、班主任学习健身舞等活动，提高班主任工作有效性和针对性。

（张弛）

北京市延庆区十一学校

2019 年，北京市延庆区十一学校占地面积 6.12 万平方米，校舍建筑面积 3.80 万平方米，运动场地面积 3.18 万平方米。图书馆（室）藏书 8.30 万册。固定资产总值 12205 万元，全年教育经费投入 7754 万元。学校信息化经费投入 230 万元，拥有计算机 898 台，网络多媒体教室 115 个，校园网出口总带宽 1024Mbps，数字资源量 2240GB，“信息技术”课程 1 课时 / 周。教职工 255 人，包括高级职称 62 人、中级职称 92 人。专任教师 194 人，包括北京市骨干教师 1 人、北京市学科教学带头人 1 人；本科以上学历 254 人。开设教学班 60 个（小学 24 个、初中 36 个）。毕业 454 人（小学 165 人、初中 289 人）；招生 511 人（小学 156 人、初中 355 人）；在校生 1982 人（小学 945 人、初中 1037 人），包括寄宿生 188 人，随班就读生 7 人。

2019 年，学校培育和践行社会主义核心价值观，立德树人。围绕中心抓党建，推进“不忘初心，牢记使命”主题教育活动，鼓励党员争创岗位先锋，主动参加献血。加强干部队伍建设，任命 2 名中层干部为学校副校长和副书记，促进干部队伍年轻化。2 名教师获北京市“紫禁杯”优秀班主任二等奖，11 名教师获“长城杯”优秀班主任称号，5 名教师被评为学生最喜爱的班主任。

内涵发展成效凸显。推进学本课堂构建和小组合作学习，开展校园阅读活动营造“人人爱读书、书籍浸校园、书香润心灵”氛围。创新学校管理体系，六位一体管理决策体系、扁平化管理运行体系、学校内部技术支持体系和服务保障体系初步形成，年级组、学科组成为运行管理实体。

（王满）

北京市延庆区第三中学

2019 年，北京市延庆区第三中学占地面积 2.59 万平方米，校舍建筑面积 1.31 万平方米，运动场地面积 1.32 万平方米。图书馆（室）藏书 5.27 万册。固定资产总值 5498.48 万元，全年教育经费投入 5562.09 万元。学校信息化经费投入 462 万元，拥有计算机 315 台，网络多媒体教室 3 个，校园网出口总带宽 300Mbps，数字资源量 6500GB，“信息技术”课程初中 2 课时 / 周、高中 1 课时 / 周。教职工 159 人，包括高级职称 40 人、中级职称 56 人。专任教师 111 人，包括北京市骨干教师 1 人；本科以上学历 156 人。开设教学班 30 个（初中 18 个、高中 12 个）。毕业 311 人（初中 172 人、高中 139 人）；招生 319 人（初中 190 人、高中 129 人）；在校生 981 人（初中 581 人、高中 400 人），包括寄宿生 151 人，随班就读生 1 人。高中录取分数线 406 分（延庆区），应届高考本科上线率 91.13%。

2019 年，学校围绕学生全面而有个性地发展目标，努力建设关注生命生长、激发师生积极向上、文化底蕴深厚的精神家园。以新课程标准实施为切入口，结合学校“网络环境下混合式学习”课题，开展“网络环境下混合式学习”研究课。开展学科组、备课组建设，举办中高考数据分析、考试命题、组内听评课等系列学科组活动。整体打造科技特色，争创市级科技教育示范学校。面向全体学生，坚持校内外相结合、普及与提高相结合原则，与北京师范大学天文系签订合作协议，开展天文科普互助等科技教育活动。

理想信念教育活动。全校师生 920 人走进世园会，听取延庆生态文明讲座。利用视频形式在操场进行“三中——70——1949～2019”造型拍摄。开展“敬拜孔子尊师重道”“毕业典礼”“高三成人仪式”等仪式教育以及“科艺并举的校园艺术节”，举办“中秋诗会”“端午诗会”等传统文化教育活动。推动德育与教育相融合，建立德育工作长效机制。开展以“好书伴成长”为主题的读书月活动，开展读书交流、读书展示、读书展演等活动。初、高中开展“英语文化节”主题活动。

9 月 12 日至 30 日，延庆三中开展“不忘初心，牢记使命”爱国主义教育系列活动　（延庆三中　供）

打造篮球、足球特色。推进北京市篮球传统校和全国校园足球特色校建设。以初、高中男子篮球队和足球队建设为核心，组织3～4次训练，每次90分钟，租用篮球训练馆、聘请篮球和足球教练并在寒暑假进行集训。组织学生参加北京市中学生篮球锦标赛、北京市中学生篮球冠军赛、北京市中学生足球冠军赛等比赛。

（王芳）

北京市延庆区第一中学

2019年，北京市延庆区第一中学占地面积7.59万平方米，校舍建筑面积1.94万平方米，运动场地面积2.05万平方米。图书馆（室）藏书7.85万册，电子图书0.11万册。固定资产总值25091万元，全年教育经费投入9243万元。学校信息化经费投入73.32万元，拥有计算机1344台，网络多媒体教室68个，校园网出口总带宽100Mbps，数字资源量440GB，“信息技术”课程1课时/周。教职工254人，包括高级职称89人、中级职称78人。专任教师193人，包括特级教师3人、北京市骨干教师4人、北京市学科教学带头人2人；本科以上学历243人。开设教学班45个（初中2个、高中43个）。毕业733人（初中80人、高中653人）；招生674人（初中70人、高中604人）；在校生1586人（初中70人、高中1516人），包括寄宿生434人，随班就读生8人。高中录取分数线494分（延庆区），应届高考本科上线率93.78%。

2019年，学校践行生态教育理念，开发生态课程，实施生态教学突破学校发展瓶颈，落实生态管理促进学校内涵发展，打造生态文化提升学校办学品质。

完善学校管理制度和章程，建立民主管理机制。实施“走动式”管理，将学校管理重心落实到教育教学工作中。通过开展各种课型的专题研讨、教育教学论坛以及“做思议”等活动推进生态课程建设。实施生态德育教育，以“春晖行动”为载体，利用课余时间，为学生提供个性化学习空间和特长展示舞台。

加强教师队伍建设，完善师德师风建设长效机制。开展师德讲堂、每月之星、师德标兵评选等师德教育活动。落实教师培训制度，制订教师成长方案，搭建教师成长平台。学生作为北京世园会志愿者接待各国元首；170名学生在全国创新英语、科技创新大赛、全国DI大赛等国家级比赛中获奖。

（李云）

北京市燕山东风中学

2019年，北京市燕山东风中学占地面积2.03万平方米，建筑面积0.99万平方米，运动场地面积0.86万平方米。图书馆（室）藏书2.89万册。固定资产总值4403万元，全年教育经费投入2220万元。学校信息化经费投入75.38万元，拥有计算机467台，网络多媒体教室25个，校园网出口总带宽200Mbps，数字资源量470GB，“信息技术”课程1课时/周。教职工63人，包括高级职称16人、中级职称22人。专任教师60人，包括北京市骨干教师1人、北京市学科教学带头人1人；本科以上学历59人。开设教学班14个。毕业98人、招生115人、在校生435人。学校有社团27个。

2019年，学校坚持“五美”办学理念。德育工作以养成教育为切入点，帮助学生树立正确的世界观、人生观和价值观。

课程建设方面。围绕“以美正德”“以美修身”“以美启智”“以美健体”美育目标，践行“尊重生命，以美育人”办学理念，开设20余门美育相关课程。丰富校本课程，开设家长课堂、学生课堂等特色课程，促进学生全面发展。

创建平安校园。坚持以防为主，开展各类安全知识培训、教育活动，落实各项防卫措施，制订重大安全事故应急预案、消防应急预案、食品中毒应急预案等，加强师生法治观念、道路交通安全意识、消防意识。

（陶瑜）

民族教育学校选介

北京市东城区回民小学

2019年，北京市东城区回民小学占地面积4426平方米，建筑面积7592平方米，体育场面积1860平方米。图书室藏书2.60万册。固定资产总值2627.39万元，全年教育经费投入2654.01万元。学校信息化经费投入20万元，拥有计算机312台，校园网出口总带宽1024Mbps，“信息技术”课程1课时/周。7月，春江小学15名教师并入学校，并入后有教职工79人，包括高级职称4人、中级职称52人。专任教师74人，少数民族教师14人，本科以上学历73人。开设教学班23个。毕业130人、招生117人、在校生684人，包括回族学生170人、其他少数民族学生37人，外省市借读生133人，外籍学生3人。

2019年，学校以教育教学工作为依据，以“不忘初心，牢记使命”主题教育活动为依托，以师德师风建设为抓手，以校园和谐安全为重点，以促进教师专业化发展为最终目标，坚持走“教研训一体化”道路。加强教学管理，发挥课程育人价值，落实“一岗双责”党风廉政建设要求。坚持五育并举，落实立德树人根本任务；严把课程教材关，规范课堂教学，完善评教评学制度；深耕课堂，关注学生实际获得。强化教师培训，突出师德建设；探索多彩课程创新，培养学生学科素养；坚持三级教学日常管理，夯实质量基础。围绕“加强科研工作力度，加快科研兴校步伐”

目标，搞好教师教育科研工作，开展课题研究活动，带着课题研究的理性思考深入到课堂教学实际中。艺术教育工作面向全体学生，通过多种途径，努力提高学生审美和艺术修养。

（张翔云）

北京市东城区回民实验小学

2019 年，北京市东城区回民实验小学占地面积 3454 平方米，校舍建筑面积 5226.76 平方米，运动场地面积 781 平方米。图书馆（室）藏书 1.57 万册。固定资产总值 1168 万元，全年教育经费投入 2452 万元。学校信息化经费投入 19 万元，拥有计算机 146 台，网络多媒体教室 23 个，校园网出口总带宽 1024Mbps，数字资源量 1000GB，“信息技术”课程 1 课时 / 周。教职工 57 人，包括高级职称 5 人、中级职称 32 人。专任教师 44 人，包括特级教师 1 人、北京市骨干教师 1 人；本科以上学历 52 人。开设教学班 16 个。毕业 72 人、招生 111 人、在校生 578 人，包括寄宿生 10 人，随班就读生 1 人。

2019 年，学校全面落实立德树人根本任务及学校“和 · 合”办学理念，以提高学生思想觉悟、道德水准、文明素养为根本目标，加强民族团结教育，创建学校品牌。

加强支部标准化、规范化建设，实现办学各领域党的工作全覆盖。按照“扎实开展学习教育”“广泛深入调查研究”“准确深刻检视问题”“切实推进整改落实”重点措施，推动“不忘初心、牢记使命”主题教育深入。以学习落实《东城区小学课堂研究主题与教师关键能力》为契机，语文开展“主题阅读”教学研究，数学开展“问题引领”研究，改革备课方式，突出单元备课、主题备课、整合备课，注重学科知识和跨学科知识融会贯通；多学科开展“戏剧元素渗透科学课堂教学研究”，构建高效且有特色的课堂。

聚焦重点问题。开展“防近”“控肥”卫生保健工作，开展视力分段管理，建立班级管理台账，跟踪学生视力变化。建立肥胖学生档案，对重点群体进行分级管理。建立家庭健康管理机制，开展“我的健康管理日记”“家庭自测视力”“我和家长一起锻炼摄影”等活动，形成家校协同促进模式。

借力特级教师研究室，发展戏剧教育。“北京市特级教师协会刘燕君戏剧课程研究室”在学校成立，研究室由北京市特级教师、东城回民实验小学校长刘燕君担任主持人。研究室通过开展各类交流活动，发挥优质教育资源的引领辐射作用。承办中央戏剧学院“高参小”项目成果展暨全国立德树人戏剧共同体重点实验学校剧目展演，展示戏剧教育成果。

（焦颖）

北京市宣武回民小学

2019 年，北京市宣武回民小学分两址办学，分别为高年级部校区和低年级部校区。2 个校区总占地面积 1.81 万平方米，校舍建筑面积 1.68 万平方米，运动场地面积 0.76 万平方米。图书馆藏书 5.45 万册，电子图书 4 万册。固定资产总值 3972.81 万元，全年教育经费投入 6284 万元。学校信息化经费投入 61 万元，拥有计算机 389 台，网络多媒体教室 2 个，校园网出口总带宽 1024Mbps，数字资源量 8TB，“信息技术”课程 1 课时 / 周。教职工 141 人，包括高级职称 11 人、中级职称 50 人。专任教师 135 人，包括北京市骨干教师 2 人；本科以上学历 130 人。开设教学班 58 个。毕业 227 人、招生 457 人、在校生 2254 人，包括少数民族学生 922 人。

2019 年，学校以“人和”思想为管理核心，以“个性”培养为办学特色，以打造“精品”为发展策略。立足三级课程整体推进，深入挖掘国家课程突出“优”、认真实施地方课程突出“活”、着力完善校本课程突出“美”。将学校民族博物馆打造为民族教育的载体、牛街民族团结的场所、

11 月，宣武回民小学举办科技节活动

（宣武回民小学　供）

区域内中小学民族教育的基地。

促教师教学能力全面提升。先后组织教师参加“启航杯”“民实杯”“风采杯”等教学展示活动，加速骨干教师成长。为优秀班主任召开个人研讨会，树立身边榜样，引领教师队伍前行。坚持举办体育节、艺术节、民族文化节、科技节、读书节及足球嘉年华等活动，培育全面发展的学生。“五节”活动凸显民族特色，让学生感受多元文化，每项活动为期 1 个月，要求学生自主设计，全员参与。

（李荣　寇磊）

北京市陈经纶中学民族分校

2019 年，北京市陈经纶中学民族分校占地面积 2 万平方米，校舍建筑面积 1.37 万平方米，运动场地面积 0.76 万平方米。图书馆（室）藏书 5.43 万册。固定资产总值 3289 万元，全年教育经费投入 3935 万元。学校信息化经费投入 140 万元，拥有计算机 416 台，网络多媒体教室 52 个，校园网出口总带宽 30Mbps，数字资源量 500GB，“信息技术”课程小学 0.5 课时 / 周、初中 1 课时 / 周。教职工 99 人，包括高级职称 8 人、中级职称 47 人。专任教师 80 人，包括北京市骨干教师 1 人；本科以上学历 79 人；少数民族教师 18 人。开设教学班 36 个（小学 24 个、初中 12 个）。毕业 120 人（小学 97 人、初中 23 人）；招生 220 人（小学 135 人、初中 85 人）；在校生 951 人（小学 771 人、初中 180 人），包括少数民族学生 397 人。

2019 年，学校深入学习陈经纶教育集团文化，对接集团标准，打造高质量育人环境，促进教育教学质量提升和师生发展。

队伍建设取得新成绩。干部队伍建设实施“选育用管”机制，干部岗位履职成效过程考核制度突出“德、能、勤、技、廉”方面标准。探索党小组、工会小组、教研组“三位一体”协同工作着力点，以学科为单位改组党小组设置。推进骨干教师发展工作，评选表彰校级骨干教师 23 人、骨干班主任 8 人；组织 15 对学科教师、5 对班主任结对。开展师德教育系列活动，评选表彰校级师德（服务）标兵 8 人、“学生眼中的好老师”23 人。

坚持立德树人。成立德育领导工作小组，实施项目负责制，隔周召开工作会。发挥区级骨干班主任领头雁和学校“班主任工作室”引领、带动和辐射作用，完善班主任工作研究机制。开展艺术节、冰雪系列活动、大运河人生远足等活动，为学生搭建展示平台。

推进教学创新。聘请学科专家进校园，开展系列教师基本功培训。组织教师签订“学校 2019—2020 教师教学质量承诺书 / 服务保障人员承诺书”。成立“教学工作领导小组”，分阶段开展常态教学调研，全体教师共同深入诊断课堂。

打造民族团结教育特色。以民族特色为主要内容开设体育、艺术、科技类特色课程 26 门。将“蓝印绘染”特色课程打造为学校优势资源，指导“手拉手”学校石家庄市回民小学进行蜡染技艺学习，形成地区学校特色，承担市级非遗文化蜡染专业技能培训，组织社团学生参加中央电视台少儿频道节目录制。初中部科技类课程取得突破性进展，首次参加朝阳区青少年未来工程师竞赛，师生 29 人次获奖。

（楚洪娟）

北京西藏中学

2019 年，北京西藏中学占地面积 3.59 万平方米，建筑面积 2.81 万平方米，体育场（馆）面积 1.06 万平方米。图书室藏书 5.05 万册，电子图书 0.35 万册。固定资产总值 5018 万元，全年教育经费投入 5306 万元。学校信息化经费投入 70 万元，拥有计算机 356 台，网络多媒体教室 17 个，校园网出口总带宽 100Mbps，数字资源量 3GB，“信息技术”课程 2 课时 / 周。教职工 122 人，包括高级职称 38 人、中级职称 29 人。专任教师 60 人，本科以上学历 99 人，少数民族教师 2 人。开设教学班 18 个。毕业 269 人、招生 265 人、在校生 793 人，全部为少数民族学生。

2019 年，学校继续以“服务思想引领教工团队、和谐教育培养藏族英才”为办学理念，以“为西藏培养热爱祖国、促进民族团结、具备终身发展素质的优秀毕业生”为培养目标，顺利完成各项工作。

提升教职工队伍素质和师德素养。组织全体教职工开展各类学习活动，举办西柏坡主题党日活动、“五一”“十一”诗歌朗诵等活动，邀请“国培计划”专家、北京市模范班主任等来校举办讲座，提升教职工从事民族教育的使命感、自豪感和从事民族教育的能力。

培养社会主义建设者和接班人。以“红色灵魂、绿色成长”为要求，通过开展校内外、课内外学习和活动，培育学生良好行为素养，先后组织学生到故宫、长城、园博园、沂蒙山革命老区等场所开展社会实践活动。构建以“四个一工程”资源为主体的博物馆博识课程，以北京风景名胜资源为依托的参观体验课程，与研学营地基地合作开展的研学实践课程，以及借助首都艺术院团资源优势开设的艺术欣赏课程。启动首都统一战线帮扶北京西藏中学工作，提升在校藏族学生早餐质量，为在校藏族学生免费解决每人每天 1 盒牛奶、1 个鸡蛋。

提升教育教学效果。抓学生德育工作落实，将“文明礼仪、养成教育、诚信教育”等渗透到每个主题月活动中，先后开展新生军训、学生行为专项整治等活动，开展仪容仪表常规检查。落实安全教育常态化，签订《安全责任保证书》，重视传染病防控预防工作，做到“特别落实好制度、特别关心生病学生、特别关注学生心理健康”；邀请专家专门培训学生管理人员。抓好常规课和公开课，要求教师作校内公开课，推荐 3 名年轻教师作区级公开课，重点培养 1 名教师作市级展示课。抓好后勤保障和校园安全工作，开展课堂安全、校园欺凌、危化品安全等校园安全检查。

（张一帆 曾丽）

北京市海淀区民族小学

2019 年，北京市海淀区民族小学分两址办学，分别位于马甸后黑寺 1 号和花园北路 26 号。2 个校区总占地面积 3 万平方米，建筑面积 1.49 万平方米（包括 2 处古建筑群），运动场地面积 0.88 万平方米。图书馆藏书 5.12 万册，电子图书 1 万册。固定资产总值 9276 万元，全年教育经费投入 5005 万元。学校信息化经费投入 160 万元，拥有计算机 619 台，网络多媒体教室 2 个，校园网出口总带宽 500Mbps，数字资源量 7TB，“信息技术”课程 1 课时 / 周。教职工 146 人，包括高级职称 16 人、中级职称 62 人。专任教师 131 人，本科以上学历 131 人。开设教学班 55 个。毕业 277 人、招生 426 人、在校生 2214 人，包括少数民族学生 317 人，外省市借读生 270 人。学校有社团 80 个。

2019 年，学校围绕“直面社会关切，构建城市新型学校”总目标，以“搭建平台、整合资源、重塑角色、组建成长共同体”为 4 项基本策略，不断提升育人质量和办学水平。作为国培基地，学校劳模创新工作室接待数百名来自全国各地的干部、教师到校参观。教师结合“学习方式的变革”主题，开展教学实践研究。

坚持立德树人。开展系列教育活动，建立社会主义核心价值观教育长廊，开展古诗文诵读闯关活动以及书法教育、创编童谣、学科实践等社会主义核心价值观教育活动。承办中小学培育和践行社会主义核心价值观研讨会、第四届京津冀非遗进校园交流会暨海淀区非遗进校园成果展。

强化学生安全意识。举办全国食品安全宣传周“食品安全进校园”活动，邀请食品安全专家开展食品安全科学知识宣讲，组织学生参与动手实验。与中国海关联合举办检疫犬进校园活动，组织学生听取海关总署关于国门生物安全的知识讲座，观摩检疫犬寻找违禁物品现场展示。

6 月 28 日，海淀民族小学举办全国食品安全宣传周“食品安全进校园”活动（海淀民族小学 供）

完成庆祝新中国成立 70 周年活动服务保障工作。34 名学生、4 名教师参加“同心追梦”方阵游行，6 名学生参加群众联欢活动演出。

（马万成 王晶 李扬）

中央民族大学附属中学

2019 年，中央民族大学附属中学占地面积 2.27 万平方米，建筑面积 2.28 万平方米，体育场（馆）面积 0.43 万平方米。图书馆藏书 2.02 万册。固定资产总值 12.11 亿元，全年教育经费投入 1.98 亿元。学校信息化经费投入 156 万元，拥有计算机 260 台，网络多媒体教室 87 个，校园网出口总带宽 25Mbps，数字资源量 100GB，“信息技术”课程 2 课时 / 周。教职工 137 人，包括高级职称 49 人、中级职称 66 人。专任教师 121 人，包括特级教师 2 人；本科以上学历 137 人；少数民族教师 29 人。开设教学班 48 个。毕业 716 人、招生 685 人、在校生 2160 人。应届高考本科上线率 95.7%。

2019 年，学校坚持立德树人根本任务，践行“培养民族优秀人才，服务民族基础教育”办学使命，推进社会主义核心价值观教育，强化爱国主义和民族团结教育。

提升教育教学水平。开齐、开足国家课程，面向基础薄弱学生，专门开设英语等学科强化班；以学科知识为主线，设置校本课程，满足学生个性发展需要。发挥教科研引领作用，新立项区级以上课题 15 项。

推进集团化办学，拓宽国际交流视野。民大附中红河州实验学校、民大附中呼和浩特分校开学，民大附中贵阳学校全面开工。连续第六年开展暑期教师支教活动，85 名集团校高三教师组成 9 支支教团队，深入四川、江西、甘肃等地开展支教帮扶活动。组织学生开展“阳光路上、爱在四方”暑期活动，分别到云南、宁夏、贵州、内蒙古、广西支教。接待台湾中学生暑期北京参访团访问，与台湾中学生共赴北京大兴机场参观。组织来自共美教育联盟校的 100 余名师生参加民族团结夏令营。组织学生参加樱花科技交流活动访问日本。参加第九届“和平的旗帜”世界儿童呼唤和平系列活动，表演舞蹈《多彩中华》。

完成庆祝新中国成立70周年活动服务保障工作。组织500余名师生参加“民族团结”方阵游行，被中央民族大学党委授予“中央民族大学参加国庆70周年活动先进集体”称号。

（孙立清）

北京市昌平区西贯市回民小学

2019年，北京市昌平区西贯市回民小学占地面积1.33万平方米，建筑面积0.27万平方米，体育场面积0.54万平方米。图书室藏书1.15万册。固定资产总值1655万元，全年教育经费投入945万元。学校信息化经费投入8万元，拥有计算机148台，网络多媒体教室13个，校园网出口总带宽1000Mbps，数字资源量60GB，“信息技术”课程1课时/周。教职工23人，包括中级职称13人。专任教师22人，本科以上学历19人，回族教师16人。开设教学班6个。毕业28人、招生11人、在校生83人，包括回族学生54人。

2019年，学校重点开展学校标准化办学88条档案整理、iPad教学工作，推进与北京化工大学材料学院“1＋1＋N”共建工作，培养学生良好行为习惯。以校本教研为抓手促进教师专业发展，领导干部深入课堂听课，全面了解和掌握课堂教学工作状态，及时处理教学过程中的有关问题。坚持立德树人，培育和践行社会主义核心价值观，举办“庆祝中华人民共和国成立70周年”系列活动。加强爱国主义教育，与化大材料学院本科生第四党支部开展爱国主题教育共建活动，开展爱国演讲、主题班队会等活动。

（包雪莲）

北京市怀柔区喇叭沟门满族乡中心小学

2019年，北京市怀柔区喇叭沟门满族乡中心小学占地面积2.34万平方米，建筑面积0.63万平方米，运动场地面积0.46万平方米。图书馆（室）藏书1.50万册。固定资产总值2521万元，全年教育经费投入2005万元。学校信息化经费投入55万元，拥有计算机72台，网络多媒体教室10个，校园网出口总带宽1000Mbps，数字资源量60GB，“信息技术”课程1课时/周。教职工38人，包括高级职称4人、中级职称24人。专任教师31人，包括北京市骨干教师1人；本科以上学历37人；少数民族教师7人。开设教学班6个。毕业27人、招生10人、在校生112人，全部为寄宿生，包括少数民族学生75人。

2019年，学校在原有发展模式基础上围绕“实”字，从师生、学校实际出发，推进各项工作。坚持通过召开三结合教育委员会，举办家教讲座、家长开放日活动等形式，让家长参与学校管理。通过微网站、班级家长群、学校网站等媒介，加强家长与学校的沟通。坚持常规活动促教师能力提升。开展深度阅读，培养教师的书香气质；探索党员“1＋1”发展模式培养青年教师，创建“三员兴三园”党建特色品牌，“三员”即党员干部教师做好学习宣传员、成长领航员、家园服务员；“三园”即师生求知强能学园、生动活泼乐园、充满亲情家园。

深化“五个渗透”活动凸显办学特色。继续开展“书香润童心”读书工程、“书写好人生”习字工程、“播种好习惯”奠基工程、“携手育新人”合力工程、“共筑童心梦”体验工程促学生能力提升。学生满族剪纸在“不忘初心 牢记使命”北京市中小学生美术书法教育成果展上展出，并受邀参加第三届中国北京国际语言文化博览会。发挥劳动教育育人作用，对原有三级团结花课程体系进行梳理，挖掘当地劳动教育资源，建设农事体验基地，架构认识我们脚下的土地（春种、夏蕴、秋收、冬藏）农事体验课程。承办“挖掘校外资源 体认职业角色 开展劳动教育”北京市综合实践活动特色校综合实践活动课程建设与教学展示研讨会。学校被认定为“北京市综合实践活动特色校”，受邀参加全国综合实践活动现场会。

（李劲松）

特殊教育学校选介

北京市东城区特殊教育学校

2019年，北京市东城区特殊教育学校改扩建工程在建设中，暂时在安定门外大街安德路西营房胡同2号院内办学，占地面积5230平方米，建筑面积3791平方米，体育场面积2858平方米。图书室藏书2.38万册。固定资产总值2458.64万元，全年教育经费投入3301.57万元。学校信息化经费投入52.44万元，拥有计算机202台，网络多媒体教室27个，校园网出口总带宽1000Mbps，数字资源量750GB，“信息技术”课程小学1课时/周、初中和高中2课时/周。教职工81人，包括高级职称9人、中级职称32人。专任教师71人，包括北京市骨干教师1人；本科以上学历71人。开设教学班22个（小学9个、初中6个、中职7个）。毕业34人（小学12人、初中14人、中职8人）；招生34人（小学12人、初中12人、中职10人）；在校生150人，其中，义务教育阶段116人（听力障碍29人、智力障碍87人）、中职班34人（听力障碍11人、智力障碍23人），包括寄宿生32人（义教23人、高中9人）。

2019年，学校以“最美支部建设”为引领，加强党支部规范化建设，完善党建示范点建设，培育“火种”党建品牌。举办“学习《准则》，落实‘要求’，做新时代好教师”专题讲座和《记教育初心，担育人使命》专题党课。以“宽领域、多层次、高品位”为基本思路，以“有爱无碍”教育论坛为平台，开展宣讲教育故事、基本功展示、教育教学展示、综合素养展示等活动，树立师德榜样，打造“最美教师”。深化特殊教育课程改革与教学研究，组织开展“培养盲聋学生问题意识，促进自主学习”与“课题研究与课堂教学中相结合的研究”的研讨活动。秉承“适合的就是最好的”教学理念，提出“人本、综合、多元、发展”和“和谐、精准、创新、高效”课堂文化，打造“语言发展＋”听障课堂教学特色和“生活适应＋”培智课堂教学特色。学校获“全国维护妇女儿童权益先进集体”“东城区先进党组织”“东城区教育系统信息工作先进单位”等荣誉称号。

培养全面发展的学生。突出“五育并举”，以促进学生全面发展为导向，以“我与祖国在一起 同心同梦共成长”为主题，开展“纪念改革开放 40 周年”艺术展演、中医药课程、法治安全教育等教育活动。学生 109 人次在市、区级文艺、体育类竞赛项目中获奖。

建设平安校园。将安全工作纳入学校总体发展规划中，聘请东城区安定门外派出所警官为法治副校长。召开领导小组专题研究会及全校教职工动员部署大会，深入推进平安校园建设工作。学校被评为东城区教育系统首批平安校园达标学校。

（彭彤）

北京市东城区培智中心学校

2019 年，北京市东城区培智中心学校占地面积 3659 平方米，校舍建筑面积 2550 平方米，运动场地面积 1009 平方米。图书馆（室）藏书 1500 册。固定资产总值 1055 万元，全年教育经费投入 1500 万元。学校信息化经费投入 9000 元，拥有计算机 71 台，网络多媒体教室 9 个，校园网出口总带宽 1000Mbps，数字资源量 1800GB，“信息技术”课程 6 课时 / 周。教职工 38 人，包括高级职称 3 人、中级职称 15 人。专任教师 32 人，本科以上学历 35 人。开设教学班 9 个（包括送教班 1 个）。毕业 6 人、招生 10 人、在校生 76 人，其中，自闭症 23 人、智力障碍 37 人、多重残疾 11 人、肢体残疾 4 人、视力障碍 1 人。

2019 年，学校满足不同能力学生需求，落实“一生一案（IEP）”目标。创新教研模式，在学校设立北京市首家特教与职教“学习共同体研修工作室”，由东城职大提供专业课程，供学校教师在教研时间学习。学校女子特奥篮球队代表北京参加全国特奥篮球赛，获团体第二名，其中 2 名队员分获个人技术比赛第二名和第三名。

以“融和育人”办学理念为指引，注重亲子实践体验、普特融合活动开发、社会志愿者互动，在各种实践体验过程中搭建交流平台，拉近特教学校、障碍学生与社会的沟通距离，家校社共育，增强学生自信，注重学生实际获得。举办“行随心动 融和共育”心理健康日亲子共欢乐体验活动，整合家校社三方力量，构建和谐亲子关系。

以 21 天养成好习惯挑战赛为契机，培养学生建立好习惯，通过调查问卷了解家长、学生需求，以晨光班为蓝本开展实验，率先在 3 个班级启动并推广，教师指导家长制定目标，设计打卡方式，教师随时“一对一”指导。

（肖晓萌）

5 月 24 日，东城培智中心校举行心理健康日亲子共欢乐体验活动
（东城培智中心校　供）

北京市西城区培智中心学校

2019 年，北京市西城区培智中心学校占地面积 1.35 万平方米，校舍建筑面积 1.40 万平方米，运动场地面积 0.49 万平方米。图书馆（室）藏书 2.72 万册，电子图书 0.28 万册。固定资产总值 5465 万元，全年教育经费投入 5654 万元。学校信息化经费投入 63 万元，拥有计算机 304 台，网络多媒体教室 48 个，校园网出口总带宽 1000Mbps，数字资源量 3050GB。教职工 116 人，包括高级职称 12 人、中级职称 60 人。专任教师 110 人，包括特级教师 1 人、北京市骨干教师 1 人；本科以上学历 95 人。开设教学班 25 个（小学 12 个、初中 13 个）。毕业 14 人（小学阶段 8 人、初中阶段 6 人）；招生 12 人（全部为小学阶段学生）；在校生 161 人（小学阶段 72 人、初中阶段 89 人），其中，言语残疾 1 人、肢体残疾 4 人、智力残疾 81 人、精神残疾 39 人、多重残疾 36 人。

2019 年，学校以特殊教育提升计划为指引，开展培智学校义教部和高中部课程改革；完善自闭症基地建设与实施，促进教师专业发展；深化合作办学，完成市教委委派体验式培训、特教联盟校工作。

发挥优质特殊教育资源辐射作用，探索与联盟校合作办学。对来自市内4所特教学校的6名骨干教师，采取全脱产跟岗体验式培训，共计390学时；开展联合教研活动，教师作研究课8节；牵头举办特教学校校长办学思想研讨会；举办联盟校文艺汇演。根据市教委安排，接待内蒙古兴安盟特殊教育学校2名教师到校跟岗学习3周，贵州省务川县特殊教育学校8名教师到校跟岗学习3天。

开展爱国主义教育。举办“传承中国精神，做勇立潮头的教育人”主题党团日活动，通过微党课、快闪、舞台剧等形式，展示五四精神、红船精神、井冈山精神等民族精神和改革开放精神、雷锋精神、工匠精神等时代精神内涵。

优化以职业教育为主的高中阶段课程。完善职业教育课程设置，实施专业动态化管理。通过交流式、专题式、开放日展示等方式，促进职教教师间的交流与合作。探索高中部毕业班学生在校学习与社会实践双元机制，拓宽就业渠道。

保障自闭症教育基地顺畅运行。服务向社区、学区延伸，多种形式服务校外学生。选派支持教师4人、巡回指导教师8人，下校指导30余次；来自西城区8所普通学校的10余名学生在基地开展抽离式训练。举办7次家长培训和集中咨询活动，组织1次家长沙龙，“一对一”咨询、访谈服务家长70人次。

注重教师综合能力提升。加强教师定向培训，选派12名教师参加北京语言大学语言训练进阶课程学习；自闭症基地核心组聘请北京联合大学教授等到校开展定期咨询与现场指导；组织联盟校30余名骨干教师，参加认知与情绪培训二期课程班学习；组织教师到广州市康那学校、越秀启智考察学习。

9名学生作为北京代表团成员参加全国第十届残运会暨第七届特殊奥林匹克运动会田径、举重项目比赛，获田径金牌3枚、银牌6枚、铜牌5枚，举重金牌6枚。

（王文洪）

北京启喑实验学校

2019年，北京启喑实验学校占地面积8703平方米，校舍建筑面积23224平方米，运动场地面积3750平方米。图书馆（室）藏书4.10万册。固定资产总值3416万元，全年教育经费投入4306万元。学校信息化经费投入150万元，拥有计算机366台，网络多媒体教室24个，校园网出口总带宽4096Mbps，数字资源量1020GB，“信息技术”课程小学1课时/周、初中2课时/周、高中4课时/周。教职工107人，包括高级职称22人、中级职称36人。专任教师91人，包括北京市骨干教师1人；本科以上学历101人。开设教学班22个（小学阶段7个、初中阶段6个、高中阶段9个）。毕业43人（小学阶段12人、初中阶段16人、高中阶段15人）；招生28人（小学阶段1人、初中阶段13人、高中阶段14人）；在校生168人（小学阶段58人、初中阶段52人、高中阶段58人），其中，听力残疾166人、肢体残疾2人，包括寄宿生105人。另设学前康复班2个，在校生9人。

2019年，学校坚持开展素质教育，践行社会主义核心价值观，面向全体学生，关注个体差异，聚焦课堂，提高效益。

加强师德师风建设。对于违反师德的行为实行“一票否决”，学年末考核评价中强化师德考查。推进党风廉政建设，各项工作严格执行中央八项规定，凡事民主集中，集体决策。先后组织教师前往苏州、青岛两地特殊教育学校参观学习。选派教师参加通用手语学习培训，组织全体教师学习通用手语并进行考核，提升教师专业素养。开展“我和我的祖国”系列主题教育活动。鼓励教师开展学术研究。新立项课题4项，其中北京市教育科学规划办课题1项、西城区教育科学规划办课题2项、西城区融合教育“十三五”规划课题1项；2项区级课题结题。

落实“一节一案”，使用新教案模板备课。教学全过程中“面向全体，关注个体”。课堂教学有聋校特色，要求各科教学增加学习通用手语环节，提高学生汉语和通用手语水平，在全校范围内按照年级段开设通用手语课，定期组织全员手语培训，利用学校空间推广通用手语，利用微信公众号推出《跟张老师学手语》视频。组织全校师生录制的《我和我的祖国》手语MV入选推广通用手语成果展。继续开展聋校个别化教育在数学学科的试点工作、京津冀地区聋校教研活动。高考升学率和职高就业率继续保持100%。

落实校园安全制度建设。重视安全教育，定期开展安全疏散演练。优化美化校园环境，推进北楼改建工程。完成平安校园、语言文字、健康食堂验收工作。关注老教师身体健康，重视老教师学习提高，在老教师中推广通用手语。

（王秋阳）

北京市朝阳区安华学校

2019年，北京市朝阳区安华学校占地面积5628平方米，校舍建筑面积3984平方米，运动场地面积1734平方米。图书馆（室）藏书7790册。固定资产总值2440万元，全年教育经费投入3487万元。学校拥有计算机188台，网络多媒体教室28个，校园网出口总带宽1000Mbps，数字资源量4096GB，“信息技术”课程6课时/周。教职工81人，包括高级职称7人、中级职称24人。专任教师78人，本科以上学历78人。开设教学班25个（学前教育阶段1个、小学阶段12个、初中阶段3个、高中阶段9个）。毕业77人（学前教育阶段2人、小学阶段42人、初中阶段9人、高中阶段24人）；招生92人（小学阶段20个、初中阶段41人、高中阶段31人）；在校生360人（学前教育阶段1人、小学阶段178人、初中阶段96人、高中阶段85人），其中，听力残疾2人、言语残疾1人、肢体残疾38人、智力残疾

137 人、精神残疾 74 人、多重残疾 108 人。

2019 年，学校坚持以个别化教育为基础的培智教育综合课程思路。重点研发教学辅具资源，完善支持环境，规范课程流程，开展智慧校园和云资源平台建设。

加强师资队伍建设。开展教师基本功提升工程，针对教师特殊教育专业知识和日常教学工作中各项能力，开展笔试、表演案例分析等多样化考核。开展校本培训活动 18 次，内容涉及课程实施、动作康复等。依据教师个人发展规划安排 18 批 62 人次教师外出学习，涉及国际行为治疗师 BCBA 培训、作业治疗等。1 项北京市教育学会特殊教育研究会“十三五”课题立项。

坚持主渠道育人。围绕“做人懂礼貌，做事守规矩，生活会自理”育人目标，举行育人理念、育人方法培训和沙龙；举办陪读家长培训会，探索“全员、全程、全面”育人机制。以教育部“生命教育”课题为抓手，在低、中年级开设 4 个绘本实验班，探索绘本教育与课堂教学相结合模式。全年组织社会实践活动10次，通过走进北京鲜花港、北京海洋馆等场所，让残疾学生走出去，融入社会，提高学生适应能力。职业高中教育阶段 24 名毕业生中，有 3 人入职社会企业、19 人被安置在职业康复劳动站。

（高磊）

北京市丰台区培智中心学校

2019 年，北京市丰台区培智中心学校占地面积 9003 平方米，建筑面积 7748 平方米，运动场地面积 1819 平方米。图书馆（室）藏书 3304 册。固定资产总值 1291 万元，全年教育经费投入 1560 万元。学校信息化经费投入 4 万元，拥有计算机 161 台，网络多媒体教室 1 个，校园网出口总带宽 100Mbps，“信息技术”课程 2 课时 / 周。教职工 41 人，包括高级职称 4 人、中级职称 19 人。专任教师 39 人，本科以上学历 38 人。开设教学班 13 个（小学 10 个、初中 3 个）。毕业 5 人（全部为初中生）；招生 10 人（全部为小学生）；在校生 187 人（小学 142 人、初中 45 人），其中，智力障碍 111 人、自闭症 44 人、脑瘫 15 人、肢体障碍 15 人、多重残疾 2 人，包括外省市借读生 8 人。

2019 年，学校实现以学校发展带动学生发展，让残疾孩子真正享受公平教育的工作目标。全面开展区内“送教上门”工作，保证重度残疾学生享受义务教育的权利。全年开展送教志愿者活动 400 次。工作领导小组走遍全部送教家庭，累计送教走访 30 余次，并为有需求的学生开展动作评估、语言评估等。

提高学生素质。以素质教育为目标，以德育工作为先导，以日常行为规范为抓手，举办“亲子融合，共展风采”亲子融合趣味运动会、“童心迎国庆 · 欢乐过六一”和“体验传统文化 欢度年味佳节”庆新年联欢等主题活动及系列社会实践融合活动，培养学生热心助人、感恩他人、热爱祖国、热爱生活。以爱国主义为主旋律，选派 3 名教师参加庆祝新中国成立 70 周年“不忘初心”方阵训练及游行活动。

搭建平台，促进教师专业成长。邀请北京联合大学特殊教育学院教授走进学校开展系列指导研讨活动，提升教师专业水平。开展新课标下的教师评优课、常态组内教研等活动，促进教师队伍专业成长。加强特殊教育交流合作，与香港保良局陈百强伉俪青衣学校缔结姊妹校关系，举办京港两地特殊教育学校课程研讨活动。

（卢均峰）

北京市盲人学校

2019 年，北京市盲人学校占地面积 2.97 万平方米，建筑面积 3.14 万平方米，运动场地面积 0.83 万平方米（室外 0.50 万平方米、室内 0.33 万平方米）。图书馆藏书 3.05 万册，包括盲文版书 0.87 万册。固定资产总值 15462 万元，全年教育经费投入 4377 万元。学校信息化经费投入 20 万元，拥有台式机 368 台、笔记本电脑 143 台，网络多媒体教室 44 个，校园网出口总带宽 100Mbps，数字资源量 4TB，“信

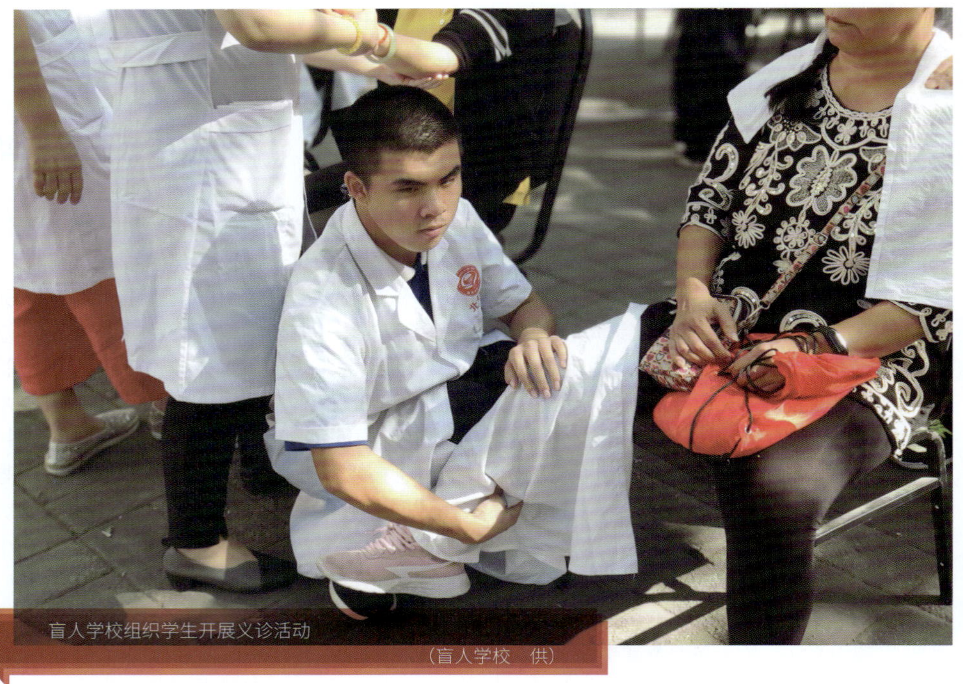

盲人学校组织学生开展义诊活动

（盲人学校　供）

息技术”课程 2 课时 / 周。教职工 123 人，包括高级职称 31 人、中级职称 30 人。专任教师 85 人，包括北京市骨干教师 2 人、北京市学科教学带头人 1 人；本科以上学历 84 人。开设教学班 20 个（小学 7 个、初中 5 个、成人中专 2 个、职业高中 6 个）。毕业 57 人（小学 13 人、初中 12 人、成人中专 13 人、职业高中 19 人）；招生 33 人（小学 13 人、初中 13 人、职业高中 7 人）；在校生 165 人（小学 61 人、初中 41 人、成人中专 22 人、职业高中 41 人），包括寄宿生 108 人。

2019 年，学校推进视障教育，夯实多重残疾儿童教育教学基础，探索个别化教学，成为“北京市中小学教师教育基地”。推进个别教育计划（IEP）工作，适应学校视多障学生多元化需求。以“分层分类教学研讨，提高课堂教学质量”为主线，发挥教研组力量，为基础教育践行康教结合理念奠定基础。借助新星杯、巧手杯、微课杯、耕耘杯等校级教学比赛平台，提高教师业务水平。

培养全面发展的学生。学生代表北京市参加各类残疾人体育、文艺、科技比赛及活动，成绩优异。在中国第十届残疾人运动会暨第七届特殊奥林匹克运动会中，由该校学生组成的北京队获盲人跳绳项目“体育道德风尚奖”及男子双人花样赛全盲 / 低视力组第五名，盲人柔道项目男子 73kg 以下无差别级第五名和“体育道德风尚奖”，盲人足球团体第七名等。在第 37 届北京学生科技节纸飞机比赛中，学生获二等奖 5 个、三等奖 4 个，1 名教师被评为“优秀辅导员”。

推进对口支援与合作。通过交流研讨，借鉴先进办学经验，促进学校科学发展。完成京港姊妹校缔结及互访工作。举办对口支援拉萨、玉树、和田、乌鲁木齐四地的暑期夏令营 4 期，接待受援地区学生到京参加活动。承办市残联主办的盲人培训班 8 期。争取社会力量的关注与帮助，与北京彭胜医院签订公益帮扶意向书，提升学校影响力与辐射力。

（高爽）

北京市健翔学校

2019 年，北京市健翔学校分两址办学，分别为海培校区和牡丹园校区。2 个校区总占地面积 1.76 万平方米，建筑面积 1.87 万平方米，运动场地面积 0.45 万平方米。固定资产总值 1.43 亿元，全年教育经费投入 0.94 亿元。学校信息化经费投入 218 万元，拥有计算机 1303 台，网络多媒体教室 5 个，校园网出口总带宽海培校区 150Mbps、牡丹园校区 200Mbps，牡丹园校区数字资源量 500GB，“信息技术”课程 1 ～ 7 课时 / 周。教职工 153 人，包括高级职称 33 人、中级职称 72 人。专任教师 138 人，包括特级教师 2 人、北京市骨干教师 1 人；本科以上学历 153 人。开设教学班 69 个（幼儿阶段 1 个、小学 30 个、初中 18 个、职业教育 20 个）。毕业 96 人（小学 7 人、初中 54 人、职业教育 35 人）；招生 109 人（幼儿 6 人、小学 38 人、初中 7 人、职业教育 58 人）；在校生 507 人（幼儿 6 人、小学 205 个、初中 142 人、职业教育 154 人），其中，智力障碍 184 人、自闭症 23 人、听力障碍 33 人、言语障碍 13 人、肢体障碍 14 人、多重残疾 136 人、精神残疾 104 人，包括寄宿生 85 人，外省市借读生 52 人。学校有社团 10 个。

2019 年，学校落实培智学校课程标准，建立个性化学习模式，加强个别化教育监管力度，开展以教学为基础的小组教研活动，有生活语文等 6 个学科教研组和语言康复等 3 个康复领域专题教研组。以“海景门昌”特教联盟为平台，开展校际联盟间班主任教师基本功展示活动和学生活动课程。培智高中部高考班 6 名毕业生全部通过自主招生面试被北京经济管理职业学院、北京网络职业学院等高校录取。与 JW 万豪酒店合作，为听障部高三学生提供实习就业岗位。培智部职业教育设置中餐烹饪、工艺制作、信息技术等专业。实习就业部与北京市多家企业及用人单位合作，为学生提供就业指导。开设缝纫、风筝、景泰蓝等 23 项选修课程。以手语中心为依托，继续为普校学生输入手语课程，向社会输送手语翻译人才，提供手语翻译服务。

志愿服务及社团活动。继续携手 BCC 中国奔驰俱乐部车友，开展“礼让斑马线 我们在行动”公益活动；开展“爱心快递、擦拭饮水机”等服务师生的志愿活动。聋人舞团获第 16 届北京舞蹈大赛 2 个特等奖。在全国纸飞机比赛中，获单项比赛一等奖 8 个，2 人打破留空计时赛全国纪录、1 人刷新直线距离全国记录。特奥融合足球队获 2019 年特殊奥林匹克北京融合学校足球锦标赛大龄组冠军。培智特奥男子篮球队代表北京市获第十届残疾人运动会暨第七届特殊奥林匹克运动会特奥篮球比赛冠军。

（曲亚迪　孙艳　米洁）

北京市通州区培智学校

2019 年，北京市通州区培智学校占地面积 1.13 万平方米，校舍建筑面积 0.72 万平方米，运动场地面积 0.21 万平方米。图书馆（室）藏书 8321 册。固定资产总值 2865.27 万元，全年教育经费投入 2536.53 万元。学校信息化经费投入 8 万元，拥有计算机 112 台，网络多媒体教室 22 个，数字资源量 3614GB，“信息技术”课程 2 课时 / 周。教职工 58 人，包括高级职称 6 人、中级职称 28 人。专任教师 57 人，包括特级教师 1 人、北京市骨干教师 1 人；本科以上学历 55 人。开设教学班 18 个（小学阶段 13 个、初中阶段 5 个）。毕业 17 人（全部为初中阶段学生）；招生 19 人（全部为小学阶段学生）；在校生 153 人（小学阶段 122 个、初中阶段 31 人），其中，言语残疾 1 人、肢体残疾 4 人、智力残疾 120 人、精神残疾 22 人、多重残疾 6 人，包括寄宿生 117 人。

2019 年，学校以“仁爱”精神为引领，打造业务精湛、师德高尚、积极团结的教师队伍；依托“学会生活、快乐成长”办学特色，为学生提供专业教育与康复课程；以“礼孝”教育为重点，深化养成，提高学生的实践能力和综合素养。

6月12日，顺义特教学校师生走进龙湾巧媳果品产销展业合作社开展社会大课堂实践活动　（顺义特教学校　供）

加强教师职业道德、行为规范制度建设。开展“师德演讲”活动，评选“最美教师”。将教师培训纳入大计划，并专门制订校本培训计划，为教师开设绿色通道，鼓励教师参加各类培训。规范培智课程体系，通过深入课改与实践，摸索出三段五类多元课程体系，引领学生知识和生活能力向纵深发展，实现让智力障碍学生“会生活、会生存”的目标。以“在课堂教学中如何实施个别化计划”为课改主题，在全面推行个别化教育计划基础上开展课改实践。根据学生身心特点，创新德育活动，结合“礼孝教育”，开展“文明过节三个一”“弘扬雷锋精神，争当美德少年”“争当环保小卫士 变废为宝我先行”等活动。开展校外社会实践、校园艺术节、校园体育节、特奥融合运动会等活动，为学生搭建展示舞台。

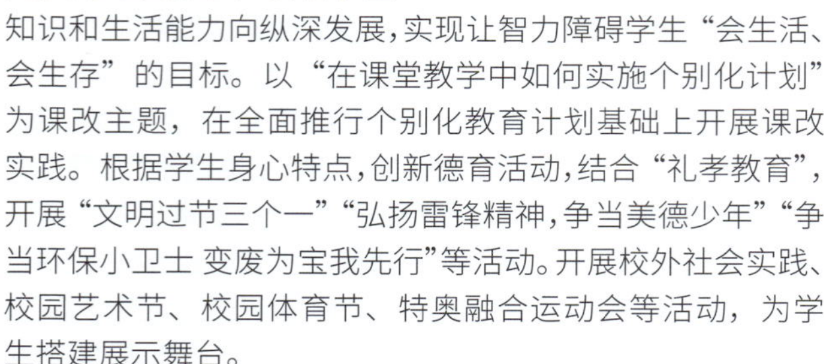

加强家校沟通，形成教育合力。开展以“扬师德，正师风，建功副中心”为主题的“千师访万家”活动，利用微信、QQ等媒介平台，做好家校沟通工作。少先队坚持做好每月一期的红领巾小报，展现师生在校动态信息，并为家长提供教育方法和策略，让家长及时了解学生在校表现和学校系列德育活动。开展家长培训会、开放周、亲子游园会等活动，为家长提供心理辅导、教育方法指导和家校融合教育，提高家长自身素养，形成教育合力，促进学生全面健康成长。

（张天玲）

北京市顺义区特殊教育学校

2019年，北京市顺义区特殊教育学校占地面积3.07万平方米，校舍建筑面积0.93万平方米，运动场地面积0.58万平方米。图书室藏书8147册。固定资产总值1581.30万元，全年教育经费投入3925.80万元。学校信息化经费投入5.30万元，拥有计算机159台，网络多媒体教室28个，校园网出口总带宽1000Mbps，数字资源量31GB，“信息技术”课程2课时/周。教职工71人，包括高级职称26人、中级职称29人。专任教师59人，包括北京市骨干教师1人；本科以上学历71人。开设教学班21个（小学阶段15个、初中阶段6个）。毕业44人（小学阶段24个、初中阶段20人）；招生42人（小学阶段22个、初中阶段20人）；在校生194人（小学阶段130个、初中阶段64人），其中，智力残疾113人、精神残疾28人、肢体残疾7人、视力残疾1人、言语残疾4人、多重残疾41人，包括寄宿生88人。

2019年，学校以“爱慧”教育为办学理念，建“爱慧”校园、塑“爱慧”教师、育“爱慧”学生。党支部与顺义区广播电视中心、金茂怡生园酒店开展共建活动；开展党员献课、建立党员先锋岗、党员教师结对子等系列活动，引导全体教职工提高职业道德素质。

加强师德师风建设，建立教师“诚信档案”。实行骨干引领、分层培训、定点追踪，追求培训实效最大化，构建专业化教师发展梯队。重新调整多元课程体系，IEP制定与实施，举办“兰馨杯课堂教学评优”“红梅杯我的教学故事演讲比赛”“微课培训”；启动戏剧游戏工作坊，聘请台湾特教专家来校指导个别化教育计划（IEP）和扎染技法。

坚持活动育人、环境育人。通过开学典礼、国旗下讲话、最美班级评比等活动开展爱国主义教育、传统美德教育。举办“童心绘祖国 墨彩迎华诞”学生书画展，为学生搭建才艺展示平台。构建和谐文明校园，通过校园绿化、墙面文化、班级主题版建设，营造良好学习氛围。重视学生个性发展，开展体验式、菜单式活动。

家校携手助成长。家长全方位参与学校教育教学活动，学校全力为家长提供专业服务支持。组织入户家访，教师和家长共同制订菜单式教学计划。家长参与课程，辅助开展实践性活动。满足个性化需求，举办专家讲座提高家长育儿科学性。落实资助政策，做好各类学生资助发放管理工作。

（张卫华　王向辉）

北京市昌平区特殊儿童教育学校

2019年，北京市昌平区特殊儿童教育学校占地面积8010平方米，建筑面积2441平方米，运动场地面积3727

平方米。图书馆（室）藏书9767册。固定资产总值599万元，全年教育经费投入1539.42万元。学校信息化经费投入2.87万元，拥有计算机87台，网络多媒体教室12个，校园网出口总带宽1000Mbps，数字资源量100GB，“信息技术”课程2课时/周。教职工41人（特岗5人），包括高级职称4人、中级职称5人。专任教师29人，本科以上学历26人。开设教学班9个（低段3个、中段3个、高段3个）。毕业11人（小学4人、初中7人）；招生25人（小学16人、初中9人）；在校生115人（小学88人、初中27人），其中，智力障碍86人、听力障碍1人、多重残疾20人、精神残疾8人，包括寄宿生25人，外省市借读生9人。学校有社团6个。

2019年，学校以“生活化主题教学”为模式，设定“能生存、会生活”教学目标，开设生活语文、生活数学、生活适应、劳动技术、运动与保健、绘画与手工、唱游与律动、康复训练、信息技术9门课程。关注学生个体差异，开设语训、动作康复个训课程。注重学生潜能开发，开设书法、音乐、魔术、美工、厨艺等社团活动课。

推行教学改革，以“启迪心智，快乐成长”为办学特色，从社会技能、沟通、认知、劳动、运动、娱乐六大教学领域入手，培养学生基本生活适应能力和文化知识学习能力，在低、中、高3个学段陆续开展健康安全教育主题展示活动，教师根据学生学习能力创设各种贴近生活的真实情境，让学生将健康饮食单元所学知识进行实际应用。教师针对学生的个别差异，采取以班级为基础的动态灵活分组和跨班级、年级分组教学、个别教学方式。采用情境学习、主题学习、兴趣学习等学习方式；通过多层次、多内容、多形式的目标和内容对学生进行教育，将教学与学生实际相结合。通过社会、家庭、学校多种渠道开展融合教育，举办“粽叶飘香迎端午”主题活动，开展“普特融合携手同行”融合活动，带领特殊儿童走进普通中小学及职业学校，拓宽学生训练空间。

（吴振奇）

12月10日至11日，怀柔培智学校开展骨干教师研究课活动——骨干教师动作训练课 （怀柔培智学校 供）

北京市大兴区特殊教育中心

2019年，北京市大兴区特殊教育中心占地面积3294平方米，建筑面积2404平方米，体育场面积1240平方米。图书馆（室）藏书1.45万册。固定资产总值3080万元，全年教育经费投入1404万元。学校拥有计算机107台，网络多媒体教室9个，校园网出口总带宽100Mbps，数字资源量450GB，“信息技术”课程4课时/周。教职工33人，包括高级职称6人、中级职称15人。专任教师31人，本科以上学历29人。开设教学班8个（小学7个、初中1个）。毕业7人（全部为初中生）；招生10人（全部为小学生）；在校生50人（小学41人、初中9人），全部为智力障碍生，包括外省市借读生6人。

2019年，中心统筹推进全区特殊教育工作。全区58所融合教育学校（包括建有资源教室的学校30所、学区融合教育资源中心4所）有随班就读生331人（小学241人、中学90人），有融合教育教师1000余人、资源教师35人。统筹规划，完善特教体系，构建“4＋N”特色专业指导和服务支持网络，即“市特殊教育研究指导中心—区特殊教育中心—学区融合教育资源中心—学校资源教室—融合教育学校工作室”。

加强专业培训，提升融合教育教师专业素养。开展ADHD学生干预与实践、情绪行为问题学生干预、学习障碍学生评估与干预、随班就读中学生教育康复、认知发展与情绪调整5个专题模块融合教育系列研修活动，共计320学时，培训教师1000余人次；成立学区融合教育资源中心教研组，计划培养30名融合教育骨干教师。

（陈淼）

北京市怀柔区培智学校

2019年，北京市怀柔区培智学校占地面积4098平方米，建筑面积1777平方米，体育场（馆）面积1296平方米。图书馆（室）藏书1万册。固定资产总值2223万元，全年教育经费投入497万元。学校信息化经费投入153.20万元，拥有计算机80台，网络多媒体教室10个，校园网出口总带宽10Mbps，数字资源量15GB，“信息技术”课程8课时/周。教职工37人，包括高级职称4人、中级职称22人。专任教师34人，本科以上学历33人。开设教学班6个。毕业6人、招生9人、在籍生89人（多重残疾16人、脑瘫1人、智力残疾65人、自闭症2人、听力障碍3人、言语障碍2人），包括在校生63人、送教上门学生15人。

2019年，学校探索个别化教育理念下培智学校课堂教学模式和方法，推进培智学校课程教学改革。探索课堂教学生活化、社区化模式。在社区中实施生活化课程，把“课堂”延伸到学生生活社区中，把小课堂拓展成社会大课堂，丰富课堂“内涵”。

为学生定制个别化教育计划（IEP）。以个别化教育为手段，根据智力障碍学生差异，结合每名学生的智商程度、残障程度、年龄界定、行为表现等特点，实施个别化教育。为学生制订成长发展近期和长期目标，开展分层分类教育教学，提升教育教学质量和实效性。

（任海明）

北京市平谷区特教中心

2019年，北京市平谷区特教中心新校舍在筹备中，租借平谷区中罗庄老年公寓部分房屋为临时校舍。图书馆（室）藏书2040册。固定资产总值758.36万元，全年教育经费投入192.02万元。学校信息化经费投入436.67万元，拥有计算机131台，网络多媒体教室15个，校园网出口总带宽4Mbps，数字资源量22GB，“信息技术”课程4课时/周。教职工63人，包括高级职称11人、中级职称35人。专任教师52人，本科以上学历61人。开设教学班15个。毕业9人、招生22人、在校生119人（听力障碍6人、智力障碍91人、脑瘫6人、孤独症4人、多重残疾9人），包括寄宿生60人。

2019年，学校以“自助”教育为落脚点，谋求师生“幸福”。深化“双积分”管理，完善积分办法，促进教育教学质量提升，助力教师成长；树立师德典型，真抓骨干教师队伍建设，全面提高教师师德素养；加强德育工作。以活动为载体，培养学生爱校、爱家、爱国的家国情操、基本文明礼仪、基本生活常识和技能。加强特奥品牌建设，推进特奥游泳、足球2项训练，启动特奥项目校本教材编写工作。深化课题研究，推进课堂教学改革，发掘潜能、激发创新意识，深入开展平板电脑、趣纳天地系统电子课程软件辅助下的个别化教育。聘请专家进校培训，提升教师业务水平，提升学校办学效果。协助区教委完成学校新校舍图纸设计及施工前各种手续，对北京市平谷区大华山中学校舍进行设计改造。加强教职工安全管理培训教育，实施全员安全负责工程，做到人防、技防双标准。执行“三重一大”议事制度，加强资产与经费管理，合理使用经费。加强随班就读指导室管理，加强对资源教室和送教上门工作的指导与检查，落实融合教育计划。

（王红梅）

北京市密云区特殊教育学校

2019年，北京市密云区特殊教育学校占地面积9144平方米，建筑面积4215平方米，运动场地面积2864平方米。图书馆（室）藏书0.40万册。固定资产总值3569.47万元，全年教育经费投入1773.74万元。学校信息化经费投入13.90万元，拥有计算机60台，网络多媒体教室22个，校园网出口总带宽1000Mbps，数字资源量75GB，“信息技术”课程1课时/周。教职工47人，包括高级职称6人、中级职称23人。专任教师36人，本科以上学历43人。开设教学班12个。毕业25人、招生10人、在校生67人。

10月23日，平谷特教中心举办首届平谷区特奥融合趣味体育嘉年华 （平谷特教中心 供）

2019年，学校深化包班制、个别化教育计划（IEP）的实施、康复训练等特殊教育课程改革。

推进教育教学改革。成立康复治疗中心，开展语言训练、动作训练、感统训练、自闭症训练等研究，并对有需求的学生开展康复训练。在综合课程组3个教学班采用人教版教材，实行包班制教学探索；生活适应组5个教学班实行行政班与走班制相结合的教学模式，重点在生活适应、生活语文、生活数学、情景剧、运动与保健学科实行走班制。

8月23日至9月2日，延庆特教中心学生参加全国特奥运动会获1金2铜　（延庆特教中心　供）

加强课程建设。在开足开齐培智学校国家课程的基础上，加大艺术休闲课程的开发。举办第二届“中华经典诵读节”活动；以烹饪课为基础，开展第三届“舌尖儿上的特教”美食节活动；以庆六一为契机，开展艺术休闲课程展演活动。

体育美育教育。组织开展体育、艺术类活动，举办特奥校园足球联赛、学生才艺展示活动，丰富学生校园生活。学校特奥足球队在北京市特奥足球周活动中获优胜奖，获北京融合足球锦标赛冠军。开展迎冬奥冰雪体验活动，组织51名特教学生走进滑雪场。

（赵丽娟）

北京市延庆区特殊教育中心

2019年，北京市延庆区特殊教育中心占地面积1.98万平方米，校舍建筑面积0.40万平方米，运动场地面积1.04万平方米。图书馆（室）藏书2.32万册，电子图书1万册。固定资产总值2266万元，全年教育经费投入159万元。学校信息化经费投入2万元，拥有计算机110台，网络多媒体教室1个，校园网出口总带宽100Mbps，数字资源量300GB，“信息技术”课程2课时/周。教职工37人，包括高级职称4人、中级职称19人。专任教师31人，本科以上学历34人。开设教学班9个（小学阶段6个、初中阶段3个）。毕业8人（全部为初中阶段）；招生11人（全部为小学阶段）；在校生84人（小学阶段51人、初中阶段33人），其中，听力残疾1人、言语残疾1人、肢体残疾10人、智力残疾57人、精神残疾2人、多重残疾13人，包括寄宿生17人。

2019年，学校本着重度学生学会生活自理，摆脱别人帮助；中度学生学会居家生活，服务他人；轻度学生能够自食其力，服务社会目标，办人民满意的特殊教育。推进全区融合教育工作，举办融合教育教研活动3次，召开融合教育管理干部培训会4次，组织学生到普通中小学参加融合教育活动4次。学校3名教师为18名极重度学生提供送教上门服务。选派干部教师到16所小学、7所中学下校调研、指导融合工作开展情况。

加强教师队伍建设，组织教师参加各级各类培训。其中，17人次到外省参加金字塔教学法和PECS、融合教育、特奥运动、养成教育等培训；6人参加北京市性健康教育理论初级班、中级班培训；7人到北京市朝阳区安华学校参加“体验式”培训。以教研组为单位，开展专题性教研活动；以金字塔教学法和PECS为主题，开展全员校本培训。

推进课程改革。开齐课程开足课时，在一、二年级试行包班制实践，2名教师承包1个班的教育管理和教学工作；将性健康教育课题的研究和日常课堂教学、班周会的开展相结合，开展专题性教研活动8次。组织2次推门听课、2次人人献课、1次骨干教师公开课、8节教研组观摩课。组织教师参加北京市“五优联评”活动和师生电脑作品征集活动，6人获一等奖。

引导学生融入社会。开发实践课程，带领学生走进银行、超市；组建种植小组、环保小组、志愿服务队；组织学生到北京汽车博物馆、延庆妫川牡丹园、柳沟豆腐工作坊等场所参加社会大课堂活动；举办特教中心残疾人运动会。2名学生代表北京队参加全国第七届特殊奥林匹克运动会滚球比赛获1金2铜。

（周英杰）

（本栏责任编校　孙晓楠）

47.61 万人

普通本科在校生

25.98 万人

在学硕士研究生

10.08 万人

在学博士研究生

6.16 万人

普通高等学校专任教师

2020 | 普通高等教育

HIGHER EDUCATION

- 高等教育布局优化
- 市属高校分类办学推进
- 构建北京学院和卓越人才培养高校联盟协同育人机制
- 617 个专业入选一流本科专业建设“双万计划”
- 100 个专业入选北京高校重点建设一流专业

普通高等教育
HIGHER EDUCATION

综述

概述

2019 年，收录的 60 所普通本科高校（不含民办）中，中央部委属高校 39 所，包括教育部属 25 所、其他部委属 14 所，市属公办高校 21 所。60 所高校产权占地面积 40290.23 万平方米，产权校舍建筑面积 37310.09 万平方米。图书 10119.00 万册。固定资产总值 17854460.50 万元，其中，教学、科研仪器设备 6306359.03 万元。教职工 127737 人，其中，专任教师 61575 人，包括正高级职称 18300 人、副高级职称 23107 人。毕业生 111313 人、招生 120784 人、在校生 476183 人。

2019 年，北京市 59 所普通高校和 88 个科研机构培养研究生。共有在学研究生 36.06 万人，其中，博士生 10.08 万人、硕士生 25.98 万人。招收研究生 12.39 万人，比上年增加 0.67 万人。

（张晓兰）

高等教育布局优化

2019 年，市教委优化高等教育布局，从中心城区向外疏解学生 4619 人。市教委定期组织召开疏解高校新校区建设现场交流会，督促建设进度并研究解决相关问题，各高校新校区建设取得明显成效。北京电影学院怀柔校区 18 万平方米校舍基本建成，北京信息科技大学昌平校区全面开工，北京工商大学良乡校区 4 栋学生公寓竣工，北京城市学院顺义校区征地范围内地上房屋全部拆除，北京建筑大学大兴校区 11 号学生宿舍完成规模论证等前期工作。研究推进首都体育学院挂牌“北京国际奥林匹克学院”并在延庆区建设的工作，继续支持中国人民大学等中央部委属高校在郊区建设新校区。

（王鑫）

市属高校分类办学推进

2019 年，市教委推进市属高校分类发展。2018 年 11 月至 2019 年 1 月，市教委开展北京市属高校分类办学改革调研，根据进校专家组意见，结合各高校关于自身分类发展意见建议，起草《北京市属公办本科高校分类发展方案》。11 月 5 日，市政府专题审议《关于推动市属公办本科高校分类发展工作的请示》，原则同意分类意见，同时明确不同类型高校只是发展建设方式不同，没有高低之分；各类高校在学科建设、人才培养、科学研究等方面深入开展建设，进一步突出优势和特色，使高校发展更加符合北京城市战略定位和产业发展需要。

（张富宇）

高水平人才交叉培养计划继续推进

2019 年，市教委继续推进北京高等学校高水平人才交叉培养计划。市教委深入实施“双培计划”“外培计划”。加强计划管理，召开“双培计划”和“外培计划”教学工作会，加强对项目实施过程的跟踪研究，加强学生思政管理和组织建设。印发《关于进一步做好“双培计划”“外培计划”有关管理工作的通知》，各相关高校根据通知查摆问题，总结执行情况，完善管理体系，提高工作水平。全面优化“双培计划”“外培计划”招生方案，根据国家经济社会发展需求，在保持规模稳定的同时，重点加强人工智能、机器人、5G 通信等专业方向的招生和培养力度。完成新一届学生招录工作，2019 年北京地区招录双培生 1294 人、外培生 321 人，录取率和学生质量不断提升。与中高考衔接，有力推动北京教育整体水平的提升。市教委继续滚动实施“实培计划”。

“实培计划”毕业设计（科研类）、毕业设计（创业类）、大学生创新创业训练计划深化3类项目立项1168个，参与学生1886人，中国科学院、中国社会科学院等607家科研院所、企事业合作单位参与“实培计划”，有效推动北京高校人才培养的开放、协同、共享，深化以学生为中心的实践教学改革。

（段磊　荣燕宁）

本科教学改革创新项目实施

2019年，市教委启动北京高等教育“本科教学改革创新项目”建设工作。此举旨在引导高校完善校内本科教学改革支持体系，开展系统性、前瞻性、持续性研究及探索，加快构建体现北京高等教育优势与特色的一流人才培养体系。项目支持一批本科人才培养建设项目，要求申报项目坚持问题导向，能够切实解决人才培养中的具体问题；有一定的建设基础，已经取得初步成果；具有较为完善的改革建设思路和创新点；预期建设成效显著，成果有较好的推广性。项目分为一般项目、重点项目、重大项目3类，资助金额分别是2万元、5万元、10万元，连续资助3年。项目每年评选一次。6月，市教委组织开展2019年项目申报工作，经学校申报、市教委批准等程序，共有227个项目入选，其中，一般项目204个，重点项目8个、重点委托项目4个，重大项目8个、重大委托项目3个。

（张富宇）

构建北京学院和卓越人才培养高校联盟协同育人机制

2019年，市教委加强优质资源共享，创新协同育人机制，重点推进北京学院和卓越人才平培养高校联盟建设。新成立北京邮电大学北京学院、中国传媒大学北京学院、中国地质大学北京学院3所北京学院，联合之前成立的北京航空航天大学北京学院、北京理工大学北京学院、北京交通大学北京学院、中国农业大学北京学院和中央财经大学北京学院，共建成北京学院8所。新成立北京卓越法治人才培养高校联盟、北京卓越医学人才培养高校联盟、北京卓越文化传承人才培养高校联盟3个卓越联盟，联合之前成立的北京卓越农林人才培养高校联盟、北京卓越新闻人才培养高校联盟、北京卓越艺术（舞蹈类）人才培养高校联盟、北京卓越艺术（美术设计类）人才培养高校联盟、北京卓越工程师教育培养高校联盟，共建成卓越人才培养高校联盟8个。北京学院和卓越人才培养高校联盟构建完成北京地区优质资源共享、高校协同发展的协同育人机制。

（段磊）

农大2个专业通过中俄联合国际认证

1月16日，中国农业大学植物保护专业和园艺专业通过中俄联合国际认证，成为中国农林类高校中首家参与并通过中俄联合国际专业认证的高校。2018年12月5日至7日，中俄联合专家组15人进驻农大，围绕人才培养目标与培养效果的达成度、办学定位和人才培养目标与社会需求的适应度、教师和教学资源条件的保障度、教学和质量保障体系运行的有效度、学生与用人单位的满意度，通过现场考察、深度访谈、一对一访谈等方式，考察农大本科教学情况。最终，教育部高等教育教学评估中心、俄罗斯联邦国家公共认证中心经认证结论审议，认定农大植物保护专业、园艺专业通过中俄联合国际专业认证。教育部高等教育教学评估中心与俄罗斯联邦国家公共认证中心于2015年9月21日签订《合作备忘录》和《开展中俄联合认证的合作协议》，至2019年，中俄共有7所高校的14个专业接受中俄联合国际认证，其中，中国4所高校7个专业参与认证并获得通过。通过认证的专业可获中俄双方两个证书，认证结论得到中俄双方及整个欧洲高等教育区的认可，并可以在欧洲高等教育质量注册体系中注册。通过认证的专业将登载于双方的认证专业名录中，为中俄学生流动择校提供信息与参考。

（杜伟）

10所高校与北京互联网法院签约共建

1月21日，北京10所高校与北京互联网法院签署共建协议，并举行“互联网法律人才培养中心暨互联网法学

6月22日，中央财大校长 为毕业生拨穗

（中央财大　供）

教育实践基地”揭牌仪式。此举旨在依托法院平台技术支撑，为高校建立远程案例教学，并就典型性案件开展远程庭审学习和庭后探讨。根据协议，北京互联网法院与签约院校可共同开展法律业务培训、案例研讨等活动，开展订单式培训，定向培养高层次人才，建立院校在校学生来法院担任实习法官助理的常态化制度。此外，院校还可设计实习课程，派学生到互联网法院开展实习和志愿者服务。10 所高校分别是北京大学、中国人民大学、清华大学、中国政法大学、北京航空航天大学、中国社会科学院大学、中央财经大学、对外经济贸易大学、中国传媒大学和北京政法职业学院。

（李治建）

5 个基地入选首批国家教材建设重点研究基地

1 月 31 日，教育部公布首批国家教材建设重点研究基地名单，北京 4 所高校的 5 个基地入选。经高校及研究机构自主申报，第三方专业机构组织资格审核、专业评审、公示等程序，教育部认定 11 个基地入选首批国家教材建设重点研究基地，北京高校入选的基地分别是北京师范大学大中小学德育一体化教材研究基地、中小学（含中职）语文教材研究基地，北京大学高校思想政治理论课毛泽东思想和中国特色社会主义理论体系概论教材研究基地，清华大学高校思想政治理论课思想道德修养与法律基础教材研究基地，中国人民大学高校经济学教材研究基地。教育部要求基地要围绕聚集专业力量、探索教材建设规律、建设教材数据中心、促进研究成果交流传播、开展咨询指导服务 5 个方面任务明确定位、开展工作。

（张晓兰）

高校新媒体论坛暨微博校园年度盛典

2 月 28 日，中国人民大学、微博校园主办的 2019 高校新媒体论坛暨微博校园年度盛典在人民大学举行。盛典现场颁发 2018 年度最具影响力教育政务新媒体、最具影响力高校官方微博等 30 个奖项。另外，对优秀的校园自媒体、MCN 机构等进行表彰。论坛围绕高校舆情管理机制创新、全媒体时代主流价值观的核心引领、正能量平台的一体化发展、教育网络生态的研究创新、高校网络骨干力量的培育等议题展开探讨交流。其中，人民大学官方微博获评 2018 年度最具成长性高校官方微博。活动在中央网信办网络社会工作局、教育部思政司、共青团中央宣传部的指导下开展，教育部新闻中心、中华全国学联新媒体、市教委等单位的 900 余名政府高校代表、媒体专家和新媒体骨干参加盛典。

（陈伟杰）

4 所高校入选首批高等学校科技成果转化和技术转移基地

2 月 28 日，教育部公布首批高等学校科技成果转化和技术转移基地认定名单，北京 4 所高校入选。经单位申报、专家评审，教育部决定清华大学等 47 所高校入选首批高等学校科技成果转化和技术转移基地，北京入选的 4 所高校分别是清华大学、北京化工大学、北京理工大学、首都师范大学。教育部要求各高校完善促进科技成果转化的顶层设计，细化基地工作方案，加强促进科技成果转化的政策、资源统筹配置，强化在技术转移机构部门设置、人员聘用、工作经费、服务场地等方面的支撑保障。

（张晓兰）

23 个项目入选 2018 年度国家虚拟仿真实验教学项目

3 月 6 日，教育部公布 2018 年度国家虚拟仿真实验教学项目认定结果，北京高校 23 个项目入选。在各省级教育行政部门推荐基础上，经综合评议和公示，教育部共认定 2018 年国家虚拟仿真实验教学项目 296 个。

（荣燕宁　张晓兰）

2018 年度国家虚拟仿真实验教学项目名单
（北京）

新闻传播学类	
中国传媒大学	数字电视演播室技术
生物科学类	
北京大学	细胞动态虚拟仿真实验—被子植物双受精
北京师范大学	鸟类环志虚拟仿真实验
心理学类	
北京师范大学	婴幼儿客体心理表征虚拟仿真教学项目
机械类	
清华大学	锂电池装配工艺仿真与实验探究
北京交通大学	高速动车组检修工艺虚拟仿真实验
北京工业大学	典型机械产品铸造成形虚拟仿真
能源动力类	
清华大学	1000MW 超超临界火电机组燃烧系统虚拟仿真实验
北京理工大学	内燃机性能测试虚拟仿真实验
测绘类	
首都师范大学	无人机航空摄影测量虚拟仿真综合实验教学项目
中国地质大学（北京）	复杂地形条件下空间信息采集与地理环境仿真虚拟实验
化工与制药类	
北京化工大学	丙烯酸甲酯全流程生产仿真实习
地质类	

北京大学	晶体形态分析及矿物鉴定虚拟仿真实验教学项目
中国地质大学（北京）	北京周口店野外地质仿真模拟实习
交通运输类	
北京交通大学	高速铁路网行车组织全过程管控一体化虚拟仿真实验
航空航天类	
北京航空航天大学	隐身飞机探究与设计虚拟仿真实验
北京理工大学	微重力环境下大型航天结构展开虚拟仿真实验教学项目
食品科学与工程类	
中国农业大学	果蔬汁加工工艺实验
植物类	
北京林业大学	林木良种多圃配套育苗技术虚拟仿真实验
动物类	
中国农业大学	犬骨骼及关节虚拟解剖实验
医学基础类	
北京协和医学院	虚拟仿真技术在人体形态教学中的应用
临床医学类	
首都医科大学	智能化虚拟高仿真临床综合能力训练课程
中医类	
北京中医药大学	运用 VR 技术模拟针刺临床常用重点穴位及危险穴位实验

（荣燕宁　张晓兰）

延河高校人才培养联盟成立

3 月 16 日，延河高校人才培养联盟成立。延河联盟是在北京理工大学发起和倡议下，由北理工、中国人民大学、中国农业大学、北京外国语大学、中央音乐学院、中央美术学院、中央戏剧学院、中央民族大学、延安大学 9 所诞生于延安的高校自愿组成的联合组织。联盟高校继承并发扬延安精神，开展全方位、深层次的交流与合作，全力培养德智体美劳全面发展的社会主义合格建设者和可靠接班人。北理工另于 11 月 30 日举行延河高校人才培养联盟宣言发布会。

（岳鹏　陈伟杰）

北京市与中央高校共建“双一流”大学工商管理学科研讨会

4 月 17 日，中国人民大学、北京联合大学、首都经济贸易大学举办北京市与中央高校共建“双一流”大学工商管理学科结对共建项目研讨会。3 所学校主管副校长分别致辞，相关负责人介绍共建资源和共建举措。研讨会结束后，根据人民大学、北京联大、首经贸 3 所高校的学系分布，分 4 个方向举办学系教师的分组见面与平行讨论，包括企业管理、市场营销、旅游管理组，会计、审计、财务与金融、贸易经济组，管理科学与工程、电子商务与供应链管理组，组织与人力资源管理组。教师们就后续活动安排、资源整合、分享机制等开展讨论。3 所高校教师 50 余人参加研讨会。

（陈伟杰）

中国音乐研究基地成立

4 月 20 日，中国音乐学院主办中国音乐研究基地 2019 年学术年会，成立中国音乐研究基地。学术年会共收到论文 50 余篇，来自北京大学、中央音乐学院、中国艺术研究院等高校与研究机构的近百名专家学者围绕“中国乐派”研究、中国音乐史研究、现当代音乐创作研究与民族音乐学研究 4 个议题展开研讨。中国音乐研究基地的前身为北京民族音乐研究与传播基地，于 2010 年 12 月在中国音乐学院成立。2019 年 2 月，经主管部门批准，北京民族音乐研究与传播基地更名为中国音乐研究基地。

（江瑾尧）

高等教育国际化战略与世界一流大学建设国际会议

5 月 14 日至 16 日，北京航空航天大学举办高等教育国际化战略与世界一流大学建设国际会议。会议以“高等教育国际化战略与世界一流大学建设”为主题，以世界一流大学建设需求为导向，围绕中国“双一流”建设背景下的高等教育国际化发展关键问题以及如何通过国际化战略建设世界一流大学进行研讨。会议由主旨演讲、全体会议、分论坛、专题讨论等环节组成。来自 17 个国家 76 所高校以及高等教育机构的 130 余名中外代表参加会议。会议由北航主办、欧盟“Erasmus+”能力建设项目支持。

（朴悦嘉）

京南大学联盟校长论坛

5 月 15 日，京南大学联盟校长论坛举行。活动分为“京南大学联盟与大兴融合发展”校地合作论坛、“坚持分类发展，通过综合改革，推动学校高质量内涵建设”校长论坛、京南大学联盟服务大兴成果展和轮值理事长单位交接仪式 4 个部分。论坛上，北京印刷学院接任京南大学联盟 2019 年轮值理事长单位，印刷学院校长担任联盟理事长。北京建筑大学、北京石油化工学院、北京电子科技职业学院等联盟高校负责人 50 余人参加论坛。2015 年，京南大学联盟由印刷学院、石化学院、建筑大学 3 所高校共同创建，这是印刷学院第二次担任理事长单位。

（谢丹）

99 个学科入选北京高校高精尖学科

5 月 16 日，市教委公布北京高校高精尖学科建设名单。在学校申报、管理专家形式审查、学科专家组评审基础上，市教委批准53所高校的99个学科入选高精尖学科，建设周期5年。涉及中央部委属高校33所，立项建设学科59个，侧重新兴、交叉和前沿学科建设；市属高校20所，立项建设学科40个，侧重优势、特色学科建设，其中，与12所中央部委属高校合作共建学科28个。

（侯东云）

北大与二外学科共建工作推进会

5月21日，北京大学—北京第二外国语学院外国语言文学学科共建工作推进会召开。二外聘任北大2名教授为学科建设咨询委员会委员，聘任6名教授为二外客座教授。根据推进会精神，两校通过教师队伍共建、教学资源共享、学生交流互访、科研合作互助等模式，在二外外语学科的师资队伍、人才培养、科学研究、平台建设等方面全方位深化高质量、高层次、高成效合作，包括开展二外—北大“日语学科共建论坛——融合与发展”“东方文学的虚构与想象”全国研究生暑期学校，“德国文化与社会”硕士研究生联合培养项目等合作。两校学科建设负责人、外国语言文学学科班子成员及教师代表60余人参加会议。

（王薇）

高速铁路高校联盟大会

6月17日，北京交通大学举办高速铁路高校联盟（AUHSR）大会。会议选举联盟副主席及指导小组成员、发布国际铁路联盟信息、探讨科研课题项目等。来自中国、西班牙、英国等国家的30余名高速铁路领域专家参加会议。高速铁路高校联盟（AUHSR）2015年12月由国际铁路联盟（International Union of Railways，UIC）发起并正式成立，是国际铁路联盟及其城际与高速委员会的重要组成部分，2018年5月，学校受邀加入高速铁路高校联盟，校长宁滨担任联盟主席。

（高杰）

首届世界能源大学联盟清洁能源科学与技术国际暑期学校开幕

6月21日，中国石油大学（北京）举办首届世界能源大学联盟（WEUN）清洁能源科学与技术国际暑期学校开幕仪式。暑期学校以“清洁能源科学与技术”为主题，来自美国密西根大学、英国伯明翰大学、丹麦理工大学、挪威科技大学、厦门大学、石油大学世界能源领域的专家教授为联盟学生授课，同时融入中国文化体验项目。英国、丹麦、挪威、巴西、加拿大、俄罗斯、中国7个国家11所联盟成员高校的19名学生与12名世界能源领域的专家学者参加仪式。活动由石油大学世界能源大学联盟主办，在厦门、北京两地开办。

（洪丽燕）

教育部、交通运输部共建北京交大

7月10日，教育部、交通运输部联合印发《关于共建北京交通大学的意见》。根据共建意见，教育部加强北京交大对建设发展的领导与支持，支持学校主动适应国家、行业发展需求，保持和发展办学特色。交通运输部加强对北京交大建设发展的支持与指导，把学校作为交通运输行业人才培养、理论研究和技术研发的重要基地，支持该校“智慧交通”世界一流学科领域建设。北京交大提升办学水平和服务交通运输行业的能力，推进交通运输相关学科建设、人才培养、科学研究、队伍建设等工作。至此，学校作为教育部直属高校，已获交通运输部、市政府和中国国家铁路集团有限公司共建支持。

（高杰）

印刷高等教育发展论坛

7月25日至26日，北京印刷学院与中国印刷高等教育联盟共同举办印刷高等教育发展论坛。该论坛以“‘新工科’背景下的印刷专业新发展”为主题，来自上海出版印刷高等专科学校、西安理工大学、华南理工大学等学校的专家学者做主旨发言。中宣部相关负责人及中国印刷高等教育联盟成员及行业内科研院所、企业代表等近百人参加活动。此次活动是中国印刷业创新大会的子活动之一，在创新大会期间，印刷学院另举办“印艺融合创新论坛”；召开中国印刷高等教育联盟第一届第二次全体理事会，通过4家单位加入联盟申请，至此成员增至26家。

（谢丹）

4月11日，清华举办“学风大讨论”微沙龙活动

（清华 供）

北京高校教风学风考风建设加强

9月4日，市教委印发《关于进一步强化北京高校教风学风考风建设的通知》。要求各高校全面净化教学风气，严把教学政治关，以高水平的思想政治工作体系贯通教学体系、课程体系、教材体系、管理体系，强化课程思政建设，不断加强师德师风建设，不断提高教师教学能力；营造校园奋发向上、求真务实的学习氛围，健全完善学生学业引导机制，营造良好课堂氛围，严肃课堂纪律；完善考试评价机制，加强考试管理，健全能力与知识考核并重的多元化学业考核评价体系，严肃考风考纪，加强对毕业设计（论文）选题、开题、答辩等环节的全过程管理。

（张富宇）

中国政法实务大讲堂

10月18日，中国政法实务大讲堂首场专题讲座在北京大学开讲。最高人民检察院检察长张军以《中国特色社会主义司法制度的优越性》为题作专题演讲。北大师生300人参加大讲堂。中国政法实务大讲堂由中央政法委、教育部等单位共同创办，旨在引导法学院校师生坚定不移走中国特色社会主义法治道路，为法治中国、平安中国建设贡献才智，大讲堂首批在16所国内知名法学院校举办，至年底，分别已在清华大学、中国人民大学、中国政法大学、中国社会科学院大学、北京师范大学开展活动。

（张晓兰　李安）

北京高校12个中心入选教育部工程研究中心

10月，教育部公布2019年教育部工程研究中心建设项目立项名单，北京高校12个中心入选。经单位申报、教育部审核等程序，全国61个中心入选，分布在22个省、自治区和直辖市。工程研究中心是高校科技创新体系的重要组成部分，是高校面向世界科技前沿、面向经济主战场、面向国家重大需求，组织工程技术研发、促进科技成果转化、推动学科建设发展、培养集聚创新人才、开展国际合作交流的重要基地。

（张晓兰）

2019年教育部工程研究中心建设项目立项名单（北京）

骨与关节精准医学	北京大学
公共安全与应急管理	清华大学
金融计算与数字工程	中国人民大学
智能技术与教育应用	北京师范大学
园艺作物新品种选育与良种繁育	中国农业大学
智能超算融合应用技术	北京科技大学
国家金融安全	中央财经大学
智慧中医装备	北京中医药大学
先进长航时无人机系统技术	北京航空航天大学
爆炸防护与应急处置技术	北京理工大学
公共安全风险防控	中国人民公安大学
智能感知与自主控制	北京工业大学

（张晓兰）

北京地区高校一流课程与教材建设研讨会

11月2日，市教委、北京服装学院、高等教育出版社共同举办北京地区高校一流课程与教材建设研讨会。会议旨在进一步贯彻落实全国教育大会精神、教育部新时代高等学校本科教育工作会议精神，聚焦高校一流专业与一流课程建设，交流课程、教材建设与信息技术的融合发展。与会专家分别从新工科背景下的金课建设、混合式教学金课建设、虚拟仿真实验金课建设、艺术类课程及教材建设角度作主题发言。研讨会还就“双万计划”“双一流”背景下的课程与教材建设的思路与方法研讨交流。北京大学、中国传媒大学、北京航空航天大学等30余所高校的院系负责人、专家学者、教学名师及相关工作人员200余人参加会议。

（付佳）

12月13日，中国政法实务大讲堂走进社科大

（社科大　供）

人民大学发起成立全球首个人文社会科学高校联盟

11月4日至5日，22所大学代表出席在意大利罗马举行的首届人文社会科学高校联盟全体会议。会议宣布全球首个人文社会科学高校联盟（Social Sciences Universities Network，SSUN）成立。该联盟由中国人民大学与意大利路易斯大学共同发起，打破以科学（Science）、技术（Technology）、工程（Engineering）及数学（Mathematics）4门学科（STEM学科）为核心的现状，为教育现代化贡献新的解决方案。该联盟是人民大学发起成立的第一个全球高校联盟，也是全球第一个以人文社会科学为主要合作领域的大学联盟，通过整合成员高校的学科优势，组织各成员大学专家对全球治理重大问题进行研讨，向政府提供研究成果，提升政策影响力。

（楚艳红）

社科大与国科大签约合作

11月15日，中国社会科学院大学与中国科学院大学签署战略合作框架协议。根据协议，双方本着“协同创新、优势互补”的原则，坚持立德树人、服务国家需求，发挥各自的特点和优势，在人才培养、科学研究、社会服务、文化传承创新、国际教育与合作等方面开展全面战略合作，探索中国高校合作新模式，加快建成中国特色世界一流大学。协议有效期5年。

（李安）

戏剧与影视学学科建设北京论坛

11月20日，中央戏剧学院举办戏剧与影视学学科建设“新中国七十年”北京论坛。该论坛以“新中国成立七十年，戏剧与影视学学科建设的回顾、总结与展望”为主题，就“新中国成立七十周年戏剧与影视学学科发展成果总结”“对现今戏剧与影视学学科发展中存在的问题与建议”“对戏剧与影视学学科建设的前瞻性思考”等议题交流研讨。论坛与国务院学位委员会戏剧与影视学学科评议组、教育部高等学校戏剧与影视学类专业教学指导委员会联合主办。国务院学位委员会、教育部高等学校戏剧与影视学类专业教学指导委员会相关负责人及戏剧学院各系主任和教师代表30人参加会议。

（王兴民）

地大北京学院成立

11月21日，中国地质大学（北京）北京学院成立。地大北京学院依托学校珠宝学院特色学科，开设“珠宝鉴赏与首饰设计”辅修专业。该专业为宝石及材料工艺学与产品设计（首饰设计方向）相结合的交叉学科专业，采取“授课、实习与科研素质训练相结合”的方式培养学生，学制1年。至年底，地大北京学院完成首届学生招生和培养工作。

（段磊）

5G+智慧教育高峰论坛

11月22日，北京航空航天大学和中国高等教育学会共同举办“5G+智慧教育高峰论坛”。论坛作为世界5G大会的重要组成部分，围绕“5G改变世界 5G创造未来”主题，打造顶尖合作交流平台，共同探讨5G赋能智慧教育带来的变革创新，听取题为《拥抱5G新技术助力高等教育新发展》的大会主题报告。与会人员围绕5G时代对智慧教育带来的变革与机遇、如何建立5G+智慧教育的生态等主题交流研讨。200余名专家学者参加论坛。首届5G大会由市政府、国家发展改革委、科学技术部、工业和信息化部共同主办。

（朴悦嘉）

北京卓越医学人才培养高校联盟成立

12月3日，市教委召开北京卓越医学人才培养高校联盟成立大会。会议通过医学高校联盟章程，首都医科大学、北京大学、协和医学院、北京中医药大学、天津医科大学及河北医科大学签署成员单位协议书，就联盟2020年拟开展工作进行研讨。会议听取题为《我国临床医学人次培养体系的审视》的主题报告，与会人员就学校的优势以及发展规划交流发言。市教委、联盟成员校相关负责人26人参加会议。北京卓越医学人才培养高校联盟由市教委发起成立，办公室设在首都医科大学教务处，包括京津冀3地主要医学院校。

（段磊）

新农科建设《北京指南》发布

12月5日，教育部新农科建设《北京指南》工作研讨会在中国农业大学召开。会议研究新农科建设发展举措，提出新农科改革实践方案，55所涉农高校150余名书记校长和专家代表共同推出新农科建设《北京指南》。《北京指南》对接“卓越农林人才教育培养计划2.0”、《安吉共识》和《北大仓行动》，内容涵盖“新农科建设发展理念研究与实践”“专业优化改革攻坚实践”“新型农林人才培养改革实践”“协同育人机制创新实践”“质量文化建设综合改革实践”五大改革领域共29个选题方向，从微观层面提出实施新农科研究与改革实践的“百校千项”新项目。

（杜伟）

第九届北京地区高校地质类学科建设研讨会

12月7日，中国矿业大学（北京）举办第九届北京地区高校地质类学科建设研讨会。会议以“一流学科建设”和“一流本科专业人才培养”为主题，与会代表立足所在高校人才培养的历史背景，根据一流学科建设所需基本条件，探讨学科建设过程中的有效举措，提出建设性意见。来自北京大学、中国科学院大学、中国地质大学（北京）等5所高校的地质类学科院长和教师代表20余人参加研讨会。

（杨恬）

3 所高校在海南陵水黎安设立国际学院

12 月 17 日，中国传媒大学海南国际学院、中央民族大学海南国际学院、北京体育大学海南国际学院在海南陵水黎安揭牌。3 所学校成为首批入驻海南陵水黎安国际教育创新试验区的院校。根据相关协议，高校通过开展高水平中外合作办学，把海南国际学院打造成产学研用一体的人才培养基地；海南陵水黎安国际教育创新试验区以划拨或出让方式优惠提供办学用地，承诺教学科研设备和仪器、基建用进口设备和物资零关税，对入驻高校给予办学经费补贴。揭牌活动由教育部指导，海南省政府主办，海南省教育厅、陵水黎族自治县承办。在教育部统筹指导下，海南省规划三亚崖州湾科教城、陵水黎安国际教育创新试验区、海口江东桂林洋高校园区 3 大园区，集中引进以农业、深海、旅游业等现代服务业相关专业，进一步推进海南教育发展。

（董健　张晓兰）

高校高精尖学科建设工作会

12 月 20 日，市教委召开北京高校高精尖学科建设工作会。会议听取北京理工大学、中国传媒大学、北京第二外国语学院高精尖学科建设经验分享，邀请北京大学学科办、北理工研究生教育研究中心专家作《关于高精尖学科建设的若干思考》《“双一流”背景下的学科建设》主题报告。会议简要分析高精尖学科建设过程中存在的问题，要求各相关学校及高精尖学科负责人要在组织管理、建设运行等方面提高站位、发现问题、及时纠偏。53 所高校学科建设管理部门负责人、99 个高精尖学科负责人共 180 余人参加会议。

（张晓兰）

北京高校卓越法治人才培养联盟成立

12 月 21 日，市教委举办的北京高校卓越法治人才培养联盟成立大会暨“人工智能 + 法学人才培养”专题研讨会在中国政法大学举行。成立大会为北京高校卓越法治人才培养联盟首届理事成员单位授牌，法大学作为秘书长单位负责推动和协调联盟单位相关工作开展。联盟由市教委发起，法大牵头，成员包括北京工业大学、北方工业大学、北京建筑大学、北京农学院、首都医科大学、首都师范大学、北京工商大学、北京物资学院、北京联合大学、北京城市学院、首都经济贸易大学、北京警察学院共 12 所高校。成立大会后，来自北京市高级人民法院、北京互联网法院、北京知识产权法院，以及联盟成员单位的与会专家学者围绕“人工智能 + 法学人才培养”开展专题研讨会。

（段磊　陈泉廷）

617 个专业入选一流本科专业建设“双万计划”

12 月 24 日，教育部公布 2019 年度国家级和省级一流本科专业建设点名单，北京高校 462 个专业入选国家级一流本科专业建设点、155 个专业入选北京市级一流本科专业建设点。经高校网上申报、高校主管部门审核，教育部高等学校教学指导委员会评议、投票，教育部认定首批 4054 个国家级一流本科专业建设点，北京 56 所高校 462 个专业入选。经各省级教育行政部门审核、推荐，教育部审核确定 6210 个省级一流本科专业建设点，北京 57 所高校 155 个专业入选。2019 年，教育部全面实施“六卓越一拔尖”计划 2.0，启动一流本科专业建设“双万计划”，即在 2019—2021 年，建设 10000 个左右国家级一流本科专业点和 10000 个左右省级一流本科专业点。其中，国家级建设计划分“两步走”实施，报送的专业第一步被确定为国家级一流本科专业建设点，教育部组织开展专业认证，通过后再确定为国家级一流本科专业。

（陈雷）

100 个专业入选北京高校重点建设一流专业

12 月 25 日，市教委公布北京高校重点建设一流专业入选名单，北京 49 所高校 100 个专业入选。经各高校自主申报、专家组评审、专业负责人答辩、公示等程序，北京 49 所高校 100 个专业入选北京高校重点建设一流专业。原则上每个理工农医类专业最多支持 800 万元，其他类专业最多支持 600 万元，专业建设周期 5 年。市教委于 2017 年和 2019 年分两批开展北京高校重点建设一流专业的申报和评选，重点支持具有较好建设基础和较强发展潜力，且与北京经济发展、社会建设紧密相关的专业，累计评出重点建设一流专业 127 个。市教委组织专家逐年对项目实施情况考核，并依据考核结果调整下一年度经费支持方式和力度。

（陈雷）

本科教育

北京高科大学联盟一流本科教育论坛

3 月 1 日，北京高科大学联盟一流本科教育论坛在中国矿业大学（北京）举行。论坛以“行业特色大学一流本科教育改革与实践”为主题，与会代表围绕行业特色大学如何把握高等教育发展的历史机遇，加快人才培养的思想创新、理念创新、方法创新和模式创新，全面建设一流本科教育交流研讨。教育部、中国高等教育学会相关人员及北京高科大学联盟 12 所高校负责人及联盟各高校代表 200 余人参加论坛。北京高科大学联盟简称北京高科（Beijing Tech），成立于 2011 年，由北京化工大学、北京交通大学、北京科技大学、北京林业大学、北京邮电大学、华北电力大学、哈尔滨工程大学、西安电子科技大学、中国地质大学（北京）、中国矿业大学（北京）、中国石油大学（北京）11 所高水平行业特色型大学共同发起组建，2015 年燕山大学加入联盟。

（杨恬）

北体大成立通识教育中心

3月18日，北京体育大学通识教育中心成立。中心主要职责是推进北体大通识教育改革和通识核心课程的建设，努力打造"金课"，提升本科生培养质量，助力"人文北体"，实现体育与人文的深度融合，探索中国体育类人才培养的新模式。中心由人文学院牵头，依托学校教师资源，通过课程征集、论证、设计和师资培训，完成课程的准备工作，9月全面启动通识教育，同时通过系列大讲堂、线上课程、实践课程等方式丰富教学形式。

（董健）

新增本科专业98个

3月21日，教育部公布2018年度普通高等学校本科专业备案和审批结果，北京地区41所普通本科高校增设本科专业98个。其中，22所中央部委属高校增设本科专业59个，19所市属高校增设本科专业39个。新增专业2019年起开始招生。教育部同时公布撤销和调整的专业名单，北京3所高校撤销本科专业17个，其中，1所中央部委属高校撤销本科专业15个、2所市属高校撤销本科专业2个；1所中央部委属高校1个本科专业调整学位授予门类。

（陈雷）

《北京高等教育质量报告（本科）2018》研制完成

3月，北京教育科学研究院研制完成《北京高等教育质量报告（本科）2018》。报告包括北京普通高校本科教学质量状态与分析、北京高等教育发展的主要举措与成绩两部分内容，从8个方面对64所北京地区普通本科高校开展教学质量分析，总结2018年北京本科高等教育质量建设情况。该报告受市政府教育督导室委托研制。

（王怀宇）

5个师范类专业第二级认证

3月至12月，市教委组织开展5个师范类专业第二级认证工作。市教委委托教育部高等教育教学评估中心对首都师范大学汉语言文学、学前教育、数学与应用数学，北京联合大学学前教育、小学教育5个专业开展师范类专业第二级认证。至12月，已完成学校专业自评、专家入校考察，并将认证结论提请普通高等学校师范类专业认证专家委员会。这是北京市首次开展师范类专业第二级认证。

（陈雷）

本科生毕业设计（论文）评优

9月，市教委首次开展本科生毕业设计（论文）评优工作。经各高校择优推荐、北京市评审，共评选出62所高校的2019年度优秀本科毕业设计（论文）971项。市教委自2019年开始，每年定期组织开展北京普通本科高校大学生毕业论文（设计）评优，评优面向北京地区普通本科高等学校（含独立学院和民办本科高校），旨在进一步加强本科教育教学工作，提升毕业设计（论文）质量。获得优秀毕业设计（论文）的个人、团队和优秀指导教师分别颁发市教委认定的荣誉证书，市教委同时编印《北京市普通本科高等学校毕业设计（论文）简介汇编集》。

（荣燕宁）

首届外交学专业本科教学改革与人才培养研讨会

12月7日，外交学院举办第一届外交学专业本科教学改革与人才培养研讨会。会议围绕外交学专业人才培养模式、外交学专业的教学方法、政治学类专业课程建设与教学设计、国际政治类外交学专业课程的建设与教学设计4个议题进行研讨。来自国内高校的30余名专家学者参加会议。

（顾建俊）

传媒大学通识教育中心成立

12月24日，中国传媒大学通识教育中心揭牌。通识教育中心是学校推进通识教育体系构建、实现"弘道崇德、经世致用"人才培养目标的重要平台。学校整合专业团队，倡导主题聚焦下的多样化授课，推动经典阅读、创意写作和书院学习深入开展。中心以阳明书院、修辞学堂两大分支机构为依托，把通识教育贯穿于招生和培养的全环节，构建具有传媒特色的通识教育体系，为传媒新工科、新文科建设树牢根基。该中心设通识教育委员会顾问22人、阳明书院顾问17人。

（刘书峰）

"优质本科课程"和"优质本科教材课件"遴选

12月30日，市教委公布2019年"优质本科课程"和"优质本科教材课件"遴选结果。经高校推荐、专家评审，共遴选出"优质本科课程"重点项目35个、重点委托项目1个、一般项目192个；遴选出"优质本科教材课件"重点项目35个、一般项目190个。市教委认定北京高校"优质本科课程"的主讲教师为"北京高等学校优秀专业课（公共课）主讲教师"，并颁发证书。

（荣燕宁）

学位与研究生教育

清华思政课骨干教师提升计划教育博士项目启动

3月，清华大学启动思政课骨干教师提升计划教育博士项目并完成首期招生。该项目面向中小学思想政治理论课程一线优秀教师招收攻读教育博士专业学位研究生，招生实行"申请—审核"制，符合申请条件者提交相关材料，依据申请材料的综合评价结果，以一定差额确定综合考核名单，经综合考核后择优推荐并录取。项目突出“教学实践—理论研究”紧密结合的特点，从马克思主义基本理论、教育教学研究方法、思政课教学实践研究3个主要维度，制定专门的培养课程，并对博士学位论文选题密切结合思政课教育教学实践提出明确要求。首批学生25人于8月入学，第二期招生工作于6月启动并于9月完成，第二期招生25人。

（吴筱君）

硕士学位授权点合格评估

3月至9月，市教委开展硕士学位授权点合格评估抽评。评估实现硕士学位单位全覆盖，涵盖132个硕士学位授予单位的603个硕士学位授权点，其中，学术学位授权点506个（一级学科点414个、二级学科点93个）、专业学位授权点97个。经确定评估点、专家评审等程序，共抽评132个单位的157个授权点，经市学位委员会审议通过，130个单位的155个授权点“合格”、1个单位的1个授权点“限期整改”、1个单位的1个授权点“不合格”。评估结果报送国务院学位委员会。

（杨晖）

外交学院举办首届研究生外交外事调研大赛

4月至5月，外交学院举办首届研究生外交外事调研大赛。参赛选手围绕重大外交外事主题，开展社会调研并撰写调研报告。比赛设“外交学术调研”“外交政策调研”“优秀指导教师”3类奖项，邀请有外交外事调研经验的大使或专家担任评委，通过评审和打分，评出获奖报告31份。学校研究生200余人参赛，完成调研报告52份。

（顾建俊）

北理工成为学位授权自主审核单位

5月31日，国务院学位委员会公布2019年增列的学位授权自主审核单位名单，北京理工大学入选。2019年共增列11所高校为学位授权自主审核单位，至此，全国共31所高校入选，其中，北京7所，分别是北京大学、中国人民大学、清华大学、北京航空航天大学、中国农业大学、北京师范大学和新增列的北理工。获批学位授权自主审核资格后，学校可根据国家发展战略需要和国际科学技术前沿，灵活自主地设置学科，培养新的学科增长点，优化学科布局，更好地促进中国特色世界一流大学建设。

（岳鹏）

二外中东学院研究生暑期小学期试行

7月1日，北京第二外国语学院中东学院与北京大学共建学科研究生暑期小学期开学。中东学院的12名研究生在北大听取23名国内外知名专家学者的24场讲座，参加至少1场学术论坛，并在学期末提交论文。其中，10名学生承担此次暑期学校的志愿者工作，负责联络授课专家、完成课堂笔记的记录与整理。2018年，二外与北大建立外国语言文学学科共建关系，中东学院与北大外国语学院阿拉伯语系逐渐形成共同参加学术研讨、定期交流、北大名师进课堂等一系列合作机制。暑期小学期是推动学校学科建设发展、推进研究生教育改革的重要举措，第一批研究生暑期小学期在中东学院、日语学院、旅游科学学院、文化与传播学院试点。

（王薇）

全国煤炭行业高等院校学位与研究生教育工作研讨会

8月23日，中国矿业大学（北京）举办2019年煤炭行业高等院校学位与研究生教育工作研讨会。会议就课程教学改革、学位论文质量监督、研究生思想政治教育等内容交流探讨。会议认为，深化研究生教育综合改革，持续提高培养质量是研究生教育的永恒主题，煤炭行业高校要努力提高研究生培养质量，为经济社会和行业发展作出更大的贡献。14所高校的60余名代表参加会议。研讨会由中国煤炭教育协会高等教育分会主办、矿大承办。

（杨恬）

地大举办2019年研究生国际学术论坛

9月21日至22日，中国地质大学（北京）举办2019年研究生国际学术论坛。该论坛以“资源、环境、生命”为

7月1日，二外研究生暑期小学期开学典礼

（二外 供）

主题，听取题为《高砷地下水：分布与成因机制》（High Arsenic Groundwater: Distribution & Genesis Mechanisms）《数字革命与地球科学变革》（Digital Revolution and Earth Science Trans For Mation）的主题报告。设分论坛 12 个，来自中国、日本和马来西亚 3 个国家 12 所高校的 169 名研究生围绕“资源的可持续利用、环境污染预防、生命繁殖”3 个主题交流研讨。

（李媛媛）

电科院研究生教育分级管理工作模式启动

10 月 17 日，北京电子科技学院启动研究生教育分级管理工作模式。该模式依托《电科院研究生教育分级管理实施方案》，把研究生教育由集中统一管理改革为研究生部和学科承建系分级协作、共同承担，包括党的建设、招生、培养等 9 类 45 项业务的分工明细。通过实施分级管理，明确系部的主体责任和工作内容，有助于落实研究生导师在研究生教育培养中第一责任人的职责，建立健全研究生教育培养质量保障体系。

（赵明丽）

2019 年北京市研究生英语演讲比赛

12 月 15 日，2019 年北京市研究生英语演讲比赛总决赛在北京大学举行。比赛以“China Dream My Dream”为主题，经过角逐，评出特等奖 3 人、一等奖 6 人、二等奖 9 人。比赛由北京市高等教育学会研究生英语教学研究分会主办，于 10 月 8 日启动，31 所高校的非英语专业 2019 级硕士、博士研究生经过校内初选，88 名选手入围复赛；通过校际比赛，18 名选手进入决赛。

（刘晖）

学位授予信息管理

至年底，北京教育综合服务中心完成学位授予信息管理工作。2018—2019 学年度第一学期有 72 个学位授予单位报送数据，总计上报电子数据 37485 条（含光盘报送数据），其中，博士学位 3843 条、硕士学位 15229 条、学士学位 18413 条；第二学期有 143 个学位授予单位报送数据，总计上报电子数据 243013 条（含光盘报送数据），其中，博士学位 15754 条、硕士学位 82867 条、学士学位 144392 条。全年共受理 49 个学位授予单位 77 次信息修改申请，涉及 1072 条数据；受理 8 个学位授予单位 8 次信息补报申请，涉及 103 条数据；受理 42 个学位授予单位 76 次照片补报申请，共补报照片 4560 张；受理 11 个学位授予单位的撤销申请，共撤销备案 14 名学生学位；受理 1 个学位授予单位的删除申请，涉及 2 条成人学士数据；受理 15 个学位授予单位添加专业授权申请，涉及 45 条学士学位授权信息。

（罗芳）

普通高等学校

北京大学

概述

2019 年，北京大学占地面积 274.11 万平方米，产权校舍建筑面积 289.33 万平方米。图书馆建筑面积 8.04 万平方米。固定资产总值 1674402.54 万元，其中，教学、科研仪器设备资产值 753432.98 万元，信息化设备资产值 111376 万元。拥有教室 405 间，其中，网络多媒体教室 380 间。拥有图书 779.56 万册，计算机 60969 台。网络信息点 151182 个，上网课程 254 门，电子邮件系统用户 92169 个，管理信息系统数据总量 41906GB，数字资源量中电子图书 2985288 册、电子期刊 73851 册、学位论文 3970372 册、音视频 9530 小时。学校由教育部举办，为综合大学，设置 49 个院（系、部）。开设 128 个本科专业，覆盖除农学外的 11 个学科门类；具有一级学科 50 个；一级学科博士点 50 个，专业学位博士点 6 个；一级学科硕士点 50 个，硕士专业学位授权类别 27 个；博士后科研流动站 49 个，其中，博士后研究人员出站 628 人、进站 777 人、在站 1905 人。“双一流”建设学科 41 个，国家级一流本科专业建设点 36 个，北京市级一流本科专业建设点 9 个，北京高校重点建设一流专业 2 个，北京高校高精尖学科 3 个。国家重点实验室 9 个、国家工程研究中心 2 个、国家工程实验室 3 个。教职工 11724 人，其中，专任教师 3409 人，包括正高级 1514 人、副高级 1503 人；博士生导师 2582 人；中科院院士 81 人、工程院院士 19 人。“长江学者奖励计划”特聘教授 181 人、讲座教授 34 人；“国家杰出青年科学基金”获得者 253 人；“国家优秀青年科学基金”获得者 140 人。学历教育学生中毕业生 21447 人，其中，研究生 7373 人（博士生 2079 人、硕士生 5294 人）、普通本专科生 3430 人（本科生 3406 人、专科生 24 人）、成人教育本科生 1899 人、网络教育本专科生 8745 人（本科生 6854 人、专科生 1891 人）。本科毕业生就业率 90.94%。招生 15452 人，其中，研究生 9078 人（博士生 2856 人、硕士生 6222 人）、普通本科生 3815 人、网络教育本科生 2559 人。高考北京地区提档线文科 665 分、理科 680 分。在校生 83503 人，其中，研究生 29646 人（博士生 11816 人、硕士生 17830 人）、普通本科生 16328 人、成人教育本科生 6133 人、网络教育本专科生 31396 人（本科生 27129 人、专科生 4267 人）。留学生毕业 3814 人、招生 3633 人、在校生 6857 人。学校网址：www.pku.edu.cn。

2019 年，学校发布《北京大学国际发展战略——全球卓越：面向未来的责任与担当》，推进各项工作积极开展。

思政工作。加强思政实践课程建设，近千名学生组成 83 支社会实践课程团队，到革命老区和改革前线开展实践。

6月16日，北大男篮成功卫冕第21届CUBA中国大学生篮球一级联赛男篮总决赛 （北大 供）

创设“双班主任”制，学校领导班子和机关干部148人兼任“第二班主任”。举办学术研讨会、青春长跑、青春诗会等活动纪念五四运动100周年。开展“扣好人生第一粒扣子”专项主题教育活动，开展开学教育和毕业教育，充分利用国庆70周年、五四运动100周年、李大钊同志诞辰130周年等重大契机，开展革命传统和爱国主义教育。

人才培养。启动实施“拔尖计划2.0”“未名学者计划”。30门课程入选“国家精品在线开放课程”。马克思主义学院被授予首批国家教材建设重点研究基地；首次开展数字化教材建设立项工作，20个数字化教材获得立项。办好研究生新生开学第一课，开设留学生和港澳台学生中国国情教育公共必修课。合理调控研究生招生规模，不断优化研究生招生结构，建立研究生专业学位跨学科特色项目。保障基础学科发展，设立科研博士支持计划、人文社科专项计划等。

教师队伍建设。实施各级各类人才计划，引进一批学术领军人物和优秀青年人才。高原宁、汤超、张继平、张锦、彭练矛新当选为中科院院士，王俊、董尔丹新当选工程院院士，入选人数全国高校第一。入选第15批“国家海外高层次人才引进计划”26人，2018年度“长江学者奖励计划”24人；获2019年“国家杰出青年科学基金”22人，2019年“国家优秀青年科学基金”19人；入选第四批国家高层次人才特殊支持计划24人。24人入选2018年度享受国务院政府特殊津贴人员名单。

学科建设。设立马克思主义理论、电子信息工程、机器人工程3个本科专业，国家安全战略与管理、工业与系统工程、导航与位置服务3个目录外二级学科博士点。新增社会政策硕士专业学位、大数据硕士专业学位2个专业学位。设立14个“加强基础”研究专项，支持基础研究的发展。推动成立人工智能研究院等跨学科研究机构，临床医学+X、区域与国别研究等跨学科重点项目进展顺利。

科研工作。获批国家自然科学基金项目723个，科技部国家重点研发项目25个。发表SCI论文1万余篇，授权发明专利703项。学校作为第一完成单位获得国家科学技术奖3项，获得高等学校科学研究优秀成果奖（科学技术）13项。推进大科研平台建设，多模态跨尺度生物医学成像设施启动建设，激光加速器、轻元素量子材料两个交叉研究平台、“皮肤与免疫疾病”和“血液系统疾病”两个国家临床医学研究中心、国家发展改革委科研基础设施项目“人工智能研究型7T磁共振成像系统”等完成立项。继续推进临床科学家计划、“临床医学+X”青年专项、交叉种子基金等项目。成立医学技术研究院、国际癌症研究院。发挥基础学科的传统优势，陆续推出《马藏》《中国出土青铜器全集》《“一带一路”沿线国家经典诗歌文库》《改革开放四十年与中国社会科学》等成果，人文学科文库25部专著出版。23项成果获第15届北京市哲学社会科学优秀成果奖。52个项目入选2019年度国家社科基金年度项目；12个项目入选2019年度国家社科基金重大项目。服务国家重大战略，启动“中华文明传播史”“丝绸之路重大考古发掘与丝路文明传承”“海上丝绸之路与郑和下西洋”等一批重大项目。

国际交流合作。加强与美国哈佛大学、康奈尔大学，英国剑桥大学、伦敦大学学院，俄罗斯莫斯科大学等国际顶尖高校和科研机构的联系。加强人才的国际化培养，设立“国际战略合作伙伴项目基金”“学生海外学习专项基金”，与联合国教科文组织签署关于实习生培养的合作协议，举办首届“北京大学日内瓦国际组织暑期项目”。创办东方项目、东盟项目，开设首届治国理政研修班，来自32个国家的38名学员参加学习。

庆祝新中国成立70周年服务保障。2232师生组成国庆群众游行第24号“凝心铸魂”方阵，110名师生参加广场合唱及联欢活动。学校举办“奋进70年，与共和国同行——北京大学庆祝中华人民共和国成立70周年专题图片展”，召开“庆祝中华人民共和国成立70周年重大活动总结大会”。

党委书记 邱水平
校　　长 郝 平

（傅翰文　徐聪颖）

人工智能研究院成立

4月27日，北大成立人工智能研究院。人工智能研究院是北大建设世界一流智能学科、服务国家人工智能重大战略、培养智能学科一流人才的主要支撑平台，研究方向包括人工智能数理基础和认知科学基础、智能感知、机器学习、类脑计算、人工智能治理以及智能医疗、智能社会等方面。研究院以国家新一代人工智能发展规划和教育部

《高等学校人工智能创新行动计划》为指导，中科院院士黄如担任研究院首任院长。

（刘鹏）

国际发展战略发布

5 月，北大发布《北京大学国际发展战略——全球卓越：面向未来的责任与担当》。国际发展战略是北大综合改革和“双一流”建设在国际化维度上的全面部署和具体体现，包括创新、引领、开放、独特、多元、塑造六大理念。战略明确六大行动路径，分别是以增强创新创造实效为方针，推进科研国际协同创新；以提升引领未来能力为主线，全面培育全球卓越人才；以开放融通互利共赢为途径，构建好国际学术共同体；以中国特色北大风格为底蕴，争创国际交流独特范式；以多元聚才品质校园为载体，打造一流国际智识高地；以塑造国际发展动能为统领，优化全球合作协同体系。制订六大行动计划，分别是国际科研协同创新计划、全球卓越人才培养计划、全球卓越新型互联计划、国际发展特色行动计划、国际智识高地打造计划、全球合作协同推进计划。

（傅翰文）

多模态跨尺度生物医学成像国家重大科技基础设施启用

6 月 29 日，北大多模态跨尺度生物医学成像国家重大科技基础设施启用。多模态跨尺度生物医学成像设施主要建设多模态医学成像装置、多模态活体细胞成像装置、多模态高分辨分子成像装置、全尺度图像数据整合系统、模式动物与样品制备平台及配套土建工程。设施建成后将为国家重大科学计划和生物医学成像装备产业提供战略支撑。该设施是《国家重大科技基础设施建设“十三五”规划》确定的 10 个优先建设项目之一，是生物医学成像领域由中国科学家首倡的大科学工程。项目的法人单位为北大，共建单位为中国科学院生物物理研究所。工程总投资 171699 万元，北大成像设施首席科学家、北大分子医学研究所程和平院士担任项目负责人。

（徐聪颖）

国际癌症研究院成立

10 月 22 日，北大国际癌症研究院成立。国际癌症研究院是依托北大基础医学院、肿瘤医院、人民医院、生物医学前沿创新中心、生命科学学院、药学院、公共卫生学院、工学院八大支撑的跨学部研究机构，以解决癌症科学问题为牵引，以核心技术为突破，以学科交叉为导向，瞄准肿瘤防治需求，聚焦肿瘤难点、热点和重大基础性问题，以及国际肿瘤学研究和诊治领域的最前沿，在肿瘤生物学、临床肿瘤学、肿瘤新技术、肿瘤流行病学、血液肿瘤学、肿瘤免疫学及肿瘤药学 7 个方向开展研究。北大常务副校长、医学部主任詹启敏担任研究院首任院长。

（马麟）

国家创伤医学中心启动

12 月 7 日，北大举行国家创伤医学中心启动暨北京大学医学部急诊医学学系成立仪式。国家创伤医学中心由国家卫生健康委批准设立，北大人民医院是国家创伤医学中心主体医院，院长姜保国担任中心主任。中心主要职责是开展严重创伤疑难危重症诊断与治疗，示范和推广高水平诊疗技术；培养创伤医学临床技术骨干和学科带头人，实现高层次创伤医学人才培养；建立中华创伤数据库，开展年度情况分析，预测创伤发病和死亡、危险因素流行和发展趋势，组织开展全国多中心、大样本的临床研究。急诊医学学系旨在整合临床医学、基础医学及流行病学，围绕急危重症、疑难杂症的临床诊断和综合治疗，建立多学科救治团队，培养高水平人才。北大人民医院 1983 年正式成立急诊科，是中国最早建立的急诊医学科之一。

（田祎娴）

中国人民大学

概述

2019 年，中国人民大学占地面积 90.10 万平方米，产权校舍建筑面积 98.60 万平方米。图书馆（新旧馆）面积 5.78 万平方米。全年教育经费投入 532349.43 万元，其中，财政拨款 247273.03 万元、事业预算收入 195290.44 万元、其他预算收入 89785.97 万元。固定资产总值 511307.10 万元，其中，教学、科研仪器设备资产值 71148.30 万元，信息化设备资产值 64585.67 万元。拥有图书 391.50 万册，计算机 16865 台。网络信息点 45000 个，上网课程 208 门，电子邮件系统用户 10.5 万个，管理信息系统数据总量 830GB，数字资源量中电子图书 448.6 万册、电子期刊 20.7 万册、学位论文 13 万册、音视频 11378 小时。学校由教育部举办，为综合大学，设置 33 个院，25 个跨院系研究机构，另设有体育部、继续教育学院、深圳研究院。开设 82 个本科专业，覆盖 9 个学科门类；具有博士学位授权一级学科点 22 个，硕士学位授权一级学科点 37 个；具有硕士点 170 个、硕士专业学位 21 个；“双一流”建设学科 14 个，国家级一流本科专业建设点 22 个，北京市级一流本科专业建设点 6 个，北京高校重点建设一流专业 3 个。教育部工程研究中心、重点实验室 3 个，北京市重点实验室 2 个。教育部普通高等学校人文社会科学重点研究基地 13 个、国家人权教育与培训基地 1 个、教育部区域与国别研究培育基地 3 个、国家基础学科人才培养和科学研究基地 5 个、国家大学生文化素质教育基地 1 个，博士后科研流动站 21 个。国家高端智库 2 个，国家级实验教学示范中心 4 个。北京高精尖创新中心 1 个，北京市哲学社会科学研究基地 3 个。教职工 3351 人，其中，专任教师 1895 人，包括教授 701 人、副教授 778 人；博士生导师 813 人、硕士生导师 1497 人。国家级教学名师 6 人，国务院第七届学科评议组成员 19 人，国家百千万人才工程项目入选者 32 人，国家“有突出贡献的中青年专家”22 人，国家杰出青年科学基金获得者 10 人。学历教育学生中毕业生 6934 人，其中，研究生 4282 人（博士生 415 人，硕士生 3867 人）、普通本科生 2652 人。本科毕业生就业率 96.05%、硕士毕业生就业率 99.51%、博士毕业生就业率 99.28%。招生 8262 人，其中，本科生 2841，研究生 5421 人（博士生 950 人、硕士生 4471 人）。成人教育 2019 级本专科注册人数 1561 人（本科生 1295 人、专科生 266 人）、网络教育 2019 年本专科招收新生 15397 人（本科生 11897 人、专科生 3500 人）。高考北京地区提档线文科 651 分、理科 671 分。在校生 27691 人，其中，全日制普通本科生 11375 人，全日制研究生 15000 人（博士生 4341 人、硕士生 10659 人）、留学生 1316 人。成人教育本专科生 4014 人（本科生 3746 人、专科生 268 人）、网络教育本专科生 67013 人（本科生 41279 人、专科生 25734 人）。网址：www.ruc.edu.cn。

2019 年，学校围绕“双一流”建设总体目标，推进内涵式发展，提升“双一流”建设核心竞争力，学校事业稳步迈上新台阶。

学校建设。通州新校区北区学生宿舍一期项目于 3 月 30 日开工建设，7 月 25 日通州新校区整体立项获国家发展改革委批复。成立宁夏国际学院筹备工作办公室、应用经济学院、高瓴人工智能学院、国际文化交流学院、国际组织学院、国家统计局—中国人民大学数据开发中心、民国史研究院等，探索学科融合发展的新路径与新举措。国家经济学教材建设重点研究基地获教育部授牌。

人才培养。深化本科大类招生和培养改革工作，制订本科生大类培养方案，建立学校、学部和院系三级本科人才培养委员会和专门委员会，修订《本科人才培养委员会章程》，完善本科教学决策咨询体系机制；以“123 金课计划”（精心建设 100 门通识核心课程、200 门专业核心课、300 门线上线下混合式教学课程）为重点，推进课程建设；深化研究生教育综合改革，落实博士生论文质量保障体系各项制度，实施“哲学社会科学卓越人才培养支持计划”，探索适应国家战略需求的科教结合型博士研究生人才培养模式。修订《中国人民大学学术委员会章程》。发布《中国人民大学课程建设专项督导报告》（2018—2019 春季学期）和《中国人民大学本科教学常规督导工作报告》（2018—2019 春季学期）。新闻学院 2017 级博士生周晓辉获全国模范退役军人称号，是全国获此荣誉的唯一在校学生。

科学研究。学校将“科研质量全面提升”作为全年学校科研工作总体思路，推出科研放管服 10 项举措，制定和修订相关文件 15 个，加大科研绩效奖励力度，助力学校“双一流”建设和学科评估，力争推动科研工作高质量发展，力争主要科研数据指标保持全国领先地位。2019 年学校获国家社科基金项目 85 个，其中，后期资助立项项目 12 个；获教育部人文社会科学项目 29 个；获国家自然科学基金资助项目 53 个，立项经费约 2900 万元；获第 15 届哲学社会科学优秀成果奖 35 项。商学院获欧洲管理发展基金会（EFMD）EQUIS 五年期认证。

交流合作。与世界 60 个国家和地区的 295 所高校及机构建立校级合作伙伴关系，与路易斯大学签署战略合作伙伴协议。推动实施学术精品海外推广项目，翻译出版教师学术著作 141 部。全年达成意向性合作协议 60 个，签署协议 24 个，包括省级协议 10 个，基本实现省级合作协议全覆盖。校学生、记者到韩国开展文化交流，学校出版社与美国、英国、哈萨克斯坦等国家的出版机构共同举办 9 场图书成果发布活动，共有 30 余本多语种新书发布。举办 2019 年度“中国—中东欧教育能力建设项目”。

社会服务。在对口支援西藏民族大学等 5 所高校基础上，对西藏大学、河北大学、湘潭大学 3 校部分产业和学科开展支援。开展在山东省尼山世界儒学中心建设、宁夏回族自治区共建中外合作办学机构等方面的合作。推动兰坪基础教育、干部培训、消费及产业扶贫事业。

庆祝新中国成立 70 周年服务保障。近 3000 名来自人民大学、中国人民大学附属中学的师生参与国庆庆祝活动。其中，1413 名人民大学师生参与群众游行“众志成城”方阵，345 名人大附中朝阳学校师生参与群众游行“祖国万岁”方阵，另有 92 人参加广场合唱，80 人参加群众联欢。人民大学 600 余名师生参与志愿服务，800 余名师生参与后勤保障。学校获北京市筹备和服务保障中华人民共和国成立 70 周年庆祝活动先进集体、5 人获先进个人。17 名师生参加“首都教育系统服务保障国庆活动宣讲团”并赴湖北开展宣讲交流活动。

党委书记 靳诺
校　　长 刘伟

（陈伟杰）

高瓴人工智能学院揭牌

1 月 19 日，人民大学高瓴人工智能学院揭牌。学院是学校下属的二级学院，坚持“高起点、高水平、国际性、创新性”的发展方针，按照“创新一流体制机制、打造一流师资队伍、培养一流专业人才、产出一流科研成果”的发展目标，承担人工智能学科的规划与建设，开展本学科和相关交叉学科领域的本科、硕士、博士人才培养和科学研究工作。学院由高瓴资本创始人兼 CEO、校友张磊捐资支持，工程院院士潘云鹤担任学术委员会主任，人民大学

1 月 19 日，人大正式成立高瓴人工智能学院

（人大　供）

信息学院院长文继荣担任执行院长，预计 2020 年 9 月开始第一轮招生。

（陈伟杰）

《马克思主义新闻观十二讲》出版发行

3 月 1 日，人民大学新闻学院教授郑保卫主编的《马克思主义新闻观十二讲》出版发行。该书是国家社科基金特别委托项目“马克思主义新闻观研究”的最终成果，由中宣部、教育部共同组织编写，全国十余所新闻院校和科研机构的 13 名专家学者共同撰写，是马克思主义新闻观教育的专业教材。该书由高等教育出版社出版发行，16 开本，210 千字。系统论述学习和践行马克思主义新闻观的背景、意义、方法，梳理马克思主义新闻观产生及其中国化的历史进程，内容涉及新闻工作的基本要求，党性和人民性及其关系、新闻传播权利与社会责任等一系列问题。

（陈伟杰）

基础教育处、基础教育研究中心揭牌

7 月 11 日，人民大学基础教育处、基础教育研究中心揭牌。基础教育处主要职责为统筹、协调、管理、监督学校直（附）属学校、幼儿园。基础教育中心主要职责是开展基础教育学校办学，教师培养，课程改革相关科学研究工作。基础教育处、基础教育研究中心整合学校的学科和人才力量，聚集学校基础教育优质资源，搭建开放、共建、共享的基础教育研究平台，探索基础教育发展模式和人才培养规律。学校聘任原中国人民大学附属中学校长、人民大学校长助理翟小宁担任基础教育处处长。

（陈伟杰）

首届智能社会治理论坛

11 月 19 日，人民大学举办首届智能社会治理论坛暨第五届民生论坛。论坛围绕智能社会治理面临的新形势新挑战新理念进行跨学科、跨领域研讨；发布人民大学“智能社会治理的十大前沿课题”，分别是“智能社会治理大数据平台建设”“智能社会治理算法和机制设计”“智能社会算法和数据的法律规制”“智能社会互联网平台的法律责任”“智能社会数字经济与中国经济转型”“智能社会的经济规制和竞争政策”“智能社会的互联网与人际关系重塑”“智能社会的秩序与智能化治理”“智能社会的公共理性与舆论治理”“智能社会的公共伦理建设和规范”；发布智能社会发展与治理“智慧人才”计划。浙江大学、西安交通大学等高校和科研院所，国家互联网应急中心等部门，阿里巴巴集团控股有限公司、腾讯集团有限公司、字节跳动有限公司等企业的相关负责人与专家学者，以及人民大学师生代表 300 余人参加论坛。

（楚艳红）

清华大学

概述

2019 年，清华大学占地面积 471.00 万平方米，产权校舍建筑面积 374.40 万平方米、非产权校舍建筑面积 12.96 万平方米。图书馆建筑面积 6.98 万平方米。全年教育经费投入 1805893.83 万元，其中，财政拨款 579258.39 万元、自筹经费 1271635.44 万元。固定资产总值 2317817.40 万元，其中，教学、科研仪器设备资产值 856383 万元，信息化设备资产值 42710 万元。拥有教室 240 间，全部为网络多媒体教室。拥有图书 451.96 万册，计算机 79576 台。网络信息点 83000 个，上网课程 6129 门，电子邮件系统用户 110000 个，管理信息系统数据总量 33003GB，数字资源量中电子图书 21263900 册、电子期刊 3297423 册、学位论文 4970900 册、音视频 175573 小时。学校由教育部举办，设有 1 个校区，设置 20 个学院、59 个系。开设 82 个本科专业，覆盖 11 个学科门类；具有一级学科 57 个；一级学科博士点 52 个、二级学科博士点 1 个；一级学科硕士点 57 个、二级学科硕士点 1 个；博士专业学位授权类别 7 个、硕士专业学位授权类别 23 个。博士后科研流动站 48 个，其中，博士后研究人员出站 771 人、进站 1070 人、在站 2374 人。“双一流”建设学科 34 个，国家级一流本科专业建设点 27 个，北京市级一流本科专业建设点 6 个，北京高校重点建设一流专业 2 个，北京高校高精尖学科 3 个。国家重点实验室 13 个、国家研究中心 1 个、国家工程研究中心 4 个、国家工程技术研究中心 3 个、国家工程实验室 11 个。北京实验室 1 个、北京高精尖创新中心 2 个，北京重点实验室 19 个。教职工 15006 人，其中，专任教师 3527 人，包括正高级 1382 人、副高级 1644 人；博士生导师 2891 人、硕士生导师 865 人；中科院院士 41 人、工程院院士 34 人。“长江学者奖励计划”特聘教授 167 人、讲座教授 58 人、青年长江学者 52 人；“国家高层次人才特殊支持计划”杰出人才 1 人、领军人才 78 人、青年拔尖人才 49 人；“国家杰出青年科学基金”获得者 236 人，“国家优秀青年科学基金”获得者 177 人。外籍教师 125 人，其中，教授 68 人、副教授 34 人。学历教育学生中毕业生 8532 人，其中，研究生 5495 人（博士生 1635 人、硕士生 3860 人）、普通本科生 3037 人。本科毕业生就业率 96.9%。招生 11378 人，其中，研究生 7878 人（博士生 3056 人、硕士生 4822 人）、普通本科生 3500 人。高考北京地区提档线文科 668 分、理科 680 分。在校生 40863 人，其中，研究生 26024 人（博士生 13085 人、硕士生 12939 人）、普通本科生 14839 人。留学生毕业 1989 人、招生 2281 人、在校生 4372 人。网址：www.tsinghua.edu.cn。

2019 年，学校全面落实立德树人根本任务，深化综合改革，走内涵式发展道路，着力提升办学质量和办学品位，加快推进“双一流”建设。

学科建设。加强学科规划顶层设计，推动学科分类发展。

完善学科布局，成立车辆与运载学院和天文系。深入实施文科“双高”计划；大力推进工科“双T”计划，实施工科联席会议制度；实施理科“双E”计划，明确“涵养学术生态，提升学科质量”的建设思路；推进制订医学发展规划。贯彻落实破“五唯”要求，制定实施《关于完善学术评价制度的若干意见》。

6月24日，清华实践支队成员走村入户进行调研

（清华 供）

人才队伍建设。制定《讲席教授、冠名教授管理办法》。学校新聘任长聘教授45人、讲席教授3人、冠名教授1人。加强研究团队与学术研究队伍建设，完善研究序列教师职务聘任相关政策。建立全球高层次人才数据库，积极做好海外招聘宣讲和高层次人才引进工作。扎实推进职工人事队伍改革，成立职工发展中心，整体推进评价体系、激励体系、发展体系建设，加强职工队伍思想政治工作。56名海内外优秀人才入选第一批清华“水木学者”计划，其中，海外入选者20人、中国入选者32人、本校在站博士后研究人员入选者4人。

教育教学改革。持续实施第25次教育工作讨论会40项行动计划，落实价值塑造、能力培养、知识传授“三位一体”的教育理念和人才培养模式。全面推进“学风建设年”工作，召开学风建设大会，制定《关于新时代加强学风建设的若干意见》。完善通识课程体系，推进本科生基础课教学改革，开展分层次教学试点。制定《研究生申请学位创新成果标准规定》，明确将学位论文及攻读学位期间的创新成果作为学位审议的主要依据。

科研体制机制改革。完善跨学科交叉研究布局，成立医工交叉研究院、脑与认知科学研究院。稳步推进航空发动机研究院建设，全力推进200兆瓦高温气冷堆核电站示范工程建设。成立上海清华国际创新中心，积极服务长三角一体化发展战略。完善针对关键核心技术的科研组织模式，着力解决“卡脖子”难题。加强军民融合创新特区建设，推进国防重大型号研制任务和人才队伍建设。正式启动中国首个、世界最深的极深地下实验室“中国锦屏地下实验室”。作为第一单位或第一完成人所在单位获国家科学技术奖15项。学校师生以第一完成人（单位）在《自然》《科学》杂志发表论文20篇。成立影视传播研究院、清华大学—丰田联合研究院、战略与安全研究中心等8个实体研究机构。

推动内涵式发展。坚持完善党对学校全面领导的制度体系，持续完善立德树人体制机制。完成校机关机构改革，完善机构设置，优化职能配置，提高运行效能，强化制度保障。推动经费资源配置改革，选取院系试点并下放自主权。编制完成《2030校园总体规划》，推进教室改造、校河治理等项目实施，加强信息化建设，提升校园服务能力和水平。

深化全球战略。倡议发起并推动成立世界大学气候变化联盟，担任联盟首届主席学校。持续推动亚洲大学联盟发挥积极作用，连任亚洲大学联盟第二届主席单位，联盟秘书处永久设在清华。与圣彼得堡国立大学分别向普京总统和习近平主席授予名誉博士学位，在中俄两国元首见证下交换合作协议，成立清华大学俄罗斯研究院。积极推进《国际化能力提升计划2020》，重点解决中外学生融合发展问题。

庆祝新中国成立70周年服务保障。学校组织5400余名师生参与国庆庆祝活动，其中，3514名师生组成群众游行第18号“伟大复兴”方阵，10名港澳师生参加“一国两制”方阵，28名国际师生加入“人类命运共同体”方阵，150余名师生参与广场合唱和联欢活动，600余名志愿者参与志愿服务工作，400余名师生参与后勤保障工作，750余名附中附小师生参与群众游行方阵和《奋斗吧，中华儿女》文艺晚会排演，130余名师生参与庆典设计和重要保障工作。

党委书记 陈旭
校　　长 邱勇

（吴筱君　陈超群）

提升工科发展水平的实施意见发布

1月9日，清华发布《清华大学关于持续深化改革提升工科发展水平的实施意见》。意见以创新学术思想和引领技术发展（Creative Thoughts and Leading Technology，简称“双T”计划）为核心，提出“工科+”的整体发展思路，以提升工科发展水平为主要目标，以工程基础研究、学科交叉和工程教育为着眼点，以创新融合为手段，推动工程科技人才培养和重大技术突破，强化工科服务国家经济建设的能力。意见提出“三步走”，即到2020年，工科整体达到世界一流水平，若干学科进入世界前列；2030年，工科整体进入世界一流前列，部分学科达到世界顶尖水平；2050年，工科整体达到世界顶尖水平，实现全球引领，形成具有中国特色的工科发展模式。学校另于12月13日发布《清华大学关于持续深化改革，提升理科发展水平的实施意见》，推出以“涵养学术生态，提升学科质量”为核心的理科提升计划（简称“双E”计划），意见明确清华理科发展的阶段目标：2020年部分学科进入世界一流水平行列，2030年整体达到世界一流，2050年前后达到世界顶尖水平。学校将通过瞄准学科前沿、突出学术原创、鼓励交叉合作等途径，通过合理布局与重点支持相结合，促进理科各学科协调发展。

（吴筱君）

与中国核工业集团有限公司合作推进校企改革

4月3日，清华与中国核工业集团有限公司校企改革合作签约仪式举行。清华控股有限公司与中核集团资本控股有限公司签署股份转让协议。至年底，清华控股下属高科技上市公司同方股份有限公司完成控制权变更，中核控股成为同方股份控股股东，国资委成为同方股份实际控制人。

（吴筱君）

人工智能学堂班成立

5月18日，清华成立人工智能学堂班。该班是“清华学堂人才培养计划”第8个实验班，以广基础、重交叉为培养特点，中科院院士姚期智担任首席教授。在本科低年级，学生学习数学、计算机与人工智能的核心基础课程；本科高年级，通过交叉联合AI+X课程项目的方式授课。包括全英文教学专业课程25门，人工智能入门、人工智能应用数学、人工智能等特色课程10门。该班自2019年秋季开始招收本科生，首批招生30人，其中，保送生14人、自主选拔考生12人、高考统招学生4人。学制4年，毕业授予工学学士学位。

（吴筱君）

首场文科沙龙

10月25日，清华首场文科沙龙举办。沙龙以“国家形象——实质、象征与表达”为主题，通过演讲破题和对谈深描，阐释中国国家形象在历史和当代的实质构成、象征符号及表达途径。文科沙龙促进校内人文、社科和艺术等领域之间的跨学科对话，通过多学科思想的交锋碰撞，推动学科间的融会与贯通。校内师生约60人参加文科沙龙。

（吴筱君）

生物医学馆揭牌

11月12日，清华生物医学馆揭牌。该医学馆位于清华校内西北部，占地面积9678平方米，建筑面积约4.25万平方米，地上4层，地下3层（局部6层），工程总投资50000万元，于2016年3月开工建设。医学馆以生命科学学院为主要使用单位，为生命科学、医学、药学及交叉学科提供教学科研场所，并容纳北京市结构生物学高精尖创新中心、麦戈文脑科学研究所、国家蛋白质科学中心等尖端科研机构，缓解了清华医药学科及相关交叉学科科研用房紧缺的现状。其中，“吕志和楼”（即C、D两座楼）拟用于药学方向和生命医学交叉学科的教学科研，并容纳全球健康药物研发中心（北京）、清华新药创制中心、干细胞与再生医学研究所等科研机构。

（吴筱君）

学生会成立100周年

12月22日，清华学生会成立100年座谈会召开。往届学生会主要负责人等近60人参加。1919年五四运动期间，清华学生自治会诞生；1949年4月29日，清华第一次学生代表大会召开，清华学生自治会正式更名为清华学生会。清华另于11月3日召开清华共青团组织建立90年座谈会，回顾清华共青团组织发展历程，总结优良传统和经验，为新时代青年工作发展提供新思路。清华校领导及往届团委负责人等40余人参加。共青团清华大学支部于1929年建立，1949年中国新民主主义青年团清华大学委员会建立，1957年更名为中国共产主义青年团清华大学委员会。

（吴筱君）

北京交通大学

概述

2019年，北京交通大学占地面积80.56万平方米，产权校舍建筑面积101.39万平方米、非产权校舍建筑面积38.15万平方米。图书馆建筑面积16357万平方米。全年教育经费投入359359万元，其中，财政拨款143375万元、自筹经费215984万元。固定资产总值45.93亿元，其中，教学、科研仪器设备资产值12.15亿元，信息化设备资产值4.48亿元。拥有教室251间，其中，网络多媒体教室228间。拥有图书249.13万册，计算机16379台。网络信息点43896个，上网课程1176门，电子邮件系统用户102463个，管理信息系统数据总量22GB，数字资源量中电子图书128.46万册、电子期刊86.02万册、学位论文721.03万册、音视频2292.9小时。学校由教育部举办，为理工院校，设有2个校区，设置15个院（系、部）。开设62个本科专业，覆盖7个学科门类；具有一级学科33个；一级学科博士点21个、专业学位博士点3个；一级学科硕士点33个、二级学科硕士点2个、硕士专业学位授权类别19个；博士后科研流动站17个，其中，博士后研究人员出站41人、进站66人、在站163人。“双一流”建设学科1个，国家级一流本科专业建设点17个，北京市级一流本科专业建设点5个，北京高校重点建设一流专业3个，北京高校高精尖学科1个。国家重点实验室1个、国家工程研究中心1个、国家工程实验室6个、轨道交通安全协同创新中心1个。北京实验室2个、北京重点实验室/工程技术研究中心17个。教职工3007人，其中，专任教师1917人，包括正高级556人、副高级822人；博士生导师670人、硕士生导师1431人；中科院院士4人、工程院院士9人、外籍院士1人；“长江学者奖励计划”特聘教授7人、讲座教授1人、青年长江学者3人；“国家杰出青年科学基金”获得者12人。外籍教师25人，其中，教授6人、副教授2人。学历教育学生中毕业生36645人，其中，研究生4000人（博士生405人、硕士生3595人）、普通本专科生3634人（本科生3508人、专科生126人）、成人教育本专科生2939人（本科生1830人、专科生1109人）、网络教育本专科生26072人（本科生10463人、专科生15609人）。本科毕业生就业率97.56%。招生45910人，其中，研究生4333人（博士生510人、硕士生3823人）、普通本专科生4184人（本科生4004人、专科生180人）、成人教育本专科生2822人（本科生2038人、专科生784人）、网络教育本专科生34571人（本科生15219人、专科生19352人）。高考北京地区提档线文科623分、理科642分。在校生101514人，其中，研究生12884人（博士生3007人、硕士生9877人）、普通本专科生16131人（本科生15611人、专科生520人）、成人教育本专科生5775人（本科生4351人、专科生1424人）、网络教育本专科生66724人（本科生29112人、专科生37612人）。留学生毕业1046人、招生1449人、在校生2147人。网址：www.bjtu.edu.cn。

2019年，学校实施“十三五”规划，推进“双一流”建设，通过教育部“双一流”中期评估检查。

人才培养。获批国家精品在线开放课程5门、国家虚拟仿真实验教学项目2个、教育部产学合作协同育人项目13个，北京高等学校高水平人才交叉培养毕业设计（创业类）项目26个，新建研究生拔尖创新人才培养特区4个。中国大学MOOC网站上线课程累计160门，开课94门。建设创新创业类课程20门、双创教育在线开放课程17门，举办双创教育讲座159场。对接国家铁路局高铁工程学研究工作，联合中国铁道科学研究院等科研机构和铁路一线企业组织编写《高铁工程学》系列教材10本。马克思主义学院入选北京市首批重点建设马克思主义学院。

科学研究。获国家科学技术进步奖二等奖1项、中国铁道学会科学技术奖一等奖3项、中国专利奖优秀奖1项、北京市哲学社会科学优秀成果奖6项，新增主持国家自然科学基金重点项目3个、联合基金重点支持类项目1个、高铁联合基金项目5个，主持国家重点研发计划重点专项项目3个，获批国家社会科学基金重点项目2个。交通运输行业创新人才培养示范基地获交通运输部批复认定；牵头建设的2个北京市国际科技合作基地获市科委批复认定，获批教育部“教育现代化推进工程——大型仪器装备建设项目”1个。对接服务国家和行业重大战略，成立川藏铁路研究院；参与北京2022年冬奥会重要配套基础设施工程建设；成立唐山研究院；与黄骅市政府合作建设北京交通大学海滨轨道交通综合研发实验基地。

队伍建设。新增“长江学者奖励计划”特聘教授2人，“国家杰出青年科学基金”获得者1人，“国家优秀青年科学基金”获得者2人，“国家高层次人才特殊支持计划”科技创新领军人才3人、青年拔尖人才1人，“创新人才推进计划”青年科技创新领军人才1人，交通运输部交通运输行业科技创新人才推进计划中青年科技创新领军人才1人、交通运输青年科技英才1人。新增重点领域创新团队及交通运输行业重点领域创新团队2个，交通运输系统科学与工程团队获评全国教育系统先进集体。举办第二届国际青年学者“知行”论坛，延揽海外优秀人才，引进“卓越百人计划”人才11人。

9月29日，北交大师生参加教育部“青春为祖国歌唱”祝福篇活动（北京交大 供）

合作与交流。获批外专引智项目144个，通过引智项目引进外籍院士19人。举办高速铁路高校联盟（AUHSR）大会、第四届中国—东盟轨道交通教育培训联盟年会，获第八届“金马车”交通运输杰出贡献奖。华沙理工大学孔子学院挂牌成立。北交大兰卡斯特大学学院通过教育部中外合作办学评估，与罗彻斯特理工学院合作举办的创业与创新外国硕士学位项目通过教育部评估，威海校区首届106名本科生毕业。通过高等学校来华留学质量认证，国际教育学院（唐山）首批国际项目学生和留学生289名新生入学。完成涉外培训项目32个、培训967人次，到境外开展援外培训5期。与国家铁路集团有限公司签署战略合作协议，合作建立香港轨道交通创新研究院。

庆祝新中国成立70周年服务保障。学校4356名师生员工完成国庆70周年庆祝大会群众游行、广场合唱、群众联欢、志愿服务和服务保障专项任务，其中，参加“科学发展”方阵群众游行3575人、广场合唱81人、群众联欢306人、志愿服务210人、后勤保障184人。

党委书记 曹国永（3月1日免）
黄泰岩（3月1日任）
校　　长 宁滨（5月5日免）
王稼琼（5月5日任）

（高杰）

科左后旗教育扶贫基地揭牌

7月18日，北京交大内蒙古自治区通辽市科左后旗民族幼儿园“北京交通大学教育扶贫基地”揭牌。学校投入定点扶贫专项资金200万元用于基地建设，通过北京交大幼儿园，在师资培训、教育教学、设施设备等方面帮扶科左后旗民族幼儿园。至年底，北京交大落实定点扶贫任务，运用教育、人才、智力、科技、信息方面优势开展对内蒙古自治区通辽市科左后旗的帮扶工作，累计投入和引进资金500余万元，直接采购和帮助销售农副产品600余万元，培训干部、技术人员1500余人。

（高杰）

川藏铁路研究院成立

10月10日，北京交大组建川藏铁路研究院。研究院主要负责开展与川藏铁路建设和运营相关的研究工作。设院长1人、副院长1人。至年底，学校投入1000万元经费用于川藏铁路重大专项，支持国家川藏铁路重大科技项目的前期预研工作。

（高杰）

与国铁集团签约共建

11月8日，北京交大与中国国家铁路集团有限公司签署战略合作协议。根据协议，国铁集团把北京交大作为铁路基础研究和技术研发的重要基地，支持学校参与铁路科技创新与管理创新工作；支持学校参与川藏铁路科技攻关和技术咨询服务；支持该校相关重大平台与人才队伍建设。北京交大发挥人才培养、理论研究与基础研究优势，在相关专业建设、人员培训、技术研发、标准制定和决策咨询等方面为国铁集团提供高质量的支持与服务。

（高杰）

北京工业大学

概述

2019年，北京工业大学占地面积96.02万平方米，产权校舍建筑面积98.39万平方米、非产权校舍建筑面积5.72万平方米。图书馆建筑面积5.13万平方米。全年教育经费投入256161.96万元，其中，财政拨款215858.56万元、自筹经费40303.40万元。固定资产总值75.98亿元，其中，教学、科研仪器设备资产值33.03亿元，信息化设备资产值8.98亿元。拥有教室279间，其中，网络多媒体教室275间。拥有图书207.01万册，计算机24116台。网络信息点44315个，上网课程1867门，电子邮件系统用户23328个，管理信息系统数据总量4226130GB，数字资源量中电子图书166.92万册、电子期刊179.54册、学位论文685.74册、音视频10510小时。学校由北京市举办，为理工院校，设有7个校区，设置25个院（系、部）；开设65个本科专业，覆盖8个学科门类；具有一级学科33个；一级学科博士点20个；一级学科硕士点33个、硕士专业学位授权类别12个；博士后科研流动站18个，其中，博士后研究人员出站70人、进站89人、在站223人。“双一流”建设学科1个，国家级一流本科专业建设点4个，北京高校重点建设一流专业4个，北京高校高精尖学科4个。国家工程实验室2个，“高等学校学科创新引智计划”引智基地3个，国家级产学研中心1个，国际合作研究中心1个，教育部工程研究中心3个，教育部重点实验室5个，教育部战略研究中心1个。教职工3169人，其中，专任教师1914人，包括正高级403人、副高级708人；博士生导师388人、硕士生导师1262人；中科院院士1人、工程院院士9人。“长江学者奖励计划”特聘教授10人、国家有突出贡献专家14人、享受政府特殊津贴专家49人；“国家高层次人才特殊支持计划”杰出人才7人；“国家杰出青年科学基金”获得者13人。境外教师104人，其中，教授35人、副教授69人。学历教育学生中毕业生7230人，其中，全日制研究生2146人（博士毕业生256人、结业生1人；硕士毕业生1888人、结业生1人）、非全日制硕士研究生135人、普通本专科生3575人（本科生3266人、专科生309人）、成人教育本专科生943人（本科生805人、专科生138人）。非计划招生高等教育学生中在职人员攻读硕士学位431人。本科毕业生就业率96.89%，研究生毕业生就业率98.68%。招生6962人，其中，全日制研究生2734人（博士生371人、硕士生2363人）、非全日制硕士研究生345人、普通本科生3210人、成人教育本科生673人。高考北京地区提档线文科597分、理科602分，北工大北京—都柏林国际学院594分。在校生24120人，其中，全日制研究生7908人（博士生1367人、硕士生6541人）、非全日制硕士研究生860人、普通本专科生13569人（本科生13549人、专科生20人）、成人教育本专科生1490人（本科生1390人、专科生100人）；非计划招生高等教育学生中在职人员攻读硕士学位293人。留学生毕业68人、招生542人、在校生1091人。网址：www.bjut.edu.cn。

2019年，学校立足高水平研究型大学的办学定位，落实立德树人根本任务，形成更高水平的人才培养体系，为国家和首都建设提供有力的创新支撑和人才支持。

人才培养。本科生在北京招生3个档单均创历史新高，普通类理工、都柏林国际学院在北京录取排名均提高400余名。硕士研究生、博士研究生报考人数比上年增长40.4%，硕士统考国家分数线线上人数比上年增长49%。毕、结业生签约率比上年提高0.61%，本科生深造率提高4.43%。

学科建设。获批2018年度国家虚拟仿真实验教学项目1个。新增硕士专业学位授权类别1个。制订《北京工业大学一流专业建设规划》，完成《北京工业大学"双一流"建设中期自评报告》。推进学部制改革，筹建环境与生命学部、理学部，推进城市建设学部和材料与制造学部实体化。

科学研究与成果转化。全年学校科研经费9.4亿元。首次获批国家自然科学基金重大项目——"城市污水处理过程智能优化运行基础理论及关键技术"。共获批国家自然科学基金项目142个、北京市自然科学基金项目56个，国家级社科项目（含教育部人文社科项目）12个、市级项目37个。"新地域乡村绿色建筑设计关键技术与应用"获2019年度高等学校科学研究优秀成果奖科学技术进步奖一等奖。"智能感知与自主控制教育部工程研究中心"获教育部工程研究中心立项，是唯一入选的市属高校。获评2018年度北京市习近平新时代中国特色社会主义思想研究中心优秀研究基地。探索跨学科虚体科研机构管理模式，成立空间规划与治理研究中心、环境安全与生物效应卓越中心。与西门子（中国）有限公司成立京津冀网络协同制造技术创新中心暨智能制造工程专业建设与实践基地；获批怀柔科学城成果落地专项"车载电子用高可靠互连材料关键制备技术及产业化"项目。建设北工大技术转移中心，发掘可转化的科技成果。依托中关村国家自主创新示范区高校技术转移办公室探索体制机制创新，推动科技成果转化落地。

交流合作。完善全球交流合作网络，设立英国、韩国、波兰及中东欧地区4个境外联络处并配备联络专员。新（续）签涉外协议62份，累计与33个国家和地区的168所境外院校、机构建立合作关系。学生派出规模首次突破千人。承办首届"一带一路"国际学术系列会议。完成柏林国际学院本科教学质量评估专家组入校审核评估。

社会服务。成立服务北京工作委员会并设置服务北京办公室，组建顾问委员会和服务北京专家团，策划与各区、各行业重点企事业单位服务合作，推进重大服务项目落实。与西门子工业软件（上海）有限公司、小米科技责任有限公司、故宫博物院等7家京津冀区域合作单位签署合作协议，与济宁市政府达成共建意见。推动与石家庄市"一园两院"项目合作事宜。

庆祝新中国成立70周年服务保障。学校师生3563人组成国庆群众游行第6号"建国伟业"方阵，92名学生参加广场合唱，84名师生参与外围保障、文化活动的志愿服务工作，161人负责方阵道具及物资的安检工作。学校国庆彩车设计团队设计并制作"立德树人""体育强国""扬帆远航""人类命运共同体""盛世如意"5辆彩车，与中央美术学院联名创作"首善北京"彩车；文法学部教师杨嵘担任国庆群众游行执行总导演。学校另举办为期2个月的"扎根京华大地矢志兴工强国——庆祝新中国成立70周年北工大成就展"，组建师生宣讲团分享"我在国庆现场的那一刻"。

党委书记　谢辉
校　　长　柳贡慧

（刘典华）

新逸夫图书馆开馆

10月19日，北工大新逸夫图书馆开馆。图书馆总建筑面积4.05万平方米，包括地下1层、地上5层，设有藏书借阅区、公共活动及辅助服务区、后勤设备区、业务办公及技术设备区、行政办公区五大功能区，藏书251.20万册、阅览区座位3000余个，设有200人独立自修室、3000平方米学术会议区、1500平方米古籍书库、960平方米展览交流厅、20余间特色研讨室、2个现代化影音室。图书馆2016年11月动工修建，工程初步设计概算批复总

10月1日，北工大圆满完成国庆70周年庆祝活动服务保障工作
（北工大　供）

投资 25478 万元。

（刘典华）

“基层减负年”各项措施落地见效

至年底，北工大“基层减负年”各项措施落地见效。学校将 2019 年定为机关管理服务年，制订《关于整治形式主义、官僚主义的实施方案》，解决形式主义突出问题，为基层制定减负工作措施 21 项。把“接诉即办”与主动治理相结合，开通机关“接诉即办”热线电话和邮箱，对师生反映的问题及时研判、转接和督办，提升师生满意度。针对师生反映最强烈或涉及师生最多的痛点难点问题，编制服务事项办事指南，简化机关检查评比考核项目，开设网上办事服务大厅和咨询反馈平台，上线 49 项办事流程，累计办理 33000 余次，做到“数据多流转，师生少跑路”。

（刘典华）

北京航空航天大学

概述

2019 年，北京航空航天大学占地面积 173.44 万平方米，产权校舍建筑面积 188.59 万平方米。图书馆建筑面积 20850 平方米。全年教育经费投入 396716.48 万元，其中，财政拨款 222048.61 万元、自筹经费 174667.87 万元。固定资产总值 1143601.92 万元，其中，教学、科研仪器设备资产值 387146.83 万元，信息化设备资产值 10307.87 万元。拥有教室 305 间，全部为网络多媒体教室。拥有图书 278.74 万册，计算机 39499 台。网络信息点 63148 个，上网课程 5251 门，电子邮件系统用户 70666 个，管理信息系统数据总量 218GB，数字资源量中电子图书 6936813 册、电子期刊 1561602 册、学位论文 8474280 册、音视频 106123 小时。学校由工业和信息化部举办，为理工院校，设有 2 个校区，设置 33 个院（系、部）。开设 73 个本科专业，覆盖 10 个学科门类；具有一级学科 39 个；一级学科博士点 24 个、专业学位博士点 5 个；一级学科硕士点 39 个、二级学科硕士点 1 个、硕士专业学位授权类别 14 个；博士后科研流动站 23 个，其中，博士后研究人员出站 152 人、进站 250 人、在站 628 人。“双一流”建设学科 7 个，国家级一流本科专业建设点 19 个，北京市级一流本科专业建设点 5 个，北京高校重点建设一流专业 2 个，北京高校高精尖学科 3 个。国家重点实验室 2 个、国家工程技术研究中心 1 个、国家工程实验室 3 个。教职工 4255 人，其中，专任教师 2364 人，包括正高级 701 人、副高级 1007 人；博士生导师 1070 人、硕士生导师 1225 人；中科院院士 7 人、工程院院士 19 人。“长江学者奖励计划”特聘教授 59 人、青年长江学者 18 人；“国家高层次人才特殊支持计划”领军人才 31 人、青年拔尖人才 9 人；“国家杰出青年科学基金”获得者 59 人，“国家优秀青年科学基金”获得者 65 人。学历教育学生中毕业生 11573 人，其中，研究生 3692 人（博士生 657 人、硕士生 3035 人）、普通本科生 3535 人、成人教育本专科生 1270 人（本科生 776 人、专科生 494 人）、网络教育本专科生 3076 人（本科生 2632 人、专科生 444 人）。本科毕业生就业率 95.76%。招生 11188 人，其中，研究生 6603 人（博士生 1152 人、硕士生 5451 人）、普通本科生 3843 人、成人教育本科生 742 人。高考北京地区提档线文科 633 分、理科 661 分。在校生 41495 人，其中，研究生 18896 人（博士生 5366 人、硕士生 13530 人）、普通本科生 15700 人、成人教育本专科生 1888 人（本科生 1734 人、专科生 154 人）、网络教育本专科生 5011 人（本科生 3650 人、专科生 1361 人）。留学生毕业 373 人、招生 619 人、在校生 1592 人。网址：www.buaa.edu.cn。

2019 年，学校以政治建设为统领，强化创新理论武装，切实履行管党治党办学治校主体责任，提升内部治理能力。

学科体系建设。落实“顶尖工科、一流理科、精品文科、优势医工”学科建设方针，完成“双一流”建设中期评估。与法国国立民航大学签署共建中法航空大学合作协议。“绿色航空燃料研发计划”获欧盟“地平线 2020”计划资助。获批留学基金委“创新型人才国际合作培养项目”3 个，项目总数 9 个，全国并列第一。获批科技部引智经费 1827 万元，高端外国专家引进计划项目 62 个。“航空科学与技术学科创新引智基地”获“111 引智计划”2.0 立项资助。马克思主义学院入选北京市首批重点建设马克思主义学院。学校新增法学、网络空间安全、统计学 3 个博士后科研流动站。

人才培养。成立思政课建设工作组，新增马克思主义理论一级学科博士点，获批教育部首批高校思想政治工作创新发展中心，打造课程思政示范课 13 门。完成国庆庆典 6 项重点任务，成立 10 个宣讲团走进全体新生思政课堂。成立一流本科课程工作领导小组，制订大类培养与专业培养衔接协调方案，立项虚拟仿真培育课程 7 门，获批北京市级虚拟仿真实验教学项目 3 个，承办第 16 届“挑战杯”并获最高荣誉挑战杯，本科生团队研制的“冯如三号”无人机刷新续航时间世界纪录。在首届全国高校航空航天类专业本科毕业设计大赛中获特等奖 2 个、一等奖 3 个、二等奖 3 个、优秀奖 9 个，是全国唯一获 2 个特等奖的高校。深化研究生培养改革，推进博士研究生教育综合改革试点工作，探索“非财政拨款”培养博士生机制，实施新版研究生培养方案，完善课程认定与学分互认、博士生分流退出机制，试点博士学位论文国际评审，出台研究生导师岗位管理办法、落实导师立德树人职责实施细则，试点探索研究生自主更换导师机制，下放博导遴选权。高质量完成招生就业工作，20 个省份本科录取考生分数末位排名提升，平均增幅 19.3%；研究生尖端生源人数提高近 8%；博士生首次超过 1000 人。

科研创新。推进前沿科学技术创新研究院建设和实体化运行。推进航空发动机和燃气轮机“两机”基础科学中心运行。成立航空发动机研究院、国际学院咨询委员会和学术委员会。推进浮空器和共轴直升机团队融入无人系统研究院，加强型号攻关。获批预研中期调整项目 50 个。获批国防科技创新特区重点项目和基础加强项目。与军委科技委新签合同90项。牵头申报某专项基础研究第二批项目37个、科工局重大项目4个、国家重点研发计划项目16个和课题68项、科技创新2030—新一代人工智能重大项目2个和课题9项、工业互联网相关专项1个并参与10个。全年科研经费超过40亿元。复杂机场高精度飞行校验技术及装备入选2019年度中国高等学校十大科技进展。获得8项国家科学技术奖，其中，国家技术发明一等奖1项、国家科学技术进步一等奖1项、国家技术发明二等奖3项，国家科学技术进步二等奖3项。获批国家自然科学基金项目307个。获批国家社科基金11个。获批教育部临空飞艇集成攻关大平台、超循环气动与燃烧前沿科学中心。新增教育部工程研究中心1个，工业和信息化部重点实验室3个。成立实验室建设与管理处。与之江实验室共建量子传感研究中心。与中国科学技术协会共建科技组织与公共政策研究院。与最高人民法院共建少年司法研究基地。获批中关村科学城概念验证中心，推进与海淀、昌平等科技成果转化承接基地合作。

庆祝新中国成立70周年服务保障。北航师生4000余人参加国庆活动，其中，参与预备役部队方队检阅学生13人，师生3561人组成群众游行第9方阵“关键抉择”方阵、456人参与广场合唱和广场联欢。志愿者114人，其中，承担观礼台引导与互动工作76人，彩车人员服务38人。两校区约400人直接参与学校国庆任务后勤保障服务工作，使用车辆793辆，累计输送人员4万人次。

党委书记　曹淑敏
校　　长　徐惠彬

（朴悦嘉）

与空军军医大学签署战略合作协议

1月4日，北航与中国人民解放军空军军医大学签署战略合作协议。根据协议，双方以“优势互补、强强联合、协同发展、合作共赢”的原则，在学科建设、师资建设、人才培养等方面开展合作。签约前，空军军医大学一行人员参观学校生物与医学工程学院实验室、虚拟现实技术与系统国家重点实验室等场所，并进行座谈。空军军医大学校长、政治委员、副校长，北航党委书记、校长、副校长等参加签约仪式。

（朴悦嘉）

沙河校区积极体验中心新址启用

3月19日，北航沙河校区积极体验中心启用并举办虚拟现实心理实验室首日体验活动。北航沙河校区积极心理体验中心2018年12月底建设完成，新址位于沙河校区体育馆南楼4层和5层，占地面积约480平方米，拥有功能体验空间14间。该中心把科学与艺术融会贯通，面向全校学生开展“心理情景剧”“解忧杂货店”“涂鸦树洞墙”等深度积极心理宣教活动。

（朴悦嘉）

联合国附属空间科技教育亚太区域中心成立五周年纪念会

12月9日，北航举办联合国附属空间科技教育亚太区域中心（中国）理事会第四次会议及成立五周年纪念会活动。会议以“空间技术和平利用造福人类”为主题，围绕区域中心双年度工作计划，就加强中心队伍和制度建设、促进中心可持续发展、组织开展教育与培训、更好服务中心成员国及其他发展中国家、提升中心能力和基础条件建设、扩大中心影响力等议题开展研讨。会议选举中国国家航天局局长为理事会主席，审议咨询委员会报告、中心2018—2019年度工作报告，批准2020—2021年工作计划、批准学校空间环境学院新增空间科学和环境专业方向的留学生培养。联合国附属空间科技教育亚太区域中心（中国）附属于联合国，成立于2014年11月，设立在北航主校区内，是中国高校唯一的联合国附属机构，旨在通过能力建设、信息交流、教育培训等形式，提升中心成员国空间科技教育培训水平和空间技术应用能力，中心也是亚太地区首个政府间空间科学和技术教育区域机构。中国国家航天局、联合国外空司代表，多国驻华使节等参加

11月12日，北航举办第16届“挑战杯”全国大学生课外学术科技作品竞赛闭幕式　（北航　供）

会议。

（朴悦嘉）

北京理工大学

概述

2019年，北京理工大学占地面积188万平方米，产权校舍建筑面积161万平方米、非产权校舍建筑面积3.01万平方米。图书馆建筑面积4.68万平方米。全年教育经费投入638165.57万元，其中，财政拨款250207.69万元、自筹经费387957.88万元。固定资产总值64.47亿元，其中，教学、科研仪器设备资产值29.27亿元。拥有教室237间，全部为网络多媒体教室。拥有图书274.93万册，计算机20936台。网络信息点42000个，上网课程1691门，电子邮件系统用户93345个，管理信息系统数据总量500GB，数字资源量中电子图书161.14万册、电子期刊121.09万册、学位论文708.7万册、音视频12.24万小时。学校由工业和信息化部举办，为理工院校，设有5个校区，设置18个院（系、部）。开设70个本科专业，覆盖7个学科门类；具有一级学科30个；一级学科博士点27个，一级学科硕士点30个，专业学位授权点19个（博士4个、硕士15个）；博士后科研流动站22个，其中，博士后研究人员出站68人、进站210人、在站400人。“双一流”建设学科3个，国家级一流本科专业建设点18个，北京市级一流本科专业建设点5个，北京高校重点建设一流专业3个，北京高校高精尖学科3个。国防特色学科24个；国家协同创新中心1个；国家重点实验室2个、国家工程技术研究中心1个、国家工程实验室2个、国防科技重点实验室3个、国防科技工业技术创新中心1个。教职工3420人，其中，专任教师2284人，包括教授602人、副教授929人；博士生导师1032人、硕士生导师2011人；中科院院士7人、工程院院士16人，中科院外籍院士1人。“长江学者奖励计划”特聘教授30人、讲座教授7人、青年长江学者10人；“国家高层次人才特殊支持计划”领军人才23人、青年拔尖人才12人；“国家杰出青年科学基金”获得者40人，“国家优秀青年科学基金”获得者32人。外籍教师63人，其中，教授27人、副教授10人。学历教育学生中毕业生34605人，其中，全日制研究生3470人（博士生505人、硕士生2965人）、非全日制硕士研究生345、普通本科生3449人、成人教育本专科生1154人（本科生723人、专科生431人）、网络教育本专科生26187人（本科生6505人、专科生19682人）。非计划招生高等教育学生中在职人员获取硕士学位637人。本科毕业生就业率95.31%。招生20141人，其中，全日制研究生4572人（博士生1026人、硕士生3546人）、非全日制研究生956人（博士生20人、硕士生936人）、普通本科生3684人、成人教育本专科生862人（本科生348人、专科生514人）、网络教育本专科生10067人（本科生5527人、专科生4540人）。高考北京地区提档线文科624分、理科657分。在校生149244人，其中，全日制研究生12628人（博士生4247人、硕士生8381人）、非全日制研究生2231（博士生20人、硕士生2211人）、普通本科生14727人、成人教育本专科生2983人（本科生1725人、专科生1258人）、网络教育本专科生116675人（本科生40811人、专科生75864人）。非计划招生高等教育学生中在职人员攻读硕士学位1464人。留学生毕业1188人、招生1272人、在校生2236人。网址：www.bit.edu.cn。

2019年，学校推进“双一流”建设，是实现“三步走”发展战略第一步战略目标的关键之年。落实立德树人根本任务，完成国庆70周年庆祝活动服务保障工作任务。本科课堂教学质量提升、“智慧北理”建设、科学管理水平提升3项专项工作成效显著，完成全年各项工作任务。

9月12日，北理工研究生召开增列马克思主义理论一级学科博士学位授权点校外专家评审会　（北理工　供）

学科建设。“双一流”建设中期自评任务完成。获批学位授权自主审核单位，新增专业3个、一级学科博士点1个，入选北京高校高精尖学科3个、首批一流本科专业“双万计划”23个。1个学院通过AACSB认证。融入“一带一路”倡议、“军民融合发展”等国家战略。建设中国工程科技前沿交叉战略研究中心、国际争端预防和解决研究院等跨学科交叉融合新型研究机构。

人才培养。联合9所高

校组建延河高校人才培养联盟,发布延河宣言。加快推进“寰宇+”计划,获批国家级一流本科专业建设点18个,建设一批高质量国家精品课程、精品教材和虚拟仿真实验项目。建设书院空间,汇聚2300余人的“三全导师”队伍。获中国“互联网+”大学生创新创业大赛金牌2个、银牌2个、铜牌2个。研究生发表《自然》《科学》子刊论文9篇。成立中俄学院。本科生出国交流比例42.5%。主办2019两岸高等教育(北京)高峰论坛。24个省份理科录取分数线排名进入全省考生总数前1%。

科技创新成果。获国家科学技术奖5项,包括国家技术发明奖一等奖1项;国防类省部级一等奖5项;入选国家自然科学基金项目251个。获军委科技委基础加强重点项目10个,承担国家重点研发计划8项;承担“科技冬奥”重点项目。发射北理工第一颗卫星——“北理工1号”。高能量物质前沿科学中心揭牌;多模态智能机器人及系统集成攻关大平台立项;启动分子能源实验中心等13个平台建设。建设重庆创新中心、唐山研究院、前沿技术研究院(济南)等平台。

国际合作。与16所世界一流高校开展合作,新签或续签合作协议64份;与新西兰奥克兰大学共建大数据全英文专业;与西班牙马德里理工大学等开展双学位项目;与白俄罗斯科学院联合设立科研引导基金。新增“高等学校学科创新引智计划”创新引智基地1个,推进与联合国国际民航组织共建全球航空发展研究院,与坦桑尼亚政府在电子政务领域开展合作。深圳北理莫斯科大学建设稳步推进。

治理体系构建。调整科学技术研究院内设机构,组建合作与发展部。制定《关于推进校院两级管理体制改革的若干意见》,推进管理重心下移。优化资源配置模式,推进全额成本核算。实施预算管理体制改革,首次完成“全口径”预算编制。“智慧北理”建设取得成效,建成教师服务大厅,日均接待量超400人次;形成线上线下一体化校务服务体系,上线230余项标准化服务事项,90余项业务可在线办理。

庆祝新中国成立70周年服务保障。学校参与国庆阅兵式受阅装备中12个空中方队中的10个方队、32个地面装备方队中的26个方队的装备研制工作。5058名师生参加国庆庆祝活动,其中,14人参加阅兵预备役部队方队,3499人参加“与时俱进”群众游行方阵,33人参加“命运共同体”群众游行方阵,81人参加广场合唱,370人参加群众联欢,361人参加后勤保障及志愿服务。学校数字表演与仿真技术团队、焰火技术团队、彩车设计团队为国庆庆祝活动提供重要技术支持。

党委书记　赵长禄
校　　长　张军

(岳鹏)

新文化体育中心投入使用

4月27日,北理工良乡校区文化体育中心投入使用。中心位于房山区良乡东路9号院(北理工东区),占地面积19995.60平方米,主体建筑包括3000个座位的篮球场、10条泳道的游泳馆和健身房、体育赛事辅助用房等。项目2014年启动,总投资15273万元,获北京市建筑结构长城杯金质奖。

(岳鹏)

书院社区改造

7月至8月,北理工基于良乡校区房屋资源实际情况和书院学生宿舍分布完成书院社区空间改造。此次改造旨在配合学校“书院制”育人工作。经过多次论证、资源统筹,学校完成精工、睿信、求是、明德、特立、北京6个书院社区建设,形成“一书院一社区”的模式。书院社区包括师生导学、学业指导、学术沙龙等空间,使用面积4000平方米。

(岳鹏)

教师服务大厅启用

10月22日,北理工教师服务大厅启用。大厅位于中关村校区研究生楼一层东侧,面积175平方米,划分为咨询引导区、人工柜台区、自助办理区、自助服务区及休息等候区5个区域,实现办事“一站式”服务模式,党政办公室、保密办公室、人力资源部、教务部、研究生院、计划财务部、国际交流合作处、教学运行与考务中心、校工会和教师发展中心等共10余个部门首批入驻大厅。

(岳鹏)

北京科技大学

概述

2019年,北京科技大学占地面积80.39万平方米,产权校舍建筑面积97.01万平方米。图书馆建筑面积2.70万平方米。全年教育经费投入329215.18万元,其中,财政拨款159020.30万元、自筹经费170194.88万元。固定资产总值392992.05万元,其中,教学、科研仪器设备资产值171345.56万元,信息化设备资产值28390.54万元。拥有教室317间,全部为网络多媒体教室。拥有图书230.40万册,计算机23168台。网络信息点23945个,上网课程1996门,电子邮件系统用户38812个,管理信息系统数据总量45634GB,数字资源量中电子图书439.1万册、电子期刊64.3万册、学位论文778.3万册、音视频12.8万小时。学校由教育部举办,为理工院校,设有4个校区,设置14个院(系、部)。开设53个本科专业,覆盖8个学科门类;具有一级学科30个;一级学科博士点20个、二级学科博士点80个;一级学科硕士点30个、二级学科硕士点138个、硕士专业学位授权类别15个;博士后科研流动站17个,其中,博士后研究人员出站115人、进站121人、在站270人。一级学科北京市重点学科3个,二级学科北京市重点学科7个,交叉学科北京市重点学科2个。“双一流”建设学科4个，国家级一流本科专业建设点13个，北京高校重点建设一流专业2个，北京高校高精尖学科2个。国家科学中心1个、“2011计划”协同创新中心1个、国家重点实验室2个、国家工程研究中心1个、国家工程技术研究中心1个、国家科技资源共享服务平台3个、国家野外科学观测研究站2个。北京实验室1个、北京高精尖创新中心1个，北京重点实验室15个。教职工3381人，其中，专任教师1851人，包括正高级556人、副高级798人；博士生导师516人、硕士生导师655人；中科院院士6人（双聘3人）、工程院院士8人（双聘4人）。“长江学者奖励计划”特聘教授15人、青年长江学者6人；“国家高层次人才特殊支持计划”领军人才14人、青年拔尖人才4人；“国家杰出青年科学基金”获得者20人，“国家优秀青年科学基金”获得者18人。外籍教师30人，其中，教授12人、副教授6人。学历教育学生中毕业生46393人，其中，研究生2990人（博士生417人、硕士生2573人）、普通本专科生3374人（本科生3296人、专科生78人）、成人教育本专科生1722人（本科生1323人、专科生399人）、网络教育本专科生38307人（本科生5346人、专科生32961人）。本科毕业生就业率94.90%。招生21928人，其中，研究生3883人（博士生637人、硕士生3246人）、普通本科生3451人、成人教育本专科生1503人（本科生1169人、专科生334人）、网络教育本专科生13091人（本科生3197人、专科生9894人）。高考北京地区提档线文科618分、理科635分。在校生67081人，其中，研究生11975人（博士生3472人、硕士生8503人）、普通本专科生13545人（本科生13539人、专科生6人）、成人教育本专科生3932人（本科生3181人、专科生751人）、网络教育本专科生36638人（本科生10610人、专科生26028人）。留学生毕业412人、招生416人、在校生1000人。网址：www.ustb.edu.cn。

10月23日，北科大与国家博物馆举行战略合作协议签约仪式
（北科大 供）

2019年，学校加快推进“双一流”建设。推动学科交叉融合发展，谋划实施“大安全”融合战略，稳步推进人工智能研究院实体化建设，创新性设立青年教师学科交叉研究培育项目，完成“双一流”建设中期自评工作。

教育教学改革。召开本科教育教学工作会议，实施一流本科教育行动计划。加快传统优势专业升级。3个专业实施本硕贯通人才培养。扩大研究生短期访学规模，推进海外学者短期讲学课程建设，设立基金资助博士研究生参与国际会议。加强对硕士学位论文质量监控，试点学位论文盲评。顺德研究生院启用，第一批研究生入驻。

“人才强校”战略。坚持“党管人才”，落实党委联系服务专家制度，推进人事制度改革，做好新一轮岗位聘任，制定教职工荣誉体系实施办法。加强青年教师队伍建设，推行项目导师制，实施青年教师“双走”战略，鼓励青年骨干教师出国研修。1人当选中科院院士；全职引进1名院士来校工作；1人当选加拿大工程院院士；新增双聘院士1人。

创新发展。承担建设的国家材料腐蚀与防护科学数据中心入选国家科学数据中心；推进应急管理部“金属冶炼重大事故防控技术支撑基地”项目建设；新增省部级科研基地6个。首次获批国家自然科学基金创新研究群体项目1个。金属矿产资源绿色开采创新团队入选科技部重点领域创新团队。新增科研合同1732项，科研经费首次突破10亿元。推进校地、校企合作，新增中国一重集团有限公司、中国有色工程有限公司、国家博物馆等11个战略合作伙伴。

对外交流合作。举办中国—德国高水平大学校际合作40周年纪念会暨北京科技大学—亚琛工业大学学术研讨会，与慕尼黑大学、伊利诺伊大学香槟分校等4所高校新建合作关系。与乌克兰国立技术大学签署校际合作协议，服务国家“一带一路”战略。与剑桥大学、多伦多大学等高校联合申报获批国家创新型人才国际合作培养项目4个。获批国家级引智项目20个、经费支持千万余元。

庆祝新中国成立70周年服务保障。学校2271名师生参加国庆庆祝活动，其中，1166名师生参加群众游行“希望田野”方阵、46名外籍教师和国际学生参加“人类命运共同体”方阵，400名师生参加广场联欢，82名师生参加广场合唱，692名师生参加服务保障和志愿服务。学校学生工作部被授予北京市筹备和服务保障中华人民共和国成立70周年庆祝活动先进集体称号。

党委书记 武贵龙
校　　长 杨仁树

（陈曦）

矿冶学科本硕贯通人才培养

4月22日，北科大通过《矿冶学科本硕贯通人才培养实施方案（试行）》。方案决定自2017级开始，在采矿工程专业、矿物加工工程专业和冶金工程专业实施本硕贯通人才培养改革。本硕贯通人才培养是统筹涉及本科和硕士研究生教育的六年一贯制培养模式，学生可根据条件在本科第二学年末提出进入六年一贯制培养的申请。进入本硕贯通培养学生的学籍按照本科4年、硕士2年管理，学生前两年按照普通本科生培养，第三年、第四年需同时完成本科大三、大四学年和硕士生第一学年的学业要求，后两年按硕士第二、第三学年的要求培养。本硕贯通人才培养改革是学校主动适应行业发展对人才需求变化、加快新工科建设、提升人才培养质量的重要举措，是学校依托传统优势学科推进高素质创新人才培养的新模式。至年底，61人进入贯通培养模式，其中，采矿工程专业18人、矿物加工工程专业6人、冶金工程专业37人。

（陈曦）

首次为教职工颁发职业荣誉奖

9月10日，北科大在2019年教师节庆祝暨表彰大会上，首次为教职工颁发职业荣誉奖。学校制定《北京科技大学教职工荣誉体系实施办法》，明确为从教整10年、20年、30年的教职工颁发职业荣誉奖，表彰在教育教学、科研、思想政治及管理服务等各领域取得突出成绩的教师。共有213名教师获奖，其中，铜质奖70人、银质奖54人、金质奖89人。

（陈曦）

中智生物农业国际研究院成立

12月22日，北科大、北京首农食品集团有限公司、北京市农林科学院、北京大北农科技集团股份有限公司和北京首佳利华科技有限公司5家在京生物农业领域单位发起成立北京中智生物农业国际研究院。该研究院聚焦生物前沿技术、智慧农业、农业食品健康3个领域，具体创新方向包括：生物育种与种子技术科技创新与成果转化，农业大健康与功能食品科技创新与成果转化，绿色农业、环境友好与可持续发展技术创新与成果转化，生物农业工程机械化、信息化与智能化融合创新与成果转化，生物农业绿色发展体系研究，生物农业领域的国际高端人才引进与优秀人才培养、国际学术交流与合作、成果转化与双创孵化。研究院以平谷区为主要研发创新和人才集聚基地，首期落地3000平方米科研、办公、展示和中试空间，13.33万平方米实验基地和1500平方米智能温室。研究院实行理事会领导下的院长负责制，北科大生物中心万向元担任首任院长，工程院院士赵春江担任第一届学术委员会主任，研究院另有人才团队60余人。

（陈曦）

北方工业大学

概述

2019年，北方工业大学占地面积30.15万平方米，产权校舍建筑面积39.93万平方米，非产权校舍建筑面积3.85万平方米。图书馆建筑面积1.77万平方米。全年教育经费投入95426万元，其中，财政拨款73676万元、自筹经费21750万元。固定资产总值203933.22万元，包括教学、科研仪器设备资产值75481.14万元、信息化设备资产值28558.45万元。拥有教室244间，其中，网络多媒体教室95间。计算机9289台。拥有图书174.7611万册。网络信息点14940个，校园网出口总带宽5000Mbps，上网课程1217门，电子邮件系统用户36065个，管理信息系统数据总量2853279GB，数字资源量中电子图书1642119册、电子期刊1107748册、学位论文4454395册、音视频294183小时。学校由北京市举办，为理工院校，设有1个校区，设置11个学院。开设49个本科专业，覆盖7个学科门类；拥有服务国家特殊需求博士人才培养项目1个；硕士一级学科学位授权点20个、硕士专业学位授权类别10个。国家级一流本科专业建设点5个，北京市级一流本科专业建设点3个，北京高校重点建设一流专业1个，北京高校高精尖学科1个。北京重点实验室4个，16个省部级重点实验室或工程研究中心。教职工1169人，其中，专任教师891人，包括正高级144人、副高级323人；博士生导师27人、硕士生导师402人；双聘院士1人，“国家高层次人才特殊支持计划”领军人才1人；外籍教师27人，包括教授7人、副教授2人。学历教育学生中毕业生4005人，其中，研究生645人（博士生1人、硕士生644人）、普通本科生2602人、成人教育本专科生758人（本科生549人、专科生209人）。本科毕业生就业率98.55%。招生4425人，其中，研究生878人（博士生9人、硕士生869人）、普通本科生2768人、成人教育本专科生779人（本科生520人、专科生259人）。高考北京地区提档线文科552分、理科527分。在校生15685人，其中，研究生2360人（博士生34人、硕士生2326人）、普通本科生10827人、成人教育本专科生2498人（本科生1703人、专科生795人）。留学生毕业68人、招生844人、在校生1250人。网址：www.ncut.edu.cn。

2019年，学校以建设国内外有重要影响、特色鲜明、优势突出的高水平工业大学为目标，坚持内涵特色差异化发展，落实立德树人根本任务，各项工作取得新成效。

思想政治教育。印发《国庆70周年系列活动思想政治工作方案》，完善“思政课程、课程思政、专业思政、学科思政、管理思政”育人体系。“实施‘3+3’资助育人模式，助力家庭经济困难学生追梦圆梦”获北京高校党的建设和思想政治工作优秀成果奖。

人才培养。生源质量稳中有升，北京市生源持续向好。本科升学率29.45%、就业率98.55%。研究生学科竞赛获国家级奖 35 项、省部级奖 65 项。2 名教师分获北京市高等学校教学名师奖、青年教学名师奖。1 个教师团队获评北京高校优秀本科育人团队，1 名教师获北京高校优秀本科育人管理人员。

学科专业建设。完成本科教学工作审核评估整改，推进博士学位授予单位申报工作。工程学科跻身 ESI 全球排名前 1%，2 个专业通过工科专业认证，1 门课程入选市重点课程，3 门课程入选市一流课程。

10 月 1 日，北方工大师生参加群众游行方阵

（北方工大　供）

科技创新。学校年度科研经费 1.50 亿元。新增国家级项目、课题、子课题 66 项，省部级科研项目 30 个，获批科技部重点研发计划课题 1 项、北京市自然科学基金项目 19 个、国家社科基金项目 6 个、教育部人文社科重点项目 1 个。与石景山区八角街道签署国家重点研发计划项目示范合作协议。推进学校军工资质申请和实验室及危化品安全管理工作。学校科技成果转化工作实现制度化、规范化、流程化管理。

国际化办学。围绕“一带一路”战略和“留学北京”品牌，在乌兹别克斯坦安集延机械制造大学建立现代工程学院。与欧、美、亚等 10 所高校建立校际合作关系，接收 84 个国家各类外国留学生 1252 人，比上年增长 22.87%，包括长期留学生 627 人（含学历生 477 人）、短期留学生 171 人；接收“一带一路”沿线 27 个国家学生 444 人，接待国际及港澳台来访团组 105 个（不含学生团组）、279 人次。因公出国（境）团组 72 个、133 人次，派出 254 名学生赴国（境）外高校交流学习。

庆祝新中国成立 70 周年服务保障。学校近 4000 名师生参加国庆庆祝活动及相关综合保障服务，其中，950 人参加群众游行第 31 号“中华儿女”方阵，1156 人参加群众联欢“健康中国”板块，948 人次参与志愿服务项目。学校获北京市筹备和服务保障中华人民共和国成立 70 周年庆祝活动先进集体称号。

党委书记　郑文堂

校　　长　丁辉

（刘佚）

纪检监察体制改革和校内巡察工作

至年底，北方工大推进纪检监察体制改革和校内巡察工作。学校制订《关于纪检监察体制改革的实施方案》，明确纪检监察机构职责权限，建立健全纪检监察工作制度机制，增加专职人员编制和干部职数。开展第二轮、第三轮校内巡察，采用一个巡察组巡察 2 个单位的方式，对 16 个二级单位开展政治体检，梳理问题 283 条，提出意见建议 73 条。

（刘佚）

北京化工大学

概述

2019 年，北京化工大学占地面积 165.53 万平方米，产权校舍建筑面积 91.68 万平方米。图书馆建筑面积 5.69 万平方米。全年教育经费投入 231387 万元，其中，财政拨款 124480 万元、自筹经费 106907 万元。固定资产总值 400202.88 万元，其中，教学、科研仪器设备资产值 102516.83 万元，信息化设备资产值 26535.49 万元。拥有教室 241 间，其中，网络多媒体教室 203 间。拥有图书 180.55 万册，计算机 9599 台。网络信息点 36700 个，上网课程 144 门，电子邮件系统用户 52500 个，管理信息系统数据总量 6000GB，数字资源量中电子图书 1212025 册、电子期刊 751024 册、学位论文 7664347 册、音视频 123683 小时。学校由教育部举办，为理工院校，设有 4 个校区，设置 14 个院（系、部）。开设 51 个本科专业，覆盖 8 个学科门类；具有一级学科 8 个；一级学科博士点 8 个；一级学科硕士点 21 个、二级学科硕士点 2 个、硕士专业学位授权类别 10 个；博士后科研流动站 8 个，其中，博士后研究人员出站 52 人、进站 78 人、在站 180 人。“双一流”建设学科 1 个，国家级一流本科专业建设点 11 个，北京市级一流本科专业建设点 3 个，北京高校重点建设一流专业 1 个，北京高校高精尖学科 2 个。国家重点实验室 2 个、国家工程技术研究中心 1 个、国家工程实验室 1 个。北京高精尖创新中心 1 个，省、部级重点实验室 14 个，省、部级工程技术研究中心（所）15 个。教职工 2625 人，其中，

11 月 20 日至 21 日，化工大学获 2019 年青少年高校科学营优秀组织单位（化工大学 供）

专任教师 1275 人，包括正高级 328 人、副高级 441 人；博士生导师 312 人、硕士生导师 589 人；中科院院士 4 人、工程院院士 6 人（含中科院外籍院士 1 人、工程院外籍院士 1 人，双聘中科院院士 1 人、工程院院士 2 人)。“长江学者奖励计划”特聘教授 13 人、讲座教授 2 人、青年长江学者 2 人；“国家高层次人才特殊支持计划”领军人才 10 人、青年拔尖人才 4 人、教学名师 3 人；“国家杰出青年科学基金”获得者 24 人，“国家优秀青年科学基金”获得者 19 人。外籍教师 24 人，其中，教授 3 人。学历教育学生中毕业生 6940 人，其中，研究生 1904 人（博士生 179 人、硕士生 1725 人)、普通本科生 3410 人、成人教育本专科生 1626 人（本科生 1062 人、专科生 564 人)。本科毕业生就业率 97.96%。招生 8100 人，其中，研究生 2828 人（博士生 319 人、硕士生 2509 人)、普通本科生 3804 人、成人教育本专科生 1468 人（本科生 1378 人、专科生 90 人)。高考北京地区提档线文科 611 分、理科 621 分。在校生 27198 人，其中，研究生 7801 人（博士生 1087 人、硕士生 6714 人)、普通本科生 15340 人、成人教育本专科生 4057 人（本科生 3699 人、专科生 358 人)。留学生毕业 118 人、招生 261 人、在校生 533 人。网址：www.buct.edu.cn。

2019 年，学校召开第 11 次党代会，开展“不忘初心、牢记使命”主题教育，持续推进治理体系和治理能力现代化建设。

人才培养。实现教育部、北京市学位论文抽检全合格。获第 14 届中国大学生年度人物称号 1 人。大学生创业园获批北京地区高校大学生创业园高校分园。新增国家级大学生创新创业训练计划 80 项、北京市级 115 项。在各类学科竞赛中获省部级以上奖励 930 余人次。1 个团队获世界人工智能联合大会（IJCAI）助老机器人挑战赛亚军及单项冠军。

学科建设。实施“重大科学工程”“军民融合重大工程”等大科学工程项目 5 个。新增本科专业 1 个，完成教育部工程教育专业再认证 3 个、通过工程教育专业认证 4 个。获批国家级教学项目 12 个、北京市级教改项目 14 个；获评北京市优质本科教材课件 4 部，北京市优质本科课程 4 门。获批国家级虚拟仿真实验教学项目 1 个，北京市虚拟仿真实验教学项目 1 个。获批 2018 年度新增本科备案专业 1 个。启动交叉学科平台、新兴交叉学科中心、中日友好医院共建生物医学转化工程中心等 60 多个项目建设。完成“双一流”建设中期自评估工作；28 个参评学位点通过合格评估；动态调增法律专业学位硕士点；工程硕士专业学位由原 8 个授权领域对应调整为 5 个硕士专业学位授权类别。面向马克思主义、法学、公共管理 3 个一级学科启动“文科提升计划”项目。获评教育部高校思想政治工作精品项目 1 个。1 人获首届全国高校思政课教学展示活动特等奖。

科研创新。年度科研经费到款 8 亿元。获国家自然科学基金项目 116 个，总经费超过 1.1 亿元，首次实现 8 个学部全覆盖。牵头立项国家重点研发计划项目 3 个；国家重点研发计划课题立项 10 个；政府间 / 港澳台专项立项 4 个。国防科研和军民融合方面获批 5 个基础研究类重点项目，年度到款 1.5 亿元。获国家科学技术进步奖二等奖 2 项、教育部科学技术奖 1 项。在《自然》(Science) 发表论文 1 篇，在《自然纳米技术》(Nature Nanotechnology)、《美国科学院院报》(PNAS) 等顶级期刊发表论文 6 篇。获批教育部首批高等学校科技成果转化和技术转移基地。首次获北京市哲学社会科学优秀成果奖。

对外开放。新（续）签校际合作协议 37 份，新增合作伙伴 15 个。与中国可再生能源学会、南非工业与科学研究理事会、金山大学、比勒陀利亚大学等单位共同签署谅解备忘录，成立中国—南非清洁能源联合研究中心，建设学科创新引智基地 5 个。重点参与的中国－西班牙先进材料联合研究中心的合作研究领域，被列入中国－西班牙两国关于加强新时期全面战略伙伴关系的联合声明。与联合国环境规划署签署合作协议，共建面向环境的绿色化学研究平台。获批科技部“高端外国专家引进计划”15 项。推进“北化—世界百强高校本硕博精英计划”，与 18 个国家和地区的 54 所高校和机构开展学生到海外学习项目 76 个，全年派出学生到海外学习交流 548 人。与“一带一路”沿线国家高校合作开展人文交流项目，约 200 名国外大学生到中国进行文化、科技交流活动。

扶贫及对口支援。先后到访内蒙古科尔沁左翼中旗 17 次，开展帮扶活动 20 项。自筹扶贫经费 200 万元，启动包括宝龙山工业园区规划在内的扶贫项目 8 个，涵盖教育培训、产业扶持、“两不愁三保障”等领域。累计为科左中旗投入帮扶资金 200 余万元，引入帮扶资金 620 万元，培训基层干部 304 人、技术人员 1085 人。与河北省邢台市威县和秦皇岛市青龙满族自治县签订定点扶贫战略合作协议。推进对口支援塔里木大学和青海大学的工作，与塔里木大学签订北京化工大学—塔里木大学研究生联合培养协议，帮助塔里木大学建设化学化工学院及南疆化工重点实验室，获批国家自然基金地区基金项目 1 个；与青海大学签订《北京化工大学对口支援青海大学协议》，推动《青海大学盐湖化工研究设施建设方案》的论证与实施。

庆祝新中国成立 70 周年服务保障。学校 2414 名师生参加国庆 70 周年庆祝活动，其中，1715 名师生参加第 4 号“开天辟地”方阵群众游行，699 名师生参加志愿服务及各项保障任务。获北京市筹备和服务保障中华人民共和国成立 70 周年庆祝活动先进集体称号 2 个、先进个人称号 9 个。

党委书记 袁自煌
校　　长 谭天伟

（肖勇）

《京名片》丛书被英国大英图书馆收藏

3 月，化大国家大学生文化素质教育基地人文团队编撰的北京历史文化丛书《京名片》被英国大英图书馆收藏。该套丛书由《初识北京》《古都北京》《博物北京》《山水北京》《院落北京》5 部书籍组成，从古都的时代性和历史性、“没有围墙的北京博物馆”的大博物馆性、作为五朝古都的山水形胜之要的历史地理性以及古都北京城市立体布局的儒家礼制文化性等多个角度切入，诠释北京历史文化的核心价值。丛书 2019 年 1 月由经济科学出版社出版，16 开本，四色印刷。全书共计 930 千字，图片 300 余张。

（肖勇）

第 11 次党代会

8 月 25 日至 26 日，中共北京化工大学第 11 次代表大会召开。会议审议并通过题为《以习近平新时代中国特色社会主义思想为指导 坚守初心 勇担使命 为把北京化工大学建成世界一流大学而奋斗》的第十届党委工作报告、《中国共产党北京化工大学第十届纪律检查委员会工作报告》，选举产生第 11 届党委和纪委。会议决议，围绕培养德智体美劳全面发展的社会主义建设者和接班人中心工作，加强学校党的建设，推进改革创新，加强科学管理，推进“双一流”建设。

（肖勇）

北京工商大学

概述

2019 年，北京工商大学占地面积 82 万平方米（阜成路校区 21 万平方米、良乡校区 61 万平方米），产权校舍建筑面积 499173.35 万平方米。图书馆建筑面积 2.58 万平方米。全年教育经费投入 158452.89 万元，其中，财政拨款 134823.40 万元、自筹经费 23629.49 万元。固定资产总值 29.18 亿元，其中，教学、科研仪器设备资产值 11.18 亿元，信息化设备资产值 47798.93 万元。拥有教室 313 间，其中，网络多媒体教室 206 间。拥有图书 181.284 万册，计算机 9705 台。网络信息点 25965 个，上网课程 1313 门，电子邮件系统用户 18650 个，管理信息系统数据总量 1880GB，数字资源量中电子图书 198.8 万余册、电子期刊 70.66 万册、学位论文 405.76 万册、音视频 10 万小时。学校由北京市举办，为财经院校，设有 2 个校区，设置 15 个院（部）。开设 57 个本科专业，覆盖 7 个学科门类；具有一级学科 17 个；一级学科博士点 2 个；一级学科硕士点 16 个、硕士专业学位授权类别 17 个；服务国家特殊需求博士人才培养项目 1 个，联合培养博士学位授权点 1 个；博士后科研流动站 2 个，其中，博士后研究人员出站 5 人（含工作站联合招收 1 人）、进站 5 人（含工作站联合招收 2 人）、在站 13 人（含工作站联合招收 8 人）。国家级一流本科专业建设点 7 个，北京市级一流本科专业建设点 4 个，北京高校重点建设一流专业 2 个，北京高校高精尖学科 3 个。教职工 1540 人，其中，专任教师 1020 人，包括教授 174 人、副教授 452 人；博士生导师 86 人、硕士生导师 588 人；工程院院士 4 人（含双聘院士 2 人）。外籍教师（外聘）27 人，其中，教授 16 人、副教授 1 人。学历教育学生中毕业生 3884 人，其中，研究生 1023 人（博士生 3 人、硕士生 1020 人）、普通本科生 2647 人、成人教育本专科生 214 人（本科生 164 人、专科生 50 人）。本科毕业生就业率 97.71%。招生 4231 人，其中，研究生 1161 人（博士生 25 人、硕士生 1136 人）、普通本科生 2836 人、成人教育本科生 234 人。高考北京地区提档线文科 557 分、理科 543 分，艺术理 495 分、艺术文 536 分。在校生 15352 人，其中，研究生 2690 人（博士生 56 人、硕士生 2634 人）、普通本科生 11566 人、成人教育本专科生 1096 人（本科生 983 人、专科生 113 人）。留学生毕业 73 人、招生 132 人、在校生 362 人。网址：www.btbu.edu.cn。

2019 年，学校不断加强党的建设，全面落实立德树人根本任务。

学科及专业建设。学校明确以商科、轻工和食品为特色的研究型大学办学定位，明确阜成路校区服务首都科技创新中心和国际交往中心的战略定位；推进良乡主校区建设，推进学院整建制搬迁；制订《北京工商大学 2025 行动计划》。北京高等教育本科教学改革创新项目获批。“食品风味化学与分析”精品课程入选学习强国平台。新增 5 个本科专业。设立应用经济学博士后科研流动站。

人才培养。2019 届本科毕业生总深造率 31.31%；学生 1557 人次在 543 项省部级以上竞赛中获奖。学校 SCC 车队以拉力竞速赛第一名、爬坡竞速赛第二名、障碍竞速赛第二名、最佳表现奖获 2019 弹力方程式赛车国际设计锦标赛美国总决赛学生组冠军，同时获拉力竞速单项奖、最佳表现奖。

师资建设。入选国家百千万人才工程并被授予有突出贡献中青年专家称号 1 人；入选北京市百千万人才工程 1 人、北京市优秀人才青年拔尖人才 3 人、北京市优秀人才青年拔尖团队 1 个。2019 年选拔录用应届生和博士后 86 人。把师德考核纳入教职工年度考核，实行师德“一票否决制”。

科研工作。年度科研总经费 23222.78 万元，比上年增长 3.96%；获国家自然科学基金项目 41 个，经费 1444 万元；获国家社科基金项目 15 个。发表科研论文 1616 篇。应用经济学博士后科研流动站获批；获 2019 年度何梁何利科学与技术创新奖 1 个。《食品科学技术学报》入选中国科学引文数据库，学报社科版获全国高校社科名刊。

8 月 8 日，工商大学学生在 2019 弹力方程式赛车国际设计锦标赛美国总决赛中夺冠（工商大学　供）

国际交流与合作。签署合作协议 15 份，新增合作院校 7 所。学历留学生人数突破 300 人。与爱尔兰考克大学联合培养的食品科学与工程（国际）专业首届双学位毕业生毕业。主办第四届“一带一路”中巴科技与经济合作学术论坛。

基础设施和服务保障能力。良乡校区二期新建学生宿舍楼四栋投入使用；新建学生食堂和学生活动中心项目主体结构封顶。制订实施《北京工商大学智慧校园发展规划》。召开学校合校 20 周年纪念大会。校友张宁经由上海彤程公益基金会向母校捐赠 1000 万，冠名“化工楼”为“彤程楼”。

庆祝新中国成立 70 周年服务保障。学校 634 名党员师生参加群众游行 33 号“从严治党”方阵，获北京市筹备和服务保障中华人民共和国 70 周年庆祝活动先进集体称号。

党委书记　谭向勇（3 月 8 日免）
　　　　　　黄先开（3 月 8 日任）
校　　长　孙宝国

（杨蓉　杨巧明）

成立 20 周年纪念大会

6 月 12 日，工商大学召开成立 20 周年纪念大会。会议明确到 2050 年时把学校建设成为具有商科、轻工和食品特色的高水平研究型大学的奋斗目标。播放《北京工商大学成立 20 周年大事纪》《北京工商大学 20 年重大成就回顾》视频，回顾学校成立 20 周年在学科建设、教育教学、人才培养、科学研究、师资队伍、国际交流方面取得的成就。学校有关领导及两校区的 2000 余名师生参加大会。北京工商大学 1999 年 6 月由北京轻工业学院与北京商学院合并，并经机械工业管理干部学院并入后组建而成；2004 年，工商大学良乡校区建成。

（杨蓉　杨巧明）

良乡校区二期学生食堂和学生活动中心主体结构封顶

8 月 30 日，工商大学良乡校区二期新建工程 16—02—01 地块学生食堂和学生活动中心项目主体结构封顶。食堂及活动中心建筑面积 16030.5 平方米，地下 1 层，地上 3 层，局部 4 层。根据设计方案，可容纳 1400 人就餐及 600 人观演。

（杨蓉　杨巧明）

北京服装学院

概述

2019 年，北京服装学院占地面积 36.14 万平方米，产权校舍建筑面积 25.23 万平方米、非产权校舍建筑面积 3.75 万平方米。图书馆建筑面积 1.05 万平方米。全年教育经费投入 69614.79 万元，其中，财政拨款 52720.52 万元、自筹经费 16894.27 万元。固定资产总值 8.35 亿元，其中，教学、科研仪器设备资产值 4.26 亿元，信息化设备资产值 21496.07 万元。拥有教室 299 间（含非学校产权 55 间），其中，网络多媒体教室 235 间。拥有图书 78.28 万册，计算机 5264 台。网络信息点 6000 个，上网课程 360 门，电子邮件系统用户 13000 个，管理信息系统数据总量 33000GB，数字资源量中电子图书 316.50 万册、电子期刊 8.17 万册、学位论文 44.70 万册、音视频 14.18 万小时。学校由北京市举办，为艺术院校，设有 4 个校区，设置 9 个全日制本科教学学院、2 个教学部门以及研究生院、国际学院、继续教育学院。开设 24 个本科专业，覆盖 6 个学科门类；双学位专业点 4 个，具有服务国家特殊需求博士人才培养项目 1 个；

具有一级学科硕士点 7 个、二级学科硕士点 1 个、硕士专业学位授权类别 4 个。国家级一流本科专业建设点 3 个，北京市级一流专业建设点 3 个，北京高校重点建设一流专业 2 个，北京高校高精尖学科 1 个。教职工 895 人，其中，专任教师 605 人，包括教授 110 人、副教授 212 人；博士生导师 8 人、硕士生导师 164 人。外籍教师 1 人。享受政府特殊津贴专家 4 人，北京市海聚工程特聘专家 3 人。学历教育学生中毕业生 2086 人，其中，研究生 329 人（博士生 1 人、硕士生 328 人）、普通本科生 1457 人、成人教育本专科生 300 人（本科生 189 人、专科生 111 人）。本科毕业生就业率 88.32%。招生 2406 人，其中，研究生 424 人（博士生 12 人、硕士生 412 人）、普通本科生 1541 人、成人教育本科生 441 人。高考北京地区本科提档线文科 524 分，理科 471 分。在校生 8994 人，其中，研究生 1191 人（博士生 35 人、硕士生 1156 人）、普通本科生 6156 人、成人教育本专科生 1647 人（本科生 1399 人、专科生 248 人）。留学生毕业 13 人、招生 263 人、在校生 326 人。网址：www.bift.edu.cn。

2019 年，学校建校 60 周年，坚持改革促发展，推动高水平特色大学建设再上新台阶。

办学性质变更。学校强化“以艺为主、服装引领、艺工融合”的办学特色，结合综合改革和院系专业调整，经市教委批准，办学类型由理工院校变更为艺术院校。

学科和专业建设。新增硕士专业学位授权类别 1 个，通过澳洲会计师公会国际认证专业 1 个。入选 2019 年北京高校优质本科课程 5 个、2019 年北京高校优质本科教材课件 4 个。获“纺织之光”2019 年度中国纺织工业联合会纺织高等教育教学成果奖 7 个，获批北京高等教育本科教学改革创新项目 4 个。

人才培养。4 人获国家留学基金委国家建设高水平大学公派研究生项目和艺术类人才培养特别项目国家公派留学资格；1 人获“汉帛奖”第 27 届中国国际青年设计师作品大赛金奖；1 人获第五届中国马海毛时装创意设计大赛冠军；15 人获“纺织之光”2019 年度中国纺织工业联合会学生奖；1 人获 2019 丝路环球旅游小姐世界总决赛冠军；1 人获第 25 届中国模特之星大赛总决赛冠军。北服获第五届中国“互联网 +”大学生创新创业大赛北京赛区总决赛一等奖。

师资队伍建设。围绕“十三五”师资队伍建设规划，健全完善人事管理制度，完成双轨制评聘工作；加强师德师风建设，健全师德师风建设长效机制，制定《北京服装学院教师师德考核办法（试行）》；制定《北京服装学院 2019 年教职工考核管理办法》，首次实施量化绩效考核。

科研成果。梳理完善科研制度 11 项，制定《北京服装学院重大项目培育基金管理办法》《北京服装学院科研奖励管理办法》等。承担国家社科基金艺术学重大项目、科技部国家重点研发计划项目、国家自然科学基金项目、国家艺术基金项目等国家级项目 17 个。国家艺术基金《敦煌服饰创新设计人才培养项目》结项，获国家社科基金项目 1 个、2019 年国家出版基金项目立项 1 个。

社会服务。学校因在“伟大的变革——庆祝改革开放 40 周年大型展览”的贡献获中宣部、市委教育工委颁发的“突出贡献奖”。冬奥“北京 8 分钟”服装设计团队被评为 2019 年“全国工人先锋号”。完成第七届世界军人运动会赛会制服、第二届青运会服装设计工作。服务东京 2020 年奥运会和北京 2022 年冬奥会、冬残奥会等多项国家重大任务。与雄安新区管委会改革发展局签署战略合作框架协议；与甘肃省博物馆、荣宝斋开展战略合作；发布《北京时尚产业 2018 年度报告》等产业研究报告。

庆祝新中国成立 70 周年服务保障。学校师生设计团队完成国庆庆典活动中 36 个群众游行方阵的全部 306 款服装，以及阅兵式民兵方阵、志愿者、合唱团服装设计。

党委书记 马胜杰
院　　长 贾荣林（4 月任）

（付佳）

新校训校歌发布

5 月 9 日，北服发布新校训、校歌。新校训是“与美同行”。“美”内涵隽永，外延广阔，是时尚高校的核心要义。新校训突出“以艺为主，服装引领、艺工融合”的办学定位和“建设特色鲜明、国际一流时尚高校”的发展目标。寓意服装学院师生在追求、发现、创造和传播美的过程中，与时代同行。校训规范字体包含衬线体和行草体两个版本。新校歌由学校教师团队作词作曲，表现北服师生与美同行、与美相伴的美好愿景。

（付佳）

芍药居校区投入使用

9 月 4 日，北服芍药居校区投入使用。该校区位于朝阳区太阳宫芍药居甲 1 号，占地面积约 3.7 万平方米，建筑面积 4.1 万平方米，学校 1400 余名师生迁入该校区工作、学习和生活。该校区原隶属于北京电子科技职业学院，2009 年经市政府批准划归服装学院。2015 年，学校按照“一次规划、三期建设”的总方针，在不改变结构主体情况下开展建筑物的整体装修改造，重新梳理地下管线，优化景观种植和交通流线。至 2018 年，共完成校舍改造 39149 平方米、绿地改造 3543 平方米、道路铺装 9122 平方米、运动场改造 8000 平方米。工程总投资 1.88 亿元。

（付佳）

中国服饰文化研究院成立

9 月 25 日，北服成立中国服饰文化研究院。研究院整合国内外服饰文化研究高端学术资源，通过对服饰文化的研究，探索发现中国服饰历史发展的理论体系，为推动服饰文化更好的服务国家形象、服务人民生活作贡献。服装学院党委书记任研究院院长，校长任常务副院长，研究院同时聘请中国社会科学院、国家博物馆、清华大学等高校和科研机构的专家学者 10 余人担任专家委员会委员。

（付佳）

建校 60 周年

10 月 19 日，北服举办建校 60 周年纪念大会。会议回顾学院 60 年的发展历史，为北服教育基金会揭牌。校庆期间，学校以“北服，为中国时尚”为主题，开展校史成果展、文艺晚会、国际时尚院校校长高端论坛、国际首饰设计高校联盟成立大会、北服校友会会员代表大会系列学术、文化类活动。其中，国际时尚院校校长高端论坛围绕“时尚教育：机遇与挑战”的主题，来自英国、澳大利亚、俄罗斯等 9 个国家的 12 所时尚学府的校长、专家交流研讨。北服 1959 年 2 月建校，原名北京纺织工学院；1961 年 7 月更名为北京化学纤维工学院；1987 年 2 月，改扩建为北京服装学院。至 2019 年，学校累计培养毕业生 60000 余人。

（付佳）

北京邮电大学

概述

2019 年，北京邮电大学占地面积 104.52 万平方米，产权校舍建筑面积 92.15 万平方米。图书馆建筑面积 4.90 万平方米。全年教育经费投入 158593.14 万元，其中，财政拨款 91694.09 万元、自筹经费 66899.05 万元。固定资产总值 287034.86 万元，其中，教学、科研仪器设备资产值 91437.87 万元，信息化设备资产值 8248.39 万元。拥有网络多媒体教室 292 间。图书 213.46 万册，计算机 25660 台。网络信息点 30000 个，上网课程 4926 门，电子邮件系统用户 47675 个，管理信息系统数据总量 1500GB，数字资源量中电子图书 839 万册、电子期刊 108 万册、学位论文 669 万册、音视频 32 万小时。学校由教育部举办，为理工院校，设有 4 个校区，设置 16 个学院。开设 45 个本科专业，覆盖 9 个学科门类；具有一级学科 32 个；一级学科博士点 10 个、二级学科博士点 2 个；一级学科硕士点 22 个、二级学科硕士点 1 个，硕士专业学位授权类别 11 个；博士后科研流动站 7 个，其中，博士后研究人员出站 33 人、进站 46 人、在站 90 人。“双一流”建设学科 2 个、国家级一流本科专业建设点 9 个，北京市级一流本科专业建设点 3 个，北京高校重点建设一流专业 3 个，北京高校高精尖学科 2 个。国家重点实验室 2 个、国家工程实验室 6 个（2 个牵头、4 个合作）、国家国际科技合作基地 1 个、教育部重点实验室 4 个、教育部工程研究中心 2 个、网络空间国际治理研究基地 1 个。北京实验室 1 个、北京高精尖创新中心 1 个、北京重点实验室 5 个。教职工 2303 人，其中，专任教师 1668 人。外籍教师 100 余人。中科院、工程院院士 12 人（含双聘院士、外籍院士），国家级教学名师 2 人，“长江学者奖励计划”特聘教授 7 人、青年长江学者 4 人，“国家高层次人才特殊支持计划”领军人才 9 人，青年拔尖人才 3 人，“国家杰出青年科学基金”获得者 15 人，“国家优秀青年科学基金”获得者 12 人。学历教育学生中毕业生 16401 人，其中，研究生 2902 人（博士生 271 人、硕士生 2631 人），普通本科生 3323 人，成人教育本专科生 326 人（本科生 239 人、专科生 87 人），网络教育本专科生 9069 人（本科生 5194 人、专科生 3875 人），在职研究生 781 人。本科毕业生就业率 99.38%，研究生就业率 99.67%。招生 21833 人，其中，研究生 3894 人（博士生 373 人、硕士生 3521 人），普通本科生 3682 人（含港澳台侨 22 人），网络教育本专科生 14257 人（本科生 7774 人、专科生 6483 人）。在校生 80796 人，其中，研究生 11901 人（博士生 1908 人、硕士生 9993 人），普通本科生 14801 人，成人本专科生（函授）54094 人（本科生 33012 人、专科生 21082 人）。留学生毕业 48 人、招生 248 人、在校生 457 人。网址：www.bupt.edu.cn。

2019 年，学校开展“不忘初心、牢记使命”主题教育活动，2 个支部获评“全国党建工作样板党支部”。同时推进习近平新时代中国特色社会主义思想教育培训计划、“党支部建设年”系列活动、“对标争先”计划，持续深化全面从严治党，校内巡察机制建设不断完善。

学科建设。开展学校“双一流”建设年度考核与评估工作，制定《“双一流”建设学院（研究院）年度考核方案》。启动“双一流”建设中期自评，全面总结成效。入选国家“一流网络安全学院建设示范项目高校”，通信工程、电子信息工程、信息工程 3 个专业完成工程教育专业认证，12 个专业入选首批国家级和北京市级一流本科专业建设点，通信工程、信息安全获批北京高校重点建设一流专业，网络空间治理、信息材料科学与工程 2 个学科入选北京高校高精尖学科建设名单。

人才培养。按照“理工融合”“科教融合”理念，立项建设“高新标杆课程”15 门，培育课程 14 门，构建“高新课程”为牵引的高水平课程体系。建设“5G 全息 &4K 直播”智慧教室。深化创新创业教育，推动产学研合作，举办第 11 届大学生创新创业实践成果展示交流会、第四届研究生创新创业成果展，承办第五届中国“互联网 +”（北京赛区）大学生创新创业大赛。本科生 1990 人次获省部级以上竞赛奖项，在第五届中国“互联网 +”大学生创新创业大赛全国总决赛中获金奖 2 项、铜奖 1 项。在全国大学生电子设计竞赛中获一等奖 2 项。在第 12 届全国大学生信息安全竞赛创新实践能力赛中获特等奖 1 项。在第十届“挑战杯”首都大学生课外学术科技作品竞赛中获特等奖 1 项、一等奖 4 项。在第 16 届“挑战杯”全国大学生课外学术科技作品竞赛中获二等奖 2 项。

科学研究。制订《北京邮电大学提升科技创新能力行动计划（2019—2025）》，新获批教育部工程研究中心 1 个、“111 基地”1 个。大力推进北京实验室建设，成立北京实验室联盟。持续推动创新研究院建设，成立北京邮电大学（济南）工业互联网研究院，与常州市、贵阳市、紫金山实验室、广东省新一代通信与网络创新研究院等单位签署战略协议，共建新型研发机构。与北京大学第三医院、清华大学等共同发起成立“北京学院路临床医学协同创新联盟”。完成装备承制单位资格整改，取得装备承制单位资格证书，完成质量体系认证。

信息化建设。有序推进校园信息化“一表一站一网”工程建设，教师“一张表”平台建设完成，开通智慧校园网上服务大厅，新版学校主页正式上线。西土城校区顺利实现无线网络全覆盖，5G信号室外全覆盖。完成虚拟化平台扩容，沙河校区数据中心建设全面启动。优化网络结构，校园网出口带宽增容4.5倍，为师生提供无限量带宽。升级迎新系统，开发正版软件下载平台，购买集成正版软件，完成邮箱容量升级扩容工作。

扶贫工作。制订《2019年定点扶贫工作计划》，探索形成以科技扶贫为主体，协同推进的“一主体五协同”扶贫格局。举办北邮—长顺科技文化周、长顺县“2019年教师培训项目”、领导干部大数据专题培训班等活动。国务院扶贫办、教育部、人民网等多家媒体平台对学校扶贫工作进行报道。挂职干部获贵州省、黔南州6个脱贫攻坚奖项。

庆祝新中国成立70周年服务保障。学校2800余名师生参加国庆庆祝活动，其中，2214名师生和84名港澳台代表参加了群众游行第13号“一国两制”方阵，82名师生参加广场合唱团，184名师生参加国庆志愿者服务团，102名师生参加“国家勋章和国家荣誉称号”颁授仪式迎宾。另有200余名师生参加后勤保障服务工作。学校获北京市筹备和服务保障中华人民共和国成立70周年庆祝活动先进集体称号。

党委书记　吴建伟

校　　长　乔建永

（吴昊）

高新标杆课程建设计划启动

4月28日，邮电大学组织首批“高新标杆课程”建设项目立项评审会。经专家组评审、校领导审批，确定15门课程入选学校首批“高新标杆课程”建设项目，6门课程入选校级重点培育课程建设项目，8门课程入选校级培育课程建设项目。学校通过“5G+全息远程互动”智慧教室形式，实现优质课堂资源的远程共享，在课程建设方面开展探索，学校“高新标杆课程”建设项目计划至2022年，建设500门高新课程。

（吴昊）

首届网络空间文化节

5月23日，邮电大学举办首届北邮网络空间文化节。文化节以“传递网络文化，打造信息黄埔”为主题，包括“构筑网络净地，传递安全文化”网络与安全技术交流论坛、“国脉所系，传邮万里”传邮论坛、“我创新、我担当”第11届大学生创新创业实践成果展示交流会3个活动。其中，网络与安全技术交流论坛包括5G时代的网络空间国际合作与治理、新一代云存储与灾备、区块链技术创新等学术报告和交流活动以及网络安全创新技术和产品展、网络安全书友会、网安校友传承会等主题活动；传邮论坛作为“世界电信日”主题活动，邀请院士专家、电信运营商、设备商以及杰出校友参加，举办人工智能、5G时代的网络云化、类脑视觉等11个网络与人工智能未来技术的主题报告和研讨，学校与中国通信企业协会、中国联合网络通信有限公司、华为技术有限公司分别签署战略合作协议，聚焦信息通信发展前沿，推动政产学研用合作创新发展；大学生创新创业实践成果展示交流会上，物联网、移动互联、软件设计等领域本科生优秀作品参展，参展作品1400余件，10万余人次参观展览。

（吴昊）

第二届强邮论坛暨区块链技术与行业高质量发展峰会

12月18日，邮电大学主办第二届强邮论坛暨区块链技术与行业高质量发展峰会。论坛聚焦邮政快递业人才培养、5G技术、区块链技术应用和产业创新变革等议题，邀请专家学者分别从移动通信的创新与发展、区块链与电商物流重塑等方面发表主题演讲，分享对行业发展和区块链技术的总体分析和思考。论坛同时设置多主体协同育人与行业高质量发展、区块链技术与企业创新发展两大平行分论坛。来自高校、行业协会、政府、企业的专家学者及嘉宾200余人参加论坛。

（吴昊）

北京印刷学院

概述

2019年，北京印刷学院占地面积21.68万平方米，产权校舍建筑面积22.72万平方米。图书馆建筑面积1.53万平方米。全年教育经费投入60436.23万元，其中，财政拨款51887.77万元、自筹经费8548.46万元。固定资产总值169782.13万元，其中，教学、科研仪器设备资产值51335.78万元，信息化设备资产值8400万元。拥有网络多媒体教室89间，图书124.09万册。网络信息点13000个，上网课程1549门，电子邮件系统用户1542个，管理信息系统数据总量5100GB，数字资源量中电子图书582159册，电子期刊746998册，学位论文5740739册，音视频214778小时。学校由北京市举办，为理工院校，设有3个校区，设置14个院（系、部），开设30个专业，覆盖6个学科门类；具有一级学科硕士点12个，硕士专业学位授权类别5个；博士后科研流动站1个。国家级一流本科专业建设点4个，北京市级一流本科专业建设点3个，北京高校重点建设一流专业3个，北京高校高精尖学科2个。教职工794人，其中，专任教师487人，包括教授84人、副教授176人；博士生导师229人、硕士生导师213人。“长江学者奖励计划”讲座教授2人。外籍教师4人。学历教育学生中毕业生3313人，其中，硕士研究生1038人、普通本科生1552人、成人教育本专科生723人（本科生39人、专科生684人）。本科毕业生就业率91.75%、深造率20.88%；研究生毕业生就业率95.81%。招生2937人，其中，硕士研究生425人、普通本科生1580人、成人教育本专科生932人（本科生604人、专科生328人）。高考北京地区提档线文科535分、理科499分，艺术类综合187.7分。在校生7765人，其中，硕士研究生1286人、普通本科生6479人。留学生毕业46人、招生279人、在校生344人。网址：www.bigc.edu.cn。

2019年，学校围绕特色办学方向，各项工作取得积极进展。

5月16日至20日，印刷学院设计制作作品“最美中轴线”的交互呈现效果 （印刷学院 供）

学科与专业建设。接受并通过北京市普通高等学校本科教学工作审核评估，特色办学思路得到专家组认可。新增专业3个、一级学科硕士点2个，入选北京高校高精尖学科2个。召开博士授权单位申报及迎接第五轮学科评估工作推进会，推进申博迎评工作；推进与中国人民大学共建新闻传播学学科，与清华大学联合培养设计学博士生等项目；强化3个一级学科点的学科布局规划、培养方案、学位授予标准等基础性建设。完成并通过本科教学工作审核评估，通过以评促建、以评促改，强化“以学生为中心”的教育教学理念，规范教学秩序、夯实教学基础、提升教学质量。

科研成果。获批省部级以上项目36个；1项成果获北京市科学技术奖三等奖。获授权专利75件，16件专利和软件著作权实现技术转让；获批省部级科技成果奖6项；新建国际新媒体产教研融合研究院科研平台，推动人工智能技术对出版过程的再造与重塑。获评国家新闻出版署优秀重点实验室1个。

师资建设。完成学校2019—2022学年新聘期岗位聘任工作，实现教职员工从身份管理到岗位管理的转变；推进新一轮人事聘任制度与薪资结构改革。

人才培养。普通类专业在北京外省份均实现一本招生，录取各地一本线、自主招生线上考生比例提升至61.71%。获批大学生创新创业训练计划国家级项目40个、北京市项目71个，北京市“实培计划”项目79个。学生获省部级以上学科竞赛奖项274个，获奖率10.8%，同比增长2.3%，其中，国家级奖项43个。职业与成人教育举办各层次培训班27期，累计培训1697人次，讲授课程200余门次，累计2688学时。获批2020市教委第一届京港澳项目和第一届菁英奖学金项目、2020年度北京市外国留学生“一带一路”奖学金项目、2020年北京市外国留学生奖学金资助等。学校与波兰哥白尼大学、澳大利亚西澳大学等开展合作，实施本硕连读项目、教师交流互访项目、双学位本科人才培养实验班项目等。与意大利贝纳通集团共建贝纳通广告研究中心，建立广告学专业国际人才实训基地。

社会服务。主办北京文化创意大赛初创项目分赛区活动。师生作品“最美中轴线”作为北京展团的重点项目参展第15届中国（深圳）国际文化产业博览交易会、第14届中国北京国际文化创意产业博览会。携艺术作品、专利产品参展第三届中国北京国际语言文化博览会。

庆祝新中国成立70周年服务保障。学校承担6项国庆任务。参加群众游行队伍“脱贫攻坚”方阵466人、“全面从严治党”方阵1人，“预备役”方阵1人，广场合唱75人；参与国庆晚会视效设计2人，担任群众游行艺术指导工作1人。设计《庆祝中华人民共和国成立70周年大会介绍》，设计国庆70周年志愿服务徽章、纪念章式样图，“志愿腾飞”城市志愿服务站点以及证书、奖牌、激励品等系列标识。与北京市环卫集团装备制造公司合作设计打造“金智蓝”“金慧蓝”环卫车。学校参与并完成国庆70周年纪念联欢晚会视觉部预演方案、队形动画、视觉内容等设计制作工作。

党委书记 高锦宏
校　　长 罗学科

（谢丹）

“最美中轴线”参展第15届文博会

5月16日至20日，印刷学院设计制作的大型沉浸式互动体验项目“最美中轴线”亮相第15届中国（深圳）国际文化产业博览交易会。“最美中轴线”作为北京展团重点项目，从申请非物质文化遗产角度出发，对北京城市中轴线所有建筑数字建模，通过超大场景沉浸交互和3D立体LED高清影像，展示从奥林匹克公园到大兴国际机场的整体效果。项目投资 130 余万元，设计制作历时 4 个月。

（谢丹）

北京建筑大学

概述

2019 年，北京建筑大学占地面积 62.71 万平方米，产权校舍建筑面积 49.13 万平方米。图书馆建筑面积 38579.74 平方米。全年教育经费投入 127362.31 万元，其中，财政拨款 75185.76 万元、自筹经费 52176.54 万元。固定资产总值 13.52 亿元，其中，教学、科研仪器设备资产值 10.13 亿元，信息化设备资产值 35500 万元。拥有教室 146 间，其中，网络多媒体教室 69 间。拥有图书 151.50 万册，计算机 8229 台。网络信息点 21700 个，网络课程 4204 门，电子邮件系统用户 2324 个，管理信息系统数据总量 20000GB，数字资源量中电子图书 190 万册、电子期刊 111654 册、学位论文 3113 册、音视频 1749 小时。学校由北京市举办，为理工院校。学校设有 2 个校区，设置 10 个学院和 1 个基础教学单位，另设有继续教育学院、国际教育学院和创新创业教育学院。开设 38 个本科专业，覆盖 5 个学科门类；具有一级学科 14 个；一级学科博士点 2 个；一级学科硕士点 14 个、硕士学位授权交叉学科点 1 个、硕士专业学位授权类别 10 个；博士后科研流动站 2 个，博士后研究人员出站 6 人、进站 12 人、在站 46 人。国家级一流本科专业建设点 6 个，北京市级一流专业建设点 3 个，北京高校重点建设一流专业 2 个，北京高校高精尖学科 3 个。教育部重点实验室 1 个、教育部工程研究中心 1 个、自然资源部重点实验室 1 个，北京实验室 1 个、北京高精尖创新中心 1 个，北京重点实验室 8 个。教职工 1045 人，其中，专任教师 671 人，包括正高级 124 人、副高级 277 人；博士生导师 27 人、硕士生导师 388 人；国家级教学名师 1 人、全国优秀教师 2 人。“长江学者奖励计划”特聘教授 1 人、青年学者 1 人；“国家高层次人才特殊支持计划”领军人才 2 人；“国家杰出青年科学基金”获得者 1 人；北京学者 3 人，青年北京学者 2 人。外籍教师 3 人。学历教育学生中毕业生 2967 人，其中，全日制硕士研究生 499 人、非全日制（在职）硕士研究生 84 人、全日制普通本科生 1995 人、成人教育本专科生 389 人（本科生 336 人、专科生 53 人）。本科毕业生就业率 95.05%。招生 2868 人，其中，研究生 804 人（博士生 24 人、硕士生 780 人）、普通本科生 1789 人、成人教育本科生 275 人。高考北京地区提档线文科 549 分、理科 523 分。在校生 10174 人，其中，研究生 2283 人（博士生 57 人、硕士生 2226 人）、普通本科生 7758 人、成人教育本专科生 856 人（本科生 820 人、专科生 36 人）。留学生毕业 3 人、招生 48 人、在校生 133 人。网址：www.bucea.edu.cn。

2019 年，学校全面推进“提质、转型、升级”，着力建设高素质人才队伍、着力建设高精尖学科和一流专业、着力培养高素质创新型人才、着力提升服务经济社会发展能力，着力完善“两高”办学布局，统筹推进民生保障等工作，不断将全面从严治党引向深入，奋力推动学校新发展。

人才培养。获批设立博士后科研流动站 1 个、增设本科专业 3 个，服务国家特殊需求博士人才培养项目 1 个。修订《北京建筑大学本科生绩点计算办法》《北京建筑大学课程编制及变动的规定》等文件；开展创新创业教育，开设认知类、实验类和创新类校级选修课 36 门次，设置四类 81 个开放实验室项目；采用学生分级评教，开展“教学质量月”专项活动，全年督导委员会专家累计听课量超过 600 人次。首次承办“挑战杯”首都大学生创业计划竞赛，学生在“挑战杯”全国赛中获奖 6 个。获第五届中国“互联网 +”大学生创新创业大赛（北京赛区）一等奖。

科学研究。178 件知识产权获授权、发表学术论文 900 余篇（EI 论文 110 篇、SCI 论文 202 篇）、编写标准规范 17 部、出版学术著作 60 部。新增省部级政府和社会力量科技奖励 19 项，其中，以第一完成单位获教育部高等学校科学研究优秀成果奖（科学技术）自然科学奖二等奖。学校作为主编单位之一编写的《海绵城市建设评价标准》发布。新增国家自然科学基金项目 27 个、北京市自然科学基金项目 10 个、北京市社科基金项目 14 个。实施“高端平台建设”工程，修订出台《科研创新平台管理办法》，获批建设大型科研仪器设备共享平台。与共建单位联合设立北京城市建

12 月 23 日，建筑大学大型多功能振动台阵重点实验室一期工程建设完工，首台振动台正式投入运行 （建筑大学 供）

设发展重大需求科研项目 100 余个。

教师队伍。教师连续 3 届获北京高校青年教师教学基本功比赛工科 B 组一等奖。修订《中共北京建筑大学委员会党校工作条例》，健全二级分党校运行体系。

学术会议。主办 2019 年中国城市设计论坛。承办第六届国际普适定位、室内导航和位置服务会议，2019 北京工程管理高峰论坛等学术会议。举办 2019 北京公共空间城市设计大赛“小空间大生活—百姓身边微空间改造优秀设计方案征集”活动。举办 2019 中国国际大数据产业博览会分论坛——“数字引领城市未来”论坛。组建团队开展河南光山县试点村“共同缔造”乡村规划研究。组织第四届北京国际城市设计大会、2019 中国工程院“建筑师对话结构师”国际论坛等学术性活动。

交流与合作。推进“一带一路”建筑类大学国际联盟建设，举办“一带一路”建筑类大学国际联盟 2019 年会议暨校长论坛和“一带一路”沿线国家基础设施能力建设教师高级研修班。优化重点国家和区域国际合作的战略布局，新增合作院校和机构 8 个，累计与 38 个国家和地区的 92 所院校和机构建立交流合作关系。组建由国内外行业顶级院士牵头的跨学科团队，联合开展高水平教学研究、人才培养、学科实践等工作。

庆祝新中国成立 70 周年服务保障。学校 1142 名师生参加群众游行第 35 号“扬帆远航”方阵，79 名师生参加广场合唱，234 名师生参与志愿服务，2 名现役学生和 5 名退役学生参加阅兵式仪仗方队、预备役方队。被解放军预备役高射炮兵第五团授予国庆 70 周年阅兵预备役工作先进单位称号，1 个集体、6 名师生分别获北京市筹备和服务保障中华人民共和国成立 70 周年庆祝活动先进集体与先进个人称号。

党委书记　叶茂林（6 月 18 日任，8 月 18 日病逝）
　　　　　姜泽廷（11 月 12 日任）
校　　长　张爱林

（沈茜　何其锋　马利光）

参与北京大兴国际机场建设

9 月 25 日，北京大兴国际机场投入运营，建筑大学师生科研团队参与机场建设。学校承担新机场航站楼钢结构性能试验、C 型柱复杂相贯节点足尺试验及三维激光扫描坐标定位，试验并优化新机场钢结构设计施工方案，为项目建设提供技术保障与支持。学校校产企业完成大兴国际机场民航运行管理中心和气象中心工程、民航情报管理中心工程等。

（何其锋）

穆钧团队获 2019 年度世界人居奖

12 月 9 日，建筑大学建筑与城市规划学院教授穆钧团队完成的“现代生土营建研究与推广”系列成果获 2019 年度世界人居奖铜奖。穆钧团队针对在中国应用分布最为广泛的传统夯土建造技术，首次将现代生土材料优化理论引入中国乡村建设，通过大量的田野考察和本土化的系统研究试验，克服传统夯土在抗震和耐久性方面的固有缺陷，并研发出一系列适合农村地区的现代生土房屋建造技术、设计方法及其相应的施工机具系统。

（何其锋）

大型多功能振动台阵重点实验室一期投入运行

12 月 23 日，建筑大学大型多功能振动台阵实验室一期工程首台振动台投入使用并进行振动台基准模型振动试验演示。这是振动台设备启用后的首次振动。大型多功能振动台阵实验室总建筑面积 5300 平方米，投资约 2.80 亿元，包括振动台区域和静力试验区域，共建设 4 台三向六自由度多功能振动台，每台台面尺寸长、宽均为 5 米，单台载重 60 吨，可以在满载情况下模拟大震下结构的性能。4 台多功能振动台既可以单独控制，也可以双台、三台或四台组成台阵系统联动，可满足不同工程的不同试验需求，实现建筑结构、桥梁结构、地下工程、核设施以及生命线工程等领域的大型结构动力试验，服务于土木工程、建筑遗产保护工程，以及机械工程、控制工程、信息工程、现代测绘技术、力学等多个学科。实验室第二期工程计划于 2022 年建设完成。

（何其锋）

北京石油化工学院

概述

2019 年，北京石油化工学院占地面积 28.67 万平方米，产权校舍建筑面积 26.40 万平方米、非产权校舍建筑面积 0.99 万平方米。图书馆建筑面积 16981.60 平方米。全年教育经费投入 59069.28 万元，其中，财政拨款 48977.47 万元、自筹经费 10091.81 万元。固定资产总值 12.91 亿元，其中，教学、科研仪器设备资产值 6.35 亿元，信息化设备资产值 11380.5 万元。拥有教室 137 间，其中，网络多媒体教室 16 间。拥有图书 96.75 万册，计算机 5196 台。网络信息点 15623 个，上网课程 323 门，电子邮件系统用户 27066 个，管理信息系统数据总量 356.37GB，数字资源量中电子图书 124 万册、电子期刊 673000 册、学位论文 9360605 册、音视频 20677 小时。学校由北京市举办，为理工院校，设有 3 个校区，设置 14 个院（系、部）。开设 37 个专业，覆盖 5 个学科门类；博士后科研工作站 1 个。有硕士学位授权点 4 个，专业学位授权点 1 个。国家级一流本科专业建设点 3 个，北京市级一流本科专业建设点 2 个，北京高校重点建设一流专业 3 个，北京高校高精尖学科 1 个。北京重点实验室 5 个，国家级工程实践教育中心 2 个，国家虚拟仿真实验教学中心 1 个，国家级实验教学示范中心 1 个，国家级大学生校外实践教育基地 1 个。教职工 800 人，其中，专任教师 530 人，包括教授 64 人、副教授 201 人；博士生导师 10 人、硕士生导师 166 人。“长江学者奖励计划”特聘教授 1 人，“国家杰出青年科学基金”获得者1人，享受政府特殊津贴专家3人。外籍教师4人。学历教育学生中毕业生2529人，其中，研究生76人、普通本科生1768人、成人教育本专科生685人（本科生183人、专科生502人）。本科毕业生就业率98.8%。招生2578人，其中，研究生200人、普通本科生1857人、成人教育本专科生521人（本科生466人、专科生55人）。高考北京地区提档线文科516分、理科489分。在校生8790人，其中，研究生295人、普通本科生6960人、成人教育本专科生1535人（本科生1147人、专科生388人）。留学生毕业27人、招生46人、在校生73人。网址：www.bipt.edu.cn。

2019年，学校以新中国成立70周年为契机，凝聚爱国热情，深化综合改革，激发工作动力，推动各项事业取得全面发展。

人才培养。抓好本科教学工作审核评估整改方案落实。深化课程教学改革，学生参加各类学科竞赛200余项、5000余人次。制定硕士生培养方案和学位授予标准，修订研究生管理制度，通过市属高校学位与研究生教育工作督查。坚持“三全”育人，开展“我和我的祖国”等系列宣传活动，参与师生16000余人次。

人才队伍建设。确立2019年为“人才队伍建设年”，召开人才队伍建设工作会议，制定《关于全面深化新时代人才队伍建设改革的实施意见》。

学科建设。推进博士立项建设单位达标工作，组织开展硕士学位授权点调整增扩工作，学校新增大数据管理与应用、生物制药、机器人工程、电子商务、物联网工程、新能源科学与工程6个本科专业。“增强型地热系统热—流—力—化四场耦合热质传输机理研究”项目获2019年度国家自然科学基金立项资助。

交流合作。推动与市应急管理局、市药监局、大兴区政府、雄安新区等交流合作；推动“政产学研用”深度融合的医药健康产业学院建设。与慧科教育科技集团合作，加强大数据产业学院建设。组织实施大兴区小黑垡村“引智帮扶”工作。

办学条件。完成清源校区篮排网球场、学生公寓阳台及康庄校区教学楼改造工程；完成清源校区综合教学楼及主楼室内改造项目共计2400平方米，设立智慧教室16间、教师休息室5间。

庆祝新中国成立70周年服务保障。学校800余名师生参加国庆活动，其中，500人参加“脱贫攻坚”群众游行方队，1人参加“预备役部队”阅兵方阵，1人参加联合军乐团，11人参加广场联欢，249人提供志愿服务。召开国庆总结表彰大会，2000余名师生同上一堂爱国主义教育课。

党委书记　刘颖（8月任）
校　　长　蒋毅坚

（杨振宇）

第七届亚洲先进材料学术会议

9月4日至7日，石化学院举办第七届亚洲先进材料学术会议。会议围绕先进材料发展的前沿领域开展交流和合作，包括3个大会报告、12个主题报告、17个邀请报告、12个口头报告。与会人员就多孔材料、磷烯和其他二维材料、先进功能材料等材料学领域的基础研究交流探讨。来自俄罗斯、美国、韩国等国的专家学者、工程师及企业家120余人参加会议。

（杨振宇）

7个专业通过工程教育专业认证

11月10日至13日，石化学院制药工程专业通过中国工程教育专业认证协会认证，有效期3年。经过学校自评、专家组现场考察、分委员会审议等程序，学校制药工程专业通过评估验收。该专业2007年建立，主要为制药及其相关领域的生产企业、科研院所等单位培养从事产品开发、工程设计、生产管理及技术服务等工作的应用型工程技术人才。至年底，石化学院化学工程与工艺、机械工程、环境工程、自动化、高分子材料与工程、计算机科学与技术、制药工程7个专业通过工程教育认证。

（杨振宇）

北京电子科技学院

概述

2019年，北京电子科技学院占地面积7.60万平方米，产权校舍建筑面积6.95万平方米。图书馆建筑面积0.48万平方米。全年教育经费投入19391万元，其中，财政拨款16474万元、自筹经费2917万元。固定资产总值61552万元，其中，教学、科研仪器设备资产值13686万元，信息化设备资产值16345万元。拥有教室25间，全部为网络多媒体教室。拥有图书34.45万册，计算机3453台。网络信息点1260个，上网课程395门，电子邮件系统用户3000个，管理信息系统数据总量110GB，数字资源量中电子图书93291册、电子期刊255169册、学位论文2303885册、音视频22631小时。学校由中央办公厅举办，为理工院校，设有1个校区，设置6个院（系、部）。开设9个本科专业，覆盖3个学科门类；具有一级学科7个；一级学科硕士点1个、硕士专业学位授权类别1个、工程硕士授权领域2个。国家级一流本科专业建设点2个，北京市级一流本科专业建设点1个，北京高校高精尖学科1个。教职工315人，其中，专任教师135人，包括正高级17人、副高级55人；博士生导师6人、硕士生导师47人。学历教育学生中毕业生478人，其中，硕士研究生52人、普通本科生426人。本科毕业生就业率96.71%。招生518人，其中，硕士研究生91人、普通本科生427人。高考北京地区提档线文科615分、理科589分。在校生1973人，其中，硕士研究生209人、普通本科生1764人。网址：www.besti.edu.cn。

2019年，学校深化特色内涵建设，完善育人体制机制，在思想政治工作、学科专业建设、教学科研工作、人才队伍建设等方面持续发力，改革取得新成效。

思想政治工作。制定实施《关于加强和改进学生思想政治工作的实施意见》和《本科生综合素质考评办法（试行）》。开展思政课质量攻坚，与团支部政治学习相结合深化形势政策教育。加强课程思政建设，建立“课程思政元素清单”。深化半军事化管理，加强对学生落实早操、作息、内务、学习一日生活制度的监督。校领导及各部门负责人到学生班级、学生宿舍参与班级活动，与学生面对面交流。

学科专业建设。设立网络空间安全专业，招收本科生和硕士研究生。按照学科建设规划明确研究方向、落实学科梯队，建立学科团队、成立学科评议组。

教育教学改革。制定《关于进一步强化教风学风考风建设的指导意见》和《教师教学质量评价实施办法》，成立学生学业辅导中心，建立学业预警制度。新制（修）订本科生培养方案、研究生培养方案，开展全院教师教学大竞赛。推进研究生管理模式改革，将研究生管理由研究生部划归系部。

科研创新工作。建设科研平台 8 个、研究方向 20 个。申报各级各类科研项目 5 个，其中，国家密码专项课题 3 个，国家重点研发计划项目 1 个、国家社科基金后期资助项目 1 个。全年发表论文 180 篇，出版著作 4 部；获批软件著作权 21 项、专利 8 件。

师资队伍建设。开展师德师风教育月活动，制定《师德失范行为处理办法（试行）》《教职工职业行为禁令》《师德师风负面清单》。招录应届博士和硕士研究生 6 人。教职工外出进修访学 148 人次，在职攻读博士学位 22 人。获北京市教学青年名师奖 1 人。

办学条件。完成游泳馆改造、周转房装修、学生宿舍卫生间改造、教学楼空调安装、校园东侧道路改造等工程，开通学校南大门交通信号灯，推动校园网实名认证和学生公寓门禁系统建设，提高图书档案以及餐饮、物业等后勤工作的服务水平。

党委书记　鲍遂献
院　　长　毛明

（赵明丽）

网络空间安全专业设立

3 月 21 日，教育部批复同意电科院设立网络空间安全专业。专业学制 4 年，隶属于工学学科门类下的计算机类。主要课程包括离散数学、计算机组成原理、数据结构、算法分析与设计、操作系统、计算机网络、密码学、信息安全概论、信息安全保障技术、网络与系统攻防技术、网络信息内容安全等。专业 2019 年开始招生，首届学生 69 人（本科生 31 人、硕士研究生 38 人）。毕业要求修够 167 个学分，修完本专业规定的学分及教学内容，同时其他条件符合《北京电子科技学院学生管理规定》有关要求。学校制订网络空间安全专业建设规划和人才培养方案，重点落实师资队伍建设、课程建设、实验室建设等关键环节。

（赵明丽）

中国农业大学

概述

2019 年，中国农业大学占地面积 123.52 万平方米，产权校舍建筑面积 123.24 万平方米。图书馆建筑面积 21160 平方米。全年教育经费投入 393243.54 万元。固定资产总值 489338.29 万元，其中，教学、科研仪器设备资产值 199262.18 万元，信息化设备资产值 17360.79 万元。拥有网络多媒体教室 279 间。拥有图书 214.83 万册，计算机 10623 台。网络信息点 52693 个，上网课程 2527 门，电子邮件系统用户 44752 个，管理信息系统数据总量 254071GB，数字资源量中电子图书 410375 册、电子期刊 56402 册、学位论文 680080 册、音视频 21357 小时。学校由教育部举办，为农业院校，设有 2 个校区，设置 19 个院（系、部）。开设 66 个本科专业，覆盖 8 个学科门类；具有一级学科 33 个；一级学科博士点 20 个；一级学科硕士点 30 个；博士后科研流动站 19 个，其中，博士后研究人员出站 85 人、进站 99 人、在站 262 人。“双一流”建设学科 9 个，国家级一流本科专业建设点 15 个，北京市级一流本科专业建设点 5 个，北京高校重点建设一流专业 5 个。国家级特色专业 14 个、省部级优势专业 10 个、“卓越农林人才”计划专业 10 个。国家重点实验室 3 个、国家工程技术研究中心 2 个、国家工程实验室 1 个、国家级国际联合研究中心 1 个，国家级野外科学观测研究站 1 个。教职工 2847 人，其中，专任教师 1861 人，包括正高级 672 人、副高级 918 人；博士生导师 904 人、硕士生导师 1406 人；中科院院士 5 人、工程院院士 8 人。“长江学者奖励计划”特聘教授 25 人、“国家杰出青年科学基金”获得者 45 人，“国家优秀青年科学基金”获得者 32 人。外籍教师 45 人。学历教育学生中毕业生 27283 人，其中，研究生 2525 人（博士生 671 人、硕士生 1854 人）、普通本科生 2777 人、成人教育本专科生 4371 人（本科生 2637 人、专科生 1734 人）、网络教育本专科生 17610 人（本科生 5941 人、专科生 11669 人）。本科毕业生就业率 94.67%。招生 23062 人，其中，研究生 3744 人（博士生 955 人、硕士生 2789 人）、普通本科生 3182 人、成人教育本科生 1676 人、网络教育本专科生 14460 人（本科生 10666 人、专科生 3794 人）。高考北京地区提档线文科 622 分、理科 633 分。在校生 72672 人，其中，研究生 9673 人（博士生 3844 人、硕士生 5829 人）、普通本科生 12182 人、成人教育本专科生 5443 人（本科生 4743 人、专科生 700 人）、网络教育本专科生 45374 人（本科生 27434 人、专科生 17940 人）。留学生毕业 93 人、招生 189 人、在校生 349 人。网址：www.cau.edu.cn。

2019 年，学校推进教师队伍建设、教育教学改革、人才培养、科学研究、学科建设等各项建设，服务国家重大战略。

师资队伍建设。实施“315”人才计划和“2115”人才发展培育支持计划。“315”人才计划到岗领军人才 2 人、

8 月 17 日，农大行知剧社原创话剧《稼穑之歌》获 2019 金刺猬大学生戏剧节最高奖项“金刺猬奖” （农大 供）

杰出人才 12 人、优秀人才 89 人、普通人才 57 人。262 名教师和 91 个创新团队获“2115”计划支持。启动人才培育发展支持计划，5 名院士聘为学校首批讲席教授。曲周实验站成为首个北京市教职工思想政治教育基地。

教育教学改革。围绕课程育人遴选 25 门优质课程打造“金课”，其中，7 门获评北京市“金课”。建设虚拟仿真实验课程 15 门，打造在线课程 28 门。获评北京市高等学校教学名师 3 人。开展研究生混合式课程、全英文课程、专业课程思政建设等课程教改 216 项、教材建设 11 项。通过工程专业认证 4 个。学生累计获国家级竞赛奖励 322 项。获批首个交叉学科博士学位授权点。

学生工作。23 个学生红色“1+1”活动获评北京市示范项目。获批教育部高校思想政治工作精品项目 1 个。获“挑战杯”中国大学生创业计划竞赛北京赛区特等奖 2 个。扩大毕业生就业区域，毕业生加入选调生行列 228 人。毕业生对接岗位数与就业人数比达 25:1，通过“校园招聘”落实就业人数占比 49%。推动“一园区、两苗圃、多空间”的创业实践基地建设，实施研究生“种未来”2035 现代农业创新创业培育项目。获中国“互联网 +”大学生创新创业大赛(北京赛区)金奖 3 个、银奖 6 个,全国总决赛银奖 3 个。

学科建设。完成“双一流”建设中期自评工作。完成 31 个一级学科 10 年发展分析，对 8 个学院 16 个学科开展第五轮学科评估前期调研。

科学研究。累计到校科研经费 14.19 亿元，其中，横向经费 2.57 亿元。获批国家自然科学项目 218 个，立项金额 2.22 亿元。获国家科学技术奖 8 项，神农中华科技农业奖 19 项，教育部高校科学研究优秀成果奖 6 项，全国农牧渔业丰收奖 4 项，北京市哲学社会科学优秀成果奖 1 项。开展“面向 2035 年国家科技中长期发展规划”农业农村专题战略研究。完成教育部分子设计育种前沿科学中心方案编制和咨询。新获认证省部级平台 8 个。农业部检测中心完成复审 5 个。模式动物表型与遗传重大科技基础设施项目开工建设。获评 2019 年度教育部工程研究中心建设项目立项 1 个。

社会服务。获全国脱贫攻坚奖组织创新奖。定点帮扶云南镇康县实现“脱贫摘帽”。推进与 6 所高校对口支援及合作。9 项建言献策及研究成果获党和国家领导人批示。举办首届“新农人颁奖典礼暨新农人论坛”。

“一带一路”农业合作。成立国际发展与全球农业学院，打造顶尖联盟和智库平台。出席联合国南南合作高级别会议，发布南南农业合作研究报告。建立中非农业科教合作平台，引领国内 40 所农林院校开展中非多边合作。主办“一带一路”农业教育科技创新联盟研讨会，推进全球南南农业合作。与世界银行、国内院校签订意向书，在非洲开展“中非千户万亩工程”“中非科技小院项目”。

资源拓展。与平谷区全面合作取得实质性进展，成立三亚研究院。200 名专项研究生落地烟台研究院全程培养。有机循环研究院（苏州）和健康食品产业研究院（兴化）高效运行。

“新农科”建设。牵头国内涉农高校开展“新农科”建设,完成《“新农科”内涵、概念与发展理念研究》。召开“新农科”建设和学校发展愿景战略研讨会,谋划设立“新农科”专业 3 个。修订专业人才培养方案，开展“新农科”人才培养模式探索实践；深化专业学位研究生综合改革，开设农业外事项目、智慧农业项目，探索农科知识体系、人才培养体系与国家重大需求紧密融合的新举措。

庆祝新中国成立 70 周年服务保障。学校 1773 名师生参加国庆活动，其中，1397 人参加第 21 号“乡村振兴”方阵游行、76 人参加广场合唱、100 人参加群众联欢，200 人参加后勤保障及志愿服务。137 人获中共中央、国务院、中央军委颁发的“庆祝中华人民共和国成立 70 周年”纪念章。

党委书记 姜沛民
校　　长 孙其信

（杜伟）

与平谷、首农食品签署合作协议

4 月 27 日，农大与平谷区政府、北京首农食品集团有限公司签署合作协议。根据协议,政企校三方构建“金三角”模式，共同打造“农业中关村”。“金三角”模式明确政府在规划引导、协同发展等领域的基础性作用，强调发挥科研机构在示范区建设发展中的主导作用，并使企业成为科技创新主体。

（杜伟）

国家保护性耕作研究院成立

7 月 11 日，农大国家保护性耕作研究院成立。该研究院整合多学科优势，开展农机、栽培、土壤等多学科交叉融合的保护性耕作的研究，加强与企业、地方的合作，加快科研成果转化与应用；强化社会服务意识，参与制订国家和地方相关规划，逐步建成中国保护性耕作技术交流、成果评价与转化、人才培养、职业技术培训基地。工程院院士张福锁担任名誉院长。

（杜伟）

与三亚市签署合作协议

11 月 27 日，农大与三亚市政府签署战略合作协议，同时为中国农业大学三亚研究院、世界顶尖涉农大学联盟（A5）海南办事处揭牌。根据协议，双方共同打造国家南繁育种中心和世界热带农业中心，助力海南加快自贸区自贸港建设。农大围绕国家南繁科研育种基地建设和热带农业研究，组建中国农业大学三亚研究院，打造高水平热带农业和种业中心；同时依托世界顶尖涉农大学"A5 联盟"（A5 联盟由农大与美国康奈尔大学、加州大学戴维斯分校，荷兰瓦赫宁根大学，巴西圣保罗大学等世界顶尖农业高校组成）平台，引入国际高水平教育和科技资源，为服务"一带一路"和海南发展建设培养高水平、国际化人才。协议有效期 15 年，2019 年 5 月生效。学校另于 12 月 18 日至 20 日在海南省三亚市举办首届 A5 联盟学术竞赛及冬令营。

（杜伟）

北京农学院

概述

2019 年，北京农学院占地面积 75.67 万平方米，产权校舍建筑面积 24.12 万平方米。图书馆建筑面积 161 万平方米。全年教育经费投入 67034.44 万元，其中，财政拨款 52522.37 万元、自筹经费 14512.07 万元。固定资产总值 119100 万元，其中，教学、科研仪器设备资产值 4840 万元，信息化设备资产值 13929.48 万元。拥有教室 120 间，其中，网络多媒体教室 116 间。拥有图书 129.97 万册，计算机 5216 台。网络信息点 14151 个，上网课程 1237 门，电子邮件系统用户 9582 个，管理信息系统数据总量 148.2GB，数字资源量中电子图书 40.46 万册、电子期刊 685515 册、学位论文 7050000 册。学校由北京市举办，为农业院校，设有 1 个校区，设置 14 个院（部）。开设 31 个本科专业，覆盖 7 个学科门类；具有一级学科 11 个，专业学位类别 7 个；硕士专业学位授权类别 24 个；博士后科研流动站 1 个，其中，博士后研究人员进站 11 人、在站 18 人。国家级一流本科专业建设点 2 个，北京市级一流本科专业建设点 2 个，北京高校重点建设一流专业 2 个，北京高校高精尖学科 1 个。北京实验室 2 个、北京高精尖创新中心 1 个，重点实验室、工程中心 13 个。教职工 758 人，其中，专任教师 549 人，包括正高级 109 人、副高级 259 人；博士生导师 15 人、硕士生导师 477 人。"长江学者奖励计划"特聘教授 1 人，"国家高层次人才特殊支持计划"领军人才 1 人，"国家杰出青年科学基金"获得者 1 人。享受政府特殊津贴专家 3 人。学历教育学生中毕业生 2225 人，其中，研究生 330 人、普通本专科生 1895 人（本科生 1598 人、专科生 297 人）。本科毕业生就业率 97.81%。招生 2482 人，其中，研究生 486 人、普通本科生 1842 人、成人教育本专科生 154 人（本科生 42 人、专科生 112 人）。高考北京地区提档线文科 519 分、理科 479 分。在校生 8279 人，其中，研究生 1020 人、普通本专科生 6969 人（本科生 6948 人、专科生 21 人）、成人教育本专科生 290 人（本科生 228 人、专科生 62 人）。网址：www.bua.edu.cn。

2019 年，学校围绕立德树人根本任务，以建设都市特色高水平应用型现代农林大学为目标不断深化学校教育改革，整体发展态势良好，办学治校成绩显著。

教育教学改革。推进本科教育教学内涵建设，启动新一轮本科人才培养方案修订；暂停生物技术等 6 个专业招生；探索"三全育人"工作机制，思政课程改革和课程思政建设有序推进。继续开展学科共建，推进园艺学等 3 个学科申博建设。国际交流与合作不断拓展。深化新时代教师队伍建设改革，推进职称评审改革，调整岗位设置，优化师资结构。制定教师职业行为规范、师德考核办法和失范行为处理办法，深化师德师风建设。

内部治理体系改革。调整组建生物与资源环境学院、文法与城乡发展学院。成立全面从严治党主体责任办公室，调整党委巡察办公室，与学校办公室合署办公。成立校友校史办公室，调整创新创业学院与继续教育学院、农村干部培训学院合署办公。响应师生诉求深化放管服改革，调整经费支出审批权限，减化资产购置等审批环节，统筹整合校内检查考核及责任书签订。

科研成果。学校作为第二完成单位获国家科学技术进步奖二等奖 1 项。全年科技经费总投入 1.03 亿元；获国家自然科学基金项目 3 个、北京市基金项目 5 个、市教委重点项目 5 个；获批农业农村部软科学课题 1 项、北京市科协项目 1 个。

人才培养。学校专业志愿满足率 95.13%，总体就业率 97.84%。通过教育部本科教学工作审核评估，召开本科教育教学工作大会。学生积极参加各种赛事，获国家级奖项 3 个、省部级奖项 21 个。完成农村干部、中学生学农等各类人员培养培训 1 万余人次。学校获批农业农村部全国农村创新创业孵化实训基地、北京地区高校大学生创业园高校分园。首次面向国际学生开展学历教育招生。

社会服务。高标准完成世界园艺博览会参展和志愿服务保障任务。落实国家及北京乡村振兴战略规划，助力平谷农业科技创新示范区建设；落实京津冀协同发展战略，与河北省承德市政府共建京津冀现代基质产业技术研究院。

庆祝新中国成立70周年服务保障。496名师生参加国庆庆祝活动，其中，417人参加群众游行第29号“美好生活”方阵，79人参加广场合唱。

党委书记　杨军

校　　长　王慧敏

（王磊）

北京科技小院揭牌

8月30日，农学院首家北京科技小院揭牌。农学院在房山区蒲洼村建设首家科技小院，开展科技帮扶工作。建设基于物联网的京西野生资源生态谷生态环境智能监控体系、野生资源种植区智能灌溉试点、基于云服务的京西野生资源生态谷“数字博物馆”等重点合作项目。科技小院是市委统战部围绕脱贫攻坚工作创新的科技帮扶新模式。市委统战部组织高校师生和科研人员长期驻村，开展科技帮扶，形成一支“带不走的帮扶工作队”，至年底，已在京建立科技小院30余家。

（王磊）

全国动物绿色生产与健康产业高峰论坛

12月14日至15日，农学院举办全国动物绿色生产与健康产业高峰论坛。论坛围绕多要素聚集、多主体融合、多体系建设、多渠道培育，从顶层设计上构建产业链、创新链、价值链发展展开研讨，包括“中兽医药联盟‘中医药+’减抗替抗高峰论坛”“全国动物生产无抗产业科技创新联盟盟员大会暨论坛”“全国可饲用中草药产业科技创新联盟盟员大会暨论坛”“全国宠物产业科技创新联盟盟员大会暨论坛”“国家食药同源产业科技创新联盟高峰论坛”5个分论坛。论坛与中国农业科学院饲料研究所、中国中药协会中药材种养殖专业委员会、中国投资协会农业和农村专业投资委员会共同主办。各级政府行业部门、科研院所、高校、企业的800余名代表参加论坛。

（王磊）

12月14日至15日，农学院举办全国动物绿色生产与健康产业高峰论坛（农学院　供）

北京林业大学

概述

2019年，北京林业大学校占地面积878.40万平方米，产权校舍建筑面积73.17万平方米。图书馆建筑面积2.34万平方米。全年教育经费投入109352.74万元，其中，财政拨款75248.72万元、自筹经费34104.02万元。固定资产总值201706.13万元，其中，教学、科研仪器设备资产值68011.94万元，信息化设备资产值17156.9万元。拥有多媒体教室164间。拥有图书323.62万册，计算机10404台。网络信息点28750个，上网课程2995门，电子邮件系统用户6948个，管理信息系统数据总量2597GB，数字资源量中电子图书1303581册、电子期刊562350册、学位论文10481532册、音视频66866小时。学校由教育部举办，为林业院校，设有1个校区，设置16个院（系、部），开设65个本科专业，覆盖10个学科门类；具有一级学科25个；一级学科博士点8个，博士学位授权点8个；一级学科硕士点24个、二级学科硕士点2个、硕士专业学位授权类别16个；博士后科研流动站7个，其中，博士后研究人员出站13人、进站35人、在站101人。“双一流”建设学科2个，一级学科国家重点学科1个、二级学科国家重点学科2个、国家重点（培育）学科1个、国家林业和草原局重点学科（一级）6个、国家林业和草原局重点培育学科3个、北京市高精尖学科2个、北京市重点学科（一级）（含重点培育学科）3个、北京市重点学科（二级）4个、北京市重点交叉学科1个。国家工程实验室1个、北京重点实验室8个。教职工2026人，其中，专任教师1258人，包括教授337人、副教授571人；工程院院士3人。国家级人才称号共计28人，其中，国家重大人才工程入选者16人，“国家杰出青年科学基金”获得者5人，“国家优秀青年科学基金”获得者7人。学历教育学生中毕业生7047人，其中，研究生1704人（博士生245人、硕士生1459人），普通本科生3114人，成人教育本专科生2229人（本科生1830人、专科生399人）。招生6685人，其中，研究生2351人（博士生317人、硕士生2034人），普通本科生3369人，成人教育本专科生965人（本科生820人、专科生145人）。本科毕业生就业率90.14%，研究生就业率96.29%。高考北京地区提档线文科614分、理科615分。在校生23941人，其中，研究生6289人（博士生1348人、硕士生4941人），普通本科生13449人，成人教育本专科生4203人（本科生3894人、专科生309人）。网址：www.bjfu.edu.cn。

2019年，学校重点工作主要包括以下几个方面。

党建思政工作。2019年，自然与生态保护学院党委获批全国党建“标杆院系”，马克思主义学院教工第三党支部获批“样板支部”，创建校级“标杆院系”1个，“样板支部”3个。学校申报的项目《实施“阳光优材”项目，促进家庭经济困难学生健康成长成才》获第六届首都大学生思想政治工作实效奖特等奖；探索试行学生公寓“楼长制”管理模式；印发《关于实施本科课程思政的十项规定》；制定完善学校辅导员队伍转岗实施办法、班主任工作管理办法；印发《关于实施本科课程思政的十项规定》，首批设立课程思政教改专项 121 个，在校级“青教赛”增设“课程思政类”比赛。

学科建设。推进学科布局结构调整，组建生态与自然保护学院，推进草业与草原学院建设。以一流学科和高精尖学科为牵引、聚焦涉林涉草、协调可持续发展的“雁阵式”学科体系基本建成。生态修复工程学、城乡人居生态环境学 2 个交叉学科入选北京高校高精尖学科建设名单。

人才培养。研制《招生—培养—就业联动机制与实施方案》；全面启动学校一流专业建设；修订《本科教学督导工作条例》《学生评教指标体系》；启动学校深化研究生教育教学改革工作，编制总体方案；修订研究生招生计划指标配置办法；举办首届研究生创新创业大赛，助力研究生就业发展；研制《加强新时代美育工作的实施细则》，入选首批中国工艺美术大师传承创新基地院校，组织中国工艺美术大师进校园活动，8 名国家级工艺美术大师受聘参与美育教学；实施阳光长跑活动。成立学校文化建设委员会，统筹推动校园文化。编创原创话剧《梁希》。围绕新中国成立 70 周年、建校 67 周年等主题，举办文创、摄影、征文比赛。

科学研究。《森林生态系统（英文）》《鸟类学研究（英文）》入选中国科技期刊卓越行动计划“梯队期刊”建设项目。8 支队伍参加第二次青藏高原的综合科考。与 23 家单位开展战略合作，成立两山理论与可持续发展研究中心。

制度建设。成立发展战略咨询委员会；制定《院（系）党组织会议和党政联席会议实施办法》等 6 项制度；启动《北京林业大学章程》修订工作；落实重大事项请示报告制度；修订《校领导班子定期沟通机制》；制定《班子成员执行集体决定落实情况汇报制度》《校党委委员联系制度》；印发《北京林业大学规范薪酬发放管理暂行规定》；修订党委全委会、常委会、校长办公会的《议事规则》《执行“三重一大”决策制度规程》《一线规则实施办法》；建立“一院一策”审议制度；制定印发《学院党政联席会议实施细则》《重大事项报告制度》《校领导班子、党委常委、党委委员责任清单》等制度规定。

社会服务。助力美丽中国“江西样板”建设。签署林业发展战略合作框架协议，举办美丽中国“江西样板”生态文明建设院士咨询会和院士论坛活动。全面服务黄河流域生态保护和高质量发展。在全国率先成立黄河流域生态保护和高质量发展研究院，邀请 11 名院士就重大科学技术问题进行咨询，与流域内多个地方政府签署战略合作协议。科技支持雄安新区发展，建设雄安新区生态定位站。服务京津冀一体化建设，主持设计北京世园会地标性建筑。

国际合作。学校成为全球挑战大学联盟受邀成员，作为该联盟在中国大陆的唯一成员单位，开始全面参与联盟发展事务，组织安排有关活动。成立外事工作领导小组，召开首次国际化工作会议。起草完成学校国际化发展战略规划。与 16 所海外高等院校、科研院所新签、续签合作协议，组织亚太林业青年论坛。英文网站完成一期建设。成立学校加拿大校友会、澳大利亚及新西兰校友会。

庆祝新中国成立 70 周年服务保障。学校 1395 人参加国庆群众游行第 30 号“绿水青山”方阵，515 人参加群众联欢，82 人参加广场合唱，158 人参加志愿服务及后勤保障。

党委书记　王洪元
校　　长　安黎哲

（焦隆）

社区卫生服务中心（校医院）启用

9 月 20 日，北林大社区卫生服务中心（校医院）启用。中心占地面积 4600 平方米，为原第四教学楼改造而成，包括医疗、公卫、辅助科室等 20 余个科室，拥有医务人员 45 人，可同时接纳 100 余人就诊。

（焦隆）

第二次青藏高原综合科考动员会召开

9 月 25 日，北林大召开第二次青藏高原综合科考动员会。会议介绍第二次青藏高原综合科考的背景、任务、学校组织对接情况。水保学院荒漠生态系统分队负责人介绍科考工作进展和下一步考虑。学校各相关部门负责人、科考团队负责人及相关科考成员参加启动会。北林大第二次青藏高原综合科考水保学院荒漠生态系统分队由学校荒漠化防治、生态学、土壤学等学科科研人员组成，暑期已在阿尔金山—柴达木盆地区域开展实地踏查和预调查。今后 5 年里，该团队将在 140 个取样点完成系列考察和取样任务，获取一手本底资料，系统研究柴达木盆地荒漠生态系统荒漠植物群落空间格局及生态适应性机制，为柴达木盆地荒漠生态系统保护及利用提供技术支撑。第二次青藏高原综合科考 2017 年 8 月启动，由中国科学院牵头开展，计划持续 5 ～ 10 年，至 2019 年 9 月，学校 8 支团队参与到第一轮启动的科考任务中。

（焦隆）

黄河流域生态保护和高质量发展研究院揭牌

10 月 18 日，北林大黄河流域生态保护和高质量发展研究院揭牌。研究院依托学校林学和风景园林学两个一流学科、生态修复工程学和城乡人居生态环境学两个高精尖学科，同时发挥农林经济管理、林业工程等优势特色学科优势，服务黄河流域生态保护和治理。重点在黄河生态系统保护、黄河流域高质量发展、智慧黄河、黄河生态修复治理、黄河流域景观规划、黄河水资源保护与利用、黄河文化和生态文明、黄河流域生态保护和高质量发展领军人才培养 8 个领域开展专项研究和规划编制工作。研究院设有研究中心 8 个、领军人才培养基地 1 个，获批黄河流域生态系统保护国家林草局重点实验室，同时邀请 11 名两院院士，围绕黄河流域生态修复、水土保持和污染治理、生物多样性保护等重大科研项目立项攻关进行咨询论证。学校另于12月14日与中国城镇化促进会联合成立两山理论与可持续发展研究中心，主要开展理论与实践科学研究、培养高层次人才队伍、宣传推广成果应用、承担重大专项课题、开展国际交流合作。

（焦隆）

北京协和医学院

概述

2019年，北京协和医学院占地面积113.02万平方米，产权校舍建筑面积91.82万平方米、非产权校舍建筑面积21.20万平方米。图书馆建筑面积15437万平方米。全年教育经费投入60235.63万元，其中，财政拨款49467.21万元、自筹经费10768.42万元。固定资产总值63588.42万元，其中，教学、科研仪器设备资产值8072.42万元，信息化设备资产值8692.46万元。拥有网络多媒体教室22间。拥有图书287.44万册，计算机820台。网络信息点6418个，上网课程79门，电子邮件系统用户5701个，管理信息系统数据总量11.28GB，数字资源量中电子图书26.68万册、电子期刊3279661册、学位论文16386942册、音视频115216小时。学院由国家卫健委举办，为医药院校，设置23个研究所（院、基地）、6家医院、7所学院、56个创新单元。实行院校合一的管理体制。开设4个本科专业，1个专科专业。一级学科博士点9个；一级学科硕士点3个，二级学科硕士点2个；博士后科研流动站6个。“双一流”建设学科4个；在教育部学科评估中有6个A类学科。国家重点实验室5个、国家临床医学研究中心5个、国家工程技术研究中心2个、国家工程实验室1个、国家地方联合工程研究中心1个、卫生部重点实验室7个、教育部重点实验室2个、北京市重点实验室19个、北京市工程技术研究中心1个、中医药管理局实验室4个、其他省级（直辖市级）重点实验室10个。教职工12027人，包括正高级1057人、副高级1625人；专任教师1541人，包括正高级870人、副高级542人；博士生导师852人、硕士生导师1093；中科院院士7人、工程院院士17人。“长江学者奖励计划”讲座教授29人；“国家杰出青年科学基金”获得者39人。学历教育学生中毕业生1596人，其中，研究生1132人（博士生545人、硕士生587人）、普通本专科生239人（本科生184人、专科生55人）、成人教育本科生325人。本科毕业生就业率99%。招生1463人，其中，研究生1243人（博士生619人、硕士生624人）、普通本科生220人。高考北京地区提档线理科685分。在校生5413人，其中，研究生4074人（博士生2231人、硕士生1843人）、普通本科生913人、成人教育本科生426人。网址：http://www.pumc.edu.cn。

2019年，院校重点工作包括4个方面：

全面从严治党取得新成效。院校400余个基层党组织和1万余名党员，完成两批“不忘初心、牢记使命”主题教育及专题警示教育。召开院校党的建设和思想政治工作会议，2个党组织入选全国高校党建“双创”标杆院系和样板支部，党建理论研究成果获全国党建研究会特等奖。干部任免和交流轮岗45人次，完成优秀青年干部调研。面向全球延揽高层次人才25人，11名青年骨干人才获批国家各类人才计划项目。所属公立医院党的建设和行风建设持续加强。梳理排查重大风险隐患，完成新中国成立70周年安全保卫和学生志愿服务活动。顾方舟院长获“人民科学家”国家荣誉称号。

核心基地建设取得新突破。坚决贯彻落实习近平总书记关于“把中国医学科学院建设成为我国医学科技创新体系的核心基地”重要指示，确定“三步走”发展目标和“承启文化、健全体系、创新机制、拓展资源”工作方略，推进开放型医学科技创新体系和核心基地建设，新增建设院外研究机构和单元100余个。制定落实习近平总书记“科技工作九条指示”和推进健康中国行动计划的实施方案。医学与健康科技创新工程实施顺利，获批中央经费10亿元（较上年增长11.1%），完成项目中期绩效考评。科技创新能力持续增强，获国家科技进步二等奖5项，新增2个国家临床医学研究中心，3个国家科技资源共享服务平台，国家级科研平台总量居本领域首位。医科院北区建设等5个工程项目进展基本顺利。医科院牛津研究所、苏州系统

7月，协和医学院举办2019届毕业典礼

（协和医学院　供）

医学研究所进入实质性运行。在粤港澳大湾区、雄安新区等地建设分支机构进入方案编制阶段。与美国医学科学院等联合开展“全球健康长寿重大挑战”项目，拓展与以色列等“一带一路”国家的合作交流。

深化教育改革取得新进展。主动顺应医学教育发展趋势和新时代健康需求，推进 8 年制和新“4+4”临床医学专业培养模式改革，开创“卓越护理人才贯通培养改革试验班”。继续加强 4 个国家“一流学科”建设，新建“群医学”学科入选北京高校高精尖学科。高层次师资队伍建设取得历史性突破，启动实施准聘长聘教职改革，完成 2 批共 79 名教师聘任，编制临床教学教职改革方案，多渠道、多系列的教职体系已基本形成。加强薄弱学科建设，在公共卫生、思想政治理论等专业聘任特聘教授 9 人。承办北京市高校青年教师教学基本功比赛，并获医学类高校第一名。

综合治理能力跃升新台阶。创新学校开学及毕业典礼形式，大力加强宣传平台建设。启动中国医学健康新闻发布会，体现科技前沿动态，发布权威科普信息。继续发布中国医院科技量值，首次发布中国医学院校科技量值，发挥科技创新导向作用。成立医科院学术咨询委员会，聘任全国近 200 名顶尖医药卫生领域专家任学部委员，发挥高端智库作用。成立院校预算管理委员会，建立“计划—预算—绩效”三位一体管理体系。院校一体化信息系统顺利上线，制订扩大科研院所自主权实施方案，出台学术道德与科研诚信等管理办法，规范化管理程度显著增强。

院（校）长　王辰
党委书记　李国勤（7 月免）
　　　　　吴沛新（7 月任）

（孙莉娜）

两个改革试点班招生

1 月，协和医学院临床医学培养模式改革试点班、卓越护理人才贯通培养改革试验班招生。临床医学培养模式改革试点班接收北京大学、清华大学、中国科学技术大学、复旦大学、上海交通大学达到推荐免试条件且获得推荐名额的优秀应届本科毕业生，在培养过程中采用分流机制，学期末考核合格者进入医学博士培养计划，学制 4 年，首届招生 25 人。卓越护理人才贯通培养改革试验班融入“新医科”理念，注重植入人工智能、大数据应用、康养护理、智能护理等教学内容，面向全国招收参加高考的理科考生 30 人，男、女生兼收，符合推荐免试攻读硕士学位研究生录取条件者，可以全部获得推荐免试攻读硕士学位研究生资格；本科毕业授予护理学士学位，硕士研究生毕业后授予护理硕士专业学位。

（孙莉娜）

开展入学第一课和在校最后一课教育

7 月 9 日和 8 月 30 日，协和医学院分别举办在校最后一课和入学第一课。在校最后一课以毕业典礼的方式，毕业生共同观看毕业纪念短片，合唱校歌《协和颂》。学校为 1339 名学生颁发学位证书。师生代表和毕业生亲友等近 2000 人参加典礼。入学第一课上，医学生们宣读为卫生健康事业奋斗终身的誓言，院长向新生们描述协和医生的 3 个重要特质：自省、专注、悲悯之心，并为新生讲授开学第一课《关于医学》。协和医学院 2019 年新生 1800 人参加开学典礼。

（孙莉娜）

学术咨询委员会及学部成立

8 月 8 日，中国医学科学院学术咨询委员会成立。该委员会作为高端学术咨询机构与智库，为国家医学科技创新体系与核心基地建设、医学健康科技发展等提供战略咨询，并覆盖医药卫生健康主要科技领域。委员会设临床医学部、口腔学部、基础医学与生物学部、药学部、卫生健康与环境学部、生物医学工程与信息学部 6 个学部，聘任 199 名生物医药领域专家担任首批学部委员，其中，中科院、工程院院士 191 人，协和医学院“百年协和”一级教授 8 人。

（孙莉娜）

中国医学健康新闻发布会

11 月 21 日，中国医学科学院中国医学健康新闻发布会揭幕并举办首期发布会。该发布会聚焦“医学”与“健康”两个关键领域，立足医学进展和科学普及两个任务，围绕《健康中国行动（2019—2030 年）》15 个专项行动以及全球重大医学科技事件，阐述科学事实，介绍医学进展，促进公众健康行为。发布会由国家卫生健康委指导，每 1 ～ 2 个月举行一次。首期发布会主题为“让科学警醒吸烟之害”。

（孙莉娜）

首次准聘长聘教职证书颁授仪式

12 月 23 日，协和医学院举办首次准聘长聘教职证书颁授仪式。79 名教师获准聘长聘教职聘书。协和医学院准聘长聘教职聘任制度在中国医学院校中尚属首次。该制度通过一定试用期考核（此阶段即为准聘），遴选出符合要求的教职人员，对其进行长期聘任，并给予优厚的教学科研资源、较充分的经济保障和较高学术自由度的高校教职聘任制度。

（孙莉娜）

首都医科大学

概述

2019 年，首都医科大学学校和附属医院总占地面积 161.04 万平方米，总建筑面积 280.80 万平方米。其中，学校占地面积 23.91 万平方米、建筑面积 36.58 万平方米。学校和附属医院图书馆建筑面积 2.56 万平方米，藏书 153.4

万册，其中，学校图书馆建筑面积 1.79 万平方米，藏书 102.39 万册。全年教育经费投入 176269.49 万元，其中，财政拨款 133766.01 万元、自筹经费 21972.27 万元，科研经费 20531.21 万元。学校和附属医院固定资产总值 352211.39 万元，其中，学校固定资产总值 318111.22 万元。学校和附属医院教学、科研仪器设备资产值 203421.83 万元，其中，学校教学、科研仪器设备资产值 169767.83 万元。信息化设备资产值 24667.31 万元。拥有教室 132 间，全部为网络多媒体教室。拥有计算机 7907 台，网络信息点 14562 个，上网课程 196 门，电子邮件系统用户 8900 个，管理信息系统数据总量 20480GB，数字资源量中电子图书 1027603 册、电子期刊 1265771 册、学位论文 669466 册、音视频 2907 小时。学校由北京市举办，为医药院校，设有 5 个校区，设置 11 个学院、1 个研究中心和 1 所附属卫生学校，有 21 所临床医学院（19 所为附属医院）、1 个预防医学教学基地（北京市疾病预防控制中心），有 38 个临床专科学院、专科学系，32 个临床诊疗与研究中心。开设 24 个本科专业、3 个长学制专业，覆盖 5 个学科门类；具有一级学科 14 个；一级学科博士点 8 个、专业学位博士点 3 个；一级学科硕士点 13 个、硕士专业学位授权类别 9 个；博士后科研流动站 9 个，其中，博士后研究人员出站 35 人、进站 69 人、在站 180 人。国家级一流本科专业建设点 5 个，北京市级一流本科专业建设点 2 个，北京高校重点建设一流专业 4 个，北京高校高精尖学科 3 个。国家儿童医学中心 1 个、国家临床医学研究中心 6 个；省部共建国家重点实验室培育基地 1 个、教育部重点实验室 5 个、省部共建协同创新中心 1 个、北京实验室 1 个、北京高精尖创新中心 1 个、北京市重点实验室 54 个；国家工程实验室 1 个、国家工程技术研究中心 1 个、教育部工程研究中心 4 个、北京市工程技术研究中心 10 个。学校和附属医院现有教职员工和医务人员 41909 人（校本部 1565 人，附属医院 40344 人），其中，专任教师 4875 人（校本部专任教师 787 人，临床教师 4088 人），包括正高级 2662 人，副高级 4076 人；有教授 946 人（校本部 119 人，附属医院 827 人），副教授 1324 人（校本部 297 人，附属医院 1027 人）；有博士研究生导师 730 人、硕士研究生导师 1152 人；中科院院士 4 人、工程院院士 3 人。“长江学者奖励计划”特聘教授 5 人、青年长江学者 2 人；“国家高层次人才特殊支持计划”领军人才 17 人、青年拔尖人才 3 人；“国家杰出青年科学基金”获得者 12 人，“国家优秀青年科学基金”获得者 11 人；北京学者 16 人，青年北京学者 3 人。外籍教师 9 人。学历教育学生中毕业生 4066 人，其中，研究生 1360 人（博士生 278 人、硕士生 1082 人）、普通本专科生 1516 人（本科生 1040 人、专科生 476 人）、成人教育本专科生 1090 人（本科生 876 人、专科生 214 人）、留学生 100 人。本科毕业生就业率 81.93%。招生 4755 人，其中，研究生 1793 人（博士生 518 人、硕士生 1275 人）、普通本专科生 1660 人（本科生 1338 人、专科生 322 人）、成人教育本专科生 1157 人（本科生 1133 人、专科生 24 人）、留学生 145 人。高考北京地区提档线理科 581 分。在校生 15905 人，其中，研究生 4966 人（博士生 1301 人、硕士生 3665 人）、普通本专科生 7200 人（本科生 5592 人、专科生 1608 人）、成人教育本专科生 3010 人（本科生 2802 人、专科生 208 人）、留学生 729 人。网址：www.ccmu.edu.cn。

2019 年，学校明确立足北京、领先全国、国际一流的研究型医科大学办学定位，把学校发展置于京津冀协同发展、首都“四个中心”功能定位的大格局中，对标国际一流的研究型医科大学建设目标，围绕谋划新校区、国际化研究型医院、首都医学科学中心 3 个重点任务，成立 3 个专项工作小组推进工作。

学科与师资队伍建设。落实与北京协和医学院、北京大学医学部、清华大学结对共建临床医学、口腔医学和基础医学高精尖学科的 3 年规划。启动与北京航空航天大学共建大数据精准医疗高精尖中心工作。加强优势学科的博士招生名额支持。加强 36 个临床专科学院（系）和 32 个临床诊疗与研究中心建设工作。完成健康医疗大数据国家研究院的硕士招生工作以及大数据研究生课程教学筹备工作。调整学校人才工作领导小组，修订学校学术委员会章程，完善以学术委员会为核心的学术管理体系与组织架构。拓宽人才引进政策平台，成为北京市首批事业单位特设岗位设置和北京市海外高层次人才自主认定试点单位。新增中科院院士 1 人，是学校校本部第一位当选院士。完善岗位评聘政策与工作机制，强化师资队伍与导师队伍激励，发挥学院在岗位评聘工作中的作用。加强新入职教师个性化培养，给予新任教师科研启动经费支持。坚持导师业绩激励原则。完成临床导师遴选，对急需学科给予倾斜支持。修订兼职导师聘任制度，加强聘任高层次人才为兼职教授和兼职导师的部门工作协同。

教育教学与人才培养。深化推进临床医学人才培养模式改革。增加 100 个专业学位博士招生计划。推进专业学位博士培养改革，获市卫健委批准，临床医学博士研究生在完成培训后参加北京市住院医师培训二阶段考核。制订临床研究方法学类课程分层建设的方案，在有关附属医院建立临床研究方法学科课程，加强学生临床研究能力培养。修订学术型和专业型学位研究生培养方案，启动本科专业培养方案的修订工作并修订完成本专科 6 个专业培养方案。启动创新基础医学专业培养机制的研究工作。制订、修订护理贯通培养“3+3+2”与“3+3”专业人才培养方案。与北京市卫生职业学院签订相关人才培养合作框架协议书。新增眼视光医学、卫生检验与检疫及助产学专业招生，保留临床医学（乡村医生）高职自主招生。继续推行学术学位博士等硕博连读和申请审核制招生。

科学研究与科技成果转化。获批国家级和省部级科研项目 522 项，总经费 3.42 亿元。其中，国家级科研项目 303 项，总经费 2.24 亿元;省部级项目 219 项，总经费 1.18 亿元。促进科技成果转化工作。建立首科医谷医药健康技术转移人才培训体系，形成以医药技术经纪培训、医药专业技术培训、医药投融资培训三位一体的培训体系。获批市科委“北京市科技成果转化平台建设专项”经费 400 万元，其中，药学中试基地建设经费 300 万元。完善首科医谷孵化器功能，获批中关村技术转移人才培训基地，入孵企业9家。开展北京医学概念验证中心从概念到产品开发的项目5个。与石家庄高新区合作建立“首都医科大学科技园石家庄技术转移中心”。以第二完成单位或参与完成单位获2018年度国家科技进步奖5项。获2018年度北京市科学技术奖9项；高等学校科学研究优秀成果奖3项；中华医学科技奖6项。2人获吴阶平—保罗杨森医学药学奖；1人获何梁何利科学与技术奖。授权专利355项，包括发明专利108项。

庆祝新中国成立70周年服务保障。学校621名师生参加庆祝中华人民共和国成立70周年活动，其中，336人参加第34号方阵“不忘初心”群众游行，73人参加广场合唱，107人参加群众联欢，另有105人参加志愿服务。2人获北京市筹备和服务保障中华人民共和国成立70周年庆祝活动先进个人；11名师生代表参加“首都教育系统服务保障国庆活动宣讲团”赴山西医科大学、山西财经大学的宣讲活动。

党委书记　呼文亮
校　　长　尚永丰（5月免）
　　　　　饶毅（6月任）

（王于英　陈飞飞）

与卫生职院签署合作框架协议

2月25日，首医大与北京卫生职业学院签署人才培养合作框架协议。根据协议，自2019年起，卫生职院开始招收初中起点的护理学贯通培养（3+3+2）和中高职衔接培养（3+3）学生，首医大附属卫生学校停止招收这两类学生，首医大负责承担贯通培养项目本科阶段培养任务。该项合作是市属医学院校贯彻落实国家教育发展规划纲要精神，深化落实医教协同、推进医学教育改革与发展的重要举措；是首医建设高水平研究型医科大学、完善人才培养层次体系的内在要求。市教委、市卫健委相关负责人及两所学校相关学院、部处负责人25人参加签约仪式。

（陈飞飞）

国家医疗保障研究院成立

8月30日，首医大国家医疗保障研究院成立。研究院与国家医疗保障局合作成立，为国家级高端智库，主要职责是为国家医保局和北京市委市政府医保政策决策和医保管理服务，为构建中国医保制度和政策体系提供专业支撑。主要开展医保政策研究、制度建设、行业服务和监管支撑等工作。研究院由国家医保局和首医大共同管理，为独立非法人学术平台。实行院长负责制，设院长1人、副院长3人。研究院的科研团队采用专兼职相结合聘用的模式，参与研究院工作的国家医保局和首医大的专家学者人事编制保留在原单位，同时采用合同制招聘等形式组建科研团队。

（陈飞飞）

北京中医药大学

概述

2019年，北京中医药大学占地面积116.93万平方米，产权校舍建筑面积22.91万平方米。和平街校区图书馆建筑面积1.23万平方米。全年教育经费投入184018.22万元，其中，财政拨款108920.88万元、自筹经费75097.34万元。固定资产总值144962.54万元，其中，教学、科研仪器设备资产值64533.37万元，信息化设备资产值16191.24万元。拥有教室211间，其中，网络多媒体教室197间。图书馆拥有图书127.86万册，教学用计算机3871台。网络信息点24763个，上网课程1412门，电子邮件系统用户9198个，管理信息系统数据总量90506GB，图书馆数字资源量中电子图书119.64万册、电子期刊6.79万册、学位论文746.95万册、音视频8988小时。学校由教育部举办，为医药院校，设有3个校区，设置14个院（系、部）。开设13个本科专业，覆盖4个学科门类；具有一级博士学位授权点3个，学术型二级博士学位授权点42个，专业型二级博士学位授权点9个；一级硕士学位授权点7个，学术型二级硕士学位授权点47个，专业型二级硕士学位授权点14个；博士后科研流动站3个，博士后研究人员出站20人、进站37人、在站102人。“双一流”建设

10月1日，中医药大学学生参加国庆70周年庆祝活动
（中医药大学　供）

学科3个，国家级一流本科专业建设点4个，北京高校重点建设一流专业1个，北京高校高精尖学科2个。教育部重点实验室3个，教育部工程研究中心3个。市教委重点实验室2个，市科委重点实验室4个，市教委工程研究中心1个，国家中医药管理局重点研究室10个。国家级实验教学示范中心1个，北京市实验教学示范中心4个。校本部教职工1222人，其中，专任教师738人，包括正高级206人、副高级245人；工程院院士1人。“长江学者奖励计划”特聘教授3人、青年学者1人；“国家杰出青年科学基金”获得者4人，“国家优秀青年科学基金”获得者4人。外籍教师7人。学历教育学生中毕业生9016人，其中，研究生1268人（博士生168人、硕士生1100人）、普通本专科生1155人（本科生1153人、专科生2人）、成人教育本专科生724人（本科生492人、专科生232人）、网络教育本专科生5869人（本科生2735人、专科生3134人）。本科毕业生就业率95.32%。招生16578人，其中，研究生1709人（博士生385人、硕士生1324人）、普通本科生1954人、成人教育本科生295人、网络教育本专科生12620人（本科生4966人、专科生7654人）。高考北京地区提档线文科614分、理科595分。在校生37964人，其中，研究生4946人（博士生1104人、硕士生3842人）、普通本专科生8269人（本科生8267人、专科生2人）、成人教育本专科生1292人（本科生971人、专科生321人）、网络教育本专科生23457人（本科生11851人、专科生11606人）。留学生毕业118人、招生114人、在校生543人。网址：www.bucm.edu.cn。

2019年，学校聚焦“双一流”建设目标，落实立德树人根本任务，推进世界一流中医药大学建设。

学科与科研。完成教育部“双一流”建设中期自评。17个国家中医药管理局重点学科验收获评优秀，居全国中医药院校之首。科研项目中标经费首次超4亿元。获国家重点研发计划项目5个、国家自然科学基金项目82个，创历史新高。获批智慧中医装备教育部工程研究中心。

人才师资。入选工程院院士1人、国际欧亚科学院院士1人、“全国模范教师”1人，获“吴阶平医药创新奖”1人、“全国中医药杰出贡献奖”3人。实施人事制度改革，建立中医药理论研究和临床人才晋升绿色通道、青年人才晋升正高快速通道、引进人才直聘通道和破格晋升通道。遴选首批学校教学名师、青年科学家、名医培育对象，并纳入学校人才培育体系。

教育教学。创新实施“中医学领军人才培养计划项目”，从2019级开始试点招生。首次开展“申请—审核制”非全日制（专业学位）博士生和“优秀创新创业硕士生推荐免试博士生”项目。获批“中国政府奖学金来华留学生预科教育试点院校”。成立全国中医药教育发展中心。

合作交流。与通州区政府、国家纳米科学中心、山东威高集团、华为技术有限公司、江西博能集团等建立战略合作关系。与美国国家儿童医院签署合作备忘录。与罗马尼亚布拉索夫特兰西瓦尼亚大学医学院合作开展中医硕士项目。牵头成立中医特色孔子学院中方合作院校工作联盟。

庆祝新中国成立70周年服务保障。315名党员师生参加国庆群众游行第33号“从严治党”方阵，350名志愿者参与志愿服务。游行队员和志愿者代表作为“首都教育系统服务保障国庆活动宣讲团”代表赴宁夏开展宣讲活动。

党委书记　谷晓红
校　　长　徐安龙

（齐佳兵）

良乡校区西院启用

6月，中医药大学良乡校区西院启用。学校4个学院、19个职能部门搬迁至良乡校区西院。至年底，良乡校区西院共完成5个项目的竣工验收并投入使用，总建筑面积94836平方米。其中，3个项目2017年开工建设、2个项目是2019年新建项目。

（齐佳兵）

第一临床医学院通州院区二期大楼开诊

12月28日，中医药大学第一临床医学院（东直门医院）通州院区二期大楼开诊。开诊当天，二期大楼的门诊、病房、行政办公区同时启用。通州院区设中医特色专病（专台）门诊27个，年内，陆续开展心脏外科手术、绿色电生理治疗、三腔起博器治疗等一系列标准性高难度治疗技术。通州院区由中医药大学与通州区政府合作共建，二期大楼的正式开诊是“两院合一、主体东迁”工作的重要成果，也是推进城市副中心中医药健康服务体系建设的重要举措。

（齐佳兵）

北京师范大学

概述

2019年，北京师范大学占地面积79.44万平方米，产权校舍建筑面积125.54万平方米。图书馆建筑面积4.27万平方米。全年教育经费投入472210.83万元，其中，财政拨款307349.42万元、自筹经费164861.41元。固定资产总值531343.95万元，其中，教学、科研仪器设备资产值191110.16万元，信息化设备资产值50174.59万元。拥有教室240间，全部为网络多媒体教室。拥有图书483.83万册，计算机32374台。网络信息点53794个，上网课程3616门，电子邮件系统用户97208个，管理信息系统数据总量198GB，数字资源量中电子图书875万册、电子期刊152611册、学位论文8913410册、音视频260859小时。学校由教育部举办，为师范院校，设置3个学部、25个学院、2个系、4个研究院（所）。开设74个本科专业，覆盖10个学科门类；具有一级学科39个；一级学科博士点29个、专业学位博士点1个；一级学科硕士点38个、二级学科硕士点1个；博士后科研流动站28个，其中，博士后研究人员出站106人、进站155人、在站326人。“双一流”建设学科11个，国家级一流本科专业建设点19个，北京市级一流本科专业建设点5个，北京高校高精尖学科3个。国家重点实验室4个、国家工程实验室1个、国家野外科学观测研究站1个。北京高精尖创新中心1个，北京重点实验室12个。教职工3097人，其中，专任教师2099人，包括正高级998人、副高级720人；博士生导师46人、硕士生导师771人；中科院院士2人、工程院院士1人。“长江学者奖励计划”特聘教授35人、讲座教授4人；“国家杰出青年科学基金”获得者50人。外籍教师91人。学历教育学生中毕业生22815人，其中，研究生3886人（博士生672人、硕士生3214人）、普通本科生2500人、成人教育本专科生1727人（本科生1155人、专科生572人）、网络教育本专科生14702人（本科生7333人、专科生7369人）。本科毕业生就业率98.27%。招生26187人，其中，研究生5380人（博士生1037人、硕士生4343人）、普通本科生3132人、网络教育本专科生17675人（本科生8713人、专科生8962人）。高考北京地区提档线文科645分、理科660分。在校生82390人，其中，研究生16085人（博士生4472人、硕士生11613人）、普通本科生10685人、成人教育本科生301人、网络教育本专科生55319人（本科生27548人、专科生27771人）。留学生毕业1699人、招生1637人、在校生1380人。网址：http://www.bnu.edu.cn。

2019年，学校落实立德树人根本任务，推进“双一流”建设，开展“一体两翼”（北京校区和珠海校区为两翼的一体化办学）战略布局。

学科建设。增开思政类选修课。实施“基础学科拔尖学生培养计划2.0”。新增与国外高水平大学设置双学位项目10个、中外合作办学项目1个、海外人才培养基地17个。支持学部院系开展教育教学改革与建设并划拨专项经费2710万元。获评国家级精品在线开放课程10门。投入800万元设立实践教学平台建设项目19个，获批国家虚拟仿真实验教学项目2个。汉语言文学专业成为三级打样专业通过教育部认证。制定《关于持续提升学位授予质量的意见》。投入学科建设经费2.35亿元。3个交叉学科入选北京高校高精尖学科，到位经费1400万元。制订并提交《“双一流”引导专项资金使用整改方案》。

科学研究。成立未来教育学院、海外宣传办公室、内部控制管理办公室和实验室安全与设备管理处、国家安全与发展战略研究院，组建智库管理办公室。中国教育与社会发展研究院入选国家高端智库试点单位，上报的研究报告获各级党政领导批示或被决策采纳43项。新增获批省部级科研平台5个。新增授权专利190项，新增中英文期刊各1个。获批国家社科基金重大项目9个、国家社科基金教育学重大项目1个、教育部哲学社会科学重大课题攻关项目4个。获批国家自然科学基金杰出青年基金、优秀青年基金各4项，获批国家自然科学基金重大项目1项；获教育部科技奖自然科学一等奖2项、科技进步奖二等奖2项。研制科研项目经费管理办法4个。全年科研经费9.2亿元。

合作交流。搭建社会实践、日常志愿公益活动等实践育人平台。举办培训项目154个，线上线下培训14万余人次。承担“国培计划”培训任务，全年教师资格认定人数近200万人。新设5个基础教育合作办学项目。发布2018年国家义务教育数学、体育与健康监测结果报告。开展凉山州“学前学会普通话”行动。召开第二次高校教育援青高校联席会议。“中国好老师”公益行动计划举办线下培训活动37场近8000人次。与“一带一路”沿线国家签署合作协议37份。完成各校区各校园学科布局与规划，提交参与雄安新区建设方案。与阿尔法比哈萨克斯坦国立大学签署框架合作协议。

其他活动。艺术与传媒学院影视传媒系、数字媒体系、音乐系、舞蹈系、美术与设计系、书法系、艺术学系各专业师生历时近两年共同创作的北师大大型原创音乐剧《往事歌谣》上演。与人民视频共同举办第四届中国VR/AR/MR创作大赛金铎奖颁奖礼。举办“京师讲武堂”揭牌仪式暨“爱国尚武”主题活动，介绍“太极（八法五步）”的创编依据和基本理论。

庆祝新中国成立70周年服务保障。学校及附属实验中学师生1467人参加国庆群众游行，357人担任志愿者参加服务保障工作。

党委书记 程建平

校　　长 董奇

（申政）

提升高校思想政治理论课教学质量研讨会

3月24日，北师大召开“学习习近平总书记重要讲话精神，提升高校思想政治理论课教学质量”研讨会。与会专家学者、一线教师和辅导员代表回顾参加“学校思想政治理论课教师座谈会”的经历，并围绕正确认识高校思政课的重要作用和功能定位，提升高校思政课教师教学水平和综合素质，增强高校思政课的亲和力和针对性等问题交流讨论。研讨会由北师大、中国高等教育学会和中国高等教育学会思想政治教育分会举办，高教学会思政教育分会理事会成员、学术委员会委员、知名专家学者、高校师生代表150余人参加。

（申政）

首届京师数学教育大会

6月28日至29日，北师大举办首届京师数学教育大会暨数学科学学院数学建模教育中心成立仪式。会议以“新高考，新教材，聚焦数学建模，提升数学核心素养”为主题，围绕数学教育，10余名专家作主题报告。来自全国26个省市从事中学数学教育研究的高校教师、中学教研员及一线中学教师参加会议。

（申政）

新中国70年外语语文教育研讨活动

9月21日和12月8日，北师大分别举办新中国70年外语基础教育论坛和新中国70年语文教育回顾与展望学术研讨会。新中国70年外语基础教育论坛以“回顾与展望”为主题，分别从教研、课堂、教材、高校4个方面回顾与展望新中国70年外语基础教育发展。北师大、北京外国语大学、首都师范大学等高校，人民教育出版社、北京教育科学研究院等科研单位及北京市第四中学、中国人民大学附属中学等中学的30余名专家学者参加论坛。新中国70年语文教育回顾与展望学术研讨会听取题为《基于学生发展核心素养的中小学课程与教材》的主题报告，邀请6名专家学者作主题发言，同时邀请15名发言嘉宾与15名评议嘉宾2人一组，以学术互动的方式进行对话。来自全国各地的语文学科专家、教研员和一线语文教师200人参与研讨会。

（申政）

马克思主义与教育中外论坛

11月2日，北师大举办“马克思主义与教育：东方与西方”中外学者高端论坛。论坛聚力推进对马克思主义教育学的时代性探讨，与会专家就“教育全球化时代下马克思主义理论的作用和相关性”“中西方对马克思主义和教育的阐释的共性与差异”“马克思关于正义、自由与异化的立场及其对课程、教学和学习改革的意义”等问题发表意见并进行讨论。北师大、美国威斯康星大学麦迪逊分校、教育学部以及华东师范大学等国内外教育领域学者参加论坛。

（申政）

科学教育研究院成立

11月27日，北师大科学教育研究院成立。研究院设立跨学科研究中心，搭建国际合作平台，构建创新人才培养体系，开展科学普及服务，建设成果转化引擎，同时为教育部、中国科协等部门提供智库服务，为科学教育教师、校长提供培训服务，为科学教育机构提供技术、资源服务，为学科建设提供研究支撑。研究院围绕5个核心研究方向建设科学教育课程与教材实验室、科学教育理论与政策研究实验室、科学教学设计与分析实验室、科学传播与媒体实验室和工程与技术教育实验室。研究院设院长1名。

（申政）

首都师范大学

概述

2019年，首都师范大学占地面积100万平方米，产权校舍建筑面积77.38万平方米、非产权校舍建筑面积17.87万平方米。图书馆建筑面积2.81万平方米。全年教育经费投入265792.92万元，其中，财政拨款211593.00万元、自筹经费54199.92万元。固定资产总值344619.95万元，其中，教学、科研仪器设备资产值153326.98万元，信息化设备资产值14810.94万元。拥有教室762间，其中，网络多媒体教室358间。拥有图书294.67万册，计算机18532台。网络信息点42990个，上网课程1882门，电子邮件系统用户51101个，管理信息系统数据总量424GB，数字资源量中电子图书1727774册、电子期刊81789册、学位论文8725065册、音视频199755小时。学校由北京市举办，为师范院校，设置31个院（系、部）。开设58个本科专业，覆盖10个学科门类；具有一级学科博士点17个、二级学科博士点6个；一级学科硕士点26个、二级学科硕士点2个、硕士专业学位授权类别16个；博士后科研流动站15个，其中，博士后研究人员出站25人、进站26人、在站87人。“双一流”建设学科1个，国家级一流本科专业建设点10个，北京市级一流本科专业建设点5个。北京实验室1个、北京高精尖创新中心1个，北京重点实验室11个。教职工2510人，其中，专任教师1657人，包括正高级380人、副高级669人；博士生导师305人、硕士生导师836人；中科院院士1人、工程院院士6人。“长江学者奖励计划”特聘教授12人、讲座教授1人；“国家杰出青年科学基金”获得者12人；北京学者6人。外籍教师16人。学历教育学生中毕业生7693人，其中，研究生2111人（博士生141人、硕士生1970人）、普通本科生2584人、成人教育本专科生2998人（本科生2523人、专科生475人）。本科毕业生就业率99.59%。招生9059人，其中，研究生2588人（博士生235人、硕士生2353人）、普通本专科生3075人（本科生2893人、专科生182人）、成人教育本专科生3396人（本科生2866人、专科生530人）。高考北京地区提档线文科585分、理科574分。在校生26134人，其中，研究生7814人（博士生925人、硕士生6889人）、普通本专科生11559人（本科生11337人、专科生222人）、成人教育本专科生6761人（本科生5692人、专科生1069人）。留学生毕业1125人、招生1193人、在校生1982人。网址：www.cnu.edu.cn。

2019年，学校突出加强党的政治建设，聚焦“双一流”建设目标，落实立德树人根本任务。

学科与科研。完成教育部“双一流”建设中期评估。教育学、马克思主义理论、艺术类学科群、中国语言文学、历史获批北京高校高精尖学科。首次以第一完成单位获教育部自然科学奖一等奖、吴文俊人工智能科技进步一等奖；首次作为牵头单位获批国家重点研发计划项目1个、科技部创新方法工作专项1个。获国内授权专利120件，比上年增长55.8%；新增共建国际科研合作机构3个。入选首批教育部高校科技成果转化和技术转移基地，科技成果转化类项目取得历史性突破。地面沉降机理与防控省部共建教育部重点实验室通过立项论证。获批4个国家社科基金重大项目，国家社科基金冷门“绝学”研究专项2个。新增省部级哲学社会科学研究基地1个。7项成果获北京市第15届哲学社会科学优秀成果奖。

教育教学。《创设市级统筹“三轮驱动”体制机制，构建基础教育均衡发展的“北京模式”》获2018年度国家级教学成果一等奖，初等教育学院获“全国教育系统先进集体”。

10 月 31 日，首师大举办庆祝中华人民共和国成立 70 周年专项工作总结表彰大会　　（首师大　供）

获批全国重点马克思主义学院。生物科学专业入选北京市重点建设一流专业。新增 2 个师范专业方向；汉语言文学、学前教育、数学与应用数学 3 个专业顺利通过教育部师范专业认证。成立交叉科学研究院、人工智能教育研究院。

社会服务。落实服务首都基础教育行动计划，主办的学术型研究生修读教师教育课程项目面向全市招生，覆盖 34 所高校 247 名研究生。构建高等教育与基础教育协同育人机制，承担 10 余项辐射全市所有区域和各层次学校的教育委托项目。主动服务京津冀协同发展、粤港澳大湾区、“一带一路”倡议等，落地签约基础教育合作办学项目 6 个。完成“新疆中小学少数民族骨干教师培训”项目，“首师大模式”获教育部、市委、新疆教育厅充分肯定。“首都带首府”京银双优云桥试点项目和“首都教育远程互助工程”和田项目分别在宁夏银川、新疆和田落地，被市扶贫支援办列为“全球减贫案例”。承担亚洲文明对话大会、2019 中国北京世界园艺博览会等重大政治活动的服务保障。

庆祝新中国成立 70 周年活动服务保障。选派 1493 名师生参加国庆庆祝活动，其中，群众游行团队 1041 人、合唱指挥团队 21 人、广场合唱团队 85 人、中心联欢表演团队 99 人、群众联欢表演团队 52 人，另有 195 人参加志愿服务。

党委书记　郑萼

校　　长　孟繁华

（程诗惠）

校史馆开馆

6 月 29 日，首师大校史馆开馆。校史馆设在学校主楼 10 层、11 层，共计 380 平方米，包括砥砺同行、大道致远、春华秋实 3 个部分，通过历史图片、史料实物、多媒体设备等方式，展示学校 65 年的办学历程。

（程诗惠）

交叉科学研究院成立

7 月 2 日，首师大交叉科学研究院成立。研究院是独立于各院系的教学科研机构，以世界一流数学学科群建设为核心，以“搭建一流交叉科研平台，培养一流交叉科研人才，产出一流交叉科研成果”为导向，以多元化的创新体制机制为保障，力争在数学和统计学领域实现重大原始理论创新，同时在人工智能、大数据等交叉科学研究领域打造具有重要国际影响力的创新平台。中科院院士方复全担任首任院长。

（程诗惠）

高等师范教育 70 年学术论坛

10 月 12 日，首师大举办“高等师范教育 70 年：使命与挑战”学术论坛。论坛围绕新时代一流师范大学建设、师德师风建设与人才培养、高等师范教育国际化 3 个专题交流讨论。37 所师范院校、5 所综合大学以及多所中小学、社会团体的 150 余名专家学者和研究生代表参加论坛。

（程诗惠）

首都体育学院

概述

2019 年，首都体育学院占地面积 18.13 万平方米，产权校舍建筑面积 12.02 万平方米，非产权校舍建筑面积 8.32 万平方米。图书馆建筑面积 5301 平方米。全年教育经费投入 42227.28 万元，其中，财政拨款 35212.37 万元、自筹经费 7014.91 万元。固定资产总值 85518.14 万元，其中，教学、科研仪器设备资产值 18417.37 万元，信息化设备资产值 7680.19 万元。拥有教室 52 间，其中，网络多媒体教室 51 间。拥有图书 51.73 万册，计算机 1447 台。网络信息点 7459 个，上网课程 4 门，电子邮件系统用户数 10500 个，管理信息系统数据总量 1600GB，数字资源量中电子图书 101 万册、电子期刊 305980 册、学位论文 4288911 册、音视频 69719 小时。学校由北京市举办，为体育院校，设有 3 个校区，设置 7 个院（系）。开设 12 个本科专业，覆盖 4 个学科门类；具有一级学科 5 个；一级硕士学位授权点 2 个、二级学科硕士点 6 个。

国家级一流本科专业建设点2个、北京市级一流本科专业建设点2个、北京高校重点建设一流专业1个，北京高校高精尖学科1个。教职工502人，其中，专任教师323人，包括教授52人、副教授126人；博士生导师21人、硕士生导师112人。学历教育学生中毕业生1211人，其中，硕士研究生229人、普通本科生599人、成人教育本专科生383人（本科生190人、专科生193人）。招生1346人，其中，研究生329人（博士生15人、硕士生314人）、普通本科生860人、成人教育本专科生157人（本科生52人、专科生105人）。在校生4267人，其中，研究生736人（博士生37人、硕士生699人）、普通本科生3015人、成人教育本专科生516人（本科生316人、专科生200人）。留学生毕业127人、招生130人、在校生162人。网址：www.cupes.edu.cn。

2019年，学校坚持社会主义办学方向，落实立德树人根本任务，以服务保障新中国成立70周年庆祝活动为主线，围绕首都城市战略定位，深化综合改革，注重内涵发展，补齐发展短板，提升办学水平，启动世界一流高水平体育大学建设，扎实推动学校事业高质量发展。连续三年在北京市属高校“平安校园”建设考核中获优秀等次。

学科和专业建设。完成学科规划编制，召开体育学科国际专家研讨会。入选北京高等教育“本科教学改革创新项目”3个、北京高校“优质本科教材课件”研究项目3个、“优质本科课程”3门。成立习近平青年思想研究会。

科学研究。成立体育人工智能研究院，组建专业化体育人工智能研究团队，确定7个研究方向，重点攻克国际一流体育人工智能技术和应用产品等，打造体育人工智能国际创新中心。获批省部级重大专项2个，科研经费总额首次突破千万元。

人才队伍。新引进冰雪运动世界冠军以及国家级教练等人才5人。身体运动功能训练团队助力中国射箭队土耳其世界杯获女子个人项目和男子团体项目金牌。强化干部选拔任用水平，探索建立处级干部政治素质档案，规范完成空缺处级岗位聘任，选拔工作零举报。组织开展首次大规模干部队伍建设调研，听取干部党员群众的意见建议，了解把握干部队伍总体状况，系统规划机构设置改革方案，提高干部队伍建设科学化水平。

交流合作。与英国拉夫堡大学、帝国理工学院，美国凯斯勒康复医院等国外大学及研究机构建立合作关系。赴斯洛文尼亚与卢布尔雅那大学共同举办第二届中国—斯洛文尼亚冰雪运动发展高峰论坛。加强区校合作、校企合作、军民融合，与朝阳区政府、河北省张家口太舞滑雪小镇、解放军第81集团军建立合作关系。

庆祝新中国成立70周年服务保障。学校479名师生参与国庆庆祝活动，其中，335名师生组成群众游行“体育强国”方阵、144名师生参加广场联欢活动。

党委书记　何明（3月任）
校　　长　钟秉枢

（申珊）

第八届中国休闲体育北京论坛

5月30日至6月2日，首体院举办第八届中国休闲体育·北京论坛。该论坛以“休闲、健康与社会发展”为主题，包含大会报告、分论坛、户外骑行。与会人员听取《认识体育文化，发展休闲体育》《体医融合是全民健身与全面健康深度融合的必由之路》《闲暇资本与健康资本研究——来自健身行业的评判》的报告，围绕“休闲与健康”“休闲与社会发展”两大议题交流研讨。来自西安体育学院、成都体育学院等11所体育类院校和北京大学等综合类院校的80余名专家学者和200名师生参加论坛。论坛与中国体育科学学会体质与健康分会共同主办。

（申珊）

北京外国语大学

概述

2019年，北京外国语大学占地面积49.21万平方米，产权校舍建筑面积44.74万平方米。图书馆建筑面积22861平方米。全年教育经费投入162107万元，其中，财政拨款79924万元、自筹经费82183万元。固定资产总值193871.56万元，其中，教学、科研仪器设备资产值17997.71万元，信息化设备资产值9703.39万元。拥有图书146.76万册，计算机5431台。网络信息点20185个，上网课程3168门，电子邮件系统用户37645个，管理信息系统数据总量5000GB，数字资源量中电子图书215.93万册。学校由教育部举办，为语文院校。开设121个本科专业，覆盖6个学科门类；一级学科博士点2个、一级学科硕士点11个、硕士专业学位授权类别8个。全国唯一专业点44个，国家重点学科4个，北京市重点学科7个。教职工1262人，其中，专任教师779人，包括正高级143人、副高级260人；博士生导师97人、硕士生导师267人。外籍教师105人。学历教育学生中毕业生2334人，其中，研究生959人（博士生83人、硕士生876人）、普通本科生1277人、成人教育本专科生98人（本科生74人、专科生24人）。本科毕业生就业率94.38%。招生2849人，其中，研究生1214人（博士生134人、硕士生1080人）、普通本科生1435人、成人教育本科生200人。高考北京地区提档线文科631分、理科645分。在校生83445人，其中，研究生3044人（博士生525人、硕士生2519人）、普通本科生5587人、成人教育本专科生459人（本科生390人、专科生69人）。留学生毕业1169人、招生1364人、在校生2188人。网址：www.bfsu.edu.cn。

2019年，学校深入开展主题教育，在人才培养、学科建设、国际交流、社会服务等方面取得一系列成绩。

人才培养。推进高素质专业化思政课教师队伍建设，更好落实立德树人根本任务。助力学校整体人才培养和学科建设。做好多语种对外传播人才订单式培养，培养学生把中国精神、中国价值、中国力量阐释好。

学科建设。新增本科专业 6 个，至此，开设外语语种 101 种，基本包括 180 个与中国建交国家的官方语言，并涵盖部分重要区域的民族语言。本科 121 个专业中，外语专业 102 个（含翻译专业）、非外语专业 19 个，44 个专业为全国唯一专业点。新增学术型硕士学位授权一级学科2个、硕士专业学位授权点 1 个。法语系、德语系、西班牙语葡萄牙语系、日语系、计算机系更名为学院，亚非学院扩建为亚洲学院、非洲学院。入选北京高校高精尖学科建设名单 1 个。

国际交流。与世界上 91 个国家和地区的 313 所高校和学术机构开展交流，与英国诺丁汉大学、英国伦敦大学亚非学院、法国国立东方语言文化学院等国外高校建立实质性的合作关系。新建美国玛利诺学院孔子课堂，至此举办 23 所海外孔子学院，位于亚洲、欧洲、美洲 18 个国家，居国内高校之首。与阿尔巴尼亚科学院、发罗拉独立大学，捷克查理大学等学术机构开展交流研讨、签署合作协议。

社会服务。北外与中宣部宣传舆情研究中心、北京外研在线数字科技有限公司签署合作协议，服务国家战略发展，助力全党、全民终身学习。与市委外办、市政府外办就共建“北京民间外交人才培训基地”签署合作协议。白俄罗斯研究中心揭牌。举办北京外国语大学关心下一代工作基地授牌仪式暨首场活动、北京外国语大学中国职业外语教育发展研究中心成立大会暨首届中国职业外语教育发展研究高端论坛、2019—2022 年学术委员会选举大会、人工智能与人类语言重点实验室成立大会暨研讨会。日语学院、国际新闻与传播学院与新华社日本专线举行日语国际传播实习基地揭牌仪式。《“一带一路”法律查明》集刊创刊号首发。

庆祝新中国成立 70 周年服务保障。学校师生 532 人参加国庆庆祝活动，其中，205 人参加群众游行第 17 号“圆梦奥运”方阵，204 人参加第 26 号“立德树人”方阵，72 人参加广场合唱和群众联欢方阵；12 个国家的 36 名留学生和 4 名带队教师参加第 32 号“人类命运共同体”方阵，10 名港澳学生和 1 名带队教师参加第 13 号“一国两制”方阵。180余人参与志愿服务与后勤保障。与北京建筑大学组成“首都教育系统服务保障国庆活动宣讲团”前往贵州省开展宣讲活动。

党委书记　王定华
校　　长　彭龙（3 月 6 日免）
　　　　　杨丹（4 月 26 日任）

（朱玉清）

白俄罗斯研究中心揭牌

1 月 12 日，北外白俄罗斯研究中心揭牌。中心与白俄罗斯明斯克国立语言大学合作共建，作为“中白教育年”的一项重要活动，践行“一带一路”倡议，加强中国的白俄罗斯语言教学与区域国别研究。

（朱玉清）

共建“北京民间外交人才培训基地”

12 月 12 日，北外与市委外办、市政府外办就共建“北京民间外交人才培训基地”签署合作协议。根据协议，基地依托北外优质高等教育和学术科研资源，培养北京民间外交队伍和国际化人才，开展相关理论政策研究，探索北京民间外交实践，为新时代民间外交工作和北京国际交往中心功能建设提供人才和智力支撑。

（朱玉清）

北京第二外国语学院

概述

2019 年，北京第二外国语学院占地面积 21.32 万平方米，产权校舍建筑面积 29.24 万平方米。图书馆建筑面积 8086 平方米。全年教育经费投入 71615.06 万元，其中，财政拨款 61206.95 万元、自筹经费 10408.11 万元。固定资产总值 75346.8 万元，其中，教学、科研仪器设备资产值 20169.17 万元，信息化设备资产值 17696.94 万元。拥有教室 271 间，全部为网络多媒体教室。拥有图书 121 万册，计算机 4729 台。网络信息点 16392 个，上网课程 230 门，电子邮件系统用户 20782 个，管理信息系统数据总量 1428810GB，数字资源量中电子图书 117 万册、电子期刊 114 万册、学位论文 410 万册、音视频 146658 小时。学校由北京市举办，为语文院校，设有 1 个校区，设置 17 个院（系）。开设 44 个本科专业（包括 26 个语种专业），覆盖 4 个学科门类；具有一级学科硕士点 5 个，二级学科硕士点 28 个，硕士专业学位授权类别 6 个；联合培养博士项目 2 个；联合培养博士后工作站 2 个，其中，博士后研究人员进站 15 人、出站 9 人、在站 6 人。国家级一流本科专业建设点 5 个，北京市级一流本科专业建设点 2 个，国家级特色专业 4 个，教育部专业综合改革试点专业 1 个，北京高校高精尖学科 2 个。教职工 955 人，其中，专任教师数 617 人，包括教授 96 人、副教授 192 人；硕士生导师 329 人。学历教育学生中毕业生 2334 人，其中，硕士研究生 528 人、普通本科生 1396 人、成人教育本专科生 410 人（本科生 230 人、专科生 180 人）。本专科毕业生就业率 94.71%。招生 3034 人，其中，硕士研究生 605 人、普通本专科生 2313 人（本科生 1600 人、专科生 713 人）、成人教育本科生 116 人。高考北京地区本提档线文科 480 分、理科 423 分。在校生 9051 人，其中，硕士研究 1409 人、普通本专科生 7182 人（本科生 6389 人、专科生 793 人）、成人教育本科生 460 人。留学生毕业 289 人、招生 479 人、在校生 1005 人。贯培生毕业 716 人、招生 118 人、在校生 619 人。网址：www.bisu.edu.cn。

2019 年，学校以立德树人为根本，以深化改革为主线，以融合创新发展为驱动，重点狠抓 2019 年工作要点落实，努力建设具有鲜明北京特色的高水平外国语大学。

年内，二外外国留学生在校门外合影

（二外 供）

立民间外交研究中心、首都知识产权国际交流合作基地等研究机构，承担北京市各委办局委托课题27项。举办《二外学报》创刊40周年纪念会暨高校外语教师发展研讨会。成立中国国际贸易学会服务贸易专业委员会，学校与中国国际贸易学会签署协议共建中国服务贸易研究院；加入世界旅游联盟。二外图书馆外文分馆斯洛文尼亚语文献中心揭牌。

人才队伍建设。加大人才引进力度，从学界、政界、业界全职或柔性引进高层次优秀人才11人。制定《关于全面深化新时代教师队伍建设改革的实施意见》，深化薪酬分配制度改革。

合作与交流。贯彻“一带一路”倡议和北京国际交往中心建设，签署校际合作协议47份。与斯洛伐克智者康斯坦丁大学签署的合作框架协议被纳入第八次中国—中东欧国家领导人会晤成果清单。获批国家留学基金委“优秀本科生国际交流项目”7个。承接5所孔子学院派来的学生交流团、校长交流团和高访团等团组近百人次。巴拿马大学孔子学院创新教学方法，成为国家汉办“汉语沉浸式教学试点”，巴拿马大学孔子学院获全球先进孔子学院称号。接待来访国家记者团2个。阿尔巴尼亚、伊朗、巴拿马等国政要及驻华使臣先后访问学校。

庆祝新中国成立70周年服务保障。1076名师生参加国庆庆祝活动，其中，913名师生参加第36号“祖国万岁”方阵游行，82人参加广场合唱，43人参加轮滑任务，国际学生38人。由二外、中国矿业大学（北京）和中央民族大学联合组建的首都教育系统服务保障国庆活动宣讲团到西藏开展宣讲活动。

机构改革。学校推动机构改革后的融合工作，通过系列“放管服”政策举措，推进二级学院办学自主权，激发二级单位发展活力，包括下放部分管理岗位选聘职权，精简报销审批程序，下放外籍教师选聘和留学生招生权限，取消科研经费中期考核，放宽科研经费出国限制，下拨学科建设、高精尖经费，试点科研院所研究生招生培养等多项政策。

教学改革。完成本科教学审核评估整改，同时开展本科教学质量提升年活动。教学资源建设步伐加快，改革教学研究项目经费拨款方式，加大二级学院教学项目立项自主权。3门课程、3种教材入选优质本科课程和北京市优质本科教材课件。立项资助在线课程57门，引进优质在线课程91门。获北京市高等学校教学名师奖1项、青年教学名师奖1项，获北京高等教育“本科教学改革创新项目”立项5个。在科研院所试点招收学术学位研究生，建立研究生科研导向型培养体制。推出“讲座卡”制度，多种形式试点研究生“暑期小学期”。

学科建设。与北京大学共同举办的“新时代 新文科 新外语——外国语言文学学科发展的高精尖之路高层论坛”入选市教委高精尖学科标志性成果名录。入选首批国家级一流本科专业建设点5个、北京市级一流本科专业建设点2个，获批北京高校重点建设一流专业1个。引进专业数据采集和评估系统，结合全国高等教育质量监测数据平台，完成44个专业的数据对标工作。

科研工作。加强科研选题长期规划和基础项目库建设，实施省部级以上科研项目“孵化计划”和“种子计划”，推行“青年英才培育计划”和“青年拔尖人才（团队）培育计划”，完成高级别项目的培育和储备27个。主动对接国家发展战略和首都“四个中心”建设，形成“研究院—研究中心—研究所”3级管理机制。新建科研平台7个、研究院5个，新增省部级科研基地1个。与市委宣传部、市外办、市对外友协等单位开展战略合作，成

党委书记 顾晓园
校　　长 计金标

（姚冰　王薇）

2个中心揭牌

4月3日和6月11日，二外教师健康中心和学业发展辅导中心分别揭牌。健康中心由教师健康中心、学生健康中心和校医院组成。教师健康中心下设健康预防与保健部、健康宣教部、心理健康部、健康档案与数据研究部以及健康产业实践教学基地。学生健康中心搭建起学生健康教育平台，通过健康管理落实立德树人根本任务。校医院在已有职能基础上，增加校内食品安全监督和随机抽样检查的职责。学业发展辅导中心是负责学校学生学业咨询与辅导

的专门机构，设有“梧桐树下”“海棠花开”“学在二外”3间主题辅导室，可同时为30名学生提供“一对一”个体学业咨询与辅导服务，并设有1间团体辅导室，可举办小型学术讲座、沙龙。同时开设“新生学习工作坊”“学业生涯沙龙”“优能助学班”，针对不同培养阶段的学业需求，为学生提供学业发展服务。

（王薇）

首届“译者行为研究”高层论坛

4月26日至28日，二外举办全国首届“译者行为研究”高层论坛。论坛围绕“译者行为和翻译研究的新趋势”主题展开研讨，同期举办外语期刊主编分论坛。与会专家就外语期刊如何进行翻译栏目建设等主题开展交流，并回答听众关心的有关学术论文投稿和发表等问题。论坛由《北京第二外国语学院学报》编辑部主办，全国90余所院校、科研机构的200余名师生参加。

（王薇）

文化和旅游产业人工智能应用实验室启动

5月12日，二外文化和旅游产业人工智能应用实验室启动。实验室由中国信息通信研究院、中国人工智能产业发展联盟与二外、中国文化和旅游产业研究院共同成立，整合国内外有关政府部门、高等院校、行业组织、企事业单位等业界机构的技术资源、品牌资源、渠道资源，开展技术研发、标准制定、平台搭建等工作。实验室由中国人工智能产业发展联盟与中国文化和旅游产业研究院携手共建。

（王薇）

北京语言大学

概述

2019年，北京语言大学占地面积33.01万平方米，产权校舍建筑面积427441.83平方米。图书馆建筑面积1.05万平方米。全年教育经费投入124381万元，其中，财政拨款56858万元、自筹经费67523万元。固定资产总值15.13亿元，其中，教学、科研仪器设备资产值2.34亿元，信息化设备资产17484.36万元。学校共拥有多媒体教室297间，拥有图书98.25万册，计算机6302台。网络信息点19477个，上网课程311门，电子邮件系统用户1279个，管理信息系统数据总量636GB，包括电子图书774万册。学校由教育部举办，为语言院校。设置3个学部、9个直属学院（系、教学部），拥有33个本科专业，覆盖9个学科门类。一级学科博士点2个、二级学科博士点37个；一级学科硕士点6个、二级学科硕士点37个、硕士专业学位授权类别5个；博士后科研流动站2个。国家级一流本科专业建设点5个，北京市级一流本科专业建设点1个，北京高校重点建设一流专业1个，北京高校高精尖学科2个。省部级以上研究中心（或基地）13个，其中，普通高等人文社会科学重点研究基地1个、北京高等学校高精尖创新中心1个。教职工1215人，其中，专任教师694人，包括正高级137人、副高级238人；博士生导师95人、硕士生导师276人。“长江学者奖励计划”特聘教授1人，“海外高层次人才引进计划”1人，享受政府特殊津贴专家31人，“四个一批”人才3人。外籍教师69人。学历教育学生中毕业生28103人，其中，研究生718人（博士生52人、硕士生666人）、普通本科生1065人、成人教育本专科生466人（本科生151人、专科生315人）、网络教育本专科生25854人（本科生6570人、专科生19284人）。本科毕业生就业率95.38%。招生23474人，其中，研究生793人（博士生83人、硕士生710人）、普通本科生1018人、成人教育本专科生451人（本科生71人、专科生381人）、网络教育本专科生24212人（本科生10255人、专科生13957人）。2019年学校北京地区高考一本提档线文科612分、理科614分。在校生61987人，其中，研究生2306人（博士生331人、硕士生1975人）、普通本科生4538人、成人教育本专科生1040人（本科生876人、专科生164人）、网络教育本专科生54103人（本科生23529人、专科生30574人）。留学生毕业4938人、授予学位523人、招生4973人、在校生6778人（专科生109人、本科生1975人、博士生111人、研究生280人、培训生4303人）。网址：http://blcu.edu.cn。

2019年，学校坚持以学科建设为龙头，持续推进一流学科建设，带动学校综合发展。

学科建设。构建“1（围绕汉语国际教育研究的高峰学科）+3（中国语言文学、外国语言文学含翻译专业学位、语言学等高原学科）+5（马克思主义理论、计算机科学与技术含软件工程专业学位、心理学、教育学、新闻传播学等支撑学科）+5（政治学、中国史、金融、会计、艺术等培育学科）”的学科建设布局，学科发展步入明晰和深化阶段，学科建设取得明显成效。新建2个研究院和6个中心。调整设立汉语国际教育研究院，新增博士后科研流动站1个。

人才培养。制订并实施《本科人才培养能力提升计划》《研究生人才培养能力提升计划》，建立国内第一个语言学系，建立联合国及国际组织人才培养实验班、语言智能与技术拔尖人才实验班、金融学专业拔尖人才实验班，推进“外语＋专业”人才培养模式，加强拔尖人才培养。

师资建设。实施《北京语言大学一流学科团队支持计划》培育学科师资队伍和领军人才。实施《北京语言大学高层次人才引进管理实施办法》《北京语言大学校内高层次人才选聘管理实施办法》《北京语言大学“青年英才培养计划”实施办法》，持续引进高层次人才，遴选和支持校内现有高层次人才，完善培养机制。修订《北京语言大学高级专业技术职务评审聘任工作实施办法》。注重师德师风建设，加强和改进教师思想政治工作，推进师德师风长效机制建设，将师德工作融入教师管理和职业发展全过程。

科研成果。实施《科研能力提升计划》，完善科研人才培育机制，加强科研创新平台、学术期刊建设。《世界汉语教学》在2019《中国人文社会科学期刊AMI综合评价报告》中被评为语言学类“A刊权威期刊”，《语言教学与研究》被评为语言学类“A刊核心期刊”。学校获国家社科基金重大项目2个。

交流与合作。中国语言资源保护研究中心组织实施中国语言资源保护工程，学校与联合国教科文组织联合起草的保护和促进世界语言多样性《岳麓宣言》正式发布。语言资源高精尖创新中心围绕多语言冬奥术语平台、冬奥项目知识库建设等智能语言服务开展研究，包括8个语种、12.5万条术语多语言的冬奥术语库于12月向北京2022年冬奥会组委会交付2.0版。制订并实施《对外开放办学能力提升计划》，与73个国家和地区的369所大学建立交流关系，设立孔子学院18个、孔子学院课堂2个，学员36301人。

5月19日，北语举办第16届世界文化节游园会暨校园开放日
（北语 供）

庆祝新中国成立70周年服务保障。500余名师生参加国庆活动，其中，156名师生组成“圆梦奥运”群众游行方阵，31名中外师生组成“人类命运共同体”群众游行方阵，11名港澳学生和2名带队教师组成“一国两制”群众游行方阵，71人参加广场合唱团，205名志愿者服务海淀区各站点及“新中国成立70周年大型成就展”。

党委书记　倪海东

校　　长　刘利

（刘奕男）

语言学本科专业设立

3月21日，北语获批语言学本科专业。专业学制4年，隶属外国语言文学学科门类，培养特色为“专业化＋跨学科＋国际化”。主要课程分普通语言学类课程、汉语语言学类课程、语言学相关交叉学科类课程及语言学技能与方法类课程4个模块。本专业首批招收学生15人，毕业要求修满156学分。该专业是全国首个获批“语言学”新专业，也是学校获批设置的首个国家目录外的新专业，专业对标“一带一路”语言服务体系建设人才的紧缺需求，率先在培养复合型、跨学科、国际化、高素质语言学专业人才方面进行重大改革。学校另获批罗马尼亚语、印度尼西亚语两个本科专业，至此，本科专业总数增至33个。

（刘奕男）

语言智能研究院成立

6月15日，北语语言智能研究院成立仪式暨语言智能学术论坛举行。该研究院是在北语信息科学学院、语言资源高精尖创新中心的基础上，整合校内外的信息科学、语言学及应用语言学、认知科学等学科优势资源与优秀人才打造的一所旗舰级交叉学科研究机构。同时，研究院在人才培养、资源建设和科研成果转化方面与政府和企业开展合作。

（刘奕男）

首届教学质量周

12月2日，北语首届（2019）教学质量周开幕。质量周以“提升课程供给水平 建设教学质量文化”为主题，设校级9个专题和院级39个活动。学校通过举办首届教学质量周各项活动，树立重视教学、研究教学、尊师重教、积极进取的教学质量文化氛围。各学部（院、系）负责人及教学负责人、相关职能部门负责人、师生代表等100余人参加活动。

（刘奕男）

中国传媒大学

概述

2019年，中国传媒大学占地面积46.37万平方米，产权校舍建筑面积63.88万平方米。图书馆建筑面积4.39万平方米。全年教育经费投入137758.09万元，其中，财政拨款66392.90万元、自筹经费71365.19万元。固定资产总值301894.33万元，其中，教学、科研仪器设备资产值

75764.27 万元，信息化设备资产值 27348.23 万元。拥有教室 368 间，其中，网络多媒体教室 148 间。拥有图书 255.29 万册，计算机 15712 台。网络信息点 14217 个，上网课程 26 门，电子邮件系统用户 9020 个，管理信息系统数据总量 466GB。学校由教育部举办，为语文院校，设有 6 个学部，21 个学院。开设 79 个本科专业，覆盖 7 个学科门类；有一级学科博士点 8 个，二级学科博士点 1 个；一级学科硕士点 19 个，二级学科硕士点 1 个、硕士专业学位授权类别 10 个；博士后科研流动站 7 个，其中，博士后研究人员出站 18 人、进站 27 人、在站 40 人。“双一流”建设学科 2 个，国家重点学科 2 个，国家重点培育学科 1 个，北京高校高精尖学科 2 个。国家重点实验室 1 个，省部级科研平台 27 个。教职工 1992 人，其中，专任教师 1139 人，包括正高级 317 人、副高级 440 人；博士生导师 206 人、硕士生导师 526 人。双聘院士 3 人。“长江学者奖励计划”特聘教授 2 人，“国家高层次人才特殊支持计划”教学名师 1 人、领军人才 1 人，“新世纪百千万人才工程”国家级人选 3 人，国家有突出贡献中青年专家 4 人，中宣部“四个一批”人才 2 人，全国新闻出版行业领军人才 2 人。外籍教师 16 人，其中，教授 1 人、副教授 2 人。学历教育学生中毕业生 10301 人，其中，研究生 1745 人（博士生 119 人、硕士生 1626 人）、普通本专科生 1940 人（本科生 1932 人、专科生 8 人）、成人教育本专科生 1049 人（本科生 852 人、专科生 197 人）、网络教育本专科生 5567 人（本科生 1534 人、专科生 4033 人）。本科毕业生就业率 96.96%。招生 45348 人，其中，研究生 2048 人（博士生 191 人、硕士生 1857 人）、普通本专科生 2803 人（本科生 2578 人、专科生 225 人）、成人教育本专科生 1381 人（本科生 1351 人、专科生 30 人）、网络教育本专科生 39116 人（本科生 15302 人、专科生 23814 人）。高考北京地区提档线文科 626 分、理科 625 分。在校生 124093 人，其中，研究生 5431 人（博士生 853 人、硕士生 4578 人）、普通本专科生 9876 人（本科生 9320 人、专科生 556 人）、成人教育本专科生 3976 人（本科生 3882 人、专科生 94 人）、网络教育本专科生 104810 人（本科生 31363 人、专科生 73447 人）。留学生毕业 443 人、招生 380 人、在校生 803 人。网址：www.cuc.edu.cn。

2019 年，学校庆祝建校 65 周年，坚持新时代高等教育内涵式发展，瞄准智能传媒、国际一流发展方向，推进新时代“奋进中传”建设，在体制机制综合改革的基础上，完善学校办学结构的总体设计，培育和弘扬学校发展理念，促进事业发展开创新局面。

学科建设。获科技部批准建设媒体融合与传播国家重点实验室。有效推进本科生、研究生学科专业建设。获批本科专业 5 个；新设一级学科硕士点 1 个，新增二级学科硕士点 2 个、硕士专业学位授权类别 2 个；2 个交叉学科入围北京高校高精尖学科；完成 2 个一流学科“双一流”中期建设自评；调整学科建设由“2+1+3+N”到“2+2+2+N”，调整信息与通信工程学科，优化学科建设的总体布局。

人事机构调整。制定修订人事人才系列文件 23 个，初步建立起相对完整的人事人才制度体系。改革涉及人事制度与人才队伍建设，覆盖人事人才工作的全链条、全流程。制定并实施《科研机构设置及目标管理办法》，完成对全部科研机构设置的梳理与负责人聘任，整治校内科研机构设置。制定并实施《系（部）设置及负责人聘任管理办法》，完成对系（部）的梳理重构和负责人的聘任，明确学校、学院和系（部）各自责任，建立起相对完备的“校院系”三级教学管理体系。将政法学院并入文化产业管理学院，发挥法学、社会学与文化产业交叉融合的优势，做强文化产业和艺术管理两个交叉学科，拓展学科建设新边界。同时，组建政府与公共事务学院。设立全国首家人类命运共同体研究院；成立通识教育中心统筹全校通识教育，下设实践平台 2 个。

交流合作。与广西、海南签署省校战略合作协议，与中国平安保险（集团）股份有限公司、华为技术有限公司、科大讯飞股份有限公司等企业签署战略合作协议。对接雄安新区国家发展战略和首都“四个中心”定位，提交雄安办学方案。与海南省教育厅、海南省陵水县政府签署三方入驻合作协议，海南陵水黎安国际教育创新试验区和中国传媒大学海南国际学院筹备办公室揭牌。与英国考文垂大学、诺丁汉特伦特大学签订海南合作办学协议。与智利边境大学签署合作举办学校第四所孔子学院的协议。

5 月 17 日，传媒大学举办第 35 届“广院之春”校园歌手大赛决赛（传媒大学　供）

庆祝新中国成立 70 周年服务保障。学校 1500 余名师生参加国庆活动，其中，1013 人参加第 36 号“祖国万岁”方阵群众游行、3 人参加阅兵女民兵方队、378 人参加志愿及保障服务、80 名师生参加广场合唱。32 名师生受中央广播电视总台邀请参与音响保障服务，1 名研究生参与技术支持，学校音频传播车参加庆祝大会礼炮声音转播制作，14 名师生参加天安门广场联欢活动“千人交响”的录音工作，8 名师生参与《奋斗吧 中华儿女》音乐录音工作。

党委书记 陈文申

校　　长 廖祥忠

（刘书峰）

艺考改革

1 月至 9 月，传媒大学完成艺考改革招生。此次改革采取 8 个举措创新艺术类招生考试，艺术类招生考试工作整体提前，报名工作全部在网上进行；初试时间提前至 1 月 1 日，在北京、哈尔滨、长春等 11 个城市设置初试考点并全部实行机考，考生可自主选择考点参加考试；初试科目在原有“语数英”类别的基础上，增加“文史哲”类别，考生可自主选择其中一种类别参加考试；复试只设置传媒大学一个考点，在京外不再设置专业复试考点；新增部分专业和专业方向，艺术类专业及方向总数由 2018 年的 19 个增加到 2019 年的 23 个，招生总人数较上年增加 90 人；开设专业优质生源“绿色通道”；在原有的按综合分排名录取和按文化比值排名录取两种办法基础上，新增按专业排名录取办法。配合艺考改革，中国传媒大学出版社聘请文史哲领域优秀学者主持撰写并推出通识教育读本丛书。

（刘书峰）

校史馆开馆

6 月 18 日，传媒大学校史馆建成并开馆。校史馆建筑面积 0.25 万平方米，基本陈列包括主展区，由序厅、发展历程、教学科研、师者风范、校友风采和传媒剧场组成；教学实践体验包括互动教学功能区、校内外临展区和融媒全景式网络直播平台组成；教学成果展示包括学校师生科研、成果、作品和校友最新成果展示；引进国内外临展包括国内外著名高校巡展、艺术展、设计展、创意展等。校史馆运用人工智能、VRAR、智慧导览等技术，促进“人 + 物 + 应用 + 管理”的多段融合。至年底，传媒博物馆陈列、校史馆基本陈列获评全国博物馆陈列艺术成果交流展50强，是全国唯一入选交流成果展的高校博物馆。

（刘书峰）

中央财经大学

概述

2019 年，中央财经大学占地面积 10.27 万平方米，产权校舍建筑面积 48.56 万平方米。图书馆建筑面积 2.89 万平方米。全年教育经费投入 149355.48 万元，其中，财政拨款 76393.21 万元、自筹经费 72962.27 万元。固定资产总值 241593.12 万元，其中，教学、科研仪器设备资产值 19628.11 万元，信息化设备资产值 20012.66 万元。拥有教室 197 间，全部为网络多媒体教室。拥有图书 206.23 万册，计算机 8121 台。网络信息点 33600 个，上网课程 589 门，电子邮件系统用户 39111 个，管理信息系统数据总量 6156GB，数字资源量中电子图书 6878000 册、电子期刊 770838 册、学位论文 4591807 册、音视频 94760 小时。学校由教育部举办，为财经院校，设有 4 个校区，设置 28 个学院和研究院。开设 55 个本科专业，覆盖 9 个学科门类；具有一级学科 15 个；一级学科博士点 5 个；一级学科硕士点 15 个；硕士专业学位授权类别 18 个、工程硕士授权领域 1 个；博士后科研流动站 5 个，其中，博士后研究人员出站 29 人、进站 21 人、在站 105 人。“双一流”建设学科 1 个，国家级一流本科专业建设点 12 个，北京市级一流本科专业建设点 4 个，北京高校重点建设一流专业 3 个，北京高校高精尖学科 2 个;教育部人文社科重点研究基地 1 个，北京市哲学社会科学研究基地 2 个，北京市习近平新时代中国特色社会主义思想研究中心 1 个，高等学校学科创新引智计划 1 个。教职工 1801 人，其中，专任教师 1230 人，包括正高级 333 人、副高级 476 人；博士生导师 198 人、硕士生导师 736 人。“长江学者奖励计划”特聘教授 3 人、讲座教授 4 人、青年长江学者 2 人。外籍教师 30 人，其中，教授 16 人、副教授 4 人。学历教育学生中毕业生 5626 人，其中，研究生 2102 人（博士生 127 人、硕士生 1975 人）、普通本科生 2424 人、成人教育本专科生 1100 人（本科生 839 人、专科生 261 人）。本科毕业生就业率 95.78%。招生 6270 人，其中，研究生 2376 人（博士生 188 人、硕士生 2188 人）、普通本科生 2502 人、成人教育本专科生 1392 人（本科生 1049 人、专科生 343 人）。高考北京地区提档线文科 629 分、理科 651 分。在校生 18490 人，其中，研究生 5582 人（博士生 726 人、硕士生 4856 人）、普通本科生 10127 人、成人教育本专科生 2781 人（本科生 2290 人、专科生 491 人）、双培计划学生 392 人。留学生毕业 252 人、招生 324 人、在校生 508 人。网址：http://www.cufe.edu.cn。

2019 年，学校全面落实立德树人根本任务，深化改革、推动发展。

干部队伍和人才队伍。完成第十轮中层领导班子换届和中层领导干部选拔任用工作，产生提任机会 120 个，干部队伍的平均年龄降低 3.86 岁。完善党管人才工作，新增国家级人才项目入选者 1 人，北京高校卓越青年科学家 1 人，北京市有突出贡献的科学、技术、管理人才 1 人，北京市高等学校青年教学名师 1 人，获聘中国联合国教科文组织特聘财务专家 1 人，聘任第二批“龙马学者”特聘教授 8 人、青年学者 12 人。

学科建设。健全“基础 + 竞争 + 奖励”支持机制，全年立项国家级科研项目 79 个（5 个重大）、北京市社科基金项目 14 个（1 个重大）；《中央财经大学学报》获评北京高校人文社会科学名刊。获评北京高校优质本科课程 4 门、北京市重点优质本科教材 1 本、北京高校优秀本科育人团队 1 个。“国家金融安全”教育部工程研究中心获教育部立

10 月 19 日，中央财大举办建校 70 周年纪念大会

（中央财大　供）

项建设，成为首个由财经类院校承担建设的工程研究中心。获批教育部中国政府奖学金预科教育试点院校。获美国大学生数学建模竞赛（MCM/ICM）特等奖 2 项、一等奖 25 项、二等奖 46 项。

交流与合作。与国（境）外 37 所一流高校、机构签署合作协议，引进包括 2 名诺贝尔奖获得者和 2 名国外院士在内的海外专家 166 人次；与希腊色萨利大学签署孔子学院合作协议；MBA 项目无条件通过 AMBA 再认证。与山西省、海南省、甘肃省等地方政府、国有企业建立战略合作，探索政企教深度融合服务经济发展和人才培养新平台。

庆祝新中国成立 70 周年服务保障。学校 926 名师生参加国庆 70 周年群众游行第 11 号“春潮滚滚”方阵，92 人参加庆祝活动广场合唱。组成首都教育系统服务保障国庆活动宣讲团赴广西宣讲。

党委书记　何秀超

校　　长　王瑶琪

（王卉乔）

沙河校区 3 栋学院楼竣工

9 月 10 日，中央财大沙河校区 3 栋学院楼竣工验收。3 栋学院楼总建筑面积 2.16 万平方米，其中，C8—10 学院楼 8000 平方米，C8—11 学院楼 5100 平方米，C8—13 学院楼 8468 平方米。主要包括教室、讨论室、学术交流空间、教师办公室、大阶梯教室，同时配有资料室、会议室等辅助用房。工程 2017 年 4 月 1 日启动，至 2019 年底，中国财政发展协同创新中心、马克思主义学院、财政税务学院、经济学院、文化与传媒学院、国际经济与贸易学院、保险学院入驻。

（王卉乔）

建校 70 周年

10 月 19 日，中央财大举办建校 70 周年纪念大会。会议播放《龙马奋进——中央财经大学建校 70 周年》宣传片，回顾学校 70 年奋进历程。部分中央和国家机关、省市区、企事业单位领导，国内外 90 余所高校、科研院所领导，用人单位代表，海内外校友和在校师生近万人参加会议。中央财大起源于 1949 年创办的华北税务学校，历经中央税务学校、中央财政学院、中央财经学院、中央财政金融学院发展阶段，1996 年更名为中央财经大学；2000 年，学校由财政部划转教育部直属管理；2005 年成为国家“211 工程”重点建设高校；2006 年成为国家“985 工程”优势学科创新平台首批建设高校，2012 年成为教育部、财政部和市政府共建高校；2017 年入选国家“世界一流学科建设高校”。学校另于 10 月 18 日举办建校 70 周年校长论坛。国内外 200 余名专家学者围绕“社会变革中大学的责任与担当”的主题展开研讨，论坛同时举办“人工智能时代的高等教育变革”“高等教育国际化背景下的哲学社会科学：新机遇、新挑战”“‘双一流’建设背景下创新创业教育与专业教育融合路径探索”3 个平行分论坛。

（王卉乔）

“常任轨”聘任模式全面推行

至年底，中央财大面向国内应届博士毕业生推行“劳动合同制（年薪制）＋常任轨”模式，“常任轨”聘任模式首次全面推行。学校借鉴国外预聘—长聘制经验，完善年薪制教师“常任轨”聘用模式，在前期海归人才引进经验基础上，首次面向国内应届博士毕业生推行该模式。该模式面向所有年薪制新进教师实施“同等标准、同等任务、同等薪酬”的“3—3”聘用模式，形成多元化、全覆盖的“非升即走”新进教师聘用模式。至年底，共引进劳动合同制（年薪制）人才 28 人。

（王卉乔）

对外经济贸易大学

概述

2019 年，对外经济贸易大学占地面积 34.39 万平方米，产权校舍建筑面积 34.20 万平方米，非产权校舍建筑面积 0.19 万平方米。全年教育经费投入 191765 万元，其中，国家拨款 85240 万元、自筹经费 96525 万元。固定资产总值212819.17万元，包括教学、科研仪器设备资产值18702.63万元，信息化设备资产值4261.08万元。拥有网络多媒体教室309间，拥有图书198.52万册，计算机8758台。网络信息点28000个，上网课程3295门，电子邮件系统用户46525个，管理信息系统数据总量8812GB，数字资源量中电子图书487464册、电子期刊78885册、学位论文8589035册、音视频116586.63小时。学校由教育部举办，为财经院校，设有2个校区，设置研究生院及25个学院、研究院（中心）。开设46个本科专业，覆盖6个学科门类；一级学科博士点7个；一级学科硕士点11个、硕士专业学位授权类别12个；博士后科研流动站4个，其中，博士后研究人员出站8人、进站6人。“双一流”建设学科1个，国家级一流本科专业建设点10个，北京市省级一流本科专业建设点3个。“十二五”高等学校实验教学示范中心1个，北京市级实验教学示范中心5个。教职工1718人，其中，专任教师1078人，包括正高级266人、副高级394人；博士生导师212人、硕士生导师707人。“长江学者奖励计划”特聘教授2人、讲座教授2人、青年长江学者3人，“国家高层次人才特殊支持计划”领军人才1人、青年拔尖人才6人、教学名师2人；享受政府特殊津贴专家45人，文化名家暨“四个一批”人才4人。学历教育学生中毕业生8724人，其中，研究生2236人（博士生129人、硕士生2107人），普通本科生1915人，成人教育本专科生943人（本科生422人、专科生521人），网络教育本专科生3630人（本科生1200人、专科生2430人）。普通本专科毕业生就业率98.31%。招生14204人，其中，研究生2380人（博士生167人、硕士生2213人），普通本科生2133人、成人教育本专科生1275人（本科生897人、专科生378人），网络教育本专科生8416人（本科生3023人、专科生5393人）。在校生33846人，其中，研究生5436人（博士生685人、硕士生4751人），普通本科生8496人，成人教育本专科生2621人（本科生1930人、专科生691人），网络教育本专科生17293人（本科生7279人、专科生10014人）。留学生毕业822人，招生1153人，在校生2444人。网址：www.uibe.edu.cn。

2019年，学校聚焦巡视整改、一流大学和一流学科建设任务，全面提高人才培养质量，深化综合改革，推进依法治校，提升办学质量。

学科建设。完成教育部“双一流”建设中期自评。开设全球治理、能源与低碳经济学、金融工程3个目录外二级博士点。设立政治学、外国语言文学2个一级学科博士后科研流动站。37门在线课程在中国大学慕课（MOOC）平台上线，访问量15万余次。4门课程获北京市优质本科课程，4部教材获北京市优质本科教材课件。

科研工作。获国家自然科学基金项目32个、国家社会科学基金项目32个；国家级社会科学重大项目10个，创建校以来新高；获首都高端智库决策咨询项目6个、北京市社会科学基金重大项目3个。产出各类科研成果1710项，发表论文1503篇，包括社会科学引文索引（SSCI）论文270篇、科学英文索引（SCI）论文88篇。获北京市第15届哲学社会科学优秀成果奖13项（含一等奖3项）。

招生与就业。在全国26个省高考招生文科提档线高出重点线50～100分。毕业生在国家战略地区和战略行业就业80%以上，25%以上毕业生在世界500强企业就业。21名毕业生作为选调生到基层工作，比上年增加7人。推送188人赴国际组织实习任职。

交流合作。获科技部高端外国专家引智项目19个。聘请诺贝尔经济学奖获得者迈克尔·斯宾塞教授（Michael Spence）为学校中国国际低碳经济研究所名誉所长。与朝鲜平壤外国语大学、孔子学院总部共建汉语中心。与朝阳区教委、朝阳区小关街道办事处签署协议共建朝阳区教育国资中心惠新里贸大幼儿园。学校青岛国际校区签约落户青岛西海岸。建成深圳、青岛、成都与海南4个驻外研究院。

学生获奖。获高教社杯全国大学生数学建模竞赛全国一等奖25人、北京市一等奖31人；获第五届中国“互联网+”大学生创新创业大赛全国铜奖（国际赛道）1项、北京市一等奖1项。

庆祝新中国成立70周年服务保障。1032人参加国庆庆祝活动第32号“人类命运共同体”和第26号“立德树人”群众游行方阵，198名志愿者参与志愿服务工作，服务时长超2万小时。学校全体师生获教育部通令嘉奖。另举办国庆70周年学生主题活动及学术研讨活动20余场。

党委书记　蒋庆哲
校　　长　王稼琼（8月30日免）
　　　　　夏文斌（8月30日任）

（曹亚红）

中国国际低碳经济研究所揭牌

3月23日，外经贸大中国国际低碳经济研究所揭牌。研究所与日本名古屋大学联合组建，是一个国际性合作研究机构，汇集知名专家学者和政府决策人员，开展有关低碳经济的理论与模型创新、低碳发展政策、低碳城市设计等研究和教育。研究所聘请诺贝尔经济学奖获得者迈克尔·斯宾塞（Michael Spence）担任高级顾问。

（曹亚红）

新求索楼投入使用

5月6日，外经贸大新求索楼投入使用。该楼占地面积3749平方米，建筑面积46995平方米，地上11层、地下3层，建筑总高度44.7米。拥有教室127间、办公室76间、报告厅1间、活动室10间，另有3间资料室、5间库房、2个停车场。工程2016年4月动工，2019年5月完工并通过验收，总投资29201万元。

（曹亚红）

北京物资学院

概述

2019年，北京物资学院占地面积43.16万平方米，产权校舍建筑面积27.60万平方米、非产权校舍建筑面积1.04万平方米。图书馆建筑面积13258平方米。全年教育经费投入51849.50万元，其中，国家拨款42493.54万元、自筹经费9355.96万元。固定资产总值105473.77万元，包括教学、科研仪器设备资产值29855.69万元、信息化设备资产值9481.01万元。拥有教室22964平方米（约600间），其中，网络多媒体教室224间。拥有图书126.12万册，计算机6068台。网络信息点11374个，上网课程309门，电子邮件系统用户8335个，管理信息系统数据总量3400GB，数字资源量中电子图书1921237册、电子期刊983605册、学位论文7661929册、音视频35631小时。学校由北京市举办。现有7个校区，设置8个学院。开设27个本科专业及方向，覆盖6个学科门类；拥有一级学科5个；一级学科硕士点5个、二级学科硕士点20个、硕士专业学位授权类别4个。国家级一流本科专业建设点2个，国家级特色专业建设点2个，北京高校重点建设一流专业1个，北京高校高精尖学科1个。教职工781人，其中，专任教师496人，包括教授74人、副教授191人；硕士研究生导师159人。学历教育学生中毕业生2173人，其中，研究生210人，普通本科生1360人；成人教育本专科生603人（本科生226人、专科生391人）。本科毕业生就业率94.43%、研究生毕业生就业率98.48%。招生2408人，其中，研究生352人，普通本科生1487人，成人教育本专科生569人（本科生496人、专科生73人）。高考北京地区提档线提前批理科527分，本科批理科500分、文科539分。在校生8107人，其中，研究生913人，普通本科生5962人，成人教育本专科生1232人（本科生1087人、专科生145人）。留学生毕（结）业80人、招生178人、在校生178人。网址：www.bwu.edu.cn。

2019年，学校以建设成物流与流通领域国内领先、国际有影响力、与北京城市副中心相称的高水平应用型大学为目标，坚持走差异化、特色化发展之路。

人才培养。修订本科专业人才培养方案，以本科教学工作审核评估整改为契机，提高人才培养质量。新增安徽、宁夏、新疆3个省、自治区本科一批次招生，合计在12个省、自治区、直辖市投放一批本科招生计划，多个省份录取最低分超当地一批本科控制线50分以上。开设企业家课堂（共39门课程）、暑期国际学校（共25门课程）等特色课程。大学生艺术团原创话剧《杨洪璋》在第六届北京大学生戏剧节中获多幕剧金奖。

专业和学科建设。推进北京市2018—2020年博士学位授予立项建设单位建设工作，联合培养博士生4人。获批会计专业硕士学位点。物流管理、信息管理与信息系统专业入选国家级一流本科专业建设点，采购管理专业入选北京市级一流本科专业建设点。获批供应链管理、数据科学与大数据技术2个本科专业。获批北京高等教育“本科教学改革创新项目”立项项目4个。4门课程入选北京市优质本科课程。

师资建设。独立设置教学质量监控与评估中心（教师发展中心）。引进专任教师26人。9名教师晋升教授专业技术职务，14名教师晋升副教授职务。获第三届北京市高等学校青年教学名师奖1人。选拔资助5名教师、支持1名教师申报国家留学基金委项目赴国外知名高校访学研修。组织新入职青年教师参加“首都国企开放日”活动，开展师德师风专题培训、新入职教师师德专项培训及青年教师成长沙龙活动。组织教师参加北京哲学社会科学教学科研骨干培训班、“习近平新时代中国特色社会主义思想”理论培训班、北京高校思想政治工作骨干研修班培训。

科研和对外合作工作。获批国家自然科学基金项目4个、国家社科基金项目3个、教育部人文社会科学基金项目3个、北京市社会科学基金项目13个。签署国际合作协议11个，成立马来西亚物流教育与科研中心。立项建设中国物流大数据中心，组建面向不同用户群体的物流服务大数据库，包括物流基础设施、物流企业、物流运营、物流技术与标准、物流教育等专业数据库。梳理和整合物流行业内外部数据的获取渠道，推动物流大数据共享。修订《物流术语》《冷链物流分类与基本要求》国家标准。

庆祝新中国成立70周年服务保障。学校师生2400余人次参与到国庆70周年庆祝的各项活动中，其中，311人参加第32号“人类命运共同体”方阵群众游行，900余名师生参与庆祝大会广场合唱、群众联欢合唱及舞蹈演出。在训练阶段，共开展党团活动12次，学生撰写训练感想20余万字。4人获北京市筹备和服务保障中华人民共和国成立70周年庆祝活动先进个人。

党委书记 李石柱（2月20日免）
王文举（8月30日任）
院　　长 王文举（8月30日免）
刘军（11月19日任）

（丁兆博）

物流与供应链国际会议

11月30日至12月1日，物资学院举办2019年物流与供应链国际会议。会议以“智慧供应链管理与创新研究”为主题，听取题为《物流网络设计中的多周期随机设施选址问题》《物流服务提供商如何创新？——历史形式与未来展望》《促进日本物流业和供应链的高效管理》《智慧供应链管理与创新》的主题报告。与会人员围绕智慧时代的供应链管理与创新的前沿理论及社会热点问题交流探讨。国内外管理科学与系统工程学界及相关学科的150名学者参加会议。

（丁兆博）

首都经济贸易大学

概述

2019 年，首都经济贸易大学占地面积 36 万平方米，产权校舍建筑面积 45.74 万平方米。图书馆建筑面积 2.84 万平方米。全年教育经费投入 119411.33 万元，其中，财政拨款 92943.70 万元、自筹经费 26467.63 万元。固定资产总值 13.37 亿元，其中，教学、科研仪器设备资产总值 6.12 亿元，信息化设备资产值 17369 万元，网络多媒体教室 339 间。拥有图书 213.65 万册，计算机 8700 台。网络信息点 22000 个，上网课程 205 门，电子邮件系统用户 6717 个，管理信息系统数据总量 2096GB，数字资源量中电子图书 2373284 册、电子期刊 1754031 册、学位论文 7575605 册、音视频 259741.5 小时。学校由北京市举办，为财经院校，设有 2 个校区，设置 18 个院（系、部）。开设 46 个本科专业，覆盖 10 个学科门类；具有一级学科 11 个，一级学科博士点 4 个；一级学科硕士点 7 个，硕士专业学位授权类别 17 个；博士后科研流动站 4 个，其中，博士后研究人员出站 9 人、进站 5 人、在站 25 人。二级学科国家重点学科 1 个，一级学科省部级重点学科 2 个，二级学科省部级重点学科 2 个，国家级一流本科专业建设点 8 个，北京市级一流本科专业建设点 3 个，北京高校重点建设一流专业 4 个，北京高校高精尖学科 3 个。教职工 1512 人，其中，专任教师 900 人，包括教授 184 人、副教授 345 人；博士生导师 132 人、硕士生导师 536 人。学历教育学生中全日制毕业生 4286 人，其中，研究生 1144 人（博士生 38 人，硕士生 1106 人），普通本科生 2237 人，成人教育本专科生 805 人（本科生 528 人，专科生 277 人）。本科毕业生就业率 95.63%，硕士研究生就业率 98.49%，博士研究生就业率 100%。招生 4475 人，其中，硕博连读博士生 13 人，“申请—考核制”博士研究生 39 人，全日制学术硕士研究生 510 人，全日制专业硕士 782 人，非全日制专业硕士 96 人，普通本科生 2455 人，成人教育本专科生 512 人（业余专升本 160 人、函授专升本 142 人，函授高起专 210 人）。高考北京地区提档线文科 571 分、理科 569 分。在校生 16480 人，其中，全日制研究生 3645 人（博士生 488 人、硕士生 3157 人），普通本科生 10091 人，成人教育本专科生 2097 人。留学生毕业 51 人（本科生 15 人、硕士研究生 27 人、博士研究生 9 人），结业 11 人（本科生 4 人、硕士研究生 7 人）、招生 737 人（学历教育学生 162 人、非学历教育学生 575 人），学历教育在校生 337 人。网址：www.cueb.edu.cn。

5 月 6 日，首经贸举办“我和我的祖国共奋进”纪念五四运动 100 周年青春歌会 （首经贸 供）

2019 年，学校在人才培养、学科建设、科学研究、社会服务、师资队伍、对外交流和党的建设等方面取得阶段成果。

学科专业建设。学校建立以绩效为杠杆的学科建设经费考评体系，调整并完善工程硕士学位授权点。通过国务院学位委员会博士一级学科学位授权点合格评估抽评 1 个，通过国务院学位委员会、教育部学位授权点专项评估合格评估 3 个。新增大类招生专业 3 个。

师资建设。学校引进“长江学者”特聘教授、国家杰出青年基金资助获得者、“万人计划”哲学社会科学领军人才、国家级百千万人才工程 1 人。获批全国教育系统先进工作者 1 人；入选首批青年北京学者 1 人、北京市优秀人才培养资助青年拔尖个人项目 1 人、骨干人才项目 3 人、第十四批“海聚工程”青年项目 1 人、短期项目 2 人；获第 15 届北京市高等学校教学名师奖 1 人、第三届北京市高等学校青年教学名师奖 2 人；入选“高创计划”教学名师 2 人。

科研工作。学校获批各类纵向项目 87 个，其中，国家社科基金项目 11 个，国家自然科学基金项目 13 个；教育部各类项目 9 个，教育部各类研究项目 9 个；北京市社会科学基金项目 28 个；北京市自然科学基金项目 4 个；其他省部级项目 7 个。获第 15 届北京市哲学社会科学优秀成果奖一等奖 1 项、二等奖 5 项。举办有影响力的国际、全国性学术研讨会 20 余场。与市人大常委会、中央财经大学共建北京市人大预算监督研究基地。《京津冀蓝皮书（2018）》获第十届“优秀皮书奖”一等奖，位列区域类皮书第一名。

庆祝新中国成立 70 周年服务保障。全校 1017 名师生参加国庆庆祝活动，其中，412 人参与群众游行第 34 号

“不忘初心”方阵，196 人参与群众联欢“鱼水情深”区块，404 人组成志愿服务大队，培训、合练预演时长分别达 11932 小时、22104 小时。群众游行方阵主题彩车“不忘初心”落户学校。学校志愿者代表 8 人参加首都教育系统服务保障国庆活动宣讲团赴青海宣讲。

党委书记　冯培
校　　长　付志峰

（黄少卿）

管理工程学院成立

5 月 15 日，首经贸在原信息学院和安全环境工程学院基础上合并成立管理工程学院。学院拥有一级学科博士学位授权点 1 个（管理科学与工程），硕士学位授权点 4 个（管理科学与工程、安全科学与工程、电子信息、资源与环境），本科专业 6 个（信息管理与信息系统、计算机科学与技术、数据科学与大数据技术、安全工程、工业工程、环境工程）。教授 15 人、博士生导师 8 人；学生 1227 人。

（黄少卿）

新中国 70 年高校思想政治理论课建设学术研讨会

12 月 27 日，首经贸与北京市习近平新时代中国特色社会主义思想研究中心共同举办新中国 70 年高校思想政治理论课建设暨学习习近平新时代中国特色社会主义思想学术研讨会。研讨会围绕新中国 70 年高校思政课建设，尤其是如何更好地把习近平新时代中国特色社会主义思想融入思政课建设等问题展开讨论。学校马克思主义学院分别与丰台区新时代文明实践中心、马家堡街道时代风帆楼宇党委签约共建。市委教育工委、北京市习近平新时代中国特色社会主义思想研究中心、北京市社科联等单位相关负责人及相关专家学者、教师代表 70 余人参加会议。

（黄少卿）

中国消防救援学院

概述

2019 年，中国消防救援学院占地面积 41.31 万平方米，产权校舍建筑面积 10.32 万平方米。图书馆建筑面积 0.4238 万平方米。全年教育经费投入 21402.18 万元，其中，国家拨款 19898.53 万元、自筹经费 1503.65 万元。固定资产总值 49058.50 万元，其中，教学、科研仪器设备资产值 1481.99 万元，信息化设备资产值 3642.60 万元。拥有教室 26 间，全部为网络多媒体教室。拥有图书 10.24 万册，计算机 1760 台。网络信息点 4300 个，上网课程 2 门，管理信息系统数据总量 53GB，数字资源量中电子图书 121268 册、电子期刊 77756 册、学位论文 1195116 册、音视频 4604 小时。学校由应急管理部举办，为理工院校，设有 1 个校区，设置 5 个院（系、部）。开设 4 个本科专业，覆盖 2 个学科门类。教职工 327 人，其中，专任教师 112 人，包括正高级 10 人、副高级 23 人。学历教育学生中毕业生 1021 人，其中，普通本科生 120 人、成人教育专科生 901 人。本科毕业生就业率 100%。招生 1295 人，全部为普通本科生。高考北京地区提档线文科 511 分、理科 423 分。在校生 4930 人，其中，普通本专科生 1760 人（本科生 1604 人、专科生 156 人）、成人教育专科生 3170 人。网址：www.cfri.edu.cn。

2019 年，是学院组建起步、转型发展的开局之年。学院瞄准特色鲜明的、高质量的、与大国应急管理体系地位相匹配的消防救援高等院校建设目标，牢固树立“政治引领、内涵发展、特色办学、质量立院”办学理念，始终以党的政治建设为统领，紧扣立德树人根本任务，积极构建“三全育人”格局，坚持纪律部队建设标准，主动作为，锐意进取，以超常举措、奋进姿态，加快推动学院全面建设高质量发展。

政治工作。召开学院党代表会议，健全“三重一大”决策监督机制，制定《严格落实党的组织生活制度实施办法》《加强和改进思想政治理论课建设的十三条措施》《学习贯彻〈国家综合性消防救援队伍基层建设纲要〉（试行）实施方案》，抓好教研室党支部书记“双带头人”培养配备。

人才培养。制定学院章程及《中长期建设与发展规划（2019—2030 年）》《本科学员实习工作实施办法》等制度，协调国家有关部委印发《招收青年学生工作实施办法》《从全国普通高中毕业生招生录取学员身份问题的复函》《招生提前批次录取和现有学员学籍转接事项的意见》，在提前批次录取、新生身份认定、待遇保障、招考实施等方面争取政策支持。组建 4 个专业教学团队和 1 个专业申报组，完成首批 4 个专业的申报批复和法学、工学学位授予权转接，制定专业建设规划，编制《2019 版人才培养方案》。

科研工作。成立第一届学院学术委员会，开办“消防救援大讲堂”，挂牌北京市应急救援综合性实训基地、应急与防灾课题研究中心和应急救援应用技术研究中心，申报各类课题 31 个，无人机竞赛队获中国国际飞行器设计挑战总决赛一、二等奖。

师资队伍建设。制定《关于中国消防救援学院实行教官制有关事项的通知》《非编人员聘用规定》《客座教授管理办法》，遴选聘请 2 名工程院院士、1 名国务院参事、19 名行业领域专家作为客座教授参与学科建设，选调国家综合性消防救援队伍教官 31 人、管理干部 15 人以及外聘教师 42 人充实教学力量，1 名青年教师当选“北京市科技新星”。

融合办学。与中国科学技术大学、西安科技大学等高校签署合作办学协议，与北京市应急管理局和北京、山东、江苏消防救援总队建立战略合作关系，赴河北国家陆地搜寻与救护基地、昌平消防救援支队实习实训。赴俄罗斯、白俄罗斯、阿联酋、新加坡、中国香港等地交流学习。

服务社会。制定《战备值班工作暂行办法》，修订完善学院参与首都地区森林火灾扑救行动方案和应急救援力量调用工作流程，学院无人机侦测分队和200人森林灭火救援队纳入首都地区应急救援力量体系。参与北京市潞城消防演练、丫髻山森林灭火综合演练以及昌平区阳坊镇“10·31”森林火灾扑救任务。完成国家综合性消防救援队伍总队级领导干部政治轮训、基层英模单位主官政治轮训、北京市森林消防灭火救援培训等13个班次、1800余人培训。

合作交流。与白俄罗斯民防大学就学生共培、课程共建、师资互派、研究生联合培养、学术交流研讨等领域签订合作备忘录。邀请法国驻华使馆民事安全技术参赞举办“法国林火危机之预防、监测和应对”主题学术讲座。举办中法森林消防作战指挥技术交流活动、中国香港消防处代表团无人机消防应用交流培训班。

10月14日至25日，中法森林消防作战指挥技术交流活动举办
（消防救援学院 供）

条件保障。理顺学院经费管理保障模式和执行标准，把生均经费保障模式调整为财政全额拨款，落实应急实训基地建设经费1.67亿元，申请专项经费2650万元和校区改扩建经费4900万元，用以改善教学、办公、生活条件，争取财政部专项经费2000万元先期启动网络基础设施建设项目和保障教学场地信息化改造，协调消防救援局、森林消防局支援特种车辆16台、灭火等装备1550余件（套）。重点解决师生最忧问题，学院干部教师子女全部纳入北京市消防救援人员教育优待保障范围。

党委书记　徐宝东
院　　长　闫胜利

（王新辉）

首届学术委员会成立

5月21日，消防救援学院第一届学术委员会成立。学院召开学术委员会筹备会议，依据《中国消防救援学院学术委员会章程》，选举产生13名推选委员和主任委员、副主任委员，审定2名特邀委员。学术委员会是学院的最高学术机构，统筹行使对学术事物的决策、审议、评定和咨询等职权。

（胡开文）

国家综合性消防救援队伍总队级领导干部政治轮训

7月2日至26日，消防救援学院举办4期国家综合性消防救援队伍总队级领导干部政治轮训班。培训包括理论学习、廉政教育、防范化解重大安全风险专题研讨等内容。国家综合性消防救援队伍47个单位464名总队级领导干部参加轮训。学校另于10月8日至26日举办3期国家综合性消防救援队伍基层英模单位主官“牢记初心使命、践行训词精神”政治轮训示范班。国家综合性消防救援队伍180名基层英模单位代表参加轮训。

（胡开文）

与市应急管理局签署战略合作协议

7月3日，消防救援学院与市应急管理局签署战略合作协议。根据协议，双方围绕建好建强“一个专家库”“两支队伍”“四个基地”深化务实合作。市应急管理局聘请学院应急救援领域的专家和高端人才，建立市应急救援专家库；双方共同组建北京市应急救援无人机侦测分队；把学院纳入北京市应急救援力量体系；共同打造集实用技能培训、综合演练演习、比武竞赛为一体的市应急救援综合性实训基地；建立市应急救援科研基地。同时，双方成立战略合作领导小组，建立定期沟通会商合作机制。市应急管理局将在经费保障、学员实践锻炼、学科专业体系构建、教职员工优待政策等方面给予支持。协议有效期10年。

（胡开文）

实行本科提前批次招录普通高中毕业生

8月15日，消防救援学院完成2019年招生工作。招收本科生1295人，其中，国家综合性消防救援队伍优秀消防员976人，首次面向普通高中毕业生招生319人。学校根据4月7日教育部批复的《招生提前批次录取和现有学员学籍转接事项的意见》，2019年起，消防指挥、消防工程、飞行器控制与信息工程、思想政治教育4个本科专业面向各省（区、市）本科提前批次招录普通高中毕业生。同时根据人社部《从全国普通高中毕业生招生录取学员身份问题的复函》，学校按照消防员招录标准录取全国普通高中毕业生，学员入学一并办理加入国家综合性消防救援队伍相关批准手续，依据有关政策管理和保障。应急管理部、教育部另联合印发《中国消防救援学院招收青年学生工作实施办法》，明确各省（区、市）应急管理部门、教育部门以及中国消防救援学院在招生宣传、政治考核、体格检查、心理测试和面试、录取、复核复检7个环节中的职责任务，规范青年学员招收工作。

（胡开文）

香港无人机消防应用交流培训

11月11日至15日，消防救援学院举办香港消防处代表团无人机消防应用交流培训班。培训内容包括无人机仿真模拟飞行、实装操控、应急通信保障、火情侦查及指挥协同、救援保障与人员搜救、任务区域航测数据处理等科目培训，组织消防救援无人机应用综合演练。香港消防处代表团5人参加培训。培训结束后，学院为代表团成员颁发结业证书。

（胡开文）

外交学院

概述

2019年，外交学院占地面积35.23万平方米，产权校舍建筑面积18.87万平方米。图书馆建筑面积1.28万平方米。全年教育经费投入30041.68万元，其中，国家拨款26059.91万元、自筹经费3981.77万元。信息化经费投入636万元。固定资产总值27478.65万元，包括教学、科研仪器设备资产值4547.75万元、信息化设备资产值5516.15万元。拥有教室115间，全部为网络多媒体教室。拥有图书61.35万册，计算机1598台。网络信息点7760个，上网课程482门，电子邮件系统用户4090个，管理信息系统数据总量2600GB，数字资源量中电子图书137.30万册、电子期刊86.87万册、学位论文541.97万册、音视频1.28万小时。学校由外交部举办，为语文院校，设有展览路校区和沙河校区，设置9个教学单位，33个研究中心。学校设有中国国际关系学会、中国国际法学会2个国家一级学会秘书处以及北京市对外交流与外事管理研究基地，同时，学校还是东亚思想库网络、中国—东盟思想库网络和中日韩思想库网络的国家协调单位。开设10个本科专业，覆盖3个学科门类；具有一级学科3个；一级学科博士点1个、二级学科博士点4个；一级学科硕士点3个、二级学科硕士点15个、硕士专业学位授权类别3个；博士后科研流动站1个，其中，博士后研究人员出站4人、进站2人、在站7人。“双一流”建设学科1个，国家级一流本科专业建设点2个，北京市级一流本科专业建设点1个，北京市重点建设一流专业1个，北京高校高精尖学科1个。国家重点学科2个、北京市重点学科3个。教职工440人，其中，专任教师218人，包括正高级47人、副高级80人；博士生导师13人、硕士生导师111人。“国家高层次人才特殊支持计划”领军人才1人；北京市教学名师9人，北京市优秀教师3人，北京市青年教学名师1人。外籍教师18人，其中，教授1人、副教授1人。学历教育学生中毕业生730人，其中，研究生330人（博士生21人、硕士生309人）、普通本科生345人、成人专科生55人。本科毕业生就业率95%。招生899人，其中，研究生399人（博士生26人、硕士生373人）、普通本科生368人、成人专科生132人。高考北京地区提档线文科624分、理科636分。在校生2512人，其中，研究生898人（博士生96人、硕士生802人）、普通本科生1405人，成人专科生209人。留学生毕业60人、招生100人、在校生176人。网址：www.cfau.edu.cn。

2019年，学校以世界一流学科建设为引领，努力服务于中国特色大国外交。

落实习近平外交思想。制订《外交学院深入学习贯彻落实习近平外交思想实施工作方案》，成立习近平外交思想研学宣领导小组、习近平外交思想研学宣团队，从科研、教学和宣传方面落实习近平外交思想。主编《习近平外交思想解析》，《外交评论》《国际法学刊》等刊物开设“习近平外交思想学习专栏”。设立习近平外交思想博士生研究项目，专设习近平外交思想博士后研究方向，与外交部合作讲授落实习近平外交思想成功案例。编撰出版《外交学院中国特色大国外交研究》论文集。

学科建设。通过教育部“双一流”建设中期评估。中国特色国际关系与外交学入选北京高校高精尖学科。新增政治学理论二级学科博士点，国际安全、国际组织与全球治理硕士点，翻译硕士（日语口译）专业学位。政治学一级学科博士学位授权点通过国务院学位委员会、教育部开展学位授权点合格评估抽评。新设国际组织与全球治理专业。启动“外交学院一流学科建设文库系列”丛书项目，资助中国外交理论、安全外交、经济外交等研究方向达到出版水平的学术专著。

教学改革。制订《外交学院党委贯彻落实思政课理论课改革实施方案》《外交学院教师职业行为负面清单及处理办法》。推进外交翻译专训班、国际组织和全球治理实验班等5个实验班改革。推进校际学分互认与转化，开设校际互选课8门，完成142人次的境外学分转换。引进6门慕课课程，建设9门在线课程和16门外交学院特色课程。3门课程入选北京市优质本科课程，3个教材（课件）入选北京市优质本科教材课件。

交流合作。完成外事活动157次。摸排统计与境外非政府组织开展合作情况，规范对外交往及涉外接待管理。新增5所世界一流高校合作伙伴，学生赴外交流学习189人次，获国家公派资助54人次。首次申报科技部“高端外国专家引进计划”，获批16项。承办外交部第一期“一带一路”法治合作研修项目，鼓励教师赴非洲开展“一带一路”合作调研，筹建“一带一路”专业课程22门，招收“一带一路”沿线国家留学生10人。举办外国外交官等政府官员及学者培训班7期，受训学员86人，来自9个国家，累计培训时间72天。举办“香港公务员外交事务研习课程”2期，

9月7日，外交学院举办纪念《日内瓦公约》70周年研讨会
（外交学院 供）

受训学员32人。举办第九届香港大学生"外交之友"夏令营，50名香港大学生学员参加。

学生培养。21名志愿者参加国庆庆祝大会观礼台嘉宾集结疏散、车辆引导，200名志愿者参加"庆祝中华人民共和国成立70周年大型成就展"服务，累计志愿服务时长2520小时。举办模拟联合国大会、模拟政协提案大赛等品牌赛事。组建研究生支教团，赴重庆万盛经开区开展支教活动。50名学生到国际机构实习。1名毕业生到联合国开发计划署就业，52名毕业生考入外交部，为历年新高。

后勤保障。实施展览路校区环境整治（一期）、主楼改造（二期）、学生公寓改造等项目。实施沙河校区报告厅及会议室改造、供水管网监管控制系统等项目。实施两校区绿化工程（二期）项目。启用展览路校区地下体育馆，开设展览路校区便民超市。出台《外交学院经济活动内部控制规范（试行）》。吸收工作3年以上（含3年）非在编教职工加入工会。

党委书记　齐大愚
院　　长　秦亚青（7月30日免）
　　　　　徐坚（7月30日任）

（顾建俊）

举办4场学术研讨会

3月至12月，外交学院举办4场外交研讨会。3月26日，举办"法语世界在全球"圆桌讨论会。会议解读法语国家的历史、现状及发展前景，分析法语国家组织与英联邦的异同及其今后的发展方向，围绕"中国与法语非洲国家的合作""法语语言的经济属性""英联邦与法语国家组织的发展"等议题交流探讨。法语国家高校联合会前会长、突尼斯驻华大使、黎巴嫩驻华大使及外交学院法语专业师生70余人参加会议。11月11日，举办"联通、互动、型塑：城市国际交往与全球影响力建构"学术研讨会。会议听取《推进北京全球影响力建设 展现新时代大国首都国际形象》《上海民间外交助力全球城市建设》《增强城市国际传播能力》《打造城市品牌》4场主旨报告，围绕"城市国际交往与民间外交""北京国际交往中心建设"和"北京参与'一带一路'建设"等议题交流探讨。来自政府部门、高校、科研机构的专家学者41人参加会议。12月9日，举办"外交学理论前沿：问题与前景"圆桌研讨会。研讨会分析当前外交学研究出现的几个新趋势，讲述在国家间实力对比差别不大和利益目标不一致的情况下，影响国家间外交谈判的几个因素，提出民族主义式的强制性讨价还价、自由主义式的理性对话以及现实主义式的务实外交3种风格的外交形式。来自国内外高校和研究机构的18名专家学者参加会议。12月15日，举办"百年变局与全球治理的中国方案"学术研讨会。会议围绕"当前全球治理体系的变革与方向""百年变局与中国周边外交的机遇与挑战""百年变局与中国对外关系的新发展""全球治理的中国方案及其世界影响"4个议题，梳理当前中国外交和全球治理中亟待解决的重要问题，就全球治理的中国方案及其世界影响进行讨论。政府相关部门、高校和科研机构的40余名专家学者参加会议。

（顾建俊）

西语国家研究中心成立

4月19日，外交学院举办西语国家研究中心成立大会暨西语国家国情小型研讨会。会议介绍学校西班牙语发展现状及专业情况，与会人员就"拉美国情""国情研究方法""中拉人文交流"等议题讨论交流。在京拉丁美洲研究机构研究人员、有关高校领导等50余人参加会议。西语国家研究中心是外交学院内设的、非盈利性、非实体性群众学术团体，以西班牙语国家区域、国别研究为核心，以学科发展与人才培养为支撑，致力于创建高水平西班牙语国家研究智库。

（顾建俊）

外交学院思想政治理论课改革创新方案

9月3日，外交学院印发《外交学院党委贯彻落实思想政治理论课改革创新实施方案》。方案从加强党对思想政治理论课建设的领导、统筹思想政治理论课课程内容建设、创新思想政治理论课课程体系、加强特色思政科研及科研成果转化工作、加强思想政治理论课教材建设及教学资源使用管理制度、加强思想政治理论课教师队伍建设、推动人才培养模式改革创新、推动各类课程与思想政治理论课建设形成协同效应方面明确改革方向。

方案指出，要建立外交学院领导讲思想政治理论课常态化机制，落实党委委员听课讲课制度，完善思想政治领域专家开展系列讲座制度。要坚持思想政治理论课在外交学院课程体系中的政治引领和价值引领作用，使习近平外交思想进课堂、进教材、进讲坛，在思想政治理论课教学中体现外交特色。

（顾建俊）

“外交案例”特色课程

11 月，外交学院开设“外交案例”特色课程。该课程面向硕士研究生，为选修课，共设置 2 个学分，与外交部政策司合作开设，主要内容为近年落实习近平外交思想的成功案例。学校邀请中国外交官围绕“人类命运共同体”“中非关系”“外交为民”等主题授课，旨在落实习近平外交思想的学习、研究、宣介，推动中国特色大国外交理论建设。

（顾建俊）

“习近平外交思想的哲学向度”学术研讨会

12 月 23 日，外交学院举办“习近平外交思想的哲学向度”学术研讨会。会议听取《中国与世界秩序的重构》《习近平外交思想的哲学基础》《世界政治的深层结构》《中国外交哲学》4 场主旨报告，围绕“中国特色大国外交”“人类命运共同体的核心要义”“全球安全治理和‘一带一路’发展合作”等议题，从历史哲学角度解读习近平外交思想，阐释习近平外交思想的政治哲学内涵，并就如何把习近平外交思想贯彻落实到中国外交实践之中提出政策建议。来自国内高校和科研机构的 40 余名专家学者参加会议。

（顾建俊）

《国际法学刊》创刊

12 月，外交学院《国际法学刊》创刊。该刊由外交部主管，外交学院、中国国际法学会、世界知识出版社共同主办。以“从国际法理论、国际关系和外交等领域深入研究国际法，服务于国家战略和中国外交”为办刊宗旨，包括“国际法理论前沿”“国际法实践”“中国与国际法”“书评”4 个栏目。刊物为大 16 开本，每季度出版 1 期，每期 160 页。该刊刊号由世界知识出版社原《世界遗产》刊号变更而来。

（顾建俊）

中国人民公安大学

概述

2019 年，中国人民公安大学占地面积 76.79 万平方米，产权校舍建筑面积 63.14 万平方米。图书馆建筑面积 4.34 万平方米。全年教育经费投入 9 亿元，其中，财政拨款 5.95 亿元，自筹经费 3.05 亿元。固定资产总值 242919.47 万元，其中，教学、科研仪器设备资产值 21398.64 万元，信息化设备资产值 14323.63 万元。拥有教室 266 间，其中，网络多媒体教室 221 间。拥有图书 154.78 万册，计算机 9016 台。网络信息点 23000 个，电子邮件系统用户 32000 个，管理信息系统数据总量 43000GB，数字资源量中电子图书 2343898 册、电子期刊 130800 册、学位论文 5990 册。学校由公安部主办，为政法院校。设有 2 个校区，设置 9 个院（系、部）。开设 13 个本科专业，覆盖 2 个学科门类；具有一级学科 3 个；一级学科博士点 3 个；一级学科硕士点 3 个、硕士专业学位授权类别 4 个；博士后科研流动站 3 个。“双一流”建设学科 1 个，国家级一流本科专业建设点 3 个，北京市级一流本科专业建设点 1 个，北京高校高精尖学科 1 个。国家工程实验室 2 个，省部级重点实验室 2 个。教职工 1132 人，其中，专任教师 657 人，包括正高级 117 人、副高级 240 人；博士生导师 50 人、硕士生导师 294 人。学历教育学生中毕业生 5730 人，其中，研究生 483 人（博士生 19 人、硕士生 464 人）、普通本科生 2474 人、成人教育本专科生 2773 人（本科生 1985 人、专科生 788 人）。招生 4868 人，其中，研究生 794 人（博士生 50 人、硕士生 744 人）、普通本科生 2367 人、成人教育本科生 1707 人。高考北京地区提档线文科 562 分、理科 546 分。在校生 14908 人，其中，研究生 2160 人（博士生 162 人、硕士生 1998 人）、普通本科生 9223 人、成人教育本科生 3525 人。网址：www.ppsuc.edu.cn。

2019 年，学校树立办学治校严于一线警队、严于地方院校、严于兄弟警校、看齐部队院校的“三严一看齐”准军事化建设标准，并将之作为学校当前和今后一个时期开展各项工作的总要求，逐步把“严”的要求、“硬”的举措、“实”的作风全方位落实到学校顶层设计、总体规划、内涵建设、综合改革等各个领域，以“世界一流学科大学”建设为引领，统筹推进学校党建教学科研管理服务各项事业发展。

政治建设。制定实施《加强学校政治建设的实施意见》，执行党委领导下的校长负责制，探索实施学院党委领导下的院长负责制，推进基层党支部规范化标准化建设。

改革创新。推进制度体系建设和“放管服”改革，对全校规章制度进行系统梳理，推进依法治校；精简优化行政审批事项 54 项，提高行政办事效率。调整教学学院设置。探索实施年度考核和绩效考核改革、后勤工作体制改革，健全完善督办工作机制，以推进办学治理体系的系统性改革和整体性重塑为重点，提升办学治校现代化水平。

人才培养。加强“思政课程”和“课程思政”建设，完善德智体美劳全面发展育人体系。推动实战化教育改革，优化“教、学、练、战”一体化人才培养模式。抓好本科教育，推进一流专业、课程、教材和教学团队建设。提高研究生培养质量，完成学位授权点合格评估。服务公安队伍建设，完成 67 个班次的在职培训任务，培训学员近 8000 人次。开展对外交流合作，完成外警培训项目 34 期、港澳培训项目 11 期，培训学员 813 人。

学科建设。学校成为首批国家安全学二级学科布点单位和研究生培养试点单位，入选北京高校高精尖学科建设名单 1 个、国家级一流本科专业建设点 3 个、北京市一流本科专业建设点 1 个。

科研创新。加强公共安全风险防控教育部工程研究中心、网络空间国际治理研究基地、公安部公安发展战略研究所和首都社会安全研究基地建设。获国家自然科学、国家社会科学基金年度项目 14 个，教育科学规划项目 1 个，国家重点研发计划项目 4 个、课题 8 个、子课题 4 个，经费支持 17189.38 万元；军民融合项目 1 个，经费支持 8866 万元；省部级项目 38 个，经费支持 221.2 万元。承担横向科研项目 92 个，外部经费支持 2033.56 万元。3 个学生项目组获第 14 届全国公安院校学生科技应用创新大赛金奖前 3 名。

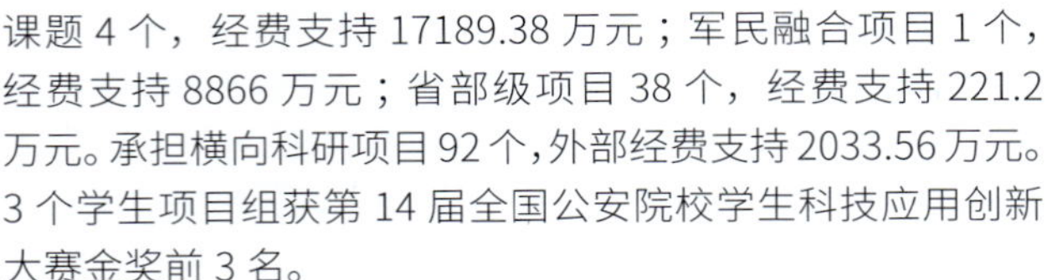

10 月 1 日，公安大学红旗方队引领群众游行方阵通过天安门广场
（公安大学 供）

庆祝新中国成立 70 周年服务保障。4180 名师生参加国庆庆祝大会相关专项任务和国庆期间增援首都安保维稳工作。其中，397 名师生参加国庆 70 周年庆祝大会群众游行 3 号“致敬方阵”旗手任务，1747 名师生承担群众游行礼宾车和彩车应急推车任务，2032 名师生承担增援首都安保维稳任务，50 余名师生作为志愿者承担引导工作。公安部为学校“群众游行旗手”团队和安保增援团队分别记“集体一等功”1 次，为“群众游行礼宾车和彩车应急推车”团队记“集体二等功”1 次，为 2 名干部教师记“个人一等功”1 次；为 7 名师生各记“个人二等功”1 次；为 23 名师生各记“个人三等功”1 次。4 名干部教师被公安部直属机关党委授予公安部直属机关国庆 70 周年庆祝活动安保维稳工作优秀共产党员称号。7 名师生获北京市筹备和服务保障中华人民共和国成立 70 周年庆祝活动先进个人，学生工作处、警务信息工程与网络安全学院获先进集体。

党委书记　陈定武
校　　长　曹诗权

（平李博文）

首届首都社会安全论坛

1 月 5 日，公安大学首都社会安全研究基地、社会科学文献出版社共同举办《平安中国蓝皮书：平安北京建设发展报告（2018）》发布会暨首届首都社会安全论坛。论坛每年召开一次，围绕首都社会安全理论与实务交流探讨，同时发布《平安北京建设年度发展报告》。中央政法委、市政法委、市社科规划办等单位有关专家，以及新华社等媒体记者 100 余人参加会议。《平安中国蓝皮书：平安北京建设发展报告（2018）》包括总报告 1 个、分报告 5 个和专题报告 2 个，共 30 万余字，总报告对平安北京的发展历程，评估指标体系、评估方法和评估过程以及评估结果进行总体分析介绍；分报告对北京市的社会治理、社会治安防控、安全生产、矛盾纠纷化解和人口服务管理 5 项内容进行评估分析；专题报告评估分析平安北京建设的保障情况和北京市安全感状况。报告显示，2018 年平安北京建设发展总体得分为 88.36 分，处于优秀等级；7 项一级指标中“社会治理”“社会治安防控”和“平安建设保障”处于优秀等级，“安全生产”“矛盾纠纷化解”“人口服务管理”和“安全感”处于良好等级。12 月 29 日，学校召开《平安中国蓝皮书：平安北京建设发展报告（2019）》发布会暨第二届首都社会安全论坛。

（平李博文）

无人机应用培训考试中心成立

3 月，公安大学成立无人机应用培训考试中心。该中心主要职责是举办面向在校学生及在职民警辅警的无人机应用培训；开设无人机警务驾驶课程，整合现有资源构建多内容、多领域的培训体系；开展适应实战需求的无人机模块化教学、定制式培训和考试等相关工作。中心设行政办公室、培训管理部、考务中心和实验室等部门，现有工作人员 22 人。至年底，中心共承办全国警用无人机教官考官培训班 5 期，全国一线具有实战经验的 15 名部级教官考官轮流执教，180 名参训学员结业。

（平李博文）

“思政课程”和“课程思政”建设

4 月，公安大学持续加强“思政课程”和“课程思政”建设。印发《加强和改进思想政治理论课建设方案》和《课程思政建设方案》，强化各级党组织抓思想政治教育的主体责任，构建“党委统一领导、校长行政负责、教务处统筹安排、马克思主义学院组织实施、各部门学院支持配合、全校师生全面参与、公安机关协同支持”，具有鲜明公安院校特色思政课程和课程思政建设工作体系。其中，《加强和改进思想政治理论课建设方案》获公安部领导批示，印发全国公安院校学习借鉴。至年底，学校组织开展课程思政优秀教学大纲、教案评选和教学比赛活动，对全体专任教师开展“课程思政”教学法培训，提升思政育人效果。

（平李博文）

8 个学院实行党委领导下的院长负责制

5 月，公安大学在法学与犯罪学学院、公安政治工作与管理学院等 8 个学院实行学院党委领导下的院长负责制。学校印发《中共中国人民公安大学学院党委会议事规则（试行）》和《中国人民公安大学学院院长办公会议事规则（试行）》，对学院党委书记和院长各自角色定位、职责任务作出界定，就学院党委会与院长办公会的参加和列席人员、议事内容和范围、议事原则、程序和会议决议的执行等作出具体规定。学校党建案例《探索实施学院党委领导下的院长负责制 着力加强党对高校的绝对领导和全面领导》在中央和国家机关工委组织的第二届党建创新成果展示交流活动中获评“百优案例”。

（平李博文）

国际关系学院

概述

2019 年，国际关系学院占地面积 15.8 万平方米，产权校舍建筑面积 12.45 万平方米。图书馆建筑面积 5925 平方米。全年教育经费投入 26435.01 万元，其中，财政拨款 21039.26 万元、自筹经费 5395.75 万元。固定资产总值 53400 万元，其中，教学、科研仪器设备资产值 7700 万元，信息化设备资产值 9819 万元。拥有教室 61 间，全部为网络多媒体教室。拥有图书 52.21 万册，计算机 1447 台。网络信息点 9600 个，上网课程 40 门，电子邮件系统用户 4694 个，管理信息系统数据总量 40500GB，数字资源量中电子图书 1832089 册、电子期刊 152000 册、学位论文 2348656 册、音视频 155385 小时。学校由教育部举办，为政法院校，设有 1 个校区，设置 7 个院（系、部）。开设 10 个本科专业，覆盖 5 个学科门类；具有一级学科 4 个；一级学科硕士点 4 个、二级学科硕士点 15 个、硕士专业学位授权类别 4 个、工程硕士授权领域 1 个。国家级一流本科专业建设点 2 个；北京高校高精尖学科 1 个。教职工 343 人，其中，专任教师 176 人，包括正高级 35 人、副高级 79 人；博士生导师 7 人、硕士生导师 355 人。学历教育学生中毕业生 905 人，其中，硕士研究生 319 人、普通本科生 551 人、成人教育本专科生 35 人（本科生 20 人、专科生 15 人）。本科毕业生就业率 90.74%。招生 817 人，其中，硕士研究生 320 人、普通本科生 497 人。高考北京地区提档线文科 588 分、理科 569 分。在校生 2824 人，其中，硕士研究生 686 人、普通本科生 2120 人、成人教育本科生 18 人。留学生毕业 14 人、招生 15 人、在校生 15 人。网址：https://www.uir.edu.cn。

2019 年，学校以落实年度重点任务为抓手，各项工作取得显著成绩。

本科教学和建设。教育教学改革立项 27 个，获批北京市教育教学改革创新项目 4 个。完成 2019 版本科人才培养方案修订工作，所有本科课程均实现“模块化、进阶式”课程体系建设。推进混合式教学改革，引进的所有智慧树慕课全部采用混合式教学模式，实现教学改革内涵提升。综合英语混合式教学改革取得突出效果，英语专业专四、专八通过率分别为 92.42% 和 82.7%，高于全国外语院校平均通过率 10 个和 20 个百分点。推进协同育人机制建设，与外语教学与研究出版社、塞万提斯学院等合作，开设韩语、阿语、西班牙语等课程；与清华大学、北京大学等合作，引入相关微专业、微学位项目。新增国家级一流专业建设点 2 个。

国家安全学科建设。被教育部确定为国家安全研究生培养试点单位。国家安全专业入选北京高校高精尖学科建设名单，北京市将以 5 年为周期，投入资金支持学院国家安全学新兴学科建设。第一期拨付的 400 万元资金已启动执行，国家安全高精尖学科建设科研专项课题申报、研究生国家安全学术能力提升计划一期、研究生招生宣传推广行动和国内专题学术讨论会资助等工作全面展开。启动分专业方向培养国家安全学专业研究生，率先在国家安全学专业设“国家安全理论”“国家安全管理”“情报研究与分析”3 个方向开展招生和培养试点。年内，国家安全学专业招生 13 人。完成《国家安全学专业硕士研究生培养方案》修订、专业方向招生计划和方案设计、国家安全学专业“本研贯通”研究生预选项目试点工作。

科研工作。修订完善《国际关系学院科研奖励办法》等规章制度。获批 13 项国家和省部级科研项目，立项经费近 300 万元。获国家社科基金重大研究专项立项，实现学院科研申报立项重大突破。完成中央高校基本科研业务费教师立项 84 项，立项经费 625.5 万元；大学生学术支持计划项目 243 项，立项经费 80 万元。推进《国际安全研究》学术期刊建设，首次进入 CSSCI 来源期刊正刊目录。举办“国际关系研究百年回顾与展望”“亚洲文明互鉴与人类命运共同体构建”“合作与竞争：中美关系战略走向”等高层次学术研讨会和“藻园讲坛”系列讲座。

招生就业。录取本科生 497 人，报到 489 人，通过面试录取 270 人，占录取总数的 54%。录取研究生 320 人，报到 316 人，推免生指标增至 52 人，增幅超过 40%。坚持“三全育人”机制，完善学生工作制度，成立学业辅导中心，推动就业精细化帮扶，做好学生特别是少数民族学生管理和服务工作。做好学生心理辅导和体能测试工作，关注学生心理健康和身体素质。支持学生创新创业项目，举办第三届模拟创业比赛，推荐 5 支团队参加全国创新创业比赛，其中 2 支团队获“互联网 +”比赛北京赛区三等奖。推动就业实习基地建设，初步与中国日报社等达成合作意向。做好学生对外交流管理和服务工作。选派 53 名学生赴海外进行长期或短期学习交流。邀请来自十余个国家高校的教师开设夏季学期课程，827 人次选课。

庆祝新中国成立 70 周年活动服务保障。学校组织 200 名学生参加“伟大历程 辉煌成就——庆祝中华人民共和国成立 70 周年大型成就展”志愿服务保障工作。

党委书记 刘慧（5 月免）
韦春江（5 月任）
院　　长 陶坚

（任婉君）

教学观摩系列培训活动

5 月 9 日，国关学院教学观摩系列培训活动启动。观摩活动由各教学院系推荐的市级教学名师和在全国、北京市高校教学比赛中获奖的教师主讲，分为教学展示、教学经验分享、交流互动 3 个环节，旨在加强学校师资队伍思想政治和教学能力建设，搭建教师学习交流平台，强化青年教师培育。5 月至 11 月，观摩活动共举办 3 期，学校全体专兼职教师参加活动。

（任婉君）

庆祝建校 70 周年

12 月 15 日，国关学院举办建校 70 周年纪念大会。大会以“与国同行七十载 不忘初心续华章”为主题，回顾学校 70 年的办学历程，邀请上级领导、校友代表、教师代表及学生代表分别发言。上级部门、市委教育工委相关负责人及部分高校领导参加大会。各院系围绕校庆主题，举行一系列庆祝活动。国际关系学院始建于 1949 年，前身是外事干部培训学校，曾为新中国培养了第一批“将军大使”。1955 年正式招收本科生；1964 年被列为全国重点高校；1965 年正式定名为“国际关系学院”；1981 年成为全国首批获得硕士学位授予权的单位之一；1983 年由单一的外语院校转型为多学科复合型院校。至 2019 年，累计培养毕业生 14114 人。

（任婉君）

北京体育大学

概述

2019 年，北京体育大学占地面积 75.52 万平方米，产权校舍建筑面积 51.16 万平方米。图书馆建筑面积 5766 平方米。全年教育经费投入 155553.73 万元，其中，财政拨款 44008.99 万元、自筹经费 111544.74 万元。固定资产总值 25.39 亿元，其中，教学、科研仪器设备资产值 3.58 亿元，信息化设备资产值 8576.04 万元。拥有教室 109 间，其中，网络多媒体教室 108 间。拥有图书 129.5 万册，计算机 3965 台。网络信息点 25404 个，上网课程 118 门，电子邮件系统用户 27394 个，管理信息系统数据总量 83GB。学校由国家体育总局举办，为体育院校，设有 1 个校区，设置 27 个院（系、部）；开设 38 个本科专业，覆盖 8 个学科门类；具有一级学科 1 个；博士学位授权一级学科点 1 个；硕士学位授权一级学科点 6 个；博士后科研流动站 1 个，其中，博士后研究人员出站 5 人、进站 10 人、在站 33 人。“双一流”建设学科 1 个，国家级一流本科专业建设点 6 个，北京市级一流本科专业建设点 2 个，北京高校高精尖学科 1 个。教职工 1122 人，其中，专任教师 796 人，包括教授 140 人、副教授 200 人；博士生导师 96 人、硕士生导师 250 人。北京学者 49 人。学历教育学生中毕业生 3979 人，其中，研究生 790 人（博士生 82 人、硕士生 708 人）、普通本科生 2313 人、成人教育本专科生 876 人（本科生 492 人、专科生 384 人）。本科毕业生就业率 83.41%。招生 4266 人，其中，研究生 1067 人（博士生 114 人、硕士生 953 人）、普通本科生 2381 人、成人教育本专科生 818 人（本科生 621 人、专科生 197 人）。在校生 14503 人，其中，研究生 3108 人（博士生 441 人、硕士生 2667 人）、普通本科生 9497 人、成人教育本专科生 1898 人（本科生 1248 人、专科生 650 人）。留学生毕业 202 人、招生 88 人、在校生 328 人。网址：www.bsu.edu.cn。

6 月 19 日，北体大组织师生观看习近平给 2016 级研究生冠军班全体学生回信的相关报道 （北体大　供）

2019 年，学校全面推进“三个转型”综合改革，加快推进中国特色世界一流体育大学和国家高水平竞技体育人才培养基地建设。

宣传贯彻习近平回信精神。6 月 18 日，习近平给学校 2016 级研究生冠军班全体学生回信，提出勉励和期望，并向北体大全体师生和正积极备战奥运等赛事的运动员、教练员致以诚挚问候。学校第一时间传达回信内容并就学习宣传贯彻工作做出安排。

新型青训体系。调整优化运动项目布局，确立以足球、篮球、排球“三大球”为龙头，以冰球、冰壶等冬季运动项目为重点，以田径、游泳、体操等项目为基础，以手球、曲棍球、棒垒球、水球等球类项目为特色的项目布局。完善以项目学院为龙头，体校、武校、重点中学为基础，俱乐部为引领的“四位一体”的青训育人平台，建立完善中学、大学、职业俱乐部“三位一体”体教深度融合的高水平人才培养模式，为国家队、国家青年队输送优秀人才。

学科专业建设。落实全国第五轮学科评估迎评工作，开展体育学、教育学、心理学等一级学科第五轮学科评估数据摸底调查。完成“双一流”建设中期自评工作。推进运动康复医学北京高校高精尖学科建设，完成阶段进展总结。落实《北京高校学科共建方案》，与首体院共建体育学一级学科。

人才培养。结合全国教育大会“开齐开足体育课”要求，建设体育师范学院，制订体育教育师范生培养方案，启动推进体育教育师范专业认证工作，加快培养高水平体育师资。拓展“体育 +”“+ 体育”特色化、精细化人才培养实验班（方向班）培养体系，完成增设汉语言文学专业申报工作，新设体育协会管理（球迷管理方向）国际化实验班（方向班）、本科专业 11 个。制订学校一流本科课程建设方案，推进课程改革创新，开设美育类通识必修课程。成立本科教学督导团并制定章程，完成狠抓课堂教学秩序工作方案。加强和改进研究生培养工作，突出学院办学主体地位，将论文答辩、中期考核、学位审核、实习实践基地建设、国际化培养等自主权下放至各学院。体育学博士学位授权点、马克思主义基本原理一级硕士点通过市教委抽评。

训练竞赛。成立奥运备战服务办公室，强化备战工作职能和任务；入选国家队教练员 10 人，田径、跆拳道等 4 个运动项目 11 名运动员提前获 2020 年东京奥运会参赛资格。将原有校代表队调整为校运动队、集训队和俱乐部队；师生在国际级比赛中获金牌 96 枚、银牌 59 枚、铜牌 64 枚；在第 30 届世界大学生运动会上获金牌 3 枚、铜牌 1 枚；在全国高水平赛事中获金牌 159 枚、银牌 94 枚、铜牌 105 枚。50 名教师在国内外 82 场重大赛事中承担执裁工作。授予国际奥委会高级顾问吉尔伯特 · 马吕斯 · 费利奥林匹克学部名誉部长称号。

师资队伍建设。制订落实习近平总书记对退役运动员转型问题批示精神实施方案，发挥退役运动员专业技能优势，拓宽转型通道，补充体育师资缺口。对高层次人才高薪引进、开通绿色通道，对学校各层次、各岗位人才分类评价、精准培育、有效激励。调整工资发放结构，推进以业绩奖励为导向的薪酬体系。推进以按岗位分类管理、同工同酬为原则的非事业编人员管理制度，为学校人才队伍提供有效补充。加大引进海内外高层次人才、聘请海外名誉教授力度，扩大招聘校外优秀毕业生、留学归国人员规模。全年招聘 92 人，选派 72 名教师到法国、芬兰、美国研修、培训。获第 15 届北京市高等学校教学名师奖 2 个，入选 2018 年度博士后国际交流计划引进项目 1 个。

改善办学条件。调整校园规划，整合现有房屋资源，新建教学、训练场馆共 42974.10 平方米，调整改造后办公用房面积增加 5340.82 平方米，增加学生床位 663 个。参与海南国际教育开放试验区建设，与海南省签订合作协议，启动海南国际校区建设；参与落实非首都功能疏解和雄安新区规划建设工作。与海淀区教委、恩济里幼儿园合作，在校区内建成幼儿园，在北京市第二十中学挂牌成立北京体育大学附属中学。

庆祝新中国成立 70 周年活动服务保障。学校 1300 余名师生完成群众游行、服务保障、群众联欢、志愿服务 4 项任务，其中，400 余人参加第一段情景式行进“青春万岁”，250 人参加广场合唱群众联欢，700 余人参加志愿服务保障。获北京市服务保障国庆活动先进集体 3 个、先进个人称号 8 人。获“庆祝中华人民共和国成立 70 周年”纪念章 37 人，其中，离退休 32 人，在职 5 人。

党委书记 曹卫东
校　　长 曹卫东

（董健）

首届世界篮球论坛

11 月 7 日，北体大举办第一届世界篮球论坛。论坛旨在推动篮球运动在中国的普及和发展，加强中国与世界篮球强国在篮球运动领域的交流和合作，研究和探讨中国篮球运动的发展思路，提高中国篮球运动整体水平。论坛邀请来自世界各地的知名篮球专家、传奇球员、知名教练及职业篮球经理人为与会嘉宾分享世界篮球及青少年篮球发展趋势、篮球俱乐部走向国际化的新机遇等内容。来自立陶宛、英国、西班牙等多个国家的知名篮球专家参加论坛。

（董健）

“冰雪场上思政课”开讲

12 月 30 日，北体大“冰雪场上思政课”开讲。课程由马克思主义学院副院长陈世阳，竞技体育学院教师、花样滑冰世界冠军张昊联袂授课。课程结合国家体育总局重大决策咨询项目最新研究成果，通过数据、素材、案例，从“以人民为中心”的体育价值观、“体育强国梦与中国梦紧密相连”的体育地位观和“改革创新，建设体育强国”的体育发展观 3 个方面，系统阐释习近平总书记关于体育工作重要论述的深刻内涵。教育部相关人员，学校等 200 余名师生代表参加。“冰雪场上思政课”是学校深入学习贯彻落实习近平总书记 3 月 18 日在学校思想政治理论课教师座谈会上重要讲话精神和 6 月 18 日给北体大 2016 级研究生冠军班全体学生重要回信精神，结合学校办学定位，深挖体育教育思政元素，深化思想政治理论课改革的有益探索。

（董健）

“三个转型”综合改革

至年底，北体大持续推进“三个转型”综合改革。项目转型方面，招收冰球、冰壶、速度滑冰等 8 个冬季项目本科生 42 人，冰雪产业管理、冰上舞蹈冬奥项目实验班 52 人。组建工作团队，成立专门运营管理公司，参与中车北京二七机车有限公司国家冰雪运动训练科研基地建设项目；建成冰球（冰壶）气膜馆；启动大道速滑馆建设。科技转型方面，建成中国体育大数据中心，面向国内外组建高水平专业团队，开展体育大数据挖掘、收集、整理、分析和综合运用；依托运动与体质健康教育部重点实验室，筹建中国青少年体质健康监测中心；筹建游泳训练水槽实验室，成立运动减阻研究中心、智能体育装备研发中心（冰雪运动装备运动风险与效能评价中心）。建成智慧教室 6 间和体育大数据中心保障大厅，实现 5G+8K、5G+VR 直播转播；建成会议室预约系统、值班系统和人脸识别会议签到系统。国际化转型方面，建成法国夏斗湖校区，学校与 49 个国家和地区 140 所高等院校建立校际关系，2019 年，新增 4 个国家 11 所院校；落实国家“一带一路”倡议，与克罗地亚萨格勒布大学共同举办首届“一带一路”体育教育论坛，执行“一带一路”体育人才奖学金政策，招收沿线国家留学生 32 人。

（董健）

中央音乐学院

概述

2019 年，中央音乐学院占地面积 6.48 万平方米，产权校舍建筑面积 17.86 万平方米。图书馆建筑面积 0.55 万平方米。全年教育经费投入 68370.49 万元，其中，财政拨款 41892.68 万元、自筹经费 26477.81 万元。固定资产总值 118150.51 万元，其中，教学、科研仪器设备资产值 23564.16 万元，信息化设备资产值 7498.24 万元。拥有教室 195 间，其中，网络多媒体教室 38 间。拥有图书 11.52 万册，计算机 1187 台。网络信息点 5437 个，上网课程 84 门，电子邮件系统用户 6111 个，管理信息系统数据总量 326GB，数字资源量中电子图书 78390 册、电子期刊 59293 册、学位论文 762240 册、音视频 7927 小时。学校由教育部举办，为艺术院校，设有 1 个校区，设置 13 个院（系、部）。开设 3 个本科专业，覆盖 1 个学科门类；具有一级学科 1 个；一级学科博士点 1 个、二级学科博士点 5 个；一级学科硕士点 1 个、二级学科硕士点 6 个、硕士专业学位授权类别 1 个；博士后科研流动站 1 个，其中，博士后研究人员出站 2 人、进站 6 人、在站 21 人。“双一流”建设学科 1 个，国家级一流本科专业建设点 2 个，北京市级一流本科专业建设点 1 个，北京高校重点建设一流专业 1 个，北京高校高精尖学科 1 个。教职工 640 人，其中，专任教师 380 人，包括正高级 105 人、副高级 132 人；博士生导师 122 人、硕士生导师 193 人。“长江学者奖励计划”讲座教授 1 人、青年长江学者 1 人；“国家高层次人才特殊支持计划”领军人才 3 人、青年拔尖人才 1 人。外籍教师 35 人，其中，教授 25 人、副教授 6 人。学历教育学生中毕业生 561 人，其中，研究生 219 人（博士生 24 人、硕士生 195 人）、普通本科生 342 人、网络教育本专科生 1161 人（本科生 530 人、专科生 631 人）。本科毕业生就业率 99.4%。招生 3324 人，其中，研究生 299 人（博士生 45 人、硕士生 254 人）、普通本科生 363 人、网络教育本科生 2662 人。在校生 10466 人，其中，研究生 912 人（博士生 141 人、硕士生 771 人）、普通本科生 1598 人、网络教育本专科生 7956 人（本科生 6701 人、专科生 1255 人）。留学生毕业 6 人、招生 9 人、在校生 25 人。网址：www.ccom.edu.cn。

2019 年，学校推进“双一流”建设，深化综合改革，各项事业健康发展。

学科建设。制订《中央音乐学院“双一流”建设方案》，从总体建设和一流学科建设两个层面实施以“质量”和“特色”为基点的内涵式发展战略。增设 2 个本科专业方向（爵士钢琴、钢琴调律与修复），复招 2 个本科专业方向（电子音乐作曲、电子音乐制作），增设剧院管理硕士专业，增设音乐表演博士培养方向。成立音乐人工智能与音乐信息科技系，招收首届博士生 4 人。1 个学科获国家文化创新工程立项，并入选北京市高精尖学科和教育部工程研究中心（培育）。学校“双一流”建设通过中期评估。

人事制度改革。启动“高端人才引进计划”，吸纳全球顶尖表演艺术家和行业拔尖人才进入教师队伍，采取多种聘任形式加强教学力量，缓解师资压力，并依托国家人才工程，实施“中青年领军人才支持计划”。完成教学及管理部门干部换届调整，换届调整单位 40 个，任命干部 69 人次。推进职称评审和教师考核评价改革，突破教育部名额分配限制，对于具备较高教学与学术能力的教师给予校内教授、副教授待遇，并且建立教师激励机制，先后为 28 名教师颁发“金校徽”奖，表彰其爱才育才的突出成绩。建立健全职级制，为管理人员提供晋升通道。

人才培养。继续实施拔尖创新人才培养计划，集中优势资源对入选学生进行特殊培养；打破单一专业界限，对学生分类、分层培养。学生可修读跨专业课程或第二专业。加强一流本科教育，完善“双选制”，解决师生配置不均衡问题，加强课程建设。获第 16 届柴可夫斯基国际音乐比赛（铜管组）第一名 1 个；第 12 届中国音乐“金钟奖”比赛中，共 7 人获得金钟奖，其中，小提琴组 3 人、二胡组 2 人、民族声乐组 1 人、美声组 1 人；获 2019 中央广播电视总台中国器乐电视大赛 18 个奖项，囊括 10 项金奖中的 7 项。

科研工作。获国家级、省部级项目 28 个，包括教育部哲学社科重大专项、国际社科基金艺术学重大项目及“冷门绝学”研究专项等 4 个重大项目立项。入选教育部首批中华优秀传统文化传承基地（民族音乐）1 个。举办北京现代音乐节、北京国际电子音乐节、世界音乐周等 10 余个大型艺术活动。

交流合作。举办第二届“一带一路”音乐教育联盟大会。与乌克兰国立柴可夫斯基音乐学院合作共建“音乐孔子课堂”。举办第二届北京肖邦国际青少年钢琴比赛，并成立肖邦音乐艺术研究中心。举办国际指挥大师班，再次登上世界著名的纽约卡内基音乐厅举办中央音乐学院作曲家专场音乐会，并承担中法、中俄、中韩、中德高级别人文交流对话机制会议期间的文艺演出任务。

社会服务。围绕精准教育扶贫的根本任务，与多家单位共同在延安举办“5 · 23”音乐节和“10 · 15”艺术节；开展吕梁精准文化扶贫工作，暑期对吕梁 149 所中小学的 200 余名音乐教师进行为期一周的系统培训。参与教育部“高雅音乐进校园”、北京市“高参小”项目，策划实施北京教育系统“我和我的祖国”爱国主义主题音乐会高校巡演活动。

庆祝新中国成立 70 周年服务保障。学校 241 名师生参加国庆庆祝活动演出任务，其中，89 名师生参加庆祝活动合唱、57 名师生参加联欢活动合唱、79 名师生参加联欢活动交响乐团、11 名师生担任联欢活动志愿者，3 名教师参加人民大会堂表演，2 名教师参加花车表演。作为千人交响乐团的指挥之一，俞峰院长带领乐队演奏《北京喜讯到边寨》《在希望的田野上》等曲目。学校获北京市筹备和服务保障中华人民共和国成立 70 周年庆祝活动先进集体。

党委书记　赵旻
院　　长　俞峰

（王小夕）

精准艺术扶贫延安

至 12 月，中央音乐学院精准艺术帮扶延安。5 月 23 日至 27 日，学校联合陕西省委宣传部，延安市委、市政府举办中央音乐学院 · 延安 5 · 23 音乐节。音乐节以纪念毛泽东《在延安文艺座谈会上的讲话》发表 77 周年为题，举办音乐会、大师课、座谈会、音乐考级培训等 20 余场活动，35 名艺术家、9 个艺术团体亮相延安，演出曲目包括《黄河大合唱》、小提琴协奏曲《梁山伯与祝英台》、歌剧《松毛岭之恋》。10 月 15 日至 24 日，学校联合教育部体卫艺司、陕西省委宣传部，延安市委、市政府举办中央音乐学院 · 延安“10 · 15”艺术节，展示一批近 5 年来体现中国先进文化艺术的精品力作和中国优秀传统文化；开展文艺创作和教育成功经验的研讨。共举办音乐党课、歌剧、大师课等 21 场。学校另利用暑假与延安大剧院联合举办音乐支教系列活动，近百名师生为延安群众带去 20 余场不同类型的讲座和普及音乐会。

（王小夕）

中国音乐学院

概述

2019 年，中国音乐学院占地面积 4.42 万平方米，产权校舍建筑面积 3.71 万平方米、非产权校舍建筑面积 4.96 万平方米。图书馆建筑面积 3351 平方米。全年教育经费投入 72743.91 万元（含附中），其中，财政拨款 44388.27 万元、自筹经费 28355.64 万元。固定资产总值 98588.61 万元，其中，教学、科研仪器设备资产值 45434.05 万元，信息化设备资产值 4651.56 万元。拥有教室 61 间，其中，网络多媒体教室 40 间。拥有图书 49.09 万册，计算机 1727 台。网络信息点 5832 个，电子邮件系统用户 2438 个，管理信息系统数据总量 630GB，数字资源量中电子图书 248.08 万册、电子期刊 2.97 万册、学位论文 166.21 万册、音视频 800014 小时。学校由北京市举办，为艺术院校，设有 1 个校区，设置 9 个系（中心）。开设 3 个本科专业，覆盖 1 个学科门类；具有一级学科 1 个；一级学科博士点 1 个；一级学科硕士点 1 个、硕士专业学位授权类别 2 个；博士后科研流动站 1 个，其中，博士后研究人员出站 8 人、进站 21 人、退站 2 人、在站 11 人。“双一流”建设学科 1 个，国家级一流本科专业建设点 2 个，北京高校重点建设一

10 月 30 日，中国音乐学院举办“不忘初心、牢记使命”师生主题音乐会　（中国音乐学院　供）

流专业 1 个，北京高校高精尖学科 1 个。北京高精尖创新中心 1 个。教职工 403 人，其中，专任教师 239 人，包括正高级 48 人、副高级 96 人；博士生导师 85 人、硕士生导师 175 人。“长江学者奖励计划”讲座教授 1 人、青年长江学者 1 人；“国家高层次人才特殊支持计划”领军人才 1 人。外籍教师 21 人，其中，教授 19 人、副教授 1 人。学历教育学生中毕业生 679 人，其中，研究生 149 人（博士生 17 人、硕士生 132 人）、普通本科生 251 人、成人教育本专科生 279 人（本科生 244 人、专科生 35 人）。本科毕业生就业率 82.11%。招生 910 人，其中，研究生 196 人（博士生 27 人、硕士生 169 人）、普通本科生 355 人、成人教育本科生 359 人。在校生 4078 人，其中，研究生 629 人（博士生 66 人、硕士生 563 人）、普通本科生 1386 人、成人教育本专科生 2063 人（本科生 2039 人、专科生 24 人）。留学生毕业 6 人、招生 12 人、在校生 36 人。网址：www.ccmusic.edu.cn。

2019 年，学校围绕做好庆祝新中国成立 70 周年服务保障、加强党的政治建设、开展“不忘初心、牢记使命”主题教育等重大任务，切实履行管党治党、办学治校主体责任，党的建设展现新气象。制定《加强党的政治建设任务清单》，通过 98 项任务针对性强化艺术院校政治建设。创立“音乐厅里的思政课”品牌，学校思政课得到“中国网”“光明网”“学习强国”App 等媒体报道。

学校建设。完成本科教学工作审核评估。深化本科教育教学改革，构建中国乐派“8+1、思政 +X”课程体系，夯实“中国乐派”课程基础，探索“中国音乐”教学新模式，启动中国音乐教育体系建设。通过高校卫生健康服务机构认证，获全国高校卫生安全管理示范单位称号。

人才培养。继续推进“主考官负责制”招生制度，优化本科录取原则、课程标准，创新实践育人体系建设。制定《中国音乐学院课程标准修订指导性意见》，制定、修订所有主课和集体课的课程标准。启动硕士研究生招生考试初试自命题科目改革工作，并于 2020 年硕士研究生招生考试实施。

科研成果。获批国家社科基金艺术学重大项目立项 2 个。成立中国音乐研究基地。倡导和建设“中国乐派”，推进“中国乐派”高精尖创新中心工作。加强中国乐派理论研究，编撰《中国音乐大典》。举办《中国风格》《春之采》音乐会。

学科与人才队伍建设。做好“中央支持地方建设——双一流建设经费”“科技创新服务能力建设——高精尖学科建设（市级）”等项目全过程管理。引培并举，加强教师队伍建设。加快教师发展中心建设，加大对教职工校内外培训力度。聘任 37 名国际著名歌唱家、演奏家、专家学者为特聘教授。新增“长江学者奖励计划”青年学者 1 人，北京海外高层次人才 1 人，全国模范教师 1 人，省部级人才奖励获得者 11 人。管弦系主任、小提琴演奏家黄滨凭借其参与录制的《黄安伦钢琴三重奏》获 2019 年第二届德国古典音乐奖（OPUS KLASSIK PRIZE）最佳室内乐奖。举办“不忘初心 牢记使命”主题教育师生音乐会。

交流合作。举办中国国际音乐（钢琴教学）大赛，选拔顶尖音乐人才。加强中国乐派国际交流，完成第二届国际作曲技术理论专题交流季、世界扬琴艺术交流季暨第 15 届世界扬琴大会等大型国际学术交流活动。与国家大剧院签署战略合作协议。逐步完善全球音乐教育联盟学生联合培养项目的运行机制与管理模式，确立项目资助标准。全年被联盟院校录取 9 人。至年底，联盟共吸纳来自四大洲的 70 所世界顶尖音乐院校。全年学校在聘外国特聘及专职教授、专家共计 33 人，短期客座教授及团队来学校进行教学活动 90 次。

服务社会。全国参加学校考级 246 万余人，考级、培训总收入 2.12 亿元。举办第八届全国考级大赛总决赛。

庆祝新中国成立 70 周年活动服务保障。院长王黎光担任国庆群众游行音乐组总监，对国庆游行音乐整体把关；作曲家团队创作编排群众游行和广场联欢主题音乐；83 名师生参加国庆群众游行合唱任务；17 名教师、校友参演联欢晚会；2 名学生参加首都教育系统服务保障国庆活动宣讲团宣讲。

党委书记 张雅君（5 月免）
王旭东（6 月任）
院　　长 王黎光

（江瑾尧）

“祝福祖国唱起来”快闪活动

3 月，中国音乐学院举办“祝福祖国唱起来”快闪活动，并登上“学习强国”App。王士魁、吴碧霞、丁毅等歌唱家，带领教职工和学生演唱《我和我的祖国》。歌曲经过重新编曲，王中山、黄滨、邵恩等演奏家用中西多种乐器进行演奏。学校师生 200 余人参加活动。

（江瑾尧）

中国国际音乐（钢琴教学）大赛

5 月 4 日至 21 日，中国音乐学院、全球音乐教育联盟共同举办中国国际音乐（钢琴教学）大赛。比赛以“促进不同音乐文化间交流，培养音乐的世界和平使者”为使命，以“以赛促教、以教促学、以学促研、以研促建”为目标。来自中国、美国、俄罗斯等 7 个国家的 11 名钢琴家担任评委。经过初赛、半决赛、决赛，共决出金奖 1 人、银奖 1 人、铜奖 1 人。来自中国、美国、俄罗斯等 10 个国家的 20 名年龄介于 17 岁至 28 岁之间的选手进入决赛。金奖得主获 3 家艺术经纪公司 3 年国际巡回演出经纪合约。比赛期间，中国钢琴作品创作演奏交流会、学术研讨会、大师课和观摩课等活动举办。中国国际音乐（钢琴教学）大赛立足于中国音乐学院教育教学，是全面提升钢琴专业教学水平的一项重要举措，为师生提供直观的学习观摩机会，与国际水准零距离接触，为中国音乐学院深化人才培养模式改革、构建中国音乐教育体系提供最有力的支撑。

（江瑾尧）

中央美术学院

概述

2019 年，中央美术学院占地面积 29.64 万平方米，产权校舍建筑面积 29.24 万平方米。图书馆建筑面积 1.03 万平方米。全年教育经费投入 72328.85 万元，其中，财政拨款 45698.05 万元、自筹经费 26630.80 万元。固定资产总值 14.73 亿元，其中，教学、科研仪器设备资产值 2.26 亿元，信息化设备资产值 5946.18 万元。拥有教室 556 间，其中，网络多媒体教室 21 间。拥有图书 55.17 万册，计算机 4106 台。网络信息点 9500 个，电子邮件系统用户 15000 个，管理信息系统数据总量 3640501GB，数字资源量中电子图书 468.48 万册、电子期刊 47012950 册、学位论文 20341802 册、音视频 128006 小时。学校由教育部举办，为艺术院校，设有 3 个校区，设置 13 个院（系）。开设 22 个本科专业，覆盖 9 个学科门类；具有一级学科 6 个；一级学科博士点 3 个；一级学科硕士点 6 个；专业学位硕士点 2 个，硕士专业学位授权类别 2 个，博士后科研流动站 3 个，其中，博士后研究人员出站 3 人、进站 10 人、在站 26 人。“双一流”建设学科 2 个，国家级一流本科专业建设点 6 个，北京市级一流本科专业建设点 2 个，北京高校“重点建设一流专业”1 个，北京高校高精尖学科 1 个。教职工 738 人，其中，专任教师 399 人，包括教授 120 人、副教授 127 人；博士生导师 95 人、硕士生导师 243 人；荣誉教授 23 人、客座教授 23 人。学历教育学生中毕业生 1115 人，其中，研究生 324 人（博士生 51 人、硕士生 288 人）、普通本科生 776 人；非计划招生高等教育学生中在职人员攻读硕士学位 20 人。本科毕业生就业率 97.02%。招生 1319 人，其中，研究生 492 人（博士生 70 人、硕士生 422 人）、普通本科生 825 人。在校生 4768 人，其中，研究生 1374 人（博士生 213 人、硕士生 1161 人）、普通本科生 3394 人；非计划招生高等教育学生中在职人员攻读硕士学位 3 人。留学生毕业 48 人、招生 68 人、在校生 191 人。网址：www.cafa.edu.cn。

2019 年，学校贯彻习近平总书记给学校 8 名老教授的回信精神，举办“中共中央总书记习近平给中央美院老教授回信一周年专题展览”。开展“新百年”战略，持续推动“双一流”建设。推进中央美院青岛校区建设，青岛校区在青岛西海岸新区开工奠基。教授周令钊、靳尚谊、全山石、常沙娜、刘文西（已故）获中国文联“终身成就美术家”称号。

学科建设。编辑出版“中央美院教材大系”，拟订《中央美术学院教材大系实施方案》，各院系申报教材大系建设项目 280 余个，完成 2019 年项目 38 个。摄制发布 4 门精品课程。艺术与科技专业通过专业备案。设计学类专业由 6 个增至 7 个。组织“回响 · 第七届中央美术学院在校研究生作品展”、“美 · 遇”第八届中央美术学院研究生作品展。召开美育学科建设专家咨询会。

人才培养。推进“五位一体”思想政治理论课教学改革创新，利用同地方共建的中央美院思政课实践教学基地，组织开展实践教学，组织举办特色思政课“中国近现代史纲要情景教学公开课”，创办思想政治理论课优秀作业作品展。举办国家艺术基金“艺术科技创新人才培养”项目、“游戏艺术人才培养”项目。加强两岸人才交流培养，“中国非物质文化遗产传承人群研培计划——2019 年中央美术学院中青年非遗传承人石雕高级研修班暨两岸石雕创作研习营”开班。

强化科研引领。修订《中央美术学院科研经费管理办法》，制订《中央美术学院自主科研项目管理办法》和《中央美术学院科研创作奖励办法》，组织召开全院科研管理工作会、科研经费管理培训会。推进自主科研项目申报立项工作，自主选题科研创作项目立项 60 个，青年教师科研启动项目立项 174 个，校内委托项目立项 5 个。名师名家学术成果大系编辑出版工作启动。“新时代美术创作中的民族精神研究”获批国家社科基金艺术学重大项目立项。召开“弘扬中华美育精神高端论坛”“和而不同：2019 艺术治疗国际论坛”“艺术法国际论坛”等学术研讨会。成立中央美院理事会、中央美院圆明园研究中心、中央美院人民币艺术研究中心。

5 月 15 日，志愿者穿着中央美院设计的服装开展亚洲文明对话大会服务　（中央美院　供）

新时代中国美育体系研究。成立美育研究中心，加强对中华美育精神的历史生成、独特观念、丰富形态的深度研究。启动“中华美育精神访谈”项目，访谈 30 余名名师大家，形成《中华美育精神访谈录》。录制美育慕课，设立美育大讲堂。

启动“中央美术学院名家大师美育个案研究”项目，设立美育教学案例库。举办弘扬中华美育精神高端论坛，邀请全国美育研究领域知名专家学者围绕习近平回信提出的“弘扬中华美育精神”的时代课题展开研讨。

社会服务。设计亚洲文明对话大会标志和志愿者服装，为世界园艺博览会、天安门城楼创作一批新的壁画和中国画，参与“北京大兴国际机场公共艺术整体规划”项目实施，为香山地区环境整治景观提升设计，打造城市空间美育课堂。助力新疆墨玉县脱贫攻坚，完成中日友好医院建院35周年“大医精诚”孙思邈、“提灯女神”南丁格尔雕塑设计制作。完成天津血液病医院“儿童穿刺诊疗空间改造”公益设计项目，为中山纪念图书馆设计创作主题壁画《香山星座》。举办《为新中国造型——周令钊先生百岁艺术展》《大美之艺——中央美术学院的艺术创造与美育影响》《“古元画展——纪念古元诞辰百年》等36个大型展览。出版《观念与艺术》《中国美术史》《王琦全集》等文集和画册。

庆祝新中国成立70周年活动服务保障。设计团队完成庆祝活动标识创作，设计群众游行彩车中19组主题彩车和4组地方彩车，设计空军“八一”飞行表演队涂装；绘制国庆群众游行队伍5组领袖像；创作天安门城楼内部书画作品《祖国大好河山》《长城牡丹》《黄山松云》《太行曙光》《燕京八景》。学校干部教师1人参与天安门广场设计布置。师生300人参加群众游行方阵“中华文化”群众游行方阵。获北京市筹备和服务保障中华人民共和国成立70周年庆祝活动先进集体，参加首都教育系统服务保障国庆活动宣讲团到河北宣讲。

党委书记 高洪
院　　长 范迪安

（马涵）

圆明园研究中心成立

1月17日，中央美院圆明园研究中心成立。中心与圆明园管理处合作设立，汇聚学校中国古建筑和园林设计、建筑园林史和艺术史、中国画和版画雕塑、视觉传达和文创及产品设计领域的专家、学者，主要开展圆明园相关皇家园林及中国传统文化领域课题的研究和艺术创作。北京圆明园遗址保护基金会每年捐赠资金，设立“圆明园爱国者”奖学金，鼓励在校学生研究与传承中国传统文化。中心设主任1人、执行主任1人，包括教授13人、副教授5人，校内外顾问15人，设有学术研究部、园林及建筑设计部、室内设计及陈设研究部、文创设计部、视觉传达设计部、绘画部、雕塑部、顾问组等机构。

（马涵）

《中国美术史》刊行

8月，中央美院承担的“马工程”项目新编教材《中国美术史》刊行。该刊以马克思主义理论研究为导向，以编年体叙述方式阐述中国美术史发展的脉络和线索，针对每个时代不同的社会背景，阐述该时代的艺术样式、风格特征及其具体表现。在从最早的原始美术到近现代美术的具体表述中，加入最新的研究成果和考古发掘，使本教材在内容方面保持新鲜感和时代性，每部分内容既体现知识点布局，又考虑到读者知识面拓展。《中国美术史》是马克思主义理论研究和建设工程重点教材，由教育部组织编写，于2019年秋季新学期在中央美院人文学院大一课堂试用。

（马涵）

大兴国际机场公共艺术整体规划项目

9月25日，北京大兴国际机场投运，中央美院承担的大兴国际机场公共艺术整体规划设计呈现。大兴机场公共艺术整体规划设计以“艺术+交互（公共艺术）、+功能（艺术化设施）、+计划（遗产活化）、+平台（天空美术馆）”为原则，旨在使旅客能近距离了解中国文化、感受中国精神，项目包括5个指廊、5个庭院、国际到达通道、贵宾厅等各处的艺术品与艺术化设施建设。中央美院2016年5月开展“北京大兴国际机场公共艺术整体规划”项目实施，项目总投资790万元。

（马涵）

国家勋章和国家荣誉称号奖章设计

9月29日，中央美院设计完成的国家勋章、国家荣誉称号奖章在“中华人民共和国国家勋章和国家荣誉称号颁授仪式”上被颁发。学校2016年8月接受设计任务，成立以艺术设计研究院和设计学院专业教师为骨干的设计团队。其中，“共和国勋章”以红色、金色为主色调，章体采用国徽、五角星、黄河、长江、山峰、牡丹等元素，章链采用中国结、如意、兰花等元素，整体使用冷压成型、花丝镶嵌、珐琅等工艺制作，象征勋章获得者为共和国建设和发展作出贡献，礼赞国家最高荣誉，祝福祖国繁荣昌盛，寓意全国各族人民团结一心共筑中华民族伟大复兴的中国梦。国家荣誉称号奖章以红色、金色为主色调，章体采用五星、天安门、牡丹、旗帜、光芒等元素，章链采用中国结、花卉等元素，整体使用冷压成型、花丝镶嵌、珐琅等工艺制作，象征国家荣誉称号获得者在各领域各行业作出的重大贡献，彰显示范引领作用，激励全国各族人民不忘初心、牢记使命，为实现中华民族伟大复兴的中国梦而不懈奋斗。

（马涵）

中央戏剧学院

概述

2019年，中央戏剧学院占地面积25.76万平方米，产权校舍建筑面积18.55万平方米。图书馆建筑面积10546.60平方米。全年教育经费投入47260.36万元，其中，财政拨款36488.61万元、自筹经费10771.75万元。固定资产总值129440.50万元，其中，教学、科研仪器设备资产值 25114.37 万元，信息化设备资产值 5688.30 万元。拥有图书 58.02 万册，计算机 1200 台。网络信息点 6033 个，数字资源量中电子图书 439.60 万册。学校由教育部举办，为艺术院校，设置 13 个院（系、部）。开设 7 个本科专业，覆盖 2 个学科门类；具有一级学科 2 个，一级学科博士点 2 个，博士学位授权点 2 个，硕士学位授权点 2 个和专业学位授权点 1 个；博士后科研流动站 2 个，博士后在站 3 人。国家重点学科 1 个。教职工 528 人，其中，专任教师 269 人，包括教授 65 人、副教授 84 人；博士生导师 54 人、硕士生导师 65 人；享受政府特殊津贴专家 43 人。外籍教师 11 人。学历教育学生中毕业生 616 人，其中，全日制研究生 85 人（博士生 17 人、硕士生 68 人）、普通本科生 531 人，非计划招生高等教育学生中在职人员攻读硕士学位 3 人。招生 707 人，其中，全日制研究生 130 人（博士生 34 人、硕士生 96 人）、普通本科生 577 人。在校生 2933 人，其中，全日制研究生 415 人（博士生 99 人、硕士生 316 人）、普通本科生 2518 人，非计划招生高等教育学生中在职人员攻读硕士学位 3 人。留学生毕业 24 人、招生 56 人、在校生 90 人。网址：www.zhongxi.cn。

10 月 10 日至 25 日，戏剧学院 2019 年“高雅艺术进校园”剧目赴湖北、广东十所高校进行巡演　　　（戏剧学院　供）

2019 年，戏剧学院在教育教学、学科建设、交流合作等方面取得突出成绩。

教学改革。调整优化本科课程设置，及时修订培养方案和教学大纲。坚持查课听课、教学检查、学生评教等制度，完善教学、学风检查机制，狠抓教学管理，严格教学质量监控。继续推进学科通识教育和学年学分制改革，面向全体在校本科生开设 26 门线下公共选修课程。完成 2019 年度本科专业考试及招生录取工作。坚持教学、科研、创作实践三位一体的人才培养模式，培养学生的学科意识、学术意识、人文素养和创作能力，培养戏剧影视学科高层次人才。

学科建设。成立发展规划处，规范一流学科管理。制定学科建设管理办法，明确学科建设目标与任务，开展一流学科建设中期自评，制订一流学科建设中期整改方案。成立戏剧学系；舞台美术系增设戏剧影视导演专业（演艺声音设计方向）；戏剧影视导演专业（戏剧教育方向）调整为戏剧教育专业。

交流合作。与美国奥城大学、日本大学艺术学部、日本文化学园大学、西班牙艾丽西亚·阿隆索高等舞蹈学院、英国皇家威尔士音乐学院签署校际合作协议；与北京演艺集团、国家京剧院签署战略合作协议。举办第 11 届亚洲戏剧教育研究国际论坛；举办世界戏剧教育联盟 2019 国际大学生戏剧展演；牵头成立世界舞剧戏剧教育联盟，举办联盟首届交流会；在青岛举办第八届国际戏剧“学院奖”；举办欧阳予倩先生诞辰 130 周年系列纪念活动；举行中英演出制作管理研讨会。

科研工作。制定《中央戏剧学院科研、教学和创作奖励办法》《中央戏剧学院一流学科建设科研专项管理办法》《中央戏剧学院科研诚信管理办法》。组织教师参与国家和省部级科研课题的申报，获多项国际、国内科研学术奖项。加强科研项目管理，完善配套服务体系，强化科研风险内控。成立谭霈生大师工作室和刘杏林舞台设计工作室，系统实施“大师—团队—课程—剧目—专著”工程。

庆祝新中国成立 70 周年活动服务保障。240 名师生参加庆祝中华人民共和国成立 70 周年活动群众游行第 25 号“中华文化”方阵游行。学校联合北京城市学院组建首都教育系统服务保障国庆活动宣讲团赴内蒙古师范大学开展主题宣讲。

党委书记　徐翔
院　　长　郝戎

（王兴民）

京剧专业名家名师教学顾问委员会成立

1 月 12 日，戏剧学院京剧专业名家名师教学顾问委员会成立。该委员会主要职责是培养新时代京剧艺术人才和教师队伍，倡导常规化的学术交流机制，定期召开戏曲艺术论坛、京剧名家工作坊、京剧艺术研讨会等学术活动，研究和探讨中国国粹艺术发展的理论与实践问题。委员会由 12 名京剧表演艺术家组成，学校同时聘任委员担任客座教授。

（王兴民）

首届校园运动会

6 月 1 日，戏剧学院举办首届校园运动会。运动会比赛设田赛和径赛，分教工组和学生组两个组别举行比赛，其中，学生组包括 10 个竞赛项目、教工组包括 8 个竞赛项目和 3

个趣味项目。学生组 14 个代表队参加比赛，经过角逐，戏剧教育系、音乐剧系、表演系、舞台美术系、舞剧系获团体赛前五名；戏剧文学系、京剧系和留学生代表队分获“精神文明奖”的一、二、三等奖。

（王兴民）

中国戏曲学院

概述

2019 年，中国戏曲学院占地面积 54296.91 平方米，产权校舍建筑面积 10.75 万平方米。图书馆总建筑面积 4797.79 平方米。全年教育经费投入 34603.54 万元，其中，财政拨款 28368.54 万元、自筹经费 6235.00 万元。固定资产总值 77811.77 万元，其中，教学、科研仪器设备资产值 22214.64 万元，信息化设备资产值 3567.678 万元。拥有教室 253 间，其中，网络多媒体教室 52 间。拥有图书 30 万册、计算机 2384 台。网络信息点 6578 个，上网课程 6 门，电子邮件系统用户 2383 个，管理信息系统数据总量 39GB，数字资源量中电子图书 14 万册、电子期刊 8810 册、学位论文 20 万册、音视频 8000 小时。学校由北京市举办，为艺术院校，设置 12 个系、部、附中等教学单位。开设 15 个专业、28 个本科专业方向，覆盖 1 个学科门类。具有一级学科 1 个，一级学科硕士点 3 个，硕士专业学位授权类别 1 个。国家级一流本科专业建设点 1 个，为表演（京剧）专业；北京市级一流本科专业建设点 1 个，为戏剧影视美术设计专业；北京高校重点建设一流专业 1 个，为表演（京剧）专业。教职工 426 人，其中，专任教师 279 人，包括教授 55 人、副教授 119 人。硕士生导师 89 人。毕业生 664 人，其中，学历教育学生中全日制研究生 72 人、普通本科生 492 人、成人教育本专科生 100 人（本科生 57 人、专科生 43 人）。招生 743 人，其中，学历教育学生中全日制研究生 122 人、普通本专科生 516 人、成人教育本专科生 105 人（本科生 89 人、专科生 16 人）。在校生 2613 人，其中，学历教育学生中全日制研究生 350 人、普通本专科生 2071 人、成人教育本专科生 192 人（本科生 139 人、专科生 53 人）。留学生毕（结）业 25 人，招生 26 人，在校 26 人。学院网址：www.nacta.edu.cn。

2019 年，学院完善以《中国戏曲学院章程》为核心的中国特色社会主义现代大学制度体系；坚持立德树人根本任务，加快推进“戏曲人才培养中心、戏曲理论研究中心、戏曲传承与创新中心、中外戏剧交流与合作中心”建设，向着民族特色鲜明、国内水准一流、国际影响广泛的戏曲艺术大学的总体发展目标坚实迈进。

教学科研。推进科研信息化建设，重视科研统计，协调做好各类科研项目评审、职称评定资格审查。与北京师范大学召开“戏剧与影视学”学科共建工作会议，共同举办亚洲戏剧艺术论坛、艺术展演活动，推进博士生联合培养，并被列入北京市新增博士学位授予单位立项建设高校。戏剧与影视学、音乐与舞蹈学、艺术学理论 3 个一级学科通过教育部学位授权点合格评估；“戏剧与影视学”学科入选首批北京高校高精尖学科建设计划。“戏曲表演专业”“戏剧与影视学教学团队”先后获得北京高校继续教育市级特色专业和高水平教学团队，并推出“一流专业”建设汇报演出。学校 1 项成果获省部级奖励，11 个项目获得立项，其中，国家级项目 3 个、省部级 1 个。

开放办学。召开首届全院国际化办学工作会。向美国宾汉顿戏曲孔子学院、英国奥斯特大学孔子学院、英国伦敦南岸大学孔子学院、日本樱美林大学孔子学院派遣教师和志愿者，完成教学和巡演、巡展和巡讲任务。与美国纽约州立宾汉顿大学共同承办戏曲孔子学院十周年系列庆祝活动，签署新一轮合作协议。与中国台北艺术大学、中国台湾戏曲学院、日本广岛大学、澳大利亚科廷大学完成续约及新协议洽谈。接待重要来访团组 6 次，组织学生短期培训和交流活动 3 次。

3 月 22 日，两名学生凭借京剧《白蛇传》分获白玉兰戏剧表演奖新人主角奖和新人配角奖（戏曲学院 供）

思政课程建设。组织思政 + 戏曲教学案例的修改和编写，完善思政 + 戏曲教学路径和案例；联合开设“习近平新时代中国特色社会主义思想”市级思政课艺术类院校专场，邀请 12 名艺术名家讲授 12 次思政课程。《挖掘戏曲德育资源，打造有艺术院校特色的思想政治理论课育人模式》入选 2019 年度教育部示范马克思主义学院和优秀教学团队建设项目。

师资建设及人才培养。推进中国京剧晚霞工程项目建设；推动非物质文化遗产传承计划项目5名国家级传承人的5个剧目公演；推进第三批精准师资队伍建设项目。京剧系引进专业紧缺人才1人。加强研究生导师建设，对研究生导师的学科分布、科研创作成果产出等进行调研分析，初步制定全面落实研究生导师立德树人职责实施细则、研究生导师管理办法。举办新增硕士研究生导师培训会。音乐系民族器乐板胡专业学生1人获中央广播电视总台举办的中国器乐电视大赛铜奖。京剧系本科生2人获第29届白玉兰戏剧表演奖“新人主角奖”“新人配角奖”。

演出及活动。承办2020年新年戏曲晚会，戏曲学院师生425人、16个节目、14个剧目参加演出。在戏曲学院大剧场主办“中国弓弦艺术节”，在国图举办国家艺术基金2019年度资助项目《宋词意境》，在上海大剧院表演程派特色剧目《霸王别姬》。表演系多剧种办学十周年教学成果展演在梅兰芳大剧院上演“优秀校友经典剧目专场”，“梅花奖”获得者专场，“荣誉教授、客座教授及戏曲名家专场”，演出覆盖22个剧种。举办国家艺术基金项目京剧武旦（阎派）表演人才培养研习班和京剧京胡演奏人才培养高级研修班；主办中国传统艺术与社会主义核心价值观建设学术会议、中外戏剧表导演创作学术研讨会；承办第26届北京大学生电影节戏曲单元展映活动暨“戏曲与电影艺术交融的回顾与展望”学术研讨会；举办中国戏曲评论高峰论坛、海峡两岸戏曲高峰论坛、多剧种办学十周年人才培养研讨会等学术活动。

庆祝新中国成立70周年活动。700余名师生参与国庆庆祝大会、联欢活动、晚会，其中，240人参加庆祝大会群众游行第25号“中华文化”方阵游行、学院附中100人参加广场联欢、2名教师和9名学生参加《奋斗吧！中华儿女》晚会。4名师生参加首都教育系统服务保障国庆活动宣讲团赴浙江宣讲。

党委书记 龚裕

院　　长 巴图（7月免）

（孙玉坤）

举办图书馆馆藏戏曲黑胶唱片文献研讨会及展览

5月18日和6月20日，戏曲学院分别举办图书馆“馆藏戏曲黑胶唱片文献价值研讨会”和“馆藏珍贵戏曲老唱片文献展”。研讨会介绍近年来学校图书馆从京剧学文献、多剧种研究文献、戏曲教育文献和戏曲音像文献4方面加强特色文献建设的工作思路和馆藏戏曲黑胶唱片整理保护工作，与会专家一致认为这批黑胶唱片从规模数量、涵盖剧种、时间跨度等方面都具有较高的文献价值，对传承传播戏曲艺术和支撑学院教学科研意义非凡。会议同时对这批资料的分类编目、数字化等工作提出具体建议。文献展包括“菊坛经典”“百花齐放”和“国戏风采”3个部分，通过唱片实物、文字介绍、图片展示相结合的方式，展出百余张馆藏唱片、唱词及盘套展品。自2018年以来，图书馆对馆藏1906张3811面的戏曲、曲艺类唱片进行专业化清洗、整理及编目，编印图书馆馆藏黑胶老唱片图录选集，搭建馆藏戏曲电子书特色库平台，分批对珍贵馆藏资源数字化，推动中国戏曲博物馆、“声像档案”建设。

（孙玉坤）

北京电影学院

概述

2019年，北京电影学院占地面积9.13万平方米，产权校舍建筑面积13.11万平方米。图书馆建筑面积1.29万平方米。全年教育经费投入6.06亿元，其中，财政拨款4.38亿元、自筹经费1.68亿元。固定资产总值126329.61万元，其中，教学、科研仪器设备资产值64468.05万元，信息化经费投入300余万元，信息化设备资产9425.03万元。拥有教室101间，其中，网络多媒体教室54间。拥有纸质图书47万册，计算机1729台。网络信息点2853个，电子邮件系统用户4326个，管理信息系统数据总量993GB，数字资源量中电子图书149万册、电子期刊47万册、学位论文802万册、音视频15.8万小时。学校由北京市举办，为艺术院校，设有1个校区，设置14个直属院系及研究生院、基础部两个教学单位；开设23个本科专业，11个专科专业，覆盖3个学科门类；具有一级学科3个；一级学科博士点3个，博士学位授权点3个，硕士学位授权点3个；博士后科研流动站1个，其中，博士后研究人员出站3人、在站3人。国家级一流本科专业建设点3个，北京市级一流本科专业建设点、北京高校重点建设一流专业共6个，北京高校高精尖学科2个。教职工572人，其中，专任教师314人，包括正高级64人、副高级122人；博士生导师25人、硕士生导师168人。外籍教师4人。学历教育学生中毕业生1270人，其中，研究生397人（博士生62人、硕士生335人）、普通本专科生523人（本科生484人、专科生39人）、成人教育本专科生350人（本科生242人、专科生108人）。一次就业率约89%。招生1226人，其中，普通本专科生609人（本科生565人、专科生44人）、成人教育本专科生361人（本科生289人、专科生72人），全日制研究生256人（博士生24人、硕士生232人）。在校生4041人，其中，普通本专科生2203人（本科生2120人、专科生83人），成人教育本专科生879人（本科生699人、专科生180人），学历教育学生中全日制研究生883人（博士生116人、硕士生843人）。留学生毕业84人，招生104人，在校生196人。网址：www.bfa.edu.cn。

2019年，学校持续推进“中国特色，世界一流”电影学院建设。实施“质量立校”“科创强校”“人才兴校”“开放办校”的发展战略，通过本科教学审核评估，规范学校对外合作，形成促进学校内涵式发展的治理体系，学校各项工作实现突破性发展。

主题教育活动。学校持续推进“习近平新时代中国特色社会主义思想研究中心北京电影学院基地”建设，开展具有国际影响力的学术研讨会，推动习近平新时代文艺思想与大学生艺术观教育相结合。传承学校红色基因和优良传统，传递“向人民学习、为人民服务、做人民的艺术家”为核心的艺术观，培养知识结构合理、电影专业能力扎实、富有艺术创新精神，具备较深厚的人文素养、艺术素养、科学素养和职业素养的，高素质、复合型、国际化的电影专业高质量合格人才、拔尖创新人才、高端复合人才和电影职业人才。紧跟党的文化方针与国家发展战略的根本依据、行业发展和社会需求的时代依据、首都北京中心城市的建设依据、学校办学传统与办学理念的现实依据，探索独具中国特色的电影人才培养模式。

学科建设。召开多次办学思想大讨论，就教学、科研、创作三者关系的处理形成以教育教学为中心，补齐科研工作的短板，提高创作的质量，将学校的重点转到内涵式发展的共识。支持学校“本科卓越人才培养计划”和“研究生创新人才培养计划”，探索电影大师人才培养的路径。通过教育部本科教学工作审核评估。

师资梯队。成立人才工作领导小组，强化实施引进、培养和使用相结合的人才政策，创新体制机制，全面夯实全校教职工管理。

科研创作资源整合。召开科研会议，梳理学校的科研机构。获科技部国家重点研发计划（973 计划）立项。推动青年电影制片厂改革，重点实现创作质量的突破。2019 届本科毕业联合作业、艺术硕士学位作品在国内外电影节上获奖 38 项，获第 32 届金鸡百花电影节金鸡奖 13 项、第 32 届东京国际电影节最佳艺术贡献奖 1 项。

国庆 70 周年庆祝活动。学校师生 240 人参加国庆群众游行第 25 号“中华文化”方阵，校友张艺谋等人参加广场联欢导演组。学校师生 400 人参加国庆 70 周年庆祝晚会《奋斗吧！中华儿女》文艺晚会表演与录制。学校同时承担天安门广场联欢导演和音视频制作、国庆阅兵直播与纪录片拍摄、阅兵模拟仿真系统研发与应用等多项任务，将艺术和技术相融合，为国家重大活动助力。

党委书记 钱军（3 月任）

侯光明（3 月免）

（程麒台 毕晟）

怀柔新校区一期工程获“长城杯”金质奖

7 月 12 日，电影学院怀柔新校区一期工程一标段被评为北京市 2019—2020 年度结构“长城杯”金质奖工程。怀柔新校区作为北京市重点工程，位于中国（怀柔）影视产业示范区东南部，总占地面积 44.47 万平方米，建筑面积 39.9 万平方米，按照全日制本科生 4000 人的办学规模规划设计。工程计划总投资 32 亿元，2016 年 12 月在中国（怀柔）影视产业示范区奠基，项目一期主体工程于 2018 年 2 月 4 日封顶，建设内容为教学楼、办公楼、学生公寓和图书馆、剧场、影院等。至年底，一期工程发电投运，新校区配套专项会议室与阶梯教室通过竣工验收。

（程麒台 毕晟）

北京舞蹈学院

概述

2019 年，北京舞蹈学院占地面积 6.14 万平方米，产权校舍建筑面积 5.73 万平方米、非产权校舍建筑面积 4097 平方米。图书馆建筑面积 0.39 万平方米。全年教育经费投入 55104.71 万元，其中，财政拨款 36348.47 万元、自筹经费 18756.24 万元。固定资产总值 46943.95 万元，其中，教学、科研仪器设备资产值 20308.71 万元，信息化设备资产值 6588.69 万元。拥有教室 121 间，其中，网络多媒体教室 21 间。拥有图书 51.67 万册，计算机 1210 台。网络信息点 5000 个，上网课程 51 门，电子邮件系统用户 750 个，管理信息系统数据总量 5000GB，数字资源量中电子图书 25 万册、电子期刊 6000 册、学位论文 760 册、音视频 12000 小时。学校由北京市举办，为艺术院校，设有 1 个校区，设置 13 个院（系、部）。开设 5 个本科专业，覆盖 3 个学科门类；具有一级学科 1 个，国家级一流本科专业建设点 2 个，北京市级一流本科专业建设点 3 个，北京高校重点建设一流专业建设 2 个，音乐与舞蹈学专业入选北京高校高精尖学科建设名单。国家级特色专业 3 个、国家

至年底，舞蹈学院学生表演多场《响屐舞》

（舞蹈学院 供）

级校外人才培养基地1个、北京市市级实验教学示范中心3个。教职工470人，其中，专任教师233人，包括教授64人、副教授126人。学历教育学生中毕业生544人，其中，硕士研究生68人、普通本科生327人、成人教育本专科生149人。招生668人，其中，研究生64人（博士生6人、硕士生58人）、普通本科生381人、成人教育本专科生227人（本科生223人、专科生4人）。在校生2498人，其中，硕士研究生183人、普通本科生1366人、成人教育本专科生949人（本科生931人、专科生18人）。留学生毕业3人、招生13人、在校生20人。网址：www.bda.edu.cn。

2019年，学校以立德树人为根本，深化教育综合改革，推进"十三五"事业发展规划和"双一流"建设。

学科建设。完成本科教学审核评估工作，启动2020版本科人才培养方案修订工作，推动市级一流专业和优质课程建设。艺术学理论专业获批一级学科，获批艺术学门类下的特色本科专业1个，成为全国唯一涵盖4个舞蹈专业的院校。教育学院获市教委创新教学团队称号。国标舞系在黑池舞蹈节团体舞和竞技比赛中分别获摩登团体舞冠军和拉丁团体舞亚军。牵头组建中国音乐剧协会创作专业委员会，搭建音乐剧人才培养和原创作品孵化平台。多部优秀作品入围第12届全国"桃李杯"舞蹈教育教学成果展示活动。"中国舞蹈跨文化交流理论与实践研究""当代中国舞剧的历史脉络、创作实践与发展态势研究（1949—2019）"获批国家社科基金艺术学重大项目。获批省部级以上科研项目12个、国家社科基金艺术学一般项目1个、省部级项目9个。教师发表论文150篇，含国外期刊论文4篇，其中，3篇被世界顶级期刊数据库收录。出版专著3部、编著11部，获得省部级学术成果奖1项。以习近平讲述的十个红色故事为素材创编舞蹈诗《那些故事》，并作为主题教育成果登陆"学习强国"平台展示。

交流合作。与多所国外高校建立学位联合培养、校际师生交流等项目。获批设立"北京市高等院校菁英奖学金"项目。开展引智和来访工作，聘请外国和中国港澳台地区专家教师85人次，接待参观访问团组29批、约170人次。举办"一带一路"民族传统舞蹈学术研讨会等学术交流活动；举办2019北京卓越艺术人才（舞蹈）培养高校联盟系列活动，推进"卓越联盟"建设。参与中国—中东欧国家舞蹈文化艺术联盟、中俄文化艺术高校联盟、欧亚太平洋学术协会、中欧人文艺术教育联盟。推进舞蹈孔子学院建设。

教学成果。学校通过"秋冬演出季"、"学院奖"、国家大剧院"春华秋实"演出季等艺术实践平台推动教学。芭蕾舞系成为首个在俄罗斯现代化舞蹈剧场演出的国际表演团体。《纸扇书生》《喜鹊衔梅》《越女凌风》获2019国家艺术基金支持，《"话说"南泥湾》获2019北京文化艺术基金支持。《玄音鼓舞》获第12届中国舞蹈"荷花奖"。《醉春风》《秧歌情》获第16届北京舞蹈大赛专业青年组群一等奖。《沉香》入选第五届全国高校"礼敬中华优秀传统文化"特色展示项目。

完成各项演出任务。800余名师生完成国庆庆祝活动文艺晚会排演任务。完成第二届"一带一路"国际合作高峰论坛、2019年中国北京世界园艺博览会开幕式、纪念中国—赞比亚文化年开幕暨中赞建交55周年文艺晚会等重要文艺演出任务。承办的2018年"欢乐春节"之"舞蹈《粉·墨》和《傩·情》9国巡演"项目获中宣部2018年"春节文化走出去优秀项目"奖。

党委书记　王旭东（6月免）
　　　　　巴图（6月任）
院　　长　郭磊

（段晓萌）

BDA舞蹈高峰论坛（2019）

11月30日至12月1日，舞蹈学院举办庆祝中华人民共和国成立70周年BDA舞蹈高峰论坛（2019）。论坛围绕舞蹈教学、舞蹈市场、舞蹈交流、舞蹈民生、舞蹈跨界、舞蹈创作等6个主题研讨交流。论坛设学科建设、中职教育、创作等8个分论坛。论坛同时上演《北京舞蹈学院艺术实践成果汇报演出》《北京舞蹈学院附中豆蔻年华实习实训演出》2场演出。全国各舞蹈院校、院团、行业协会和独立艺术团体近200余名专家和600余名舞蹈学者参加论坛。

（段晓萌）

中央民族大学

概述

2019年，中央民族大学占地面积38万平方米，产权校舍建筑面积38.24万平方米、非产权校舍建筑面积20.69万平方米。图书馆建筑面积2.45万平方米。全年教育经费投入15.28亿元。其中，财政拨款10.70亿元、自筹经费4.58亿元。固定资产总值18.77亿元，其中，教学、科研仪器设备资产值4.66亿元，信息化设备资产值14775.6万元。拥有网络多媒体教室244间。拥有图书215.99万册，计算机10121台。网络信息点20228个，上网课程137门，电子邮件系统用户45846个，管理信息系统数据总量7408GB，数字资源量中电子图书282.77万册、电子期刊3983013册、（硕、博士）学位论文20492册、音视频54680小时。学校由国家民委举办，为民族院校，设有2个校区（其中丰台校区正在建设中），设置1个学部、23个学院。开设66个本科专业，覆盖11个学科门类；具有一级学科27个；一级学科博士点5个；一级学科硕士点27个；专业学位授权点17个；博士后科研流动站5个，其中，博士后研究人员出站10人、进站6人、在站31人。"双一流"建设学科1个，国家级一流本科专业建设点12个，北京市级一流本科专业建设点4个，北京高校重点建设一流专业1个，北京高校高精尖学科3个。教职工1978人，其中，专任教师1152人，包括教授330人、副教授 365 人；博士生导师 197 人（另有兼职、返聘 14 人）、硕士生导师 974 人。“长江学者奖励计划”特聘教授 3 人、青年长江学者 1 人，哲学社会科学领军人才 2 人，国家民委突出贡献专家 8 人。外籍教师 123 人，其中，教授 90 人、副教授 16 人。学历教育学生中毕业生 6180 人，其中，研究生 1547 人（博士生 210 人、硕士生 1337 人）、普通本科生 2705 人、成人教育本专科生 1928 人（本科生 844 人、专科生 1084 人）。本科毕业生就业率 86.66%。招生 6300 人，其中，硕士研究生 1674 人（普通计划 1518 人、少数民族骨干计划 128 人、单独考试 8 人、退伍大学生士兵专项计划 20 人）、博士研究生 281 人（普通计划 237 人、少数民族骨干计划 30 人、对口支援西部地区高校专项计划 14 人）、普通本科生 2849 人、成人教育本专科生 1496 人（本科生 705 人、专科生 791 人）。高考北京地区提档线文科 618 分、理科 630 分。在校生 20504 人，其中，研究生 5362 人（博士生 1033 人、硕士生 4329 人）、普通本科生 11332 人、成人教育本专科生 3625 人（本科生 1945 人、专科生 1680 人）、预科生 185 人。留学生毕业 281 人（含非学历生 219 人）、招生 293 人（含非学历生 228 人）、在校生 683 人（含非学历生 316 人）。网址：www.muc.edu.cn。

2019 年，学校围绕立德树人，推进“双一流”建设，深化教育教学体制改革，各项事业取得全面发展。

学科建设。对学科建设基本状态数据进行系统摸底，梳理 27 个一级学科自第四轮学科评估以来的建设成效。研究制订《第五轮学科评估筹备阶段工作方案》《丰台校区和海淀校区功能划分方案》。获批北京市优质课程 4 个。完成《“双一流”建设 2018 年度进展报告》，组织开展“双一流”建设中期自评工作。启动“书香民大”系列文化育人课程建设行动，切实提高学生的审美情操和人文素养。深化“应用型专业 + 民族语”“一带一路建设 + 传统专业”“民族英才班”“新工科实验班”等特色人才培养模式改革，推进新文科和新工科专业建设。参与各项学科竞赛 32 类，获省部级及以上奖励 600 项，参与学生 5000 人次。

师资队伍。修订《中央民族大学高层次人才管理办法（试行）》。在全校范围内推进全员聘任工作，配套上调绩效工资。完善学校科级管理体制，建设正科级实职干部队伍。推进专业技术岗位全员聘任，制订《中央民族大学校内岗位聘用方案（2020—2022）》，完成专业技术岗位聘用的职称评审工作。全年引进高层次人才 18 人，组织教师参加培训、研修 108 人次。民大舞蹈学院获全国民族团结进步先进集体称号。

服务社会。成立铸牢中华民族共同体意识研究院、国家民委民族美术创意创新研究中心、中国边疆民族历史研究院、中国兴边富民战略研究院、光电子研究中心。主办 2019 年第十届东北亚民族文化论坛、中央民族大学美术学院成立 60 周年作品展暨民族美术高等教育 60 年成果回顾展，举办中国兴边富民战略研究院成立大会暨首届中国兴边富民论坛，承办第三届全国民族生态学大会、全国重点大学中文发展论坛第 20 次会议等高规格学术交流活动。与贵州省政府、阿坝藏族羌族自治州政府、新疆维吾尔自治区霍尔果斯经济开发区管委会、中央民族歌舞团、北京市气象局、河北民族师范学院等民族地区政府和高等院校、科研机构等签订合作协议 6 份。调整海南校区原有办学定位、办学内容，适应海南政府新需求，推动民大海南研究院建设。民大音乐学院作曲系教授斯琴朝克图委约新作品《戈壁之声》首演。

交流合作。学校与 44 个国家和地区的 200 余所大学和科研机构建立交流合作关系；与国外和中国港澳台地区高校签署合作协议 28 份，接待国（境）外来访 69 批次。组织校级公务团 5 个和艺术演出团 2 个出访。组织选派 383 名学生到国（境）外访学、交流，邀请、聘用 221 名外籍专家来校工作讲学。获批国家外专局引智经费 1224 万元。

庆祝新中国成立 70 周年服务保障。学校 3207 名师生参加国庆庆祝活动，其中，1842 人参加第 23 号方阵“民族团结”群众游行、100 人参加广场音乐区表演、740 人参加广场联欢表演、88 人参加文艺晚会演出、437 人参加志愿服务。学校组建参加国庆活动优秀师生代表宣讲团到新疆、西藏、宁夏、广东和北京市教育系统等地开展“小我融入大我，青春献给祖国”主题宣讲。

党委书记 张京泽
校　　长 黄泰岩

（周翊兰）

首个中外合作办学项目获批

4 月 4 日，民大与爱尔兰国立科克大学合作举办的环境科学专业本科教育项目获批。这是学校首个申请并获批的中外合作办学项目。项目开设专业为环境科学，纳入国家普通高等教育招生计划，采用“2+1+1”双学位培养模式和国际化教学体系，培养具有扎实专业基础、跨文化交流能力和开阔国际视野的高水平复合人才。项目计划 2019 年开始招生，每年招收 40 人，学制 4 年。

（周翊兰）

在京少数民族传统节日活动召集人培训班

4 月 26 日，民大举办在京少数民族传统节日活动召集人培训班。中央民族干部学院教授和国家民委研究室民族问题研究中心副主任分别作《新时代民族工作的根本遵循——深入学习习近平总书记关于民族工作重要论述》《在京民族传统节日活动如何在促进“三交”和铸牢中华民族共同体意识方面更好地发挥积极作用》主题报告。与会少数民族传统节日召集人对《关于在京少数民族传统节日活动促进新时代首都民族团结进步事业发展的指导意见》征询稿进行讨论。28 个民族的 51 人参加培训班。

（周翊兰）

首次对外举办教学技能工作坊

7 月 16 日至 18 日，民大教师教学发展中心首次对外举办教学技能工作坊（Instructional Skills Workshop，

ISW）。工作坊采用参与式、体验式的学习方法，学员在引导员带领下以小组为单位学习研讨。首期工作坊包括为期4天的集体备课和每天课后不少于5个小时的反思总结，20名参训教师分别来自吉林财经大学、湖南师范大学、内蒙古师范大学等9所高校。

（周翊兰）

首届西部高校、民族院校新闻传播学科院长论坛

9月6日，民大召开首届西部高校、民族院校新闻传播学科院长论坛。论坛探讨西部高校、民族院校新闻传播学科的建设经验与问题，认为西部高校和民族院校自身建设面临资源配置不均衡、办学主体性不足、学科自信不足等现实瓶颈与制约因素。论坛由民大倡议，西安交通大学、兰州大学、云南大学等12所高校联合发起，设立知行奖，表彰在新闻传播教学、研究领域作出重要贡献的教师、教学成果、科研成果，以及学术优秀、知行合一的本科生与研究生。来自云南大学、广西大学、宁夏大学，以及国家民委5所直属院校的100人参加论坛。

（周翊兰）

首届经济学拔尖人才创新班开班

12月24日，民大首届经济学拔尖人才创新班开班。创新班注重经济学基础理论和方法训练，引进国际和国内知名经济学家加盟，旨在培养具备较高经济理论素养、掌握现代经济学分析方法、拥有开阔国际视野的高端人才。创新班经个人申请、笔试、面试等环节，面向全校2019级学生择优录取学生35人，涵盖管理学院、理学院、生命与环境科学学院、信息工程学院4个教学单位。创新班学制4年，要求学生修满155个学分，毕业授予经济学学位。

（周翊兰）

中国政法大学

概述

2019年，中国政法大学占地面积40.24万平方米，产权校舍建筑面积50.14万平方米、非产权校舍建筑面积1.79万平方米。图书馆建筑面积24050平方米。全年教育经费投入153627万元，其中，财政拨款96496.63万元、自筹经费57130.37万元。固定资产总值165032.45万元，其中，教学、科研仪器设备资产值24111.57万元，信息化设备资产值11738.9972万元。拥有教室247间，其中，网络多媒体教室213间、机房15间、智慧教室15间、模拟法庭4间。拥有图书500.38万册，计算机1341台。网络信息点数17394个，上网课程161门，电子邮件系统用户26940个，管理信息系统数据总量82000GB，数字资源量中电子图书241.13万册、电子期刊761196册、学位论文6102181册、音视频5000小时。学校由教育部举办，为政法院校，设有2个校区，设置法学院等18个教学单位、诉讼法学研究院（教育部人文社会科学重点研究基地）等11个在编科研机构、资本金融研究院等13个新型研究机构、司法文明协同创新中心等7个协同创新中心。开设24个本科专业，覆盖7个学科门类；具有一级学科13个；一级学科博士点4个、博士学位授权点38个；硕士学位授权点78个、硕士专业学位授权类别8个；博士后科研流动站4个，其中，博士后研究人员出站29人、进站26人、在站123人。“双一流”建设学科1个，国家级一流本科专业建设点6个，北京市级一流本科专业建设点1个，北京高校重点建设一流专业2个，北京高校高精尖学科1个。教职工1845人，其中，专任教师1006人，包括教授347人、副教授422人；博士生导师206人、硕士生导师693人。“全国杰出资深法学家”7人；“全国十大杰出青年法学家”6人；“新世纪百千万人才工程”3人；“新世纪优秀人才支持计划”28人；享受国务院特殊津贴人员46人；“长江学者奖励计划”特聘教授2人、青年长江学者4人；“国家高层次人才特殊支持计划”青年拔尖人才1人；“哲学社会科学领军人才”3人；中宣部文化名家暨“四个一批”人才4人。外籍教师3人，其中，教授1人、副教授2人。学历教育学生中毕业生5071人，其中，研究生2046人（博士生129人、硕士生1917人），普通本科生2181人。本科毕业生就业率99.18%。招生4506人，其中，全日制研究生2124人（博士生274人、硕士生1850人）、非全日制研究生261人、普通本科生2121人。留学生36人，成人本科生746人，在职硕士62人。高考北京地区提档线文科628分、理科643分。在校生20013人，其中，全日制研究生7314人（博士生1349人、硕士生5965人）、普通本科生9962人、成人教育本科生1295人、成人函授本科生1091人。留学生毕业101人、招生132人、在校生304人。网址：www.cupl.edu.cn。

2019年，学校推进目标责任制落实，落实立德树人的根本任务，推进“双一流”建设，全面推进学校各项事业向前发展，在新时代中国特色世界一流法科强校建设上取得可喜成绩。

学科和专业建设。学校以学科建设为龙头，探索构建中国特色世界一流法学学科体系。印发《中国政法大学建设一流本科教育行动方案》和《中国政法大学建设高水平研究生教育行动方案》。法律职业伦理设置为法学目录外二级学科；新增招生学科1个；新增博士后科研流动站1个；建立学科建设与指导联席会议制度；马克思主义学院入选北京市首批重点建设马克思主义学院名单。

人才培养。学校坚持“以本为本、强研促优”，落实一流本科教育和高水平研究生教育行动方案，深化新时代教育教学改革，提高人才培养质量。对标国家标准，修订完善本科各专业培养方案，在博士、硕士各专业开设核心课程，引领法学教育改革；围绕一流本科课程建设，推动本科课堂教学方式方法改革；加强课程思政建设，启动首批85门课程思政示范课建设工作；获北京高校优秀育人团队、本科教学改革创新重点项目、优质本科教材重点项目、虚拟仿真实验教学项目等十余项重要教改立项；牵头成立北

京卓越法治人才培养联盟；与国家体育总局，重庆市高级人民法院，陕西省、河北省人民检察院等机构开展战略合作，共建实习实践基地；与世界银行签订学生实习项目协议，实现研究生在国际高端组织有规模地实习。

科学研究和社会服务。学校获纵向科研立项近百项，新获国家社科基金重大项目3个；4名教师的科研成果获北京市哲学社会科学成果一、二等奖。共建高层次研究基地6个，建设全面依法治国研究院、雄安新区法治高等研究院。参与国家和北京市等地方立法咨询工作，与司法部共建全国法治宣传教育基地，接受有关部门委托开展法治政府示范创建第三方评估工作。获2019年首都劳动奖状，是本年度唯一一所获评首都劳动奖状的高校。

人才队伍建设。推进人才强校战略。入选“全国杰出资深法学家”2人、部级优秀人才计划及青年人才计划5人；获北京市高校教学名师奖1人、“宝钢教育奖”优秀教师奖2人。继续实施“钱端升杰出学者支持计划”，遴选出新的一批钱端升学者、钱端升青年学者；加大教师培训力度，依托党委教师工作部、教师发展中心等平台，全面加强师德师风建设和教育教学能力培训；制定《中国政法大学与实务部门人员交流互聘办法》《中国政法大学青年教师实务部门实践锻炼管理办法》等，鼓励教师参加实务部门挂职锻炼。

国际合作与交流。与美国圣路易斯华盛顿大学的合作办学项目获教育部批准；获全国首批国家公派国际组织后备人才培养项目资助；加入亚洲法律学会；合作高校及国际组织和机构增至267个，合作国家和地区增至54个。派遣千余名师生出境交流。

庆祝新中国成立70周年服务保障。学校1300余名师生参加国庆活动，其中，1063名师生组成群众游行第22号“民主法治”方阵，73名师生参加广场联欢活动、加入千人合唱团。

党委书记 胡明
校　　长 马怀德（5月任）
　　　　　黄进（5月免）

（陈泉廷）

12月7日，法大邀请最高人民检察院党组书记、检察长张军来校授课（法大 供）

与美国高校合作办学项目获批

8月22日，法大与美国圣路易斯华盛顿大学合作举办的国际法专业硕士研究生教育项目获教育部批准。该项目办学层次和类别为硕士研究生教育，学制3年，每期招生30人。招生起止年为2020年至2023年（每年1期），招生方式纳入国家硕士研究生招生计划，参加全国硕士研究生统一入学考试。开设专业或课程为国际法学。

（陈泉廷）

与市人大常委会签署合作协议

12月6日，法大与市人大常委会签署合作框架协议，共同建立中国政法大学立法研究院暨北京市人大常委会立法研究基地。根据协议，研究院以精准服务地方立法工作为宗旨，聚焦校内外优质资源与学术力量，围绕市人大常委会的重大立法决策部署开展研究，把研究院建设成为地方立法实践和理论研究的新型高端智库。研究院实行“双院长制”，市人大常委会法制办公室主任王荣梅、中国政法大学副校长担任院长，负责统筹安排研究院研究活动的策划、组织、协同、实施和管理等工作。

（陈泉廷）

华北电力大学

概述

2019年，华北电力大学占地面积97.93万平方米，产权校舍建筑面积112.93万平方米。图书馆建筑面积3.79万平方米。全年教育经费投入216749.78万元，其中，财政拨款114489.17万元、自筹经费102260.61万。固定资产总值407307.53万元，其中，教学、科研仪器设备资产值95987.08万元，信息化设备资产值36820.17万元。拥有教室481间，其中，网络多媒体教室363间。拥有图书70.55万册，计算机22566台。网络信息点31850个，电子邮件系统用户46861个，管理信息系统数据总量480GB，数字资源量中电子图书1513794册、电子期刊464415册、学位论文3956118册、音视频162009.5小时。学校由教育部举办，为理工院校，设有北京校部和保定校区，设置学院14个，教学部1个，另设有国际教育学院、研究生院、继续教育学院、艺术教育中心和工程训练中心等。开设60个本科专业，覆盖7个学科门类；具有博士学位一级学科授权点7个，硕士学位一级学科授权点23个，专业学位授权类别13个；博士后科研流动站6个，其中，博士后研究人员出站25人、进站35人、在站76人。“双一流”建设学科1个，二级学科国家重点学科2个、省部级重点学科25个；国家重点实验室1个、国家工程实验室1个；国家工程技术中心1个；省、部级设置的研究院（所、中心）、实验室共22个。教职工2985人，其中，专任教师1962人，包括教授453人、副教授735人；博士生导师293人、硕士生导师1012人；工程院院士2人。学历教育学生中毕业生10674人，其中，研究生2449人（博士生195人、硕士生2254人）、普通本科生5294人、成人教育本专科生2818人（本科生2063人、专科生755人），在职人员攻读硕士学位1133人。本科毕业生就业率90.84%，硕士生就业率96.60%，博士生就业率97.04%。招生14611人，其中，研究生4042人（博士生250人、硕士生3792人）、普通本科生6046人、成人教育本专科生4523人（本科生3443人、专科生1080人）。高考北京地区提档线文科614分、理科627分。在校生43148人，其中，研究生11472人（博士生1122人、硕士生10350人）、普通本科生23950人、成人教育本专科生7726人（本科生6049人、专科生1677人）。在职人员获取硕士学位1133人。留学生毕业218人、招生483人、在校生940人。网址：www.ncepu.edu.cn。

2019年，学校围绕立德树人根本任务，聚焦高水平研究型大学建设目标，着力实施“四个策略”，全力构建“五个体系”，积极推进“双一流”建设。

“双一流”建设。组织编制“双一流”建设实施方案，制定“双一流”建设管理办法和资金管理办法。新增一级学科博士点2个，硕士专业学位授权点2个。

人才培养。“大思政”工作格局初步确立。通过教育部本科教学工作审核评估，首次召开全校本科教育工作大会，建设一流本科。启动“双一流”研究生人才培养项目建设，完成34个学位授权点自评，完善博士研究生选拔机制，开展研究生优质课程建设工作，实施研究生国际交流计划。与中科院工程热物理所联合成立吴仲华学院，成立人工智能实验班。电气工程及其自动化、核工程与核技术专业通过教育部工程教育专业认证。学生获各类国际、国家级竞赛奖582项，省部级奖471项。承办首届全国大学生可再生能源科技竞赛。获第四届“艾工程、创未来”技术竞赛全国总决赛特等奖。

科技创新。国家自然科学基金创新研究群体项目和教育部哲学社会科学研究重大课题攻关项目取得零突破。承担各类科研项目1089个，包括国家科技计划项目45个、国家自然科学基金和社科基金项目72个，获国家、省部级科技成果奖49项。科研经费合同额超过7亿元，到位经费4.89亿元。成立国家能源交通融合发展研究院、先进材料研究院、能源电力大数据研究院等跨学科研究机构。召开全校科技创新大会，邀请诺贝尔化学奖获得者和47名两院院士开展前沿学术交流。

人事人才工作。开展聘期考核和新一轮岗位聘任，修订专业技术职务评聘办法，完成机构设置及定岗定责基础工作，推进养老保险及职业年金的实扣实缴工作，制定七级及以下职员职级晋升办法。

合作与交流。与中国大唐集团有限公司、国家能源投资集团有限责任公司、中国长江三峡集团有限公司达成战略合作。与中国华能集团有限公司合作成立“华电‘一带一路’能源学院”。与挪威科技大学、东京大学等10所世界知名大学建立合作关系，与“一带一路”沿线主要国家15所知名高校达成战略合作伙伴。主办“能源革命与大学责任”中外大学校长论坛，启动“一带一路”能源学院伙伴计划。建设印尼海外继续教育基地。

条件保障。建成大学主数据平台、移动端数字门户、IT运维平台、两校区视频会议系统和教师综合信息查询系统，分步推进“一表通”系统建设，升级网站群，信息化水平进一步提升。北京校部15号学生宿舍楼、保定校区20号学生宿舍楼投入使用。

庆祝新中国成立70周年服务保障。1454名师生代表参加“创新驱动”方阵群众游行，72名学校合唱团成员参与广场合唱，200余人参与志愿服务。

党委书记 周坚
校　　长 杨勇平

（王振华）

北京未来科学城电力大数据协同创新联盟成立

11月13日，电力大学、北京科技协作中心等43家单位共同发起成立北京未来科学城电力大数据协同创新联盟。联盟围绕未来科学城发展定位目标，以电力生产、输送、消费等环节的数据为核心要素，结合能源结构升级和新能源技术发展，融合云计算等前沿信息技术，通过电力数据的开放、共享、流通和交易，促进电力大数据融通，拓展电力大数据应用场景，构建电力大数据协同创新生态，提升能源技术和服务水平，推动电力数字经济高质量发展。联盟秘书处设在北京科技协作中心、电力大学。联盟首批聘任11名专家担任专家委员会委员。

（王振华）

氢能联合实验室揭牌

12月20日，中国长江三峡集团有限公司—电力大学氢能联合实验室揭牌。实验室由中国长江三峡集团有限公司科学技术研究院依托电力大学能源动力与机械工程学院进行建设。实验室通过科研项目合作、人才培养等方式开展相关领域自主合作科研项目，打造产学研用相结合的科研创新平台，为集团氢能发展提供科研、技术、人才支撑。研究团队由两单位人员共同组成，其中，三峡集团10人，电力大学7人。

（王振华）

中华女子学院

概述

2019年，中华女子学院占地面积10.60万平方米，产权校舍建筑面积10.61万平方米，非产权校舍建筑面积3.65万平方米。图书馆建筑面积12614平方米。全年教育经费投入27467.37万元，其中，财政拨款20991.29万元、自筹经费6476.08万元。固定资产总值5020.46万元，其中，教学、科研仪器设备资产值425.93万元，信息化设备资产值9072.71万元。拥有教室121间，全部为网络多媒体教室。拥有图书68.49万册，计算机3948台。网络信息点5000个，上网课程294门，电子邮件系统用户8506个，管理信息系统数据总量407GB，数字资源量中电子图书267.31万册、电子期刊105.48万册、学位论文659.19万册、音视频26000.93小时。学校由全国妇联举办，为语文院校，设有3个校区，设置15个院（系）。开设1个社会工作专业硕士点、24个本科专业、4个高职专业，覆盖7个学科门类；具有一级学科12个，专业硕士学位授权点1个，北京市级一流本科专业建设点2个。教职工497人，其中，专任教师354人，包括教授32人、副教授91人；国家级高层次人才3人，省部级高层次人才6人。享受国务院特殊津贴8人。学历教育学生中毕业生1747人，其中，硕士研究生52人、普通本专科生1657人（本科生1136人、专科生521人）、成人教育专科生38人。本科毕业生就业率67%。招生数1324人，其中，硕士研究生64人、普通本专科生1260人（本科生1163人、专科生97人）。高考北京地区提档线文科436分。在校生5828人，其中，硕士研究生130人、普通本专科生5698人（本科生4764人、专科生934人）。留学生毕业26人、招生25人、在校生50人。网址：www.cwu.edu.cn。

2019年，学校建校70周年，聚焦落实习近平总书记关于教育工作、妇女工作的重要讲话和女子学院改革的重要指示精神，各项工作稳步推进。

融合多学科领域，教育教学改革取得新进展。把法学、社会学、教育学重点学科专业作为硕士点建设规划项目，划拨学科建设经费400万元支持优势特色专业建设。举行“育慧书院”开学典礼，正式启动卓越女性人才培养工作。召开学校思想政治课教学改革研讨会、学科入门指导研讨会，建设2019年在线开放课程7门。

突出女性性别研究特色，服务国家和社会发展见成效。“社会主义发展进程视域下中国妇女运动经验研究”项目获批国家社科基金项目。完成第四本妇女教育蓝皮书《新时期女大学生的成长与发展》的编写和出版工作。拨付40余万元专项资金用于资助学校中国女性图书馆承担的妇女口述历史项目。承接国务院妇儿工委委托课题“2021—2030年中国妇女发展纲要”专家建议稿项目和“推动将家庭建设新需求新期盼新情况新问题纳入新一轮中国妇女发展纲要的前瞻性研究”项目。与汕头大学合作开展“女大学生女性领导力培育及女性前沿研究”，与国家卫生健康委合作开展“社会力量扶助计划生育特殊家庭模式研究”，主持起草《中国妇女发展纲要》（2020—2030）建议稿。依托联合国教科文组织“媒介与女性”联合教席，与全国妇联、中国国际新媒体短片节等合作加强性别平等文化传播。

加强社会合作，加快国际化办学进程。举办2019年第一期“一带一路”国家人才培养基地项目卓越女性领导力培训班。摄制《世界因她而绽放》短片，硕士研究生受邀参加纪念“三八”国际妇女节中外妇女招待会。首次实施资助和奖励学术赴国境外交流和学习，资助80名优秀贫困生、学生干部和育慧书院学生赴香港学习交流。

庆祝新中国成立70周年服务保障。133名师生参加国庆庆祝活动，其中，阅兵女民兵方队67人、广场合唱65人、群众联欢导演组成员1人。学校女民兵方阵代表7人参加首都教育系统服务保障国庆活动宣讲团赴新疆、天津等地参加宣讲。

党委书记　李明舜
院　　长　刘利群

（杨莉锋）

庆祝建校70周年

12月6日，女子学院举行建校70周年纪念大会。会议介绍学院发展情况，中国人民大学党委书记、韩国诚信女子大学校长分别致辞，表彰学校服务保障国庆庆祝活动的师生。商务部、全国妇联、市教委等单位相关负责人，国内院校和教育机构代表，联合国妇女署以及来自亚洲、非洲、拉丁美洲的23个国家和地区嘉宾和学院师生代表等200余人参加会议。校庆期间，学校举办建校70周年教学成果展演、第三届中外女子大学校长论坛、全球女性发展论坛等活动。女子学院起源于1949创建的新中国妇女职业学校；1950年更名为中华全国民主妇女联合会妇女干部学校；1987年更名为中国妇女管理干部学院，开始举办学历教育与非学历教育；1995年，更名为中华女子学院；2012年，学校成为服务国家特殊需求人才培养项目社会工作硕士专业学位研究生培养试点工作单位；2013年，首次招收社会工作专业研究生30人。至2019年，学校累计培养毕业生20684人，培训38119人次。

（杨莉锋）

首届新时代家庭建设论坛

12月7日至8日，女子学院举办首届新时代家庭建设论坛暨第四届中国家庭学科研讨会。会议围绕家庭文明、家庭教育、家庭服务、家庭研究等与家庭相关的重点社会议题探讨交流。同时分享在绿色家庭生活、家庭公益实践、家庭健康保健、家庭居住环境、家庭服装文化、家庭传统手工艺、家庭综艺节目、家庭体育指南、家政学领域的最新研究成果。全国妇联和各级妇联的领导和工作人员、高校和科研院所从事家庭学科研究的专家和学者80余人参加会议。

（杨莉锋）

北京信息科技大学

概述

2019 年，北京信息科技大学占地面积 33.86 万平方米，产权校舍建筑面积 33.32 万平方米、非产权校舍建筑面积 0.54 万平方米。图书馆建筑面积 0.97 万平方米。全年教育经费投入 154485.59 万元，其中，财政拨款 135390.25 万元、自筹经费 19095.34 万元。固定资产总值 131862.38 万元，其中，教学、科研仪器设备资产值 73276.33 万元，信息化设备资产值 28233.12 万元。拥有教室 146 间，全部为网络多媒体教室。拥有图书 128.78 万册，计算机 8466 台。网络信息点 14021 个，上网课程 574 门，电子邮件系统用户 13412 个，管理信息系统数据总量 168GB，数字资源量中电子图书 189.83 万册、电子期刊 111.24 万册、学位论文 961.31 万册、音视频 9.34 万小时。学校由北京市举办，为理工院校，设有 5 个校区，设置 12 个院（系、部）。开设 40 个本科专业，覆盖 5 个学科门类；具有一级学科 13 个；一级学科硕士点 13 个、二级学科硕士点 43 个、硕士专业学位授权类别 6 个；博士后科研工作站 1 个，其中，博士后研究人员进站 4 人、在站 4 人。“双一流”建设学科 2 个，国家级一流本科专业建设点 5 个，北京市级一流本科专业建设点 2 个，北京高校重点建设一流专业 2 个，北京高校高精尖学科 2 个。省部级重点实验室 26 个，其中，教育部重点实验室 2 个、北京实验室 1 个、北京重点实验室 6 个、北京市国际科技合作基地 3 个、北京市哲学社会科学研究基地 1 个、北京市高校工程中心 1 个。教职工 1492 人，其中，专任教师 935 人，包括正高级 146 人、副高级 421 人；硕士生导师 345 人。国家级“百千万人才工程”2 人；北京学者 3 人、青年北京学者 1 人，北京市“新世纪百千万人才工程”4 人。外籍教师 16 人，其中，教授 7 人、副教授 1 人。学历教育学生中毕业生 4897 人，其中，硕士研究生 438 人、普通本科生 2307 人、成人教育本专科生 2152 人（本科生 756 人、专科生 1396 人）。本科毕业生就业率 99.19%。招生 5640 人，其中，硕士研究生 614 人、普通本专科生 2734 人（本科生 2631 人、专科生 103 人）、成人教育本专科生 2292 人（本科生 1323 人、专科生 969 人）。高考北京地区提档线文科 546 分、理科 512 分。在校生 18150 人，其中，硕士研究生 1587 人、普通本专科生 11084 人（本科生 10909 人、专科生 175 人）、成人教育本专科生 5479 人（本科生 3190 人、专科生 2289 人）。留学生毕业 12 人、招生 60 人、在校生 164 人。网址：www.bistu.edu.cn。

2019 年，学校紧扣立德树人根本任务，加强“五个环境建设”（空间环境、办学环境、育人环境、治理环境、情感环境建设），建设信息特色鲜明的高水平大学。

思政课与“课程思政”改革创新。实施思政课建设“111”计划，推进“信息 + 思政课”建设，成立马克思主义理论大数据研究中心，在 50 门课程试点的基础上，把“课程思政”融入 2020 版本科专业人才培养方案、教学大纲。组织青年马克思主义者培养学院第一期培训班开班、2019 年“树人班”开班。

学科建设与科研工作。2 个学科入选北京高校高精尖学科建设名单，其中，仪器科学与技术为学校与清华大学共建学科。光电测试技术与仪器教育部重点实验室通过教育部评估，智能决策与大数据应用、高端装备智能感知与控制北京市国际科技合作基地获市科委认定。科研总经费突破 2 亿元。获批国家级重点项目（课题）7 个，新增国家自然科学基金和国家社会科学基金项目 26 个。发表学术论文 1239 篇，获各类知识产权授权 345 项、获省部级奖励和社会力量设奖 16 项。新增市科技计划、市自然科学基金、市社科基金 42 项。完成国军标 GJB9001C 质量管理体系换版工作，获 ISO9001 质量管理体系认证，军方型谱项目立项 1 个，与军方联合建设军民融合协同创新实验室 1 个。获北京市哲学社会科学优秀成果奖 2 项和全国性行业奖励 9 项，完成北信计算机工程公司改制，组建北信科大学校资产管理有限公司。

师资建设。40 岁以下青年教师的数量增至 427 人，占比 43.40%；博士学位教师占比 63.80%，高级职称教师占比 54.70%。制订《博士后工作管理办法（试行）》。完善“四位一体”师德建设体系架构，规范师德师风考核流程，开展师德师风培训，制定《教师职业道德规范》《师德“一票否决”实施细则（试行）》《教师思想政治工作规划（2019—2023）》等文件。1 人当选第 13 批北京市有突出贡献的科学、技术、管理人才。

人才培养。网络工程专业通过 2018 年中国工程教育认证。在校学生获省部级以上学科竞赛奖励 500 余项，获奖学生 1300 余人次。14 个省份理科录取分数线超过生源地一本控制线或自主招生线 50 分以上。

交流合作。与海外院校新签署合作协议 16 项，与爱沙尼亚塔林理工大学等 5 所“一带一路”沿线国家院校建立合作关系。引进长、短期外国专家 44 人次。派出学科群学术骨干和干部教师赴国外交流访问、参加国（境）外培训 141 人次，出访团组 66 个。开展各类学生出国交流项目 37 个，派出长、短期交流本科生 263 人次，派出研究生 97 人次，比上年增长 18.30%。组织教师赴德国开展“人工智能技术在教学科研领域的应用”专题培训，并继续向国外高水平院校派出中长期访问学者 13 人。新增生源国喀麦隆、摩洛哥、越南等 6 个国家和地区。首次开设国际经济与贸易专业全英文授课班。

庆祝新中国成立 70 周年服务保障。2370 名师生参加国庆群众游行第 5 号“浴血奋战”方阵，校团委被授予北京市筹备和服务保障国庆 70 周年活动先进集体；10 名师生参加首都教育系统服务保障国庆活动宣讲团赴安徽宣讲。

党委书记 王传亮
校　　长 王永生

（孙旭）

马克思主义理论大数据研究中心揭牌

12 月 11 日，信息科大马克思主义理论大数据研究中心揭牌。中心由马克思主义学院牵头，联合经济管理学院、信息管理学院、拓尔思信息技术股份有限公司的相关研究力量成立。中心运用大数据的理论和方法，关注马克思主义在世界各国的发展，梳理马克思主义理论发展的历史脉络，分析马克思主义理论与实践的未来走向，研究中心主要职责是学术研究、课题开发以及政策咨询。中心共有教师 27 人，其中，马克思主义学院 11 人、经济管理学院 8 人、信息管理学院 7 人、拓尔思信息技术股份有限公司 1 人，包括教授 2 人、副教授 11 人。

（孙旭）

建立“师生服务热线”

12 月 25 日，信息科大开通“师生服务热线”。热线旨在健全完善学校师生反映问题的快速响应、处置、反馈、督办工作机制，提升学校师生诉求的解决率和满意率。热线由学校“接诉即办”领导小组直接领导，由党委办公室、校长办公室协同后勤管理处日常管理、维护，由学校接诉即办领导小组办公室负责运营。通过“受理及响应—办理—反馈—考评”形成工作流程的闭环。主责单位坚持“首办负责”机制，对于职责范围内能够直接办理的诉求进行即接即办，不能独立办理的诉求坚持“协调调度”机制，主动协调相关部门办理，形成部门联动体系，增强条块工作合力。

（孙旭）

中国矿业大学（北京）

概述

2019 年，中国矿业大学（北京）占地面积 33.21 万平方米，产权校舍建筑面积 56.07 万平方米。图书馆建筑面积 14985 平方米。全年教育经费投入 125087 万元，其中，国家拨款 73799 万元、自筹经费 51288 万元。固定资产总值 208785 万元，其中，教学、科研仪器设备资产值 51052 万元，信息化设备资产值 10505 万元。拥有教室 215 间，其中，网络多媒体教室 178 间。拥有图书 97.8 万册，计算机 7912 台。网络信息点 22550 个，上网课程 3 门，电子邮件系统用户 19920 个，管理信息系统数据总量 19GB，数字资源量中电子图书 228 万册、电子期刊 992208 册、学位论文 12557574 册、音视频 125881 小时。学校由教育部举办，为理工院校，设有 2 个校区，设置研究生院和 12 个二级学院。开设 67 个本科专业，覆盖 8 个学科门类；具有一级学科 51 个；一级学科博士点 17 个、二级学科博士点 73 个；一级学科硕士点 34 个、二级学科硕士点 155 个、硕士专业学位授权类别 15 个、工程硕士授权领域 8 个。博士后流动站 16 个，其中，博士后研究人员出站 26 人、进站 32 人、退站 3 人、在站 118 人。“双一流”建设学科 2 个，国家级一流本科专业建设点 9 个，北京市级一流本科专业建设点 1 个，北京高校重点建设一流专业 2 个，北京高校高精尖学科 2 个。国家重点实验室 2 个、国家工程研究中心 2 个、教育部工程研究中心 2 个、北京重点实验室 2 个。教职工 1040 人，其中，专任教师 759 人，包括正高级 191 人、副高级 264 人；教授 182 人、副教授 241 人；博士生导师 211 人、硕士生导师 241 人；中科院院士 1 人、工程院院士 8 人。“长江学者奖励计划”特聘教授 9 人、青年长江学者 1 人；“国家高层次人才特殊支持计划”领军人才 3 人、青年拔尖人才 1 人；“国家杰出青年科学基金”获得者 7 人，“国家优秀青年科学基金”获得者 7 人。国家有突出贡献的中青年专家 7 人，全国优秀教师 2 人。外籍教师 3 人，其中，教授 2 人、副教授 1 人。学历教育学生中毕业生 4276 人，其中，研究生 1610 人（博士生 245 人、硕士生 1365 人）、普通本科生 1608 人、成人教育本专科生 1058 人（本科生 397 人、专科生 661 人）。本科毕业生就业率 91.64%、研究生毕业生就业率 96.61%。招生 5090 人，其中，研究生 2408 人（博士生 324 人、硕士生 2084 人）、普通本科生 1970 人、成人教育本专科生 712 人（本科生 653 人、专科生 59 人）。高考北京地区提档线文科 606 分、理科 597 分。在校生 16138 人，其中，研究生 7311 人（博士生 1310 人、硕士生 6001 人）、普通本科生 7919 人，成人教育本专科生 908 人（本科生 844 人、专科生 64 人）。留学生在校生 7 人。学校网址：www.cumtb.edu.cn。

2019 年，学校庆祝建校 110 周年，确立建设成为世界一流能源科技大学的奋斗目标，统筹推进“双一流”建设，不断深化综合改革，各项事业稳步推进。

人才培养。打造精英本科生培养体系，建设一流本科教育。信息与计算科学、地球物理学等 9 个专业入选国家级一流本科专业建设点。电气工程及其自动化专业入选北京市级一流本科专业建设点。地球物理学、城市地下空间工程 2 个专业入选北京高校重点建设一流专业。

师资队伍建设。入选“长江学者奖励计划”特聘教授 2 人；北京高校卓越青年科学家计划 1 人；北京市科技新星计划 2 人，获 2019 年北京市高校教学名师 1 人，1 人同时入选 2018 年中国高被引学者榜和 2019 年度“全球高被引科学家”名单，获第二届中国生态文明奖 1 人、中国地质学会青年地质科技金锤奖 1 人、青年人才托举工程 1 人、全国煤炭教育工作先进个人 4 人、全国高校英语教师基本功大赛一等奖 1 人。

科研创新。科研经费首次突破 3 亿元。创造获批自然科学项目数和资助总额、人文社科类项目资助总额均创历史最高水平的“三高”佳绩。获中国专利金奖 1 项，国家技术发明奖二等奖 1 项、国家科技进步奖二等奖 2 项，教育部高等学校科学研究优秀成果奖（科学技术）一等奖 1 项、二等奖 1 项，全国高校教师教学创新大赛一等奖 1 项。

协同创新。成立全国煤炭行业新工科教育创新中心，组建智慧矿山与机器人研究院、先进采矿研究院、矿山生态修复研究院等科研机构，在北京、天津、南京、鄂尔多斯建立协同创新平台，参与组建地下空间 5G 联合实验室，与国家能源集团、中煤科工集团等知名企业签署战略合作协议。举办“清洁能源时代的大学使命”中外大学校长论坛，发起成立“一带一路”矿业高校联盟。

服务社会。做好定点扶贫工作，开展“以购代捐”活动，累计购买扶贫农产品 479.70 万元；学校获河池市 2018 年度全市脱贫攻坚先进集体和先进个人贡献奖。采取“以购代捐”“以买代帮”等方式，分次采购和代销都安县优质牛肉 300 吨，总价值 2000 余万元，推动消费扶贫“贷牛还牛”项目落地实施。

庆祝新中国成立 70 周年服务保障。450 名师生参加国庆庆祝活动，组成“美好生活”群众游行方阵。学校先后开展“青春为祖国歌唱”“奋斗的我、最美的国”等主题宣讲活动，与北京第二外国语学院组成首都教育系统服务保障国庆活动宣讲团赴西藏开展宣讲。

党委书记　徐孝民
校　　长　葛世荣

（杨恬）

庆祝建校 110 周年

11 月 10 日，矿大举办建校 110 周年纪念大会。会议明确努力把学校建设成为世界一流能源科技大学的战略目标。教育部、应急管理部、市教委、北京大学、俄罗斯伊尔库茨克国立技术大学、国际矿山测量协会领导参加大会并致辞。国家有关部委、省市、企业领导，国内外高校校长、专家及学校师生等 2000 人参加会议。纪念大会后，学校举办战略合作签约暨新工科教育创新中心揭牌仪式和“清洁能源时代的大学使命”中外大学校长论坛。学校另于 3 月 1 日举行 110 周年校庆年启动仪式，发布校庆 LOGO，启动新校训、新校徽的公开投票活动。3 月至 10 月，学校以“传承 · 奋进 · 筑梦”为主题，以“育一流人才，创一流大学”为主线举办校庆系列活动 39 场。矿大起源于 1909 年创办的焦作路矿学堂；1938 年在陕西城固与其他三所高校合并组成国立西北工学院；1946 年，焦作工学院在河南洛阳复校；1950 年，以华北煤矿专科学校焦作工学院为基础成立中国矿业学院；1952 年，北洋大学、唐山交大、清华大学的采矿系调整到学校；1953 年，学校迁至北京，改称北京矿业学院；“文革”期间，学校更名为四川矿业学院；1978 年，在江苏徐州重新建校，同时在北京原址设立中国矿业学院北京研究生部，恢复研究生教育；1988 年，学校更名为中国矿业大学；1997 年，中国矿业大学北京校区成立，形成北京、徐州两个相对独立的办学实体；2003 年，经中央编制部门批复同意，以“中国矿业大学（北京）”名义办学；2004 年设立研究生院。至 2019 年，学校累计培养毕业生 88000 余人。

（杨恬）

地下空间 5G 技术创新应用联合实验室组建

11 月 14 日，矿大与中国联合网络通信集团有限公司、中国煤炭科工集团有限公司签署地下空间 5G 技术创新应用联合实验室组建协议。联合实验室旨在打造中国煤炭行业及地下空间 5G 创新技术的科研领军平台，实现多项关键技术突破，促进中国智慧矿山建设和地下空间智能化技术发展。学校与中国联通、中国煤科 3 方以 5G 无线技术为核心，围绕边缘计算、井下通信及高精度定位、智能装备及机器人等技术，以地下空间建设特别是煤炭开采智能化的应用为研究方向，发挥产、学、研、用一体化融合优势，研发打造相关产品、平台和解决方案，建立智慧矿山的新标杆。矿大、中国联通、中国煤科三方代表参加签约仪式。

（杨恬）

中国石油大学（北京）

概述

2019 年，中国石油大学（北京）占地面积 46.14 万平方米（不含新疆克拉玛依校区），产权校舍建筑面积 57.55 万平方米。图书馆建筑面积 17994 平方米。全年教育经费投入 230492.78 万元，其中，财政拨款 80854.52 万元、自筹经费 149638.26 万元。固定资产总值 28.81 亿元，其中，教学、科研仪器设备资产值 11.51 亿元，信息化设备资产值 38197.43 万元。拥有教室 212 间，全部为网络多媒体教室。拥有图书 123.69 万册，计算机 14266 台。网络信息点 28000 个，上网课程 8 门，电子邮件系统用户 45982 个，管理信息系统数据总量 9000GB，数字资源量中电子图书 3375010 册、电子期刊 47128 册、学位论文 8688157 册、音视频 18496 小时。学校由教育部举办，为理工院校，设有 2 个校区，设置 14 个院（系、部）及非常规油气科学技术研究院 1 个直属研究院；开设 29 个本科专业，一级学科博士点 14 个、二级学科博士点 3 个；一级学科硕士点 32 个、二级学科硕士点 2 个、硕士专业学位授权类别 15 个、博士专业学位授权类别 2 个；博士后科研流动站 11 个，其中，博士后研究人员出站 60 人、进站 51 人、在站 120 人。“双一流”建设学科 2 个，国家级一流本科专业建设点 11 个，北京市级一流本科专业建设点 4 个，北京市高精尖学科 2 个。国家重点实验室 2 个，国家工程实验室分室 5 个，国家能源重点实验室分室 1 个，国家能源研发中心分室 3 个，北京市重点实验室 9 个，北京市高等学校工程研究中心 1 个。教职工 1499 人，其中，专任教师 981 人，包括正高级 268 人、副高级 389 人；博士生导师 304 人、硕士生导师 772 人。中科院院士 3 人、工程院院士 2 人。“国家高层次人才特殊支持计划”领军人才 4 人、青年拔尖人才 3 人；“国家杰出青年科学基金”获得者 11 人，“国家优秀青年科学基金”获得者 9 人；国家重点基础研究发展计划首席科学家 5 人；国务院学位委员会学科评议组成员 4 人。国家级教学名师 1 人。学历教育学生中毕业生 20581 人，其中，研究生 1811 人（博士生 127 人、硕士生 1684 人）、普通本科生 2053 人、成人教育本专科生 1097 人（本科生 880 人、专科生 217 人）、网络教育本专科生 15620 人（本科生 4183 人、专科生 11437 人）。本科毕业生就业率 96.1%，研究生毕业生就业率 96.85%。招生 20831 人，其中，研究生 2728 人（博士生 398 人、硕士生 2330 人）、普通本科生 2245 人、成人教育本科生 383 人、网络教育本科生 15475 人。高考北京地区提档线文科 610 分、理科 594 分。在校生 126763 人，其中，研究生 7488 人（博士生 1543 人、硕士生 5945 人）、普通本科生 8074 人、成人教育本专科生 2771 人（本科生 1869 人、专科生 902 人）、网络教育本专科生 108430 人（本科生 39095 人、专科生 69335 人）。留学生毕业 289 人、招生 381 人、在校生 702 人。网址：www.cup.edu.cn。

2019 年，学校开展以下几个方面重点工作：

人才培养。适度扩大招生规模，新增新专业招生 3 个。推进“本博一体化”“本硕一体化”人才培养改革，人工智能学院招收首届本博一体化班。加强创新型人才国际合作培养项目申报工作。“双一流”建设通过中期评估。与中国美术馆签署共建美育基地合作协议，打造“高起点、高标准、宽领域”的美育育人平台。

科研成果。新增国家重点研发计划项目 1 个；获国家自然科学基金、国家社科基金资助项目 70 余个；非常规油气国际合作联合实验室获批立项建设。获各级科技奖励 70 项，其中，国家科学技术奖 2 项，省部级或社会力量设奖 68 项。获 2018 年高等学校科学研究创新成果奖 5 项，包括科技进步一等奖 1 项、科技进步二等奖 3 项、自然科学二等奖 1 项，其中，学校作为第一完成单位的获奖成果有 4 项。获专利授权 473 项，其中，发明专利 388 项，获国际专利授权 9 项。《石油科学》（英文版）、《古地理学报》（英文版）分别入选中国科技期刊卓越行动计划国家领军期刊和重点期刊，获项目经费支持 1000 万元。

国际合作。开拓学生出国留学项目。成立世界能源大学联盟秘书处，颁布联盟会徽，建立联盟网站，与联盟高校签署合作协议 26 份，举办首届世界能源大学联盟清洁能源科学与技术国际暑期学校。新增“创新型人才国际合作培养项目”1 个，举办国际古地理学会议等 10 余场高端国际学术会议。学校获全球能源协会 2020 年全球能源奖峰会举办权。

办学条件。学校将房屋优化使用、实验室安全、大型仪器设备利用率列为年度“三大攻坚战”，提高资源利用效率和管理水平。建立全校范围的数据共享平台，初步完成一站式服务平台一期的建设并上线服务流程近 50 项。实施东校园改造工程，打造智慧教室和特色教室。

庆祝新中国成立 70 周年服务保障。1032 名师生参加“艰苦奋斗”群众游行方队。12 月 18 日，“艰苦奋斗”彩车落户石油大学。

党委书记　山红红
校　　长　张来斌

（洪丽燕）

与中石油签署全面战略合作协议

4 月 22 日，石油大学与中国石油天然气集团有限公司签署全面战略合作协议。根据协议，双方在人才培养、科研攻关、协同创新等方面深度合作，瞄准重大科学问题和关键工程技术难题，全面展开“准噶尔盆地玛湖中下组合和吉木萨尔陆相页岩油高效勘探开发理论及关键技术研究”“鄂尔多斯盆地致密油、页岩油富集、高效开发理论与关键技术研究”等 5 个联合科技攻关项目。学校另于 6 月 19 日与中国石油召开高层次应用型人才联合培养项目启动会。此次合作以中国石油技能专家工作室为平台，以项目攻关为中心，技能专家带着难题走进校园、实验室，学校导师和学生带着技术深入专家工作室和工作现场，实现项目双向提出、攻关双向实施、人才双向培养、成果双向推进，切实推动产教研的深入融合。双方领导及相关部门负责人、师生代表 80 余人参加启动会。

（洪丽燕）

实施东校园改造工程

8 月 12 日，石油大学东校园主教学楼、第五教学楼的整体修缮改造工程通过验收。东校园主教学楼、第五教学楼的修缮改造工程于 4 月开工建设，历时 120 天，于 8 月初竣工。在建筑外貌上，把主教学楼、第五教学楼外立面的原红色调改造为与学校南北校园风格统一的灰色调，三个校园在整体风貌上统一、和谐；在楼宇内部改造上，以新型教学模式为导向，以提升研究生培养质量为目标，满足研究生教学不断发展的需求，打造“智慧教室”和“特色教室”。工程总投资 4094.36 万元。

（洪丽燕）

恢复本科办学 30 周年庆祝大会

11 月 20 日，石油大学召开恢复本科办学 30 周年庆祝大会暨第一届教学学术年会。会议采取专题报告和分论坛报告的方式进行。教学学术年会分别以“产学合作、课程及实践教学改革”“培养模式改革”为主题举办分论坛两个，与会人员就如何发挥优秀教育教学成果在教学改革中的引领和示范作用开展交流和研讨。学校领导干部、学术委员会成员、专业负责人以及师生代表等 300 余人参加会议。石油大学于 1989 年恢复本科生招生。

（洪丽燕）

中国地质大学（北京）

概述

2019 年，中国地质大学（北京）占地面积 52.58 万平方米，产权校舍建筑面积 58.03 万平方米。全年教育经费投入 167740.93 万元，其中，财政拨款 83129.32 万元、自筹经费 84611.61 万元。固定资产总值 26.12 亿元，其中，教学、科研仪器设备资产值 8.64 亿元，信息化设备资产 2.83 亿元。拥有网络多媒体教室 115 间，图书 99.44 万册，计算机 14756 台。网络信息点 19400 个，上网课程 253 门，校园网出口总带宽 9300Mbps，电子邮件系统用户数 48641 个，管理信息系统数据总量58GB，数字资源量中电子图书1509915册、电子期刊1044682册、学位论文801024册。学校由教育部举办，为理工院校，设有1个校区，设置16个学院。开设41个本科专业，覆盖7个学科门类；具有一级学科博士点16个，一级学科硕士点33个，二级学科硕士点1个，硕士专业学位授权类别14个；博士后科研流动站15个，其中，博士后研究人员出站29人、进站48人、在站161人。“双一流”建设学科2个，国家级一流本科专业建设点6个，北京高校重点建设一流专业4个，省部级重点学科14个，北京市高精尖学科1个。国家重点实验室2个、国家科技资源共享服务平台1个、教育部重点实验室2个、自然资源部重点实验室4个、北京市重点实验室4个、山西省重点实验室1个、科技部国际合作基地1个、教育部国际联合研究中心1个、教育部工程研究中心1个、自然资源部工程技术创新中心2个。教职工1555人，其中，专任教师1073人，包括教授251人、副教授336人。博士生导师227人、硕士生导师375人；中科院院士10人。“长江学者奖励计划”特聘教授4人、青年长江学者3人；“国家高层次人才特殊支持计划”领军人才3人、青年拔尖人才1人；“国家杰出青年科学基金”获得者13人，“国家优秀青年科学基金”获得者10人。外籍教师20人，其中，教授12人。学历教育学生中毕业生33796人，其中，研究生2044人（博士生362人、硕士生1682人）、普通本科生1974人、成人教育本专科生1459人（本科生1182人、专科生277人）、网络教育本专科生28098人（本科生10239人、专科生17859人）；非计划招生高等教育学生中在职人员攻读硕士学位221人。本科毕业生就业率95.08%。招生44945人，其中，研究生2687人（博士生392人、硕士生2295人）、普通本科生2079人、成人教育本专科生661人（本科生658人、专科生3人）、网络教育本专科生39518人（本科生18161人、专科生21357人）。在校生129469人，其中，研究生7869人（博士生1686人、硕士生6183人）、普通本科生8310人、成人教育本专科生2564人（本科生2560人、专科生4人）、网络教育本专科生109034人（本科生48842人、专科生60192人）；非计划招生高等教育学生中在职人员攻读硕士学位1692人。留学生毕业32人、招生40人、在校生169人。网址：www.cugb.edu.cn。

1月12日至3月24日，地大2人参加中国第35次南极科学考察（地大　供）

2019年，学校坚持立德树人，实施“落地行动”，围绕“双一流”建设目标，落实“十三五”规划任务，各项工作取得新进展。

学科建设。加强学科过程管理，推进建章立制。优化学科结构，形成重点明确、层次清晰，以“双一流”学科为引领，带动其他学科全面发展的学科建设体系。完成教育部“双一流”建设中期评估，形成标志性成果42项。稳步开展学位授权点合格评估与动态调整工作。

人才培养。制订《本科教育质量提升计划（2019—2023）》和系列配套文件，推进本科质量提升。建设6间智慧教室，推进以“学生为中心”的研讨式教学模式转变。组织308场名师讲堂，68名研究生参加优秀学术报告会，61名研究生获公派留学资助，在校生发表《科学引文索引》论文超过700篇，获李四光优秀学生奖3人、李四光地质科学奖科研奖1人。完善“互联网＋就业”全方位指导服务模式，依托“就业动员季”等品牌活动，以职场加油站为载体，开展就业指导与实训指导，覆盖超过3万人次。举办大型双选会6场，中小型专场招聘会230场。

科学研究。全年实到科研经费3.58亿元，年度人均经费40万元。获批国家优秀青年科学基金项目3个、国家自然科学基金项目95个。以第一完成单位获省部级奖励6项，获教育部2019年度高校自然科学奖一等奖1项。高水平科研成果比上年增长6%，其中，标志性论文77篇，比上年增长21%。2个省部级平台通过验收评估，对外转让专利4项，实施许可6项，合同总金额289万元。深时数字地球（DDE）项目入选国际地科联第一个国际大科学计划。《地学前缘》的核心影响因子、综合评价总分在中国地球科学综合类期刊中居于首位，《地学前缘》及其英文版（*Geoscience Frontiers*）入选“中国科技期刊卓越提升计划”。“北京周口店野外地质仿真模拟实习”与“复杂地形条件下空间信息采集与地理环境仿真虚拟实验”实验教学项目获国家级虚拟仿真实验教学项目地质类和测绘类两个类别的认定。受自然资源部派遣，教授李全国和博士生高亮参加中国第35次南极科学考察。

师资建设。建立预聘长聘机制，扩大师资博士后数量。健全教师分类评价考核体系，修订职称评审条例，强化对教学业绩和实际贡献的考核，启动岗位聘任和职级晋升工作。组织2批高层次人才引进工作。入选“万人计划”教学名师1人、科技创新领军人才1人，“国家百千万人才工程”1人，享受政府特殊津贴2人。入选中国地质调查局首批首席地质填图科学家2人，入选首批图幅地质填图科学家2人。新增“国家杰出青年科学基金”获得者1人，中国地质学会第17届青年地质科技奖“银锤奖”1人。

庆祝新中国成立70周年服务保障。1048名师生参加国庆庆祝活动，其中，678人参加群众游行第17号“圆梦奥运”方阵，80人参加广场合唱，290人参加志愿服务。

党委书记 马俊杰
校　　长 邓军（3月免）
孙友宏（3月任）

（李媛媛）

海相碳酸盐岩储层成因机理与预测方法国际学术研讨会

3月16日至17日，地大举办海相碳酸盐岩储层成因机理与预测方法国际学术研讨会。会议围绕“中国的白云岩与白云岩储层”“碳酸盐岩储层形成的区域动力学条件”“碳酸盐岩储层溶蚀与充填机理”“碳酸盐岩储层地质模式与分布规律”“碳酸盐岩储层表征方法”“碳酸盐岩储层评价与预测方法”6个主题，针对国内外不同时代碳酸盐岩储层的形成与预测技术研讨交流，以期服务于塔里木、四川、鄂尔多斯等盆地的油气勘探，促进海相储层演化与油气富集机理等实验室的建设和发展。研讨会包括50余个专题报告、野外考察与学术沙龙，来自美国迈阿密大学、澳大利亚悉尼大学、加拿大阿尔伯塔大学等40余所高校及科研单位的200余名专家学者参加会议。

（李媛媛）

新增2个博士后科研流动站

10月，地大控制科学与工程、公共管理两个一级学科获批设立博士后科研流动站。控制科学与工程学科以地质勘探与资源开发、钢铁冶金、装备制造的先进控制与智能化技术研究为主要特色，形成先进控制理论与方法、复杂系统控制与优化技术、智能系统与地质装备智能化3个学科方向，2010年获批一级学科硕士学位授权点。公共管理学科以自然资源管理与空间治理、自然资源管理行政体制改革、资源环境政策、高校学生事务管理与行业特色大学发展为主要研究特色，形成土地资源管理、行政管理、公共政策、教育经济与管理4个学科方向，2006年获批土地资源管理二级博士点，2018年获批公共管理一级学科博士点。

（李媛媛）

第11次党代会

12月30日至31日，中共中国地质大学（北京）第11次党员代表大会召开。会议听取第10届委员会题为《坚持立德树人 实施落地行动 开启地球科学领域世界一流大学建设新征程》的工作报告，选举产生新一届党委、纪委委员，通过《中国共产党中国地质大学（北京）第11次代表大会关于第10届委员会报告的决议》和《中国共产党中国地质大学（北京）第11次代表大会关于纪律检查委员会工作报告的决议》。闭幕式后，新一届党委、纪委分别召开第一次全体会议，选举产生第11届党委常委、书记、副书记，第11届纪委书记、副书记，并报请教育部党组、市委批准。

（李媛媛）

北京联合大学

概述

2019年，北京联合大学占地面积43.06万平方米，产权校舍建筑面积51.83万平方米、非产权校舍建筑面积1.62万平方米。图书馆建筑面积3.34万平方米。全年教育经费投入184874.15万元，其中，国家拨款157351.59万元、自筹经费27522.56万元。固定资产总值27.92亿元，其中，教学、科研仪器设备资产值9.57亿元，信息化设备资产值50080.64万元。拥有教室493间，其中，网络多媒体教室377间。拥有图书285.51万册，计算机19328台。网络信息点19194个，上网课程6701门，电子邮件系统用户50885个，管理信息系统数据总量625.55GB，数字资源量中电子图书315.69册、电子期刊101.04册、学位论文832.21册、音视频94680小时。学校由北京市举办，为综合大学，设有11个校区，设置15个学院，4个直属教学部；开设本科专业67个，专科专业11个，覆盖10个学科门类；一级学科硕士点9个，硕士专业学位授权类别10个。国家级一流本科专业建设点3个，北京市级一流本科专业建设点2个，北京高校重点建设一流专业3个，北京高校高精尖学科2个。国家级人才培养模式创新实验区1个、国家级实验教学中心2个、国家级虚拟实验教学中心1个。北京重点实验室3个。教职工2967人，其中，专任教师1518人，包括教授204人、副教授565人；兼职博士生导师16人、硕士生导师271人；工程院院士3人（特聘）。外籍教师97人次，其中，长期外籍教师16人次，外籍教师中教授2人、副教授4人。学历教育学生中毕业生7818人，其中，硕士研究生160人、普通本专科生6052人（本科生5717人、专科生335人）、成人教育本专科生1606人（本科生844人、专科生762人）。本（专）科毕业生就业率95.52%。招生7646人，其中，研究生279人、普通本专科生5055人（本科生4750人、专科生305人）、成人教育本专科生2312人（本科生1201人、专科生1111人）。高考普通本科北京地区提档线文科510分、理科472分；在京普通高职提档线文科265分、理科248分。在校生23319人，其中，硕士研究生582人、普通本专科生18052人（本科生17265人、专科生787人）、成人教育本专科生4685人（本科生2506人、专科生2179人）。留学生毕（结）业546人、招生515人、在校生672人，其中，学历教育留学生毕业56人、招生71人、在校生182人。网址：www.buu.edu.cn。

2019年，学校推进城市型、应用型大学建设，深化思想政治理论课改革，协同推进课程思政、专业思政、“三全育人”，完成本科教学工作审核评估整改，优化学科专业设置，提升应用型科研实力，增强服务城市和市民能力。新校铭石落户北四环校区。

人才培养。落实立德树人，修订思想政治理论课问题导入式专题教学研究丛书4本，开设“这里是北京”思政选修课，建立数字马克思主义学院网络教学平台，试点“三全育人”建设学院。召开课程思政的深化推进会、教师党支部“1+1”共建研讨会、教学设计大赛，召开北京市“一流专业”旅游管理专业思政建设现场会。承办北京高校思政课程和课程思政改革创新现场会，举办课程思政展。完成本科教学工作审核评估整改工作，提出有针对性举措70项。完成2019版人才培养方案，纳入立德树人和第二课堂内容。建立“4+2”创业孵化体系，在腾讯平台上线20个招生宣传视频《专业的秘密》。获批招收港澳台侨研究生及残疾学生单独招收资格。

学科专业建设。制定高精尖学科管理办法，凝练10个学科前沿研究方向。首次实行学位论文第三方盲审制度。新增数据科学与大数据技术、科学教育2个本科专业，停办广告学、汽车服务工程和工业工程3个本科专业。调整校内专业评估指标体系46个观测点，开展专业建设第三方评估。成立北京非物质文化遗产学院。开设国家大剧院舞台影像设计实验班。设置“艺术品鉴赏”专业，上线“北京联合大学市民学习网”，服务北京市民终身学习。

科学研究。深化学术立校，制定系列文件规范科研项目管理及成果认定、推动成果转化、促进高水平成果产出。全年研发经费约1.8亿元，到账科研经费近1.3亿元，获批省部级以上项目67项。新增省部级科研平台2个，成立城市服务大数据中心和高铁经济研究院。《旅游学刊》获评2019中国最具国际影响力学术期刊。《北京联合大学学报（人文社会科学版）》首次获评全国高校社科名刊。

合作交流。深化“开放兴校”，主办或承办国际类论坛和学术会议10项，新签合作协议21项，与俄罗斯交通大学合作申办联合交通学院获教育部批准，与黑山下戈里察大学共建旅游孔子课堂。

庆祝新中国成立70周年服务保障。学校1398名师生参与国庆庆祝活动，其中，1232人参加“当家作主”方阵群众游行，20人参加“立德树人”方阵群众游行，77人参加广场合唱，另有1人参加“从严治党”方阵群众游行、13人参加女民兵阅兵方阵。

党委书记　韩宪洲
校　　长　李学伟

（王岩）

非物质文化遗产学院成立

6月29日，北京联大北京非物质文化遗产学院挂牌成立。学院以传承北京民间美术、传统手工技艺、传统音乐等非物质文化遗产为目标，采用政产学研合作共建的模式整合高等院校、研究机构、保护单位、行业企业各方资源，设立非遗教育、非遗研究、非遗传播3个中心，非遗传习所、社区工作站、中小学非遗课堂3个基地和1个智慧非遗传承平台。先期与东城区、西城区非物质文化遗产保护中心和怀柔区文化馆签订合作协议，协助各区开展非遗研究工作、更新非遗资源大数据库和挖掘整理北京非物质文化遗产。

（王岩）

课程思政建设展开展

10月8日，北京联大“以习近平新时代中国特色社会主义思想为指导 落实立德树人根本任务”课程思政建设展开展。展览展示全国高校思想政治工作会议以来，学校贯彻落实习近平新时代中国特色社会主义思想的理论品格、精神特质与实践，内容分为“真学真懂真信真用”“铸魂育人 担当使命”“党支部推动 先行先试”“持续推动 久久为功”“家国情怀 人类关怀”5个部分。市委主题教育第15巡回指导组专家和学校“不忘初心、牢记使命”主题教育领导小组成员于展览首日参观。全国50余所高校师生到校参观。

（王岩）

首都餐饮文化研究发展基地成立

12月21日，北京联大成立“首都餐饮文化研究发展基地（中国京菜研究发展中心）”。基地与北京烹饪协会、北京商报社联合发起成立，内设首都餐饮文化理论研究专家委员会、北京古都餐饮文化传播中心、教育培训委员会3个机构。基地以首都餐饮文化建设为中心，同步开展理论、传承、创新、应用和人才培养5个方面的研究与实践工作，同时制定餐饮行业技术标准和餐饮行业文化建设规范，成立中国京菜大师工作站，对非遗传承人和产品的资料以及研究成果进行梳理归纳并出版成册。

（王岩）

中国青年政治学院

概述

2019年，中国青年政治学院占地面积113220平方米，产权校舍建筑面积166849平方米。图书馆建筑面积约9000平方米。全年教育经费投入19903.15万元，其中，国家拨款10560.83万元。固定资产总值21994.55万元，其中，教学、科研仪器设备资产值7157.17万元。拥有网络多媒体教室96间，图书75万册。网络信息点8476个，电子邮件系统用户15216个，管理信息系统数据总量453669GB。学校由共青团中央举办，为政法院校，设有7个教学科研部门，3个干部教育培训部门，4个党政管理部门。拥有一级学科硕士授权点6个，二级学科硕士授权点1个，硕士专业学位授权类别2个。教职工235人，其中，专任教师70人，含正高级14人、副高级27人；硕士生导师46人。学历教育学生中毕业生288人，其中，硕士研究生111人、成人教育本专科177人（本科生112人、专科生65人）。招收研究生150人，在校研究生358人。留学生招生6人，

（实际报到 4 人），毕业 2 人。网址。www.zytx.org.cn。

2019 年，学校牢牢把握党在青年工作领域特色鲜明的政治学校的根本定位，着力建设符合国家标准、突出党团特色的高层次人才培养体系，培养坚定的青年马克思主义者和高层次青年工作专门人才。

学科建设。召开申博建设工作推进会，制定《中国青年政治学院关于进一步推进申博建设立项工作的任务书》，进一步梳理申博推进工作中存在的困难问题，通过分解任务、压实责任，夯实申博所需材料的准备工作。在马克思主义理论一级学科下增设目录内二级学科点“中国近现代史基本问题研究”和目录外二级学科点“青年学”“少年儿童组织与思想意识教育”，其中，“中国近现代史基本问题研究”二级学科点下设“五四运动和五四精神研究”“中国青年运动的理论和实践研究”两个研究方向。

科学研究。承担马克思主义理论研究和建设工程重大项目“五四运动的历史意义和时代价值研究”。组建共青团与国家治理现代化研究所等 4 个虚拟研究机构，以开放式、跨学科、跨部门的方式整合校内优势学科和人才力量，加强党的十九届四中全会精神、共青团和青年工作研究。

人才师资。引进教职工 14 人，其中，专任教师 7 人，海归人员 1 人，具有副教授职称 2 人。

纪念五四运动 100 周年。学校相继举办五四与青年运动史料展、五四百年青春对话体验馆、主题青年论坛等，弘扬五四精神。召开五四运动和五四精神研究工作推进会，制定并印发《中国青年政治学院全面加强五四运动和五四精神研究规划（2019—2024）》，组建五四运动以来中国青年运动研究课题组和五四运动文物资料收集整理工作组，推进五四运动和五四精神研究与历史文物保护工作。

党委书记 倪邦文
院　　长 贺军科（兼）

（崔保锋）

增设中国近现代史基本问题研究二级学科点

6 月，中青院在马克思主义一级学科下增设“中国近现代史基本问题研究”目录内二级学科点。该二级学科下设“五四运动和五四精神研究”“中国青年运动的理论和实践研究”两个研究方向。旨在培养熟悉中国青年运动史基本线索，具有一定科学研究能力，能够承担与本学科相关的教学、科研和理论宣传、党政工作等高层次青年工作人才。至年底，两个研究方向已完成招生考试笔试。

（崔保锋）

中国劳动关系学院

概述

2019 年，中国劳动关系学院占地面积 42.07 万平方米，产权校舍建筑面积 28.37 万平方米、非产权校舍建筑面积 2.89 万平方米。图书馆建筑面积 1.38 万平方米。全年教育经费投入 41782 万元，其中，国家拨款 22053 万元、上级补助收入 11079 万元、自筹经费 5218 万元。固定资产总值 6.33 亿元，其中，教学、科研仪器设备资产值 1.16 亿元，信息化设备资产值 7672.07 万元。拥有教室 92 间，全部为网络多媒体教室。拥有图书 89.59 万册，计算机 3940 台。网络信息点 12750 个，电子邮件系统用户 413 个，管理信息系统数据总量为 570GB，数字资源量中电子图书 150 余万册、电子期刊 30246 册、学位论文 4431219 册、音视频 29515.5 小时。学校由全国总工会举办，为政法院校，设有 2 个校区，设置 15 个院（系、部）；开设 17 个普通本科专业，覆盖 6 个学科门类。具有一级学科 4 个；国家级一流本科专业建设点 1 个；北京高校重点建设一流专业 3 个。教职工 551 人，其中，专任教师 365 人，包括正高级 51 人、副高级 121 人。国务院特殊津贴 14 人，北京市教学名师 6 人，北京市优秀教师 5 人，北京市青年英才计划入选者 18 人。学历教育学生中毕业生 1868 人，其中，本科生 1165 人、专科生 703 人。毕业生就业率 98.02%。招生 1653 人，其中，研究生 67 人、普通本专科生 1586 人（本科生 1251 人、专科生 335 人）。高考北京地区提档线文科 535 分、理科 498 分。在校生 5910 人，其中，本科生 4785 人、专科生 1125 人。网址：www.culr.edu.cn。

2019 年，学校重点工作主要包括以下几个方面：

人才培养。完成新一轮本科专业人才培养方案修订工作；制订《中国劳动关系学院本科教学审核评估整改方案》；取消毕业“清考”；修订《中国劳动关系学院教学质量管理工作方案》，强化学校和二级学院（部）两级教学质量管理机制；统筹思政课程体系，深化思政引领，推进全员全过程全方位育人。编写出版《新时代高校劳动教育论纲》，召开“加强新时代高校劳动教育”研讨会；深度参与《新时代加强大中小学劳动教育的实施意见》和《大中小学劳动教育指导纲要》等中央、教育部重要文件起草工作；“新时代高校劳动教育实施体系建构”获批北京市教改重大项目；完成面向全校开设“劳动通论”课程的各项前期准备，大力推进劳动教育。

学科建设。组织各学院完成申报硕士学位授予单位材料完善修订，为申硕工作奠定基础；新遴选 5 名学科带头人、5 名学术骨干；6 名教师受聘中国劳动和社会保障科学研究院特约研究员；加大人才引进，柔性引进 3 名二级学院院长，筹划推进“未来学者计划”；新建 2 个本科专业；劳动关系专业入选国家一流本科专业建设点，社会工作专业入选北京市一流本科专业建设点和继续教育特色专业。

科研工作。学校年度科研经费 1900 万元，比上年增长近 40%，师均经费 5.2 万元；获省部级以上科研项目立项 9 项，年度立项数创历史新高。学校智库更名为劳动关系与工会研究院，发布“资政、启民、崇劳、厚生”使命。召开中国高端智库前沿问题研究报告会；与大连金普新区总工会签署智库建设合作协议。

工会干部培训。加强工会干部培训教材建设，确保学习贯彻习近平新时代中国特色社会主义思想进教材进课堂进头脑；完成工会干部培训系统升级，利用信息技术推动互联网与干部教育培训融合发展，提高工会干部培训教学与管理信息化水平；组织工会干部培训专任教师暑期到地方工会、企业社会调研；举办第六届全国工会院校教育培训交流研讨会；与北京地铁集团公司签约合作。全年举办各级工会干部培训班 122 期，共培训工会干部 9400 余人次。

劳模教育。承办全国总工会学习贯彻习近平总书记给中国劳动关系学院劳模本科班学员回信精神一周年座谈会；成立全国高校首家劳模学院，扩大劳模本科教育办学规模，增加劳模本科招生专业；开设部分省市、行业劳模短期培训，提高劳模教育教学质量；组建“中国劳动关系学院劳模宣讲团”。

对外交流。组织教师赴新加坡南洋理工大学开展师资队伍建设专题培训；受全国总工会国际部委托，承办尼泊尔总工会学院课程研讨班；举办 2019 台湾工会青年研讨营；联合外语教师为相关海外项目学生开设短期英语强化课程；与英国奥斯特大学等海外高校签署校际合作协议。至年底，与学校签署合作协议的海外院校、机构增至 27 个，覆盖欧洲、亚洲、美洲的 17 个国家和地区。

管理服务。围绕“十年三步走、特色创一流”的发展目标，以做强“劳动 +”“工会 +”学科特色为核心，开展机构调整与第三轮岗位设置与聘任工作，理顺学院内部管理机制，加强二级学院在教学科研中的实体地位；结合新一轮岗位设置与聘任，修订各部门岗位职责；规范学院公文处理、公章使用、合同管理等制度流程；注重发挥工会、共青团作用，做好离退休教职工工作；加强校友会、基金会建设；成立党委审计委员会。

党委书记　刘向兵

（李冰之）

建校 70 周年

10 月 13 日，劳动关系学院建校 70 周年。学院按“学术的校庆、文化的校庆、劳动的校庆、师生校友的校庆”4 条主线，举办“70 周年校庆 · 70 场公益讲座”；出版《劳动的名义》《中国职工状况研究报告 2018》等学术出版物 19 部，评选优秀论文 70 篇、优秀著作 70 部，举办新时代行业特色高校的使命担当与发展路径研讨会、第四届劳动经济学年会、2019 中国工会·劳动关系论坛等多场学术活动；举办校庆美育展演、校友返校大会、校庆 70 忆光阴离退休人员座谈会等系列活动。中国劳动关系学院前身是 1946 年 4 月从华北联合大学分离建校的晋察冀边区行政干部学校；1949 年初，迁至天津，更名为华北职工干部学校；1949 年 9 月，更名为中华全国总工会干部学校；1954 年 8 月，学校从天津迁至北京；1984 年 9 月，改建为中国工运学院，面向全国工会系统和社会开展成人学历教育；2003 年 5 月，变更为普通本科院校，更名中国劳动关系学院。截至 2019 年，学校累计培养毕业生 3 万人。

（李冰之）

北京警察学院

概述

2019 年，北京警察学院占地面积 60.77 万平方米，产权校舍建筑面积 21.85 万平方米。图书馆建筑面积 0.98 万平方米。全年教育经费投入 21000 万元，全部为国家拨款。固定资产总值 119765.57 万元，其中，教学、科研仪器设备资产值 4467.68 万元，信息化设备资产值 9519.53 万元。拥有教室 135 间，其中，网络多媒体教室 109 间。拥有图书 60.11 万册，计算机 3153 台。网络信息点 6410 个，上网课程 74 门，电子邮件系统用户 496 个，管理信息系统数据总量 2155GB，数字资源量中电子图书 189895 册、电子期刊 143071 册、学位论文 2279936 册、音视频 51509.7 小时。学校由市公安局举办，为政法院校，设有 1 个校区，设置 10 个系、部。开设 9 个本科专业，1 个专科专业，覆盖 2 个学科门类。教职工 394 人，其中，专任教师 213 人，包括正高级 32 人、副高级 62 人。学历教育学生中毕业生 482 人，其中，本科生 401 人、专科生 81 人。本科毕业生就业率 96.68%。招生 570 人，其中，本科生 488 人、专科生 82 人。高考北京地区提档线文科 491 分、理科 480 分。在校生 1911 人，其中，本科生 1911 人、专科生 244 人。网址：http://www.bjpc.edu.cn。

2019 年，学校按照“调整、巩固、充实、提高”的基本思路，建设办学特色鲜明、符合实战需要的国家重点公安院校。

育人模式。构建“三全育人”格局，以二课堂、校园文化体育科技等活动为载体，以 60 余个学生社团为依托，以“两节（艺术节、体育节）、两季（文化季、毕业季）、每月一主题（忠诚、感恩、奉献等）”为主线，组织 1500 名学生参与 53 场体育节比赛，开展“书香警院——品读红色经典”等活动 10 余次。利用新建的烈士校友铜像雕塑群、新修缮的首都公安英烈祭奠园及英烈墙，营造忠诚教育氛围，实现环境育人；实施“五色土”全院卫生责任区维护制度，实现劳动育人。拓展学生素质提升平台，举办第三届学生科技创新活动，承办首届“智警杯”全国公安院校大学生大数据技能竞赛总决赛、首都高等学校第 11 届秋季学生田径运动会等赛事。

课程建设。制订《课程建设规划》，明确“内涵发展、提高质量、突出特色”思路，构建以合格课程为基础、优质课程为引领、特色课程为突破口、网络课程为支撑的“三层次一支撑”课程建设格局，建成首批 8 门网络教育精品课，开设 18 门课程思政示范课，增加 22 门通识选修课。

实践教学。完成《侦查学专业实训教程》等 10 种实验实训系列自编教材编写工作，形成专业、课程规范的实训教材；制定《关于加强综合性、设计性实验教学的实施意见》，组织各系部开展综合性、设计性实验认定工作。新建、改建 5 个实验实训场所；推进 16 个校外实践教育基地规范化建设。专业教学上引入公安一线实战案例，技能训练上模拟公安实战情境，勤务实战中巩固并检验训练成果，完善人才培养模式。

师资建设。组织8名教师赴实战单位轮岗锻炼、1人援藏支教1年、4人在职攻读博士学位，外出学习8批22人次；组织开展11名新任教师导师制验收总结助力青年教师成长；开展示范课、观摩课和教研工作坊及暑期专项研修。新选拔4名专业带头人，形成院级学科带头人5人、专业带头人8人、各专业均有带头人的格局。组织5名专职教官与学院8名专业教师结对。选派2人参加全国公安机关国际执法合作培训。

五大安保。组织师生参加全国“两会”、第二届“一带一路”国际合作高峰论坛、北京世界园艺博览会、亚洲文明对话大会、庆祝新中国成立70周年活动重大安保支援勤务工作，抽调教师干部学生3670余人次分赴特勤局，东城、西城、天安门等分局参加安保支援勤务工作。学院勤务团队被公安部授予集体一等功，1个集体、4名个人分别被市委市政府授予先进集体、先进个人称号，荣立个人一等功1人、个人二等功3人、个人三等功10人。

专项培训。车辆特种驾驶培训为公安部、国家安全部、中央军委及市公安局等培训9期近200人次；举办“两会”、高峰论坛和世园会安保，交管、公交系统练兵等培训班36期4900余人次；举办政法智能办案管理系统试点培训、市局建设经侦情报导侦联勤中心专项培训及其他专项业务培训14期次近800人次。根据公安部国际合作局安排，完成赴白俄罗斯外警培训、赴斐济外警回访等工作；服务“一带一路”战略和跨国警务执法合作与“一国两制”实践，举办涉及白俄罗斯、孟加拉国、菲律宾等国家及中国香港地区研修培训班6期100余人次。

科研成果。科研课题立项131个，其中，部级2个、局级12个、院级117个，同比增长65%;发表论文106篇，同比增长20%；完成著作教材19部，同比增长171%。编辑出版6期学报，编发论文119篇126万字。“重大活动安保研究”团队专著《重大活动安保专论》在国内首次总结国家重大活动安保模式，形成首都安保经验；校局合作课题“基于表达性团体心理辅导的新警职业认同感提升的应用研究——以北京市公安局为例”成果实现转化，为新疆民警开展团体心理辅导31场、心理咨询2人。成立10个研究中心和“庄京伟教授工作室”，举办“无人驾驶汽车的管理及法制保障研究”科研项目、“公安机关突发案事件应急指挥理论与实践”等研讨会，承办第12届全国治安学学术研讨会暨治安系主任论坛、第四届警察刑事执法论坛暨刑事案件电子数据取证研讨会。

党委书记 高岩
院　　长 王立

（胡欣坤）

建校70周年纪念大会

8月25日，警察学院召开建校70周年纪念大会暨“不忘初心 育警铸剑”主题报告会。报告会通过“序《第一课》、七十载同龄、时代答卷人、铸剑新征程”等篇章，用艺术形式展现学院的昨天和今天、展望明天。市公安局相关负责人，市公安局属单位双正职领导，学院老领导、老教师、校友代表及在校师生共1000人参加会议。北京警察学院成立于1984年1月，其前身是1949年4月成立的北平市人民政府公安局公安学校。2004年，经教育部批准，开始筹建公安高等本科教育，招收本科学生；2006年，经教育部批准，在北京人民警察学院基础上建立北京警察学院，开展全日制公安高等本专科教育和在职民警训练；2015年，学院获得学士学位授予权。

（胡欣坤）

本科教学工作合格评估

10月28日至31日，警察学院接受教育部本科教学工作合格评估。专家组通过访谈、听课等方式考察学校本科教学工作，肯定学校办学成绩。学校2004年与中国人民公安大学合作首次招收本科生（由公安大学授予学士学位），2008年首届本科生315人毕业，入警率99.7%。2015年，学校获得学士学位授予权，包括侦查学、治安学、法学、刑事科学技术4个专业。

（胡欣坤）

中国科学院大学

概述

2019年，中国科学院大学占地面积334.81万平方米，产权校舍建筑面积59.86万平方米、非产权校舍建筑面积72.95万平方米。图书馆建筑面积2.41万平方米。全年教育经费投入280347.15万元，其中，财政拨款214547.85万元、自筹经费65799.30万元。固定资产总值397249.34万元，其中，信息化设备资产值24275.81万元。图书馆建筑面积6.52万平方米，纸质图书152.90万册、电子图书221.57万册、电子期刊2.84万种、音视频资料1.54万张。拥有计算机9677台。多媒体教室240间。网络信息点44250个，上网课程33146门，电子邮件系统用户136406个，管理信息系统数据总量897GB。学校由中国科学院举办，为综合大学，由京内4个校区、京外5个教育基地和分布全国的116个培养单位组成。设有直属教学科研单位57个，其中，在京40个，京外17个。开设13个本科专业，覆盖2个学科门类;具有一级学科54个，一级学科博士点42个，一级学科硕士点54个，专业学位授权类别16个；博士后科研流动站139个，博士后研究人员在站3684人。“双一流”建设学科2个，北京高校高精尖学科3个。国家重点实验室74个、国家研究中心3个、国家工程研究中心9个、国家工程技术研究中心17个、国家工程实验室15个、国家科技资源共享服务平台16个、国家野外科学观测研究站27个。北京重点实验室15个。教师3090人，其中，国家级高层次人才862人，包括两院院士77人。研究生导师 11257 人，其中，博士生导师 6786 人、硕士生导师 4471 人。外籍教师 204 人，其中，教授 15 人、副教授 4 人。学历教育学生中毕业生 10519 人，其中，研究生 10212 人（博士生 5471 人、硕士生 4741 人）、普通本科生 307 人。本科毕业生中，270 人继续深造，深造率高达 87.95%。招生 16442 人，其中，研究生 16040 人（博士生 6892 人、硕士生 9148 人）、普通本科生 402 人。高考北京地区综合评价录取 15 人，分数线 698.30 分；统招录取 10 人，分数线 674，全部为理科生。在校生 53359 人，其中，研究生 51734 人（博士生 26941 人、硕士生 24793 人）、普通本科生 1625 人。留学生毕业 351 人、招生 455 人、在校生 1633 人。网址：www.ucas.edu.cn。

2019 年，学校以党的政治建设为统领，实施一流大学建设七大工程，深化和创新科教融合，推动各项事业稳步发展。

思想政治教育。制定《中共中国科学院大学委员会关于加强和改进新时代全校思想政治工作的意见》，统筹部署学校思想政治工作。召开培养单位领导和教育管理干部参加的全校思想政治工作会议，推动建立校所联动的“大思政”工作体系。加强教师思想政治工作和师德师风建设，推进全员全过程全方位育人。发挥马克思主义学院在学生思想政治教育中的主力军作用，强化思政课教师队伍建设。“习近平新时代党的建设思想研究”获批马克思主义理论研究和建设工程重大项目立项。举办首届习近平党建重要论述研究论坛。

教育教学质量。完善研究生教育质量保障体系，开展专项教学巡查和课程督导，评选优秀研究生课程。深化本科教学改革，设立本科生荣誉课程，成立首个本科生实验班——“郭永怀力学实验班”。推进教材编写和出版，全年出版教材 38 本。探索创新创业教育模式，开展双创课程教学和导师培训。与北京地区研究所双向双聘青年人才，开展岗位教师聘期考核，优化专任教师队伍。

学科建设。召开一流学科建设研讨会，提出学科建设“三步走”目标、规划与发展举措。开展博士硕士学位授权自主审核，新增一级学科博士点 2 个；申报增列博士学位授权一级学科 1 个、博士专业学位授权类别 1 个，硕士学位授权一级学科 1 个。入选国家级一流本科专业建设点 3 个，北京市级一流本科专业建设点 1 个。

交流与合作。成为首批加入中澳一流大学合作机制的高校。与巴黎科学艺术人文大学等 11 所大学签订合作协议，开展科教合作。举办国际理论物理中心（亚太地区）科学委员会会议暨基础物理前沿国际研讨会等国际学术会议 18 场。承办中国科学院—德国科学院双边研讨会。与北京医院共同成立国科大北京临床医学院。与怀柔区政府共同成立产业研究院。

庆祝新中国成立 70 周年服务保障。学校 150 名师生参加国庆群众联欢第四区块“放飞梦想”表演。召开国庆联欢活动总结分享表彰会，为参演师生颁发杰出贡献奖、特别贡献奖和个人贡献奖。

党委书记　李树深
校　　长　李树深

（通拉嘎）

首届习近平党建重要论述研究论坛

7 月 20 日，国科大举办首届习近平党建重要论述研究论坛。论坛分大会发言和分组讨论两个部分。国科大马克思主义学院院长作题为《深入学习领会贯彻习近平关于党的建设的重要论述》的主旨发言，从重大意义、丰富内涵、鲜明特点、贯彻落实 4 个方面对习近平总书记党建重要论述作阐释；与会人员围绕新时代中国共产党的历史使命、党的建设的决定性作用、新时代党的建设总要求等主题研讨交流。来自高校、科研院所、机关、企业的 100 余名专家学者和代表参会。

（任春晓）

研究生教材入选国家“丝路书香工程”

8 月 14 日，国科大研究生教材《冰冻圈科学概论》英文版入选国家“丝路书香工程”。教材由中科院院士秦大河主编，是第一部系统论述冰冻圈科学的专著，涵盖冰冻圈科学的基本概念和理论，阐述冰冻圈各要素的形成演化、冰冻圈与气候系统其他圈层的相互作用，以及冰冻圈变化对社会经济可持续发展的影响。自 2004 年开始，秦大河授课团队开设“冰冻圈科学概论”课程，并在总结多年教学成果和科研实践的基础上，于 2017 年编写出版中文版研究生教材《冰冻圈科学概论》，2018 年译为英文。《冰冻圈科学概论》英文版由科学出版社出版。“丝路书香工程”是中国新闻出版业唯一进入国家“一带一路”合作倡议的重大项目，2014 年 12 月由中宣部批准立项。

（通拉嘎）

更名后首次田径运动会

10 月 11 日至 12 日，国科大举行 2019 年田径运动会举行。这是学校更名以来首次举办的全校田径运动会。运动会以“享运动 · 竞未来”为主题，设 10 项竞赛、5 项田赛。全校 1097 名师生报名参赛，其中，学生 744 人、教职工 353 人。经过两天角逐，各项比赛成绩揭晓。闭幕式上，表彰“最佳运动员”“优秀组织奖”“道德风尚奖”获奖集体和个人。

（通拉嘎）

中国社会科学院大学（中国社会科学院研究生院）

概述

2019 年，中国社会科学院大学（中国社会科学院研究生院）占地面积 43.54 万平方米，产权校舍建筑面积 44.47 万平方米、非产权校舍建筑面积 3.50 万平方米。图书馆建筑面积 12700 平方米。全年教育经费投入 75142.48 万元，其中，财政拨款 44539.74 万元、自筹经费 30602.74 万元。固定资产总值 90116.37 万元，其中，教学、科研仪器设备资产值 10036.14 万元，信息化设备资产值 4076.22 万元。拥有教室 79 间，其中，网络多媒体教室 53 间。拥有图书 49.5 万册，计算机 1077 台。网络信息点 7900 个，上网课程 9 门，电子邮件系统用户 13001 个，管理信息系统数据总量 4410GB，数字资源量中电子图书 2200000 册、电子期刊 2000 册、学位论文 17632 册、音视频 400 小时。学校由中国社会科学院举办，设有 2 个校区，设置 16 个院系。开设 34 个本科专业（15 个专业招生），覆盖 7 个学科门类；具有一级学科 18 个；一级学科博士点 16 个、博士学位授权点 115 个（含自主设置博士学位授权点 24 个）；硕士学位授权点 120 个（含自主设置硕士学位授权点 24 个），专业学位授权类别 8 个。博士后科研流动站 1 个，其中，博士后研究人员出站 3 人、进站 3 人、在站 19 人。国家级一流本科专业建设点 7 个，北京市级一流本科专业建设点 2 个。教职工 543 人，其中，专任教师 249 人，包括教授 43 人、副教授 92 人，讲师 114 人；博士生导师 613 人、硕士生导师 1468 人。外籍教师 4 人。学历教育学生中毕业生 2338 人，其中，研究生 1261 人（博士生 347 人、硕士生 914 人）、普通本科生 1077 人。毕业生就业率 85.0%。招生 2037 人，其中，研究生 1640 人（博士生 482 人、硕士生 1158 人）、普通本科生 397 人。高考北京地区提档线文科 625 分、理科 643 分。在校生 6977 人，其中，研究生 4701 人（博士生 1821 人、硕士生 2880 人）、普通本科生 2275 人。留学生毕业 3 人、招生 6 人、在校生 16 人。港澳台学生 37 人。网址：http://www.ucass.edu.cn。

2019 年，学校围绕人才培养目标，健全完善教育优先发展的组织领导、发展规划、资源保障机制，科学决策水平、教育强院能力进一步提升。

思想政治教育。召开学生思想政治工作座谈会，听取思政工作意见，解决思政工作困难，加强思政工作队伍建设；把学部委员形势与政策课、学校领导上思政课系列活动打造成品牌课程。举行中共中国社会科学院大学第一次代表大会、第 40 次研究生代表大会。

人才培养。2018—2019 年度“新苗计划”项目确立课题研究项目 161 个、读书会 39 个（共 183 期）、学术团体 33 个、学术竞赛 14 个，本科生 573 人、指导教师 178 人参与。在校内首次开展 8 门在线开放课程和 25 门混合式核心课程立项建设工作。政法学院代表队获第 60 届杰赛普国际法模拟法庭大赛中国赛区第 17 届选拔赛冠军。

交流与合作。与中国科学院大学签署战略合作框架协议，在人才培养、科学研究、社会服务、文化传承创新、国际教育与合作方面开展合作；与剑桥大学克莱尔学堂、香港金融发展协会签署合作备忘录，共同致力于通过教育和科研，开展合作交流活动；与怀柔区检察院签署检学共建合作协议。

党委书记 张政文（4 月免）
王京清（4 月任）
校　　长 王伟光（4 月免）
张政文（4 月任）

（李安）

第一次党代会

7 月 4 日，中共中国社会科学院大学第一次代表大会举行。会议简要说明两委委员候选人预备人选推荐产生过程，第一次党员代表大会选举办法（草案），党费收缴、使用和管理情况报告（草案）和总监票人、监票人、计票人建议名单；最终，选举产生中国社科大第一届委员会委员 23 人、第一届纪律检查委员会委员 7 人。会后，召开第一届党委第一次全体会议和第一届纪委第一次全体会议，选举产生第一届党委常委和书记、常务副书记、副书记，选举产生纪委书记、纪委副书记。学校全体党员 300 余人参加大会。

（李安）

形势与政策慕课上线

10 月 28 日，社科大与高校思想政治理论课程研究中心联合推出的社科大“学部委员形势与政策课”慕课（MOOC）在中国大学慕课（MOOC）上线。该课程由社科大马克思主义学院牵头建设，由 5 名学部委员围绕时代变迁与创新振兴、中国经济形势的回顾与解读、生态文明的全球转型、新中国法治建设 70 年、大国外交与中美关系专题讲授。社科大另于 4 月 12 日举行“学部委员形势与政策课”首场授课。首场课程邀请中国社会科学院副院长、学部委员蔡昉以《用好战略机遇期 实现高质量发展》为题，从“认识国内经济形势”“特殊红利：改革转动能”“认识国际政治经济环境”和“躲不过的成长中的烦恼”4 个方面讲解。学校近 800 名学生参加活动。

（李安）

中国农业科学院研究生院

概述

2019 年，中国农业科学院研究生院占地面积 1.50 万平方米，产权校舍建筑面积 4.30 万平方米。图书馆建筑面积 3.19 万平方米，馆藏文献 210 万册，33 万余种国内外图书；数字资源量中电子数据库 36 个，其中，中文数据库 5 个、外文数据库 31 个。全年教育经费投入 19957 万元，其中，财政拨款 11829 万元、自筹经费 8128 万元。固定资产总值 17487 万元，其中，教学、科研仪器设备总值 5761 万元，信息化设备资产值 4480 余万元。拥有教室 23 间，均为网络多媒体教室。计算机 100 台。网络信息点 2100 个，上网课程 65 门，电子邮件系统用户 5871 个，管理信息系统数据总量 500GB。学校由农业农村部举办，为科研单位研究生教育机构，设有 1 个校区，依托中国农业科学院 36 个研究生培养单位开展研究生教育。具有一级学科 16 个，一级学科博士点 11 个、二级学科博士点 51 个、专业学位博士点 1 个；一级学科硕士点 16 个、二级学科硕士点 61 个、专业学位硕士点 5 个、研究生教育以其分布在全国 16 个

11 月，农科院研究生院组织庆国庆、迎校庆篮球赛

（农科院研究生院 供）

省（自治区、直辖市）的 36 个研究所为依托，学科专业围绕农科院九大学科集群建设。国家重大科技基础设施 2 个，国家重点实验室 6 个，农业农村部重点开放实验室 62 个、国家工程研究中心 2 个、国家工程技术研究中心 5 个、国家工程实验室 5 个。拥有专业技术人员 5921 人，其中，正高级 1296 人、副高级 1965 人；博士生导师 849 人、硕士生导师 1402 人。中科院院士 4 人、工程院院士 13 人。全日制研究生毕业 895 人，其中，博士 245 人、硕士 650 人。全年累计招生 1722 人，其中，普通全日制招生 1406 人（硕士 867 人、博士 539 人）；非全日制专业学位招生 311 人。在校生 5671 人，其中，博士生 2066 人、硕士生 3605 人。留学生毕业 100 人、招生 118 人、在校生 522 人。网址：http://gs.caas.cn。

2019 年，学院面向国家战略需求，多措并举做好各项工作。

学科建设。新增博士专业学位授权类别 1 个，工程硕士专业学位授权类别对应调整为生物与医药硕士专业学位授权类别。被抽评的 2 个博士学位授权一级学科、1 个硕士学位授权一级学科均通过 2019 年学位授权点合格评估随机抽评。依托中国农科院院属研究所及其他政府部门、知名企事业单位的优势资源、品牌价值，建立培训基地 15 个。

招生就业。与浙江大学签署联合培养博士生协议；启动实施畜牧学科博士研究生招生“申请—考核制”，提升博士生源质量；首次招收直博生，实现选拔优秀本科毕业生直接进入博士阶段贯通培养；鼓励并支持兽医学院及京内外研究所举办具有学科特色的中小型大学生夏令营，选拔优秀生源；全年招收推免生 116 人，其中，211 高校生源占 46.6%。开展就业宣讲会、春秋两季毕业生双选会和数十场专场双选会，举办京区科研院所联合双选会；加强与用人单位联系，向用人单位推送毕业生电子版名册；开展就业困难及离校未就业学生帮扶工作，采用微信公众号等方式进行就业指导与服务。

交流合作与社会服务。组织全球视野下研究生教育研讨会，接待所罗门群岛教育和人力资源发展部部长、孟加拉国大使、坦桑尼亚大使来访，累计接待来自欧洲、北美、大洋洲、亚洲和非洲 26 个国家的 15 个团组 68 人次。中比（比利时）、中荷（荷兰）博士学位教育项目招生合计 40 人。服务中国农科院“顶天立地”战略，服务“三农”发展。配合农科院党组要求，制订“一懂两爱”（懂农业、爱农村、爱农民）农业科技队伍建设行动方案，将培训工作纳入到农科院乡村振兴和科技扶贫的统一部署。累计举办 28 个班次及国际会议，培训 2390 人次。

校园活动。利用“农科校园”App 及微信公众号加强思政建设，完成树人讲堂 12 期；举办第二届研究生三分钟论文演讲比赛；开展在校生心理筛查，面向 2019 级全体新生开展心理健康普查；组织义务植树、无偿献血、暑期社会实践等团学活动，引导学生践行社会主义核心价值观；开展师生元旦联欢会、“青春告白祖国”、纪念“一二 · 九”运动系列爱国主义教育等活动。完成“数字校园无线覆盖设备购置项目”，铺设无线接入点 1035 个，实现公共区域无线网络全覆盖，信息化建设逐步完善。

党委书记　方军

院　　长　唐华俊（兼）

（王仕龙）

研究生院建院 40 周年交流会

11 月 16 日，农科院研究生院举办研究生教育改革发展暨建院 40 周年交流会。会议回顾建院 40 年的办学历程，系统梳理招生规模、教育质量、学科建设、师资队伍、社会服务方面取得的成就，并举行“中国农业科学院校友之家”揭牌仪式、“北京中国农业科学院农业发展基金会”启动和捐赠签约仪式。农业农村部领导，孟加拉国、坦桑尼亚大使，业务主管部门负责人、杰出校友代表，部分高校、培训基地合作方代表等 400 余人参加交流会。农科院研究生院 1979 年成立，首批招收研究生 46 人；1981 成为首批博士、硕士学位授予单位；1984 年，初步建立教学体系和师资队伍，开始自主组织课程教学；1985 年，招收首批博士生；2008 年，招收首批来华留学生。至 2019 年，学校累计培养毕业生 16713 人。

（王仕龙）

全球视野下研究生教育研讨会

11 月 16 日，农科院研究生院召开全球视野下研究生教育研讨会。会议介绍教育国际化的理念和教育全球化发展及《中国教育现代化 2035》的愿景，交流学院研究生国际教育的经验和做法，明确学校坚持开放办学理念，依托“国际农业科学计划”项目和科教资源优势，更好服务“一带一路”和农业“走出去”战略。与会学者围绕国际教育发展的机遇和挑战、科教融合培育高层次人才、国际视野下农业科技人才培养等问题做专题报告，并通过现场讨论互动交流观点。加纳驻华使馆公使和孟加拉国、埃塞俄比亚、苏丹、泰国驻华使馆官员，荷兰瓦赫宁根大学、比利时列日大学等国内外 15 所大学和科研机构的代表，以及农科院各研究生培养单位的师生代表 120 余人参加研讨会。

（王仕龙）

（本栏责任编校　张晓兰）

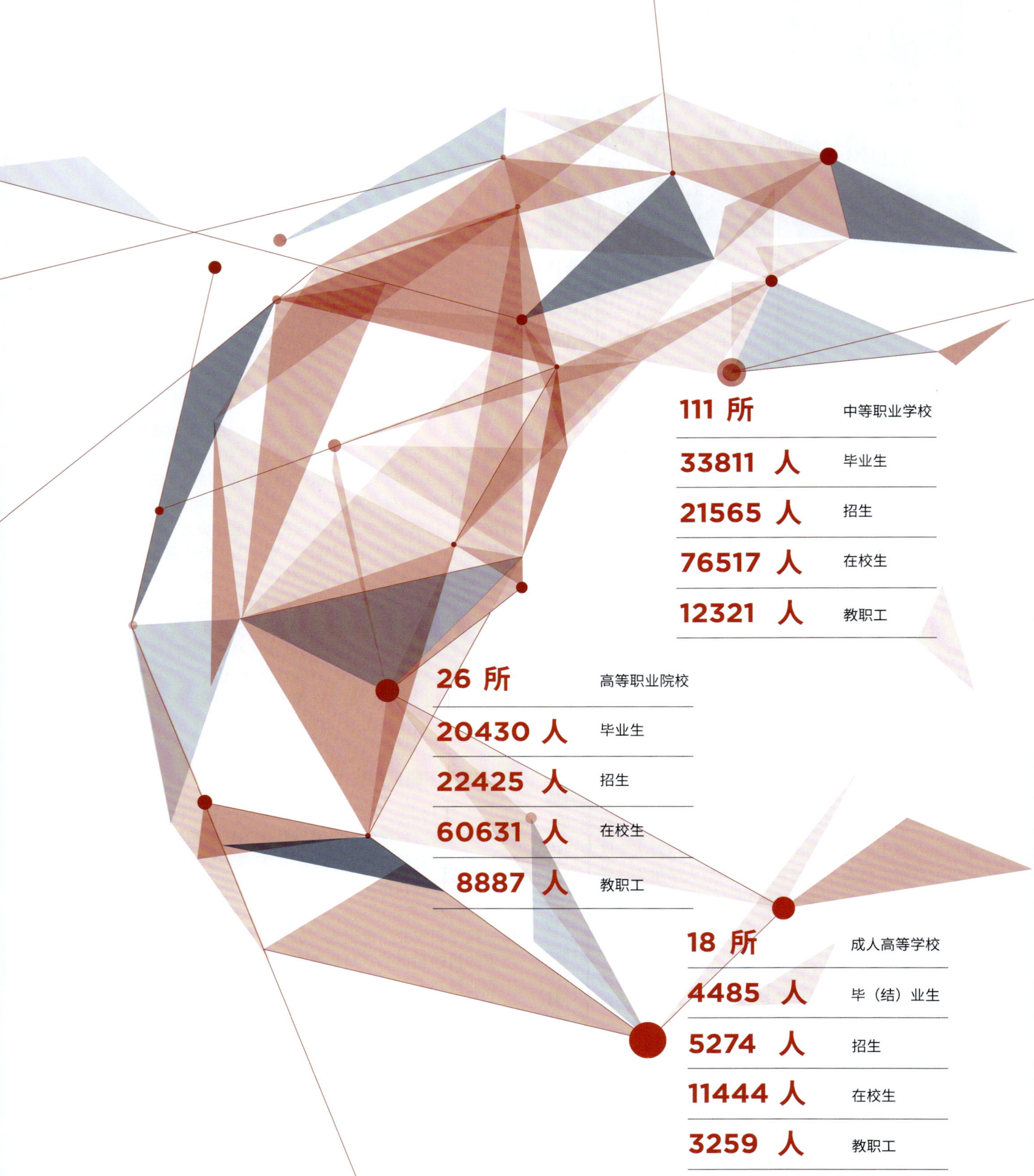
111 所 中等职业学校
33811 人 毕业生
21565 人 招生
76517 人 在校生
12321 人 教职工
26 所 高等职业院校
20430 人 毕业生
22425 人 招生
60631 人 在校生
8887 人 教职工
18 所 成人高等学校
4485 人 毕（结）业生
5274 人 招生
11444 人 在校生
3259 人 教职工

2020 职业与继续教育

VOCATIONAL AND CONTINUING EDUCATION

职业与继续教育

VOCATIONAL AND CONTINUING EDUCATION

综述

概述

2019年，北京市有中等职业学校111所，其中，普通中等专业学校29所、成人中等专业学校11所、职业高中44所、技工学校27所。普通中等专业学校毕业生12707人，招生8271人，在校生29951人；教职工3242人，包括专任教师1825人；占地面积144.68万平方米，学校产权校舍建筑面积88.46万平方米；固定资产总值31.30亿元，包括教学、实习仪器设备资产9.67亿元。成人中等专业学校毕业生6970人，招生1274人，在校生11240人；教职工563人，包括专任教师277人；占地面积19.17万平方米，学校产权校舍建筑面积11.03万平方米；固定资产总值1.27亿元，包括教学、实习仪器设备资产0.33亿元。职业高中毕业生3262人，招生3033人，在校生8165人；教职工5517人，包括专任教师3917人；占地面积221.64万平方米，学校产权校舍建筑面积136.93万平方米；固定资产总值52.40亿元，包括教学、实习仪器设备资产22.96亿元。技工学校毕业生10872人，招生8987人，在校生27161人；教职工2999人，包括专任教师1611人。

高等职业院校26所，毕业生20430人，招生22425人，在校生60631人；教职工8887人，包括专任教师4765人；占地面积597.06万平方米，学校产权校舍建筑面积361.66万平方米；固定资产总值129.70亿元，包括教学、科研仪器设备资产38.67亿元。

独立设置成人高等学校18所，毕业生4485人，招生5274人，在校生11444人；教职工3259人，包括专任教师1376人；占地面积132万平方米，学校产权校舍建筑面积79万平方米；固定资产总值29.11亿元，包括教学、科研仪器设备资产4.01亿元。培训机构3188所，注册学生272.93万人。

（武晔　胡雨　陈雷）

贯彻落实《国家职业教育改革实施方案》

2019年，市教委联合相关委办局，组织全市职业院校学习贯彻国务院印发的《国家职业教育改革实施方案》。11月，市政府与教育部签订落实《国家职业教育改革实施方案》备忘录。教育部和市政府就支持职业教育发展明确各自职责。教育部在政策制定、项目实施、改革发展、典型推介等方面加大对北京市的支持力度。北京市在完善现代职业教育和培训体系、推进产教融合和校企合作、保持职普招生比例在合理范围、努力完成高职扩招任务、深化职业院校教育教学改革、积极服务国家重大战略、落实职业教育生均拨款制度、推动职业教育国际交流与合作等方面进一步推进和夯实相关工作。

（余俊）

高端技术技能人才贯通培养试验稳步推进

2019年，市教委按照“做精做简”原则继续开展高端技术技能人才贯通培养试验。充分借鉴专业设置与产业机构布局契合度调研的成果，进一步优化贯通培养试验的招生专业，更加贴近市场需求和社会需要；进一步完善招生方式，从单一的提前招生变成提招与统招相结合。全年投放贯通培养招生计划4020人，完成招生计划3240人，计划完成率80.60%，较往年有大幅提升。

（余俊）

职业技能培训大规模开展

2019 年，北京市发挥职成院校特色专业群优势开展职业技能培训。立足区域发展、服务北京“四个中心”功能定位，面向行业企业职工、公务员、退役士兵、来京从业人员、新型职业农民、失业人员、中小学生、社区居民、高校毕业生、党政干部、职教师资等群体，大规模开展岗位技能提升培训、就业技能培训、创新创业培训和职业体验，开展各级各类培训 102 万人次。

（陈敬文）

职业教育国际合作持续推进

2019 年，市教委持续推进职业教育国际合作，继续开展各项改革试验。与德国巴登符腾堡州教育部协商决定，继汽车维修和物流管理两个专业之后，自 2019 年起在数字媒体专业开展新一期胡格教育模式改革。按照市教委与澳大利亚职业教育联盟签署的《职业教育合作意向书》有关要求，在会计和学前教育两个专业开展 TAFE 教育模式改革试验。

（余俊）

首批“特高”项目建设单位遴选

1 月 24 日，北京市特色高水平职业院校及第一批特色高水平骨干专业（群）和实训基地（工程师学院、技术技能大师工作室）建设名单公布。市教委、市发展改革委、市财政局、市人力社保局、市政府教育督导室五部门组织开展“特高”项目遴选工作，确定 12 所职业院校为北京市特色高水平职业院校建设单位、48 个专业（群）为第一批北京市特色高水平骨干专业（群）建设单位、40 个实训基地为第一批北京市职业院校实训基地（工程师学院、技术技能大师工作室）建设单位。北京市在全国率先开展职业院校“工程师学院”及“技术技能大师工作室”校企合作新模式，旨在引企驻校，在校内建立集人才培育、资源共享、技术创新、社会服务“四位一体”的产教共同体。

（余俊　张兰）

北京市特色高水平职业院校建设名单

北京电子科技职业学院
北京市昌平职业学校
北京财贸职业学院
北京市商业学校
北京工业职业技术学院
北京信息职业技术学院
北京农业职业学院
北京交通运输职业学院
北京市丰台区职业教育中心学校
北京市工业技师学院
北京劳动保障职业学院
北京戏曲艺术职业学院

（胡雨）

第一批北京市特色高水平骨干专业（群）建设名单

专业（群）名称	学校名称
都市园艺专业群	北京农业职业学院
高星级饭店运营与管理专业	北京市外事学校
高端装备智能制造技术专业群	北京电子科技职业学院
智能制造专业群	北京市工业技师学院
“互联网+”财经专业群	北京市商业学校
城市运行智能设备应用技术专业群	北京工业职业技术学院
城市轨道交通专业群	北京交通运输职业学院
轨道交通技术专业群	北京铁路电气化学校
工程测量技术专业	北京工业职业技术学院
烹饪服务专业群	北京市工贸技师学院
软件与信息服务专业群	北京信息职业技术学院
老年服务与管理专业	北京劳动保障职业学院
科技金融专业群	北京财贸职业学院
智慧会计专业群	北京财贸职业学院
健康养老专业群	北京社会管理职业学院
护理专业	北京卫生职业学院
航空服务专业	北京市昌平职业学校
汽车运用与维修专业	北京市昌平职业学校
学前教育专业	北京青年政治学院
学前教育专业	北京市求实职业学校
餐饮服务专业群	北京市劲松职业高中
大数据技术与应用服务专业群	北京电子科技职业学院
艺术教育专业群	北京市商业学校
宝玉石鉴定与加工专业	北京经济管理职业学院
现代殡葬技术与管理专业	北京社会管理职业学院
城市运行与保障专业群	北京市工贸技师学院
智能建筑电气专业群	北京市电气工程学校
网络与通信专业群	北京信息职业技术学院

专业（群）名称	学校名称
电气自动化设备安装与维修专业	首钢技师学院
数字媒体艺术专业群	北京市信息管理学校
计算机网络技术专业	北京市信息管理学校
动物医学专业群	北京农业职业学院
环保检测产业类专业群	北京市工业技师学院
工艺美术专业	北京轻工技师学院
食品加工与检验专业	北京轻工技师学院
餐饮艺术与管理专业群	北京市丰台区职业教育中心学校
水利水电工程施工专业	北京水利水电学校
汽车服务与管理专业群	北京交通运输职业学院
新媒体应用技术专业群	北京市新媒体技师学院
学前教育专业	北京汇佳职业学院
电子技术应用专业	北京电子信息技师学院
安全保卫专业群	北京政法职业学院
中餐烹饪与营养膳食专业	北京市延庆区第一职业学校
智能制造运用专业群	北京市密云区职业学校
康护医养专业群	北京京北职业技术学院
城市运行管理专业群	北京市城市管理高级技术学校
城市轨道交通专业群	北京交通职业技术学院
平面媒体印制技术专业	北京市房山区第二职业高中

（胡雨）

第一批北京市职业院校实训基地（工程师学院、技术技能大师工作室）建设名单

项目名称	院校名称	合作单位名称
华为信息与网络工程师学院	北京工业职业技术学院	华为技术有限公司
钟连盛景泰蓝工作室	北京电子科技职业学院	北京市珐琅厂有限责任公司
北京奔驰汽车制造工程师学院	北京电子科技职业学院	北京奔驰汽车有限公司
首都航天智能制造工程师学院	北京市工业技师学院	首都航天机械有限公司
京东智能设备工程师学院	北京工业职业技术学院	京东大学
菜百商学院	北京财贸职业学院	北京菜市口百货股份有限公司
首农西郊农场园艺工程师学院	北京农业职业学院	北京市西郊农场有限公司
西门子智能制造工程师学院	北京经济管理职业学院	西门子（中国）有限公司
北京工艺美术师学院	北京市工艺美术高级技工学校	北京工美集团有限责任公司
肖永亮数字视效工作室	北京经济管理职业学院	凤凰数字媒体产业教育集团
王连友智能制造工作室	北京市工贸技师学院	中国航天科技集团公司五院卫星制造厂
周海宽古书画装裱与修复工作室	北京国际职业教育学校	故宫博物院
卫建平智能装配工作室	首钢技师学院	北京首钢机电有限公司
施耐德电气工程师学院	北京市电气工程学校	施耐德电气（中国）有限公司
神州泰岳信息安全工程师学院	北京信息职业技术学院	北京神州泰岳软件股份有限公司
联想工程师学院	北京市昌平职业学校	联想（北京）有限公司
阿里巴巴数字贸易学院	北京市商业学校	阿里巴巴（中国）网络技术有限公司
爱慕时装技术学院	北京市工贸技师学院	爱慕股份有限公司
大董餐饮文化学院	北京市劲松职业高中	大董（上海）品牌管理有限公司
边精一古建营造工作室	北京交通运输职业学院	北京市房修二古代建筑工程有限公司
崔奇铭玉雕工作室	北京轻工技师学院	北京崔奇铭玉雕设计咨询工作室
新道云财务会计师学院	北京市商业学校	（用友）新道科技股份有限公司
格林彩虹矫形工程师学院	北京社会管理职业学院	北京格林彩虹假肢矫形器装配中心
张洪超汽车装配工作室	北京汽车技师学院	北京新能源汽车股份有限公司
海尔智能技术应用学院	北京市电气工程学校	海尔智能家电科技有限公司
京东产教融合学院	北京市昌平职业学校	北京京东世纪贸易有限公司
曲思义电影调色工作室	北京市丰台区职业教育中心学校	北京派来特影视科技有限公司
李兵汽车试制工作室	北京市顺义区人力资源和社会保障局高级技工学校	北京汽车股份有限公司汽车研究院
杨银喜传统酱菜技艺工作室	北京商贸学校	北京六必居食品有限公司怀柔酿造厂
中铁天佑工程师学院	北京铁路电气化学校	中国铁路北京局集团有限公司
新大陆物联网工程师学院	北京市信息管理学校	新大陆科技集团有限公司
燕东微电子工程师学院	北京信息职业技术学院	北京燕东微电子有限公司
北汽新能源汽车工程师学院	北京汽车技师学院	北京汽车新能源股份有限公司

项目名称	院校名称	合作单位名称
北京饭店外事服务学院	北京市外事学校	北京饭店（北京）
完美世界动漫游戏创意设计师学院	北京市信息管理学校	完美世界教育科技（北京）有限公司
金色摇篮幼教学院	北京市经贸高级技术学校	金色摇篮教育科技有限公司
北京国创成形技术工程师学院	北京金隅科技学校	北京机科国创轻量化科学研究院有限公司
刘俊数字化设备管理技术工作室	北京市仪器仪表高级技工学校	北京京仪集团有限责任公司
王仪智能终端维修工作室	北京市应用高级技工学校	北京京宏景通讯技术有限公司
中国数字文创工程师学院	北京市黄庄职业高中	中国数字文化集团

（胡雨）

加快发展老年教育的实施意见出台

1月24日，市委教育工委、市教委、市委老干部局、市科委、首都精神文明办、市民政局、市人力社保局、市财政局、市文旅局、市卫健委、市农业农村局、市体育局、市总工会、团市委、市妇联联合印发《北京市关于加快发展老年教育的实施意见》。实施意见提出5个方面的举措，提出未来3～5年内，建立多部门横向协同、纵向联动的工作机制，完善覆盖市、区、街（乡镇）、居（村）四级老年教育服务体系。

（胡雨）

市职业与成人教育教学改革项目立项

4月22日，市教委公布2018年北京市职业教育与成人教育教学改革项目立项名单。市教委于2018年组织开展职业教育与成人教育教学改革项目立项申报及评审工作，经过院校申报、专家组初审和会审以及网上公示等环节，研究确定2018年北京市职业教育与成人教育教学改革项目立项208项，涉及立德树人、产教融合、终身学习等8个大类，研究期限3年。

（项明）

职业院校“送政策、送培训”进军营

7月30日，北京市“送政策、送培训”进军营活动启动。为陆军某部队、武警北京总队等驻京部队士兵提供职业规划辅导、汽车维修、电子商务、办公自动化等教育培训课程，将“政策”“培训”送进军营，让理论学习走入部队，让生产实践走进学校。通过创新教育培训渠道，提升驻京部队士兵技术水平和综合素质；通过培训，弥补退役军人职业技能短板。活动由市退役军人事务局、市人力社保局、北京卫戍区、武警北京总队共同组织，承训单位为北京劳动保障职业学院和北京工业职业技术学院，活动时间至12月底。

（白旭东　胡军伟　胡雨）

推进退役军人职业教育新探索

9月26日，市教委与市退役军人事务局就业创业处共同召开职业院校会议。会议是为贯彻落实市退役军人事务局、市教委等13个部门联合印发的《关于促进新时代退役军人就业创业工作的实施意见》，研究推进退役军人职业教育工作。经过研讨形成共识：提高政治站位，高标准做好人才培养和培训工作；每所任务院校拿出1～3个专业，联合3个以上的企业，针对退役军人特点制定教学计划和人才培养方案；加强教学针对性，打破传统课堂增强实训教学，打破传统教学计划优化课程安排，打破传统评价标准突出实践能力；做好政治素养、职业素养、诚信教育，坚持德智体美劳全面育人；配备专门的辅导员，了解需求，做好管理服务；做好招生专业宣传和就业方向介绍，通过互联网等手段，让更多退役军人充分了解专业特点，供其学习选择。

（杨颉）

北京数字经济职业教育集团成立

11月8日，北京经济管理职业学院牵头组建的北京数字经济职业教育集团成立。该教育集团是《国家职业教育改革实施方案》颁布后北京成立的第一家新型职教集团，也是首次探索全口径对接数字经济产业链发展的职教集团，是由集团内企业全额捐赠设立大额数字经济产教融合发展种子基金的职教集团。集团汇聚中国职业技术教育学会、北京总部企业协会以及众多数字经济领军型企业，包括产值超千亿的企业4家、产值超过500亿的企业7家。集团联合职业院校共同建立数字经济公共政策研究、产业人才培养与创业就业平台，探索企业深度参与的“1+X”证书职业标准体系，构建职业教育、职业培训、标准认证、企业服务和创新服务于一身的数字经济职业教育生态。

（于平波　杨颉）

7校入选中国特色高水平高职学校和专业建设计划首轮建设单位

12月10日，教育部、财政部公布中国特色高水平高职学校和专业建设计划建设单位名单，北京7所高职院校入选。7所学校是北京电子科技职业学院、北京工业职业技术学院、北京财贸职业学院分别获评A档、B档、C档中国特色高水平职业学校，北京信息职业技术学院、北京农业职业学院入选A档高水平专业群建设单位，北京劳动保障职业学院入选B档高水平专业群建设单位，北京交通运输职业学院入选C档高水平专业群建设单位。该评选围绕国家重大战略和区域支柱产业，首轮立项建设50所左右高水平高职学校和150个左右高水平专业群，重点布局在现代农业、先进制造业、现代服务业、战略性新兴产业等技术技能人才紧缺领域，全国197家单位入选。

（余俊　胡雨）

职业教育

新增 43 个“3+2”中高职衔接办学项目

1 月 8 日，市教委、市人力社保局公布 2019 年新增“3+2”中高职衔接办学项目。经专家小组集中评审、评委会评议，2019 年新增“3+2”中高职衔接办学项目 43 个。至此，该项目自 2012 年实施至今有试点项目 324 个。同时，指导中高职院校继续完善一体化衔接人才培养方案，引导院校重视加强衔接课程体系建设、优化衔接课程设计。

（张兰）

职业教育新增和撤销专业

1 月 28 日和 30 日，市教委分别公布 2019 年中等职业教育和高等职业教育新增专业名单。16 所中职学校新增数字影像技术、大数据技术应用、应急管理与消防技术等 37 个专业（技能方向），22 所高职院校新增虚拟现实应用技术、汽车试验技术等 33 个专业。严格执行北京市新增产业禁限目录，2019 年有 8 所中职学校撤销旅游服务与管理、商务英语等 14 个专业，3 所高职院校撤销煤矿开采技术、酿酒技术等 10 个专业。

（项明）

职业教育专业标准获批赞比亚国家官方专业标准

3 月 20 日，北京工业职业技术学院承担制定的自动化与信息技术专业标准等 5 个中国职业教育专业标准获得赞比亚共和国职业教育与培训管理局（TEVETA）批准。这标志中国职业教育专业标准正式进入赞比亚，服务赞比亚职业教育，为赞比亚经济建设与发展培养技能型人才。这也是中国高等教育教学第一批走出国门的标准。

（王瀛　胡雨　胡军伟）

第二批职业院校“一校一品”优秀德育品牌认定

4 月 18 日，市教委认定第二批北京市职业院校“一校一品”优秀德育品牌。评选由市教委、北京市职业技术教育学会于 2018 年开展，13 所学校申报，经初评、复评和终评三个阶段，最终认定 8 个项目为北京市职业院校“一校一品”优秀德育品牌（三星级），分别为北京戏曲艺术职业学院“氍毹铸梦”、北京交通运输职业学院“红色理论社团”、北京经济管理职业学院“幸福学园”、北京财贸职业学院“财贸素养”、北京市经济管理学校“成长阶梯班会模式”、北京市劲松职业高中“希望厨师”、北京市大兴区第一职业学校“国旗·领航”和北京市园林学校“园林志愿者”。

（巫梅琳）

全国智能网联汽车产教融合创新联合体成立

4 月 25 日，全国智能网联汽车产教融合创新联合体成立大会在北京电子科技职业学院召开。会议发布《全国智能网联汽车产教融合创新联合体章程》，宣布联合体人员任命名单，电科职院承担联合体秘书处工作职责。会议由中国汽车工程学会、教育部职业技术教育中心研究所、中国智能网联汽车产业创新联盟、国汽（北京）智能网联汽车研究院共同发起，中国汽车工程学会、全国 90 余所相关院校 170 余名校长、院系主任、教师和相关企业代表参加成立大会。全国智能网联汽车产教融合创新联合体是辐射全国的非营利性和非独立法人组织，按“自愿参加、资源共享、优势互补、合作共赢”原则组成联合体，依托国内智能网联汽车产教资源，围绕智能网联汽车产业技术技能人才培养与输出，促进产学研良性互动，助力区域经济转型。联

4 月 18 日，大兴一职“国旗·领航”被认定为北京市职业院校“一校一品”优秀德育品牌　（大兴一职　供）

合体对成员单位实行“三年一换届、每年动态审核、年度换牌、官网公示”等申请与退出管理机制。

（王琴）

职业教育宣传月

4月26日，2019年北京市职业教育宣传月启动仪式在北京市劲松职业高中举行。宣传月主题是“城教融合谋发展，需求导向促改革”。仪式上，发布“北京市职业教育宣传月”标志（LOGO），向参会人员及附近中小学生开放展示职业体验活动。同期还开展“我和我的祖国”最美朗读者主题教育活动、产教融合论坛、职教成果展等。宣传月期间，全市数十所职业院校和技工学校参与活动、开放校园，面向中小学生和广大市民开展丰富多彩的观摩体验活动1000余次，参与人数超过12万人，学生参与覆盖率近87%。

（武晔）

职业院校参与国家职业教育1+X证书制度试点

4月，市教委组织北京市29所中、高职院校参与首批6个国家职业教育1+X证书试点。涉及汽车运用与维修（含智能新能源汽车）、建筑信息模型（BIM）、物流管理、老年照护和Web前端开发等领域。9月，市教委组织26所中、高职院校参与第二批10个国家职业教育1+X证书试点，涉及传感网应用、云计算平台、电子商务等领域。市教委联合市财政局、北京教科院建立试点工作市级协调机制，依托职业教育师资培训基地，每个证书确定一所牵头院校，与相关证书培训评价组织联系协同，组织教师参加培训，建立考核站点，组织学生参加学习培训并考证等。

（项明）

北外中国职业外语教育发展研究中心成立

6月16日，北京外国语大学中国职业外语教育发展研究中心成立。中心汇聚全国外语优质专业资源，开展职业教育国际化发展研究，探索建设职业外语教育与人才培养标准体系，以顶层设计、研制标准、建立示范、推广应用为路径，为新时代中国职业外语教育的崭新发展制定制度依据、开拓发展空间，提升国内职业教育水平与国际竞争力。中心聘请74名国内外知名专家学者担任指导委员会、专家委员会和执行委员会委员。

（朱玉清）

全国信息安全职业教育集团成立

7月29日，北京信息职业技术学院联合中国电子学会共同牵头组建的全国信息安全职业教育集团召开成立大会。职教集团成员包括来自全国各地的信息安全专业高水平院校和该领域领导型企业106家。会议表决通过《全国信息安全职业教育集团章程》，选举理事长、副理事长单位，成立专业建设委员会、学术研究委员会、技能竞赛委员会和培训服务委员会4个内设机构。信息职院成为全国信息安全职业教育集团第一届理事长单位。

（赵燕平）

参加全国职业院校技能大赛获奖

10月22日，教育部公布2019年全国职业院校技能大赛获奖名单。北京市组建77支代表队组成的代表团参赛，成员包括168名领队及工作人员、538名学生和386名指导教师。比赛于5月7日至6月16日在天津主赛区和21个分赛区举行，全国37个地区17450名选手参加中、高职组87个项目比赛，其中，北京市代表团参加34个中职组赛项、45个高职组赛项，获得一等奖11个（中职组3个、高职组8个）、二等奖29个（中职组10个、高职组19个）、三等奖55个（中职组21个、高职组34个）。同时，北京市承办“养老服务技能”“艺术专业技能（声乐表演）”2个全国大赛（高职组）赛项。

（武晔）

7月29日，全国信息安全职业教育集团成立

（信息职院　供）

2019 年全国职业院校技能大赛一等奖（北京）

项目 / 获奖单位及人员
一、中职组
艺术专业技能（戏曲表演）（个人）
中国戏曲学院附属中等戏曲学校 陈卓
网络空间安全（团体）
北京市信息管理学校 高鹏飞 李芸凯
计算机检测维修与数据恢复（团体）
北京市大兴区第一职业学校 谢雅佩 万京亮
二、高职组
艺术专业技能（声乐表演）（个人）
北京戏曲艺术职业学院 潘帅同 周岩博
护理技能（个人）
北京京北职业技术学院 杨天蔚
导游服务（个人）
北京工业职业技术学院 戴彬彬
英语口语（非英语专业组）（个人）
北京青年政治学院 张娇阳
工业分析检验（团体）
北京电子科技职业学院 谢颖 刘蕊
制造单元智能化改造与集成技术（团体）
北京工业职业技术学院 王云浩 韩鹏龙 郑帅
信息安全管理与评估（团体）
北京信息职业技术学院 张秋圆 王子恒 鲁博洋

（胡雨）

中职学生职业素养护照试点推广

10 月，北京市在 16 所中职学校推广实施中职学生职业素养护照。职业素养护照包含纸质版和网络版两种形式。纸质版护照仿照真实的护照，以成长为主线，将学生职业素养串联在一起，内容上以证书、证明、证章和职业素养学分的方式具象呈现；网络护照则模拟游戏通关的方式，使素养培养与评价实现有趣、有用、有效的统一。通过职业素养护照，学生在校经历的培养将清晰呈现为个性化成长轨迹路线图以及涵盖 5 个模块、20 个素养指标的雷达图，让学生成长看得见、信心可积累、动力可持续。此外，北京搭建“职业素养护照 + 互联网”服务云平台系统和学生职业素养成长发展大数据系统，先后在不同年级的 3260 名中职学生中展开试点，同步实现工作网、联系网、服务网三网合一的互联网育人新形态。这是继 2016 年北京市商业学校全国首发职业素养护照后，历经 3 年试点研发成熟，北京在全市职教系统推广这一举措。

（吕轮超　胡雨）

首都职教国际青年创新创业技能大赛

11 月 10 日，中英创新创业职业教育联盟（北京）举办、北京财贸职业学院承办的首都职教国际青年创新创业技能大赛暨第三届中英“一带一路”国际青年创新创业技能大赛（北京赛区）闭幕。北京市 17 所职业院校 45 支队伍 254 名师生参加比赛。经过角逐，获得一等奖 10 个、二等奖 16 个、三等奖 20 个。此外，17 所学校获得优秀院校组织奖，3 名学生获“最具创新精神学生奖”，30 名教师获得优秀指导教师奖，17 名教师获得优秀裁判员奖，3 支团队获得国际风尚奖。北京市派出 20 支队伍参加 12 月 27 日至 29 日在武汉城市职业学院举办的中国区总决赛，获得一等奖 2 个、二等奖 3 个、三等奖 6 个，以及国际风尚奖 2 个。来自 6 所院校的参赛队获得 2020 年 6 月代表中国赴英国伦敦参加国际总决赛的资格。

（陈敬文）

高职院校人才培养工作状态数据可视化分析报告

12 月 16 日，北京教育科学研究院完成《2018 年北京市高等职业院校人才培养工作状态数据可视化分析报告》编制。报告从总体指标、基础办学条件、专业与课程、师资队伍、教学管理、学生成长 6 个方面，对北京 25 所高职院校人才培养状态数据统计分析。通过 126 个可视化图表，实现院校数据与合格标准、全国中位数、北京中位数、北京平均数的比较研究。

（孙毅颖）

北京市职业院校技能大赛

12 月 21 日，市教委公布 2019 年北京市职业院校技能大赛获奖名单。比赛由市教委、北京教育科学研究院、北京市职业技术教育学会联合举办，其中，高职组完成 14 个专业大类的 64 个学生分赛项、中职组完成 9 个专业大类的 55 个学生分赛项，有 79 所职业院校 3962 名中、高职学生参加市级比赛，经过角逐，学生 423 人次获得一等奖、80[illegible]人次获得二等奖、1175 人次获得三等奖；3 名教师获得首席指导教师称号；314 人次教师获得优秀指导教师称号；47 人被评为优秀工作者；19 所职业院校获得优秀组织奖；57 家单位获得特殊贡献奖。在市级比赛选拔基础上，选派优秀学生参加全国职业院校技能大赛。

（武晔　禹治斌）

职业院校学生思想状况调研

至年底，市教委开展职业院校学生思想状况调研。79 所中职学校 3.30 万名学生和 22 所高职学校 3.10 万名学生参与问卷调研，调研问卷从个人、社会、国家三个维度设计新时代学生关心的话题，同时组织专家组走进8所职业院校与师生面对面交流，了解新时期职业院校学生的思想现状、困惑及存在的问题。调研结果表明，职业院校学生具有较崇高的理想信念、较积极的人生观与价值观、较强的爱国精神，对祖国和传统文化的认同度很高，有较强的法治观念，心理健康，职业生涯教育成效显著。

（吕轮超）

职业教育德育活动

至年底，市教委开展多种职教德育活动。组织职业学校参加中国职业技术教育学会主办的2019年全国职业院校“奋进新时代 中华传统美德职教行”优秀成果遴选活动，北京市商业学校“创新晨读训练模式，弘扬中华传统美德”入选优秀典型案例。举办第15届北京市中等职业学校“文明风采”主题教育活动，60余所职业院校的学生参加活动，提交作品6308份，评选出获奖作品3836份；确定505名学生获得一等奖、1227名学生获得二等奖、1933名学生获得三等奖，7所学校获得优秀组织奖，11所学校获得组织奖。开展北京市职业学校“我和我的祖国——最美朗读者”活动，32所学校9000名学生参加，搭建职业院校学生成长展示平台。

（巫梅琳）

职业教育质量年度报告（2018）

至年底，市教委编制完成《北京高等职业教育质量年度报告（2018）》和《北京市中等职业教育质量年度报告（2018）》。报告采集16个区政府、56所中等职业学校、25所高等职业学院和30家企业（参与）职业教育人才培养的状态数据，全面展示北京市中高等职业教育的办学成绩、社会贡献、面临的问题及建议。

（张兰　赵新亮　高卫东）

继续教育

高等学历继续教育专业设置管理改革

3月至7月，市教委完成北京地区高等学历继续教育专业设置管理改革工作。按照属地化管理原则，统筹指导北京74所开展高等学历继续教育的高校，按照教育部统一部署和要求完成北京高校学历继续教育专业核验和2019年拟招生专业信息填报，比上年增加北京劳动保障职业学院（恢复招生），减少北京第二外国语学院、北京社会管理职业学院。2019年总拟招生专业点1445个，其中，高起本254个、专升本703个、专科488个；成人高等教育897个（含业余形式634个、函授形式241个、脱产形式22个）、网络教育312个、开放教育236个；涉及总招生专业318个。29所部属高校拟招生专业点960个，21所市属高校拟招生专业点311个，8所高职高专院校拟招生专业点71个，2所开放大学拟招生专业点215个，14所独立设置成人高校拟招生专业点193个；涉及总招生专业367个。

（陈雷）

学历继续教育大学生英语口语竞赛

3月至7月，市教委举办2019年（第四届）北京高校学历继续教育大学生英语口语竞赛。此次竞赛创新初赛形式，由原先集中比赛、评委现场打分改为在平台上提交音频作品、组织评委网评。50余所高校（包含央属院校、市属院校和独立设置成人高校）230名选手分别参加英语专业专科组、英语专业本科组、非英语专业专科组和非英语专业本科组的竞赛。经各校选拔、全市范围初赛及决赛3个赛段，56名学生获奖，40名教师获得优秀指导教师奖，22所高校获竞赛团体奖。比赛由北京航空航天大学承办。

（陈雷）

6月16日，第四届北京高校学历继续教育大学生英语口语竞赛决赛　（红旗大学　供）

继续教育校外教学站复检

3月至8月，市教委对未通过2018年北京高等学历继续教育（函授、夜大学）专项检查的高校（本部）及合作办学机构（函授教学辅导站、校外学历教育教学站等）进行集中整改复检。10所高校通过办学复检，21所高校的28个校本部（夜大学）、函授教育教学辅导站、学历教育校外教学站通过整改复检，13所高校自行撤销其在京办学系统的17个函授教育教学辅导站、学历教育校外教学站。通过复检工作，进一步规范各类高校及其校本部、校外函授教育辅导站、校外学历教育教学站的学历继续教育办学。

（陈雷）

继续教育系统教学骨干研修班

4月至11月，市教委与清华大学共同举办2019年（第六期）北京高校继续教育系统教学骨干研修班。研修班利用周末时间统一集中安排授课、讲座和研讨等，以专家讲座、集中辅导、自学、分组讨论、专题调研等方式为主，组织学习习近平新时代中国特色社会主义思想和党的十九大精神、全国教育大会要求和高等继续教育面临的新形势、新要求，专注于提升高校继续教育教学及管理骨干综合素质，提高政策理论水平，拓宽视野，强化能力。研修班培训学员58人，其中校处级学员占70%以上，实现北京地区高校全覆盖。

（陈雷）

新型职业农民学历教育座谈会

7月10日，北京农业职业学院举办新型职业农民学历教育座谈会。教育部、农业农村部、市教委、市农业农村局、中央农广校、北京开放大学、北京教育科学研究院等单位领导和专家到会指导并参加讨论。农职院开展农民实用技术培训累计30万人次；开设园林技术等14个中专专业，专门培养农村人才；通过自主招生在全国首次招收全日制新型职业农民高职学历学生，进行系统培育，形成中等、高等农民职业教育贯通培养、衔接立交的新型职业农民培养体系。针对农民特点，探索形成"半农半读、农学交替"的教学模式，累计招生578人，首届78名学生顺利毕业。2018年，开设农村经营管理专业（村务管理），培养农村基层管理人才，累计招生300人，实行双主体管理、模块化教学、多岗位锻炼的人才培养模式，探索乡村治理人才培养路径。

（杨永杰）

学历继续教育优秀毕业论文（设计）遴选

7月15日，市教委公布北京高校学历继续教育优秀毕业论文（设计）遴选结果。经各校推荐、网上初评、专家会评、市教委审核并公示，遴选出33所高校的优秀毕业论文（设计）62篇，评选出优秀指导教师64人，另评选出优秀组织奖15个。继续教育优秀毕业论文（设计）遴选工作将每年组织一次。

（陈雷　胡雨）

北京高等学历继续教育发展报告出版

9月，市教委编纂的《2018年度北京高等学历继续教育发展报告》出版发行。该报告由对外经济贸易大学出版社出版发行，全书70余万字，包括2018年北京高等学校继续教育发展年度报告、北京各高等学校继续教育发展报告、北京部分高等学校继续教育特色报告三部分内容。报告分析各校继续教育状态数据，汇总各校发展报告、特色报告，呈现北京高校继续教育2018年度工作历程，初步梳理新时期高校继续教育在办学定位、质量监管、特色发展、信息化建设等方面不均衡、不充分的问题，为北京高校继续教育质量保障体系建设提供参考。

（陈雷）

北京老年开放大学设立

11月8日，市教委发文批复，依托北京开放大学设立北京老年开放大学，并在11月14日第15届北京市全民终身学习活动周开幕式上正式授牌。北京老年开放大学主要职能是建设老年教育课程体系和教学资源，制定相关课程标准和质量评价标准；开展老年教育培训、涉老服务从业人员培训和老年教育师资培养；开展老年教育研究和咨询；指导全市老年大学教育教学工作等。

（李玥　郭莹　项明）

北京高校继续教育高水平教学团队、特色专业遴选

12月9日，市教委公布2019年度北京高校继续教育高水平教学团队、特色专业遴选结果。经学校推荐、综合评议、集中答辩、公示，市教委审核确定，64所高校的100个团队入选2019年度"北京高校继续教育高水平教学团队"，47所高校的74个专业入选2019年"北京高校继续教育特色专业"，建设周期为2019年9月至2021年7月。

（陈雷　胡雨）

学习型城市建设

第十批首都市民学习之星评选

4月至10月，市教委开展第十批首都市民学习之星评选活动。各系统、各区推荐报送411人参加评选，经专家组评审、征求意见、社会公示，认定113人为第十批"首都市民学习之星"，并在北京市第十五届全民终身学习活动周开幕式上给予表彰。

（陈敬文）

市民终身学习示范基地现场交流会

6月12日，2019年北京市民终身学习示范基地现场交流会在京彩瓷博物馆召开。西城、石景山、延庆等区的代表进行交流发言，共同探讨北京市民终身学习基地制度建设、品牌培育等工作机制。活动由北京教育科学研究院主办、北京宣武红旗业余大学承办。

（海玥佳）

北京市社区学习服务联盟成立

6月30日，北京市社区学习服务联盟成立大会在北京开放大学举行。社区学习服务联盟是由北开大作为主要发起单位，联合职业学校、社区学院、学会、研究机构、公益基金、社会组织、互联网公司、出版机构、培训机构等单位组建的非法人合作组织，是各成员单位之间合作和交流的纽带和桥梁，是分享社区学习资源、学习服务和学习渠道、协同协作开展社区学习服务的平台。首批成员共计62家单位。市教委、北京开放大学、北京市成人教育学会、北京网梯科技发展有限公司等单位近百人参加会议。

（李玥　郭莹）

家庭教育与家风建设项目推进

7月2日，由市教委、中国下一代教育基金会主办，大兴区教委承办的北京市家庭教育与家风建设项目2019年启动仪式在大兴区举办。项目主题为“弘扬家国情怀 争创良好家风”。黄侃出席启动仪式并讲话，对进一步做好家庭教育与家风建设提出建议。中国下一代教育基金会、全国伴随成长公益项目指导委员会、市教委、大兴区政府、各区教委及相关部门的负责同志，以及来自北京的400余名校长、德育干部、家庭教育管理者、社区教育工作者参加会议，共话学校、家庭、社会协作育人工作。朝阳区、大兴区介绍典型工作经验。会议呈现出确立北京家庭教育在现代育人体系中的重要地位，扎实推进“家庭教育与家风建设工程”，坚持专家引领、典型示范，加快形成家庭教育与家风建设社会支持网络等亮点。

（陈敬文　胡雨）

第四批学习指导师高级研修班

11月11日，由市教委和联想集团共同举办的第四批“学习指导师”高级研修班结业。研修班是从88名报名教师中遴选60名学员，培养成为“懂教学、会指导、能策划”的学习指导师。培训首次尝试“老带新、传帮带”，邀请往届优秀学员全程参训观察指导。在这个教师成长与发展的平台上，不同年龄和经验的教师相互学习；往届优秀学员和本届学员相互交流；讲师、观察员和学员间相互激发；教委主管部门干部、社区学院和中高职院校间的教师也可以近距离交流、相互借鉴。课程通过剖析参训学员自身的教学和工作案例，以学员的工作场景为基础，以学员的困惑点为剖析点，营造更加积极、主动、平等、开放的教育生态，实现由“素质培训向素质和能力相结合的培训”转变。

（陈敬文）

市民终身学习示范基地、职工继续教育基地和新型职业农民培训基地认定

11月12日，市教委发文认定第三批北京市民终身学习示范基地、北京市职工继续教育基地和北京市新型职业农民培训基地。认定第三批北京市民终身学习示范基地35个、北京市职工继续教育基地14个、北京市新型职业农民培训基地18个。

（项明）

第15届全民终身学习活动周

11月14日，北京市第15届全民终身学习活动周开幕。开幕式上表彰2019年市教委认定的113名“第十批首都市民学习之星”、14个北京市职工继续教育基地、35个北京市民终身学习示范基地、18个北京市新型职业农民培训基地。活动期间16个区、部分委办局和高等学校、职业学校举办6126场丰富多彩、形式多样的学习活动，累计235.70万人参与活动。

（陈敬文）

大兴区被认定为北京市建设学习型城市工作示范区

12月12日，市教委认定大兴区为“北京市建设学习型城市工作示范区”。大兴区成为继西城、顺义、房山、门头沟、延庆、怀柔六区之后北京市第七个建设学习型城市工作示范区。

（陈敬文）

高等职业院校

北京工业职业技术学院

概述

2019年，北京工业职业技术学院占地面积24.01万平方米，产权校舍建筑面积23.28万平方米。全年教育经费投入35579.90万元，其中，国家拨款31650.20万元、自筹经费3929.70万元。固定资产总值96823.27万元，其中，教学、科研仪器设备资产值53330.52万元。图书馆建筑面积1.95万平方米，藏有纸质图书75.41万册、电子图书340万册。拥有计算机3707台，多媒体教室350个。学校信息化设备资产16432.61万元，网络信息点5018个，校园网出口总带宽3277Mbps，电子邮件系统用户609个，上网课程294门，管理信息系统数据总量367GB。设有5个学院，开设高职专业28个，包括国家级精品专业2个、国家级重点专业5个、北京市重点专业7个、北京市特色专业15个。有国家级重点专业教学资源库1个、国家级精品课10门、国家级精品资源共享课10门。教职工496人。专任教师359人，包括教授及教授级高级工程师39人、副教授及高级工程师158人；博士25人、硕士173人；“双师型”教师244人。聘请校外教师45人。毕业生1312人，其中，高职生982人、中职生330人。毕业生一次就业率

97.79%。招生1551人，其中，高职生1064人、中职生487人。在校生5115人，其中，高职生4415人、中职生700人。网址：www.bgy.edu.cn。

2019年，学校以立德树人为根本，深化教育教学改革，创新人才培养模式，狠抓学校硬基本功，实现学校内涵式发展。

思想政治建设。制定学校《思想政治理论课改革创新实施方案》，推进思政课教学改革和思政课教师队伍建设，举办以“致敬祖国壮丽70年”为主题的第五届思政课实践教学成果汇报会和首届“最美课堂”课程思政教学比赛，打造思政课实践教学品牌和课程思政示范课堂、典型案例。开展立德树人根本任务“大学习、大讨论、大落实”活动。修订学校《教师职业道德和行为规范》，树立师德师风榜样，举办“育匠者更是育心者——优秀共产党员郭凯老师先进事迹报告会”。制定《师德失范行为处理实施细则》，对师德失范行为依法依规严肃处理。

主题教育开展。“不忘初心、牢记使命”，严格将“学习教育、调查研究、检视问题、整改落实”贯穿始终，把主题教育与落实立德树人根本任务、申报全国“双高”、北京“特高”院校及国庆志愿服务紧密结合，做到“规定动作”做到位、“自选动作”有特色，高标准完成主题教育目标任务。学校1100名师生参与完成天安门广场群众联欢活动中“健康中国”板块的表演任务，受到国庆指挥部表扬。将庆祝新中国成立70周年活动作为对大学生爱国主义教育的“大学校、大教材、大课堂”，深入挖掘参与国庆活动形成的宝贵精神财富，开展系列活动深化爱国主义教育。

入选国家“双高”计划。在年初入选北京市特色高水平职业院校建设单位的基础上，12月入选中国特色高水平高职学校和专业建设计划第一轮建设单位。推进北京市“特高”和国家“双高”建设，贯彻“内涵、特色、差异化”高质量发展要求，进一步明晰学校办学理念、办学定位和办学思路，服务首都城市高质量发展。

专业建设与教育教学改革。明确专业群定位和发展目标，推动专业升级改造。机电一体化专业教学团队入选全国职业院校教师教学创新团队。现代学徒制试点项目通过教育部验收。10个项目入选国家职业教育1+X证书试点。贯通培养内、外培升入本科院校的对接工作顺利推进。海外1+X试点研究“工业汉语+职业技能+等级证书”模式被教育部领导肯定为“北工院模式”。入选全国职业院校教学管理50强院校。学生在全国职业院校技能大赛中获得一等奖2项、二等奖1项、三等奖10项，获奖数量列北京高职院校首位；在第18届全国大学生机器人大赛ROBOTAC赛事中第四次卫冕冠军；在京津冀测绘专业大学生技能大赛中获得特等奖2项，在全国无人机测绘技能大赛获得特等奖。

国际化办学。学校牵头组建的中国—赞比亚职业技术学院正式开学，是中国职业院校在海外独立举办的第一所开展学历教育的高等职业学院。承担制定的自动化与信息技术专业标准获得赞比亚共和国职业教育与培训管理局（TEVETA）批准，标志中国职业教育专业标准在赞比亚正式落地，是中国高等教育教学第一批走出国门的标准之一。编写完成8门英文课程教材。在赞比亚成立中国第一个职业院校“中文+职业技能”的孔子课堂。招收第一批来自“一带一路”沿线7个国家的留学生。动漫制作技术专业中日合作办学项目获市教委审批通过。

教育扶贫协作与支援合作。选派一名中层正职干部挂职玉树职业技术学院院长，对口援助青海玉树职业教育发展；接收江西省4所职业院校、南水北调水源地的湖北工业职业技术学院、洛阳职业技术学院等院校23名干部、专业带头人和青年骨干教师来学校跟岗研修；深化与张家口职业技术学院、山西机电职业技术学院的合作，接收70名学生来校访学交流；参与京津冀协同招生平台建设，首次开展京津冀协同招生56人。

党委书记　王伟

院　　长　安江英（5月任）

（王真卓）

首批国际学生入校开课

4月1日，北工职院首批国际学生正式开课。学校于8月获得招收和培养国际学生资质。首批国际学生17人，来自格鲁吉亚、蒙古、俄罗斯、土耳其、伊朗等国家，学习机电一体化专业，为期3年。

（胡军伟）

北京信息职业技术学院

概述

2019年，北京信息职业技术学院占地面积20.21万平方米，产权校舍建筑面积24.30万平方米。全年教育经费投入45549.01万元，其中，国家拨款44072.95万元、自筹经费1476.06万元。固定资产总值135905.60万元，其中，教学、科研仪器设备资产值49935.74万元。图书馆建筑面积12665.24平方米，藏有纸质图书64.62万册、电子图书412.51万册。拥有计算机7319台。学校信息化经费投入5589.16万元，信息化设备资产44460.04万元，网络信息点11567个，校园网出口总带宽3700Mbps，电子邮件系统用户11747个，上网课程421门，数字资源量235121GB，管理信息系统数据总量20600GB。设有3个校区，设立5院2系4部，开设43个专业。教职工806人。专任教师386人，包括教授及教授级高级工程师14人、副教授及高级工程师142人；博士22人、硕士137人；“双师型”教师332人。聘请校外教师83人。毕业生2161人，其中，高职生1636人、中职生241人、成人教育专科生262人、留学生22人。毕业生一次就业率98.53%。招生2604人，其中，高职生1662人、中职生171人、成人教育专科生660人、留学生111人。高考北京地区提档线文科150分、理科

10月1日，信息职院教师参加庆祝新中国成立70周年群众游行
（信息职院 供）

150分，单考单招150分。在校生6595人，其中，高职生4905人、中职生564人、成人教育专科生870人、留学生256人。网址：www.bitc.edu.cn。

2019年，学校入选国家“双高计划”，成为中国特色高水平专业群A档建设单位。学校入选北京市特色高水平职业院校建设名单，两个专业群入选北京市特色高水平骨干专业（群）建设名单，两个工程师学院入选北京市职业院校工程师学院建设名单。

立德树人进一步聚焦。制定立德树人“育人工程”实施方案，研究通用平台素质教育实现形式，形成“课堂教学、专题活动、社团活动、志愿服务”四位一体的思政教育体系。以重大纪念日为契机，举办“我和我的祖国”系列主题活动，深入开展爱国主义教育。青年志愿者在世园会、天安门、毛主席纪念堂、首都图书馆等志愿服务中受到表彰。13名教师参加庆祝新中国成立70周年群众游行活动，5名学生参加国庆天安门保障活动。北京市职业院校“一校一品”——“北信橄榄绿”德育品牌通过市教委专家组验收。

育人成效进一步彰显。学生获得第五届中国“互联网+”大学生创新创业大赛（北京赛区）一等奖1项；全国职业院校技能大赛一等奖1项、二等奖3项、三等奖4项；全国大学生电子设计竞赛二等奖3项、三等奖4项；全国大学生数学建模竞赛（北京赛区乙组）一等奖2项、二等奖2项。学生10个创新创业项目在北信职业智慧众创空间成功孵化。

教育教学改革进一步深化。在“通用平台+技术中心”（GPTC）人才培养模式基础上，借鉴德国“双元制”培养模式，探索产教融合“德技并修”育人模式。深化校院两级管理体制改革。推进5个专业的1+X证书制度试点。第二批现代学徒制项目试点通过教育部验收。商务数据分析与应用专业国家级资源库建设项目申报获批。大数据技术与应用专业教学团队成为首批国家级职业教育教师教学创新团队。

教师学术研究获得突破。2篇学术论文被SCI数据库收录；取得4项发明专利授权；2项课题分别获批2019年度教育部人文社会科学研究专项任务项目（中国特色社会主义理论体系研究）。

校企合作产教融合进一步紧密。牵头组建全国信息安全职业教育联盟。完成校企合作理事会、北京电子信息职业教育集团、中国电子教育学会职教分会换届。燕东微电子工程师学院、神州泰岳工程师学院等北京市特色工程师学院建设扎实推进。

服务区域经济社会发展能力进一步提升。面向社会和校内学生开展职业技能鉴定及培训服务近2万人次。为北京电控企业职工技术技能提升提供培训服务近2000人次。面向全国职业院校校长及教师开展系列培训2万余人日。为北京市48所职业院校培训教师5500人次。为新疆石河子工程职业技术学院开展远程思政课程教学帮扶。与石家庄财经职业学院建立结对共建关系。

国际化发展进一步高质量推进。接待来自美国、德国、英国等近20个国家的学者、政府教育官员参观交流。承接国家“一带一路”海外援助任务，开展埃及援助项目可行性调研。面向“一带一路”沿线国家开展高校教师培训。埃及分校完成第二届新生招生，录取92名学生。首次开展海外分校质量审核。入选2019“亚太职业院校影响力50强”。

党委书记　洪伟
院　　长　卢小平

（赵燕平　童遵龙）

建校65周年系列活动

至年底，信息职院以“礼赞光辉岁月 共创美好未来”为主题开展庆祝建校65周年系列活动。学校建成校史陈列馆和高职教育20周年回顾展，全方位展现学校65年发展历程、办学特色、办学成就以及历史文化底蕴，彰显学校举办高职教育20年来在各方面取得的重要成果、出色业绩以及立德树人、传道授业的使命担当。信息职院创建于1954年，是新中国最早成立的一批职业技术学校。第二机械工业部于1954年在北京酒仙桥电子工业区创办“华北第四工业学校”，1956年，更名为“北京无线电工业学校”；1966年学校被迫停办，1972年恢复办学；1984年，电子工业部批复学校择址建设新校园；1987年，学校下放北京市；1999年7月，教育部和北京市批准北京无线电工业学校与北京市成人电子信息大学合并组建北京信息职业技术学院，成为全国最早成立的高职学院之一；2003 年 8 月，北京市计算机工业学校与北京市电子工业学校并入，学校办学实力不断增强。

（赵燕平　卢小平）

北京电子科技职业学院

概述

2019 年，北京电子科技职业学院占地面积 45.67 万平方米，产权校舍建筑面积 33.75 万平方米。全年教育经费投入 61758.22 万元，其中，国家拨款 55582.05 万元、自筹经费 6176.17 万元。固定资产总值 238189.80 万元，其中，教学、科研仪器设备资产值 74503.70 万元。图书馆建筑面积 2.28 万平方米，藏有纸质图书 118.79 万册、电子图书 120 万册、电子期刊 0.85 万册、学位论文 330 万册、音视频 9900 小时。拥有计算机 9782 台，网络多媒体教室 255 个。网络信息点 25350 个，上网课程 261 门，电子邮件系统用户 884 个，管理信息系统数据总量 310GB。设有 3 个校区，8 个直属院（系），开设 46 个专业。教职工 846 人。专任教师 520 人，包括教授及教授级高级工程师 31 人、副教授及高级工程师 209 人；博士 68 人、硕士 343 人；“双师型”教师 296 人。聘请校外教师 15 人。毕业生 2312 人，其中，高职生 1312 人、中职生 994 人、成人教育专科生 6 人。毕业生一次就业率 97.79%，一次签约率 81.78%。招生 3103 人，其中，高职生 2311 人、中职生 456 人、成人教育专科生 336 人。高考北京地区提档线文科 302 分、理科 260 分。在校生 7190 人，其中，高职生 5015 人、中职生 1580 人、成人教育专科生 595 人。网址：www.bpi.edu.cn。

2019 年，学校深入推进产教融合、校企合作、人才培养、社会服务各项工作，入选教育部“双高计划”A 档高职院校，汽车制造与装配技术和药品生物技术专业群获评全国高水平专业群。

深化教育教学改革，提升人才培养质量。优化专业布局，制定新版专业群建设方案。创新实施“SCI”系统化人才培养体系，入选首批国家职业教育 1+X 证书制度试点院校，获批 12 项职业技能等级证书考核试点。启动 2019 版人才培养方案修订工作，贯通学生 2015 级专升本转段与 2017 级专业分流稳步推进。入选全国职业院校教学管理 50 强和学生管理 50 强案例院校。6 个项目获批北京市职业教育教学改革项目立项。学生在北京市职业技能大赛获一等奖 11 项、二等奖 21 项、三等奖 28 项；在全国职业技能大赛获一等奖 1 项、二等奖和三等奖各 3 项；获得世界机器人大会机器人机械设计大赛高职组亚军、全国大学生电子设计竞赛高职高专组一等奖、第三届中英“一带一路”国际青年创新创业技能大赛中国区总决赛铜奖等。学校 3 名教师与 400 名士官生组成志愿者队伍，完成新中国成立 70 周年庆祝活动第三方阵礼宾服务保障工作。

深化产教融合，提升科技创新服务能力。建设航空工程技术学院，组建飞机维修实践基地。与北京新能源汽车股份有限公司签订校企合作协议，设立现代学徒制教育中心。服务北京冬奥，组建“双冰场馆”制冰人才订单班。获批“药物一致性评价”“复杂和异形件智能制造研发”2 个开发区中试基地。与北京凯因科技股份有限公司、北京奔驰汽车有限公司联合构建 3 个首席技师工作室，构建 5 个技术研发团队。全年发表论文 307 篇，出版著作 14 部，申请专利 56 项，获得授权专利 38 项，获得国家自然科学青年基金 1 项。

强化继续职业教育功能，提升社会服务层次和水平。完成教育部“双高计划”培训及《国家职业教育改革实施方案》学习培训、新疆高职院校书记院长专题研修、京东方集团产业人养成特训、新型农民工综合素质提高工程培训等项目。启动启蒙职业教育课程建设，获批北京市中学生实践课基地。与青海省玉树州杂多县签署精准扶贫对口支援协议，举办玉树州杂多县电子商务培训班和中小学生“三热爱”教育实践活动。举办 4 期北京市职业院校数学、体育、英语师资培训基地研修培训班，北京高职院校教师 830 余人次参训。

8 月 25 日，电科职院学生团队作品“智能售花机”在世界机器人大会机器人机械设计大赛冠军挑战赛获高职组亚军　（电科职院　供）

推进人事制度改革，提升师资队伍水平。加强高层次人才引进，聘请孙逢春院士为新能源汽车产业高质量发展教师创新团队首席指导专家，成立国家教材建设重点研究基地北京分基地暨徐国庆教授工作站。组织实施泰国易三仓大学博士研究生项目和华东师范大学高级研修班。《产教融合 德技并修 打造新时代“双师型”教师队伍》案例入选2019年度全国职业院校“双师型”教师队伍建设典型案例。教师团队5个作品获全国职业院校技能大赛教学能力比赛一等奖1项、二等奖3项、三等奖1项，获奖率100%。

扩大对外合作交流，提升国际化办学水平。推进北京市“一带一路”国家人才培养基地建设，开发17门课程体系，开展7期“一带一路”发展中国家食品加工技术培训班。与美国默瑟郡社区学院合作举办商务管理专业、计算机科学专业专科教育项目获批。推进与泰国民武里技术学院“2+1”人才联合培养学历教育。完成贯通外培2015级法国、加拿大项目学生赴国外继续学习录取工作。

强化治理体系建设，提升管理服务保障水平。落实学校章程，内部质量诊改工作取得阶段性成效。设立质量管理办公室、职业教育研究中心。成立学校基金会、专业建设指导委员会、督导评价委员会。被市教委确定为北京市高校所属企业体制改革试点单位之一，成立北京京电科资产管理有限公司。

党委书记　楚国清

院　　长　孙善学

（王琴）

职业教育研究中心成立

4月20日，电科职院成立职业教育研究中心。研究中心是学校内设研究机构，与科技处合署办公，编制4人，主任由科技处处长兼任。主要职责是落实国家职业教育改革实施方案，根据学校建设首善标准中国特色世界一流高职学院的任务及发展需要，组织开展职业教育理论与实践的研究，开展面向行业、企业横向课题研究工作；并承担教育部、北京市等上级单位委托学校承办的全国性、全市性非常设工作机构办公室及第五届中国职业技术教育学会联络处工作。

（王琴）

校史馆开馆

10月19日，电科职院校史馆开馆。校史馆位于学校图书馆一层，建筑面积330平方米，分为序言、历史、发展、成果、展望5个展厅36个板块，通过数字媒体、实物展陈等方式展示北京邮电工业学校（北京邮电工业职工大学）、北京一轻工业学校（北京市轻工职工大学）、北京二轻工业学校、北京仪器仪表工业学校、北京汽车工业学校（北京市汽车工业总公司职工大学）、北京机械工业学校（北京市机械工业局职工大学）6所中专校和4所职工大学共10段办学历史，以及电科职院2007年建校以来在教学教改、人才培养、科学研究、国际合作、社会服务等领域的办学实践与成果。馆内展出图片1000余张、实物约80件。

（王琴）

北京京北职业技术学院

概述

2019年，北京京北职业技术学院占地面积12.40万平方米，产权校舍建筑面积6.13万平方米。全年教育经费投入9117.57万元，其中，国家拨款7309.31万元、自筹经费1808.26万元。固定资产总值23478.73万元，其中，教学、科研仪器设备资产值8235.42万元。图书馆建筑面积8685平方米，藏有纸质图书61.35万册、电子图书120500GB。拥有计算机824台，网络多媒体教室62个。学校信息化经费投入323.26万元，信息化设备资产3330.80万元，网络信息点1059个，校园网出口总带宽400Mbps，数字资源量3200GB，管理信息系统数据总量45GB。开设12个专业。教职工219人。专任教师149人，包括教授及教授级高级工程师5人、副教授及高级工程师59人；博士4人、硕士107人；“双师型”教师51人。聘请校外教师14人。毕业生590人。毕业生一次就业率98.98%。招生721人，其中，高职生623人、中职生98人。高考北京地区提档线文科150分、理科150分。在校生4258人，其中，高职生1996人、中职生2262人。网址：www.jbzy.com.cn。

2019年，学校完成党委、纪委换届。

固化教学改革成果，人才培养质量不断提高。发挥课堂主渠道作用，将社会主义核心价值观、中国梦、法治、中华优秀传统文化等内容融入课堂。完成《思想道德修养与法律基础学习指导教程》校本教材编写；完成17门课程的教学改革课堂应用验收；坚持开展多种形式的听课活动，全年学校领导干部及专兼职教师232人次参与听课3687节。全年开展“抽讲”活动11次，22名教师作课堂教学展示。学生参加全国护理职业技能大赛获得一等奖1项，参加北京市学前教育、测量、识图、英语、微视频等技能大赛获得一等奖8项和二、三等奖35项。

完善基础设施设备。更换女生宿舍暖气；安装2号教学楼空调；为部分教室更换投影，增加录播系统，建设电竞实训室；升级会计实训软件、教务管理系统；加固全院标语牌匾；维修改造田径场。

发挥学生志愿者服务作用。参与北京国际电影节、长城马拉松、世园会、大学生皮划艇比赛等系列志愿服务工作1000余人次；完成献血48600cc，243人参与献血。

加强继续教育工作。完成北京师范大学网络教育招生165人，在读学生583人，2019年度京北学习中心被评为全国优秀校外教育学习中心。全年开展普通话水平测试7期1462人次；完成各类社会培训8000余人次。

党委书记　梁勇

院　　长　焦宝军

（王长兴）

首届学生代表大会

12 月 18 日，京北职院召开第一届学生代表大会。会议通过《北京京北职业技术学院学生会章程》和《北京京北职业技术学院学生会工作报告》；经过选举、现场计票、公布票选结果等程序，选举产生学院第 18 届学生会主席团。96 名学生代表参加会议。

（王长兴）

北京交通职业技术学院

概述

2019 年，北京交通职业技术学院占地面积 20.38 万平方米，产权校舍建筑面积 9.70 万平方米。全年教育经费投入 9016.61 万元，其中，国家拨款 8335.12 万元、自筹经费 681.49 万元。固定资产总值 22178.39 万元，其中，教学、科研仪器设备资产值 6104.62 万元。图书馆建筑面积 2916.95 平方米，藏有纸质图书 11.94 万册、电子图书 13.10 万册。拥有计算机 1360 台。网络信息点 1640 个，校园网出口总带宽 1120Mbps，上网课程 30 门，数字资源量 7310GB，管理信息系统数据总量 32GB。设有路桥系、汽车系、管理系、轨道交通系和基础部“四系一部”，开设 17 个专业，49 个教学班。教职工 214 人。专任教师 80 人，包括教授及教授级高级工程师 2 人、副教授及高级工程师 29 人；博士 3 人、硕士 73 人；“双师型”教师 40 人。聘请校外教师 19 人。毕业生 628 人。毕业生一次就业率 93%，一次签约率 35%。招生 334 人。高考北京地区提档线文科 161 分、理科 147 分。在校生 1250 人。网址：www.jtxy.com.cn。

2019 年，学校围绕交通行业和区域发展需求，不断深化改革。城市轨道交通专业群获批高水平专业群建设项目，建筑信息化专业（BIM）、无人机技术专业获批教育部 1+X 证书试点建设项目。

教学科研。完成北京市职业院校教学计划诊断与改进工作。发挥课程育人、实践育人作用，思政理论课教育和专业课教育有机融合，推进课内与课外育人教育相统一。通过课堂教学、教学实践、社会实践、创新创业、军事训练等多种形式，提升学生综合素养；形成全员、全程和全方位育人格局，不断完善学生思想保障体系建设。坚持“走出去、请进来”的教师培训原则，举办“专业与课程改革数字化资源建设”培训与座谈会，组织教师参加昌平区中高职教师研讨活动。3 名教师入选 2018 年北京市教改立项课题，2 名教师入选 2018 年北京市职教学会教改立项课题。专业教师参与和指导校、区、市、国家等各级赛项 30 余项，参与教师 40 余人次，获省部级以上奖励 24 项。

校企合作。与中铁十四局京张高铁项目部共建京张铁路沙盘实训室，与北京轨道交通运营管理有限公司举行地铁订单班揭牌仪式，为社会培养更多高素质技能型人才。与广联达科技股份有限公司深度合作，建立数字城市工程师学院，加强产教融合，实现校企共建，同时推动专业内涵建设，带动专业核心课程“理实一体化”教学模式有效实施，“行业主导、校企合作，订单主导、工学结合”成为学院办学特色。

服务区域经济。4 门初中开放性科学实践活动课程完成区级课程上课 5595 人次、市级课程上课 2071 人次。与嘉兴智同养老服务有限公司签订智同优才大健康人才战略合作协议，在管理服务类、医学护理类、工程技术类、人文等领域共同探索产学合作的创新模式，共同建设大健康应

7 月，交通职院开展初中开放性科学实践活动
（交通职院　供）

用型人才的创新创业基地。“一校带一镇”，与延寿镇洽谈对接，开展以“高校文化助力延寿旅游”为主题的旅游文化专题培训和以“有效调控情绪，塑造阳光心态”为主题的心理减压讲座，利用专业师资优势，为黑山寨学校、下庄学校开展送课到校活动，被评为昌平区“一校带一镇”先进单位。

立德树人。落实素质教育创新行动实施方案，围绕庆祝新中国成立 70 周年、“我和我的祖国”等主题活动，培育和践行社会主义核心价值观，弘扬中华优秀传统文化。学校获“庆祝中华人民共和国成立 70 周年阅兵预备役工作先进单位”称号。在校生注册志愿者 1243 人，占在校生比例 87.04%；志愿者服务活动更加丰富多彩，正向赋能，累计参与活动师生 600 余人次。

党委书记　林海波

院　　长　林海波

（冯香春）

4 个实训室建设完成

8 月，交通职院完成计算机网络实训室、无人机原理实训室、系统工程师实训室和室外飞行实训室 4 个实训室建设。计算机网络实训室占地面积 130 平方米，投资 176 万元，学生能够全方位了解各种网络设备和应用环境，可以亲自搭建网络、动手调试和配置网络。无人机原理实训室、系统工程师实训室、室外飞行实训室建设历时 1 个月，总面积 400 余平方米。

（姜丹　徐国栋）

“北交院—广联达”数字城市工程师学院成立

12 月 18 日，交通职院与广联达科技股份有限公司签约共建“北交院—广联达”数字城市工程师学院。校企共同建设设计与管理咨询、智慧施工两个专业群，共同研发形成 BIM 技术应用培训体系，并面向社会、行业开展新技术应用技能培训。

（杨文生）

北京青年政治学院

概述

2019 年，北京青年政治学院占地面积 2.59 万平方米，产权校舍建筑面积 3.78 万平方米、非产权校舍建筑面积 3.62 万平方米。全年教育经费投入 23405 万元，其中，国家拨款 20988.17 万元、自筹经费 2416.83 万元。固定资产总值 31662.78 万元，其中，教学、科研仪器设备资产值 14987.22 万元。图书馆建筑面积 4618.66 平方米，藏有纸质图书 54.50 万册、电子图书 122.33 万册。拥有计算机 3508 台，网络多媒体教室 37 个。学校信息化经费投入 397 万元，信息化设备资产 9413.60 万元，网络信息点 4478 个，校园网出口总带宽 2150Mbps，电子邮件系统用户 754 个，上网课程 20 门，数字资源量 72978GB，管理信息系统数据总量 24527GB。设有望京和金盏两个校区，7 个教学单位，3 个研究所，开设 24 个专业。教职工 300 人。专任教师 227 人，包括教授及教授级高级工程师 18 人、副教授及高级工程师 88 人；博士 34 人、硕士 170 人；“双师型”教师 152 人。聘请校外教师 56 人。毕业生 1056 人，均为高职生。毕业生一次就业率 98.87%，一次签约率 56.01%。招生 734 人，其中，高职生 714 人、成人教育专科生 20 人。高考北京地区提档线文科 266 分、理科 242 分。在校生 2791 人（不含休学人数），均为高职生 2791 人。网址：www.bjypc.edu.cn。

8 月至 10 月，北青政师生参加庆祝新中国成立 70 周年活动

（北青政　供）

2019 年，学校凝练职教特色，深入推进产教融合。学校办学特色定位为“一老一小一青年”“一文一技国际化”。依托学前教育职教集团，打造产学研一体化的学前教育培养体系，主办学前教育产教融合高峰论坛、学前教育发展专题研修班，附属幼儿园挂牌成立。依托首都共青团资源，发挥中国青少年研究会青年学专委会主任单位作用，召开第二届青年学研讨会，构建青年工作职业教育和培训体系。依托首都养老服务资源，洽谈老年专业校企合作，主动服务首都“老

有所养”人才供给。立足首都文化中心建设，实现网络艺术传媒深度融合，服务首都民生发展。修订 20 个专业的 2019 版人才培养方案。

推进思政课程和课程思政改革，落实立德树人根本任务。依托思政课高精尖中心，承办 2 期高职院校青椒论坛，在线点播突破 6 万人次。遴选 6 名“00 后”退役大学生士兵登上思政课讲台，分享爱国与强军的故事。推进课程思政建设，强化专业课育人功能。打造“燧石工程——12370 爱国主义教育模式”，光明日报、北京日报和北京晚报予以报道。原创团史音乐剧《燧石》全市公演 10 场。综艺表演《红色家书》、寻访吟诵《诗经》礼乐，共同探索“文艺培根铸魂”之路。

坚持“赛训结合、以赛促训”，职业技能竞赛再上新台阶。完成北京市高职英语口语大赛、学前教育专业技能大赛、中职服务类职业英语大赛、中职幼儿园教育活动设计大赛、学前教育专业技能大赛、人工智能大赛、京港澳投资大赛的主办和承办工作。参加全国职业院校技能大赛获得一等奖 1 项、二等奖 2 项、三等奖 3 项；参加北京市职业院校技能大赛 25 个高职赛项，获得一等奖 9 项、二等奖 8 项、三等奖 19 项。

深化国际交流，拓展国际合作。全年赴外交流访问、培训教师 46 人次，出访团组 18 个，1 名教师赴泰国进行汉语教学，资助 19 名学生赴外学习。与德国、新加坡、韩国、澳大利亚等国家的学前教育、养老服务以及青年志愿服务机构交流，为职业教育走出去打基础。开发“一带一路”沿线国家的教育交流资源，承办首届“丝路工匠”国际技能大赛学前教育分赛，为“一带一路”沿线国家的职业教育发展搭建国际合作与交流的平台。

突出团校培训主业，承担社会服务职能。全年组织承办各级各类培训近 70 期，培训量 2.12 万人 / 天。

庆祝新中国成立 70 周年。308 名师生参加庆祝新中国成立 70 周年群众游行“立德树人”方阵，194 名师生承担群众联欢活动朝阳板块的演出任务。6 名师生组成服务保障国庆活动宣讲团赴天津宣讲。

党委书记　程晓君

院　　长　乔东亮

（王玉江）

团史音乐剧《燧石》演出

4 月 10 日，北青政原创团史音乐剧《燧石》在北京剧院演出。《燧石》以“五四运动”前夕到团的“一大”胜利召开为历史背景，通过对高君宇、邓中夏为代表的一大批有志青年进行群像刻画，再现 20 世纪中国青年振兴中华的决心和行动，是一部凸显北青政青年特色、政治特色和人文特色的文艺作品。来自团中央、团市委、市委教育工委、市教委相关领导，中国音乐学院、解放军艺术学院、北京人民艺术剧院、中央戏剧学院的教授，以及北青政领导班子成员与 800 余名师生观看演出。6 月 1 日，《燧石》作为首都优秀青年创意成果在第 14 届中国北京国际文化创意产业博览会现场展示经典片段，蔡奇现场观看音乐剧片段，听取学院介绍音乐剧的创作情况和育人成果。

（王玉江）

首钢工学院

概述

2019 年，首钢工学院占地面积 16.75 万平方米，产权校舍建筑面积 10.85 万平方米。全年教育经费投入 6082.74 万元，其中，国家拨款 330.78 万元、自筹经费 5751.96 万元。固定资产总值 8691.53 万元，其中，教学、科研仪器设备资产值 5402.86 万元。图书馆建筑面积 6129 平方米，藏有纸质图书 32.81 万册、电子图书 30.64 万册、电子期刊 1.56 万册。拥有计算机 727 台，网络多媒体教室 80 个。信息化设备资产 1429.76 万元，网络信息点 3760 个，校园网出口总带宽 1102Mbps，电子邮件系统用户 550 个，上网课程 330 门，数字资源量 45TB，管理信息系统数据总量 410GB。设有 1 个校区，7 个二级学院和 1 个实习实训中心，开设高职专业 29 个、成人专科学历教育专业 10 个。教职工 238 人。专任教师 175 人，包括教授及教授级高级工程师 6 人、副教授及高级工程师 72 人；博士 4 人、硕士 83 人；“双师型”教师 117 人。聘请校外教师 51 人。毕业生 1063 人，其中，高职生 653 人、成人教育专科生 410 人。毕业生一次就业率 99.30%。招生 1424 人，其中，高职生 801 人、成人教育专科生 623 人。在校生 3868 人，其中，高职生 2443 人、成人教育专科生 1425 人。网址：www.sgit.edu.cn。

2019 年，学校成为国家级专业技术人员继续教育基地、北京市民终身学习示范基地、北京市第七批“社会大课堂市级资源单位”。

学生教育。研究制定《首钢工学院“工匠精神”融入人才培养全过程的改革与实践实施方案》，修订《人才培养方案管理办法》《2019 年贯通培养专业人才培养方案的指导意见》，将“工匠精神”和“立德树人”落实到人才培养过程中。制定《关于加强思想政治理论课建设的意见》。开展“跟随习总书记，打卡香山革命纪念馆”社会实践活动，组织师生参与新中国成立 70 周年庆祝活动、亚洲文化嘉年华开幕式、2022 年冬奥志愿者全球招募启动仪式等活动，引导学生把爱国主义精神融入实现中华民族伟大复兴的奋斗之中。鼓励学生参加技能比赛，参加北京市职业院校技能大赛 32 个赛项，其中，24 个赛项获得 42 项（含指导教师）奖项，10 个代表队晋级国赛，4 个赛项获得全国职业院校技能大赛二等奖、三等奖。

教育教学改革。开展德国胡格职业教育模式本土化教学改革与实践，机电一体化技术、电气自动化技术、计算机应用技术、环境工程技术、旅游管理 5 个试点专业以及人力资源管理、数字媒体艺术设计 2 个伴随专业围绕教学

12 月 5 日，首钢工学院学生参加北京 2022 年冬奥会和冬残奥会志愿者全球招募启动仪式 （首钢工学院 供）

目标，对教学理念、课程体系、教学设计与实施、师生关系、教学评价等基本元素进行重新组合和调整，探索开发与国际先进标准相对接、体现首钢特色的高水平职业教育课程体系，提升办学的国际合作水平。

创新创业教育。把创新创业课程建设作为重心，不断优化人才培养方案，搭建实践教育环境。计算机与媒体艺术学院将原有项目实训空间改建为孵化平台，学生由小组学习变为组建公司运作，学生进入教室就变为“CEO”“CFO”，进行公司组建和运作，学生在工作岗位上学习所需知识，并迅速转变为工作成果。将创新创业教育成果应用于实践中，学生参加 2019 年第五届中国“互联网 +”大学生创新创业大赛北京赛区比赛获一等奖 2 项、二等奖 2 项、三等奖 13 项；参加 2019 年教育部创新方法应用大赛获二等奖；参加中英青年创新创业大赛获国赛奖 2 项；参加北京市创业经营模拟竞赛获第一名 1 项、第三名 1 项。组建专业孵化团队 8 个，注册公司 1 个。

校企合作。与首钢园区综合服务有限公司、北京首钢吉泰安新材料有限公司、北京首钢生物能源科技有限公司、北京首实教育科技有限公司、北京大学首钢医院、中国传媒大学幼儿园 6 家企业签订校企合作产教融合示范基地建设协议。与北京市应急管理局采取校政合作模式共建的北京市安全生产实训基地投入使用，接待全国各地的参观和实训学员 1 万人次以上。利用“互联网 + 培训”模式开展企业文化、创新理念和前沿发展趋势等相关领域知识的培训，以“百年首钢、创新发展”为主题，首钢集团 12542 人报名参加文化传承引领、前沿趋势分析、转型发展创新 3 个模块学习，依托继续教育平台实现职工培训人数 17566 人的规模突破。

国际交流与合作。与德国德中职业教育合作友好协会签订职业教育合作意向书，全面开展胡格教育模式改革项目合作。德国专家赴首钢工学院完成胡格教育模式改革项目教学方法培训及计算机网络技术、导游、环境保护与检测 3 个胡格试点专业课程开发培训 4 次。依托健康照护世界技能大赛，推动护理专业与新加坡等国开展合作培训，学习国际护理课程培养体系和技能大赛标准，促进新专业建设。借助北京冬奥会冰雪运动契机，与芬兰凯萨卡里奥体育学院联络，加强体育专业国际交流合作，提升专业竞争力。

党委书记　石淳光
院　　长　段宏韬

（卢芳）

北京市安全生产实训基地建成并投入使用

6 月 27 日，首钢工学院与北京市应急管理局采取校政合作模式共建的北京市安全生产实训基地建成并投入使用。实训基地占地面积 2700 平方米，总体呈现“5 厅 2 室 1 走廊”的布局，包含高危行业厅、工业综合厅、城市风险厅等 30 个与城市运行安全密切相关的行业场景。通过实景搭建、二维码扫描、虚拟现实、数字沙盘、三维动画、红外感应、微缩模型等多种现代化科技手段，设置实景隐患 2621 个、动画隐患 533 个、互动考题 2835 个、城市风险 95 个。至年底，基地接待全国各地的参观和实训学员 1 万人次以上。

（卢芳）

北京农业职业学院

概述

2019 年，北京农业职业学院占地面积 81.22 万平方米，产权校舍建筑面积 32.54 万平方米。全年教育经费投入 49233.32 万元，其中，国家拨款 46421.09 万元、自筹

3月，农职院承办北京市（京冀）职业院校技能大赛（高职组）“鸡新城疫抗体水平测定”项目比赛（农职院 供）

经费 2812.23 万元。固定资产总值 81454.99 万元，其中，教学、科研仪器设备资产值 20226.33 万元。图书馆建筑面积 11548.56 平方米，藏有纸质图书 55.45 万册、电子图书 376 万册。拥有计算机 4165 台，多媒体教室 190 个。信息化设备资产 16959.99 万元，网络信息点 12000 个，校园网出口总带宽 3400Mbps，电子邮件系统用户 940 个，上网课程 80 门，管理信息系统数据总量 1200GB。设有 4 个校区，9 个系部，1 个研究中心，1 个研究所，开设 43 个专业。教职工 853 人。专任教师 399 人，包括教授及教授级高级工程师 45 人、副教授及高级工程师 227 人；博士 61 人、硕士 254 人；“双师型”教师 258 人。聘请校外教师 35 人。毕业生 1391 人，其中，高职生 1262 人、中职生 103 人、成人教育专科生 26 人。毕业生一次就业率 96.42%。招生 1649 人，其中，高职生 1470 人、中职生 179 人。高考北京地区提档线文科 150 分、理科 150 分，单考单招 150 分。在校生 4264 人，其中，高职生 3891 人、中职生 355 人、成人教育专科生 18 人。网址：www.bvca.edu.cn。

2019 年，学校召开第三次党代会，确定未来 5 年发展奋斗目标是“立足北京、面向全国、走向世界，强力推进产教融合、校企合作，建设成为都市农业特色鲜明的世界一流高等农业职业院校”。

教学改革进一步深化。推进特色高水平职业院校建设工作，举办中国都市农业职业教育集团乡村振兴与职业教育改革论坛暨二届一次理事会，牵头成立北京高校“引智帮扶”联盟，通过教育部现代学徒制第二批试点单位验收，获批北京市特色高水平职业院校建设单位，都市园艺专业群、动物医学专业群获批第一批北京市特色高水平骨干专业（群）建设单位，首农西郊农场园艺工程师学院获批第一批北京市职业院校实训基地（工程师学院、技术技能大师工作室）建设单位。在中国特色高水平高职学校和专业群建设计划（“双高计划”）中，入选高水平专业群建设单位（A 档）。

“职教二十条”落实举措有力。开展符合首都定位的新型职业农民培养，利用高职院校百万扩招机遇，扩招 800 余人；首批 78 名高素质农民学历生毕业，“乡村振兴重点人才”培养引领先行；启动 1+X 证书试点专业，物流管理等 3 个专业成为“1+X”专业能力证书试点专业，产教融合型企业培育初见成效。在坚持“双赢”、实施责任共担的前提下，以园艺工程师学院、马术学院为代表的合作企业与学院产教深度合作，朝“校企双赢，共生共荣”目标迈进。

新时代思想政治理论课改革创新扎实推进。创新“理论 + 实践，专题 + 案例”的改革方案，坚持“理论讲授有深度，实践环节有温度”，以社会实践中的鲜活事例和生动体验影响学生。落实思政课教师的岗位补贴。

擦亮培训服务品牌。以市委农工委党校为平台，举办边疆民族地区农村人才培训、全市村党组织书记能力素质提升班、乡村振兴战略和美丽乡村建设专题培训班、高级农村实用人才创业创新培训班等；以农广校为平台，开展高素质人才培训和驻村帮扶，加强京津冀服务交流；高等教育自学考试工作再获质量评审一等奖。与国家体育总局和山西省代县签订《扶贫合作框架协议》，在干部培训、技术推广、品牌策划等方面助力脱贫攻坚。

科研服务扎实推进。首次获准立项北京市教育科学“十三五”规划 2019 年度青年专项课题 1 项；获 2 项北京市农业技术推广奖。2 篇教师研究论文在国际期刊发表。继续开展教师挂职服务，首批 10 个北京市科技小院挂牌，对接帮扶低收入村 16 个，引入项目资金 220 万元，推动南繁基地建设规划落实。

国际教育获得突破。中泰农业职业学院、中泰农业实用技术研发中心签约揭牌，中泰合作办学项目顺利开展，教师和专业技术人员赴毛里求斯、俄罗斯等国开展专业讲学和农业技术培训。长短期留学生数量创历年新高。派出学生团组 5 个 42 人次，分别赴俄罗斯等国进行现代都市农业专业学习交流、贯通项目学生都市农业专业体验、农业专业实践学习等。

服务新中国成立 70 周年庆祝活动和北京世园会。200 余名师生参与天安门广场集体舞表演，38 人完成国庆观礼任务。184 名师生志愿服务 2019 北京世园会，日均服务游客 3.50 万人次，累计上岗 1980 人次，累计服务时长 8000 小时。

党委书记　李云伏

院　　长　王福海（4 月免）　范双喜（4 月任）

（孙田田）

首批科技小院挂牌

9 月 10 日，农职院首批“科技小院”在房山区佛子庄乡贾峪口村和房山区琉璃河镇周庄村分别挂牌。“科技小院”将充分整合资源，通过市、区、镇、村、高校五方联手，共同支持一个地区发展，形成工作合力；打造可辐射、可复制的帮扶模式，带动更多乡村受益。12 月 19 日，房山区琉璃河镇周庄村向挂职服务在周庄村（慧田合作社）“科技小院”的负责人刘旭富赠送锦旗。刘旭富服务慧田合作社近七年，在食用菊花引进栽培、品种选育、花期控制等方面投入大量心血，慧田合作社的食用菊花产业从无到有，目前品种达十二三种，在北京市乃至全国花色品种最多，菊花产量供不应求，为合作社带来切实收益；2017 年周庄村（慧田菊花）获评为全国一村一品示范村镇。食用菊的种植，还带动 6 家农户开办菊花宴农家小院，户均年收入 10 余万元，其中以困难户、低收入户为主。

（穆希维）

北京政法职业学院

概述

2019 年，北京政法职业学院占地面积 29.64 万平方米，产权校舍建筑面积 13.84 万平方米。全年教育经费投入 23951.69 万元，其中，国家拨款 21679.98 万元、事业收入 1750.28 万元、其他收入 521.43 万元。固定资产总值 35348.85 万元，其中，教学、科研仪器设备资产值 14249.41 万元。图书馆建筑面积 1.08 万平方米，藏有纸质图书 51.05 万册。拥有计算机 3691 台。学校信息化设备资产 12108.87 万元，网络信息点 3611 个，校园网出口总带宽 700Mbps，上网课程 122 门，数字资源量 725.37TB，管理信息系统数据总量 29GB。设有社会法律工作系、安全防范系、应用法律系、经贸法律系、信息技术系、基础部 5 系 1 部，开设 23 个专业，包括中央和北京市重点支持建设专业 5 个；有中央和北京市重点支持建设实训基地 5 个，国家级专业教学资源库建设项目 1 个，国家及省部级精品课程 9 门，国家及省部级优秀教学成果奖 13 项。教职工 389 人。专任教师 171 人，包括教授及教授级高级工程师 12 人、副教授及高级工程师 87 人；博士 31 人、硕士 198 人；“双师型”教师 142 人。聘请校外教师 105 人。毕业生 1103 人，均为高职生。毕业生一次就业率 76.88%，一次签约率 41.43%。招生 1453 人，其中，高职生 1253 人、中职生 200 人。高考北京地区提档线文科 125 分、理科 138 分。在校生 3985 人，其中，高职生 3213 人、中职生 772 人。网址：www.bcpl.cn。

2019 年，学校完善内部治理能力和管理服务机制。进一步健全完善以学院章程为核心的规章制度体系，通过市教委章程执行落实情况专项检查。研究制定《学院教师职务聘任管理实施办法》等制度，进一步完善教师评聘和考核机制，做好人事管理制度建设。有序推进学院全员聘任工作。

教学建设和改革进一步深化。研究制定《2019 年教学计划诊断与改进工作方案》，成立院领导牵头的院系两级教学计划诊断与改进工作小组，完成教学管理文件、教学开设专业清单、各专业教学计划等自我诊断报告。修订《学院教师教学工作量核算办法》，强化教师教学工作职责，提高教书育人积极性。开展专业需求调研，修订 2019 级专业人才培养方案，统一人才培养方案标准模板，进一步规范教学计划的运行开展。安全保卫专业（群）正式立项为北京市特色高水平骨干专业（群）。开展与河北政法职业学院“法学专业能力提升专题培训”“课程开发与教材出版”等“结对子”工作，推进京津冀职业教育协同发展。赴广东、四川等地优质高职院校，就办学情况、办学特色、专业共建等展开调研和对接，推动成果转化应用于教育教学实践。承办北京市高职院校文秘速录专业技能大赛，在 2019 年北京市高职院校技能大赛中获奖 12 项，其中 6 个赛项代表北京市参加全国高职院校技能大赛获三等奖 2 项。

科研工作水平进一步提升。研究制定《学院科研（教研）成果认定办法（试行）》，规范科研（教研）管理。落实《学院学术行为规范与管理办法》等各项科研管理制度，加强科研过程与目标管理，组织做好各级各类科研课题立项、结项、鉴定、评奖和转化的管理工作。2 名教师分获国家社科基金项目、国家民委项目立项。1 名教师主持的国家社科基金项目结项。

师德师风建设进一步加强。聚焦师德师风建设，研究制定学院教师师德考核办法、教师职业行为规范、师德失范行为“一票否决”实施办法，营造为人师表、教书育人的良好氛围。研究制定并严格落实《关于进一步加强教师教学规范的通知》，保证教师教学行为规范。组织 85 名教师参加清华大学、中国政法大学相关培训，组织 63 名教师参加教学能力提升、高校教师资格岗前培训等。组织开展学院首届教学名师奖评选、院级教学质量奖评选、院级青年教师教学基本功比赛等，促进教师综合素质、专业化水平和创新能力全面提升。

学生教育管理服务工作进一步提升。研究制定《学院课程思政建设实施方案》，结合庆祝新中国成立 70 周年系列主题活动，健全完善全员、全过程、全方位育人的“三全育人”大思政格局，实现思想政治工作全覆盖。开展“师生共上一堂课”活动；围绕庆祝新中国成立 70 周年主题开展“我和我的祖国”快闪、“同心共筑中国梦”全院师生升旗仪式等 6 个方面 22 项主题活动。

社会服务范围进一步拓宽。全年组织各类资格证书考试 5 场，参加考试 1256 人次；承接社会化考试 20 次，服务考生 3 万余人次。承办社区应急响应导师培训班，培训

500 余人次。连续第 11 年承担中国网球公开赛赛事安保服务。组织 46 名志愿者配合开展亚洲文明对话大会志愿服务活动。举办、承办全市政法系统培训班 14 期，培训学员 1034 人。完成北京政法网网站第三次全面改版，各频道发稿 4.50 万余篇，包括原创稿件 1.57 万篇。

党委书记　郑振远

院　　长　许传玺

（李治建）

“北京政法论坛”开讲

5 月 8 日，政法职院“北京政法论坛”首讲开讲。北京师范大学刑事法律科学研究院名誉院长高铭暄作题为《建国七十年来我国刑法立法的发展》专题讲座。“北京政法论坛”是学院主办的承载高端学术研讨活动的平台，邀请法学法律界知名专家学者围绕国家和首都法治建设重大课题开展交流研讨。至年底，北京政法论坛开讲 2 次。高铭暄是新中国刑法学的主要奠基者和开拓者，中国国际刑法研究开创者，中国刑法学专业第一位博士研究生导师。

（李治建）

北京财贸职业学院

概述

2019 年，北京财贸职业学院占地面积 29.73 万平方米，产权校舍建筑面积 19.26 万平方米。全年教育经费投入 41212.07 万元，其中，国家拨款 36553.04 万元、自筹经费 4659.03 万元。固定资产总值 74297.42 万元，其中，教学、科研仪器设备资产值 25102.25 万元。图书馆建筑面积 12803 平方米，藏有纸质图书 90.20 万册、电子图书 117.50 万册。拥有计算机 7774 台，网络多媒体教室 196 个。信息化设备资产 16672.25 万元，网络信息点 16076 个，校园网出口总带宽 3010Mbps，电子邮件系统用户 7853 个，上网课程 176 门，数字资源量 7978GB，管理信息系统数据总量 3292GB。设有 4 个校区，11 个系部，2 个研究中心，开设 25 个专业。教职工 642 人。专任教师 363 人，包括教授及教授级高级工程师 18 人、副教授及高级工程师 158 人；博士 40 人、硕士 195 人；“双师型”教师 270 人。聘请校外教师 143 人。毕业生 1732 人，其中，高职生 1205 人、中职生 508 人、成人教育专科生 19 人。毕业生一次就业率 99.09%，一次签约率 34.52%。招生 2922 人，其中，高职生 2127 人、中职生 487 人、成人教育专科生 308 人。在校生 6430 人，其中，高职生 4701 人、中职生 1441 人、成人教育专科生 288 人。网址：www.bjczy.edu.cn。

2019 年，学校专业（群）布局进一步优化。形成以骨干专业群为龙头，以特色专业为支撑，以体现新技术、新业态、新岗位的新兴专业为补充的“雁式”专业结构。瞄准产业升级，按照新商科专业群建设思路，进行专业资源重组，围绕技术赋能与文化赋能，组织申报会计信息管理、跨境电子商务、人工智能、主题乐园运营与管理、数字建造 BIM、特效化妆等新专业或专业方向。确定 2020 年拟招生专业 27 个，分培养模式分方向 48 个。智慧财经和现代商旅服务专业群列入中国特色高水平专业群建设计划，智慧会计、金融科技 2 个专业群获批北京市特色高水平骨干专业群，会计、金融管理等 7 个专业被教育部认定为“高等职业教育创新发展行动计划（2015—2018 年）骨干专业”。

实践教学不断创新。建设智慧财经专业群产教融合实训基地；建设建筑工程项目管理、3D 打印、智慧手工制作、商务沟通等实训室，采购 ARE 虚拟仿真教学系统，启用“会 E 人实践教学基地”。加强实训室管理制度化、规范化，加大开放力度，新建及改造 8 个实训室项目，校本部上课投入使用实训室 65 间，支持学生兴趣优长发展。

社会服务影响能力显著提升。成人大专教育招生 308 人，创历史新高，全年完成培训 80725 人天，考试 114572 人次。全面落实“万人培训计划”之“彩虹计划”；制定社会服务工作管理办法和各级各类考试组考办法，为社会服务工作提供制度保障，获 2019 年北京市高等教育自学考试工作一等奖。

科研能力显著提升。全年教师取得各类科研教研成果 316 项，包括各级科研课题立项 55 项；公开发表论文 133 篇，包括核心论文 12 篇、一般期刊论文 121 篇；出版学术著作和教材 35 部，包括学术著作 12 部、教材 23 部；市教委科研计划课题结项 22 项，省部级科研课题结项 7 项，完成市委教育工委社会调研项目 8 项。获批市级以上重点课题 5 项，其中，获批国家社会科学基金项目立项 1 项，实现学校教师国家级科研项目立项零的突破。

产教融合、校企合作稳步推进。11 月 6 日，2 个专业成为全国首批现代学徒制试点专业。北京商贸职教集团在北京市职业教育集团评审中名列第一。首旅集团和环球影城成为新的战略合作伙伴。服务京津冀协同发展战略，对接北三县开展精准帮扶，引智帮扶工作取得显著成效，学校承担的 4 个帮扶村全部脱贫。

服务新中国成立 70 周年庆祝活动。5 月至 10 月，学校 1200 余名学生参与庆祝新中国成立 70 周年群众联欢晚会、国庆游园活动以及亚洲文明对话大会、毛主席纪念堂、2019 篮球世界杯、中国网球公开赛等志愿服务。其中，国庆当天上岗 792 名师生，参与指挥部值班教师 2 人、演员 473 人、晚会志愿者 162 人、游园 155 人。

党委书记　高东（5 月 29 日免）　王红兵（5 月 29 日任）

院　　长　王成荣（3 月 19 日免）　杨宜（3 月 19 日任）

（谭惜春）

“1+1+N”实验班正式实施

3 月 1 日，北财院与中装金英教育科技（北京）有限公司签订校企合作协议，在 2018 级建筑室内设计专业启动“1+1+N”现代学徒制中装实验班。双方教师研讨即将在企业进行的“建筑装饰材料”和“建筑装饰构造及施工”

两门课程，就课程标准、教学大纲和课程设计等教学文件，以及校外授课场所和实训基地，包括校外授课的方式、内容、考核、安全和后勤保障等关键问题逐一确认并达成共识。“1+1+N”现代学徒制人才培养模式中，第一个“1”指学校，主要发挥协同、配合、教师与学生共同进入企业学习的角色；第二个“1”指建筑行业协会、政府组织或教育机构，发挥桥梁纽带作用，包括确定职业领域课程对应的企业，确定企业师傅，与学校共同监督、调控企业带徒弟的过程和效果；“N”指依托建筑行业协会、政府组织或教育机构，根据人才培养方案寻求与专业核心课程对应的 N 家企业，实施企业师傅带徒弟的过程。

（谭惜春）

北京戏曲艺术职业学院

概述

2019 年，北京戏曲艺术职业学院占地面积 2.71 万平方米，产权校舍建筑面积 3.06 万平方米。全年教育经费投入 17098.22 万元，其中，国家拨款 15558.99 万元、自筹经费 1539.23 万元。固定资产总值 24355.61 万元，其中，教学、科研仪器设备资产值 21761.46 万元。图书馆建筑面积 1569 平方米，藏有纸质图书 16.18 万册、电子图书 16.67 万册。拥有计算机 642 台，网络多媒体教室 1 个。学校信息化经费投入 507.31 万元，信息化设备资产 319.95 万元，网络信息点 2000 个，校园网出口总带宽 2000Mbps，数字资源量 100000GB，管理信息系统数据总量 2GB。设有 1 个校区，7 个系部，1 个研究中心，开设 7 个专业。教职工 356 人。专任教师 211 人，包括教授及教授级高级工程师 14 人、副教授及高级工程师 53 人；博士 9 人、硕士 123 人；“双师型”教师 74 人。聘请校外教师 125 人。毕业生 241 人，其中，高职生 120 人、中职生 121 人。毕业生一次就业率 93.11%，一次签约率 71.56%。招生 316 人，其中，高职生 151 人、中职生 165 人。高考北京地区提档线文科 84 分、理科 84 分。在校生 1303 人，其中，高职生 445 人、中职生 858 人。网址：www.bjxx.com.cn。

2019 年，学校围绕庆祝新中国成立 70 周年和北京市特色高水平职业院校建设工作重点开展各项教育教学工作。

加强特高校建设。着手开展特高校建设，从基础设施建设、师资队伍建设、深化产教融合、加强职业教育改革、打造特色优势品牌等各方面对特高校建设进行规划，提升学院整体办学水平和办学质量。

加强师德师风建设。制定学院教职工师德考核办法、教职工行为规范、师德“一票否决”实施细则等文件，提出师德行为具体要求，制定详细考核办法，规范教师的师德行为，引导全体教师自觉践行师德规范，提高自身修养和师德水平。

重视学生思想教育工作。在全体学生中开展主题教育活动，加强对学生的思想道德教育。通过“学雷锋活动月”系列活动、“北戏向上好青年”活动，加强对学生的理想信念教育；通过开展参观中国人民抗日战争纪念馆、“我和我的祖国”诗朗诵活动，加强对学生的爱国主义教育；通过组织观看《感动中国 2018 年颁奖典礼》纪录片活动，加强对学生树立正确人生观、世界观、价值观的引导。

服务北京文化中心城市建设，推动传统文化艺术传承发展。以培养优秀艺术后备人才和传承优秀文化艺术为宗旨的少儿戏剧场平稳运行，坚持每周末演出精彩剧目的传统，全年演出 56 台 73 场。继“北戏书馆”“北戏书馆平谷分馆”之后，“北戏少儿教育书馆”于年初开办，听众涵盖各个年龄段的群体。3 个书馆分别各演出 38 场。与首都文明办合作的系列舞台短剧《中华美德故事汇》创编新剧目，完成第 5 辑京剧《二小放牛郎》、话剧《首都最美司机》、评剧《闻鸡起舞》3 个剧目的创排演出，在北京 16 个区巡演 21 场。学院艺术团到各区、乡镇、学校开展民族艺术进校园、百姓周末大舞台、星火工程等公益演出，累计演出 96 场。

落实职教精神，提高人才培养水平。开展教师教学能力比赛暨北京市职业院校教学能力比赛选拔赛，推举 3 名教师组队参加北京市职业院校教学能力比赛，获得高职组一等奖。组织师生参加北京市和全国高职院校信息素养大

11 月 1 日，北戏学生在全国艺术职业教育戏曲教学成果展演开幕式上表演京剧 （北戏 供）

赛，获得市级比赛学生组一等奖2个、教师组一等奖1个，全国比赛教师说课赛项“进取奖”1个。组织学生创业团队参加第五届中国“互联网+”大学生创新创业大赛，获得北京赛区一等奖2项、三等奖1项。承担北京市职业技能大赛“文化艺术专业赛委会”主任单位职责，承办2019年北京市职业院校技能大赛2个赛项、全国职业院校技能大赛1个赛项的比赛。

参加庆祝新中国成立70周年联欢活动。舞蹈系170余名师生参加广场联欢演出活动，3名青年教师参加后勤保障工作，圆满完成任务，获得市委、市政府授予的北京市筹备和服务保障中华人民共和国成立70周年庆祝活动“先进集体奖”。

党委书记　毕兆炜

院　　长　黄珊珊

（贺红梅）

校企合作开设新专业

3月至9月，北戏深化校企合作、产教融合，与企业合作开设新专业。与中国木偶剧院联合办学，招收高职木偶专业学生20人；与柏斯音乐集团联合办学，招收高职钢琴调律专业学生10人；与中国评剧院联合办学，招收中专评剧专业学生30人。学院将与各合作单位共同发挥各自优势，在专业建设、人才培养方案制定、实训实习体系建设、师资队伍建设、教育教学环境建设、课程建设等方面加强合作，持续优化育人机制，切实提高人才培养质量，实现学校、企业、学生三方共赢。

（贺红梅）

北京经济管理职业学院

概述

2019年，北京经济管理职业学院占地面积85.80万平方米，产权校舍建筑面积16.15万平方米、非产权校舍建筑面积0.25万平方米。全年教育经费投入31615.82万元，其中，国家拨款26251.30万元、自筹经费5364.52万元。固定资产总值43403.39万元，其中，教学、科研仪器设备资产值12841.57万元。图书馆建筑面积8318平方米，藏有纸质图书53.70万册、电子图书75.70万册。拥有计算机3886台，多媒体教室122个。学校信息化经费投入1050万元，信息化设备资产4436.68万元，网络信息点7345个，校园网出口总带宽1810Mbps，电子邮件系统用户617个，上网课程153门，数字资源量28712.34GB，管理信息系统数据总量595GB。设有2个校区，下设11个教学机构，开设34个招生专业及方向，包括全国职业院校示范专业1个、北京市特色高水平骨干专业1个；北京市职业院校工程师学院1个、技术技能大师工作室1个。教职工506人。专任教师226人，包括教授及教授级高级工程师18人、副教授及高级工程师101人；博士36人、硕士235人；“双师型”教师186人。聘请校外教师41人。毕业生803人，均为高职生。毕业生一次就业率98.01%，一次签约率74.10%。招生1203人，其中，高职生1170人、成人教育专科生33人。高考北京地区提档线文科120分、理科120分，单考单招120分。在校生2793人，其中，高职生2707人、成人教育专科生86人。网址：www.biem.edu.cn。

2019年，学校完成新中国成立70周年庆祝活动服务保障等工作，195名师生参加服务保障工作并高质量完成任务。同时，以此为契机在师生中广泛开展“我和我的祖国”系列爱国主义教育活动，多角度、全覆盖开展宣讲活动，教育引导广大师生做爱国主义精神的弘扬者、实践者。

落实立德树人根本任务。坚持思政课改革创新和专业课程思政协同发力，制定深化新时代思政理论课改革创新、加快推进课程思政建设等方面的实施意见，召开“课程思政”建设工作推进会、专题报告会，设立“课程思政”教改、科研项目，举办首届“课程思政”教学大赛，承办教育部“深化新时代高职高专思政课改革创新经验交流会”，把思想政治工作体系贯穿融入人才培养体系，将立德树人落实到课堂教学主渠道，获教育部首届全国高校思政课教学展示活动一等奖。成立马克思主义学院，举办学校首届“四有好老师”评选，组织学生成立“习近平新时代中国特色社会主义思想学习研究社”，形成“课堂主渠道引领、理论社团示范、二三课堂主阵地实践”的育人格局。制定《关于打造“幸福学园”升级版，进一步加强和改进“三全育人”工作的实施意见》，持续推动学校“幸福学园”德育品牌建设，获评北京市“一校一品”优秀德育品牌。

教育教学改革取得新成绩。3个教育部现代学徒制教育教学试点专业通过中期验收，3个北京市特高项目和教育部人工智能试点项目有序推进。“临空经济管理”“智能财经”“智能制造”专业群初步构建完成。建成经管类专业综合实训中心。2个专业纳入TAFE教育模式改革试点，7个专业获批北京市1+X证书制度试点。10支队伍参加北京市教师教学能力比赛并全部获奖；承办国家级技能竞赛1项、市级比赛7项，组织参加150项，获市级以上比赛一等奖19项、二等奖24项。

校企合作取得新进展。牵头成立北京数字经济职业教育集团，是《国家职业教育改革实施方案》颁布后北京成立的第一家新型职教集团，并在全国率先建立职业院校产教融合发展基金，集团化办学迈出重要一步。推动产教融合试验区建设，引企驻校，落实校企合作企业标准，与科大讯飞等19家企业签订合作协议；与中德诺浩公司废止原有不对等协议，共建实训基地，开启合作新模式。启动“北京经济管理职业学院牛津校区”项目建设，探索职业教育合作新模式。

综合改革形成新局面。深化机构、人事制度改革，研究制定学校《机构改革“三定”方案》《专业技术岗工作量考核办法》等，修订《专业技术职务与岗位评聘办法》，教

6 月 12 日，经管职院举行全面推进现代学徒制工作会暨教育部试点学徒班拜师仪式 （经管职院 供）

职员工干事创业的积极性和主动性显著增强。加大教师引进力度和教职工培训力度，打造高素质师资队伍。强化二级学院办学主体地位，扩大教学自主权，激发办学活力。

加强校园文化建设，维护校园安全稳定。以庆祝建校 40 周年为契机，编纂校志，建成校史馆，挖掘学校奋斗精神内涵，全方位开展爱国、爱校教育。强化党建引领、京冀协同、校地联动，形成问题联治、工作联动、平安联创局面，化解固安校区安全稳定风险。开展维护校园安全稳定“十大专项行动”，深化平安校园建设，健全校园安全稳定常态化工作机制，在 2018 年市属高校“平安校园”考核中，是获评“优秀”的唯一高职院校。

党委书记　张连城

院　　长　姚光业

（于平波）

教育部试点学徒班拜师仪式

6 月 12 日，经管职院举行全面推进现代学徒制工作会暨教育部试点学徒班拜师仪式。学校现代学徒制试点单位中的应用电子技术专业（大数据运维）、机电一体化专业、宝玉石鉴定与加工（玉雕班）3 个专业 54 名学生（徒）按照中国传统拜师礼仪向企业师傅敬茶并行鞠躬礼，师傅赠予入门弟子师门寄语。

（于平波）

建校 40 周年

10 月 20 日，经管职院举行“薪火相传守初心、接续奋斗创一流”建校 40 周年校友座谈会。学校离退休老领导、老同志，校友代表，学校领导班子及教职工代表 300 余人参加会议。会议回顾和总结学校 40 年艰苦奋斗、接续奋斗、矢志奋斗的创业史、奋斗史、发展史，听取 7 名校友代表发言，共忆青春岁月。会上，发布《北京经济管理职业学院志（1979—2018）》，举行校史馆揭牌仪式。经管职院历史溯源于 1979 年成立的北京市经委职工教育师资进修学校和 1980 年成立的华北石油职工大学。1984 年，北京市公交职工学院（原北京市经委职工教育师资进修学校）更名为北京市经济管理干部学院；2003 年，河北远东职业技术学院（原华北石油职工大学）整体划转并入北京市经济管理干部学院，同年，原国家经贸委在北京市经济管理干部学院挂牌成立北京经理学院。2006 年，学校转制为普通高等学校，更名为北京经济管理职业学院。

（于平波）

北京劳动保障职业学院

概述

2019 年，北京劳动保障职业学院占地面积 11.23 万平方米，产权校舍建筑面积 10.72 万平方米。全年教育经费投入 23297.66 万元，其中，国家拨款 19414.60 万元、自筹经费 3883.06 万元。固定资产总值 59283.61 万元，其中，教学、科研仪器设备资产值 20667.79 万元。图书馆建筑面积 2313 平方米，藏有纸质图书 44.42 万册、电子图书 121 万册。拥有计算机 2522 台。学校信息化经费投入 1903.55 万元，信息化设备资产 6171.31 万元，网络信息点 2192 个，校园网出口总带宽 2610Mbps，电子邮件系统用户 1500 个，上网课程 445 门，数字资源量 7508GB，管理信息系统数据总量 400GB。设有 2 个校区，4 系 2 部和实训中心，开设 14 个专业。教职工 236 人。专任教师 162 人，包括教授及教授级高级工程师 9 人、副教授及高级工程师 62 人；博士 31 人、硕士 85 人；“双师型”教师 102 人。聘请校外教师 89 人。毕业生 1759 人，其中，高职生 1010 人、贯通培养学生 237 人、成人教育专科生 512 人。毕业生一次就业率 97.99%。招生 1159 人，其中，高职生 919 人、贯通培养学生 240 人。高考北京地区提档线文科 150 分、理科 150 分，单考单招 150 分。在校生 3689 人，其中，高职生 2538 人、贯通培养学生 675 人、成人教育专科生 476 人。网址：www.bvclss.cn。

2019 年，学校全面加强党建引领。完成主题教育活动；

在组织结构上，成立党委组织部、党委宣传部、党委思政工作部、纪检监察办公室，健全党委工作职能机构，强化思政课程和课程思政；成立离退休党总支，全面加强离退休职工的政治建设和服务保障工作。

重大活动服务保障。726名师生志愿者完成庆祝新中国成立70周年活动服务保障工作，市委、市政府授予学院“中华人民共和国成立70周年庆祝活动先进集体”称号。组织近300名志愿者服务北京世园会，受到世园局两次表彰。开展“我和我的祖国”主题实践教学活动，举办“唱红歌、悟初心”红歌赛等形式多样的活动，表达爱国热情。

“3+1”重点工程。3个项目跻身国家级行列，分别是老年服务与管理专业教学团队入选教育部“首批国家级职业教育教师教学创新团队”；老年服务与管理专业群入选全国特色专业建设计划，学院正式跻身国家“双高”校行列；人力资源管理专业正式立项国家教学资源库。学院进入北京市特色高水平建设院校行列，老年服务与管理专业群入选北京市第一批特色高水平建设专业群。

现代职教体系建设和专业建设。丰富职教体系，“3+3”“3+2”中高职转段培养规模不断扩大，七年贯通培养改革试验项目稳步推进，高职百万扩招专项工作得以破题。围绕首都城市功能定位和产业升级进行专业整合与调整，取消酒店管理专业招生，申报护理专业和飞机机电设备维修专业获得审批，特色专业群优势不断增强，专业实现动态调整。

职业教育国际化。国际化内涵不断丰富，留学生培养专业拓展，新增老年护理、计算机网络等专业对接国际标准，全年培养留学生110人，培训泰国、马来西亚教师35人。马来西亚海外分院正式揭牌，将职业教育国际化推上新高度。深入开展与英国、德国、马来西亚、日本等国家和地区院校的合作，为师生交流学习搭建通道。选派80名学生赴加拿大等国家和地区高校交流学习，拓展学生国际视野。

教学科研工作。通过教育部现代学徒制第二批试点单位验收。选派教师和学生参加北京市和全国各类技能比赛，获得多个国家级和市级奖项。院级课题立项35项，申报2020年市教委社科计划重点项目2项；申报科研计划一般项目1项和社科一般项目1项，完成北京市教育科学“十三五”规划2019年度课题申报7项，申报北京市社会科学基金项目青年课题1项，北京市职业教育教学改革项目立项3个。

社会培训工作。完成社会培训9887人，培训收入382万元。完成成人学历教育567人的管理工作；完成支持西部地区对口扶贫培训、社保协管员培训、“技能进军营、理论进课堂”等各类培训，培训上千人；组织养老专业各类培训32期2290人。

党委书记　卢琳（2月免）　张青山（4月任）

院　　长　李继延

（彭雪松）

马来西亚海外分院揭牌

11月4日，京劳职院马来西亚海外分院揭牌。这是京劳职院第一家海外分院，是学校服务“一带一路”倡议的阶段性成果。海外分院设在马来西亚新纪元大学学院，开展两校间双向人才交流与培养，重点培养跨境电商、养老护理、计算机技术、物联网应用等专业方面的人才。学校自2018年至今为新纪元大学学院培养学生124人，培训教师17人。

（彭雪松）

北京社会管理职业学院

概述

2019年，北京社会管理职业学院占地面积60.39万平方米，产权校舍建筑面积8.97万平方米。全年教育经费投入17517.22万元，其中，国家拨款13954.62万元、自筹经费3562.60万元。固定资产总值27614万元，其中，教学、科研仪器设备资产值5648.89万元。图书馆建筑面积3821平方米，藏有纸质图书37.25万册、电子图书10万册。拥有计算机1753台，网络多媒体教室38个。学校信息化经费投入1100万元，信息化设备资产

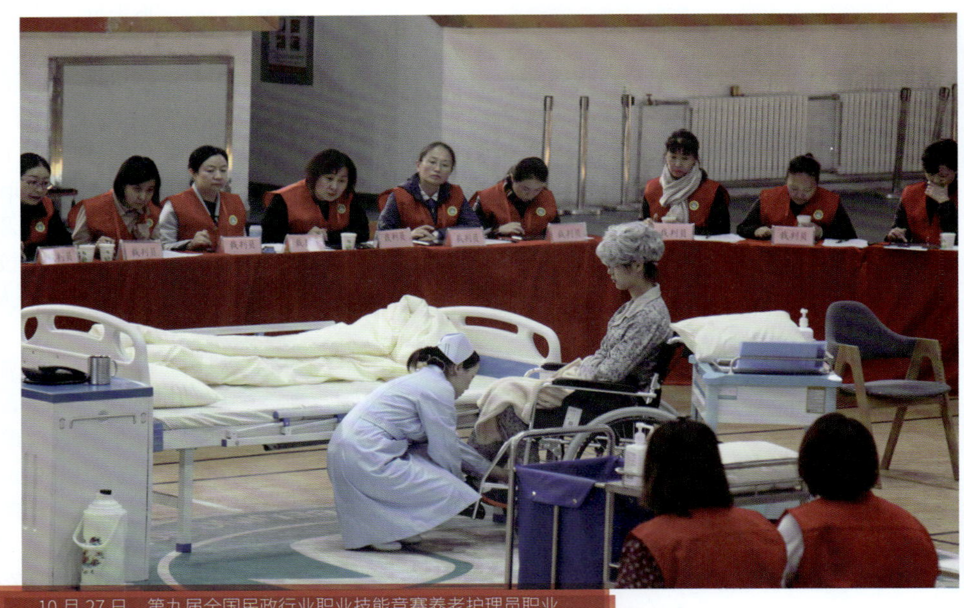

10月27日，第九届全国民政行业职业技能竞赛养老护理员职业竞赛操作技能比赛　（社职院　供）

3045.85 万元，网络信息点 1501 个，校园网出口总带宽 1190Mbps，电子邮件系统用户 4827 个，上网课程 126 门，数字资源量 17500GB，管理信息系统数据总量 8510GB。设有 2 个校区，7 个系部，开设 18 个专业和专业方向，18 个研究中心。教职工 334 人。专任教师 196 人，教授及教授级高级工程师 13 人、副教授及高级工程师 70 人；博士 34 人、硕士 211 人；“双师型”教师 151 人。聘请校外教师 74 人。毕业生 1444 人，全部为高职生。毕业生就业率 92.73%。招生 1592 人，均为高职生。高考北京地区提档线文科 130 分、理科 136 分。在校生 4394 人，其中，高职生 4337 人、成人教育专科生 57 人。网址：www.bcsa.edu.cn。

2019 年，学校办学质量不断提高。7 个骨干专业、2 个实训基地、1 个“双师”基地、1 个协同创新中心通过高等职业教育创新发展行动计划认定，主持的社会工作专业教学资源库获教育部批准立项，影视多媒体技术专业获批。6 个项目获北京市级职业教育教学改革立项，养老服务专业教师团队入选国家级职业教育教师教学创新团队，现代殡葬协同创新中心申报 9 项国家专利，223 名毕业生获 ISPO 假肢矫形国际证书。学生获第四届“踏瑞杯”全国高职高专人力资源管理技能大赛总决赛特等奖、“互联网 +”大学生创新创业大赛北京赛区一等奖、全国大学生英语（NECCS）竞赛总决赛 2 项一等奖等成绩。

社会服务能力显著增强。依托民政部培训中心职能，服务脱贫攻坚国家战略，举办脱贫攻坚专题培训班 18 期、培训 1262 人次，与新疆民政厅、新疆生产建设兵团民政局、南井冈干部学院分别签订战略合作协议，为脱贫攻坚提供人才保障。开展“党的声音进千家”活动，向新疆扎瓦镇 15 个深度贫困村捐赠价值 57 万元的 300 台电视机，组织 40 名师生赴遂川、莲花两县进行孝老助老、困境儿童帮扶、助残志愿服务。承办 2019 年全国职业院校技能大赛养老服务技能比赛等国赛、行业赛、院校赛。制定养老护理员国家职业技能标准、实习实训标准，鉴定孤残儿童护理员、假肢装配工、矫形器装配工 3 个职业、1706 人次。发挥中国社会工作学会专业平台作用，联合共青团中央发布首个社会工作行业国家标准《青少年社会工作服务指南》。

“1+X”证书试点项目启动。作为首批老年人照护“1+X”职业技能等级和第二批失智老年人照护“1+X”职业技能等级试点院校，成立北京中民福祉教育科技有限公司，完成老年领域 3 个“1+X”证书开发。全年累计培训考评人员 1444 人次，组织 5804 人参加首次全国考试，4865 人获得证书。

服务庆祝新中国成立 70 周年活动。8 名教师、297 名学生参与庆祝新中国成立 70 周年游园志愿服务，14 名教师、231 名学生参与新中国成立 70 周年大型成就展志愿服务。5 名离退休老同志获“庆祝中华人民共和国成立 70 周年”纪念章。2 名教师获“北京市筹备和服务保障中华人民共和国成立 70 周年庆祝活动先进个人”称号。此外，举办“我和我的祖国”庆祝新中国成立 70 周年暨美育展演活动，通过“祖国颂”“家乡情”“校园风”“国韵美”4 个篇章进行展演，全面展现学校美育教育工作成果。

党委书记　邹文开
院　　长　邹文开

（张冼）

首届辅导员技能大赛

11 月至 12 月，社职院举办首届辅导员大赛。活动通过以赛带练、以赛代训、以赛促赛，进一步提升学校辅导员职业能力水平，为做好学生管理和育人工作夯实基础。15 名辅导员参加比赛。

（张冼）

北京体育职业学院

概述

2019 年，北京体育职业学院占地面积 8.56 万平方米，产权校舍建筑面积 6.90 万平方米、非产权校舍建筑面积 0.41 万平方米。全年教育经费投入 2085.25 万元。固定资产总值 47527 万元，其中，教学、科研仪器设备资产值 7514 万元。图书馆建筑面积 300 平方米，藏有纸质图书 14.88 万册。拥有计算机 398 台，网络多媒体教室 34 个。学校信息化经费投入 486.42 万元，信息化设备资产 309.90 万元，网络信息点 354 个，校园网出口总带宽 100Mbps，上网课程 25 门，管理信息系统数据总量 5283GB。设有 3 个校区，2 个系部，开设 4 个专业。教职工 138 人。专任教师 68 人，包括教授及教授级高级工程师 3 人、副教授及高级工程师 39 人；博士 2 人、硕士 45 人；“双师型”教师 10 人。聘请校外教师 20 人。毕业生 190 人，其中，高职生 71 人、中职生 119 人。毕业生一次就业率 100%，一次签约率 100%。招生 266 人，其中，高职生 128 人、中职生 138 人。高考北京地区提档线文科 156 分、理科 177 分。在校生 737 人，其中，高职生 315 人、中职生 422 人。网址：www.bjtzy.org。

2019 年，学校推动运动训练专业建设，拓宽校企合作道路。

专业建设核心推动。推动运动训练专业建设，通过市场调研、与企业合作洽谈、专家指导等方式获取行业最新动态与需求，完善人才培养方案，以工作任务为导向、以岗位能力需求为最终目标来设置课程，推进运动员专业核心课程改革和教学诊断工作。邀请专家就运动训练专业现行人才培养方案中的课程框架进行研讨，修订运动训练专业一线、二级班人才培养方案。把学生德育教育融入不同课程教学，确定运动训练专业人才培养方案中课程改革的方向和目标，制定专业课改调研方案和规划，专业建设工作稳步推进。

拓宽校企合作道路。与北京格易美健身有限公司等多家行业领军企业签订校企合作协议，开展深入合作。多次举办“专家进校园”活动，为师生搭建了解行业教学动态、教学理念、教学成果的平台。让企业参与新生入学教育，邀请行业带头人为新生讲授“开学第一课”，让学生了解行业发展趋势。通过多种方式丰富学生社会实践活动，将认识实习活动规范化、实习手段多样化、评定结果多元化，并形成专业认识实习手册，完善学分制管理制度。

7月，北京体职院与格易美儿童运动馆签约合作

（北京体职院 供）

教科研能力不断加强。教师公开发表发表论文数十篇。出版读物包括自主研发的具有专业特色的电子教材《冰雪英语》、与企业合作研发的纸制版教材《冰雪场英语》，以及适用于运动员学生的人文读本《体育视角话古今》等。

信息化建设工作稳步推进。按照行业要求升级校园一卡通系统、教务系统等的安全保护等级。实现校园室内WIFI信号全覆盖，提供5G+2.4G的千兆级无线信号。升级现有一卡通平台，使其能够有效支持移动支付功能，实现与图书馆借阅系统的对接，全面实现校园内手机移动支付环境。升级学生管理系统和综合网络微课堂教学平台二期系统，促进信息技术与教育教学深度融合。

党委书记　段利民（4月免）　王彦席（4月任）

院　　长　石风华

（王亮　朱丽敏　张淑贤）

首届冰雪专业学生毕业

7月，北京体职院体育运营与管理（冰雪运动服务与推广）专业首届40名学生毕业。2016年9月，学院通过自主招生和统考招生形式招收的首届冰雪专业新生入驻芦城校区，经过3年系统培养，全部毕业。

（李铂）

北京交通运输职业学院

概述

2019年，北京交通运输职业学院占地面积32.60万平方米，产权校舍建筑面积19.90万平方米、非产权校舍建筑面积0.40万平方米。全年教育经费投入29622.95万元，其中，国家拨款29326.30万元、自筹经费296.65万元。固定资产总值58485万元，其中，教学、科研仪器设备资产值40219.01万元。图书馆建筑面积5882平方米，藏有纸质图书45.96万册、电子图书15万册。拥有计算机2550台，网络多媒体教室168个。学校信息化经费投入888.76万元，信息化设备资产688.76万元，网络信息点5731个，校园网出口总带宽3470Mbps，电子邮件系统用户456个，上网课程68门，数字资源量11860GB。设有6个校区，11个院系部，1个研究中心，开设23个专业。教职工409人。专任教师235人，包括教授及教授级高级工程师2人、副教授及高级工程师107人；博士4人、硕士163人；“双师型”教师193人。聘请校外教师169人。全日制毕业生1668人，其中，高职生1597人、中职生71人。毕业生就业率98.68%。全日制招生1856人，其中，三年制高职生606人、两年制高职生（五年制及“3+2”转段）793人、五年制高职生442人、中职生15人。高考北京地区提档线文科124分、理科131分。全日制在校生5281人，其中，高职生3667人、中职生1614人（含五年制中职阶段1486人）。成人教育专科生毕业33人、招生55人、在校125人。网址：www.bjjt.edu.cn。

2019年，学校落实交通强国战略，参与构建集团化办学模式下的现代综合交通运输职业教育体系，创新交通职业人才培养模式，重点围绕巩固、创新、升华、制度、保障等方面开展工作。

加强“一校一品”德育品牌建设。创新思政工作，入选北京市首批高职院校“一校一品”德育品牌；以庆祝新中国成立70周年为契机，2000余名师生参与亚洲文明对话大会、世界园艺博览会、新中国成立70周年庆祝活动等志愿服务，其中，10名教师参加新中国成立70周年庆祝活动“美好生活”方阵游行，505名志愿者参与各项服务工作，160名师生为“伟大历程 辉煌成就”庆祝新中国成立70周年系列大型成就展提供志愿服务。学生参与首条自行车专用道开通等交通重大事项的宣传工作61次，见证北京交通的发展变革。

深入开展集团化办学。开展办学体制机制创新和供给侧结构性改革，打造优势特色鲜明的骨干专业群，促进产教融合、校企合作，推进校企协同育人。北京交通职教集团发展第十年，召开贯彻全国深化职业教育改革电视电话会议精神座谈会，贯彻“职教 20 条”产教融合对话会；签约百度云智学院，开启“启航校园计划”；召开汽车领域 1+X 研讨会，助推 1+X 证书制度落地实施；牵手特斯拉开展纯电动汽车专业培训工作；与北京环球主题公园携手建立专业人才联动培养机制，共同探讨人才培养创新模式。

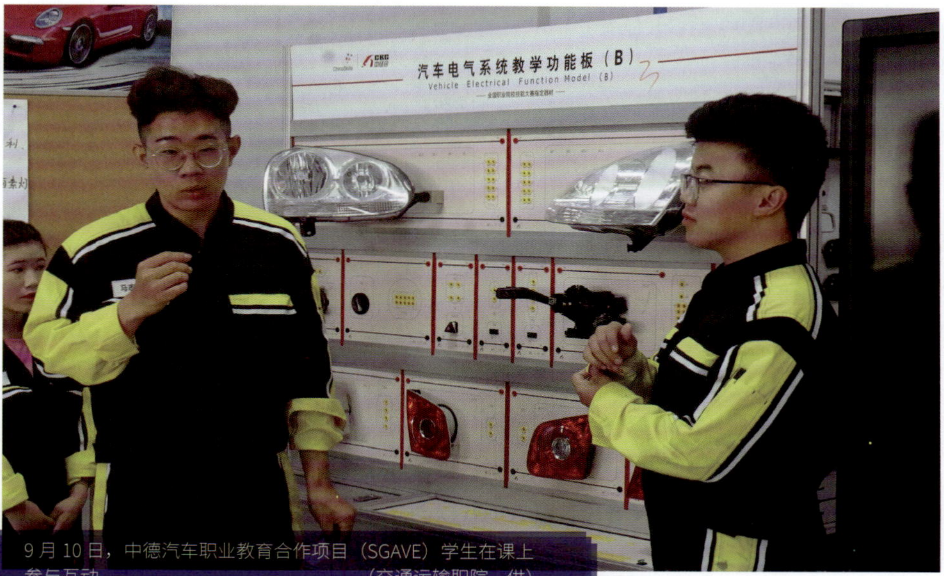

9 月 10 日，中德汽车职业教育合作项目（SGAVE）学生在课上参与互动　　（交通运输职院　供）

提升教育教学质量和科研水平。交通运输职业教育科研项目 6 项课题获批；教师获首届北京高校诚信演讲比赛一等奖，全国交通运输类专业教师信息化教学能力大赛一等奖，全国职业院校技能大赛教学能力比赛二等奖；学生获第 11 届全国运输行业职业技能大赛汽车维修一等奖、车辆控制一等奖，第三届京津冀高等学校大学生测绘技能大赛一等奖，北京市职业院校技能大赛（中职组）现代物流综合作业比赛第一名。

推动公共服务精细化。优化机构设置，抓好机构改革方案落实；推进信息技术在教育教学和综合管理中的广泛应用，提升信息化水平。坚持职业教育与职业培训并举，形成多层次、多类别的职业教育体系。

做好精准扶贫项目。对口帮扶丽江、阜平、怀来、威县、新疆，开展定向招生和师资培训工作。与威县职教中心签约，共建共用汽修实训车间；3 名汽车系教师到丽江进行汽修、钣金专业授课，帮扶专业建设；承接市教委 2019 年赣京合作项目，接收宜春职业技术学院、江西交通职业技术学院 2 名教师到校跟岗研修；对口支援西藏职业教育，1 名教师赴拉萨开展实地教学，6 名拉萨教师来北京挂职培训。

扩大职业教育国际合作与对外交流。入选中英创新创业职业教育联盟首批院校，加入“丝路工匠”首批职业院校国际合作联盟，17 名泰国师生来京开展城轨交通专业理实一体化专业培训，南非交通教育培训局代表到校参观访问并就职业教育发展以及人才培养、国际交流等方面进行交流。

增强社会影响力。入选北京市特色高水平职业院校、第一批骨干专业（群）、技术技能大师工作室名单；入选国家高水平专业群建设单位，城市轨道交通专业入选全国高职学院特色高水平专业群；官微上榜全国职校五十强，成为全国职校融媒体联盟常务理事单位，服务交通行业的能力和水平不断提升。

党委书记　李怡民

院　　长　马伯夷（5 月任）

（赵蕊）

北京卫生职业学院

概述

2019 年，北京卫生职业学院占地面积 7.20 万平方米，产权校舍建筑面积 2.64 万平方米、非产权校舍建筑面积 3.35 万平方米。全年教育经费投入 45625 万元，其中，国家拨款 41967.80 万元、自筹经费 666.63 万元、经营收入和预算外收入 2990.57 万元。固定资产总值 34051.31 万元，其中，教学、科研仪器设备资产值 11473.80 万元。图书馆建筑面积 747.40 平方米，藏有纸质图书 49.77 万册、电子图书 249 册。拥有计算机 2852 台，包括教学用计算机 1517 台。学校产权网络多媒体教室 89 个，非学校产权网络多媒体教室 64 个。学校信息化设备资产 6837.59 万元，网络信息点 4302 个，校园网出口总带宽 600Mbps，电子邮件系统用户 555 个，上网课程 26 门，管理信息系统数据总量 2151GB。设有 3 个院区，开设 11 个高职专业。教职工 517 人。专任教师 207 人，包括副教授及高级讲师 66 人；博士 4 人、硕士 121 人；“双师型”教师 80 人。聘请校外教师 37 人。毕业生 1783 人，其中，高职生 1109 人、中职生 674 人。招生 2079 人，其中，高职生 1317 人、中职生 762 人。高考北京地区提档线文科 271 分、理科 259 分。在校生 4990 人，其中，高职生 2970 人、中职生 2020 人。网址：www.bjwszyxy.com。

2019 年，学校强化立德树人导向，思想政治工作取得新成效。组织 100 余名教职工参与庆祝新中国成立 70 周年相关活动。修订人才培养方案，将立德树人贯穿于人才培养全过程；构建师德师风考核体系，坚持师德师风第一标准。通过开展学习培训、教案评选、课题研究、专题调研、集体备课、主题研讨等活动，推进思想政治课和“课程思政”的教学改革，开拓创新思政课实践教学形式；以“一校一品”德育品牌创建为抓手，落实“三全育人”模式。挖掘、整合现有优秀育人项目及资源，创建具有学院特色的德育品牌“医路先锋”，被市教委认定为北京市职业院校“一校一品”优秀德育品牌（三星级）。

深化教育教学改革，专业建设水平逐步提升。全面推进特色高水平骨干专业建设，制定《北京市特色高水平骨干专业——护理专业三年建设方案》，健全体制机制，其他专业对标北京市特色高水平骨干专业建设要求，开展专业建设情况自诊，修订人才培养方案。护理、药学两个专业被教育部认定为“高等职业教育创新发展行动计划骨干专业”。启动优质课程建设工作。多措并举提升教科研水平，年度院级立项课题比 2017 年提升 100%，院外立项课题 9 项，包括市教委教改项目 4 项、中华医学会项目 1 项、北京市职业技术教育学会项目 4 项。教师发表核心期刊论文 6 篇、SCI 论文 1 篇。

加强学生管理，育人水平全面提升。制定和完善《班会管理办法》《学生综合素质养成体系》等 10 个学生管理规章制度，编印新版《学工手册》，规范学生教育管理各项行为。完善学风建设长效机制，通过行业专家进校园系列讲座、学生暑期专业社会实践、学习类竞赛、成立专业学习社团等优良学风建设系列活动，将学业发展辅导与思政育人工作相结合，将学风建设引向深入；利用学习先锋奖励、表彰及宣传宣讲等活动，树立优秀学习典型，营造积极向上的学风氛围。通过“医路先锋”德育品牌“三条路径、十大平台、一个体系”，提升学生综合素质，22 名学生在全国、市级及行业各类技能比赛中获奖，8 名学生在市级以上各类演讲、辩论赛活动中获奖。

加强师资队伍建设，师资素质整体提升。启动首次高校教师专业技术职务聘任工作，为促进教师发展提供机制保障。加大培训力度，采取内训外培、请进来送出去、线上线下等多种方式拓宽培训渠道，全年师资培训方面投入经费 132 万元，专任教师外出培训 203 人次。组织骨干教师参加院内外不同级别的教学技能大赛，强化教师教学能力的提升，教师参加北京市和全国比赛获得一等奖 6 个、二等奖 11 个、三等奖 11 个，获奖总数是上年的 3.5 倍。教师 1 人入选职业院校护理专业特聘专家、1 人入选职教名师、5 人入选青年骨干教师培养项目，影像技术专业入选专业创新团队建设项目。

庆祝新中国成立 70 周年相关活动。102 人参加“众志成城”群众游行方阵，完成国庆游行任务。其间，组织师生共同唱响《我和我的祖国》，并制作快闪视频，于 9 月 25 日在“学习强国”APP“北京学习平台”上发布。组织参观庆祝新中国成立 70 周年大型成就展，组织以庆祝新中国成立 70 周年为主题的摄影、征文、宣讲等多种校园文化活动。

党委书记　董维春

院　　长　黄惟清

（邢怡）

独立设置成人高等学校选介

国家开放大学

概述

2019 年，国家开放大学占地面积 1.55 万平方米，产权校舍建筑面积 8.75 万平方米。全年教育经费投入 7.84 亿元，其中，国家拨款 1.75 亿元、自筹经费 6.09 亿元。固定资产总值 11.48 亿元，其中，教学、科研仪器设备资产值 1.70 亿元。图书馆建筑面积 1.39 万平方米，藏有纸质图书 11.63 万册、电子图书 350 万册。拥有计算机 3145 台。学校信息化经费投入 4012.72 万元，信息化设备资产 1.07 亿元，网络信息点 4382 个，校园网出口总带宽 1.80Gbps，电子邮件系统用户 1541 个，上网课程 4335 门，数字资源量 74342GB，管理信息系统数据总量 4320GB。设有 3 个校区，开设 238 个专业（方向）。教职工 575 人。专任教师 152 人，包括教授 12 人、副教授 72 人。聘请校外教师 3 人，均为正教授。毕业生 84.70 万人，其中，专科生 59.50 万人、本科生 25.20 万人。招生 149 万人，其中，专科生 118.30 万人、本科生 30.70 万人。开放教育在籍生 431 万人，其中，专科生 327 万人、本科生 104 万人。全年培训 50 万人次。网址：www.ouchn.edu.cn。

2019 年，学校体制机制改革不断深化；治理“三乱”初见成效；举办 40 周年校庆系列活动，全面总结 40 年办学经验；召开第一届党代会，提出建成世界一流开放大学的奋斗目标，确立未来五年学校工作重点；召开教代会和工代会，推进学校治理体系和治理能力现代化。

教育教学改革有序推进。全面修订 179 个专业（方向）的人才培养方案，将立德树人相关内容融入各专业人才培养方案；完成 28 个分部、73 个共享专业（方向）的实地检查验收，暂停 16 个专业（方向）招生，开设 17 个新专业（方向）；重点整治招生、考试和教学工作中存在的乱象，建立合作办学机构黑名单，对 684 个学习中心采取撤销招生资质、暂时保留招生资质、暂停招生等不同方式处理，开展“清网行动”；印发《关于深入推进网络教学团队建设工作的意见》及配套文件，2019 年新建教学核心团队 122 个、教学实施团队 2111 个，各分部学院自建团队 851 个，重点专业统设必修专业课网络教学核心团队覆盖率达到 92%。

质量管理全面发力。实施学历教育“创优提质”战略，全力以赴抓教学、提质量、创特色、上水平。2 个专业被评为北京市高校继续教育特色专业，3 个教学团队被评为北京市高校继续教育高水平教学团队，3 篇学生毕业论文被评为北京高校学历继续教育优秀毕业论文，2 名教师被评为北京市教学名师。

科学研究进一步加强。总部全年发表学术论文 74 篇，获国家自然科学基金委员会批准立项课题 1 项，教育部重点课题和青年课题各 1 项，教育部委托项目 3 项，北京市教育科学规划重点课题和一般课题各 1 项，外部经费 53 万元。为大力推动科研工作，学校采取一系列措施，以科研为驱动推进创新发展战略实施。

学分银行建设取得突破性进展。学分银行基本落地运行，职业教育国家学分银行建设得到国务院领导高度重视和支持。“职业教育国家学分银行制度的系统构建”获得职业教育国家级教学成果奖一等奖。9 月 24 日，国务院副秘书长和教育部副部长到学校调研指导职业教育国家学分银行建设工作，肯定学校办学 40 年来取得的成绩和在建设职业教育国家学分银行过程中发挥的积极作用。

信息化建设加速推进。在“一路一网一平台”信息化建设总体思路下，学校引智借力，引入华为、联通、百度、腾讯、平安等国内大型互联网龙头企业参与信息化治理和顶层设计，努力实现信息化建设向水平高、速度快、效果好转变。全年参与学习 300.31 万人，单日最高登录人数 43 万人，总流量 9.48PB，是上年的 3.59 倍；单日最高流量 163TB，总请求量 222.85 亿次，是上年的 2 倍。

学习资源亮点纷呈。累计建设五分钟课程 3.70 万门，视频资源 70 万分钟，音频资源 10 万分钟，文字教材 1500 种。数字图书馆提供学术文献 7000 万篇、社科数字期刊 4000 余种，海量资源整合初具规模。在“学习强国”平台开通国家开放大学课程专区，成为第七个在“学习强国”平台开通专区的高校。

办学体系建设稳中向好。全国设立 45 个分部、1446 个地方学院、3659 个学习中心、13 个行业学院，有教职员工 9.10 万人，包括专任教师 6.20 万人。教育扶贫成效显著，扶贫工作有重点、有亮点，扶贫项目累计资助 2000 余万元。

社会培训更加强劲。以“体系联动、整合资源、合作共赢、项目拉动、市场细分、效益并重”为发展原则，实施社会培训开疆拓土战略。学校相关部门及下属企业全年组织各类社会培训 50 万人次，组织社会考试 8.20 万人次，非学历项目总额 3078 万元，社区教育影响力不断扩大。

老年教育加快发展。将老年大学做优做强列为三大战略之一，加速推进老年大学建设立项，开展面向老年人的线上线下一体化学习服务，集聚学校现有优质资源，建设老龄化国情教育系列课程，提供线上学习支持服务累计 3 万人次，提供学习资源推送服务累计 13 万人次，完成老年教育学习网和 APP 升级改造，运用新媒体宣传品牌，全年累计访问量 120 万人次。

党委书记　杨志坚（6 月免）　荆德刚（6 月任）
校　　长　杨志坚（6 月免）　荆德刚（6 月任）

（崔乃鹏）

建校 40 周年系列活动

5 月至 6 月，国开大举办庆祝建校 40 周年系列活动。5 月 21 日，举办“纪念国家开放大学建校 40 周年系列专题学术论坛”首场学术论坛，日本放送大学教授苑复杰作《日本终身教育体系构建——最新政策解读与实践》报告。系列专题学术论坛共 6 期，以“教育政策与改革”“远程开放教育发展”为主题，宏观微观相结合、国内国外相结合，荟萃国家科研院所、高校有影响力的专家学者。6 月 21 日，召开办学 40 周年庆祝大会，教育部有关领导、国内外嘉宾、各领域专家学者等 400 余人参加，全国各分部、学院、学习中心以及总部各部门设立 400 余个分会场观看直播，3 万人通过各类终端自主观看直播。学校第一批主讲教师代表、校友代表、在校生代表、在职教师代表先后发言。国开大前身为创立于 1979 年的中央广播电视大学，2012 年 6 月经教育部批准在中央广播电视大学基础上建立国家开放大学，是以现代信息技术为支撑，面向社会成员提供学历与非学历继续教育服务，旨在促进教育机会公平、优质教育资源共享、国民素质不断提高的新型大学，2012 年 7 月 31 日在人民大会堂揭牌。办学 40 年来，学校累计招收各类学生 2050 余万人，培养毕业生 1512 余万人，为广大社会成员提供上亿人次的非学历教育培训，构建覆盖全国城乡、服务全民终身学习的“办学共同体”。

（崔乃鹏）

第一次党代会

11 月 20 日，中国共产党国开大第一次代表大会召开。党代会代表、列席代表等近 150 人参加。会议总结中央广播电视大学第五次党代会召开以来十年党委工作的成绩和经验，研究部署今后一个时期学校党的建设和事业发展的目标任务。会议提出，要坚持扎根中国大地办教育，坚持把立德树人作为根本任务，补短板、创特色，擦亮国家开放大学的牌子，未来 30 年，分“三步走”建设世界一流开放大学。

（崔乃鹏）

北京教育学院

概述

2019 年，北京教育学院占地面积 9.59 万平方米，产权校舍建筑面积 15.65 万平方米。全年教育经费投入 31408.44 万元，其中，国家拨款 26731.71 万元、自筹经费 4676.73 万元。固定资产总值 30710.01 万元，其中，教学、科研仪器设备资产值原值 306.42 万元。图书馆建筑面积 2807.50 平方米，藏有纸质图书 71.96 万册、电子图书 1.36 万册。学校信息化经费投入 478 万元，信息化设备资产 1642 万元，网络信息点 1600 个，上网课程 57 门，数字资源量 3600GB，管理信息系统数据总量 28GB。设有 5 个校区，17 个教学系，27 个专业，覆盖 4 个学科。教职工 517 人。专任教师 255 人，包括教授 23 人、副教授 128 人。另有国内外知名专家学者担任客座教授和兼职教授。毕业生 347 人，其中，专科生 202 人、本科生 145 人。招生 607 人，其中，专科生 151 人、本科生 456 人。在校生 1754 人，其中，专科生 523 人、本科生 1231 人（含教师二学历 418 人）。

5 月 18 日，教育学院老院长温寒江被授予“北京教育学院荣誉教授”称号 （教育学院 供）

全年培训 10295 人次，包括教育部国培项目 447 人。网址：www.bjie.ac.cn。

2019 年，学院坚持稳中求进的总基调，聚焦内涵发展、深化改革创新，各方面工作展现新气象。

教育教学改革取得新成绩。稳步推进“3+1+N”人才培养体系建设，全年承担各类市级项目 400 余个，培训 13881 人。高质量完成“国培计划”；全面提升协同创新学校解决教育教学实际问题的能力和水平，启动第二期“协同创新计划”；完成 2017 级 13 个卓越教师工作室验收，新开设 2019 级卓越教师工作室 11 个，启动“北京市中小学优秀校长（园长）、特级教师工作室”培训项目；2017 级“青蓝计划”优秀青年骨干教师结业，完成 2019 年度招生；2018 级“启航计划”结业，2019 年培训 961 人；助力通州区干部教师专业化水平提升，培训学员 1000 余人；举办温寒江“学习与思维”研究与实践学术研讨会，成立“学习与思维教育研究中心”；举办市中小学新任教师第三届“启航杯”教学风采展示活动；优化学历教育专业结构，新设 2 个专业，新增与顺义区合作开展教师“第二学历”进修。

科研工作又上新台阶。推进学科创新平台全过程管理，对 11 个学科创新平台进行中期验收；年度国家级、省部级课题立项 16 项，院级课题立项 23 项；全年教职工独立或以第一作者发表论文 279 篇，包括 SCI 论文 3 篇、CSSCI 论文 52 篇、核心期刊 59 篇，出版著作 14 部；推进附属学校建设和与西城区教委合作的大学地区学校（UDS）项目。

队伍建设取得新进展。落实“师德考核年”要求，设立师德建设与监督委员会；组织开展系列师德教育活动；逐步形成“人岗匹配、激发活力、相对稳定、适度流动”的人才管理机制；推动创新团队和高水平人才发展，一人获第 15 届北京市高等学校教学名师奖，一人获第三届北京市高等学校青年教学名师奖，两名青年教师在北京市高校第 11 届青年教师教学基本功比赛中获奖，北京市中学语文优秀青年教师培养项目教学团队、中学理科新教师培训项目教学团队入选 2019 年度“北京高校继续教育高水平教学团队”，学前教育专业入选 2019 年度“北京高校继续教育特色专业”。

交流合作取得新突破。完成教育扶贫攻坚任务，全年承担市教育扶贫项目 18 项，覆盖新疆、甘肃等多省区，“四精”培训模式入选第二届省属高校精准扶贫典型案例，一名教授获得“北京市扶贫协作奖——突出贡献奖”；全年接待国外 14 个代表团 96 人次，完成法国、挪威等国家 8 个团组 243 名短期留学生来院培训；接待台湾地区 5 个代表团 39 人次，组织赴台教育交流与研修 10 个团组 117 人次，协办第五届京台基础教育校长峰会，举办两岸中学生“共读经典”工作坊及京台校长传统文化教育高端对话，与市教委联合举办 2019 年澳门学校领导储备人才赴京培训；与芬兰图尔库大学等国外高校建立合作培训机制。

育人环境得到新改善。推进“校园育人环境优化行动”，完成文兴街校区教学楼 8800 平方米改造，黄寺校区综合楼 2330 平方米改造；探索建立“大后勤”服务保障体系，加强公寓规范化管理；开拓筹资渠道，优化支出结构，推进预算执行，完善内部控制，推进财务信息化建设；推进北京桃李书店等 7 家企业的关停注销工作；加强教育特色文献资源建设；推进平安校园建设，加强重要敏感时期的安全管理与保障。

庆祝新中国成立 70 周年。学院教师饶子龙作为（天安门广场）南表演台执行导演，带领 15 名创编导演，出色完成任务，获得“北京市筹备和服务保障中华人民共和国成立 70 周年庆祝活动先进个人”称号。20 名老同志获得中共中央、国务院、中央军委颁发的“庆祝中华人民共和国成立 70 周年”纪念章。

党委书记　杨公鼎（3 月免）　肖韵竹（3 月任）
院　　长　何劲松

（石燕）

学习与思维教育研究中心成立

5 月 18 日，教育学院举行温寒江“学习与思维”研究与实践学术研讨会暨“学习与思维教育研究中心”成立仪式。95 岁的教育学院老院长温寒江被授予“北京教育学院荣誉教授”称号。市委教育工委书记与教育部教师工作司司长为教育学院“学习与思维教育研究中心”揭牌。温寒江为大会作学习与思维教育研究报告。“学习与思维”课题研究 30 年来，先后有 38 所北京市中小学、幼儿园、培智学校和高等学校参加课题实验，2000 余人参加研究和实验。该课题也成为北京市哲学社会科学规划办公室研究课题中历时最长、研究成果最多的课题。教育学院举办首期“学习与思维”高级研修班，课程围绕“学习与思维”课题成果的研究与应用进行设计实施，首批 27 名学员将系统开展“学习与思维”中关于技能与知识的学习过程、记忆及其研究进展、脑科学与心理发展、学习科学研究、学生差异及个体化教学等方面培训。

（石燕）

北京市首届“子曰”传统文化教育论坛

6 月 14 日，由教育学院人文与社会科学学院传统文化教育研究所暨“中华优秀传统文化教育”平台主办、北京市海淀区五一小学承办的北京市首届“子曰”传统文化教育论坛在五一小学开幕。论坛聚焦“传统与现代的会通”主题，举办教育戏剧与传统文化、古典诗词与传统文化、古代文言与传统文化、经典阅读与传统文化 4 个分论坛，希望开发出更多的传统文化课程，做好传统文化教育的专门培训和通识培训，推动传统文化教育与课程的融合。

（石燕）

第一期青蓝计划（英语）结业暨总结交流活动

12 月 28 日，教育学院举办青蓝计划（英语）即北京市优秀青年教师培训项目英语班第一期结业暨总结交流展示活动。青蓝计划第一期、第二期全体学员和各区教师代表约 150 人参与结业展示。青蓝计划（英语）是外语与国际教育学院同英国诺丁汉大学（宁波校区）合作项目，旨在探索利用国际化资源提升北京市中小学英语青年骨干教师的教育教学能力，培养一批具有创新精神、专业能力和国际视野的中学英语教育教学领军人才。来自 11 个区中小学教龄 5 ～ 10 年的优秀中青年英语教师 28 人参加该项目第一期培训。经过两年诺丁汉大学六个模块的理论学习和教育学院四类时间转化课程共计 524 学时的学习，首批学员获得由教育学院颁发的“青蓝计划”教师结业证书，同时大多数学员还获得英国诺丁汉大学颁发的英语教育硕士（TESOL）学位。

（石燕）

北京开放大学

概述

2019 年，北京开放大学占地面积 2.61 万平方米，产权校舍建筑面积 2.78 万平方米、非产权校舍建筑面积 1.60 万平方米。全年教育经费投入 23385.49 万元，其中，国家拨款 11559.01 万元、自筹经费 11826.48 万元。固定资产总值 15436.10 万元，其中，教学、科研仪器设备资产值 7013.13 万元。图书馆建筑面积 145.60 平方米，藏有纸质图书 4.70 万册、电子图书 12.32 万册。拥有计算机 1237 台。学校信息化经费投入 537.62 万元，信息化设备资产 5898.72 万元，网络信息点 3200 个，校园网出口总带宽 2010Mbps，电子邮件系统用户 1902 个，管理信息系统数据总量 3920GB。国家开放大学业务上网课程 1585 门；北京开放大学业务上网课程 351 门，数字资源量 1158.80GB；数字图书馆数字资源量 47799.56GB。设有 3 个校区。国开专业设有 41 个系统教学单位，开设 40 个专业，其中，本科（专科起点）专业 15 个，覆盖 8 个学科；专科专业 25 个（包括 3 个“一村一名大学生计划”专业），覆盖 16 个大类。自主专业开设 27 个专业，其中，专科专业 13 个、本科专业 14 个，覆盖 13 个学科。教职工 337 人。专任教师 112 人，包括教授 9 人、副教授 32 人。聘请校外教师 368 人，包括教授 17 人、副教授 134 人。自主专业毕业生 1076 人，其中，本科生 750 人、专科生 326 人；招生 7579 人，其中，本科生 5614 人、专科生 1965 人；在校生 14768 人，其中，本科生 10639 人、专科生 4129 人。国开专业毕业生 9940 人，其中，专科生 5518 人、本科生 4422 人；招生 16789 人，其中，专科生 11153 人、本科生 5636 人；在校生 67696 人，其中，专科生 44158 人、本科生 23538 人。全年举办非学历教育项目 84 项，办班 1010 次，培训 173067 人次。网址：www.bjou.edu.cn。

2019 年，学校围绕转型发展目标，坚持学历教育与非学历教育并重融通，理顺内部体制机制，深化人才培养模式改革，提升社会服务能力，以首善标准稳步推进新型大学建设。

发挥社会教育指导作用，打造非学历品牌培训项目。围绕服务首都市民终身学习和学习型城市建设，创新社区教育服务运行模式，发起成立社区学习服务联盟，首批成员 62 家单位。在 11 个区成立社区教育指导中心分中心，发挥社区教育指导中心作用。北京老年开放大学正式挂牌，推进区级老年开放大学体系建设和老年教育融入养老服务体系建设。打造“乐学苑”成人文化休闲项目品牌影响力，探索线上线下相结合的培训模式。打开全国教育类培训市场，承接保育员培训、民办教育机构教师继续教育、艺术品鉴赏公众普及培训等各类研修培训。11 月，学校“首都终身教育资源开放共享示范基地”获批成为北京市教育信息化融合应用示范基地。

推进学分银行试点建设，促进学历与非学历融通。获批北京市学分银行管理中心，筹建北京学分银行管理中心组织架构，开展首批区级认证中心和成员单位遴选，试运行学分银行管理平台。探索学分银行的行业和区域试点工作，探索学习成果认定、积累与转换的旅游行业学分银行。研究非学历教育成果认定，促进学历与非学历教育融通，选取职业培训、社区教育和优质在线课程三种形式非学历成果的认定与转化。

拓展对外合作，推进人才培养模式改革试点。加强校企合作办学机制研究，完善风险防控机制，稳步拓展多个学历教育合作项目和非学历培训项目。推进教育扶贫，成立传统文化教育学院，开放教育与精准扶贫研究基地正式挂牌。开展人才培养模式改革试点工作，积极实践“以学生为中心”的管理服务模式及“以课程为中心”的教学运行模式，初步实现教学教务一体化管理。

加强特色科研，推进国际化合作进程。完善和出台科研管理制度，启动学科建设及成果转化制度建设，加强特色科研建设。打通国家留学基金委项目和市中医管理局科研项目两个申报渠道。获批国家社科基金、市社科基金研究基地重点项目等高水平科研项目。作为合作单位获批智能科学技术最高奖吴文俊人工智能科技进步一等奖。举办第三届网络教育年会。推进首都终身教育研究基地建设，完成智能教育研究基地项目建设。《开放学习研究》“复合影响因子”破 1。扩大对外交流合作，与国外院校签署多项战略合作框架协议。与国外 36 所大学和教育机构建立联系，形成稳定的国际关系网络。

优化人力资源配置，提升服务转型发展的能力。完成机构调整、干部聘任和全员聘任。新一轮干部聘任实现了干部队伍结构优化。规范职评工作，首次开展正高级专业技术职务评聘工作。建立健全校内奖励评优制度。成立教师发展中心，实现教师专业归队。完善教职工考核评价机制，突出师德考核、业绩考核。健全弹性用人机制，192 名专家进入学校专家资源库。开展市级高层次人才培养工作，入选北京学者 1 人，获批高水平教学团队 1 个。2 名教师分获北京高校青年教师教学基本功比赛一等奖和三等奖。

党委书记　杨公鼎（2 月 20 日任）
　　　　　黄先开（2 月 20 日免）
校　　长　褚宏启

（李玥　郭莹）

获批北京市学分银行管理中心

11 月 14 日，在北京市第 15 届全民终身学习活动周开幕式上，北开大被正式授牌“北京市学分银行管理中心”，标志北京市加快学习成果认定、学分积累与转换，搭建终身学习“立交桥”步入新阶段。北京市学分银行管理中心将组织制定北京市学分银行的制度规范和学习成果认定标准；负责全市学分银行认证中心的设立和评审工作；为北京市民建立终身学习档案，办理学习成果认定与转换业务；负责学分银行信息平台的管理与运维等。

（李玥　郭莹）

马克思主义学院揭牌

12 月 31 日，北开大举行马克思主义学院揭牌仪式。仪式上，为马克思主义学院首批特聘专家颁发聘书。仪式后，开展首次思政课程和课程思政教研活动。马克思主义学院将着力推动学校思政课程和课程思政建设，促进思政教育和专业教育有机结合，是学校推进思政课创新发展的重要制度安排和重要治理成果。

（李玥　郭莹）

北京宣武红旗业余大学

概述

2019 年，北京宣武红旗业余大学占地面积 0.74 万平方米，产权校舍建筑面积 1.05 万平方米。全年教育经费投入 3154.25 万元，其中，国家拨款 2964.48 万元、自筹经费 189.77 万元。固定资产总值 689.56 万元，其中，教学、科研仪器设备资产值 250.76 万元。图书馆建筑面积 300 平方米，藏有纸质图书 6.54 万册、电子图书 0.48 万册。拥有计算机 300 台，大型多媒体教室 4 个、标准多媒体教室 10 个。学校信息化经费投入 42.50 万元，信息化设备资产 639.28 万元，网络信息点 400 个，校园网出口总带宽 20Mbps，上网课程 24 门，数字资源量 82GB，管理信息系统数据总量 30GB。设有 1 个校区，5 个教学系，1 个教学站；开设 21 个专业，覆盖 12 个学科。教职工 68 人。专任教师 39 人，包括教授 3 人、副教授 14 人。聘请校外教师 26 人，包括教授 6 人、副教授 9 人。学历大专班毕业生 246 人、招生 110 人、在校生 265 人；北京理工大学继续教育学院红旗大学教学站毕业生 38 人、在校生 67 人；北京理工大学远程教育学院红旗大学学习中心毕业生 22 人、在校生 262 人；北京交通大学继续教育学院红旗大学教学站毕业生 96 人、招生 120 人、在校生 270 人。网址：www.hqdx.com。

2019 年，学校开展庆祝新中国成立 70 周年系列主题活动。4 月至 9 月，开展“我与祖国共成长”主题征文活动；6 月至 9 月，开展“歌颂祖国”主题作品征集活动；10 月，管理系全体学员和部分教师参加师生同唱一首歌《我和我的祖国》合唱歌曲排练和录制活动。配合做好“不忘初心、牢记使命”主题教育活动，学校培训中心开办西城区卫健委基层党支部书记培训班。12 月，学校承办的西城区老干部大学“不忘初心、坚守传承”初心讲堂开讲。

提升教学水平，师生频获佳绩。围绕“立德树人，全面育人”展开高等学历继续教育德育工作研讨会和学员座谈会，根据市教委文件完善学校师德考核评价机制，制定《专业技术人员职务聘任管理办法（修订版）》，设计开发教务教学信息管理平台。计算机系 1 名教师获得第 15 届北京市高等学校教学名师奖，管理系获得 2019 年北京高校继续教育高水平教学团队奖。学校在第四届北京高校学历继续教育大学生英语口语竞赛中获得历年最好成绩，2019 级 1 名学生获得非英语专业专科组一等奖，2 名教师获得非英语专业专科组优秀指导教师称号。

丰富办学模式，提升服务品质。通过问卷调查和实地走访对西城区教育系统各单位的学历需求进行调研，为学校未来培训工作的方向开拓新思路。为西城区人力社保局、西城区卫健委、教育系统 7 家小学幼儿园等单位组织培训班、素质讲座及城宫计划课程，总计培训 2600 人次。承接人力社保局经济师考试以及卫健委医师职称考试，累计考生 2400 人次。新增北京科技高级技术学校和军需企业管理集团有限公司两家校企合作单位。首次开办老年学历班，招生专业为摄影与摄像艺术，并为老年群体量身定制新的教学计划和考前辅导。

推进学习型社区建设。社区教育学校在校学员 367 人，开设 8 门课程，培训 4844 人次。社区家长学校组织“家庭教育指导师”“新父母 心成长”等课程及讲座，培训 3864 人。推进市民学习基地建设，现有 76 家基地，新发展 4 家，评选市级示范基地 3 个，遴选 3 个市级学习品牌，推荐 1 个全国学习品牌；承办北京市民终身学习示范基地现场交流会。举办“壮丽七十载、奋进新时代”学习型社区建设骨干队伍“双提升”专题培训。开展纵横码技能专题培训，组织承办北京市纵横码输入大奖赛。在 15 个街道开展 30 场“道德讲堂”主题实践活动，1500 余名市民参与学习。

党委书记　钱孝先（7 月免）

校　　长　车亚军（7 月免）

（海玥佳）

西城区学习型社区建设骨干队伍“双提升”培训

7 月 2 日，“壮丽七十载 奋进新时代”西城区学习型社区建设骨干队伍“双提升”专题培训在红旗大学开班。培训共 4 天，以集中面授为主，结合西城区“疏解整治促提升”专项行动和国家重大活动服务保障等重点工作，将社区教育融入社区发展治理，提升社区教育服务和社区发展治理水平，深入推进科学治理，提升城市发展品质。西城区 166 个学习型先进社区的党组织书记、居委会主任参加培训。

（海玥佳）

老干部大学初心讲堂

12 月 10 日，由西城区委老干部局主办、红旗大学承办的西城区老干部大学“不忘初心、坚守传承”初心讲堂开讲。邀请 3 名退休干部讲述初心故事、畅谈使命担当，分享工作中的心得体会和退休后的学习心得，展现“坚持学习、耕耘不止”的初心和“一心为公、服务为民”的本色。老同志在讨论交流中表示，初心讲堂是一场“悟初心、守初心、践初心”的交流会，更是一场“知使命、立使命、担使命”的研讨会，今后要积极发挥余热，做到“离岗不离党、退休不褪色”，不断为党和人民的事业添砖加瓦、增添正能量。西城区委老干部局、西城区教委相关负责同志和西城区老干部大学 20 余名副处级以上退休老同志参加活动。

（海玥佳）

北京市总工会职工大学

概述

2019 年，北京市总工会职工大学占地面积 2.07 万平方米，产权校舍建筑面积 2.87 万平方米。全年教育经费投入 2379 万元，其中，国家拨款 1493 万元、自筹经费 886 万元。固定资产总值 6367 万元，其中，教学、科研仪器设备资产值 3264 万元。拥有计算机 339 台，网络多媒体教室 21 个。学校信息化经费投入 166 万元，信息化设备资产 562 万元，网络信息点 494 个，校园网出口总带宽 250Mbps，电子邮件系统用户 302 个，上网课程 30 门，数字资源量 1850GB，管理信息系统数据总量 4000GB。设有工会理论与职工教育研究所、素质工程工作部、继续教育部、职业技能培训部等 6 个教学科研机构及 16 个职能教辅部门。设有 2 个教学系，开设 5 个专业，覆盖 3 个学科。教职工 129 人。专任教师 15 人，包括副教授 4 人。聘请校外教师 52 人，包括教授 2 人、副教授 6 人。毕业生 214 人，其中，专科生 174 人、本科生 40 人。在校生 265 人，其中，专科生 216 人、本科生 49 人。招生 116 人，其中，专科生 17 人、本科生 99 人。全年培训工会干部 28865 人。依托职工素质工程平台，全年培训职工 9 万余人次。参与新中国成立 70 周年庆祝活动 53 人。网址：www.ghgy.com.cn。

2019 年，学校加强全面谋划统筹协调，各项工作稳步推进。

深化课程体系建设。围绕工会培训需求，全力推进落实教研组内师带徒责任。开发“习近平总书记关于工人阶级和工会工作的重要论述”“新时期产业工人队伍建设方案解读”“建会模拟沟通”等新课 12 门，包括新入职年轻教师新开课 10 门，均投入教育教学实践。围绕主体班次设计、课程开发、科研课题实施等，落实教研组与市总工会部门、产业工会“一对一”对接机制，加强源头设计与参与，共同编写《职代会指导手册》《行业集体协商指导手册》《工会基层组织建设工作手册》《2019 年工会干部教育培训规划》，推进教育教学与工会实践的有效融合、共建共享。其中，《集体协商指导手册》被推广应用到全市基层工会组织。“工会干部教育培训教学团队”入选市教委“2019 年度北京高校继续教育高水平教学团队”。

强化教学资源建设。与中国工人出版社合作完成工会干部教育配套教材《北京市工会干部培训实用教材》编写，被列入全国工会干部培训教材。设计刊印发布《2019 年工会干部教育培训教学手册》。发挥工会平台优势，整合社会资源，丰富兼职师资库、教学基地，聘请 5 名高校专家学者担任兼职专家师资，聘请 3 名基层工会主席担任兼职实务师资，与西得乐公司职工之家、创新工作室等合作建成 3 家教学基地。

统筹协调培训项目资源。以满足企业智能制造技术技能提升需求为目标，完成机器人机械本体技术、机器人控制系统、机器人应用方向 10 个课程模块的研发，进一步优化现有 20 个课程模块，构建完成智能制造专业课程体系。基于草桥技术沙龙项目，形成“导师制在企业内的实施价值与策略”“技能人才培养中的教练技巧运用”“能力 + 能量，赋能之道与 7 种常用的赋能话术”等职工教育培训课程 20 门。依托智能制造专业课程研发、科学家走进创新工作室、技术沙龙等项目，吸引吸纳高等院校专家、劳模、工匠、创新工作室领军人以及社会培训专业师资 25 人作为学院兼职师资或储备师资。

加强干部培训设计。全年设计完成新任工会主席、街道乡镇工会主席、非公组织工会主席、初任工会干部、服务站站长、新任工会社会工作者以及全总特色班 7 个主体班次。实施集现场教学、情景教学、体验教学、互动教学于一体的教育培训模式，严格落实项目负责人与助理班主任全程跟班制度，平均培训满意度 96%。全年组织市总计划内培训 57 期，全总特色培训班 3 期，送教上门 277 期。累计培训 337 期，同比增加 118 期，增长 53.90%。累计培训 278 天，同比增加 59 天，增长 27%。累计培训 28865 人次。其中，自有师资承担工会干部培训教学任务 1924 课时，较上年同比增长 83.60%，包括校内培训 600 课时、送教到基层 1324 课时，分别较上年同比增长 15.30% 和 128%。此外，还举办计划外定制培训 38 个班次，培训 3857 人。

创新职工培训方式。以“培训—辅导—竞赛”方式推进首都职工素质建设工程第三届“寻找职工好讲师”教学基本功竞赛，搭建立体化、联通式培训体系。来自 42 家单位 105 名职工讲师参加授课技能培训、课程设计培训和试讲演练，包括全国劳模、北京市劳模、全国技术能手 10 人，带动首商集团、国家大剧院等 21 家单位的职工培训发展。以案例教学为主，面向 25 家市级创新工作室的领军人、技术骨干及高技能人才开展创新方法 TRIZ 培训。围绕职工职业发展和提升、技术技能培养、文化创意三大主题，举办“企业技能人才培养方略”系列主题沙龙 20 场。坚持远程网络和现场教学相结合，举行劳动关系协调员培训班 2 期。开展职工读书沙龙活动 260 场，6500 余名职工从中获益。转变职工学习方式，依托素质工程微信公众号，新增“职工领读计划”项目并将 12 期音频资源向“喜马拉雅”平台投放。依托素质工程和高技能人才培养，全年举办培训活动 692 场，服务职工 73983 人次。

加强成人学历教育内涵建设。规范教学管理，修订完善《班主任管理规定》《教师管理办法》，研究制定成考项目《实践课程教学规范》《毕业生论文答辩综合成绩评定办法》；有序推进校企合作，重点加强对学分银行两个教学站的教学指导、过程管理、监督和服务，将教学站教师聘用纳入校本部统一管理。依托“互联网 +”探索线上教学模式，完成安全工程专业 5 门课程建设。学院筹建课程中，全年开设课程 9 门次，10 名辅导教师参与导学工作。

强化科研工作统筹管理。坚持教学科研一体设计整体推进，研究制定《加强工会研究能力建设的工作方案》，梳理出 5 大重点研究方向，形成学院加强研究能力规划。建立完善以教研组为核心、以外部专家为补充的教学科研体制机制。坚持推行“日常检查督促 + 专家评审”相结合的全过程管理模式，以工会工作、工会改革、产业工人队伍建设改革、职工发展与教育培训为重点，开展 14 项课题研究，且均在年内结项。汇编 2018 年课题研究报告 65 万字。

推进干部人事制度体系建设。健全完善《专业技术评聘暂行办法》，初步形成教师管理、岗位聘任、年度考核等干部人事制度 10 余项。从实际业务需要出发，对教学科研人员、财务人员、工程管理人员、安全员、中层干部、青年教职工、新入职人员等群体分层分类组织培训 10 余次，累计参加人员 420 余人次。实现教案评审与试讲评议相结合，全面考查教师授课质量。

党委书记　刘蓉

校　　长　王冬强

（周东妹）

发布校志庆祝建校 70 周年

11 月 1 日，市总职大发布校志《北京市工会干部学院七十年（1949—2019）》，庆祝学校建校 70 周年。校志于 2017 年开始筹备编纂，6 名教师参与，经 3 次审核校对，最终形成志书 11 万字。全年，学校开展“知史明志”传承优秀校园文化系列活动，全体师生共同回顾学校发展历史。市总职大前身是 1949 年 9 月北平市总工会筹备委员会开办的职工学校，1955 年改建为北京市总工会干部学校，隶属于北京市总工会领导；1986 年与成立于 1980 年的北京市职工业余大学（1984 年更名为北京市总工会职工大学）合并组建新的北京市总工会职工大学；2002 年更名为北京市工会干部学院北京市总工会职工大学；2005 年 7 月更名为北京市工会干部学院（北京市总工会职工大学）。

（周东妹）

北京市西城经济科学大学

概述

2019 年，北京市西城经济科学大学（西城区社区学院）占地面积 0.68 万平方米，产权校舍建筑面积 1.52 万平方米。全年教育经费投入 3859.72 万元，其中，国家拨款 3644.42 万元、自筹经费 215.30 万元。固定资产总值 1586.44 万元，其中，教学、科研仪器设备资产值 612.41 万元。图书馆（室）建筑面积 161.10 平方米，藏有纸质图书 6.71 万册。拥有计算机 694 台，网络多媒体教室 49 个。学校信息化经费投入 825.13 万元，信息化设备资产 825.13 万元，网络信息点 445 个，校园网出口总带宽 100Mbps，电子邮件系统用户 143 个，管理信息系统数据总量 77GB。设有 2 个校区，1 个教学工作站，3 个教学系，开设 10 个专业，覆盖 3 个学科。开设教学班 9 个。教职工 132 人，包括高级职称 27 人、中级职称 43 人。专任教师 49 人。毕业生 563 人。招生 110 人。在校生 378 人。中国传媒大学远程与继续教育学部西城经科大教学站毕业生 292 人（包括本科 250 人、专科 42 人），招生 287 人，在校生 583 人。网址：www.xcjkd.org。

2019 年，学校稳步推进学历继续教育、社区教育、社会培训等各方面工作。

学历继续教育。修订人才培养方案，落实立德树人根本任务。增加各专业思政课课时，加强对学生的思想政治教育和核心价值观引领。

社会培训。创新培训模式，提升培训质量。学校与区域内行政事业单位开展各层次的培训，包括西城区财政局财务人员培训、西城区人力社保局英语人才库培训、西城区军人事务管理局军转干部培训转接工作、退役士兵培训、西城区环卫中心劳务人员培训、新街口党员培训和西长安街街道事业人员培训等。全年开设13个培训项目、35个培训班，开设81门课程，培训23607人次。

社区教育。围绕文明城区建设和学习型城区建设，以“庆祝新中国成立70周年”为主题开展系列特色活动，包括以“迎祖国七十华诞 促国际语言发展”为主题的西城区第12届市民讲外语风采大赛等。此外，还举办市民大课堂、培训讲座、学习成果展示、评比展演等多种形式的学习活动。发挥市民终身学习服务基地的作用，开设社区居民课程48门，开办社区居民大专课程班4个、市民短期培训班16个、教师进社区的社区课堂11个，为辖区市民提供外语、计算机等方面教学服务，惠及709名辖区市民，全年教学服务9752人次，1386课时。

科研工作。发挥科研引领作用，加强学习型城区建设研究。以研促教，为西城区学习型城区建设发展提供理论指导和智力支持。开展微课程建设，参加由全国社区教育数字化学习联盟、教育部社区教育研究培训中心共同主办的“第五届NERC杯全国社区教育优秀微课程评选活动”，多项作品获奖。

党委书记　张建国
校　　长　张建国

（张筱杰）

建设学分认证课程

至年底，西城经科大建设学分认证课程。参与认证制度学分认证课程的有10个街道，44个社区，申报课程357门，总量16203课时。全年评审出社区老年教育精品课程30门，900课时，约1000人次；特色课70门，2100课时，约2300人次；技能体验课9门，27课时，约105人次，全年教学量3105课时。这些课程丰富了社区教育课程内涵，提高了各教学点教学服务水平和管理人员工作能力，为市民终身学习优质课程资源库的建设打下基础。

（张筱杰）

国家重点中等职业学校选介

北京市昌平职业学校

2019年，北京市昌平职业学校占地面积40.54万平方米，产权校舍建筑面积15.26万平方米、非产权校舍建筑面积4.10万平方米。全年教育经费投入4738万元，均为国家拨款。固定资产总值28298万元，其中，教学、实习仪器设备资产值18081.90万元。图书馆建筑面积1646平方米，藏有纸质图书12.50万册、电子图书16TB。拥有计算机1400台。网络信息点2000个，校园网出口总带宽1200Mbps，上网课程20门，数字资源量21TB。设有8个系部，开设45个专业，119个教学班。教职工343人，包括正高级教师1人、特级校长1人、特级教师1人、北京市学科教学带头人1人、北京市骨干教师3人。专任教师178人、教辅人员25人。专任教师中具有研究生学历66人，本科及以上学历占教师总数100%；高级专业技术职务94人、中级48人；“双师型”教师246人。聘请校外教师27人。毕业生989人，就业率100%。招生605人，包括京籍学生527人。在校生2299人，包括京籍学生1194人。网址：www.cpvs.com.cn。

2019年，学校坚持党建引领，开展“不忘初心、牢记使命”主题教育，被评为全国教育系统先进集体。

12月25日至27日，昌平职校举行“1+X”证书试考评
（昌平职校　供）

深化教育教学改革。坚持立德树人，将“爱国拥党、德技双馨的新时代中职生”作为人才培养目标，探索“三全育人”综合改革，优化形成“三路十八湾”德育体系（三路即以“有模有样”“有思有责”“有勇有谋”的“三路”为三年分阶段德育目标；十八湾即18项德育内容和以德育内容为载体的评价标准）。开展“五育并举”探索实践，促进学生德智体美劳全面发展。100余名学生在全国、北京市的技能比赛、创新创业比赛中获奖，2名学生入选全国最美中职生。与首都师范大学、北京联合

大学等高校开展贯通培养试验。教师在全国职业院校技能大赛教学能力比赛中获 3 个一等奖。

校企合作提质增效。与巴伐利亚机械制造厂股份公司（宝马集团）、北京百度网讯科技有限公司（百度集团）、北京三快在线科技有限公司（美团网）等企业共建产教共同体；联想工程师学院、京东产教融合学院、上汽大众 SCEP 项目等校企合作深化，实现“专业—学院—产业”“三融合”，人才培养贯穿校企合作全过程，学校成为教育部“1+X”证书制度试点院校。

育训并举蜕变升华。开展“五个面向”社会培训，“培养昌平人、为昌平培养人、培养昌平需要的人”。成立益农村校、昌平区中小学劳动教育课程服务中心、昌平区冰雪运动教育联盟，研发“苹果酒”“核桃宴”“沙河智能决策大数据平台”，全年培训量突破 3 万人次。

服务国家战略、展现责任担当。承担昌平区“4+1”对口帮扶协作项目。深化与河北唐山、内蒙古阿旗、宁夏银川、青海玉树、河南栾川等地合作，通过联合办学、师资培训、课程输出等多种形式，助力当地职业教育发展水平提升；为内蒙古阿旗、青海曲麻莱、河北尚义、河南栾川等地 130 名学员开展贫困村创业致富带头人培训。

国际合作筑基固本。面向新加坡、马来西亚、德国、吉布提等“一带一路”国家，开展课程培训、师资培养、文化体验等活动，实现专业技能与文化输出，探索职业教育“走出去”的新路径；对接国际标准，开展中德胡格模式、中澳 TAFE 模式的本土化实践研究，承办中德“上汽大众杯”汽车维修国际技能大赛。

（彭天夫）

北京市延庆区第一职业学校

2019 年，北京市延庆区第一职业学校占地面积 11.37 万平方米，产权校舍建筑面积 5.72 万平方米。全年教育经费投入 7892.03 万元，全部为国家拨款。固定资产总值 26077.50 万元，其中，教学、实习仪器设备资产值 8096.57 万元。图书馆建筑面积 1879 平方米，藏有纸质图书 4.92 万册、电子图书 0.16 万册。拥有计算机 712 台。学校信息化经费投入 6.15 万元，网络信息点 432 个，校园网出口总带宽 100Mbps，数字资源量 3000GB。设有 1 个校区，7 个系部，开设 13 个专业，28 个教学班。教职工 220 人，包括专任教师 161 人、教辅人员 39 人。专任教师中具有研究生学历 5 人，本科及以上学历占教师总数 98.90%；高级专业技术职务 91 人、中级 79 人；“双师型”教师 61 人。聘请校外教师 7 人。毕业生 234 人，就业率 98.90%，职业资格证书取证率 98.28%。招生 62 人，包括京籍学生 62 人。在校生 657 人，包括京籍学生 642 人。网址：www.yqyz.org.cn。

2019 年，学校参与服务大事，彰显办学实力。参与服务北京世界园艺博览会和庆祝新中国成立 70 周年相关活动。选派烹饪、园林、学前教育专业 31 名学生到世园会园区酒店、特许商品店、展园开展服务性工作；选派 206 名师生参加世园会闭幕式文艺演出。2 名全国模范教师受邀参加新中国成立 70 周年庆祝活动观礼。

开设冰雪体育专业，主动服务冬奥会。申请开设冰雪体育服务专业获得市教委批准，9 月 1 日，首批冰雪体育服务专业 9 名学生正式开班，并分别与北京梦起源体育发展有限公司、万科石京龙滑雪场达成“专业场地和专业技能教学”购买社会服务协议，冰雪场地、专业装备以及专业实训授课由梦起源公司和石京龙滑雪场全部承担。

做优职业体验项目，促进职普融通。发挥“北京市中小学生社会大课堂资源单位”优势，研发 8 大类 100 个职业体验项目，并以菜单和手册的形式呈现，方便中小学选择。全年接待延庆区 33 所中小学、5956 人次到校开展职业体验。

开展各类培训，服务区域经济发展。围绕延庆区举办世园会、冬奥会两件大事，面向延庆区各乡镇农民、街道居民、企事业单位职工开展各级各类社会培训活动。全年开办各类培训班 106 期，累计培训 7692 人次。

加强国际化办学，提升学校影响力。招收“一带一路”沿线国家 17 名留学生到校学习。接待新加坡、匈牙利、俄罗斯等国 8 个代表团 118 人次到校访问交流。学校成为“丝路工匠”职业院校国际合作联盟成员单位。

（卫秀宗）

北京市密云区职业学校

2019 年，北京市密云区职业学校占地面积 13.60 万平方米，产权校舍建筑面积 7.10 万平方米。全年教育经费投入 7219 万元，其中，国家拨款 7134 万元、自筹经费 85 万元。固定资产总值 37176 万元，其中，教学、实习仪器设备资产值 10222 万元。图书馆建筑面积 4155 平方米，藏有纸质图书 8.15 万册、电子图书 1550GB。拥有计算机 1272 台，网络多媒体教室 75 个。学校信息化经费投入 33 万元，网络信息点 1800 个，校园网出口总带宽 1024Mbps，上网课程 22 门，数字资源量 22TB。设有 3 个校区，5 个系部，开设 10 个专业，42 个教学班。教职工 197 人，包括专任教师 129 人、教辅人员 46 人。专任教师中具有研究生学历 13 人，本科及以上学历占教师总数 80%；高级专业技术职务 65 人、中级 52 人；“双师型”教师 44 人。聘请校外教师 9 人。毕业生 115 人，综合高中毕（结）业生 13 人，就业率 99%，职业资格证书取证率 100%。招生 124 人，包括京籍学生 121 人。在校生 430 人，包括京籍学生 422 人。

2019 年，学校以“坚定转型定力 拓展转型路径 砥砺担当前行”为工作核心，坚持以做“精”做“特”学历教育、做“优”做“细”职普融通、做“深”做“实”京冀合作、补充优化社区教育、做“活”做“强”社会培训为工作准则，

9月，密云职校接待初中学生进行开放性科学实践课程学习
（密云职校 供）

在教育教学、职普融通、京冀合作等各方面工作取得阶段性成果。

德育方面。以新中国成立70周年为教育契机，开展各种爱国主义主题教育活动，其中“我和我的祖国”校园快闪活动登上“学习强国”平台，引领广大师生热爱祖国，增长本领。践行“看见 陪伴”育人理念，坚守“让你看见我，我来陪伴你”教育情怀，通过组织志愿服务，开展传统文化、法制教育和艺体技展示等主题活动，彰显学生职业素养，培养学生良好行为习惯和优秀思想品质。

教育教学方面。加强内涵建设，提升教学水平，提升学生技能水平。通过组织教师参加各级各类培训、技能竞赛、公开课、评优课等活动提升教学质量，打造“三有”课堂；辅导学生参加各种市级、国家级技能大赛取得丰硕成果，在提高学生技能水平的同时，提升学生综合素质。学校代表队参加首都职教国际青年创新创业技能大赛暨第三届中英“一带一路”国际青年创新创业技能大赛北京赛区比赛获得中职组一等奖2个、二等奖1个；学校代表北京市赴湖北参加中国区决赛，获得二等奖1个、三等奖1个。在北京市第32届紫禁杯班主任评选中，1名教师获特等奖，2名教师获得一等奖。

职普融通方面。面对全市初中学生开设开放性科学实践课程，包括3个市级项目和5个区级项目。9月至年底，完成781人次的教学工作。为全区师生开展各类培训讲座及大课堂活动，展现职教风采。

区域合作方面。发挥职教资源优势，对口帮扶。接待河北省蔚县职业技术教育中心建档立卡贫困家庭18名学生到学校开展为期3周的烹饪专业访学交流活动。先后接收内蒙古巴林右旗大板职业高中、河北省滦平县职业技术教育中心、河北省张家口正大新能源中等职业学校等合作学校教师及管理干部到校交流学习。举行京冀合作汽修专业学生专场招聘会，邀请首汽集团、北汽集团等16家汽修行业知名企业参会，为36名涞源建档立卡贫困家庭学生解决就业问题。学校被密云区教委评为对口帮扶先进单位。

（赵明凤）

北京市怀柔区职业学校

2019年，北京市怀柔区职业学校占地面积4.87万平方米，产权校舍建筑面积4.45万平方米。全年教育经费投入7979万元，全部为国家拨款。固定资产总值18220.70万元，其中，教学、实习仪器设备资产值8283.03万元。图书馆建筑面积500平方米，藏有纸质图书7万册、电子图书11万册。拥有计算机690台，网络多媒体教室12个。学校网络信息点300个，校园网出口总带宽1000Mbps，上网课程5门，数字资源量2TB。设有2个校区，4个系部，开设4个专业，18个教学班。教职工203人，包括专任教师118人、教辅人员63人。专任教师中具有研究生学历11人，本科及以上学历占教师总数94.60%；高级专业技术职务94人、中级62人；“双师型”教师162人。毕业生278人，就业率100%。未招生。在校生79人，包括京籍学生58人。网址：www.bjhrzyxx.cn。

2019年，学校不断创新，坚持发展有特色的职业教育。

校企合作创新人才培养模式。与中影基地探索电视片制作联合办学，实现资源共享、产教结合；与北京鑫世纪职业技能培训学校合作，面向怀柔区城镇职工和下岗职工开展再就业技能培训。

军事管理提升学生整体素养。坚持学校住宿军事化管理特色，建立军事化管理课题，探索研究对学生进行生活自理能力和日常行为规范的养成教育。坚持“全员管理、全过程管理、全方位管理”模式，实行“一天一公布、一周落实一个行为习惯训练点、一周一小结、一月一兑现、一期一总评”，培养学生自我教育、自我管理、自我提高“三自”能力。

对口帮扶推进区域发展一体化。先后与河北省丰宁县、怀安县，内蒙古四子王旗、科左后旗，以及河南省卢氏县开展对口帮扶工作，初步形成“三省区五县旗”帮扶局面。探索京津冀协同发展办学模式，搭建区域职业教育合作平台。与河北省丰宁县签订联合办学协议，建立“1+1+1”办学模式。面向京郊开展新型职业农民素质提升培训班，培养当地农村实用型人才。

师资建设打造“双师型”专业团队。加强专业课教师和“双师型”教师队伍建设，组织专业课教师参加各种培训活动，倡导教师一专多能，掌握第二技能，适应专业发展需求。做好师资全员培训工作，提高“双师型”教师比例，打造高素质的专业化“双师型”教师团队。

（唐文越）

北京金隅科技学校

2019 年，北京金隅科技学校占地面积 11.84 万平方米，产权校舍建筑面积 10.08 万平方米。全年教育经费投入 13070.39 万元，其中，国家拨款 12094.46 万元、自筹经费 975.93 万元。固定资产总值 31291.76 万元，其中，教学、实习仪器设备资产值 16621.83 万元。图书馆建筑面积 2082.94 平方米，藏有纸质图书 17 万册、电子图书 6.30 万册。拥有计算机 1289 台。学校信息化经费投入 269.03 万元，网络信息点 2003 个，校园网出口总带宽 1000Mbps，上网课程 49 门，数字资源量 32.60GB。设有 2 个校区和邯郸、保定 2 个分校，智能制造工程系、智能控制工程系、建筑材料工程系、信息与管理工程系、基础与服务管理部“四系一部”，开设 32 个专业，74 个教学班。教职工 264 人，包括专任教师 167 人、教辅人员 9 人。专任教师中具有研究生学历 44 人，本科及以上学历占教师总数 100%；高级专业技术职务 67 人、中级 61 人；“双师型”教师 91 人。聘请校外教师 42 人。毕业生 901 人，就业率 99%，职业资格证书取证率 100%。招生 358 人，包括京籍学生 172 人。在校生 1292 人，包括京籍学生 404 人。网址：www.bjjyp.org.cn。

2019 年，学校优化专业布局、提升专业建设质量和教学质量，强化内涵建设，努力提升办学质量与综合实力，获得人力社保部、教育部“2019 年全国教育系统先进集体”称号。

加强专业群建设顶层设计。重点进行楼宇智能化专业骨干特色专业（群）申报、软件与信息服务专业建设、建筑工程施工与管理专业群建设、学前教育和航空服务等新专业建设工作。申报人工智能技术服务及建筑装饰、无人机操控与维护技术、轨道交通机电设备安装与维修 3 个“3+2”中高职衔接专业获得办学资格。

深化校企合作。启动“国创轻量化先进成形技术工程师学院”建设工作，逐步实施“双元一体、学岗直通”人才培养模式；与科大讯飞股份有限公司在人工智能领域开展师资培训等合作。

开展教育精准扶贫。选派 4 名教师赴新疆和田地区开展为期一个月的专业师资培训；接待新疆和田职业学校 24 名师生到校访学；承担“京雄职业教育帮扶”项目，完成专家库建立及“京雄职业教育帮扶项目”实施方案；继续深入开展京蒙教育对口帮扶，完成内蒙古中职学校学科骨干教师 115 人的培训工作。

校际交流合作。发挥“京保石邯职教联盟”平台作用，组织专业教师研讨交流、教学能力比赛、学生技能比赛、活动交流等 5 次，参与师生近 150 人次。

提高教师专业水平。组织教师参加校外各种培训 407 人次；教师参赛获得国家级奖项 9 项；教师指导学生参赛 14 项，获得国家级奖项 3 项、市级各类奖项 65 项。

金隅学校师生献礼新中国成立 70 周年

（金隅学校　供）

全面落实立德树人根本任务。以“责育匠心”优秀德育品牌思想政治教育模式创新为主线，将德育融入教育教学各环节，推动“三全育人”德育工作格局形成。

完善社会培训职能。以“服务政府、服务行业、服务金隅集团、服务企业、服务学生”为宗旨，全年完成各类培训 6221 人次。

（陆娜）

北京市园林学校

2019 年，北京市园林学校占地面积 7.49 万平方米，产权校舍建筑面积 2.28 万平方米。全年教育经费投入 4369.15 万元，其中，国家拨款 4307.53 万元、自筹经费 61.62 万元。固定资产总值 14018.99 万元，其中，教学、实习仪器设备资产值 3615.72 万元。图书馆建筑面积 1271.70 平方米，藏有纸质图书 4.50 万册、电子图书 620GB。拥有计算机 372 台。学校信息化经费投入 154.34 万元，网络信息点 1031 个，校园网出口总带宽 100Mbps，上网课程 1 门，数字资源量 0.90TB。设有 1 个校区，开设 7 个专业，16 个教学班。教职工 100 人，包括专任教师 67 人、教辅人员 7 人。专任教师中具有研究生学历 21 人，本科及以上学历占教师总数 100%；高级专业技术职务 14 人、中级 28 人；“双师型”教师 32 人。聘请校外教师 8 人。毕（结）业生 98 人，就业率 96.56%。招生 45 人，包括京籍学生 45 人。在校生 212 人，包括京籍学生 210 人。网址：www.bjlas.com。

2019 年，学校秉承“修德强技 树木树人”校训，全面落实立德树人根本任务，坚持学历教育、行业培训、社会服务并举，深化校企合作、工学结合办学模式，教育教学成果丰硕。

围绕行业发展，特色专业引领优势明显。园林技术专业以北京市职业院校技能大赛、全国职业院校技能大赛为导向，以能力培养为核心，不断创新人才培养方案，被国家林业和草原局授予全国重点专业称号；景区服务与管理专业首次举办北京市中职景点讲解比赛；古建筑修缮与仿建专业通过虚拟仿真系统建设和校内实训基地建设，在保存和传承古建筑技艺方面作用明显；宠物养护与经营专业与行业标准对接，引入企业管理流程。丰富校企合作模式，引企入校，改革校内实训室、实训基地的管理模式，构建专业与产业、课程与技术、教室与工厂、学风与企业文化相融合的“五教合一”人才培养模式。

6月6日，良乡小学学生到园林学校开展科普活动

（园林学校 供）

利用资源优势，发挥平台作用，多元发展，办学效益显著提升。中专学历教育方面，全面推进专业中高学段衔接，招生规模稳步回升。行业培训方面，菜单服务模式得到北京市公园管理中心认可，完成市公园管理中心自主评价培训、房山区安全管理培训、北京市园林工程项目负责人评价培训，累计培训 8998 人天；新增“茶艺师”鉴定资格，被授予“北京市职工继续教育基地”称号。社会服务方面，发挥“科普 + 教育”的资源优势，重点打造“中小学课本中的植物”科普品牌，开发“小小园艺师”等 4 个专业近 10 门职业体验课程，688 名中小学生参与体验。

强化制度建设，关注内涵发展，提升内部管理水平。完善规章制度，加强秩序管理、质量管理、绩效管理、安全管理。修订制度 10 余项，完成绩效督查任务及上年度 4 个财政项目考评，提高校园安全管理能力、高效运行能力。

（张旭）

中央音乐学院附属中等音乐学校

2019 年，中央音乐学院附属中等音乐学校占地面积 1.46 万平方米，产权校舍建筑面积 2.95 万平方米。全年教育经费投入 5792.21 万元，其中，国家拨款 4266.50 万元、自筹经费 1525.71 万元。固定资产总值 4196.65 万元，其中，教学、实习仪器设备资产值 2260.77 万元。图书馆建筑面积 915 平方米，藏有纸质图书 1.56 万册。拥有计算机 226 台。学校网络信息点 802 个，校园网出口总带宽 100Mbps，数字资源量 1000GB。开设 6 个专业，包括钢琴、小提琴、民乐、管乐 4 个六年制专业。设立中国少年交响乐团、少年民族管弦乐团、少年室内乐团、少年合唱团、少年管乐团和四季室内乐团。附属小学是附中六年制中专学历教育之外“学前培训班”，学制3年。教职工114人，包括专任教师93人、教辅人员21人。专任教师中研究生及以上学历67人，本科及以上学历占教师总数100%；高级专业技术职务62人、中级39人。毕业生140人。招生210人，包括京籍学生45人。在校生955人，包括京籍学生180人。网址：fuzhong.ccom.edu.cn。

2019年，学校以师德师风建设和提高教学质量为根本，强化内部管理，坚持以校长办公会、党政联席会、教学行政研讨会、校长约谈制等多种方式开展各项工作。

提高教学质量和管理服务水平，组织教学研究和科学研究活动。各专业学科举办音乐会226场，包括教师音乐会88场、学生音乐会140场；聘请专家讲学44人，开展讲座99场、大师课429节；各学科专业教师出版音像1盘、个人专著8本、乐谱7册。教师和学生开展社会实践132场。文化课教学方面，深化课程改革，使学生在专业课和文化课方面取得协调平衡发展。

开展交流合作，扩大国际影响力。全年专家来访并指导专家课68人次，学生团体来访144人次，来访者来自15个国家与地区，专业涉及12种乐器。

开展“为人师表 全面育人”活动以及有特色的师德教育活动。开展“附中特色课”师德教育培训系列活动，定期聘请资深教授为青年教师开展师德师风教育讲座，“政治上关怀引其进、生活上关心引其稳、业务上传帮带引其能”，使全体教师树立“立德树人 德艺双馨”思想，推进师风师德建设。

加强民主管理，规范执行各项规章制度。完善《教辅行政奖教金评选制度》等6项规章制度，修订《办公规范管理制度》，确定并修订学校发展规划，提出“各项工作有计划、有检查、有落实，奖惩分明”的工作方式，将精细化管理落实到学校管理各个方面。

获奖情况。全年326人次师生参加各级各类比赛，包括国际比赛获奖155人次、国内比赛获奖171人次；教师获奖15人次、学生获奖311人次。参赛人数和获奖人数均创历史新高。

（秦萌）

9月8日，中央音乐学院少年交响乐团成立60周年纪念活动开幕
（中央音乐学院附中 供）

北京市什刹海体育运动学校

2019年，北京市什刹海体育运动学校占地面积3.37万平方米，产权校舍建筑面积4.74万平方米、非产权校舍建筑面积0.20万平方米。全年经费投入14888.43万元。固定资产总值22153.65万元，其中，教学、实习仪器设备资产值2801.70万元。图书馆建筑面积136平方米，藏有纸质图书2.30万册。拥有计算机305台，网络多媒体教室14个。学校信息化经费投入20.18万元，网络信息点622个，校园网出口总带宽30Mbps，上网课程1门，数字资源量120GB。拥有8个运动队，开设8个运动项目。教职工343人（含一线运动员），包括专任教练93人、教师26人、教辅人员4人。专任教师教练中具有研究生学历13人，本科及以上学历占教师总数88%；副高级及以上专业技术职务28人、中级40人。聘请校外教师3人。什刹海体校专业队办理入队运动员81人，包括试训20人、聘用45人、局批16人。毕业生64人。招生33人，包括京籍学生14人。在校运动员264人，包括中职阶段学生102人。专业队运动员年龄15～34岁。

2019年，学校围绕第二届全国青年运动会及新周期备战开展工作，坚持以训练比赛为核心，全年获得4项国际体育赛事冠军、19项全国比赛冠军；同时，推进教育教学改革，完成新一轮制度化建设，进一步加强智慧校园建设。

推进教育教学改革。针对2016级学生人数多、英语基础分化较大的特点，在2016级试行英语分层教学。两个层次同时开课，采用同样的教材，不同的教学模式；在中三年级复习工作中，针对两个层次的学生开展不同的复习模式，效果显著。在体育单招考试中，2016级学生英语总平均分71.6分，比2015级提高近12分；过线率97.70%，创造学校文化课过线率最高纪录。

完成新一轮制度化建设工作。新制定《什刹海体校制度汇编》，分为行政办公工作、人事工作、科教医务工作、财务工作、党建工作、训练工作6部分143条，完善学校制度化建设。

进一步建设智慧校园。加大科技助力，将原乒乓馆部分场地改建成为数字化体能训练中心二期，并建成运动恢复中心，缓解学校训练队伍与人员过多、体能及运动恢复场地不足的问题，为运动员提供高科技助力，提高训练水平和质量。

组织教师参与继续教育。组织全体文化课教师参加“十三五”继续教育公共必修课“教师专业标准”“教育改革专题”“社会主义核心价值观与中华传统文化”，共计60学时；参加市体育局"局属院校教师教育教学能力和科研能力培训"和"局属院校教师教学基本功培训"，共计 15 学时；在校本培训方面，开展"师德、教育教学理论培训""青年教师专业成长促进计划"以及"训练课观摩交流与研讨"3 个主题的校本培训（座谈、交流、研讨），教师参加 3 个主题校本培训人均 96 学时。

（路迪）

北京市外事学校

2019 年，北京市外事学校占地面积 2.50 万平方米，非产权校舍建筑面积 2.80 万平方米。全年教育经费投入 8625 万元，均为国家拨款。固定资产总值 7093.36 万元，其中，教学、实习仪器设备资产值 4782.79 万元。图书馆建筑面积 300 平方米，藏有纸质图书 3.45 万册、电子图书 12 万册。拥有计算机 1119 台，网络多媒体教室 51 个。学校信息化经费投入 54.56 万元，信息化设备资产 586.34 万元，网络信息点 1165 个，校园网出口总带宽 5120Mbps，上网课程 12 门，数字资源量 8192GB，管理信息系统数据总量 1000GB。设有 1 个校区，2 个系部，开设 2 个专业，9 个教学班。教职工 138 人，包括专任教师 115 人、教辅人员 23 人。专任教师中具有研究生学历 14 人，本科及以上学历占教师总数 100%；高级专业技术职务 47 人、中级 51 人；"双师型"教师 61 人。聘请校外教师 3 人。毕业生 168 人，就业率 100%，职业资格证书取证率 25.70%。招生 66 人，包括京籍学生 64 人。在校生 98 人，包括京籍学生 92 人。网址：www.bjwszg.net。

2019 年，学校将弘扬爱国主义贯穿于日常工作中，完善管理机构，开设职普融通实验班，深入职教改革。

开展庆祝新中国成立 70 周年系列主题活动。9 名党员完成国庆群众游行、游行群众疏散保障、联欢活动志愿者任务。在全年主体工作中贯穿"爱国"主题，通过职业教育宣传月、"外事杯"技能大赛、新中国成立 70 周年庆祝大会等全体师生广泛参与的主题教育活动，激发师生的爱国之情。

开展特色高水平专业和工程师学院建设。学校高星级饭店运营与管理专业入选北京市特色高水平专业，学校与北京饭店合作建设的北京饭店外事服务学院入选北京市职业院校工程师学院建设名单。启动北京饭店外事服务学院项目建设，成立北京饭店谭家菜非遗技艺传承人"刘忠大师工作室"。与北京饭店联手成立北京旅游酒店业高职扩招项目班，首届招生 30 人。

11 月 25 日至 29 日，北京外事服务职业教育集团举办调酒、中餐烹饪培训班 （外事学校　供）

深化教育教学改革，强化学历与培训职能。开设职普融通实验班，举办骨干教师研究课落实"课程思政"，引入人工智能助力外语教学，师生在省级以上多项比赛中获奖。开发 3 门劳动教育课程并向区内推广。面向现役军（警）、转岗人员、企业高管等年培训量 20191 人次。

发挥学校影响力。学校设计与制作的冬奥主题餐台代表北京冬奥组委参加亚洲美食节。主持召开全国旅游职业教育教学指导委员会旅游外语专业委员会年会，主持全国旅游七金联合体年度工作，扩大北京外事服务职业教育集团规模，举办集团师资技能提升培训班；向对口帮扶地区派出骨干承担支教任务，接待跟岗人员，协助其开发新专业，共建实训基地（教室）。完成全国旅游职业院校高星级饭店运营与管理专业示范专业点、校企合作示范基地建设情况调研任务。

（张朝辉）

北京市西城职业学校

2019 年，北京市西城职业学校占地面积 1.58 万平方米，产权校舍建筑面积 2.82 万平方米。全年教育经费投入 14567.96 万元，其中，国家拨款 14463.15 万元、自筹经费 104.81 万元。固定资产总值 11781.59 万元，其中，教学、实习仪器设备资产值 7235.73 万元。图书馆建筑面积 331 平方米，藏有纸质图书 11.80 万册、音视频资源 1560 小时。拥有计算机 2229 台，网络多媒体教室 62 个。学校信息化经费投入 21.30 万元，网络信息点 310 个（包括无线接入点 10 个），校园网出口总带宽 5120Mbps。设有百万庄、德胜 2 个校区，开设 5 个专业，26 个教学班。教职工 326 人，包括专任教师 285 人、教辅人员 7 人。专任教师中具有研究生学历 17 人，本科及以上学历占教师总数 98.94%；高级专业技术职务 103 人、中级 118 人；“双师型”教师 106 人。毕业生 220 人，就业率 100%，职业资格证书取证率 90.50%。招生 106 人，包括京籍学生 103 人。在校生 219 人，包括京籍学生 210 人。网址：www.bjsm.net。

2019 年，学校加强德育队伍建设。利用李媛瑛名师工作室平台，在学校德育、科研岗位上起到引领和示范作用。开展丰富多彩的德育活动，在活动中锻炼人、教育人、陶冶人。

推进教师队伍建设，加强课程建设与管理，规范继续教育，聚焦课堂教学研究，坚持校务会、教学会常态听课。奖励表彰优秀课例，在作课中研究问题，在总结中交流提升，构建科学教学评价体系。抓好骨干教师队伍建设，建立管理机制体制，明确骨干教师履职要求，提高骨干教师教学能力、科研能力、指导能力、管理能力。有北京市职业院校教师素质提升计划的职教名师 1 人、创新团队 1 个、北京市青年骨干教师 3 人。1 名教师获得北京市“紫禁杯”优秀班主任一等奖。

落实学历教育各项工作目标，通过课堂教学、教研活动、教学竞赛，抓教学常规，保证教学质量稳步提升。通过开学第一课、起始课、公开课、研究课、示范课，继续推进信息化教学，贯彻落实有趣、有用、有效“三有”课堂。

科研课题方面，承担国家级课题 4 个、市级课题 6 个、区级课题 12 个；1 个数学研究会课题、4 个教师团队课题完成开题启动。

辐射课程的开发与实践，开设中小学城宫计划课程、社区教育课程、教师内训课程等。在北京市三帆中学、北京市第八中学等 16 所中小学开设 41 门课程，培训学生 19495 人次。为 32 个社区、4 个企业开设 51 门次课程，培训 1407 人。

服务保障新中国成立 70 周年庆祝活动。4 人参与群众游行第 35 方阵“扬帆远航”表演，其中 2 人担任 2 个中队的训练任务；6 人承担群众游行疏散工作，均圆满完成任务。

（牛秉毅）

5 月 27 日至 31 日，西城职校承办 2019 北京市美发美容技术技能大赛暨京津冀院校交流赛 （西城职校 供）

北京市财会学校

2019 年，北京市财会学校占地面积 0.99 万平方米，产权校舍建筑面积 1.18 万平方米。全年教育经费投入 4734 万元，全部为国家拨款。固定资产总值 3879.50 万元，其中，教学、实习仪器设备资产值 1181.19 万元。图书馆建筑面积 70 平方米，藏有纸质图书 5.92 万册、电子图书 10 万册。拥有计算机 842 台。学校信息化经费投入 0.40 万元，网络信息点 988 个，校园网出口总带宽 5120Mbps，数字资源量 2000GB。开设金融事务、会计、文秘 3 个专业以及综合高中，5 个教学班。教职工 89 人，包括专任教师 52 人、教辅人员 24 人。专任教师中具有研究生学历 8 人，本科及以上学历占教师总数 100%；高级专业技术职务 24 人、中级 23 人；“双师型”教师 19 人。毕业生 83 人，就业率 100%，职业资格证书取证率 100%。未招生。在校生 129 人，包括京籍学生 120 人。网址：www.bjckxx.cn。

2019 年，学校立足实际，提高学校整体管理水平，提高教学质量，确保学校平安、稳定、健康可持续发展。

教学工作。针对学校全系列发展目标的要求，坚守职业专业发展，修改课程方案；面对综合高中规模的扩大，研究职普融通的有效措施，落实学科核心素养，规范课程实施，深化课堂研究，加强学法指导，以新颁布的高中课程方案和学科课程标准为指导，推进新一轮综合高中课程建设；研究中小学综合实践活动课程方案的实施，编写校本课程方案及教材，形成学校特色的系列规范课程；加强教学常规管理，培养学生主动学习的能力；抓好校本培训，提升教师专业素养，提高教师科研能力。全年完成中小学综合实践活动课程 102 天，1308 门次，16.75 万人次；社区培训 53 次，57 门次，7439 人次；城宫计划课程 79 门次，1.12 万人次。

德育工作。以庆祝新中国成立 70 周年为主线，深入开展“我和我的祖国”爱国主义主题教育活动。重点研究落实综合高中德育系列教育方案及实施要求，推进“赏识教育”理念，加强师德师风建设；加强青少年思

11月1日，回民小学学生到财会学校上综合实践课
（财会学校　供）

想道德建设，促进学生全面发展。以培育和践行社会主义核心价值观为统领，梳理、完善学校德育课程体系；深入开展国情教育、心理健康教育、生涯教育等；通过开展阳光体育活动引导学生养成良好运动习惯；坚持育人为本、德育为先，加强班主任队伍建设。

教师培训。采取多种方式开展教学培训，包括邀请非遗传承人到校开展非遗项目教师培训，邀请展览路社区教育学校专业教师到校探讨课程教学，组织教师到马连道国际茶城满堂香开展“香囊制作”等课程学习体验。全年开展3轮共34场综合实践课程专题教学研讨培训，160人次参与。加强班主任队伍建设，夯实班主任基本功。1名教师获得北京市紫禁杯优秀班主任一等奖。

教育帮扶。创新教育帮扶模式，“前线”积极尝试，“后方”随时救场。打造全员支教团队，将支教平台作为教师展示个人能力的舞台，打造“前线”加“后方”的完美团队。学校扶贫帮扶工作案例入选北京市优秀案例，代表北京市接受国家检查。

学习型组织建设。学校成为第三批北京市民终身教育示范基地，发挥市民终身学习服务基地的作用，打造终身学习品牌。

（马向燕）

北京市实验职业学校

2019年，北京市实验职业学校占地面积1.03万平方米，产权校舍建筑面积1.35万平方米。全年教育经费投入6804.24万元，均为国家拨款。固定资产总值5409.38万元，其中，教学、实习仪器设备资产值3569.41万元。图书馆建筑面积247平方米，藏有纸质图书10.82万册、电子图书2.58万册。拥有计算机1110台，网络多媒体教室20个。学校信息化经费投入23.04万元，信息化设备资产1565.92万元，网络信息点240个，校园网出口总带宽5120Mbps，电子邮件系统用户153个，上网课程12门，数字资源量1450GB，管理信息系统数据总量6.73GB。设有1个校区，开设中药、学前教育2个专业，4个教学班。教职工153人，包括专任教师106人、教辅人员47人。专任教师中具有研究生学历6人，本科及以上学历占教师总数93.40%；高级专业技术职务44人、中级49人；“双师型”教师40人。毕业生68人，就业率99%，职业资格证书取证率100%。招生39人，包括京籍学生39人。在校生58人，包括京籍学生58人。网址：www.bjsyzyxx.com.cn。

2019年，学校深入开展“我和我的祖国”爱国主义主题教育活动，并将其融入专业建设、学生培养、市民教育、学区提升、京津冀协同发展、扶贫支教等职业教育转型发展全过程，切实做好新中国成立70周年庆祝活动服务保障工作。

坚持立德树人根本任务，注重实践教育、体验教育和优秀传统文化教育。加强“以活动为载体的有效德育”研究与实践，开展“我身边的榜样”学生自主教育活动，建立学校、家庭、社会三位一体的育人机制。把“强化政策支持，优化成长环境，坚持立足校本，专业助力成长”的德育工作思路落到实处，实现为青春导航的育人功能。

学前教育专业恢复招生。首届招收学生13人，并与北京城市学院开展“3+2”中高职衔接办学，探索“3+2”模式下的学前教育转型优质发展模式，构造贯通式培养体系。

推进“社区教育、中小学社会实践的组织与实施”专项研究，开展面向中小学和社区居民的职业体验课程的开发和培训，在原有课程体系基础上，向有特色、精品化课程发展。全年累计开发课程101门，培训学生54096人次、社区居民12952人次，涉及单位61家，参加授课教师58人，编写教材讲义8门，课程设计25门，组织转型教师校内外培训500人次。

参与京津冀协同发展。先后派出5名教师赴河北省阜平县、张北县分别开展为期一年、半年、30个工作日的支教工作。与内蒙古喀喇沁旗、河南省邓州市开展教育合作交流；承接河北省邯郸市第六职业中学副校长、河北省阜平县职业技术教育中心教师到校跟岗学习。

（郝昕蕊　薛亚明）

北京市黄庄职业高中

2019年，北京市黄庄职业高中占地面积9.06万平方米，产权校舍建筑面积7.88万平方米。全年教育经费投入6677.19万元，其中，国家拨款6433.66万元、自筹经费243.53万元。固定资产总值30585.65万元，其中，教学、实习仪器设备资产值15060.83万元。图书馆建筑面积1600平方米，藏有纸质图书0.41万册、电子图书30万册。拥有计算机1490台，网络多媒体教室15个。学校信息化经费投入6.44万元，信息化设备资产10344.82万元，网络信息点3000个，校园网出口总带宽100Mbps，电子邮件系统用户171个，上网课程2门，数字资源量73728GB，管理信息系统数据总量73728GB。设有1个校区，4个系部，开设11个专业，23个教学班。教职工165人，包括专任教师110人、教辅人员3人。专任教师中具有研究生学历18人，本科及以上学历占教师总数100%；高级专业技术职务59人、中级55人；"双师型"教师45人。聘请校外教师15人。毕业生352人，就业率100%，职业资格证书取证率91%。招生120人，包括京籍学生51人。在校生320人，包括京籍学生151人。网址：www.huangzhi.net.cn。

2019年，学校与企业合作共建工程师学院。与中国数字文化集团有限公司合作申报的中国数字文创工程师学院成为第一批北京市职业院校实训基地（工程师学院），共同培养文创人才，孵化文创工作室，研发数字文化产品；与北京体育职业学院、启迪宏奥体育文化发展有限公司、北京卡宾滑雪体育发展集团股份有限公司共同举办的体育产业学院签约揭牌，校企合作培养"体育＋旅游""体育＋营养""体育＋传媒"等"体育＋"复合型技术技能人才。

研发服装文化创意产业衍生品。服装设计与工艺专业研发工作室研发制作完成"京彩华章"系列盘扣、"冬奥国韵"文创产品、"匠心雅集"家居饰品、"京服再现"京式旗袍4个系列非遗产品，包括非遗盘扣8款、扎染旗袍4款、旗袍创意装饰画2款、中国风书签3套、植物扎染服饰及家居系列产品10款、各类手工包10款，课程配套材料包10套，并拍摄形成各类实物相应的数字化资源，形成服装设计专业文化创意产业衍生品的成果。

传播京式旗袍技艺与文化。组织第五代京式旗袍传承人张凤兰和旗袍工作室成员以及相关教师赴意大利罗马、法国亚眠举办"一带一路 霓裳雅韵——中国京式旗袍文化展"，先后举办"国服魅力——京式旗袍的历史文化传承及其特点"专题讲座、旗袍静态展、文创产品展、旗袍试穿体验活动共计20场，890人次参加讲座及体验活动。代表团与法国圣马丁餐饮酒店管理学校、法国亚眠高等教育学院签订合作协议书，约定双方学校在留学、课程对接、师生互访交流等方面开展合作。

推进对口帮扶合作项目。通过开办学员班、挂职研修、送教、支教等形式，对口帮扶新疆和田市职业高中、河北省保定市顺平县职教中心、内蒙古宁城县职教中心和呼伦贝尔市莫旗职业教育中心4家合作单位。

（文昌敏　姜煜洁　杨红）

北京市丰台区职业教育中心学校

2019年，北京市丰台区职业教育中心学校占地面积9.43万平方米，产权校舍建筑面积5.39万平方米。全年教育经费投入12680.29万元，其中，国家拨款12078.96万元、自筹经费601.33万元。固定资产总值26306.08万元，其中，教学、实习仪器设备资产值16698.07万元。图书馆建筑面积2099平方米，藏有纸质图书10.85万册、电子图书2.01万册。拥有计算机1692台，网络多媒体教室118个。学校信息化经费投入165万元，信息化设备资产142万元，网络信息点2500个，校园网出口总带宽1000Mbps，电子邮件系统用户421个，上网课程26门，数字资源量24700GB，管理信息系统数据总量15000GB。设有9个校区，开设12个专业，84个教学班。教职工304人，包括专任教师145人、教辅人员21人。专任教师中具有研究生学历28人，本科及以上学历占教师总数100%；高级专业

4月12日，丰台职教中心校创编校园音乐剧《新编马兰花》
（丰台职教中心校　供）

技术职务 39 人、中级 47 人；“双师型”教师 112 人。聘请校外教师 13 人。毕业生 458 人，就业率 99.30%，职业资格证书取证率 88.26%。招生 576 人，包括京籍学生 304 人。在校生 1820 人，包括京籍学生 840 人。网址：www.ftzj.com。

2019 年，学校坚持全员全过程全方位育人，将思想政治教育贯穿于学校教育全过程，推动育人水平迈上新台阶。

守正创新，师资队伍建设再上新水平。坚持“围绕一核心、搭建两平台、构建四体系、能力三级升”发展思路，加强教师“四级定位”培养和“双师型”教师队伍建设，打造“新教练型”教师队伍。4 支教师团队参加 2019 年北京市职业院校技能大赛教学能力比赛获得一等奖 2 个。汽修、烹饪两个专业教学团队获得全国职业院校技能大赛教学能力比赛一等奖。完成教育部课题“基于终身教育理念的北京职成教育一体化发展研究”及 7 个子课题研究并结题。

专业调整，强化“文化 +”“科技 +”专业特色。在原有现代服务类六大专业群的基础上，调整专业设置，新增人工智能（机器人）、商务数据分析、民族乐器修造、融媒体技术应用、咖啡技艺专业。新增智能汽车技术与应用、非遗传承与设计和学前教育 3 个“3+2+2”贯通培养专业，新增影视化妆专业为“3+2”中高职衔接专业。汽车运用与维修、老年人服务与管理、电子商务、物联网技术应用 4 个专业成为北京市“1+X”证书制度首批参与专业，推进书证融通、课程改革、能力分析等各方面改革。

质量提升，课程和教学改革取得新突破。深化校企“全程立体”合作办学模式，创新“教学工厂”人才培养模式；开展混合式教学、项目教学和教师教学能力比赛，打造有用、有趣、有效“三有”课堂。学生在全国职业院校技能大赛中获奖 5 个；获北京市职业院校技能大赛中职组一等奖 6 个。

产教融合，开创校企协同育人新局面。创新校企合作办学模式，与行业企业共建新华网融媒体工程师学院、海尔智能互联工程师学院、景泰蓝艺术学院、便宜坊中华餐饮艺术与管理学院和 Lkaffa 咖啡创新学院 5 个工程师学院，成立北京设计学会工艺美术设计创新研究中心 1 个研究中心，以及北京设计学会设计大推手工作室、王家飞非遗与设计工作室 2 个工作室，提高人才培养质量和育人水平。

对口帮扶，谱写职教扶贫扶智新篇章。赴雄安三县调研，完成《京津冀协同发展背景下京雄职教协同发展创新研究》调研报告。运用“技能 + 能力 + 文化”“就业 + 创业 + 创新”扶贫模式，完成精准扶贫项目 26 个，帮扶学生 1444 人，培训教师 151 人。

精准服务，拓展职业教育发展新空间。拓展教育服务功能，开展覆盖企业职工、社区居民、退役军人、残疾人、新型农民、“一带一路”国家技能人才等人群的职业技能培训，公益性培训服务 43965 人时。

国际合作，实现服务“一带一路”新跨越。牵头成立“丝路工匠”职业院校国际合作联盟。

（芦倩英）

北京市电气工程学校

2019 年，北京市电气工程学校占地面积 11.01 万平方米，产权校舍建筑面积 8.02 万平方米、非产权校舍建筑面积 0.19 万平方米。全年教育经费投入 8164.52 万元，其中，国家拨款 7876.86 万元、自筹经费 287.66 万元。固定资产总值 44384.26 万元，其中，教学、实习仪器设备资产值 7108.81 万元。图书馆建筑面积 2456.09 平方米，藏有纸质图书 12.86 万册。拥有计算机 1636 台，网络多媒体教室 148 个。学校信息化经费投入 39 万元，信息化设备资产 8184.63 万元，网络信息点 4372 个（包括无线信息点 1426 个），校园网出口总带宽 60Mbps，上网课程 3 门，数字资源量 1024GB。设有 3 个校区，开设 12 个专业，44 个教学班。教职工 195 人，包括专任教师 146 人、教辅人员 17 人。专任教师中具有研究生学历 14 人，本科及以上学历占教师总数 100%；高级职称 60 人、中级职称 62 人；“双师型”教师 72 人。有特级教师 2 人，市级骨干教师 5 人；北京市职业院校职教名师 1 人，专业带头人 1 人，优秀青年骨干教师 3 人；市级专业创新团队 1 个。毕业生 341 人，就业率 100%，职业资格证书取证率 75.36%。招生 106 人，包括

3 月 29 日，电气工程学校学生参加北京市中等职业学校电工电子类专业技术技能比赛　（电气工程学校　供）

京籍学生 96 人。在校生 760 人，包括京籍学生 234 人。学校有社团 33 个。网址：dqgcxx.bjchyedu.cn。

2019 年，学校强化民主管理和科学管理，落实党风廉政建设责任制、校区主管校长责任制和项目管理制，以党建创新项目为引领，实现干部管理系统化；以 ISO9001 质量管理体系认证为抓手，实现学校管理精细化。

落实立德树人根本任务，全面提升学生职业素养。以"一校一品"创建工作作为德育工作重点，加强学生核心素养培养，提升育人工作质量；凝练学校德育品牌，形成学校育人特色。通过北京市第三批"一校一品"复评。举行"我与祖国共奋进、匠心筑梦在电气"暨"我和我的祖国"大型快闪活动，庆祝新中国成立 70 周年，激发师生爱国、爱校情怀。

加快专业布局调整，深化专业内涵建设。申报骨干专业群和工程师学院，智能建筑电气专业群入选第一批北京市特色高水平骨干专业（群）建设名单，施耐德电气工程师学院、海尔智能技术应用学院入选第一批北京市职业院校工程师学院及技术技能大师工作室建设名单。学校新增新能源汽车技术、网络安全与管理、中草药种植与应用 3 个新专业（技能方向），园林技术专业入选"3+2"中高职衔接试点专业。学校以北京市首批海尔智能技术应用学院建设项目为载体，入围教育部首批建筑信息模型 1+X-BIM 证书试点单位；数字广播电视技术专业作为现代学徒制试点单位通过教育部验收；中国市场营销教育示范基地在学校挂牌成立，为学校专业转型升级和人才培养模式改革发展开辟新途径。

以赛促学、以赛促教。学生参加全国职业院校技能大赛获三等奖 4 个，参加北京市中等职业学校技能比赛获一等奖 5 个、二等奖 4 个、三等奖 16 个；鼓乐社团在全国青少年打击乐比赛中连续三年获金奖。4 名教师参加全国职业院校技能大赛教学能力比赛获得一等奖。

推进职普融通。7 月至 9 月，12 个职业体验项目接待中小学生开展职业体验 9696 人次。获得"北京市综合实践活动特色学校"称号。

（林启惠）

北京市求实职业学校

2019 年，北京市求实职业学校占地面积 9.95 万平方米，产权校舍建筑面积 5.63 万平方米、非产权校舍建筑面积 0.84 万平方米。全年教育经费投入 14090.84 万元。固定资产总值 34241 万元，其中，教学、实习仪器设备资产值 13488.03 万元。图书馆建筑面积 979.90 平方米，藏有纸质图书 14.54 万册、电子图书 1.50 万册。拥有计算机 2842 台。学校网络信息点 1772 个，校园网出口总带宽 1000Mbps，上网课程 11 门，数字资源量 2900GB。设有 4 个校区，开设 15 个专业，93 个教学班。教职工 415 人，包括专任教师 365 人、教辅人员 50 人。专任教师中具有研究生学历 82 人，本科及以上学历占教师总数 85%；正高级专业技术职务 1 人，高级专业技术职务 132 人、一级 154 人；"双师型"教师 107 人。聘请校外教师 25 人。毕业生 168 人，就业率 100%，职业资格证书取证率 85%。招生 159 人，包括京籍学生 89 人。在校生 1019 人，包括京籍学生 631 人。

2019 年，学校以"科学发展，持续改进，建设家长、学生、社会满意的职业学校"为办学方针，以人为本、开放办学，通过创新办学机制，打造幸福课程，建设魅力校园，使"让教育适合学生、让学校适应学生、让幸福伴随学生"三个让的办学理念落地生根。针对多址办学，形成"1+4+5+N"式的管理模式（"1"是横向统一管理，"4"是学校 4 个校区纵向管理落实，"5"是学校五大专业集群谋发展，"N"是学校教育教学 N 个重点项目）。

教育管理。学校以调整岗位设置和绩效工资发放办法为契机，优化学校人力资源配置，强化岗位职责和竞争意识，制定教师工作量认定办法，加强干部队伍建设、加强制度建设、加强工作量化管理。

4 月 9 日，求实学校引入教学助手机器人"小胖"

（求实学校 供）

教学工作。以特色高水平骨干专业建设及课改项目为抓手，推进深化专业集群内涵建设、教师转型发展。学校被认定为教育部学前教育专业师资培训基地、北京市学前教育专业课教师技能培训点。学校作为北京市 TAFE 课程改革项目校，开展国际 TAFE 课程理念在综合实训的实践探索展示活动。做好 10 个专业的中高职衔接，开展人才培养模式及课程衔接。

师资建设。以立德树人为根本，以师德建设为重点，加强班主任队伍建设，通过开展培训、课题研究、经验交流等活动，打造优秀班主任队伍。聘请 6 名专家为学校市级骨干教师指导教师，形成外聘专家指导市级、市级指导区级、区级指导校级的阶梯式导师带教制度。

社团活动。学校累计注册学生社团 83 个，形成“素养、专业、文体、公益”4 大类社团，并将社团课程纳入正式课表，保证社团覆盖率 100%。

社会服务。结合专业优势和资源优势，面向中小学生、在职职工、退休社区居民、社工和军人等群体，以社区培训、企事业培训、中小学职业体验和中学生社会实践课程 4 类培训为基础，开展市民终身教育工作。全年送社区课程 460 课时，培训 1280 人次；完成企事业培训课程 150 课时，培训 260 人次。开展职业体验活动 4 次，提供职业体验课程 20 余项，完成职业体验学生 400 人次。开设 14 门中学生社会实践课程 90 余场次，培训学生 1800 人次。

（占福林）

北京市平谷区职业学校

2019 年，北京市平谷区职业学校占地面积 4.99 万平方米，产权校舍建筑面积 5.07 万平方米。全年教育经费投入 5634.76 万元，全部为国家拨款。固定资产总值 20110.77 万元，其中，教学、实习仪器设备资产值 4346.69 万元。图书馆建筑面积 156 平方米，藏有纸质图书 1.23 万册。拥有计算机 382 台。学校信息化经费投入 69.80 万元，网络信息点 1520 个，校园网出口带宽全区共享 2.50GB，上网课程 6 门，数字资源量 1500GB。设有 2 个校区，9 个教研组，开设 8 个专业，14 个教学班。教职工 147 人，包括专任教师 69 人、教辅人员 7 人。专任教师中具有研究生学历 2 人，本科及以上学历占教师总数 95.65%；高级专业技术职务 33 人、中级 19 人；“双师型”教师 37 人。毕业生 44 人，就业率 100%。招生 84 人，包括京籍学生 80 人。在校生 229 人，包括京籍学生 224 人。网址：www.pgyz.cn。

2019 年，学校以学生可持续发展为目标，围绕《平谷区振兴教育事业三年行动计划》，坚持立德树人，推进职业教育教学改革，完成对口支援工作。

贯彻落实“双积分”和“一岗双责”，推进两支队伍建设。加大师资培训，引导教职工争做“四有好老师”、争当“四个引路人”。全年开展师德培训 300 人次、素质提升培训 200 余人次；8 名机械专业教师分别接受烹饪、学前教育专业转型培训。

以汽修组为重点，打造优秀专业团队。通过企业实践、基地培训、校本培训、集体备课等措施，将汽车运用与维修 1+X 证书制度试点与专业建设、课程建设、教师队伍建设等紧密结合，推进“1”和“X”的有机衔接，深化教师、教材、教法“三教”改革，形成“团结不务虚、奋进不张扬、创新不弃旧、竞争不排斥”的教研组文化。

推进“三有”课堂建设。通过集体备课、一师两课、同课异构、理实一体化教学改革、多元评价，关注三维目标的落实，营造学生会学、好学、乐学的教学氛围，使课堂真正实现有用、有趣、有效。

开办初中开放性科学实践课。结合初中各学科课程标准，开发“神奇的动作捕捉”“双绞线的制作”“液压挖掘

6 月 15 日，平谷职校面向初中生开放科学实践课

（平谷职校　供）

机的制作”“四轴飞行器的制作”“太阳能小汽车的制作”5门课程，并面向全区初中生开放。至12月，共开课90次，累计培训平谷区初中生2052人次。

推进京津冀教育协同发展。与天津市信息工程学校签订京津冀合作交流协议书，约定两校在专业共建、师资共享、学生交流、管理交流等方面开展合作，发挥各自资源优势，提高两校管理水平和教育教学质量。

（刘海燕　乔秋梅）

北京国际职业教育学校

2019年，北京国际职业教育学校占地面积3.78万平方米，产权校舍建筑面积7.77万平方米。全年教育经费投入13889万元，其中，国家拨款13560.82万元、自筹经费328.18万元。固定资产总值18074.96万元，其中，教学、实习仪器设备资产值7842.93万元。图书馆建筑面积277.34平方米，藏有纸质图书23.01万册、电子图书26.10万册。拥有计算机2069台，网络多媒体教室62个。学校信息化经费投入31.34万元，信息化设备资产5427.17万元，网络信息点559个，校园网出口总带宽1024Mbps，数字资源量4928GB。设有3个校区，开设11个专业，30个教学班。教职工312人，包括专任教师253人、教辅人员23人。专任教师中具有研究生学历26人，本科及以上学历占教师总数100%；高级专业技术职务105人、中级99人；“双师型”教师24人。聘请校外教师63人。毕业生172人，就业率100%，职业资格证书取证率93%。招生147人，包括京籍学生136人。在校生355人，包括京籍学生326人。网址：www.bjive.net。

2019年，学校加强文物保护与修复专业高端技术技能人才贯通培养的探索与实践。与北京联合大学共同牵手故宫博物院，成立文物保护与修复专业贯通培养项目领导小组和工作小组，设立专家指导委员会，更新专业人才需求调研报告，完善专业人才贯通培养方案，调整课程体系设置，研发专业核心课程标准，制定中职转段高职的考核评价工作方案，促进并保障专业规范化建设。将“北京大学国子监大讲堂”引进学校，开设“国职讲堂”，聘请以北京大学考古系、历史系、中文系、艺术学院教授为主的一批专家教授走进学校，每周一讲，为文物保护与修复专业学生量身定制高端专业理论和综合素养课程，为专业课程建设提供有益补充和拓展。

学科建设方面。继续以“专业创新团队”项目建设为抓手，深化专业内涵建设，持续深入开展文化基础课、专业课、综合实践课的课程改革。提高专业文化基础课的教学难度及考核标准，要求文化课使用普教教材，执行普教课程标准，参加北京市普通高中学业水平合格性考试。文化课教师全程参加普教学科教研，学校聘请区级教研员、示范高中优秀骨干教师作为指导专家到校指导学科建设，组织教研组开发学科配套学案、建设教学资源库，探索贯通项目文化课改革建设的方向和路径。

课程设置方面。形成“通论+基础+专项”模式，课程实施坚持理实一体、学做合一；创新课程评价方式，做到学习过程痕迹化、技能操作标准化、学习成果可视化。专业课程全部由故宫博物院的专家任教，学校选派骨干教师以助教身份全程跟随故宫专家的授课和实训，整理记录、完善开发专业核心课的校本教材、教学学案、核心技能评价标准，填补文物保护与修复专业核心课程及教学资源的空白。同时，为学生开设包括研学课程、博物馆课程、综合实践课程、传统文化主题教育课程在内的综合实践课程，带领学生走进社会大课堂，看展览、听讲座，增长见识。

参加北京市职业院校特色高水平骨干专业（群）和实训基地遴选与建设，故宫博物院书画装裱与修复非遗传承人周海宽工作室获批立项为北京市职业院校首批技术技能大师工作室，并正式挂牌成立，打造集人才培育、资源共享、技术创新、社会服务四位一体的“产教共同体”。

发挥办学资源优势，为社区教育提供优质服务。为东城区街道社区开设社区教育课程、承办东城区市民学习周各项比赛等，取得良好社会效应。11月，被市教委授予“北京市民终身学习示范基地”称号。

服务保障新中国成立70周年庆祝活动。1人选调至新中国成立70周年庆祝大会服务保障和群众游行指挥部第五分指挥部，1人选调至东城区新中国成立70周年庆祝活动服务保障领导小组办公室，完成各项任务。学校北京站校区作为长安街沿线单位之一，承担国庆场地保障任务，协助属地派出所进行人员摸排和安全防护检查20余次；支持配合武警北京市总队某部官兵200余人进驻北京站校区，提供官兵宿营后勤保障服务。

（戈萌）

北京市大兴区第一职业学校

2019年，北京市大兴区第一职业学校占地面积24.95万平方米，产权校舍建筑面积11.03万平方米。全年教育经费投入14641.57万元，均为国家拨款。固定资产总值48088.96万元，其中，教学、实习仪器设备资产值21738.99万元。图书馆建筑面积1900平方米，藏有纸质图书8.26万册、电子图书32万册。拥有计算机2963台，多媒体教室58个。学校网络信息点66个，校园网出口总带宽100Mbps，上网课程5门，数字资源量340GB。设有3个校区，4个系部，开设15个专业，36个教学班。教职工320人，包括专任教师239人、教辅人员51人。专任教师中具有研究生学历11人，本科及以上学历占教师总数95%；高级专业技术职务116人、中级114人；“双师型”教师79人。聘请校外教师9人。毕业生635人，就业率98.29%，职业资格证书取证率77.75%。招生159人，包括京籍学生153人。在校生816人，包括京籍学生398人。网址：www.dxyz.com.cn。

6月15日，大兴一职开放性科学实践活动课程开课
（大兴一职 供）

2019年，学校拓宽办学思路，深化供给侧改革，服务首都南部职业教育发展。

探索校企合作新方式。以专业工作室、大师工作室为现代学徒制试点和起点，探索生产性实习实训等职业教育新模式，推进产教融合、校企合作。与联想集团合作开展3期“联想班”；5月与京东集团北京京迅递科技有限公司、北京风匠科技有限公司签订“京东服务 + 工程师学院”协议，共同开展首批“京东服务 + 京东物联班”培训，首批学员已走上实习岗位；与中盈创信科技有限公司深度合作，建立360创业平台实训室；开办“田大师工作室”“360同城帮修修哥之家”等校企合作创业项目。

技能大赛获得新突破。作为中国唯一中职代表队赴英国伦敦参加“一带一路”中英创新创业大赛，获得国际比赛银奖。参加国内技能比赛，获得国家级一等奖1个、二等奖1个，市级一等奖4个、二等奖9个、三等奖10个。

区域合作获得新进展。参与京津冀协同发展，先后与河北省邯郸理工学校、河北省张家口万全职教中心、河北临西职教中心合作办学；拓展与廊坊电子信息工程学校、永清县职教中心、固安县职业中学、邯郸市肥乡区职业技术教育中心等学校的京冀职教合作项目，互动交流、代培代训320名学生。落实京蒙精准扶贫项目，与内蒙古察右前旗职业中学、苏尼特右旗综合高级中学、正镶白旗察汗淖中学开展对口帮扶，签订手拉手合作交流协议书，在学校管理和教育教学方面开展实质性的校际交流活动。全年派出7人次教师赴内蒙古进行为期一年、半年或一个月的支教扶贫；内蒙古对口支援学校派出40余名教师到大兴一职进行跟岗研修，选送51名学生进行一个月的深度访学。

注重转型升级，开展职普融通。全年开发37门中小学社会大课堂活动课程、32门初中实践课程，服务大兴基础教育。

庆祝新中国成立70周年。88名学生和19名教师参加庆祝新中国成立70周年联欢活动。举办“我和我的祖国”主题演讲比赛，诠释爱国之心，引导学生树立正确的人生观、价值观和世界观。

（李辉）

北京现代职业学校

2019年7月，北京现代职业学校与北京市第一七九中学合并，分设东、西两校区。总占地面积3.50万平方米，产权校舍建筑面积3.12万平方米。全年教育经费投入7416万元，其中，国家拨款7353万元、自筹经费63万元。固定资产总值108827.14万元，其中，教学、实习仪器设备资产值5837.48万元。图书馆建筑面积70平方米，藏有纸质图书14.67万册、电子图书15万册。学校网络信息点2252个，校园网出口总带宽1000Mbps，上网课程3门，数字资源量230GB。拥有计算机854台，网络多媒体教室40个。开设1个专业，1个教学班。教职工156人，包括专任教师81人、教辅人员5人。专任教师中本科及以上学历占教师总数100%；高级专业技术职务35人、中级38人；“双师型”教师35人。毕业生36人。未招生。在校生2人，均为京籍学生。

2019年，学校多措并举探索职教转型新模式，推进东城区中小学生的职业启蒙教育，创新劳动教育课程形式，发挥“东城区中小学职业体验中心”“东城区青少年学院天永学区、龙体学区分院”“东城区市民体验中心”作用，以“特色鲜明、差异发展、深入挖掘”为目标，为社会服务。

学历教育。伴随北京疏解人口政策实施，学校学历教育连续3年停止招生，主要完成金融专业与北京经济管理职业学院“3+2”衔接工作、实习生管理和毕业生工作岗位的推荐落实。

职业体验。教师根据自身专业优势、实训基地资源及各职业文化氛围，针对中小学不同年龄，开发一系列与行业岗位高度对接的职业体验及综合实践课程。年内，采用基地授课、送课下校、团队订制3种组织实施方式，进一步提升学校职业体验课程质量。职业体验课程数量80余门，服务东城区30余所中小学，服务学生3.20万人次。

中小学生课后服务。开设“330”“530”课堂，落实《关于做好中小学生课后服务工作的指导意见》，为东城区7所小学提供精准课程服务，打造多姿多彩的课后下午3:30至5:30课堂，建立全面发展学生素养的课程体系，服务学生近1.50万次，为家长解决后顾之忧。

市民教育。面向东城区龙潭、体育馆路、崇外、东四、景山、东华门等街道开设“葫芦工艺课”“中医药传统养生”“中国结艺”“学做家常菜”等12门市民体验课程，累计160课时，服务群众2200人次。

教师培训。开设23门东城区教师公共选修课，为东城区教师提供优质培训课程。课程涉及教育教学技能、专业素养、综合素养、人文素养、艺术素养5大类课程，培训东城区中、小、幼教师3400人次。

（毕志萍）

北京铁路电气化学校

2019年，北京铁路电气化学校占地面积14.06万平方米，产权校舍建筑面积7.71万平方米。全年教育经费投入9384.86万元，其中，国家拨款9089.51万元、自筹经费295.35万元。固定资产总值6528.74万元，其中，教学、实习仪器设备资产值6691.28万元。图书馆建筑面积1996平方米，藏有纸质图书17.78万册、电子图书8万册（810GB）。拥有教学用计算机749台，多媒体教室130个、座位6630个。学校信息化经费投入173.67万元，网络信息点975个，校园网出口总带宽600Mbps，上网课程55门，数字资源量4.46TB。开设轨道交通技术、供用电技术和电气技术三大专业集群，包含“3+2+2”高端技术技能人才贯通培养专业1个，21个班；“3+2”中高职衔接专业6个，19个班。教职工190人，包括专任教师131人、教辅人员5人。专任教师中具有研究生学历27人，本科及以上学历占教师总数95%；高级专业技术职务33人、中级59人；“双师型”教师75人。聘请校外教师6人。毕业生983人，就业率99.84%。招生300人，包括京籍学生298人。在校生1063人，包括京籍学生1034人。网址：www.jtdx.com.cn。

2019年，学校坚持“内涵发展，提高质量”的工作原则和“深化改革、强化落实”的工作要求开展各项工作。

专业建设。学校“3+2”中高职衔接“城市轨道交通车辆运用与检修——城市轨道交通车辆技术”专业完成学历教育74个班33751学时、培训29个班7656学时的教学工作。推进北京市特色高水平骨干专业（群）和中铁天佑工程师学院建设。完成“物联网技术应用”“空港机电设备运行与管理”和“无人机操控与维护”3个新专业的申报备案和“3+2”中高职衔接申报工作。

德育工作。“心悦祥和”一校一品德育品牌通过复评，是学校第二个德育品牌。发挥校内外德育基地育人作用，暑期组织“协同发展之旅”德育实践活动，3名学生获得国家奖学金（中职学校第一届），1人被评为首都励志校园人物。发挥主题活动育人作用，组织开展丰富多彩的主题教育活动；发挥校园文化育人作用，成立习近平新时代中国特色社会主义思想研习社，建设“社会、企业、家庭、学校”育人网络。

教师培养。编辑师德师风文件汇编，开展“关注学生，打造‘四有’课堂”专项活动。培养3名骨干教师、2名专业带头人和1名教学名师。1名教师获得北京市紫禁杯优秀班主任评选一等奖。

对口帮扶。完成北京市教育对口帮扶张家口市中职学校青年骨干教师培训项目和张北县职教中心学生北京访学项目，切实提高当地师生的技术技能和综合素质。

（朱春然）

北京市商业学校

2019年，北京市商业学校占地面积20.93万平方米，产权校舍建筑面积10.53万平方米、非产权校舍建筑面积1.44万平方米。全年教育经费投入17952.21万元，其中，国家拨款14386.23万元、自筹经费3565.98万元。固定资产总值31908.05万元，其中，教学、实习仪器设备资产值12833.69万元。拥有计算机5966台，校园网出口总带宽600Mbps。教职工331人，包括专任教师210人、教辅人员30人。专任教师中具有研究生学历96人，本科及以上学历占教师总数99%；高级专业技术职务55人、中级101人。聘请校外教师104人。毕业生1332人，就业率99%。招生835人，包括京籍学生520人。在校生3027人，包括京籍学生1835人。网址：www.bjsx.com.cn。

2019年，学校进入特色高水平院校建设准备阶段。学校被确定为北京市特色高水平职业院校建设单位。“互联网+”财经专业群、艺术教育专业群被批准为北京市特色高水平骨干专业（群）建设单位；阿里巴巴数字贸易学院、新道云财务会计师学院被确定为第一批北京市职业院校实训基地建设单位。学校被教育部文化素质教指委授予全国首批职业院校劳动教育研究中心，并入选全国职业院校“教学管理50强案例”与“学生管理50强案例”。

重视德育工作。开设北京中职第一所青年马克思主义学校，引领学生培养中国特色社会主义信念。

持续推进贯通培养项目。与北京联合大学师范学院合作的“3+2+2”贯通培养师范生项目，首批107名学生全部通过转段测试升入北京联大。

创新产教融合协同发展模式。校企共同开发新道云财务会计师学院“3+2+2”云财务会计专业人才培养标准。阿里巴巴数字贸易学院建设人才培育、资源共享、技术创新、社

4 月 28 日，商业学校与企业深度合作建立“魏工养车实训基地”
（商业学校　供）

会服务四位一体的产教融合平台，培养具有创新创业思维、数字化跨境贸易能力、数字化运营能力的高技术技能人才。

教育教学水平稳步提升。两名教师在北京市第四届中等职业学校班主任基本功大赛中分别取得一等奖第一名、第二名，实现学校在该项比赛的四连冠。教师参加第四届全国职业院校教师微课大赛获得一等奖 5 项、二等奖 2 项、三等奖 1 项，参加北京市中等职业学校思政课教师教学设计和说课比赛获得第一名。两项教学团队作品参加 2019 年全国职业院校技能大赛教学能力比赛分别获得中职公共基础课程组一等奖和中职专业技能课程一组一等奖。选送“金工硬剪纸”项目参加第三届北马其顿和第四届伊斯坦布尔两个国际发明展均获得金奖。

贯彻国家扶贫战略。探索“教育 + 产业 + 文化”北京职业教育精准扶贫保山模式和定制化帮扶青龙模式，累计招收保山、青龙 1680 名贫困学生来京就读，接收两地教师和干部 530 人次进校培训；选派 195 人次到两地培训指导。

加强国际合作与交流。继续推进澳大利亚 TAFE 教育模式改革项目。成为“丝路工匠”职业院校国际合作联盟理事单位与“一带一路”国家院校和企业交流协会常务理事单位。

（安庞靖）

开设 10 个专业，43 个教学班。教职工 87 人，包括专任教师 52 人、教辅人员 6 人。专任教师中具有研究生学历 18 人，本科及以上学历占教师总数 100%；高级专业技术职务 17 人、中级 36 人；“双师型”教师 33 人。毕业生 230 人，就业率 98%，职业资格证书取证率 100%。招生 64 人，包括京籍学生 62 人。在校生 205 人，包括京籍学生 179 人。网址：www.bjgx.com。

2019 年，学校坚持“高端引领、校企合作、多元办学、内涵发展”原则，遵循“融合、创新、务实、发展”理念，深化体制机制改革；全面深化校企合作，开发一体化课程；探索多元化办学体制，深化人事制度改革；通过 ISO9001 质量管理体系认证，完善管理流程。

围绕职业意识、职业习惯、职业道德、职业能力形成“每月一个主题、每月一个活动”教育管理模式，引导学生学会做人、求知、共处，开拓以育人为根本、以学生安全为底线、以素质教育为长线的全新的学生管理工作模式，为学生提供良好的学习和生活环境，在全校范围内做好“一校一品”德育品牌工作。积极承接各类技能比赛，通过以赛代练的培养模式激发学生的专业兴趣和专业创造力。

以一体化教学改革为抓手，打造新型职教科研队伍。加大对教研组长、骨干教师和年轻教师的培养力度。全年教师发表论文 21 篇，承担课题 6 项，其他教师获奖 12 项，校外获奖 10 项，出版教材、教参 10 本。

庆祝新中国成立 70 周年。10 名毕业生参与新中国成立 70 周年庆祝活动，完成群众游行指挥、文艺演出、群众游行、服务保障等任务。107 名师生参加北京市供销合作总社成立 70 周年庆祝活动。

（沈骏）

北京市供销学校

2019 年，北京市供销学校占地面积 13 万平方米，产权校舍建筑面积 11 万平方米。全年教育经费投入 4247.24 万元，其中，国家拨款 4127.50 万元、自筹经费 119.74 万元。固定资产总值 12002.89 万元，其中，教学、实习仪器设备资产值 4386.34 万元。图书馆建筑面积 2642 平方米，藏有纸质图书 7.10 万册。拥有计算机 600 台。学校信息化经费投入 193.30 万元，网络信息点 1000 个，校园网出口总带宽 100Mbps，上网课程 45 门，数字资源量 281GB。有 5 个系部，

北京水利水电学校

2019 年，北京水利水电学校占地面积 5 万平方米，产权校舍建筑面积 4.49 万平方米。全年教育经费投入 7613.79 万元，其中，国家拨款 7378.59 万元、自筹经费 235.20 万元。固定资产总值 14518.47 万元，其中，教学、实习仪器设备资产值 3835.94 万元。图书馆建筑面积 3241.63 平方米，藏有纸质图书 9.12 万册、电子图书 3 万册。拥有计算机 625 台，网络多媒体教室 34 个。学校信息化经费投入 513.71 万元，信息化设备资产 1676.22 万元，网络

信息点 796 个，校园网出口总带宽 300Mbps，上网课程 5 门，数字资源量 22528GB，管理信息系统数据总量 510.10GB。设有 1 个校区，5 个教学部，开设 15 个专业，26 个教学班。教职工 152 人，包括专任教师 84 人、教辅人员 12 人。专任教师中具有研究生学历 25 人，本科及以上学历占教师总数 100%；高级专业技术职务 27 人、中级 34 人；“双师型”教师 33 人。聘请校外教师 6 人。毕业生 207 人，就业率 100%，职业资格证书取证率 56.50%。招生 119 人，包括京籍学生 116 人。在校生 509 人，包括京籍学生 423 人。网址：www.slsdschool.org。

2019 年，学校落实立德树人根本任务，夯实特色专业建设，深化教育教学改革，提升办学综合实力。

优化专业结构，统筹专业建设。坚持“优先发展主干专业、重点建设支撑专业、有效拓展新兴专业”原则，统筹做好专业建设工作。水利水电工程施工专业获批建设北京市第一批特色高水平骨干专业，围绕该项目，编制完成专业建设任务书，打造水利类中等教育优势品牌。与北京市自来水集团、燃气集团及相关高职院校合作，在给排水工程施工与运行、机电技术应用 2 个专业方向拓展“衔接培养 + 企业订单”人才培养模式，畅通衔接培养专业学生的就业渠道。以市场需求为导向，成立信息技术专业部，新开设数字影像技术专业。

服务行业发展，拓展培训能力。依托自身北京市职工继续教育基地建设工作，深入挖掘培训服务内涵。组织水务行业单位职工培训和南水北调对口协作培训 1000 人天，承办水务专业技术人员中高级职称评审工作 1400 人，承办的北京开放大学水务学院完成招生 143 人，毕业 181 人，新增专业 2 个。继续承办中国农业大学成人教育教学站点，本专科毕业 61 人。继续开办培训学校，提供语文、英语等少儿培训项目，招收学员 700 余人。完成市水务系统国庆阅兵人员保障工作，为参加阅兵的 50 名职工提供训练场地、住宿等后勤保障服务。

坚持育训并举，提升师资水平。继续强化学术委员会学习平台建设，面向全体教师系统化、常态性推送教科研、师德建设等方面资源，全年推送 34 期。组织教师外出学习、企业实践锻炼 300 余人次。开展第二届校级班主任基本功比赛，组织教师参加校外教学能力比赛，承担市教委、北京市职业技术教育学会和中国水利教育协会课题研究 12 项。

（张一鸣）

北京市自动化工程学校

2019 年，北京市自动化工程学校占地面积 3.76 万平方米，非产权校舍建筑面积 3.34 万平方米。全年教育经费投入 5284.70 万元，其中，国家拨款 5108.62 万元、自筹经费 176.08 万元。固定资产总值 24131.20 万元，其中，教学、实习仪器设备资产值 10854 万元。图书馆建筑面积 680.40 平方米，藏有纸质图书 6 万册、电子图书 10 万册。拥有计算机 652 台，网络多媒体教室 55 个。学校信息化经费投入 10 万元，网络信息点 402 个，校园网出口总带宽 200Mbps，数字资源量 1640GB，管理信息系统数据总量 27GB。设有 1 个校区，开设 7 个专业，18 个教学班。教职工 127 人，包括专任教师 78 人、教辅人员 12 人。专任教师中具有研究生学历 21 人，本科及以上学历占教师总数 96%；高级专业技术职务 25 人、中级 41 人；“双师型”教师 5 人。毕业生 418 人，就业率 82.78%。招生 79 人，包括京籍学生 73 人。在校生 415 人，包括京籍学生 386 人。网址：www.zdhschool.com.cn。

2019 年，学校坚持“统筹资源、协同创新、高端培养、开放共享”工作思路，在学校管理、教育教学、产教融合、学工研学活动、社会培训等方面下功夫，打造具有自动化特色的教育品牌。树立新发展理念，加快“城市轨道交通车辆运用与检修”“数字媒体技术应用”两个新专业的“3+2”建设工作。与企业合作建立“产教共同体”。

开展 18 项职业技能俱乐部活动以及技能竞赛活动。专业教研室组织学生参加电梯维护保养、篆刻、轨道专业技能等市级职业院校技术技能比赛。

实践职普融通综合教育改革。细化学工活动接待方案，优化接待流程，打造精品课程，完成学工基地各项教育任务。全年完成大兴、房山、顺义 3 个区 12 所初中校 58 个学工班级 1702 名师生的学工劳动教育。完成 2019—2022 年度初中开放性科学实践活动的投标工作，中标 3 门课程。

作为教育部命名的北京市首家全国中小学生研学实践教育营地，打造开发研学实践线路及课程，构建以 1 个营地为枢纽、N 个研学基地为站点的研学实践教育网络，形成 1 个主题、4 条线路、100 余门课程的研学课程体系。5 月至 12 月，完成北京、甘肃、新疆等地区 50 余所中小学校 36964 人次的学生研学实践教育任务，充分发挥研学实践教育营地的重要作用。

面向普教学生和社会成员开展职业培训。与北京开放大学、北京京港地铁有限公司等多家单位签署合作培训协议与意向书；成为北京市中小学生社会大课堂第七批市级资源单位。通过校企合作定向培养的方式，开展虚拟现实高峰论坛、“金砖 + 大赛 3D 打印造型技术赛项”等培训工作。

创新师德教育和培训方式。通过开展教师节暨师德标兵表彰大会、师德标兵分享师德故事、组织全体教师到北京陶瓷艺术馆接受“感受非遗魅力、传承优秀传统文化”培训，加强文化引领，弘扬楷模力量，引导教师敬业修德。

（王爱芬）

北京市劲松职业高中

2019 年，北京市劲松职业高中占地面积 9.26 万平方米，非产权校舍建筑面积 8.42 万平方米。全年教育经费投入

12366万元，其中，国家拨款12305万元、自筹经费61万元。固定资产总值55759万元，其中，教学、实习仪器设备资产值12710万元。图书馆建筑面积2538平方米，藏有纸质图书16.30万册、电子图书60.20万册。拥有计算机1360台，网络多媒体教室121个。学校信息化经费投入480万元，网络信息点1730个，校园网出口总带宽1000Mbps，上网课程71门，数字资源量32100GB。设有4个校区，开设14个专业，65个教学班。教职工240人，包括专任教师193人、教辅人员31人。专任教师中具有研究生学历46人，本科及以上学历占教师总数100%；高级专业技术职务71人、中级84人；“双师型”教师73人。毕业生655人，就业率98%，职业资格证书取证率81%。招生206人，包括京籍学生131人。在校生956人，包括京籍学生374人。网址：www.jszg.com.cn。

2019年，学校围绕区域经济社会发展和京津冀协同发展对职业教育的需求，以立德树人为根本任务，以教育教学改革为核心，落实党风廉政建设责任制，全面提升办学水平和人才培养质量。

创新德育工作途径，落实立德树人根本任务。通过“希望厨师”“红松行动”德育品牌建设，形成“一个理念引领、两个主体育人、三个维度目标培养、四种教育方法促进、五种育人途径支撑、六层职业体验推进”的整体德育工作体系。引进国际创新创业教育理念，结合专业特色，构建具有劲松特色的创新创业教育体系并付诸实践。

致力内涵建设，促进学校转型升级。餐饮服务专业群入选首批北京市特色高水平骨干专业（群），大董餐饮文化学院成为北京市第一批工程师学院，并以此为契机推动其他骨干专业（群）和工程师学院规划建设。修订完成10个专业教学计划、86门课程标准。体现跨专业、跨学科、跨岗位教学改革的“综合实训”教学模式广泛应用，促进人才培养模式创新和质量提升。

构建培养体系，加强教师队伍建设。成立大师工作室、名师工作室、青年教师工作坊，分层分类培养教师。30名教师被评为朝阳区学科带头人、骨干教师、优秀青年教师。开展骨干教师献课活动，学校骨干教师献课282节，教师听课583人次，发挥骨干教师示范引领作用。

深化校企合作，发挥服务职能。完成国际培训、中小学生职业体验培训、企事业单位职工培训等22039人次。为全市提供13门初中开放性科学实践课程，培训9224人次。响应“一带一路”倡议，与俄罗斯、马来西亚等国家职业院校建立合作关系，承办市教委“丝路工匠”职业院校烹饪专业国际比赛。烹饪专业3名教师赴新疆墨玉职业学校支教，采用师徒结对方式，开展教师专业技能和教学技能培训。

（王为民）

中国音乐学院附属中等音乐专科学校

2019年，中国音乐学院附属中等音乐专科学校占地面积2.64万平方米，产权校舍建筑面积2.27万平方米。全年教育经费投入2540.76万元，其中，国家拨款1959.76万元、自筹经费581万元。固定资产总值12516.16万元，其中，教学、实习仪器设备资产值3759.75万元。图书馆建筑面积243平方米，藏有中文图书和进口乐谱25320册、中文音像和西文音像8601盘、电子乐谱（多媒体资源库）90233页。拥有计算机253台，网络多媒体教室2个。网络信息点380个，校园网出口总带宽300Mbps，上网课程2门，数字资源量42282.72GB。设有1个校区，开设5个专业，18个教学班。教职工89人，包括专任教师69人、教辅人员21人。专任教师中具有研究生学历35人，本科及以上学历占教师总数100%；高级专业技术职务17人、中级42人。聘请校外教师90人。毕业生116人。招生166人，包括京籍学生34人。在校生679人，包括京籍学生112人。网址：www.msccmusic.com。

2019年，学校秉承中国音乐学院“承国学、扬国韵、育国器、强国音”办学理念，围绕“艺术专业突出、综合素质全面”的人才培养目标，推进平安校园建设，净化校园网络环境，扎实推进各项工作。

教学与学科建设。完善教学管理制度体系建设，完成教学计划及课程标准的修订工作，各专业学科根据新版课程标准，调整专业教学内容，科学设置专业考试评分标准，持续推进与大学教学管理的一体化进程。成立教科研中心，强化项目统筹管理职能，推动学校教科研工作开展。教师积极投身学术研究，取得丰硕教科研成果。教师出版“十二五”职业教育国家规划立项教材《视唱练耳》，进一步完善具有附中特色的专业基础课教材；发表论文10余篇。承办2019年京津冀地区声乐表演邀请赛暨北京市中等职业学校声乐表演技术技能比赛。学生参加2019北京市职业院校技能大赛，7人获弦乐器乐表演比赛奖项，11人获键盘器乐表演比赛奖项。

学生工作。深化校园文化建设，继续发展“晓窗朗吟”读书堂和海潮文学社等特色学生社团建设。完善各项学生管理制度，树立遵章守纪的校园风尚。加强德育队伍建设，实施“京津冀地区中等艺术学校学生发展实践基地”项目，加强区域间德育协作机制建设。深化“学生发展中心”建设。发挥“家校共管”机制，营造良好育人环境，形成全员全程全方位育人格局。

艺术实践活动。发挥艺术中心管理职能，统筹艺术实践活动，严格执行艺术实践管理措施，积极建设艺术实践团体，展现高质量艺术实践教学成果。全年完成200余场次讲座、音乐会等国内外各类艺术实践活动。

（冯琦）

（本栏责任编校　胡雨）

952 所
各级各类民办学校

73848 人
毕业生

100289 人
招生

306669 人
在校生

55823 人
教职工

2020 民办教育

NON-STATE EDUCATION

- 民办教育工作联席会议制度建立
- 民办学校规范办学防范化解风险专项行动
- 校外培训机构长效治理
- 校外线上培训备案工作稳妥推进
- 现有民办学校变更法人登记类型的实施办法印发

民办教育 NON-STATE EDUCATION

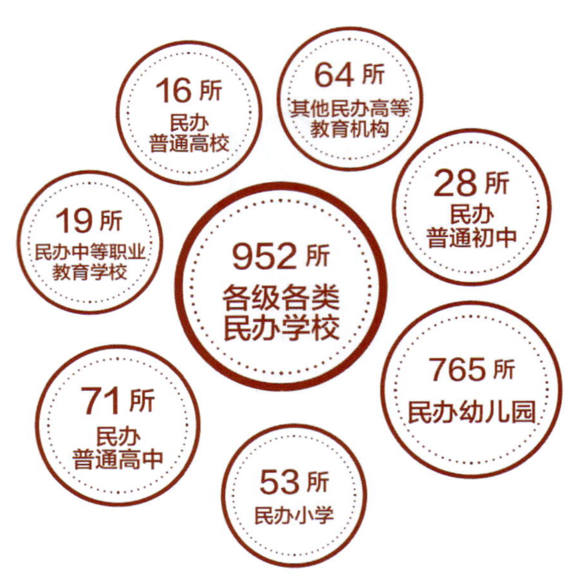

综述

概述

2019 年，北京市有各级各类民办学校 952 所。其中，民办幼儿园 765 所，毕业 40830 人，招生 63798 人，在园 172492 人；教职工 34105 人，包括专任教师 14867 人。民办小学 53 所，毕业 8219 人，招生 8371 人，在校 44380 人；教职工 1826 人，包括专任教师 1255 人。民办普通初中 28 所，毕业 6176 人，招生 9537 人，在校 25304 人。民办普通高中 71 所，毕业 1657 人，招生 1864 人，在校 6465 人；教职工 13508 人，包括专任教师 8081 人。民办中等职业教育学校 19 所，毕业 836 人，招生 253 人，在校 995 人；教职工 676 人，包括专任教师 327 人。民办普通高校 16 所，毕业 16130 人，招生 16466 人，在校 57033 人；教职工 5708 人，包括专任教师 2704 人。其他民办高等教育机构 64 所，教职工 2998 人，包括专任教师 1145 人。在教育行政部门注册的民办职业技术培训机构 1102 所，结业 1165976 人次，注册学生 1504101 人；教职工 28135 人，包括专任教师 13518 人。

（胡雨）

持续推进校外培训机构长效治理

2019 年，市教委以建章立制、严防反弹、探索建立长效监管机制为重点，推进校外培训机构第三阶段精准治理。针对入学季幼小衔接市场热点、培训机构违规招收学前儿童等问题，在全市组织开展校外培训机构提前教授小学内容检查，及时发现和纠正“小学化”倾向问题。针对违规举办“国学班”“读经班”、妨碍义务教育实施等情形，在全市开展排查，查处一批违规机构。对海淀黄庄等重点地区进行专项督查，发现问题立即督办整改，持续推进专项治理不松懈，取得较好成效。至年底，市教委推进民办培训机构疏解整治和规范管理，全年压缩培训机构 53 个，减少培训 14262 人次。依法进行停止办学资格公告，推进 5

9 月 30 日，海淀区完成校外培训机构专项治理精准行动
（海淀区教委　供）

个民办高等教育机构退出。

（彭君 王鑫）

民办教育工作联席会议制度建立

3月20日，市政府办公厅批复同意建立北京市民办教育工作联席会议制度。联席会议由市政府副秘书长担任召集人，21个委办局为联席会议成员单位。这是全国各省市中规格较高的民办教育联席会议。通过实施联席会议制度，建立健全多部门协同治理的工作体制，形成上下联动的管理合力，推进北京市民办教育健康发展。4月18日，联席会议第一次全体会议召开，介绍北京市民办学校分类管理的基本情况，研究部署全市民办教育年度工作，审议通过《北京市民办教育工作联席会议2019年度工作要点》，确定8项全年重点工作。21个联席会议成员单位为国家税务总局北京市税务局、中国人民银行营业管理部、北京银保监局、市委编办、市发展改革委、市教委、市公安局、市民政局、市司法局、市财政局、市人力社保局、市规划自然委、市住建委、市城市管理委、市商务局、市卫生健康委、市应急管理局、市市场监管局、市地方金融监管局、市城管执法局、市消防救援总队。

（姬云鹏）

民办学校规范办学防范化解风险专项行动

3月25日，市教委印发《全面开展民办学校规范办学防范化解风险专项行动的通知》，全面开展民办学校规范办学防范化解风险专项行动。主要目的在于平稳有序推进民办学校分类管理改革，防范和化解风险。检查各级各类民办学校857所、民办培训机构1243个。通过摸排检查，北京民办教育总体发展情况良好，绝大多数民办学校能够做到依法依规办学，总体风险隐患可控。对于个别存在较大风险隐患的民办学校，市教委指导各区要求学校及时整改，并跟踪督查。

（吴金珂）

民办高校招生简章和广告备案

5月至12月，市教委开展民办高校招生简章和广告备案工作。加大对民办普通高校和民办非学历高等教育机构招生活动的监测范围和监管力度，实行备案事项告知承诺制，即具有招生资格的学校，在学校开展招生宣传活动前，将招生简章和广告向审批机关备案，并由法定代表人和校（院）长签订依法依规招生宣传《承诺书》。对61所具有招生资质的北京民办高校进行定点监测，利用“舆情监测系统”开展全网监测；对无招生资格的学校、媒体曝光的野鸡大学等，采用人工团队与网络舆情监测相结合的方式，利用技术手段扩大监测范围，实现招生宣传期的全网实时监测。完成所有备案范围的61所民办高校招生广告宣传事后备案管理。该项工作由北京民办教育协会承办。

（邵艳军 侯照阳）

民办高校及民办非学历高等教育机构办学状况检查

6月14日，市教委公布2018年度北京民办高等学校及其他民办非学历高等教育机构办学状况年度检查结果。77所学校参加年检，包括11所民办普通高校、5所独立学院及61所民办非学历高等教育机构。专家组审核学校提交的自查报告、办学状况调查表及2018年度财务审计报告等材料，对12所学校进行进校考察，并会同相关部门对开展全日制教育及为短期培训学生提供餐饮住宿服务的非全日制教育的27所民办非学历高等教育机构进行卫生安全、食品安全和安全稳定的专项检查，28所学校年检结论为“通过”、33所学校年检结论为“基本通过”、11所学校年检结论为“暂缓通过”、9所学校年检结论为“不通过”。10月13日，市教委公布年检结论为“暂缓通过”的民办非学历高等教育机构中有4所机构完成整改并通过复检，准予年度招生，其年检结论由“暂缓通过”调整至“基本通过”。年检工作委托北京民办教育协会开展。

（邵艳军 吴金珂）

民办高校及民办非学历高等教育机构招生政策公布

6月21日，市教委公布北京市民办普通高校及市教委审批的民办非学历高等教育机构2019年秋季招生政策。根据2018年度北京民办高等学校及其他民办非学历高等教育机构办学状况年度检查结果和相关学校整改情况，2019年北京市具有招生资格的民办普通高校及独立学院16所、民办非学历高等教育机构49所（包括全日制民办非学历高等教育机构20所、非全日制民办非学历高等教育机构29所）。

（邵艳军）

2019年北京市具有招生资格的
民办普通高校及独立学院（16所）

北京城市学院	北京培黎职业学院
北京吉利学院	北京经贸职业学院
首都师范大学科德学院	北京经济技术职业学院
北京工商大学嘉华学院	北京网络职业学院
北京工业大学耿丹学院	北京科技经营管理学院
北京第二外国语学院中瑞酒店管理学院	北京北大方正软件技术学院
北京邮电大学世纪学院	北京科技职业学院
北京汇佳职业学院	北京艺术传媒职业学院

（邵艳军）

2019 年北京市具有招生资格的民办非学历高等教育机构（49 所）

全日制民办非学历高等教育机构（20 所）	
北京现代音乐研修学院	北京工商管理专修学院
北京国际标准舞研修学院	北京北大资源研修学院
北京航空旅游专修学院	北京应用技术专修学院
北京八维研修学院	北京文理研修学院
北京财经专修学院	北京东方文化艺术研修学院
北京涉外经济专修学院	北京影视研修学院
北京华嘉专修学院	北京华夏管理研修学院
北京瀚林职业研修学院	北京演艺专修学院
北京珠宝首饰研修学院	北京世华管理专修学院
北京明园研修学院	北京新亚研修学院
非全日制民办非学历高等教育机构（29 所）	
北京金融研修学院	北京国际青年研修学院
北京彼得·德鲁克管理研修学院	北京机械工程师进修学院
北京华大研修学院	北京东方老年研修学院
中关村创新研修学院	北京摄影函授学院
北京经济研修学院	北京长城研修学院
北京民生财富研修学院	北京国际汉语研修学院
北京计算机专修学院	北京高等秘书研修学院
北京京海研修学院	中国教育国际交流研修学院
北京汉语国际推广中心	北京管理软件进修学院
北京美容研修学院	北京蒙代尔企业家研修学院
北京韩红艺术研修学院	中国现代教育研修中心
北京当代艺术研修学院	北京军地专修学院
北京经济技术研修学院	北京翻译研修学院
北京礼仪专修学院	北京商务研修学院
北京高等珠宝研修学院	

（邵艳军）

校外线上培训备案工作稳妥推进

10 月，市教委启动北京市学科类校外线上培训备案工作。根据教育部等六部门发布的《关于规范校外线上培训的实施意见》要求，发布北京市校外线上培训备案细则。截至 10 月 31 日，北京市 267 家校外线上培训机构提交备案申请。市教委从 6 个方面 72 个细节上细化审查标准和方式方法，于 12 月 31 日之前完成对 267 家机构、11 万名培训人员（包括 10 万名外籍教师）、3063 门课程的备案材料的集中审查，逐一对机构提出整改意见。

（彭君）

民办学校六项基本信息公示公告制度推行

10 月，市教委推行民办学校基本信息公示公告制度。进一步加强对民办普通高校、民办非学历高等教育机构的日常监管，将审批和管理的民办普通高校、民办非学历高等教育机构的办学许可证、学校章程、招生简章和广告、学籍和教学制度、年检结果、处罚决定六项内容的基本信息统一向社会公布，便于社会公众进行监督。

（侯照阳）

现有民办学校变更法人登记类型的实施办法印发

12 月 10 日，市教委、市税务局、市委编办、市民政局、市财政局、市人力社保局、市规划自然委、市交通委、市市场监管局、市公安局交管局联合印发《北京市现有民办学校变更法人登记类型的实施办法（试行）》。办法明确由非营利性法人变更为营利性的工作职责与流程，以及变更过程中国有资产、不动产、税收的处置原则，推动现有民办学校平稳变更。办法制定主要是为解决 2016 年 11 月 7 日前设立的“现有民办学校”如何变更登记为营利性法人的问题，这是《民办教育促进法》授权地方政府制定的政策，也是民办学校分类管理改革的难点问题。市教委组成专门研究小组，在近一年的充分调研和部门沟通基础上，制定该办法。

（姬云鹏）

民办学校党组织负责人培训

12 月，市委组织部、市委教育工委委托北京民办教育协会承办北京市民办学校党组织负责人培训班。培训班面向北京市 75 所民办高校党组织负责人和 86 个民办培训机构的党组织负责人开展，围绕深入学习贯彻习近平新时代中国特色社会主义思想和党的十九届四中全会精神，全市上下学习贯彻市委十一届十次全会精神的背景下，结合民办教育发展的新形势新任务新要求，从多方面多角度提升各党组织负责人的政策理论水平和党务工作能力。

（邵艳军）

民办教育管理

门头沟完成民办幼儿园办园质量督导评估

3 月至 5 月，门头沟区教委、区政府教育督导室共同开展 2019 年上半年民办幼儿园办园质量督导评估工作，组

11 月 14 日，海淀区 14 家校外培训机构签署退费承诺书
（海淀区教委 供）

织 12 名区级专家走进 9 所民办园。其中，北京市门头沟区龙泉大地幼儿园、北京市门头沟区红黄蓝永升嘉园幼儿园、北京市门头沟区中科幼教绿岛幼儿园、北京市门头沟区京师实验幼儿园、北京市门头沟区金色摇篮幼儿园、北京市门头沟区幼师实验幼儿园、北京市门头沟区二十一世纪实验幼儿园 7 所民办园被评为 B 级，北京市门头沟区幸福天使幼儿园、北京市门头沟区博雅学园幼儿园 2 所民办园被评为 C 级。

（鲁燕明）

海淀民办非学历教育培训机构星级评估

5 月至 6 月，海淀区开展民办非学历教育培训机构星级评估试点工作。工作由北京民办教育协会承担，历时 2 个月，通过组织专家制定评估方案和评分表，召开专家研讨会、调研会、学校培训会、总结会等，完成对 14 个培训机构的进校评估，形成专家组评估意见，整理、撰写、汇总评估资料。

（邵艳军）

朝阳首批培训机构白名单公示

6 月 13 日，朝阳区教委在教育部校外培训机构治理网站、区政府官网公示培训机构“白名单”。区教委将取得《民办学校办学许可证》，且办学规范、信誉度高的民办培训学校纳入“白名单”。全区有 101 所民办培训学校成为首批纳入“白名单”的机构。

（白俊毅）

海淀开展校外培训机构专项治理

9 月 30 日，海淀区完成校外培训机构专项治理行动第三阶段“专项治理精准行动”任务。3 月至 6 月，区教委全面开展民办学校规范办学防范化解风险专项行动，推进民办学校分类管理改革，防范和化解风险。10 月起，以 320 所培训学校、94 个学科类培训机构及 6 个重点地区为重点，组织开展“回头看”整改工作。2018 年 2 月，海淀区委、区政府成立区级治理工作小组，启动海淀区校外培训机构专项治理行动工作，由区教委社管科牵头，协调街镇、工商等部门开展第一阶段摸底排查工作，建立 2377 家培训机构治理台账；组建 10 个工作组，协同街镇、消防、工商等开展第二阶段 2300 余家机构集中治理联合检查工作；7 月，建立并公布区级治理信访投诉电话和举报邮箱，安排专人负责接听转办，对培训机构集中区域多次集中检查；至 10 月，完成立案 13 起，查处 8 起。

（宋亚甫）

海淀 14 家校外培训机构承诺退费

11 月 14 日，海淀区 14 家校外培训机构签署退费承诺书。退费承诺工作由海淀区民办教育协会发起，经与校外培训机构讨论，最终确定承诺退费事宜，退费承诺对收费、退费比例、退费时限等内容作出明确规定。收费方面要求各培训机构收费时段与教学安排协调一致，收取时间跨度不超过 3 个月的费用。退费方面要求报名后未开课而学员要求退学的，无条件退费；已开课学员提出退学，学校按已完成课时比例扣除相应学费，其余部分全部退还；参加优惠课程、联报课程等提出退学的，学校按已完成课时的比例扣除相应学费，其余部分全部退还，赠送的课时从总课时中扣除，退费路径与交费路径一致。承诺书要求从双方确认退费金额之日起，在 15 个工作日内完成退费。

（宋亚甫）

西城召开民办园转普惠园座谈会

12 月 18 日，西城区教委召开民办园转普惠园座谈会。会上，区教委介绍当前民办园转普惠园趋势、社会需求及西城区民办园收支调研情况；说明民办园转普惠园的范围、申报条件、认定程序，市、区级财政向普惠性民办园提供生均定额、租金、扩学位补助和一次性转普惠奖励，普惠园逐步提高教师工资待遇等相关工作内容；解读教育行政部门加强对普惠性民办幼儿园保教指导和日常监管，提升普惠性民办园整体办园质量的相关政策；明确具体操作流程。区教委相关科室负责人和工作人员，以及 12 所民办园法人、园长共 21 人参加会议。

（王丽萍）

延庆完成无证幼儿园治理

至年底，延庆区教委分阶段开展无证幼儿园治理工作。2017 年，辖区内有无证园 22 所。2018 年经治理，取缔 7 所，留下 15 所。2019 年 1 月至 4 月取缔 3 所，5 月至 12 月对剩余 12 所进行治理，依法取缔 2 所不符合申报资格的无证园，其余 10 所无证园申报民办园或社区办园点，区教委从安全管理、卫生保健、园舍设备等方面进行现场检查，指出问题、提出整改意见及整改时限。后期下发整改清单，督促其整改并进行复查，确保园所按相关标准规范办园，其中，3 所被审批为民办园、5 所备案为社区办园点、1 所转制为托育服务机构、1 所被依法取缔。至此，完成所有无证园治理工作。

（张美丽）

大兴建立民办教育“一查一会一督”机制

至年底，大兴区教委建立民办教育“一查一会一督”机制。“一查”即每月开展一次专项检查，针对已审批的培训机构，制定检查细则，由专门部门每月开展检查，月度检查内容有安全工作、办学行为以及办学场所等常规项目，设定每月检查重点。“一会”即每月召开一次例会通报情况，区教委组织培训机构召开月度检查工作例会，通报月检查及平日培训机构管理中出现的问题，宣讲培训机构管理机制。“一督”即每月开展一次督查，针对已审批培训机构投诉举报接访情况，区教委定期会同有关部门对涉事机构开展夜查、暗访式督查工作。

（周明霞）

西城加强民办教育监管

至年底，西城区教委加强民办教育监管工作。全区有经区教委审批的民办校 234 所，包括民办园 30 所、民办学历学校 2 所、民办非学历机构 202 所。其中，通过 2018 年年审的民办校 200 所（民办园 24 所、民办非学历培训机构 176 所），教职工 4509 人，年招生人数 57 万余人次，结业人数 35 万余人次，年纳税 6430 余万元。经区教委审批，全区新增 4 所民办幼儿园，分别为北京青蛙和蟾蜍幼儿园、北京爱之源幼儿园、北京永远的孩子幼儿园、北京市金融街惠泽幼儿园。4 所幼儿园可开设教学班 30 个，可招收幼儿 900 人。

（王竞艳　王丽萍）

民办高等学校选介

北京城市学院

概述

2019 年，北京城市学院占地面积 131.49 万平方米，产权校舍建筑面积 48.50 万平方米。固定资产总值 117032.55 万元，其中，教学、科研仪器设备资产值 23200.49 万元。图书馆建筑面积 1.84 万平方米，藏有纸质图书 172.26 万册、电子图书 133.77 万册、电子期刊 8525 册、学位论文 410.77 万册、音视频 127 小时。拥有计算机 7745 台。信息化设备资产 13655.16 万元，网络信息点 12984 个，校园网出口总带宽 7800Mbps，电子邮件系统用户 1852 个，上网课程 436 门，管理信息系统数据总量 93GB。拥有校内本科实验场所 190 个，校外实习、实训基地 392 个。设有 11 个院，开设 80 个专业，其中，本科 60 个、专科 14 个、硕士 4 个、七年制贯通培养 2 个。教职工 2041 人。专任教师 820 人，包括正高级职称 52 人、副高级职称 216 人。聘请校外教师 1318 人，包括正高级职称 142 人、副高级职称 491 人。毕业生 7298 人，其中，学历教育全日制普通本科生 4887 人、专科（高职）生 1329 人，成人教育本科生 186 人，硕士研究生 213 人，七年制贯通培养中职学生 683 人。招生 7422 人，其中，学历教育全日制普通本科生 5337 人、专科（高职）生 1573 人，成人教育本科生 120 人，硕士研究生 207 人，七年制贯通培养中职学生 185 人。全日制学历教育高考招生北京地区本科招生提档线理科 423 分、文科 480 分。在校生 25195 人，其中，学历教育全日制普通本科生 20728 人、专科（高职）生 3046 人，成人教育

12 月 13 日，庆祝新中国成立 70 周年活动“区域协调”方阵彩车入驻城市学院　（城市学院　供）

本科生 186 人，硕士研究生 573 人，七年制贯通培养中职学生 662 人。网址：www.bcu.edu.cn。

2019 年，学校以新中国成立 70 周年、建校 35 周年为契机，围绕“立德树人”中心任务，聚焦建设主校区、升格为北京城市大学和可持续发展三大关键目标，全面加强和改进学校党的建设，全面推进教育教学改革创新。

加强思想引领，开展周年庆祝活动。持续加强师生思想政治工作，选树推广一批师德师风先进典型。统筹开展青年教师社会实践，将青年教师社会调研和红色“1+1”党支部共建纳入区校融合、社会服务和精准扶贫的工作项目。组织师生参与新中国成立 70 周年庆祝活动，66 名教师、1248 名学生直接参与庆祝新中国成立 70 周年群众游行（主责“区域协调”群众游行方阵）、服务保障（庆祝活动志愿服务、彩车巡游应急响应、公安部门技术保障训练）；学校 3D 打印研究院承担“凝心铸魂”和“建国创业”方阵火炬的设计制作工作。接纳“区域协调”方阵彩车入驻学院。以“我和我的祖国”为主题广泛开展系列教育活动，引导师生坚定信仰、信念和信心。举办庆祝建校 35 周年校友年会系列活动，全面宣传展示学校在应用型人才培养、传承京城文脉、产教融合与社会服务等方面的办学成果与特色。

深化教育教学改革，提高人才培养能力。启动产教融合、校企合作的协同育人模式的建设和改革工作；继续做好教育部新工科研究与实践的探索工作，梳理产业型大数据学院两年的建设情况，建立学校特色的产学合作培养模式；启动艺术类专业毕业设计综合改革；稳步推进贯通培养模式的探索。深入推进品牌专业建设，继续做好首批优势专业——中药学、社会工作两个专业建设项目达到预定目标、起到示范作用，做好新本科专业学位评估和申报工作。启动校内实践教学评价、校外实习基地评价工作。提高教学质量管理，完成本科教学审核评估工作。重点推进“455N”质量保障体系框架的落地（“455N”体系由控制要素系统、质量标准系统、质量监测系统、反馈与调控系统 4 个子系统构成；质量监测内容包括 5 个教学专项与 5 个日常教学环节；若干种反馈与改进的形式）。

以硕士授予单位建设为契机，提升研究生教育水平。推进硕士学位授予立项建设规划方案落实。深化研究生管理模式，加强新“机构设置”和“业务重组”的绩效考核和监督检查，全面推行研究生管理智慧办公，建立新型学生事务管理模式。建立以研究生部、各教育发展中心为主体的监督工作模式，落实听课制度和评估反馈制度。建立学位论文抽查结果、学术道德状况与导师招生资格、招生计划挂钩的联动机制。依托“研究生科学精神与学风建设月”活动，加大对研究生违反学术纪律行为的教育和防范力度。

推进校园建设，改善办学条件。推进顺义校区三期工程建设有关工作。完成顺义、航天城、中关村三校区互联网出口管理策略的统一规划和设备配置调试，进一步提升网络质量和校园网管理水平。完善网站群系统建设，完成校内所有网站迁移和站群管理。完成学生信息门户、学工系统、学生宿舍管理系统等业务系统的建设和上线运行。

深化校企合作，促进产教融合。建设北京智造技术技能人才培养基地，落实人才培养平台搭建、人才学历教育层次提升、职业技能培训、创新创业示范、国际交流合作等重点任务。推进与阿里巴巴网络技术有限公司、北京汽车集团有限公司、中国工艺美术集团有限公司、施耐德电气（中国）有限公司、北京东方国信科技股份有限公司、北京顺鑫控股集团有限公司等重点企业的合作。

（高尚）

北京智造技术技能人才培养基地揭牌成立

3 月 30 日，北京智造技术技能人才培养基地揭牌暨城市学院施耐德工程学院成立仪式举行。该基地与顺义区政府共同发起成立，旨在通过整合国内外教育和企业资源，构建产教融合、工学一体式的技术技能人才培养体系，培养大批具有国际水准、良好素质的智能制造产业工程师、技术能手，培训北京本地产业工匠队伍，为高端制造业发展提供人才支撑。

（高尚）

建校 35 周年

12 月 7 日，城市学院举办庆祝建校 35 周年校友年会系列活动。活动包括“庆生母校、献艺北城”“寻味母校、畅游北城”“特色母校、体验北城”等环节。在以“奋进、共荣”为主题的庆祝建校 35 周年校友年会上，学校领导为“校友杯”摄影比赛获奖校友颁奖，为优秀校友颁发荣誉贡献奖。近 500 名校友参加活动。城市学院前身为创建于 1984 年 3 月的海淀走读大学，是新中国第一所实行公有民办体制的新型高校；2003 年，教育部批准学校升格为本科院校，并更名为北京城市学院；2011 年 10 月，国务院学位委员会批准学校开展研究生教育。

（高尚）

北京北大方正软件技术学院

概述

2019 年，北京北大方正软件技术学院占地面积 28.78 万平方米，产权校舍建筑面积 5.89 万平方米、非产权校舍建筑面积 2.77 万平方米。全年教育经费投入 4967.34 万元，其中，国家拨款 118.49 万元、自筹经费 4848.85 万元。固定资产总值 20090.97 万元，其中，教学、科研仪器设备资产值 5999.94 万元。图书馆建筑面积 2050 平方米，藏有纸质图书 36.55 万册、电子图书 12.75 万册。拥有计算机 3278 台。学校网络信息点 3000 个，校园网出口总带宽 1000Mbps，电子邮件系统用户 450 个。拥有校内专业实训室 72 个、校外实训基地 54 个。设有 4 个分院，开设 26 个专科专业。教职工 135 人。专任教师 59 人。聘请校外教师 18 人。毕业生 1085 人，全部为专科（高职）生。招生 321 人，全部为专科（高职）生。在校生 1264 人，全部为专科（高职）生。网址：www.pfc.edu.cn。

2019 年，学校继续坚持“规范办学、特色办学、追求卓越、持续发展”。

教育教学方面。结合北京经济结构调整、产业升级以及职业教育发展方向需求，有针对性地调整专业结构，形成电子信息类、健康管理类和国际教育类 3 个专业群；继续开展以践行有用、有趣、有效“三有”课堂为主题的系列活动；各专业合理设置教学模块，科学构建课程体系，坚持立德树人，突出对学生职业技能、实践能力、创新能力等综合素质的培养，构建“知识、能力、素质”立体化课程目标体系，培养德、智、体、美、劳全面发展的高素质技术技能人才。同时，为保证课堂教学评价活动切实有效开展，为每名专任教师建立师德评价档案，对教师教学环节进行量化考核。

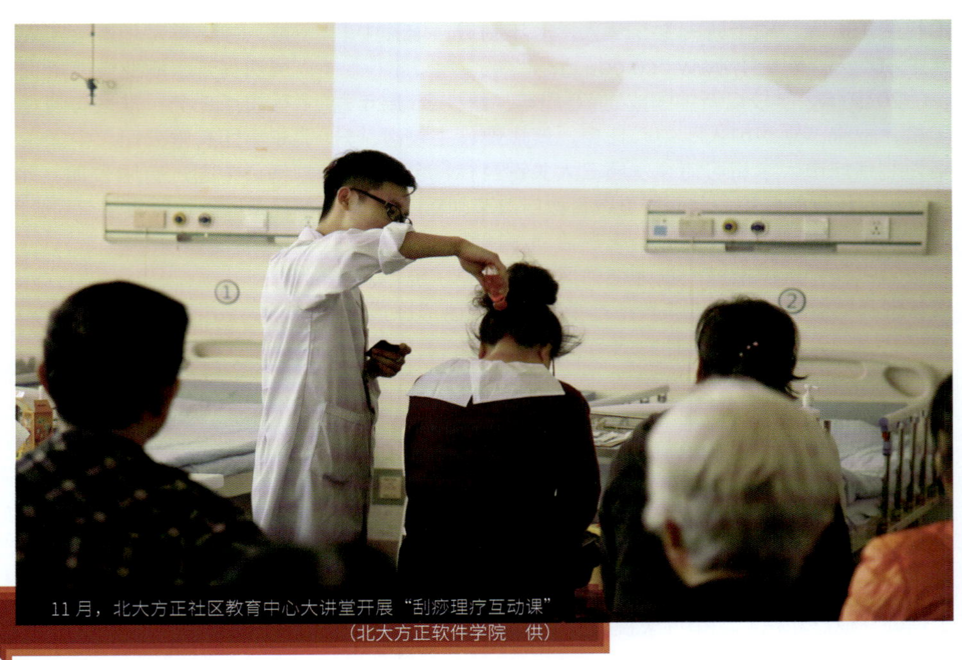
11 月，北大方正社区教育中心大讲堂开展“刮痧理疗互动课”
（北大方正软件学院　供）

教科研方面。教育部职业技术教育中心研究所公布的两批国家职业教育 1+X 证书制度试点院校中，学院 Web 前端开发、老年照护、母婴护理、失智老年人照护 4 个职业技能等级证书试点项目入选。

社会服务方面。揭牌成立社区教育中心，并与东方之珠居委会牵手落地第一家社区教育基地。自 11 月 6 日起，社区教育中心大讲堂开课，长期免费开展形式多样、寓教于乐的知识讲座，协助社区居委会提升辖区居民生活品质和满意度。

安全管理方面。建立定期安全检查制度，对学生宿舍、实训室、机房、图书馆等地实行日查、周查、月查、季查及重要节点、重大节假日安全隐患排查工作；开展安全教育、消防知识讲座及逃生演练等活动，增强学生、教师安全意识；更新消防设施，建立学生公寓微型消防站，配备消防员呼救器、空气呼吸机等消防器材；教学区安装门禁管理系统以及车辆出入管理系统。进一步完善相关安全制度，修订完善《安全管理制度汇编》；重新修订学院突发事件应急预案，补充修订学院重大活动紧急情况应急处置预案等。

（朱峻枚）

社区教育中心成立

10 月 11 日，北大方正软件学院社区教育中心揭牌成立，并与东方之珠居委会牵手落地第一家社区教育基地。自 11 月 6 日起，社区教育中心大讲堂开课，长期免费开展形式多样、寓教于乐的知识讲座，如“老年人如何玩转智能手机”“肩颈刮痧保健”等，协助社区居委会提升辖区居民生活品质和满意度。

（朱峻枚）

北京经贸职业学院

概述

2019 年，北京经贸职业学院占地面积 10.57 万平方米，产权校舍及教学辅助设施建筑面积 5.06 万平方米。全年教育经费投入 3500.16 万元，其中，国家拨款 151.29 万元、自筹经费 3348.87 万元。固定资产总值 14380.31 万元，其中，教学、科研仪器设备资产值 1778.41 万元。图书馆建筑面积 610 平方米，藏有纸质图书 19.25 万册、电子图书 0.4 万册。拥有计算机 927 台。学校网络信息点 200 个，校园网出口总带宽 100Mbps。拥有校内专业实训室 30 个、综合实训室 7 个，校外实训基地 14 个。设有三系一院，开设 15 个专业。教职工 133 人。专任教师 64 人，包括教授 3 人、副教授 21 人；博士 4 人、硕士 40 人。聘请校外教师 34 人。毕业生 570 人，其中，学历教育全日制高职生 509 人、非学历教育学生 61 人。招生 695 人，其中，学历教育全日制高职生 484 人、非学历教育学生 211 人。全日制学历高职教育高考招生北京地区提档线理科 120 分、文科 120 分。在校生 1681 人，其中，学历教育全日制普通高职生 1304 人、非学历教育学生 377 人。网址：www.csuedu.com。

2019 年，学校以教学计划诊改和推进课程思政建设为抓手，深化教育教学改革；以专业建设为龙头，推进校企合作产教融合；指导学生参加校内外职业技能竞赛等赛事活动，以赛促学、以赛促教取得新成果；以培育和践行社会主义核心价值观为主线，持续推进“提高学生满意度工程”，学生教育管理服务工作呈现新局面。

强化素质教育和劳动教育。凝练形成“团结向上、奉献社会”的志愿服务精神，持续开展服务房山国际长走大会和北京世园会、支教农民工子弟学校、服务孤寡老人等系列志愿服务活动。为传承中华社会大学优良传统，加强学生劳动教育，学校设立劳动课，先后与房山区东羊庄村和韩村河村共建劳动实践基地，定期组织学生参加劳动实践活动，弘扬劳动精神，教育引导学生崇尚劳动、热爱劳动。

5 月 28 日，经贸职院学生在北京世博园开展志愿服务

（经贸职院　供）

以赛促学、以赛促教取得新成果。全年近 500 名学生参加各类职业技能比赛，其中，参加 2019 北京市职业院校技能大赛 10 个竞赛项目，获得二等奖 3 项、三等奖 4 项；参加全国大学生英语竞赛北京地区竞赛，获得一等奖 1 项、二等奖 1 项、三等奖 1 项。

党建工作取得突出成效。切实把思想政治工作贯穿教育教学全过程，发挥思政课程、课程思政功能，推进社会主义核心价值观进课堂、进教材、进头脑。党建项目被评为全国民办学校首批党建特色项目，学校被授予“全国民办学校党建特色项目建设基地”。

庆祝新中国成立 70 周年。组织 400 余名学生参加“绿水青山”版块群众联欢活动。举办“我和我的祖国”主题艺术展，用 70 件作品展现新中国成立 70 年来取得的伟大成就及祖国蓬勃发展的生动画面。

（李爽　闫智敏）

北京经济技术职业学院

概述

2019 年，北京经济技术职业学院占地面积 22.37 万平方米，产权校舍建筑面积 8.81 万平方米、非产权校舍建筑面积 8.02 万平方米。全年教育经费投入 3735.68 万元，其中，国家拨款 202.86 万元、自筹经费 3532.82 万元。固定资产总值 21149.51 万元，其中，教学、科研仪器设备资产值 2169.23 万元。图书馆建筑面积 0.29 万平方米，藏有纸质图书 23.78 万册、电子图书 11.01 万册。拥有计算机 960 台。学校信息化经费投入 236.87 万元，信息化设备资产 228.65 万元，网络信息点 900 个，校园网出口总带宽 180Mbps，电子邮件系统用户 200 个，上网课程 27 门，数字资源量 1400GB，管理信息系统数据总量 80GB。拥有校内实训室 30 个，校外实训基地 34 个。设有 3 个二级学院，开设 15 个专科专业。教职工 97 人。专任教师 40 人，包括副教授 6 人。兼职教师 16 人，包括副教授 7 人。毕业生 388 人，全部为学历教育全日制专科（高职）生。招生 582 人，全部为学历教育全日制专科（高职）生。全日制学历教育高考招生北京地区提档线理科 159 分、文科 152 分。在校生 1268 人，全部为学历教育全日制专科（高职）生。网址：www.bibt.edu.cn。

2019 年，学校以推动工程师学院、技术技能大师工作室项目建设为抓手，进一步优化产教融合、校企协同育人机制；以“1+X”职业技能等级证书试点项目为切入点，创新人才培养模式，提高人才培养质量。

教育教学。系统修订人才培养方案，合理设计教学模块，加大选修课程比例。充分应用智慧职教平台、智慧树慕课平台，推进教学信息化建设。培育有趣、有用、有效“三有”课堂，探索模块化、项目式、案例式、混合式学习的课堂教学模式，提高课堂教学的吸引力和有效性。

专业建设。面向互联网融合创新人才需求、面向首都城市管理与服务品质提升领域紧缺人才需求、面向北京大兴国际机场人才需求、面向 2022 年冬奥会体育人才需求、面向北京市城市副中心影视文化旅游产业发展人才需求，统筹调整优化学校专业布局。学前教育专业经市教委批复，加入《北京市拓展中小学教师来源行动计划（2018—2022 年）》。老年服务与管理专业入选教育部“老年照护首批‘1+X’证书制度试点院校”。“智能财税”职业技能等级证书入选第二批“1+X”证书制度试点。

科研与学术成果。1 部教材入选北京市高等教育精品教材。获北京市高等学校青年教师社会调研成果一等奖 2 项、二等奖 5 项；北京市高等学校教育教学改革项目、北京市教育科学规划课题项目、教育部职业教育教指委相关立项 6 项；北京市高等职业院校教师教学能力大赛二等奖 1 项、三等奖 5 项。

立德树人。构建德智体美劳全面培养的教育体系，把立德树人融入思想道德教育、文化知识教育、社会实践教育各环节，开展全员、全方位、全过程育人活动。在第一课堂，结合课程构建“思政课＋课程思政”的大思政教育体系，把思政课“独奏”逐步走向“合奏”。在第二课堂，开设“爱国主义教育”大讲堂、大学生骨干班；成立“大学生文明使者团”，开展校园文明修身工程建设活动；依托“国学经典诵读班”“好女子学堂”等载体开展优秀传统文化教育和特色育人工作等。第八期“国学经典诵读班”60余人学习国学经典《群书治要》，感受中华传统文化的博大精深；第五期“好女子学堂”120余人学习茶道、香道、书法、生命教育等课程，实现女子的生命价值。同时，大力开展创新创业教育，参加第五届中国“互联网＋”大学生创新创业大赛北京赛区比赛获得一等奖1项、二等奖8项、三等奖59项，226名学生获奖。

（庄恒辉）

北京汇佳职业学院

概述

2019年，北京汇佳职业学院占地面积12.53万平方米，产权校舍建筑面积8.42万平方米。全年教育经费投入5136.60万元，其中，国家拨款166.06万元、自筹经费4970.54万元。固定资产总值9033.84万元，其中，教学、科研仪器设备资产值1635.57万元。图书馆建筑面积5745平方米，藏有纸质图书19.83万册、电子图书160GB。拥有计算机753台，多媒体教室51个。学校信息化经费投入338.42万元，信息化设备资产1238.13万元，网络信息点349个，校园网出口总带宽100Mbps。拥有校内实训室24个、校外实训基地42个。设有2个二级学院、2个系部、1个中心，开设15个专业。教职工134人。专任教师50人，包括教授1人、副教授20人。聘请校外教师66人。毕业生678人。全日制学历教育高考招生北京地区提档线理科150分、文科150分。招生522人。在校生1497人。网址：www.hju.net.cn。

2019年，学校坚持党的领导，坚持社会主义办学方向，加强党的政治建设和思想政治工作，引导教职工正确认识民办高职教育面临的严峻挑战，克服困难共度时艰，改革创新转型发展，促进民办高职教育在困境中奋力前行。

建设重点专业。形成“学前教育、影视动画、体育服务与管理”三大特色骨干专业群。

教育教学准职业化。深化职业教育改革，加强教育教学准职业化和学生管理准军事化“双特色”院校和骨干专业群建设。深化课程体系改革，以促进学生综合职业能力提升为目标，着重提升学生专业能力、方法能力及社会实践能力。深入贯彻现代学徒制改革精神，深化学生实践教学，规范实习实训活动，突出职教特色，加强产教结合。学前教育专业坚持“院园一体、滚动实训”，组织学生分批到汇佳幼儿园跟岗实训，分别在保教岗、助教岗、教师岗轮岗实训，接受全面锻炼。

一日生活准军事化。学校一日生活准军事化育人特色培养模式初显成效，从2019级新生入学就开始实施“准军事化”管理，将国防教育与职业教育有机融合，军事化特色活动与学院德育相互渗透，学生的身体素质、职业素养、学习习惯、行为习惯等都得到提高，形成“比文明、比学习、比技能水平、风清气正”的校园氛围。

（杨永琴）

北京科技经营管理学院

概述

2019年，北京科技经营管理学院占地面积7.91万平方米，产权校舍建筑面积8.16万平方米。全年教育经费投入3954.27万元，全部自筹。固定资产总值25543万元，其中，教学、科研仪器设备资产值1066.08万元。图书馆建筑面积680平方米，藏有纸质图书15万册。拥有计算机478台。学校信息化经费投入2.73万元，信息化设备资产626.75万元，网络信息点478个，校园网出口总带宽200Mbps，管理信息系统数据总量26GB。拥有校内专业实训室7个、综合实训室2个，校外实训基地21个。设有9个专业学院，开设7个专科专业。教职工77人。专任教师12人，包括教授1人、副教授2人。聘请校外教师54人，包括教授7人、副教授6人。毕业生1人，为学历教育全日制普通专科（高职）生。招生159人，其中，学历教育全日制普通专科（高职）生91人、非学历教育学生68人。全日制学历教育高考招生北京地区提档线理科120分、文科120分。在校生228人，其中，学历教育全日制普通专科（高职）生105人、非学历教育学生123人。网址：www.jgy1985.cn。

2019年，学校坚持以立德树人为根本，加强党建和思想政治工作；以产教深度融合、专业携手共建为核心，推进人才培养模式改革；以理实课程体系和职业能力建设为抓手，全面提升人才培养质量；以师资队伍建设为重点，建立结构合理的“双师型”队伍；以制度建设和严格管理为保障，创建平安和谐稳定校园；积极化解发展过程中的难题，重塑学校品牌和声誉。

以师德师风建设为核心，加强思想政治工作，深入开展做新时代“四有好老师”和“四个引路人”实践活动，评选校级“师德之星”，引导教师以德立身、以德立学、以德施教、以德育人，深入落实立德树人根本任务。

以教学工作为中心，以“重实际、抓实事、求实效”为教学工作基本原则，以培养学生创新精神和实践能力为重点，加强教务管理，深化教学改革，抓好教学督导，强化技能培养，促进产教融合，校企“双元”育人，全面提升教学质量。根据首都“四个中心”功能定位和经济社会发展，优化专业设置，调整专业方向，新增发展前景好、

9月26日，科技经营管理学院举办庆祝新中国成立70周年联欢会
（科技经营管理学院 供）

人才需求旺盛的专业。1月，“早期教育”专业获得教育部批准首次招生；12月，申报“戏剧影视表演”“飞机机电设备维修”专业获得市教委批准。

以五四运动100周年、新中国成立70周年为契机，开展爱国主义、集体主义、理想信念教育，以及世界观、人生观、社会主义核心价值观教育。组织师生观看纪念五四运动100周年大会、举办庆祝新中国成立70周年联欢会、参观“伟大历程 辉煌成就——庆祝中华人民共和国成立70周年大型成就展”等。

（李金华　赵彦平　翟树芳）

学生半军事化管理

2月开始，科技经营管理学院实行学生半军事化管理。学生半军事化管理包含军训、一日生活制度、内务卫生制度、学生风纪、日常管理制度、升旗仪式等内容，全体学生必须严格贯彻执行，做到令行禁止，整齐划一。

（李金华）

北京吉利学院

概述

2019年，北京吉利学院占地面积66.11万平方米，产权校舍建筑面积43.97万平方米。全年教育经费投入1295.42万元。固定资产总值86155.82万元，其中，教学、科研仪器设备资产值7552.80万元。图书馆建筑面积2.27万平方米，藏有纸质图书67.44万册。拥有计算机3481台，网络多媒体教室129个。学校信息化设备资产760.58万元，网络信息点2702个，互联网出口总带宽600Mbps，电子邮件系统用户451个，数字资源数据库3个，管理信息系统数据总量12GB。设有1个校区，5个二级学院，开设高职专业22个、本科专业29个。教职工321人。专任教师187人，包括正高级教授30人、副高级教授52人；博士14人、硕士84人；“双师型”教师42人。毕业生986人，其中，高职生668人、本科生318人。招生944人，其中，高职生494人、本科生450人。在校生3261人，其中，高职生1522人、本科生1739人。网址：www.bgu.edu.cn。

2019年，学校注重顶层设计，确立“建设高水平应用研究型大学”的办学目标，聚焦应用研究型本科教育教学体系建设，进一步深化教育教学改革，努力提高人才培养质量，注重引进和培养高水平师资。学校依托企业办学优势，形成自身办学特色，被市民政局评为AAAAA级社会组织。

专业建设。根据首都经济建设规划和汽车产业发展需求，围绕汽车技术、商贸管理、文化创意三大领域进行相关专业建设，获批新增知识产权、审计学、网络工程、广播电视编导、小学教育、国际经济与贸易6个专业，初步形成布局合理、结构优化、特色鲜明的多学科协调发展的专业体系。

人才培养。构建以三级教学督导为主体的教学质量保障体系，以职业岗位需求为标准的专业课程体系，以理论实践一体化为主体的教学形式，在专业建设、师资队伍、教研教改、教学条件、学科竞赛等方面形成“企业办校，产教融合”的鲜明特色，探索“校企合作、产教协同”的特色发展之路。学生参加中国第五届“互联网+”大学生创新创业大赛、全国大学生数学建模大赛、移动机器人大赛等市级以上比赛，本科组获奖21项、高职组获奖19项。

课程建设。坚持“以本为本”，推进回归常识、回归本分、回归初心、回归梦想“四个回归”，不断完善本科教学课程体系，探索和实践“金课”建设路径。两个项目入选2019年北京高等教育“本科教学改革创新项目”立项项目名单，两门课程获评“北京高校优质本科课程”，两个课件入选“北京高校优质本科教材课件”。

国际交流与合作。持续推进与英国华威大学、马来西亚UCSI大学、马来西亚DRB-HICOM汽车工业大学、北丹麦大学学院等国外高校的合作。全年派出国际交换生78人出境学习，接收来校学习交换生30人。学校出任“中国—东盟民办大学联盟”轮值副主席单位。

教育精准扶贫。全年面向山西、河北、陕西、贵州、四川、浙江、湖南、广西等省区资助贫困地区建档立卡家庭学生327人，采取免除全额学费、住宿费、享受学校其他奖助政策、优先安排勤工俭学岗位、毕业后全部推荐到吉利集团或其合作单位就业等多方面帮扶举措。继续对口帮扶山西省太原慈善职业技术学校，让更多贫困学生学习一技之长，实现脱贫就业。

12月，吉利学院健美操代表队获2019年中国校园啦啦操锦标赛普通院校组自选街舞啦啦操冠军 （吉利学院 供）

服务保障新中国成立70周年庆祝活动。学院为国庆联欢活动训练保障任务作出突出贡献，获得市委市政府颁发的“中华人民共和国成立70周年庆祝活动先进集体”荣誉。

（段岚岚 王晓燕 吕其永）

与马来西亚高校签约合作

1月10日和5月24日，吉利学院分别与马来西亚UCSI大学和DRB-HICOM汽车工业大学签约合作。与UCSI大学签订合作备忘录，启动交换生项目。与DRB-HICOM汽车工业大学签署合作协议，在共建汽车研究中心项目、开展汽车前沿技术研究和人才培训方面深入合作，在“一带一路”框架下共同推进汽车产业发展。

（孙国芳 吕其永）

与企业签约合作

12月19日和31日，吉利学院分别与丹麦盛宝银行和东软集团签约合作。与丹麦盛宝银行签约，开展高层次人才培养项目合作。与东软集团签约，实施产学合作协同育人“融媒体”“大数据新闻”项目，为东软集团提供更高水平专业人才，加快学校新媒体方向的发展。

（孙国芳 袁媛 吕其永）

首都师范大学科德学院

概述

2019年，首都师范大学科德学院占地面积28.27万平方米，产权校舍建筑面积16.91万平方米，河北易县实习实践基地99.83万平方米。全年教育经费投入32301万元，全部自筹。固定资产总值66346万元，其中，教学、科研仪器设备资产值7005万元。图书馆建筑面积1.08万平方米，藏有纸质图书52.89万册、电子图书1.20万册。拥有计算机1767台，网络多媒体教室92个。学校信息化经费投入669万元，信息化设备资产6883万元，网络信息点17000个，校园网出口总带宽4.88GB。拥有校内实训室28个，校外实践教学基地135个。设有4个学院，开设29个本科专业。教职工315人。专任教师196人，包括教授30人、副教授57人。毕业生925人，均为学历教育全日制普通本科生。招生971人。全日制学历教育高考招生北京地区提档线理科423分、文科480分，艺术理科295分、艺术文科335分。在校生3774人。网址：www.kdcnu.com。

2019年，学校以创新机制、落实立德树人为根本，以学生发展为中心，努力提高人才培养质量。继续深化全员育人成果，全面增强教师的人才培养能力，提高人才培养质量，培养具有全人格素养的应用型艺术人才。

在全人教育理念指导下，继续深入推动以导师制为核心的全员育人工作，推进教育教学改革，艺术设计学院的会展经济与管理专业被评为北京市一流本科专业。举办全国大学生无人机航拍竞赛，促进高校无人机航拍和无人机综合应用专业建设。

以学生发展为中心，推进“海外升硕，浸入式培养”特色项目。2019年，学校本硕直通项目开班6个，报名381人，项目累计总人数约500人，与上年相比实现里程碑式的跨越发展。同时开启第一批赴奥地利实践团，开辟学校国际化进程新篇章。

庆祝新中国成立70周年。47名师生参加新中国成立70周年庆祝活动，其中2名学生参与民兵方阵接受检阅。

（白静静）

国际女子书院成立

3月23日，科德学院召开国际女子书院成立大会。女子书院探索有利于女性发展的特色教育形式，培养具有宽阔国际视野、知性高雅的女性精英人才。同时制定特色课程方案“一个讲堂＋四个课堂”模式，“一个讲堂”是指外请专家负责的名师大讲堂，课程内容主要涉及女性文化研究、与女性相关的法律内容概论等；“四个课堂”分别是归真学堂、尽善学堂、臻美学堂和达知学堂。

（白静静）

建校十五周年暨转型发展十年办学成果展

10月，科德学院举办建校十五周年暨转型发展十年办学成果展。展览280平方米，以图文形式为主，包含前言、印象篇、成就篇、特色篇、尾声五部分，配有学校荣誉墙、校园沙盘、精选师生艺术作品等实物展，以及历届国际大学生微电影盛典、全国无人机航拍竞赛优秀获奖作品视频展映单元。展览记录学校成立15年来的发展历程及丰富成果，凝练学校办学精神及办学理念，在传承文脉、校史育人方面发挥重要作用。科德学院成立于2004年5月，是经教育部批准实施本科层次学历教育的新型全日制普通高等学校（独立学院）。

（白静静）

北京工商大学嘉华学院

概述

2019年，北京工商大学嘉华学院占地面积36.49万平方米，产权校舍建筑面积6.31万平方米、非产权校舍建筑面积5.93万平方米。全年教育经费投入26618万元。固定资产总值113526.52万元，其中，教学、科研仪器设备资产值4588.92万元。图书馆建筑面积1118.04平方米，藏有纸质图书61.38万册、电子图书84.84万册、电子期刊0.80万册。拥有教学用计算机2319台、平板电脑46台，网络多媒体教室53个。信息化设备资产值3823.75万元，网络信息点4005个（包括无线信息点1490个），校园网出口总带宽4.50GB，上网课程71门。设有4个教学单位，开设26个本科专业。教职工377人。专任教师230人，包括教授28人、副教授64人。聘请校外教师50人，包括教授10人、副教授19人。毕业生1041人，均为学历教育全日制普通本科生。招生968人，均为学历教育全日制普通本科生。全日制学历教育高考招生北京地区提档线理科423分、文科480分。在校生3729人，均为学历教育全日制普通本科生。网址：www.canvard.net.cn。

2019年，学校在新时代个性化、多样化的选择性高等教育大背景下，坚持高端化、国际化、个性化商学院的发展定位，推进教育教学改革，推进国际化进程。

教育教学方面。落实国际发展战略，推进教育教学改革。在全面坚持国家和学校整体教育教学改革指导思想的基础上，落实“学生忙起来、教师强起来、管理严起来、效果实起来”系统部署；教育教学改革主要内容包括改革人才培养体系、深化专业建设、启动课程群建设、强化实践教学环节、健全教学质量监控与评价体系、持续推进教育教学研究、建设高水平教师队伍与教学团队7项，重点工作包括提升课堂教学成果、提高教育教学的国际化水平、雅思教学改革、俱乐部式体育教学改革、素质平台课程改革、思政课程和课程思政建设6个方面。学校申报增设金融科技、软件工程2个本科专业获教育部批准。

国际化进程方面。与澳大利亚迪肯大学签署视觉传达设计专业“2+2”课程对接协议；与英国萨塞克斯大学签署“2+2”联合培养项目合作协议；与英国考文垂大学签署学分互认、联合培养、本硕直通合作协议。举办第二届嘉华国际教育展，英国萨塞克斯大学、亚伯大学、斯旺西大学、创意艺术大学等18所合作院校参展，共同为培养国际人才而努力。举办“一带一路”国际化人才培养高峰论坛，聘任多名国外教育教学专家为国际导师，邀请海外合作院校教育教学专家分享办学经验、共商人才培养方案、指导教学设计与科学研究、培养学生国际化素养。与联合国人口基金会共同举办两届“一带一路”青年领导力培训班，为学生打开与世界相通、与国际接轨的大门。通过该项目，学校3名学生分别参加联合国经社理事会论坛、中非人口论坛、国际人口与发展大会25周年内罗毕峰会等国际活动。

10月，嘉华学院举行“崇尚英雄 青春榜样”国庆受阅学生表彰及先进事迹报告会（嘉华学院 供）

创新创业方面。重视创新创业教育，“学院主导+课程引领+社团推动”的课内外贯通型教学模式成效显著。在教育部高等学校国家级实验教学示范中心联席会主办的第六届“学创杯”全国大学生创业综合模拟大赛中获得特等奖，获批成为该比赛下届全国总决赛承办高校。

庆祝新中国成立70周年。开展“不忘初心，牢记使命”庆祝新中国成立70周年主题教育系列活动，包括与世界著名男高音歌剧表演艺术家莫华伦合唱“我和我的祖国”千人快闪活动、组织党员及教职工参观平北抗日烈士纪念馆、2019 级全体新生千余人“共绘盛世中华鼓 共庆祖国七十载”活动、“不忘初心 牢记使命”主题党日、团日活动，以及“崇尚英雄 青春榜样”国庆受阅学生表彰及先进事迹报告会等，增强全校师生的民族责任意识、培养全校师生的爱国主义情怀。把主题教育活动贯穿到学校各项工作中，以主题活动推动学校立德树人根本任务的开展。

（彭士校）

首届英国赫尔大学语言中心暑期语言班

6 月至 8 月，嘉华学院举办首届英国赫尔大学语言中心暑期语言班。语言班有来自北京外国语大学、中央财经大学、中国人民大学、上海财经大学等 12 所院校的 42 名学生，根据学生的雅思成绩分为 8 周、12 周两种班次，6 名来自赫尔大学的资深语言教授为学生授课。学校于 2018 年 4 月与英国赫尔大学就在嘉华学院设立赫尔大学语言中心事宜达成一致意见，2019 年正式开班。参加该项目的学生可以近距离接触来自意愿学校的知名教授，了解赫尔大学和英国留学的更多信息，同时能在国内修习相关课程，替换学分。

（彭士校）

首届 CTED 创享大会

12 月 16 日，嘉华学院举办第一届 CTED 创享大会。CTED 即“嘉华：科技、经济、创意”（Canvard Technology, Economy, Design），每年年底举办，构建以学生为受众的分享平台，为学生提供展现自我、锻炼自我的机会。13 名学生经过海选脱颖而出，上台讲述自己的故事，包括“我的肯尼亚故事”“爱与未来”“谁的青春不迷茫，志愿之路助你寻找方向”等 13 个不同主题。诺贝尔经济学奖获得者埃里克 · 马斯金、学校校长与 13 名演讲者共同为创享大会揭幕。

（彭士校）

12 月 16 日，嘉华学院首届 CTED 创享大会

（嘉华学院 供）

北京科技职业学院

概述

2019 年，北京科技职业学院占地面积 113.09 万平方米，产权校舍建筑面积 69.56 万平方米、非产权校舍建筑面积 4.14 万平方米。全年教育经费投入 1032 万元，全部自筹。固定资产总值 155533.13 万元，其中，教学、科研仪器设备资产值 8584.56 万元。图书馆建筑面积 3.60 万平方米，藏有纸质图书 115.90 万册。拥有计算机 1396 台，网络多媒体教室 90 个。年度信息化经费投入 89 万元，信息化设备资产 1052.50 万元，网络信息点 4380 个，校园网接入互联网出口总带宽 430Mbps，电子邮件系统用户 300 个，上网课程 12 门，数字资源量 4814GB，管理信息系统数据总量 1590GB。拥有校内实践基地 51 个，校外实习实训基地 38 个。设有 5 个二级学院，开设 24 个专科（高职）专业。教职工 228 人。专任教师 105 人，包括教授 7 人、副教授 23 人。聘请校外教师 32 人，包括教授 4 人、副教授 11 人。毕业生 784 人，其中，学历教育全日制专科（高职）生 437 人、培训生 347 人。招生 780 人，其中，学历教育全日制普通专科（高职）生 348 人、非学历教育学生 432 人。全日制学历教育高考招生北京地区提档线理科 150 分、文科 150 分。在校生 2217 人，其中，学历教育全日制普通专科（高职）生 1124 人、培训生 1093 人。网址：www.5aaa.com。

2019 年，学校坚持“北京需要、产教融合、质量特色、精专发展”办学方略，服务北京需要，开启“产教融合、以企育校”发展路径。

大力开展“产教融合、以企育校”。以企业管理模式、生产流程、优质产品的先进性指导专业“教与学”，使学生在校内仿真和校外真实的工作环境中，潜移默化的完成职业塑造。24 个专业与 58 家企业开展产教融合合作，企业接纳学生实习实训 53289 人次。

加强专业和课程建设。面向现代服务业、文化创意产业、电子信息产业、建筑业及国际教育产业五个领域，形成科技、人文、艺术及国际教育四个专业群，把学前教育、电子商务和云计算技术与应用三个专业作为学校重点建设专业。申报新增“无人机应用技术”“民航安全技术管理”两个专业获市教委批准。推动“一院一品”建设，即一个二级学院至少建设一个特色精品专业。确定每周五为全校教研日，固定于每周五下午开展全校教研活动，促进教师成长。举行 27 次教研日活动，有效开展教师课堂授课技能大赛、名师名课评选——磨课工坊、青年教师基本功大赛、微课制作评优等“十大赛事”，加强“金课”评选，推动学校课程建设及课堂教学改革向纵深发展。

加强教师和人才队伍建设。学校入选北京市职业院校教师素质提升计划之专业带头人培养项目 1 人、北京市教学名师 2 人、市级骨干教师 8 人。推动教师走进企业在岗锻炼，实现向“双师型”教师转变。以赛促研、以研促练，推进教师教学和科研能力提升，主编、参编教材5本、著作2部，在各类期刊发表科研论文39篇，科研课题结题2项、申报成功2项。

服务“一带一路”，提升区域教育影响力。与国家外国专家局、北京华夏文化交流促进会、北京外国语大学、欧美亚教育联盟、国仕资本等机构强强联合，运用互联网思维和“引进来，走出去”的合作模式，以“八达岭”国际小镇建设为基础，推动“一带一路”沿线国家文化深度融合，携手促进各国职业教育发展，全面提升区域教育影响力。

5月10日，北科院开展“磨课工坊”活动，教师展示“英语歌曲”课堂教学 （北科院 供）

（王霞）

教师“磨课工坊”活动

4月19日，北科院启动教师“磨课工坊”活动。活动历时3个月，60名教师开展“磨课”展示。来自不同学院、不同专业的教师挑选自己所授课程中最有心得的部分展示，将平时积累的教学经验经反复推敲后在课堂上呈现，取得较好的教学效果。

（何兴安）

智慧亚欧无人机应用工程师学院揭牌和产教融合签约

10月22日，北科院举行智慧亚欧无人机应用工程师学院揭牌和产教融合签约仪式。学校与北京智慧亚欧教育科技有限公司联合举办产教融合协同发展研讨会，为智慧亚欧无人机应用工程师学院揭牌。学校与延庆区人力社保局签署培训框架合作协议、与中兴智联（北京）科技有限公司签订国家北斗应用人才培养协议、与北京联通签订基于5G技术的无人机应用开发及专项人才培养协议、与北京航天微电科技有限公司签订空气质量无人机航测及人员管理培训协议、与中国银行延庆支行签订战略合作协议、与中国电信上海分公司签订无人机应用工程师在线教学培训协议、与UWEE欧美亚教育联盟签订无人机国际人才联合培养协议、与北京坤榑科技有限公司签订无人机市场开发及专项人才培养协议等。

（林华良）

“1+X”技能等级证书完成首次考核鉴定

12月21日和28日，北科院完成两项“1+X”技能等级证书考评鉴定工作。技术应用学院工程造价专业12名学生到北京工业职业技术学院完成“BIM建筑信息模型”证书的考核鉴定。学校作为“Web前端技术”等级证书的试点及考点院校，首次在校内进行该证书的考核鉴定工作，36名学生参加。学校将持续推进“1+X”证书制度试点与专业建设、课程建设、教师队伍建设紧密结合，推进“1”和“X”有机衔接，提升职业教育质量和学生就业能力。

（何兴安）

北京培黎职业学院

概述

2019年，北京培黎职业学院占地面积10万平方米，产权校舍建筑面积8.91万平方米、非产权校舍建筑面积6.20万平方米。全年教育经费投入686万元，全部自筹。固定资产总值6817万元，其中，教学、科研仪器设备资产值2154.04万元。图书馆建筑面积0.83万平方米，藏有纸质图书34.11万册、电子图书5.60万册、电子期刊0.12万册。拥有计算机1690台。网络信息点36个，上网课程28门，管理信息系统数据总量145GB。拥有校内专业实训室51个，校外实训基地58个。教职工210人。专任教师79人，包括教授3人、副教授19人。聘请校外教师63人，包括教授1人、副教授7人。毕业生597人。招生716人。全日制学历教育高考招生北京地区提档线理科158分、文科143分。在校生1926人。网址：www.bjpldx.edu.cn。

2019年，学校完成新一届董事会换届工作。完善党建工作机制，加强党委对学校工作的指导作用，党建工作与学校转型发展和教育教学工作相互渗透、相互促进。11月8日，学院工会加入海淀区教育工会，成为海淀区教育工会的会员单位。

深入学习贯彻习近平给学校的回信精神，积极推进学院转型发展。打造高等职业教育国际人才培养基地，与日本、西班牙等多个国家高校建立校际合作关系。以转变观念、拓宽国际化视野为重点，加强国际交流互访。组织 70 余名教育教学和管理骨干分 11 个考察组赴英国、西班牙、日本、美国等国家 10 余所高校交流学习，借鉴国际先进的教学理念与管理经验。

深化教育教学改革，国际化人才培养改革取得新突破。开展“国内 + 国际”双培养的教学模式改革，推进“高端化、特色化、国际化”的职业人才培养，促进国际高等职业教育人才培养基地建设。以培养国际化高素质技术技能型人才为目标，设置课程体系，开设国际素养课程模块，打通国内与国外课程的衔接通道，加强对学生国际交流能力的培养，注重打造职业教育教学领域的国际化，在国际交流合作中促进专业人才培养方案的共建共享。深化课程内涵建设，坚持“四维合一、德技并修、理实一体”的职业教育课程体系，把学生德技并修的培养目标贯彻到各类教育活动中。以职业技能培养为主线，将技能竞赛与实践教学和第二课堂相融合，面向全校学生开放竞赛实践教学项目，2018—2019 学年有 69 名学生在 13 项市级及以上竞赛中获得奖励。2 人获“北京市三好学生”称号，2 人获“北京市优秀学生干部”称号。

创新学生管理模式，助力学生全面发展、健康成才。继续深入推进“大学生服务与实践教育”“青春护照”实践课程，培养学生具有“爱、良知、责任”的培黎品格，提升学生的责任意识和服务社会能力。

（刘艳）

“1+X”证书制度汽车专业领域试点院校首次试考评

4 月 22 日，培黎职院国际商务系申报“1+X”证书制度汽车专业领域试点院校试考评——汽车营销评估与金融保险服务技术（初级）获得教育部职业技术教育中心研究所批准。12 月 28 日至 29 日，举行首次试考评，14 名学生完成每人 200 分钟 4 个项目的考核。学校结合实际，落实“1+X”证书制度的模块化学习和考核，并将其与学生所学科目、所学内容相结合，弹性管理教学和考核教学效果。

（刘艳）

校社合作共建北京市社会组织财税人才基地

9 月 24 日，培黎职院与北京知诚社会组织众扶发展促进会合作共建北京市社会组织财税人才基地。学校与社会组织合作实施社会组织财税人才项目，提升会计专业的职业教育社会服务能力，帮助学生在专业学习过程中塑造职业素质、开展职业规划，实现课堂教学内容的有用、有趣、有效。为使财税人才培养工作适应“共享财务”需要，北京知诚社会组织众扶发展促进会向学院捐赠价值 36 万元的“知诚社会组织财税一体化管理系统”。

（刘艳）

北京邮电大学世纪学院

概述

2019 年，北京邮电大学世纪学院占地面积 33.30 万平方米，非产权校舍建筑面积 14.89 万平方米。全年教育经费投入 2343.71 万元，全部自筹。固定资产总值 11183.20 万元，其中，教学、科研仪器设备资产值 6871.46 万元。图书馆建筑面积 1.51 万平方米，藏有纸质图书 67.26 万册、电子图书 31.23 万册、电子期刊 4.19 万册、学位论文 5.91 万册、音视频 314 小时。拥有计算机 2859 台。学校网络信息点 5000 个，上网课程 78 门，电子邮件系统用户 495 个，管理信息系统数据总量 950GB。设有 1 个校区，7 个院系部。开设 16 个本科专业，覆盖 4 个学科门类。拥有校内专业实训室 70 个、综合实训室 20 个，校外实训基地 157 个。教职工 412 人。专任教师 278 人，包括教授 27 人、副教授 68 人。聘请校外教师 37 人，包括教授 1 人、副教授 11 人。毕业生 1151 人，全部为学历教育全日制普通本科生。招生 1272 人，全部为学历教育全日制普通本科生。全日制学历教育高考招生北京地区提档线理科 419 分、文科 476 分。在校生 5028 人，全部为学历教育全日制普通本科生。网址：www.ccbupt.cn。

2019 年，学校大力实施人才优先战略，以提高本科教学质量为主题，全面推进教育教学改革，提升学院核心竞争力；利用世园会与冬奥会契机，服务区域和社会能力更加突出，社会影响力不断扩大。

教学改革持续深化。与华为信息科技有限公司共建华为信息与网络技术学院。获批加入 CDIO 工程教育联盟。完成《2019 本科教学人才培养方案》修订。通过试点专业第二次中期检查，完成考核方式改革。制定辅修专业管理办法，开设辅修专业。物联网工程专业被评为北京市级一流本科专业。

科研工作深入开展。承接的两项国家科技支撑计划课题通过课题级验收；新增纵向课题 2 项、横项课题 4 项。与中国移动咪咕文化科技有限公司成立“北邮—咪咕文化”数字文化共性技术联合实验室。立项 1 套国际标准；发表论文 48 篇；获批专利、软件著作权 23 项；编写教材专著 3 部。

师资队伍建设得到强化。制定师德师风相关管理办法及实施细则，开展师德师风建设年工作；启动“优秀人才支持计划”。组织教职工参加各类培训 233 人次。1 名教师获北京青年教学名师奖，1 名辅导员入选全国民办高校辅导员工作高峰论坛“优秀辅导员”；首次参加北京市青年教师教学基本功大赛，1 名教师获 B 组三等奖。

国际合作与交流广泛开展。加快推进国际合作进程，拓展完善合作办学项目，与英国、美国、西班牙、加拿大等国家大学签署 7 个校际合作协议或备忘录。

创新创业教育蓬勃开展。举办第四届“互联网 +”大学生创新创业大赛，在第五届“互联网 +”创新创业大赛北京赛区中获奖 20 个项目。继续加大对大学生创新基地的支撑力度，不定期召开工作推进会，以基地为平台，打造多维创新环境，年度产出成果丰硕。

学生竞赛成果突出。学生参加国际大学生数学建模竞赛、全国大学生电子设计竞赛等各类比赛，获得国际奖项15项、国家级奖项1项、省部级奖项86项。国旗护卫队获得第十届北京高校国旗护卫队检阅式决赛一等奖、最佳旗手奖。

服务社会职能不断深化。成为延庆区冬奥世园志愿者培训基地，为2019年北京世园会累计贡献1.20万人次的服务保障力量。与驻地村镇共建活动蓬勃开展，以“互联网+”思维为延庆区张山营镇农民推广农副产品，做到精准扶贫并获赠锦旗。

（赵珊珊）

校企共建华为信息与网络技术学院

10月，世纪学院与华为技术有限公司共建的华为信息与网络技术学院揭牌。华为信息与网络技术学院设在学院通信与信息工程系，其成立有助于充分发挥校企双方资源优势，在人才培养、课程嵌入、师资培训、实验室建设、认证培训、就业服务等方面展开深入合作，标志着世纪学院在产教融合、校企合作培养高质量通信与信息技术领域技能型人才的道路上迈出新步伐。

（赵珊珊）

北京工业大学耿丹学院

概述

2019年，北京工业大学耿丹学院占地面积32.20万平方米，产权校舍建筑面积21.75万平方米、非产权校舍建筑面积0.92万平方米。全年教育经费投入5179.65万元，全部自筹。固定资产总值46624万元，其中，教学、科研仪器设备资产值5490万元。图书馆建筑面积1.08万平方米，藏有纸质图书72.20万册、电子图书140万册、电子期刊20万册、学位论文1.30万册、音视频800小时。拥有计算机4200台。网络信息点10080个，上网课程40门，电子邮件系统用户3328个，管理信息系统数据总量60GB。学校设置4个院（系、部），开设26个本科专业，覆盖6个学科门类。拥有校内专业实训室80个、综合实训室116个，校外实训基地155个。教职工329人。专任教师229人，包括教授21人、副教授68人。聘请校外教师116人，包括教授12人、副教授15人。毕业生13047人，均为学历教育全日制普通本科生。招生1274人，均为学历教育全日制普通本科生。全日制学历教育高考招生北京地区提档线理科423分、文科480分。在校生4988人，均为学历教育全日制普通本科生。网址：www.gengdan.cn。

耿丹学院对专业教师进行国际化培养

（耿丹学院　供）

2019年，学校加强教学质量体系建设，提升办学质量水平。

适应行业需求，调整学科专业布局。根据区域产业需求，促进专业链与产业链、创新链有机衔接，动态调整专业结构，强化内涵建设，突出专业特色。新增应用心理学专业，数字媒体技术专业由大类招生改为独立专业招生，停招体育经济与管理、英语、公共事业管理、物联网工程4个专业。

加强专业融合，培养复合应用型人才。重视跨专业融合，打造专业群与产业链的对接，培养学生适应产业转型发展的核心竞争力。工业设计专业和产品设计专业共同开展的以交通工具设计为主线的跨学科联合培养项目已经开展两届，产品功能的工业设计和产品外观的产品设计融合到一起，是该项目正在实践的专业融合目标。计算机科学与技术、物联网工程、国际经济与贸易专业学生共同参加商业编程类的暑期工作坊，通过不同专业的学生在工作坊中承担不同的角色和任务，让学生体验跨学科、跨专业的融合。工学院与人文学院展开学科交叉的合作，吸引印度等国家的学生到人文学院学习汉语言和中国传统文化，同时，人文学院相关专业也在探讨与工学院的机械设计制造及自动化专业、计算机科学与技术专业的合作，依托与科大讯飞股份有限公司的合作，建立人工智能在人文类专业的融合与合作。

深化校企合作，拓宽多元实践平台。与国内外院校及战略新兴企业共同建设产教深度融合、多元合作、知行合一、理实一体的专业教学、创新创业、服务社会的平台，实现多方共建共享，在产教深度融合中提升教学能力和服务水平。学校与广东省顺德创新设计研究院共同成立耿丹顺德创新设计学院；与科大讯飞股份有限公司合作建立人工智能实验室；建筑学专业与企业共建共享广智营造工作室和古建筑展厅；与北京比目鱼信息科技有限责任公司共建耿丹 BIM 学院；引进中外艺术家和知名企业专家建立日式手绘动漫工作室、数字艺术中心、游戏校企合作实训基地、动作捕捉实验室等；教师科研团队带领学生服务学校建设，中外师生共同设计、建设工程创新中心、交通工具实验室等，提供双创教育平台及孵化器，为教学改革搭建平台。

实施小班授课，开展探究式教学。打造适合学院师生特点的小班授课模式，教师通过开展探究式教学走到学生中间，与学生充分探讨和交流。学生自由组合，根据个人所长承担不同的角色，完成不同的任务。通过师生交流互动和学生团队合作，有效引导学生发现问题、思考问题、解决问题，同时提升学生在学习、协调、组织和协作等方面的能力。

加强师资培训，建设国际化教师队伍。学校在大力引进海外教师资源的同时，重视对原有教师和管理人员的国际化培养。选派二级学院骨干教师、行政教辅 120 余人分别赴以色列、美国、芬兰三国的大学及教育机构考察学习，与发达国家院校交流学习，并应用到学院的教学方法改革与人才培养模式探索中。

庆祝新中国成立 70 周年。学院 116 名师生参加庆祝新中国成立 70 周年群众游行“建国伟业”方阵。先后开展主题教育 10 余次，获得主题教育优秀表彰 2 次、各级训练管理表彰 2 次。

（管书艳）

耿丹国际教育创新论坛

4 月 13 日，耿丹学院举办 2019 耿丹国际教育创新论坛。论坛围绕“融合、创新”主题，就“构建创新创业教育生态系统”“共建中学、大学、产业、跨国协同育人系统”“互联网时代的教育新范式”等多项内容探讨和交流。来自中国、以色列、爱尔兰、美国、印度等多个国家的权威教育专家，知名大学校长、学者，知名企业高管和 10 余所中国高中校长等近 400 人参加论坛。

（管书艳）

北京艺术传媒职业学院

概述

2019 年，北京艺术传媒职业学院占地面积 14.12 万平方米，产权校舍建筑面积 4.97 万平方米、非产权校舍建筑面积 0.50 万平方米。全年教育经费投入 28.10 万元，其中，国家拨款 5.20 万元、自筹经费 22.90 万元。固定资产总值 1471 万元，其中，教学、科研仪器设备资产值 772 万元。图书馆建筑面积 0.17 万平方米，藏有纸质图书 10 万册、电子图书 20 万册。拥有计算机 1043 台，多媒体教室 12 个。学校信息化经费投入 120 万元，信息化设备资产 605 万元，网络信息点 15 个，校园网出口总带宽 200Mbps，电子邮件系统用户 200 个，上网课程 2 门，数字资源量 500GB，管理信息系统数据总量 200GB。拥有校内专业实训室 10 个、综合实训室 6 个，校内实训基地 1 个。设有 12 个院，开设 25 个专科专业及方向。教职工 120 人。专任教师 80 人，包括教授 14 人、副教授 12 人。聘请校外教师 10 人。毕业生 65 人。招生 53 人。在校生 208 人。网址：www.bjamu.cn。

2019 年，学校坚持“公益、诚信、规范、特色”的办学方针和“精准扶贫”的公益实践。2016 级“播种班”学生毕业，赠送学院“精准扶贫 造福人民”和“春雨润物 明德育才 泽流及远 千里思源”锦旗。

完善内部治理结构。将党组织建设纳入学院章程，落实党组织在学院组织结构中的重要地位。重视思想政治教育，积极领导德育工作。成立思想政治工作领导小组，加大国旗班、广播台等社团的建设力度，推出“北艺新闻”“习语专栏”等专题节目；制定《加强和改进大学生思想政治教育工作实施意见》，总结思想政治教育工作经验，落实立德树人的责任；聘请专业教师、教授为学生讲授思想政治课和中国传统文化，着力培养和践行社会主义核心价值观，实践“以德治教、育人为本”的办学理念。

（吴博）

北京第二外国语学院中瑞酒店管理学院

概述

2019 年，北京第二外国语学院中瑞酒店管理学院占地面积 17.65 万平方米，学校产权校舍建筑面积 8.99 万平方米。全年教育经费投入 1.20 亿元，其中，国家拨款 0.01 亿元、自筹经费 1.19 亿元。固定资产总值 2.96 亿元，其中，教学、科研仪器设备资产值 3264 万元。图书馆建筑面积 7295.91 平方米，藏有纸质图书 31 万册、电子图书 2.17 万册，有单独建设的行业特色文献资料库 1 个。拥有计算机 726 台。学校信息化经费投入 300 万元，信息化设备资产 1479 万元，网络信息点 6000 个，校园网出口总带宽 2000Mbps，电子邮件系统用户 11000 个，教学资源量 40TB，管理信息系统数据总量 7000GB。开设酒店管理 1 个专业，设有品酒实验室、中西食品制作实验室、多媒体实验室、语音实验室和计算机中心。教职工 325 人。专任教师 175 人，包括副高级及以上专业技术职务 51 人；兼职教师 10 人，包括副高级及以上专业技术职务 8 人。毕业生 790 人。招生 772 人。全日制学历教育高考招生北京地区提档线理科 393 分、文科 450 分。在校生 3093 人。网址：www.bhi.edu.cn。

2019 年，学校在党的建设、人才培养、教学改革和创新、科研、学生服务和发展、服务业界等方面不断探索和改革，各项工作稳步推进。

不忘初心，立德树人。将党建工作与学院中心工作和学院事业发展结合，落实“两学一做”制度化、常态化，推进党建工作提质增效。4月成立督察督办办公室，印发督察督办工作制度，及时解决热点难点问题。“以德为先”，全面推进师德师风建设管理，组织全体教职工开展师德师风建设警示教育、学习相关制度，签署坚守纪律底线承诺书。“未诉即办”，畅通校内渠道，全面提升为师生服务水平和民主办学水平。

主动谋划，德才并育。持续推进教学改革，提高人才培养质量。成立教学指导委员会，对标世界名校，全面指导人才培养方案修订和课程改革的调整方向，确保人才培养质量。打造核心课程，以强化职业素养教育为目标，将“职业素养相关案例”“实习反馈的需补充的知识点”“酒店最新技术和发展动态”植入所有课堂。邀请行业专家到校进行教学植入，通过讲座等形式将前沿话题引入课堂，提升课程的专业层次和教学品质。

依托活动，突出特色。举办“环球厨神·国际挑战赛2019”总决赛，参与嘉宾3000余人次；举办第二届全球酒店业未来领袖高峰论坛，国内外22所酒店管理类院校77名选手参与；举办2019酒店评论人才发展论坛，聚焦行业热点问题；举办第一届京津冀职业院校专业建设研讨会；与业界联合举办摆台大赛、铺床大赛、商务英语创意演示大赛等，拓展师生对酒店业的了解和参与程度。

多措并举，加强师资队伍建设。将社会主义核心价值观教育融入教师职前培养、职后培训和管理的全过程，推动制定新时期教师职业行为规范、师德考核办法，将师德表现作为教师聘任、考核、评价的首要内容。健全职称层级，对教师的评价转向专业能力和育人能力并举。组织完成师德考核工作。鼓励教师研究、创新、改革教学，跟踪业界发展前沿，构建明星教学团队。深化中瑞原创的教师“5H”认证培训体系。“旅游酒店教师5H认证培训”获批为2019年市教委高等教育“本科教学改革创新项目”。

深化交流，拓宽合作空间。拓展国际化办学圈，与日本帝京大学签署健康服务与管理项目合作协议，与瑞士酒店管理教育集团签署学术战略与人才培养合作协议。完成6名留学生和2名港澳台侨学生的招生、考试、录取工作。与日本、瑞士、美国的7所大学签订合作协议，合作院校覆盖13个国家和地区的29所大学。

构建社会服务平台，彰显大学使命。以服务行业为目标，为多行业、领域提供培训服务；完成《2019年中国酒店人力资源调查问卷》，开展“高星级酒店宾客体验问题梳理与质量提升”等科研项目。开展中学进校园活动7次、校园开放日活动1次，帮助家长、学生更直观地了解酒店专业。发挥专业优势，为国家大型活动提供志愿服务，529人次学生参与中国网球公开赛、亚洲文明对话大会等活动服务。3名学生参加庆祝新中国成立70周年阅兵活动预备役方队。

坚持道路自信，践行特色校园文化。开启校园文化建设2.0版本，以“家和文化”“走心文化”“育人文化”为主题开展校园文化建设工作，通过建设公寓文化、班级文化、集体文化、社团文化，丰富校园文化内容。举办宿舍文化大赛、抖音大赛、感恩父母活动、美食节、心理健康月、读书日活动等10余次。开展师生“瑞·悦”成长季特色校园活动，打造兴趣班和精品社团，培养引导师生每人都有一个兴趣爱好和运动。

（摆志靖）

改革开放40周年北京酒店业发展主题展

11月4日至12月5日，中瑞学院举办“改革开放40周年北京酒店业发展主题展”。展览为学院原创，从酒店业标志性事件、酒店业标准规范、行业人物、酒店教育4个方面回顾改革开放40年间北京酒店业发展情况。展览期间，北京酒店行业代表、学院师生5000人次参观展览。

（李兵）

首届创意摆台大赛

11月20日，中瑞学院举办“北京饭店杯”首届创意摆台大赛。40余名学生参加比赛，12人进入决赛，现场邀请业界嘉宾及学院专业教师作为评委，评出一等奖2人、二等奖2人、三等奖2人。通过比赛，锻炼学生的动手动脑能力，增强学生主动贴近酒店、了解当下客户需求新趋势的意识。

（俞为民）

北京网络职业学院

概述

2019年，北京网络职业学院占地面积20.01万平方米，非产权校舍建筑面积9.09万平方米。全年教育经费投入1695万元，全部自筹。固定资产总值4350万元，其中，教学、科研仪器设备资产值1843万元。临时图书馆建筑面积1500平方米，藏有纸质图书12万册。拥有计算机502台，网络多媒体教室125个。学校信息化经费投入1893万元，信息化设备资产1893万元，网络信息点4000个，校园网出口总带宽900Mbps，数字资源量1000GB，管理信息系统数据总量20GB。设有1个校区，5个系部，2个培训实训中心，开设11个专业。教职工122人。专任教师36人，包括教授及教授级高级工程师2人、副教授及高级工程师3人；硕士12人；“双师型”教师28人。聘请校外教师94人。毕业生32人。招生339人，均为高职生。高考北京地区提档线理科150分、文科150分，单考单招150分。在校生2454人，其中，高职生712人、非学历一年制培训生1742人。网址：www.bjwlxy.org.cn。

2019年，学校最后一批以前身“中国信息大学”名称招收的66名学生毕业，以“中国信息大学”名义开展的活动包括对外交流和宣传、对内财务运行等，于9月全部终止。

学校以“立德树人”为根本，坚持“全员育人、全程育人、全方位育人”教育理念，推进思政教育进课堂、进教材、进头脑，带领全校师生以庆祝新中国成立 70 周年为主线，举办“我和我的祖国”大合唱、诗朗诵、征文比赛、参观红色教育基地等系列活动，推动学校各项事业平稳有序发展。

优化和调整专业设置。设立专业优化委员会。通过总结办学实践经验，多次开展教育教学改革研讨，修订并提出设置专业（群）必须遵守需求性、可行性、共享性、定位性四个原则，结束什么好招生就开什么专业的无序状态。整合学校师资、实训条件、场所，使专业之间充分共享人、财、物等教学资源，提高办学效益。

以精品课程建设为引导，全面推进课堂教学改革。推进校级精品课程建设，改革和探索适应高职专业人才培养所需要的教学内容、教学方法、教学手段和测评方法，全面提升教学水平。举办教学观摩、教学比赛等活动，为教师提供相互学习和借鉴的平台，全校 83% 的教师主动参加教学观摩和教学比赛活动，收到良好效果。全年学校获省部级以上奖项 4 项 8 人次，包括 1 人获“第 14 届北京市高校教学名师暨第二届市高校青年教学名师”称号、2 人获“北京市优秀青年骨干教师”称号。

配合做好疏解“非首都功能”工作。压缩学校用房和活动空间，为北京卫生职业学院迁址提供过渡性办学条件。逐步压缩京外招生指标，扩大京籍生源比例，扭转依赖京外招生的局面。逐年减少非京籍工勤人员，至年底，学校工勤人员全部为京籍人员。

（黄明玥）

专业优化委员会设立

8 月，网络职院设立专业优化委员会。专业优化委员会有委员 7 人，由学院董事 2 人、院长 1 人、主管教学副院长 1 人、教务处长 1 人和学科带头人 2 人组成，工作职责为做好调查研究，把握好社会对人才的需求，为构建适宜的专业体系提供充分依据；制定科学的、符合学校实际情况的专业优化行动方案；制定满足高职教育要求的、具有特色的示范专业的人才培养方案，校内外实践教学环境建设行动方案，专业师资队伍建设行动方案等；在优化专业设置的基础上，提出改进培养过程和教学方法的行动计划和路线图。至年底，学校经市教委批准备案的专业 11 个，包括 2019 年招生的专业 7 个。

（黄明玥）

民办高等教育机构选介

北京现代音乐研修学院

2019 年，北京现代音乐研修学院占地面积 3.60 万平方米，产权校舍建筑面积 7.02 万平方米。全年教育经费投入 12453.10 万元，全部自筹。固定资产总值 20157.69 万元，其中，教学、科研仪器设备资产值 4974.41 万元。图书馆建筑面积 0.15 万平方米，藏有纸质图书 11.76 万册、电子图书 20 万册。拥有计算机 429 台，网络多媒体教室 15 个。学校信息化经费投入 34 万元，信息化设备资产 773 万元，网络信息点 1117 个，校园网出口总带宽 200Mbps，电子邮件系统用户 682 个，数字资源量 4600GB，管理信息系统数据总量 15GB。拥有国际标准琴房 350 间、舞蹈练功房 32 间、音频工作站 8 个、视频工作站 6 个、苹果教室 2 间、MIDI 工作室和双排键工作室 16 个，以及影视节目制作中心、动画制作中心、电子图书馆和网络管理中心。设有 6 个系，开设 22 个专业。教职工 736 人，包括专任教师 269 人、兼职教师 101 人。结业生 923 人。招生 1305 人。在校生 4230 人。网址：www.bjcma.com。

2019 年，学校持续增强党建引领。开展“戴党徽、亮身份、树形象、做表率”活动和“不忘初心，牢记使命”主题教育活动。设立“党员先锋示范岗”，形成“比学习、比师德、比奉献、比品质”的良好校风。

5 月 23 日，北音原创音乐剧《天地运河情》2019 年第二轮全国巡演在北京世纪剧院举行（北音　供）

营造良好教学生态环境。强化教师课程质量和学生实践能力。教师发表论文 55 篇。持续开展“公开课”评比活动，组织 70 名教师推展 83 节公开课。完成“古典舞身韵”等精品课验收、结题工作。完成教学实践活动 8320 课时。形成“专业课教学—教学实践活动—专业课教学”的良性循环。

深化德育教育体系。转变工作职能，提高学生管理水平，组织禁毒、防艾、消防、控烟等安全讲座和消防演练等活动 40 余次，开展辅导员岗位培训 12 场次，组织志愿者活动 40 次、社团活动 36 次、大型学生活动 7 场次、团课培训 5 场次。完善学生公寓标准和外住生网格化管理。全年参与专业培训 300 余人次。

产学研创融合发展。5 月，学校原创大型历史传奇音乐剧《天地运河情》完成北京地区巡演，3 万余名观众走进剧场，感受运河历史文化。此剧目作为“国家艺术基金”和“北京艺术基金”双支持剧目，实现两项文化遗产的世纪交融，更是习近平视察通州发表讲话一年后推出的首部描绘大运河的舞台艺术作品。

庆祝新中国成立 70 周年。完成庆祝新中国成立 70 周年群众游行任务；先后组织中心联欢表演区 105 人、“中华文化”方阵 130 人、城市副中心游行方阵 200 人参与活动。

（王晖）

北京工商管理专修学院

2019 年，北京工商管理专修学院占地面积 5.30 万平方米，产权校舍建筑面积 7.69 万平方米。全年教育经费投入 3047.70 万元，全部自筹。固定资产总值 19328 万元，其中，教学、科研仪器设备资产值 556.92 万元。图书馆建筑面积 1876.50 平方米，藏有纸质图书 8157 册。拥有计算机 853 台。学校信息化经费投入 66.08 万元，信息化设备资产 64.27 万元，网络信息点 222 个，校园网出口总带宽 800Mbps，电子邮件系统用户 90 个，上网课程 168 门，数字资源量 40GB，管理信息系统数据总量 14GB。拥有校内专业实训室 8 个、综合实训室 2 个。设有 7 个二级学院，开设 8 个专业。教职工 314 人。专任教师 107 人。结业生 742 人。招生 1594 人。在校生 3096 人。网址：www.bjuba.com.cn。

2019 年，学校坚持走改革创新、内涵发展之路，坚持立德树人根本任务，加强党建工作，形成“以培养互联网等高新技术产业技能应用开发人才为目标，以成人成才同步教育为理念，以独特的教育教学模式为保障”的特色办学之路，培养新时期新形势下合格的社会主义建设者和可靠接班人。8 月，学校特色办学模式被收录进《共和国教育名片——中华人民共和国成立 70 周年突出贡献学校巡礼》书中。

学校专业设置聚焦信息技术产业创新发展需求。教育教学过程中，形成“以高质量就业为目标，以两个计划为依托，以三个体系为保障”的完善的教育体系（两个计划是指教育计划和教学计划，三个体系是指教育管理体系、教学管理体系和就业服务体系）。通过切实有效的教学计划和教育计划，既培养学生专业技能，也培养学生高尚人格；通过严谨的教学管理体系、教育管理体系和完善的就业服务体系，确保教育教学和就业服务的质量；最终完成就业薪资高、就业岗位受人尊敬、所从事的专业有发展空间的高质量就业目标。9 月，与国家开放大学、中国成人教育协会签署协议，三方依托学校的管理和教学资源，共同开展国家开放大学“技能＋素养”试点项目的管理和运作。至 10 月，项目吸引 23 家国内技师学院成立学习中心，促使技师学院的实训资源再次增值。

庆祝新中国成立 70 周年。5 名教职员工作为群众代表在天安门前参加新中国成立 70 周年庆祝活动。

（崔友芝）

北京华嘉专修学院

2019 年，北京华嘉专修学院占地面积 5 万平方米，产权校舍建筑面积 3.50 万平方米。全年教育经费投入 51.84 万元，全部自筹。固定资产总值 1175.25 万元，其中，教学、科研仪器设备资产值 215.69 万元。图书馆建筑面积 300 平方米，藏有纸质图书 2.50 万册。拥有计算机 300 台。设有 1 个校区，设置 3 个院（系、部），开设 2 个专业。拥有校内专业实训室 2 个、综合实训室 1 个。教职工 40 人，包括专任教师 17 人、兼职教师 2 人。结业生 2651 人。招生 2618 人。注册生 209 人。网址：www.bjhj.org.cn。

2019 年，学校聚焦专业特色发展，落实首都功能战略定位，以培养适应首都经济社会发展的应用型、技能型职业人才为切入点，以“三个转型”加大开展区域短期培训力度和电子竞技场馆赛事从业人员职业标准化培养基地建设。

教学研究。学校电竞教研团队会同中韩两国 20 余名专家学者，依托大量实地考察和反复研究论证，历时 1 年起草国内首部电竞教育领域权威团体标准《电子竞技场馆赛事从业人员培训规范》，于 9 月 24 日由中国互联网上网服务行业协会团体标准委员会发布。

竞赛训练。电竞专业以赛带训，参加国际国内重大电竞赛事 6 次，社会办赛月均 2 次。同时承办赛事，提供岗位让学生在实际工作中掌握技能。舞蹈专业围绕“能文能舞，能编能导”的教学理念，全年参加国内外国标舞大赛 20 余场次。

人才培养。调整原有专业结构，加大短期培训比重；发挥专业特色与优势，助力区域经济社会发展。一是采取校校合作方式转型发展；二是结合学院舞蹈分院优势资源，开展教师、社区等短期培训；三是深入挖掘电竞教育潜力，依托中国互联网上网服务行业协会的会员体系，面向全国企业从业者、开办电竞教育的院校和教育培训机构，组织开展短期培训和评定工作。

师资队伍建设。建设适应学院发展的“双师型”教师队伍。广招贤才，坚持教师引进和培训工作；用好人才，注重培养年轻教师队伍，将他们放到实际工作中担责锻炼；留住人才，以有利于教学工作为出发点和中心，解决专业人才待遇、社会保障等物质切实需求。

国际交流。以电竞为媒介，成为中韩电竞产业互通的桥梁。1月，承办首届电竞产业考察团出访韩国活动，组织中国政府、协会、企业、学院等机构前往韩国进行为期一周考察交流，并签署《中韩PC文化与电子竞技运动产业发展战略合作协议》。9月，承办2019首届中韩电竞教育高峰论坛。12月，作为协办方之一、赛事策划者之一，在全球电竞领袖（长江三峡）峰会和CKEC中韩电竞嘉年华两项活动中全程参与赛事的策划，同时承担韩方裁判的培训以及赛事现场的执行工作。

庆祝新中国成立70周年。325名师生在天安门广场南表演台参加全民大联欢90分钟全过程演出。

（靳雅敏）

民办中小学幼儿园选介

北京市二十一世纪实验幼儿园

2019年，北京市二十一世纪实验幼儿园为日托制民办园。占地面积1.75万平方米，校舍建筑面积1.27万平方米。全年教育经费投入3557.84万元，全部自筹。拥有琴房、电教室、舞蹈厅等专用教室11个，普通教室48个。教职工243人。教师76人，均为专科及以上学历，中级职称以上15人；保育员57人（含实习生24人），专科及以上学历32人。开设45个教学班，其中，普通班27个（包括小班12个、中班9个、大班6个），双语班18个（包括托班2个、小班6个、中班6个、大班4个）。幼儿离园358人、入园494人、在园1161人。网址：www.bjkid.com。

2019年，幼儿园进一步完成分类管理、普惠园转型、小区配套园治理等一系列改革，取得有效成绩。

以庆祝新中国成立70周年为契机，带领园所开展以中国传统文化、北京文化、唱红歌等为主题的文化、课程、游戏活动。在2019年政府评估验收工作中，机构新增一级幼儿园7所（曙光园、融科园、东恒园、金茂府园、安德鲁斯园、天津园、长沙园）。至年底，机构一级以上幼儿园20所，占总园所数量62.50%。进一步落实普惠管理政策，将安德鲁斯园、融科园、UHN园、国美园、嘉铭园等园转型为普惠园，办园质量评估均为B级。

（成雪娇）

北京市昌平区幸福童年幼儿园

2019年，北京市昌平区幸福童年幼儿园为B级普惠性日托制民办园。占地面积5139平方米，校舍建筑面积3555平方米。全年教育经费投入175万元。固定资产总值800万元。图书5200余册。拥有教师备课室、多功能活动厅、档案室和会议室等专用教室9个，普通教室13个；计算机28台，投影仪16台，监控113个，钢琴14架。教职工81人。专任教师26人，包括专科及以上学历22人。保健医5人，均为专科及以上学历。开设教学班13个，其中，小班5个、中班5个、大班3个。幼儿离园117人、入园150人、在园438人。网址：www.xftnyey.com.cn。

2019年，幼儿园迎接北京市办园质量督导评估，全年投入107.61万元改善办园条件，增添户外中小型玩具平衡车20辆，13个班级科学区、益智区、拼插区的区角玩教具、图书650件（册）；更换玩具柜22个。加强教师队伍建设，为各岗位教师提供机会学习培训，提升各岗位教师专业技能水平，全年教职工外出学习42次，园本培训48次；开展建构区教师指导策略园本教研，提升教师教研水平和幼儿游戏水平；开展师德建设活动，通过师徒结对、师德演讲、师德考核，提升教师师德素质。开展大型活动，通过早操展示、安全疏散演习、六一文艺会演活动、迎国庆主题活动、春游秋游活动、爱国主题月活动、家长开放活动、迎新年系列活动等，帮助幼儿获得丰富体验，实现健康全面发展。

3月28日，二十一世纪幼儿园举办“先锋成长”能力提升特训班 （二十一世纪幼儿园 供）

开展平安校园建设管理工作，新增平安校园安全制度45项、预案28篇，贯彻落实平安校园创建规划。

（欧阳芙红）

北京王府幼儿园

2019年，北京王府幼儿园为日托制民办园。占地面积3.30万平方米，校舍建筑面积2.96万平方米。全年教育经费投入2406.28万元，全部自筹。固定资产总值501.48万元。拥有钢琴室、古筝室、剪纸室、陶泥室、书法室、舞蹈教室和绘本馆等专用教室10个，普通教室19个。教室内设有触摸一体机、交互投影、自动钢琴等教学设施。教职工113人，包括本科及以上学历59人。专职外籍教师10人。开设19个教学班，其中，托班4个、小班5个、中班5个、大班5个。幼儿离园147人、入园150人、在园465人。

2019年，幼儿园围绕"细化管理，加强研究，强化培训"稳步推进各项工作，全面提升办园质量。11月，正式获得IBPYP项目官方授权，成为IB世界学校；为配合PYP项目开展，对蒙氏国际班按年龄分为托班、小班、中班、大班7个蒙氏国际班；同时IB图书馆正式开放，至年底中英文藏书10125册，办理借阅卡306人，借书6408次。开展全民阅读日活动，年末进行爱"悦"读之星及"全民阅读、共享阅读"证书颁发仪式。加强师德师风教育，组织师德活动10次，600人次参加。制定防治校园欺凌和暴力工作制度，开展法律法规专题教育学习活动。创新培训形式，教师培训与家长培训同步推进，教师培训5292人次，家长培训4066人次。加强园区建设，增设户外综合体育游戏区10个。考察论证8所幼儿园现状，成立北京王府幼儿园第一所分园——成都王府幼儿园。紧抓招生工作，年度招生29场，接待512组家庭，参观家长700人次。

（潘凌燕）

北京中芯幼儿园

2019年，北京中芯幼儿园为全日制民办非企业幼儿园。占地面积5800平方米，校舍建筑面积4479平方米。全年教育经费投入2215.32万元，全部自筹。固定资产总值328.96万元。拥有美术和英语等专用教室4个，普通班级教室17个。教室内设有交互式电子白板、电脑和电钢琴等教学设施。教职工92人。教师57人，均为专科及以上学历，初级职称29人；保育员17人，包括专科及以上学历14人。开设教学班17个，其中，蒙氏混龄班13个、国际班4个。幼儿离园158人、入园186人、在园454人。

2019年，幼儿园通过梳理和总结以往的两个教育科研立项课题，继续落实品格教育渗透在一日生活中的实践教学。在特色蒙氏教学中，继续融合中国文化特色，从中国特色教具呈现到中国传统融入蒙特梭利工作，幼儿园的蒙特梭利教育呈现新景象。积极发挥教师的创新精神，在保教结合的工作中，以促进幼儿自主工作活动为理念，加强师生互动，充分发挥幼儿在蒙氏教室中的积极性、主动性和参与性，提炼适合幼儿自主性发展、激发幼儿想象力和创造力的教学方式。依托教师教研活动，提高教师的观察和指导能力，让教师从探索和研究基础教具的延伸工作以及教师如何有效观察幼儿的工作状况两方面着手，根据幼儿反馈，及时做出支持和引导；让教师在蒙氏教室成为优秀的观察者和引导者，更加读懂幼儿，更多呈现个性化教育原则。根据幼儿个体差异采取"不同幼儿不同对待"的教育方法，促进幼儿情感、态度、能力、知识、技能等方面发展。

（陈相京）

7月至8月，中芯幼儿园开办首届夏令营

（中芯幼儿园 供）

北京市大兴区十一建华实验幼儿园

2019 年，北京市大兴区十一建华实验幼儿园为日托制民办园。占地面积 9000 平方米，建筑面积 4700 平方米。全年教育经费投入 1614.37 万元，其中，自筹经费 1278.97 万元、政府补助经费 335.40 万元。固定资产 364.24 万元。拥有艺术厅、美术室、木工坊、陶泥房等专用教室 4 个，普通教室 16 个。教室内设有玩教具、图书绘本、桌椅学习用具、多媒体一体机、电脑等教学设施。教职工 93 人。教师 43 人，均为专科及以上学历；保健员 5 人，均为专科及以上学历。开设 16 个教学班，其中，小班 6 个、中班 6 个、大班 4 个。幼儿离园 113 人、入园 180 人、在园 504 人。

2019 年，幼儿园正式转制为普惠性民办幼儿园。通过北京市中小学幼儿园平安校园创建验收。

教师培训。关注教师队伍的整体优化，开展各类型培训，全面提高教师队伍素质。建立“新教师·新征程”培训体系，为新教师量身定制系统的培养路径，助力新教师实现新突破。开展保育培训管理工作，调整保育教师培训方式，全面提高保育教师自身的操作技能水平及综合素质。

课程探索。以玩具为中介，开发实践玩具课程，立足于幼儿整体性学习，注重课程活动之间的渗透、联系与互动，形成丰富的课程案例。开展文化育人课程探索，并梳理出相关案例。“柿事如意”课程案例在大兴区、北京市和国家级别的各种会议和论坛上进行分享。以教研做辅助，推动 STEAM 课程实践拓展思路，完成“有趣的声音”“站不起来的小毛驴”“纸是大力士”“沉与浮”“掉下来”“木头”6 个 STEAM 课程案例；通过实践，总结出幼儿园 STEAM 教育融合性、体验性、趣味性和问题性四个核心特征，摸清 STEAM 课程在幼儿园的应用路径。

（李晓静）

北京第二实验小学怡海分校

2019 年，北京第二实验小学怡海分校占地面积 0.75 万平方米，校舍建筑面积 1.32 万平方米，运动场地面积 0.29 万平方米，绿化用地面积 0.08 万平方米。全年教育经费投入 2427.33 万元。固定资产总值 1049 万元。图书馆（室）藏书 5 万册、电子图书 5 万册。拥有计算机 225 台，网络多媒体教室 26 个。学校信息化经费投入 19.32 万元，校园网出口总带宽 300Mbps，数字资源量 3000GB，“信息技术”课程 1 课时 / 周。开设教学班 43 个。教职工 110 人，包括高级职称 4 人、中级职称 20 人。专任教师 77 人，包括丰台区骨干教师 6 人；本科及以上学历 77 人。毕业生 188 人。招生 230 人。在校生 1320 人，包括寄宿生 151 人。

2019 年，学校深度发展，开拓新局面，进一步扩大办学影响力。

爱国主义系列教育活动。常规活动方面，开展“二十四勋章少年”评比活动，通过多种途径，落实学生的养成教育；特色教育活动方面，以“我和我的祖国”为主题，开展“我的祖国我知道、我的祖国我热爱、我的祖国我行动”三个层面的系列教育活动，培养学生的家国情怀；社会实践活动方面，以区级课题为引领，构建“以‘中国精神’为核心的小学社会实践活动体系化建设研究”，培养学生的民族精神和时代精神；少先队活动方面，引导学生关注社区、关注社会、关注环境等问题，开展“垃圾定时投放”的少先队活动，培养学生参与社会治理和解决社会中真实问题的能力。

教学与科研工作。教学工作注重国家课程的质量提升，保证部编版教材的使用，以及数学、英语教学与丰台区同步。科研工作把握“教师发展”的核心问题，重视教师继续教育，组织校本研训，鼓励教师参与各类教研、培训。邀请语文、数学、英语等学科教研员到校，以“点对点”方式指导青年教师，带动全体任课教师深入钻研教材，促进教学方式优化、提升教学质量。学校发挥科研的引领作用，为教师搭建参赛、参评、参与研究、交流展示的平台，6 名教学干部首次参加“创新杯”教学比赛，均获得奖项。打造特色校本课程，实施“优 + 课程”、STEAM 课程，同时为学生开设近 20 门选修课程，为学生全面而有个性地成长创造条件。

9 月至 12 月，实验二小怡海分校对学生开展社会主义核心价值观“爱国”主题教育活动　　（实验二小怡海分校　供）

（何媛　刘扬）

北京市海淀外国语实验学校

2019年，北京市海淀外国语实验学校占地面积20.01万平方米，建筑面积8.52万平方米，绿化用地面积6.85万平方米，运动场地面积4.15万平方米。全年教育经费投入24547.16万元。固定资产总值7529.20万元。图书馆藏书9.83万册、电子图书1万册。拥有计算机1295台。学校信息化经费投入119.69万元，信息化设备资产108.56万元，校园网出口总带宽550Mbps，"信息技术"课程1课时/周。普通教室165个、网络多媒体教室153个、专业教室120个、实验室7个、多功能报告厅9个、一对一钢琴房180个。教职工1111人，包括高级职称26人、中级职称101人。专任教师486人，本科及以上学历462人。开设教学班120个，其中，小学班64个、初中班39个、高中班17个。毕业生855人，其中，小学410人、初中349人、高中96人。招生1336人，其中，小学547人、初中684人、高中105人。在校生4125人，其中，小学2388人、初中1423人、高中314，包括寄宿生3768人。高中录取分数线510分（本区），应届高考本科上线率100%。网址：www.bjfles.com。

2019年，学校以庆祝建校20周年为契机，探索"由规模发展到质量发展、粗放发展到精细发展、同质发展到特色发展、模仿发展到创新发展"的内涵发展之路。

结合影响学业成就的元分析报告，确定学校内涵发展工作侧重点及优先级：抓教师、抓课程、抓教学、抓学生。围绕理论，结合集团发展实际情况，每个维度精选相关度最高的3～4个变量，展开研究、培训、推广及应用，实现"可见的学，可见的教"，提升学生学业成就，达到学生和教师的发展"目标有聚焦、方法可复制、过程可监控、效果可评估"。

以课程与教学改革，促进师资队伍建设和教学质量提高。通过科研研发团队的梳理，把合适的指标、方法策略提供给教师使用，在内容上提供有理论支撑的工具包，如各级培训、UMU资源平台等。依据教师梯队进行培训活动设计，借助校级平台，开展不同层级的优秀教师展示课。依据年级标准分和各班级所处相对位置，有侧重地定期开展听课、说课、评课、学生作业检查等活动，科学诊断，提高教师专业水平和教学能力。组织开展"三字一话"比赛，提升教师基本功。成立"吴正宪数学名师工作站"，借助专家力量，每学期安排6～7次活动，与市区教研、校本教研相结合，在全校范围或年级组范围，以讲课、备课、听评课、骨干教师外出学习的形式，助力数学团队。以英语、音乐基地校为龙头，发挥学区学科教研基地作用。发现并有效解决学科课程建设、教学改进、教学评价和资源整合等问题，通过整合区域优质教学资源，构建区域教研共同体，促进整体教学质量可持续发展。

崇尚体育艺术，注重科技创新。小学重点实施"2+2"工程（学生在小学阶段须掌握两项体育特长和两项艺术特长），中学实施"2+1"工程（学生在初中阶段掌握两项体育特长和一项艺术特长）。2019年获得世界中小学生舞蹈啦啦操锦标赛的小学花球冠军、小学公开项目（爵士）冠军、国家杯排名亚军。参加"得道杯"第十届北京市体育大会跆拳道大奖赛获初中团体第一名。中学行进打击乐团获得世界室内行进管乐大赛（WGI）中国赛区第一名，获北京市第21届学生艺术节管乐展演金奖。

（郭莹霞）

北京市二十一世纪国际学校

2019年，北京市二十一世纪国际学校占地面积8.80万平方米，校舍建筑面积5.16万平方米，运动场地面积1.43万平方米，绿化用地面积1.40万平方米。全年教育经费投入29302.37万元，其中，国家拨款96.35万元、自筹经费29060.16万元、其他收入145.86万元。固定资产总值39736.19万元，其中，教学、实习仪器设备资产值3900万元。图书馆藏书60795册。拥有计算机1119台，多媒体教室70个、座位879个。学校信息化经费投入350万元，网络信息点410个，校园网出口总带宽400Mbps，数字资源量11TB，"信息技术"课程8课时/周。普通教室80个、专用教室24个、实验室6个、多功能报告厅3个、钢琴房14个。教职工460人，包括高级职称23人、中级职称55

11月，二十一世纪国际学校学生参加2019年空间站搭载青少年科学实验方案征集活动获一等奖　（二十一世纪国际学校　供）

人。专任教师362人，包括特级教师2人、北京市学科教学带头人4人、北京市骨干教师6人，外籍教师43人；本科及以上学历389人。开设教学班91个，其中，小学51个、初中22个、高中18个。毕业生475人，其中，小学169人、初中156人、高中150人。招生569人，其中，小学220人、初中180人、高中169人。在校生1642人，其中，小学1068人、初中353人、高中221人，均为寄宿生。网址：www.21cis.com.cn。

2019年，学校以课程建设促进学生全面发展。学校推进运动型、健康型校园建设，强健学生体魄。小学“全课程”、初中选课走班、高中国际课程本土化、十二年一贯制课程等系列教学改革取得显著成绩。学生参加2019年空间站搭载青少年科学实验方案征集活动，高二年级3名学生组成团队撰写的论文《微重力对人胰岛β细胞胰岛素产量的影响》获得一等奖，并获2个二等奖、5个三等奖。学校首次颁发“世纪劳动奖”，表彰年度中在学校导育、保洁、保安、食堂、后勤岗位上作出突出贡献的代表，首次表彰43人，包括10名小学导育教师、4名高中导育教师、3名保安、16名食堂员工及10名保洁维修人员。

（张娜）

北京市海嘉双语学校

2019年，北京市海嘉双语学校占地面积4.58万平方米，建筑面积3.33万平方米，体育场（馆）面积1.35万平方米。全年教育经费投入1194.57万元，全部自筹。固定资产总值10422.50万元。图书馆（室）藏书13.43万册，订阅杂志、报刊23种。拥有计算机567台，网络多媒体教室4个。学校信息化经费投入51.26万元，校园网出口总带宽180Mbps，数字资源量200GB，“信息技术”课程1课时/周。普通教室86个、专用教室37个、实验室6个。教职工343人，包括高级职称27人、中级职称29人。专任教师262人，包括本科及以上学历225人。开设教学班85个，其中，幼儿园班22个、小学班43个、初中班15个、高中班5个。毕业生164人，其中，小学111人、初中30人、高中23人。招生556人，其中，幼儿园243人、小学193人、初中116人、高中4人。在校生1395人，其中，幼儿园425人、小学666人、初中222人、高中82人。

2019年，学校以“荣耀海嘉，勇不止步”为主题，通过均衡的中英文课程，致力于培养既具家国情怀、又具国际胸怀，既具出色的语言沟通能力、又具高阶的思维能力，既富深厚的人文底蕴、又具高度的科学素养，根深中华的“国际心”双语人才。

完善“根深中华”课程体系。以“学科设计+教学方法+核心素养+愿景”为战略实现教学愿景：在学科设计上，中文课程以“中国语文、中文数学、融合思品、中文艺术、中文课外活动、中文作为第二语言学科（供母语不是中文的外国学生）”六大学科领域为载体，教学方法上以“学生为中心、个性化学习、合作学习、融合学习、项目制学习、体验式学习”六大学习方式为主，达到“人文底蕴、科学素养、创新实践、国际视野、沟通理解和合作领导”六大核心素养。依托学生核心素养的提升，实现学校最核心的“双语教育典范、多元文化相互理解、尊重、共融、培养具有国际心的双语使者”愿景。

以幸福教育为载体，构建新型的社区氛围。邀请积极教育研究所博士罗纳德拉隆德从六大与提升幸福感息息相关的幸福模块进行讲解，帮助家长和教师更好地理解如何成为一所真正充满“爱与幸福”的学校，并以优化学生和社区的福祉为先来培养一个蓬勃发展的社区，有意识地培养一个使个人蓬勃发展的健康环境。

巩固“学校、社会、家庭”三结合教育。形成多层次、多渠道的教育网络，营造良好育人氛围。每两周举办一期

2月1日，海嘉双语学校举办“华夏脊梁，九州风骨”中国文化年活动（海嘉双语学校 供）

家长工作坊，重点就课程体系、学生管理、学生卫生健康和饮食安全问题对家长和社会进行宣传；建立家校联系体系，家长普遍对学校工作表示支持、满意，反响良好。

（成宝珠　杨雯　王伟）

北京市牛栏山一中实验学校

2019 年，北京市牛栏山一中实验学校占地面积 19 万平方米，校舍建筑面积 9 万平方米，运动场地面积 3 万平方米。全年教育经费投入 14019 万元。固定资产总值 14518 万元。图书馆（室）藏书 3 万册，订阅杂志、报刊 220 种。拥有计算机 703 台，网络多媒体教室 124 个。学校信息化经费投入 316 万元，校园网出口总带宽 1000Mbps，数字资源量 2000GB，“信息技术”课程 1 课时 / 周 / 班。普通教室 90 个、专用教室 15 个、实验室 13 个。教职工 330 人，包括正高级职称 1 人、高级职称 67 人、中级职称 83 人。专任教师 252 人，包括特级教师 1 人、北京市骨干教师 6 人、北京市学科教学带头人 1 人；本科及以上学历 305 人。开设教学班 88 个（小学 8 个、初中 72 个、高中 8 个）。毕业生 1128 人（小学 120 人、初中 888 人、高中 120 人）。招生 1160 人，均为初中生。在校生 3430 人（小学 120 人、初中 3190 人、高中 120 人），包括寄宿生 3000 人。外省市借读生 505 人。网址：syxx.nlsyz.com.cn。

2019 年，学校研究制定课程建设实施方案，形成一套结构严谨、内容丰富、形式多样，涵盖道德修养、自主探究、健体健康、实践体验的“一核多选”课程体系。

加强德育工作。开展主题教育活动，通过主题班会、朗诵、手抄报、班级展览等多种形式，教育引导学生增强爱国情感，培育和践行社会主义核心价值观。组织赴国外访学的国际交流课程等，开阔学生国际视野。

做好教师培训。邀请北京市学科教研员和中考命题人员为教师开展讲座；组织骨干教师到全国知名学校学习考察培训。

学生成绩突出。学校金帆民乐团获得北京市第十届“国戏杯”民族器乐大赛一等奖；3 名学生代表学校参加北京市戏曲知识大赛获得团体金奖。

（董立华　樊宏宇）

北京市新英才学校

2019 年，北京市新英才学校是集幼儿园、小学、初中、高中、国外大学预科、汉语中心为一体的十五年一贯制的寄宿制国际化学校。占地面积 12 万平方米，建筑面积 11.70 万平方米，体育场（馆）面积 0.50 万平方米。全年教育经费投入 26035 万元，全部自筹。固定资产总值 63634 万元。图书馆（室）藏书 4.30 万册，电子图书 4 万册，订阅杂志、报刊 110 种。拥有计算机 1040 台，网络多媒体教室 150 个。学校信息化经费投入 850 万元，校园网出口总带宽 850Mbps，数字资源量 13500GB，“信息技术”课程 1 课时 / 周。普通教室 108 个、专用教室 22 个。教职工 686 人，包括高级职称 7 人、中级职称 20 人、初级职称 28 人。专任教师 387 人，包括本科及以上学历 339 人。开设教学班 109 个。毕业生 579 人。招生 1048 人。在校生 2513 人，包括寄宿生 1231 人。网址：www.bjnewtalent.com。

2019 年，学校提出“爱创计划”，致力于培养具有中国文化底蕴与国际视野，能够适应当下、面向未来、有情怀信仰又有能力担当的中国英才，使他们能够用爱创造生活、用创造表达爱；使他们获得“愿爱世界、身心健雅、终身学习、跨界交流、善于决策、勇于创新、服务中国、心系天下”的品质。基于教育规律与社会对未来人才的需求，学校聚焦学习方式的变革，开发“HISTREAM”课程体系，提出“半日分科 + 半日融合”的双螺旋课程模式。继续开展“爱与创造”课程体系的实践课程。

学校加入中国人工智能学会。与科大讯飞股份有限公司合作，建立人工智能实验室，学生在实验室中可以进行教学、科技体验等活动。在中小学阶段设置人工智能相关课程，逐步推广人工智能教育。

学校响应“一带一路”发展倡议，推动世界各国教育的大开放、大交流、大融合。面向“一带一路”国家

8 月 22 日，新英才学校举办教师主题体验活动

（新英才学校　供）

公益办学，9 月至 11 月，接受瑞士和西班牙 4 名学生到校开展汉语学习和中国文化体验，4 名学生参加学校组织的活动，体验中国文化，并全部通过与长期生同等难度的考试。

学生参加国际比赛获奖。在澳大利亚数学竞赛中，3 人获金奖、45 人获银奖、110 人获铜奖；2019DI 探索比赛中，16 人获特等奖；ASDAN 模拟商赛中，7 人获银奖。

（邢雪华）

北京王府外国语学校

2019 年，北京王府外国语学校占地面积 10 万平方米，建筑面积 5.60 万平方米，体育场（馆）面积 4.10 万平方米。全年教育经费投入 21923.56 万元，全部自筹。固定资产总值 3052.09 万元。图书馆藏书 5 万册，电子图书 2.20 万册、电子期刊 2.30 万册，订阅报刊 4 种，引进易阅通、JSTOR 数据库和大英百科线上学院版（Britannica School）3 种数据库。拥有计算机 537 台，多媒体教室 1700 个。学校信息化经费投入 514 万元，校园网出口总带宽 2500Mbps，数字资源量 3.50TB，“信息技术”课程 1 课时 / 周。普通教室 89 个、专用教室 40 个、实验室 10 个。教职工 560 人，包括高级职称 3 人、中级职称 14 人。专任教师 372 人，包括外籍教师 56 人。本科及以上学历 361 人，包括硕士 198 人、博士及博士后 5 人。开设教学班 89 个，其中，小学 51 个、初中 32 个、高中 6 个班。毕业生 229 人，其中，小学 53 人、初中 176 人。招生 789 人，其中，小学 435 人、初中 336 人、高中 18 人。在校生 1928 人，其中，小学 1208 人、初中 632 人、高中 88 人。

2019 年，学校小学部严把准入门槛，加强新教师入职培训；以师德为核心，强化教师职业道德建设，定期开展《师德手册》学习；以师能为核心，提升教师的教育教学能力；优化教学常规检查，完善教学质量评价体系；加强教研管理，推进学术立校；优化育人环境，加强校园文化建设；加强少先队在学生中的先锋引领作用；加强导育管理，营造放心、安心、舒心的住宿环境；规范素质部工作管理，加强教学质量监控；开放办学、家校共育，打通家校沟通渠道。

初中部，学生人数持续增长；IB-MYP 于 6 月 12 日正式获得官方授权；申请教育部国家级课题项目“基于‘人格修养’与‘文化融合’的 K12 国际学校国学校本课程体系建设”于 12 月获批立项，课题为期 3 年；英语教学改革持续推进；初高课程衔接持续推进，集中进行数学、物理、化学知识模块梳理；新学年新生军训、农耕课程等创新实践类课程进入学部；学生会、学代会、生活区管委会三大学生自主管理团队助力学生自主成长；家长课堂常态化，结合家长会、校园开放日、音乐剧表演等大型活动，形成良好的家校合作互动。

高中部，合理规范学部教学安排，有机融合国家课程和国际课程，指导和推动教师创建有学部特色、学校特色的校本教案；通过会议、培训、评优等方式激励教师发挥自身最大优势和主观能动性；全面贯彻“关注每个孩子的成长”教学理念，融会贯通学部特色“分层教学、原汁原味语言授课、一对一或一对多个性化辅导、小组互助学习”；关注学生身心变化，给予心理疏导；坚持立德树人原则，培养学生全方面综合能力及外语能力。

（潘凌燕）

2 月 10 日至 19 日，王府外国语学校合唱团在维也纳金色大厅演出（王府外国语学校 供）

北京市中芯学校

2019 年，北京市中芯学校分两址办学，总占地面积 4.13 万平方米，建筑面积 3.17 万平方米，体育场馆面积 1.30 万平方米。全年教育经费投入 8948 万元，全部自筹。固定资产总值 2726 万元。图书馆（室）藏书 6.86 万册，电子图书 976 册，订阅杂志、报刊 38 种。拥有计算机 170 台，网络多媒体教室 127 个。学校信息化经费投入 178 万元，校园网出口总带宽 450Mbps，数字资源量 10000GB，“信息技术”课程 1 课时 / 周。普通教室 91 个、专用教室 27 个、实验室 10 个。教职工 253 人，包括高级职称 8 人、中级职称 20 人。专任教师 161 人，包括特级教师 4 人；本科及以上学历 233 人。开设教学班 66 个（小学 47 个、初中 13 个、高中 6 个）。毕业生

11月10日，中芯学校获2019年北京市健美操锦标赛少儿甲组一等奖
（中芯学校 供）

180人（小学152人、初中28人）。招生352人（小学211人、初中114人、高中27人）。在校生1535人（小学1229人、初中245人、高中61人）。学校有社团8个。网址：www.bjsmicschool.com。

2019年，学校坚持“品格第一、追求卓越、胸怀世界、快乐成长”办学理念，坚持以学生为中心，以服务社会对教育的多样化需求为宗旨，保持求新求变，为区域国际教育发展作贡献。在大兴区、北京经济技术开发区政府领导下，在中芯国际集成电路制造有限公司及上海中芯学校支持帮助下，完成各项工作任务。综合办学能力进一步提升，获得AAAAA级社会组织称号；与北京经济技术开发区全民健身体育协会、金风体育文化公司签署体教融合发展合作协议，成为开发区体教融合发展试点学校；通过区级《义务教育学校管理标准》达标验收；平稳推进K12高中建设。

（陈珺）

北京市私立君谊中学

2019年，北京市私立君谊中学占地面积2.48万平方米，建筑面积1.24万平方米，运动场地面积1.10万平方米。全年教育经费投入2755万元。固定资产总值6717万元。图书馆（室）藏书4000册，电子图书20000册。拥有计算机135台，网络多媒体教室24个。学校信息化经费投入20万元，校园网出口总带宽200Mbps，数字资源量256GB，“信息技术”课程10课时/周。普通教室21个、专用教室4个、实验室3个。教职工142人，包括高级职称12人、一级职称4人、二级职称23人。专任教师78人，包括本科及以上学历84人。开设教学班22个（初中5个、高中17个）。毕业生209人（初中35人、高中174人）。招生163人（初中37人、高中126人）。在校生568人（初中103人、高中465人），包括寄宿生516人；外省市借读生189人。高中录取分数线450分（大兴区）。学校有社团43个。网址：www.junyi.org。

2019年，学校重点抓学生的养成教育，把养成良好习惯作为学校的发展方向。从德育和教学两方面开展工作。德育处围绕学校“养成教育”的工作要点，推进班级“人人有事做，事事有人做”的养成教育，树立学生的职责意识。初中年级开展“家长课堂”，听爷爷奶奶讲励志故事；高一年级开展“鸟欲高飞先展翅，人欲上进先读书”的读书活动，促使学生提高文化素养；高二年级聆听国宝故事，以舞台剧形式，再现宝藏形象，唤起学生努力学习历史文化的意识。理论联系实际，开展模拟法庭，学生收获颇多，对学习政治更感兴趣。开展学雷锋日、劳动节、母亲节、父亲节、禁毒日等主题日教育活动，使学生建立正确的价值观，培养学生健康的心态。教学处以中高考综合改革为契机，推进课程改革，着重提升教师队伍素质，不断提高教学质量，重视过程管理。加强教师培训，先后派遣多人次赴全国各地学习。对学生要求学习习惯的培养。成立家委会，进一步加强家校沟通工作。

（尹凝瑶）

（本栏责任编校 胡雨）

德育

体育卫生

冬季奥林匹克教育

劳动教育

艺术与校外教育

2020 德育体育美育劳育

MORAL, PHYSICAL, AESTHETIC AND LABOUR EDUCATION

德育体育美育劳育

MORAL，PHYSICAL，AESTHETIC AND LABOUR EDUCATION

综述

中小学生奥林匹克教育及冰雪进校园系列活动

2019 年，市教委与市体育局、北京冬奥组委新闻宣传部、北京奥运城市发展促进中心联合举办北京市中小学生奥林匹克教育及冰雪进校园系列活动。活动围绕“追梦冰雪 冬奥有我”主题，设置“冬奥有我”2019 年北京市青少年体育文化夏令营、北京市中小学生奥林匹克冬令营、北京市中小学生冬季奥林匹克体验日、北京市中小学生“模拟冬奥会”暨冰雪项目旱地化体验活动、北京市中小学生冬奥知识竞赛、北京市中小学生“我心中的冬奥”主题演讲活动、北京市中小学生冬奥知识校园宣讲系列活动 7 项奥林匹克教育主题系列活动，北京市中小学生冰雪运动嘉年华、北京市中小学生冰雪运动冬令营、北京市中小学生花样滑冰队列滑选拔展示活动 3 项冰雪进校园推广普及系列活动，建立北京市中小学冬奥小记者站、北京市中小学生冬奥文化艺术作品征集及展示活动、北京市中小学冰雪优质课程征集及展示活动、中小学奥林匹克教育及校园冰雪运动推广经验交流和研讨活动 4 项奥林匹克教育和校园冰雪项目成果创编及展示活动。2016 年以来，市教委连续开展冰雪进校园系列推广活动。截至 2019 年，活动惠及中小学生 50 万人次，全市上冰上雪学生 84 万人（上冰 37 万人、上雪 47 万人）。

（李铮）

10 月至 12 月，市教委举办北京市中小学生“模拟冬奥会”暨冰雪项目旱地化体验活动　（市教委相关处室　供）

校园足球师资队伍建设加强

2019 年，市教委加强校园足球师资队伍建设，面向校园足球特色校校长、体育教师等开展校园足球系列培训活动。全年培训校长 344 人、体育教师 594 人次。其中，培训亚足联 C 级教练员 24 人、中国足协 D 级教练员 120

人、市足协 E 级教练员 210 人、足球三级裁判员 240 人。培训学生三级裁判员 200 人。推荐 40 名教师参加全国青少年校园足球 D 级教练员国家级专项培训班。组织教育部 2019 年认定的全国青少年校园足球特色校相关人员，参加全国青少年校园足球师资体育骨干教师国家级专项培训和全国青少年校园足球师资管理干部（校长）国家级专项培训。推荐 9 名教师参加教育部留学基金委支持的 2019 年中国校园足球教师、教练员（讲师）赴英国留学活动。

（张志华）

国家学生体质健康标准测试及复核

3 月，北京市各级各类学校面向学生开展《国家学生体质健康标准》测试及数据上报等工作。普通高等学校、中等职业学校和中小学按照教育部统一要求，在测试中增设视力指标采集上报环节。10 月，市教委面向 16 个区，抽取 5 万名中小学生开展《国家学生体质健康标准》监测，覆盖基础教育各学段。监测结果显示：北京市中小学生体质健康水平总体平稳，但仍然存在区域发展不平衡，不充分的现象。至 12 月，市教委牵头开展 2019 年学生体质与健康调研及国家学生体质健康标准抽查复核工作。调研和抽查工作在海淀、东城、西城、通州、顺义、怀柔 6 个区和北京工业大学、首都师范大学 2 所高校的基础上，新增石景山、门头沟 2 个区和清华大学、北京经济管理职业学院 2 所高校。每个区至少上报有效卡片 1352 张（石景山、门头沟两区减半），每所高校上报有效卡片 816 张，总计有效检测人数 12728 人。为保证完成有效检测人数的任务，各调研单位按照 200%的比例准备检测人数，全市检测京籍学生 2.50 万人。

（张志华　宋玉珍）

各类校园足球优秀集体遴选推荐

5 月，市教委面向全市开展全国青少年校园足球试点县（区）、“满天星”训练营、全国足球特色幼儿园、全国和北京市青少年校园足球特色学校遴选及推荐工作。最终，通州区被教育部认定为 2019 年全国青少年校园足球试点县（区），朝阳区教委被教育部认定为 2019 年全国青少年校园足球“满天星”训练营，84 所幼儿园被教育部认定为 2019 年全国足球特色幼儿园，40 所中小学被教育部认定为 2019 年全国青少年校园足球特色学校，40 所中小学被市教委认定为 2019 年北京市青少年校园足球特色学校。至此，北京市有全国青少年校园足球特色学校 294 所，北京市青少年校园足球特色学校 50 所。

（张志华）

中小学健康教育指导纲要发布

7 月 10 日，市教委印发《北京市中小学健康教育指导纲要（试行）》。纲要以“健康中国战略”为背景，遵循科学性与实效性相结合、面向全体学生与关注个体差异相结合、知识传授与技能培养相结合、个体健康责任与社会责任意识相结合 4 个原则。纲要主要内容涉及个人卫生习惯，生长发育与性健康，营养与健康，疾病预防，烟草、酒精与毒品，心理健康，运动与健康，安全应急与避险 8 个领域。在教育部《中小学健康教育指导纲要》的基础上，增加“甄别和评估与健康有关的信息、产品和服务”“网络安全”“校园欺凌”等内容。

（宋玉珍）

儿童青少年近视防控十条措施发布

8 月 23 日，市教委等十部门联合印发《北京市儿童青少年近视防控十条措施》及实施保障工作方案。10 条措施分别为：严格控制学生使用电子产品、切实减轻学生学业负担、切实强化体育课和课外锻炼、严格落实学生作息管理、大力加强学校卫生健康教育、严格落实视力日常监测、切实改善学校教学环境、切实加强学生视力健康日常干预、大力促进学生饮食健康、强化评议考核。

（宋玉珍）

1 所高校被认定为全国中华优秀传统文化传承基地

11 月 1 日，教育部公布 2019 年全国普通高校中华优秀传统文化传承基地名单，北京理工大学入选，是北京地区唯一入选高校。北理工入选项目为传统手工艺术，依托 2002 年成立的传统工艺美术系建立，拥有陶艺工作室、综合手工艺实验室、明式家具工作室、艺术馆等实验与展示平台以及多个校外合作研究实践基地，下设文化遗产研究中心、中国陶瓷印艺术研究中心、明式家具研究中心等专业研究机构。2018 年，教育部启动中华优秀传统文化传承基地建设活动，基地传承项目主要包括民族民间音乐、民族民间美术、传统手工艺术等。2018 年 11 月 28 日，教育部公布第一批全国普通高校中华优秀传承基地名单，北京地区 6 所学校入选。

（徐春生）

北京市学校美育工作推进会

11 月 26 日，市教委、北京教育科学研究院联合主办北京市学校美育工作推进会。会议分为主题报告与分论坛两部分。参会专家围绕“核心素养背景下的基础教育艺术课程”“北京市学校美育的创新与内涵发展”“学校美育政策的解读与展望”作主题报告。6 个主题分论坛通过组织观看现场课、录像课和专家点评等形式，展示在北京市美育课程的实践及北京市高校和社会力量支持小学美育发展的实践探索等方面的工作成果，以及对未来发展的思考。各区教委相关负责人，校长代表，市、区两级音乐、美术、舞蹈、书法教研员和骨干教师，来自天津、河北的教师代表等 700 人参加会议。

（时雁）

4 月 26 日，舞蹈学院学生参加第二届“一带一路”国际合作高峰论坛文艺演出（舞蹈学院 供）

北京市中小学劳动教育大会

12 月 3 日，市教委、北京教育科学研究院联合召开北京市中小学劳动教育大会。会议介绍市教委出台《关于加强中小学劳动教育的实施意见》以来的实践探索情况。参会专家以“关于劳动教育的三大理论问题”“劳动教育相关课程的实践探索”“学农基地支持中小学劳动教育的实践”“新时代的中小学劳动教育”为主题作主旨报告。论坛围绕“校内劳动教育实践活动体系的构建”“校内劳动教育相关课程的教学实践探索”“校外劳动教育基地的开发与建设”“劳动教育理念下研学、职业体验等主题活动设计与实施”4 个主题，组织开展课例和主题研讨。各区教委相关负责人，校长代表，市、区两级劳动技术、通用技术、综合实践活动教研员及骨干教师，来自天津、河北的干部教师代表 500 余人参加会议。会议采取云直播的形式扩大参与面，近 500 人通过网络直播参与会议。

（时雁）

阳光少年活动表彰

12 月 9 日，北京校外教育协会、北京青少年学生校外教育联席会议办公室联合发布《关于表彰“第 14 届（2019）北京阳光少年活动”优秀组织单位和个人的通知》。59 家单位被评为 2019 年北京阳光少年活动优秀组织单位，59 人被评为优秀工作者。3 月至 12 月，校外教育协会开展第 14 届（2019）北京阳光少年活动。活动整合全市教育、科技、文化等校外活动场馆资源，组织 91 家单位开展中小学生活动 5627 项（次），参与学生 220 万人次。

（王媛媛）

社会大课堂工作暨“四个一”活动总结会

12 月 26 日，市教委召开 2019 年北京市中小学生社会大课堂工作暨“四个一”活动总结展示交流会。会议展示“四个一”活动优秀教学方案和优秀活动案例，表彰社会大课堂创建活动优质资源单位、社会大课堂优秀教师成果、“四个一”活动优秀课程方案和主题活动案例，为社会大课堂第七批市级资源单位授牌，交流社会大课堂资源单位、区教委、学校和教师典型经验和成功做法。市教委、北京学生活动管理中心相关负责人，社会大课堂资源单位代表，各区教委社会大课堂和“四个一”工作负责人等 200 人参加会议。3 月 11 日和 9 月 2 日，市教委分别公布 2019 年社会大课堂市级资源单位项目。上半年项目 1605 个、下半年项目 1174 个。全年，市级社会大课堂资源单位接待学生 123.88 万人。3 月至 12 月，市教委组织 49.70 万人次中小学生参加“四个一”活动。其中，12.90 万人次中小学生走进军事博物馆、11.20 万人次中小学生走进国家博物馆、11.40 万人次中小学生走进首都博物馆、14.20 万人次中小学生走进抗日战争纪念馆。

（王昱人　牛文国）

20 万名学生参加国家级重大活动

至 12 月，北京市 200 余所大中小学校及幼儿园组织学生 20 万人参加国家级重大活动。分别为庆祝中华人民共和国成立 70 周年大会、联欢活动以及 2019 北京世界园艺博览会开幕式、“一带一路”第二届高峰论坛、亚洲文明对话大会等演出活动。

（徐春生）

德育

德育工作

全国首届大学生禁毒公益微艺术大赛颁奖

3 月 29 日，北京电影学院举办“无毒青春，阳光生活”全国首届大学生禁毒公益微艺术大赛颁奖典礼。比赛收到来自全国 186 所高校的 857 件（套）参赛作品，其中有效作品 508 件（套）。经组委会专家评选，按照剧本创作、动画、平面设计、微电影、手工创意、原创歌曲 6 个分类，评出一等奖 12 个、二等奖 27 个、三等奖 29 个，优秀组织奖 11 个，最佳创意奖 6 个，特别参与奖 7 个。比赛由中国禁毒基金会、团中央网络影视中心、市禁毒办、团市委指导，团中央“青年之声”综合服务办公室、禁毒教育高校公益联盟主办，北京市禁毒教育基地管理中心和电影学院承办。来自全国近 20 所高校的 30 余名获奖代表以及电影学院 150 余名学生代表参加颁奖典礼。

（程麒台　毕晟）

生态文明主题教育活动启动

5 月 8 日，市教委、北京教育科学研究院共同举办“弘扬生态文明，共建美丽家园”北京市中小学生态文明主题教育启动仪式暨《2019 年中国北京世界园艺博览会中小学生知识读本》发放仪式。市教委就《北京市中小学生态文明宣传教育实施方案（试行）》作说明和工作部署，并向各区学校代表赠送世园会知识读本。市教委、北京教科院、延庆区政府领导，全市各区教委德育工作主管主任、主管科长，中小学德育干部代表等 270 人参加活动。为推进生态文明教育，市教委研究制定生态文明宣传教育实施方案，明确将资源国情、生态环境、生态经济、生态安全、生态文化 5 个方面作为生态文明教育的主要内容，同时确定宣传、课程、活动、实践、管理 5 个途径 15 条具体工作任务。4 月 28 日，2019 年中国北京世界园艺博览会在延庆开幕。市教委编印世园会知识读本作为学校开展世园会主题教育活动的参考用书和生态文明教育的课程资源。

（林臻　沈欣忆）

中小学德育工作区校行活动

6 月 13 日，市教委主办的“构建实践育人体系，促进学生全面发展”2019 年北京市中小学德育工作区校行活动在燕山中小学素质教育综合实践基地举行。活动组织观摩燕山地区中小学生农事实践课程。燕山教委作实践育人工作报告，介绍燕山地区在设计和推进实践育人“小学、初中、高中三段衔接”目标体系、“学校、家庭、社会、企业四元共育”资源体系、“德智体美劳五育并举”课程体系以及师资、经费、安全等保障体系建设方面的工作经验和成效。各区教委德育工作主管科长、各区社会大课堂办公室负责人、中小学德育干部代表等 200 余人参加活动。活动共举办 5 场，累计参与人数 1000 人次。

6 月 13 日，2019 年北京市中小学德育工作区校行活动走进燕山职业学校北台劳动技术体验基地　（燕山教委　供）

（林臻）

国际禁毒日主题宣传教育活动

6 月 18 日，市教委、北京市禁毒委员会办公室联合举办北京市中小学“6 · 26”国际禁毒日主题宣传教育活动。活动通过展示中小学法治教育成果，组织观摩毒品预防教育课、模拟法庭和主题班会，交流中小学毒品预防教育典型经验和成功做法。市教委部署 2019 年中小学毒品预防宣传教育活动方案，发布《致全市中小学生及家长的禁毒一封信》等，明确提出要通过开展主题教育活动、营造禁毒教育氛围、宣传毒品预防知识、推进无毒学校创建等措施，提升全市中小学毒品预防宣传教育水平。

（王昱人）

毒品防治分级教育教材编写及培训计划项目研讨会

6 月 21 日，北京教育科学研究院、北京市禁毒教育基地管理中心、北京市朝阳区禁毒委联合召开“绿色成长，生命无毒——毒品防治分级教育教材编写及培训计划”项目研讨会。会上，来自朝阳区禁毒教育项目实验校的 15 名教师分享小学禁毒教育课程，2 所禁毒教育项目实验校分享经验，项目负责人作《用哲学的方式进行道德教育，让学习真正发生》专题培训并为禁毒志愿者颁发证书。北京市、朝阳区禁毒教育项目实验校干部教师 120 余人参加会议。至年底，项目组开发录制一年级《拒绝贪吃来历不明的食物》、二年级《远离二手烟》、三年级《科学用药》、四年级《火眼金睛识毒魔》、五年级《虎门销烟》、六年级《拒绝诱惑，绽放自我》6 节小学禁毒教育微课。

（赵澜波）

校园禁毒戏剧推广计划剧目上演

6月21日至24日，中央戏剧学院、北京市禁毒教育基地管理中心联合出品的校园禁毒戏剧《暗夜逐光》上演。该剧通过2个时代背景、2个地域、3条线索展开叙事，再现清朝道光年间民族英雄林则徐虎门销烟的历史场景，由戏剧学院戏剧教育系教授担任导演，戏剧文学系2017级戏剧编剧艺术研究方向博士研究生、戏剧教育系教师担任编剧，戏剧教育系2018级研究生、2015级本科班学生出演。演出6个场次，3500余名观众观演。该剧获北京市首届校园禁毒文化作品大赛戏剧小品类一等奖。作为北京市禁毒教育高校公益联盟成员，戏剧学院连续6年，创作6部禁毒题材戏剧。

（王兴民）

6月21日至24日，校园禁毒戏剧推广计划剧目《暗夜逐光》上演

（戏剧学院　供）

11家单位当选市级社会大课堂优质资源单位

11月22日，北京市中小学生社会大课堂优质资源单位材料评审会召开，从16家申报单位中评选出优质资源单位11家。分别为：定向猎狐基地、北京野生动物园、黄花城水长城、生存岛、麋鹿苑博物馆、北京市燕山职业学校、中央电视塔、留民营生态农场、北京自然博物馆、中国影视大乐园、太平洋海底世界。社会大课堂活动由北京学生活动管理中心承办。

（牛文国）

218所中小学被认定为第四批中小学文明校园

12月2日，市教委、首都精神文明建设委员会办公室公布第四批北京市中小学文明校园名单，218所中小学入选。3月至11月，市教委与首都精神文明办共同开展第四批文明校园创建活动。经学校自主申报、各区教委及区文明办联合考核推荐、市教委及首都精神文明办审核验收、社会公示等程序，认定第四批文明校园218所。

（王昱人）

139家单位入选社会大课堂第七批市级资源单位

12月23日，市教委公布北京市中小学生社会大课堂第七批市级资源单位名单。139家单位入选，资格时间为2020年1月1日至2021年12月31日。140余家单位申报，经过区社会大课堂管理办公室推荐，北京市中小学生社会大课堂管理办公室组织专家进行资格审查、资料审阅、汇报答辩和实地抽查，并召开由市委宣传部等12个社会大课堂合作建设部门参加的联席会议，研究确定入选名单。

（牛文国）

中小学生社会大课堂教师成果评选

12月26日，北京市中小学生社会大课堂管理办公室公布2019年北京市中小学生社会大课堂教师成果评选结果。根据科学性、教育性、可行性、完整性、创新性评选原则，从各区上报的635项教师成果中，评选出一等奖28项、二等奖119项、三等奖224项并编印社会大课堂优秀教师成果集，另评出优秀组织奖7个。

（牛文国）

首届北京高校诚信演讲比赛

12月28日，市教委、市经信局联合举办首届北京高校诚信演讲比赛决赛。活动以“诚信我践行 · 风采耀京城”为主题。来自72所高校的170余名师生报名参赛。经初赛选拔，14名选手进入决赛。最终评出特等奖5人、一等奖9人。比赛另评出二等奖14人、三等奖28人，优秀组织奖获奖高校12所。演讲活动是“诚信建设万里行——信用进校园”重要内容之一。10月至12月，市教委、市经信局联合开展“诚信建设万里行——信用进校园”活动。其间，北京高校通过校园宣传新媒体、信用大讲坛和高校信用演讲等形式开展信用知识宣传。

（张军）

中小学生思想道德发展状况测评数据研究分析

至年底，市教委开展2018年中小学生思想道德发展状况测评数据研究分析工作。4月，举办第三期北京市德育研究人员培训班，指导各区研究分析测评数据。5月，深入西城、朝阳、通州、顺义、延庆5个区15所中小学开展学生思想道德发展状况实地调研。7月，召开总结反馈暨经验交流会，反馈测评结果，总结交流典型经验。10月，举办第一期市、区教委德育行政干部学习交流活动，指导各区针对测评结果制订改进提升计划。

（林臻）

专门教育

海淀寄读学校第五届校园心理戏剧节

3月12日，海淀寄读学校举办第五届校园心理戏剧节启动仪式暨人生主角戏剧活动。学生讲述参与戏剧活动的故事；来自北京市一人一故事剧社——熔言剧社的教师结合戏剧节剧目主题组织开展互动体验活动，邀请学生走进《红岩》剧中，运用声音、肢体动作表达，感受声音和动作。学校将戏剧节与读书节融合，将戏剧融入教学、阅读。戏剧节历时2周。该校师生40余人参加活动。

（高亚娟）

东城学生援助中心工作推进会

9月11日，东城区2019年学生援助中心工作推进会在东城工读学校召开。会议组织参观东城工读学校校园，看望慰问已经离开学校的学生。会上，来自东城区9所学校的德育干部汇报学校援助中心具体工作、未来发展思路及工作中遇到的问题；东城区教委相关负责人作总结发言，介绍援助中心9项机制及援助中心未来发展规划。东城区教委相关负责人及东城区各学校德育副校长、主任等25人参加会议。

（商彦芬）

海淀寄读学校与市检察院签约合作

11月15日，海淀寄读学校与北京市人民检察院签订《北京市人民检察院、北京市海淀寄读学校关于建立未成年人犯罪预防和教育矫治工作机制的合作框架协议》。协议明确双方将在法治教育、教育矫治、观护救助、专题研究等方面展开合作，形成常态化、团队式工作机制，定期就合作事宜通报情况、共享信息、总结经验，分析研判未成年人违法犯罪、权益保护形势，研究解决工作中遇到的新情况、新问题。合作通过探索建立未成年人罪错行为预防矫治体系，提升未成年学生法律素养和法治意识，纠正不良行为学生思想偏差与行为失范，矫治罪错未成年人，保护救助未成年被害人，实现对未成年人的犯罪预防和全面综合司法保护。另外，学校聘任市检察院检察长担任法治副校长。

（王常智　宋亚甫）

11月15日，海淀寄读学校与市检察院签订《合作框架协议》
（海淀寄读学校　供）

东城尊重教育课题现场会暨主题班会展示

12月25日，东城区“十三五”尊重教育课题现场会暨主题班会展示活动在东城工读学校举行。活动展示2节尊重教育主题班会，播放主要记载尊重教育课题组研究历程的视频。东城区尊重教育课题组成员校作《播撒尊重的种子静候青春的绽放》汇报。会议设置教师展示说课、专家点评等环节。东城区教委领导作总结发言。东城区教委、区教育研修学院领导，中国教育学会、北京教育科学研究院专家，尊重教育课题组成员等50余人参加活动。

（商彦芬）

朝阳工读学校“十三五”教育科研课题结题

12月25日，朝阳工读学校举办北京市教育学会“十三五”教育科研课题“工读学校教师心理健康教育专业化能力与学校品质提升项目研究”结题会。课题负责人汇报学校教师队伍建设、心理健康培训、课堂教学改革、学生管理模式和校本课程研发等课题研究情况。北京教育科学研究院、北京教育学院、北京市朝阳区教育科学研究院专家小组对课题取得成果给予高度评价。专家、教师20人参加会议。

（张美娜）

国防教育

北京高校首期国旗护卫队骨干培训

3月30日，北京高校首期国旗护卫队骨干培训班在北京昌平砺志国防教育培训学校开班。培训邀请北京新风旗帜文化传播中心主任，从《国旗法》、国旗文化、升降国旗礼仪以及高校国旗仪仗队检阅式的规范技术动作等方面作讲解和现场指导。来自北京56所高校的国旗护卫队指导教师、队长、升旗手、护旗手280余人参加培训。

（肖娜）

北京高校学生定向运动积分赛

3月至11月，北京高校国防教育协会举办2019年北京高校学生定向运动积分赛。比赛设置3场分站赛和1场总决赛，采用积分制。累计642人次选手参加分站赛。11月30日，总决赛在通州大运河森林公园举行。根据各校定向代表队在3场分站赛、“北斗杯”学生定向运动锦标赛和“铸剑杯”军事定向运动普及赛，共计5场比赛中的积分成绩，选出20所高校181名运动员进入总决赛。经过比拼，高校女子组、高校男子组个人第一名均由清华大学学生获得；高职女子组、高职男子组个人第一名分别由北京电子科技职业学院、北京财贸职业学院学生获得；高校男女总团体第一名由北京化工大学获得；高职男女总团体第一名由电科职院获得；高校年度总积分第一名由清华获得；高职年度总积分第一名由电科职院获得。

（肖娜）

高校、高中军事理论课教师培训

6月3日至6日、10月29日至11月1日和12月25日至27日，市教委分别举办北京高等学校军事课教师研修班、北京高中阶段学校军事课教师培训班和北京高校军事理论课教师协作教学资格认证（调讲）。培训班聘请专家学者围绕新形势下的中国国防、中国武装力量、周边安全形势、周边热点以及如何上好军事理论课等相关教学内容开展授课辅导。全市高校、高中军事理论课教师330余人参加培训。

（张兵）

化大教育成果获评首届全国学校国防教育典型案例

8月5日，北京化工大学国防教育成果《基于“蜂巢模式”的高校国防教育育人实践》获评教育部首届全国学校国防教育典型案例。该成果依据“蜂巢的结构与功能”，在结构上以军事课教学团队为核心，以“大学生士兵全程化培养”团队、国防类学生组织骨干团队、“讲武堂”全媒体策划运营团队、军事理论研究团队、国防创新实践团队与统筹保障支持团队为协同，打造国防教育骨干队伍7支，在功能上催生“蜂巢效应”，突出7支骨干团队之间的核心功能与辐射作用协同、信息传递与资源共享协同、品牌建设与氛围营造协同，在成效上突出“蜂巢模式”育人作用，围绕“立德树人”根本任务，把学生的成长成才作为队伍建设首要考核指标。

（肖勇）

第五届北京高校学生军事特训营

10月17日至20日，由市教委主办的2019年第五届北京高校学生军事特训营在延庆区八达岭军事基地举行。特训营打破传统军营或基地训练方式，设置战备等级转换、徒步行军、战术情况处置等训练科目，特别增加摩托化行进和战伤救护2个科目；邀请国防大学教授作军事讲座。来自33所高校的330名大学生参训。营员从2018年、2019年各校参加军训的新生及大二学生中，经过推荐、选拔等方式产生。活动由北京高校国防教育协会和北京康庄611素质教育培训中心联合承办。

（张兵）

第十届北京高校国旗护卫队检阅式

11月10日，市教委举办第十届北京高校国旗护卫队检阅式。来自北京52所高校的国旗护卫队参加检阅式。经过预赛，26支国旗护卫队进入决赛。8名评委针对各队在静止到行进、齐步换正步、升旗再降旗等环节中的表现评判打分。决赛评出一等奖6个、二等奖9个、三等奖11个；最佳队长奖和最佳升旗手奖各3个。

（张兵　肖娜）

体育卫生

体育

首都高校第57届学生田径运动会

5月18日，市教委、市体育局联合举办首都高校第57届学生田径运动会开幕式。运动会在往届基础上提档升级：优化项目设置，首次设置甲C组，即体育院校、普通大学体育院系及普通大学非运动训练专业学生（体育教育、民族传统体育、社会体育等专业本科生、研究生）组别；完善网络报名程序，在报名及组织竞赛工作中，全方位、多角度使用信息化手段，提高办赛效率；拓展宣传途径，采取网上和现场同步直播，优化视频、音频以及网络配置。来自70所高校的近1400名运动员参与191个项目的角逐。

（李铮）

11月10日，市教委举办第十届北京高校国旗护卫队检阅式
（市教委相关处室　供）

北体大教师再破撑杆跳高亚洲纪录

5月18日，北京体育大学中国田径运动学院教师、女子撑杆跳高运动员李玲在2019年国际田联钻石联赛上海站比赛中再破亚洲纪录。李玲成功跃过4.72米高度，将其在2016年创造的亚洲纪录提升0.02米，获比赛第二名并获东京奥运会入场券。

（董健）

一校一品体育教学改革阶段性成果展示

5月26日，北京市“一校一品”体育教学改革阶段性成果展示活动在国家体育场举行。北京第二实验小学、北京大学附属小学、北京市第三十五中学等学校展示皮筋操、武术、拉丁舞等项目。上半年，在各区教委统筹组织下，16个区及燕山地区分别举办“一校一品”体育教学改革成果展示活动，推进“一校一品”体育改革工作发展。2016年9月6日，市教委印发《关于开展“一校一品”体育教学改革项目试点工作的通知》，首批选取38所学校开展“一校一品”体育教学改革项目试点工作。2019年，120所学校被遴选为第二批北京市“一校一品”体育教学改革试点学校，通州区被认定为北京市“一校一品”体育改革试点区。至此，北京市有试点校158所，试点区1个。

（张志华）

5月26日，北京市“一校一品”体育教学改革阶段性成果展示活动在国家体育场举行　（市教委相关处室　供）

北理工获第十个大足联赛冠军

6月12日，北京理工大学获2018—2019阿迪达斯全国青少年校园足球联赛（大学组）（CUFA）超级冠军联赛冠军。决赛中，北理工以2∶0战胜中南大学，获得2018—2019赛季超冠联赛冠军，捧得学校第十座大足联赛冠军奖杯。来自全国2000余所高校的3000余支队伍参加此次比赛。该联赛由教育部中国大学生体育协会与中国足协共同创办，是教育部官方唯一认证的全国高校11人制足球联赛，同时也是中国足球在校园开展的最高级别足球赛事，分为高水平组、校园组、高职高专组，其中高水平组又分为超级冠军联赛和冠军联赛2个级别。

（岳鹏）

北京市校园足球精英赛

7月6日至15日，北京市青少年校园足球工作领导小组办公室举办2019年北京市校园足球精英赛。比赛以区为单位报名参加，设小学男子、女子组，初中男子、女子组和高中男子、女子组6个组别。来自全市16个区的82支区级校园足球代表队2208名运动员参加比赛。最终，西城区高中男子代表队，海淀区初中男子、小学男子代表队，昌平区高中女子、初中女子代表队，东城区小学女子代表队分获各组别冠军。

（张志华）

校园足球文化节优秀作品征集展示

9月25日至10月25日，市教委举办2019年北京市青少年校园足球文化节优秀作品征集活动。活动围绕“校园足球 梦想绽放”主题，面向全市中小学生开展，征集到作品7851件。其中，啦啦操作品180件、微视频作品210件、歌曲及演奏作品99件、海报设计作品1277件、徽标设计作品1145件、球衣设计作品659件、吉祥物设计作品910件、主题征文作品1452件、标语作品488件、摄影作品1090件、足球报道作品341件。12月27日，展示活动在北京体育大学举行，全市校园足球特色校校长、教师及学生代表等近千人参加活动。

（张志华）

第57届中学生田径运动会

10月18日至20日，市教委、市体育局联合主办第57届北京市中学生田径运动会。比赛设初中男子、女子组和高中男子、女子组4个组别，将16个区及燕山地区分为团体A组和团体B组2个竞技组，下设22个小项。800余

7月6日至15日，北京市青少年校园足球工作领导小组办公室举办2019年北京市校园足球精英赛　（市教委相关处室　供）

名中学生参加比赛。最终，海淀区获团体A组总分第一名、顺义区获团体B组总分第一名。开幕式上，来自顺义区9所中小学的近千名学生展示舞龙舞狮、足球、篮球、冰雪运动等体育特色项目。

（李铮）

篮球小世界杯暨小学生小篮球推广活动颁奖

12月13日，市教委举办2019北京市校园篮球小世界杯暨小学生小篮球推广活动颁奖仪式。此次活动设立训练营、篮球联赛、书画大赛、校园推广、学科融合展示、嘉年华6个板块。7月起，活动在16个区及燕山地区陆续展开，举办训练营及篮球比赛上百场，征集到书画及学科融合作品500余幅。全市381所小学5000余名师生参与活动。

（李铮）

中小学生智力运动会

12月21日，市教委、市体育局联合举办2019年北京市中小学生智力运动会。比赛设中学组和小学甲、乙组3个组别，包括围棋、国际象棋、中国象棋、国际跳棋、五子棋5个项目。来自全市67所中小学的624名学生参加比赛。各项目、各组别分别评出团体总分第一名1个，共计15个。

（李铮）

学校卫生

近视防控校园巡讲

4月至11月，市教委、市卫健委面向全市小学联合开展"近视防控"校园巡讲活动。活动以在校学生、家长和教师为讲座对象，举办近百场巡讲。6月6日，市教委、市卫健委联合举办6·6全国爱眼日宣传主题活动暨2019北京健康科普专家"近视防控"校园巡讲启动式。活动为在场的小学生及学生家长赠送《眼球王国奇遇记》科普读物。学生代表发出近视防控倡议。活动邀请北京同仁医院专家作近视防控科普讲座并面向全市中小学生进行在线同步直播。市教委、市卫健委相关负责人，北京同仁医院、市疾控中心相关专家，学生及家长代表等300人参加活动。

（宋玉珍）

高校生殖健康骨干教师培训

5月31日至6月1日，市教委开展高校生殖健康骨干教师培训。培训包括性病、艾滋病在高校流行形势及预防新进展，健康教育学与学校健康教育，在大学生中开展性病、艾滋病健康教育方式方法，生殖健康与大学生性健康教育，如何识别性骚扰及做好自我保护，高校性健康教育经验分享6项内容。全市高校教师100余人参加培训。

（宋玉珍）

大学生心理健康教育月落幕

6月25日，教育部、市委教育工委在北京科技大学联合举办"5·25"大学生心理健康教育月活动总结交流会。会议交流展示"5·25"大学生心理健康教育月活动成果，介绍各地各高校心理健康教育工作取得的进展和成效。教育部思政司、市委教育工委领导，部分省市及北京高校的分管领导、师生代表160余人参加会议。心理健康教育月活动于5月25日启动，北京6所高校自主举办413项特色活动，吸引24万余名大学生参与其中。

（焦帅）

6月4日至5日，东城区儿童青少年近视防控推进会在史家胡同小学举行（东城区教委 供）

首届全国积极教育大会暨第十届海淀心理周

6月27日至28日，海淀区教委与清华大学社会科学学院联合主办第一届全国积极教育大会暨海淀区第十届中小学心理健康教育活动周。会议围绕“积极教育，心智发展”主题，设置主题报告、经验介绍、论坛研讨、学校展示等环节，发布《中国积极教育白皮书》。会议开设3个分论坛，分别以“积极教育在中小学校的实践”“积极学习系统建构与教学应用”“积极教育科技”为主题组织讨论。国内外高校及科研院所专家、中小学校长和教师代表700余人参加活动。

（宋亚甫）

10个工作室入选首批北京高校心理名师工作室

8月28日，市委教育工委公布首批北京高校“心理名师工作室”名单。经学校申报、专家评审，10个工作室入选首批北京高校“心理名师工作室”，分别为北京大学刘海骅“心教育”工作室、清华大学李焰“清心之语”工作室、中国人民大学胡邓朋辈心灵成长工作室、北京航空航天大学马喜亭心理援助工作室、北京理工大学李旭珊“守护生命之光”工作室、中国农业大学施钢互动体验大课堂工作室、北京交通大学田宝伟“一路同行”工作室、北京工商大学刘立新“慧眼仁心”工作室、北京舞蹈学院顾丽“吾爱舞”舞动心理工作室、首都师范大学赵军燕心理创意课程工作室。每个工作室资助金额5万元，资助周期3年。经费主要用于工作室开展理论研究和工作实践。

（赵妍　王星星）

世界艾滋病日主题活动

11月28日，国家卫健委、教育部、市政府联合举办2019年世界艾滋病日主题活动。活动回顾展示全国青年学生艾滋病防治工作情况，防艾专家、预防艾滋病宣传员、红丝带健康大使和大学生志愿者讲述和分享志愿服务经历、感悟，宣传普及防艾知识。彭丽媛参加活动，分享参与防艾志愿活动的体会和感悟，勉励大家为防艾事业出谋划策，让艾滋病远离校园，同时为京津冀高校大学生艾滋病防控宣传知识挑战辩论赛获奖高校代表颁奖。相关国际组织代表、基层医疗卫生工作者、大学生志愿者代表等参加活动。

（刘书峰）

健康教育进校园系列活动

至12月，北京教育音像报刊总社组织各区开展“健康教育进校园”系列活动。开展以防控近视为重点的健康教育宣传活动，尤其关注对小学低年级师生及家长的近视防控宣传教育；开展“正确饮水，远离含糖饮料”主题活动，覆盖16个区及燕山地区，举办900场讲座，惠及学生10万人；开展“专家进校园 健康大讲堂”活动，邀请权威专家为师生、家长讲解防近视、控肥胖、校园控烟等健康知识，全年组织市级专家示范讲座112场，惠及学生和家长10万人；举办中小学生家庭健康管理活动，为全市一年级新生发放《北京市中小学新生家庭健康管理系列材料》，开展“我和家长一起锻炼”摄影作品征集活动、“爱眼手抄报”“爱眼日记”评选活动，从各区报送的上万件作品中评选出一、二、三等奖136个；开展北京市学生应急救护培训，面向50所学校的大一及高一新生，开展应急救护知识和应急技能培训50场，特别关注远郊区学生急救知识普及，惠及学生2万人。健康咨询报社出版涉及学生健康内容的专刊（16个版）6期、专版20个。“健康教育进校园”系列活动由市教委主办，音像报刊总社、健康咨询报社共同承办。

（张雅　宋玉珍）

冬季奥林匹克教育

北理工北京冬奥会新能源车极寒环境试验完成

1月16日，北京理工大学2022年北京冬季奥运会新能源汽车项目团队完成新能源整车极寒环境试验。该项目由孙逢春院士牵头，在内蒙古海拉尔牙克石测试基地开展12米电动大客车、7米电动中型客车、电动小客车极寒环境下性能测试。最终，全气候电池及福田大客车、宇通中型客车、北汽新能源小客车顺利完成各项试验。1994年，北理工组建电动车辆技术开发中心，研发中国第一辆“远望号”纯电动公交车；2008年，主持实施首次奥运中心区零排放公交工程，建设电动车辆国家工程实验室；2014年，

8月，北京市学生应急救护培训走进中央财大
（音像报刊总社　供）

组建国家级电动车辆协同创新中心；2016年，建设国家新能源汽车监测与管理平台；2017年，发起成立国家级新能源汽车大数据联盟；2018年，启动新能源汽车国家监测与动力蓄电池回收利用溯源综合管理平台。

（岳鹏）

冬奥会竞赛项目知识介绍片发布

5月7日，北京体育大学承制的冬奥会竞赛项目知识介绍片发布。介绍片是国内首套具有自主知识产权的竞赛知识视频资料，面向筹办人员及社会公众，介绍2020年北京冬奥会各竞赛分项的基本知识。全片由15部短片组成，每部短片介绍1个竞赛分项；每部短片时长4分钟左右，以简明的影像语汇阐述各竞赛分项的历史沿革、场地情况、器材装备等基本内容。自2015年开始，北体大与北京冬奥组委接洽，以提供综合解决方案的业务模式服务冬奥，依托之前服务北京夏季奥运会积累的知识和经验，为其提供调研、策划、研制编写大纲等前期创作工作和后期编辑、校对、印制出版服务。

（董健）

中小学生冬季运动系列比赛

6月至12月，市教委、市体育局、北京冬奥组委新闻宣传部、北京奥运城市发展促进中心联合主办2019年北京市中小学生冬季运动系列比赛。6月15日至16日，举办旱地冰球项目比赛。比赛设小学组、初中组和高中组3个组别。来自11个区46所学校的532名学生参加比赛。11月2日至3日，举办陆地冰球项目比赛。比赛设小学男子、女子组和初中男子、女子组4个组别。来自10个区的50支代表队250余名学生参加比赛。12月14日至15日，举办越野滑轮项目比赛。来自10个区16所学校的100余名运动员参加比赛。比赛设小学组和初中组2个组别，设专业换轮传统式滑行100米、大众滑轮推进100米、4×100米接力等7个项目。比赛由北京学生活动管理中心承办。

（李铮）

12月14日至15日，北京市中小学生冬季运动系列比赛——越野滑轮 （学生活动中心 供）

北京市中小学冬奥小记者站建站

6月至12月，市教委、市体育局、北京冬奥组委新闻宣传部和北京奥运城市发展促进中心联合举办建立北京市中小学冬奥小记者站活动。活动组织全市奥林匹克教育示范学校和冰雪运动特色学校建立冬奥小记者站。小记者站覆盖16个区及燕山地区191所学校，成员包括196名学生和29名领队教师。记者站通过制订校园冬奥小记者站标准工作流程、管理规范和培训制度等，构建北京市中小学校园冬奥宣传报道网络体系；聘请相关专家及资深记者，对冬奥小记者开展岗位技能培训，建立冬奥小记者档案库，选拔优秀冬奥小记者实地参与报道、解说“北京2022”冬奥会。

（李铮）

“冬奥有我”青少年体育文化夏令营

7月9日至15日，市教委、市体育局、北京冬奥组委新闻宣传部、北京奥运城市发展促进中心联合主办2019年北京市青少年体育文化夏令营。来自16个区及燕山地区20所学校的近170名师生参加活动。夏令营以“冬奥有我”为主题，围绕冬季奥林匹克教育展开，延续以往夏令营“成长、挑战、协作、技能”4个板块理念，设计具有“冬奥”气息的体验参观活动，同时打造集体生活和营地文化。

（李铮 徐颖）

史家胡同小学入选全国冰雪运动推广示范单位

8月3日，北京市东城区史家胡同小学作为首批全国“冰雪运动推广示范单位”接受国家体育总局冬季运动管理中心表彰授牌。首批入选示范单位10家，该校是入选单位中唯一的学校。史家胡同小学作为北京市首批冰雪运动特色校，持续推进冰雪特色项目建设，将冰雪运动编入体育特色课程中，在一年级至二年级开设轮转雪课程，在三年级至六年级开设轮转冰课程。2012年，史家飓风冰球队成立；2018年，史家青少年体育俱乐部与中国滑雪协会、国安体育合作，选拔40名学生组建滑雪专项运动队。

（张凯 孙晓楠）

10月25日至12月29日，市教委举办2019年北京市第四届中小学生冬季运动会　（学生活动中心　供）

延庆一职冰雪体育服务专业开班

9月1日，北京市延庆区第一职业学校冰雪体育服务专业开班。首届冰雪体育服务专业面向北京市初三毕业生招生9人，学制3年。该专业采取校企合作模式，学校分别与北京梦起源体育发展有限公司、万科石京龙滑雪场协商，达成“专业场地和专业技能教学”购买社会服务协议，由梦起源公司和石京龙滑雪场承担冰雪场地、专业装备以及专业实训授课。学生毕业后可推荐相关工作或到对口高职院校继续学习。

（卫秀宗　宋佳）

冬奥会三大赛区学校奥林匹克教育联盟成立

10月18日，北京冬奥会三大赛区学校奥林匹克教育联盟在北京市延庆区张山营学校成立。联盟有北京市延庆区姚家营中心小学、张山营学校、北京市延庆区靳家堡中心小学、北京市延庆区西屯中心小学、北京市延庆区八里庄中心小学、北京市延庆区珍珠泉中心小学、张家口市崇礼区高家营小学、张家口市崇礼区乌拉哈达完全小学、北京市海淀区羊坊店中心小学、北京市石景山区电厂路小学10所成员校。10所学校将共同在学生中开展奥林匹克教育，通过奥林匹克教育，使学生成为身体健壮、动作协调、态度从容、谈吐得体、情操高尚，具有国际胸怀和视野的青少年。

（赵文新）

科技冬奥装备参展科博会

10月24日至27日，北京理工大学承担的科技部国家重点研发计划“科技冬奥”专项“国家科学化训练基地建设关键技术研究与示范”项目“室内多自由度模拟滑雪训练系统”“人体高速弹射技术”“冬季项目训练智能管理系统”等参展第22届中国北京国际科技产业博览会。“室内多自由度模拟滑雪训练系统”实现滑雪训练和竞赛过程中运动员（人）、训练设备（机）、运动场地（环境）三者之间的耦合系统建模与仿真，为越野滑雪、高山滑雪等项目的运动员提供室内模拟滑雪训练设备，提升回转、滑行等专项技术动作的训练效率，同时在滑雪训练平台上安装运动形态识别与位姿测量系统，对运动员人体运动数据进行采集和分析，为科学化训练提供指导依据。课题组于2018年10月进驻国家高山滑雪队，2019年6月，研制的滑台、平衡台及多自由度台投入使用。“人体高速弹射装置”主要用于辅助速度滑冰运动员过弯训练以及为跳台滑雪提供加速。首台装置于4月研制成功，可实现加速过程的精准控制，填补国内空白。

（岳鹏）

第四届中小学生冬季运动会

10月25日至12月29日，市教委、市体育局、国家体育总局冬季运动管理中心、北京冬奥组委新闻宣传部、北京奥运城市发展促进中心联合主办北京市第四届中小学生冬季运动会。运动会在5个分赛场举行，设冰上、雪上2个大项，下设冰球、短道速滑、花样滑冰等12个小项，分高中组、初中组、小学组和教师组4个组别。来自16个区及燕山地区316所学校的1759名师生参加比赛。

（李铮）

冬奥术语平台V2版交付北京冬奥组委

12月11日，北京语言大学将冬奥术语平台V2版交付北京2022年冬奥会组委会。V2版的最新配置和核心亮点包括特色新增术语、特色平台功能和服务范围扩大。平台共有冬奥核心竞赛术语9539条，项目组已完成汉语、英语、法语等6个语种词条的全部翻译工作，与冬奥会首场测试赛相关的高山滑雪多语言竞赛术语将于赛前在平台上线；平台网站端新增术语报错和修改、术语标注和提取功能，同时推出移动端App。平台服务将面向公众发布测试版，国家体育总局及延庆赛区等相关单位工作人员可在平台官网预约注册，并在网站和手机端使用查词服务。该平台由北语语言资源高精尖创新中心研发。2018年12月13日，平台V1版交付北京冬奥组委，此次交付的V2版为升级版本。

（费凡）

国家冬季运动服装装备研发中心揭牌

12月30日，国家体育总局冬季运动管理中心、北京服装学院共建的“国家冬季运动服装装备研发中心”揭牌。

中心旨在做好2022年冬奥会国家队科技保障服务工作，完成冬季运动竞技体育与大众冰雪服装与装备研发等任务。中心由服装学院教师牵头，集合优质资源，针对冬奥会训练和比赛的复杂气候环境条件，基于“人体—服装—环境”系统，研发适合中国运动员体型特征与生理特性的竞速与技巧类分项比赛服装，开发适用于冬季项目训练与比赛的减阻、防护、热湿舒适高性能服装，致力于跨学科建成集冬季项目训练与比赛服装材料选型、功能设计、样衣制作、工效分析于一体的国际先进产学研平台。12月6日，服装学院作为牵头单位启动科技部国家重点研发计划“科技冬奥”重点专项“冬季运动与训练比赛高性能服装研发关键技术”项目并实施方案论证。

（付佳）

3月至12月，市教委等单位共同举办2019年北京市民族艺术进校园活动　　（学生活动中心　供）

艺术与校外教育

艺术教育

民族艺术进校园

3月至12月，市委宣传部、市教委、市财政局等单位共同举办2019年北京市民族艺术进校园活动。活动组织60余个艺术团体进校园演出703场（中小学653场、高校50场），举办专场演出127场（中小学99场、高校28场）。演出内容涉及曲剧、曲艺、合唱等多种艺术形式。活动覆盖16个区及燕山地区的近千所学校，惠及大、中、小学生32万人。活动由北京学生活动管理中心承办。

（张君　徐春生）

第22届学生艺术节

4月至12月，市教委举办北京市第22届学生艺术节。活动面向全市中小学（包括小学、初中、普通高中、职业高中）和中等职业学校在籍学生，开展器乐展演、舞蹈展演、艺术讲座、夏令营、冬奥歌词征集5项市级活动，参与活动人数1.40万人。在市级展演活动前，各区分别开展校级、区级展演展示活动，参与活动70余万人次。

（王杨　徐春生）

高雅艺术进校园剧目巡演

10月10日至25日，中央戏剧学院“高雅艺术进校园”剧目《桃花扇》赴湖南、广东2地10所高校巡演10场。话剧《桃花扇》由欧阳予倩改编，展现明末南京的社会现实，揭露明政权衰亡的原因。此次剧目由学校表演系2016级师生排演，时长120分钟。

（王兴民）

阳光少年艺术节

11月16日、17日、23日、24日和30日，市教委举办2019年北京阳光少年艺术节市级展演活动。活动分设器乐、戏剧、朗诵、舞蹈、合唱5个专场展演。全市45个校外教育机构选送188个节目参加展演。经专家现场评分，评出金奖87个、银奖87个、铜奖14个，教师优秀指导奖174个，优秀节目创作奖23个，最佳指挥奖25个。

（卢亭）

陈经纶中学获全国首届中小学班级合唱展示一等奖

11月22日至25日，北京市陈经纶中学班级合唱团作为北京市唯一代表参加2019年全国首届中小学班级合唱展示活动获一等奖。活动为庆祝中华人民共和国成立70周年举办，围绕“歌唱伟大的祖国”主题，唱响爱党爱国爱社会主义的时代主旋律。全国35支合唱团参加比赛，评出一等奖10个。

（徐春生）

中小幼校园影视评优活动

12月19日至20日，北京教育网络和信息中心召开2019北京市中小幼校园影视评优活动总结颁奖会。会议表彰先进单位及先进个人，组织讨论视频技术在教育中的应用。市教委相关处室、怀柔区教育信息中心等单位负责人及来自各相关单位、中小学、幼儿园的200余名师生参加会议。评优活动面向全市各中小学、幼儿园和职业学校的教师及在校生，设置教师、学生和虚拟现实（VR）3 个组别。教师组开展专题、教育教学、一师一优课等评选；学生组开展优秀作品、优秀主持人、微电影等评选；虚拟现实（VR）组开展 3D 建模和 VR 全景摄影作品评选。各区推荐 1084 个作品参加市级终评。最终评出一等奖 53 个、二等奖 162 个、三等奖 325 个。

（马东）

“高参小”戏剧教育成果展

12 月 26 日，中央戏剧学院、北京教育科学研究院德育研究中心、中华孔子学会国学教育委员会共同主办中央戏剧学院“高参小”项目成果展暨全国立德树人戏剧共同体重点实验学校剧目展演。活动分为召开“遇上戏剧一生美丽”——刘燕君戏剧教育思想研讨会、宣读关于成立全国立德树人戏剧教育研究共同体的决定并为 14 所共同体学校授牌、戏剧教育研究共同体学校展示戏剧教育成果 3 个阶段。活动由北京市东城区回民实验小学承办。戏剧教育研究共同体由东城回民实验小学书记、校长刘燕君担任主持人，包括来自北京东城、西城、门头沟、大兴、密云、通州 6 个区和天津、河北、山东、黑龙江四省（市）的 14 所成员校。

（焦颖）

北戏中华美德故事汇新剧目上演

至年底，北京戏曲艺术职业学院完成《中华美德故事汇》第 5 辑 3 部新剧目的创作和巡演。3 部剧目分别是京剧《二小放牛郎》、话剧《首都最美司机》和评剧《闻鸡起舞》。全年到基层学校、社区巡演 21 场，覆盖全市 16 个区，惠及以青少年为主体的观众近万人次。《中华美德故事汇》以“弘扬社会主义核心价值观、传播中华传统美德”为主题，由首都文明办与市文旅局联合策划，首都文明办出品，北戏创作演出，集戏剧、话剧、音乐剧等多种艺术形式。

（贺红梅）

校外教育

“三个一”优质项目系列活动

3 月 29 日至 10 月 22 日，市教委举办北京市校外教育“三个一”优质项目系列活动。3 月 29 日至 4 月 3 日，举办北京市校外教育“三个一”优质项目评选，经过机构自评、区评、市评，从 628 个项目中遴选出优质项目 149 个（创新项目 44 个、特色项目 60 个、精品项目 45 个）；7 月 30 日至 31 日，举办北京市校外教育“三个一”优质项目推广活动，颁发优质项目奖 149 个、优秀组织奖 44 个、突出贡献奖 1 个；10 月 21 日至 22 日，举办“新时代 新校外 新跨越——北京市校外教育‘三个一’培训活动”，180 余人参训。活动由北京市校外教育“三个一”活动领导小组办公室承办。

（冯晓虹　卢亭）

阳光少年文化科普进校园活动

3 月至 12 月，北京校外教育协会组织开展第 14 届（2019）北京阳光文化科普进校园活动。活动组织中国科学技术官、北京天文馆等 21 家单位，以郊区中小学为主要服务对象，扩大服务范围至京津冀周边地区，以展览展示、动手操作、互动体验为主要形式，将文化类、科普类活动带到中小学生身边。在科普场馆开展活动 446 次，走进 409 所学校，惠及中小学生 15 万人。

（王媛媛）

2019 北京国际模拟联合国大会

5 月 23 日至 26 日，外交学院举办“青年携手 · 大道同行”2019 北京国际模拟联合国大会。会议使用由外交学院模拟联合国协会首创的《北京议事规则》，设立 13 个委员会，分别以中文、英文、法文、西文为工作语言，议题

5 月 23 日至 26 日，外交学院举办“青年携手 · 大道同行”2019 北京国际模拟联合国大会　（外交学院　供）

11 月 16 日，第五届“小创客”创意市集活动中，第 13 批翱翔学员推选科学动手实践作品 （北京教科院 供）

切合 17 项联合国可持续发展目标。活动邀请专家作《联合国与全球治理人才》报告，评选出 10 名“吴建民大使奖”获得者。来自中国内地、澳门地区，英国、德国等国家和地区 160 余所高校和高中的 700 余名学生参加活动。

（顾建俊）

丘瑞斯北京市英语达人争霸赛暑期在线活动

7 月至 8 月，市教委举办第五届丘瑞斯北京市英语达人争霸赛暑期在线活动。活动内容围绕课本，组织学生每天用 3 分钟时间复习巩固上一个学期学习的知识。活动全程采用线上操作，学生通过微信完成答题并提交。截至 9 月 10 日，516 所学校近万名学生参加比赛，答题近 3 万次。活动由北京教育音像报刊总社承办。

（解淑平）

小创客创意市集

11 月 16 日，北京教育科学研究院举办第五届“小创客”创意市集活动。由北京、河北两地 88 所学校 101 名教师指导的 150 名学生报送 91 项作品参加现场交流。来自高校、科研院所的 140 余名专家，616 名进入翱翔推选现场的学生参与“小创客”作品评审。最终评出一等奖 4 个、二等奖 4 个、三等奖 4 个。

（胡一平　高勇）

科技活动

清华附中学生获国家发明专利

1 月，清华大学附属中学学生夏九州获国家发明专利。该生在清华大学电机系教授和清华附中教师指导下，设计出“小型便携式电储热设备”，获得国家知识产权局颁发的国家发明专利 1 项、计算机软件著作权 1 项，成果转让获技术转让费 18.50 万元。该项发明结合目前中国空气污染治理发展趋势和“煤改电”政策采用相变蓄热材料作为储热材料，投入市场后，可实现电网削峰填谷目标，缩小供电峰谷值差距，提高电网运行效率，同时对“煤改电”工程的实施、解决冬季供暖空气污染问题、提高城市环境质量和农村生活水平具有重要意义。

（卢兰平　张倩）

北京青少年科技创新大赛

3 月 23 日至 26 日，市教委、市科协、市科委、市知识产权局、怀柔区政府联合主办第 39 届北京青少年科技创新大赛。比赛以“发现 · 创新 · 责任”为主题，设置创客国际交流展示活动、科普报告会、英才计划展评交流等环节，吸引 30 万名青少年参赛。16 个区选送 2012 项作品参加市级初评，来自美国、意大利等 17 个国家以及中国香港、澳门、台湾地区的 20 个代表团参赛。创客活动开启“冬奥”主题，新增“致敬冬奥”创客礼品展示活动。最终，评出优秀青少年科技创新项目一等奖 105 项、二等奖 220 项以及怀柔区青少年科技创新奖等 12 个专项奖。活动组织境外指导教师参观北京市高两河彩绘厂，体验中国传统陶瓷彩绘制作；组织部分学生参观怀柔科学城主展厅，走进“中国科学院国家空间科学中心”；邀请来自怀柔区支援协作地区河北怀安县、丰宁县和内蒙古科左后旗的 40 名优秀科技教师全程观赛。其间，颁发第 17 届“北京青少年科技创新市长奖”，公布第二届北京青少年创客国际交流展示活动获奖名单，颁发青橙未来创客奖、特别奖“幂教育”和多个等级奖。

（线金秋）

第 17 届“北京青少年科技创新市长奖”

王梓宁	北京市第五中学
王煜桐	中国人民大学附属中学
肖雨涵	北京市第一〇一中学

汪晓娅	北京市第一七一中学
汪睿易	北京市第三十五中学
张鸣悦	北京师范大学附属实验中学
张诗雯	北京汇文中学
陈芃润	中国人民大学附属中学
谢竞宁	北京市育英学校
潘紫琪	北京市第四中学

（孙晓楠）

中学生太空生物实验舱发射

6月17日15点30分，北京市八一学校牵头研制的中学生太空生物实验舱“方舟一号”在阿拉善试验区成功发射。实验舱被一枚探空火箭送至7万米高空，经过近120分钟返回式减速飞行后成功着陆回收。八一学校学生代表5人在发射现场参加载荷舱与火箭对接试验、发射试验观摩、载荷搜救等活动。“方舟一号”由八一学校牵头研制，依托空间生命科学实验室、北京航科方舟空间技术有限公司、中国科学院城市环境研究所支持。来自八一学校和河北石家庄鹿泉区一中的40余名学生参与工程整个试验过程。作为中国首例中学生太空生物实验舱，学生将进行生物在微重力、强辐射、高真空等特殊环境下产生的因子诱变情况及生物遗传性变异状态研究，载荷舱回收后，还将在专家指导下利用现代生物技术进行后续分析、跟踪和实验。

（陶祥明）

北航油动无人机创续航时间世界纪录

10月3日，北京航空航天大学无人机“冯如三号”创下25公斤至100公斤级油动无人机续航时间世界纪录。该无人机于10月2日8时06分24秒在300米高度盘旋飞行，飞行期间不加油，在既定油量上，不间断飞行30小时6分42秒，在同等重量等级和动力类型无人机中创下新的续航时间世界纪录。创纪录飞行活动在国家体育总局安阳航空运动学校举行。来自国际航联的观察员现场确认飞行时间以及飞行活动的有效性，该纪录获国际航空联合会（FAI）批准。“冯如三号”无人机采用常规布局，翼展长度约10米，全机为黑色，尾翼印有五星红旗和北航校徽，机身较短，流线型，形似潜水艇，全机由高强复合材料制成，后置螺旋桨，飞机加满燃料后总重75.44千克。该无人机由北航北京学院、冯如书院30余名平均年龄不到19岁的大一、大二本科生自行研发、生产、制造。

10月3日，北航无人机“冯如三号”创下25公斤至100公斤级油动无人机续航时间世界纪录　（北航　供）

（朴悦嘉）

中小学生科技创客活动

10月18日至20日，市教委举办2019年北京市中小学生科技创客活动。活动以“实践、创新、智造”为主题，以跨学科融合理念作为活动指导思想，设置竞赛项目、教育论坛、教师论文征集、参赛作品展等活动单元。来自16个区400余所学校的近2万人参与活动，1600名师生通过选拔参与到主会场活动中。主会场竞赛设置MEV机动电能车、MEV智能驾驶挑战、互动设计马拉松、未来创新秀场、创想AI设计挑战5个项目。与往届相比，活动增设创客影像纪录展评、创新教育论坛和创客作品文化交流3个活动单元。8月22日至9月20日，市教委开展2019年北京市中小学生科技创客活动创新教育研讨活动论文（案例）征集活动。活动以“新时代 新思维 新跨越 共创新 共融合 共发展”为主题，面向全市各中小学校、校外教育机构征集到论文384篇。经评审委员会评选，评出一等奖18篇、二等奖42篇、三等奖55篇。

（卢亭）

北航和清华双获“挑战杯”

11月9日至12日，第16届“挑战杯”全国大学生课外学术科技作品竞赛终审决赛举行，北京高校63件作品获奖。其中，特等奖11项、一等奖4项、二等奖16项、三等奖32项。北京航空航天大学以特等奖6项，清华大学以特等奖5项、一等奖1项的成绩共同获得最高荣誉“挑战杯”。1573所高校300万名学生报名参赛，经过省级选拔、预审等环节，426件内地高校作品（评出特等奖35项、一等奖105项、二等奖286项）、21件港澳地区作品（评出一等奖3项、二等奖8项、三等奖10项）进入终审决赛。另评出，累进创新奖作品14件，省级优秀组织13个，省级进步显著奖5个，校级进步显著奖11个。此次竞赛由共青团中央、中国科协、教育部、中国社会科学院、全国学联和市政府共同主办，北航承办。“挑战杯”自1989年起每2年举办1届，已连续举办16届。历届获奖者中有院士2人、国家重点实验室负责人6人、教授和博士生导师20余人。

（朴悦嘉）

11月30日，市教委举办北京市学生机器人智能大赛

（市教委相关处室 供）

学生机器人智能大赛

11月30日，市教委举办北京市学生机器人智能大赛开幕式。比赛以“激情创造 挑战未来”为主题，设置机器人工程挑战赛、机器人科技挑战赛、VEX机器人工程挑战赛、少儿创意赛4个项目。学生需要根据不同主题现场搭建机器人并完成相应挑战。来自16个区的1800余名中小学生参加开幕式，338支队伍参加比赛。

（卢亭）

中小学生科学建议奖评选

12月1日，市教委举办“第11届北京市中小学生科学建议奖活动”终评答辩。来自全市26所中小学入围终评项目的41名学生参加终评答辩。终评答辩设置内容陈述、项目问辩等评审环节。12月31日，市教委公布第11届北京市中小学生科学建议奖、科学建议提名奖获奖名单。最终评出科学建议奖10项（16人），科学建议提名奖10项（15人）。

（卢亭）

第11届北京市中小学生科学建议奖

赵玛璠	北京市顺义牛栏山第一中学
蒋滂晴 刘祺一 刘师过	北京市海淀区育鹰小学
周雨娴	北京市第二十二中学
刘雨鑫	北京市第八十中学
臧浩宸	北京市海淀区翠微小学
王舒阳	北京市海淀区万泉小学
吕彦欣 鲍教琛	北京市陈经纶中学分校
李思澈 王雪怡 王业美	北京师范大学附属中学
陈乐 常梓君	北京市怀柔区第一中学
刘美安	北京市东城区史家实验学校

（孙晓楠）

劳动教育

燕山中小学生劳动教育基地挂牌

5月7日，燕山中小学生劳动教育基地挂牌仪式在北京市燕山职业学校举行。参会领导为“燕山中小学生劳动教育基地”揭牌。活动组织观摩劳动教育基地6个模块12节实践课程，包括烹饪制作、扎染手帕、木工之十字榫的设计与制作等课程。北京教育科学研究院基础教育教学研究中心相关负责人，燕山地区中小校校长、教师代表及200余名中小学生参加活动。燕山中小学劳动教育基地设在燕山职校，将发挥师资优势、场地优势和课程研发优势，坚持教育与生产劳动、生活技能、社会实践相结合，引导学生深入理解和践行社会主义核心价值观。基地全年接待3000余名学生参与实践课程学习。

（毕玉 冯朴）

5月9日，北京市综合实践活动课程建设与展示研讨会在喇叭沟门满族乡中心小学劳动教育实践基地举行（喇叭沟门满族乡中心小学 供）

昌平中小学劳动教育课程服务中心成立

5月8日，昌平区中小学劳动教育课程服务中心在北京市昌平职业学校成立。中心主要工作职责是开展劳动教育研究，开发更加符合学生需求的劳动教育课程，搭建多种平台，通过学生来校学习、送课进校、教师培训等多种形式为全区中小学服务。中心办公地点设在昌平职校内，有成员5人。6月5日，承办北京市昌平区巩华中心小学劳动教育课程暨毕业季活动，提供10门劳动教育体验课程；6月25日，为北京市昌平区史各庄中心小学开设7类职业体验课程；10月18日，为北京市昌平区大东流中心小学192名师生提供3门劳动教育课程，以及航空服务一体化体验、冰雪运动员体验、汽车设计师体验、工程师之人工智能体验4门职业体验课程。

（聂莹　彭天夫）

综合实践活动课程建设与展示研讨会

5月9日，北京市综合实践活动课程建设与展示研讨会在北京市怀柔区喇叭沟门满族乡中心小学劳动教育实践基地举行。活动设置欢庆春播、耕种体验、创意物化、集中研讨4个环节。活动中，学生通过舞蹈、古诗词朗诵、合唱等形式庆祝春播活动，分组体验农具使用、平地整畦、栽种等农事劳动；参会人员观摩7节实践课程展示，听取喇叭沟门满族乡中心小学整体课程体系及综合实践活动课程建设情况汇报。活动为喇叭沟门满族乡中心小学颁牌“北京市综合实践活动特色校”。北京市中小学综合实践研究会、怀柔区教委相关工作人员，全市各区综合实践活动学科骨干教师代表，河北省丰宁县汤河乡小学师生代表，怀柔区各中小学主管校长、骨干教师代表等133人参加活动。

（缐金秋　昝荣亮）

小学劳动技术学科教学展

5月29日，北京教育科学研究院基础教育教学研究中心举办北京市小学劳动技术学科“走进燕山劳动技术体验基地”教学展示交流会。活动下设北京市燕山职业学校校本部、北台基地2个会场，分技术学习与探究、种植养殖体验2个模块。活动组织观摩泥工、金工、木工等技术课程，参与种植大豆、田间管理、蚕的饲养、豆腐制作4门劳动教育体验课程。课程全部由燕山职校教师执教。全市小学劳动技术学科教研员和骨干教师代表等70余人参加活动。

（冯朴）

朝阳加强中小学劳动教育

6月3日，朝阳区教委印发《朝阳区加强中小学劳动教育实施方案》，实施学校劳动教育促进计划、家校劳动教育协同计划、行政管理机制健全计划。方案明确课程建设、校内外劳动实践等30项具体行动任务。区教委确定31所学校（中学21所、小学10所）为朝阳区劳动教育实验学校，承担开设综合实践课程，举办劳动项目竞赛，开展劳动相关兴趣小组、社团、俱乐部活动的任务；建立职业学校支持中小学劳动教育工作机制。至年底，20所劳动教育实验校组织1700名师生参加中小学生一日学农劳动教育活动。

（乔春江）

北京教育系统关工委劳动教育基地揭牌

11月5日，北京教育系统关工委劳动教育基地在中国农业机械化科学研究院北京农机试验站揭牌。劳动教育基地旨在探索和丰富适合中小学生的劳动教育内容和形式，帮助青少年学会生存、学会创造，提升劳动育人成效，助力培养德智体美劳全面发展的社会主义建设者和接班人。各区教育系统关工委代表、中小学代表、新闻媒体代表等400余人参加揭牌仪式和学农活动。

（乔永）

外事学校开发劳动教育课程

11月8日，北京市外事学校召开劳动教育课程推介会。9名兼职教师历时2个月，完成“古人问天的智慧——读懂二十四节气”“一收一纳间”和“一厨一世界”3门劳动教育课程研发及课程纲要编写。西城区17所初中校提出开设劳动课程需求，“一收一纳间”课程已进入北京市第八中学课堂。

（张朝辉）

（本栏责任编校　孙晓楠）

2020 | 党的工作

PARTY WORK

- 高校党的政治建设专项整治
- 高校“不忘初心、牢记使命”主题教育
- 市委教育工委入驻城市副中心新址办公
- 《关于加强高校党的政治建设的若干措施》印发

党的工作
PARTY WORK

综述

高校党的政治建设专项整治

2019年，市委“不忘初心、牢记使命”主题教育领导小组办公室、市委教育工委组织开展北京高校党的政治建设专项整治工作。此项工作旨在保持高校党的政治建设前后衔接、整体推进、同步发力，确保主题教育期间取得阶段性成效。市委“不忘初心、牢记使命”主题教育领导小组办公室、市委教育工委9月制定《关于“高校党的政治建设方面存在的突出问题”的整改方案》，针对高校党的政治建设方面存在的突出问题，从坚持正确政治方向、坚定政治信仰、坚持党的政治领导、提高政治能力、净化政治生态等5个方面提出30条整改措施。此次专项整治经中央主题教育领导小组同意，包括中央部委属高校。至12月，整改方案中明确的30项整改措施已全部完成，并将长期坚持。高校党的政治建设在提高认识、凝聚共识、完善制度、解决问题等方面均取得重要成果，高校党的政治建设态势向上向好，政治意识明显增强，政治生态明显好转。中央主题教育第二巡回督导组深入调研后给予高度评价，中央电视台、《光明日报》等多次作专题报道，北京市在部属高校党的建设和思想政治工作座谈会上作经验交流。

（王璟东）

高校“不忘初心、牢记使命”主题教育

2019年，北京34所市属高校按照市委统一部署第二批开展“不忘初心、牢记使命”主题教育，30所中央

9月24日，石油大学举办“不忘初心、牢记使命”主题教育先进典型宣讲报告会（石油大学 供）

部委属高校被纳入市委主题教育高校党的政治建设专项整治范围。市委教育工委制定《市委教育工委指导高校开展“不忘初心、牢记使命”主题教育工作方案》。根据要求，高校于9月至12月开展“不忘初心、牢记使命”主题教育，对“高校党的政治建设方面存在的突出问题”开展专项整治。至12月，各高校深入学习贯彻习近平新时代中国特色社会主义思想，守初心、担使命，找差距、抓落实，抓思想认识到位、抓检视问题到位、抓整改落实到位、抓组织领导到位，以彻底的自我革命精神解决违背初心和使命的各种问题，高校党的政治建设在主题教育期间取得明显的阶段性成效，实现理论学习有收获、思想政治受洗礼、干事创业敢担当、为民服务解难题、清正廉洁作表率的目标。

（王璟东）

高校民主生活会督导

2019年，市委教育工委持续开展高校民主生活会督导工作。市委教育工委组建市委第六督导组，成立8个分组，督促指导30所市属高校开好2018年度高校领导班子民主生活会。落实市委加强首都高校党的政治建设“四个一”的具体举措，统筹指导党的关系在北京市的83所高校聚焦党的政治建设主体召开完成民主生活会，并向市委报告召开情况；对党的关系归口市委教育工委管理的61所高校，与有关部门共同组建10个指导组，开展全程指导，对存在的问题逐一书面反馈，督促整改落实。协助市“不忘初心、牢记使命”主题教育办公室和指导组加强对高校“不忘初心、牢记使命”专题民主生活会的指导，通过两委领导带头参加、派出联络员协助审阅市属高校材料并列席会议、安排人员列席中央部委属高校专题民主生活会方式参与工作、分类指导。市委教育工委列席全部党的工作归属市委教育工委管理的61所高校的专题民主生活会。

（霍绪艳）

干部教育培训

2019年，市委教育工委持续开展干部教育培训工作。市委教育工委落实《北京市2018—2022年干部教育培训规划》，坚持以党性教育为统领，组织开展机关干部精准化能力培训。以“不忘初心、牢记使命”主题教育为契机，深入学习贯彻习近平新时代中国特色社会主义思想，先后举办两期“落实立德树人根本任务，做好意识形态工作轮训班”、两期“依法行政管理能力提升轮训班”，两委机关干部和直属单位处级干部260余人参加培训；组织机关和直属单位处级干部280余人次参加北京大学、中国人民大学、北京师范大学等高校基地专题研修班自主选学，提升推进首都教育改革发展能力素质；围绕加强高校领导班子建设和年轻干部培养选拔，组织举办第四期北京高校年轻正处级干部培训班，37名高校40岁以下干部在国家教育行政学院和井冈山参加培训；落实上级调训任务，选派7名高校干部参加国家教育行政学院培训班、63名机关干部参加市委组织部的培训。

（霍绪艳）

北京高校领导干部会议

1月8日，市委教育工委、市教委召开2019年北京高校领导干部会议。会议总结2018年北京高校改革发展成绩，研究部署2019年重点工作。王宁参加会议并讲话。会议强调，北京高校要加强党对教育工作的全面领导，深入推进教师党支部书记“双带头人”培育工程，大力加强支部标准化、规范化建设；要围绕新中国成立70周年，广泛深入开展爱国主义教育和活动，激发师生的爱国热情和民族自豪感；要深入贯彻落实全国和全市教育大会精神，提升高校思想政治工作质量，探索构建系统衔接的大中小幼一体化德育体系；要深入推进高精尖创新中心、“双一流”建设等，深化本科教育教学改革，提高人才培养和科技创新水平，抓好师德师风建设，强化师德考核。市委组织部、市委宣传部、市委统战部、市委政法委、团市委等部门负责人，北京各高校党委书记、校长，各区委教育工委书记290余人参加会议。

（谢文全）

市委教育工委入驻城市副中心新址办公

1月9日，市委教育工委完成机关整体搬迁工作，正式入驻城市副中心新址办公。市委教育工委新址位于通州区运河东大街56号。

（谢文全）

北京高校17个支部入选教育部研究生样板党支部

1月25日，教育部公布首批高校“百个研究生样板党支部”“百名研究生党员标兵”创建名单，北京高校17个支部和10名个人分别入选。经组织推荐、专家通讯评审、教育部党建工作领导小组成员单位集中审议、结果公示，共遴选产生样板党支部97个、党员标兵100人。

（张晓兰）

首批高校“百个研究生样板党支部”创建名单（北京）

北京大学	心理与认知科学学院学硕党支部
清华大学	地球系统科学系地研14党支部
清华大学	公共管理学院公管博15党支部
清华大学	马克思主义学院马博党支部
北京师范大学	艺术与传媒学院2016级硕士研究生第二党支部
中国农业大学	科技小院硕士党支部
北京科技大学	腐蚀控制系统工程第一党支部

中国地质大学（北京）	水资源与环境学院 S16—2 党支部
中国矿业大学（北京）	思想政治教育硕士党支部
中国石油大学（北京）	石油工程学院研开发 16—3 党支部
北京林业大学	研森保学生党支部
中国传媒大学	2016 级国际新闻传播硕士班党支部
北京航空航天大学	生物与医学工程学院研究生“月宫一号”党支部
北京理工大学	光电学院博士物电班党支部
北京工业大学	2016 级软件工程方向研究生党支部
首都师范大学	外国语学院 2016 级研究生第二党支部
首都医科大学	宣武医院 2016 级研究生党支部

（张晓兰）

首批高校“百名研究生党员标兵”创建名单（北京）

陈善恩	北京大学管理科学与工程博士研究生
江静琳	清华大学金融学博士研究生
张耀钟	清华大学新闻传播学博士研究生
袁梦	中国石油大学（北京）油气储运工程博士研究生
朱强	北京林业大学风景园林学博士研究生
翁旭东	中国传媒大学国际新闻学（国际新闻传播）硕士研究生
姜南	北京航空航天大学固体力学博士研究生
付时尧	北京理工大学电子科学与技术博士研究生
王绍辉	中央民族大学中国少数民族传统医学博士研究生
曹诗颂	首都师范大学资源环境与旅游学院博士研究生

（张晓兰）

市委教育工委市教委完成机构改革

3 月 15 日，市委教育工委市教委机关全体干部大会召开。会议通报机构改革相关情况并进行动员，进一步统一思想，凝聚共识，为做好两委机关机构改革工作奠定基础。按照市委教育工委、市教委“三定”方案，3 月至 5 月完成处室职能调整和干部配备工作，共任免干部 102 人。

（霍绪艳）

北京教育系统全面从严治党工作会

3 月 21 日，市委教育工委、市教委召开北京教育系统全面从严治党工作会。会议研判全面从严治党工作形势，总结 2018 年工作，部署 2019 年工作。王宁参加会议，郑吉春作工作报告。市纪委市监委相关负责人，两委领导班子成员及处室、直属单位负责人，中央部委属高校党委书记、纪委书记，市属高校党委书记、校长、纪委书记，各区委教育工委书记 240 余人参加会议。

（徐定）

首都青年纪念五四运动 100 周年座谈会

4 月 30 日，首都青年纪念五四运动 100 周年座谈会在北京师范大学召开。“中国青年五四奖章”和“北京青年五四奖章”获得者代表发言，分享践行五四精神的奋

4 月 14 日，北大举行纪念五四运动 100 周年、中华人民共和国成立 70 周年大型爱国主题教育活动　（北大　供）

斗经历和青春感受。蔡奇参加座谈会，他代表市委、市政府向获奖的优秀青年表示祝贺，向首都各界青年致以节日问候。他强调，首都各界青年要认真学习贯彻习近平总书记在纪念五四运动100周年大会上的重要讲话精神，发扬五四精神，在实现中华民族伟大复兴中国梦的生动实践中放飞青春梦想。他指出，进入新时代，首都发展与党和国家的使命更加紧密地联系在一起。全市各级党组织要高度重视新时代青年工作，把青年工作摆上重要议程，关注倾听青年，教育引导青年，关心关爱青年。“中国青年五四奖章”“北京青年五四奖章”获得者、部分高校师生代表参加座谈会。

（谢文全）

《关于加强高校党的政治建设的若干措施》印发

5月1日，市委印发《关于加强高校党的政治建设的若干措施》。文件围绕坚持正确政治方向、坚定政治信仰、坚持党的政治领导、提高政治能力、净化政治生态、强化组织实施6个方面提出20条100项措施，首次明确高校党的政治建设内涵和实现路径。市委教育工委、市教委同步制定任务清单，指导高校制定本校实施办法或任务清单，组织力量进行集中审阅并逐一反馈意见。

（王璟东）

五四运动研究中心成立

5月4日，市委教育工委、北京大学举办“五四运动与新时代”纪念五四运动100周年学术研讨会暨五四运动研究中心成立仪式。五四运动研究中心由市委教育工委、北大共建，旨在贯彻落实习近平总书记4月19日、4月30日讲话精神，以习近平新时代中国特色社会主义思想为指导，开展五四运动及中国近现代史研究，向党和国家提供富有时代性、前瞻性、原创性和重大影响力的思想理论成果。在学术研讨会上，专家学者围绕五四运动与五四精神发言交流。王宁、郑吉春参加会议并讲话。中宣部、共青团中央、市委市政府相关部门负责人及专家学者、师生代表200余人参加会议。

（刘鹏）

蔡奇参加清华党的政治建设座谈会

5月14日，蔡奇参加清华大学党的政治建设座谈会。与会师生代表围绕加强习近平新时代中国特色社会主义思想系统化、学理化、学科化研究阐释，做好师生思想政治工作，加强高校基层党支部政治建设，党政班子密切配合推动中心工作等方面交流发言。蔡奇参加座谈会并听取代表发言。他强调清华要深入贯彻落实党中央部署要求，增强责任感紧迫感，自觉扛起责任，加强党的政治建设，为全国高校当好标杆、作出示范。清华师生代表、北京市相关单位代表70人参加座谈会。

（吴筱君）

王宁参加北航党的政治建设座谈会

5月20日，王宁到北京航空航天大学调研并参加学校党的政治建设座谈会。王宁听取学校党的政治建设总体情况汇报，围绕落实习近平总书记重要批示精神，推进新时代高校党的政治建设问题与师生交流。他从强化教育的政治功能、为党育人为国育才、坚持党的全面领导、守正创新做好思政工作、打造高素质专业化的过硬队伍、营造风清气正的政治生态6个方面阐释新时代加强高校党的政治建设的科学内涵。市委教育工委、市纪委市监委驻市委教育工委纪检监察组相关负责人，学校相关部处学院负责人、马克思主义学院教师代表及部分学院辅导员代表参加会议。王宁另于6月27日、9月23日调研中国农业大学、北方工业大学并召开座谈会。

（谢文全）

首都高校党的政治建设工作会议

6月3日，教育部、市委共同召开首都高校党的政治建设工作会议。会议研究部署首都高校党的政治建设工作。孙春兰、蔡奇参加会议并讲话。孙春兰指出，首都高校在全国高校中具有特殊重要的地位，要深入贯彻习近平总书记关于高校党的政治建设的重要论述，坚持党对高校的全面领导，开展好“不忘初心、牢记使命”主题教育，引导师生增强“四个意识”、坚定“四个自信”、做到“两个维护”。落实立德树人根本任务，推动思政课改革创新，加强学理阐释，让党的创新理论入脑入心。严格高校管理，教师要行为世范，学生要尊师乐学，维护高校和谐稳定。有关方面要落实责任、密切配合，共同推进高校党的政治建设深入开展。蔡奇指出，要坚持以习近平新时代中国特色社会主义思想为统领，把党的领导贯穿办学治校全过程，坚守为党育人、为国育才的初心和使命。要加强高校思政工作，推进基层党组织建设，选优配强院（系）党组织书记。要坚决守好意识形态阵地，营造风清气正的校园政治生态。要切实加强组织领导，加强制度保障，建立健全推进高校党的政治建设工作责任制，以钉钉子精神抓好落实。中央有关部委、在京高校有关负责人参加会议。

（谢文全）

首届全国高校思想政治理论课建设高端论坛

6月9日，中国人民大学举办首届全国高校思想政治理论课建设高端论坛。论坛以“新中国70年与高校思想政治理论课建设”为主题，回顾和总结新中国成立70周年高校思想政治理论课教育教学历程和经验。论坛设院长论坛和6个课程分论坛。20余所全国重点马克思主义学院院长围绕“马克思主义学院建设与思想政治理论课改革创新”交流研讨，就学科建设、课程建设、教师队伍建设与人才培养议题发表意见。在6个课程分论坛讨论环节，170余名专家学者和一线思政教师围绕如何上好马克思主义基本原理概论、毛泽东思想与中国特色社会主义理论体系概论、思想道德修养与法律基础、中国近现代史纲要、形势与政策、研究生思想政治理论课展开研讨和交流。部分高校马克思主义学院相关负责人、学科带头人和思想政治理论课教师以及相关媒体代表 200 余人参加论坛。

（陈伟杰）

高校党的政治建设工作推进会

8 月 26 日，市委教育工委、市教委召开 2019 年秋季开学工作会暨高校党的政治建设工作推进会。王宁参加会议并讲话。会议指出，北京教育系统深入落实立德树人根本任务，全面打响高校党的政治建设攻坚战，大力提升党建和思想政治工作质量，全力维护安全稳定，扎实推进首都教育现代化，努力办好人民满意的首都教育，各项工作都取得新进展、新成效。会议强调，全市教育系统要以昂扬的精神状态抓好下半年各项工作，坚持以党的政治建设为统领，牢牢把握社会主义办学方向；全力以赴做好各项服务保障工作；深入开展“不忘初心、牢记使命”主题教育，确保取得实实在在的成效；围绕内涵式高质量发展目标，提升首都高等教育发展水平；坚持稳字当头，全力维护教育系统安全稳定。各区、各高校要精心组织好新学期开学工作，全方位开展校园安全大检查，提前谋划组织好教师节庆祝活动，营造良好氛围。北京各高校，各区委教育工委、区教委相关负责人共 240 余人参加会议。

（谢文全）

北京“三全育人”综合改革试点区实施方案印发

9 月 30 日，市委教育工作领导小组印发《北京市建设全国“三全育人”综合改革试点区实施方案》。方案包括总体要求、建设目标、主要任务 3 部分。明确统筹全市优质资源，构筑支持高校“三全育人”的大环境；集中破解重点难点问题，打造高校“三全育人”的小环境；完善督导考察制度，建立持续滚动推进的保障机制 3 个方面共 20 项任务。方案提出要坚持围绕首都城市战略定位，充分发挥首都作为全国政治中心、文化中心、国际交往中心、科技创新中心的特殊育人优势，统筹调动全市优质育人资源，为大学生成长成才服务，一体化构建各方面协同协作的育人体系，形成具有首都特色的育人资源供给网络。

（马驰知）

高校党的政治建设专项整治工作部署会

10 月 11 日，市委“不忘初心、牢记使命”主题教育办公室、市委教育工委联合召开北京高校党的政治建设专项整治工作部署会。会议要求各高校对标对表中央要求，推进市委《关于加强高校党的政治建设的若干措施》落地见效，短期目标与长期目标相结合，重点整治 5 方面突出问题，落实 30 条整改措施，推动高校党的政治建设取得阶段性成效，让广大师生深切感受到主题教育实效，同时也为全面打好高校党的政治建设攻坚战奠定坚实基础。王宁主持会议。市委“不忘初心、牢记使命”主题教育领导小组领导参加会议并讲话。中央主题教育领导小组办公室相关负责人，有关高校主管部委、市委主题教育领导小组办公室及有关指导组负责人，市相关委办局负责人及 64 所高校党委书记参加会议。

（王璟东）

陈吉宁到首医大调研主题教育开展情况

10 月 19 日，陈吉宁到首都医科大学调研第二批“不忘初心、牢记使命”主题教育开展情况。陈吉宁实地考察环境毒理学、牙再生与口腔组织功能重建、神经网络与神经疾病实验室，了解环境污染物毒作用机制、干细胞口腔医疗、阿尔茨海默症病理等领域研究前沿；实地调研护理学院仿真教学中心，观摩师生授课学习情况；主持召开座谈会，听取首医大开展“不忘初心、牢记使命”主题教育有关情况，并与师生代表深入交流。陈吉宁强调，首医大要坚持把培

11 月 23 日，北语“不忘初心、牢记使命”师生合唱比赛圆满落幕 （北语 供）

养高水平医学人才作为重要任务，充分发挥自身优势，努力在学科建设、教师队伍建设、人才培养等方面再上台阶，促进医教研产深度融合，加快建设国际一流的研究型医科大学，为服务首都经济社会发展贡献更多力量。市委市政府相关部门负责人陪同调研。

（陈飞飞　谢文全）

8 所学院入选北京市首批重点建设马克思主义学院

11 月 6 日，市委宣传部、市委教育工委公布北京市首批重点建设马克思主义学院名单。经专家组入校考察、随堂听课和现场评审等程序，中国政法大学、中央财经大学、北京科技大学、北京交通大学、北京航空航天大学、北京理工大学、中国农业大学、首都经济贸易大学 8 所高校的马克思主义学院入选。

（姜男　陈泉廷）

北京高校思政课程和课程思政改革创新现场推进会

11 月 29 日，市委“不忘初心、牢记使命”主题教育领导小组办公室在北京联合大学召开北京高校思政课程和课程思政改革创新现场推进会。会议旨在总结和推广主题教育中思政课程和课程思政建设的经验及做法，营造全市高校教师“守初心、担使命、找差距、抓落实”的氛围，推进和部署改革创新。6 名高校教师进行思政课程和课程思政教学示范，与会人员参观“北京联合大学思想政治教育创新成果展”，中央主题教育第二巡回督导组与在京高校教师代表座谈交流。推进会由市委教育工委、市教委、北京联大承办，中央及北京主题教育巡回指导组相关负责人，市委组织部、市委教育工委相关负责人，各高校分管校领导，北京联大相关领导、负责人和师生代表参会。

（王岩）

北京教育系统警示教育大会

12 月 24 日，市委教育工委召开北京教育系统警示教育大会。会议旨在落实“以案为鉴，以案促改”警示教育机制，巩固“不忘初心、牢记使命”主题教育成果，推动全面从严治党向纵深发展。王宁参加会议并讲话，他强调全面从严治党永远在路上，要筑牢拒腐防变铜墙铁壁，维护风清气正政治生态，更好担负起“为党育人、为国育才”的职责使命。市委巡视办、市纪委市监委相关负责人，两委领导班子成员、机关副处级以上干部、直属单位领导班子成员，高校领导班子成员和处级单位主要负责人，各区委教育工委书记、区教委主任、派驻纪检监察组组长约 400 人参加会议。

（徐定）

北京高校 17 个院系党组织入选第二批全国党建工作标杆院系

12 月 27 日，教育部公布第二批全国党建工作示范高校、标杆院系、样板支部培育创建单位名单，北京地区北京师范大学党委入选示范高校，北京大学考古文博学院党委等 17 个院系党组织入选标杆院系，北京大学药学院学生党总支第四党支部等 79 个支部入选样板支部。经资格审查、专家推荐、教育部党的建设和全面从严治党工作领导小组成员单位集中审议、结果公示，共遴选高校党委 10 个、院系党组织 99 个、党支部 999 个分别作为全国党建工作示范高校、标杆院系、样板支部培育创建单位。第二批全国党建工作示范高校、标杆院系、样板支部培育建设时间至 2021 年 8 月。

（张晓兰）

继续巡察处级直属单位

至年底，市委教育工委对 8 家处级直属单位开展第三轮巡察。市委教育工委组建巡察组，聚焦全面从严治党，坚持问题导向，通过查看档案、谈话、召开座谈会等形式，分别对北京学生活动管理中心、北京市自动化工程学校、北京市教工休养院、北京市国际教育交流中心、北京教育综合服务中心、北京教育网络和信息中心、北京市教育系统人才交流服务中心、北京铁路电气化学校 8 家处级直属单位开展巡察。

（徐定）

高校“三长”进常委工作推进

至年底，市委教育工委推进高校“组织部长、宣传部长、统战部长进常委或不设常委的委员”工作。全年北京 40 所高校（双管高校 21 所、市属高校 19 所）完成增补及“三长”进常委工作，其中，中层干部进常委 48 人（双管高校 22 人、市属高校 26 人），校领导兼任常委 57 人（双管高校 32 人、市属高校 25 人）。

（霍绪艳）

组织干部工作

概述

2019 年，党的关系隶属北京市委、归口市委教育工委管理的高校及事业单位 61 个，其中，中央部委属高校 30 个（教育部 24 个、工业和信息化部 2 个、国家体育总局 1 个、国家民委 1 个、国家安全部 1 个、中国科学院 1 个），市属高校及事业单位 30 个（含高职院校 5 个、事业单位 3 个、成人院校 2 个），民办高校 1 个。基层党组织 16506 个（校级党委 61 个，院〈系〉党委 685 个、党总支 473 个、党支部 15287 个）；党员 29.29 万人，包括教师党员 3.86 万人、学生党员 15.25 万人。教师中党员比例 60.95%，其中，35 岁以下青年教师中党员比例 65.86%。在校学生 80.38 万人，党员比例 18.98%，其中，研究生中党员比例 37.99%、本科生中党员比例 8.66%、大专生中党员比例 1.96%。入党申请人 24.10 万人，入党积极分子 14.10 万人。其他北京市基础教育、职业教育和民办教育系统共有各级各类学校 3889 个，其中，公办学校 1741 所，民办学校 2148 所。共有各级各类党组织 4911 个，其中，公办学校 4055 个、民办学校 856 个；党员 9.32 万人，其中，公办学校 8.01 万人、民办学校 1.31 万人。发展党员 3.68 万人（学生党员 3.57 万人）。

1 月 7 日，市委教育工委召开 2018 年北京高校党委书记抓基层党建工作述职评议会 （市委教育工委相关处室　供）

市委教育工委干部工作全年共完成各级各类干部调配 285 人次。高校校级领导干部任免 157 人次，包括双管高校 81 人次、市属高校 76 人次；其中，正职 47 人次，包括双管高校 16 人次、市属高校 31 人次。完成机关和直属单位处级干部任免 128 人次，其中，提拔任职 20 人次、交流轮岗 42 人次（含机构改革交流轮岗）；调配科级干部 43 人次，其中，交流轮岗 15 人次。完成 5 名公务员录用工作，并启动新一轮公务员招录工作。完成 2017 年度接收军转干部编制申请工作，接收安置 2019 年军转干部 5 人。组织完成两委机关 136 名、直属单位 55 名处级干部 2018 年度考核工作。完成 1000 余人次的领导干部出国（境）政审备案审批、出入境登记备案、社团及企业兼职审批、离京请假审批等监督管理工作；统筹组织各级各类干部培训班，培训各级干部 1000 余人次。

（孙亚茹　王璟东　霍绪艳）

高校党委书记抓基层党建工作述职评议会

1 月 7 日，市委教育工委召开 2018 年北京高校党委书记抓基层党建工作述职评议会。王宁参加会议并讲话，郑吉春主持会议。33 所高校党委书记现场述职，并逐一接受点评和现场测评，28 所高校党委书记书面述职。会议对高校落实意识形态工作责任制、对高校党风廉政建设情况集中点评。经过评议，16 所高校党委书记综合评价等次为“好”，17 所高校党委书记综合评价等次为“较好”。考核结果向党委书记本人反馈、报主管部委并书面通报各高校。

（王璟东）

中小学校意识形态专项调研座谈会

1 月 29 日，市委教育工委召开北京市中小学校意识形态专项调研座谈会。会议围绕中小学校开展德育和意识形态工作深入交流座谈。市委教育工委相关部门负责人及清华大学附属中学、中国人民大学附属中学等 8 所学校党组织书记近 20 人参会。

（孙亚茹）

加强和改进新形势下北京高校党建工作专项督察

1 月至 8 月，市委全面深化改革委员会办公室督察处对高校落实《关于加强和改进新形势下北京高校党建工作的若干意见》的进展情况和实施效果开展督察。督察组到清华大学、北京林业大学、中国地质大学（北京）、北京工商大学、北京物资学院实地走访，召开 16 所高校党委书记、组织部长座谈会，摸排北京高校贯彻落实意见基本情况。督察组认为，文件下发以来，各部门认真履职、通力合作，各高校主动担当、积极作为，意见提出的各项改革任务有序落实，北京高校党建工作扎实推进、成效明显，持续走在全国前列，但仍然存在将党的领导贯穿办学治校教书育人全过程的体制机制还不健全、在加强政治引领和价值引领上还存在薄弱环节、干部队伍建设还不平衡等问题。市委教育工委按照督察意见，重点围绕督察中发现的问题，制定 5 个方面、23 项措施的督察反馈意见整改方案，并明确责任领导、配合领导、责任部门和整改时限。8 月 30 日，市委全面深化改革委员会办公室督察处听取市委教育工委关于督察反馈意见整改情况的汇报，并评估市委教育工委整改完成情况，专家组认为整改方案的任务基本完成，整改工作取得明显成效。

（王璟东）

高校党的政治建设情况检查调研

3 月 11 日至 4 月 4 日和 5 月 7 日至 10 日，市委教育工委分别按照市委党建工作领导小组和教育部党组要求，在北京高校开展“加强首都党的政治建设”专项调研和政治建设“三专”（专项约谈、专项巡查、专项评估）工作。在“加强首都党的政治建设”专项调研中，市委教育工委围绕坚定政治信仰、强化政治领导、提高政治能力、净化政治生态 4 个方面，由王宁、郑吉春等分别带队赴清华大学、北京师范大学、北京工业大学、北京信息科技大学 4 所高校现场调研，同时对 15 所高校党委书记、副书记、纪委书记 45 人开展书面调研。在北京高校党的政治建设“三专”工作中，市委教育工委 4 名领导分别牵头 4 个工作组赴北京大学、清华大学等 8 所高校入校巡查调研，听取学校党的政治建设专项汇报，查阅相关材料，并指导学校加强党的政治建设工作。

（王璟东）

区委教育工委书记座谈交流会

3 月 21 日，市委教育工委召开区委教育工委书记座谈交流会。会议深入学习习近平新时代中国特色社会主义思想和党的十九大精神，落实全国、全市教育大会和组织工作会议精神；各区分别围绕坚持和加强党对教育工作的全面领导、加强基层党的建设、加强德育和思想政治工作等方面进行经验交流。会议同时部署 2019 年北京市中小学校和民办学校党建重点工作。郑吉春参加会议并讲话。市委教育工委市教委相关处室负责人、16 个区区委教育工委书记和燕山教委党委书记参会。

（孙亚茹）

高校第二批党建难点项目结题汇报会

3 月 22 日，市委教育工委召开北京高校第二批党建难点项目结题汇报会。北京师范大学等 13 所试点高校汇报项目实施成果，高校党建专家组认为各试点高校项目实施达到预期目的，可以结题。市委教育工委要求各试点高校要继续总结经验，巩固深化成果。北京高校第二批党建难点项目 2017 年 6 月立项，共包括“健全高校党建工作责任体系”“加强院（系）党的领导”“加强教师党支部建设”3 个难点项目，入选试点高校 13 所。

（王璟东）

2018 年度党费收支情况梳理

3 月，市委教育工委完成 2018 年党费收支情况梳理工作。市委教育工委完成《2018 年度北京市委教育工委管理党费收支情况》《2018 年度北京市委教育工委管理党费使用情况报告》《北京高校清理收缴的党费专项检查报告》。2018 年，市委教育工委管理党费收入总额 30328936.08 元。其中，各高校上缴党费 28762706.15 元，市委组织部下拨 1498990.71 元，党费存款利息收入 67239.22 元。市委教育工委管理党费支出总额 21175689.70 元，上缴市委组织部 2017 年度党费 20222314.50 元，使用 953375.20 元。2018 年底结存党费 31774666.25 元。

（王璟东）

两委机关和直属单位处级干部年度考核

3 月，市委教育工委、市教委完成机关和直属单位处级干部 2018 年度考核工作。机关 136 名处级干部中，27 人考核等次为“优秀”、109 人为“称职”，9 人获三等功奖励，27 人获嘉奖。直属单位 55 名处级干部中，9 人考核等次为“优秀”、46 人为“称职”。

（霍绪艳）

民办学校党的建设工作调研

4 月 11 日，市委教育工委开展民办学校党的建设工作专题调研。调研组到北京市航空旅游专修学院、北京市大兴区京豫陈学校走访并召开座谈会。调研组指出，民办学校是社会主义教育事业的重要组成部分，同样承担着培养社会主义建设者和接班人的重任，各区和各学校要充分认识做好民办学校党建工作的重要性紧迫性，按照全面从严治党要求，加强党对民办学校的领导，确保学校按照党的要求办学立校、教书育人。市委组织部，市委教育工委、市教委相关处室，市基础教育党建研究中心，市民办教育协会相关负责人参加调研。

（孙亚茹）

民办学校“一覆盖两进入”专项调度会

5 月 14 日，市委教育工委在北京现代音乐研修学院召开北京市民办学校“一覆盖两进入”（“一覆盖”是指要实现有办学行为的民办高校、民办全日制非学历高等教育机构、民办中小学校党的组织全覆盖；“两进入”是指已单独建立党组织的民办学校，党组织书记应依法进入学校董〈理〉事会、进入学校行政管理层）专项调度会。海淀区委组织部、昌平区委组织部、朝阳区委教育工委等单位，分别围绕推进民办中小学校党组织全覆盖工作、落实党组织书记进入董（理）事会、党组织班子成员进入行政管理层等情况作交流发言。市委组织部、市委教育工委相关负责人及相关区委教育工委书记、组织部门负责人等 40 人参加会议。

（孙亚茹）

梳理规范高校党内表彰项目

5 月 30 日，市委教育工委印发《关于规范北京高校党内表彰工作的通知》。文件要求北京高校根据《中国共产党党内功勋荣誉表彰条例》、市委《北京市党内表彰实施办法》的要求，梳理学校校级党内表彰的项目，规范表彰名称、数量等，严格按照文件要求做好党内表彰工作。至 6 月，市委教育工委专题会同意北京大学、清华大学、北京航空航天大学、北京交通大学、中央财经大学、北京工业大学、北京联合大学 7 所高校增设或保留的表彰项目。

（王璟东）

基础教育系统习近平新时代中国特色社会主义思想专题研讨班

6 月 18 日至 19 日，市委教育工委、北京教育党校举办北京市基础教育系统习近平新时代中国特色社会主义思想专题研讨班。该班旨在引导教育系统的党员干部，不断加深对习近平新时代中国特色社会主义思想重大意义、科学体系、丰富内涵、思想精髓的理解，切实增强“四个意识”，坚定“四个自信”，坚决做到“两个维护”，深刻领会关于加强党对教育工作的全面领导等重要论述。教育部基础教育司司长吕玉刚以《坚持和加强党的全面领导，不断提高中小学校党建水平》为主题作开班第一讲。各区委教育工委书记、组织科（部）长，各区教育党校校长、常务副校长、办公室主任，各区中小学（幼儿园）党组织书记代表近 100 人参加研讨班。

（石燕）

人民大学成为北京高校党校协作组组长单位

7 月 11 日，北京高校党的政治建设专题培训暨高校党校协作组换届大会在中国人民大学逸夫会议中心召开。会议选举人民大学担任第 11 届北京高校党校协作组组长单位。人民大学党委书记、北京师范大学党委副书记分别代表新、旧两届组长单位发言。会议开展高校党的政治建设专题辅导，印发《北京市委关于加强高校党的政治建设的若干措施》文件解读稿。市委教育工委领导，各高校主管党的政治建设工作的校领导及相关部门负责人 140 余人参加会议。

（陈伟杰　王璟东）

党费工作人员分级备案管理

8 月 20 日，市委教育工委向北京高校印发《关于实行党费工作人员分级备案管理的通知》。文件要求北京各高校建立党费工作人员备案制度，规范党费人员设置，注重党费工作人员的培训与管理。至 10 月，党的关系隶属北京市委归口市委教育工委管理的 61 所高校均已向市委教育工委报备分管党费工作的校领导、党费业务处室负责人及具体业务人员、党费会计和出纳人员名单。

（王璟东）

市属高校长期不在岗人员失联党员组织处置

8 月 26 日，市委教育工委印发《关于组织开展专项清理和规范市属高校存在人员长期不在岗和失联问题的工作通知》，组织市属高校在长期不在岗人员中开展失联党员排查工作。各高校按照要求全面排查，15 所高校排查失联党员 412 人，其中，10 所高校的 336 名失联党员未进行组织处置。至 12 月底，336 名失联党员均已完成组织处置，其中，停止党籍 292 人、去世党员 3 人、退党除名 6 人、经查找取得联系 2 人（已纳入组织管理，并于近期转出组织关系）、前期已转出组织关系 33 人。

（王璟东）

集中整顿高校软弱涣散基层党组织

8 月至 10 月，市委教育工委集中整顿高校软弱涣散基层党组织。8 月 20 日，市委教育工委向高校印发《关于在“不忘初心、牢记使命”主题教育中集中整顿高校软弱涣散基层党组织的通知》，按照排查摸底、集中整治、评估验收 3 个阶段集中整顿高校软弱涣散基层党组织，同时解决部分高校教师党支部书记“双带头人”比例偏低问题。10 月 21 日，市委教育工委向高校印发《关于进一步做好高校集中整顿软弱涣散基层党组织的通知》，要求高校开展“回头看”，确保排查摸底全覆盖，并抓好整改工作。经整顿，9 所高校 26 个基层党组织全部实现转化，高校教师党支部书记“双带头人”比例由 93.95% 提升到 96.34%。

（王璟东）

北京高校“不忘初心、牢记使命”主题教育工作组组建

9 月，市委教育工委组建北京高校“不忘初心、牢记使命”主题教育工作组。工作组主要职责是协调指导高校开展“不忘初心、牢记使命”主题教育。郑吉春任组长，市委教育工委副书记李军锋任副组长，办公室设在组织一处，负责研究制订工作方案，健全与中组部、教育部、国家民委、国家安全部、国家体育总局、中国科学院 6 个主管部（委）及市委主题教育办公室沟通协调机制，建立市委教育工委领导联系点，派出联络员，加强对关键环节指导。至 12 月，北京高校主题教育工作组进入高校 45 次。

（王璟东）

“一票否决”和签订责任状清理

11 月，市委教育工委、市教委完成“一票否决”和签订责任状清理工作。按照市委组织部关于全面清理规范“一票否决”和签订责任状事项的工作要求，两委与市委组织部沟通，取消“一票否决”事项 3 项、签订责任状事项 1 项；另外 1 项梳理的签订责任状事项不纳入责任状清理范围。

（霍绪艳）

加大在中小学思政课教师中发展党员力度

12 月 31 日，市委组织部、市委教育工委联合印发《关于做好在中小学思政课教师中发展党员工作的通知》。通知强调要加大在中小学思政课教师中发展党员力度，提升中小学思政课教师党员比例。明确各区要实行中小学思政课教师发展党员计划单列，加强对思政课教师党员发展工作的调查研究和指导。文件自颁布之日起实施。

（孙亚茹）

3 所高校完成党委纪委换届

至年底，北京 3 所高校完成党委纪委换届。3 所高校分别是北京语言大学、北京化工大学、中国地质大学（北京）。

（王璟东）

对市属高校开展全面从严治党归口考核

至年底，市委教育工委落实市反腐倡廉领导小组要求，对 29 所市属高校开展全面从严治党归口考核工作。市委教育工委制定全面从严治党特色考核指标，围绕全年重点任务设定 18 个日常监测点，通过日常监督、动态抽查等方式开展全面从严治党（党建）工作考核。市委教育工委通过及时向学校反馈、领导约谈、梳理共性问题并提出改进建议等方式加强考核结果运用。

（徐定）

公务员职务与职级并行制度实施

至年底，市委教育工委、市教委稳妥实施公务员职务与职级并行制度。研究制定《市委教育工委市教委公务员职务与职级并行制度实施方案》，完成 161 名公务员的职级套转、8 名试用期满公务员的职级核定、249 人次公务员的职级晋升。

（霍绪艳）

教育系统人才选派

至年底，市委教育工委完成年度人才选派工作。加强对人才的政治引领和政治吸纳，挖掘首都教育系统人才资源，为首都和西部地区经济社会发展服务。选派 11 名高校教师参加“人才京郊行”；选派 5 名高校教师参加博士服务团；组织北京院士专家 10 人参加湖北十堰行活动、5 人参加河南南阳行活动。市委教育工委另协调 3 名高校高层次人才参加京津冀高层次人才国情研修班。

（霍绪艳）

26 人通过政工职称评审

至年底，北京教育系统 26 人通过政工职称评审。经个人申请、学校推荐、答辩评审等程序，26 人通过政工职称评审。其中，政工师 13 人、高级政工师 13 人。教育系统政工师评审每年举行 1 次。

（霍绪艳）

教育系统干部挂职援派

至年底，市委教育工委完成年度干部挂职和干部援派锻炼工作。先后选派 1 名机关干部援助西藏拉萨、1 名高校干部援助青海玉树、1 名机关干部雄安挂职、1 名机关干部河北对口帮扶，1 名机关干部到延庆区担任驻村第一书记；协调安排 1 名青海干部、1 名河北干部到两委机关挂职；协调安排 5 名河北干部到北京高校挂职；组织 16 名高校处级干部到两委机关处室挂职，25 名高校年轻干部到两委机关处室抽调锻炼；安排两委机关 4 名军转干部到北京高校挂职锻炼。

（霍绪艳）

干部管理监督

至年底，市委教育工委做好出国政审备案、社团兼职、离京请假审批等日常干部管理监督工作。全年接收各类各级干部出国政审备案 461 人次，其中，因公 253 人次、因私 208 人次；涉及高校干部 327 人次、机关和直属单位干部 134 人次。加强因私证件的管理，做好领导干部因私出国（境）审批备案工作，集中管理因私证件 200 余本。接收北京高校正职领导干部离京请假 588 人次。接收社团兼职申请 78 人次，其中，高校干部 68 人次、机关和直属单位干部 10 人次。上报出国人员备案信息 26 人次。批准 2 名市属高校领导干部延迟退休。

（霍绪艳）

宣传与思想政治教育

概述

2019 年，北京高校宣传教育战线以习近平新时代中国特色社会主义思想为指导，以新中国成立 70 周年庆祝活动为统领各项工作的“纲”，以钉钉子精神打好高校党的政治建设攻坚战，以首善标准推进学校思想政治理论课改革创新，为国庆系列活动营造热烈氛围和积极向上的舆论环境，为推动首都教育事业改革发展、服务首都“四个中心”功能建设、培养德智体美劳全面发展的社会主义建设者和接班人提供坚强思想保证。

在学习新思想中谋求新高度。围绕学习习近平总书记最新重要讲话精神和党的十九届四中全会精神，创设北京市学校思政课教师“同备一堂课”制度。评选 23 个第二批“中国特色社会主义 50 问”重大课题，遴选建设首批 8 个北京市重点建设马克思主义学院。成立北京教育系统宣讲团，组织知名人士、国企领导等到高校宣讲习近平新时代中国特色社会主义思想的实践成果。组织北京高校博士生宣讲团到学校、社区街道等开展理论宣讲。

在服务保障国之大典中彰显新担当。启动贯穿全年、覆盖全学段的“我和我的祖国”爱国主义主题教育活动，以“学起来、唱起来、讲起来、做起来”为主要形式，累计开展 4000 余场特色教育活动，形成市校区三级联动、首都 300 万师生同上一堂思政课的生动局面。指导承担国庆任务的学校开展师生思想教育工作，将训练演练过程转变为生动课堂。成立 30 个首都教育系统服务保障国庆活动宣讲团，向全国 10 万余名师生深情讲述国庆故事。在全年工作基础上，总结形成“三同四起来”（即同心同路、同向同行、同频共振，学起来、唱起来、讲起来、做起来）主题教育模式。

在思政课改革创新中激发新活力。制定《北京市深化新时代学校思想政治理论课改革创新行动计划》，谋划“数字马院”建设工程、网络引领工程、教师培优工程等“十大工程”。创立北京高校思政课教师“看北京、看变化、看成就”学习实践活动，为思政课堂赋能提效。启动“习近平新时代中国特色社会主义思想在京华大地的生动实践”教学案例库建设，将首都经济社会发展的鲜活案例转化为思政课教学内容。召开北京高校思政课程和课程思政改革创新现场推进会，以“一课一案”方式打造教书育人“最美课堂”。坚持“开门办思政”，联合市人大、市政协建立思政课教师旁听观摩人民代表大会、政协会议机制，为教师提供教学素材。举办新上岗思政课教师集体拜师宣誓仪式，建立健全思政课教师持证上岗培训机制。

4 月 24 日，市委教育工委举办北京高校思政课教师“同备一堂课”（新闻中心 供）

在加强高校思想政治工作中开创新局面。邀请“时代楷模 北京榜样”优秀群体与在校大学生座谈交流，传递正能量。组织 15 万名师生参观“庆祝中华人民共和国成立 70 周年大型成就展”，感受新中国发展成就。制定《北京市建设全国“三全育人”综合改革试点区实施方案》，推动首都“四个中心”资源优势转化为北京高校的育人优势。开展第二批高校思政工作难点攻关计划，指导高校攻坚重点难点问题。印发师德建设专项文件，推动师德师风建设常态化长效化。继续组织开展北京高校师生服务首都“四个中心”功能建设“双百行动计划”。

（王宇航）

22 个项目入选高校思想政治工作精品项目

1 月 3 日，教育部公布第一批、第二批高校思想政治工作精品项目名单，北京高校 22 个项目入选。其中，10 所高校 10 个项目入选第一批精品项目、12 所高校 12 个项目入选第二批精品项目。经组织推荐、专家遴选、结果公示等程序，教育部遴选高校思想政治工作精品项目 200 个，其中，第一批培育时间自通知发布至 2021 年 1 月，第二批培育时间自通知发布至 2021 年 8 月。建设周期内，教育部一次性拨付工作经费 10 万元。

（张晓兰）

第一批北京高校思想政治工作精品项目（北京）

清华大学	“新资助体系”拓展育人新空间
中国人民大学	“千人百村”社会调研项目
中国农业大学	“服务乡村振兴 培育时代新人”
北京科技大学	新时代大学生社会实践“五位一体”模式质量提升工程
北京交通大学	精心搭建三个资助育人平台全面实施交子素养提升工程
中国矿业大学（北京）	构建“三扶五育”发展型资助工作体系的实践与探索
中国石油大学（北京）	“一线、两支撑、四平台”创新创业实践育人体系的构建与实施
对外经济贸易大学	坚持立德树人，构建创新创业课程思政育人体系
北方工业大学	三优四育人，将思想政治教育贯穿服务全过程
北京工业大学	基于大数据的大学生学业服务模式研究与实践

（张晓兰）

第二批北京高校思想政治工作精品项目（北京）

北京大学	《事业与人生》课程育人精品项目
北京化工大学	学生党员全程化培养体系
北京邮电大学	“五位一体”心理育人机制促进学生全面发展
中国地质大学（北京）	传统诗词创作文化传承项目
中国政法大学	“四大工程”资助育人体系
华北电力大学	“绿色电力”新能源科技教育扶贫服务行动

北京理工大学	实施“双领工程”涵育时代新人
北京工商大学	“戎耀腾飞”大学生士兵孵化工程
北京联合大学	以习近平新时代中国特色社会主义思想为指导深化“课程思政”建设实施计划
首都经济贸易大学	教师思想政治工作质量提升“驼铃计划”
首都师范大学	全员全程全方位构建“六位一体”的心理育人体系
北京青年政治学院	弘道明德文以化人——北京青年政治学院文化育人的理论与实践模式

（张晓兰）

3 所高校入选高校思想政治工作队伍培训研修中心

1 月 7 日，教育部公布高校思想政治工作队伍培训研修中心遴选结果，北京 3 所高校入选。经组织推荐、通讯评审、现场答辩等环节，教育部共遴选产生 40 个高校思想政治工作队伍培训研修中心，北京入选的 3 所高校分别是北京师范大学、北京科技大学、北京化工大学。高校思想政治工作队伍培训研修中心建设单位围绕建设任务，提升培训质量，完善课程体系，优化师资库建设，加强工作研究，推动共建共享，加大保障力度，改进评价管理规范，构建新时代高校思想政治工作队伍建设的工作平台。中心首轮建设周期 3 年，自 2019 年 1 月至 2022 年 1 月。

（肖勇　张晓兰）

“改革先锋进校园”活动

1 月 9 日，市委宣传部、市委教育工委、团市委、中关村管委会联合举办的“改革先锋进校园”主题宣讲活动在中国科学院大学雁栖湖校区举行。联想控股董事长、联想集团创始人柳传志以《奔日子的人》为题作报告。他认为过日子首先要维持住基本生活，而奔日子就是要不断调高追求的目标，希望青年学生志存高远、脚踏实地，推动国家和社会前进。2018 年 12 月，中宣部、教育部、共青团中央联合发起“改革先锋进校园”活动，北京市先后在清华大学、中国人民大学、北京师范大学等高校举办。

（赵国伟）

1 月 9 日，市委宣传部、市委教育工委等单位联合主办的“改革先锋进校园”主题宣讲活动　（市委教育工委 相关处室　供）

学习贯彻习近平总书记在学校思想政治理论课教师座谈会上的重要讲话精神座谈会

3 月 20 日，市委教育工委在清华大学举办北京教育系统学习贯彻习近平总书记在学校思想政治理论课教师座谈会上重要讲话精神座谈会。王宁参加座谈会。他强调，思想政治理论课要以“一体化”实现多学段衔接，以“大格局”加强党对思政课建设的全面领导，以“高标准”推进思政课教师队伍建设，以“获得感”统领思政课改革创新，努力把学校思政课越办越好。与会教师代表分享学习心得和教学经验。

（姜男）

纪念五四运动 100 周年主题演讲比赛

5 月 9 日，市委教育工委在北京大学举办“爱国情 · 强国志 · 报国行”首都大学生纪念五四运动 100 周年主题演讲比赛决赛。经过初赛、复赛，15 名晋级决赛的选手结合亲身经历、聚焦自身专业、着眼社会现状，讲述个人对五四精神的理解、对爱国主义的体会、对青年使命的领悟。综合专家评委和大众评审的打分，比赛共评出一等奖 2 个、二等奖 3 个、三等奖 4 个、优秀奖 6 个。来自北京各高校的师生代表 300 余人现场观看比赛。市委教育工委另于 5 月 7 日在清华大学举办北京高校博士生宣讲团学习习近平总书记在纪念五四运动 100 周年大会上的重要讲话精神宣讲会暨北京市研究生党员骨干培训学校第 12 期培训，清华马克思主义学院院长作辅导报告。北京高校研究生党员骨干 100 余人参加培训。

（王星星）

高校师生服务首都“四个中心”功能建设“双百行动计划”启动

5 月 24 日，“我和我的祖国”爱国主义主题教育活动“做起来”暨 2019 年北京高校师生服务首都“四个中心”功能建设“双百行动计划”启动。活动设立青年教师社会调研项目和大学生社会实践项目，共有 150 个青年教师社会调研团结合学科学术专长开展调查研究，为党和政府建言献策；135 个大学生社会实践团通过理论宣讲、志愿服务等，将爱国精神转化为实际行动。经专家评审，市委教育工委遴选青年教师社会调研团 100 个、大学生社会实践团 99 个予以资助，并评选 20 个“示范调研实践团队项目”。活动由市委教育工委、市委宣传部、市教委主办，市委农工委、市发展改革委、市科委等 8 个委办局支持。

（郑天仪　焦帅　宋宏杰）

北京高校思政课教师暑期集体备课

7 月 15 日，市委教育工委开展北京高校思政课教师暑期集体备课会，并启动北京高校思政课教师“看北京、看变化、看成就”工作。教育部社科司司长作专题辅导报告，市委教育工委相关负责人部署工作，各研究会按课程分别交流研讨，全体教师集体备课。会后，与会教师分赴城市副中心、大兴国际机场、12345 市民服务热线等地开展学习实践。

（姜男）

《北京高校思想政治理论课教师誓词》公布

7 月 26 日，市委教育工委举办北京高校新上岗思政课教师拜师宣誓仪式并公布《北京高校思想政治理论课教师誓词》。5 名新上岗思政课教师代表向成长导师行拜师礼，各高校的 130 余名新上岗思政课教师被授予上岗资格并宣誓。仪式公布《北京高校思想政治理论课教师誓词》，这是全国首个省级层面发布的思政课教师誓词。

（姜男）

首都大学生庆祝中华人民共和国成立 70 周年诗诵会

9 月 5 日，“向祖国报告”首都大学生庆祝中华人民共和国成立 70 周年诗诵会在北京大学举办。诗诵会分为永恒的青春、我把青春献给你、奋斗的青春 3 个篇章，包括首都大学生自编自创的 12 个诗歌节目。活动同时标志北京高校新生引航工程正式启动。活动由市委教育工委、市教委主办，北京各高校主管学生工作的校领导和 2019 级新生代表等 1600 余人现场在诗歌中回顾五四运动以来党领导中国革命建设的历程。

（赵国伟　赵妍）

思政课教师“同备一堂课”

10 月 27 日，市委教育工委在中国人民大学举行首都师生服务保障国庆活动专场宣讲会暨学校思想政治理论课教师“同备一堂课”活动。12 名参与服务保障国庆 70 周年系列庆祝活动的师生代表讲述自己参与阅兵、群众游行、联欢活动的经历。活动通过北京高校思想政治理论课高精尖创新中心网络平台直播，全市大中小各学段近万名思政课教师同步收看。

（姜男）

统一战线与群众工作

概述

2019 年，北京高校以新中国成立 70 周年为契机，突出统战工作政治属性，强化党外知识分子思想政治引导，加强党外代表人士队伍建设，推进民族、宗教、港澳台侨工作，着力构建“大统战”工作格局。党的关系隶属北京市委的 61 所高等教育机构（普通高校 56 所）中共有党外知识分子 6.2 万人，占知识分子总数的 48%；党外高级知识分子（副高级以上职称、副处级以上干部）1.79 万人（其中，无党派人士 1 万人），占高级知识分子总数的 39.7%。有民主党派基层组织 330 个，民主党派成员 7800 余人；8 个民主党派中有 1 名中央主席、10 名中央副主席、3 名市主委来自北京高校。

7 月 15 日，市委教育工委举办北京高校思想政治理论课教师暑期集体备课暨“看北京、看变化、看成就”工作启动仪式（新闻中心　供）

高校系统推荐政协全国第 13 届委员 68 人、政协北京市第 13 届委员 74 人。38 所高校单独设立统战部门，36 所高校成立党外知识分子联谊会，16 所高校成立归国留学人员联谊会。

（相京）

高校统战部长会议

3 月 4 日，市委教育工委在中国地质大学（北京）召开北京高校统战部长会议。会议要求各高校党委加强高校党外代表人士队伍建设，加强和改进党对统战工作的领导，更好地发挥统一战线在推动国家和首都经济社会改革发展中的法宝作用，不断开创北京高校统战工作新局面。北京高校组织部长、统战部长及离退休干部部门负责人 160 余人参加会议。

（相京）

高校民族宗教专题培训班

3 月 25 日至 4 月 12 日，市委教育工委、市委统战部、市委党校联合举办北京高校民族宗教工作高级研修班。研修班在京理论学习两周，在四川甘孜州实践教学一周。其中，理论学习包括高校宗教工作、高校民族工作等内容。实践教学环节组织学员参观宗教场所。各高校统战、学生、保卫等相关部门负责人和基层院系党委书记等 95 人参加培训。

（相京）

高校统战大讲堂

3 月 30 日和 10 月 16 日，市委教育工委分别在中国政法大学和中国人民大学举办高校统战大讲堂。大讲堂邀请中国人民大学法学院教授、中央统战部一局局长分别以《学习习近平总书记关于宗教工作的重要论述》《加强多党合作 增强制度自信》为题作专题讲座。各高校统战干部、部分高校师生代表 600 余人参加活动。

（相京）

高校党外代表人士研修班

12 月 2 日至 4 日，市委教育工委在中央社会主义学院举办高校党外代表人士培训班。培训班围绕新时代统一战线相关工作开展专题培训。北京各高校教育、科研、管理等岗位的 109 名党外代表参加培训。

（相京）

高校民主党派校级组织负责人培训班

12 月 10 日至 12 日，市委教育工委在中央社会主义学院举办高校民主党派校级组织负责人培训班。培训旨在进一步加强高校民主党派基层组织政治建设、思想建设与组织建设，在课程设置上安排“政治理论学习”和“中华文化与中华民族伟大复兴”两大模块。培训强调，高校是民主党派组织发展的传统领域，是民主党派高层次代表人士的重要来源地，做好高校民主党派工作，对于推进民主党派人才队伍建设，优化政治资源合理配置，巩固多党合作政治格局具有重要意义。北京各高校的 72 名民主党派校级组织负责人参加培训。

（相京）

高校统战部长专题培训班

12 月 16 日至 18 日，市委教育工委举办高校统战部长专题培训班。培训班传达中央和北京市统战工作有关精神，邀请市委统战工作领导小组成员单位的有关领导围绕高校统战工作、党外知识分子工作等开展培训。北京各高校的统战部门负责人 63 人参加培训。

（相京）

纪检与监察

概述

2019 年，北京高校纪检监察机构 61 个，其中，双管高校 30 个，纪检监察专职干部 193 人；市属高校 31 所，纪检监察专职干部 164 人。市纪委市监委驻市委教育工委纪检监察组在编干部 19 人。

履行监督执纪问责和监督调查处置职责。紧盯教育领域社会关切度高、群众反映强烈的突出问题，按照管理权限加大问题线索查办力度，综合运用“四种形态”严格执纪、严肃问责。做好案件查办“后半篇”文章，对查处的违纪问题在两委机关及直属单位通报批评，同时制发工作建议、提醒函，督促抓好问题整改，不断净化政治生态。

落实派驻机构改革任务要求。建立健全与驻在部门沟通协调机制，纪检组长参加市委教育工委委员会和专题会、市教委主任办公会、巡察工作领导小组会等重要会议，与市委教育工委、市教委主要领导、班子成员及部门主要负责人沟通情况。每半年在工委委员会或工委专题会上通报两委机关及直属单位、高校系统的信访举报、审查调查有关情况，针对普遍性问题和重要问题提出工作建议。建立与驻在部门审计处、干部处、党建工作处及机关纪委等部门的沟通协作机制，形成监督合力。严格落实请示报告制度，重要情况及时向市纪委市监委报告。

做实做细日常监督。监督市委教育工委、市教委机关及直属单位全面从严治党主体责任落实情况。两委机关落实市委《关于深化落实全面从严治党主体责任的意见》，分层分级制定主体责任清单。坚决纠正“四风”，紧盯元旦、春节、端午、中秋、国庆等关键节点，通过对相关处室和部门负责人约谈提醒、转发上级监督文件、现场实地检查等方式，严查借过节之机搞吃喝送礼、公车私用、公款旅游、滥发钱物、大办婚丧喜庆等问题。集中整治形式主义、官僚主义，督促两委机关深刻查摆问题，分析产生问题的原因，制定整改方案，切实为基层减轻工作负担。结合日常监督情况，研判驻在部门政治生态。按照市反腐倡廉领导小组办公室全

12 月 13 日，两委机关系统纪检干部专题培训会
（机关纪委　供）

面从严治党（党建）工作考核动态抽查工作安排，协同市委教育工委对市属高校进行检查；派员参与市纪委市监委对高校纪委内部督导工作，督促市管高校“两个责任”有效落实。

完善监督执纪各项工作制度。完善信访受理及反馈机制、定期通报机制、跟踪督办机制，重点制定完善信访举报受理办理、问题线索处置管理等方面的工作办法。

（王雨）

纪检干部培训

12 月 13 日，机关纪委举办 2019 年两委机关系统纪检干部专题培训会。会议邀请市直机关纪检监察工委调研员以《党支部监督责任及违纪行为处置程序》为题作专题报告，报告对基层单位纪检干部如何更好地履职尽责、发挥好监督作用具有较强的业务指导性和针对性。两委机关处室及直属单位党支部书记、纪检委员 90 余人参加培训会。

（刘纪江）

两委纪检干部队伍状况调研

12 月，机关纪委开展两委纪检干部队伍状况调研。机关纪委成立调研组，分线上线下两条线，通过问卷调查、谈心谈话形式，围绕基层党组织纪检干部队伍状况、存在的问题开展调研。共调研市委教育工委、市教委纪检干部 82 人，调研结果基本摸清两委系统纪检干部的现状及存在的问题，为加强和改进两委纪检队伍建设，进一步提升纪检干部履职能力，有针对性改进工作提供一手支撑材料。

（李搏）

建立健全高校纪委沟通联系机制

至 12 月，驻市委教育工委纪检监察组督促两委及市属高校认真落实党和国家机构改革任务，完善日常工作联络机制。利用内外网、微信群等渠道，及时向高校发布工作通知、收集汇总各类工作信息。按照中央纪委国家监委和市纪委市监委关于案件管理工作有关要求，负责 61 所在京高校对案管系统数据报送的审核把关和汇总统计工作。加强对高校系统监督检查和审查调查工作情况的综合分析，剖析问题原因，有针对性地提出意见建议。按照市纪委市监委关于实行市属高校案件统一审理的工作要求，结合实际制定具体工作流程和文书式样；启动统一审理工作，提高高校查办案件工作质量。加强与高校查办案件工作的日常沟通和联系，协助在京高校开展案件协查工作等。

（王雨）

强化政治监督

至年底，驻市委教育工委纪检监察组对两委落实习近平总书记重要批示指示精神情况开展监督检查。围绕庆祝新中国成立 70 周年、第二届“一带一路”国际合作高峰论坛、亚洲文明对话大会、2019 中国北京世界园艺博览会 4 项重大活动服务保障工作开展监督检查，确保市教育系统承担的各项活动任务圆满完成。针对高校党的政治建设方面存在的突出问题，督促驻在部门抓好整改落实。纪检组长带队参加市属高校领导班子加强党的政治建设专题民主生活会，发现问题及时指出并督促整改。

（王雨）

专项监督

至年底，驻市委教育工委纪检监察组开展专项监督。落实市纪委市监委 2019 年度党风政风监督工作要点和“不忘初心、牢记使命”主题教育、“8+2”专项整治任务要求，建立监督台账，逐项抓好落实。围绕教育领域漠视侵害群众利益问题专项整治强化监督检查，督促两委有关部门摸清具体情况，抓好问题整改。落实市纪委市监委关于扫黑除恶专项斗争监督执纪问责工作部署，督促两委机关落实主体责任。督促两委及市属高校认真落实“吃空饷”及长期不在岗人员专项整治、扶贫领域腐败和作风问题治理、严肃整治领导干部利用名贵特产特殊资源谋取私利问题等专项整治工作要求，认真开展自查自纠。

（王雨）

安全稳定

概述

2019 年，市委教育工委始终坚持“万万无一失、精精益求精”的底线意识和工作标准，确保新中国成立 70 周年绝对安全作为全年工作主线和首要任务，指导各高校深入推进安全稳定“十大专项行动”，圆满完成全国“两会”、“一带一路”国际合作高峰论坛、庆祝新中国成立 70 周年等重大活动维稳安保任务。

（杨硕）

北京高校安全稳定工作会议

1 月 11 日和 2 月 22 日，市委教育工委分别召开北京高校安全稳定工作部署会和 2019 年北京高校安全稳定工作会议。北京高校安全稳定工作部署会通报校园安全相关突出情况，传达中央和市委工作要求，部署高校假期安全稳定工作。会议要求各高校要把安全稳定工作摆在突出位置，严防各种重大安全事故的发生，为庆祝新中国成立 70 周年营造安全稳定的良好氛围。北京 92 所高校、5 家直属单位主管安全稳定工作领导以及有关部门负责人参加会议。2019 年北京高校安全稳定工作会议全面部署北京高校 2019 年安全稳定工作，通报高校安全稳定工作形势任务，部署全国“两会”期间安保相关工作。56 所北京高校和 5 家直属单位主管领导、保卫部长、学工部长及宣传部长参加会议。

（杨硕）

排查化解涉校矛盾纠纷

2 月，市委教育工委组织高校开展涉校矛盾纠纷排查化解专项工作。市委教育工委对 16 所学校报送的 43 项矛盾问题，实行突出矛盾问题校领导牵头包案制，集中力量化解稳控，同时协调市相关部门配合高校落实稳控措施。至年底，各高校切实落实主体责任，做好相关群体政策解释和稳控工作，未发生突出情况。

（杨硕）

教育系统安全稳定专项督查

4 月 24 日至 5 月 4 日、5 月 27 日至 6 月 4 日，市委教育工委、市教委开展两次教育系统安全稳定专项督查。两委领导带队组建督查组，对 56 所高校和 16 个区委教育工委、区教委开展督查，通过座谈调研、实地检查、电话询问、查阅工作记录了解掌握各单位安保维稳工作落实情况，发现各类问题隐患和薄弱环节，督促指导各单位做好维护安全稳定工作。

（杨硕）

北京高校安全稳定职能部门干部培训

6 月 11 日至 14 日，市委教育工委开展 2019 年北京高校安全稳定职能部门处级干部业务培训。培训邀请教育部、市公安局、清华大学等单位相关领域专家，围绕国家安全形势及任务、网络舆情搜集研判及应对、校园安全综合管理等内容作专题讲座。北京 93 所高校安全稳定相关部门负责人参加培训。

（杨硕）

国庆安全稳定专项督查

8 月 23 日至 10 月 10 日，市委教育工委开展庆祝新中国成立 70 周年活动安全稳定专项督查。此举旨在确保庆祝新中国成立 70 周年活动、2019 中国北京世界园艺博览会期间教育系统各项工作落实到位。督查工作组成以王宁为组长、两委领导任副组长、相关处室参加的 13 个专项督查组，分暑期督查、秋季开学、国庆安保 3 个阶段对教育系统维稳安保工作落实情况开展专项督查。督查组共走访 56 所高校和 16 个区级教育部门，通过听取汇报、实地检查、查看档案资料等形式开展工作，督查结果显示，北京教育系统各单位积极落实安全稳定主体责任，维稳安保措施落实到位，确保各项重大活动期间安全稳定。

（杨硕）

安全知识和反邪教知识手册发放

8 月，市委教育工委发放安全知识和反邪教知识手册。市委教育工委面向高校所有入学新生，发放《大学生安全知识手册》和《大学生反邪教知识手册》56 万册。此举旨在帮助大学生提高安全意识和自救、自护、救人的素质及能力，增强广大师生识别和防范邪教侵蚀的能力。

（杨硕）

两委领导干部国庆期间下沉高校

9 月 30 日至 10 月 2 日，市委教育工委、市教委领导干部全员下沉高校及庆祝新中国成立 70 周年活动现场。两委班子成员 13 人全部下沉高校和庆祝活动现场推动具体工作逐项落实落细。其中，郑吉春入驻北京大学、清华大学、中国人民大学等高校和庆祝活动现场，对北京理工大学、北京航空航天大学、中国农业大学、中央民族大学、中国政法大学等高校开展机动巡查，到最基层检查指导学校工作开展情况，帮助学校发现苗头问题、补齐工作短板、协调解决困难。

（杨硕）

平安校园建设考核

12 月，市委教育工委、市教委组织开展社会治安综合治理（平安校园建设）考核工作。考核工作面向 25 个市属高校，通过日常工作评价与自查自评相结合的方式量化计分，对各单位全年的安全稳定工作整体评价。经考核，北京物资学院、北京工业大学等8所高校年度综治考核结果为优秀。

（杨硕）

教育系统开展扫黑除恶专项斗争

至年底，市委教育工委深入推进扫黑除恶专项斗争。市委教育工委结合高校系统实际，指导各高校深入开展工作。全年印发相关文件6份，建立排查整治工作机制、健全防控处置机制、强化协同配合机制，编印工作简报26期，核查高校转递线索1条，接收并核查市扫黑办转递线索4条。

（杨硕）

离退休干部与关心下一代工作

概述

2019年，北京市属高校、两委机关及直属单位共有离休干部685人，比上年减少63人，平均年龄89岁；中共党员575人；第二次国内革命战争时期参加革命工作2人；抗战时期参加革命工作87人；解放战争时期参加革命工作569人。共有退休干部19472人，比上年增加365人，平均年龄71岁；中共党员11048人。

党的关系在北京市委的普通高校、两委直属单位有离退休干部分党委34个，离退休干部党总支40个，离退休干部党支部1290个；老干部活动站（室）209个，建筑面积6.20万平方米。全年举办离退休老同志各类读书、学习活动680场，1.35万人次参加；举办各类情况通报会、报告会771场，4.20万人次参加；组织外出参观610批，3.90万人次参加。走访慰问离退休老同志5.26万人次；为7988人次离退休老同志发放困难补助金共计1658万元。

（杨旭）

"家庭、学校、社会共育的实践与探索"理论论坛

1月10日，北京教育系统关工委召开"家庭、学校、社会共育的实践与探索"理论论坛。昌平区、海淀区、大兴区教育关工委和北京师范大学朝阳附属学校、北京十二中教育集团作交流发言，复旦大学、首都师范大学作专题报告。会议提出教育系统关工委要以更高远的站位、更宽广的视野推行家校社协同育人工作，促进资源共享，优势互补，工作联动，为学生的全面健康成长营造良好的教育氛围。会议提出4个重点工作方向：一是坚持立德树人，着力加强青年学生思想道德建设；二是加强理论研究，加强家、校、社共育研究咨询和课题指导；三是深入工作实践，推动家校社共育平台共建和服务；四是聚焦重点难点，推动破解家、校、社共育难题。各区教育关工委主管领导、关工委负责人和中小学校领导等300余人参加论坛。

（乔永）

全面开展"读懂中国"活动推进会

3月27日，北京教育系统关工委召开全面开展"读懂中国"活动推进会。会议印发《2018年教育部关工委"读懂中国"活动北京试点高校获奖征文选编》，现场选播北京首批参与试点活动获得教育部关工委"读懂中国"活动最佳微视频短片。相关高校作交流发言。"读懂中国"由教育部关工委主办，结合党和国家发展历程重要节点，每年一个主题，2018年在20所中央部委属高校试点开展。2019年以"我和我的祖国"为主题，在所有高校全面开展，要求各学校关工委围绕年度主题组织青年学生与亲身经历重大事件的本地、本校"五老"结对交流座谈，通过征文、微视频的形式，挖掘整理"五老"参与新中国建设的奋斗历程、感人事迹和真实感悟。全市80余所高校相关负责人200余人参加论坛推进会。

（乔永）

4月15日至16日，老干部活动中心举办北京老教育工作者门球赛 （老干部活动中心 供）

直辖市教育系统关工委协作组会议

4月23日至24日，北京教育系统关工委组织召开直辖市教育系统关工委协作组会议。会议围绕学习贯彻习近平新时代中国特色社会主义思想和全国教育大会精神，推进关工委组织建设和品牌建设的做法和经验交流研讨。北京、天津、上海、重庆市教育系统关工委主要领导作交流发言，介绍工作经验和主要成效。区县、高校、民办高校代表分享关工委工作的经验和体会。会议组织代表赴北京大学参观调研。会议确定，2020年京津沪渝直辖市教育系统关工委协作组工作会议由重庆市教育系统关工委承办，在重庆召开。各直辖市教育系统关工委相关负责人，部分区县教育关工委、部分高校关工委负责人参加会议。

（乔永）

高校离退休干部党支部书记三年轮训完成

4月至11月，市委教育工委组织高校离退休干部党支部书记、支部委员660人参加在北京市老干部党校、北京教育老干部党校举办的培训班。培训班邀请中央党校、教育部离退休干部局、中国大洋协会，以及北京高校多名领导、专家学者，解读习近平新时代中国特色社会主义思想，通报离退休干部党建工作情况、国内热点问题，同时开展支部工作研讨和经验交流。至年底，市委教育工委完成利用3年时间对高校离退休干部党组织书记轮训一遍的工作目标，累计培训1400人次。

（杨旭）

庆祝新中国成立70周年系列活动

5月至10月，市委教育工委、市教委以“增添正能量、共筑中国梦”为主题举办系列活动，庆祝新中国成立70周年。5月，在首都体育学院举办“喜迎祖国70华诞、舞动健身乐晚年”北京高校老同志健身项目展示；6月，举办5场“歌舞庆华诞、共筑中国梦”北京老教育工作者文艺演出；10月，举办“光影映华诞、共筑中国梦”北京教育系统老同志摄影作品展。北京各高校、各区县教育系统离退休人员近万人次参加活动。9月至12月，“北京教育老干部工作”微信公众号推送“我与新中国的故事”系列文章，持续推出45所北京高校60名老同志讲述的60篇关于新中国的故事。

（杨旭）

新时代好少年主题教育读书活动

6月20日，北京教育系统关工委举办全国青少年“新时代好少年——我为祖国点赞”主题教育读书活动演讲比赛北京赛区决赛暨颁奖仪式。比赛设小学、中学两个组别，来自各区的53名优秀选手以“我为祖国点赞”为主题发表演讲。经中国传媒大学、北京电视台的评委现场打分，最终决出小学组特等奖2个、一等奖5个、二等奖10个、优胜奖10个，中学组特等奖2个、一等奖5个、二等奖12个、优胜奖7个。来自各区中小学的演讲选手及现场师生代表近900余人参加活动。“新时代好少年——我为祖国点赞”主题教育读书活动4月11日启动，是北京教育系统关工委连续第22年举办主题教育读书活动，15个区871所中小学的54万余名学生参加活动。北京教育系统关工委另于11月12日在北京市商业学校召开北京市高职中专校“新时代好少年”主题教育读书活动总结表彰。14所高职中专学校的近1.2万名学生参加“新时代好少年——我为祖国点赞”主题教育读书活动。

（乔永）

“五老”报告团工作会

6月25日至26日，北京教育系统关工委举办“北京高校信息员、督导员、北京教育系统关工委五老报告团工作会暨培训班”。会议围绕“立德树人，突出‘五老’优势，更好地发挥好教育系统关工委的配合补充作用”为主题，

6月，“歌舞庆华诞、共筑中国梦”北京老教育工作者文艺演出举办
（市委教育工委相关处室　供）

部分高校代表作大会经验交流，有关领导和专家作专题辅导报告。会议印发《北京教育系统关心下一代工作委员会关于聘请清华大学李树勤等 108 名同志为“五老”报告团成员的决定》，为“五老”报告团成员代表颁发聘书。北京各普通高校、高等职业院校、民办普通高校及各区教委在职主管领导，各高校思政课信息员、教学督导员和北京教育系统关工委“五老”报告团成员等 300 余人参加会议。

（乔永）

两委机关离退休干部党委成立

6 月 26 日，市委教育工委、市教委召开两委机关离退休干部党员大会，撤销离退休干部党总支，成立离退休干部党委。会议审议通过大会工作报告、选举办法、总监票人、监票人名单和党委委员候选人名单。经投票，选举产生市委教育工委市教委机关离退休干部第一届委员会，审议并通过党委书记人选。两委机关离退休干部党员 109 人参加会议。

（杨旭）

高校老干部大讲堂

6 月和 7 月，市委教育工委分别在北京航空航天大学、首都师范大学、北京联合大学举办 3 场“从‘心’开始——北京高校老干部大讲堂”。大讲堂邀请北京大学第三医院、人民医院心内科专家专题讲解心衰疾病知识，并开展义诊咨询活动。37 所高校近 500 名离退休老同志参加活动。

（杨旭）

“老校长下乡”工作座谈会

9 月 11 日至 12 日，北京教育系统关工委召开“老校长下乡”工作座谈会。会议总结交流工作经验和感悟，推动工作继续深入开展。教育系统赴河北阜平、承德，北京延庆、密云助教的老校长 30 余人参加会议。北京教育新闻中心摄制的记录北京教育关工委工作的《灌溉当下培根未来——北京“老校长下乡”支教活动纪实》在 9 月举办的“我和我的祖国——庆祝中华人民共和国成立 70 周年电视节目展评展播活动”中获短篇纪录片类好作品奖。12 月 24 日，中国关心下一代工作委员会颁布《关于表彰“十百千万”五老关爱行动暨优秀组织奖的决定》，北京教育系统关工委的“老校长下乡”项目入选“全国关心下一代帮扶工作品牌”，全国 10 个项目入选。

（乔永）

家庭教育研究中心揭牌

9 月 16 日，市关工委、首都师范大学举办家庭教育研究中心启动仪式暨工作论坛。会议宣读《关于北京市关工委家庭教育研究中心成立的工作决议》及特聘研究员名单，市关工委与首师大签订《合作共建家庭教育研究中心框架性协议》并为“家庭教育研究中心”揭牌。中心旨在推动优势互补，在家庭教育基础理论研究、家庭教育指导实践、家庭教育知识宣传普及等领域实现突破。刘宇辉参加活动并讲话。各区关工委、北京教育系统关工委代表，以及首师大师生代表 290 余人参加活动。

（乔永）

中小学“院士回母校”“杰出老校友回母校”活动启动

9 月 20 日，北京教育系统关工委在北京市第一〇一中学举办北京中小学校“院士回母校”“杰出老校友回母校”活动启动仪式暨首场活动。活动邀请中国工程院副院长陈左宁院士回到母校一〇一中学作报告，她介绍中国计算机发展的历程和国际发展趋势，讲述自己和业界同行为中国信息技

6 月和 7 月，市委教育工委举办“从‘心’开始——北京高校老干部大讲堂”活动　（市委教育工委相关处室　供）

术的发展所做的不懈努力，并和学生现场互动交流。北京各区教育系统关工委代表、中小学校代表、一〇一中师生和校友代表等 700 人参加活动。“院士回母校”活动 2016 年 3 月启动，由教育部关工委、工程院科学道德建设委员会和中国科学院学部科学道德建设委员会共同主办，教育部关工委同期主办“杰出校友回母校活动”。2019 年，北京教育系统关工委首次把“院士回母校”“杰出校友回母校”活动从大学向中小学校延伸。北京教育系统关工委另于 5 月 21 日在中国农业大学召开北京高校“院士回母校”“杰出老校友回母校”活动推进会，旨在推进活动持续化、常态化开展。

（乔永）

家校社共育咨询室工作部署会

10 月 16 日，市关工委、北京教育系统关工委在首都师范大学召开家校社共育咨询室工作部署会。会议强调，推进家校社共育咨询室建立是贯彻落实习近平总书记关于家庭教育系列重要指示精神以及在全国教育大会上重要讲话的有力举措，是落实上级关工委部署，加强家校社共同育人的有力抓手，是对家庭教育难点问题、短板问题和弱项问题的有力突破，具有重要意义，是在全国率先的举措。开展家校社共同育人既是难点短板，也是工作的创新点，在实际工作中要创造出在全市乃至全国可示范、可推广、可辐射的经验。会议强调，家校社共育咨询室的定位和宗旨是“服务学校、帮助学生、支持家庭、影响社会”，各区教育系统关工委要在 2020 年 3 月把试点咨询室全部建立起来。会议同时解读《北京市家校社共育咨询室建设标准（初稿）》，听取与会人员意见。东城、朝阳、海淀等区教委代表、区教育系统关工委负责人等 50 余人参加会议。

（乔永）

第六届全国中学生朗诵大会

10 月 20 日，北京教育系统关工委、北京市第一〇一中学共同发起举办第六届全国中学生朗诵大会。会议以“歌颂伟大祖国，歌唱新时代”为主题，旨在提高中学生“雅言诵读经典，美文立德修身”的自觉意识，提升母语的阅读和表达水平，培养中学生语文学科核心素养。会议设初中和高中两个组别，要求朗诵内容“课内与课外结合、推荐篇目与自选篇目结合、古代经典与现当代经典结合”，14 个省市 29 所学校近 200 名师生代表参加朗诵大会，其中，初中 14 所、高中 25 所。朗诵师生采用个人朗诵和集体朗诵的方式，经专家现场评审，评出初中组特等奖 3 个、一等奖 8 个，其中，一〇一中、北京市上地实验学校获特等奖；高中组特等奖 4 个、一等奖 12 个，其中，北京市八一学校、一〇一中、中国人民大学附属中学获特等奖。比赛全程网络直播，组委会特别邀请扶贫攻坚地区贵州省台江县巫脚南小学师生现场观摩，全国及北京中小学共 800 余名师生现场观看比赛。

（乔永）

守正大讲堂

10 月 30 日，北京教育系统关工委守正大讲堂首场讲座暨大讲堂工作部署会在清华大学举办。首场讲座邀请清华马克思主义学院教授林泰作题为《为什么坚持中国特色社会主义》的报告，报告通过中西对比，从政治制度、人民代表大会制度等方面系统论证中国特色社会主义制度的优势。全市 108 个基层单位的关工委负责人，清华、北京大学等 9 所高校师生代表 500 余人现场参加讲座。守正大讲堂主要邀请五老代表及先进事迹、先进个人代表，在大中小学举办主题报告，是教育引导青少年培育和践行社会主义核心价值观、培养德智体美劳全面发展的社会主义建设者和接班人的新平台和新载体，每年计划举办 3 至 4 场。12 月 10 日，守正大讲堂第二场讲座在北京市育才学校举行，博士研究生导师、中国韬奋基金会理事长聂震宁作《改变：从阅读开始》专题报告。各区教育系统关工委代表、育才学校师生代表 400 人参加报告会。

（乔永）

“工匠精神进校园”品牌建设研讨会

12 月 11 日，北京教育系统关工委召开“工匠精神进校园”品牌建设研讨会。教育部关工委、北京教育系统关工委领导及相关职业院校代表作交流发言。会议认为，“工匠精神进校园”已经成为北京职业院校对学生进行立德树人教育、践行和培育社会主义核心价值观、弘扬工匠精神的重要抓手和重要品牌。各职业院校应高度重视“工匠精神进校园”活动，着力在常态化、长效化上下工夫；落实北京教育系统关工委《关于进一步推进“工匠精神进校园”教育活动的实施方案》，着力在取得实效上下工夫；继续深化“北京大工匠”和劳动模范及杰出校友进校园活动，着力在工作创新上下工夫。

（乔永）

3 人获全国离退休干部先进个人

12 月 16 日，北京高校 3 名离退休干部获全国离退休干部先进个人。分别是清华大学林泰、中央民族大学胡振华、北京联合大学张佐友。此次评选由中组部组织开展，经党中央同意，共表彰“全国离退休干部先进集体”150 个、“全国离退休干部先进个人”450 人。

（杨旭）

捐赠军训服装 6000 余套

12 月 23 日，北京教育系统关工委和河北省承德市教育系统关工委在河北省丰宁满族自治县第一中学举行军训服装捐赠仪式。北京高校关工委代表、大学生代表把募集到的军训服装 6000 套捐赠给河北省丰宁满族自治县第一中学。该活动 2013 年开始，连续 7 年组织北京各高校关工委累计捐赠军训服装 8.8 万余套。

（乔永）

2019 年首都教育论坛

12 月 24 日，市关工委、北京教育系统关工委、首都师范大学共同举办 2019 年首都教育论坛。论坛以“家校社共育：北京行动”为主题，围绕“家校社共育的责任与使命”“家校社共育的理论与思考”“家校社共育的问题与经验”“家校社共育的实践与创新”对话研讨。与会人员听取 9 个主题报告，报告回应当前家校社共育理论与实践的核心议题与热点问题，梳理家校社共育的理论探索和实践模式。来自高校、科研院所的专家学者，以及部分中小学幼儿园校长园长参加论坛并发言。

（乔永）

机关党建

概述

2019 年，市委教育工委市教委机关以“党建引领 教育优先 人民满意”为目标，全面推进新时代两委机关和直属单位党的工作。扎实开展“不忘初心、牢记使命”主题教育，引导党员干部切实用习近平新时代中国特色社会主义思想武装头脑、指导实践、推动工作；以党建统领党员干部全力做好庆祝新中国成立 70 周年、第二届“一带一路”国际合作高峰论坛、2019 中国北京世界园艺博览会、亚洲文明对话大会等重大活动相关保障工作；发挥政治引领，配合机构改革调整党组织设置，积极做好机构改革和搬迁后思想政治工作；以提升组织力为重点，切实加强基层党组织建设，学习贯彻落实支部工作条例，严格执行党的组织生活制度，规范创新基层党支部建设，做好积极分子培训和发展党员、社会组织党建、基层党组织换届、书记述职评议考核等工作；发掘宣传先进典型和工作经验，搭建基层党建交流平台，推动基层党建工作创新；加强机关党委制度建设、队伍建设，创新党建工作方式方法，建立委员基层党建联系点。市委教育工委市教委机关系统共有党支部 107 个，其中，两委机关处室党支部 36 个、直属单位党支部 71 个。拥有在职党员 1027 人、预备党员 10 人。

（马千里）

基层党组织书记党建述职评议考核会

3 月 29 日，市委教育工委市教委机关党委组织机关系统基层党组织书记党建述职评议考核会。14 名基层党组织书记围绕基层党组织建设现场述职，机关党委书记对现场述职的党组织逐一点评，另有 39 名基层党组织书记书面述职。机关党委委员、纪委委员、各直属单位党组织负责人现场听取述职报告并参与评议。

（马千里）

两委机关系统 2019 年党的工作会议

3 月 29 日，市委教育工委市教委机关党委召开 2019 年两委机关系统党的工作会议。会议总结 2018 年机关系统党建工作，部署 2019 年党建重点工作。会议强调，机关党建工作任务重、标准高，两委机关系统各级党组织和党员干部要深入学习贯彻党的十九大精神，认真落实全面从严治党，各项工作要与党中央要求对标对表，以高质量党建引领和推动首都教育事业高质量发展。两委机关党委委员、纪委委员，各处室党支部书记等近 60 人参加会议。

（吕晓春）

两委机构改革调整后基层党组织设置完成

4 月 10 日，市委教育工委市教委完成机构改革后基层党组织设置。机关党委撤销组织处和统一战线与群众工作处联合党支部、安全稳定工作处党支部、机关党委办公室党支部、督导室综合处党支部、督导室专项督导处党支部、督导室督学管理与信息化处党支部，成立市委教育工作领导小组办公室秘书处党支部、研究室党支部、组织一处党支部、组织二处党支部、统一战线与群众工作处和安全稳定工作处联合党支部、机关党委联合党支部、民办教育处党支部、教育信息化处党支部、扶贫协作与支援合作处党支部。

（谢元君）

机关系统开展“不忘初心、牢记使命”主题教育

6 月到 9 月，市委教育工委市教委机关系统第一批开展“不忘初心、牢记使命”主题教育。两委把学习贯彻习近平新时代中国特色社会主义思想作为主线，突出“首善标准”“教育特点”“问题导向”，把“学习教育、调查研究、检视问题、整改落实”贯穿始终，推动党员干部进一步提高政治站位、提升理论素养，更加深入贯彻落实习近平总书记重要指示批示、党中央决策部署和市委有关要求，更加积极主动解决首都教育热点、难点问题。9 月 6 日，两委领导班子召开“不忘初心、牢记使命”专题民主生活会，聚焦主题检视反思，开展批评和自我批评，提出批评意见 163 条。会后，领导班子制定整改方案并于年底前全部落实。

（宋宇杰）

基层党组织书记培训班

7 月 29 日至 31 日，市委教育工委市教委机关党委举办基层党组织书记培训班。培训班邀请中国社会科学院、国防大学和北京市委党校等单位的专家，作《习近平新时代中国特色社会主义思想》《如何深入推进“不忘初心、牢记使命”主题教育》《新时代基层党组织如何抓好党的政治建设》等共 6 场专题报告。培训班学员围绕如何贯彻落实《中国共产党支部工作条例（试行）》开展分组研讨。培训班共分两期，第二期于 11 月 18 日至 20 日举办，两委机关系统

114 名基层党组织书记、副书记参加培训。

（宋宇杰）

两委理论学习中心组（扩大）会议

11 月 14 日，市委教育工委市教委召开理论学习中心组学习（扩大）会议暨首都教育系统服务保障国庆活动专场宣讲。会议邀请 7 名师生讲述庆祝新中国成立 70 周年活动服务保障的事迹，体现首都教育系统高度的政治自觉和使命担当。机关及直属单位 200 余名党员领导干部参加会议。

（宋宇杰）

直属单位落实全面从严治党主体责任专项检查

11 月至 12 月，市委教育工委机关党委组织开展直属单位落实全面从严治党主体责任专项检查。机关党委组建直属单位落实全面从严治党主体责任专项检查组，通过座谈访谈、审阅资料、实地考察等方式，检查 18 家处级直属单位落实全面从严治党主体责任情况。检查显示结果，各直属单位党组织能够不断加强和改进党风廉政建设工作，全面从严治党取得了明显成效，但也存在主体责任落实落小落细不够、党建基础工作仍需进一步加强等问题。针对存在的问题，机关党委指导各相关单位进行整改。

（吕晓春）

中共北京市委教育工作委员会书记、副书记、委员

书　　记　王宁
常务副书记　郑吉春
副 书 记　刘宇辉　狄涛　李军锋（1 月任）
　　李奕（7 月任）

委　　员　王文生　叶茂林（5 月免）　李奕（7 月免）
　　黄侃　张永凯（7 月任）　丁大伟（10 月任）
　　陈江华（4 月免）

中共北京市委教育工作委员会处室负责人

办公室主任　刘晓明（4 月任）
中共北京市委教育工作领导小组办公室秘书处（体制改革处）处长　宋晓晖（3 月任）
研究室（体制改革处）主任　宋晓晖（3 月免）
研究室主任　庞成立（3 月任）
党建工作处（巡察办）处长　吴洁（3 月任）
组织处处长　李丽辉（4 月免）
组织一处处长　李丽辉（4 月任）
干部处处长　陈江华（5 月免）　王泳（6 月任）
宣教处处长　寇红江（3 月任）
统一战线与群众工作处处长　王建辉（12 月免）
　　卢向红（12 月任）
安全稳定工作处处长　王建辉
离退休干部处处长　杜建峰（9 月任）
机关党委专职副书记　马千里（4 月任）
机关纪委书记　韩宝来（3 月任）

中共北京市委教育工作委员会、北京市教育委员会处室负责人

市委教育工委（市教委）办公室主任　刘晓明（4 月免）
市教委（市委教育工委）办公室主任　周彤（4 月免）
机关党委办公室主任　马千里（4 月免）
机关工会专职副主席　吴雅星
离退休干部处处长　刘新军（3 月免）

中共北京市纪律检查委员会、北京市监察委员会驻中共北京市委教育工作委员会纪检监察组组长、副组长

组　长　王文生
副组长　滕继辉　刘刚　杨威

（本栏责任编校　张晓兰）

2020 | 综合管理

INTEGRATED MANAGEMENT

- 市政府重大教育任务落实
- 部分教育功能疏解推进
- 支持雄安新区教育发展
- 良乡沙河高教园区建设发展推进
- 教育领域政务工作转型升级

综合管理

INTEGRATED MANAGEMENT

综述

市政府重大教育任务落实

2019 年，市教委推进市政府重大教育任务落实。市教委 2019 年承担政府实事、折子工程 30 余项，承担国务院督查事项、涉及教育的疏解非首都功能和京津冀协同发展等任务 20 余项，均按计划完成。督办落实中，落实责任领导、处室责任人和承办人，协调责任处室做好年度预案，每月报送进展情况，挂账督办，全程追踪。先后 3 次协调市政府教育督导室采取现场督查的方式，在昌平、房山、朝阳召开推进会，有效督促重大事项尽快落实。编辑印发《北京教育督查》，每季度向市委市政府、各区通报各项任务推进情况。

（刘转林）

部分教育功能疏解推进

2019 年，市教委加快市属高校新校区建设，推进部分教育功能疏解。北京电影学院怀柔新校区一期工程收尾并开展配套专项；北京信息科技大学昌平新校区学生宿舍 A 组团完工，学生宿舍 B、C、D 组团及教学楼等开展内外装修及机电设备安装施工；北京工商大学良乡新校区二期工程学生宿舍竣工投入使用，学生食堂和学生活动中心开工；北京城市学院顺义新校区三期征地建设项目完成。市教委同时按照《新版北京城市总体规划（2016 年—2035 年）》，落实布局区区有高校，牵头论证在密云、延庆、大兴等区布局高校，为属地经济、社会、生态文明发展服务提供支撑，促进产学研一体化。

（王虹　马骏）

至年底，电影学院怀柔新校区一期工程收尾并开展配套专项

（电影学院　供）

9月，北航沙河校区主楼景观“天空之镜”正式亮相
（北航 供）

支持雄安新区教育发展

2019年，市教委全力支持雄安新区教育发展。稳步推进“交钥匙”学校建设项目，组建联合工作专班靠前指挥，倒排工期表和任务清单，3个项目提前实现开工建设。提前谋划“交钥匙”项目办学体制机制、师资招聘管理、办学条件保障、教学评价督导等工作，配合雄安新区公共服务局研究起草委托办学协议草案和教师招聘管理办法草案。落实每年1000万元对口援助项目专项经费，开展北京市援助雄安新区学校办学阶段性效果评估，持续加大支持雄安新区教育力度。指导4所帮扶学校发挥辐射带动、示范引领作用，抓好名师工作室建设，不定期组织骨干教师赴雄安校区开展“同课异构、同课同研”、学习交流培训、跟岗研修等活动。加强职业院校对接，组织北京职业院校赴雄安新区开展招生宣传，推动北京金隅科技职业学校、北京市丰台区职教中心学校加大对雄安新区三县职教中心对口支持力度，形成京雄职业教育协同发展初步方案。

（王鑫）

良乡沙河高教园区建设发展推进

2019年，市教委推进良乡沙河高教园区建设发展。市教委会同市财政局、房山区、昌平区论证高教园区环境提升项目，分别下达7.78亿元和0.78亿元资金用于支持2个高教园区共享发展、吸引人才、职住平衡、公共配套、科教融合、功能提升和环境提升项目。同时，市教委牵头研究制定《关于推进房山良乡、昌平沙河高教园区内涵发展工作方案》，成立大学城内涵发展联盟，推动高校优质课程资源、实习实践基地共享，支持高校合作开办专业试点。

（王虹 马骏）

校园食品安全管理加强

2019年，市教委全面加强校园食品安全管理。坚持关口前移，持续开展食品安全监测抽查，畅通家校沟通渠道，及时回应社会关切。联合市市场监管局、市卫健委开展为期1个月的春季学期校园及周边食品安全专项整治。建立食品安全工作专班，加强暑假、国庆等时点的校内就餐保障及食品安全的值守应对。会同市卫健委联合开展“营”在校园——食品安全主题活动，开展2019年食品安全宣传周活动，组织180名校长参加全国“第二届校园食品安全校长论坛”。联合市市场监管局、市卫生健康委检查高校21所、8区中小学25所和供餐企业7家，接受市纪委的专题调研检查。市教委同时落实《学校食品安全与营养健康管理规定》，全年开展培训500余人次。

（于杰）

教育领域政务工作转型升级

2019年，市教委推动教育领域政务工作转型升级。推进“一窗通办”“一网通办”、减材料、减证明、减时限、减环节、政务数据标准化建设工作，并在窗口落地。加大对高频事项、重点事项的靠前服务力度。教育系统依申请类政务服务事项100%实现网上可办和最多“跑一次”，实现行政许可事项100%“一网通办”和“零跑腿”。推进指尖行动计划，17项事项实现在“北京通”APP和多媒体互动式查询机查询、办理。共受理行政审批事项229357件，精简各项事项办理提交材料1730份，材料精简率66%，压缩事项办理时限1960个工作日，压减率65.1%。取消《〈教师资格条例〉实施办法》等部门规章及《教育部关于普通高中学业水平考试的实施意见》等部门规范性文件设定的22项证明事项，取消非京籍人员义务教育入学证明材料中“户籍地无监护条件证明”，证明材料由5项减至4项。全力推进审批权限下放，在全国率先下放外籍人员子女学校审批权，放开外国学生在北京市公办中小学上学限制，为国际人才、外商和引进人才子女就学提供良好环境；将高校学术评议权下放至各高校。在放权的同时加强监管，确保审批权限下放后各项工作落实到位。推进政务服务事项标准化规范化梳理，编制教育领域政务公开手册，印发《教育领域问题百问百答》。

（刘转林）

政府信息公开

2019年，市教委继续开展政府信息公开工作。对照《北京市2019年政务公开工作要点》教育领域事项，继续以公开、便民、高效为基本要求，推进重点事项公开，回应社会关切，提高教育工作透明度，促进机关依法行政。全年主动公开文件类政府信息427条（包括行政规范性文件27件），全文电子化率100%。及时公开群众关注的热点信息，主要有《北京市第三期学前教育三年行动计划》《北京市中小学校幼儿园安全管理规定（试行）》《关于2019年义务教育阶段入学工作的意见》等。通过官网、微博、微信公众号和手机客户端等形式和动画、图表图解、音频视频等方式加强政策解读，主要包括义务教育入学政策、中高考志愿填报、教师资格认定、学生近视防护、流感及诺如病毒防护、普惠幼儿园名单等。回应网民关注的“初中开放性科学实践活动选课”“停止部分民办学校办学资格”等热点问题。

（刘转林）

12345“接诉即办”

2019年，市教委推进12345市民服务热线“接诉即办”工作。市教委坚持问题导向，找准“堵点”，多次专题研究调度群众反映强烈的难点事项，推进“接诉即办”工作。召开两次教育系统工作部署会、推进会，加大管理和薄弱环节补短板的力度，制定问题和责任清单“两本账”，建立“日督办、周分析、月排名”的管理机制。推动各单位“专班”建设，全面推广“三步法”（即健全联席会制度、建立“双反馈”“双回访”机制、强化信息通报制度），形成跟踪督导追责闭环。市教委同时以“接诉即办”机制为抓手，从大数据积累中，梳理高频问题、重点区域，各单位用真心真情做好“接诉即办”工作，从“有一办一、举一反三”向主动治理、未诉先办深化，取得较好成效。全年解答12345热线咨询46217件，月均3851件，比上年同期下降11%。

（刘转林）

经营类事业单位改革

2019年，市教委持续推进所属经营类事业单位改革。按照《北京市关于从事生产经营活动事业单位改革的实施意见》要求，制定关于经营类事业单位改革的实施方案并推进实施。撤销北京市国际教育交流中心所属北京教育旅行社和北京财贸职业学院所属《时代经贸》杂志社两个经营类事业单位。其中，《时代经贸》杂志社使用的15名财政补助事业编制予以核销。

（杨伟丽）

教育系统社会组织管理工作加强

2019年，北京市全面加强和规范教育系统社会组织的管理。规范注册登记审批，按照有关政策规定，严格审核把关；规范日常业务管理，完成年检、换届、事项变更等日常事务处理；积极开展检查调研，加强对新时期社会组织工作特点规律的研究把握。结合北京市教育系统社会组织管理实际情况，修订《关于加强北京市教育社会组织管理的若干意见》，由原来4个部分修订为7个部分，规范北京市教育社会组织的申请、登记、变更、注销程序，强化社会组织发起人（单位）的责任、教育社会组织的主体责任、教育社会组织所挂靠单位的监管责任，落实业务主管单位对教育社会组织的管理职责。

（邓永卫）

行业协会商会与行政机关脱钩改革

2019年，北京市全面推开行业协会商会与行政机关脱钩改革。市教委组织高校科技产业协会、北京民办教育协会、北京留学服务行业协会3家行业协会有关人员召开会议，传达学习上级有关文件精神，明确工作重点，搞好思想动员，提出工作要求。会后，3家行业协会分别召开理事会、会员大会，征求协会成员意见，并结合自身情况，研究脱钩工作。3家行业协会均表示同意参加脱钩工作，做好脱钩改革相关工作。经市教委主任办公会研究，根据全面推开行业协会商会与行政机关脱钩改革的有关要求和各行业协会的情况，研究确定上述3家行业协会参加此次行业协会商会与

10月31日，市教委举办北京教育系统“接诉即办”工作推进会

（新闻中心 供）

行政机关脱钩改革工作。

（邓永卫）

市教委“三定”方案印发

1月26日，市委办公厅、市政府办公厅印发《北京市教育委员会职能配置、内设机构和人员编制规定》。文件明确市教委是市政府组成部门，为正局级，加挂市语委、市政府教育督导室牌子，归口市委教育工委领导。市教委设办公室（突发事件应急工作处）、政策研究与法制工作处、发展规划处（功能疏解工作处）、基本建设处、学前教育处、基础教育一处、基础教育二处、职业教育与成人教育处、高等教育处、民办教育处、高校学生处、科学技术与研究生工作处（北京市学位委员会办公室）、体育卫生与艺术教育处、督政处、督学处、评估与监测处、教育信息化处、扶贫协作与支援合作处、国际合作与交流处（港澳台事务及侨务工作办公室）、学校后勤处、语言文字工作处、审计处、财务处、人事处（师资管理办公室）24个内设机构以及工会。

（霍绪艳）

第30届北京教育装备展示会暨北京教育装备论坛

3月6日至8日，北京教育装备行业协会、北京市高等教育学会技术物资研究分会共同主办的第30届北京教育装备展示会暨北京教育装备论坛在国家会议中心举办。展会设置“奋斗的三十年”特别展区、组委会统筹展区、教育信息化设备展区、实验室专用教室实训平台装备展区、学前教育装备及玩教具展区、校园节能与环保设备创新展区、体育等其他教育装备展区7个展区，展品涵盖教育信息化技术、实验室、专用教室等方面。全国13个省市的143家企业参展，展位1000余个，展会展览面积2.20万平方米，观众4万余人。同期举办第十届北京教育装备论坛，来自教育主管部门、高校及相关领域专家学者围绕热点教育话题交流互动。展会由《中国现代教育装备》杂志社承办。

（赵文强　刘晖）

孙春兰调研北师大

3月28日，孙春兰到北京师范大学调研。孙春兰观摩北师大马克思主义学院思政课教师集体备课，随堂听思想政治理论课，并与师生座谈交流；在文学院，孙春兰详细了解师范教育的情况，考察公费师范生培养工作。她强调，要深入贯彻习近平总书记在学校思想政治理论课教师座谈会上的重要讲话精神，抓好教师这个关键，扎实推动高校思想政治理论课改革创新，落实立德树人根本任务，提升师范教育水平，更好服务新时代教育事业发展。她指出，思政课是铸魂育人的课程，习近平总书记亲自主持召开学校思想政治理论课教师座谈会并发表重要讲话，深刻回答事关学校思想政治理论课建设的一系列重大理论和实践问题。她强调，公费师范生教育是中小学高素质教师的重要补充渠道。要强化师范院校“师范为本”的办学定位，优化师范专业设置，加强一流师范院校和师范专业建设，鼓励师范院校一心一意做好教师培养工作。

（谢文全）

蔡奇调研沙河高教园区

4月15日，蔡奇调研昌平沙河高教园区。他参观北京航空航天大学、北京邮电大学沙河校区，与沙河高教园区管委会座谈。他强调，要从发展大局、城市功能的角度来认识和把握沙河高教园区，坚持科教融合，完善配套设施，提升建设管理水平，努力打造一流的高教园区。他指出，建设沙河高教园区，既是疏解非首都功能的要求，也是优化高校布局、建设教育功能区的举措，对首都创新发展和人才保障都具有支撑作用。要加强高教园区与未来科学城对接。推动高校在高教园区布局国家重点实验室、工程技术中心，与央企合作共建产学研一体化的新型研发中心。支持高校建设开放共享专业孵化器，建立沙河大学联盟，推动资源共享、学科共建、联合创新。要发挥市高教园区建设协调小组作用，建立市校统筹协调机制，理顺园区管理体制。要严格落实高校党委主体责任，确保校园安全稳定。市相关部门负责人陪同调研。

（谢文全）

国际人工智能与教育大会

5月16日至18日，国际人工智能与教育大会在北京举办。会议以“规划人工智能时代的教育：引领与跨越”为主题，包括开幕式、闭幕式、部长论坛、5场全会和12场分会。孙春兰参加开幕式，习近平向大会致贺信。会议内容涵盖展望未来教育、教育政策制定、教育供给和管理等方面。来自全球100余个国家、10余个国际组织的约500名代表参加会议，共同探讨全球教育的未来发展之路，并通过成果文件《北京共识》。《北京共识》提出，各国要制定相应政策，推动人工智能与教育、教学和学习的系统性融合，利用人工智能加快建设开放灵活的教育体系，促进全民享有公平、适合每个人且优质的终身学习机会。大会由教育部、联合国教科文组织、中国联合国教科文组织全国委员会、市政府共同主办，市教委承担北京市参会人员的邀请、接待和主要会议的会务工作。

（刘转林　刁文淇）

陈吉宁检查高考准备情况

6月7日，陈吉宁检查全市高考准备情况。陈吉宁来到北京市国家教育考试考务指挥中心，听取高考准备工作以及东城区、顺义区考务准备工作情况汇报，通过远程电子巡查系统检查全市考点考务准备、考生入场、特殊考生保障以及考点环境秩序等情况；来到北京师范大学第二附属中学考点，实地检查考务室、保密室、指挥室以及考场组织实施情况，肯定各项考试组织和服务保障工作。他要求，一要强化服务保障，二要强化安全责任，三要做好考后各项工作。

（王继磊）

孙春兰调研中央美院

9月6日，孙春兰到中央美术学院调研。孙春兰考察校史馆、美术馆，参观“为新中国造型”和“大美之艺”主题展览，观摩中国画学院山水画临摹工作室和书法工作室课堂。孙春兰指出，希望学校把握正确办学方向，加强美育理论研究，构建完备的现代高等美术教育学科体系、教学体系、教材体系和管理体系，努力把学校办成培养社会主义建设者和接班人的摇篮。希望广大师生增强文化自觉与文化自信，坚持以人民为中心的创作导向，拿出更多精品力作，传承中华优秀传统文化，立志做美的创造者、传播者和实践者。孙春兰强调，各级各类学校要遵循美育教育特点和学生成长规律，将美育贯穿在学校教育的各方面，把培育和践行社会主义核心价值观融入学校美育工作全过程，以美育人、以文化人，促进学生德智体美劳全面发展。教育部、市教委等单位相关人员陪同调研。

（谢文全　马涵）

庆祝教师节座谈会

9月9日，第35个教师节即将来临之际，北京市召开庆祝教师节座谈会。蔡奇、陈吉宁参加座谈会，向全市教师表示感谢并祝大家教师节快乐。来自中国人民大学、北京学校、昌平区流村中心小学的教师代表介绍以心相许教育事业、培养学生成长成才的事迹。会前，蔡奇到通州区潞河中学、北京学校小学部走访慰问。

（谢文全）

陈宝生调研北京高校

10月18日，陈宝生调研北京中医药大学。陈宝生参观中医药大文化体验馆、中医药博物馆，现场观摩中医药文化体验项目并召开调研座谈会。他听取中医药大“不忘初心、牢记使命”主题教育开展情况，强调要做好四个走进：走进历史，从源头深刻认识中国共产党的初心和使命；走进问题，找到制约事业发展的关键问题；走进复兴，让中医药更好地为民族复兴作贡献；走进角色，把握好自己的定位，担当起自己的使命。陈宝生希望学校在中医药学术传承与创新中疏通从古到今，让中医药更好地走向未来；沟通从中到西，让中医药更好地走向世界；打通从内到外，让中医实现从理论到方法技术和工具的新突破；拉通从零到一，拿出新时代中医人的创新和创造。陈宝生另于10月17日、10月24日、11月6日、12月16日、12月17日、12月24日到北京邮电大学、北京科技大学、中国地质大学（北京）、中国矿业大学（北京）、中央美术学院、对外经济贸易大学、北京化工大学、中国石油大学调研走访。

（谢文全）

孙春兰会见清华公共管理学院全球学术顾问委员会外方代表

11月1日，孙春兰在人民大会堂会见清华大学公共管理学院全球学术顾问委员会外方代表。孙春兰介绍中国共产党十九届四中全会情况，指出全会围绕制度建设和国家治理通过《中共中央关于坚持和完善中国特色社会主义制度、推进国家治理体系和治理能力现代化若干重大问题的决定》，希望委员们深入研究中国发展背后的制度和治理模式，促进中外治理交流互鉴。清华公共管理学院全球学术顾问委员会由来自全球11个国家和地区的34名专家学者、商界精英和政界领袖组成。

（吴筱君）

群众代表参加市教委办公会议题审议

11月4日，市教委邀请群众代表参加办公会教育议题审议。市教委选取社会公众比较关注的《北京市中小学幼儿园学生伤害事故处理办法》进行试点，邀请全国人大代表、西城区顺城街第一小学校长、学生家长代表3人参与该议题的审议。此次是市教委首次组织群众参加教育议题审议。

（刘转林）

229357件行政审批事项被受理

至年底，市教委政务窗口受理行政审批事项229357件。市教委全年受理行政审批事项229357件，办结229350件，办结率99.99%。接待电话、网络、现场咨询5177次，实现零差错、零投诉、零差评，服务满意度连续12个月100%。市教委连续4个季度被北京市政务服务局评为优秀单位，获得通报表扬函3件、感谢函1件；获“北京榜样”、优秀服务工作者各1人；北京政务服务优秀案例推荐4则。

（刘转林）

3家社会组织新审批注册登记工作完成

至年底，市教委完成3家社会组织的新审批注册登记工作，分别是北京服装学院教育基金会、北京市学校体育联合会和北京宸星教育基金会。北京服装学院教育基金会为非公募基金会，由服装学院发起成立，以加强服装学院与国内外各界的联系和合作，多方筹集资金，提升学校的教学质量、科研水平和社会服务能力，促进国家和地方经济的发展为宗旨。北京市学校体育联合会由北京市第二实验小学发起成立，主要由从事学校体育科学研究与实践工作的企事业单位和社会团体自愿联合发起成立，其业务范围包括开展学校体育科学研究、规划指导、课程建设、教师培训，组织学生开展体育竞赛、活动及体质健康服务等。北京宸星教育基金会由清华大学国际与地区研究院发起成立，其宗旨是支持中国的创新教育事业，推动该领域创新模式在北京的汇聚展示、学术研究、转化推广，服务中国教育进步和世界的共同发展。

（邓永卫）

“首都教育”微信公众号被关注量突破 60 万人次

至年底，市教委微信公众号“首都教育”被关注量突破 60 万人次，比上年增加 17 万人次。全年推送图文消息千余篇，总阅读数 1436 万人次，在看 6 万人次，依托公众号平台组织策划的“我为祖国送祝福”网络接力活动，累计阅读量 53 万人次，留言万余条，入选教育部评选的《2019 教育政务新媒体年度案例》。公众号由北京教育新闻中心运行维护。

（周也青）

市教委官方微博发布微博内容 4342 条

至年底，市教委官方微博发布微博内容 4342 条。微博覆盖 10.5 亿人次，被关注量比上年增加 10 万人次。在由教育部新闻办公室公布的榜单中，官方微博“北京市教委”的 BCI 指数、总点赞量、总转发量、原创转发量、单篇微博点赞量均位居第一，并获“最爱与粉丝互动”奖项。市教委官方微博由北京教育新闻中心运行维护。

（周也青）

城市副中心重点建设项目推进

至年底，市教委推进城市副中心北京学校、北京市第一幼儿园城市副中心园、北京市第五幼儿园城市副中心园、北京北海幼儿园城市副中心园、北京黄城根小学通州校区等工程建设。其中，一幼海晟实验园副中心园一分部、一幼海晟实验园副中心园二分部分别于 3 月、9 月开园；五幼副中心园已完工，具备开园条件；北海幼儿园副中心一分园、北海幼儿园副中心二分园主体结构封顶；北京学校小学部完成四方验收，具备竣工交付条件，中学部大部分单体建筑主体结构封顶，完成年度任务目标。

（张逊　王鑫）

1 月 23 日，石园小学召开全体教师岗位安全（应急演练）培训会
（顺义区石园小学　供）

96 起教育敏感突发事件被处置

至年底，市教委妥善处理各类教育敏感突发热点事件 96 起。市教委迅速反应、快速部署，做好突发事件处置工作，坚决防止恶意炒作，确保舆情处置到位。妥善处置宣武师范学校附属第一小学恶性伤害学生等重大社会事件和其他校园安全、中考命题、学区房、食品卫生、非京籍入学、代课教师、校园欺凌等社会敏感突发事件共 96 起，及时报送信息 300 余条。同时做好“9 · 3”湖北恩施涉校刑事案件相关排查工作，深入开展全市各级各类学校安全大检查，参与制定《北京中小学校幼儿园安全管理规定（试行）》并开展全员宣贯培训工作。

（刘转林）

受理信访事项 1294 件

至年底，市教委受理群众信访事项 1294 件。其中，办理群众来信 601 件、接待群众来访 693 批次（包括集体访 48 批次、759 人次）。完成信访复查 33 件，获得群众锦旗 16 面、表扬信 14 封。市教委坚持先易后难、一案一策，有效化解市信访办交办的信访积案 10 件，息诉罢访率 80%。市教委同年办理政风行风转办件 225 件，督办委主要领导批阅群众来信 232 件。

（刘转林）

政策法规

概述

2019 年，市教委政策法治工作围绕首都教育中心工作和教育改革发展的重点难点问题，为首都教育改革发展提供决策服务和法治保障。

强化依法治教。印发《2019 年教育法治工作要点》，召开全市教育法治工作会议，围绕突出立法规范、加强教育法治建设等要求，明确年度重点工作任务。完成涉及开放政策的地方性法规、规章、规范性文件清理工作。梳理编制教育系统政务服务事项目录，梳理调整后，教育系统政务服务事项 92 项，其中，行政许可 17 项、行政处罚 49 项、行政给付 1 项、行政检查 6 项、行政确认 2 项、行政奖励 5 项、其他行政权力 12 项。

推进教育执法。落实行政执法公示制度、执法全过程记录制度、重大执法决定法制审核制度，实行行政执法情况通报制度，压实执法责任。制发10期《教育行政执法情况通报》，通报市教委机关各处室、各区教委执法检查、处罚情况。全年执法检查19748件，比上年增加7786件，行政处罚49件，比上年增加6件。办理各类教育行政案件37件，其中，学生申诉案件7件、考试复核案件1件、行政复议案件6件、被复议案件2件、行政诉讼案件21件。组织2期面向市教委机关干部和区教委机关行政执法人员的专题培训，在市教委网站建立“行政执法公示”专栏，公示执法主体信息、执法人员信息、行政处罚听证标准等信息。

强化依法治校。采取“双随机一公开”（即在监管过程中随机抽取检查对象，随机选派执法检查人员，抽查情况及查处结果及时向社会公开）方式对高校章程执行情况实施行政检查。印发《北京市中小学依法治校基本标准》，全面推进中小学“一校一章程”建设，完成3期北京市中小学校校长依法治校专题培训，提升中小学依法治校水平。维护师生合法权益，及时办理师生申诉、行政诉讼等案件，全年共办理各类行政案件37件。

推进法治宣传教育。落实领导干部学法要求，组织市教委办公会会前学法5次。围绕落实中央全面依法治国委员会第二次会议精神开展专题讲座。举办第三届全市中小学教师法治教育基本能力展示观摩活动、秋季开学第一课“守护国旗唱响国歌致敬国徽”教育活动、北京教育系统“12·4”国家宪法日系列活动。北京市中小学法治教育名师工作室建设正式启动。

（杨俊）

大中小学校法治教育作品征集展映活动

3月，市委教育工委、市教委启动第七届北京市大中小学校法治教育作品征集展映活动。活动收到作品723件，其中，微视频类作品164件、平面设计类作品471件、舞台表演类作品88件。通过个人基层申报、辖区高校遴选等环节，分高校组和中小学组两个组别开展评审，最终评出一等奖19部、二等奖31部、三等奖46部、优秀奖65部，优秀指导教师奖和优秀组织奖若干。12月4日，在2019年北京教育系统“国家宪法日”主题活动中，获奖舞台剧《放学路上》进行展演，为获奖选手代表及获奖单位颁奖。活动由北京教育音像报刊总社、北京市青少年法治教育中心承办。

（解淑平）

全市教育法治工作会议

4月19日，市教委召开全市教育法治工作会议。教育部政策法规司司长参会并讲话。刘宇辉发表题为《全面推进依法治教为实现首都教育现代化提供坚实保障》的讲话，强调要着力提升法治思维，坚持依法实施决策、依法依规处理和解决问题、健全完善自身的法规制度；要切实抓实普法教育，做好依法行政工作，不断优化服务，全面推进依法治校。部分高校、区县、学校代表分别就建设现代学校制度、法治教育宣传、推进教育行政执法、依章程办学做经验交流。教育部、市教委、市司法局领导，人大代表、政协委员中的部分中小学校长代表，各市属高校主管校领导、各区教委主管主任，71个单位法治、法宣部门负责人等200余人参加会议。这是近年来第一次召开北京市教育全系统法治工作会议。

（杨俊）

第三届中小学教师法治教育基本能力展示活动

5月14日，市委教育工委、市教委、北京教育音像报刊总社等单位共同举办第三届北京市中小学教师法治教育基本能力展示活动成果总结现场会。会议表彰获奖教师，教师代表现场说课并邀请专家点评。16个区的200余名教师参与观摩。第三届北京市中小学教师法治教育基本能力展示活动3月启动，分小学、初中、高中3个组别，围绕课堂教学中遇到法治元素入手，教师通过现场说课、法治问答等形式开展比赛。各区学校道德与法治、语文、英语等不同学科教师近千人报名，经过区级初评、市级复评、总评等环节，

5月14日，市教委举办第三届北京市中小学教师法治教育基本能力展评培训成果总结会　（新闻中心　供）

18名教师获一等奖、26名教师获二等奖、35名教师获三等奖。

（朱迎　解淑平）

公办中小学校校长依法治校专题轮训任务全部完成

5月23日，市教委组织完成最后一轮北京市中小学校校长依法治校专题轮训。培训班在课程设置和教学内容上，坚持思想性和可操作性相结合，包括依法治校重点内容的解读和具体工作实践的法律思考。培训班同时邀请部分校长作经验交流。北京市中小学校校长依法治校专题轮训培训班2016年启动，以抓住关键少数为核心目标，共举办8期，完成对全市所有公办中小学校校长轮训的计划，累计培训中小学校校长、书记及区教委负责人1500余人。

（杨俊）

《北京教育法治研究基地管理办法》印发

6月20日，市教委印发《北京教育法治研究基地管理办法》。文件包括总则、职能任务、申报确立、组织管理、检查评估5个部分共17条内容，要求研究基地整合资源、组建队伍，发挥协同创新优势，搭建理论联系实际的专业性研究平台，围绕影响和制约首都教育法治发展的突出问题，推出高水平的教育法治研究成果，为全面深化首都教育综合改革，提升依法治教水平提供法治理论支撑、智力支持和决策参考。

（杨俊）

高校章程执行情况行政检查

6月至12月，市教委对高校章程执行情况实施行政检查。检查以“双随机、一公开”的方式进行，市教委8个业务处室执法人员组成7个小组分3批次开展调研检查。共走访北京工业大学、首都师范大学、首都医科大学等38所高校。各校检查结果均合格。检查首次实践“双随机一公开”行政检查工作制度，促进教育行政检查规范化，同时比较全面了解掌握高校章程执行情况，为推进高校治理体系治理能力现代化、建设现代学校制度奠定基础。

（杨俊）

第四届学生“学宪法讲宪法”活动法治知识竞赛

7月至9月，市委教育工委、市教委举办第四届学生“学宪法讲宪法”活动法治知识竞赛。活动旨在做好法治宣传，让学生以赛代学。竞赛预赛海选采取在线知识答题方式，设小学组、初中组、高中组、高校组4个组别。共63154人参与答题，答题近80万次，参与学校610所。40余名选手进入决赛。决赛通过笔试和面试，最终决出一等奖18个、二等奖20个、三等奖32个。活动由北京教育音像报刊总社、北京市青少年法治教育中心承办，是北京市2019年全市学生“学宪法讲宪法”系类活动之一。

（解淑平）

主题法治宣传教育进校园活动

9月2日，市教委、市司法局联合在西城区顺城街第一小学举办2019年秋季开学第一课“守护国旗唱响国歌致敬国徽”主题法治宣传教育进校园活动。武警国旗护卫队战士和学校小旗手一起升旗、唱国歌，师生代表讲授国旗、国歌、国徽相关知识。活动同时举办讲解《国旗法》《国歌法》《国徽法》讲座。市教委要求各级各类学校利用开学季，把开展“守护国旗唱响国歌致敬国徽”主题法治宣传教育进校园活动融入到学校升国旗仪式、专题班队会、团队日等校园实践教育活动中。市司法局、市教委相关领导参加活动。

（朱迎）

“学宪法讲宪法”活动演讲比赛

9月26日，市教委举办北京市学生“学宪法讲宪法”活动演讲决赛。决赛分主题演讲和即兴演讲两个环节，选手通过抽签确定即兴演讲的题目。26所学校学生参加决赛，优胜选手将代表北京参加全国学生“学宪法讲宪法”总决赛。活动由北京教育音像报刊总社、北京市青少年法治教育中心承办。自5月起，全市各级各类学校通过组织主题演讲、知识竞答等活动，共选出49名学生进入北京赛区复赛，经专家评议、打分，最终，26名学生进入此次市级决赛。

（解淑平）

中小学法治教育名师工作室启动

11月8日，市教委在首都师范大学举行北京市中小学法治教育名师工作室项目启动会。会议宣读北京市中小学法治教育名师工作室特聘专家和理论导师名单并颁发聘书；确定实践导师12人和成员教师55人，并举行工作室揭牌仪式。该项目将在未来2年为工作室成员量身定制培养方案，每月至少1次参与各种形式的理论研修，并且在实践导师的引领下开展实践教研，实现理论与实践双向激活、共同提升。会议要求工作室成员认真学习、加强交流、多作贡献，充分发挥辐射带动作用，引领北京市中小学法治教育水平整体提升。各区教委相关工作负责人、工作室的所有成员及相关领导100余人参加会议。

（朱迎）

“国家宪法日”主题现场会

12月4日，市委教育工委、市教委、北京教育音像报刊总社举办“弘扬宪法精神，厚植爱国主义情怀”——2019年北京教育系统“国家宪法日”主题活动。与会人员和学生们共同观看《脚步2019——北京教育系统法治教育回眸》纪实片，回顾2019年北京教育系统法治教育的大事件，发布各单位宪法教育活动开展情况，表彰优秀学校和作品，欣赏获奖文艺节目。活动由石景山区委教育工委、区教委承办，教育部政策法规司、市人民检察院、市司法局相关负责人，各高校、各区教委、部分中小学校主管法治工作负责人及师生 300 余人参加活动。

（朱迎　解淑平）

《北京市中小学依法治校基本标准》印发

12 月 20 日，市教委印发《北京市中小学依法治校基本标准》。标准设置依法治校制度体系健全合法、学校内部治理结构健全完善、育人环境平等公正法治安全、依法治校工作体系科学合理良好运转 4 个一级指标，包括二级指标 13 个、三级指标 72 个，明确中小学校推进依法治校的具体参照。市教委按照试点先行、全面达标、示范创建的程序开展相关工作。

（杨俊）

文件清理

至年底，市教委完成 4 项文件清理工作。完成与现行开放政策不符的地方性法规、规章、规范性文件清理工作，清理地方性法规 8 项、政府规章 3 项、以市政府名义印发的文件 64 项、市教委行政规范性文件 348 项，清理结果是“没有需要修订和废止的相关文件”；完成关于机构改革涉及的地方性法规、政府规章的清理，清理地方性法规 7 项，政府规章 3 项，清理结果是“无需修改”；完成北京市第二次党内法规和规范性文件集中清理，清理党内文件 4 项，清理结果是“继续有效”；完成市教委 2019 年 12 月 31 日前制发的规范性文件的清理，清理文件总数 377 项，保留 286 项，废止 91 项，清理结果在市教委网站上公布。

（李群伟）

发展规划

概述

2019 年，市教委提高教育发展谋划服务能力。启动“十四五”规划课题研究，研究“十四五”规划编制方案。研究制定教育经费投入方向，对接实施教育现代化重点项目，编制印发年度教育重点投入方向和投资指南，引导教育经费投入向优化支出结构、加强成本控制、提高使用效益的方向转变。完成 2018—2019 学年度教育事业统计的数据采集、核验、发布等工作，全面铺开 2019—2020 学年度各项统计工作。持续推进教育统计数据服务平台建设，组织开展教育统计分析专题研究，努力为教育宏观管理和科学决策提供支持。

推进全市教育大会任务落地。印发《首都教育现代化 2035》和五年实施方案《加快推进首都教育现代化实施方案（2018—2022 年）》，组织开展新闻宣传。细化分解五年实施方案主要任务。探索建立以重点项目为载体的规划落实机制，研究制定 60 个教育现代化重点项目。指导各区筹备召开教育大会。

推进考试招生各项工作。完成中招“一兑现两确保”任务。加大中招计划编制的市级指导和统筹，安排 2019 年普通高中招生计划 5.16 万人，实现优质高中招生计划比例达到 71.2%，兑现 2016 年校额到校计划的社会承诺，确保各区考生升入普通高中的比例和升入优质高中的比例不降低。平稳落实高考改革任务。将本科一批与本科二批合并为本科普通批；改革艺术类志愿填报和投档规则，将艺术类考生投档志愿由原来的单一顺序投档调整为分批次分类型投档；优化高招计划投放方式，加大与各方面沟通协调力度，实现北京考生考入高水平高校的机会得到保障；实施农村专项招生计划，关注未升学农村考生，制定实施“专项培养计划”。持续扩大市属高校研究生规模。争取教育部支持，实现 2019 年市属高校博士和硕士招生计划分别比上年增长 20.8% 和 6.8%，重点支持进入“双一流”高校、高精尖创新中心和处于快速发展期的高校等。严格控制成人高等教育招生规模。立足城市发展需要和在职人员需求，启动编制 2019 年成人高等教育招生计划，将继续控制招生计划总量，优化招生专业结构，引导学校把更多精力用于提高办学质量。

协调推进教育疏解协同任务取得实效。有序推进落实“疏整促”专项任务，完成全年既定任务。推动高校布局优化调整。配合推进沙河、良乡高教园区规划建设，运用疏解支持政策引导高校加快从城 6 区向外转移力度。指导首都体育学院研制“国际奥林匹克学院”办学方案，推动学校到延庆区办学。提升城市副中心教育质量，推动落实城市副中心教育设施专项规划。加快推进优质中小学、幼儿园建设项目，实现北京学校小学部、北京黄城根小学通州校区等顺利开学。支持通州区实施教育质量提升项目，参与城市研究副中心干部职工子女入学政策，精准做好服务保障。持续深化京津冀教育协同工作。牵头津冀教育部门共同发布《京津冀教育协同发展行动计划（2018—2020 年）》。统筹相关处室开展京津冀教育合作交流，实现北京支持雄安新区 3 所“交钥匙”学校正式开工建设。指导推进“通武廊”地区以教育共同体、学校联盟等形式加强区域教育协同，牵头与廊坊市签订教育发展合作协议，推进北京优质教育资源向廊坊北三县延伸。

（姚林修）

5 所实验学校被批准设立

5 月至 12 月，市教委批准设立 5 所实验学校。5 月 7 日，市教委批准设立北京第一实验学校、北京第一实验中学。两所学校均位于城市副中心宋庄地区，其中，北京第一实验学校为九年一贯制学校，北京第一实验中学为高级中学。10 月 30 日，市教委批准设立北京第二实验学校、北京第四实验学校。其中，北京第二实验学校位于密云区十里堡镇云西开发区 C22 地块，北京第四实验学校位于北京新机场临空经济区榆垡组团。12 月 31 日，市教委批准设立北京第三实验学校，位于怀柔区雁栖学校及南侧地块。5 所学校在人事管理、经费使用、招生政策等方面开展改革实验，不断探索新的办学模式。

（丁建　崔晶）

市属高校普通高等教育招生计划下达

7月，市教委下达市属高校普通高等教育招生计划。市教委根据疏解非首都功能的要求，控制市属高校招生规模，下达市属高校普通高等教育招生计划74987人，比上年减少691人。其中，本科招生46928人、高职招生27969人。

（张桓）

《加快推进首都教育现代化实施方案（2018—2022年）》印发

10月10日，市委教育工作领导小组印发《加快推进首都教育现代化实施方案（2018—2022年）》。该方案是《首都教育现代化2035》的5年实施方案，包括总体要求、主要任务、保障措施和组织实施4个部分，明确全面落实立德树人根本任务、提高学前教育普及普惠程度等10个方面主要任务。

（孙运科）

财务

概述

2019年，市教委财务工作创新管理思路，优化结构，简政放权，加强监管，提升资金效益，完成各项工作任务。全年市级财政拨款教育经费预算356.05亿元，其中，市本级预算单位231.57亿元，市对区补助资金124.48亿元。

（李高远　徐达）

10月25日，北京市体育课堂教学观摩展示活动
（延庆区教委　供）

决算编报

1月至3月，市教委完成所属预决算单位2018年决算数据审核、汇总、上报工作。决算数据包括市教委机关事业及所属55个事业单位（含25所市属高等院校、6所中等专业学校、24个直属单位）。数据显示，2018年决算全年收入287.62亿元，包括财政拨款233.93亿元；支出286.73亿元。市教委于9月印发关于2018年度部门决算的批复，批复各预算单位2018年度部门决算。

（李奇）

预决算公开

2月和8月，市教委完成相关财务预算决算公开工作。市教委2月公开2019年部门预算和“三公经费”，8月公开2018年部门决算和“三公经费”。市教委制定相关公开文件，严格把关，加强数据材料审核，确保公开数据真实可靠。

（李高远　李奇）

初中开放性科学实践活动经费支持标准调整

6月13日，市教委、市财政局印发《关于开展北京市初中开放性科学实践活动的补充通知》，进一步明确活动课程实施和成绩认定、经费支付标准等事项。文件规定，科学实践活动由学校负责组织实施和成绩认定，初中学生3年内须完成10次科学实践活动。科学实践活动综合支付标准为217元/人次，不再划分财政供养单位和非财政供养单位，同时不再依据主讲人员类别划分不同等级。

（陈彦旭）

事业单位产权登记

7月1日至8月31日，市教委开展所属事业单位2018年度产权登记。其中，年度检查单位80家，涉及国有资产总额6664351.41万元；占有登记单位2家（北京学校、北京教育考试院），涉及国有资产总额61484.47万元；变动登记单位2家（北京财贸职业学院、北京服装学院），涉及国有资产总额245422.13万元；注销登记单位3家（北京高等学校教育科技发展中心教育培训中心、北京城市建设学校、北京教育综合服务中心培训学校），涉及国有资产总额38.66万元。此次不涉及暂缓进行产权登记的单位。

（时阳）

义务教育学校生活补助范围扩大

8月30日，市教委、市财政局印发《关于扩大义务教育学校生活补助范围的通知》。文件明确自2019年秋季学期起，在北京市九年义务教育学校就读，具有北京市学籍的建档立卡学生、在特殊学校就读和在普通中小学随班就读的残疾非寄宿学生、城乡低保家庭学生、特困救助供养学生共4类家庭经济困难非寄宿学生享受生活补助。补助标准小学每人每月150元、初中每人每月180元，每年按10个月计发。

（陈彦旭）

预算编制

10月至12月，市教委完成所属预算单位及市对区教育补助2020年预算的审核、汇总、上报工作。市本级预算包括市教委机关事业及所属53个事业单位（含25所市属高等院校、4所中等专业学校、24个直属单位）。市教委2020部门预算全年预算收入287.71亿元，其中，财政拨款196.43亿元；全年支出287.71亿元。市对区教育补助115.90亿元。

（李高远　徐达）

《校园文化建设项目管理暂行办法》废止

11月23日，市教委、市财政局印发《关于废止〈校园文化建设项目管理暂行办法〉的通知》。文件提出，为进一步调整教育经费结构，压降成本优化支出，废止《校园文化建设项目管理暂行办法》，并将校园文化专项资金从基础教育公用经费定额中移除。文件自2019年10月31日起实施。

（陈彦旭）

62个教育项目绩效评价

至年底，市教委完成62个教育项目绩效评价。其中，市属高校的信息化改造项目30个；中专直属单位的设备购置、直属单位业务发展等项目32个。经专家考评，共评出事前绩效评估项目良好3个；市属高校优秀项目1个、良好项目24个；中专直属单位优秀项目4个、良好项目20个、一般项目3个。

（徐达）

审计

概述

2019年，北京市教育系统内部审计机构72个，包括独立设置机构40个；内部审计人员1280人，包括专职审计人员151人。全年完成审计项目4419个，其中，财务收支审计500个、效益审计5个、经济责任审计594个、内部控制审计13个、基建修缮审计1807个、科研经费审计572个、资产管理审计3个、其他项目审计925个。审计资金1025.96亿元，促进增收节支3.24亿元，提出意见建议被采纳6118条。

（赵凤旗）

两人经济责任审计完成

3月至6月，市委教育工委、市教委完成两名领导干部经济责任审计。审计以《党政主要领导干部和国有企业领导人员经济责任审计规定实施细则》确定的审计内容为基础，根据领导干部的职责权限，结合履职特点，先后完成北京市教育系统人才交流服务中心、北京教育老干部活动中心的两名领导干部经济责任审计，并出具审计报告、审计结果报告。审计金额48668.5万元，发现问题25个，涉及资金2728.47万元，提出审计意见建议34条。

（徐焕喆）

推进审计结果公开

4月9日和6月25日，市教委推进审计结果公开。市教委印发《关于市对区特殊教育专项转移支付资金审计调查结果的通报》《关于公开2018年直属单位领导干部经济责任审计查出问题整改情况的通知》，首次在区教委、市教委直属单位范围内通报审计结果及整改情况。

（张作勇）

内部审计工作会

4月10日，市教委召开2019年教育系统内部审计工作会。会议针对新形势下教育系统内部审计工作强调，要提高政治站位，加强党对审计工作的领导；要围绕中心、突出重点，开展各项审计工作；要加强组织领导，提升审计成效。东城区教委、北京信息科技大学分别作大会交流发言。会议同时印发市教委《关于做好2019年教育审计工作的通知》。各区教委、市属高等学校、市教委直属单位的主要负责人和审计、财务相关负责人及市教委各处室负责人200余人参加会议。

（李新影）

聘任特约审计员20人

4月，市教委聘任特约审计员20人。经各区教委、市属高等学校、市教委直属单位推荐，市教委审核并批准等程序，共选聘新一届特约审计员20人。特约审计员主要承担市教委有关审计工作，要求至少参加1次市教委组织的审计业务培训。市教委另于11月6日印发《特约审计员管理办法》，共10条内容，明确特约审计员应具备的资格条件、选聘与解聘程序、主要职责等有关内容。

（李新影）

预算执行和其他财政收支内部审计

4月至8月，北京市教育系统开展2018年度预算执行和其他财政收支内部审计工作。北京市教育系统25所市属高校和25个市教委直属单位2018年度收入预算批复244.30亿元，收入决算258.73亿元（含财政拨款182.63亿元），支出决算235.46亿元，年末总资产559.44亿元。各单位审计发现问题463个，涉及资金18.71亿元，针对查出的问题制定整改措施371个。北京教育科学研究院、北京教育考试院、北京教育音像报刊总社、北京教育学院、北京教育网络和信息中心5个市教委直属单位接受市审计局审计，不纳入此次自查和汇总。

（张作勇）

重大政策跟踪审计

6月至8月，市教委完成重大政策“向基础教育倾斜——高中统筹项目”8个子项目审计。包括清华大学、中央戏剧学院、中央音乐学院、中央美术学院4所中央部委属高校，清华大学附属中学、北京大学附属中学、中央民族大学附属中学3所中学，中央美术学院附属中等专业美术学校1所中专校。市教委出具8个单位的审计报告、1个汇总审计报告、1个调研报告。审计总资金2.6亿元，发现预算编制不精细、项目执行率低、项目未单独核算等问题17个，涉及问题资金约1.01亿元，提出改进意见被采纳34条。

（李新影）

国庆70周年重大活动经费专项审计

7月至10月，市教委开展国庆70周年重大活动经费专项审计。市教委成立国庆70周年经费审计领导小组，按要求出具审计报告3份，提出审计意见及建议并被采纳6条。向庆祝大会服务保障和群众游行指挥部审计处报送审计工作简报8期。

（徐焕喆）

审计整改约谈

8月27日和9月19日，市教委对5个单位主要负责人开展审计整改约谈。市教委审计工作协调小组组长、副组长分别约谈北京经济管理职业学院、北京舞蹈学院、中国戏曲学院、市委教育工委市教委机关服务中心、北京学校后勤事务中心主要负责人，督促加快整改未完成的整改事项、注意单位存在的重大风险问题，要求加强内部管理、杜绝屡审屡犯、重视审计工作、履行主体责任，推动整改工作落实。

（张作勇）

后续审计

9月至11月，市教委先后完成对中国戏曲学院、北京舞蹈学院、北京经济管理职业学院3所市属高校2018年经济责任审计项目的后续审计。通过后续审计，市教委了解各单位对审计发现问题采取的具体措施及效果，测试类似问题是否再次发生。审计总金额11690.86万元，纠正问题资金3295.02万元，促进完善制度机制等62个。新发现问题6个，涉及资金287.98万元。提出审计意见建议并被采纳45条。

（徐焕喆）

内部审计工作评价

11月20日和26日，市教委会同市审计局对首都经济贸易大学、北京财贸职业学院两所市属高校开展内部审计工作评价。市教委聘任中央部委属高校和市属高校审计处处长组成专家组，通过听取学校汇报、查阅文件档案、与工作人员交流座谈等方式开展评价工作。专家组肯定学校内部审计工作及其效果，指出在审计制度建设、质量控制、结果利用等方面的不足并提出相应建议。内部审计工作评价是市教委改革创新项目，得到教育部和市审计局支持和肯定，为市属高校与中央部委属高校搭建沟通交流平台。市教委根据此次内部审计工作评价专家意见，完善指标体系和工作规范。

（张作勇）

6月至8月，市教委开展重大政策“向基础教育倾斜—高中统筹项目”跟踪审计　（市教委相关处室　供）

两委审计工作协调小组成员处室调整

12月31日，市委教育工委、市教委调整审计工作协调小组成员处室。市委教育工委、市教委把经济责任审计工作协调小组并入审计工作协调小组，成员处室增加市委教育工委党建工作处（巡察办）、市委教育工委机关纪委，驻市委教育工委纪检监察组不再担任小组成员。

（徐焕喆）

经济责任审计实施办法修订

12月31日，市委教育工委、市教委修订并印发《直管直属单位主要领导干部经济责任审计实施办法》。实施办法旨在坚持和加强党对审计工作的集中统一领导，强化对直管直属单位主要领导干部的管理监督。办法包括总则、组织协调、审计内容、审计实施、审计评价、审计结果运用、附则，共7章48条内容。

（徐焕喆）

审计整改专项督查

12月，市教委完成对北京经济管理职业学院审计整改专项督查。市教委成立审计整改督查组，专项督查经管职院2018年审计项目的预算执行及财务、资产、合同管理等方面问题的审计整改落实情况，重点督查2018年审计组后续审计期间确认未完成整改的17个问题整改落实情况。经督查组现场核实，确认个别固定资产盘亏、合同管理无台账无编号等12个问题完成整改，收取“资源占用费”未上缴财政等5个问题仍在整改中，整改完成率89%。

（李新影）

审计整改跟踪检查

12月，市教委完成2018年实施的23个审计项目的督促整改跟踪检查。23个审计项目发现问题237个，已整改213个，整改率90%。促进各被审计单位制定制度63个，建立机制完善流程27个，完善部门职责9个，诫勉谈话10人，组织纠正不合规发票2张，追回资金602.92万元，上缴财政33.41万元。

（张作勇）

市治理教育乱收费局际联席会议制度调整

12月，市治理教育乱收费局际联席会议办公室调整市治理教育乱收费局际联席会议制度。制度重新明确联席会议主要职能、成员单位、工作规则和工作要求。调整后，机构由市教委、市委宣传部、市发展改革委、市财政局、市市场监督管理局5个部门组成，市教委为牵头单位，并设联席会议办公室。

（李新影）

规范教育收费

至年底，市治理教育乱收费局际联席会议办公室组织开展规范教育收费工作。全年共接听投诉电话3300个，其中，与收费相关的1409个，占比42.97%；与收费无关的1891个，占比57.03%；反映问题主要包括社会培训机构应退不退学费，民办学校（包括民办幼儿园）学费涨价不合规和退费不合理，个别学校代收费、服务性收费不规范等。市治理教育乱收费局际联席会议办公室受理投诉事项10个，通过协调转办有关区或高校治理教育乱收费部门办理等方式，全部办结。另于5月印发《北京市规范教育收费重要文件汇编》，全书共9章，内容包括各级各类教育收费管理有关规定、实施意见、违规收费行为的处罚依据等相关文件76个。

（李新影）

基本建设

概述

2019年，北京市各级各类学校基本建设完成投资583481.6万元。其中，国家投资520621.1万元（中央投资10000万元、北京市地方安排352475.3万元、区安排158145.8万元）、自筹资金62860.5万元。在施建筑面积2449017平方米，其中，新开工面积1209418平方米。竣工建筑面积763750平方米，其中，教学及辅助用房461713平方米，行政办公用房24997平方米，生活服务用房163830平方米，其他用房113210平方米。全年新增固定资产316352.7万元。

（黄莹莹）

回天地区三年行动计划教育项目调整至32个

2月，市政府调增《优化提升回龙观天通苑地区公共服务和基础设施三年行动计划（2018—2020年）》涉及教育项目。原回天地区三年行动计划涉及教育项目26个，市政府调度会调增至32个，包括紫金新干线二期配套学校等。32个项目中，列入2018年建设计划14个，已全部完成；列入2019年建设计划16个，至年底，市教委通过月调度、现场督办、实地调研等方式顺利推进项目实施；列入2020年建设计划2个，至年底，市教委指导区教委有序推进前期手续。

（黄莹莹）

市级统筹建设一批优质学校

3月，市教委、市发展改革委、市财政局联合印发《关于市级统筹建设一批优质学校工作方案》。按照方案要求，初步选址市统筹建设的优质学校项目17个。至年底，6所优质学校项目已开工建设，分别是北京学校、清华大学附属中学广华新城校区、北京师范大学附属实验中学顺义分校、清华大学附属中学昌平学校、北京师范大学附属丰台学校、北京一〇一中学怀柔校区。另有3所学校推进前期手续办理，8所学校正开展优化选址、征地拆迁、研究办学方案等工作，计划2020年以后实施。

（黄莹莹）

暑期中小学室内装修和操场改造管理

7月至8月，市教委加强暑假期间中小学室内装修和操场改造管理工作。放假前，市教委通过专题会、调研、实地督查等方式，明确改造主体责任、安全和环保等管理要求，强调改造后做好空气质量检测并予以公示。各区教委按照“从简、从减、从俭”的原则，提早梳理改造项目，经过3轮论证筛查，删减条件不成熟、改造需求不紧迫的项目，对未招投标的项目进行设计优化和成本控制；各区建立项目施工清单、主体责任人和督查责任人台账，做好事前、事中和事后安全和质量控制。暑假期间，市教委对改造项目较多的10个区，以“四不两直”（不发通知、不打招呼、不听汇报、不用陪同接待，直奔基层、直插现场）的形式，分阶段、分批次开展检查，对发现的问题限期整改。至年底，全市实施装修改造项目325个，涉及学校273所；实施操场改造项目32个，涉及学校32所。

（黄莹莹）

3所雄安新区学校建设项目开工

9月20日，北京支持河北雄安新区的“交钥匙”学校建设项目拟建设的1所幼儿园、1所小学、1所完全中学开工。市教委与北京市第四中学、东城区史家胡同小学、北京市北海幼儿园对接，成立“交钥匙”学校建设项目工作专班，进驻雄安现场办公。3校位于雄安新区启动区西北片，其中，“北京第四中学雄安校区项目”计划建筑面积34649平方米，总投资32500万元；“史家胡同小学雄安校区项目”计划建筑面积19737平方米，总投资18800万元；“北海幼儿园雄安园区项目”计划建筑面积4286平方米，总投资3700万元。

（黄莹莹）

《北京市教育设施专项规划（2018—2035年）》编制完成

12月，市教委会同市规划自然资源委和各区编制完成《北京市教育设施专项规划（2018—2035年）》（初稿）。规划明确基础教育、职业教育、高等教育至2035年的空间发展目标，落实124.40至136.40平方千米（公里）的教育用地总量；研究预测基础教育未来学位需求，结合事业发展要求，提出新建扩建、改造挖潜、腾退空间利用等19项学位保障和资源优化举措；优化职业教育、高等教育设施资源配置、空间布局，为实现区区有高校提供空间保障。

（张逊）

中小学校旱厕改造

至年底，市教委开展中小学校旱厕改造。市教委10月完成对16个区及燕山地区1600所中小学校4万余个厕所的摸排，锁定剩余旱厕40个。建立旱厕改造台账和销账制度，部署相关区教委开展旱厕改造工作。市教委计划2020年春季开学前消除中小学校旱厕。市教委2019年开展全市校园“厕所革命”，分管市领导带队前往西城、海淀、朝阳等区实地调研中小学校“厕所革命”实施情况，成立推进中小学校“厕所革命”工作领导小组，编制《北京市学校“厕所革命”活动实施方案》《北京市中小学校幼儿园厕所管理规范（试行）》。明确通过建设标准厕所、改造基础设施，加强精细化管理、改善环境卫生和加强文明教育引导等措

2019年，北京学校项目施工现场

（高校房地产　供）

施，引导全市具备条件的中小学校、幼儿园在 2020 年底前，基本实现建设标准化、设施现代化、管理规范化、使用文明化的目标。

（张逊　程增科　常勇）

后勤管理

概述

2019 年，学校后勤工作以服务保障庆祝新中国成立 70 周年活动为主线，组织做好学校后勤基础保障各项工作。

加强校园食品安全管理。开展食品安全监测抽查，开展春季学期校园及周边食品安全专项整治。建立食品安全工作专班，会同市卫健委联合开展“营”在校园——食品安全主题活动，开展 2019 年食品安全宣传周活动，落实《学校食品安全与营养健康管理规定》，开展学校食品安全专项培训。提前完成全市中小学幼儿园“阳光餐饮”建设全覆盖的工作目标。应对猪肉和鸡蛋等原材料价格大幅上涨给学校食堂正常运行造成的压力，稳控学生饭菜质量和价格，加强对高校食堂平抑资金的监管。

推进节能减排工作。经考核，教育系统超额完成人均能耗下降率 2.5% 和行业能耗不超过 76 万吨标准煤的节能目标。修订完善《高等学校能源消耗限额》，优化调整限额指标值，进一步提升高校能源利用水平。研究编制《北京市教育系统节能减碳发展年度报告（2018 年）》。开展节能环保宣传教育培训活动，对全市 400 余人进行业务培训。会同市级有关部门，指导学校开展节能周、节水周、低碳日、垃圾分类等各种主题宣传活动。

（武怀海）

学校后勤劳动用工管理

3 月 3 日，市教委印发《关于深入开展学校劳动（劳务）用工专项检查的通知》。文件要求各区教委和高校全面加强对劳动（劳务）用工人员的管理和教育引导，严格落实《劳动法》《合同法》等法律法规，建立健全劳动用工和劳务用工管理制度，依法保护劳动者的合法权益。各学校、各单位进一步完善用工风险防控和矛盾纠纷排查机制，加强源头预防、综合治理，全面掌握员工的思想动态，构建学校和谐劳动关系，确保首都教育系统安全稳定和教学科研工作的顺利开展。

（程增科　常勇）

清华校园 PAD“黄金急救”计划

3 月 26 日，清华大学“让校园更安全”——清华校园 PAD（公共电除颤）“黄金急救”计划启动。清华在校园内全面推行清华校园 PAD“黄金急救”计划系统工程，匹配一定数量和密度的 AED（自动体外除颤器）设备，并完善设备安装调试，做好师生应用培训等。截至 4 月，共 341 台 AED 设备在学生学习生活区域、院系大楼、实验楼等校内区域安装完毕。此次配备的 AED 设备由清华校友徐航捐赠，其另捐赠 10 台训练机，并联系北京市红十字会针对校内学生、教职工开展相关培训。校园 PAD“黄金急救”计划的推行是一项系统工程，除配备一定密度的 AED 设备之外，还包括校内师生的培训及急救意识的提升。

（吴筱君）

二十中智慧食堂系统上线

9 月 2 日，北京市第二十中学智慧食堂系统上线。学校 3000 名师生就餐时运用人脸识别系统刷脸进入，实现识别

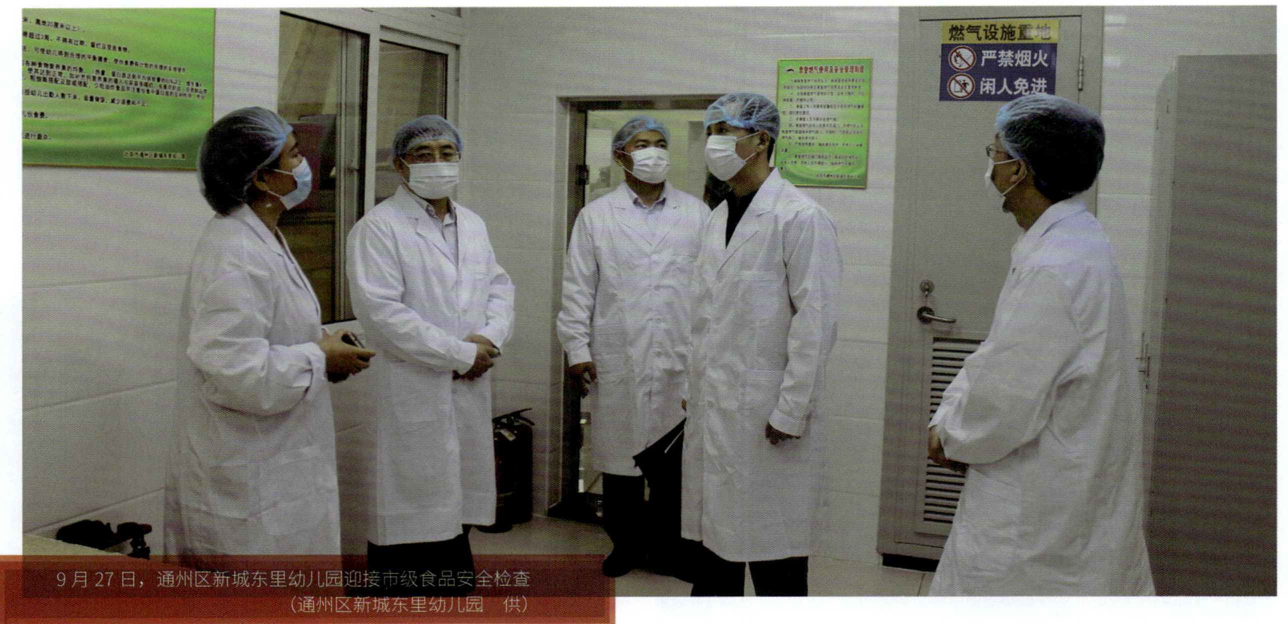

9 月 27 日，通州区新城东里幼儿园迎接市级食品安全检查

（通州区新城东里幼儿园　供）

身份关联账户结算。学校7月与北京建行、联想云厨公司达成协议，建设在线交费系统，该系统平台连接食堂、服务中心，通过微信和银联充值，实现食堂刷卡消费，同时提供书费、学费代收及校服征订、打印等服务。

（贺正东）

中小学幼儿园食堂“阳光餐饮”全覆盖

11月，市教委完成全市中小学幼儿园“阳光餐饮”建设全覆盖目标。市教委会同市市场监管局、市卫健委联合推动中小学幼儿园“阳光餐饮”建设，将覆盖率指标纳入各区“平安校园”建设及食品安全考核指标。截至11月，提前实现全市中小学幼儿园“阳光餐饮”建设100%全覆盖的工作目标。

（程增科　常勇）

稳控学生饭菜质量和价格

8月27日，市教委印发《关于进一步做好秋季新学期学校学生食堂管理工作的通知》。此举旨在应对猪肉和鸡蛋等原材料价格大幅上涨给学校食堂正常运行造成的压力，对学校稳控学生饭菜质量和价格工作作出全面部署。市教委要求各级各类学校在国庆、中秋、元旦、春节前后，将稳控学生饭菜质量和价格作为维护教育系统和首都社会稳定的重大政治任务，全面加强学生食堂管理，提高餐饮质量，确保学生饭菜质价稳定。同时，组织相关人员深入学校持续开展学生食堂饭菜质量和价格的专项调研和检查，了解学校食堂管理运营情况和存在的问题，及时协调解决潜在矛盾，确保学校食堂平稳有序运行，保持学生饭菜质量和价格的基本稳定。

（程增科　常勇）

2018年人均能耗下降目标超额完成

11月，经市发改委、市生态环境局节能减排考核，首都教育系统超额完成2018年人均能耗下降目标。首都教育系统2018年人均能耗下降3.43%，行业能耗58万吨标准煤，下降5.14%。超额完成2018年人均能耗下降率2.5%、行业能耗不超过76万吨标准煤的节能目标。

（张炀）

高校食堂平抑资金监管

至年底，市教委加强高校食堂平抑资金监管。全年发放资金1.96亿元。完成2018年度高校学生食堂价格平抑资金审计有关意见反馈和问题整改，开展31所高校的学生食堂价格平抑资金整改报告审核。组织开展2019年第3轮31所高校学生食堂价格平抑资金使用管理情况专项审计，确保监管责任落实到位，确保平抑资金有效发挥稳控饭菜价格作用。

（程增科　常勇）

信息化管理

教育系统网络安全培训会

2月20日，市教委召开2019年北京市教育系统网络安全培训会。会议总结部署北京教育系统年度网络安全工作，举办“党委（党组）网络安全责任制解读”“教育行业等级保护2.0安全实践建议”“教育行业典型安全问题”3

5月23日，北达资源中学更名为北大附中实验学校并重建学生餐厅　（北大附中　供）

场课程讲座，北京教育网络和信息中心负责人介绍中心年度工作情况和明年重点工作设想。各区教委、市属高校、民办高校及直属单位网络安全部门主要负责人和有关工作人员 160 人参加培训会。

（张如双）

中小学师生电脑作品评选

2 月 27 日，市教委启动第 20 届北京市中小学师生电脑作品评选活动。2595 件电脑作品参加评选，其中，学生作品 1447 件、教师作品 1148 件，参与人数 3000 余人，覆盖千所学校。经过评审，评选出获奖作品 1553 件，其中，学生作品 765 件、教师作品 788 件。市教委将评选出的优秀学生作品 170 余件上报至中央电教馆参加全国中小学生电脑作品制作活动，获得一等奖 24 人、二等奖 35 人、三等奖 44 人；17 支队伍参加机器人竞赛类项目，获得一等奖 7 个、二等奖 2 个、三等奖 8 个。将优秀教师作品近 50 件推荐至中央电教馆参加全国教育教学信息化大奖赛活动，获得一等奖 8 人、二等奖 22 人、三等奖 18 人。

（赵筱妹）

海淀区教育信息化大会

4 月 16 日，海淀区教委召开教育信息化大会暨智慧教育统一规划建设工作总结表彰会。会议通过短片《云端筑梦育桃李》，回顾海淀智慧教育起步、发展和飞越历程；组织听取海淀区教育信息化建设发展工作报告，介绍海淀区智慧教育 1.0 阶段总体规划、建设成果，总结智慧教育发展建设经验。2 所学校通过视讯平台作远程发言，介绍在智慧校园建设中的经验和做法。教育部、市教委、海淀区有关领导共同启动海淀区智慧教育统一规划建设项目应用触摸球。来自教育部、中央电化教育馆、市教委等单位的领导以及海淀区教育系统各中小学、学区管理中心、事业单位信息化工作负责人等 300 余人参加会议。

（宋亚甫）

4 月 16 日，海淀区教委召开教育信息化大会暨智慧教育统一规划建设工作总结表彰会　　（海淀区教委　供）

中小学社会大课堂管理平台整合

4 月，北京教育网络和信息中心启动北京市中小学社会大课堂管理平台整合工作。该项工作立足于北京教育资源优势，推进课程建设，每学期提供 2000 余个市级社会大课堂活动课程，打造并整合中小学生课外活动计划、初中综合社会实践活动、开放性科学实践活动、学农教育“四个一”等教育实践活动，为学生提供丰富多元的实践活动资源。

（刘宇光）

义务教育入学服务平台开放

5 月 1 日，北京市义务教育入学服务平台正式开放。家长可以在平台上了解市级、区级相关政策规定以及各区各学校相关介绍并完成适龄儿童入学信息采集。北京市义务教育入学服务平台持续为北京市民服务 7 年，保障入学工作更加公开、透明。该平台由北京教育网络和信息中心承办。

（刘宇光）

新媒体新技术教学应用研讨会

5 月 26 日，海淀区教委召开 2019 年新媒体新技术教学应用研讨会暨第 12 届全国中小学创新课堂教学实践观摩活动现场会。研讨会回顾总结海淀区教育信息化建设发展过程，展望智慧教育未来发展蓝图；海淀校长、教师代表与专家学者围绕“以智慧教育推动教育现代化”“新媒体新技术环境下的教师成长”“教育信息化的发展趋势与策略”“新技术新理念助力教育新方向”等议题展开探讨交流。活动同时举办新媒体新技术应用成果展示，展出虚拟演播环境下校园电视台的建设、互动体验式课堂教学、学校官方 App 成果应用等。中央电化教育馆、教育部、海淀区教委及全国各地中小学等单位领导专家及教师 2500 人参加活动。

（宋亚甫）

北京市教育网络学习空间人人通平台启用

6 月，北京市教育网络学习空间人人通平台正式启用。平台实现人人通门户统一认证，实现个人空间、机构空间打通数据，为学生学习、教师教学教研、师生 / 家校互动提供基本服务，重构学习环境。北京教育网络和信息中心负责平台运维。

（刘宇光）

9 月 26 日，十八中举办全国首场四地“5G + MR”全息物理名师公开课（十八中 供）

“双百”示范工程启动

6 月，市教委印发《关于开展教育信息化融合创新“双百”示范行动的通知》。通知要求按照需求引导、统筹规划、联动协同、融合创新的总体思路，面向各区、市属高校启动“双百”示范行动。通过在全市开展 100 项信息技术与课堂应用融合创新课题研究和 100 个智慧校园融合应用示范基地建设，构建与教育现代化发展目标相适应的教育信息化体系，形成具有北京特色的新型教育治理模式、人才培养模式与教育服务模式。市教委收到申报课题 256 个、基地 220 个，经专家组初选、评审、公示等程序，评选出北京市教育信息化融合创新“双百”示范行动项目示范基地 74 个、创新课题 58 个。

（陈萌）

数字教育资源“百千万”汇聚共享工作启动

7 月，北京教育网络和信息中心启动全市数字教育资源“百千万”汇聚共享工作。该项工作打通全市教育资源汇聚通道，构建首都教育资源共享体系，主要完成 3 部分工作。一是构建连接 16 个区及燕山地区的数字资源汇聚共享前置交换体系，完成首批数字教育资源的汇聚，为后续市区（校）优质数字教育资源常态化汇聚共享奠定基础。二是建立全市资源台账，摸清全市资源底数。各区梳理资源目录，形成区级数字教育资源元数据台账，并汇集至市级平台，形成市、区资源汇聚机制。三是开展“百千万”资源汇聚，实现资源的共建共享。至年底，该项工作形成全市数字资源汇聚共享长效机制，初步形成市、区、校三级协同的资源公共服务体系，促进全市教育资源优化配置和教育公平。6 月，信息中心编制完成数字资源汇聚共享指南。

（顾忆岚　宋洁）

“京学通”平台启用

7 月，北京市教育系统统一门户“京学通”平台启用。该平台为市教委市级平台建立统一的教育管理信息化服务平台和管理体系。全市教育管理部门和师生可按照设定的不同权限单点实名登录服务平台。北京教育网络和信息中心负责平台运维。

（刘宇光）

全市教育行业单位网络安全工作会议

9 月 5 日，市教委召开全市教育行业单位网络安全工作会议。会议部署近期特别是庆祝新中国成立 70 周年活动期间教育系统网络安全工作，邀请北京印刷学院、北京联合大学作网络安全工作交流发言，邀请市委网信办、市公安局网络安全主管部门负责人通报网络安全形势及工作要求。会议主会场设在市教委，同时在各区教委设分会场，同步收看视频直播。各区教委、市属高校、民办高校网络安全主管部门主要负责人及相关人员 220 人参加会议。

（张如双）

北京市教育系统网络安全事件应急预案

9 月 23 日，市教委印发《北京市教育系统网络安全事件应急预案》。预案明确事件分级、组织机构与职责、应急处置流程和要求，做到“早预防、早响应、早报告、早处置”。预案由总则、组织机构与职责、监测与预警、应急处置、调查与评估、预防工作、工作保障、附则共 8 个章节组成。

（张如双）

四地“5G + MR”全息物理名师公开课

9 月 26 日，北京市第十八中学推出“5G + MR”全息物理名师公开课——高中物理《磁场》。此次公开课为全国范围内首创，由学校特级物理教师指教，面向北京、上海、青岛、成都四地名校名师。“5G + MR”全息课堂通过 MR、

VR、AR 技术，实现教学内容和形式变化，打破学校边界，提高教育资源综合利用率。

（郭秀平）

3 家单位入选首批教育融媒体建设试点单位

12 月 5 日，北京 3 家单位入选教育部首批教育融媒体建设试点单位。分别是市委教育工委市教委、北京大学、清华大学。经过自主申报、资格审核、专家审议等程序，教育部确定首批试点单位，其中，省级教育部门 4 家，普通高校 11 家。市委教育工委市教委的“北京市教育融媒体中心”设在北京教育新闻中心。

（周也青）

54 所学校入选市中小学人工智能教育与应用实验校

12 月 26 日，北京教育网络和信息中心为北京市中小学人工智能教育与应用实验校授牌。全市共 66 所学校申报北京市中小学人工智能教育与应用实验校，经专家评审，54 所学校入选。

（卢志才）

“教师在线”服务全市中小学教师

至年底，“教师在线”客户端持续服务全市中小学教师。面向 16 个区及燕山地区中小学教师发放账号提供 7×24 小时教育信息化咨询服务，通过教师在线账号可以获得与教育教学相关的信息技术支持服务累计服务。全年发放账号 32000 个。总计激活账号 23819 个，账号激活率 74.43%，教师在线通过互联网在线服务的方式，为北京市的教师提供 122865 次的在线服务。用户满意度 99%，故障首次解决率 99%，在线服务平均时长 16 分钟。

（季茂生）

校园安全

概述

2019 年，北京教育系统牢固树立“首都无小事，事事连政治”的思想，坚持“红线”意识和底线思维。以服务保障庆祝新中国成立 70 周年活动、“一带一路”国际合作高峰论坛、北京世界园艺博览会、亚洲文明对话大会等系列重大活动为主线，按照“精精益求精，万万无一失”的要求，开展“防风险、保平安、迎大庆”安全保障工作，积极推进中小学校“平安校园”建设，努力防范和化解校园安全风险，保障在校师生生命安全。

校园周边交通治理。按照市政府工作报告重点工作要求，市教委会同市公安局、市交通委召开 2019 年全市中小学校周边交通综合治理工作推进会议，部署《2019 年北京市中小学校周边交通综合治理工作方案》，落实学校的主体责任，共同改善周边交通秩序。组织城六区教委和部分中小学校赴天津考察学习。扩大交通综合治理试点校范围，城六区增至 18 所，远郊区增至 20 所。

危险化学品安全综合治理。持续推进危险化学品综合治理三年行动计划，会同市公安局、市应急管理局组织开展岁末年初、国庆等重要时期学校危化品专项执法检查。迎接国务院安全生产委员会危险化学品安全管理专项巡察。研究制

5 月 18 日，十一学校展示人工智能与教育成果

（十一学校　供）

定《北京市普通中学危险化学品安全管理规范（试行）》和《北京市普通中学危险化学品安全管理技术指南（试行）》，会同应急、公安部门分期分批次组织开展学校危化品安全专题培训 2060 人次。联合应急、消防部门召开全市高校危险化学品安全专项治理工作会，部署开展专项治理行动。

（武怀海）

全国首部校园安全教育电影宣传活动

4 月 18 日，国内首部校园安全教育电影《妈妈你真棒》宣传活动在北京举行。该片由海淀区教委、东方核芯力联合教育部、应急管理部、共青团中央等 16 家单位共同摄制，在海淀、廊坊、雄安三地拍摄，校园取景地主要在北京市第一〇一中学，2 名主演分别来自北京市师达中学和北京市十一学校龙樾实验中学，电影展现应对火灾、野外求生、交通意外、医疗救助、食品卫生安全等多种安全状况的知识和应急技巧。

（宋亚甫）

中小学幼儿园消防安全检查专项行动

5 月，市教委会同市应急局、市消防救援总队、市市场监管局开展中小学幼儿园“防风险、保平安、迎大庆”消防安全检查专项行动。检查组制定专项检查方案，重点检查幼儿园和寄宿制学校，重点排查整治违规用火用电用油用气、违规动火动焊施工作业、电动自行车违规停放充电等 11 类 50 项突出问题。检查组另深入东城、西城等 6 个区的 22 个幼儿园开展安全抽查，检查发现问题隐患 90 个，重点督办整改 81 个。

（王建水）

实验室危险化学品安全管理培训

5 月至 10 月，市教委委托北京市教育技术设备中心开展中小学实验室危险化学品安全管理培训。培训分别在昌平、通州、海淀、石景山 4 个区举办 4 期，累计培训 560 人次。参训人员主要有全市中小学主管校长、总务主任、教学主任、安保干部、教师、实验员等。培训内容包括《易制爆危险化学品储存场所治安防范要求》《北京市普通中学危险化学品安全管理规范（试行）》和《北京市普通中学危险化学品安全管理技术指南（试行）》等。培训满意率 92.94%。

（陆小红　赵文强）

放射源及 X 射线装置安全管理情况检查

6 月 12 日，市教委印发《关于开展放射源及 X 射线装置辐射安全管理情况检查的通知》，对放射源及 X 射线装置辐射安全检查范围、检查内容、时间安全和工作要求作出具体安排。7 月，市教委联合市生态环境局分别对全市各中等学校、相关单位开展 2019 年度放射源及 X 射线装置辐射安全管理情况检查工作。检查结果显示，至 2018 年 12 月，32 家单位收贮的 136 枚放射源中，已报废处置 129 枚、现存 7 枚（涉及 1 家单位）；7 枚现存放射源的环保手续在办理中。168 家单位上报的 378 件 X 射线装置中，已报废处置 302 件、现存 76 件（涉及 28 家单位）；76 件现存 X 射线装置中，预报废 22 件、预留用 54 件；54 件预留用 X 射线装置中，完成环保手续办理 30 件、环保手续在办理中 24 件。

（陆小红）

11 月 8 日，石景山八角幼儿园开展消防安全演练实践活动

（石景山区八角幼儿园　供）

普通中学危险化学品安全管理规范印发

9月6日，市教委、市公安局、市应急管理局印发《北京市普通中学危险化学品安全管理规范（试行）》。管理规范包括总则、组织机构和制度建设、危险化学品采购管理、危险化学品储存管理、危险化学品使用管理、危险化学品应急管理、责任追究、附则8部分内容。要求各学校结合实际制定相应的安全管理细则、涉及使用危险化学品的小学参照本规范执行。市教委、市公安局、市应急管理局同时印发《北京市普通中学危险化学品安全管理技术指南（试行）》。

（房俊焱）

全市高校危险化学品安全专项治理工作会

11月21日，市教委、市应急管理局、市消防救援总队联合召开全市高校危险化学品安全专项治理工作会。会议部署全市高校危险化学品安全专项治理工作，明确治理范围为本市涉及使用危险化学品的普通高等学校，重点治理内容包括机构设置、制度建设、采购管理、储存管理、使用管理、气瓶使用、安全设施、安全教育培训、危险废物收集与处置、应急管理、消防安全共11方面内容。专项治理工作自10月开始，包括准备部署阶段、隐患整改阶段、治理验收阶段3个阶段。北京有关高校相关负责人共105人参加会议。

（房俊焱）

市直管学校和内地民族班危险化学品检查

11月26日至27日，市教委开展市直管学校和内地民族班危险化学品检查工作。检查组由市教委相关处室及北京市教育技术设备中心相关负责人员组成，分别到7所市直管学校和内地民族班实验室、危险化学品室进行实地检查，重点查看学校危险化学品储存管理情况，并于检查结束后完成实验室危险化学品安全检查情况报告，对进一步加强中小学校危险化学品安全管理提出相关建议。

（陆小红）

首次市级学校安全工作联席会全体会议

12月12日，市教委召开市级学校安全工作联席会第一次全体会议。会议建立由市领导带队，教育、公安、交通、卫健、市场、应急、城管、消防8个市级部门联合开展的校园安全联合检查工作制度，明确相应的工作方案与机制；建立全市学校安全专项督导制度，并首次对全市1568所中小学幼儿园开展专项督导。各区属部门、街道乡镇也通过制订方案，统筹各方力量，落实对属地学校安全的“街乡吹哨、部门报到”工作机制，组织开展校园及周边联合执法、安全隐患排查整治、社会治安和交通综合治理等工作。

（武怀海）

推进中小学校周边交通综合治理

至年底，市教委推进中小学校周边交通综合治理工作。全市校园周边交通综合治理试点学校由5所扩大至18所，治理范围扩大至全市存在拥堵现象的学校。市教委同时对全市中小学校交通监测中拥堵排名前30的学校进行重点治理。会同市公安局、市交通委制定《2019年校园周边交通综合治理工作方案》，联合召开全市校园周边交通综合治理工作会。指导区、校坚持“数据引导”，细化“一区一案”“一校一策”措施。通过全面实行错峰上下学，加强校门高峰时段秩序管理，完善学校门前交通设施，录制《向前一步》《非常向上》专题节目等系列措施，不断增强学生和家长安全绿色文明的交通意识，改善校园周边交通秩序。至12月，城六区学校周边交通治理评分由63.5分提升至74.8分，道路拥堵平均值由5.34逐步下降至5.09。

（李异军　王建水）

护校安园及校园周边综合治理

至年底，市教委会同相关部门开展护校安园及校园周边综合治理。教育、公安、政法等部门加强合作，强化高峰勤务，加强校园周边防控，公安民警上下学高峰期日均上勤率达2000余人次，警车巡逻700余辆次。各学校日均组织15000余名志愿者力量，加强上下学期间校园值守值班力量，共同维护校园门口秩序。教育、公安、城管等部门联合开展校园周边综合治理，全市宣传告知校园周边商户1982家，规范263家，立案805起，罚款1511780元。发挥“街乡吹哨、部门报到”工作机制，整治治安乱点240余处，解决涉校问题92件。

（战先政）

语言文字

概述

2019年，北京市语言文字工作全面落实《北京市语言文字事业“十三五”发展规划》，坚持稳中求进，创新发展，推进中小学生语言能力提升和市民语言文化大讲堂专项工作，注重社会层面语言文化素养建设和全社会语言文字规范意识提高，促进社会语言生活的和谐。

加强宣传教育。开展“普通话诵七十华诞，规范字书爱国情怀”第22届推普周系列活动，启动“首都师生迎冬奥规范文字啄木鸟行动”；继续组织县域内普通话普及情况调查；持续推进中小学语言能力提升项目，落实中华经典诵读工程，组织亲近经典、热爱经典系列活动，提升中小学生语言能力，弘扬中华优秀传统文化；继续加强语言文字信息化管理工作，做好各类信息收集整理，及时更新网站信息内容，充分利用网站平台做好语言文字宣传服务工作。

4 月 23 日，大峪中学分校附属小学学生诵读国学经典
（大峪中学分校附属小学 供）

夯实工作基础。开展学校语言文字工作规范化达标建设工作，重点抓好高校语言文字规范化达标建设，全年评出基础教育阶段达标学校 427 所，高等院校达标学校 94 所，基础教育学校、区教委所属幼儿园、高等院校基本全部达标；全面推进中华经典诵读工程，传承中华优秀传统文化，积极参与经典诵读、诗文创作、“祖国印记”学生篆刻等大赛，组织中国诗词大会（第五季）北京赛区选拔活动；积极选派业务骨干，开展业务培训，加强内部管理，提升管理效能。

促进交流合作。充分发挥资源优势，落实“推普助力脱贫攻坚”对口帮扶工作任务；开展帮扶地区教师普通话培训，组织“青年服务国家”暑期社会实践“推普助力脱贫攻坚”专项活动;开展京津冀语言文字工作区域协作交流，搭建交流平台，共同展示语言文字工作成果；参与组织筹办第三届中国北京国际语言文化博览会，中外专家围绕促进人工智能时代语言科技发展深入研讨，推动构建中外语言文化交流互鉴新平台、大格局。

提升服务能力。继续推动市民语言文化大讲堂系列活动，开展专题讲座和赠书活动，组织“语言文化联盟校”开展系列活动，摸索新经验，开拓新途径；开展普通话水平测试、免费公益培训、服务考生咨询，为少数民族考生和香港考生举办专场测试，为部队参加全军比武提供普通话培训；以测试实践与管理为主体推进测试工作，提升服务意识与服务质量，完成普通话测试系统单口对接市政服务大厅，率先全面推进落实“一站式服务”，提高群众满意度。全年完成测试总量近 7.3 万人次。

（邓鸿）

北京市中小学生辩论赛

4 月 20 日和 7 月 6 日，市语委分别举办第四届北京市中小学生辩论赛总决赛和第五届北京市中小学生辩论赛总决赛。第四届比赛从 2018 年 10 月开始历时 6 个月，组织辩论赛和主题演讲约 240 场，2216 人次参加比赛，10 所学校主动承担赛场场地提供和活动组织工作。比赛最终决出一等奖 28 人、二等奖 56 人、三等奖 56 人。第五届比赛进行赛事整合，开设校赛和个人赛两个赛区，校赛参赛学校范围为京津冀 3 个省市，个人赛参赛人员为北京学生。84 所学校 721 人参加校赛，最终产生一等奖 1 个、二等奖 2 个、三等奖 4 个。个人赛历时 4 个月，共组织辩论赛和主题演讲 240 场，3306 人次参加比赛，最终决出一等奖 28 个、二等奖 56 个、三等奖 56 个。北京市中小学生辩论赛由北京语言文化建设促进会承办。

（邓鸿）

第七届市中学生演讲比赛

6 月 9 日，市语委、市教委举办的第七届北京市中学生演讲比赛决赛在人大附中北京经济技术开发区学校举行。进入决赛的选手通过有准备演讲和个人即兴演讲两个环节，决出一等奖 1 个、二等奖 2 个、三等奖 3 个。比赛由北京市语言建设促进会、北京市高中生演讲联盟、人大附中京开学校承办，来自东城、西城、朝阳等区 40 余所学校的 100 余名选手参赛，经历初赛、复赛，9 名选手进入决赛。

（邓鸿）

市普通话水平测试骨干测试员培训班

6 月 26 日至 30 日，市语言文字测试中心举办第 13 期北京市普通话水平测试骨干测试员培训班。培训班设置专家授课、交流研讨、综合训练、测试考核环节，中小学 85 名测试员参加培训，全部通过考试并获得北京市语言文字骨干测试员资格证书。市语言文字测试中心通过 3 年骨干测试员集中培训，完成全部 245 名测试员轮训。

（邓鸿）

“联合会杯”（北京）校际辩论赛

7 月 14 日，市语委举办 2019“联合会杯”（北京）校际辩论赛。辩论赛为期 4 天，通过 4 人制辩论赛形式，围绕“如果一个月后就是世界末日，当局应该 / 不应该公布消息”“选择 / 不选择一键定制完美人生”的辩题开展比赛。最终产生一等奖 2 个、二等奖 4 个、三等奖 6 个。活动由北京语言文化建设促进会承办，16 所北京、天津的学校代表队参与，参赛辩手近 120 人。赛后邀请优秀辩手做辩论专题讲座，650 名学生、家长参加讲座。

（邓鸿）

中华经典诵写讲大赛获奖

8 月，北京各级各类学校参加 2019 年中华经典诵写讲大赛。其中，23 人在经典诵读大赛、37 人在诗文创作大赛、

75人在“祖国印记”学生篆刻大赛、23人在“迦陵杯·诗教中国”诗词讲解大赛中获奖。6名教师获指导教师奖，3个单位获优秀组织奖。2019年中华经典诵写讲大赛包括经典诵读、诗文创作、“祖国印记”学生篆刻、“迦陵杯·诗教中国”诗词讲解4项系列赛事，由教育部首次组织开展，全国31个省（市、自治区）组织省级初赛。市语委在各区、各高校选拔推荐的基础上举办初赛并选送作品参加全国复赛。该项赛事是“中华经典诵读工程”主要活动，1月15日，市教委、市语委联合转发教育部、国家语委《中华经典诵读工程实施方案》，明确通过开展经典诵读、书写、讲解等文化实践活动，引领社会大众特别是广大青少年领悟中华思想理念、传承中华传统美德、弘扬中华人文精神。

（邓鸿）

第三届中国北京国际语言文化博览会

10月24日至27日，第三届中国北京国际语言文化博览会在中国国际展览中心举办。语博会以“语言让世界更和谐，文明更精彩”为主题，作为第22届中国北京国际科技产业博览会（科博会）的重要组成部分，分为展览板块和论坛板块2部分。展览部分包括新中国成立70周年语言文字事业成就展、京津冀学校语言文化展、粤港澳大湾区语言文化展和语言企业产品展陈等。论坛部分包括由国家语委主办的主论坛“语言智能与语言多样性”国际语言文化论坛，以及第三届“一带一路”语言文化高峰论坛、第三届中国语言康复论坛、第二届“一带一路”语言文化共兴发展论坛等。语博会同时举行“全球中文学习平台”上线发布仪式。语博会由国家语委、中国外文出版发行事业局、中国联合国教科文组织全国委员会作为支持单位，市语委、中国国际贸易促进委员会北京市分会、孔子学院总部、北京语言大学、首都师范大学承办，来自50余个国家1000余名专家学者和企业界人士参加论坛。

（邓鸿）

第四届成语文化龙门阵邀请赛

11月3日，市语委、朝阳区教委共同举办“老少共圆中国梦——第四届京津冀成语文化龙门阵邀请赛”。通过朝阳区区级初赛、复赛、决赛，选出6个家庭代表北京市，邀请天津市、河北省语文教育专委会的教学实践基地校家庭代表，通过成语填充、成语书写和成语飞花令等比赛形式，最终决出一等奖1人、二等奖2人、三等奖3人。本次活动选拔历时5个月，在朝阳区举行，面向朝阳地区的社区居民、学校小学生及其父母、祖父母，累计参与人数1000余人。

（邓鸿）

语言文字工作规范化达标建设

11月13日至12月2日，市教委、市语委联合开展2019年度语言文字工作规范化达标建设工作。经过动员部署、专项抽查、总结评估等程序，16个区评出基础教育阶段达标校427所（含幼儿园），高等院校达标校94所。2017—2019年，共评出语言文字工作规范化达标建设学校1938所，全市基础教育学校、区教委所属幼儿园、高等院校全部达标。

（邓鸿）

语言文字法主题宣传活动启动

12月2日，市语委办、东城区教委、北京语言文字工作协会、东城区法治学院等单位在北京市第一六六中学附属校尉胡同小学联合举行“同讲普通话共抒爱国情”——《国家通用语言文字法》主题宣传活动启动仪式。仪式播放《各地萌娃聚一堂，一起学习普通话》的视频，教师代表讲述自己学习普通话的故事，宣读开展语言文字法律法规知识竞赛活动、号召同学们争做《国家通用语言文字法》宣传员的倡议书。至年底，全市50所学校5000人参加宣传活动，发放《国家通用语言文字法》学习资料6000册、《市民语言文化大讲堂》500册。

（邓鸿）

“啄木鸟行动”规范文字迎冬奥活动

12月26日，市教委、市语委启动首都师生迎冬奥、规范文字“啄木鸟行动”。此次活动是教育部、国家语委2022年冬奥语言服务行动计划的重要组成部分，为加强全市语言文字规范化，提高大中小学师生用字规范化、标准化水平，改善社会用语用字环境而设立。启动仪式结束后，志愿者团队招募工作启动，志愿者在规范汉字书写、标点符号用法、汉语拼音使用等方面寻找问题，并通过“随手拍”的方式将照片发到活动平台。活动由北京教育音像报刊总社承办。

（解淑平）

县域普通话普及情况调查完成

至年底，市语委完成北京地区2019全国普通话普及情况调查工作。按照市级统筹服务、区级管理协调、调查人员具体负责的工作规范，通过街头采访、定点调查、入户调查等形式共采集录音样本6400余份，同时完成全部调查表的填写、调查录音数据的整理工作。工作历时4个月，16个区全部参与，调查覆盖70个乡镇社区。

（邓鸿）

市民语言文化大讲堂

至年底，市语委持续开展市民语言文化大讲堂系列活动。大讲堂活动邀请高校、出版社等单位的专家学者50余人，围绕北京语言文化、中华优秀传统文化、语文教育主题，通过讲座、授课方式开展活动。活动走进16个区的社区、学校，在市民中开展讲座100场、授课200节，共赠书6万册，累计6万人次参加活动。

（邓鸿）

北京市教育委员会主任、副主任，巡视员、副巡视员，一级巡视员、二级巡视员

主　任　刘宇辉

副主任　叶茂林（5月免）　李奕（8月免）　黄侃

张永凯（7月任）　丁大伟（11月任）

赵海兴（4月任，挂职）

巡视员　王定东（8月免）

副巡视员　张永凯（7月免）　冯洪荣（8月免）

葛巨众（8月免）

一级巡视员　王定东（8月任）

二级巡视员　冯洪荣（8月任）　葛巨众（8月任）

王海平（8月任，6月由正局级降为副局级）

北京市人民政府教育督导室主任、副主任

主　任　刘宇辉

副主任　刘莉（2月免）　冯义国

北京市教育委员会处室负责人

办公室（突发事件应急工作处）主任　周彤（4月任）

法制工作处处长　王艳霞（4月免）

政策研究与法制工作处处长　王艳霞（4月任）

发展规划处（功能疏解工作处）处长　姚林修

基本建设处处长　张龙

学前教育处处长　张小红（1月免）　郭春彦（3月任）

基础教育一处处长　张凤华（3月免）　魏旭斌（3月任）

基础教育二处处长　徐建姝

职业教育与成人教育处处长　王东江

高等教育处处长　刘霄（3月任）

民办教育处处长　聂荣（3月任）

学生处处长　沈聪伟（3月免）

高校学生处处长　刘新军（3月任）

科学技术与研究生工作处（北京市学位委员会办公室）处长　张宪国（3月免）　李善廷（3月任）

体育卫生与艺术教育处处长　王军（1月免）　王攀（3月任，9月免）　杨志强（9月任）

督政处处长　张凤华（3月任）

督学处处长　龙梅（3月任）

评估与监测处处长　张晓玲（3月任）

教育信息化处处长　张宪国（3月任）

扶贫协作与支援合作处处长　王力志（4月任）

国际合作与交流处处长　潘芳芳

学校后勤处处长　武怀海

语言文字工作处处长　王栋

审计处处长　陶春梅

财务处处长　李艳春（3月免）　范忠伟（3月任）

人事处（师资管理办公室）处长　杨江林

工会专职副主席　吴雅星（4月任）

对口支援与区域合作处处长　王力志（4月免）

北京市人民政府教育督导室处室负责人

督政处处长　张士佐（1月免）

学校督导处处长　龙梅（3月免）

专项督导处处长　聂荣（3月免）

督学管理与信息化处处长　韩宝来（3月免）

评估与监测处处长　张晓玲（3月免）

（本栏责任编校　张晓兰）

督政
督学
评估与监测

2020 教育督导

EDUCATION SUPERVISION

- 教育评估监测体系建设推进
- 市属高校本科教学工作审核评估完成
- 教育质量监测加强
- 学前教育考核检查和督查工作加强

教育督导

EDUCATION SUPERVISION

综述

教育评估监测体系建设推进

2019 年，市教委加强顶层设计，持续推进教育评估监测体系建设。继续实施学前教育发展状况监测、国家义务教育质量监测、高等教育质量监测和硕士论文抽检、教育工作满意度调查等，完成市属高校本科教学工作审核评估，推进数据平台信息化建设，探索构建评估监测数据库。编写《北京市教育评估监测报告汇编（2019）》，为改进教育教学和教育公共决策提供支撑。研制《北京市教育评估与监测结果使用管理办法》，强化结果使用管理。建立健全各项评估监测工作的制度体系、流程体系、数据体系和监管体系，推动评估监测工作精细化、高质量发展。

（黄灵燕）

5 月 13 日至 17 日，本科教学工作审核评估专家走进舞蹈学院听课看课 （市教委相关处室 供）

市属高校本科教学工作审核评估完成

2019 年，市教委完成全部 21 所市属高校本科教学工作审核评估。1 月至 6 月，市教委完成北京农学院、北京舞蹈学院、北京城市学院、北京印刷学院、中国音乐学院、北京电影学院、中国戏曲学院 7 所市属高校本科教学工作审核评估。专家组围绕学校“办学定位和人才培养目标与国家建设和区域经济社会发展需求的适应度”“专业定位、建设和人才培养目标的达成度”“教师和教学资源条件的保障度”“教学和质量保障体系运行的有效度”“学生和社会用人单位的满意度”，通过实地走访、深度访谈、听课看课、小型座谈、调阅试卷及毕业论文（设计）材料方式，对学校本科教学工作全面考察。专家组肯定各校本科教学工作的成绩，完成审核评估报告并印发学校。至此，市教委完成全部 21 所市属高校本科教学工作审核评估。该项工作于 2016 年启动。

（黄灵燕）

4月23日，大兴区红黄蓝幼儿园接受区教委督评
（大兴区红黄蓝幼儿园　供）

教育质量监测加强

2019年，市教委加强教育质量监测。组织开展学前教育发展状况监测，形成《北京市2018年学前教育发展状况监测报告》并做好结果反馈，完成2019年学前教育发展状况年度监测，修改完善北京市学前教育发展状况监测指标、工具和工作流程。组织实施国家义务教育质量监测，指导各区完成现场测试；加强与北京师范大学中国基础教育质量监测协同创新中心的协作，利用双方已建立的关于区域教育质量监测合作机制，做好报告解读；指导区、校做好监测结果使用，提升基础教育质量。召开北京市2018年教育工作满意度调查结果通报暨2019年教育工作满意度调查启动会，通过网络开展2019年满意度调查，并将调查结果反馈各区政府，推动区政府及相关职能部门有针对性的做好改进工作。完成《2018年北京普通高等学校本科教学质量分析报告》，依据北京地区高等学校2017—2018学年度本科教学基本状态数据，编制本科教学质量年报，实现对地区普通高等学校本科教学工作的常态监测。

（黄灵燕）

学前教育考核检查和督查工作加强

2019年，市教委加强学前教育考核检查和督查工作。按照《北京市学前教育专职督查队伍建设与管理暂行办法》，组建市区两级学前教育督查队伍，共计290人（包括专职督查队伍102人、兼职督查队伍188人）。建立督查工作机制，通过建立专题台账、督促整改、“回头看”、销台账等管理流程，对幼儿园开展全覆盖日常巡检。至年底。对各类型幼儿园实施8轮全覆盖工作督查。

（彭兴蕊　程旭）

市政府教育督导室机构设置调整

1月26日，市委办公厅、市政府办公厅印发《北京市教育委员会职能配置、内设机构和人员编制规定》，市政府教育督导室机构设置调整。文件明确市教委加挂“北京市人民政府教育督导室”牌子，负责各级各类教育发展状况和质量的监测以及各级各类学校办学状况和教育教学水平的督导评估；对区政府的教育工作进行督导和评估；指导区及市属有关单位开展教育督导工作；对教育工作中的重大问题进行调查研究，对教育政策的施行效果进行评价，提出报告和建议并负责发布督导报告。此次机构改革市政府教育督导室职能并入市教委，撤销市政府教育督导室督政处、学校督导处、专项督导处、督学管理与信息化处、评估与监测处，市教委新成立督政处、督学处、评估与监测处，负责教育督导相关工作。

（霍绪艳）

国家义务教育质量监测

5月23日，市教委组织16个区及燕山地区参加2019年国家义务教育阶段学生语文、艺术学习质量监测实施工作。全市193所小学、128所初中的9600名四、八年级学生，近3200名校长、班主任，语文、音乐和美术教师参加现场测试。市教委加强统筹、细化流程、规范管理，形成监测实施的“北京模式”，得到教育部肯定。市教委被教育部基础教育质量监测中心授予“省级优秀组织单位”称号，东城区政府教育督导室等11个单位被授予“县级优秀组织单位”称号。

（杨旸）

市政府教育督导委员会2019年工作会议

6月26日，市政府教育督导委员会召开2019年工作会议。会议通报调整后的市政府教育督导委员会领导及成员单位名单，报告2018年北京教育督导工作和2019年工作思路，审议并通过2018年12个北京市教育督导报告并部署相关工作。会议强调，市政府教育督导委员会要围绕自身职责，在全面统筹协调教育改革发展与教育督导工作上发挥更大的作用。市政府教育督导委员会委员、成员单位督学及办公室成员40余人参加会议。

（胥丹丹）

市政府教育督导委员会成员单位调整

6月，市政府教育督导委员会办公室调整市政府教育督导委员会领导及成员单位。根据国务院对省级人民政府履

9月9日，怀柔区第六幼儿园开园

（怀柔区第六幼儿园 供）

行教育职责情况督导检查工作的实际需要，结合市机构改革实际，为更好地发挥市政府教育督导委员会的协调议事职能，经报请市政府主管教育工作领导批准，市政府教育督导委员会办公室完成对市政府教育督导委员会领导及成员单位的调整。调整后，副市长张家明任主任，市政府副秘书长韩耕、市教委主任刘宇辉任副主任，新增市委组织部、市委宣传部、市经济信息化局、市民族宗教委、市规划自然资源委、市城市管理委、市交通委7家成员单位，成员单位增至21家。

（胥丹丹）

督政

北京市义务教育优质均衡发展督导评价工作培训会

1月18日，市政府教育督导室召开北京市义务教育优质均衡发展督导评价工作培训会。会议旨在对北京市义务教育优质均衡发展的重点任务和工作目标再部署、再推进，重点解读北京市义务教育优质均衡发展督导评价方案和国家级义务教育优质均衡发展区督导评估相关指标。16个区及燕山地区教委、教育督导室负责人及其相关部门人员参加培训。

（胥丹丹）

义务教育优质均衡发展工作推进会

10月18日，市政府教育督导委员会办公室召开2019年对区级政府履行教育职责情况综合督导动员部署暨义务教育优质均衡发展工作推进会议。会议总结北京市在政府履行教育职责和推进义务教育优质均衡发展过程中形成的有益经验，指出存在的短板和问题，理清下一步工作思路和重点。同时对区级政府履行教育职责情况综合督导工作做动员部署。张家明参加会议并讲话。各区政府主管领导，市政府各相关委办局，市、区教委相关领导和处室负责人，市专兼职督学等百余人参加推进会议。

（胥丹丹）

对区级政府履行教育职责情况实地督导检查

10月28日至11月7日，市政府教育督导委员会办公室组织开展对区级政府履行教育职责情况实地督导检查。市政府教育督导委员会办公室组成立4个检查组，分别赴东城、西城、朝阳、海淀、丰台、通州、顺义、密云8个区，通过听取专题汇报、召开座谈会和个别访谈、查阅档案资料、实地查看幼儿园和中小学校方式，全面了解教育设施规划、优质资源布局、中小幼学位供给等情况。市政府教育督导委员会办公室综合各区自查自评情况、相关数据监测情况、实地核查情况和满意度调查情况，汇总形成督导评价意见和督导检查报告，报市政府教育督导委员会审议同时反馈至各区，要求各区政府制定整改方案，明确整改时间表和路线图。2019年，北京市首次将政府履行教育职责督导评价、教育执法检查、义务教育优质均衡发展督导评价、专项督导等工作整合，以综合督政形式，对各区政府履职情况开展督导检查。此次综合督导是市政府教育督导委员会全年规模最大的一次督导工作，检查内容对标国家要求，同时结合北京实际，坚持问题导向，重点关注规划布局、资源配置、条件保障等关键问题和薄弱环节，以督促建，以评促改，务求实效。

（胥丹丹）

督学

办园质量督导评估办法发布

1月31日，市教委、市政府教育督导室印发《北京市幼儿园办园质量督导评估办法（试行）》。办法整合各类幼儿园评价标准和评价方式，多标合一，一标多用，把全市面向3～6岁儿童提供保教服务的幼儿园（点）全部纳入督导评估范围。文件同时印发《北京市幼儿园办园质量督导评估标准（试行）》，包括人员条件、空间与设施、机构管理、保育教育、办园成效、附加分项共6项一级指标，总分1000分，设优秀、良好、合格、不合格4个等级。

（吕萍　张晓兰）

市属高校本科教学审核评估整改回访

6月至12月，市教委开展市属高校本科教学审核评估整改回访。此次回访对象为北京工业大学等14所前两批接受本科教学审核评估的市属高校。市教委通过查阅资料、座谈访谈、现场考察等方式，实地核查各高校审核评估整改工作落实情况，总结整改工作取得的成绩与存在的问题。工作组形成整改回访意见反馈学校并通报全市，督促高校进一步巩固整改成果、规范教学管理、提高教育教学质量。

（龙梅）

职业院校督导调研

7月至8月，市教委开展职业院校督导调研。调研组围绕完善现代职业教育体系、深化办学模式改革、推进技能型人才培养等，对北京交通职业技术学院、北京市丰台区职业教育中心学校等职业院校，开展技能型人才培养督导调研工作。调研旨在探索符合职业教育特点、适应北京市经济社会发展和京津冀协同发展需要的教育督导模式，促进职业院校提升技能型人才培养质量和内涵建设水平。

（龙梅）

中小学校全面实施素质教育督导评价

9月至11月，市教委开展中小学校全面实施素质教育督导评价。市教委根据《北京市普通中小学校全面实施素质教育督导评价方案》，组织市级专家对西城区、大兴区实地督导评价。专家组在全面了解区域总体工作情况的基础上，选取部分中小学校实地督导，形成督导评价意见并反馈西城区、大兴区。全市普通中小学校全面实施素质教育的综合督导评价按照每4年一个评价周期开展工作，督导评价内容包括组织领导、学校治理、教师队伍、教育教学、实践育人、办学成效和特色工作7个方面，涉及22个二级指标和51个三级指标，涵盖全面实施素质教育各个方面。

（龙梅）

北京市第11届督学聘任大会

10月18日，市教委召开北京市第11届督学聘任大会。会议宣读聘任决定，向督学代表颁发聘书。同时总结第10届市督学的主要工作，通报督学换届工作情况，明确下一阶段教育督导工作的主要思路和目标任务。第11届督学共计191人，包括专职督学72人、兼职督学100人、特约督学19人。新一届市督学队伍强化分类聘任，把市政府教育督导委员会各成员单位推荐人员从兼职督学队伍中单列出来，成立特约督学队伍，强化督学队伍精细化管理。同时，督学队伍年轻化、专业化水平均有提升。市教委相关部门负责人及第11届督学全体成员共200余人参加会议。

（龙梅）

10月18日，市教委召开北京市第11届督学聘任大会

（市教委相关处室　供）

8 轮幼儿园全覆盖督查

至年底，北京市学前教育规范监督管理办公室组织开展8轮幼儿园全覆盖督查。各区学前督查办公室以双随机（随机抽取检查对象、随机选派检查人员）、四不两直（不发通知、不打招呼、不听汇报、不用陪同接待、直奔基层、直插现场）的方式，对幼儿园师德师风、保教工作、"小学化" 专项治理、安全、卫生保健、家园关系方面开展督查，提出整改建议，跟进并推动问题整改。

（程旭）

幼儿园办园质量督导评估

至年底，市教委开展幼儿园办园质量督导评估。市教委根据《北京市幼儿园办园质量督导评估办法（试行）》，坚持市级统筹、区级主责、市区联动的总体原则，开展动员部署、专题培训，研制工作手册，制定评估专家管理办法，组建 1000 余人的市区两级专家库。市教委首先对每区 1 所幼儿园开展试评估，结合幼儿园实际微调部分指标评分细则，指导各区组织区域内幼儿园完成自评并全面开展区级督导评估。同时委派 110 余人次市级专家到各区开展观察督导，参加各区对自评为 A 级幼儿园办园质量的督导评估。累计督导评估 16 个区及燕山地区幼儿园 592 所。市教委全面审定各区年度督导评估报告和结果，指导各区抓好督导评估结果应用。北京市幼儿园办园质量督导评估每 3 年为一个评估周期。此外，市教委统筹开展国务院教育督导办部署的幼儿园办园行为督导评估工作，形成并上报专题评估报告。

（龙梅）

责任督学经常性督导

至年底，市教委组织挂牌责任督学开展经常性督导二作。围绕教育改革发展热点难点问题，1400 余名挂牌责任督学对中小学校和幼儿园春秋季开学、校园安全、减负、小学化治理、近视肥胖防治、《北京市中小学校幼儿园安全管理规定（试行）》贯彻落实等工作情况开展经常性督导 10 次。市教委每月汇总分析督导结果，形成经常性督导报告，为教育行政决策提供重要参考。根据督导结果，形成问题清单，印发整改通知，督促各区落实整改工作。同时积极做好恶劣天气停课不停学等应急督导，不断增强工作实效。

（龙梅）

督学工作信息化运行管理模式优化

至年底，市教委不断优化督学工作信息管理系统、完善信息管理模式，取得突破性进展。全新研发幼儿园办园质量督导评估信息管理系统、中小学校全面实施素质教育督导评价信息管理系统，加强市教育督导信息管理系统和手机蓝信等功能建设，实现幼儿园办园质量督导评估、中小学校全面实施素质教育督导评价、专项督导检查和经常性督导工作的全流程网络化运行、网络化管理，形成一体化平台管理、多终端共享的学校督导工作大数据库。全面实现市教育督导信息管理应用系统由"一级建设、四级应用"

10 月 30 日，怀柔四幼开展"共情 共育 共成长"幼儿体能展示汇报活动 （怀柔四幼 供）

6月，北航举办2018—2019学年研究生毕业典礼暨学位授予仪式
（北航　供）

向“一级建设、两级管理、四级应用”模式转变，下放督评工作权限，方便基层自主操作，减轻基层工作负担，提升工作效率。同时完善督学信息库建设，提升管理效能。

（龙梅）

评估与监测

学前教育发展状况监测

6月，市教委完成2018—2019学年度北京市学前教育发展状况监测。监测统计时点为2018年9月1日，其中，教育经费和幼儿园建设的有关数据采集的统计时间为2018年1月1日至2018年12月31日。监测内容主要包括幼儿园结构、分布、建设、分级情况、适龄儿童入园情况、学前教育经费投入、教师队伍结构情况等。监测结果显示，2018学年北京市学前教育经费不断增加，学前教育规模进一步扩大，专任教师和教职工总数进一步增加；但入园需求与学位紧张仍是北京市学前教育主要矛盾。

（杨旸）

中小学生综合素质发展评价监测指标体系完善

6月，市教委修订完善《中小学生综合素质发展评价监测指标体系》，制定《北京市中小学生综合素质发展评价监测办法》。新文件完善监测指标与要素内容、政策依据、测量方法和工具等。监测办法包括指导思想、监测评价原则、监测评价内容、监测评价实施、监测评价组织与保障共5方面内容；指标体系包括品德发展、学业发展、身心健康、艺术审美、劳动实践、个性发展共6方面15项监测指标，规范36项监测要点。

（黄灵燕）

教育工作满意度调查

10月至11月，市教委组织开展北京市教育工作满意度调查。调查内容主要包括公众对政府职责、学校管理、师资队伍、教育效果4个方面的满意度。通过科学抽样，采用网络调查（普通中小学学生及家长、人大代表和政协委员、校（园）长和教师、督学）和随机访问（幼儿园学生及家长、职高学生）方式，共调查学生及家长33123人，人大代表、政协委员842人，校（园）长、教师6379人，督学1671人。调查结果显示，2019年北京市公众对教育工作的满意度综合得分为84.3分，达到“比较满意”以上水平，且4类公众群体满意度综合得分均达到“比较满意”水平。北京市各区教育工作满意度也均达到“比较满意”水平。

（赵兴）

年度硕士学位论文抽检合格率98.40%

12月，市教委向北京地区各相关学位授予单位反馈2017—2018学年度硕士学位论文抽检结果。2017—2018学年度，北京地区126个学位授予单位（军队系统除外）共抽检硕士论文2444篇，涵盖13个学科门类、98个一级学科和468个二级学科。其中，合格论文2405篇，占98.40%；存在问题论文39篇，占1.60%。

（杨旸）

（本栏责任编校　张晓兰）

37 项

成果获国家科技奖

69 项(人)

获高等学校科学研究优秀成果奖

1 项

成果入选中国科学十大进展

24 人

当选两院院士

2020 科学研究

SCIENTIFIC RESEARCH

46 所设有理工农医类高校
共有教学与科研人员 84544 人

25 所设有理工农医类市属高校
共有教学与科研人员 36905 人

88 所设有人文社科类普通本科高校
共有人文社科活动人员 37760 人

51 所设有人文社科类市属高校
共有人文社科活动人员 14706 人

北京地区高校共出版科技专著 625 部
北京地区高校共出版人文社科著作 3589 部

综述

概述

2019 年，北京地区高校及附属医院共有教学与科研人员 122304 人，研究与发展（R&D）人员 128146 人；科研经费总投入 386.33 亿元；承担研究项目 115571 个；发表学术论文 131118 篇、出版学术专著 4567 部；获省部级及以上奖励 389 项;研究机构 1124 个，当年研究与发展（R&D）经费支出 79.74 亿元，年末科研仪器设备原值 272.4 亿元。

（高飞）

科技人员及投入

2019 年，北京地区 46 所设有理工农医类高校（含 28 所高校附属医院）有教学与科研人员 84544 人，其中，具有教授职称 10057 人、具有高级职称 32271 人；研究与发展（R&D）人员 81783 人；科技经费投入 355.3 亿元，包括政府资金投入 251.4 亿元、企事业单位委托投入 93.9 亿元。市属 25 所设有理工农医类高校（含 18 所高校附属医院）教学与科研人员 36905 人，包括具有教授职称 1984 人、具有高级职称 10107 人；研究与发展（R&D）人员 15985 人；科技经费投入 37.6 亿元，包括政府资金投入 28.6 亿元、企事业单位委托投入 7.6 亿元。

（高飞）

科技活动

2019 年，北京地区 46 所设有理工农医类高校（含 28 所高校附属医院）有科研活动机构 797 个；开展科技课题 72948 项，其中，研究与发展（R&D）课题 65287 项、研究与发展（R&D）成果应用 3641 项、其他科技服务 4020 项；派遣进修访问学者 4981 人次，接受进修访问学者 4354 人次；出席国际学术会议 38215 人次，交流论文 20452 篇。25 所市属设有理工农医类高校（含 18 所附属医院）有科研活动机构 184 个；开展科技课题 11611 项，其中，研究与发展（R&D）课题 10892 项、研究与发展（R&D）成果应用 313 项、其他科技服务 406 项；派遣进修访问学者 578 人次，接受进修访问学者 537 人次；出席国际学术会议 5617 人次，交流论文 3083 篇。

（高飞）

科技产出

2019 年，北京地区高校出版科技专著 625 部，大专院校教科书 354 部，另有编著 267 部；发表学术论文 99197 篇，包括在国外学术刊物发表 55882 篇；科学引文索引（SCI）收录论文 41269 篇、工程索引（EI）33427 篇、科技会议索引（ISTP）6681 篇；获奖成果 371 项（第一单位），其中，国家级奖 71 项、省部级奖 300 项。市属高校出版科技专著 185 部，大专院校教科书 136 部，另有编著 78 部；发表学术论文 17016 篇，包括国外学术刊物发表 7230 篇；科学引文索引（SCI）收录论文 5583 篇、工程索引（EI）2693 篇、科技会议索引（ISTP）975 篇；获奖成果 38 项（第一单位），其中，国家级 4 项、省部级 34 项。

（高飞）

科技推广

2019 年，北京地区高校签订技术转让合同 848 项，合同总金额 7.9 亿元，当年实际收入 3.4 亿元。包括专利出售合同 402 项，合同总金额 2.2 亿元，当年实际收入 8901.7 万元。北京地区高校申请专利 19759 项，其中，发明专利 16748 项、实用新型 2529 项、外观设计 482 项。市属高校签订技术转让合同 340 项，合同总金额 1.5 亿元，实际收入 1.0 亿元。包括专利出售合同 87 项，合同总金额 2414.2 万元，当年实际收入 2023.2 万元。市属高校申请专利 3889 项，占北京地区高校专利申请量的 19.7%，其中，发明专利 3189 项、实用新型 623 项、外观设计 77 项。

（高飞）

社科人员及投入

2019 年，北京地区 88 所设有人文社科全日制普通本科高校有教学与科研人员 37760 人，研究与发展（R&D）人员 46363 人；51 所市属高校人文社会科学活动人员 14706 人，研究与发展（R&D）人员 13691 人。北京地区高校共投入人文社科研究经费 31.03 亿元，其中，政府资金投入 18.89 亿元，企事业单位委托资金投入 10.46 亿元，其他资金投入 1.68 亿元。市属高校人文社科经费总投入 6.36 亿元，其中，政府资金投入 4.49 亿元，企事业单位委托资金投入 1.75 亿元，其他资金投入 0.12 亿元。

（高飞）

社科活动

2019 年，北京地区高校在研人文社科项目 50284 个，当年投入经费总额 21.6 亿元；举办学术会议 2136 次，其中，独办 1449 次、合办 687 次；参加学术会议 41721 人次，提交论文 13790 篇；受聘讲学派出 4655 人次，来校受聘讲学 6801 人次；进修学习派出 3590 人次，来校进修学习 3517 人次；合作研究课题 1588 项。市属高校在研人文社科项目 11097 个，占北京地区高校在研人文社科项目总数 22.1%，当年投入经费总额 3.3 亿元，占北京地区高校当年投入经费总额 15.3%。市属高校举办学术会议 255 次，其中，独办 178 次、合办 77 次；参加学术会议 9192 人次，提交论文 3667 篇；受聘讲学派出 1075 人次，来校受聘讲学 2084 人次；进修学习派出 1586 人次，来校进修学习 798 人次；合作研究课题 222 项。

（高飞）

人文社科研究成果

2019 年，北京地区高校出版人文社科著作 3589 部；发表人文社科学术论文 31921 篇；提交研究与咨询报告 1206 篇，研究与咨询报告被采纳 470 篇。市属高校出版人文社科著作 806 部，占北京地区高校出版人文社科著作总数 22.5%；发表人文社科学术论文 7152 篇，占北京地区高校发表人文社科学术论文总数 22.4%；提交研究与咨询报告 280 篇，占北京地区高校提交有关部门研究报告总数 23.2%，研究报告被采纳 91 篇。

（高飞）

北京高校 37 项成果获国家科技奖

1 月 8 日，2018 年度国家科学技术奖励大会举行，北京高校作为第一完成单位的 37 项通用成果获国家科学技术奖励。其中，获得国家自然科学奖一等奖 1 项、二等奖 5 项；国家技术发明奖一等奖 1 项、二等奖 11 项；国家科学技术进步奖一等奖 3 项、二等奖 16 项。2018 年度国家科学技术奖授予国家最高科学技术奖 2 人，国家自然科学奖一等奖 1 项、二等奖 37 项，国家技术发明奖一等奖 4 项、二等奖 63 项，国家科学技术进步奖特等奖 2 项、一等奖 23 项、二等奖 148 项，授予 5 名外国专家中华人民共和国国际科学技术合作奖。1 月 4 日，科技部、财政部印发《调整国家科学技术奖奖金标准的通知》，国家最高科学技术奖的奖金标准由 500 万元 / 人调整为 800 万元 / 人，全部属获奖人个人所得；国家自然科学奖、国家技术发明奖、国家科学技术进步奖的特等奖奖金标准由 100 万元 / 项调整为 150 万元 / 项，一等奖奖金标准由 20 万元 / 项调整为 30 万元 / 项，二等奖奖金标准由 10 万元 / 项调整为 15 万元 / 项。调整后的国家科学技术奖奖金标准自 2018 年度国家科学技术奖起实施。

（华蕾）

2018 年度国家科学技术奖励获奖项目
（通用项目　北京高校　第一完成单位）

国家自然科学奖获奖项目
一等奖
清华大学
量子反常霍尔效应的实验发现
二等奖
北京理工大学
固体材料中贝里相位效应的第一性原理研究
清华大学
大规模多媒体的资源跨域协同计算理论方法
摩擦过程的微粒行为和作用机制
北京科技大学
块体非晶合金的结构与强韧化研究
一维氧化锌的界面调控及其应用基础研究
国家技术发明奖获奖项目
一等奖
北京大学
云—端融合系统的资源反射机制及高效互操作技术

二等奖

清华大学

遗传性耳聋基因诊断芯片系统的研制及其应用

大人群指掌纹高精度识别技术及应用

中国石油大学（北京）

油气管道系统完整性关键技术与工业化应用

中国矿业大学（北京）

煤矿岩石井巷安全高效精细化爆破技术及装备

北京科技大学

复杂组分战略金属再生关键技术创新及产业化

北京航空航天大学

空间极端环境下机构复杂序列运动地面测试装备关键技术

仿复眼成像的单相机三维流场测速关键技术及装备

北京理工大学

仿人机器人关键技术及应用

光电成像系统参数测试与校准关键技术及应用

北京大学

氮化物半导体大失配异质外延技术

北京邮电大学

热点区域高容量无线网络的协同自组织技术及应用

国家科学技术进步奖获奖项目

一等奖

清华大学

脑起搏器关键技术、系统与临床应用

复杂电网自律—协同自动电压控制关键技术、系统研制与工程应用

清华大学工程结构创新团队

二等奖

中国农业大学

月季等主要切花高质高效栽培与运销保鲜关键技术及应用

半纤维素酶高效生产及应用关键技术

北京林业大学

灌木林虫灾发生机制与生态调控技术

清华大学

高世代声表面波材料与滤波器产业化技术

电力系统接地基础理论、关键技术及工程应用

大规模街景系统及其位置服务关键技术

基于共用架构的汽车智能驾驶辅助系统关键技术及产业化

城市集中式再生水系统水质安全协同保障技术及应用

中国人民大学

数据库管理系统核心技术的创新与金仓数据库产业化

北京工业大学

城市污水处理过程控制关键技术及应用

北京交通大学

大型屋盖及围护体系抗风防灾理论、关键技术和工程应用

北京航空航天大学

大范围路网交通协同感知与联动控制关键技术及应用

北京师范大学

综合自然灾害风险评估与重大自然灾害应对关键技术研究和应用

北京中医药大学

“肝主疏泄”的理论源流与现代科学内涵

北京邮电大学

高效融合的超大容量光接入技术及应用

中国地质大学（北京）

三江特提斯复合造山成矿作用与找矿突破

（华蕾）

北京高校1项成果入选2018年度中国科学十大进展

2月27日，北京高校1项成果入选2018年度中国科学十大进展。入选成果为北京大学的“揭示水合离子的原子结构和幻数效应”。该遴选活动由科技部基础研究管理中心牵头，联合《中国基础科学》《科技导报》《中国科学院院刊》《中国科学基金》和《科学通报》5家编辑部共同组织，遴选程序分为推荐、初选和终选3个环节。5家编辑部从2019年度完成并正式发表的研究成果中遴选出353项进行推荐，初选出30项进入终选。经过中国科学院院士、中国工程院院士、国家重点实验室主任、部分国家重点研发计划总体专家组专家和项目负责人等2600余名专家学者网上投票，得票数排名前10位的科学进展入选。

（曾婷）

首届中国科学文化论坛

4月26日，北京大学、中国科学技术协会共同举办“首届中国科学文化论坛暨北京大学科学技术与医学史系揭牌仪式”。论坛旨在指出科学文化研究在当代中国的学术使命和现实意义，共同致力于科学文化在中国的本土化。论坛听取题为《从学术共同体看中国当代科学文化建设》《加强科学普及与科学教育，助力科学文化建设》主旨报告并围绕主题研讨交流。全国科学文化研究领域的高等院校、科研机构、企事业单位的300名代表参加论坛。论坛同时为北大科学技术与医学史系揭牌。该系是在原有科学技术史和医学史学科点的基础上整合而成的教学与科研基本单位。

（傅翰文）

教育系统176项成果获市哲学社科优秀成果奖

5月28日，北京市第15届哲学社会科学优秀成果奖揭晓，北京高校176项成果获奖。其中，特等奖4项、一等奖35项、二等奖137项。北京高校获奖数占总体获奖成果的84.62%，其中，特等奖占100%、一等奖占85.37%、二等奖占84.05%。全市208项成果获奖，其中，特等奖4项、一等奖41项、二等奖163项。获奖总数最多的4所高校分别是中国人民大学35项，北京大学23项，北京师范大学、清华大学各20项。

（张豫）

北京市第15届哲学社会科学优秀成果奖
特等奖名单（北京高校）

成果名称	申报单位
改革开放以来的中国经济:1978—2018	北京大学
世界佛教通史(14卷)	中国社会科学院大学
瞿林东文集	北京师范大学
续修四库全书总目提要（4部）	清华大学

（张豫）

两所高校中心入选国家科技资源共享服务平台

6月5日，科技部、财政部发布国家科技资源共享服务平台优化调整名单，北京两所高校中心入选。分别是北京科技大学国家材料腐蚀与防护科学数据中心和中国地质大学（北京）国家岩矿化石标本资源库。国家材料腐蚀与防护科学数据中心由北科大牵头、联合民用部门和国防部门共同建设运行，围绕国家重大工程建设、战略性新兴产业发展、国家重大科技和经济发展需要，构建由30余个国家野外试验站和分布式腐蚀大数据观测试验站点组成长期的国家级材料环境腐蚀和防护数据生产积累平台体系，建立由47项行业团体标准和28项规范构成的环境腐蚀试验与评价技术新体系，发明系列化的基于室内外相关性的室内腐蚀加速试验谱技术与新装备，开展黑色金属、有色金属、建筑材料、涂镀层材料及高分子材料五大类、600余种材料、最长达35年的野外试验数据和连续观测数据，建成中国数据量最大、内容最丰富的材料腐蚀数据库和数据共享平台“中国腐蚀与防护网”。国家岩矿化石标本资源库依托地大建设，整合中国地学领域博物馆、科研院所、高校保存的优质岩矿化石标本17.97万件，开展分级分类整理、鉴定、描述、数字化加工；研究制定岩矿化石标本资源描述标准52个，标本收集、整理、保存技术规程39个；构建由实物层、标准规范层、数据层、业务层和用户层组成的标本资源共享平台，建立化石、矿物、岩石、矿石标本资源数据库及查询系统，系统矿物学数据库及查询系统（含矿物2996种），集成7大类地学专题模块（古生物化石群专题、典型矿床专题、地质剖面专题、珠宝玉石专题、岩矿化石精品图片库、原创科普视频、3D矿物精品）等。资源库将面向科技创新、国家战略、经济社会发展等需求，标本库达到保存数量大、数据质量高、管理运行服务高效的水平，具有标本资源收集储存与交换、检索查询、数据分析等功能的现代化、国际化、开放型的地学标本资源实物库及数据库。科技部、财政部为规范管理国家科技资源共享服务平台，完善科技资源共享服务体系，推动科技资源向社会开放共享，优化调整原有国家平台，通过部门推荐和专家咨询，经研究共形成20个国家科学数据中心、30个国家生物种质与实验材料资源库。

（陈曦　李媛媛）

北京高校24人当选两院院士

11月22日，北京高校24人当选为两院院士。其中，13人当选为中国科学院院士、11人当选为中国工程院院士。当选中科院院士中，数学物理学部3人、化学部3人、生命科学和医学学部3人、地学部1人、技术科学部3人。当选工程院院士中，机械与运载工程学部2人，信息与电子工程学部3人，化工、冶金与材料工程学部1人，土木、水利与建筑工程学部1人，环境与轻纺工程学部1人，医药卫生学部2人，工程管理学部1人。2019年，中科院增选院士64人、外籍院士20人，北京高校新增中科院院士占新增院士总数的20.31%；工程院增选院士75人、外籍院士29人，北京高校新增工程院院士占新增院士总数的14.67%。

（曾婷）

中国科学院2019年当选院士名单（北京高校）

数学物理学部	
北京大学	高原宁　汤超　张继平

化学部	
清华大学	李景虹
中国石油大学（北京）	徐春明
北京大学	张锦
生命科学和医学学部	
清华大学	董晨　谢道昕
首都医科大学	王松灵
地学部	
中国地质大学（北京）	成秋明
技术科学部	
北京大学	彭练矛
北京科技大学	张跃
清华大学	郑泉水

（曾婷）

中国工程院 2019 年当选院士名单（北京高校）

机械与运载工程学部	
北京航空航天大学	向锦武
北京理工大学	项昌乐
信息与电子工程学部	
北京航空航天大学	苏东林（女）
北京邮电大学	张平
清华大学	郑纬民
化工、冶金与材料工程学部	
北京航空航天大学	宫声凯
土木、水利与建筑工程学部	
清华大学	庄惟敏
环境与轻纺工程学部	
中国农业大学	任发政
医药卫生学部	
北京大学人民医院	王俊
北京中医药大学	王琦
工程管理学部	
北京大学第三医院	董尔丹

（曾婷）

北京高校 69 项（人）成果入选高等学校科学研究优秀成果奖

12 月 10 日，教育部发布 2019 年度高等学校科学研究优秀成果奖（科学技术）奖励结果，北京高校 66 个通用项目及 3 名个人获奖。其中，自然科学奖 27 项，包括自然科学奖一等奖 11 项、二等奖 16 项；技术发明奖 11 项，包括技术发明奖一等奖 8 项、二等奖 3 项；科学技术进步奖 28 项，包括特等奖 1 项（是唯一入选项目）、一等奖 9 项、二等奖 18 项；青年科学奖 3 人。获奖北京高校中，清华 15 个通用项目入选，为入选项目最多高校。该评选由教育部举办，经评审委员会评审、奖励委员会审定和教育部批准，授予获奖项目 305 个，其中，自然科学奖 120 项，包括一等奖 40 项、二等奖 80 项；技术发明奖 49 项，包括一等奖 27 项、二等奖 22 项；科学技术进步奖 136 项，包括特等奖 1 项、一等奖 49 项、二等奖 86 项；评出青年科学奖 10 人。

（曾婷）

2019 年度高等学校科学研究优秀成果奖（科学技术）
（北京高校　第一完成单位　通用项目）

自然科学奖
一等奖
北京大学
活细胞化学反应工具的开发与应用
原子尺度下水的复杂形态与全量子化效应研究
清华大学
锂硫电池中电化学反应的调控原理与方法
微纳超结构碳的设计、构建和储能研究
水环境中典型药物的存在规律和去除机理
抗体亲和力成熟机制研究
北京科技大学
电极化储能复合电介质材料结构性能联调的基础理论与方法
北京师范大学
关于带移民分枝过程的研究
有效学习的认知神经机制
首都师范大学
齐性空间的整点
中国地质大学（北京）
干旱—半干旱盆地高砷地下水的分布和形成机理

技术发明奖
一等奖
清华大学
面向典型器件的体硅 MEMS 加工平台及其应用
大容量电力电子系统电磁瞬态过程分析与控制技术
软硬件协同的闪存存储系统关键技术及应用
面向基础设施的长寿命智能无线传感网技术及其应用
北京工业大学
稀土永磁二次资源绿色再生新技术及产业化
北京航空航天大学
面向高机动平台的远距离目标光电探测关键技术与应用
多层系油田开发注采剖面复杂流体测量关键技术及应用
中国农业大学
良种牛羊胚胎高效发育与排卵控制技术
科学技术进步奖
特等奖
清华大学
烟气多污染物深度治理关键技术及其在非电行业应用
一等奖
清华大学
大电网调度运营决策的高效建模与优化关键技术及工程应用
基于车联网的汽车智能导航关键技术与应用
北京交通大学
高速列车和重载货车关键结构可靠性评估与提升技术
北京科技大学
非常规气藏开发理论和高效开发技术及工业化应用
北京化工大学
高纯度化学品精馏过程强化关键技术开发及应用
中国农业大学
奶牛健康标准化养殖关键技术与应用
北京林业大学
杨树分子育种技术体系创新与优良品种创制
首都医科大学
近视眼防控技术的研究与应用
中国矿业大学（北京）
60MN 六面顶超高压合成装备、关键技术及系列产品开发
青年科学奖
清华大学
伍晖　李丹
北京大学
王健

（曾婷）

科研管理

39 个“卓越青年科学家计划项目”获批立项

1 月 9 日，市教委公布北京高校卓越青年科学家计划项目立项名单。市教委确定立项支持 39 名项目负责人主持的“卓越青年科学家计划项目”，项目实施周期为 2019 年至 2023 年。根据学科领域不同，每个项目实施周期内将获得市教委 1500 万元至 5000 万元专项经费支持。

（张豫）

9 个高精尖创新中心接受中期评估

2 月至 5 月，市教委完成第二批 9 个高精尖创新中心中期评估。评估工作采取第三方评估模式，委托国家科技评估中心负责组织实施。经过中心自评、基础评估和专家评审等程序，形成分中心评估报告及总评估报告。北京建筑大学“未来城市设计”、北京科技大学“材料基因工程”、北京大学“未来基因诊断”、北京航空航天大学“生物医学工程”、北京林业大学“林木分子设计育种”5 个高精尖创新中心通过评估;北京航空航天大学“大数据精准医疗”、北京语言大学“语言资源”、北京电影学院“未来影像”、中国音乐学院“中国乐派”4 个高精尖创新中心在组织管理、建设进展等方面存在一定问题，需要进一步整改。

（翟昊）

1 个市哲社研究基地增列

4 月，市社科联、市哲社规划办与市教委在北京理工大学批准建立“军民融合发展研究基地”。该基地围绕首都军民融合发展的关键领域和难点问题开展前瞻性、针对性、储备性政策研究，探索构建军民融合理论体系和创新体系，努力成为定位清晰、特色鲜明、国内一流的军民融合新型智库。至年底，60 个北京市哲学社会科学研究基地被批准建立。

（张豫）

建设期满的市哲社研究基地接受检查评估

5月，市教委联合市社科联、市哲社规划办检查评估16个建设期满的北京市哲学社会科学研究基地。经过自评、集中答辩和实地考察，14个研究基地通过验收并进入下一个建设周期建设。其中，北京中外文化交流研究基地（北京外国语大学）、北京经济社会可持续发展研究基地（北京理工大学）、中国化马克思主义发展研究基地（北京大学）和北京能源发展研究基地（华北电力大学）4个研究基地评估为优秀，北京市政治文明建设研究基地（北京联合大学）、北京对外文化传播研究基地（北京第二外国语学院）、马克思主义研究基地（中国人民大学）、首都大学生思想政治教育研究基地（北京交通大学）、北京新农村建设研究基地（北京农学院）、首都教育经济研究基地（北京师范大学）、北京科技创新中心研究基地（北京航空航天大学）、首都高校党建研究基地（北京航空航天大学）、北京现代产业新区发展研究基地（北京石油化工学院）9个研究基地评估为合格，北京市知识管理研究基地（北京信息科技大学）免检。

（张豫）

30个科技重大项目获立项支持

9月，市教委公布2020年度科技重大项目入选名单，30个项目获立项支持。市教委为统筹推进北京高等教育改革发展，支持北京高校高水平创新人才以国家目标和战略需求为导向开展创新研究，在高校国家科技创新基地和北京实验室申报、限额推荐、初评和会评等程序的基础上，确定入选项目。

（高飞）

2020年度市教委科技重大项目

北京大学
代谢性心血管疾病的创新药物研究
清华大学
低导热高稳定性陶瓷涂层材料及无损检测技术
植入MEMS电刺激关键技术及器件
航空智能润滑材料与系统
北京交通大学
大规模经济安全系统智能化高效能仿真技术研究
轨道交通复杂轮轨接触关系真实捕捉及应用技术研究
北京工业大学
主流城市污水部分厌氧氨氧化低能耗深度脱氮技术研究与示范
流程工业及产品生命周期多维评价大数据技术
北京航空航天大学
高性能金属大型复杂整体构件高效高精度增材制造工艺与装备
京津冀区域航空运行态势感知与应急服务关键技术
北京理工大学
非结构环境下的人机共融控制技术
新能源汽车动力电池安全预警与防控技术研究
易燃易爆危险物质爆炸灾害演化规律与防控技术
北京科技大学
交通运输用关键金属材料成形过程智能控制基础研究
北京化工大学
医用内增塑聚氯乙烯共聚树脂及其器械产品的研制
基于低成本、高性能硅负极的实用型锂电子电池及电容器关键技术研究
北京邮电大学
基于量子光子学和三维光信息处理的人工智能关键技术
5G网联自动驾驶技术与应用
中国农业大学
益生菌生理特征稳态化分子基础与调控机制研究
小麦和玉米全基因组选择育种技术体系建立及其利用研究
北京协和医学院
中国心力衰竭相关心肌病单细胞图谱构建及其细胞机制研究
肺癌精准筛查与智能化微创诊疗关键技术研究
首都医科大学
远隔缺血适应对高原低氧损伤的保护作用和优化策略研究
脑疾病相关神经环路及其重塑机制和临床转化研究
心房颤动导管消融研究
首都师范大学
南水北调背景下京津冀地面沉降——形变机理与调控机制
华北电力大学
针对复杂烟气环境的特种SCR脱硝催化剂的开发与应用
北京信息科技大学
高灵敏度光纤弱磁探测系统及关键技术研究
中国科学院大学
工业非碳氢挥发性有机物污染控制过程、材料与技术
超高分辨率超声缺陷检测理论与关键技术研究

（高飞）

470个项目入选科研计划项目

12月13日，市教委下达2020年度科技计划以及社科计划资助项目的通知。经项目申请、学校初选推荐、市教委评审等程序，31 所高校 470 个科研项目入选。科技计划资助项目 283 项，其中，科技重点项目（市自然基金—市教委联合资助）50 项、一般项目 233 项；社会科学计划资助项目 187 项，其中，社会科学重点项目 30 项、一般项目 157 项。

（高飞　张豫）

北京人文社会科学研究中心建设

12 月 31 日，市教委发布建设北京人文社会科学研究中心的意见。意见指出在北京高校建设一批北京人文社会科学研究中心，旨在鼓励和引导高校以人文中心为依托，以立德树人为根本，融通资源，不断推进知识创新、理论创新、方法创新，提升学术原创能力和水平，推动学术理论中国化，将科研与教学紧密结合，将创新和服务有机统一，打造在国内外具有重要影响力的学术高地、创新人才培养培育高地和服务创新高地。人文中心是北京高校承接国家和北京市重大任务、组织高水平哲学社会科学研究、培养高水平创新人才、服务创新的重要平台，是依托北京高校建设的相对独立的科研实体，实行“开放、协同”的运行机制和“稳定支持、动态调整”的管理模式。

（曾婷）

科研成果

二氧化碳在炼钢的资源化应用技术入选世界钢铁工业十大技术要闻

1 月 1 日，北京科技大学主持的“二氧化碳在炼钢的资源化应用技术”项目入选世界金属导报社公布的“2018 年世界钢铁工业十大技术要闻”。该评选由《世界金属导报》主办，以对世界钢铁工业技术发展能够起到引领作用为原则，充分体现钢铁生产技术先进性和实用性。该项目针对炼钢过程中烟尘产生量大、二氧化碳排放量高两大技术难题，首次利用二氧化碳反应吸热效应实现降尘，将二氧化碳资源化应用于炼钢，助推节能减排和钢铁冶炼洁净化。目前相关技术已成功在首钢京唐钢铁联合有限责任公司完成工业示范，并推广应用于钢铁生产领域。

（陈曦）

能抵抗超强磁场的反铁磁记忆器件研究成果发表

1 月 7 日，北京航空航天大学的研究成果《一种压电应力控制的能抵抗磁场的反铁磁记忆器件》（A Piezoelectric, Strain-Controlled Antiferromagnetic Memory Insensitive to Magnetic Fields）在《自然—纳米技术》（Nature Nanotechnology）在线发表。该研究采用电场操控的压电应力对反铁磁 MnPt 的自旋轴和电阻进行非易失性调控，实现可抵抗超强磁场并具有超低功耗的反铁磁记忆器件。该课题组与华中科技大学国家脉冲强磁场科学中心合作，测试反铁磁材料 MnPt 在超强脉冲磁场 60T（地球磁场强度的 120 万倍）下的响应实验，发现由于 MnPt 合金很强的反铁磁耦合，其电阻态在 60T 下几乎不变化（~0.1%），从而证实该记忆器件的数据态即使在 60T 超强磁场下也不会产生“消磁”效应，也将反铁磁材料抵抗磁场的优势推向极致。

（朴悦嘉）

量子反常霍尔效应的实验发现获国家自然科学奖一等奖

1 月 8 日，清华大学作为第一完成单位承担的“量子反常霍尔效应的实验发现”项目获 2018 年度国家自然科学奖一等奖。该项目研究拓扑绝缘体薄膜的分子束外延生长、拓扑表面电子态和调控、磁性拓扑绝缘体的制备及其机理，最终发现量子反常霍尔效应。量子反常霍尔效应首次实验发现，是世界物理学界近几年最重要的实验进展之一。

（吴筱君）

大规模多媒体资源跨域协同计算理论方法获国家自然科学奖二等奖

1 月 8 日，清华大学作为独立完成单位承担的“大规模多媒体的资源跨域协同计算理论方法”项目获 2018 年度国家自然科学奖二等奖。该项目揭示媒体、用户和网络的内在特性与作用机理，建立微观动态适配、宏观跨域协同的网络资源计算理论模型，为发展多媒体网络资源计算基础理论做出贡献。

1 月 8 日，北航获奖团队代表参加国家科学技术奖励大会

（北航　供）

项目部分成果被国际视频编码标准 H.264 采纳，应用于国内外互联网服务提供商和广电运营商，用户规模超过 13 亿人。

（吴筱君）

摩擦过程的微粒行为和作用机制获国家自然科学奖二等奖

1 月 8 日，清华大学作为独立完成单位承担的“摩擦过程的微粒行为和作用机制”项目获 2018 年度国家自然科学奖二等奖。该项目实现纳米微粒在线运动状态测量，首次在蒸发水滴中观测到马兰戈尼（Marangoni）流动，提出新的流动判据；揭示出液体中纳米颗粒与固体表面的作用机制，制备出超光滑表面（Ra0.05nm）；提出润滑油中纳米颗粒的减摩机制，通过纳米微粒对缺陷生长的抑制作用，实现材料的强化。该项成果为纳米摩擦学的发展提供新的观测手段和理论，应用于集成电路晶圆制造中。

（吴筱君 陈超群）

云—端融合的资源反射机制及高效互操作技术获国家技术发明奖一等奖

1 月 8 日，北京大学作为第一完成单位承担的“云—端融合的资源反射机制及高效互操作技术”项目获 2018 年国家技术发明奖一等奖。该项目突破传统“白盒”互操作技术思路，提出颠覆式的数据互操作技术途径——“黑盒”思路，通过揭示信息系统内部基于云—端融合特性的计算反射机理，发明通过系统客户端外部监测与控制实现业务数据和功能高效互操作的整套技术及平台，消除系统源码、数据库表、后台权限、原开发团队等“白盒”依赖，信息孤岛开放效率得到大幅提升。该项目研发已推出多种产品和解决方案，有效支持一系列国家重大任务，成为支撑国家大数据产业生态发展的一项共性关键技术。

（刘鹏）

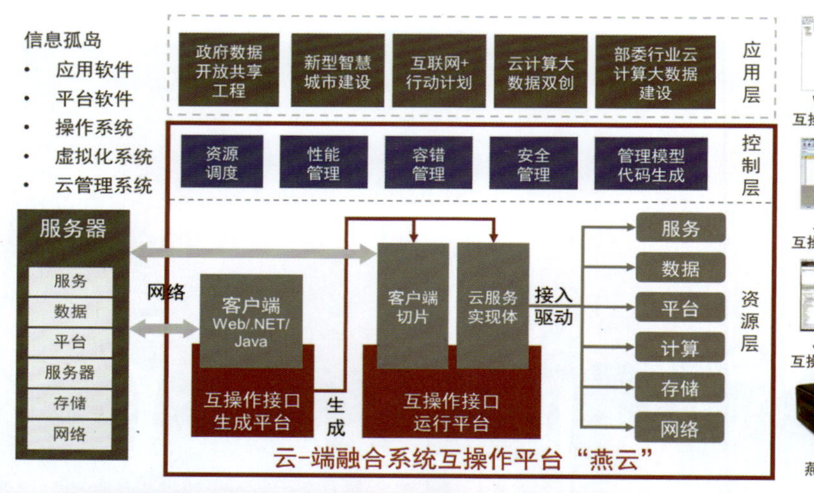

1 月 8 日，北大成果“云—端融合的资源反射机制及高效互操作技术”获国家技术发明奖一等奖 （北大 供）

煤矿岩石井巷安全高效精细化爆破技术及装备获国家技术发明奖二等奖

1 月 8 日，中国矿业大学（北京）作为第一完成单位承担的“煤矿岩石井巷安全高效精细化爆破技术及装备”项目获 2018 年度国家技术发明奖二等奖。该项目依托国家级研究课题，研究如何合理利用炸药能量和有效控制爆生裂纹扩展等问题，发明井巷掘进爆破新技术，开发井巷爆破掘进智能设计系统，发明岩巷钻装锚一体机，实现“精准、高效、安全”的精细化控制爆破，保障中国煤矿井巷安全快速掘进。

（杨恬）

遗传性耳聋基因诊断芯片系统的研制及其应用获国家技术发明奖二等奖

1 月 8 日，清华大学作为第一完成单位承担的“遗传性耳聋基因诊断芯片系统的研制及其应用”项目获 2018 年度国家技术发明奖二等奖。该项目实现规模化预防遗传性耳聋，确定中国主要的遗传性耳聋致病基因及高发突变，发明多重等位基因特异性扩增与通用芯片技术、人工引入错配碱基技术、磁珠荧光双标记技术、表面张力控制杂交技术，研制出全球首款耳聋基因诊断芯片，发明点样仪、杂交仪、扫描仪等配套设备，获 41 项知识产权，成果推广至 30 余个省市，使中国成为世界上最大规模的遗传病基因筛查国家。

（吴筱君）

大人群指掌纹高精度识别技术及应用获国家技术发明奖二等奖

1 月 8 日，清华大学作为第一完成单位的“大人群指掌纹高精度识别技术及应用”项目获 2018 年度国家技术发明奖二等奖。该项目构建指纹纹理的拓扑和统计模型，发明基于模型的方向场估计、奇异点检测、重叠指纹分离等技术；提出指纹扭曲变形模型，发明扭曲变形检测与校正、姿态估计、稠密配准等技术；发明模型驱动的方向场、密度图等特征高效编码及多特征编码融合技术，克服全局特征用于大规模比对的计算存储困难；构造掌纹特征区块描述力的模型，发明跨区块多特征分层次融合比对、皱褶自适应的特征提取等技术。该项目 29 项发明专利（含美国发明专利 5 项）获授权、软件著作权 58 项，带来直接经济效益

20.5 亿元，成果应用在中国电子护照、港澳通行证、身份证登记等工程中。

（吴筱君）

仿复眼成像的单相机三维流场测速关键技术及装备获国家技术发明奖二等奖

1 月 8 日，北京航空航天大学作为第一完成单位承担的“仿复眼成像的单相机三维流场测速关键技术及装备”项目获 2018 年度国家技术发明奖二等奖。项目提出仿复眼的单相机超视角三维成像的新原理，发明双基追踪粒子三维重构新方法和基于物理守恒约束的速度场数据挖掘技术，形成自主知识产权的单相机三维流场测速新技术，打破国外对三维流场测量技术的垄断，关键技术指标处于国际领先水平。

（朴悦嘉）

空间极端环境下机构复杂序列运动地面测试装备关键技术获国家技术发明奖二等奖

1 月 8 日，北京航空航天大学作为第一完成单位承担的“空间极端环境下机构复杂序列运动地面测试装备关键技术”项目获得 2018 年度国家技术发明奖二等奖。该项目围绕国家载人航天与探月工程的重大需求，发明一类可实现复杂序列运动测试的变拓扑机构和真空热极端工况模拟技术，独创太空舱门开关操作和深层钻取采样机构运动性能综合测试装备，成功完成“神舟”系列载人飞船、“天舟”货运飞船等型号的舱门运动性能综合测试以及探月三期“嫦娥五号”深层钻取采样机构极端工况下的模拟月壤钻取性能测试，有力保障国家航天重大型号工程任务的顺利实施。

（朴悦嘉）

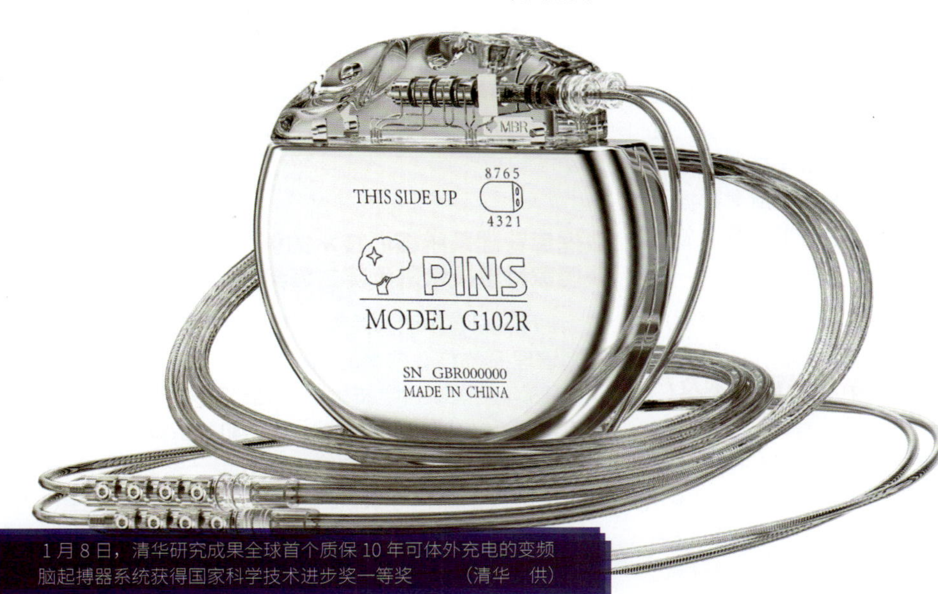

1 月 8 日，清华研究成果全球首个质保 10 年可体外充电的变频脑起搏器系统获得国家科学技术进步奖一等奖　　（清华　供）

脑起搏器关键技术、系统与临床应用获国家科学技术进步奖一等奖

1 月 8 日，清华大学作为第一完成单位承担的“脑起搏器关键技术、系统与临床应用”项目获 2018 年度国家科学技术进步奖一等奖。脑起搏器是脑深部电刺激疗法（DBS）的俗称，这种直接作用于神经中枢的人工装置，通过埋植于胸前的脉冲发生器向植入在大脑特定靶点的电极发放弱电脉冲，刺激脑内控制运动的相关神经核团，抑制引起帕金森病症状的异常脑神经信号，从而消除因帕金森病导致的运动失能，并减轻服用药物产生的运动症状波动和异动，成为药物“蜜月期”结束后首选的治疗方法。

（吴筱君）

复杂电网自律——协同自动电压控制关键技术、系统研制与工程应用获国家科学技术进步奖一等奖

1 月 8 日，清华大学作为第一完成单位承担的“复杂电网自律——协同自动电压控制关键技术、系统研制与工程应用”项目获 2018 年度国家科学技术进步奖一等奖。该项目提出复杂电网主从分裂理论，构建“自律协同”的复杂电网自动电压控制（AVC）技术体系，研制出世界上首套复杂电网自动电压控制系统，大规模应用于中国电网，闭环控制全国 81% 的水 / 火电、88% 的 220 千伏以上变电站和 55% 的集中并网风机 / 光伏，并出口至美国最大电网 PJM（宾夕法尼亚—新泽西—马里兰州，Pennsylvania-New Jersey-Maryland）。项目实现现代电网电压控制“从人工到自动，从离线到在线”的跨越。

（吴筱君　陈超群）

三江特提斯复合造山成矿作用与找矿突破获国家科学技术进步奖二等奖

1 月 8 日，中国地质大学（北京）作为第一完成单位承担的“三江特提斯复合造山成矿作用与找矿突破”项目获 2018 年度国家科学技术进步奖二等奖。该项目面向西南三江矿产资源基地建设的国家需求，聚焦制约其找矿突破的复合造山构造模式与复合成矿系统赋存规律的理论和技术难题，查明增生—碰撞—转换造山精细过程，构建复合造山构造模式，对认识复合造山带和特提斯域构造演化乃至超大陆形成具有重大科学意义。

（李媛媛）

高世代声表面波材料与滤波器产业化技术获国家科学技术进步奖二等奖

1月8日，清华大学作为第一完成单位承担的“高世代声表面波材料与滤波器产业化技术”项目获2018年度国家科学技术进步奖二等奖。该项目研发出“高功率、大带宽、小体积”滤波器产业化技术，器件功率提升10倍、相对带宽增加4倍、器件尺寸缩小至原来的1%，建立年产能30亿只自主知识产权的声表材料与滤波器生产线，推动中国声表面波材料与技术的发展，为防务领域提供器件保障。

（吴筱君）

电力系统接地基础理论、关键技术及工程应用获国家科学技术进步奖二等奖

1月8日，清华大学作为第一完成单位承担的“电力系统接地基础理论、关键技术及工程应用”项目获2018年度国家科学技术进步奖二等奖。该项目揭示雷击下土壤放电机理，解决考虑土壤放电非线性时变特性的冲击接地电阻计算难题；提出任意分层分块媒质中多尺度电磁场数值计算理论，实现复杂结构土壤中大型接地系统电气参数的精确计算；首创基于精控爆破的深层岩土改性技术，解决高电阻率岩土地区接地系统降阻的世界性难题；发明适用于地中隐蔽接地系统的综合诊断技术，实现其状态准确评估。该项目成果应用于全国1700余个电力工程的接地设计、降阻和检测，青藏铁路、奥运场馆，以及20余个国家的防雷接地工程中，编写国际、国家和行业标准21项。

（吴筱君）

大规模街景系统及其位置服务关键技术获国家科学技术进步奖二等奖

1月8日，清华大学作为第一完成单位承担的“大规模街景系统及其位置服务关键技术”项目获2018年度国家科学技术进步奖二等奖。该项目提出街景图像的结构化处理、复杂自然场景内容分析与理解、基于多源异构数据分析的位置服务等一系列创新技术，自主研发大规模街景及位置服务系统，填补国内在大规模街景采集技术与在线网络服务方面的空白。该项目在国内最早开展大规模街景数据采集，成为国内首家获得资质并正式运营的街景系统，总里程超过100万千米，覆盖城市296座。

（吴筱君）

基于共用架构的汽车智能驾驶辅助系统关键技术及产业化获国家科学技术进步奖二等奖

1月8日，清华大学作为第一完成单位承担的“基于共用架构的汽车智能驾驶辅助系统关键技术及产业化”项目获2018年度国家科学技术进步奖二等奖。该项目实现部件共用、信息共享和功能协同的传感器及控制器优化集成；研发传感器共用的汽车节能驾驶辅助技术，实现人—车—交通动态匹配的汽车行驶能量管理；研发控制器共用的汽车安全驾驶辅助技术，增强驾驶员对行车风险的判断能力；研发智能驾驶辅助产品的并行敏捷制造和在线质量管控技术，实现产品制造全过程的车规级质量保障。该项目组首次提出智能驾驶辅助系统的新型共用架构，首次实现在国内乘用车和商用车企业的大规模前装配套。

（吴筱君）

城市集中式再生水系统水质安全协同保障技术及应用获国家科学技术进步奖二等奖

1月8日，清华大学为第一完成单位承担的“城市集中式再生水系统水质安全协同保障技术及应用”项目获2018年度国家科学技术进步奖二等奖。该项目发展再生水水质协同净化新方法、新理论，突破联控深度脱氮、协同增效消毒、管网水质劣化风险控制、全流程水质安全监控预警等核心技术，形成“多屏障保质、全系统优化”再生水水质安全保障技术体系。该项目组主持编写国内外标准3项，包括城镇再生水领域首个ISO国际标准，成果应用于中国污水再生处理厂400多座。

（吴筱君）

大型屋盖及围护体系抗风防灾理论、关键技术和工程应用项目获国家科学技术进步奖二等奖

1月8日，北京交通大学作为第一完成单位承担的“大型屋盖及围护体系抗风防灾理论、关键技术和工程应用”项目获2018年度国家科学技术进步奖二等奖。该项目从1997年起对大跨屋盖体系风致效应及围护系统受力性能等进行全方位系统研究，提出大跨屋盖非高斯极值风压分析理论和多模态耦合风振效应分析理论、屋面围护结构和大跨承重结构抗风设计方法，改善屋面围护系统抗风承载力的技术措施、评价方法以及检测手段。该项目成果已成功应用于奥运系列场馆、高铁系列站房、多省市奥体中心、展览馆、航站楼，以及国家会议中心、国家大剧院、APEC峰会中心等国内外200余项重大工程。

（高杰）

数据库管理系统核心技术的创新与金仓数据库产业化获国家科学技术进步奖二等奖

1月8日，中国人民大学作为第一完成单位承担的“数据库管理系统核心技术的创新与金仓数据库产业化”成果获2018年度国家科学技术进步奖二等奖。该项目在国产数据库管理系统内核研制、XML数据和关系数据的统一管理、海量数据的联机分析加速等方面取得一系列创新性研究成果，突破数据库管理系统高可靠、高性能、高安全、大数据量“三高一大”的核心技术难题，获授权专利41件、软件著作权19项、出版著作6部、发表学术论文41篇。该项目形成的金仓数据库获国内数据库最高安全级别认证，

在电子政务、电子党务、国防军工等十余个行业领域、60余个重大信息化工程中得到规模化应用，累计推广50万余套，遍布全国3600余个县市。

（陈伟杰）

大范围路网交通协同感知与联动控制关键技术及应用获国家科学技术进步奖二等奖

1月8日，北京航空航天大学作为第一完成单位承担的“大范围路网交通协同感知与联动控制关键技术及应用”项目获2018年度国家科学技术进步奖二等奖。该项目形成具有完全自主知识产权的核心技术体系，提出车路状态信息协同感知与融合新方法，攻克城市路网运行状态辨识与量化评估新技术，研发大范围路网协同联动控制关键技术及系统装备。该项目创建城市交通协同控制技术标准体系，授权发明专利35项，软件著作权15项，在国际权威期刊发表《科学引文索引》（SCI）论文32篇，出版学术专著5部。研究成果入选国家重点新产品2项，在全国推广应用。

（朴悦嘉）

2018年度中国十大学术热点发布会

1月10日，中国人民大学发布2018年度中国十大学术热点。入选学术热点的分别是习近平新时代中国特色社会主义经济思想研究，马克思主义与当代社会，改革开放40年：经验总结、理论创新与学科发展，高质量发展下的现代化经济体系构建，乡村振兴战略研究，监察体制改革与刑事诉讼制度的衔接，海洋史研究的拓展，新时代教师队伍建设研究，算法主导下信息传播的社会影响与挑战，大数据视域下数字人文研究。中国十大学术热点评选活动始于2003年，已举办16届，评选基于年度论文发表量的数据分析，参考年度内重要主题学术会议的召开频次，经读者调查、学者推荐、专家评议、投票确定等程序，评选出当年度的中国十大学术热点和十大提名热点。

（陈伟杰）

2月27日，北大“揭示水合离子的原子结构和幻数效应”研究成果入选2018年度中国科学十大进展　（北大　供）

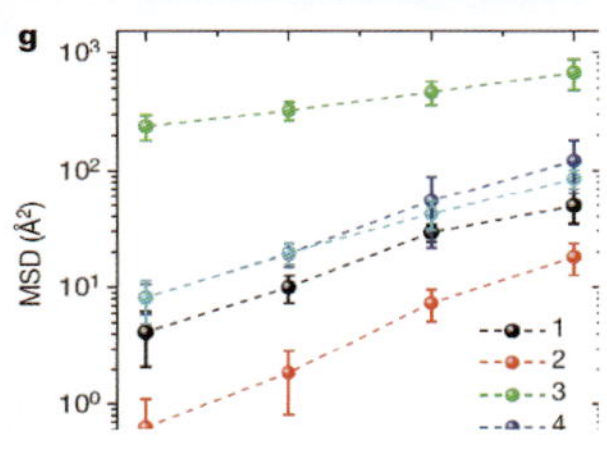

2018中国文化产业系列指数发布

1月12日，中国人民大学中国调查与数据中心发布中国发展指数（2018）的结果。中国发展指数（RCDI）数据来源于《中国统计年鉴》（2018），反映中国分地区2017年度的社会经济等方面的基本状况；中国发展信心调查（2018）是2018年底对中国大陆民众实施的问卷调查。主客观两方面研究结果显示，中国发展指数（2018）持续增长，民众发展信心增强，但对发展的预期呈现一定的分化趋势。中国省市文化产业发展指数由产业生产力、驱动力和影响力3个分指数构成。从综合指数来看，北京凭借文化产业影响力和驱动力的优势依旧位列第一。中国文化消费指数由文化消费环境、意愿、能力、水平、满意度5个分指数构成。从综合指数看，中国文化消费综合指数继续走高；从性别角度看，2017年男性文化消费指数首次超过女性，而2018年女性的综合指数又重新高于男性，不过两者之间的差距在不断缩小；从年龄角度看，26～40岁居民始终是文化消费的主力，17岁以下居民的文化消费意愿指数最高。最受消费者欢迎的5项文化产品分别是电视广播、网络文化活动、电影、图书/报纸/期刊、文化旅游。

（陈伟杰）

2018中国经济研究热点排名发布

1月15日，中央民族大学、中国人民大学、经济科学出版社等联合发布2018中国经济研究热点排名。该项排名通过对专家学者2018年在19本统计样本期刊上发表的全部学术论文1825篇按专题分类统计，得出2018年中国经济研究前十大热点，分别是经济增长与发展、自主创新、资本市场、产业结构与产业政策、收入分配与收入差距、三农、对外贸易与贸易政策、马克思主义经济学及其中国化、经济体制改革、金融秩序与金融安全。中国经济研究热点排名由民大研究团队于2003年开始统计和分析，每年出版一部研究报告《中国经济热点前沿》，每年举办一次中国经济学前沿论坛，每年召开一次中国经济研究热点排名发布会，历年分析报告形成数据库。

（周翊兰）

4月2日，北大成果“利用 LAMOST 望远镜发现新的系外行星族群——热海星”入选中国十大天文科技进展（北大 供）

揭示水合离子的原子结构和幻数效应入选中国科学十大进展

2月27日，北京大学作为第一完成单位的研究成果“揭示水合离子的原子结构和幻数效应”入选2018年度中国科学十大进展。该研究开发一种基于高阶静电力的新型扫描探针技术，刷新扫描探针显微镜空间分辨率的世界纪录，实现氢原子的直接成像和定位，在国际上首次获得单个钠离子水合物的原子级分辨图像，并发现水合离子的迁移率与特定水分子数目相关这一全新的动力学幻数效应。该研究首次澄清界面上离子水合物的原子构型，建立离子水合物的微观结构和输运性质之间的直接关联，颠覆受限体系中离子输运的传统认识。

（任一丁）

雪球地球促进动物演化入选中国古生物学十大进展

3月6日，北京大学作为第一完成单位的研究成果“雪球地球促进动物演化”入选由中国古生物学会组织评选的2018年度中国古生物学十大进展。该研究联合国内外多家单位，对中国华南雪球地球冰期沉积地层中的黄铁矿结核的系统研究，直接证明雪球地球结束后，海洋初级生产力的快速恢复与爆发，揭示大气圈氧气浓度的迅速升高。该研究表明，雪球地球的结束直接促进埃迪卡拉纪动物的出现与演化，拉开前寒武纪生态系统向显生宙现代生态系统转变的序幕。该研究为理解埃迪卡拉纪大气氧化机制和后生动物的起源于演化具有重要的启示。

（徐聪颖）

以清华为主的 LHCb 中国组成员发现新的五夸克态

3月26日，欧洲核子研究中心（CERN）大型强子对撞机上的 LHCb 国际合作实验宣布发现一个新的五夸克态 Pc（4312），并观测到2015年发现的五夸克结构 Pc（4450）实际上是由两个质量相近的五夸克态粒子 Pc（4440）和 Pc（4457）叠加而成。以清华大学研究团队为主的 LHCb 中国组成员对此发现做出重要贡献。2015年 LHCb 实验在底重子到粲夸克偶素（J/psi）、质子（p）和K介子的衰变过程中，发现粲夸克偶素与质子的不变质量谱中存在明显的增强结构，进一步的分析表明，需要两个共振态才能描述这个增强结构的效应，分别命名为 Pc（4450）和 Pc（4380），括号中的数字表示以兆电子伏为单位的粒子质量。该成果入选英国《物理世界》杂志年度物理学领域“十大突破”和美国《物理》杂志年度物理学领域8项重要成果。LHCb 清华组的研究工作获国家自然科学基金、国家重点研发计划“大科学装置前沿研究”专项经费和清华自主科研经费支持。

（吴筱君）

北大两项成果入选 2018 年度中国十大天文科技进展

4月2日，北京大学的研究成果“利用 LAMOST 望远镜发现新的系外行星族群——热海星”和“我国科学家领衔发现早期宇宙中最大的原星系团”入选由中国天文学会和中国科学院国家天文台联合评选的2018年度中国十大天文科技进展。“利用 LAMOST 望远镜发现新的系外行星族群——热海星”的研究是利用中国郭守敬望远镜（LAMOST）的观测数据，发现一类新的太阳系外行星族群——热海星（Hoptunes）。热海星具有与首个被发现的太阳系外行星族群——热木星相同的几个重要特征，为揭开热木星等短周期行星起源提供新线索和新方向。“我国科学家领衔发现早期宇宙中最大的原星系团”研究是利用位于智利的麦哲伦望远镜深度星系光谱巡天发现宇宙早期一个超大质量的原星系团。该原星系团位于红移5.7处，那时的宇宙年龄仅为10亿年。它将塌缩为约3.6×1015太阳质量的星系团，是目前已知的宇宙早期最大的原星系团。

（徐聪颖）

层状金属氧化物领域研究成果发表

4月22日，北京航空航天大学研究成果《氧空位注入层状正极材料的体相晶格》（Injection of oxygen vacancies in the bulk lattice of layered cathodes）在《自然—纳米科学》（Nature Nanotechnology）在线发表。文章通过实验和理论计算发现氧离子在层状氧化物材料中的扩散和激活比现有的认知更容易。该项成果通过系统的透射电镜表征和第一性原理计算结合获得。

（朴悦嘉）

亚太区域经济展望报告发布

4月23日，中国人民大学、国际货币基金组织联合发布《亚洲及太平洋地区经济展望报告》。《亚洲及太平洋地区经济展望报告》着重分析世界和区域宏观经济形势并对经济前景进行预测，每年春季发布。人民大学国际货币研究所（IMI）作为国际货币基金组织（IMF）的合作伙伴，每年定期联合发布该项报告。

（陈伟杰）

首届国际关系研究十大热点发布

4月24日，国际关系学院、澳门科技大学共同发布首届“国际关系研究十大热点”。包括“国际关系理论”转向“世界政治”的理论创新、新时期中美关系的变化及其影响、作为全球性国际公共产品的“一带一路”倡议进入新阶段、当前世界秩序的变化与其未来、英国“脱欧”及其对欧盟与中国的影响、“印太”战略及其影响、改革开放以来中国与世界关系的演变、对全球化与全球治理的反思与探索、区域国别研究的理论建构与学科建设、非传统安全研究领域的新议题。

（任婉君）

byAI 机器人“北邮一号”投入使用

4月，北京邮电大学 byAI 机器人“北邮一号”投入使用。“北邮一号”是由北邮主导联合研发的具备 5G+AI 能力的智能安防机器人，集成地图同步构建及定位、动态路径规划、深度学习智能大脑及视频智能分析等技术，可提供自主巡逻、安全预防、事中处置 3 项核心功能，具备自主定位与导航、自主避障、自主充电、视频监控、智能检测技术，并配置多媒体展示功能，在机器人巡逻期间播报视频、语音等交互信息。在实际工作中，“北邮一号”通过网络与学校智能安防分析集群实现双向数据传输，把通过传感器采集到的多类数据传送到智能安防分析服务器上，智能分析服务器把处理指令送给“北邮一号”机器人进行控制和处置。

（吴昊）

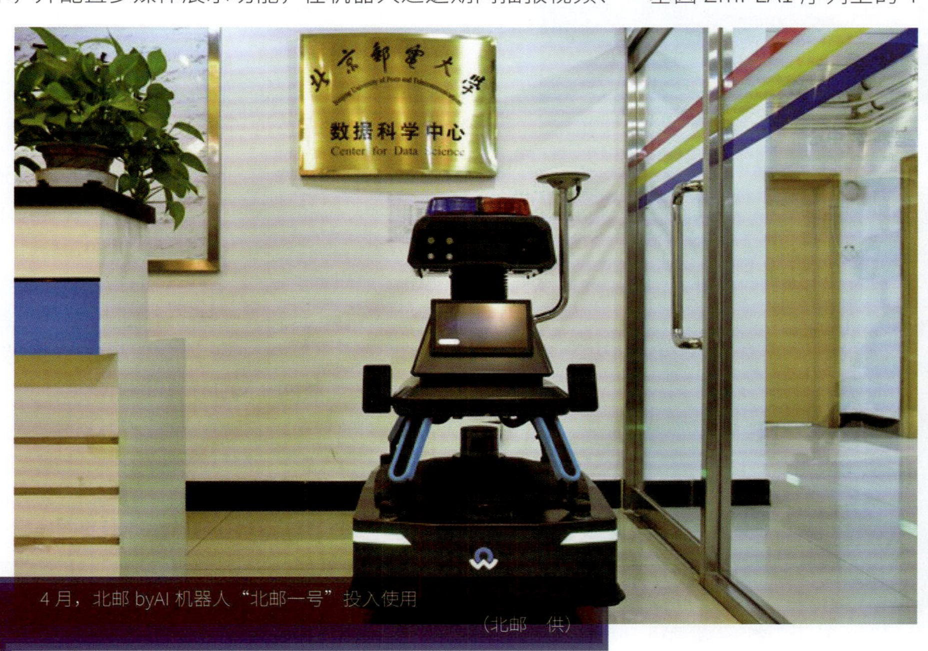

4月，北邮 byAI 机器人“北邮一号”投入使用

（北邮 供）

空间机构与机器人技术领域前瞻论文发表

6月7日，北京航空航天大学研究论文《星球采样机器人研究进展》（The progress of extraterrestrial regolith-sampling robots）在《自然—天文学》（Nature Astronomy）在线发表。北航为第一完成单位和唯一通信单位。该论文介绍世界上先进的星球采样机器人综合性能测试装备，包括北航课题组及其合作者共同研制的面向中国“嫦娥五号”重大工程的月面深层钻取采样综合性能测试装备；总结现有星球采样技术研究成果，并对星球采样机器人的发展趋势进行展望；最后介绍中国深空探测规划中的星球取样任务。

（朴悦嘉）

新的玉米单倍体关键诱导基因成功克隆

6月10日，中国农业大学的研究成果《ZmDMP 提高玉米单倍体诱导效率》（Mutation of ZmDMP enhances haploidinduction in maize）在植物学领域期刊《自然—植物》（Nature Plants）上发表。该研究历经10余年，在国际上率先克隆首个非 Stock6 来源的玉米单倍体诱导关键基因 ZmDMP，这一关键基因的克隆为理解单倍体高频诱导的成因奠定理论基础。课题研究的单倍体育种技术能够在两个世代获得纯系，是纯系创制速度最快方法之一，广泛应用并成为现代玉米育种的关键核心技术之一；已经证明磷脂酶基因 ZmPLA1 序列上的 4 个碱基插入所导致的基因功能缺失是单倍体诱导能力产生的关键（Liu et al.,2017），ZmPLA1 基因并不能完全解释高频诱导现象。该研究利用其选育的两个诱导系 CAUHOI 和 CAU5 组配的群体进行图位克隆。先后从 2 万余个 F2 单株中筛选出 37 个交换单株，以基因分型子代测验的方法，将 qhir8 的候选基因区间缩小至 318 bp，锁定编码 DUF679 结构域膜蛋白（DUF679 domain membrane protein）的基因 ZmDMP 及其功能位点。该基因编码 205 个氨基酸，研究团队利用基因编辑等方法验证该基因就是单倍体诱导的关键贡献基因。

（杜伟）

可重构的铁磁性液滴取得进展

7月19日，北京化工大学最新研究成果“Reconfigurable ferromagnetic liquid droplet”（可重构的铁磁性液滴）在《科学》（Science）在线发表。该研究发现一种新型磁性液体，通过控制磁性纳米粒子在水油界面的自组装，最终成功引导铁磁流体从顺磁性转变成铁磁性。磁铁不再一定是坚硬的固体，也可以是流动的液体。将水基磁流体材料与有机相混合，分散于水相中的羧基化四氧化三铁磁性纳米粒子（Fe_3O_4-COOH NPs）与溶解于相邻油相中的氨基化笼形倍半硅氧烷（POSS-NH_2）在水油界面相互作用，原位自组装形成磁性纳米粒子表面活性剂，吸附到界面处并实现阻塞相变，形成磁流体液滴。

（肖勇）

极深地下极低辐射本低前沿物理实验设施启动

7月20日，清华大学作为独立法人单位承担的国家重大科技基础设施——“极深地下极低辐射本底前沿物理实验设施”启动。该设施是“十三五”时期国家优先安排建设的重大科技基础设施，面向超越当前粒子物理标准模型的新粒子和新物理的重大基础前沿研究，开展暗物质直接探测实验、无中微子双贝塔衰变实验，以及核天体物理领域关键核素合成过程和恒星演化等基础科学前沿研究，探究极深地下近零宇宙射线本底条件下各类基础前沿领域探测新机理、新方法、新技术，发展极低辐射本底屏蔽新方法与新技术，为中国粒子物理和核物理领域的重大基础前沿物理问题研究提供平台支撑。设施预计于2024年建设完成。

（吴筱君）

“北理工1号”卫星发射成功

7月25日13:00，北京理工大学研制的第一颗卫星“北理工1号”搭乘北京星际荣耀空间科技有限公司的双曲线一号火箭在中国酒泉卫星发射中心成功发射并进入预定轨道。“北理工1号”卫星，代号为BP-1B，直径500毫米，质量3千克，发射轨道高度300千米，倾角为42.7度。作为一颗科学技术验证微型卫星，轨道寿命约为7～10天，完成帆球航天器技术和新型空间电台技术2项科研验证任务。

（岳鹏）

中国发现亚洲首例霸王龙足迹

7月29日，中国地质大学（北京）、英良世界石材自然历史博物馆、美国科罗拉多大学足迹博物馆共同研究宣布，在江西省赣州发现一个巨大的恐龙足迹。这是中国乃至亚洲首次发现暴龙足迹，对研究中国白垩纪最末期恐龙动物群的分布与演化有着重要意义。该研究论文以封面文章的形式发表在国内权威学术期刊《科学通报》（Science Bulletin）上。暴龙又名霸王龙，是一种超大型的肉食性恐龙，属于兽脚类，它们生活在晚白垩世的最后300万年，距今6850～6550万年前，随后在白垩纪—古近纪大灭绝事件中销声匿迹。

（李媛媛）

7月29日，中国发现亚洲首例霸王龙足迹

（地大 供）

首款异构融合类脑芯片“天机芯”发布

8月1日，清华大学研究成果《面向人工通用智能的异构天机芯片架构》（Towards artificial general intelligence with hybrid Tianjic chip architecture）作为封面文章在《自然》（Nature）上发布。该芯片是面向人工通用智能的世界首款异构融合类脑计算芯片。10月20日，“天机芯”入选2019世界互联网15项领先科技成果。第一代芯片的体积约为110纳米，只是个DEMO（小样）。第二代“天机芯”具有高速度、高性能、低功耗的特点，体积缩小至28纳米。相比于当前世界先进的IBM的TrueNorth芯片，其功能更全、灵活性和扩展性更好，密度提升20%，速度提高至少10倍，带宽提高至少100倍。

（吴筱君）

《〈共产党宣言〉与新时代》入选“五个一工程”特别奖

8月8日，中国人民大学主持编写的《〈共产党宣言〉与新时代》入选第15届精神文明建设“五个一工程”特别奖。《〈共产党宣言〉与新时代》从西欧资本主义的发展和工人运动的兴起开始，按照时间顺序依次展开，分析《共产党宣言》创作发表的时代背景和时代意义，阐述《共产党宣言》对科学社会主义的理论贡献及对中国特色社会主义的信念支撑，并最终落笔《共产党宣言》中的“民族复兴”思想，认为这一思想将极大助力中华民族的伟大复兴。该书由河北人民出版社出版，全书121千字。“五个一工程”奖由中宣部组织评选，每年1次，2019年73部作品获奖，其中，特等奖13部、优秀奖60部。特等奖中图书4部。

（楚艳红）

首次实现原子级精准石墨烯“折纸术”

9月6日，中国科学院大学研究成果《原子级精准、按需定制的折纸石墨烯纳米结构》（Atomically precise, custom-design origami graphene nanostructures）在《科学》（Science）杂志发表。该成果宣布实现对石墨烯纳米结构的原子级精准的可控折叠，构筑出一种新型的准三维石墨烯纳米结构。该研究通过扫描探针操控技术，实现石墨烯纳米结构的原子级精准折叠与解折叠、同一个石墨烯结构沿任意方向的反复折叠、堆叠角度精确可调的旋转堆垛的双层石墨烯纳米结构、准一维碳纳米管纳米结构的构筑，以及双晶石墨烯纳米结构的可控折叠及其异质结的构筑。该项成果在国际上首次实现原子级精准控制、按需定制的石墨烯折叠，是目前世界上最小尺寸的石墨烯折叠。基于这种原子级精准的“折纸术”，可以折叠其他新型二维原子晶体材料和复杂的叠层结构，制备出功能纳米结构及其量子器件。

（通拉嘎）

“太极一号”完成第一阶段在轨测试

9月20日，中国科学院大学科研项目——国内首颗空间引力波探测技术实验卫星“太极一号”完成第一阶段在轨测试。该研究表明卫星激光干涉仪位移测量精度达百皮米量级（约为一个原子直径），引力参考传感器测量精度达到地球重力加速度的百亿分之一量级，微推进器推力分辨率达到亚微牛量级。“太极一号”实现国内最高精度的空间激光干涉测量，成功进行国内首次在轨无拖曳控制技术试验，并在国际上首次实现微牛级射频离子和双模霍尔电推进技术的在轨验证。该卫星8月31日在酒泉卫星发射中心发射。中国科学院从2008年开始前瞻论证空间引力波探测的可行性，提出中国空间引力波探测“太极计划”，确定“单星、双星、三星”“三步走”的发展战略和路线图。“太极一号”是“三步走”中的第一步，国科大承担科学应用系统的研制，同时与相关单位共同研制霍尔微推进器。

（通拉嘎）

热电材料研究取得新进展

9月27日，北京航空航天大学研究成果《SnS晶体：一种新型低成本高性能热电材料》（High thermoelectric performance in low-cost SnS0.91Se0.09 crystals）以全文形式在《科学》（Science）杂志在线发表。该研究发现并利用硫化锡（SnS）多个能带随着温度的演变规律，通过引入Se协同优化调控有效质量和迁移率的矛盾，在储量丰富、成本低廉、环境友好的SnS晶体材料中实现高热电性能。该工作采用变温同步辐射X射线衍射（SR-XRD）、密度泛函理论计算（DFT）、角分辨光电子能谱（ARPES）、X射线吸收精细结构谱（XAFS）、非弹性中子衍射（INS）、球差扫描透射显微镜（STEM）、中子探伤性能稳定性测试和热电器件转换效率测试等先进测试及表征手段。热电转换技术是一种利用塞贝克效应（Seebeck）效应（温差发电）和珀耳帖效应（Peltier）效应（通电制冷）实现电能与热能相互转换的技术，具有系统体积小、无运动部件、无磨损、无噪音和无污染等优点，在废热发电和电子制冷等关键领域有着重要的应用，如利用热电材料的温差发电技术是深空探测中不可替代的能源技术。

（朴悦嘉）

“傲雪”金银木获得植物新品种权

9月，北京农业职业学院选育的“傲雪”金银木被国家林业与草原局授予植物新品种权。这是农职院第三个报审并通过授权的植物新品种（品种权号：20190131）。“傲雪”金银木喜光，耐半阴；耐寒、耐旱、耐贫瘠、耐水湿和轻度盐碱土；对土壤适应性强，萌芽力强，耐修剪；繁殖容易，栽培管理方便，适生范围广，抗逆性强，观赏价值高，是北京地区乡土春花秋果树种之一，适合在中国东北、华北、西北、黄河及淮河流域等地区栽培推广，在北京增彩延绿工程及城乡绿化美化中有良好的应用前景。

（刘宪东　石进朝）

应力制冷领域最新研究成果发表

11月29日，北京航空航天大学作为第一完成单位的研究成果《增材制造抗疲劳高性能弹热制冷材料》（Fatigue-resistant high-performance elastocaloric materials made by additive manufacturing）在《科学》（Science）发表。应力制冷（或称弹热制冷，是机械热制冷的形式之一）是通过外应力场的施加和移除可逆地改变材料的晶体结构对称性以引起材料放热和吸热。增材制造镍钛合金能够制造出高效热力学性能、超窄滞后的应力制冷材料。通过“工艺—微结构—属性—性能”策略，利用粉末激光定向能量沉积技术中的局部熔融和快速冷却的特点，调节元素粉末的比例达到近共熔成分混合，实现在二元合金基体中镶嵌富镍的金属间化合物的纳米复合微结构。所获得的应力制冷材料在准线性应力—应变行为中展现出极小的应力滞后，相比于通常情况其材料效率提高4～7倍，并且在100万次循环中拥有可重复的应力制冷性能。增材制造应力制冷材料可以实现对具有长寿命、高性能的金属制冷剂进行独特的微观结构控制。抗疲劳、高性能镍钛合金的获得展示增材制造在优化固态制冷技术的潜力。

（朴悦嘉）

《马克思主义经典文献传播通考》首批 20 卷出版

11 月 30 日，清华大学和辽宁省委宣传部联合编纂的《马克思主义经典文献传播通考》首批 20 卷出版。该丛书由国家出版基金资助，是全面系统考证马克思主义经典文献传播的大型主题图书。该丛书对 1949 年以前马克思、恩格斯、列宁等重要著作的中文版本进行整理、考证，主要由原版考释、译本考释、译文解析、原版书影印 4 个部分组成，计划出版 100 卷，首批 20 卷首发，包括《共产党宣言》陈望道译本考、《共产党宣言》博古译本考、《哲学的贫困》许德珩译本考、《德意志意识形态》郭沫若译本考等。首批 20 卷由辽宁人民出版社出版。

（吴筱君）

北航研究团队获托马斯费奇罗兰奖

11 月，北京航空航天大学姚仰平团队获美国土木工程师学会（ASCE）颁发的托马斯费奇罗兰奖（Thomas Fitch Rowland）。这是中国大陆学者首次获该项荣誉。姚仰平团队在土木工程国际期刊《建筑工程与管理》（Journal of Construction Engineering and Management）发表的题为《机场工程高填方碾压实时监测平台研究的研究》（Research on a real-time monitoring platform for compaction of high embankment in airport engineering）。论文因其在高填方机场智能建造、压实质量控制和安全运营上的突出贡献获奖。该研究融合本构理论、北斗卫星定位、物联网、云计算和无人驾驶等新一代信息通信技术，研发基于云辐射的高填方机场压实质量实时监控系统，革新传统的高填方机场建造方式。基于研究团队在土的基本特性和本构理论领域 20 余年的研究积累，该系统提出高填方机场土体最佳压实路径规划、实时远程监测数据反演分析、虚拟现实比对和无人驾驶控制等核心功能，实现机场建造和管理全过程的科学化、信息化和可视化，保证填筑体压实质量的同时提高建造和管理效率，对于高填方机场智能建造具有重要意义。此外，姚仰平团队还基于本构理论研究成果开发机场高填方工程全生命周期安全监测及预警平台。Thomas Fitch Rowland 于 1882 年设立，从美国土木工程师学会旗下所有期刊论文中评选，旨在表彰对建筑工程和管理等做出开创性重大贡献的研究成果，每年仅授予 1 项。

（朴悦嘉）

中国医院科技量值与中国医学院校科技量值发布会

12 月 19 日，中国医学科学院发布《2018 年度中国医院科技量值报告》与《2018 年度中国医学院校科技量值报告》。2018 年度中国医院“科技量值”STEM 以全国 1660 家医院为对象进行评估，此次发布针对综合和 29 个学科的前 100 位医院排名。综合排名前 3 位的医院分别是四川大学华西医院、中国人民解放军总医院、中国医学科学院北京协和医学院。在以往发布的医院 STEM 的基础上，中国医学院校 STEM 对全国 110 所独立医学院校和设立医学学科的综合大学科技量值进行测算，并在指标体系中增加与高等院校相关的科技指标。综合排名位列前 3 位的医学院校是协和医学院、北京大学医学部、上海交通大学医学院。

（孙莉娜）

教育科学研究

25 项课题入选全国教育科学规划课题

3 月，北京教育科学规划领导小组办公室组织完成全国教育科学“十三五”规划 2019 年度课题申报。报送课题 183 项，入选全国教育科学规划课题 25 项。报送 2019 年国家社科基金后期资助（教育学）项目 6 项，入选 2 项。

（王一丹）

课程建设优秀成果评选

5 月 28 日，北京教育科学研究院开展 2018—2019 学年度北京市课程建设优秀成果评审。各区中小学校上报课程建设成果 231 个，经过专家复评，评选出一等奖 43 个、二等奖 79 个、三等奖 92 个。

（李群）

北京教育发展研究报告（2018 年卷）出版

5 月，北京教育科学研究院编纂出版《北京教育发展研究报告（2018 年卷）·“四个中心”建设与首都教育新使命》。该书由知识产权出版社出版发行。该书为北京市教育科学重大课题“‘四个中心’建设与首都教育新使命——北京教育发展研究报告”的研究成果，主要从四个方面开展论述：概述，作出首都教育的基本价值判断；从历史比较和国际比较的视角展开，分析城市发展与教育的融合关系；再一次审视首都“四个中心”建设与教育的关系，分析教育的不足之处；提出服务“四个中心”的首都教育发展战略。该课题于 2016 年立项，2019 年经专家结题鉴定等级为优。

（高兵）

农村美术资源整合研讨会

6 月 11 日，北京教育学院主办的新课程改革下农村美术资源整合与课堂教学实践策略研究主题研讨会在北京实验学校举行。北京实验学校介绍该校在魅力教育理念引领下艺术教育开展状况及成绩，特别介绍美术班建设经验和美术社团建设。会议分小学、中学组开展研讨，来自全市 9 所学校的教师代表分别介绍各校在校本教材开发、课题研究、特色发展、社团活动和工作室活动等方面的经验和成果。卓越教师工作室 6 名特级教师和特聘专家作点评发言。来自平谷区教育研修中心、市教育学院卓越教师工作室平谷区中小学工作室成员、部分中小学美术教师及北京实验学校相关人员等 40 余人参加研讨会。

（任淑莲）

北京市教育规划课题立项 418 个

6 月 21 日，北京市教育科学规划领导小组审议确定 2019 年度北京市教育规划课题立项 418 个。其中，重大课题 1 项、优先关注课题 26 项、重点课题 35 项、校本研究专项课题 37 项、青年专项课题 39 项、一般课题 280 项。至年底，处理重要事项变更 123 项，中期检查课题 200 项，课题结题鉴定 248 项。

（庞立场）

首届教育实践研究工作坊开班

9 月 20 日，北京教育科学研究院主办的首届教育实践研究工作坊开班。工作坊结合行动研究范式，带领学员一边学习研究方法，一边进行研究实践，旨在通过 1 学年的学习和实践，帮助学员掌握科学研究方法，有效解决教育实践问题。工作坊分为叙事探究班、案例研究班和调查研究班，北京基础教育领域班主任、管理干部和科研骨干 94 人参加学习。至年底，举行 5 次集中研修。

（王富伟）

2019 学校影响力大会

11 月 6 日，北京教育科学研究院召开 2019 年度学校影响力大会。会议以“壮丽 70 年，奋进新时代”为主题，突出学校与新中国共成长，与国家同呼吸共命运，交流学校立德树人，贯彻党的教育方针，改革发展的办学经验，加快提升学校的凝聚力、影响力、吸引力，引领基础教育探索创新。各区基教所、市级科研先进校以及教师代表 230 人参加会议。

（汪志广）

以学生为本的教学设计与实施研修成果与经验交流专题研讨会

12 月 7 日，北京教育学院召开“以学生为本的教学设计与实施研修成果与经验交流”专题研讨会。会议展示《以学生为本的教学设计》（初中卷、高中卷）两本研修成果，听取题为《让教师培训架起政策、理念与课堂实践的桥梁》主题发言，从学生为本的政策背景、学生为本的教学理念原则方法、学生为本的教师培训北京案例、反思教师学习有效性、重构教师培训新模式五个方面，回顾与系统总结“北京教育学院协同创新学校计划——以学生为本”的教学设计与行动学习项目实施以来的研发过程与实施经验。东城、西城、朝阳、丰台、大兴、通州等部分区的中小学校长教师，以及天津、河北两地的部分教师 150 余人参会。《以学生为本的教学设计》（初中卷、高中卷）于 10 月由教育科学出版社出版。

（石燕）

写字教材及教学有效性实验研究结题

12 月 13 日，北京教育科学研究院“写字教材及教学有效性实验研究”课题结题。海淀区上庄中心小学教师展示一节聚焦“识规律，写好字”语文现场课，与会专家点评课题研究成果和现场课。海淀区部分学校、河北张家口、吉林敦化、河北易县等手拉手学校相关负责人及评价中心项目组成员和上庄中心小学相关教师、家长共 80 人参加会议。

（李美娟）

《残疾人教育条例》立法后评估研究课题结题

至年底，北京教育科学研究院完成《残疾人教育条例》立法后评估及工作推进试点研究。课题组依托立法后评估指标体系，全面调研条例在河南、广西、重庆和北京 4 个试点地区的实施情况和成效，并组织专题培训研修推进条例实施，完成《〈残疾人教育条例〉立法后评估试点研究报告——基于四省（市）的调查》《〈残疾人教育条例〉立法后实施推进工作报告》等专题报告。这是国家层面第一次对教育法规开展的立法后评估。项目于 3 月立项。

（杜媛　王善峰）

教育教学研究

中小学优秀体育教学课例征集与评选

3 月，市教委面向全市中小学启动中小学优秀体育教学课例征集与评选。评选按照《2019 年北京市中小学优秀体育教学课例征集与评选方案》，修订和完善《北京市中小学体育与健康课堂教学评价标准》，分为学校评选、学区（片）评选、区级评选和市级评选 4 个评段。200 节优秀课例进入市级评选，其中，足球课例 50 节、冰雪课例 30 节、其他课例 120 节。最终，评出优秀课例 187 节，其中，足球课例 49 节、冰雪课例 21 节、其他课例 117 节。

（张志华）

中央美院举办中国近现代史纲要情境教学公开课

4 月 1 日至 2 日，中央美术学院举办“我的祖辈与我的祖国——中国近现代史纲要”情境教学公开课。学校本部 13 个小班、燕郊校区 5 个小班的 18 名辅导员带领 2018

级学生600名学生编排表演17个情景剧节目，表现五四运动、中国共产党诞生、南昌起义等重大历史事件。学生通过课程主讲教师的串讲和情景剧表演了解中国近现代史。学校学生820人观摩公开课。

（马涵）

中小学实验教学说课活动

4月至7月，北京教育科学研究院和北京市教育技术设备中心联合举办第二届北京市中小学实验教学说课活动。16个区和燕山地区申报说课案例600件，经评选，249件参加市级评比，最终，76件获市级一等奖。10月，15个优秀案例代表北京市参加第七届全国中小学实验教学说课活动，9个案例入选现场展示。

（赵文强）

中小学德育课程教师教学基本功展示活动

5月，北京教育科学研究院与市教委共同启动中小学道德与法治学科教师教学基本功培训与展示活动。活动采取讲座、笔试、说课、答辩等形式举行，经过市区两级培训和展示，101名教师获得笔试一等奖，42名教师获得现场展示一等奖。11月13日，北京市中小学道德与法治学科教师教学基本功培训与展示活动总结会在中国人民大学附属小学举行。

（时雁）

26所学校入选北京市基础教育课程建设先进单位

6月25日，北京教育科学研究院评选2018—2019年度北京市基础教育课程建设先进单位。通过现场答辩、综合分析、实地考察等环节，经过各区初评和市级复评、终评，并经北京市课程改革领导小组批准，26所学校入选北京市基础教育课程建设先进单位。

（李群）

4月，中央美院开设中国近现代史纲要情境教学公开课

（中央美院 供）

职业院校技能大赛教学能力比赛

8月29日至30日，由市教委主办、北京教育科学研究院承办的2019年北京市职业院校技能大赛教学能力比赛暨全国职业院校技能大赛教学能力比赛选拔赛在北京市昌平职业学校举办。比赛按照中等职业教育和高等职业教育分成2个大组，190件作品参赛，包括中职学校66件、高职院校124件。经专家组评审，评选出一等奖28项（中职10项、高职18项），二等奖43项（中职14项、高职29项），三等奖63项（中职22项、高职41项），4个区教委和6所职业院校获得优秀组织奖。11月23日至25日，北京市职业院校代表队参加2019年全国职业院校技能大赛教学能力比赛，24项参赛作品中有21项获奖，包括一等奖9项（中职8项、高职1项）、二等奖9项（中职2项、高职7项）、三等奖3项（中职1项、高职2项），获奖率87.50%，市教委获最佳组织奖。

（项明　马开颜）

北京市地理学科专题研讨会

10月23日，北京教育科学研究院基础教育教学研究中心和东城区教师研修中心联合主办的北京市地理学科“以博雅课程为依托，提升中学生地理实践力”专题研讨会在北京市第一六六中学举行。一六六中教师展示4节校本课程，呈现教师针对不同年龄、不同学段学生特点，设计形成的阶梯式知识体系。教师带领学生采用实地测量、绘制图表、观察调查、查阅文献等实践方式，开展研究性、项目化、合作式学习，实现基于情景导向的互动探究式课堂教学。教育部及市、区教研室专家作“地理实践力”主题汇报和讲座。来自10个区的百余名学科教师参加课例点评和研讨活动。

（周燕）

义务教育阶段青年教师同课异构教学研究活动

10月31日至11月1日，北京教育科学研究院举办北京市义务教育阶段青年教师同课异构教学研究活动。活动以“育人为本，素养导向，切实提高课堂教学质量”为主题，通过教师课堂教学展示和研讨会的方式，促进区域课堂教学质量与教师业务能力双提升。教师课堂教学展示包括初中14个学科42名教师的42节课；小学10个学科30名教师的30节课；高中通过召开“北京市第五届示范性高中同课异构教学研讨会”，展示10个学科研究课33节。

（时雁）

409 节课程在教育部“一师一优课”活动中获奖

10 月，教育部公布 2019 年“一师一优课、一课一名师”活动评选结果，北京获得优课 409 节，获奖率 68%。北京市按照要求推送 600 节省级优课参加教育部评审。此次活动在北京市优课应用小程序中推送优课 3423 节，录制完成优质示范资源视频 40 节。该活动由北京教育网络和信息中心承办。

（车英子）

首届中小学优秀研学旅行课程评选

11 月 5 日，北京教育科学研究院召开首届北京市中小学优秀研学旅行课程开发成果评审会。评审依据《北京市中小学优秀研学旅行课程开发成果评选工作方案》《北京市中小学优秀研学旅行课程成果评价标准》，在各区依据标准初评推优基础上，高校、杂志社及研学资源管理单位的课程领域相关专家开展终评，评审出 136 份研学旅行课程成果，包含一等奖 29 个、二等奖 44 个、三等奖 56 个。

（王禹苏）

第二届中小学实验教学说课活动

11 月 5 日，市教委公布第二届北京市中小学实验教学说课活动案例获奖名单。获奖案例经过学校申报、区级遴选、市级评议、市级展示等环节，从区级推荐的 603 个案例中择优遴选产生 246 个案例，其中，一等奖 76 个、二等奖 77 个、三等奖 93 个，优秀辅导教师奖 72 人，优秀青年教师奖 9 人，优秀组织奖 9 个。15 个实验教学优秀案例选送参加由教育部主办的第七届全国中小学实验教学说课活动，9 个优秀案例入选现场展示案例。

（陆小红　曾婷）

北京市中小学心理健康教育优秀成果交流展示活动

11 月 6 日，北京教育科学研究院召开北京市中小学心理健康教育优秀成果交流展示活动。活动通过教学课例、辅导案例、校园心理剧等形式进行展示和分享，全面展示近年来北京市中小学心理健康教育优秀成果。会上，石景山区、昌平区、通州区、密云区的 4 名教师分享教学课例和辅导案例，丰台区和昌平区的学生展示两场校园心理剧，由心理教师自发组建的“五月剧社”通过现场互动的方式展示“一人一故事”即兴心理剧。来自各区的心育教研员和学校心理健康教育教师 200 人参加活动。年内，北京 8 所学校入选第三批全国中小学心理健康教育特色学校。

（白玉萍）

东城怀柔延庆三区体育联合网络研修现场教学

11 月 13 日，东城、怀柔、延庆三区体育联合网络研修现场教学观摩活动在北京市怀柔区第一小学（北京市东城区府学胡同小学怀柔分校）举行。活动以“师徒携手 学生创新思维能力培养”为主题，旨在通过联合教研交流教学经验，展示教学成果，引发教学思考，提升教学感悟，促进三区教师共享、共研、共成长。来自三区的 12 名教师先后进行教学展示。东城区教师研修中心、怀柔区教科研中心、延庆区教育科学研究中心体育教研员，相关学校骨干教师、教研组长、体育教师等 600 余人参加活动。

（缐金秋　张晓清）

顺义石景山房山三区语文联合教研

12 月 5 日，北京教育科学研究院在北京市顺义区西辛小学教育集团举办顺义、石景山、房山三区语文联合教研活动。活动以“用好统编教材 提升学生素养”为主题，组织观摩 3 名教师的低年级课程展示，提出“老师要准确把握本语文要素”“设计以目标为导向的学习活动”“设计进阶式目标导向的学习活动”3 个要求。北京教科院语文教研员，石景山、房山、顺义三区语文教研员及教师等 30 余人参加活动。

（石小磊）

中学数学研讨会

12 月 18 日，北京市中学数学教学研讨会在北京市平谷中学举行。平谷中学汇报高中数学运算能力的研究情况，该校 3 名数学教师分别汇报课题研究成果、2 名数学教师作说课展示；清华大学教授作《数学与科学》讲座。来自全市农村中学的 25 名数学教师分为 6 个小组作教学展示。会议帮助教师探索和总结出适合新课程背景下的教学策略，对教师转变教育教学观念、构建科学化的课堂教学模式起到促进作用，最终达到培养和提升学生数学核心素养的目标。市、区两级数学教研员和数学教师等 300 余人参加会议。

（杜德胜）

11 月 5 日，市教委举办第二届北京市中小学实验教学说课活动
（市教委相关处室　供）

（本栏责任编校 华蕾　曾婷）

49 人

入选中小学名校长（名园长）发展工程

77 人

入选中小学名师发展工程

1210 人

教育系统接收非京生源毕业人

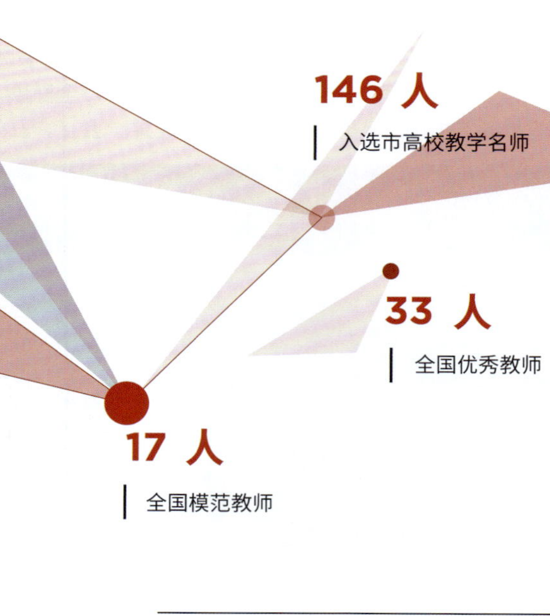

2020 师资建设

TEACHERS CONSTRUCTION

- 师德师风建设闭环管理制度体系健全
- 教师教育振兴行动计划实施办法（2018—2022 年）印发
- 卓越教师培养计划 2.0 的实施意见印发
- 师范生公费教育实施细则印发
- 高校教师职务聘任管理办法印发
- 推进中小学教师“区管校聘”管理改革

师资建设

TEACHERS CONSTRUCTION

综述

全市人才重点任务落实

2019 年，市教委推进落实全市人才重点任务。根据《北京市人才工作领导小组关于新时代推动首都高质量发展人才支撑行动计划（2018 年—2022 年）》主要任务分工，市教委建立由主任牵头、分管副主任协助、相关职能处室各司其职的工作机制，按月召开项目落实情况推进会，完成 2019 年的 3 项主要任务：一是协调高校系统引进 4 名海外战略科技人才领衔的高水平创新团队，支持培养 2 名本土战略科技人才领衔的高水平创新团队，支持培育战略科技人才；二是统筹推进“北京高校卓越青年科学家计划”项目实施，39 名入选者已开展研究工作；三是协调清华大学承担建设专业化技术转移学院的工作，并就解决科技成果转移转化人才培养的相关瓶颈问题与教育部达成共识。

（纪奇明）

教师队伍建设改革任务全面落实

2019 年，市教委全面落实教师队伍建设改革任务。在市委市政府相关部门分工基础上，制定市委教育工委、市教委各处室分工方案，组织召开教师工作会议，加大宣传

4 月 25 日至 26 日，怀柔区实验小学教师张利获“全国语文名师工作室论坛活动”展评课一等奖　（怀柔区实验小学　供）

力度，加强监督指导，推进各区、各校制定实施办法，全面落实教师队伍建设改革任务。研究起草《北京市教师队伍建设情况报告》，先后报送市教委第 30 次主任办公会、市委教育工委第 28 次委员会议、市教育体制改革专项小组第 3 次全体会议审议通过，于 12 月 18 日提交市委常委会讨论，得到市委领导肯定。

（杨江林）

中小学教师来源拓展

2019 年，市教委继续拓展中小学教师来源，全面振兴教师教育。继续实施《北京市拓展中小学教师来源行动计划（2018—2022 年）》，开展“北京市乡村教师特岗计划”“北京市公开招聘城区中小学史地政生等紧缺学科教师三年行动计划”两项招聘工作，增加招收 1716 名师范生（相关教育专业），招聘紧缺学科教师 1000 余人，完成为远郊区培养定向师范生的任务。北京师范大学和首都师范大学完成定向培养高起点教师工作，实际完成培训任务的学术型研究生 184 人，实际到基础教育领域工作的 110 余人（另有 20 人到其他教育机构或高校就业）。印发《北京市教师教育振兴行动计划实施办法（2018—2022 年）》《关于北京市师范生公费教育实施细则》《关于卓越教师培养计划 2.0 的实施意见》，系统谋划教师教育改革，规范师范生管理。

（房卫青）

师德师风建设闭环管理制度体系健全

2019 年，市教委推进师德师风建设，健全闭环管理制度体系。制定印发《新时代北京高校教师职业行为十项准则》《北京高校教师师德考核办法》《关于北京高校教师师德失范行为处理的指导意见》《新时代北京市中小学教师职业行为十项准则》《北京市中小学教师师德考核办法》《北京市中小学教师违反职业道德行为处理办法》《新时代北京市幼儿园教师职业行为十项准则》《北京市幼儿园教师师德考核办法》《北京市幼儿园教师违反职业道德行为处理办法》系列文件。系列文件从行为准则到考核办法再到处理办法，有标准、有考核、有奖惩，形成北京师德师风建设的闭环管理制度体系，健全师德建设长效机制，推动师德建设常态化、长效化，并将 2019 年确定为师德考核年，进一步完善师德规范、健全师德考核、强化结果使用，打通政策落实的最后一公里。

（杨江林　刘娟）

创新和规范中小学幼儿园教师编制配备

2019 年，市教委创新和规范中小学幼儿园教师编制配备。配合市委编办研制出台《关于创新和规范我市中小学幼儿园教师编制配备有关问题的意见》，完善教育部门所属公办幼儿园教职工配备标准，探索创新教育部门所属公办幼儿园教职工管理方式；开展市级教育系统事业编制“周转池”制度试点，盘活市属高校现有空编，重点保障新建学校、教育对口支援任务和教师编制紧张的区的教师编制需求。

（杨伟丽）

义务教育学校教师绩效工资制度完善

2019 年，市教委完善义务教育学校教师绩效工资制度。10 月 22 日，经市政府专题会审议通过，市教委、市人力社保局、市财政局印发《关于进一步完善义务教育学校绩效工资分配制度的指导意见》。10 月 29 日，市教委印发《北京市义务教育学校绩效考核指导意见》。此举旨在修订完善 2009 年实施的义务教育学校绩效工资方案，通过核增绩效工资总量，进一步健全和完善绩效工资激励机制，切实保证中小学教师平均工资收入高于所在地区公务员平均工资收入水平，并在加强考核的基础上形成工资调整机制。

（刘国庆　杨馨珠）

事业单位机构编制调整

2019 年，市教委调整事业单位机构编制。将北京市商务科技学校并入北京物资学院，商务科技学校 190 个财政补助事业编制一并划入物资学院，不再保留商务科技学校。调整后，物资学院财政补助事业编制由 725 个增至 915 个。将首都医科大学所属首都医科大学附属卫生学校（首都医科大学护理学院分院）整建制并入首都医科大学，其使用的 133 个事业编制划入首都医科大学。调整后，首都医科大学财政补助事业编制由 1779 个增至 1912 个。不再保留首都医科大学附属卫生学校（首都医科大学护理学院分院），其使用的处级领导职数 2 正 2 副予以核销。为北京市教育系统人才交流服务中心（北京高校毕业生就业指导中心）调剂增加财政补助编制 4 个，所需编制由北京工业大学调剂解决。调整后，北京市教育系统人才交流服务中心（北京高校毕业生就业指导中心）财政补助事业编制由 40 个增至 44 个，北工大财政补助事业编制由 3700 个减至 3696 个。为首都师范大学附属育新学校调剂增加财政补助编制 10 个，所需编制由首都师范大学调剂解决。调整后，育新学校财政补助事业编制由 265 个增至 275 个，首师大财政补助事业编制由 3109 个减至 3099 个。

（杨伟丽）

事业单位特设岗位试点

2019 年，市教委配合市人力社保局开展事业单位特设岗位试点工作。在北京工业大学、首都医科大学、首都体育学院 3 所市属高校开展特设岗位试点。经学校申请推荐，市教委复核，市人力社保局、市财政局组织专家评审，6 人获得核准。试点至 2020 年，结束后，市教委将组织总结并在市人力社保局指导下研究在市属高校全面推广。事业单位特设岗位是指根据事业发展和工作需要，经批准，事业单位可设置事业单位特设岗位，主要用于聘用急需的高层次人才等特殊需要。

（高新民）

中小学教师开放型教学实践活动

2019 年，市教委继续推进市中小学教师开放型教学实践活动计划。市教委要求全市义务教育阶段一线市级骨干教师、学科教学带头人、特级教师和正高级教师开放课堂或研修活动，通过“北京市中小学开放型教学实践活动管理服务平台”申报活动项目，每人每学期开放 2 ～ 4 次；全市义务教育阶段普通教师通过平台自主选课并到实地参加活动，每次实践活动要求选课教师 5 ～ 10 人，课后授课教师和选课教师共同研修 2 个小时。604 所学校和研修机构 1841 名授课教师开展并完成 7642 次中小学教师开放型教学实践活动，参加并完成活动的选课教师 33285 人，61242 人次，包括跨区上课 43249 人次，占比 70.62%。城六区开展并完成活动 4086 次，参加并完成活动的教师 35630 人次，包括远郊区教师赴城区完成活动 19012 人次，占比 53.40%；乡村学校教师 8726 人次，占远郊区赴城区教师的 45.90%。

（崔亚超）

中学教师开放型在线辅导计划试点

2019 年，市教委继续推进北京市中学教师开放型在线辅导计划试点工作。上半年，完成第二阶段第三期试点工作。下半年，在通州、延庆、怀柔、密云、平谷、房山区试点的基础上拓展到门头沟区和大兴区初中全体学生，覆盖 187 个初中学段项目校 8.20 万余名学生。通过搭建中学教师开放型在线辅导管理服务平台，教师使用电脑，学生使用手机、平板电脑等移动终端，共同实现基于音频、图片和文本的实时在线辅导。辅导形式包括“一对一在线辅导”“一对多在线辅导”“问答广场”和“微课辅导”4 种。全年全市招募辅导教师 11538 人，覆盖北京 16 个区和燕山地区，包括区级及以上骨干教师 7786 人、非骨干教师 3752 人。2173 名教师完成对 20494 名学生 307247 次有效一对一在线辅导；532 名教师面向 17867 名学生开设 14099 个不同学科主题的一对多在线辅导；1214 名教师在问答广场参与回答 6426 名学生提出的 134657 个问题，给出 393515 个答案；761 名教师发布 1209 个微课资源。

（崔亚超）

教师资格定期注册试点

2019 年，市教委组织密云区率先完成教师资格定期注册试点工作。对密云区公办普通中小学、幼儿园、职业学校、直属单位在编在岗教师和取得相应教师资格的初聘教师（新教师）进行首次注册，为全面实施教师资格定期注册奠定基础。

（陈静）

教师教育振兴行动计划实施办法（2018—2022 年）印发

3 月 11 日，市教委、市发展改革委、市财政局、市人力社保局、市委编办联合印发《北京市教师教育振兴行动计划实施办法（2018—2022 年）》。实施办法是为落实教育部等五部门出台的《教师教育振兴行动计划（2018—2022 年）》要求，结合北京市实际，明确北京市振兴教师教育的指导思想和目标任务，提出全面深化教师教育改革、切实提高教师教育质量的 11 条措施，以及强化组织实施、确保政策举措落地见效的 3 项要求，着力培养造就党和人民满意的师德高尚、业务精湛、结构合理、充满活力的教师队伍。

（胡雨）

卓越教师培养计划 2.0 的实施意见印发

3 月 29 日，市教委印发《关于卓越教师培养计划 2.0 的实施意见》。实施意见根据《教育部关于实施卓越教师培养计划 2.0 的意见》《北京市教师教育振兴行动计划实施办法（2018—2022 年）》等文件要求，结合北京市实际情况制定。意见提出 10 项改革任务和重要举措，目标是经过 5 年左右的努力，办好一批高水平、有特色的教师教育院校和教师教育（师范）专业，到 2035 年，师范生的综合素质、专业化水平和创新能力显著提升，为培养造就更多骨干教师、卓越教师、教育家型教师奠定坚实基础。

（胡雨）

49 人成为第三批市中小学名校长（名园长）发展工程学员

4 月 30 日，市教委公布第三批北京市中小学名校长（名园长）发展工程入选名单。按照“优中选优确保质量”原则，经自主申报、组织推荐、专家评议、网上公示，确定 49 名校长（园长）为第三批北京市中小学名校长（名园长）发展工程学员。5 月 24 日，在北京市第五十七中学为完成学业研修任务的第二批学员举行结业仪式，为新进入培养工程的第三批学员举行工程启动仪式。

（邓永卫）

市级中小学教师专项绩效奖励实施

5 月 23 日，市教委印发《市级中小学教师专项绩效奖励实施办法》。办法确定项目分类年度绩效考评制度和项目库动态调整机制；明确奖励项目新增、暂停和取消的标准和程序，强化市级监督管理。办法自 9 月 1 日起施行。

（张琳）

师范生公费教育实施细则印发

7 月 10 日，市教委、市财政局、市人力社保局、市委编办联合印发《北京市师范生公费教育实施细则》。实施细则包括 7 章 25 条内容，从选拔录取、就业指导和服务、履约责任、激励措施和条件保障等方面建立健全师范生公费教育制度，以吸引优秀人才从教，培养大批“四有”好教师。师范生公费教育是指北京市在首都师范大学、北京联合大学、首都体育学院3所院校培养的师范专业学生，新拓展的支持相关院校增设相关学科教育专业（师范）学生、委托相关院校培养师范专业学生实行的，由市财政承担其在校期间（规定学制年限）学费并给予生活费补助的培养管理制度。

（胡雨）

77人入选第七批中小学名师发展工程

7月18日，市教委公布第七批北京市中小学名师发展工程培养对象名单。经区教委推荐、专家评议，77人入选第七批北京市中小学名师发展工程培养对象。市教委要求各学校创造条件，支持培养对象参加工程所有活动，适当核减其在校工作量。

（陈静）

事业单位“吃空饷”及长期不在岗问题专项整治

8月，市教委对市属高校和直属单位开展事业单位“吃空饷”及长期不在岗问题专项整治工作。在前期清理整顿基础上，市委教育工委、市教委成立专项工作组，在市属高校范围内再次开展专项清理和规范工作。经过摸排统计，存在问题人员2271人，其中1027人属于历史遗留问题或只有档案滞留在单位或档案记载不完整。为督促指导各单位整改落实，整理归纳历年相关政策，为清理规范工作提供政策依据。建立清理和规范工作进展报送、通报制度等长效机制，督促整改落实。至年底，清理整顿工作基本处理完成。

（杨伟丽）

获全国教育系统先进

9月4日和5日，北京市部分学校和教师获全国表彰。4日，教育部公布全国优秀教师和全国优秀教育工作者名单，北京33人获全国优秀教师称号，3人获全国优秀教育工作者称号。全国1432人获全国优秀教师称号，158人获全国优秀教育工作者称号。5日，人力社保部、教育部公布2019年全国教育系统先进集体、模范教师、先进工作者名单，北京18个单位获全国教育系统先进集体称号，17人获全国模范教师称号，2人获全国教育系统先进工作者称号。全国597个单位获全国教育系统先进集体称号，718人获全国模范教师称号，79人获全国教育系统先进工作者称号。被授予全国模范教师和全国教育系统先进工作者称号的人员享受省部级表彰奖励获得者待遇。

（杨馨珠　胡雨　项明）

全国优秀教师和全国优秀教育工作者名单（北京）

全国优秀教师	
于立君（女）	海淀区翠微小学
马洁（女）	燕山前进第二小学
王娜（女）	王平中学
丛辉（女）	怀柔区第一幼儿园
托娅（女，蒙古族）	北京邮电大学
曲洪权	北方工业大学

9月，怀柔一幼教师丛辉被评为全国优秀教师

（怀柔一幼　供）

任海霞（女）	首都师范大学附属中学
刘业辉	北京工业职业技术学院
刘红（女）	北京航空航天大学
刘跃进	国际关系学院
许静（女）	文汇中学
孙静（女）	日坛中学
李颂（女）	房山区阎村镇阎村中心校
李颖（女）	首都师范大学附属丽泽中学
李蕊（女）	门头沟区军庄中心小学
杨万泰	北京化工大学
肖建杰（女）	北京建筑大学
初吉祥（女）	顺义牛栏山第一中学
张邱岳（女）	平谷区第三幼儿园
金英华（女，朝鲜族）	北京师范大学燕化附属中学
赵亚溥	中国科学院大学
赵研（女）	首都师范大学附属苹果园中学
郝永刚	北京市工业技师学院
战东林	大兴区第一中学
贾少英（女）	北京联合大学
贾晓村（女）	北京小学大兴分校
高海颜（女）	密云区新城子中学
郭子亮	通州区潞河中学
黄建民	北京市自动化工程学校
梁小昆（彝族）	北京电影学院
隗洪霞（女）	房山区佛子庄乡中心幼儿园
蒋秀凤（女）	顺义区高丽营第二小学
解春荣（女）	延庆区第一幼儿园
全国优秀教育工作者	
陈姗（女）	海淀区五一小学校长
柳茹（女）	北海幼儿园党支部书记、园长
郭福	北京工业大学材料科学与工程学院院长

（杨馨珠　胡雨）

全国教育系统先进集体、模范教师、先进工作者名单（北京）

全国教育系统先进集体
中国人民大学马克思主义学院
平谷区刘家河中学
东城区史家胡同小学
北京市杂技学校（北京市国际艺术学校）
北京市昌平职业学校
北京师范大学石景山附属幼儿园
北京交通大学交通运输系统科学与工程团队
北京交通大学附属中学
北京金隅科技学校
北京城市学院信息学部
北京教育科学研究院通州区第一实验小学
对外经济贸易大学国际经济贸易学院
延庆区第一中学
怀柔区实验小学
首都师范大学初等教育学院
首都医科大学基础医学院
密云区巨各庄镇中心小学
朝阳区实验小学

全国模范教师	
于淑雯（女）	怀柔区宝山镇中心小学
王志华（女）	北京化工大学
任晓燕（女）	东城区光明幼儿园
刘春生	北京中医药大学
杜金茹（女）	通州区次渠中学
李二伟	密云区新城子镇中心小学
杨宗丽（女）	中央民族大学
杨森林	首都师范大学附属中学
吴碧霞（女）	中国音乐学院
张海生	房山区窦店中学
张敬贤（女）	平谷区第五中学
张雅静（女）	朝阳区三里屯幼儿园
罗福华（女）	中国农业大学附属中学
洪彦（女，满族）	丰台区东高地第四小学

康柏利	延庆区第一职业学校
路书芳（女）	昌平区流村中心小学
薛庆（女）	北京理工大学
全国教育系统先进工作者	
芦咏莉（女）	北京第二实验小学校长
顾奋玲（女）	首都经济贸易大学会计学院院长

（杨馨珠　胡雨）

两人分获首届教学大师奖、杰出教学奖

10月15日，中国教师发展基金会在浙江大学举办第一届杰出教学奖、教学大师奖和创新创业英才奖颁奖典礼，北京高校两名教师获奖。清华大学姚期智获得教学大师奖，全国仅1人获奖；北京大学黄如获得杰出教学奖，全国共5人获奖。教学大师奖、杰出教学奖在教育部支持下，由中国教师发展基金会发起设立，陈一丹基金会提供资助，主要表彰在人才培养方面取得突出成绩、在国家战略性紧缺人才培养方面作出杰出贡献、具有全球卓越教学影响力、扎根教学一线的高校教师，每年评选一次。教学大师奖每人奖励150万元，杰出教学奖每人奖励100万元，是目前中国高等教育教学领域奖励力度最大的奖项。

（胡雨）

市属高校5人入选北京学者

10月29日，市人才工作局召开会议，向新入选的北京学者和青年北京学者颁发证书和工作室标牌。经单位推荐、专家评审、公示等程序，评选出2019年度北京学者14人、青年北京学者17人，其中，市属高校入选北京学者5人、青年北京学者7人。“北京学者计划”是2012年底经市政府批准实施、北京市最高层次的人才培养计划，每2年选拔一次；“青年北京学者计划”是2018年底经市人才工作领导小组审议通过开始实施，支持鼓励优秀青年人才从事前沿科学研究和原始创新，从而推动北京市高精尖产业发展、推动具有全球影响力的科创中心建设，2019年度为首次选拔。

（纪奇明　黄少卿）

2019年度北京学者、青年北京学者（市属高校）

	单位	姓名
北京学者	北京工业大学	韩晓东
	北京信息科技大学	苏中
	北京服装学院	王锐
	北京建筑大学	张爱林
	北京开放大学	褚宏启
青年北京学者	北京建筑大学	侯妙乐
	北京工业大学	李平雪　李建荣
	首都医科大学	张晨
	首都师范大学	魏萍
	首都经济贸易大学	尹志超
	北京信息科技大学	张健

（纪奇明）

146人入选市高校教学名师

12月9日，市教委公布第十五届北京市高等学校教学名师奖和第三届北京市高等学校青年教学名师奖获奖名单。其中，青年教学名师评选主要面向45岁以下、具有8年以上高等教育或独立设置成人教育教学经历的青年教师。经学校推荐、现场教学观摩课评价、评审专家组评议、评审委员会投票、市教委审核并公示，授予76名教师第十五届北京市高等学校教学名师奖，授予70名教师第三届北京市高等学校青年教学名师奖。

（赵晓琳）

推进中小学教师“区管校聘”管理改革

12月23日，市教委、市委编办、市人力社保局、市财政局制定印发《关于推进中小学教师“区管校聘”管理改革的指导意见》。为进一步深化中小学教师管理体制机制改革，加强教师统筹管理，优化师资配置，促进区域内教育优质均衡发展，按照“试点先行、平稳衔接、不断完善、有序推进”原则，推进中小学教师“区管校聘”管理改革。改革实施范围是区级教育行政部门所属公办中小学校在编在岗教职工，主要内容包括创新编制管理方式、改进岗位管理办法、完善公开招聘制度、完善岗位聘用制度、完善校长教师交流轮岗制度、完善教师管理制度、逐步建立教师退出机制。

（杨伟丽）

北京高校优秀本科育人团队和教学管理人员评选

12月30日，市教委公布2019年“北京高校优秀本科育人团队”和“北京高校优秀本科教学管理人员”评选结果。优秀本科育人团队评选范围为北京地区普通本科高等学校负责本科人才培养的教研室、研究所、实验室、教学基地、实训基地等基层教学组织；优秀本科教学管理人员评选范围为北京地区普通本科高校自2015年9月1日至2019年7月31日期间在本科教学管理岗位上工作的教学管理人员。经专家评选，40个教学团队获批“北京高校优秀本科育人团队”，40人获批“北京高校优秀本科教学

管理人员”。

（赵晓琳）

持续实施通州区教师素质提升支持计划

至年底，市教委持续实施通州区教师素质提升支持计划。全年完成20个项目的年度工作任务，统筹全市教师培训资源，教师培训深度广度精度更高，建立名校长、名园长、名教师工作室78个，与24个市区级教师培训实践基地对接，组织教师参与开放型教学实践活动950余次、市级高端研修近9000人次，提升干部教师的视野和境界。干部教师受训7366人，占专任教师总数94%，几乎实现培训全覆盖。

（崔亚超）

实施“北京市农村基层干部人才培养工程”

至年底，市教委配合市委组织部、市委农工委继续实施“北京市农村基层干部人才培养工程”。工程依托北京农业职业学院，采取高职自主招生的办法，为乡村基层干部提升学历拓宽途径。2019年安排招生计划220人，实际录取220人。

（张桓）

师德建设

东城师德师风建设年启动

3月22日，东城区教育系统“同上一节课”主题活动暨师德师风建设年启动仪式在北京市广渠门中学举行。活动设置学科课程展示、专家评课和总书记重要讲话精神专题学习会3个环节。广渠门中学教育集团教师展示小学、初中、高中学段政治、历史、语文、班队会课程10节。活动部署“对照六项要求、践行十项准则，做新时代东城区好老师”师德师风建设年主题教育活动。活动强调要理直气壮办好政治课；建起一支让党放心的东城教师队伍；注重学生实际获得感，提高政治课的针对性和实效性；注重思政课与社会实践活动的结合；发挥好各类课程协同配合作用；注重课程一体化建设，根据学生身心发展规律因材施教。300余人参加活动。

3月22日，东城区教育系统“同上一节课”主题活动暨师德师风建设年启动仪式在广渠门中学举行（东城区教委 供）

（谢小云 李银姬）

德育干部大讲堂

3月、4月、5月和11月，市教委举办4期德育干部大讲堂活动。活动围绕升旗仪式、国家安全教育、生态文明教育、心理健康教育4个专题开展，来自16个区和燕山地区的德育干部800余人次参加活动。

（林臻）

北体大“师德讲堂”启动

4月28日，北京体育大学“师德讲堂”启动。“师德讲堂”第一讲邀请北京师范大学教授林崇德，以《教师大计师德为本——学习习近平总书记讲话，做“四有”好老师》为题，从“师德的重要性”和“师德的内容”2个方面对师德进行深度解读，阐述当前新形势对师德的要求和教师个人素质对学生未来发展的重要作用，并围绕爱岗敬业、为人师表、严谨治学、关爱学生4个部分剖析师德内涵。学校师生500余人参加首场讲座。至年底，共举办7讲。

（董健）

西城开展师德考核

6月至7月，西城区委教育工委、区教委共同开展2018—2019学年度教职工师德考核工作。考核工作组织区教育系统各单位，结合教职工学年度考核工作开展，并作为教职工学年度考核的重要依据。参加师德考核人员15798人，考核优秀3213人，占比20.34%。

（李晓琳 张捷莹）

首届大中小幼一体化德育专题研修班

7月2日至4日，北京市大中小幼一体化德育理论与实践研究骨干队伍首届专题研修班在清华大学举办。通过集中听课、实践考察、问题互动、专家点评等形式开展培训。大中小学及幼儿园德育骨干70人参加学习。研修班由北京教育科学研究院与清华大学继续教育学院联合举办。

（秦廷国）

全国高校青年德育工作者论坛

7月5日至7日，北京科技大学、中国农业大学、中国矿业大学（北京）联合承办深入学习《习近平新时代中国特色社会主义思想学习纲要》研讨会暨第18届全国高校青年德育工作者论坛。论坛分为主题报告、分论坛讨论、“面对面”对谈、主题发言等环节。论坛征集到全国高校及科研单位青年学者撰写的学术文章523篇，遴选出获奖文章109篇，其中，一等奖12篇、二等奖46篇、三等奖51篇。论坛由中国高等教育学会、《思想教育研究》编辑部主办。全国多个省、市教育工作部门和高校负责人，马克思主义理论研究专家，近百所高校党政干部和思想政治理论课教师、辅导员、共青团干部，部分高校马克思主义理论学科研究生代表等370余人参加论坛。

（杨恬）

北京体职院印发推进师德考核工作实施办法

7月，北京体育职业学院印发《学院推进师德考核工作实施办法》。办法规定师德考核的“红线”，规范在教育教学、科学研究、教学管理、社会服务中处理个人与教育事业、个人与学生、个人与同事、个人与家长和其他社会成员之间的关系时应遵循的道德行为准则和规范。通过建立师德考核体系，细化考核目标，完善考核制度，有效组织师德考评，形成良好工作氛围。

（俞子超）

北开大举办师德师风主题论坛

9月10日，在第35个教师节来临之际，北京开放大学举办“不忘初心、立德树人”师德师风主题论坛活动。活动上，全体教职工共同学习党和国家关于师德师风建设的工作部署与文件精神，深刻领悟树人者必先立德、教书者必先强己、为师者必先自律的教师精神。4名教师代表以亲身实践进行主题分享，为全体教职工上师德教育课。现场还为从教满30年教职工颁奖，为师德师风主题征文活动获奖教职工表彰。

（李玥　郭莹）

电科院师德师风教育月活动

9月至10月，北京电子科技学院举办“提升师德修养、牢记三重身份、做四有好老师”师德师风主题教育月活动。活动包括学习教育、评选表彰、对照检查、建章立制4个部分内容，通过学习习近平关于教育的重要论述、开展教学交流研讨、评选表彰师德师风先进个人、制定《教师师德失范行为处理办法（试行）》《师德师风负面清单》等，加强师德师风建设。活动评选表彰师德师风先进个人13人，并向从教30年的22名教师颁发纪念证书。全体教师参加活动。

（赵明丽）

师资管理

“定向培养高水平优秀毕业生”专场见面会

3月26日，市教委联合首都师范大学、市教育系统人才交流中心举办“定向培养高水平优秀毕业生”专场供需见面会。活动旨在落实北京市拓展中小学教师来源行动计划要求，为毕业生和各区教委、各用人学校搭建沟通交流平台，进一步推动优秀毕业生到北京市中小学校任教。北京市第八中学、北京市陈经纶中学等来自15个区的134家中小学面向市教委委托北京师范大学和首都师范大学为北京市定向培养的226名高水平优秀毕业生提供近1000个就业岗位，参会毕业生与各用人学校进行深入细致的沟通和交流。

（房卫青）

特岗计划乡村教师招聘288人

4月，市教委发布《2019年北京市特岗计划乡村教师招聘公告》，为10个远郊区乡村中小学校招聘中小学音乐、体育、美术、历史、地理、生物等紧缺学科教师。招聘面向国家统一招生计划（不含定向、委培）的2019年应届毕业生，包括北京地区全日制普通高等学校的本科及以上学历毕业生；京外32所师范院校的本科学历师范专业毕业生及硕士研究生以上学历毕业生；非北京生源毕业生须符合北京市进京落户条件。经过报名、资格审查、笔试、面试等程序，招聘教师288人。

（房卫青）

市教委直属事业单位招聘

5月，市教委根据直属处级事业单位实际工作需要组织直属处级事业单位公开招聘工作人员。招聘对象为社会人员和应届毕业生，招聘程序包括报名、资格审查、笔试、面试、公示等。招聘32个岗位拟聘用36名人员，实际招聘23人。此外，完成北京西藏中学统筹学校教师公开招聘工作，招聘统筹教师81人；完成北京学校教师招聘和补充工作，补充教师58人。

（房卫青）

首届中小学体育特级教师研讨会

6月23日，北京市首届中小学体育特级教师研讨会暨北京市中小学体育特级教师口述史启动仪式举行。会议由北京教育学院主办，北京市 37 名中小学体育特级教师以及一线体育骨干教师、教研员参加活动。启动仪式上，北京市中小学体育特级教师代表发言；播放《甘为人梯——北京市中小学体育特级教师口述史》短片，展示北京市中小学体育特级教师成长历程；为 37 名中小学体育特级教师颁发实践导师聘书。随后，华东师范大学体育与健康学院院长、南京体育学院院长、国家体育总局体育文化发展中心研究部主任等专家作《核心素养下的体育与健康课程改革与发展》《从文化缺失到文化自信——竞技运动项目文化建设的思考》《中国体育史材料阐释方法》3 个主题报告，为与会教师进行思想上的理念引领和操作实施中的指导。该活动是教育学院“卓越计划”的重要成果，教育学院体育与艺术教育学院邀请全国著名专家学者，瞄准北京市体育特级教师群体，以口述史的方式传递体育教育教学的新观点、新思想，这在全国尚属首次。

（石燕）

五校入选首批国家级职业教育教师教学创新团队

8 月 6 日，教育部公布首批国家级职业教育教师教学创新团队立项建设单位名单。全国有立项建设单位 120 个，其中北京市职业院校入选 5 所，分别是北京财贸职业学院、北京工业职业技术学院、北京信息职业技术学院、北京劳动保障职业学院、北京社会管理职业学院。

（纪奇明）

师范生免费教育协议书签订

9 月，市教委、相关培养院校与 2019 年北京市新招考的近 4000 名师范生签订《北京市师范生免费教育协议书》。根据协议，师范生在 4 年修读年限内免缴学费并领取生活补助，同时可享受其他非义务性奖学金；毕业时在需求岗位范围内双向选择，要求在北京市从事中小学校、幼儿园教育教学工作（含教育行政及相关部门审批注册的中等及中等以下的学历教育机构）不少于 5 年。市教委同时组织完成首都师范大学为远郊区定向培养 100 名“一专多能”乡村教师工作，并签订《定向培养学生就业协议书》。

（房卫青）

市教师管理信息系统维护

至年底，市教委完成北京市教师管理信息系统教师信息集中更新维护工作。继续完善中小学教师管理信息系统建设，推动“伴随式采集”和“高频度审核”，提高数据质量，减少数据重复统计负担。至 12 月底，采集 3695 所学校和机构 276613 名教职工信息，其中 9 月后更新信息数据 257051 条，更新率 93%。持续推动教师管理信息系统作为北京市教师信息唯一来源工作，协助推动与市教委 14 个平台及对接市经信局的数据共享工作，通过创设机制和以用促建的方式提升整体数据质量。

（崔亚超）

市属高校和直属事业单位工资管理规范

至年底，市教委继续规范市属高校和直属事业单位工资管理。研究市属高校绩效考核办法，探索推进高校分类考核与绩效增长激励机制。研发的工资管理系统正式上线试运行，各事业单位通过系统填报 2019 年工资数据。

（刘国庆）

接收安置军队转业干部 83 人

至年底，市教委系统接收安置军队转业干部 83 人。根据市退役军人事务局安排，2019 年分配给市教委系统接收安置军队转业干部计划 104 人，经岗位申报、网上审核、各单位组织面试等程序，通过双向选择、指令派遣的方式，市属高校、市教委直属单位 2019 年接收安置军队转业干部 83 人。

（房卫青）

教育系统接收非京生源毕业生 1210 人

至年底，市教委接收非京生源毕业生 1210 人。根据市人力社保局 2019 年接收非京生源毕业生计划下达数及工作安排要求，完成对市属高校、直属单位、城六区教委的非京生源计划分配、网上材料审核申报以及进京落户手续办理等工作，接收非京生源毕业生 1210 人。

（房卫青）

乡村教师岗位生活补助发放

至年底，市教委落实乡村教师岗位生活补助发放工作。为全市 370 个乡村中小学 16446 名教师发放乡村教师岗位生活补助 6.75 亿元。

（杨馨珠）

奖励任教满 30 年和 20 年优秀乡村教师

至年底，市教委继续施行乡村优秀教师奖励政策。经各区报送材料及公示、市教委审核、主任办公会审定等程序，北京银行乡村教师奖励基金奖励在乡村学校任教满 30 年的优秀乡村教师 100 人，每人 10000 元；奖励在乡村学校任教满 20 年的优秀乡村教师 200 人，每人 5000 元。北京银行乡村教师奖励基金面向北京市从教 30 年、20 年的优秀乡村教师发放。

（杨馨珠）

师资培训

市级校长培训项目

3 月 14 日，北京教育学院 2019 年市级校长培训项目开班。项目有农村校长素质提升专题培训、教育改革专题培训两个项目类别的 8 个培训班，包括农村校长学校管理变革进修班、中小学校长研修班、小学教学副校长课程领导力进修班、中小学科研主管进修班、中学集团化学校校长研修班、小学骨干班主任进修班、小学校长教学领导力进修班、小学“特殊需要儿童的帮助策略”专题进修班。

（石燕）

10 月 9 日，北京市特级教师柏继明在京津冀特级教师工作室研究成果交流展示活动上呈现减负课　（昌平区教委　供）

校外教师专业培训

4 月至 10 月，北京市校外教育研究室组织校外教师专业培训。依托 8 家校外教育培训基地，组织专业必修课和群众活动、科技、美术、民乐、声乐、舞蹈专业选修课培训，培训教师 3407 人，350 学时。

（冯晓虹）

中小学家庭教育指导教师培训班

5 月和 11 月，北京教育科学研究院分别举办北京市小学和中学家庭教育指导教师培训班。小学家庭教育指导教师培训班围绕小学如何整体规划和系统推进家庭教育指导服务工作等主题，采取专家报告、网络研修、互动课程、考核展示等形式，全面提升小学家庭教育指导教师的理论知识和专业能力，来自 16 个区及燕山地区 169 名学校德育管理干部和一线教师参加培训。中学家庭教育指导教师培训班由专家面授、网上学习、案例分析、考核展示 4 个部分组成，通过专家讲授家庭教育指导服务基础课程和专业课程、组建学习共同体开展网上学习交流、家庭教育指导案例反思、学习成果现场展示交流等方式开展学习，来自 16 个区及燕山地区的 154 名学校德育管理干部参加培训。

（刘韬）

思政课教师基本功培训和展示活动

5 月至 11 月，市教委开展义务教育阶段中小学道德与法治学科教师教学基本功培训和展示活动。活动采取讲座、笔试、说课、答辩等形式。经过市、区两级培训和展示，101 名教师获得笔试市级一等奖，42 名教师获得现场展示市级一等奖。11 月 13 日，活动总结会在中国人民大学附属小学举行，为获奖教师代表颁发证书。

（林臻）

中小学优秀校长（园长）、特级教师工作室开班

6 月 2 日，北京教育学院 2019 年“北京市中小学优秀校长（园长）、特级教师工作室”开班。16 个工作室招生 290 人，其中，优秀校长工作室、优秀小学德育校长工作室和优秀园长工作室各 20 人；特级教师工作室 230 人。工作室主题涉及小学德育、人工智能、英语阅读、思想政治等热点内容，学员涵盖 16 个区及燕山地区。工作室采取“理论导师 + 实践导师”的双导师培养模式，培养周期 2 年，560 学时，其中，面授学习 320 学时、自主学习 240 学时。工作室培养项目以“新时代、新课程、新质量”基本理念为指导，帮助校长、教师提升师德修养水平、教育理论水平、教育管理水平、教育科研能力或教育改革创新能力，形成自己的教育管理或教学风格特色，培养造就一大批在区域能引领、在全市有影响的卓越干部人才和教育家型的教师。项目由市教委向各区教委发布通知，由各区教委按照条件推荐培养对象，经教育学院组织专家遴选测试后，确定最终录取名单。

（石燕）

科学教师训练营

8 月 22 日至 23 日，北京校外教育协会在大兴区举办 2019 年科学教师训练营。27 家会员单位 80 余名科技教师和科普工作者参加培训。培训邀请西城区青少年科技馆、清华大学终身学习实验室、中国科学院物理研究所和清华大学人文学院的相关专家学者，通过课堂教学、研讨交流、思维训练、头脑风暴等方式让学员共同参与，培养科学素养，开阔科学视野。

（王媛媛）

中小学名师发展工程第五批结业

10 月 23 日，市教委召开北京市中小学名师发展工程第五批结业典礼暨第七批启动大会。会议分享第五批学员两年学习的心得体会和收获，导师多年的名师培养经验，以及第七批新学员代表对未来学习的期待和愿望。会议为学员颁发结业证书，为新聘任导师颁发聘书。会议由北京教育科学研究院承办，各培养基地负责人、学术导师、实

践导师、班主任、第五批和第七批学员以及教师研究中心研究人员等150余人参加会议。

（赖德信）

社区教育教师教科研能力提升培训

11月14日至15日，北京教育科学研究院举办北京市社区教育教师教科研能力提升培训。培训本着“借鉴 融合 共享 共进”的发展理念，采用“线上线下”相结合的方式，听取教育部、天津教育科学研究院、北京教科院、江苏省诚明书院等专家分别围绕十九届四中全会与社区教育发展、中美两国社区教育、学习型城市和社区教育的创新发展、中华优秀传统文化等方面的讲座。来自各区社区学院、成人教育中心、社区教育中心的教研部门负责人、教师等120人参加“线下”培训，667人参加“线上”观摩和学习。

（赵志磊）

中小学名师发展工程监控与管理

至年底，北京教育科学研究院分别对北京教育学院、首都师范大学、北京外国语大学、北京师范大学4个北京市中小学名师发展工程培养基地开展全程管理与监控评价。组织召开第七批名师学员选拔评审、第五批培养基地和学员结业评审，举办第五批学员结业典礼暨第七批新学员启动仪式、第七批名师学员的通识课培训，并监控第六批学员研究课。定期召开学术导师、实践导师、学员的座谈会，名师工程培养工作研讨会以及年度工作总结交流会。撰写名师工程监控评价年度总报告和4个培养基地的监控评价年度分报告。

（赖德信）

中小学名校长（名园长）发展工程监控与管理

至年底，北京教育科学研究院对北京教育学院校长研修学院、首都师范大学教育学院、北京教育学院学前教育学院、首都师范大学学前教育学院4个北京市中小学名校长（名园长）发展工程培养基地进行统筹管理与监控评价。组织专家评审第二批学员的学习成果，全部学员完成学习任务、达到预期培养目标，颁发结业证书。组织第三批学员的遴选工作，并分配到培养基地。组织举办32学时的通识培训，并指导培养基地完成学员的理论学习、跟岗实践、科研课题开题论证等工作。

（郝保伟）

中小学、幼儿园各类干部教师高端研修和专题培训

至年底，市教委开展中小学、幼儿园各类干部教师的高端研修和专题培训。依托首都师范大学、北京教育学院设立“优秀幼儿园园长工作室”“优秀小学德育校长工作室”“中小学优秀校长工作室”和“特级教师工作室”，发挥优秀校长和特级教师的引领示范作用，培养具有发展潜力的校长后备力量和优秀青年骨干教师。开展新任校长、德育校长、校长课程领导力、中小学后备干部等培训，助力校长和干部专业发展。依托北京师范大学、首都师范大学开展社会主义核心价值观和中华优秀传统文化、涵养师德、“中小学生发展规律与育人策略”、小学英语骨干教师、特级教师高级研修、中小学心理教师、中小学班主任、新任教师等年度培训工作。同时，开展幼儿园园长和专任教师等年度培训。启动中小学教师信息技术应用能力提升工程2.0实施方案的研制工作。

（李海燕　陈静）

中小学教师专业发展体验式培训

至年底，市教委开展中小学教师专业发展体验式培训。培训依托6所普通中小学和4所特殊教育学校的优质教育资源，面向远郊区中小学主管副校长、教学管理干部、学科带头人、骨干教师，采取全脱产方式进行。学员通过“一对一”跟班学习，融入基地学校各类教育教学活动中。全年举办培训2期，每期15～20周，累计培训学员247人。

（张琳）

职称评定与资格认定

高校教师职务聘任管理办法印发

1月11日，市人力社保局、市教委修订完善并印发《北

8月22日，校外教育协会举办科学教师训练营

（校外教育协会　供）

京市高等学校教师职务聘任管理办法》。管理办法分别从评委的遴选、评委会的组建、申报人推荐、受理审核、组织评审、监督管理和法律责任等方面，对关键节点明确责任和要求，明确监督检查和考核评价的方式。办法自1月31日起实施。

（杨伟丽）

教师资格考试

3月起，市教委、市教师资格认定中心组织北京地区2019年度国家教师资格考试。上半年中小学教师资格考试笔试报名58268人，实际参加考试46820人，笔试合格19828人，通过率42.35%；面试报名20149人，实际参加考试19016人，面试合格12906人，通过率67.87%。下半年中小学教师资格考试笔试报名85005人，实际参加考试65889人，笔试合格17463人，通过率26.50%；面试报名22148人，实际参加考试20920人，面试合格14557人，通过率69.58%。

（陈静）

35310人通过教师资格认定

3月至11月，北京市35310人通过教师资格认定。北京市教师资格认定事务中心全年完成各类教师资格认定35310人，包括高校教师资格8676人、高中教师资格10350人、中职教师资格331人、中职实习指导教师资格6人、初中教师资格3475人、小学教师资格8978人、幼儿园教师资格3494人。其中，市教师资格认定事务中心面向社会组织3次高中、中职教师资格认定工作，认定10687人，包括高中教师资格10350人、中职教师资格331人、中职实习指导教师资格6人；指导各区16个教师资格认定机构受理认定初中及以下教师资格15947人，包括初中教师资格3475人、小学教师资格8978人、幼儿园教师资格3494人；受理120所高校教师资格认定2次，受理申请8874人，安排能力测试660人，认定8676人。

（陈静　石燕）

专任教师未持证上岗问题整改

11月，市教委完成专任教师未持证上岗问题整改。开展全面实施教师资格制度整改工作，摸清全市专任教师未取得教师资格的人数及其原因等底数，建立整改台账，制定切实可行的整改措施，于11月底完成全部整改工作任务，全市教育系统专任教师全部具备教师资格。

（陈静）

市属高校教师职务学术评议权调整

至年底，市教委调整市属高等学校教师职务学术评议权。完善高等学校教师职务聘任管理制度，突出高等学校用人自主权，自2019年起，调整市教委所属高等学校学术评议委员会评价范围，将高等学校教师“教育管理研究”正高级学术评议工作下放至各高等学校；将高职院校（含北京教育学院、北京开放大学两所成人高校）正高级学术评议工作下放至各院校。

（杨伟丽）

高校教师103人通过职称学术评议

至年底，北京市高校教师103人通过专业技术职称学术评议。全年128人申报晋升高校教师职称学术评议，经北京市高校教师职务学术评议委员会评议，通过评议103人、未通过25人。

（杨伟丽　罗芳）

中专教师58人晋升专业技术职称

至年底，北京市中等专业学校58人通过专业技术职称评审。全年中等专业学校教师65人申报专业技术职称评审，经北京市中专教师系列高级专业技术职务评委会审定，通过评审58人、未通过7人。

（杨伟丽　罗芳）

中小学教师108人晋升正高级教师

至年底，北京市中小学教师108人晋升正高级教师。北京市各区正高级教师推荐指标按照2018年底各区中小学专业技术人员总数的0.8‰确定，其中，担任学校和教研机构副校级及以上党政领导职务的不超过30%；推荐人选采取“各区推荐、市里评审、两部备案”方式产生；民办中小学教师、编外教师推荐工作参照上述方式测算，测算基数为各区民办中小学教师、编外教师总数；市教委直属中小学推荐正高级教师，按照属地原则，由所在区负责推荐，原则上不超过1个指标。经各区推荐，共126人参加评审（含民办学校和委托代评人员），包括具有行政领导职务的36人。经市中小学教师系列高级（正高级）专业技术职务评委会评审，108人评审通过、18人未通过，其中，评审通过的人员中担任行政领导职务的31人，占28.70%。

（杨伟丽　罗芳）

（本栏责任编校　胡雨）

234986 人

高等教育培养毕业生

10 人

当选北京市优秀学生

8 个项目

获全国大学生创新
创业大赛金奖

2020 | 学生管理

STUDENTS MANAGEMENT

- 三级大学生创新创业计划项目体系建立
- 高校学生学籍学历与就业情况发展报告发布
- 高校毕业生就业质量年度报告发布
- 北京高校学生菁英奖学金项目管理办法印发

学生管理
STUDENTS MANAGEMENT

综述

学籍学历和就业管理

2019 年，市教委坚持依法行政，规范管理，做好日常学籍学历和就业管理工作。编发《2018 年北京高校学生学籍学历与就业情况发展报告》，转发教育部《关于做好 2019 届全国普通高等学校毕业生就业创业工作的通知》，部署北京高校 2019 届毕业生就业创业工作。

（张海涛）

三级大学生创新创业计划项目体系建立

2019 年，北京市财政投入 5000 余万元，支持建立国家、市、校三级大学生创新创业计划项目体系。引导高校以学生为中心深化人才培养模式改革，加强实践教学，专创融合，培养学生实践、创新、创业能力。全年国家大学生创新性实验计划项目立项 3691 个，参与学生 14329 人；北京市大学生创新性实验计划项目立项 4045 个，参与学生 14734 人；学校大学生创新性实验计划项目 9783 个，参与学生 33322 人。为加强对大学生创新创业计划的管理，市教委印发《关于加强北京高校大学生创新创业训练计划实施及规范管理的通知》，对大学生创新创业训练计划实施的原则、加强立项管理、过程管理、提高计划项目实施的质量等方面提出要求。

（荣燕宁）

北京市大学生学科竞赛活动

2019 年，市教委继续举办北京市大学生学科竞赛。坚持“以赛促教、以赛促学、以赛促创”的办赛定位，将学科竞赛与创新创业教育改革、专业教育、大学生思想政治工作紧密结合，以“互联网 +”大学生创新创业大赛为引领，举办 26 项北京市大学生学科竞赛、3 项华北 5 省大学生学科竞赛，参与学生 7.5 万人次，专项支持经费 710 万元。

（荣燕宁）

深化创新创业教育改革示范高校建设

2019 年，市教委深化创新创业教育改革示范高校建设，

北京高校大学生创业园（理工园）开放办公区

（教育人才交流中心　供）

继续保障对22所本科国家级和市级创新创业示范校的支持力度，支持经费1100万元。北京地区高校深化创新创业教育工作在4个方面取得新成效：一是积极培育建设创新创业教育优质在线课程，北京地区“双创”示范校开设创新创业教育优质在线课程40门，累计选课27万人次。二是强化特色，建设“专创融合”特色示范课程。北京地区双创示范校开设“专创融合”特色示范课程65门，累计选课6.4万人次。三是开展师资培训，提升教师创新创业教育水平。北京地区双创示范校开展52个创新创业教育专题师资培训，教师参与2636人次。四是使命担当，开展好“青年红色筑梦之旅”活动。北京地区“双创”示范校组建“青年红色筑梦之旅”活动团队213个，参与学生3132人。在第五届中国“互联网+”大学生创新创业大赛总决赛中，北京选送的“青年红色筑梦之旅”项目取得2项金奖。

（荣燕宁）

高校学生学籍学历与就业情况发展报告发布

1月24日，市教委发布《2018年北京高校学生学籍学历与就业情况发展报告》。报告分为两部分：一部分是北京高校学生学籍学历情况，包括当年新生、在校生及毕业生按学历层次、学校类型、性别等维度的分布情况和每所高校的具体数据，数据来源于北京地区高等教育学籍学历电子注册数据，数据采集时间为2018年12月31日；另一部分是北京高校毕业生就业情况，包括当年毕业生生源、就业去向的总体情况和每所高校的具体数据，数据来源于北京地区高校毕业生就业数据库，数据采集时间为2018年10月31日。

（张海涛）

10人当选北京市优秀学生

6月18日，市教委公布2018—2019学年度“北京市优秀学生”名单。经北京市优秀学生评审小组评审和市教委2019年第19次主任办公会研究决定，授予北京汇文中学张凯风等10名学生“北京市优秀学生”称号。“北京市优秀学生”由市教委根据教育部规定，在评选省级“三好学生”基础上，在高中阶段各类学校，包括普通高中、职业高中、技工学校、中等专业学校，按万分之一比例从高中阶段应届毕业生中选出。

（王昱人）

2018—2019学年度北京市优秀学生
（排名不分先后）

张凯风	北京汇文中学
潘紫琪	北京市第四中学
杨紫霄	北京市陈经伦中学
刘泽浩	北京市第一〇一中学
陈思蕊	北京市第十二中学
张留芳	北京师范大学良乡附属中学
闫瑾	北京市延庆区第一中学
李伟嘉	北京市商业学校
赵振亚	北京市电气工程学校
崔晓萱	北京市昌平职业学校

（王昱人）

北科大入选全国创新创业典型经验高校

8月5日，教育部办公厅公布2019年度全国创新创业典型经验高校名单，北京科技大学为北京唯一入选高校。评选工作于1月启动，经过学校总结、省级推荐申报、全国专家初选、社会调查和实地调研等环节，全国50所高校入选，其中，中央部门所属高校8所、省属本科院校31所，高职高专院校11所。

（吴静）

4人获首届创新创业英才奖

10月15日，中国教师发展基金会在浙江大学举办第一届杰出教学奖、教学大师奖和创新创业英才奖颁奖典礼，北京学校4人获得创新创业英才奖。获奖学生分别是北京航空航天大学陈震和李琛、北京理工大学倪俊和史晓刚，全国10人获奖。创新创业英才奖在教育部支持下，由中国教师发展基金会发起设立，陈一丹基金会提供资助，主要表彰创新创业成绩突出的大学生，每年评选一次、奖励10人，以资助或支持创业形式每人奖励50万元。

（胡雨）

高等教育培养毕业生234986人

截至10月，北京地区普通高等学校、研究生培养单位培养毕业生234986人。其中，北京生源毕业生63795人，占毕业生总数27.15%。按照毕业去向统计显示，升学38275人、出国（境）19462人、拟继续升学1551人、拟出国647人、申请暂不就业61人、未就业7381人。扣除上述各种情况，实际参加就业人数167609人，占毕业生总数71.33%。按教育部统计口径，截至10月31日，毕业生总体就业率95.90%，其中，博士生97.40%、硕士生96.94%、本科生95.24%、高职（专科）生95.07%。北京地区高校家庭经济困难等特殊困难毕业生1.7万人，就业率95.43%，低于整体就业率。北京地区高校毕业生到西部地区就业1.5万人，基层就业2.4万人，实现自主创业1323人。

（张海涛）

8 个项目获全国大学生创新创业大赛金奖

12 月 17 日，教育部公布第五届中国“互联网 +”大学生创新创业大赛获奖名单，北京获得 8 个金奖、10 个银奖、18 个铜奖。其中，清华大学“交叉双旋翼复合推力尾桨无人直升机”项目获得总冠军；北京邮电大学“NOLO VR——5G 时代全球移动 VR 的领航者”项目获得高教主赛道“最具商业价值奖”；北京市十一学校“基于物联网和射频识别技术的校园失物招领处”、中国人民大学附属中学“基于脑电波技术的味道录制系统”项目获得萌芽赛道“最佳展示奖”；北京市第一六一中学“新黄酮类化合物 ZGM1——开创阿尔茨海默症治疗新时代”项目获得萌芽赛道“最佳展示奖”“创新潜力奖”。比赛由教育部会同 11 个部委和浙江省政府于 3 月至 10 月举办，全国总决赛于 10 月 13 日至 15 日落幕。比赛分高教主赛道、“青年红色筑梦之旅”赛道、职教赛道、国际赛道，评出高教主赛道冠军 1 名、亚军 1 名、季军 1 名，单项奖项目 3 个，金奖项目 67 个、银奖项目 140 个、铜奖项目 439 个；“青年红色筑梦之旅”赛道单项奖项目 3 个，金奖项目 18 个、银奖项目 51 个、铜奖项目 134 个；职教赛道单项奖项目 1 个，金奖项目 18 个、银奖项目 50 个、铜奖项目 133 个；国际赛道季军 1 名，金奖项目 14 个、银奖项目 45 个、铜奖项目 215 个；萌芽板块单项奖项目 4 个，创新潜力奖项目 20 个。来自全球五大洲 124 个国家和地区的 457 万名大学生 109 万个团队报名参赛，参赛项目和学生数接近前四届大赛的总和。北京市在五届比赛中历年金奖数量位居全国前列。

（荣燕宁 华蕾）

高校毕业生就业质量年度报告发布

12 月 25 日，市教委发布《2019 年北京地区高校毕业生就业质量年度报告》。报告全面反映 2019 年北京地区高校毕业生就业创业工作整体情况，由四个章节和附录组成。报告数据来源于两部分，分别是 2019 年北京地区高校毕业生就业信息库(数据统计时间截至 10 月 31 日)和毕业生就业创业状况问卷调查（调查时间为 5 月 10 日至 7 月 12 日）。调查有效样本量 56701 份，约占北京地区毕业生总数的 24.55%。该报告的主要内容为毕业生规模与结构：包括毕业生性别、学历层次、生源地、专业门类 / 学科大类等内容；毕业去向情况：包括不同性别、生源地、层次、专业大类、学科门类毕业生就业率、就业地区分布、就业单位类型、就业行业分布、升学出国（境）、自主创业和西部基层就业等内容；与就业质量相关的部分指标：包括对已落实工作的满意度、专业与岗位相关度、对工作发展空间的评分等内容；北京地区高校毕业生就业创业工作特色：介绍 2019 年市教委在加强宣传教育，开拓就业市场、加强创业教育和加强就业数据统计核查等方面的重点工作；附录：各学校数据统计。

（张海涛）

学籍管理

高校学籍学历管理工作交流会

5 月 23 日、24 日、31 日，市教委分别召开 2019 年北京地区高等教育学生学籍学历管理工作交流会。会议总结 2018 年北京高校学生学籍学历管理工作，开展学信网平台业务培训，部署 2019 年工作。来自各高校教务处、学生处、研究生院（部）及科研单位主管学生学籍学历工作的负责人和工作人员 370 人参加会议。

（张道明）

毕业生学历证书电子注册

7 月，市教委完成毕业生学历证书电子注册工作。审核注册 95 所普通高校（按教育部国标代码计算）毕业生学历证书 148523 本，比上年减少 1892 本。其中，本科生 121551 本、专科（含高职）生 26456 本、第二学士学位生 516 本。审核注册 142 个研究生培养单位毕业生学历证书 97523 本，比上年增加 5930 本。其中，博士生 18873 本、硕士生 78650 本。审核注册 77 所成人高校毕业生学历证书 59378 本，比上年减少 670 本。其中，本科生 35443 本、专科生 23935 本。审核注册 17 所高校网络教育学院毕业生学历证书 334902 本，比上年增加 70976 本。其中，本科生 114232 本、专科生 220670 本。

（张道明）

新生学籍电子注册

12 月，市教委完成新生学籍电子注册。审核注册 97 所普通高校（按教育部国标代码计算）新生 156323 人，比上年增加 1813 人。其中，本科生 128205 人、专科（高职）生 27640 人、第二学士学位生 478 人。审核注册 150 个研究生培养单位新生 131390 人，比上年增加 7539 人。其中，博士生 27500 人、硕士生 103890 人。审核注册 18 所高校网络教育学院新生 305663 人，比上年减少 61663 人。其中，本科生 162520 人、专科生 143143 人。4 月，审核注册 89 所成人高校新生 50105 人，比上年减少 6299 人，其中，本科生 34593 人、专科生 15512 人。

（张道明）

创新创业

中国“互联网 +”大学生创新创业大赛北京赛区比赛

7 月 9 日至 10 日，市教委在北京邮电大学举办第五届中国“互联网 +”大学生创新创业大赛（北京赛区）决赛。比赛分为高教主赛道、青年红色筑梦之旅赛道、职教赛道 3 个组别，包括一等奖争夺赛、四强争夺赛暨颁奖仪式、创新创业训练营3个环节。经过现场路演产生冠军1个、亚军1个、季军2个，一等奖团队81个、二等奖团队183个。该项比赛自4月启动，累计参赛学生2.8万人，参赛项目6082个项。经过市级决赛，北京选送高教主赛道23个项目、青年红色筑梦之旅赛道5个项目、职业教育赛道4个项目、萌芽赛道10个项目参加全国总决赛。

（荣燕宁　武晔）

151个团队获评市级优秀创业团队

7月15日，市教委公布2019年度北京地区高校大学生优秀创业团队评选结果。151支优秀创业团队入选，其中，一等奖30个、二等奖50个、三等奖71个。该项工作于4月至7月开展，由北京市教育系统人才交流中心承办。67所高校及研究生培养单位推荐1142个团队参加评选，经专家复评，遴选出198个团队参加现场答辩。经现场复赛、决赛，10所高校获“最佳组织奖”，19所高校获“优秀组织奖”。评选活动采取全程网络直播方式，面向全国高校大学生、就业创业教师、各园区等开放，总观看人次逾8万人。从参赛项目技术水平、市场前景到项目规划及风险应对方案都较往年有较大提升。

（吴静　刘勃）

2019年北京地区高校大学生优秀创业团队一等奖

所属学校	项目名称
清华大学	阿尔法智联物联网芯片、天津网联一生科技有限公司
北京交通大学	基于人工智能和工业物联网的设备故障诊断系统
北京工业大学	机器人关节谐波减速器产业化、淼微科技有限公司
中国农业大学	北京中农动科技术有限公司
北京理工大学	原动力农机无人驾驶系统、北京太虹教育科技有限公司、下一代企业级移动应用安全系统（ACR）、智E通——分布式智慧用能专家、高速流体气动外形仿真系统、基于AI+IOT的智能环保系统
北京中医药大学	千丝盈
中国石油大学（北京）	深蓝数据——基于大数据的海洋油气智能决策系统、水凝科技
中国矿业大学（北京）	秸秆生物质炭——高效又平价的吸汞剂、中矿定位（北京）技术有限责任公司
北京航空航天大学	银杉无人机工作室——专业无人机的定制化设计与制造
首都经济贸易大学	笔沫手机评测
中央民族大学	量光新材料
中国人民大学	NeuroBot
北京邮电大学	北邮宽广医疗团队
北京电子科技职业学院	蚂蚁搬车
北京林业大学	AI识别大数据温存储
对外经济贸易大学	维创金融教育
北京联合大学	生命之伞——护航绿色农业、图易工作室——建筑机电系统高性能设计服务
中国音乐学院	北京音皇时代文化发展有限公司
北京物资学院	蓝星物流技术服务公司商业计划项目、北京寒光冷链科技

（吴静　刘勃）

交叉双旋翼复合推力尾桨无人直升机获全国大学生创新创业大赛总冠军

10月14日，在第五届中国“互联网＋”大学生创新创业大赛决赛中，清华大学的“交叉双旋翼复合推力尾桨无人直升机”项目夺得总冠军。这是清华在此项比赛中首次夺冠。该项目研制出世界首架交叉双旋翼复合推力尾桨无人直升机，具有载重大、操控稳、突防快优势，其载重相比传统构型提高30%，速度比同级机型提升100千米/小时，打破国外在复合推进高性能直升机领域的垄断，填补国内空白。团队完成60公斤、100公斤、300公斤级交叉双旋翼复合推力尾桨无人直升机首飞，500公斤级研制。该项目获陆军装备科研支持，并纳入全军武器系统采购目录，成为中国军队首个复合推进直升机装备研制项目。这是继北京理工大学“中云智车——未来商用无人车行业定义者”项目获第四届比赛总冠军后，北京高校第二次夺冠。

（吴筱君　华蕾）

10月14日，清华“交叉双旋翼复合推力尾桨无人直升机”获“互联网+”大学生创新创业大赛总冠军　（清华　供）

9所高校创业园纳入北京高校大学生创业园孵化体系

10月18日，市教委公布第三批北京地区高校大学生创业园高校分园名单。评选通过集中审阅材料、专家评议、主管领导审议、公示等环节，最终遴选出9所高校创业园纳入“一街三园多点”北京地区高校大学生创业园孵化体系，确定为北京地区高校大学生创业园高校分园，进一步提升市级创业园辐射能力。

（吴静）

北京地区高校大学生创业园高校分园名单

北京地区高校大学生创业园高校分园名单
清华大学大学生创业园
北京交大大学生创业园
北方工业大学大学生创新创业基地
北京化工大学大学生创业园
北邮创新创业中心
北京农学院大学生创业园
北京林业大学众创空间
北京工业职业技术学院大学生创业孵化中心
中国石油大学（北京）石创空间

（吴静）

完善“一街三园多点”创业孵化体系

至年底，市教委继续推进北京教育系统“一街三园多点”高校大学生创业孵化体系向纵深方向发展，探索建设北京市级“三园”与高校“多点”分园的创业团队孵化共享体系。“一街三园多点”孵化总面积12万平方米，在园团队1113支，孵化大学生创业者（带动就业）6647人。其中，市级“三园”孵化面积2.15万平方米，在园孵化创业团队313支，带动就业2402人；25所高校分园，孵化面积10万平方米，在园孵化团队800支，孵化人数4245人，提供创业孵化服务增至12项，基本满足大学生多样化创业需求。市级“三园”中222支团队完成工商注册，注册资金5.22亿元；58支团队完成社会融资3.34亿元；注册商标及申请专利合计1400项，208支创业团队2019年度营业额4.25亿元。25所高校分园中，312支团队完成工商注册，注册资金合计6.42亿元；完成社会融资13.53亿元；注册商标及申请专利合计337项；2019年度营业额2.56亿元。此项工作由北京市教育系统人才交流服务中心配合市教委完成。

（刘勃）

毕业与就业

高校毕业生赴新疆西藏基层工作

3月至7月，市教委配合新疆及西藏组织部门开展优秀毕业生招录工作。经过选拔，54名毕业生赴新疆及西藏基层工作。

（张海涛）

2020届北京高校毕业生就业创业工作会

11月5日，市教委联合市人力社保局召开2020届北京高校毕业生就业创业工作会。会议总结2019届北京高校毕业生就业创业工作，分析研判就业形势，部署2020届北京高校毕业生就业创业工作。会议要求毕业生就业创业工作要着力在宣传教育、就业指导、开拓市场、精准帮扶、统计分析、创新创业六个方面下工夫，实现更充分和更高质量就业。会议还向“北京地区高校大学生创业园高校分园”授牌，并向获2019年北京地区高校优秀创业团队“最佳组织奖”“优秀组织奖”的高校颁发荣誉证书。北京地区高校（研究生培养单位）主管校领导、就业部门负责人，各区人力社保局负责人，市属单位代表380余人参加会议。

（张海涛）

征兵工作

高校征兵工作动员部署

5月17日，北京市召开2019年高校大学生征兵工作动员部署会。会议听取军地领导动员讲话，解读征兵政策，听取2018年高校征兵工作先进单位交流发言。会后开展征兵工作人员业务考核，确保考核合格再上岗。北京地区92所高校和16个区武装部100余名征兵专武干部参加动员培训。

（孙世光）

20所高校入选高校征兵工作先进单位

7月30日，市政府召开2019年征兵工作动员大会，20所高校被评为“2018年度高校征兵工作先进单位”，20名高校个人被评为“2018年度高校征兵工作先进个人”。

（孙世光）

大学生征兵

至年底，北京大学生征兵工作完成。征集大学学历新兵占征集任务的92.5%，较上年提高6.8个百分点。北京市征兵工作持续走在全国前列。

（孙世光）

退役大学生士兵就业升学

至年底，市教委落实退役大学生士兵就业和升学工作。就业方面，为符合条件的1535名退役大学生士兵提供3342个定向招录招聘岗位。升学方面，服役期间获一次“优秀士兵”称号可免试专升本，没有获“优秀士兵”称号可不受名额比例限制直接参加专升本考试，录取比例不低于50%。全年共有98名符合条件的大学生士兵参加专升本考试、824名大学生士兵免试升入本科。

（孙世光）

奖贷助学

普通高中宏志奖学金评选

6月6日，市教委发布《关于做好2019年普通高中宏志奖学金评选工作的通知》。文件明确2019年北京市普通高中宏志奖学金名额为2600人，按各区经济发展状况和全市高中在校学生分布情况及实际需求分配各区受奖励学生名额。市教委要求参评奖学金学生须符合9月1日以后正式入学，且在校期间品行良好、关心集体、乐于助人、学业成绩及学生综合素质评价优良，属于享受城乡最低生活保障家庭子女、低收入家庭子女、享受生活困难补助家庭子女、享受社会优抚待遇家庭子女、烈士子女、孤儿等条件，并规定已在北京宏志中学、北京市广渠门中学宏志班及其他区举办的“宏志班”就读的普通高中学生不再享受此项政策。

（曾婷）

全媒体宣传学生资助工作

6月和9月，北京市学生资助事务管理中心在中高考和新生开学季期间，全媒体宣传北京市学生资助政策。持续在《北京晚报》《现代教育报》《北京考试报》（高考志愿填报一本通、中招特刊、高招特刊）开展宣传，在北广传媒移动电视、地铁电视端累计10周播放《北京市学生资助政策动画宣传片》。创新学生资助宣传载体，制作北京市学生资助政策长图、学生资助拉杆笔、学生资助政策宣传海报等方式，加强学生资助政策宣传力度。

（罗芳）

北京高校学生菁英奖学金管理办法印发

7月30日，市教委联合市财政局印发《北京市高等学校菁英奖学金项目管理办法（试行）》。该项目面向市属高校选派的赴国外进行课程学习、课题研究以及参加国际竞赛、学术及文化体育交流的学生提供资助，旨在鼓励市属高校开展不同形式的以学生为主体的国际合作与交流项目，开展友好校交流，创新培养模式，培养具有国际视野、通晓国际规则、能够参与国际事务的创新型人才。资助对象为市属高校在籍高职生、本科生和研究生，计划每年资助1000～2000名学生，资助额度分为A类奖学金2万元/人，一般资助赴国外学习、交流一学期以上（含一学期）的学生；B类奖学金1万元/人，一般资助赴国外学习、交流两周以上（含两周）至一学期的学生。

（刁文淇）

国家奖学金评审

9月，北京市学生资助事务管理中心完成国家奖学金评审。同步推进本、专科生、中职学生国家奖学金评审，通过校内评审、市级预审、市级评审等环节，532名学生通过国家评审获得奖学金。

（罗芳）

资助人物评选宣传活动

10月至11月，北京市学生资助事务管理中心举办首届“首都资助育人优秀工作者”和第二届“首都校园励志人物”评选宣传活动。通过典型事迹推送、网络投票等形式，最终评选出“首都资助育人优秀工作者”和“首都校园励志人物”各30人。12月27日，在首都经济贸易大学举行北京市“助学圆梦育新人”资助人物颁奖典礼。

（罗芳）

全面落实学生资助政策

至年底，北京市学生资助事务管理中心完成各项资助资金及时足额拨付到位。完成从学前教育到研究生学段资助项目33个，其中，高校29项、中职4项。国家资助全年受助学生（不含义务教育免学杂费、免借读费）162万人次，资金累计12.52亿元，其中，中央财政2.68亿元、市财政9.25亿元、区级财政0.18亿元、学校投入0.41亿元。

（罗芳）

义务教育阶段寄宿生生活补助专项检查

至年底，北京市学生资助事务管理中心开展义务教育阶段寄宿生生活补助专项检查。采用“查账目、查档案、查学生”的方式，专项检查16个区2017年春季至2019年春季义务教育阶段寄宿生生活补助，重点解决应助尽助问题、挤占虚报问题、财务管理不规范问题、资助档案管理不规范问题、管理体制不规范问题，明确提出整改要求。

（罗芳）

学生资助宣传大使主题宣讲活动

至年底，北京市学生资助事务管理中心举办“学生资助宣传大使”主题宣讲活动。17所高校（包括中央在京高校）30名国家奖学金、国家励志奖学金获得者被聘任为北京市“学生资助宣传大使”，进入15个区和5所中职学校开展20场主题宣讲活动。

（罗芳）

“助学·筑梦·铸人”主题宣传活动

至年底，北京市学生资助事务管理中心举办北京市2018年“助学·筑梦·铸人”主题宣传活动。活动收集各区教委、市属高校和中职学校各类参赛作品1330篇（幅、个），其中，征文作品833篇、宣传画246幅、音频199个、视频52个，最终评选出个人奖项108个、优秀组织奖10个。

（罗芳）

（本栏责任编校　华蕾　曾婷）

53720 人

高考统一招生录取

35762 人

中考统招录取

2662 人

高职生升入本科学习

104633 人

北京 146 个高等学校和科研机构招收硕士生

27598 人

北京 82 个高等学校和科研机构（不含解放军在京单位）招收博士生

2020 招生与考试

ENROLLING AND TESTING

- 义务教育招生政策
- 新中考招生制度改革
- 初中综合素质评价首次纳入中考录取
- 首次高中学业水平合格性考试举行
- 市属高校和中职教育招生规模持续缩减

招生与考试

ENROLLING AND TESTING

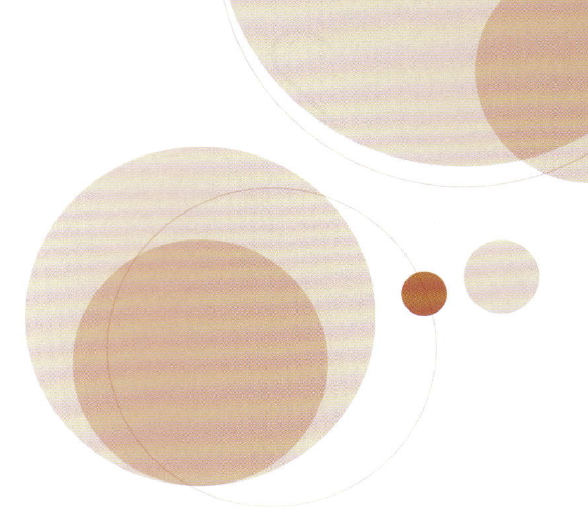

综述

义务教育招生政策

2019 年，市教委进一步完善义务教育入学规则，严格规范入学秩序，保持政策连续性和稳定性，确保义务教育阶段入学工作有序推进。4 月 1 日，市教委印发《关于 2019 年义务教育阶段入学工作的意见》。入学工作由政府统筹，坚持区级为主、免试就近、平稳有序、严格规范 4 项工作原则。严肃入学纪律，严禁以考试成绩和各类竞赛证书、培训成绩、考级证明等作为招生依据；严禁以面试、评测等名义选拔学生；严禁提前招生，选拔生源；严禁初中校违规在小学非毕业年级提前招生；严禁任何学校以实验班、特色班、国际部、国际课程班等名义招生；严禁以寄宿招生方式招收非寄宿学生；严禁分班前组织考试；严禁以任何名义设立重点班、快慢班、实验班；严禁任何学校私自招生。压缩公办寄宿招生，城六区公办学校寄宿招生计划比上一年减少 10%。要求公办学校公示寄宿生招生范围、招生名额、招生方式、录取名单。公办小学、初中就近入学率均超过 99%。

（周晓宇）

9 月 1 日，红莲小学举行我和祖国共成长开学典礼

（红莲小学　供）

优质高中校额到校招生

2019 年，北京市高级中等学校“校额到校”招生方式全面落地。3 月 12 日，市教委公布《关于做好 2019 年高级中等学校考试招生工作的意见》，明确 2019 年进一步完善优质高中“市级统筹”和“校额到校”招生方式，统筹优质教育资源配置。分配到校名额招生采用校内选拔方式，按考生志愿及成绩录取。录取成绩满分仍以 580 分计，由中考文化课成绩、初中综合素质评价成绩和体育成绩 3 部分组成。其中，中考文化课和初中综合素质评价成绩满分 540 分，按 7：3 比例计入，

体育满分 40 分。全市优质高中安排校额到校计划 1.70 万个，该批次计划占优质高中招生计划比例 50% 以上。

（周晓宇　姚转珍）

高考统招录取比例保持稳定

2019 年，北京市完成 2019 年普通高等学校招生录取工作，升学率继续保持在 90% 以上。北京地区参加统考 52101 人，录取新生 49429 人（含艺术院校〈专业〉、港台高校），升学率继续保持在 90% 以上。

（张桓）

高校农村地区专项招生继续扩大

2019 年，市教委继续扩大高等院校在城市发展新区和生态涵养发展区农村专项计划。市教委在地方农村专项招生中，计划人数从上年的 370 人扩大至 400 人，招生院校范围包括市属本科一批招生高等学校。专项计划进一步提高市农村考生升入本科一批比例。市教委同时继续实施农村户籍落榜考生“专项培养计划”。依托北京农业职业学院制定专门招生和人才培养方案，招生专业以涉农类专业为主，给更多农村户籍考生升学机会。

（张桓）

高职院校分类考试招生改革推进

2019 年，市教委推进高职院校分类考试招生改革。健全“文化素质 + 职业技能”考试招生方式，推进单独招生、高职自主招生等高职院校分类考试招生改革。其中，高职院校单考单招计划招生 743 人，实际录取 136 人；自主招生工作计划招生 14335 人（包括招收农村户籍考生 7071 人），比上年增加 992 人（包括招收农村户籍考生增加 570 人），实际录取 9199 人。

（张桓）

高职扩招

2019 年，北京市增加高职招生 0.54 万人。同时，重点面向退役士兵、农民工等群体，分两次补招录取 1528 人，基本完成教育部下达的任务。

（张桓）

市属高校研究生招生规模稳步增长

2019 年，市属高校完成年度研究生招生录取工作，研究生招生规模稳步增长。市属高校实际录取研究生 16398 人，比上年增长 9%。其中，博士生 1365 人，比上年增长 20.8%；硕士生 15033 人，比上年增长 8%。按照教育部安排，2019 年市属高校研究生招生计划 16972 人，其中，博士生招生计划 1404 人、硕士生招生计划 15568 人。市教委按照教育部要求统一下达全日制和非全日制研究生招生计划，市属高校全日制硕士生招生计划 14087 人，非全日制硕士生招生计划 1481 人。

（卜薇）

市属成人高等教育招生规模严格控制

2019 年，北京市属成人高等教育招生规模严格控制。市属成人高等教育实际招生 20627 人，比上年减少 9%。其中，本科（含高中起点本科和专科起点本科）实际招生

4 月 5 日，北科职院高职自主招生考试笔试现场

（北科职院　供）

11643 人，比上年减少 8.2%；专科（高职）实际招生 8984 人，比上年减少 9.9%。

（卜薇）

教育规模持续缩减

2019 年，市教委执行北京市新增产业禁限目录和人口调控政策，持续调减市属高校和中职学校招生规模。综合考虑国家高职扩招政策和北京市疏解非首都功能要求，市教委在坚持调减市属高校和中职学校总招生计划 2000 个的前提下，继续压缩京外招生计划。

（王鑫）

初中综合素质评价首次纳入中招录取

3 月 22 日，市教委印发《关于进一步做好校额到校工作的通知》。文件要求，2019 年初中综合素质评价首次纳入中招录取，与校额到校招生硬挂钩。参加校额到校招生初中校不仅要按要求给本校初三毕业生综合素质评价划定等级，还要根据本校标准将学生综合素质评价结果转换为相应分数（满分 162 分），与文化成绩的 70% 和体育成绩共同组成校额到校录取成绩。初中综合素质评价成绩满分考生 3689 人，占具有校额到校录取资格考生 27.4%。

（王小东）

招考委 2019 年第一次会议

4 月 17 日，北京市招生考试委员会 2019 年第一次会议召开。会议听取 2018 年高招工作汇报，审议并通过《北京市 2019 年普通高校招生工作规定》。市招考委主任委员参加会议，并就做好考试招生工作提出四点要求：全面落实安全责任，确保高考平稳顺利；全面落实阳光工程，确保录取公平公正；全面落实改革任务，确保措施精准到位；全面落实首善要求，不断提升招考工作群众满意度。市招考委成员单位相关负责人参加会议。

（王继磊）

试卷智能跟踪及取卷无感身份验证在自考中使用

4 月，海淀区教委率先在自学考试中采用试卷智能跟踪及取卷无感身份验证。试卷智能跟踪实现试卷运送全过程运行轨迹和视频信号实时录制监控，弥补试卷车空车取卷前对车辆监控的空白，延长试卷车辆监控周期。无感身份验证主要应用于取卷过程，基于人脸识别技术，在保密员取卷过程中进行实时人脸抓拍，与“合规”人员库进行对比，对保密员身份进行核真检验，确保试卷领取保密安全，全程实现无感识别。

（宋亚甫）

考试招生工作电视电话会议

5 月 14 日，北京市 2019 年教育考试招生工作电视电话会议召开。会议设立市政府主会场、北京教育考试院分会场和各区分会场，市教委、市公安局、市国家保密局、市无线电管理局、海淀区和北京师范大学负责人分别发言，提出相关工作要求。市招考委主任委员要求认清形势，提高站位，切实增强做好考试招生工作责任感和使命感；紧盯关键，狠抓落实，确保顺利实现平安考试目标；坚持公平，加强监督，确保实现招生录取阳光工程。市招考委委员、市国家教育考试局际联席会议成员单位负责人参加主会场会议。

（王继磊）

高级中等学校招生

概述

2019 年，北京市 68234 人报名参加北京市高级中等学校招生考试，比上年减少 2906 人，减少 4.45%。招生学校 330 所，招生计划 72714 人，比上年增加 4325 人。录取考生 57621 人，完成招生计划 79.24%，录取率 95.93%。招生计划普职比 7.1 ∶ 2.9，录取普职比 7.9 ∶ 2.1。参加中考英语听说机考考生满分率 22%，平均分 35.3 分。继续将实践活动成绩纳入中考成绩，综合社会实践和开放性科学实践活动两项均满分的考生 58931 人，占具有录取资格考生的 98.11%。其中，综合社会实践满分考生 59196 人、开放性科学实践活动满分考生 59306 人。

（王小东）

两次英语听说机考

3 月 23 日和 12 月 21 日，2019 年北京市高级中等学校招生考试第二次英语听说机考和 2020 年中考第一次英语听说机考举行。3 月，全市设 17 个考区，210 个考点，508 个考场。5.7 万人参加考试。12 月，全市设 17 个考区，248 个考点，593 个考场，8.2 万余人参加考试。

（王小东）

1419 人获得中考加分和优先照顾录取资格

4 月 26 日，2019 年北京市高级中等学校招生考试加分资格审核工作结束。全市 1419 名考生获得加分和优先照顾录取资格，包括少数民族加分考生 4 人。

（王小东）

中招计划和简章核准

5 月 17 日，北京教育考试院召开 2019 年北京市高级中等学校招生考试简章核对会。各区中招办和高职、中专、技工学校核对简章招生计划。2019 年全市 330 所高级中等学校招生，招生计划 71495 人，比上年增加 4334 人。其中，普通高中招生计划 51553 人，中专、技校、职业高中和五年高职等职技类学校招生计划 19942 人。提前招生学校 108 所，招生计划 12209 人；参加名额分配录取学校 92 所，招生计划 18124 人；参加统一招生学校 302 所，招生计划 41162 人。

（王小东）

499 人回户籍所在地参加中考

5 月 17 日，北京市 499 人回户籍所在区参加 2019 年北京市高级中等学校招生考试。学生需回各区中招办办理确认手续。各区中招办依据考生户口簿再次审核考生回户籍报考资格，并向考生讲解中招报考和考试的有关规定和要求。

（王小东）

中考体育现场考试

5 月 31 日，2019 年北京市高级中等学校招生考试体育现场考试工作结束。全市设 17 个考点，61022 名考生参加考试。体育现场考试继续按照统一考试科目、统一成绩评定标准、统一考试规程、统一考试时间和统一仪器设备标准的“五统一”要求组织实施。

（王小东）

中考文化课考试

6 月 24 日至 26 日，2019 年北京市高级中等学校招生考试文化课考试开考。必考科目为语文、数学和外语，此外，考生须从物理、生物（化学）、历史、地理、思想品德 5 门科目中选择 3 门考试科目，其中，物理、生物（化学）须至少选择 1 门。全市设 17 个考区，159 个考点，2214 个考场，63724 名考生参加考试。

（王小东）

加试和提前招生专业测试

7 月 5 日至 6 日，2019 年北京市高级中等学校统一招生加试和提前招生专业测试举行。23 所学校在统一规定时间内举行加试，通过登陆北京教育考试院网站，进入全市加试系统，将加试合格考生数据上报北京考试院中招办。108 所提前招生学校对报考考生开展专业加试。

（王小东）

统一招生录取 35762 人

7 月 28 日，2019 年北京市高级中等学校统一招生录取结果发布。全市参加统一招生学校计划招生 44728 人，实际录取 35762 人，完成计划的 79.95%。15 所贯通项目学校计划招生 3712 人，录取考生 2808 人，完成计划的 75.65%。108 所提前招生学校计划招生 13410 人，录取考生 10559 人，完成计划的 78.74%。“校额到校”计划招生 18124 人，录取考生 10669 人，完成计划的 58.87%。137 所具有招收特殊学生资格及任务的普通高中共招收特殊学生 4625 人。8 月 1 日，2019 年北京市高级中等学校招生补录工作完成，未被录取考生持“补录考生登记表”和“体检表”到自己选定的未完成招生计划学校办理报名手续，录取考生 631 人。7 月 7 日至 11 日，考生网上志愿填报。至 11 日 17 时，填报志愿考生 52905 人，占有升学资格考生的 88.08%。本年采用考后知分填报志愿。

（王小东）

高级中等学校招生 71694 人

9 月，北京市各类高级中等学校招生 71694 人。其中，普通高中招生 51403 人、普通中专招生 8271 人、职业高中招生 3033 人、技工学校招生 8987 人。

（姚转珍）

外省新生户口迁京审核

11 月 22 日，北京教育考试院为经批准招收外省市新生的中等专业学校办理外省市新生户口迁京审核手续。办理户口迁京 1088 人，占审核备案新生 77%。

（王小东）

高中毕业会考

概述

2019 年，北京市最后一次高中毕业会考举行。报考 44155 人，135663 科次。颁发《北京市高中会考合格证》49398 份。应届普通高中毕业生 55535 人，取得合格证 48425 人，占毕业生总人数 87.20%。

（肖军）

最后一次高中毕业会考

1 月 9 日至 11 日，2019 年北京市最后一次高中毕业会考举行。44155 人报考语文、数学、外语、政治、物理、化学、生物、历史和地理 9 个学科，135663 科次。17 个考区设置 77 个考点，4797 个考试场次。同时，16 所自主会考学校 9277 名学生参加自主会考考试，26476 科次；10 所替代考试学校 279 名学生参加替代科目考试，521 科次。

（肖军）

高中毕业会考合格证核发

5 月 17 日，2019 年“北京市普通高中会考合格证”核发工作完成。49398 名学生获得合格证，其中，应届生 48425 人、往届生 795 人、社会类 152 人、职技类 26 人。2019 年应届普通高中毕业生 55535 人，合格率 87.20%。

（肖军）

普通高中学业水平合格性考试

概述

2019 年，北京市普通高中学业水平合格性考试报考 119357 人 467254 科次。其中，第一次报考 54750 人 132092 科次，普通高中类 53557 人、职技类 1100 人、社会类 93 人；第二次报考 64607 人 335162 科次，普通高中类 62806 人、职技类 1683 人、社会类 118 人。年内，颁发《北京市高中学业水平考试合格证》1738 份。

（肖军）

两次高中学业水平合格性考试

1 月 9 日至 11 日和 6 月 24 日至 26 日，2019 年北京市第一次、第二次普通高中学业水平合格性考试举行。1 月，全市 54750 人报考 132092 科次，17 个考区设置 90 个考点，4656 个考试场次。6 月，全市 64607 人报考 335162 科次，17 个考区设置 91 个考点，11545 个考试场次。两次报考科目均为语文、数学、外语、思想政治、物理、化学、生物、历史和地理 9 个学科。9 月 30 日，《北京市高中学业水平考试合格证》核发，1738 人获得合格证，其中，普通高中类 1692 人、职技类 9 人、社会类 37 人。

（肖军）

55421 人报考 2020 年首次高中学业水平合格性考试

11 月 30 日，2020 年第一次普通高中学业水平合格性考试报考统计工作完成。全市 55421 人报考 152625 科次，其中，53644 名普通高中类学生报考 146812 科次、1460 名职技类学生报考 4312 科次、320 名社会类学生报考 1501 科次。全市设考点 90 个。

（肖军）

普通高等学校招生

概述

2019 年，全国共有 796 所高等学校在北京招生。全市 59209 人报名参加普通高等学校招生考试，录取 53720 人。在统招部分中，报名 54065 人，录取新生 49429 人（含高职自主招生录取 4335 人）。其中，文史类考生 16606 人，录取 14976 人，占录取总数 30.30%；理工类考生 37459 人，录取 34453 人，占录取总数的 69.70%。在高职单独招生部分中，报名 5144 人，录取 4291 人，其中，高职自主招生录取 4241 人，单独考试招生录取 36 人，北京联合大学师资班录取 14 人。

（姜华）

2662 名高职生升入本科学习

3 月 23 日，北京市 38 所高校推荐高等职业教育（专科层次）优秀应届毕业生 3628 人（含退役士兵考生 87 人）参加“高职升本科”文化课考试。考试在中国劳动关系学院、北京联合大学、北京城市学院和北京财贸职业学院 4 个考点举行。北京市 15 所高校参加招生，计划招生 2008 人，实际录取 1839 人（含录取实行计划单列的退役士兵考生 33 人）。此外，经市教委审核批准，录取符合免试专升本优秀退役士兵考生 823 人。根据《教育部办公厅关于 2016 年试点开展大陆专科生赴台接读本科工作的通知》，北京继续试点开展台湾部分科技大学招收大陆专科（高职）学生赴台攻

8 月 31 日，国科大 2019 级新生开学典礼

（国科大　供）

读二年制学士班工作。14 名考生报名，报名考生均符合条件。

（姜华）

272 人参加高水平运动队招生统一测试

3 月 24 日，北京市完成 2019 年高校高水平运动队招生全市统一测试。测试在北京体育大学举行，测试内容为田径、篮球、排球、足球、乒乓球、游泳、健美操、武术、羽毛球、网球 10 个项目。383 人报名参加考试，实际测试 272 人。经测试，达到合格等级考生 268 人，合格率 98.53%，不合格 4 人。

（姜华）

30 所高校完成高职自主招生 8415 人

4 月 5 日和 20 日，30 所高职院校举行 2019 年自主招生考试。计划招生 14335 人，8551 人报名参加考试，录取 8415 人。

（姜华）

1420 人参加体育专业测试

4 月 13 日，北京市 2019 年普通高校体育教育、社会体育、休闲体育专业测试工作举行。测试在首都体育学院举行，测试项目为田径、篮球、排球、足球、体操、艺术体操（女）、武术、游泳和乒乓球等。全市共有考生 1420 人参加考试。经测试，成绩 90 分（含）以上 47 人，80 分（含）以上 215 人，70 分（含）以上 460 人，60 分（含）以上 657 人。

（姜华）

35454 人参加外语口试

4 月 13 日至 14 日，北京市 2019 年普通高校招生外语口试举行。口试在北京外国语大学、北京语言大学、中国传媒大学、对外经济贸易大学、首都师范大学、北京第二外国语学院 6 个考点举行，共有考生 35454 人参加外语口试。

（姜华）

608 人参加体育单招文化课统一考试

4 月 20 日至 21 日，北京市 2019 年普通高校运动训练、武术与民族传统体育专业招生文化课统一考试举行。考试科目为语文、数学、政治和英语四科，各科试卷满分为 150 分，总分 600 分。考试在北京市陈经纶中学举行，共有 608 人报名参加考试。

（姜华）

194 人在京参加港澳台侨学生联招考试

5 月 19 日至 20 日，2019 年普通高校联合招收华侨、港澳、台湾省学生入学考试举行。考试在北京科技大学附属中学举行，194 人参加考试。

（姜华）

59029 人参加高考

6 月 7 日至 8 日，北京市 2019 年普通高校招生考试举行。设立 17 个考区 89 个考点，1790 个考场，其中，统考 85 个考点，1762 个考场；单独考试 16 个考点，28 个考场。59029 人参加考试，其中，普通高考统考考生 54065 人，高职单考考生 5144 人。6 月 9 日至 23 日，北京市完成 2019 年高考评卷工作。评卷工作在北京大学、清华大学、北京师范大学、首都师范大学、北京第二外国语学院和北京工业大学 6 个评卷点举行，继续采用全科目网上评卷的办法，扫描考生答题卡 30 万余张，累计评阅试卷 20 万余份，参加评卷教师 1173 人。14 日，在清华、北大两个评卷点

1 月 26 日，传媒大学举办 2019 年艺术类招生考试复试

（传媒大学 供）

举行北京市 2019 年高考评卷媒体开放日活动，30 余家在京新闻媒体参加。

（姜华）

高考各批次录取最低控制分数线确定

6 月 23 日，北京市招生考试委员会 2019 年第二次会议审议并通过北京市 2019 年普通高校招生各批次录取最低控制分数线。本科普通批文科 480 分、理科 423 分；艺术类本科文科 335 分、理科 295 分；专科（三科总分）文科 120 分、理科 120 分；体育教育、社会体育、休闲体育专业成绩 60 分，文化课成绩文科 330 分、理科 300 分；高职单招分数线为 120 分；艺术高职分数线为 84 分。

（王继磊）

44631 名考生参加高考本科志愿填报

6 月 25 日至 29 日，北京市高考考生参加本科和单考单招志愿填报。本科普通批志愿设置为大平行方式，可填报 16 个平行志愿。对高校自主招生选拔、高水平艺术团和高水平运动队特殊类型招生单独设置特殊类型志愿。截至 29 日 20:00 志愿填报结束，全市共有 44631 名统考考生完成本科志愿填报，59 名单考考生完成志愿填报。

（姜华）

796 所高校计划在京招生 43177 人

6 月，北京市完成 2019 年普通高校招生计划汇总工作。全年在京招生高校 796 所，计划招生 43177 人，高职班及师资班单独招生计划 503 人。在统考统招计划中，按科类分：文史类计划 11664 人，占计划总数的 27.01%；理工类计划 31513 人，占计划总数的 72.99%。按学历层次分：本科计划 34411 人，占计划总数的 79.70%；专科计划 8766 人，占计划总数的 20.30%。按学校所在地域分：在京院校计划招生 36614 人，占计划总数的 84.80%，其中，部委院校招生计划为 5098 人，占招生计划总数的 11.81%，市属院校在京招生计划 31516 人，占招生计划总数的 72.99%，外埠院校招生计划 6563 人，占计划总数的 15.20%。

（姜华）

高考统一招生录取 53720 人

7 月 6 日至 30 日，北京市 2019 年普通高校统一招生录取 53720 人。其中，统考考生录取 49429 人（统考本科录取 41103 人，本科录取率 78.89%；专科录取 8326 人，含高会统招录取 3991 人，高职自主招生录取 4335 人）。单考单招录取 4291 人，含高职自主招生录取单考考生 4241 人，单考单招录取 50 人。2019 年市属高校继续实施“双培计划”和“外培计划”招生。其中，16 所高校参加“双培计划”招生，招生计划 1421 人，实际录取 1294 人；15 所高校参加“外培计划”招生，招生计划 404 人，实际录取 321 人。

（姜华）

5.65 万余人报考 2020 年高考

11 月 30 日，北京市完成 2020 年普通高校招生考试报名工作。全市 5.65 万人报名参加 2020 年高考，比上年减少 2700 余人，降幅 4.56%。其中，全国统考报名 5.33 万人，比上年减少 780 余人，降幅 1.45%；高职单考单招报名 3200 余人，比上年减少 1900 余人，降幅 37.46%。应届生 5.4 万人，占报名人数 95.32%；往届生 2600 余人，占报名人数 4.68%。男生 2.79 万人，占报名人数 49.3%，女生 2.86 万人，占报名人数 50.7%。城镇考生 4.4 万人，占报名人数 77.7%，农村考生 1.26 万人，占报名人数 22.3%。此外，2020 年北京市继续实施进城务工人员随迁子女在京参加高职招生考试政策，466 人提出申请，经审核，符合条件并参加高考报名 333 人。

（姜华）

3932 人参加 2020 年美术类专业统一测试

12 月 7 日，北京市完成 2020 年美术类专业统一测试。测试在北京工业大学、首都师范大学、北方工业大学 3 个考点举行，4069 人报名，实际参加考试 3932 人，缺考率 3.37%。12 月 8 日至 25 日，考试评卷工作在首师大和北京服装学院举行，并于 26 日公布北京市 2020 年美术类专业统一考试合格成绩要求。本科合格要求为 3 门科目总成绩不低于 180 分，且其中 2 门科目各不低于 60 分；高职（专科）合格要求为 3 门科目总成绩不低于 120 分；高职单考单招合格要求为 3 门科目总成绩不低于 120 分。经评定，3902 人取得美术统考合格资格，占报考人数的 99.24%。其中，取得本科合格资格考生 3517 人，占取得合格资格考生的 89.45%。

（姜华）

52444 人报考英语 2020 年首次听力机考

12 月 14 日，北京市 2020 年第一次英语听力机考报名 52444 人。全市设立 17 个考区，162 个考点，406 个考场，15100 个考试机位，举行 4 场次考试。

（姜华）

1432 人次报名 2020 年高校艺术团招生统一测试

12 月 21 日，北京市完成 2020 年高水平艺术团招生统一测试工作。测试在清华大学举行。测试过程实施全程摄像，设置声乐、管乐、弦乐、键盘、民乐、舞蹈、戏剧 7 大类 49 个小项，1432 人次报名考试，实际测试 1223 人次，缺考 209 人次。其中，1042 人取得合格等级成绩，通过率 85.2%；不合格考生 181 人，占实考人数的 14.8%。

（姜华）

研究生招生

概述

2019年，全国下达北京市研究生（博士生、硕士生）招生计划138530人，较上年增加6091人。录取研究生（博士生、硕士生）132231人，较上年增加6879人。从招生类别看，硕士研究生招生计划110706人，较上年增加3966人。其中，全日制学术学位招生计划47257人、全日制专业学位招生计划42928人，非全日制学术学位招生计划295人、非全日制专业学位招生计划20226人。报考硕士考生412200人，其中，全国网上报名系统报考北京招生单位的硕士考生383357人、推免服务系统接收的推荐免试硕士考生28843人，两项合计较上年增加61337人。在京146个高等学校、科研机构录取104633人，较上年增加5299人。博士研究生招生计划27824人，较上年增加1740人。报考博士考生65476人，较上年增加277人。在京82家招生单位招收博士生27598人，较上年增加1580人。此外，北京市29家招生单位面向香港、澳门、台湾地区招收研究生755人。北京市同等学力人员申请硕士学位全国统考报名29599人，报考45012科次。市招考委第一次与149家招生单位一把手签订“2020年北京市硕士研究生招生考试安全责任书”，明确要求，压实责任。

（李青文）

314名考生被认定违规

1月25日，市研招办组织召开北京市2019年全国硕士研究生招生考试违规处理认定会。会议邀请北京大学、清华大学等8所高等院校的10名招生考试专家，对报考北京招生单位和在京考试报考京外招生单位314名考生违规事实和处理意见进行认定。通过专家集中研究讨论，认定违纪考生180人，作弊考生134人。

（李青文）

28843名优秀应届本科毕业生被推荐免试攻读研究生

1月31日，2019年推荐优秀应届本科毕业生免试攻读研究生工作结束。教育部下达给北京高校推荐名额15900人，较上年增加497人。北京45家推荐高校通过“全国推荐优秀应届本科毕业生免试攻读研究生信息公开暨管理服务系统”上报经高校公示推免生15923人，较上年增加743人。除军队院校以外，北京88个高等学校、科研机构共接收推免生28843人，较上年增加874人。推免生中硕士研究生23943人、直博生4900人。

（李青文）

面向港澳台地区招收研究生755人

4月13日至14日，2019年北京市面向香港、澳门、台湾地区招收研究生初试举行。报名在京考试610名考生在北京理工大学考点参加考试，艺术类等专业考生由各招生单位负责组织考试。5月，北京市29家招生单位面向香港、澳门、台湾地区招收研究生755人，其中，攻读硕士学位684人、攻读博士学位71人。

（李青文）

同等学力申请硕士学位全国统考举行

5月19日，北京市2019年同等学力人员申请硕士学位外国语水平和学科综合水平全国统一考试举行。设9个

12月，传媒大学考点举办2020年全国硕士研究生招生考试
（传媒大学　供）

考点，1530 个考场。北京市报名考生 29599 人，较上年增加 1670 人；报考 45012 科次，较上年增加 1626 科次。经学位授予单位审核通过，全市报考外国语水平考试考生 20981 人，较上年增加 117 人，与上年基本持平；报考学科综合水平考试考生 24031 人，较上年增加 1509 人。

（李青文）

录取研究生 132231 人

7 月，2019 年北京研究生录取工作结束，录取研究生 132231 人。除军队院校以外，北京 146 个高等学校、科研机构录取硕士生 104633 人，较上年增加 5299 人。其中，全日制学术学位录取 46109 人、全日制专业学位录取 41743 人，非全日制学术学位录取 170 人、非全日制专业学位录取 16611 人。教育部下达给北京硕士生招生计划 110706 人，较上年增加 3966 人。北京 82 家招生单位录取博士生 27598 人，较上年增加 277 人。教育部下达给北京博士生招生计划 27824 人，较上年增加 1740 人。

（李青文）

硕士生招生考试报考点接收规则调整

9 月，2020 年硕士研究生招生考试报考点接收考生报考规则调整。报考外埠招生单位、其毕业院校设置有报考点的应届毕业生，不包括艺术类院校应届毕业生，应选择其所在毕业院校报名考试；报考外埠招生单位、其毕业院校没有设置报考点的应届毕业生，艺术类院校应届毕业生以及报考外埠招生单位的非应届毕业生，应选择北京工业大学、北京科技大学、北京理工大学、北京化工大学、北京印刷学院、北京建筑大学、北京石油化工学院、北京第二外国语学院、中国传媒大学、中国政法大学、北京联合大学、中国科学院大学（仅接收报考中国科学技术大学考生）12 个外埠联合报考点报名考试。新增北京物资学院为报考点。

（李青文）

市招考委加强对研究生招生考试自命题工作监管

10 月 15 日，北京市招生考试委员会印发《北京市硕士研究生招生考试自命题工作规范》和《北京市硕士研究生招生考试自命题工作监管办法》。工作规范主要从强化组织领导、完善规章制度、强化队伍建设、提高命题质量和落实监管五个方面加强对在京招生单位自命题工作的指导。监管办法主要从落实自命题工作主体责任，压实各项工作要求，在招生单位自命题自查基础上，组织联合检查等方式进一步履行监管职责，进而确保硕士研究生招生考试平安顺利举行。

（李青文）

全国硕士研究生招生考试举行

12 月 21 日至 23 日，北京市 2020 年全国硕士研究生招生考试举行。北京设置 58 个考点，5009 个考场，应试考生 135501 人。全国报考北京硕士招生单位的应试考生 424468 人（不含推免考生），分别在 31 个省市自治区的 665 个考点参加考试。全国报考北京招生单位的考生 425295 人（不含推免考生），较上年增加 41938 人，增幅 10.94%。135899 名考生报名在京参加考试，较上年增加

8 月 21 日，清华国际学生参加 2019 级研究生新生开学典礼

（清华　供）

6402 人，增幅 4.94%。

（李青文）

成人高等学校招生

概述

2019 年，在京招生成人高校有 67 所，比上年减少 7 所院校（2018 年有 2 所院校未招生）。全市报名确认考生 43212 人，确认考试生 42399 人。67 所在京招生高校招生专业 780 个，比上年减少 276 个。招生专业中，市属高校招生专业 475 个、部属高校招生专业 305 个。高起本专业 142 个、高起专专业 317 个、专升本专业 321 个。4 所高校单考单招专业 11 个。北京市招生计划 36022 人，比上年的 42936 人减少 6914 人。其中，高中起点专科计划 10823 人、高中起点本科计划 3709 人、专科起点升本科计划 21490 人。单考单招计划招生 1231 人。应考考生 42399 人，实考考生 38066 人，其中，高起专 11524 人、高起本 3970 人、专升本 22572 人。缺考 4333 人，违规 66 人。实际录取新生 35219 人，录取率 90.59%。高起本录取 3565 人、专升本录取 21112 人，高起专录取 10542 人，单考单招录取新生 1258 人。北京地区成人本科学士学位英语统一考试，上半年 56 所院校，88721 人报考，实考 59909 人，缺考 28812 人，考试及格率 21.80%；下半年 54 所院校，95559 人报考，实考 63189 人，缺考 32370 人，考试及格率 15.91%。

（潘妍）

两次成人本科学士学位英语考试

5 月 11 日和 11 月 9 日，上半年和下半年北京地区成人本科学士学位英语考试分别举行。上半年考试 56 所院校 88721 名考生报名，其中，北京考生 47867 人，占全部考生 53.95%；外埠考生 40854 人。设考点 87 个，北京市考点 43 个、外埠考点 44 个。实考考生 59909 人，缺考考生 28812 人，平均缺考率 32.47%；及格 13061 人，及格率 21.80%。6 月 10 日起发放考生成绩与合格证书。下半年考试 54 所院校 95559 名考生报名，其中，北京考生 50294 人，占全部考生 52.63%；外埠考生 45265 人。设考点 87 个，其中，北京市考点 43 个、外埠考点 44 个。实考考生 63189 人，缺考考生 32370 人，平均缺考率 33.87%；及格 10052 人，及格率 15.91%。12 月 6 日起发放考生成绩与合格证书。

（潘妍）

成人高校招生考试报名

8 月 29 日至 9 月 4 日，2019 年北京市成人高校招生考试网上报名工作完成。报名考生 51584 人，交费成功 47062 人。免试生现场确认工作于 9 月 3 日举行，考试生现场确认工作于 9 月 6 日至 9 日举行。确认考生 43212 人，比上年减少 10815 人。全部确认考生中，考试生 42399 人，比上年减少 10808 人。按报考志愿层次分：高起专考生 12837 人，比上年减少 5732 人；高起本考生 4420 人，比上年减少 3082 人；专升本考生 25142 人，比上年减少 1994 人。免试生 813 人，均为专升本免试生，其中，退役军人免试 116 人、试点免试生 673 人、其他类型免试生 24 人。25227 人在教育部学信平台“中国高等教育学历证书查询系统”网上学历验证通过，728 人学历验证未通过。未通过学历验证考生在确认现场签署《保证书》。中国劳动关系学院、北京体育大学、首都体育学院、北京联合大学 4 所院校 11 个专业继续实行单考单招，报名 1486 人，比上年减少 94 人。

（潘妍）

成人高校招生录取最低控制分数线划定

11 月 27 日，北京市成人高校招生录取最低控制分数线划定。高起专：文史外语类 100 分、艺术类 87 分、理工类 100 分；高起本：文史外语类 148 分、艺术类 104 分、理工类 122 分；专升本：文史中医类 167 分、艺术类 150 分、理工类 123 分；经济管理类 115 分、法学类 188 分、教育学类 154 分、农学类 126 分、医学类 144 分。

（潘妍）

成人高校招生录取 35219 人

11 月 29 日至 12 月 20 日，2019 年北京市成人高校招生录取工作完成。67 所院校录取新生 35219 人，完成调整计划的 97.03%，录取率 90.59%。录取分两个批次进行，第一批为本科批次，录取新生 24677 人，其中，高起本新生 3565 人、专升本新生 21112 人；第二批为专科批次，录取新生 10542 人。单考单招录取新生 1258 人，比上年增加 56 人。9 所院校参加“校企合作”项目的试点，报名 2539 人，录取 2286 人；6 所院校参加“专升本推优免试入学”项目的试点，报名 673 人，录取 668 人；1 所院校参加“三一口语替代”项目的试点，报名 3 人，录取 3 人。

（潘妍）

高等教育自学考试

概述

2019 年，北京市高等教育自学考试 19 所主考学校开考 66 个专业，其中，专科 25 个、本科 41 个；开考课程 582 门次（不含实习、实践、论文）；公布教材 480 种，完成 36 门课程大纲的新编和修订；命制 247 门次课程试题。

全年组织大规模报考2次，笔试课程报考考生127326人次，比上年减少15.66%；报考382453科次，比上年减少23.62%；注册新生29244人，比上年减少28.21%。实践课程报考22730科次，论文申报5354人。全年组织笔试课程考试2次，设置考区17个，累计设置考点193个，考场3787个。4个考区7所监狱设置监狱考场108场次，67人次；2个考区为5名残疾考生设置特殊单独考场。全年组织19所主考学校完成笔试课程网上评卷265282份，完成非笔试课程成绩及毕业论文（设计）成绩网上录入30721科次，受理成绩复核10581科次。全年毕业6971人，比上年减少2.34%。毕业生中本科4095人、专科2876人，3515人获得学士学位。办理考籍8606人次，现场咨询考生3000人次，接听人工电话咨询3万人次。接待来访考生20余人次，处理信访192件。“自考综合服务平台官方微信”注册用户103135人，比上年增加14609人，向考生推送图文49篇。

（蒋来）

两次自学考试

4月13日至14日和20日至21日、10月13日至14日和20日至21日，2019年北京市高等教育自学考试上半年考试和下半年考试分别举行。上半年考试在17个考区举行，实考168254科次，61594名考生报考笔试课程183165科次，开考66个专业、375门课程，设立考点校103个、考场1865个。实践、非笔试课程报考12953科次。下半年考试在17个考区举行，注册新生16518人，65722名考生报考笔试课程199288科次，开考65个专业、367门课程，设立考点校90个、考场1922个。实践、非笔试课程报考15131科次。6月9日和12月9日，两期考试成绩发布。发布426855科次，其中，笔试课程382369科次、笔试加实践课程16402科次、非笔试课程28084科次。

（蒋来）

分两次申报毕业

6月10日至23日和12月10日至23日，北京市高等教育自学考试学生分两次在网上申报毕业。经各区自考办、主考学校自考办对考生资格审核，6月，3659名考生办理毕业手续，其中，本科2459人、专科1200人；12月，3128名考生办理毕业手续，其中，本科1699人、专科1429人。

（蒋来）

分两次开展专科毕业考核和本科毕业论文申报

6月11日至14日和12月11日至14日，2019年下半年和2020年上半年专科毕业考核（实习）、本科毕业论文（设计）申报工作开展。6月2276名考生申报，12月2508名考生申报。

（蒋来）

自学考试专业调整

12月，北京市高等教育自学考试办公室发布《关于修订北京市高等教育自学考试工程管理（项目管理方向）专业（专升本）的通知》。文件对工程管理专业（项目管理方向）证书考试进行最终剥离，这是自学考试证书剥离的最后一个专业。同时，依据教育部考试中心专业规范要求，相应调整专业计划，形成北京第一个从内容上进行专

9月17日，北京市高等教育自学考试现场审核

（财贸职院　供）

业规范的文件。

（蒋来）

分两次申办学位

3月17日至23日和9月17至23日，北京市自学考试分两次开展本科毕业生网上申办学位。经主考学校自学考试办公室审核，3月，1309名考生申请办理学位；9月，2206名考生申请办理学位。

（蒋来）

社会考试

概述

2019年，北京教育考试院举办6个社会考试项目，组织52次考试，报考914456人次，比上年增长7.5%。全年新增82个考点，其中，中小学教师资格考试52个，全国大学英语四、六级考试笔试1个，全国大学英语四、六级口语考试29个。培训和考核伦敦三一学院英语口试考官19人，全国计算机等级考试系统管理员180人次，全国大学英语四、六级口语考试系统管理员150人。

（伍亚娜）

中小学教师资格考试（NTCE）

3月9日和11月2日，北京教育考试院举办两次北京市中小学教师资格考试（笔试）。考试分为7个类别39个科目。全年报名143273人，306992科次。与上年同期相比，报考人数增加58584人，增长61.87%。3月考试报名58268人，121718科次，全市设置38个考点，4088场次，实考46820人，笔试合格19828人，通过率42.35%。此次考试首次对全部考点启用“身份识别系统”，对所有考生身份进行验证。11月考试报名85005人(涨幅居全国第二)，185274科次，设立2个考区，81个考点，其中，高校考点29个，新增中学考点52个，总计6235个场次。全部为国家考试标准化考场。实考65889人，笔试合格17463人，通过率26.50%。

（宋戍）

全国计算机等级考试（NCRE）

3月和9月，北京教育考试院分两次举行全国计算机等级考试（NCRE）常规考试。3月考试开考4个级别20个科目，9月考试开考4个级别21个科目，所有科目均采取无纸化上机考试形式，使用同一套考试系统。全市年报名109981人次。其中，3月考试报名62743人次，9月考试报名47238人次。从报考级别情况看，一级考生31280人，占考生总数的28.44%；二级考生70168人，占考生总数的63.80%；三级考生7368人，占考生总数的6.70%；四级考生1165人，占考生总数的1.06%。全年33599人次取得合格证书，取证率30.55%。

（周德松）

全国大学英语四、六级口语考试（CET-SET）

5月和11月，北京教育考试院组织北京地区全国大学英语四、六级口语考试。73659人参加考试。上半年报考37980人，其中，四级考生20097人、六级考生17883人。全市设45个考点，可用机位5220个，备用机位1573个。下半年报考35679人，其中，四级考生20628人、六级考生15051人。全市设47个考点，可用机位数5176个，备用机位1651个。

（金辉）

中国书画等级考试（CCPT）

5月和11月，北京教育考试院组织两次中国书画等级考试。全年报考6431人次，比上年4029人次增长59.62%。5月，19个考点2645人次参加考试；11月，19个考点3786人次参加考试。

（肖立宏）

全国大学英语四、六级考试（CET）

6月和12月，北京教育考试院组织北京地区全国大学英语四、六级考试。573891人参加考试。上半年报考290468人，其中，英语四级考生117651人、英语六级考生171094人，日语四级考生637人、日语六级考生108人，德语四级考生193人、德语六级考生58人，俄语四级考生143人、俄语六级考生41人，法语四级考生543人。全市设75个考点、17个分校区考点，9883个考场，其中，四级4088个考场、六级5795个考场。缺考人数（次）43574人，缺考率15%。下半年，报考283423人，其中，英语四级考生114964人、英语六级考生168459人。全市设76个考点、16个分校区考点，9529个考场，其中，四级3876个考场、六级5653个考场。缺考人数（次）30092人，缺考率10.6%。

（金辉）

伦敦三一学院英语口语等级考试（GESE）

至12月，北京教育考试院举行伦敦三一学院英语口语等级考试40次。6751人次考生参加考试，发放证书5227张，取证率77.43%，其中，优秀率15.17%、良好率30.35%。

（戴广钰）

（本栏责任编校　华蕾　曾婷）

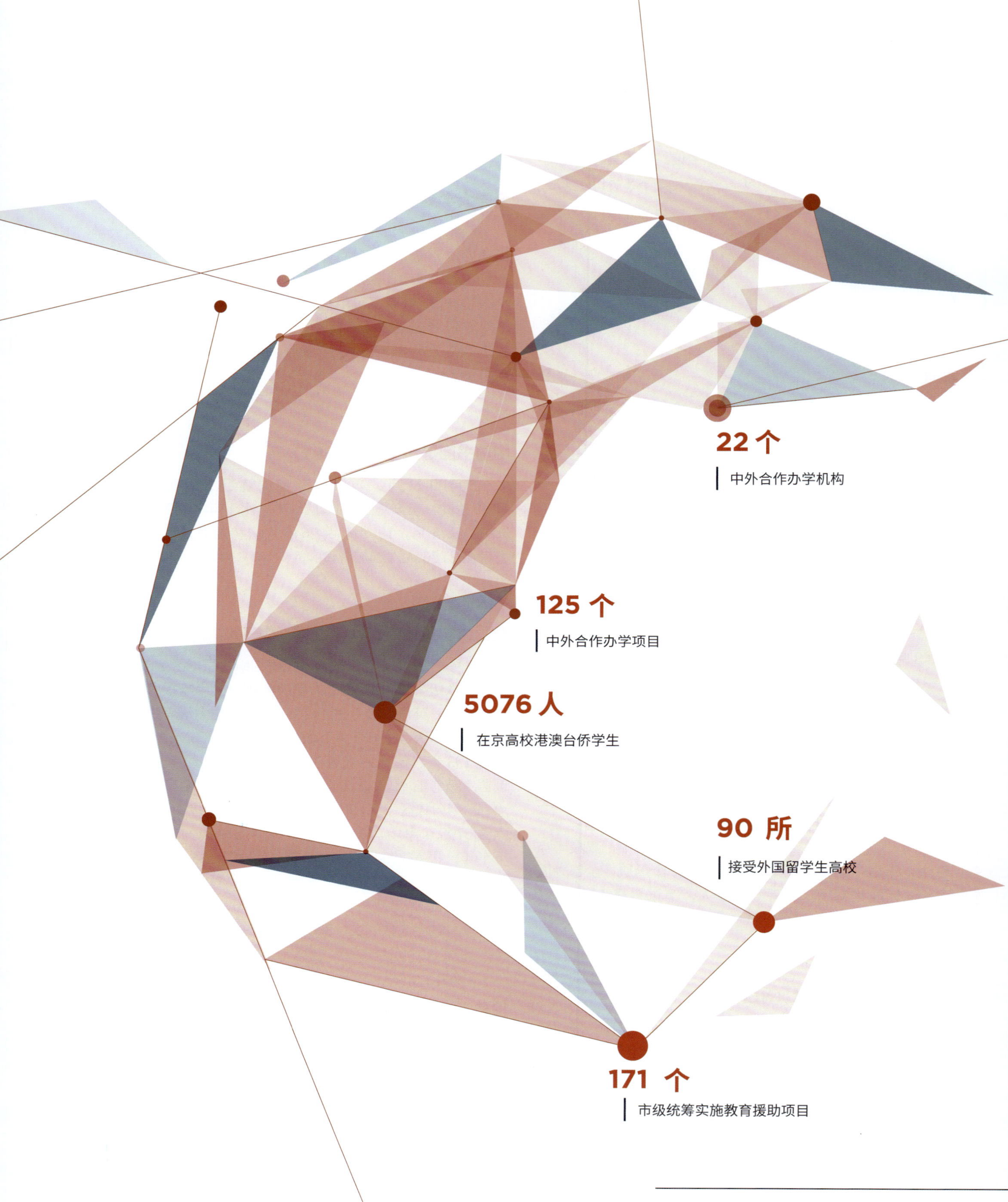
22 个
中外合作办学机构
125 个
中外合作办学项目
5076 人
在京高校港澳台侨学生
90 所
接受外国留学生高校
171 个
市级统筹实施教育援助项目

2020 | 交流与合作

COMMUNICATION AND COOPERATION

- 北京市国际学校发展三年行动计划出台
- 率先下放外籍人员子女学校审批权限
- “一带一路”全球导师计划启动
- 中国—赞比亚职业技术学院开学
- 北京高校“引智帮扶”联盟成立
- 北京市开放教育与精准扶贫研究基地挂牌
- 首都教育远程互助工程实施

交流与合作
COMMUNICATION AND COOPERATION

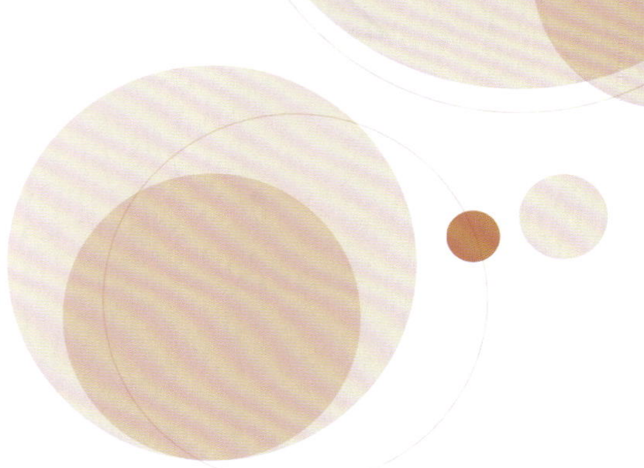

综述

北京教育国际影响力提升

2019年，市教委创新工作方式，提升北京教育的国际影响力。加大首都教育对外推介力度，组织北京市高校和中小学留学生管理部门相关负责人等66人分4个团组赴芬兰、南非等10个国家举办教育展和教育说明会，向境外学校推介北京优质教育资源，推动北京与当地学校合作，吸引国际优秀人才来华留学；举办国际学生北京夏令营、北京—首尔青少年体育交流大会、北京—世宗青少年艺术交流活动等中外学生交流活动，为各国和各地区青少年提供国际化交流平台。

（刁文淇）

对接共建“一带一路”发展战略

2019年，市教委对接教育部《推进共建“一带一路”教育行动计划》，发挥北京教育在“一带一路”建设中的基础和支撑作用。统筹规划北京市与“一带一路”沿线国家开展教育互联互通、人才培养合作和共建合作机制工作；继续实施北京市外国留学生“一带一路”奖学金项目，吸引沿线国家优秀学生来京学习；继续实施“一带一路”国家人才培养基地项目，向两批共40所基地学校提供支持。

（刁文淇　刘月　蒋小婷）

4月26日，舞蹈学院学生在第二届“一带一路”国际合作高峰论坛演出　（舞蹈学院　供）

7月29日，“一带一路”国家大学生科技创新训练营开营
（市教委相关处室　供）

推进教育领域开放改革

2019年，市教委推进教育领域开放改革。年初，国务院批复北京新一轮服务业扩大开放试点方案，市教委牵头并负责实施教育领域开放改革任务，研究制定《教育领域开放改革三年行动计划》，重点在加大国际教育供给、培育示范项目、扩大教育开放规模、下放行政审批权限4个方面细化15项开放改革措施。至年底，完成5项，其余10项全部启动，10所国际学校开工建设。国际学校布局进一步优化，改革政策落地见效，“试点下放外籍人员子女学校审批权限”“探索允许民间资本举办外籍人员子女学校”突破现有政策规定正式推出；中外合作办学扎实推进，清华大学附属中学国际部试点涉外教育项目在全国首次尝试依托公立学校开展外籍人员子女教育；职业教育开放改革进展顺利，探索引进国际知名的职业资格证书取得突破，首次输出中国职业教育技术标准，职业教育国际合作进一步拓展，校企合作、产教融合得到深化，有效提升服务“四个中心”建设的能力。

（詹任龙）

与港澳台地区教育合作交流全面加强

2019年，市教委全面加强与港澳台地区教育合作。搭建京港、京澳青少年专项交流平台，依托品牌项目，全面推进京港、京澳及京台青少年专项合作交流，以“京港澳姊妹校”“京台结对校”“涉台基地示范校”为抓手，扩大品牌项目示范效应，举办2019京港澳学生交流夏令营、2019京澳中学生科技创新交流营、京台基础教育校长峰会，全面提升两岸三地基础教育交流力度。

（殷处）

推动教学科研人员出访经费实现单列管理

2019年，市教委推动市属高校和科研院所教学科研人员的出国经费实现单列管理。经市委、市政府批准，自2020年起，北京市高校教学科研人员因公出国（境）费用不再纳入“三公”经费统计范围。

（刁文淇）

规范因公出国（境）管理

2019年，市教委规范因公出国（境）管理。印发《关于进一步加强两委机关、直属单位因公出访管理工作的若干规定》，严格执行计划管理、公示公开、行前教育、出访报告等制度，加强事前事中事后全流程监管。全年派出因公出国（境）团组56个、383人次。出访内容以执行国家人文交流任务、北京市友城交流任务、推介宣传北京教育、搭建市级教育交流平台、骨干教师研修为主。

（刁文淇）

国家公派出国留学

2019年，北京市教育系统受理国家公派出国留学工作。包含国家留学基金公派高级研究学者及访问学者（含博士后）项目等9个大项目24个子项目429人，录取（含候选人）261人。

（郭奇琦）

北京市国际学校发展三年行动计划出台

2月3日，经市政府审议通过，市教委印发《北京市国际学校发展三年行动计划（2019—2021年）》。行动计划对北京地区国际学校未来三年发展的主要目标、重点任务及相关保障措施作出规定。计划在中关村科学城、怀柔科学城、未来科学城和北京经济技术开发区（“三城一区”）引进人才密集地区和海淀区、朝阳区等重点区域新建一批国际学校。经市政府专题会审议，国际学校布局范围从“三城一区”扩展到 8 个国际人才社区，并新增布局 5 所国际学校。至年底，纳入“三年行动计划”的 23 所学校中，10 所开工建设；新增布局的 5 所学校中，涉及新建的 3 所学校均开工建设。

（刘斯）

第八届首都学生外语展示系列活动

3 月，市教委主办、北京市国际教育交流中心承办的第八届首都学生外语展示系列活动启动。活动面向全市中小学开展，分为英语展示活动与多语种展示活动两大类。形式包括英文原创短剧、多语种短剧、多语歌曲、多语朗诵等，涉及英语、法语、日语、韩语、俄语等 11 个语种。经过各区教委选拔推荐，16 个区 62 所学校的 74 个节目参加市级评选，最终评出英语类作品一等奖 7 个、二等奖 13 个、三等奖 24 个，多语种作品一等奖 8 个、二等奖 8 个、三等奖 11 个。12 月 5 日，展示分享会在北京市第八十中学举办。首都学生外语展示系列活动自 2012 年举办以来，累计参与师生超过 2 万人次，规模覆盖 16 个区的 1500 余所学校。

（史玉婷）

哈佛剑桥校长访问北大清华

3 月，哈佛大学和剑桥大学校长分别访问北京大学和清华大学。20 日和 24 日，哈佛大学校长白乐瑞、剑桥大学校长斯蒂芬 · 图普访问北大。白乐瑞与在北大工作的哈佛校友代表见面交流，参观北大图书馆建馆 120 年珍藏古文献展，发表题为《真理的追求与大学的使命》演讲并现场回答北大学生提问。图普发表题为《焦虑时代下的全球大学》演讲，回顾剑桥大学和中国学术界尤其是北大的交流合作历史，分享自己对于发挥大学关键作用应对全球性挑战的观点。双方签署两校战略合作协议，约定在教学科研、学生培养、人员交换、在线课程等方面开展全方位合作。21 日和 24 日，哈佛大学、剑桥大学校长分别访问清华。哈佛大学与清华就进一步拓展和加强两校合作进行深入交流；剑桥大学与清华就继续推进两校合作进行深入交流，签署合作备忘录，明确两校将进一步加强在师生交流、合作研究等领域的合作，推进双方的学术交流与发展。

3 月 24 日，剑桥大学和清华大学签署合作备忘录

（清华　供）

（刘鹏　吴筱君）

智利总统访问清华

4 月 25 日，智利共和国总统塞瓦斯蒂安 · 皮涅拉访问清华大学。皮涅拉接受清华名誉教授学衔，发表题为《智利与中国：共同面对未来的机遇和挑战》演讲。在演讲中，皮涅拉高度评价中华人民共和国成立 70 周年来取得的成就和在应对全球气候变化挑战中作出的贡献，并赞扬中国近年来在科技创新领域取得的卓越成就。皮涅拉指出，智利是第一个与中国建交的拉美国家，也是第一个与中国签署双边自由贸易协定的拉美国家，未来两国将拓展和深化合作，为创造更加美好的世界作出贡献。

（吴筱君）

柬埔寨首相访问北大

4 月 25 日，柬埔寨王国首相洪森携访华代表团访问北京大学。洪森接受北大授予的名誉教授称号，并发表演讲。洪森回顾柬中两国关系 60 年来的发展历程，并引用中国古语“日久见人心，路遥知马力”形容两国形成的“坚如钢铁般”的全面战略伙伴关系。他认为，今天的柬中关系处于历史上最好时期，在众多领域建立深度交流与合作机制，共同为全人类的和平、发展和繁荣作出贡献。演讲结束后，他为北大柬埔寨研究中心揭牌。

（刘鹏）

4 月 25 日，柬埔寨王国首相访问北京大学并发表演讲

（北大　供）

清华向俄罗斯总统普京授予名誉博士学位

4 月 26 日，清华大学向俄罗斯总统普京授予名誉博士学位仪式举行。习近平出席仪式。清华负责人宣读赞辞及授予学位决议，并向普京颁发名誉博士学位证书。习近平

在致辞中指出，2019 年是中俄建交 70 周年，展望未来，中俄青年学生肩负着传承两国人民友谊、促进两国共同发展的重要使命，希望同学们努力拼搏、勤勉向上，传递两国人民友好的接力棒，为中俄世代友好大业，为两国各自发展振兴，贡献青春、智慧和力量。

（吴筱君）

率先下放外籍人员子女学校审批权限

4 月，市教委将外籍人员子女学校审批权限下放至区教委。出台《关于做好政务服务事项动态调整承接工作的通知》，同时加强政策宣传和对各区教委的业务指导，确保下放审批实现无缝衔接。通过下放权限，减少办事层级，简化办事流程，缩短办理时间，提升政务服务效率，加强各区基础教育统筹管理能力，为服务对象提供更多便利。将外籍人员子女学校审批权限下放至区教委为全国首例，也成为北京市“放管服”改革的典型经验之一。

（刘月）

希腊总统访问清华

5 月 15 日，希腊共和国总统普罗科比斯 · 帕夫洛普洛斯访问清华大学。帕夫洛普洛斯发表《希腊语对文明对话的贡献》主题演讲，强调希腊语言与希腊文明在其历史演变过程中不可分割的联系和辩证关系。帕夫洛普洛斯指出，希腊语是整个希腊文明的核心，研究希腊语言对深入了解希腊文明有着至关重要的作用；在中国推动希腊语教学，除语言学习的意义之外，对中希两大伟大文明之间的对话有着深远意义。

（吴筱君）

世界大学气候变化联盟成立

5 月 28 日至 29 日，来自 9 个国家的 12 所高校响应清华大学倡议，在清华成立世界大学气候变化联盟。联盟将围绕联合研究、人才培养、学生活动、绿色校园、公众参与等方面开展工作，引领全球大学共同践行应对全球气候变化的大学使命。成员大学包括澳大利亚国立大学、加州大学伯克利分校、剑桥大学等 9 个国家的 12 所高校。清华担任联盟首届主席学校，伦敦政治经济学院担任联盟首届联合主席学校，首届联盟秘书处设在清华。11 月 17 日至 19 日，世界大学气候变化联盟研究生论坛举行，以“气候变化与可持续发展”为主题，来自 55 所国内外高校 150 余名研究生共同研讨当今世界气候变化研究与行动的进展、新思路和新方案。

（吴筱君）

4 月 26 日，清华向俄罗斯总统普京授予名誉博士学位证书
（清华 供）

第八届世界和平论坛

7 月 8 日至 9 日，第八届世界和平论坛在清华大学举行。王岐山参加论坛并发表讲话。论坛以“稳定国际秩序：共担、共治、共享”为主题，设 2 场大会、2 场大会讨论、1 场午餐演讲及 22 场小组讨论，围绕当今世界持续面临的安全挑战进行探讨，提出建设性应对方案，推动国际社会的安全合作。论坛由清华主办、中国人民外交学会协办，50 余个国家的驻华使节参加论坛开幕式，24 个国家 100 余名智库学者与会发言。

（吴筱君）

北京论坛 2019

11 月 1 日至 3 日，北京大学、市教委、韩国高等教育财团联合举办第 16 届北京论坛。论坛以“文明的和谐与共同繁荣——变化世界与人的未来”为主题，围绕“多元文明”“变化世界”“人的未来”3 个版块设立 13 个分论坛，内容涵盖文明交流、国际关系、女性发展、环境健康、人工智能、“一带一路”、中非合作、通识教育、艺术鉴赏等。联合国秘书长安东尼奥 · 古特雷斯发表视频贺词，杨洁篪作特邀报告。来自全球 60 个国家和地区的 509 名专家和学者受邀参加论坛。北京论坛创办于 2004 年，每年举办一次，至 2019 年，来自世界 70 余个国家和地区 6000 余名政要、学者参加论坛。

（傅翰文）

萨尔瓦多总统访问北外

12 月 4 日，萨尔瓦多共和国总统纳伊布 · 布克尔访问北京外国语大学。北外授予其名誉博士学位。布克尔发表演讲，介绍萨尔瓦多的国家及民族特色、地理位置，肯定中国在全球化过程中的贡献，认为人类社会的全球化水平不断提高，各国的联系更加便捷深入，但同时也面临产能过剩的问题，各个国家之间需要打破偏见，通过国际多边合作解决贫困和不平等问题，希望中国、萨尔瓦多在后全球化时代开展合作，推动两国关系发展。

（朱玉清）

组织境外教育说明会

至年底，市教委共组织 4 个团组赴境外开展北京教育说明会。参与学校涉及北京市大中学校 50 所，64 人次，走访 10 个国家的 13 个城市，完成公务 28 次，并首次在非洲大陆举办，填补北京市教育外事领域空白。说明会由北京市国际教育交流中心承办。北京教育说明会自 2010 年立项至今，累计前往 48 个国家和地区，组织近 800 人次出国（境）。

（史玉婷）

国际交流与合作

中外合作办学

概述

2019 年，市教委支持首都高校与国外学校通过多种方式合作办学，报教育部审批本科及以上中外合作办学项目 30 个（含延期）、机构 6 个（含延期）。批准 19 个高中项目（续办）、5 个高职项目（含续办）、3 个中职项目（续办）、1 个学前教育机构（续办）。北京市有中外合作办学机构 22 个、中外合作办学项目 125 个。按照政务服务事项管理要求，规范办事流程，所有行政许可和备案事项进驻政务服务大厅，并及时对外公开办事指南；规范高等学校办学活动，配合教育部做好本科及以上层次机构和项目评估工作，通报并公示 2019 年本科及以上层次中外合作办学评估结果，督促问题项目进行整改；加强对中外合作办学监管，开展对本科以下中外合作办学机构和项目抽查，对发现的问题及时要求整改；召开业务培训会。

（郭奇琦）

中国—赞比亚职业技术学院开学

8 月 2 日，中国—赞比亚职业技术学院开学典礼暨北京工业职业技术学院分院授牌仪式在赞比亚卢安夏市举行。这是中国职业院校在海外独立举办的第一所开展学历教育的高等职业学院，也标志中国与非洲在学历教育与职业培训领域的合作开启新篇章。中赞职业技术学院是三年制高等职业技术学院，在中国教育部和赞比亚职业教育训练管理局指导下，由中国有色金属矿业集团联合国内多所高职院校共同建设。学院主要面向赞比亚高中毕业生开展高等学历教育，同时面向中资企业员工开展技能培训。11 月 21 日，中赞职业技术学院董事会成立大会暨第一届董事会第一次会议在重庆举行，审议通过学院董事会章程和学院章程。

（白旭东　胡军伟　胡雨）

北航与法国国立民航大学签约共建中法航空大学

9 月 19 日，北京航空航天大学与法国国立民航大学签署共建中法航空大学合作协议。协议明确两校共建中法航空大学，并就合作办学的宗旨与目标、关键事项及筹建方案达成一致，标志着中法航空大学筹建进入新阶段。4 月，学校与浙江省教育厅、杭州市政府签署共建中法航空大学合作框架协议。

（朴悦嘉）

中央美院中法学院开学

10 月 19 日，中央美术学院艺术与设计管理学院（中法学院）首批新生开学。中法学院是中央美院获教育部批准建立的首个中外合作办学机构，与法国索邦大学、法国凯致商学院（KEDGE Business School）合作，在上海设立，并于 2019 年招收第一批本科生。经过选拔，中法学院从中央美院 2019 级各院系本科新生中择优录取第一批学生 12 人。

（马涵）

友好往来

外交学院举办庆祝中日韩合作 20 周年研讨会

4 月 12 日，外交学院举办庆祝中日韩合作 20 周年研讨会。会议宣读由中日韩三国智库联合起草的《中日韩合作二十周年智库共识》文件。与会人员围绕“全面提升三国合作、促进地区共同发展”主题，就“中日韩合作的进展与成就”“机遇与挑战”“展望与路径”等议题交流研讨。会议建议加强三国机制化合作，促进功能性合作；把青少年、教育、智库等人文社会交流作为合作重点，夯实民意基础。中日韩三国官员、专家学者、媒体代表等近 80 人参加会议。

（顾建俊）

亚洲戏剧教育研究国际论坛

5 月 17 日至 20 日，中央戏剧学院举办第 11 届亚洲戏剧教育研究国际论坛。论坛以“戏剧教学中的身体训练”为主题，来自日本、韩国、蒙古等 8 个国家和地区的 16 所院校近百名参会代表围绕主题发表论文、展开研讨。论坛举办期间，亚洲戏剧中心成员高校以“亚洲国家本民族传统戏剧经典重现”为主题，带来 4 台民族戏剧演出，分别是戏剧学院《白蛇》、蒙古国立艺术文化大学《棕马》、韩国中央大学《嫦娥星——月光美人》、印度国立戏剧学院《潘查·卡·维斯——山的召唤》。论坛由中国艺术教育促进会、亚洲戏剧教育研究中心共同主办，戏剧学院承办。亚洲戏剧研究中心于 2005 年成立，总部设在戏剧学院，致力于加强亚洲各国的戏剧交流和繁荣亚洲文化，连续 15 年举办各种论坛和展演活动，拥有来自中国、日本、韩国等 9 个亚洲国家的 17 所成员院校。

（王兴民）

金砖国家智库国际研讨会

6 月 26 日，北京第二外国语学院召开 2019 金砖国家智库国际研讨会。会议以“全球治理与多边主义”为主题，来自金砖五国的智库学者就“金砖国家如何在单边主义抬头的趋势下捍卫多边主义”“金砖国家在全球发展治理中的责任与作用”“金砖国家如何引领全球经贸体系规则重塑”“在新工业革命背景下，金砖国家在科技、网络等全球治理新疆域中的作为”4 个分议题研讨交流。金砖国家专家学者 100 余人参加研讨会。

（王薇）

中华文化小使者交流活动

7 月 20 日至 8 月 22 日，北京市国际教育交流中心组织开展“2019 中华文化小使者”交流项目。11 个区 30 所中学的 302 名师生及中心人员分 8 个团组赴美国、英国、俄罗斯、塞尔维亚、奥地利、捷克、匈牙利 7 个国家开展研学交流。

（史玉婷）

5 月 17 日，戏剧学院在第 11 届亚洲戏剧教育研究国际论坛上演出话剧 （戏剧学院 供）

首届北京中德职业教育合作汽车维修国际技能大赛

7 月，市教委与德国巴登符腾堡州教育部共同主办首届北京中德职业教育合作“上汽大众杯”汽车维修国际技能大赛。这是北京市首次举办中德职业院校学生间的技术技能比赛。比赛分为机械拆装与检测、故障诊断两个赛项，裁判由中德职业院校教师和上汽大众企业专家共同组成，两国互派考查；考题及考核标准参照汽修行业国际标准，中德双方共同协商制定。中德两国 10 所职业院校 44 名学生参赛，经过角逐，产生金奖 2 项、银奖 5 项、铜奖 7 项和优秀奖 8 项，其中，中德各有一组选手获得金奖。比赛在北京市昌平职业学校举办。

（余俊　胡雨）

首届“中国—新西兰校长论坛”

10 月 11 日，海淀区教委举办首届中国—新西兰校长论坛。论坛以主旨报告、国际沙龙形式，围绕中国、新西兰双方“跨文化交流与未来教育的探索与实践”进行多领域交流探讨，就未来教育发展趋势、国际教育实践、培养全球公民等教育热点议题展开主题演讲。论坛期间，北京市第一〇一中学与新西兰卡皮提中学、海淀区教师进修学校附属实验学校与新西兰塔瓦中学分别签订建立友好校协议。海淀区政府、海淀区教委领导，新西兰驻华大使馆教育参赞及双方教育工作者 200 人参加论坛。

（康文中　宋亚甫）

中俄交通大学校长论坛

10 月 17 日，第六届中俄交通大学校长论坛在人民大会堂开幕。论坛为期 4 天，以“携手新时代、建设共同体”为主题，聚焦新时代教育、交通等领域发展，探讨进一步推进中俄交通，特别是高铁领域的融通合作。来自中俄两国 60 余所交通类大学校长 200 余人参加论坛，围绕“发挥优势特色，共建中俄交通共同体”“推动‘一带一路’俄语人才培养”“中俄通航产业领先高校间的合作”等研讨交流。参加论坛的校长联合发表《北京宣言》，将加速培养懂技术、懂专业、懂中文、懂俄语，服务“一带一路”的紧缺人才，推动相关高校学科提升和人才培养质量。开幕式上，中俄双方共同为“中俄交通大学校长联盟”“北京联合大学俄交大联合交通学院”“大连交通大学远交大交通学院”揭牌。第十二届欧亚交通类高校国际论坛、第二届都市轨道可持续发展论坛、第三届中俄未来科技创新创业论坛与该论坛同期合并举行。论坛由北京联合大学、北京交通大学、欧亚国际协会、中国对外友好合作服务中心承办。

（王岩）

首届亚洲地方学与地方文化国际学术研讨会

10月26日，北京联合大学举办首届亚洲地方学与地方文化国际学术研讨会。会议发言分为6个阶段，40名专家学者围绕“亚洲地方学与地方文化研究”议题，交流分享研究成果，探讨不同国家与地区的地方学研究理论与实践。会议收到有关地方学研究的理论与方法、地方历史文化研究以及地方文化保护与建设的论文及论文摘要近70篇。会议是由北京联大、韩国首尔市立大学首尔学研究所、日本富士学会共同发起成立的国际学术交流平台，致力于共同推进亚洲地方学和地方文化研究的深化与国际化。来自韩国、日本、马来西亚等国家和地区的40余家地方学与地方文化研究机构100余名专家学者参加会议。

（王岩）

中芬学前教育研讨会

10月30日，市教委与芬兰驻华大使馆合作主办、东城区教委承办的中芬学前教育研讨会在北京市第一幼儿园海晟实验园举行。活动旨在加强与芬兰的教育交流，共同促进两国学前教育事业发展。会上，东城区教委介绍东城区学前教育情况，市教委从幼儿园质量管理、加强国际交流促进早期教育事业发展等方面介绍北京早期教育情况；芬兰驻华大使馆以“平衡的成长，发展与学习”为主题重点介绍芬兰学前教育开展情况。6个芬兰教育参与机构分别围绕教师培训、课程体系建设、教学资源的开发使用和体育教育等方面分享实践经验。来自中芬两国的教育同仁50余人参会。

（郭奇琦）

地大与纳米比亚大学合作交流

11月11日至16日，中国地质大学（北京）举办中国地质大学（北京）—纳米比亚大学院长论坛。论坛由主论坛和分论坛组成，分论坛就学科建设、人才培养、实验室建设、科研合作等问题进行交流。论坛由教育部“中非高校20+20合作计划”项目支持，100余人参加。纳米比亚大学是地大在教育部“中非高校20+20合作计划”中的合作伙伴，两校在人才交流、合作科研、实验室共建等方面开展合作并共建纳米比亚大学孔子学院。

（李媛媛）

北京—首尔青少年体育友好交流大会

11月19日至23日，市教委与韩国首尔特别市教育厅共同举办的第20届首尔—北京青少年体育交流大会在首尔举办。韩国首尔善一女中女篮队、景成中学冰球队分别与北京市第三十五中学女篮代表队、北京市陈经纶中学冰球代表队共同竞技。该活动是市教委与首尔教育厅友好交流传统项目和品牌项目。

（刁文淇）

北京—世宗青少年艺术交流活动

11月25日至29日，由市教委与韩国世宗特别自治市教育厅共同主办的北京—世宗青少年艺术交流活动在韩国世宗举办。北京市第十八中学和北京市芳星园中学师生代表与韩国世宗市学生文化交流代表团进行音乐、舞蹈等方面艺术交流，增进两地青少年文化艺术沟通。

（刁文淇）

10月17日，第六届中俄交通大学校长论坛开幕

（北京联大　供）

首个中法能效管理应用人才培养和研究中心落户北工职院

12月5日，中法智慧城市能效管理应用人才培养和研究中心落户北京工业职业技术学院。该中心是2014年中法高级别人文交流机制启动以来，在能效管理领域由中法两国共同合作成立的首个高级培训中心，承载着中法双方通过职业教育培养专业技术人才的共同意愿。北工职院与法国国际教育研究中心、施耐德电气（中国）有限公司共同签署合作意向。三方将合力打造技术技能领先、教学水平领先、办学模式领先、具有国际竞争力的职业教育高地，将该中心建设成为辐射京津冀地区乃至全国的技术应用人才培养高地和师资培训基地、行业领先的能效管理技能认证中心、行业企业员工技能水平提升基地、能效管理技术创新服务平台和国际交流中心。

（白旭东　胡军伟）

未来教育研讨会

12月22日至23日，清华大学、市教委联合召开终身学习与未来人才国际会议。会议围绕“未来人才需要培养终身学习力：热情与创新”主题，重点探索人工智能时代背景下终身学习体系建设及未来人才培养理念与模式创新，促进基础教育对外交流合作。麻省理工学院、哈佛大学、清华大学等高校和研究机构的教育研究学者、国内各省市教育管理部门相关人员、教育一线教师等800人参加会议。

（刘斯）

一带一路

首届“一带一路”国际警察教育交流班结业

1月9日，中国人民公安大学首届“一带一路”国际警察教育交流班结业。来自蒙古执法大学、韩国警察大学、越南人民警察学院的14名学生获得公安大学颁发的结业证书和相应学分。学校于2018年9月首次利用公安部专项资金，面向国外警察院校招收在读学生来校进行为期4个月的学分课程学习，主修中国警务技战法、反恐怖风险评估、情报主导警务模式等课程。

（平李博文）

中泰合作交流项目城轨交通专业人才培训班

3月18日，北京交通运输职业学院与泰国纳瓦明塔提腊大学合作的“一带一路”中泰合作交流项目城市轨道交通专业高端技术技能人才培训班开班。17名学员参加培训，为期5个月，包括理实一体化专业核心课程学习和地铁公司实训两个阶段。8月16日，培训班第一期结业，17名学员经过考核全部合格。交通运输职院于2018年11月参加北京市“一带一路”国家人才培养基地项目，与泰国纳瓦明塔提腊大学签署合作协议，通过专业知识授课、企业跟岗实习和文化交流等，开展为期3年的泰方城市轨道交通专业管理骨干和高端技能人才培训工作。

（赵蕊　李志鸿）

“一带一路”国家人才培养基地项目卓越女性人才领导力培训班

3月19日至29日，中华女子学院举办2019年首期“一带一路”国家人才培养基地项目卓越女性人才领导力培训班。全国妇联、中华女子学院部分师生、东南亚国家高校和妇女组织的22名女性学员参加培训班。培训班围绕女性领导力发展、女性高等教育、性别意识和女性权益、中国妇女发展成就等主题，举办讲座和交流，组织学员实地参观和考察。市教委2017年起实施“一带一路”国家人才培养基地项目，女子学院被批准为该项目40所实施高校之一。

（杨莉锋）

联合国南南合作大会边会

3月21日，中国农业大学、阿根廷布宜诺斯艾利斯大学联合举办“南南农业合作：分享经验、构建全球伙伴关系、实现可持续发展目标”边会。边会在布宜诺斯艾利斯大学举办，成为第二届联合国南南合作高级别会议（BAPA+40）重要边会之一。国际组织官员、专家和学者围绕“分享经验”“构建全球伙伴关系”“实现可持续发展目标”等议题进行交流研讨。会议发布农大坦桑尼亚非洲减贫发展案例《小技术、大丰收》，发布由中国南南农业合作学院、南南合作金融中心、凤凰卫视合作完成的《中国对南南合作的贡献：案例与启示》报告。联合国秘书长南南合作特使、农业农村部、国务院扶贫开发领导小组等机构和部门负责人100余人参加会议。

（杜伟）

中国—东盟思想库网络系列会议

4月16日、4月30日、5月17日、6月13日至14日，外交学院举办中国—东盟思想库网络（NACT）系列会议。包括在越南召开的“区域可持续能源发展合作”工作组会议、在马来西亚召开的“区域互联互通和可持续发展”工作组会议、在新加坡召开的“中国—东盟环保合作”工作组会议，以及在泰国召开的第六次国家协调员会议暨第六届年度研讨会。中国东盟思想库网络是重要的“二轨外交”机制之一，也是中国—东盟人文交流合作的重要平台，近年来，其不断创新工作机制，2019年首次调整各级会议召开时间，与“一轨外交”保持同步，保障研究成果的时效性。

（顾建俊）

“一带一路”体育外交高层论坛

4月17日，外交学院举办“一带一路”体育外交高层论坛。论坛分为“大使论坛”环节和“学者论坛”环节。在“大使论坛”环节，与会大使认为“同一个世界，同一个梦想”应成为体育外交的主题，体育交流是人文交流的重要组成部分，逐渐成为将各个国家和各国人民联结起来的重要纽带。在“学者论坛”环节，与会专家学者分析北京高校开展“一带一路”体育交流的现状，阐述体育交流与“一带一路”构建的关系，希望高校把“一带一路”和体育交流作为提升知名度和办学影响力的重要内容。来自外交部、中国体育科学学会代表及有关国家驻华大使等50余人参加。

（顾建俊）

“一带一路”全球合作共赢主题研讨会

4月17日，中国人民大学与外文出版社联合举办“一带一路”全球合作共赢主题研讨会暨《“一带一路”这五年的故事》系列图书发布会。研讨会以“提供世界机遇 深化‘一带一路’国际合作”和“讲好中国故事 共建‘一带一路’行稳致远”为主题，围绕相关国家之间的共识和期望开展交流研讨。《“一带一路”这五年的故事》系列图书从7个议题入手，用中文、英语、法语、西班牙语、阿拉伯语、俄语6种语言出版，回顾过去5年来“一带一路”建设从理念转化为行动、从愿景转变为现实的历程，梳理相关国家在多个方面开展合作和达成的共识，呈现“一带一路”国家千千万万普通民众生活因此而发生的改变，展望“一带一路”的未来发展方向。

（陈伟杰）

“一带一路”雏鹰建言行动

4月30日，北京青少年科技创新学院主办的“一带一路”雏鹰建言暨创新协作体推进研讨会在北京市东城区黑芝麻胡同小学优质教育资源带召开。近30名选手参加现场建言答辩。10余名专家、教授和学者组成评委团队进行点评、指导与鼓励。活动采纳的建言将成为未来北京市推进“一带一路”教育的行动。会上还成立“探寻玉带文化”黑芝麻胡同小学“创新人才培养协作体”。北京市、区科教领域的部分相关领导及20余所中小学校及幼儿园的干部和教师代表参加活动。年内，11个区247所学校1.30万余名学生提交1.70万条建言，新发布“弘扬科学家精神”建言主题。雏鹰建言活动是北京市“翱翔计划”的重要项目，青少年通过建言关心国家大事、科技进步、城市发展。青少年科技创新学院设在北京教育科学研究院。

（徐健）

“一带一路”全球导师计划启动

5月29日，“一带一路”全球导师计划启动仪式暨《培养全球栋梁之才——来华留学事业70年进展、潜力与建议》主题研讨会在中国人民大学举办。人民大学丝路学院院长向11名嘉宾颁发“中国人民大学丝路学院‘一带一路’全球导师”证书。人民大学丝路学院是国内高校中首家落实“一带一路”倡议授予学位的实体学院，为“一带一路”沿线国家和地区热爱中国文化、汉语语言和中国发展道路的朋友提供学习机会，搭建友好交流平台。此次全球导师计划利用人民大学的资源平台，与多名国内外享有良好声誉的政、商界人士及专家学者签约合作，在优秀学生与各界导师之间架起桥梁。《培养全球栋梁之才——来华留学事业70年进展、潜力与建议》是人民大学重阳金融研究院推进“教育+智库”国际人才培养模式的首份研究报告。至年底，除中国学生外，73个国家的541人申请进入人民大学丝路学院学习。

（陈伟杰）

“丝路工匠”职业院校国际合作联盟成立

6月26日，北京市“丝路工匠”职业院校国际合作联盟成立暨首届“丝路工匠”国际技能大赛启动仪式在北京市丰台区职业教育中心学校举办。活动以“服务‘一带一路’倡议 培育‘丝路工匠’人才”为主题。150人参加启动仪式。全国38所职业学校和15所国外职业学校共同成立“丝路工匠”职业院校国际合作联盟，秉承“和平合作、开放包容、互学互鉴、互利共赢”的丝路精神，以合作模式探索为突破点，以人才培养为着力点，以资源共享为关键点，通过联合培养、师生交流、技能大赛、校长论坛等方式，搭建教育交流平台，打造“丝路工匠”国际技能大赛品牌，服务丝路国家经济社会发展。活动同时启动首届“丝路工匠”国际技能大赛。比赛为期2

6月26日，北京市首届“丝路工匠”国际技能大赛启动
（丰台职教中心校　供）

天，来自中国、俄罗斯、伊朗等 7 个国家 26 所职业院校 123 名选手参加西式烹调、西点烘焙、蛋糕裱花、幼儿主题画、幼儿歌曲弹唱 5 个项目比赛。活动由市教委、丰台区教委、俄罗斯大使馆、哈萨克斯坦大使馆主办，丰台职教中心校、北京青年政治学院、北京市劲松职业高中、北京威酷国际教育文化有限公司承办。

（芦倩英　胡雨　王玉江）

“一带一路”国家大学生科技创新训练营

7 月 8 日，由市教委主办，北京市国际教育交流中心、北京理工大学承办的 2019 北京市“一带一路”国家大学生科技创新训练营在北京理工大学开营。训练营为期 2 周，主题为“智慧车辆、智能制造、魅力北京”，专门面向对该领域有兴趣的中外学生。中外学生通过课程学习、创新比赛和产业考察，学习智能制造、新能源车辆等创新技术，了解中国现代化发展成就。活动期间，中外学生还参观北京历史文化景观，增进对中华文明和中国历史文化的了解。来自波兰、白俄罗斯、塞尔维亚等 12 个“一带一路”沿线国家 14 所高校师生与北京 7 所高校师生共 100 人参加训练营。

（刁文淇　史玉婷）

《“一带一路”沿线国家经典诗歌文库》发布

9 月 27 日，北京大学与作家出版社联合编纂的《“一带一路”沿线国家经典诗歌文库》（第一辑）发布。该书遴选“一带一路”沿线各国的诗歌精华名作，从各语种原文诗歌直接编选并翻译，兼有原创性研究和填补空白的翻译特点，涉及 17 个国家、22 卷诗集。整套文库包括逾 50 卷诗集，是“十三五”国家重点图书出版规划补充项目。

（徐聪颖）

“一带一路”矿业高校联盟成立

11 月 9 日，中国矿业大学（北京）发起成立“一带一路”矿业高校联盟。联盟秘书处设在矿大（北京），成员包括欧亚非 11 个国家的 11 所矿业高校。联盟秉承共赢理念，旨在汇集各国高校优势资源，推动“一带一路”沿线矿业高校国际交流与合作，创新矿业类人才培养机制，探索矿业类学科专业共建，推进科技成果转化，服务“一带一路”沿线及欧亚地区的发展建设。

（杨恬）

外国学生教育与管理

概述

2019 年，在北京市高校和中小学学习的外国留学生 10.90 万人次。接受外国留学生的高校 90 所。11 月，市教委出台《关于外国学生就读北京市幼儿园、普通中小学、中等职业学校的意见》，允许全部幼儿园、普通中小学和中等职业学校接受国际学生。投入北京市留学生奖学金 7000 万元。印发《北京地区高等学校招收和培养国际学生管理办法》，加强来华留学管理工作。加强对外国留学生的管理和服务，开展多次检查和调研，营造安全稳定的涉外教育环境。

（蒋小婷）

国际学生北京夏令营

7 月 16 日至 24 日，市委教育工委、市教委、市外办主办 2019 国际学生北京夏令营。中外学生通过汉语学习、中国文化体验、中外学生交流、主题活动、文化参观等多种活动感受中国历史文化底蕴和现代化都市文明。夏令营课程设计以“中国活力体验日”为主题，提供中国传统书法绘画、民间工艺、3D 打印、VR 科技、无人机驾驶等近 30 种体验式互动课程。夏令营还组织赴 3 家科技机构参观访问，安排国际友谊嘉年华主题活动，国际学生展示各自民族的特色文化，增进对不同文化的理解和尊重。活动由北京市国际教育交流中心承办，来自美国、俄罗斯、印度、巴基斯坦、塞尔维亚、哥斯达黎加等 28 个国家近 700 名中外师生参加。

（刘月　史玉婷）

北京外国留学生汉语之星大赛

11 月 29 日，由市教委、北京市语言文字工作委员会主办的第八届北京外国留学生汉语之星大赛半决赛和决赛在北京电视台举行。大赛自 3 月启动，来自北京市 33 所高校 1315 名国际学生报名参加，经过海选、初赛、复赛，20 名选手晋级半决赛，经过角逐，10 名学生获得“十大汉语之星”称号、10 名学生获得优胜选手奖。比赛增设优秀辅导教师和优秀组织奖。比赛由北京市汉语国际推广中心承办，北京市高等教育学会外国留学生工作研究会和北京外国语大学协办。

（蒋小婷）

国际汉语教育

概述

2019 年，北京市有 50 所学校举办孔子学院 121 个、孔子课堂 85 个，分布在六大洲的 62 个国家。全年配备管理人员 500 余人、专职教师 1100 余人、兼职教师 500 余人。培养学员 144 余万人，研发教材 80 余套。市教委协助国家汉办完成汉语教师招募及志愿者派出工作，选派教师和志愿者 199 人。

（蒋小婷）

境外汉语教师来京研修

6月至12月，北京市国际教育交流中心组织境外汉语教师培训班。培训以首都高校为依托，邀请高校专家及中小学一线优秀教师授课，包括汉语教学理论培训、实地教学观摩和中国文化体验三部分内容。全年有来自越南、丹麦和俄罗斯等21个国家的102名境外汉语教师参加培训。

（史玉婷　蒋小婷）

全国首家职业院校孔子课堂在赞比亚签约

8月2日，由北京工业职业技术学院和中国—赞比亚职业技术学院合作开办的孔子课堂签约仪式在赞比亚卢安夏市举行。这是中国首家职业院校申办的独立孔子课堂。孔子课堂将开展汉语教学、中国文化活动和竞赛、当地汉语教师培训、组织当地师生来华夏（冬）令营、协助编写汉语和中国文化教材等项目。

（白旭东　胡军伟）

塞浦路斯中国文化节暨孔子学院日活动

10月19日至20日，2019年塞浦路斯中国文化节暨孔子学院日在塞浦路斯利马索尔市举行。此次中国文化节由塞浦路斯大学孔子学院、塞浦路斯中国国际投资者协会和利马索尔市政府联合主办，中国驻塞浦路斯大使、利马索尔市市长、南京市政协主席、塞大孔子学院院长及全体教师、联合国中国维和警官以及社会各界人士等千余人参加开幕式。孔子学院日活动中，塞浦路斯各界群众体验中国书法、茶艺、中医、瓷器、特色服装、美食、特色小商品等丰富多彩的中国文化。

（石燕）

驻华使馆官员汉语学习课堂

至年底，市教委举办驻华使馆官员汉语学习课堂。229名在京驻华使馆外交官参加学习。培训内容主要为汉语课及文化体验课。汉语课根据外交官工作特点量身打造，并根据其汉语水平分为不同班级授课；文化体验课活动旨在加深使馆官员对中国的了解，体会中华文化的博大精深。该项目由北京市国际教育交流中心承办，从2011年开始连续举办9届。

（蒋小婷　史玉婷）

港澳台侨交流与合作

概述

2019年，北京市具有接收港澳台侨学生资质的高校和科研院所56所，其中，55所学校有港澳台侨学生就读。在北京市高校和中小学就读的港澳台侨学生9930人，其中，高校5076人、中小学4854人。在高校就读的5076人中，香港学生1821人、澳门学生1001人、台湾学生2142人、侨生112人。在中小学就读的4854人中，香港学生4272人、澳门学生34人、台湾学生464人、侨生84人。

（殷昊）

澳门学校领导储备人才赴京培训

3月25日，由市教委与北京教育学院联合举办的2019年澳门学校领导储备人才赴京培训项目开班。培训项目受澳门教育暨青年局委托，澳门学校教师组团到北京“求学”一周，深化对内地基础教育发展形势的认识，了解内地中小学组织架构、办学理念、行政及领导实务、学校课程等内容。培训设置“中国教育发展的最新形势”“北京中小学现场学习”“文化体验类课程”等内容。学员深入清华大学附属中学、北京实验学校现场学习；分组进入北京市求实职业学校、北京市第一六六中学、北京市二十一世纪国际学校等学校，实地学习学校办学经验；深入北京优秀传统文化教育基地，体验中国优秀传统文化。培训还举行京澳教育论坛，澳门和北京的名校长对话交流，并建立两地校长合作平台。

（石燕）

第五期港澳台学生领导力提升计划

3月，中国人民大学启动第五期港澳台学生领导力提升计划。计划主题是“寻访西南乡土，记录扶贫心路”，选拔18名港澳台和内地学生骨干参加，在一个月的时间里开展企业参访、主题讲座、青年沙龙3个阶段10项主题活动。此期项目是响应国家精准扶贫战略号召，聚焦深度贫困地区脱贫现状，前往云南省从文化扶贫、旅游扶贫、易地搬迁扶贫3个角度展开调研实践活动，深入学校对口帮扶的国家扶贫工作重点县兰坪白族普米族自治县，见证国家脱贫攻坚战的阶段成果，并结合调研见闻形成3份学术类调研报告。

（陈伟杰）

2019两岸青年交流合作北京峰会教育分论坛

5月5日，北京师范大学举办2019两岸青年交流合作北京峰会教育分论坛。论坛以“新时代·新青年·新教师”为主题，围绕新时代教师教育培养展开，与会教授分别进行主旨发言，并就新时代高素质专业化教师队伍的重要性、教师如何在信息科技时代维持主体性、德育专业化等方面展开探讨。两岸各界优秀青年代表及相关青年机构、青年组织负责人200余人参加论坛。

（申政）

盲人学校与香港心光恩望学校缔结姊妹校

5月9日，北京市盲人学校与香港心光恩望学校缔结姊妹校仪式在盲人学校举行，两校签订合作交流协议书。根据协议，两校在办学理念、管理模式、教育教学等方面开展合作交流。签约仪式上，两校互赠学生作品。其中，盲人学校师生制作的盲文折纸作品“花容月貌”分别以月季和紫荆花代表京港两地，象征两校心手相连、共融前行。

（高爽　单纬华）

京台高等教育（北京）高峰论坛

6月27日至30日，由市委台办、市教委联合主办，北京理工大学承办的2019两岸高等教育（北京）高峰论坛在京召开。论坛以“两岸融合、共创一流”为主题，凝聚两岸教育新共识，打造交流合作新平台，全面推动一流大学和一流学科建设。京台两地百所高校校长、专家和学者围绕人才培养、科学研究与学科建设、产学研合作与社会服务、文化传承与创新发展等问题研讨。论坛期间，北理工、北京科技大学、北京交通大学等高校分别与台湾相关高校达成校际合作意向。

（刘文川　岳鹏）

寰宇实习计划

6月，市教委完成第20批寰宇暑期计划“香港与内地高校师生交流计划——首都医科大学临床见习项目”。香港中文大学25名学生来到首都医科大学，进行为期1个月的暑期实习。

（殷昊）

第四届京台青年创新创业大赛

7月6日，第四届京台青年创新创业大赛决赛暨第二十届京台青年交流周活动开幕。京台两地近1300个团队报名参赛，分为前沿科技组和文创体育组两类，经过预赛、复赛，43个团队晋级决赛，通过海峡两岸投资界、教育界、产业界16名专家评审，两组分别评出一、二、三等奖以及最佳创新奖，并由大众投票选出最具人气奖。比赛由北京电子科技职业学院联合北京台资企业协会共同主办，北京创业孵育协会、北京远见育成科技孵化器有限公司、中关村创业大街等单位承办。

（王琴）

京澳中学生科技合作交流活动

7月15日至19日，市教委与澳门教育暨青年局共同举办第11届北京—澳门中学生科技合作交流活动。活动以“人工智能的应用”为主题，举办线上的主题交流、研讨和线下的作品制作、答辩、科普剧展示等活动。两地师生还共同参访国家博物馆、故宫博物院、清华大学艺术博物馆、中关村前沿科技中心等北京具有代表性的历史、文化、科技场所。来自北京、澳门8所学校70余名师生参加。

（殷昊）

京港两地青少年音乐研习营

7月16日至20日，中央音乐学院附中举办京港两地青少年音乐研习营活动。香港学员在中央音乐学院附中体验学习，参与讲座、交流，接受专业指导和训练课程，与附中师生交流互动；研习结束前，香港希望之声少儿弦乐团进行汇报演出。10月24日，为庆祝新中国成立70周年，开展京港音乐文化交流活动，中央音乐学院附中附小师生与香港教育局带领的香港5所中学师生在中央音乐学院附中音乐厅联袂演出交流。

（秦萌）

京港澳学生交流夏令营

7月22日，由市教委、香港特别行政区政府教育局、澳门特别行政区政府教育暨青年局联合主办的2019第12

7月，2019京港澳学生交流夏令营，三地师生缅怀抗日先烈
（国际教育交流中心　供）

届京港澳学生交流夏令营在北京体育大学开营。夏令营为期 7 天，组织三地师生参访北京高校、聆听国情教育主题讲座、缅怀抗日先烈、观看升旗仪式、参访北京历史文化名胜古迹、体验北京现代城市发展。257 名港澳师生及工作人员、138 名北京师生及工作人员参加活动。夏令营由北京市国际教育交流中心承办。京港澳学生交流夏令营于每年 7 月轮流在北京及港澳两地举行，已举办 11 届，参与师生 5500 余人。

（殷昊　史玉婷）

京港澳青少年科技创新交流营

7 月 22 日至 28 日，市教委主办的 2019 京港澳青少年科技创新交流营在北京举办。三地师生开展科技创新交流、共绘共庆祖国 70 华诞、共唱国歌等活动，并聆听 2 场科学家报告。活动由北京教育科学研究院承办，86 名京港澳中学生、16 名高校科研院所专家、15 名翱翔学员、23 名教师参加交流。

（徐健）

北京市港澳台侨新生“开学第一课”

9 月 26 日，北京市港澳台侨新生“筑梦青春，扬帆起航”开学第一课在中国人民大学举行。活动听取人民大学副校长和人民大学法学院教授、全国人大常委会香港基本法委员会委员分别作《新时代的中国》和《宪法、基本法和国家观念》“开学第一课”讲座，了解国家关于港澳台学生在内地（大陆）学习、就业相关政策。活动由教育部港澳台事务办公室主办，北京市高等教育学会港澳台侨学生教育管理研究分会、人民大学承办，教育部港澳台事务办公室、中央人民政府驻台湾联络办公室等单位嘉宾，以及来自北京 28 所高校的教师和港澳台侨新生 200 余人参加活动。

（楚艳红　刘晖）

扶贫协作与支援合作

概述

2019 年，市教委推动教育扶贫支援工作高起点筹划、高标准落实，助推受援地教育教学水平提升。全年市级层面统筹实施扶贫支援项目 171 项，其中，面向扶贫协作地区实施 104 项、落实中央国家机关定点帮扶项目 8 项、面向区域合作地区实施 42 项、落实市政府重点督查项目 17 项。选派 310 名教育人才开展“组团式”支教，组织 240 余名北京专家教师赴受援地区送教讲学，为受援地区培训 3000 余名管理干部和骨干教师，接收受援地区 934 名干部教师来京跟岗研修。推进职业教育扶贫，继续实施“贫困县中职学生北京访学计划”，联合培养贫困县中职学生 286 人，培训“双师型”骨干教师 7000 余人。开展推普攻坚，启动实施“首都教育远程互助工程——和田项目”，实现在线“1+1”互动式国家通用语言文字应用能力提升系统化学习与测试。

各区教委深入开展携手奔小康行动。新增结对帮扶学校 207 对，与受援地区师生互访交流 1.20 万人次，选派短期支教教师 418 人，培训各类教育人才 1.10 万人次，开展送教讲学活动 4466 人次，资助贫困学生 8814 人，捐赠物品 329 万余件。

各市属高校、直属单位积极参与结对帮扶和定点帮扶工作。与受援地区 15 所学校建立结对帮扶关系，选派挂职干部和支教教师 21 人，为受援地区培训教育人才 5299 人，

10 月 29 日，首师大首批大学生赴保定乡村中小学校实习支教
（市教委相关处室　供）

接收来京挂职研修干部教师 98 人，资助贫困学生 5125 人，帮助解决就业 151 人。

（王力志）

北师大助力四川广元青川县乡村卓越教师培养计划

3 月 21 日，北京师范大学签订《北京师范大学—四川省广元市青川县乡村卓越教师培养计划合作备忘录》。中国国际文化交流基金会教育基金管理委员会、北师大教育基金会和北师大继教学院共同签署项目合作备忘录。项目依托北师大继续教育与教师培训学院的专业力量，计划为青川县培养中小学学科卓越教师 25 人。项目为期 3 年。“乡村卓越教师培养计划”系列项目由黄廷方教育基金会出资，委托中国国际文化交流基金会教育基金管理委员会，联系北师大教育基金会，依托北师大继续教育与教师培训学院的专业力量开展，2017 年至今，陆续为甘肃省靖远县、陕西省南郑县、四川省青川县 3 个地区开展卓越教师培养。

（申政）

北京高校“引智帮扶”联盟成立

5 月 9 日，北京高校“引智帮扶”联盟成立大会在北京农业职业学院举行。23 所市属高校和部分部属高校代表参会，研讨并表决通过《北京高校“引智帮扶”联盟章程》，推荐并选举产生联盟第一届理事会，北京农业职业学院作为理事长单位同时承担联盟秘书处工作职能。联盟在市教委和市农业农村局的指导和推动下成立，是北京各高校自愿组成的专业性、联合性、非营利性组织，旨在通过信息共享、优势互补、经验互鉴、资源协作，共同帮扶北京市 34 个低收入村。各高校充分发挥专业和人才优势，结合低收入村实际，深入实施党建帮扶、产业帮扶、文化帮扶、公益帮扶、消费扶贫以及综合帮扶六大类帮扶项目，成效显著，形成一批优秀帮扶项目案例。

（项明）

京苏粤浙第四期中小学卓越教师高级研修班

5 月 12 日，京苏粤浙第四期中小学卓越教师高级研修班启动。来自北京、江苏、广州、浙江和雄安等地 120 余名小学教师赴京研修，为期一周。北京教育学院副院长为研修班学员带来《骨干教师成长规律及策略》专题讲座；北京开放大学校长作《学生核心素养及其培育》专题报告。通识培训结束后，各学科通过专家引领、理论学习、教学观摩、名校参访、同课异构、学习论坛等形式为四地学员传业授道。9 月 15 日至 20 日，研修班学员赴广东进行第二阶段培训。

（石燕）

北京市开放教育与精准扶贫研究基地挂牌

5 月 21 日，由北京市扶贫支援办公室与北京开放大学共同创办的北京市开放教育与精准扶贫研究基地在北开大挂牌成立。研究基地定位“理论研究 + 实践探索”，在开展教育精准扶贫的内涵与功能、举措与成效、政策与规划等理论研究的同时，面向北京对口支援地区建档立卡户子女开展职业技能培训和就业推荐服务，实现“培训 1 人、脱贫 1 户”目标。挂牌仪式上，为北开大与北京中华传统乐会合作举办的传统文化教育学院揭牌，该学院为北京市开放教育与精准扶贫研究基地的实践载体，将助力对口支援地区开展教育扶贫攻坚。市民政局、市扶贫支援办、市教委、市支援合作中心、市支援合作促进会等部门领导和学校相关领导参加挂牌仪式。8 月，市扶贫支援办、市教委、北京开放大学与河北省教育厅签订《教育扶贫助力行动合作框架协议》。

（李玥　郭莹　贺捷）

青海玉树乡村教师“感恩祖国 圆梦北京”主题教育活动

5 月 27 日，2019 年青海省玉树藏族自治州乡村教师“感恩祖国 圆梦北京”主题教育活动在北京教育学院举行。39 名玉树乡村教师深入了解首都基础教育面貌，体验祖国发展成就。活动为期 10 天，玉树教师聆听专家培训讲座，加深对教育教学的理解；前往北京市朝阳师范学校附属小学、北京交通大学附属小学和北京十一学校一分校参观和观摩课堂，开阔视野，更新教育观念。

（石燕）

北京教科院开展教育对口支援活动

6 月 10 日至 12 日，北京教育科学研究院开展教育对口支援活动。组织语文、物理、化学、生物、历史和生涯规划学科 6 名专家教师赴陕西省宁陕县，在宁陕中学开展培训讲学，通过分学段、学科骨干教师公开课观摩、评课和上示范课以及专题讲座等方式，对教师教学理念、教学技能开展培训。宁陕中学 110 余名教师、280 余名学生参加活动。年内，北京教科院还组织专家到四川什邡、宁夏银川、湖北十堰等地开展培训讲学。

（陈厚林）

人大附中联合总校、人大附中与拉萨市政府共建拉萨幸福学校

6 月 22 日，中国人民大学附属中学联合总校、人大附中与拉萨市政府签订协议共建人大附中拉萨幸福学校。拉萨幸福学校由拉萨市堆龙德庆区无偿提供建设用地，拉萨市筹资 6.30 亿元，并在学校用地、基础建设、硬件配置、教师编制等方面提供配套政策支持。除建设经费外，拉萨市还将学校办学经费纳入国家财政保障体系，国家和自治区配套资金予以确保办学所需全部费用。学校为幼儿园、小学、初中和高中一体化办学模式，兼具教育示范和培训基地功能，学生规模在 3000 人以内，在西藏自治区及拉萨市行政区划内招生，高中部参照自治区级

6月22日，人大附中联合总校、人大附中与拉萨市政府签订协议共建人大附中拉萨幸福学校　　（人大附中　供）

重点中学标准招生，择优录取；初中小学部主要致力于满足片区学生就学。

（杨春燕　贺捷　陈伟杰）

援派教育人才管理考核加强

6月26日，市教委会同北京援疆和田指挥部、各区教委启动援疆教师考核工作。考核以政治态度、工作业绩、师德师风、遵规守纪为重点，坚持目标导向与问题导向相结合，坚持考出正气、考出规矩、考出质量。在考核的基础上，制定印发《北京市援派教育人才管理办法》。该项工作是对近年来教育援疆工作的一次集中检验，也是对广大援疆干部教师的一次整体评价。

（王力志）

京青两地助推玉树基础教育发展

7月7日，市教委、青海省玉树藏族自治州人民政府、首都师范大学、青海师范大学共同签订《教育发展战略合作框架协议》。根据协议，首师大联合青海师大，以打造民族地区基础教育示范区为目标，通过引进现代教育理念、依托现代教育技术、优化教育教学管理、加强教师队伍建设、开展民族教育研究等举措，助力玉树全面提升基础教育办学质量。

（贺捷）

获评教育部精准扶贫精准脱贫十大典型项目

9月10日至11日，中国农业大学“‘科技小院’扶贫新模式 助力镇康县‘脱胎换骨’”项目入选第四届教育部直属高校精准扶贫精准脱贫十大典型项目。2016年，学校在云南省临沧市镇康县建立木场乡科技小院，这是在国家级贫困县建立的第一个科技小院。该小院通过教师和研究生长期驻村、扎根基层生产一线的模式，针对木场乡冬桃、中药材、野山茶等产业的生产问题，推广示范新技术，传播新理念，进行点对点、人对人的精准扶贫，提高农产品产量与品质，促进支柱产业尽快实现适度规模化。截至2019年5月，木场乡累计脱贫退出7个行政村1533户6082人，贫困发生率从37.94%下降至0.79%，建档立卡贫困户从1571户6211人减少到38户129人。通过木场乡科技小院的实施，创建科学家与农民深度融合、科技与产业紧密结合、“输血”与“造血”有机结合的科技小院精准扶贫新模式，并获2018年全国脱贫攻坚奖创新奖。

（杜伟）

首都教育远程互助工程实施

9月至12月，市教委联合首都师范大学推动实施“首都教育远程互助工程”，打造教育扶贫支援新亮点。9月11日，“首都教育远程互助工程——和田项目”在新疆和田地区、新疆生产建设兵团第十四师启动，首批100名中小学教师参加国家通用语言文字提升和教育教学能力在线培训。12月12日，“首都教育远程互助工程——银川项目”启动，通过实施“互联网＋互动式”同屏共享双师工程、“互联网＋阅读”分享式共读工程、“互联网＋项目式”学业质量提升工程、“互联网＋全过程”教学行为测评工程、“互联网＋混合式”教师在岗研修提升工程、“互联网＋一体化”银川示范区建设工程六大工程，为银川市教育发展提供智力支撑。

（王力志）

农大农学院获全国脱贫攻坚奖组织创新奖

10月17日，中国农业大学农学院获2019年全国脱贫攻坚奖组织创新奖，是唯一入选的高等教育系统单位。该评选由国务院扶贫开发领导小组评定，评出先进个人和先进单位140个，其中，奋进奖25人、贡献奖26人、奉献奖25人、创新奖25人，组织创新奖39个单位。农大农学院创新“三带三合”模式，培养知农爱农人才，倾心助力脱贫攻坚。倡导成立全国农学院协同发展联盟，牵头组织全国农科学子联合实践，师生深入扶贫一线同吃同住同劳动，调研形成专著并引领推广扶贫实践经验；发挥学科专业优势，扎根乡土乡村，在国家级贫困县山西灵丘县开辟有机旱作助贫道路与模式，开创车河国际有机农业论坛品牌，助力灵丘实现脱贫摘帽；深化教育教学改革，探索新农人培养机制，面向时代需求设立精准扶贫研究生专项、乡村振兴青年农场主菁英班和种业菁英班，打造“三全育人”模式，为脱贫攻坚与乡村振兴持续提供资源和动力，形成助力脱贫攻坚与乡村振兴的高校“范式”。

（杜伟）

北京职教专家赴和田开展“手拉手”活动

10 月 19 日，北京职业教育专家团一行 8 人赴新疆和田开展“手拉手”活动。活动以“提升学校治理能力”为主题。北京市丰台区职业教育中心学校 2 名副校长和 5 名中层干部开展为期 5 天的讲座。和田地区职业院校干部及和田七县一市 12 所职业学校的干部教师聆听有关德育管理、教学管理、实习管理、教职工绩效管理、总务管理等 10 个主题的讲座。参训人员 260 人次。

（杨颉）

人民大学与延安市政府共建延安中学

11 月 29 日，中国人民大学与延安市签订合作交流协议，人大附中联合总校、人大附中与延安市签订教育共建合作协议。根据协议，延安市与中国人民大学将进一步深化全面合作，建立长期、稳定合作关系，实现资源统筹、优势互补、共同发展，并共同支持人大附中联合总校、人大附中共建陕西延安中学。6 月 22 日至 26 日，人大附中组织教师 12 人赴延安中学支教。支教活动由校长报告、示范课、学术讲座与座谈 3 部分组成，学校 5 名教师作语文、数学、物理、英语、历史学科示范课，5 名资深教师为延安中学历史、语文、数学、英语、物理学科教研组举办主题讲座，内容涉及基于核心素养的新课教学方法、整本书阅读教学方法、学科发展与集体备课、词汇复习方法、实验教学落实方法等方面，介绍人大附中经验与措施，并解答延安中学教师提出的问题。延安中学教师 300 余人参加学习。

（王喆）

教育扶贫支援工作总结推进会

12 月 25 日，2019 年北京市教育扶贫协作与支援合作工作总结推进会召开。会议作 2019 年全市教育扶贫支援工作总结报告，朝阳区教委、海淀区教委、首都师范大学、北京教育学院、河北省保定市教育局、雄安新区管委会公共服务局有关负责人作交流发言。市纪检委、市委组织部有关领导，市教委有关处室、各区教委、各市属高校、各直属单位相关人员 130 余人参会。

（贺捷）

京藏优质教育资源远程互动教学项目开展

至 12 月，北京教育音像报刊总社承担 2019 年京藏优质教育资源远程互动教学项目。项目基于北京名师资源，通过网络教学形式，为西藏师生在线实时开展教学。项目涉及高中全学科（语文、数学、英语、物理、化学、生物、历史、地理、政治）和初中部分学科（语文、数学、英语、物理、化学、生物、政治）。教学教研项目在北京市第十二中学、北京教育学院丰台分院、北京市昌平区第一中学、北京市丰台区丰台第二中学等单位实施，涉及对应学科教师 100 余人次，直接授课学生超过 800 人次。同时，总社邀请西藏骨干教师及教育管理干部 60 余人到北京参加培训，主要针对初中和高中数学、外语、政史地、理化生等学科，通过听课、评课、备课策略开展教研教学活动。

（王镱达）

高层次选派援疆援藏教师

至年底，北京市先后完成第九批援藏教师（干部）、第四批援青教师的工作任务。其中，第九批援藏教师（干部）35 人，第四批援青教师 5 人，共 40 人。完成市教委承担的选派教育部万人计划拉萨市 2019 年 3 所受援学校轮换所需管理干部及教师的工作任务，共 15 人。根据《教育部教师工作司关于开展四川省凉山彝族自治州教育帮扶行动的通知》，组织北京市 18 名教师开展面向凉山州的教育帮扶行动。相关区和学校选派政治素质过硬、业务技能精湛、身体健康的骨干教师承担支教任务，充分展示首都形象、展现名校长领航工程建设风采，在帮扶行动启动会上，北京市介绍相关经验做法。

（邓永卫）

持续推进河北省职业与继续教育帮扶工作

至年底，市教委继续组织北京市职业院校资源落实教育部帮扶河北省青龙县、威县职业教育与继续教育工作。一是推进优质资源共享。为威县职教中心引入优质校企合作项目，建立共享实训室。推荐威县职教中心正式签约成为首批“丝路工匠”职业院校国际合作联盟会员单位。二是开展专业指导培训。组织青龙县 8 名汽修专业教师到北京祥龙博瑞汽车服务（集团）有限公司“魏工学校”顶岗实习。选派 7 名农学专家到青龙县对农民开展实用技术培训，2000 余人次受益。购置 30 万元实训耗材，为威县 11 个贫困乡镇卫生院开展基层护理与检验培训。为威县贫困劳动力开展针对性短期培训，实施技能帮扶。三是组织实施访学计划。组织实施“贫困县中职学生北京访学计划”，来自青龙县和威县 115 名电商、汽修、烹饪等专业中职学生分别到北京访学。

（杨颉）

（本栏责任编校 胡雨）

首届京津冀职业院校专业建设研讨会

北京财贸职业学院廊坊校区成立

京津冀地区高校毕业生双选会

雄安新区首批中小学名校长培养工程启动

京津冀优秀园长办园实践研讨会

2020 | 京津冀教育协同发展

BEIJING-TIANJIN-HEBEI EDUCATION COORDINATED DEVELOPMENT

- 《京津冀教育协同发展行动计划（2018—2020 年）》发布
- 与廊坊签署北三县教育发展合作协议
- 京津冀教育协同发展涞源县教师培训基地挂牌成立
- 《京津冀教育发展报告（2018—2019）》出版
- 北京高校大学生赴保定市贫困县乡村中小学实习支教

京津冀教育协同发展

BEIJING-TIANJIN-HEBEI EDUCATION COORDINATED DEVELOPMENT

综述

京津冀教育协同发展深化

2019 年，北京市深化京津冀教育协同发展。市教委牵头起草并联合津冀正式发布《京津冀教育协同发展行动计划（2018—2020 年）》，印发《2019 年教育领域疏解协同工作要点》和《2019 年教育系统疏解整治促提升专项行动计划》，明确重点任务、职责分工、保障措施。加强对教育发展规律、发展趋势的研究，对优化教育资源结构布局等问题进行深层次、系统性谋划。强化区域间政策协商和制度联动，研究起草《北京市援派干部教师管理办法》等文件，与廊坊市政府签署《关于北三县地区教育发展合作协议》。指导各区在区教育大会筹备和文件编制过程中，对教育疏解协同工作进行谋篇布局，在控制总量、优化结构、均衡布局、提升质量上进一步统一认识、研究政策、形成措施。

（王鑫）

京津冀教育协同发展行动计划发布

1 月 7 日，市教委、天津市教委、河北省教育厅联合发布《京津冀教育协同发展行动计划（2018—2020 年）》。

6 月 12 日，密云职校举办京冀合作汽修专业学生专场招聘会

（密云职校　供）

计划涵盖优化提升教育功能布局、推动基础教育优质发展、加快职业教育融合发展、推动高等教育创新发展、创新教育协同发展体制机制5个方面内容，包括优化提升首都教育功能、高水平配置北京城市副中心教育资源、全力支持雄安新区建设等16条措施。

（王鑫）

与廊坊签署北三县教育发展合作协议

2月26日，市教委与廊坊市政府签署《关于北三县地区教育发展合作协议》。根据协议，双方在教学管理、教师培训、人才培养、学生交流等方面推进协同发展。

（王鑫）

京津冀教育协同发展涞源县教师培训基地挂牌成立

3月29日，京津冀教育协同发展涞源县教师培训基地揭牌仪式在河北省涞源县职教中心举行。培训基地依托首都师范大学和保定学院资源优势，采取就地培训、支教送教、教师访名校等方式，提升贫困县教师专业发展水平，促进城乡教育均衡发展，激发深度贫困地区脱贫的内生动力。

（王力志）

京冀区域合作经典诵读大赛

6月6日，市语委、通州区教委举办“品经典 浸润传统文化”京冀区域合作经典诵读大赛。比赛设诵读、戏剧展演环节，选手诵读《范进中举》《卖炭翁》《孔乙己》等经典文学作品。河北省24名学生代表、北京市通州区第四中学初中二年级全体学生400余人参加比赛，决出一等奖2个、二等奖4个、三等奖6个。

（邓鸿）

京津冀中小学班主任共同体第四届研讨交流会

7月5日，市教委联合天津市教委、河北省教育厅在北京市第十一中学召开京津冀中小学班主任共同体第四届研讨交流会。会议以“展专业素养，促专业成长”为主题，表彰京津冀三地150名优秀班主任，观摩京津冀三地9名优秀班主任带班育人方略、情景答辩、魅力展示等班主任基本功展示。来自京津冀三地的教育行政部门、教育研究部门领导以及中小学校长、德育干部、班主任代表共300人参加会议。京津冀中小学班主任共同体由北京市教委、天津市教委、河北省教育厅共同成立于2016年，每年开展研讨交流活动，由北京、天津、河北轮流承办。

（王昱人　杨丙涛）

第五届京津冀中学生辩论赛

7月18日，市教委、市语委与天津市教委、河北省教育厅共同举办的第五届京津冀中学生辩论邀请赛在北京师范大学附属实验中学举行。比赛历时5天，24支队伍参赛，最终产生一等奖1个、二等奖2个、三等奖4个。比赛由北京语言文化建设促进会、北京市高中生辩论俱乐部、西城区语委办共同承办。

（邓鸿）

首届京津冀志愿者青年骨干交流营活动

7月29日至8月2日，北京市红十字会举办“人道追梦、你我同行、助力冬奥”2019年京津冀红十字志愿服务青年骨干交流营活动。这是首届京津冀志愿者青年骨干交流营活动。交流营以预防艾滋病、青春善言行、探索人道法等活动为主要内容，介绍京津冀三地红十字志愿服务工作开展情况，分享经验和收获，对存在的困难问题进行探讨交流，还参观2022冬奥组委、走访北京房山区夏庄社区红十字服务站、探望北京心语残障人文化交流中心的智障儿童等。京津冀三地40余名红十字高校志愿服务骨干和教师代表参加活动。此外，7月15日至20日，市红十字会与津冀两地红十字会共同主办“携手同行、人道追梦”2019京津冀三地中学生红十字青少

7月29日至8月2日，市红十字会举办首届京津冀志愿者青年骨干交流营活动　（市红十字会　供）

年交流营活动，京津冀三地红十字青少年营员、教师代表及高校志愿者 150 人参加。

（李胜华　杨一）

《京津冀教育发展报告（2018—2019）》出版

7 月，北京教育科学研究院主编的《京津冀教育发展报告（2018—2019）》由社会科学文献出版社出版。该书为 16 开本，287 千字。报告以“一核两翼”为主题，研究京津冀教育协同发展过程中，北京市、北京城市副中心、雄安新区的教育发展定位与资源布局问题。报告在内容上分为总报告、分报告、专题篇、地区篇、借鉴篇 5 部分，多角度、多层次分析京津冀教育协同发展的内涵、形势、进展与问题，提出推动和完善教育协同发展的改革建议，为三地协同发展提供参考。

（李璐）

北京教育援雄座谈会

9 月 6 日，市教委、雄安新区管委会联合召开“庆祝教师节北京教育援雄座谈会”。会议观看《千年大计 教育先行》雄安新区教育展示片，展示雄安新区设立两年来教育事业发生的显著变化以及所取得的成绩。北京援助雄安新区的校长和教师分享支援雄安新区教育取得的工作成果和工作心得，并针对新区目前的教育教学管理、教师人才队伍建设和未来教育发展等方面问题提出建议。教育部教师工作司、雄安新区管委会、市教委有关处室负责人，援助雄安新区的北京市第八十中学、北京市朝阳区实验小学、北京市中关村第三小学、北京市六一幼儿院、中央民族大学附属中学、中国人民大学附属小学校长、援雄执行校（院）长、部分优秀教师代表 30 余人参会。

（李鹏）

北京高校大学生赴保定市贫困县乡村中小学实习支教

10 月 29 日，北京高校大学生赴保定市贫困县乡村中小学实习支教活动启动。首都师范大学 50 名优秀大学生成为首批实习支教团成员，赴保定市涞水县、阜平县、曲阳县 11 所乡村中小学开展为期 1.5 个月的实习支教。组织大学生赴贫困县乡村学校实习支教，是市教委进一步加强教育精准扶贫，激发当代青年学生家国情怀和志愿服务精神的重要举措。

（贺捷）

京津冀馆校教育论坛

12 月 30 日，京津冀“博物馆进校园示范项目”启动暨首届“京津冀馆校教育论坛”在首都师范大学附属中学举行。活动由京津冀博物馆协同发展推进工作办公室主办，首师大附中、北京国博文化遗产研究院共同承办。启动会上，京津冀三地 3 所学校与 3 家博物馆签订馆校共建合约，宣

12 月 30 日，京津冀“博物馆进校园示范项目”启动暨首届京津冀馆校教育论坛在首师大附中举行（首师大附中　供）

读《京津冀馆校教育合作倡议书》。首届京津冀馆校教育论坛设置探讨学校教研与博物馆需求对接、示范项目的落实规范、非遗教育的实践探索 3 个主题。教育部及京津冀三地有关领导专家、50 余家博物馆代表及 40 余所大中小学校代表等 200 余人参加会议。

（范广宁　邓晨）

京冀教育技术培训

至年底，北京教育音像报刊总社承担河北教育技术培训项目。承担 1 期保定信息技术培训、2 期张家口信息技术培训、张家口航模培训等项目，培训学员 260 余人。课程内容紧扣信息技术主题，通过专家讲座、实地考察学习等方式，从理论和实践方面开展切实有效的培训。

（南丽）

学前教育

京津冀优秀园长办园实践研讨会

5 月 28 日，京（大兴）津（北辰）冀（廊坊）教育联盟召开 2019 年京（大兴）津（北辰）冀（廊坊）优秀园长办园实践研讨会。会议设 1 个主论坛和 3 个分论坛。主论坛在大兴区第十二幼儿园举行，包括环境观摩、课程展示、汇报交流、点评总结等环节，分享经验和感想。课程建设、家园共育和园本培训分论坛分别在大兴区第十幼儿园、大兴区第十一幼儿园和十一建华实验幼儿园举行，来自三区市的 18 名园长分享本园在课程建设、家园共育和园本培训等工作中的经验和做法，参观幼儿园室内外环境，观摩特色活动，与会专家分别对分论坛的发言进行总结点评，帮助园所梳理提炼经验，并对今后工作提出意见和建议。来自北京师范大学教育学部学前教育研究所、北京教育学院学前教育学院、首都师范大学学前教育学院、北京教育科学研究院早期教育研究所、大兴区委教育工委、大兴区教委、大兴区教师进修学校、天津市北辰区教育局、河北省廊坊市教育局，以及三地幼儿园园长、教师 170 余人参加活动。

（胡雨）

11 月 13 日，延庆怀来幼儿足球交流赛
（延庆二幼　供）

第二届京津冀小学特色建设校长研讨会

4 月 12 日，第二届京津冀小学特色建设校长研讨会在北京教育学院举行。京津冀三地有影响力的校长围绕“特色：让学校发展更具魅力”主题分享学校特色建设经验。北京小学校长、北京第一师范学校附属小学校长、北京白家庄小学校长、天津师范学校附属小学校长、天津市和平区昆明路小学校长、天津市南开区五马路小学校长、河北省石家庄市第二中学第一实验小学校长等嘉宾在会上交流。来自京津冀地区 150 余名小学校长参加研讨会。

（石燕）

延庆一幼与河北宣化幼儿园“手拉手”活动

7 月 3 日和 12 月 13 日，北京市延庆区第一幼儿园与河北省宣化区贾家营镇中心幼儿园开展“手拉手”活动。延庆一幼干部教师走进贾家营镇中心幼儿园“送教入园”。延庆一幼体育组教师现场组织 2 节户外体育活动“花式跳绳”和“篮球趣多多”，进行 KT 足球体验式指导；干部进行座谈及互动答疑。贾家营镇中心幼儿园全体教师走进延庆一幼学习交流，开展跟班学习、座谈分享、互动答疑，学习如何设计和组织高质量的一日活动。2018 年 11 月，延庆区教委与内蒙古、河北等地学校签订“手拉手”帮扶协议。

（张俊燕）

延庆怀来幼儿足球交流赛

11 月 13 日，北京市延庆区第二幼儿园与河北省怀来县府前幼儿园开展幼儿足球交流赛。比赛在府前幼儿园举行，开展足球游戏“趣味抢球”“射门积分”“足球绕杆接力”和足球对抗赛，最终延庆二幼获胜。双方各 20 名幼儿、5 名教师参加活动。

（曹怀秀）

基础教育

北京九中对口帮扶雄安学校

4 月 10 日，北京市第九中学分校与河北省雄县昝岗镇中学共同举行教师拜师会。双方教师签订“师带徒”协议书，计划开展“一对一”结对帮扶、跟岗实践等交流活动。5 月 10 日和 10 月 31 日，九中分校分 2 次，每次 2 人，共计选派 4 名教师，到昝岗镇中学开展送课和教育教学研讨活动。

（杨明）

京津冀三地聋校康复教学研讨会

4 月 19 日，京津冀联合教研组在北京启喑实验学校召开“聋校学前康复教学模式的研究”研讨会。启喑实验学校开放学前康复部课堂教学与聋儿一日生活管理。启喑实验学校、天津市聋人学校、唐山市特殊教育学校通过研讨达成共识：听损儿童的发展应遵循儿童发展规律，不应单纯发展听损儿童的听力语言，忽视其认知等其他方面的发展。2018 年，三地聋校联动工作启动，3 所学校定期开展教研活动。

（王秋阳）

京津冀小学书法教育工作现场会

5 月 28 日，大兴区教委举办“普及书法教育 弘扬传统文化”京津冀小学书法教育工作现场会。教学工作交流活动中，教师代表作现场课 1 节、说课 2 节；现场书写展示中，展示书法作品 200 余幅。中国书法家协会专家，京津冀三地部分学校校长、干部、教师和学生 200 余人参加活动。

（宁书平）

雄安新区首批中小学名校长培养工程启动

7 月 22 日，北京教育学院举办的雄安新区第一批中小学名校长培养工程启动。雄安新区中小学名校长培养工程的目标是打造校长成长平台、学校发展平台及资源聚集平台三大平台。在培训设计上强调理论与实践结合、专题培训与跟岗结合、集体培训与分组指导结合、自我研修与导师引领结合。为保证培训实效，项目采用双导师制，分别为两个工作室配备理论导师和实践导师。

（石燕）

首届京津冀中小学生天文艺术节

9月至12月，北京天文馆和北京校外教育协会联合主办“太空·你好”首届京津冀中小学生天文艺术节活动。活动征集书画、手工、声乐、器乐、舞蹈5类作品，1000余名学生参与，评出421部获奖作品，其中，书画类金奖1人、银奖2人、铜奖3人、优秀奖184人、入围奖212人；手工类优秀奖15人、入围奖1人；声乐类特别奖1人；器乐类特别奖1人；舞蹈类特别奖1人。活动优秀绘画作品展于12月在北京天文馆A馆环廊展出。

（王媛媛）

北京教育学院送教保定

10月24日至25日，北京教育学院与保定市第十七中学开展送教保定市系列活动。送教地点在保定市顺平县、唐县、曲阳县，分别进行初中语文、数学、外语、化学4个学科的教师培训，1800余名教师参加培训。教育学院教授、北京市特级教师、北京市高级教师，以及保定市魅力教师等分别在顺平一中、唐县白合镇中学、曲阳县北岳中学对初二学生上语文、数学、化学示范课，让3所学校450名学生直接接受北京及保定名师的高水平教学，也让三县的学科教师现场观摩名师教学。

（石燕）

首届京津冀农林高校青年骨干教师研修班

5月11日，北京农学院举办首届京津冀农林高校青年骨干教师研修班。研修班由京津冀农林高校协同创新联盟主办，旨在瞄准农林领域关键问题和人才队伍成长，为青年教师搭建共享平台，校际互聘教师，提升中青年教师教学水平。研修班邀请国家自然基金评审专家就国家自然基金申请技巧作培训交流，11名教师就自身的研究内容作学术报告。北京农学院与天津农学院、河北农业大学的40余名教师参加研修班。

（王磊）

京津冀研究生英语教学研讨会

7月6日至7日，北京市高等教育学会研究生英语教学研究分会主办的2019年京津冀研究生英语教学研讨会在天津召开。会议围绕“现代教育技术应用与研究生英语教学研讨——微课、慕课”主题，包括研究会工作总结、通报教学论文集相关情况、年度硕士研究生学位英语统考工作总结、微课比赛颁奖和学术交流5个环节。清华大学作主旨报告《构建博士生英语混合式教学模式》。南开大学、天津大学、北京理工大学、首都医科大学、北京师范大学、河北工业大学、国家会计学院、中国政法大学、中国疾病预防控制中心、北京建筑大学代表进行学术交流。来自北京大学、清华大学、南开大学、河北工业大学等京内外高校46名研究生英语教学负责人参加会议。

（刘晖）

高等教育

京津冀地区高校毕业生双选会

4月至11月，市教委与天津市教委、河北省教育厅联合举办京津冀高校毕业生双选会。在北京举办春季和秋季“京津冀地区艺术体育类高校毕业生联合校园双选会”和两场“北京工业大学2020届京津冀地区毕业生联合双选会”；在天津举办“京津冀地区2019届理工类高校毕业生校园招聘会&校企交流合作研讨会”；在石家庄举办“2019年学前教育协同发展峰会暨第五届京津冀学前教育类高校毕业生专场招聘活动”共6场毕业生双选活动。该项工作由北京市教育系统人才交流服务中心承办。

（刘勃）

4月17日，京津冀地区艺体类高校2019届毕业生春季联合校园双选会在北京举办（人才交流中心 供）

京津冀食品安全智库联盟成立

12月7日，中国农业大学发起成立京津冀食品安全智库联盟。该联盟由农大北京食品安全政策与战略研究基地、北京工商大学食品政策研究中心、天津科技大学食品安全战略与管理研究中心、河北农业大学经济管理学院及食品科技学院共同发起成立，将京津冀地区作为核心研究阵地，以推动地区和全国范围内食品安全现代化治理体系、治理能力建设与完善为目标，促进社科基地、实验室、中心等智库的协同创新、共商共建、资源共享等跨智库协作；以联盟形式扩大在食品安全治理中各机构和社科智库的影响力。联盟首届理事长由农大北京食品安全政策与战略研究基地首席专家担任。

（杜伟）

职业与继续教育

京津冀协同发展农民实用人才素质培训

3 月至 10 月，北京市怀柔区职业学校农广校与河北省承德市、石家庄市等地联合举办京津冀协同发展农村实用人才素质提升系列培训。培训共举办 5 期，培训地点遍布怀柔区、石家庄市、承德市丰宁县和滦平县等地，惠及农民学员 600 余人，实现多地资源互补、优势互助、合作共赢，极大促进京津冀地区农民素质提升。

（唐文越）

京津冀社区教育发展成果交流暨校长论坛

5 月 29 日至 30 日，京津冀社区教育发展成果交流暨校长论坛举办。论坛由北京教育科学研究院、中国成人教育协会科研机构工作委员会、北京学习型城市研究中心联合主办。活动包括开幕式、终身学习与社区老年教育、社区教育校长沙龙、社区老年学习共同体引领与培育 4 个环节，共研、共讨、共商京津冀社区教育发展之道。来自河北省、天津市和北京 16 个区的社区教育干部、教师 120 余人参加论坛。

（赵志磊）

首届京津冀职业院校专业建设研讨会

6 月 14 日，北京第二外国语学院中瑞酒店管理学院召开第一届京津冀职业院校专业建设研讨会。北京体育职业学院、北京市丰台区职业教育中心学校、北京市外事学校和河北省保定市女子职业中专学校等 7 所京津冀职业院校参加研讨会，旨在加强院校合作，共同探讨国际化、应用型职业院校的发展模式。

（郭瑞环）

京津冀地区声乐表演邀请赛

6 月 19 日，市教委、北京教育科学研究院、北京市职业技术教育学会共同主办 2019 京津冀地区声乐表演邀请赛暨北京市中等职业学校声乐表演技术技能比赛。来自京津冀地区 7 所专业院校的学生参加比赛，24 名选手分获民族唱法、美声唱法、通俗唱法各组别奖项。比赛由中国音乐学院附中承办。

（冯琦）

通武廊职业学校学生技能大赛

10 月 22 日至 25 日，通州区教委与北京新城职业学校、天津市武清区职业教育中心、廊坊市电子信息工程学校、河北省香河县职业技术教育中心联合举办 2019 年“丹佛斯杯”通武廊职业学校学生技能大赛。4 所学校分别承办汽车机械拆装、汽车营销、数字影音后期制作技术、学前教育专业美术与手工、职业生涯设计技能、电子商务运营技能 6 项比赛。来自北京新城职业学校、天津市武清区职业教育中心、廊坊市电子信息工程学校、河北省香河县职业技术教育中心 4 所学校 142 名选手、70 名指导教师、40 名裁判员参加比赛。85 名选手分获一、二、三等奖，其中北京新城职业学校 2 人获一等奖、6 人获二等奖、11 人获三等奖。

（侯洋）

北京财贸职业学院廊坊校区成立

10 月 29 日，北京财贸职业学院廊坊校区挂牌（签约）仪式在河北省三河市廊坊燕京职业技术学院举行。两校签订职业教育协同发展合作协议。根据协议，双方利用各自教育教学资源优势，携手打造协同发展的职业教育；双方采取联合办学方式，在廊坊燕京职业技术学院加挂“北京财贸职业学院廊坊校区”牌子；该校区采取河北计划、河北生源、河北学籍方式，学生日常教育教学由廊坊燕京职业技术学院负责开展，北财院在人才培养体系建立、专业建设、课程开发、教师团队培养等方面给予支持。两校启动联合办学，标志着北京市教委、廊坊市政府关于北三县地区教育合作、试点构建两地职业教育共同体正式落地。

（谭惜春　杨颉　王力志）

京保石邯职教联盟教学能力比赛

11 月 29 日至 30 日，北京金隅科技学校组织 2019 年教学能力暨京保石邯职教联盟教师教学能力比赛。比赛以教学团队 2 ～ 4 人形式参赛，参赛作品针对一个教学单元或一个任务模块的教学内容进行设计，课时要求 6 ～ 12 课时。聘请北京教育科学研究院专家担任评委，评选出一等奖 4 项、二等奖 5 项、三等奖 7 项，优秀组织奖 3 项。来自京保石邯职教联盟的 38 个教学团队参赛。

（陆娜）

（本栏责任编校　胡雨）

大兴区

怀柔区

平谷区

密云区

延庆区

燕山地区

门头沟区

房山区

通州区

顺义区

昌平区

2020 | 各区教育

DISTRICTS EDUCATION

各区教育 DISTRICTS EDUCATION

东城区

概述

2019 年，东城区教委辖属教育单位 186 个（幼儿园 58 所、小学 51 所、中学 40 所、中等职业学校 4 所、特殊教育学校 2 所、工读学校 1 所、成人教育学校 4 所、其他法人单位 26 个）。招生 31891 人（幼儿园 6162 人、小学 11990 人、初中 8602 人、普通高中 4931 人、中等职业学校 191 人、特殊教育学校 15 人）；毕业 24764 人（幼儿园 4400 人、小学 9503 人、初中 5549 人、普通高中 4993 人、中等职业学校 299 人、特殊教育学校 20 人）；在校生 117599 人（幼儿园 17981 人、小学 61571 人、初中 22556 人、普通高中 14694 人、中等职业学校 605 人、特殊教育学校 192 人）。教职工总数 17060 人（幼儿园 3245 人、中小学 12003 人、中等职业学校 501 人、特殊教育学校 120 人、工读学校 54 人、成人教育学校 169 人、校外教育 350 人、其他教育单位 618 人），包括高级职称 2837 人、中级职称 5540 人。北京市特级教师 54 人、北京市骨干教师 158 人、北京市学科教学带头人 28 人。全年教育总投入 4.91 亿元。中小学固定资产原值 43.45 亿元，折旧后净值 18.56 亿元。

10 月 30 日，东城区教委召开中芬学前教育研讨会
（东城区教委 供）

2019 年，东城区教育系统以红色为年度主色调，坚持党对教育工作的全面领导。召开东城区教育大会，编制《东城教育现代化 2035》以及推进新时代教师队伍建设改革、全面发展素质教育、加强学校管理的相关文件，形成并推行“1 + 5”目标任务体系。围绕“同学新思想”“同唱一首歌”“同讲主旋律”“同做奉献者”年度主题，开展“我和我的祖国”爱国主义教育系列活动。119 个基层党组织近 7000 名党员开展“不忘初心、牢记使命”主题教育，巡回下校指导 700 余次，编辑专题党课 87 万字，列出问题 1100 个，制订整改措施 1338 项。强化思想建设、组织建设、纪律和作风建设，建成首批 12 个党建示范点，评选出先进党组织 21 个及优秀共产党员、优秀党务工作者、“身边党员榜样”261 人。坚持立德树人，挖掘红色基因，发布红色教育地图，形成东城特有的爱国主义教育课程体系。落

实《北京市中小学校幼儿园安全管理规定（试行）实施方案》，127所中小学、幼儿园达到平安校园标准；联动主流媒体发布各类新闻通稿、专版宣传等20余万字。

深化中小学教学改革，关注课堂实效。开展各类科普活动250余项，21万人次参加。“健康·成长2020工程”进入全面总结阶段；推广“体育作业”，举办三大球等18项阳光体育运动赛事；实现冰雪运动四季体验常态化，16个单位获评北京市及全国冰雪运动特色学校，10个单位获评北京市及全国2022年冬奥会和

4月29日，东城区教委举办中学生“五四”表彰大会
（东城区教委 供）

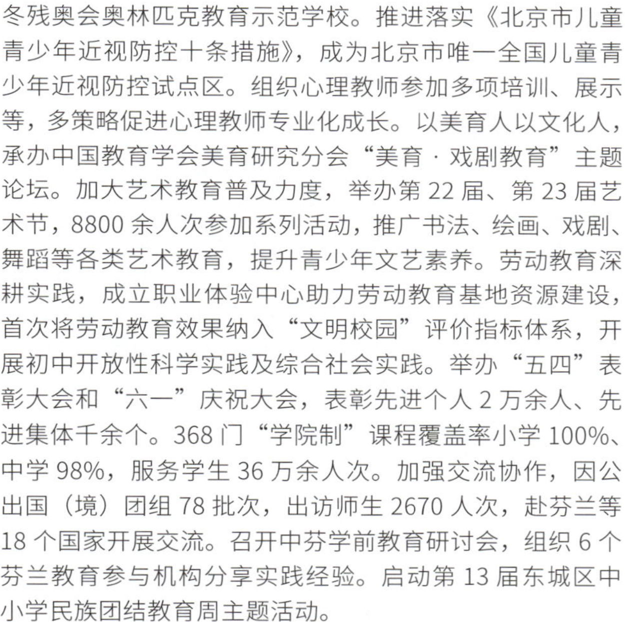

冬残奥会奥林匹克教育示范学校。推进落实《北京市儿童青少年近视防控十条措施》，成为北京市唯一全国儿童青少年近视防控试点区。组织心理教师参加多项培训、展示等，多策略促进心理教师专业化成长。以美育人以文化人，承办中国教育学会美育研究分会“美育·戏剧教育”主题论坛。加大艺术教育普及力度，举办第22届、第23届艺术节，8800余人次参加系列活动，推广书法、绘画、戏剧、舞蹈等各类艺术教育，提升青少年文艺素养。劳动教育深耕实践，成立职业体验中心助力劳动教育基地资源建设，首次将劳动教育效果纳入“文明校园”评价指标体系，开展初中开放性科学实践及综合社会实践。举办“五四”表彰大会和“六一”庆祝大会，表彰先进个人2万余人、先进集体千余个。368门“学院制”课程覆盖率小学100%、中学98%，服务学生36万余人次。加强交流协作，因公出国（境）团组78批次，出访师生2670人次，赴芬兰等18个国家开展交流。召开中芬学前教育研讨会，组织6个芬兰教育参与机构分享实践经验。启动第13届东城区中小学民族团结教育周主题活动。

重点破冰。推进义务教育学校管理标准达标验收工作。深化学区制改革，对重点改革项目建设开展调研并形成方案。启动二中分校（北校区）建设；推进北京市东城区帽儿胡同小学整建制并入北京市东城区黑芝麻胡同小学相关工作；推进天永学区优质化，调研论证北京汇文中学南校区、北京市文汇中学天坛校区建设；义务教育优质资源覆盖率达到98%。采取新建改扩建公办园、审批民办园等多种渠道增加学前教育学位2190个。完善职业教育改革方案，确立并推进“一校两中心”建设布局。青少年科技馆项目开工。“接诉即办”成为年度高频词，受理热线诉求2737件。启动建设国家“智慧教育示范区”，联合上海、湖南、河北、浙江等地相关单位成立智慧教育生态协同发展共同体，提出“1＋7＋N”智慧教育建设总体框架，探索未来学校建设等7项重点工程。高素质专业化人才队伍建设持续创新，首次入轨推行校长职级制；建立“一校一册一校一案”制度，动态分析干部情况；推动“双名”工程向“四名”工程延伸，建立名教研员工作站和名学科基地。启动师德师风建设年主题教育系列活动；召开教师节主题座谈会，表彰教育系统先进个人644人。1人获评“全国优秀教师”，1人获评“全国模范教师”，1个单位获评“全国教育系统先进集体”。获国家级基础教育教学成果奖一等奖2个、二等奖4个。

完成庆祝新中国成立70周年活动服务保障工作。全区教育系统44校次2000名师生完成中心区合唱、群众游行、联欢晚会演出任务，参与观礼组织工作以及气球存放、集结疏散地服务保障工作。

（关英　李银姬　郭文伟）

“五四”表彰大会

4月29日，东城区教委举办“我和我的祖国”爱国主义主题教育活动暨“逐梦青春·筑梦未来”2019东城区中学生“五四”表彰大会。活动表彰2019年东城区教育系统“优秀中学生”32人、“先进班集体”159个，为3093名区级“三好学生”“优秀学生干部”和498名“优秀团员”、87名“优秀团干部”颁发证书，为在2018—2019学年获得“感动东城学子”称号的26名学生颁奖并致颁奖词。市委宣传部、市教委及东城区人大、区政协、区委宣传部等单位相关领导，全区优秀学生代表、教师代表、家长代表600余人参加活动。

（陈艾汐　李银姬）

东城教育大会

5月24日，东城区政府召开东城区教育大会。会议听取《坚持优质均衡发展 举全区之力建设教育现代化示范区》主报告，组织参会人员以学区为单位，围绕《东城教育现

代化2035（讨论稿）》《东城区全面深化新时代教师队伍建设改革的实施意见（讨论稿）》《东城区全面发展素质教育、培养新时代社会主义建设者和接班人的实施意见（讨论稿）》《东城区加强学校管理的实施意见（讨论稿）》4个讨论稿开展座谈交流。东城区教委与中国教育学会、北京师范大学、首都师范大学签订战略合作框架协议。市委教育工委、区委、区人大、区政府、区政协相关领导，中国社会科学院、中国教育学会、北京教育科学研究院等单位专家学者，全区各委办局、街道、中小学、幼儿园、校外教育单位负责人，对口支援及兄弟区代表，区教委机关全体干部等600余人参加会议。

（蒋仁超　李银姬）

6月13日，东城区青少年科技后备人才拔尖培养计划工作汇报会在广渠门中学召开　　（东城区教委　供）

儿童青少年近视防控推进

6月4日至5日，东城区教委举办“呵护健康双眼 照亮光明未来”东城区儿童青少年近视防控推进会暨视力健康达人赛活动。达人赛设置“火眼金睛”“一目千里”“明察秋毫”等项目，考察学生远距离辨字能力、远视力极限和用眼卫生知识掌握情况。比赛评选出“全能达人奖”3人、“单项达人奖”21人和“学校团体奖”10个。活动向家长、学生、学校赠送近视防控手册。教育部、市教委及东城区人大、区政府、区政协、区委教育工委领导，北京同仁医院等单位专家，东城区督学代表，中小学、幼儿园领导、师生、家长等300余人参加活动。2018年，东城区启动儿童青少年近视防控工作，通过视力分段管理、视力不良分级警示、防近培训及经验交流会等方式，加强中小学生用眼卫生宣传指导工作。2019年2月，东城区被教育部评为全国儿童青少年近视防控试点区。

（金雅静　李银姬）

青少年科技后备人才拔尖培养计划汇报

6月13日，东城区青少年科技后备人才拔尖培养计划工作汇报会在北京市广渠门中学召开。会议总结东城区青少年科技后备人才拔尖培养计划推进情况，表彰第一期优秀学员43人。4名优秀学员代表分享学习感受。培养计划基地校校长、指导教师、学生及家长代表作为嘉宾接受访谈，探讨“科技后备人才培养项目的内涵与外延”等问题。2017年11月，东城区启动青少年科技后备人才拔尖培养计划，认定基地校16所，以1年为周期，每期招收学员50人左右，通过建立培养基地、选拔优秀学生、建立高校导师和学校教师联合培养机制等方式培养学生，形成东城区科技创新人才培养新模式。

（王司光　李媛媛）

第15届全民终身学习活动周

11月13日，东城区第15届全民终身学习活动周开幕式在北京国际职业教育学校举行。开幕式为3个获得全国、北京市终身学习品牌项目称号的集体和18名2019年市、区级市民学习之星颁奖，为“2019年北京市民终身学习示范基地”“北京大学国子监大讲堂国职讲堂”“周海宽古书画装裱与修复工作室”挂牌。市教委、故宫博物院、区人大、东城区各委办局及街道办事处、学区市民学习基地等单位领导及代表150人参加开幕式。活动周安排中老年市民计算机应用能力竞赛、清风墨韵书画展、市民业余棋类比赛等11项主题活动。

（连莲　李媛媛）

3所学校与崇礼3所学校结对签约

11月14日，东城区3所学校与河北张家口市崇礼区3所学校结对校签约仪式在崇礼举行。北京国际职业教育学校与河北省张家口市崇礼区职业技术教育中心、北京市第五中学分校与河北省张家口市崇礼区第二中学、北京市第五中学分校附属方家胡同小学与河北省张家口市崇礼区高家营镇高家营完全小学分别签订教育帮扶协议。各结对校将通过师徒结对帮扶、互派师生交流、开展常态化教学研讨及教学资源共享等形式开展深度合作。

（李倩　李媛媛）

首届中小学短道速滑比赛

12月7日，2019年东城区第一届中小学生短道速滑比赛闭幕。来自全区11所中小学的50余名运动员参赛。比赛设初中组、小学甲组、小学乙组、小学丙组4个组别，设4圈、500米、1000米3项个人赛项目和2000米接力表演赛，产生14枚个人赛金牌。比赛由区教委、区体育局联合主办，东城区中小学体质健康管理中心承办。

（李媛媛）

青少年素质教育成果展

12月18日，“花开课外校外 绽放多彩童年”东城区青少年素质教育成果展示活动在东城区少年宫剧场举行。活动分“在这里·启航”“在这里·成长”“在这里·绽放”3个篇章。来自全区7个校外教育机构以及部分小学的300名师生通过舞蹈、合唱、器乐、朗诵、京剧等艺术表演形式，汇报近2年东城校外素质教育改革创新成果。相关单位主管领导及教师代表、校外教育机构全体干部及教职工、部分小学生代表等600余人现场观看演出。

（刘丹　李媛媛）

区域智慧教育生态协同发展共同体成立

12月19日，东城区智慧教育示范区建设推进会暨区域智慧教育生态协同发展共同体成立大会在北京市东直门中学召开。会议宣布区域智慧教育生态协同发展共同体成立并为智库专家代表颁发聘书。5名技术联盟代表共同发布技术联盟公约。该共同体由东城区联合上海闵行区、湖南长沙市、河北雄安新区4个教育部智慧教育示范区共同发起，房山区、浙江嘉兴市、河北廊坊市、山东淄博市、山东德州市5个区域作为成员参加。共同体以高质量完成教育部智慧教育示范区建设目标为核心，以形成一支高水平的信息化教学应用骨干队伍为愿景，探索推进信息化教学应用的长效机制，促进区域间智慧教育建设共享、协同、高效健康发展。会上，东城区青少年信息素养学院挂牌成立，现场发布10余节网络课程供中小学生选择。

（邢少伟　李媛媛）

西城区

概述

2019年，西城区教委辖属教育单位224个，其中，幼儿园86所（教育部门办园30所、其他部门办园13所、地方企业办园2所、部队办园3所、集体办园10所、民办园28所），小学57所（全部为教育部门办校），初级中学3所（全部为教育部门办校），完全中学34所（教育部门办校33所、民办校1所），高级中学1所，九年一贯制学校2所（教育部门办校1所、民办校1所），十二年一贯制学校2所（教育部门办校1所、民办校1所），中等职业学校4所，特殊教育学校2所，工读学校1所，其他法人单位32个。招生45975人（幼儿园8573人、小学18623人、初中12513人、普通高中6120人、中等职业学校106人、特殊教育学校40人）；毕业32387人（幼儿园5713人、小学12750人、初中6876人、普通高中6436人、中等职业学校539人、特殊教育学校73人）；在校生163025人（幼儿园21962人、小学90638人、初中31597人、普通高中18279人、中等职业学校219人、特殊教育学校330人）。教职工总数19100人（幼儿园4092人、小学6169人、中学7869人、中等职业学校708人、特殊教育226人、工读学校36人），包括高级职称3136人、中级职称5711人。北京市特级教师65人、北京市骨干教师191人、北京市学科教学带头人38人。全年教育总投入93.98亿元。中小学固定资产总值42.39亿元。新建中学1所。设立学区11个。

2019年，西城区教委科学统筹、依法履职、扎实推进，各项工作取得新发展。

推进教育综合改革。落实学区制西城模式，8个学区成立学区理事会。启动学区优质校建设提升工作，成立5个学校发展共同体，涉及10所学校。试行设立公办体制改革校，成立“京华实验学校”。深化集团办学、精品学校联盟等项目。

入学入园招生工作平稳有序。在区学位保障专班领导下，多措并举完成2019年学位保障工作，义务教育新增在校生12200人。推进学前学位普及、普惠、优质发展，新增公办园分址4处、新审批民办园5所，新增学前学位1500个。推进半日班工作开展，举办“西城区半日班教研工作展示活动”。中招录取批次调整为提前招生录取、校额到校招生录取和统一招生录取。校额到校招生包括校额到校招生和市级统筹招生，取消名额分配招生。

教育教学质量稳步提升。构建学生成长阶梯课程，形成西城特色地方课程。举办“科研月”“开学一课”“四个一”等活动，培育学生核心素养。规范校外教育机构管理，全面排查全区校外教育机构，完善工作台账，建立区联席会议制度，加强监管和联合执法，开展业务指导和培训。压缩疏解培训机构16个，涉及人员450人。

深化教育交流合作，发挥优质教育引领辐射作用。推进副中心行政办公区4校5址对接，加大3所通州分校支持力度，与通州区共建13所“手拉手”学校，推进雄安新区2所学校对接。与“回天地区”共建5所“手拉手”学校。推进对河北、内蒙古两地的教育帮扶工作，新增结对校12所。

干部教师队伍建设取得新进展。实施绩效工资改革，开展校长职级制评审。推动实施教育家工程，实行干部贯通任用。加强“导师团”和名师工作室管理，“导师团”成员29人为33家聘任单位提供业务指导。全年培训新教师1092人。举办西城区小学首届青年教师风采展示活动，组织339名青年教师进行课堂教学展示。推进“西城区小学校长助理项目”，通过前期面试，选拔22名北京师范大学优秀在读研究生到22所学校任职一学期。表彰西城区教育系统“优秀教师”759人，西城区教育系统“优秀教育工作者”347人，西城区教育系统“优秀集体”189个。

深化平安校园创建工作。出台《西城区中小学幼儿园安全管理办法》，建立西城区中小学校幼儿园安全管理工作联席会议制度。联合公安、交通、街道等部门，开展校园

10 月 1 日，西城教育系统志愿者为庆祝新中国成立 70 周年活动提供服务保障 （西城区教委 供）

周边综合整治工作。加强后勤管理，完善学校安全应急方案，开发安全教育课程，强化师生安全避险教育。

完成庆祝新中国成立 70 周年活动服务保障任务。区教育系统 150 余个单位选派 2386 名学生和干部教师参加各类活动。14 所学校 1220 名师生参加广场表演活动，3 所学校 220 名学生和 10 名教师参加晚间联欢活动千人合唱，4 所学校 698 名高中生、80 名教师和区教委 8 名标兵参加广场群众联欢，3 所学校 6 名小学生和 1 名教师参加"快闪"活动，150 余个单位 449 名师生参加第 35 方阵游行。各中小学选派 110 名体育、音乐教师承担第 35 方阵训练和艺术指导工作。4 所职业学校 22 名干部教师和 1 名区教委工作人员为群众游行和彩车行进提供集散交通服务保障。105 名中学团委书记、小学大队辅导员和 2 名区教委工作人员作为志愿者，在 5 个区域为活动提供服务保障。12 所学校 453 名中小学生参加"国家勋章和荣誉称号颁授仪式"，35 名少先队员为授勋人员献花、300 名中小学生在人民大会堂欢迎授勋人员。3 所学校 130 名师生参加国家公祭日活动。1 所学校为广场联欢礼花燃放提供支持和保障、6 所学校为群众游行训练提供场地、3 所学校为群众游行训练提供备用场地、2 所学校为群众联欢训练提供场地、1 所学校为童声合唱训练提供场地、2 所学校为精彩合唱和"快闪"训练提供场地、1 所学校为西城区 800 名观礼台观众提供集结场地、2 所学校为志愿者集结提供场地、1 所学校用于武警屯兵、1 所学校用于部队屯兵、1 所学校为国庆观礼任务停车提供保障。西城区教委、北京第二实验小学获评"北京市筹备和服务保障国庆 70 周年庆祝活动先进集体"，8 名干部教师获评"北京市筹备和服务保障国庆 70 周年庆祝活动先进个人"。

（杨海蓉　宁嘉瑜）

初中毕业会考与高级中等学校招生考试两考分开

2019 年，西城区中考、中招执行市教委规定，初中毕业会考与高级中等学校招生考试两考分开。毕业考试由全区统一命题，学校自行组织完成。凡要求升学的初中毕业年级学生（含往届生），均须参加全市统一命题，统一组织的高级中等学校招生考试。招生考试中，考试科目、分数权重、考试组织、文化课阅卷均与上年相同。录取批次调整为提前招生录取、校额到校招生录取和统一招生录取。校额到校招生包括校额到校招生和市级统筹招生，取消名额分配招生。中考报名 6911 人，包括有升学资格考生 6537 人（京籍考生 6324 人、非京籍 9 种情况考生 121 人、积分落户随迁子女 1 人、非京籍随迁 86 人、既符合 9 种情况又符合随迁子女条件 5 人）。第一次英语听说机考报考 6686 人（含日语考生 13 人）；第二次英语听说机考报考 4697 人（含日语考生 11 人）。6118 名考生参加体育现场考试，6533 名考生参加文化课考试。中考文化课笔试设考点 15 个，最大考场数 230 个。录取总计 6250 人，总升学率 95.6%。其中，提前招生批次录取 937 人，占 14.3%；校额到校批次录取 831 人，占 12.7%；在统一招生批次录取 4482 人，占 68.6%。6 月，区教委完成 2019 年综合素质评价计入中考成绩相关审核统计工作，首次将综合素质评价纳入中考中招，对于有校额到校资格的学生，折合 162 分计入中考成绩。

（费非　吴献平　王贞茶）

成人高等学校招生

2019 年，西城区成人高等学校招生类型分为高中起点升本科、高中起点升专科和专科起点升本科 3 种，选用脱产、业余（包括半脱产、夜大学）或函授 3 种形式进行成人高等学历教育。全区网上报名 2681 人，实际缴费 2383 人，现场参加资格确认 2182 人（高中起点升专科 435 人、高中起点升本科 290 人、专科起点升本科 1457 人）。报名科次 5636 科次，比上年减少 1739 科次。设置成人考试考点校 5 所，考场 89 个。

（李飞）

5 个学校发展共同体成立

2019 年，西城区教委启动学区优质校建设提升工作，成立 5 个学校发展共同体。5 个共同体分别为北京市第四中学—北京市第七中学、北京市第八中学—北京市宣武外国语实验学校、北京市第十五中学—北京市第四十三中学、北京市铁路第二中学—北京市第五十六中学、西城区教育研修学院—北京教育学院附属中学。项目通过统筹两校教研、备课等活动，促进各学校教育教学质量全面提升。11月，区教委组织 10 所学校就共同体工作开展情况进行专题座谈。

（王贞茶）

区教委机构调整及所属事业单位维护和调整

2019 年，西城区委教育工委、区教委完成部分科室调整工作。细化组织部职能，分别设立组织科和干部科；分解督导室综合科职能，将其统筹协调职能划转至区教委办公室，将其质量监测职能与中学教育科、小学教育科等有关学生质量综合评估职能整合，设置评价与监测科；将社区教育科并入职业教育与成人教育科，其职能随之划转；将校外教育办公室并入体育卫生科，其职能随之划转，成立体育卫生与艺术教育科；将保卫保密科并入区教委办公室，其职能随之划转；新成立协作与交流办公室、家校共育办公室、学校后勤科。另外，区教委完成所属 160 个事业单位法人年检工作，162 个单位配合区委编办完成 2019 年机构编制数据维护工作。新成立北京市西城区京华实验学校，完成北京广播电视大学宣武分校更名为北京开放大学西城分校的工作。

（张燕哲　申海峰　田桂华）

人才引进

2019 年，西城区教委采取多种形式，促进各类人才引进、流动。全年调入 188 人、调出 156 人，区教委所属单位间流动 207 人，安置军转随军退役士官 14 人，引进博士后 2 人。组织全系统所属中小学、幼儿园、部分直属单位，面向应届高校毕业生及社会人员，采取公开招聘方式，分 2 批次招聘 635 人（博士 3 人、硕士 136 人、本科 426 人、学前大专 70 人），其中补充教师 585 人、其他专技人员（校医、财务）44 人、厨工 3 人、直属单位管理人员 3 人。补充教师中应届毕业生 520 人、社会人员 65 人（中学 21 人、小学 43 人、学前 1 人）。补充教师应届生按学段分，中学 102 人、小学 290 人、学前 128 人；按生源分，京籍生源 460 人、非京籍生源 60 人。

（梁勇　田桂华）

对口支援与合作交流

2019 年，西城区教委继续推进对口支援与合作交流工作。选派赴西藏拉萨支教干部 4 人（副校级以上干部支教期 3 年 2 人、中层干部支教期 2 年 2 人）。另外，2018 年选派到新疆和田的 17 名支教教师继续开展支教工作。根据市教委、市委组织部相关要求，区教委调整完善支教人员相关待遇规定。发挥职业教育资源优势，选派 12 名教师重点支持河北张北、阜平和内蒙古喀喇沁旗、鄂伦春等地职业教育帮扶工作；同时发挥外事服务集团功能，组织集团成员研发课程，开展技能竞赛，服务冬奥会人才需求。

（梁勇　田桂华　李同焕）

职业教育及成人教育资源利用

2019 年，西城区教委多举措开发职业教育及成人教育资源。推进职业教育社会化，围绕“国家职业教育改革实施方案”有关要求，结合自身优势，研发职业教育社会化课程，利用成人教育资源，采取专题培训、订单培养模式，服务教育系统教职工职业能力提升。面向 10 余所幼儿园，开展心理健康培训，培训教师 80 人次；面向教育系统各单位网络管理员、后勤管理人员及美术教师分别开展“校园网络安全与维护”“防灾减灾与安全知识”“美术鉴赏”等培训。同时，面向教育系统各单位发放学历需求调查问卷，结果显示：有本科学历学习需求 114 人、专科学历学习需求 33 人，针对调查结果，启动研究制订针对教育系统教职工学历教育提升计划的相关工作。

（李同焕）

义务教育入学

4 月 29 日，西城区教委发布《北京市西城区教育委员会关于西城区 2019 年义务教育阶段入学工作的意见》。意见明确初中入学方式包括九年一贯制直升入学、全区派位入学、特色校招生、对口直升派位入学、学区登记入学、学区派位入学、民办学校招生 7 种，取消特长生招生。意见调整入学方式顺序，将全区派位入学、特色校招生调整到对口直升派位入学之前，增加学生享受优质教育资源的机会。中小学对口直升入学录取比例比上年增加 10%，对口直升校连续 6 年学籍的应届中国籍毕业生，在自愿参加前提下通过计算机派位方式入学，对口初中校录取比例为参加派位人数的 70%。意见明确小学入学坚持免试就近入学，入学方式包括寄宿学校招生、学区派位入学、片区内登记入学、派位入学、民办学校招生 5 种。至年底，全区初中录取新生 12639 人（北京市户籍 11093 人、非北京市户籍 1546 人），包括学区派位入学录取 8941 人，转入西城区学生 632 人（春季 218 人、秋季 414 人）；全区小学入学新生 18737 人，其中北京市户籍 17249 人（居民户籍 16198 人、集体户籍 1051 人）、非北京市户籍 1488 人（包括按市民对待 319 人）。小学学区派位入学涉及 9 所小学，达到 11 个学区全覆盖，3199 人参与网上报名，录取新生 336 人。

（费非　袁伟）

西城教育大会

5 月 11 日，西城区教育大会召开。会上，区委、区政府联合发布《西城教育现代化 2035》及《加快推进西城区教育全面提升实施方案（2018—2020 年）》《关于全面深化新时代教师队伍建设改革的实施意见》，区委教育工委、区教委联合发布《关于全面加强党的领导 提升学校治理水平的意见》《西城区学区提升计划》《“百年树人工程——班级导师制”工作方案》。会议明确新时代西城教育发展目标，布置下一阶段重点工作任务。区政府与中国科学院、北京师范大学、首都师范大学签订战略合作协议，共建教育现代化试验区。教育部、市委教育工委等单位相关领导、专家及工作人员，区委、区人大、区政府、区政协领导及区教育系统干部教师等500人参加会议。

（曹琼）

一校一品体育教学改革成果展示

5月27日，北京市“一校一品”体育教学改革阶段性成果展示（西城分会场）活动在北京市第三十五中学举行。活动设有22个项目，分为大课间素质操、特色操、趣味课课练、全员运动会、“一校一品”展示、安全演练6个板块。西城区教委相关负责人，西城区部分体育教师，北京市西城区志成小学全体学生、三十五中6个项目班学生等2100人参加活动。

（丁福芹　王彬）

全区普通高考录取6341人

8月，西城区教育考试中心完成秋季高校招生考试工作。全区高考报名7160人。普通高考报名6725人，其中文科2303人（含3科30人）、理科4422人（含3科36人）。全区参加普通高考6516人。其中，参加全科考试6508人，实考6322人，上本科线5427人（上线率85.84%）；只参加高会统招（专科）考试8人，实考考生4人。中学应届实考4865人，上本科线4545人（上线率93.42%）。其中，文科应届实考1250人，上本科线1116人（上线率89.28%）；理科应届实考3615人，上本科线3429人（上线率94.85%）。高职单考单招报名435人，包括参加31所高职自主招生并被提前录取288人、参加考试71人。截至9月底，全区普通高考录取6341人（含高职自主招生），录取率97.25%；高职单考单招共计录取320人（含高职自主招生），录取率100%。

（王清）

第五届西城杯颁奖暨第六届学前名师工作室启动会

10月25日，西城区教委举办第五届“西城杯”幼儿教师实践评优活动颁奖暨第六届学前名师工作室启动大会。活动总结第五届“西城杯”幼儿教师实践评优活动并为84名获奖教师颁奖，同时为40名第五届学前名师工作室优秀师徒颁发获奖证书，为19名第六届学前名师工作室主持人和22名兼职教研员颁发聘书。市教委、西城区教育研修学院、西城区教委相关负责人，全区88所幼儿园业务园长、参赛教师、获奖教师和名师工作室主持人、优秀徒弟代表等300余人参加活动。“西城杯”幼师评优活动每2年举办1次，第五届评选于3月启动、5月结束，分别开展园级、片级和区级三级评优。146名教师参加片级评优，84名教师参加区级评优，最终评出特等奖7人、一等奖21人、二等奖28人、三等奖28人。学前名师工作室每2年举办1次，分主持人工作室和骨干教师工作室2个层次，第六届设置19个名师工作室，有成员189人。

（王丽萍）

高中学业水平考试和高中会考

至年底，西城区完成2次北京市普通高中学业水平合格性考试和最后一次北京市普通高中会考组考工作。1月9日至11日，首次高中学业水平考试和最后一次高中会考同期举行。全区高中学业水平考试报考、组考情况为：6923人报考15761科次（语文2278人、数学2349人、英语2161人、政治6894人、物理923人、化学313人、生物458人、历史250人、地理135人）；共设14个考点，安排考试577场次。全区高中会考报考、组考情况为：3612人报考10505科次（语文3273人、数学3272人、英语3366人、政治108人、物理43人、化学54人、生物135人、历史143人、地理111人）；共设9个考点，安排考试394场次。第二次高中学业水平考试于6月24日至26日进行，报考、组考情况为：8399人报考36860科次（语文3430人、数学4703人、英语3962人、思想政治305人、物理166人、化学5858人、生物5872人、历史6324人、

5月27日，三十五中教育集团体育改革推进会暨“一校一品”成果展示活动——志成小学展示体育传统项目（志成小学　供）

地理 6240 人）；共设 12 个考点，安排考试 1277 场次。

（吴献平）

学生资助落实

至年底，西城区学生资助总投入 3625.12 万元，惠及学生 121449 人次，覆盖各个学段，涉及助学补助及减免、义务教育减免教科书两部分。助学补助及减免部分：学前教育阶段投入 23 万元，惠及 26 人次；义务教育阶段投入 196.26 万元，惠及 1884 人次；高中阶段投入 96.55 万元，惠及 834 人次；职业高中阶段投入 7.11 万元，惠及 28 人次。义务教育减免教科书投入 3302.20 万元，惠及 118677 人次。

（李同焕）

朝阳区

概述

2019 年，朝阳区教委辖属教育单位 472 个，其中，幼儿园 283 所（教育部门办园 33 所、其他部门办园 4 所、地方企业办园 15 所、事业单位办园 15 所、部队办园 6 所、集体办园 40 所、民办园 170 所），小学 73 所（教育部门办校 65 所、民办校 8 所），初级中学 9 所（全部为教育部门办校），完全中学 12 所（教育部门办校 10 所、民办校 2 所），高级中学 3 所（教育部门办校 1 所、民办校 2 所），九年一贯制学校 39 所（教育部门办校 31 所、民办校 8 所），十二年一贯制学校 29 所（教育部门办校 16 所、民办校 13 所），中等职业学校 5 所，特殊教育学校 2 所，其他法人单位 17 个。招生 77940 人（幼儿园 28153 人、小学 28470 人、初中 16683 人、普通高中 4242 人、中等职业学校 392 人）；毕业 53623 人（幼儿园 19566 人、小学 20716 人、初中 8347 人、普通高中 4444 人、中等职业学校 550 人）；在校生 288331 人（幼儿园 84489 人、小学 148002 人、初中 41598 人、普通高中 12711 人、中等职业学校 1113 人、特殊教育学校 418 人）。教职工总数 39117 人（幼儿园 15895 人、小学 7482 人、中学 14782 人、中等职业学校 874 人、特殊教育 84 人）。北京市特级教师 219 人、北京市骨干教师 346 人、北京市学科教学带头人 61 人。教育部门办中小学教育总投入 96.79 亿元。中小学固定资产总值 192.49 亿元。新成立幼儿园 13 所、中学 3 所。

11 月 4 日，团结湖一幼教师——女民兵李君杰与全体教师和幼儿交流活动心得体会　（团结湖一幼　供）

设立义务教育学区 15 个。

2019 年，朝阳区推进教育综合改革，印发《关于推进朝阳区教育强区建设八项工程的工作意见》，制定配套《关于落实朝阳区教育强区建设八项工程的工作方案》。继续推进“小初衔接课程改革”“马芯兰翼课程数学课程改革”“英语情境化教学”“小学生阅读素养提升”等课改项目。朝阳区获评教育部“全国 2018 年网络学习空间应用普及活动优秀区域”“2018—2019 年度全国基础教育信息化应用典型案例”。

干部队伍建设确定重实干、重实绩用人导向，启动第三批“好书记工作室”建设。完成首次中小学校长职级制评审与认定；落实“区管校用”人员编制管理办法，实现中小学教师职称在线评审。规范教师行为准则、师德考核办法、违反师德处理办法，全员签订师德承诺书，开展“做新时代‘四有’好老师和‘四个引路人’”学习实践活动，在全区推广典型做法及工作经验。完成全区教师执证上岗情况自查工作。

强化教育经费和资产监管，推进政府会计制度试点改革。区教委部署教育系统“基层建设年”三年行动计划（2019—2021 年），制订教育系统为基层减负 18 条具体举措。开展教育系统国有资产出租出借事项清理规范工作，规范行政执法行为，全年完成行政检查 2100 余件，实现行政处罚“零”突破。

加强监管，指导各类教育单位建立科学管理体系。推进学校章程建设，支持学校开展校内制度立改废工作。开展教育培训机构治理，创新监管机制，定期公示校外培训机构黑、白名单；试点推行培训机构分级信用管理机制、信用动态管理制度和信用评价结果应用机制。根据非首都功能疏解和人口调控工作整体部署，严控无证园新增、扩招，严控面向全国招生的教育培训机构无序增长，全年疏解无证园 22 所、培训学校 14 所。

扩大对外交流合作，加强区域合作。4 所学校被纳入《北京市国际学校发展三年行动计划（2019—2021年）》，接收对口支援地区干部教师3030人次跟岗研修，选派87名优秀教师外出支教。义务教育通过整体并入、集团化办学、高校联合支持办学等方式，实现65所中小学转型升级，优质教育资源覆盖率提高至98%，实现100%免试就近入学。发挥学区教研工作站辐射示范作用和学科教研员专业引领作用。

各级各类教育着力培育全面发展的学生。开展中小幼职一体化德育体系建设，推广北京市朝阳区实验小学"行为规范60条"，制定《朝阳区加强中小学劳动教育实施方案》，中小学生心理健康管理服务模式覆盖全区6万余名学生。开展学前教育公益普惠工作，全年新增普惠性幼儿园65所，学位1.80万个，普惠园覆盖率提升至72%，较上年增长14个百分点。高中教育出台《朝阳区普通高中音乐学科和美术学科合格性考试实施办法（试行）》和《朝阳区教育委员会关于实施教育部普通高中课程方案（2017年版）的课程安排指导意见》，落实国家课程方案和课程标准。落实教育部等9部门印发的《中小学生减负措施》（减负30条）。职业教育发挥"匠心工作室"作用，整合学校资源，与知名企业共同创建应用技术研发、工艺与产品开发技术技能人才实习实训基地。

3月31日，星河实验学校举办冰球比赛

（朝阳区教委　供）

提升督政、督学、评估监测水平。完成市督导室对区级人民政府履行教育职责情况督导检查任务；持续推进诊断式督导实践研究、专家进校指导课堂教学及单元备课活动，先后78次走进11所实验校指导课堂教学。区教委完成机构改革，由区教委主任兼任区政府教育督导室主任，区政府教育督导室原综合科、督政科、督学科职能合并，成立督导与评估监测科，有公务员编制5人，承担原区政府教育督导室全部职能。新聘第七届责任督学179人（包括专职督学22人）。建立中小学、学前、职高、校外及特教督学责任区32个。区政府教育督导室获评2019年国家义务教育质量监测实施县级优秀组织单位。

完成庆祝新中国成立70周年活动服务保障工作。选派5000名师生完成国庆联欢训练、演出、游行等任务。区教委获评"北京市筹备和服务保障中华人民共和国成立70周年庆祝活动先进集体"。举办"妈妈参加阅兵回来了"主题宣讲活动，邀请21名参加阅兵式的"民兵妈妈"走进幼儿园、小学、初中等20余所学校，与4000余名师生和家长分享经历和感悟。

（张明　苏纪玲）

对口支援与扶贫协作

2019年，朝阳区继续推进对口支援与扶贫协作。5月30日，区委教育工委举办教育系统扶贫协作与对口支援工作会。会议总结2018年教育系统对口支援工作，部署2019年重点任务，培训对口支援专项资金使用要求。全区相关学校书记、校长等189人参加会议。7月22日至24日，区教委组织干部教师28人赴河北张家口市阳原县、内蒙古乌兰察布市卓资县开展教育精准扶贫考察。9月起，区内31所学校选派56名干部教师到河北、内蒙古、新疆等6个省、市、自治区，开展为期1个月至1年不等的支教工作。年内，北京市求实职业学校、北京市电气工程学校和北京市劲松职业高中与京津冀地区37家职业院校继续开展"京筑""京昆""京湘"等教育合作项目。项目采取培训师资、学生交流和跟岗交流等合作方式。3所学校接待56所院校近千名师生代表到校交流学习。

（陆学清　张伟）

德育主题教育实践活动

2019年，朝阳区教委开展中小学系列德育主题教育实践活动。活动内容包括讲好中国故事、国旗下演讲、中学生时事辩论赛、小学生传唱新童谣等。全年组织12000名师生参观国庆彩车展、91个校区14278名师生参观军事博物馆、17930名师生参观中国人民抗日战争纪念馆、4000名师生参观国庆70周年大型成就展。

（乔春江）

疑似失学儿童入户核查和劝返复学

1月至3月，朝阳区教委成立朝阳区疑似失学儿童情况核查和劝返复学核查工作领导小组，联合街乡开展疑似失学儿童入户核查和劝返复学工作。经核查，全区有疑似失学儿童3351人。其中，属于核减项（户籍原因、在校有学籍、市内外就读无学籍等）儿童3264人，占97.4%；属于应劝返项（因病因残、在家上学等）儿童87人，占2.6%，包括残疾儿童29人，予以建立学籍并入学。

（张清军）

朝阳教育大会

2月26日，朝阳区委、区政府召开朝阳区教育大会。会议总结近年来朝阳区教育工作实践经验。参会人员围绕大会精神开展分组讨论，区财政局、安贞街道、来广营地区办事处、北京市第八十中学、北京市朝阳区实验小学、北京市朝阳区劲松第一幼儿园分别作交流发言。区委、区人大、区政府、区政协领导及相关负责人，各街乡主要领导，各中小学、幼儿园、职业高中书记、校长和直属单位负责人，区教育系统党代表、人大代表、政协委员、教育发展指导团成员、专职督学、教师代表等近千人参加会议。

（李景）

千课进社区

3月，朝阳区教委启动2019年“千课下基层进社区”活动。活动依托朝阳区职工大学教育资源，聘请市、区级社区教育专家，全年为每个街乡免费提供社区教育课程服务8次。授课内容涉及党的建设、老年养生、家庭教育等类别。至年底，累计为43个街乡送课344次，惠及7000人次。

（高健）

167331名中小学生享受课后服务

3月，朝阳区教委完成《朝阳区义务教育阶段中小学教师提供课后服务激励实施方案》修订。方案明确课后服务实施范围、实施时间、资金来源、经费使用、发放标准、发放方式及工作要求，调动校内教师参与课后服务的积极性，提高教育公共服务水平。至年底，全区167331名中小学生享受课后服务，占学生总人数的93.11%。

（李筑恒）

人工智能进校园

3月至12月，朝阳区现代教育技术信息网络中心推进人工智能进校园工作。举办2019年朝阳区教育系统人工智能高级研修班培训，重点讲授STEAM课程系列知识、人工智能基本原理，累计培训中小学信息技术教师72人次；组织教师开展智能竞速车搭建活动；组织有条件的学校参加北京市人工智能实验校申报。12月26日，区内16所学校入选北京市第一批人工智能实验校，是全市入选学校最多的区。

（于瑞利　戴伟明）

学校周边交通综合治理

4月26日，朝阳区启动学校周边交通综合治理工作。按照“1＋8＋43”工作体系责任分工（即1个区交通工作领导小组、8个专项工作组、43家街道和地区办事处联动工作机制），梳理出120所学校周边交通安全隐患台账，实行问题台账“双报送”（报送区教委和属地街乡）。6月24日，区政府召开专题会，制订落实交通综合治理“一校一策”方案，分析研判涉及全区校园周边交通秩序的810个问题。至年底，施划校园周边斑马线和网格线20余处，设立校园周边警示牌、禁停黄线、禁停牌30余处。

（赵忠魁）

15个“朝阳之星”青少年校园足球训练营开营

6月，朝阳区15个“朝阳之星”青少年校园足球训练营陆续开营，涉及承办校15所，成员校80所。训练营承办校通过学校自主申报、专家评审等程序选出，承担选拔、训练、比赛和培养后备人才等任务。10月，区教委举办“朝阳之星”足球训练营校级及学区选拔赛，检验集训成果。

（周杰）

中小学生心理课程开设

9月，朝阳区教委计划每年度为全区中小学生安排心理课程16课时，委托中国科学院心理所研发课程读本。其中，在小学四年级、初中一年级开设“积极乐观”课程，小学五年级、初中二年级开设“心理韧性”课程，覆盖200余所中小学6万余名学生。至年底，区教委构建学校、学区、区域心理课程三级教研模式，组织师资培训32课时，培训教师500人；举办兼职教研员“正念生活”培训4次；开展心理课程教研活动210场次。

（乔春江）

双名工程导师带教项目总结

11月8日，朝阳区教育研究中心举办“双名工程”导师带教项目总结会。会议总结导师带教项目成果，包括研究课、观摩课、专题讲座397节次，学科资源建设200余项，优质课100节，市级以上优秀论文300余篇，物化成果40余种，录制《名师讲堂》课程52期。7名教研员汇报导师带教专业成长事迹，导师带教项目负责人作《教学成果的培育》专题报告。导师带教项目学员、学科带头人、骨干教师300余人参加会议。

（何爱英）

中小学校长职级制改革

11月21日至12月3日，朝阳区委教育工委推行中小学校长职级制改革。依据《2019年朝阳区推行中小学校长职级制改革工作方案》，组建首届评审委员会和专家评审组，首次对申报中级、高级及特级校长的223人进行评审。评选出高级校长161人（包括被评为北京市特级校长15人）、中级校长60人。

（靳国立）

校园冰雪运动普及

至年底，朝阳区教委着力推动校园冰雪运动普及。1月21日至24日，组织中小学生参加冰雪嘉年华体验活动，通过参观奥运场馆，了解“水立方—冰立方”冰水转换过程及场馆赛后利用，举办冬奥知识讲座，普及冬奥及冰雪运动知识。学生通过参加陆地训练热身，掌握基本滑冰技巧及保护方法；体验室外真冰，学习基础滑冰技术。2000余名中小学生参加活动。区教委启动“朝阳区冰雪特色学校培育项目”。3月至12月，以“均衡发展、统筹布局、规模效益、优势优先”为原则，遴选冰雪特色培育校30所。全区有11所学校被评为国家级冰雪运动特色学校，8所学校被评为国家级冬奥教育示范学校。

（周杰 张弛）

落实学生资助资金3021.85万元

至年底，朝阳区教委落实学生资助资金3021.85万元，惠及学生368585人次。其中，发放学前教育资助金65.60万元，惠及幼儿711人次；发放义务教育公办校资助金2658.51万元，惠及学生341741人次；发放民办校资助金125.65万元，惠及学生24568人次；发放普通高中资助金53.18万元，惠及学生640人次；发放职业高中资助金118.91万元，惠及学生925人次。

（马恬静）

丰台区

概述

2019年，丰台区教委辖属教育单位282个，其中，幼儿园139所（教育部门办园28所、其他部门办园4所、地方企业办园4所、事业单位办园1所、部队办园13所、集体办园22所、民办园67所），小学75所（教育部门办校70所、民办校5所），初级中学14所（教育部门办校13所、民办校1所），完全中学12所（教育部门办校11所、民办校1所），高级中学4所（全部为民办校），九年一贯制学校12所（教育部门办校10所、其他部门办校1所、民办校1所），十二年一贯制学校5所（教育部门办校4所、民办校1所），中等职业学校5所，特殊教育学校1所，其他法人单位15个。招生36368人（幼儿园14475人、小学12111人、初中6555人、普通高中2728人、中等职业学校499人）；毕业26718人（幼儿园10095人、小学10003人、初中3872人、普通高中2254人、中等职业学校494人）；在校生132518人（幼儿园41797人、小学64663人、初中16635人、普通高中7540人、中等职业学校1696人、特殊教育学校187人）。教职工总数18129人（幼儿园7252人、小学4805人、中学5601人、中等职业学校430人、特殊教育41人），包括高级职称1804人、中级职称4166人。北京市特级教师79人、北京市骨干教师160人、北京市学科教学带头人28人。全年教育总投入51.98亿元。中小学固定资产总值28.59亿元。设立学区8个。

2019年，丰台区教育系统落实立德树人根本任务，扩大优质资源供给，全面提升区域教育质量。

深化教育改革。实现中小学生体质健康监测公办校全覆盖。推进优质教育资源共享，连续3年重点资助集团集群学生活动、教师培训、特色课程开发。启动“组织理论视角下集群（集团）治理模式行动研究”。支持学校开发实践课程，开展年度基础教育课程教材改革实验。完成丰台区地方教材的试用和复审，建立校本教材区级审核备案制度。深化教师人事制度改革，绩效工资改革向教育教学一线教师、班主任倾斜，落实骨干教师专项津贴。深化教育督导机制改革，完成北京市2019年区级人民政府履行教育职责情况综合督导实地检查工作，完成丰台区国家义务教育质量监测和中小学教育满意度调查。规范民办教育发展，

6月18日，丰台学前教研室语言项目组举办阅读素养提升高级研讨会 （丰台区教委 供）

完成17项行政许可审批、9家培训机构及幼儿园负责人变更备案和129所民办校年检工作。推动学校特色发展，打造戏曲教育“丰台样本”，落实戏曲进校园三年行动计划。推动航天科普特色教育，实施“丰台少年二号”小卫星课题研究。探索学校劳动教育，开齐开足劳动技术课，开发农事课程。利用区域资源，协调种子大会会址，组织15所中小学参与劳动教育实验项目。

聚焦教育民生。扩大优质教育资源规模，建设北京师范大学实验中学丰台学校；与首都师范大学、西城区教委、北京市十一学校、北京市海淀区中关村第三小学签约合作。推进第三期学前教育行动计划，新增学前学位2610个。完成第一批46所普惠性幼儿园认定工作。创新师资培养模式，与北京城市学院签订合作协议，委托该校每年定向为丰台培养大专及本科学历幼儿教师60人。创新教研形式，启动“幼儿园教研全覆盖项目”。规范办园行为，开展幼儿园教育“小学化”专项治理。推动高中教育多样化发展，组织学生参与市级“雏鹰建言”“翱翔计划”，组织学校参加模拟联合国、创客教育、“STEAM”教育等。实施市教委选课走班试验校项目、普通高中特色发展实验项目、普通高中课程实施与管理项目，推进“1＋3”人才贯通培养项目。落实高中综合素质评价实验区项目，完成高中毕业生报告册网上核查工作。打造6个校企协同育人平台；服务对口帮扶，承接职业教育对口支援项目17个，涉及40所学校，培训干部教师389人次、学生1709人次；服务对外交流，举办“丝路工匠”职业院校国际合作联盟成立暨丝路工匠国际技能大赛。搭建平台服务全民终身学习，开展“课程进社区”、丽泽大讲堂活动，举办丰台区第15届全民终身学习周。

营造安全稳定环境。推进城镇小区配套教育设施接收工作，完成6个配套学校接收。完成6个配套园设计方案审核及前期建设手续办理。开展执法检查1250件。247所学校参与创建平安校园，193所学校（园）通过验收，创建率100%、验收达标率78%。开展扫黑除恶专项斗争，建立相关部门参与会商机制，形成“一校一案”解决方案。继续实施教育国际化研究课题，完成30个新增项目申报、评审和第一批24个项目中期监控。

落实教育帮扶工作。连续9年承办内地新疆高中班。30余所学校承担对西藏、内蒙古、河北、河南、湖北、辽宁等省区的帮扶任务，新建立结对学校9对。选派19名干部教师到新疆、西藏、内蒙古等地支教，选派20名市、区骨干教师和教研员到内蒙古林西县送教，选派13名骨干教师到湖北十堰张湾区送教，选派10名干部、骨干教师承担河北涞源县教育干部能力水平提升项目培训班教学工作。全区30余所幼儿园、中小学、职业教育学校、教师培训机构承担帮扶任务，培训受援地区干部教师1000余人。

完成庆祝新中国成立70周年活动服务保障工作。组织50名学生参加“立德树人”方阵游行，690名教师参加“不忘初心”方阵游行，7名教师参加“从严治党”方阵游行，4名学生参加群众联欢活动；12名教练员、12名艺术指导、182名工作人员参与策划动训及服务保障工作。参与人员来自144个基层党组织。

（陶慧贤　武卫华）

自主研发二十四节气课程

2019年，北京教育学院丰台分院与北京市大葆台西汉墓博物馆围绕“科技·人文·生活”主题，开发中华优秀传统文化二十四节气系列课程。该课程通过公益讲座形式面向家庭开设。至年底，中心完成设计并实施夏至、秋分、冬至3次课程，以中华优秀传统文化传承与创新为引，引导近百组家庭参与、体验、学习节气背后的历史、气候、习俗、科技知识，开展探索圭表、设计制作冬至艺术画等实践活动。

（王志强）

“春晖计划”特级教师工作室项目启动

2019年，丰台区“春晖计划”特级教师工作室项目启动。项目计划设立20个特级教师工作室，分别以特级教师姓名命名，由北京教育学院丰台分院授牌。工作室涉及小学、初中、高中3个学段。近300名中青年骨干教师参与工作室研修。至年底，已有20个工作室挂牌成立。

（李晓菊）

第15届全民终身学习活动周

10月至11月，丰台区教委举办第15届全民终身学习活动周。活动围绕“城教融合谋发展，需求导向促改革”主题，通过宣传20名区级“首都市民学习之星”（包括4名市级“首都市民学习之星”）的感人事迹，以及3个“终身学习品牌项目”的先进经验，助推市民综合素质和区域城市品质提升。活动由全区21个街乡镇具体组织实施，开展活动114场。市民8700人参与活动。

（陈雅宁）

“以校为本”诊断性督导项目启动

11月22日，丰台区教委召开“以校为本”诊断性督导项目启动会。会议介绍诊断性督导项目实施背景、样本校选择、项目研究目标等。北京教育科学研究院督评中心专家从研究目的、研究内容、研究思路、研究方法、实施安排及预期成果5个方面对《“以校为本”诊断性督导项目研究方案》作说明。北京教科院、丰台区教委相关负责人，4所样本校领导等22人参加会议。

（徐晶）

中小学校长职级制推行

11月至12月，丰台区教委推行中小学校长职级制，开展丰台区中小学校长职级制首次评定工作。区教委与区委组织部、区财政局等部门联合印发《关于推行中小学校长职级制度的实施方案（试行）》。经过材料评审、面试答辩、评审委员会讨论票决、区委教育工委会议通过、公示等程序，首次评定特级校长（书记）10 人、高级校长（书记）104 人、中级校长（书记）57 人、初级校长（书记）2 人。

（杨璐）

幼师首届数学、语言案例设计说课比赛

12 月 24 日，北京教育学院丰台分院举办丰台区幼儿园教师首届“浓郁杯”数学、语言案例设计说课大赛。比赛面向全区幼儿园数学、语言项目组教师，邀请 6 名项目园园长代表担任评委。21 名教师参加比赛，120 余名教师观赛。最终评出数学组、语言组一等奖各 1 人、二等奖各 2 人、三等奖各 3 人。

（范靖　张韵）

教师心理健康促进与服务

至年底，丰台教育工会开展教师心理健康促进与服务工作。相关工作依托丰台区教师心灵驿站开展，举办《教师减压与幸福感提升》《教师自我表露的影响与策略》等 28 场主题心理健康讲座；组织 9 场心理减压与情绪管理拓展活动，服务职工 470 余人次；开展个体咨询服务，提供心理健康辅导，服务 39 人次；举办教职工子女考前团体心理辅导活动 2 场，个体心理减压服务 30 余人次。

（王云鹏）

落实学生资助金 1644.93 万元

至年底，丰台区落实学生资助金 1644.93 万元，惠及 164820 人次。其中，学前教育资助金 18.59 万元、义务教育资助金 1499.10 万元、高中教育资助金 47.46 万元、中等职业教育资助金 79.78 万元。

（陈雅宁）

9 月 25 日，八角幼儿园在乐高教室开展全覆盖教研观摩活动
（八角幼儿园　供）

石景山区

概述

2019 年，石景山区教委辖属教育单位 109 个，其中，幼儿园 47 所（教育部门办园 11 所、民办园 29 所、其他部门办园 7 所），小学 26 所（全部为教育部门办校），初级中学 6 所（全部为教育部门办校），九年一贯制学校 5 所（教育部门办校 4 所、民办校 1 所），高级中学 2 所（全部为教育部门办校），完全中学 3 所（教育部门办校 2 所、民办校 1 所），十二年一贯制学校 5 所（教育部门办校 3 所、企业办校 1 所、民办校 1 所），教育部门办中等职业学校 1 所，特殊教育学校 1 所，其他法人单位 13 个。招生 14177 人（幼儿园 5553 人、小学 4501 人、初中 2828 人、普通高中 1235 人、中等职业学校 60 人）；毕业 10175 人（幼儿园 2999 人、小学 3734 人、初中 1963 人、普通高中 1385 人、中等职业学校 94 人）；在校生 49655 人（幼儿园 14544 人、小学 23459 人、初中 7689 人、普通高中 3653 人、中等职业学校 237 人、特殊教育学校 73 人）。教职工总数 7096 人（幼儿园 2631 人、小学 1352 人、中学 2902 人、中等职业学校 178 人、特殊教育 33 人），包括高级职称 956 人、中级职称 1847 人。北京市特级教师 1656 人、北京市骨干教师 60 人、北京市学科教学带头人 11 人。培训机构 81 个。设立学区 4 个，教育集团 8 个。

2019 年，石景山区教育系统构建党对教育事业全面领导新格局。建立党全面领导新机制，成立区委教育工作领导小组，建立区领导联系学校制度。强化思政课建设，制定《石景山区推进中小学社会主义核心价值观“进教材、进课堂、进学生头脑”工作方案》。修订或新制定 22 项规章制度，落实全系统党政一把手主体责任公开承诺，开展党风廉政建设宣传教育月等活动。

明确新时代区域教育发展路线图。召开全区教育大会，制定并发布《石景山区关于新时代加快推进教育现代化的实施意见（2019—2025 年）》《石景山区促进教育优先发展实施方案（2019—2025 年）》和《石景山区深化五育并举，提升育人质量实施方案（2019—2025 年）》，提出全面深化教育重点领域改革等 7 项重点任务。推动落实“教育布局规划优先”等 6 个优先，明确教育优先发展地位。构建“五育并举”全面育人体系，实施新时代立德树人工程等项目。引入中国人民大

学附属中学优质教育资源成立人大附中石景山学校，并以其为核心组建石景山区第八个教育集团。

落实立德树人根本任务。利用重要时间节点开展“我和我的祖国”系列教育活动。推进创建文明城区工作，制定《教育系统 2019 年创建全国文明城区工作方案》等专项方案，编发《中小学生创城宣传实践手册》等宣传工具，推进家校社三方协同共育。完成教育帮扶任务，重点从送教下乡、选派教师支教、承接教师来区跟岗研修、学校结对与手拉手、精准助学等方面开展教育扶贫与协作工作。完成庆祝新中国成立 70 周年活动服务保障工作，组织 311 名师生参加“立德树人”方阵游行。

（姜玮　谭春林）

教育扶贫与协作

2019 年，石景山区教委推进教育扶贫与协作工作。区教育系统继续对口帮扶内蒙古宁城、莫旗，青海称多，河北顺平，湖北竹山地区。选派 34 名骨干教师通过示范课等方式开展送教下乡活动，培训受援地区教师 5000 人；选派 26 名干部教师赴受援地区分别开展为期 1 个月、7 个月、13 个月的支教工作；全区 23 所学校与受援地区学校建立 43 对结对校关系；接待 7 批次 200 名受援地区干部教师来区研修及跟岗学习。

（姜玮）

“两寻找三研究”系列研训

3 月，石景山区教委启动“两寻找三研究”系列研训活动。“两寻找三研究”即寻找好玩具、好童书，研究玩具、童书，研究儿童，研究教学策略。活动围绕“尊重规律、重视游戏、促进成长”主题，组织“两寻找三研究”专题培训，培训幼儿园园长、业务园长、骨干教师 200 余人。4 月，区内 5 所北京市示范幼儿园开展“两寻找三研究”教研展示活动。12月7日至9日，在全国第四届中国学前教育高峰论坛暨“两寻找三研究”成果汇报会上，石景山区获一等奖 37 个、二等奖 46 个、三等奖 10 个，一、二等奖获奖人数占全国获奖总人数的 17%。

（黎铮）

区政府教育督导室机构体制调整

3 月至 6 月，石景山区政府开展机构体制改革调整。3 月，石景山区人民政府教育督导室由原来的“由区教委代管”改为“其下设科室及人员、工作等由区教委统一管理”；“石景山区人民政府教育督导室”保留名称，不再设主任一职，部门工作由区教委主任统一领导，原区政府教育督导室主任调至其他部门工作。4 月，原区政府教育督导室下设督政科、督学科、综合科及区教育督导与教育质量评估监测中心工作交由区教委副主任分管领导。6 月，区教委开展机构改革调整，撤销区政府教育督导室综合科，原区政府教育督导室督政科、督学科改为区教委督政科、督学科。

（王桂洋）

石景山区新时代文明实践中心揭牌

5 月 9 日，石景山区新时代文明实践中心成立揭牌仪式在石景山社区学院举行。活动为“石景山区新时代文明实践中心”揭牌，同时为全区 9 个街道的新时代文明实践所、首批 5 个新时代文明实践基地和 9 个“老街坊”志愿服务中队授牌、授旗。实践中心设在石景山社区学院，以 14.20 万名“老街坊”志愿者和 1000 余支各类特色队伍为主体力量，组建新时代文明实践“老街坊”志愿服务总队。同时，由街道、社区组建新时代文明实践志愿服务中队、分队。志愿服务活动将坚持需求导向，以项目化方式推进，同时结合在职党员“双报到”工作，把每月最后一个周末定为“新时代文明实践推动日”，“一月一主题”集中开展“党员志愿服务”活动。市委、首都文明办、区委领导，全区各街道党工委书记、各社区书记、区机关牵头部门负责人等 220 余人参加活动。

（谢盈　赵荣霞）

与人大附中西山学校合作办学

7 月 21 日，石景山区教委、人大附中联合总校、中国人民大学附属中学、人大附中西山学校四方签订合作办学框架协议，区教委与人大附中西山学校签订合作举办人大附中石景山学校协议。根据协议，区教委负责提供学校用地、基础建设、办学经费、硬件配置、政策支持，为合作学校办学自主权和办学活力提供最优条件和政策保障；人大附中负责输出先进教育理念和优质教育资源；人大附中西山学校负责人大附中石景山学校的教育、教学和日常管理工作。

（魏莉）

第八个教育集团成立

11 月 8 日，人大附中石景山学校教育集团成立。成立仪式上，参会领导为集团标志揭幕、为“人大附中石景山学校教育集团”揭牌、为集团校颁牌。集团有人大附中石景山学校、北京市高井中学、北京市石景山区电厂路小学、北京市石景山区红旗小学、北京市石景山区五里坨小学、北京市石景山区广宁村小学、北京市石景山区炮厂小学和北京市石景山区麻峪小学 8 所成员校。该集团是石景山区成立的第八个教育集团。

（胡光熠　刘雪原）

推进“当代好课堂”教学改革

11 月，石景山区教委委托北京菲尔麦德咨询有限公司开展“当代好课堂”项目第三方绩效评价工作。评价结论为：项目绩效目标明确合理，项目组织机构完整、执行规范有效，

11月25日，石景山区“当代好课堂”优秀课堂展示暨现场交流研讨会——课堂教学展示 （京源学校 供）

项目效果显著，综合评价91.5分，评价等级为优。11月25日，区教委举办石景山区“当代好课堂”优秀课堂展示活动暨交流研讨会，展示项目教师课堂教学15节。全区20余所学校干部教师，以及来自全国各地的教师代表等300人参加活动。12月16日，石景山区教委关于深化课程教学改革培训与实践工作采购“当代好课堂”项目合作协议（2019—2020）签约。该项目启动于2018年12月，有项目校22所（线下示范校3所、线上加盟校19所），以线上、线下相结合的方式，开展课程建设、课堂教学、教师队伍建设、教学评价、科研等多方面改革与实践。

（施爽）

海淀区

概述

2019年，海淀区教委辖属教育单位400个，其中，幼儿园185所（教育部门办园20所、集体办园24所、民办园58所、部队办园36所、地方企业办园3所、其他部门办园17所、事业单位办园26所、具有法人资格的中外合作办园1所），独立设置小学85所，普通中学81所（包括九年一贯制学校10所、十二年一贯制学校23所），职业高中1所，特殊教育学校2所，工读学校1所，其他法人单位45个。招生93996人（幼儿园23635人、小学31686人、初中25440人、普通高中12558人、职业高中677人）；毕业75420人（幼儿园18109人、小学27129人、初中15841人、普通高中13758人、职业高中583人）；在校生349909人（幼儿园67482人、小学173141人、初中66726人、普通高中39469人、职业高中1979人、特殊教育学校1112人）。教职工总数36772人（幼儿园12407人、小学8328人、中学15301人、中等职业学校434人、特殊教育226人、工读教育76人），包括高级职称4597人、中级职称8523人。北京市特级教师214人、北京市骨干教师325人、北京市学科教学带头人61人。全年教育总投入140.38亿元。中小学固定资产总值132.82亿元。培训机构406个。小学新增1所、更名3所，九年一贯制学校新增1所、变更办学类型1所，初级中学变更办学类型3所，完全中学更名4所、变更办学类型1所，十二年一贯制学校更名1所、变更办学类型3所。设立学区17个。

2019年，海淀区深化教育综合改革，由制度优势向治理效能转化初见成效。

扩增办学空间。结合中关村科学城建设，编制基础教育设施专项规划，为未来几年海淀教育发展预留空间。加大新建、改扩建力度，北大附中西三旗学校、北京十一晋元中学建成并招生，人大附中航天城学校等项目陆续投入使用。北京市八一学校小学部改扩建、北京市第二十中学永泰校区二期项目开工。加大校舍回租回购力度，收回校舍12处。全年增加中小学学位9420个。

学前教育普及普惠安全优质发展。推进学前教育三期行动计划，全年扩增学前教育学位8200个，完成7255个学位的社区办园点转化任务。为区内120余所普惠性幼儿园投入市、区专项补助经费8.50亿元，普惠性幼儿园覆盖率89%。按照北京市新标准对72所幼儿园开展办园质量督导评估，完成170所无证园、25个社区办园点责任督学挂牌工作。

招生入学工作稳中求严。健全幼儿园入园及补录机制，引导驻区单位办园最大限度接纳适龄儿童。完善小学入学审核内容和线上线下联审机制，推进多校划片入学政策。扩大初中登记入学比例，取消特长生入学方式。增加优质高中招生计划，落实校额到校招生机制。推进中考中招改革，首次将初中综合素质评价纳入中招录取。

加大区域教育资源共享力度。出台《集团化办学经费支持奖励办法》，通过名校承办的方式，加快东部教育资源整合，持续为北部引入优质资源。加强与驻区单位合作，与首都师范大学在教育政策研究、教师教育、人工智能教育等领域开展合作，推进北京体育大学与清华大学附属中学、清华附中上地学校和上地小学合作探索足球人才培养模式，与北京师范大学合作在西三旗地区成立北师大二附中海淀学校，与中国铁路北京局合作提升北京市海淀区羊坊店第五小学内涵发展水平并将该校更名为“北京铁路实验小学”。

职业成人教育与区域发展结合更加紧密。与驻区重点企业和高校合作，探索建立职业教育人才培养体系，共建职业教育特色专业和课程、企业职业教育技师和职业教育基地，搭建校企合作“双师型”师资库。建立职业紧缺人才服务体系，编制紧缺人才需求目录报告。依托中关村学院，设立“创新教育实践基地”，推进职成教育教学改革，“社区教育课程超市”被评为“北京市终身学习品牌”。建立学习型城区建设监测常态化工作机制，举办海淀区全民终身学习活动周。

1月6日，海淀区首届中小学冰雪嘉年华启动
（海淀区教委　供）

规范民办教育管理。实施培训机构专项治理精准行动、民办学校防范办学风险专项行动。完善联合执法机制，建立街镇每月违规行为发现报送机制。组织区内14个校外培训机构签署退费承诺书。疏解5个教育培训机构近9800人次。

深化教育交流合作。推进“国际交流与合作能力提升”项目，深化与芬兰等国的教育合作，引进国外优质教育资源，增加国际教育供给。通过召开国际教育研讨会、开展“一带一路”交流等活动，拓宽干部教师国际视野，提升学生国际素养。推进京津冀协同发展，支持优质中小学幼儿园到雄安新区、城市副中心、远郊区承办配套教育设施。推进与丹江口、保定的特殊教育对口帮扶项目。分别与延庆、昌平、怀柔三区签订教育合作协议，加强区域教育合作。

完成庆祝新中国成立70周年活动服务保障工作。教育系统3000余人承担并完成“同心追梦”“圆梦奥运”2个方阵游行、广场合唱、广场联欢等任务。其中，35所中小学2019名学生和80名教师承担情境式表演三“同心追梦”方阵表演任务，方阵独立表演总时长3分10秒。

（尹涛　宋亚甫）

首届中小学冰雪嘉年华

1月6日，海淀区首届中小学冰雪嘉年华启动。启动仪式展示冰雪嘉年华吉祥物小企鹅，举办登坡、雪上方阵表演，滑雪对抗赛以及雪地龙舟、雪球大轰炸、雪上铁人三项、雪域狂欢等趣味活动和比赛。海淀区50所区级冰雪运动试点校学生参加活动。嘉年华活动分南、北2个现场，历时1个半月，全区万余名中小学生参与活动。

（宋亚甫）

“引企入教”改革深化

1月15日，海淀区教委举办海淀区职业教育发展成果展示活动，深化“引企入教”改革。活动中，北京市信息管理学校分别与新大陆科技集团有限公司、凤凰数字媒体教育、颐信泰通信息科技股份有限公司签订校企合作协议。根据协议，信息管理学校将与3家单位在人才培养、校企合作方面开展合作。活动发布中关村十大高精尖产业紧缺人才需求目录，为10名产教融合导师代表颁发证书，为5个“双师型”教师企业实践基地授牌。

（宋亚甫）

11个名校长工作室启动

1月23日，海淀区委教育工委启动11个名校长工作室。工作室采取“双导师”培养方式，分别配备1名实践导师和1名学术导师，共同展开为期2年的学习实践。加上2018年10月底率先启动的郭涵校长工作室，共计建立名校长工作室12个，选拔40名学员加入工作室。2009年，区委教育工委启动海淀区名校长培养工程，建立6个中小学优秀校长培养基地，首批聘请刘彭芝、郭涵、李希贵、刘畅、刘可钦、尹超6名优秀校长作为主持人；2014年，建立1个幼儿园园长培养基地，聘请刘燕园长作为主持人。7个基地有成员90人。

（宋亚甫）

获评全国校园足球优秀试点区

1月28日至29日，海淀区被教育部、全国青少年校园足球办公室评为“全国青少年校园足球优秀试点县（区）”。另外，海淀区副区长被评为“优秀试点县（区）长”，清华大学附属小学、北京师范大学实验小学、中国人民大学附属中学 3 所学校被评为“优秀特色学校”，北京市八一学校、清华附小校长被评为“优秀特色学校校长”。海淀区作为国家首批校园足球综合改革试验区和试点区，先后与教育部签订校园足球发展备忘录 2 个，制定校园足球综合试验区工作方案，成立“海淀区校园足球工作组”，创建区级校园足球实验校 92 所，首创区级校园足球学区联赛，设立“海淀区校园足球带头人”称号，成立班级足球队、校足球队 173 支，学区足球队和区级精英队 87 支。

（宋亚甫）

海淀教科院课程研究中心落户一〇一中

3 月 21 日，海淀区教育科学研究院课程研究中心在北京市第一〇一中学挂牌。该研究中心探索新的发展模式，在学校设置日常办公地点，让研究与服务职能“下沉”，通过开展切合教师的科研课题，实现教育理论与教育实践“无缝对接”，海淀教科院与一〇一中合作组成文科、理科 2 个研究团队，建立学习共同体开展学科阅读指导研究，以课题为载体，开展“中小学学科阅读指导体系建设研究”，通过研究，将一〇一中教师经验提炼固化，培育优秀成果，辐射和带动全区。中心核心组有工作人员 15 人，一〇一中各学科初高中教师 130 人参与课题研究。揭牌仪式上，区教委领导为一〇一中校长颁发“海淀区教科院荣誉院长”聘书，为一〇一中科研干部和骨干教师颁发“海淀教科院课程研究中心兼职科研员”聘书。

（宋亚甫）

全国首个“航空国防班”开班

3 月 28 日，全国首个“航空国防班”在北京市八一学校附属玉泉中学开班。该班由北京市飞行者航空科普促进中心发起，以航空文化知识、专业飞行知识为抓手，培训领导型人才，采取全程军事化管理，设置军事素养、航空基础理论、飞行教学、心理素质训练 4 个方向的课程。经过面试选拔和基础军事训练，八一学校附属玉泉中学 30 名初一年级学生成为首批学员。除完成校内课程外，学员还将在平谷机场，利用全真 1:1 飞行模拟机，完成模拟飞行实践操纵教学。开班仪式上，参会领导为“航空国防班”授旗并为首批学员颁授臂章。

（宋亚甫）

“高参小”项目总结

4 月 8 日至 9 日，海淀区教委举办“高参小”项目总结汇报会。会上，20 所项目小学汇报参与项目后学校的改变和收获，项目校学生作优秀成果汇报演出，表演京剧、话剧等节目，展示学生绘画、书法、剪纸、手工等作品。市教委、区教委相关负责人以及 20 所小学的领导和教师 100 人参加会议。2014 年，海淀区启动“高参小”项目，区教委成立专门工作领导小组。2015 年至 2018 年，区教委教育改革专项经费优先支持“高参小”项目，所拨经费逐年递增，2018 年经费投入达 448 万元。至 2019 年，海淀区有 22 所小学或校区参与“高参小”项目，受益小学生 37450 人，占海淀区小学生总数的 22%。

（宋亚甫）

两个教育集团成立

5 月 10 日，经海淀区委教育工委、区教委研究决定，成立北京一〇一中教育集团、海淀区教师进修学校教育集团两个教育集团并引入学院路地区，整体提升学院路地区教育质量。其中，北京一〇一中教育集团在北京市第一〇一中学基础上，纳入北京石油学院附属中学、中国矿业大学（北京）附属中学、北京石油学院附属小学、北京市海淀区西苑小学 4 所成员校，聘任一〇一中校长担任集团总校校长，由集团承办石油附中，石油附中更名为“北京一〇一中石油分校”，学校建制、办学性质、招生范围不变，由集团派驻校长和管理团队。海淀区教师进修学校教育集团有中国地质大学附属中学、北京市海淀区教师进修学校附属实验学校、教师进修附属实验香山分校、北京市海淀区教师进修学校附属实验小学、北京科技大学附属中学、北京市玉渊潭中学 6 所海淀区教科

4 月 8 日至 9 日，海淀区教委举办“高参小”项目总结汇报会
（海淀区教委 供）

研部门支持的成员校。

（宋亚甫　康文中）

一校一品体育教学改革成果展示

5月28日，北京市“一校一品”体育教学改革成果展示交流（海淀分会场）活动在北京大学附属小学举行。5所项目校组织1700余名学生展示体育教学改革成果并进行比赛，展示内容包括大课间素质操、特色操、体育趣味课等。市教委、区教委领导，北京市“一校一品”北师大项目组部分专家及海淀区中小学师生1800余人参加活动。

（宋亚甫）

海淀教育大会

5月29日，海淀区委、区政府召开海淀区教育大会。会议以“提升教育现代化水平，建设教育强区”为主题，印发《海淀区提升教育现代化水平建设教育强区行动计划（2019—2022年）》主文件和涉及加强教师队伍建设、推进中小学集团化办学、提高教育教学水平、推进“五育并举”人才培养模式改革、启动智慧教育2.0行动计划的5个配套文件。区教委与首都师范大学签订《加快海淀区教育现代化战略合作协议》。市委教育工委领导，区委、区人大、区政府、区政协全体领导，全区各委办局主要负责人，区教育系统两委领导班子成员及各中小学幼儿园党政正职，区教育系统两委机关科室及直属单位负责人400余人参加会议。会议同时以视频会议形式在全区范围内召开，1200余人通过转播收听、收看会议。

（宋亚甫）

海淀区党支部书记学院成立

6月25日，海淀区党支部书记学院在中关村学院（北京市海淀区职工大学）成立。学院以党务基础知识和技能为培训内容，将采取模块化教学方式，开设基层党务工作实务、综合素质和专业能力提升2类23个专题模块课程。培训采取小班教学模式，第一批开设2个小班，为期1周，50名社区党支部书记参加培训。海淀区现任全部7000余名基层党组织书记都将参加培训，新任党组织书记必须参训并取得资格后才能上岗。

（宋亚甫）

海淀区校园足球训练基地揭牌

7月5日，海淀区校园足球训练基地揭牌。基地分别设在海淀区中小学综合实践教育中心和北京市第四十七中学，将建设标准11人制场地2块、8人制场地2块，配套建设700人住宿和同时用餐场所。教育部、市教委、区政府、区教委领导及海淀区有关学校师生等200人参加揭牌仪式。

（宋亚甫）

人才公共租赁住房签约入住

9月5日，海淀区委教育工委、区教委与海淀区房屋管理局、金隅嘉业房地产开发公司共同举办海淀教师公寓金隅西砂项目入住签约仪式。首都师范大学附属小学、金隅嘉业公司、海淀区教育人才服务中心分别代表学校、产权单位与区教委现场签约。第一批5名教师代表领到人才公共租赁住房钥匙。5月，区委办公室、区政府办公室共同印发《海淀区关于全面深化新时代教师队伍建设改革的实施意见》，提出加大教师住房保障力度，通过筹措教师公寓等举措，让教师住有所居，将教师纳入区域人才保障体系，逐年增加教育人才公寓供给，重点保障引进人才、优秀教师和无房青年教师的住房。6月，启动金隅砂石厂公租房申请工作，接收200余套房源，可解决海淀区西南部及中部地区相关单位无房教职工实际居住问题。

（宋亚甫）

首家教职工积极心理健康教育基地落户十九中

9月10日，海淀区教委首家教职工积极心理健康教育基地落户北京市第十九中学。该基地为海淀区教育工会下辖，旨在为海淀区教师心理健康教育工作建言献策，提供心理支持服务。中心有专职教师5人。至年底，中心面向家长组织积极心理家长讲座6场，组织每学期1次的心理文化周活动、每月1次的社会领航大讲堂、每周1次的“幸福公社”心理社团活动。通过课程活动辐射北京师范大学、北京联合大学、首都师范大学等实践基地，探索特色大学、中学合作模式，参与3个市、区级课题和项目推进。

（李保松）

9月10日，十九中成为海淀区教委首家教职工积极心理健康教育基地　（十九中　供）

校际结对帮扶3地31校

9月和11月，海淀区多所学校与内蒙古科右前旗、河北赤城县、湖北丹江口市3地31所学校建立结对帮扶关系。9月5日，海淀区15所学校分别与科右前旗17所学校签约，完成两地第二批学校结对。各结对校将在学校管理、教育教学、师资队伍建设、信息资源共享等方面互动交流。2018年，区教委与内蒙古自治区兴安盟科右前旗教育局签订扶贫协作三年行动框架协议，实现两地教育对口帮扶，海淀区13所学校与科右前旗14所学校建立第一批结对关系并签订教育结对协议。11月8日，区教委与河北张家口赤城县教育体育和科学技术局签订开展教育合作框架协议，海淀区在教育硬件建设、教师培养、干部培训等方面为受援地区提供指导和帮扶，双方各有4所学校建立第一批手拉手合作校关系，在教育理念、资源、管理与成果上实现互通共享。11月11日，区教委与湖北丹江口教育局举行教育结对协作签约仪式，双方各有10所学校作为代表签订教育结对协议。2018年11月20日，区教委与丹江口教育局建立合作关系，海淀区13所学校与丹江口市15所学校建立第一批结对校关系。

（宋亚甫）

第15届全民终身学习活动周

11月21日，海淀区举办"城教融合谋发展，需求导向促改革"第15届全民终身学习活动周开幕式。开幕式宣读2019年海淀区20项"学习品牌"和100名"学习之星"获奖名单。其中，教育系统选送的SELFxKids格致论道进校园、社区家庭早教、悦读工程、"乐海歌声"系列培训4个项目获评"海淀区市民学习品牌"。

（宋亚甫）

与6家医院建立儿童青少年近视防控合作关系

至年底，海淀区建立三级近视防控体系和海淀区儿童青少年儿童近视矫正"绿色通道"。区教委先后与北京同仁医院、解放军总医院、北京大学人民医院、北医三院、海淀医院、中关村医院6家医院签订儿童青少年近视防控战略合作框架协议，为海淀区儿童青少年近视防控提供宣传素材、专业技术支持、科学指导、专家进校园、专家会诊。

（宋亚甫）

门头沟区

概述

2019年，门头沟区教委辖属教育单位92个，其中，幼儿园36所（教育部门办园22所、地方企业办园1所、民办园13所），小学23所（全部为教育部门办校），初级中学9所（全部为教育部门办校），完全中学4所（全部为教育部门办校），九年一贯制学校2所（全部为教育部门办校），十二年一贯制学校2所（教育部门办校1所、民办校1所），中等职业学校1所，特殊教育学校2所，其他法人单位13个。招生8286人（幼儿园3240人、小学2546人、初中1609人、普通高中877人、中等职业学校14人）；毕业5531人（幼儿园1706人、小学1777人、初中1255人、普通高中659人、中等职业学校134人）；在校生28677人（幼儿园8318人、小学13157人、初中4534人、普通高中2514人、中等职业学校76人、特殊教育学校78人）。教职工总数4002人（幼儿园1369人、小学1199人、中学1250人、中等职业学校123人、特殊教育61人），包括高级职称489人、中级职称1063人。北京市特级教师14人、北京市骨干教师36人、北京市学科教学带头人6人。全年教育总投入204.76亿元。中小学固定资产总值22.97亿元。培训机构20个。新增十二年一贯制学校1所（北京景山学校京西实验学校）。

2019年，门头沟区委教育工作领导小组办公室不断推进教育体制机制创新发展，找准教育发展新坐标。

优化教育资源。编制教育设施专项规划，推进育园小学等重点工程建设，向市发改委申请9.40亿元经费，用于基础教育设施建设，推进高校落地对接工作。发挥西城教育资源优势，推进中高考备考工作。坚持五育并举，4所学校试点开展"四个一"系列活动，面向全区征集"四个一"故事224篇。4所学校被认定为国家级冰雪运动特色学校，4所学校被认定为国家级奥林匹克教育示范学校。成功举办中小学生冬季运动会。推进课后三点半服务落地，开办社团1202个，确保每名学生每学期至少参加2个社团。普惠性幼儿园覆盖率96.5%，提前超额完成《北京市第

4月19日，门头沟区教委召开"四个一"主题教育启动会
（门头沟区教委 供）

三期学前教育三年行动计划》中普惠率 80% 的任务，投入 104.60 万元为符合政策的学生提供必要保障。困境未成年人保护精准发力，为 167 名学生申报“希望之星”奖学金。利用市级专项资金 241 万余元，推动各学段融合教育项目贯通发展。

深化教育综合改革。深化干部人事制度改革，实行校长职级制度，认定特级校长 2 人。推进“银龄计划”，返聘退休特级教师 3 人。深化办学体制改革，为 6 所学校拨付集团化办学项目经费 170 万元，与北京师范大学教育学部开展集团化项目试点并形成调研报告。农村、社区教育综合改革成效显著，开展各类培训惠及 2.05 万人次。

筑牢教育工作防线。重视校园安全工作，“平安校园”区级验收通过率 97.2%，率先超标准完成市级任务目标。为 58 所学校配备 521 名保安。对 19 所学校（幼儿园）周边道路交通设施进行增补和完善。在区域信息技术学科教师团队技术支持下，区域教育宣传工作不断加强，选送 68 件作品参加北京市中小幼校园影视评比，51 件作品获奖，包括一等奖 6 项，获奖率 75%。

完成庆祝新中国成立 70 周年活动服务保障工作。组织教育系统 187 名中青年干部、业务骨干参加“绿水青山”方阵游行。1 名教师被评为“北京市筹备和服务保障中华人民共和国成立 70 周年庆祝活动先进个人”。

（祝子敬　邓浩　范千）

家园共育提升项目三期

2019 年，门头沟区教委推进第三期家园共育提升项目。5 月 21 日，启动“家园共育提升项目三期”。全年完成线下大型主题讲座 4 次、线上直播 4 场，发放家长口袋书 8000 余册。选取 9 所幼儿园 35 名项目教师参加“家园共育青年教师示范行动研究”培训，开展实验园家长课堂活动 8 次。项目中期评估整体满意度为 97%。11 月上旬，开展家园共育优秀案例评比活动，评出一等奖 25 个、二等奖 25 个、三等奖 41 个。

（李文丽）

教育系统公务员职务与职级并行

2019 年，门头沟区教委启动教委机关公务员职务与职级并行工作。区委教育工委印发《门头沟区教育委员会公务员职务与职级并行制度实施方案》和《2019 年门头沟区教育委员会职级晋升工作方案》。区教委机关公务员完成套转 28 人、晋升 36 人。

（马英博）

创城创未

2019 年，门头沟区教委继续推进创城创未工作。区教委制定教育系统《十佳新时代好少年评选方案》，召开 2018 年度门头沟区未成年人思想道德建设总结会，向全区所有中小学生赠送文明开学大礼包 1.80 万个。另外，分 4 批开展门头沟区“1 + X”（“1”指以创建全国文明城区为统领，“X”指以实现创城达标为目标的基础创建在村、社区、单位、景区、校园等区域分块推进）达标校园创建验收，全区中小学全部通过验收。各学校组织学生、家长、教师及社区代表共同签订文明公约，开展多种形式的“小手拉大手，文明一起走”主题教育活动。

（李执）

未成年人心理健康教育顶层设计加强

2019 年，门头沟区加强未成年人心理健康教育顶层设计。门头沟区未成年人心理健康辅导站明确“成长比成绩重要，成人比成功重要”新理念，完善辅导站各项规章制度。新增放松室、情绪疏导室和团体沙盘室 3 个功能教室，功能教室面积达到 500 平方米，配备放松椅、情绪宣泄仪、动感单车等设备并制定《放松室使用制度》《情绪疏导室使用制度》和《团体沙盘室使用制度》3 项制度。至年底，3 个新增功能教室提供治疗服务 100 人次，分别为放松室 30 人次、情绪疏导室 40 人次、团体沙盘室 30 人次。辅导站聘请 6 名心理学专家为市级指导专家，组建专家团队，包括具有国家二级心理咨询师资质的心理教师 11 人，招聘心理学硕士研究生 1 人、北京市学科教学带头人 1 人。新增网站在线咨询功能，实现线上线下全覆盖。加大宣传力度，制作辅导站宣传手册 1000 本，发放到学校和社区。为 100 人次学生提供个案心理辅导。

（韩跃华）

3 期对口帮扶地区干部教师培训

6 月、9 月和 10 月，门头沟区举办 3 期教育对口帮扶地区干部教师培训。培训班每期历时 5 天，40 课时，采取专家讲座、跟岗实践和研讨交流等方式，为内蒙古察右后旗，河北武川县、涿鹿县和西藏堆龙德庆区培训教育干部 84 人、教师 185 人。

（赵静宜）

首次学前教育联席会

8 月 23 日，门头沟区召开首次学前教育联席会议。会议组织参会人员共同研究学前教育发展布局及提升办学质量等重点难点问题。29 个相关委办局及镇街代表等 42 人参加会议。3 月 20 日，区政府办公室印发《门头沟区教委关于门头沟区学前教育联席会议制度的通知》，要求建立门头沟区学前教育联席会议制度，确定联席会议职责和工作任务。

（冯艳飞）

第 15 届全民终身学习活动周

10 月至 12 月，门头沟区教委举办“城教融合谋发展，需求导向促改革，当好‘两山’理论守护人”第 15 届全民终身学习活动周。其间，各中小学举办系列主题教育活动

30余场次，直属单位通过组织参观、交流、讲座等方式开展活动，职成教单位通过联系镇街、相关委办局、企业等开展各类培训活动。学生2万余人、教师4000余人参与活动；社区居民、农民7400人次参与各类学习教育活动。

（王坤）

校长职级制认定工作

11月至12月，门头沟区委教育工委开展首批校长职级评审与认定工作。全区有公办中小学、幼儿园校（园）长（含党组织书记）50人，民办学校校长（含党组织书记）13人，总计63人，其中52人（中学16人、小学28人、幼儿园8人）报名参加评审认定。最终认定高级校长17人、中级校长30人、初级校长5人，另有推荐并经市教委评审认定的特级校长2人。

（马英博）

学生近视防控试点项目启动

12月5日，门头沟区教委举办落实《北京市近视防控十条措施》暨学生近视防控试点项目启动仪式。活动解读《北京市近视防控十条措施》和《门头沟区学生近视防控试点干预项目》，为4所试点校颁牌并为学生发放近视防控宣传干预大礼包800件。项目计划在4所试点校通过监测体重、身高、视力等指标，定期开展健康讲座和增加体育运动等方式进行干预，倡议家校联动，共同做好儿童青少年近视防控工作。

（邵华）

校园冰雪文化节暨冬季运动会

12月17日，门头沟区教委举办校园冰雪文化节暨第三届中小学生冬季运动会。比赛设真冰比赛、校内比赛、雪上比赛3个大项，校内比赛项目分设旱地冰球、仿真冰壶球、轮滑越野接力赛、冬奥知识急速赛4个小项。参与学生1000余人次。最终决出金牌35枚、银牌34枚、铜牌21枚。

（邵华）

12月17日，门头沟区教委举办门头沟区校园冰雪文化节暨第三届中小学生冬季运动会　　（门头沟区教委　供）

“平安校园建设”区级验收完成

至年底，门头沟区73所学校全部通过“平安校园建设”区级验收。验收工作本着“边创建，边整改，边提高”原则，明确建设标准、整改方向和进度安排，采取实地检查和材料送审2种方式进行。73所学校通过率100%。

（王冬冬）

房山区

概述

2019年，房山区教委辖属教育单位276个，其中，幼儿园113所（教育部门办园38所、民办园71所、其他部门办园4所），小学101所（教育部门办校96所、民办校5所），中学45所（教育部门办校42所、民办校3所），职业高中3所，特殊教育学校1所，其他法人单位13个。招生29494人（幼儿园10868人、小学10353人、初中5723人、普通高中2396人、职业高中143人、特殊教育11人）；毕业21736人（幼儿园8473人、小学7147人、初中3932人、普通高中2041人、职业高中141人、特殊教育学校2人）；在校生105625人（幼儿园30781人、小学51211人、初中15823人、普通高中7265人、职业高中441人、特殊教育104人）。教职工总数13355人（幼儿园4972人、小学3528人、中学4011人、职业高中235人、特殊教育32人、其他法人单位577人），包括高级职称1758人、中级职称4221人。北京市特级教师23人、北京市骨干教师108人、北京市学科教学带头人10人。全年教育总投入44.79亿元。中小学固定资产总值33.80亿元。乡镇成人学校23所、职业技术培训机构590个。

2019年，房山区教委落实管党治党责任，深化教育改革，按要求完成各项工作任务。“不忘初心，牢记使命”主题教育成效显著。坚持分层实施、全面覆盖。各党组织通过中心组集中学习、交流研讨、“学习强国”平台运用等形式开展学习；邀请专家作专题辅导报告；组织4000余名党员观看主题展览或红色电影。通过座谈会、谈心谈话、实地调研等形式了解师生和家长诉求，征求热点意见建议千余条。分析归类、全面研判建议意见并由区委教育工委牵头，明确主责科室和配合科室，确定整改目标、具体措施、解决时限。召开全区教育大会，总结房山教育近年工作情况，印发《房山教育现代化2035》《房山区加快推进教育现代化实施方案（2018—2022年）》和《关于全面深化新时代教师队伍建设改革的实施意见》3个文件征求意见稿，明确新时代房山教育战略地位和重点任务。

教育改革落位，教育质量提升。学前教育增加学位2910个，普惠性幼儿园覆盖率达到81%，同比增长近10%。采用“选择＋派位”、单校划片和多校划片相结合的方式，解决长阳核心地区2000余名适龄儿童入学问题。33所中小学通过义务教育学校管理标准化建设验收，启动课程领导力提升工程三年行动计划。中高考改革稳步实施，落实《房山区中学加强学科分层教学指导意见》等9个配套改革文件。中考中招改革政策落地，中考成绩稳中有升。学生体质有所增强，中小学生国家体质健康标准测试及格率96.84%。职业教育汽修专业和建筑专业入选首批教育部“1＋X”证书试点，连续2年完成全国“两会”文印工作。成人教育完成各级各类培训25.20万人次。改善校园周边环境，协同相关部门，加装隔离墩、增加交通标识、治理违规倾倒垃圾，解决小贩占道经营、车辆乱停乱放等问题。治理校外培训机构，全年审批校外培训机构11家。对民办教育开展执法检查325次，关停12所非法幼儿园和23家培训机构。优化接诉即办工作，将办理情况与评优评先挂钩，全年完成事件解决3000件。

推进教育交流合作和教育扶贫工作。优化教育供给方式，与首都师范大学签订合作办学协议，重点建设首都师范大学附属房山中学。制定《关于推进中小学集团化办学的实施方案》，9个中小学教育集团有成员校51所。扶贫协作成绩显著，接待跟岗教师591人，选派30名教师到青海、内蒙古支教。区教委获2019年度北京市扶贫协作组织工作奖。

有序开展督导工作。制定中小学校综合评价工作方案，全面实施素质教育督导评价标准体系。开展2019年全国义务教育质量监测、公众教育满意度调查和教辅单位满意度测评工作。规范督政、挂牌督导和综合督导工作。完成23个乡镇（街道）督导评价和相关教育单位综合督导。成立教育质量评估监测中心。

完成庆祝新中国成立70周年活动服务保障工作。51名党员教师参加方阵游行，20名体育教师辅助训练石景山区游行方阵，20名党员干部参加国庆观礼活动，150名学生参加联欢活动演出。

（石金生）

推进集团化办学

2019年，房山区教委推进集团化办学。4月12日，召开2019年小学教育集团工作推进会。会议解读《房山区教委关于推进中小学集团化办学的实施方案》，说明房山区集团化办学背景、遵循原则和主要任务。会议为黄城根小学房山分校、北京小学长阳分校、良乡小学、城关小学4个小学教育集团总校、成员校颁牌。4月16日，举办房山区中学集团化办学启动仪式。活动宣读成立中学教育集团的决定，介绍集团办学背景、集团组建基本思考、集团发展基本设想、《中学集团化办学管理办法》框架、中学集团化建设基本要求5个方面内容；宣布成立北师大良乡附中教育集团、良乡中学教育集团、房山中学教育集团、北京四中房山分校教育集团、良乡二中教育集团5个教育集团，涵盖27所成员校。

（石金生　孙晓楠）

山区教师大会暨专题培训

2月21日，房山区教委召开“全面提升山区教育质量，办好人民满意教育”山区教师大会暨专题培训会。会上，区教委作《山区教育发展形势》专题报告，针对如何调动校长教师工作积极性、活力和激情，如何让教师跟新标准新要求对标对表，更好地促进房山教育的均衡发展提出新要求；山区学校代表作表态发言并发布山区深化教育改革研究课题；参会专家作《责任担当，共书山区教育奋进之笔》培训。区委教育工委、区教委、区政府教育督导室、区教育工会领导及相关科室负责人，山区教育助理，山区幼儿园、小学、成人学校全体干部教师等300人参加会议。

（石金生）

与湖北房县签订对口协作协议

4月20日，房山区教委与湖北省房县教育局签订对口协作协议。根据协议，双方将本着“真诚友好、扩大开放、优势互补、加强协作、互利共赢”的原则，围绕管理队伍建设、师资队伍建设、教科研管理等方面开展对口协作工作。房县教育局、房山区教委领导及相关科室负责人，两地相关学校负责人等20人参加会议。

（石金生）

房山教育大会

5月30日，房山区政府召开房山区教育大会。会议围绕“贯彻落实全国、全市教育大会精神，推进房山教育现代化”主题，组织讨论《房山教育现代化2035（征求意见稿）》《房山区加快推进教育现代化实施方案（2018—2022年）（征求意见稿）》，听取区政府《落实教育大会精神 扎实推进房山教育现代化》报告，总结近年来房山教育成就，结合近期和中长期规划，重点强调未来房山教育现代化等内容。市政府教育督导室、区委、区人大、区政府、区政协相关领导，驻区高校领导，区委教育工作领导小组成员，各街道（乡镇）党（工）委书记、主管副职，区委教育工委、区教委班子成员及各科室领导，基层单位党政正职及教师代表等500余人参加会议。

（石金生）

5月30日，房山区政府召开房山区教育大会

（房山区教委　供）

促进农村完小均衡发展

7月11日，房山区教委举办“提升学校精细化管理水平·促进农村完小均衡发展”——房山区小学精细化管理培训暨“完小协同发展”总结会。会议以总结培训的形式

全面回顾“完小协同发展”项目落实情况，组织北京工商大学附属小学、北京市房山区阎村镇阎村中心小学，分别基于自身教育管理经验和对《义务教育学校管理标准》如何落位的思考，围绕“农村学校如何提升管理水平”作专题培训。全区28所乡属学校副校长及各完小协作组成员等100余人参加会议。2018年，房山区依托“完小协同发展”机制，开展农村完小学校管理标准互查互检。至2019年7月，检查工作实现全区70所完小全覆盖。

（石金生）

中小幼课程领导力提升工程启动

10月17日，房山区中小学幼儿园课程领导力提升工程启动暨培训活动举行。活动从背景分析、价值追求、实施策略、工作要求4个方面解读《中小学幼儿园课程领导力提升工程三年行动计划》。活动邀请2名上海相关专家作培训，涉及课程思想规划力、课程开发实施力、课程管理评价力等方面。区委教育工委、区教委领导及相关科室负责人，区政府教育督导室、区教师进修学校领导，全区及燕山地区中小学相关领导及课程工作负责人等600余人参加活动。

（石金生）

青少年“共筑雪上中国梦”系列活动

10月至12月，房山区教委、区体育局共同举办2019年房山区青少年“共筑雪上中国梦”系列活动。活动在全区18所中小学全面展开，在6所学校举办冬季运动冬奥知识大讲堂，举办2000人参与的冰雪体验、趣味冰雪竞争活动，聘请266名教练承担培训工作。

（石金生）

10月31日，2019年房山区青少年“共筑雪上中国梦”系列活动正式启动　　（房山区教委　供）

美丽乡村教育品牌建设与推广论坛

12月15日，“房山区美丽乡村教育品牌建设与推广”成果推介论坛暨年度总结会在北京市房山区坨里中学举行。活动由房山北沟乡村教育联盟主办，汇报联盟乡村教育品牌建设阶段性成果。活动组织坨里中学135名教师参加15个分论坛研讨与展示，总结基于项目合作在教学研究中取得的成果。房山区教委、北京教育学院相关领导，北沟教育联盟项目专家组成员及坨里中学全体教师等300余人参加活动。房山区北沟乡村教育联盟成立于2017年，是探索乡村教育发展、教科研机构助力乡村教育发展的学校共同体，是房山区教委与市教育学院合作实施乡村教育振兴战略的重要组成部分，以房山8所中小学为主体，接受市教育学院11个院系学科专家团队智力支持，以美丽乡村教育研究、立德工程、亮蓝学科改进工程、青苗工程、学校“一校一品”文化建设、区域特色课程群建设、教育信息化工程、教育国际化8个项目为载体。

（石金生　孙晓楠）

通州区

概述

2019年，通州区教委辖属教育单位287个，其中，幼儿园136所（教育部门办园44所、其他部门办园1所、部队办园1所、集体办园41所、民办园49所），小学84所（教育部门办校77所、民办校7所），初级中学15所（全部为教育部门办校），完全中学9所（教育部门办校8所、民办校1所），高级中学2所（教育部门办校1所、民办校1所），九年一贯制学校12所（教育部门办校9所、民办校3所），十二年一贯制学校5所（教育部门办校4所、民办校1所），中等职业学校2所，特殊教育学校1所，其他法人单位21个。招生35346人（幼儿园11020人、小学13906人、初中7553人、普通高中2740人、中等职业学校127人）；毕业24400人（幼儿园7613人、小学9963人、初中4365人、普通高中2357人、中等职业学校102人）；在校生127188人（幼儿园29797人、小学69657人、初中19299人、普通高中7929人、中等职业学校353人、特殊教育学校153人）。教职工总数13963人（幼儿园4395人、小学4498人、中学4872人、中等职业学校140人、特殊教育 58 人），包括高级职称 1677 人、中级职称 3232 人。北京市特级教师 26 人、北京市骨干教师 109 人、北京市学科教学带头人 14 人。全年教育总投入 55.75 亿元。中小学固定资产总值 32.45 亿元。新建小学 3 所（北京市通州区运河中学附属小学、北京黄城根小学通州校区、北京市通州区德闳学校），新建中学 2 所（北京第一实验中学、北京第一实验学校）。

2019 年，通州区教委推进教育规划落地、教育品质提升、服务能力增强等方面工作。召开全区教育大会，发布《加快推进通州区教育现代化实施方案》《北京市通州区教育集团化办学管理办法》等文件。成立区委教育工作领导小组，健全支持、服务教育事业优先发展体制机制。服务市级机关搬迁工作稳步推进，妥善安置 607 名首批市级机关搬迁干部子女就学。

多措并举，打造城市副中心教育人才队伍。开展中小学骨干校长培训等各类干训项目 47 个，组织干部下校研修 50 余次，培训干部 1000 余人次。举办名校长名园长工作室研修成果交流大会，落实党管人才要求，做好“运河计划”教育领域人才工作室组织管理工作，选拔优秀青年教师参加“面向未来”——通州区教育系统优秀青年管理人才培训班，开展北京市名校长名园长发展工程成果展示活动。启动中小学校长职级制改革，制订《关于通州区推行中小学校长职级制度的实施方案（试行）》，认定初级校长 4 人、中级校长 39 人、高级校长 48 人，4 人当选北京市中小学特级校长。成立通州区教师服务中心。全年调入外区优秀在职教师 69 人，面向全国公开招聘毕业生 353 人，硕博毕业生比例增至 47.6%。招聘优秀社会化教育人才 121 人，实行编内编外人员同工同酬。落实“区管校聘”改革，建立教育部门统筹教师资源配置、学校负责岗位聘用新机制，向人员紧缺学校调配教师 100 余人。实施 20 个推动教师发展项目，建成 24 所市、区两级教师培训培养基地。组织教师参与开放型教学实践活动 950 余次、参与市级高端研修 9000 人次，完成第二轮万名教师轮训。新评选通州区骨干研修员 50 人、青年骨干教师 594 人、优秀教育工作者 30 人、优秀教师 70 人。新评定高级教师 140 人、一级教师 399 人。7 人被市高级专业技术职务评审委员会认定为正高级教师。

学前教育普惠优质发展。新建 13 所幼儿园开园，新增学前学位 4290 个。接收小区配套幼儿园 9 所，可提供学位 2430 个。认定通州区优质园 24 所，新增普惠园 9 所，学前教育普惠率升至 87%。制定《通州区无证幼儿园转化及社区办园点审批备案方案》，集中审批治理无证园 85 所，涉及学位 2.10 万个。开通学前督查热线 52113010，组建 16 人学前教育专职督查队伍。聘请学前教育责任督学 119 人、乡镇街道总督学 15 人，实现各类幼儿园督导全覆盖，督学全年入园督导 4100 余人次。

中小学教育质量提升。推进集团化办学模式改革，建设 4 个教育集团。推进翱翔计划、“1 + 3”贯通培养、全学科阅读等项目。完成第二批义务教育学校管理标准化建设验收，73 所中小学达标。新核准 32 所学校校章。实施学校维修改造工程，新增教学班 94 个，扩充学位 3760 个。完成 5 所学校操场改造提升，改造面积 5.40 万平方米。组织 20 所学校 600 余名师生完成国家义务教育质量监测工作。组织督学参加各类培训 500 余人次。聘请中小学责任督学 19 人，完成 107 所中小学（包括 45 所农村完全小学）经常性督导。

职成教育加快发展。新开设娱乐设施运营与维护专业，推进“3 + 2”中高职衔接办学项目 7 个。举办首届通武廊职业学校学生技能大赛。深化校企合作，与吉利汽车、国家大剧院舞美艺术中心、环球主题公园启动合作。成人教育、社区教育全年开展各类培训 3000 余次，培训 13 万人次。举办第 15 届全民终身学习活动周、第 22 届全国推普宣传周。培育认定区级学习型社区 11 个，学习型家庭 100 个。评选“通州区市民学习之星”73 人，“首都市民学习之星”3 人。建成北京市终身学习品牌项目 2 个、国家级优秀成人继续教育院校 2 所，建成市民终身学习示范基地、职工继续教育基地 12 个。

11 月 9 日，通州区教委举办机器人智能大赛
（通州区教委　供）

文体特色教育创新发展。全区学校引入 159 家课后服务机构，成立 2681 个课外活动社团，学生活动参与率 100%。组织 16 个专业艺术院团走进校园，33 所学校 3540 名师生走进剧场观演。开展美育工作调研，建成学校美育发展状况数据库。全年新增国家级足球、篮球特色校 3 所，市级足球特色园 4 所，国家级球类特

色校增至34所。新增全国冰雪特色校7所、奥林匹克示范校6所。新认定运之魂体育队22支、韵之灵艺术团36个、蕴之星科技社团26个。组织22项阳光体育活动，实现区内学校全覆盖。

对口帮扶工作有序推进。选派援疆教师14人、援青援藏教师3人。加大对内蒙古地区的帮扶力度，选派教师146人培训当地教师1.50万人次，接待副校级挂职干部25人，帮扶资助建档立卡学生16人，新增对口支援学校15所，援助教育设备价值309.30万元，区内14所中小学分别与奈曼旗29所学校签订对口帮扶合作框架协议。向拉萨市城关区提供基建修缮资金49万元。与武当山特区签订教育对口协作协议，全覆盖一对一帮扶特区学校。加强与武清区、廊坊市的交流对接，三地30所中小学形成10个基础教育协同发展共同体，9所幼儿园、3所中等职业学校分别组建幼儿园、职业教育联盟。举办2019年廊坊、内蒙古教研员综合素养提升高端研修班，两地教研员59人参加培训。

5月8日，通州区教委举办三级课程展示活动

（通州区教委 供）

完成庆祝新中国成立70周年活动服务保障工作。组织162名青年教师参加“人类命运共同体”“砥砺奋进”2个方阵游行以及群众联欢等活动。100余名少先队员参加天安门广场少年先锋岗活动，举办壮丽70年、奋斗副中心教职工文艺会演。

（李想 陆畅 白文会）

加强教师队伍建设

2019年，通州区教委加强教师队伍建设。截至6月，面向全国公开招聘优秀毕业生316人、乡村教师特岗计划招聘42人、市内择优调入在职教师66人。强化教师培训，引入北京师范大学、北京教育科学研究院等单位优质教育资源，搭建教师研修平台；组织教师参与东城、西城、海淀研修活动和开放型教学实践活动；开展“三名工作室”、骨干教师送教等活动400余次。推进教师队伍建设系列改革，开展社会化教育人才选聘，实行“区管校聘”，建立师资动态调剂机制，推动落实编内编外教师“同工同酬”等。

（李瑶）

推进学前教育发展

1月至6月，通州区教委多种举措推进学前教育发展。扩充优质学位，4所幼儿园投入使用，新增学位1260个。开展小区配套园治理工作，收回嘉州阳光苑小区项目配套学前教育设施1所，接管马驹桥物流B东地块公租房项目配套幼儿园1所（占地面积3000平方米、建筑面积2400平方米、设计规模9个教学班）。支持普惠幼儿园发展，落实普惠政策，补贴普惠性幼儿园64所（包括普惠性民办园23所），拨付普惠性幼儿园补助资金6341.10万元。

（李瑶 李健）

中小学教育教学表彰

4月12日，通州区教委举办中小学教育教学总结表彰会。会议表彰通州区小学第十届“秋实杯”课堂教学评优活动获奖教师一等奖25人、二等奖14人、三等奖59人，优秀集体25个，优秀指导教师25人；通州区中学第一届“新蕾杯”教学基本功培训与展示活动获奖教师一等奖23人、二等奖75人、三等奖76人；通州区中小学第八届“启慧杯”融合教育课堂教学评优活动获奖教师一等奖22人、二等奖18人，优秀指导教师44人；通州区中小学第九届优秀班主任172人、优秀教学管理干部16人。区教委领导及干部教师代表等400人参加会议。

（郭书彤 孙亚桂）

三级课程展示活动

5月8日，通州区教委举办三级课程展示活动。活动围绕构建“体育+”课程群，促进师生活力成长——“活力体育+”课程群构建的思考与实践主题，分为北京小学通州分校“活力体育+”课程建设物化成果展示、教师“活力体育+”课堂教学展评、“活力体育+”课程成果展示、课程建设交流与研讨4个阶段。各区教委领导及通州区各小学干部、学科教师等300人参加活动。这是通州区三级课程展示活动之一，全年共举办 5 次活动。

（孙亚桂）

通州教育大会

5 月 29 日，通州区委、区政府召开通州区教育大会。会议强调，要认清形势，扬长补短，以落实城市副中心控规为机遇，深入思考未来一段时期教育事业的谋篇布局；要改革创新，优先发展，高质量实现教育事业发展与城市建设深度融合。市委教育工委、区人大、区政府、区政协领导，全区相关委办局主要领导，各乡镇街道党政正职和主管教育工作负责人，教育系统各单位、各部门相关负责人，教师代表，民办教育机构代表等 500 余人参加会议。

（白文会）

初中语文工作室联盟启动

7 月 10 日，通州区“运河领军人才”“青年拔尖人才”初中语文工作室联盟启动仪式在通州区研修中心举行。各工作室负责人分别介绍工作室建设情况及工作重点。中国教育学会、北京教育学院通州分院相关负责人，各工作室负责人及教师代表等 40 余人参加活动。该联盟有成员工作室 8 个，通过目标驱动、问题导向、定期集中与不定期分散专题研讨等形式，实现工作室成员教育教学及研究能力再提升。

（郑铉）

校长职级制推行

12 月 1 日，通州区教委对在职在岗正职校（园）长（含党组织书记）推行中小学校长职级制。该项工作在全日制中小学（含特教学校、大学附中附小和民办中小学）、幼儿园（含其他性质公办园和民办园）、职业高中开展。校长职级设置特级、高级、中级、初级 4 个级别。其中，高级、中级分别设置一、二、三等。特级、高级、中级、初级校长结构比例控制为 0.5 ∶ 4 ∶ 4.5 ∶ 1。实行中小学校长任期目标管理制度，中小学校长一般任期为 3 ～ 6 年。同时将建立中小学特级校长流动制度，引导优秀校长从中心城区向郊区学校、从优质学校向一般学校流动，每次评审过程中设置不超过 20% 的特级校长指标作为校长流动专项指标，经过评审认定后直接到区内对口合作交流的郊区学校、农村学校（乡村和镇区学校）或新建学校开展支援工作。全区有中小学校长 91 人参加认定。最终评审认定初级校长 4 人、中级校长 39 人、高级校长 48 人。

（白文会）

第 15 届全民终身学习活动周

12 月 13 日，通州区第 15 届全民终身学习活动周开幕。活动表彰 2019 年在通州区建设学习型城区工作中取得突出成绩的国家级“优秀成人继续教育院校”2 个，“首都市民学习之星”3 人，通州区市民学习之星 73 人、学习型家庭 100 个、学习型社区（村）11 个、社区教育先进工作者 30 人。活动为 4 个北京市民终身学习示范基地、1 个北京市职工继续教育基地、7 个通州区市民终身学习示范基地颁牌。开幕式期间，举办通州区第四届社区教育成果展示活动，展出社区教育优秀作品 200 个。市教委、区委教育工委、区妇联、区成教中心、区教委、区民政局相关负责人，国家级、市级、区级获奖个人和单位代表等 100 余人参加开幕式。活动周以“城教融合谋发展，需求导向促改革”为主题，面向全区 17 个街镇、职业学校、成人学校等单位，安排学习活动 1200 余场。通州区已建成市、区级市民终身学习示范基地 36 个；培育认定学习型街道、乡镇 15 个，学习型社区、村 137 个，学习型家庭 3485 户，其他类型学习型组织 821 个，市民终身学习品牌 26 个，市、区级市民学习之星 503 人。

（侯洋）

顺义区

概述

2019 年，顺义区教委辖属教育单位 216 个，其中，幼儿园 104 所（教育部门办园 54 所、集体办园 27 所、部队办园 1 所、民办园 22 所），小学 50 所（教育部门办校 47 所、民办校 3 所），初级中学 17 所（全部为教育部门办校），高级中学 4 所（全部为教育部门办校），完全中学 2 所（全部为教育部门办校），九年一贯制学校 3 所（教育部门办校 2 所、民办校 1 所），十二年一贯制学校 7 所（全部为民办校），中等职业学校 6 所（教育部门办校 2 所、民办校 4 所），特殊教育学校 2 所（教育部门办校 1 所、其他部门办校 1 所），其他法人单位 21 个。招生 29783 人（幼儿园 10394 人、小学 9745 人、初中 6395 人、普通高中 3196 人、中等职业学校 11 人、特殊教育学校 42 人）；毕业 22677 人（幼儿园 7788 人、小学 7164 人、初中 4616 人、普通高中 3060 人、中等职业学校 5 人、特殊教育学校 44 人）；在校生 107032 人（幼儿园 29963 人、小学 50409 人、初中 17230 人、普通高中 9157 人、中等职业学校 41 人、特殊教育学校 232 人）。教职工总数 14317 人（幼儿园 4865 人、小学 3861 人、初中 1713 人、九年一贯制学校 172 人、完全中学 489 人、高级中学 1286 人、十二年一贯制学校 1645 人、中等职业学校 155 人、特殊教育 131 人），包括高级职称 1476 人、中级职称 2299 人。北京市特级教师 37 人、北京市骨干教师 112 人、北京市学科教学带头人 17 人。全年教育总投入 66.05 亿元。中小学固定资产总值 28.76 亿元。驻区高等学校 3 所。培训机构 63 个。新建幼儿园 2 所（北京市顺义区益民顺德幼儿园、北京市顺义区天竺新新家园摩码幼儿园），撤并幼儿园 3 所（北京市顺义区龙湾屯镇丁甲庄村幼儿园、北京市顺义区赵全营镇解放村幼儿园、北京市顺义区博雅书院双语幼儿园）；新建小学 1 所（北京教育科学研究院附属顺义实验小学）。

2019年，顺义区教委完成9家单位基层党组织换届工作，调整任命书记12人。全程参与额度管理教师招聘和中高考、校长职级制等工作；办理面访、电访、信访等举报件20余个。

中小学德育工作实效显著。采取班会评优、国旗下演讲、新童谣作品征集等形式开展“我和我的祖国”系列爱国主义教育活动；促进养成教育落地落实，启动德育校校行活动；为33396名学生提供课后服务。

教学工作扎实有效。实施“挺腰工程”工程，加强课程建设、课堂管理、队伍建设；召开中小学语文一体化教学研讨会、2020届初高三教育教学研讨会等系列会议，提升教师课程统筹、教学研判能力。

学前教育实现幼有所育。制订《顺义区普惠性幼儿园认定与管理工作实施细则（试行）》《顺义区学前教育管理办法（试行）》，对全区87所普惠性幼儿园、6个普惠性办园点开展认定工作，完成9所幼儿园定级。在26所教育部门办园、3所民办园、1个社区办园点中增加学位2414个。开展无证园治理检查工作，上报无证园台账12次，治理无证园20所，台账存量14所。开展干部教师培训52场，以学研共同体为小组交流、观摩90余次；完成集体办园中208名未取得教师资格专任教师整改工作，完成率100%。

规范民办、国际教育。73所民办校将党组织建设有关内容纳入学校章程，建立民办校工会组织19个，办理工会会员100人；受理、办结各类民办许可事项34件；督导评估民办园8所，年度考核民办园18所；完成73所学校年检材料核查，约谈举办者8次；组织公办校与民办校开展“手拉手”活动；梳理、更新全国中小学生校外培训机构管理服务平台机构信息，录入培训机构234个，发布率100%，完成民办教育机构3259名劳务用工人员信息排查录入工作；全年检查培训机构400余次。

体育工作争得上游。新增3所全国冰雪运动特色学校、1所全国青少年篮球特色校、7所北京2022年冬奥会和冬残奥会奥林匹克教育示范学校、9所顺义区冰雪特色学校；在第57届北京市中学生田径运动会中，连续28年蝉联冠军，初中组、高中组和团体总分3项均获B组第一名；举办第四届舞彩顺义冰雪运动欢乐季暨顺义区中小学生冰雪嘉年华、足球嘉年华、足球冬夏训练营、冬奥知识竞赛等活动。

加强干部教师队伍建设。招聘中小学教师104人、额度管理教师285人；依托顺义区第二期“梧桐工程——干部人才引进计划”，招聘硕士学历教师31人（管理类6人、学科类25人）。成立第二期劳模工作室6个，招收学员200余人。领导干部个人事项汇报零出错，提前完成公务员职务与职级并行套转工作。

11月5日，顺义区举办体育公益行冰雪运动进社区推广活动

（顺义区教委 供）

招生考试平稳有序。全面落实初中、高中学业水平考试制度，精准分配优质高中招生名额；推进中考“校额到校”和高考提前批艺术类平行志愿等改革工作。全年教育部门办园入园7703人、小学入学9552人、小升初6647人；优化营商环境，协调完成驻区企业优秀人才子女入园入学。

督学督政恪尽职守。评聘第九届兼职督学141人。开展“零起点”教学、近视肥胖防控等经常性督导，检查校园1510校次，下校督学278人次；完成培育和践行社会主义核心价值观自评、3所学校特教专项督导；启动幼儿园办园质量督导评估工作，评估园所26所。

完成庆祝新中国成立70周年活动服务保障工作。全区教育系统直接参与庆祝活动550余人。其中，4人参与“区域协调”方阵游行，来自137家单位的540余人参加群众联欢，6人参与服装、道具、物资管理等精彩活动服务保障工作。

（杨海红 孙勇）

推进教育帮扶

2019年，顺义区教委继续推进对内蒙古、新疆两地的教育帮扶工作。4月16日，区教委选派22人赴内蒙古巴林左旗开展扶贫协作对接工作。顺义区教育研究和教师研修中心与巴林左旗教研中心、区内14所学校与巴林左旗32所学校分别签订结对帮扶协议。根据协议，两地结对单位在队伍建设、资源共享、教育教学研究等方面开展合作。协议有效期3年。11月27日，学前教育“京蒙对口支援单位手拉手签约仪式”在北京市顺义区东兴幼儿园举行。根据协议，顺义区相关幼儿园将发挥资源优势，为提升内蒙古科左中旗学前教育综合实力提供助力。至年底，全区有 14 名教师在新疆和田地区支教。

（郭丹青）

基建修缮及办学条件优化

2019 年，顺义区完成多项基建修缮及办学条件优化工作。建筑安全工程总投资 2 亿元；北京市顺义区胡各庄小学开工建设；北京师范大学附属实验中学顺义分校新建工程开工，建设用地面积 47609 平方米，规划总建筑规模 122920 平方米，计划建设规模 72 个教学班，可提供学位 3600 个；接收配套教育设施 2 处、签订移交协议 3 份、审核设计方案 6 份；不动产变更登记单位 1 家、取得土地不动产权证书单位 1 家；规划验收、消防验收 24 栋单体，竣工验收备案 5 个；北京市顺义区杨镇第一中学 B、C 楼新建工程获结构长城杯金奖；处理各类应急突发工程 25 项；各类教育教学设备实际采购金额 7950 万元，采购教育教学设备 47365 件（套）；完成校服面料更新升级，采购校服 72084 套。

（卢江娟）

顺义冰雪运动欢乐季

1 月 7 日至 8 日，顺义区教委、区体育局联合举办第四届舞彩顺义冰雪运动欢乐季启动仪式暨顺义区第二届中小学生冰雪嘉年华活动。活动举办双板坡道直滑计时赛、双板平地滑行迎面接力赛、雪地拔河 3 项雪上比赛，雪合战、滑雪体验 2 项雪上体验，冰球传球射门、冰上滑行接力、冰壶投壶和冰蹴球 4 项冰上比赛，设置小学组、中学组和高中组 3 个组别。70 所中小学选派 3660 名学生参加雪上项目比赛、1340 名学生参加冰上项目比赛。冰雪运动欢乐季活动持续 3 个月，举办各类活动 20 项次；免费为 2 万名“零基础”市民开设冰雪体验课；组织全区社会体育指导员、校园辅导员传授冰雪运动技能。其间，全区冰雪场馆定期免费向市民开放。

（赵德军）

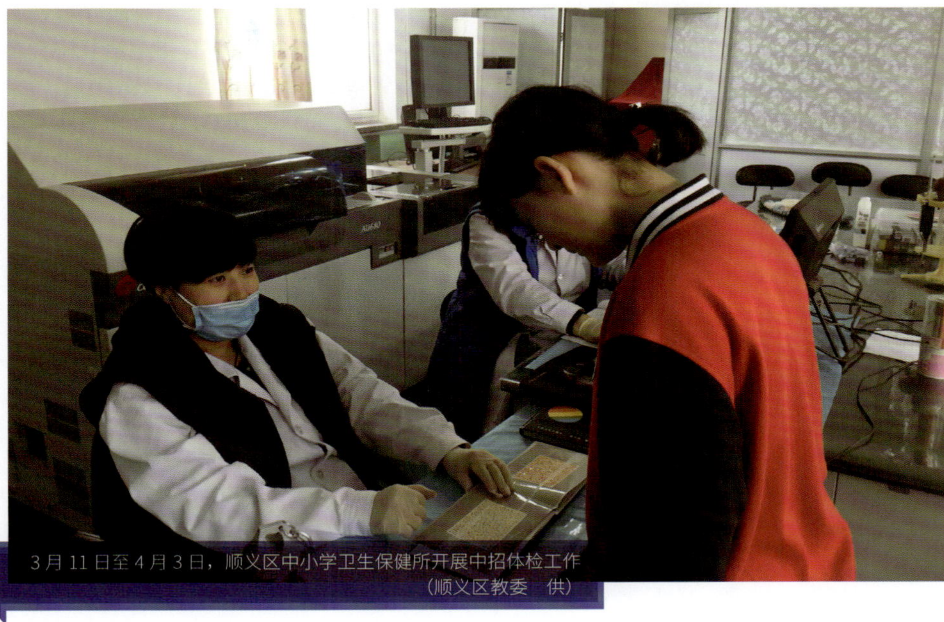
3 月 11 日至 4 月 3 日，顺义区中小学卫生保健所开展中招体检工作
（顺义区教委　供）

中招体检完全合格率 12.72%

3 月 11 日至 4 月 3 日，顺义区中小学卫生保健所开展中招体检工作。24 所中学 4065 名初三学生参加体检。身体完全合格者 517 人，完全合格率 12.72%；基本合格者 1581 人，基本合格率 38.89%；报考中专、技校、高中不合格者 1967 人，不合格率 48.39%。其中，1942 人因视力不合格而专业受限，比率 47.77%。

（于金龙）

课程整体育人项目启动

3 月 18 日，顺义区教育研究和教师研修中心举办顺义区“学校课程整体育人项目”启动会。会议解读《顺义区学校课程整体育人项目方案》，全面规划顺义区课程建设，在实施方略上采取“培训带动＋任务驱动”方式，从学校、教师、教学不同维度，为种子学校课程方案建设、校本课程建设、学科课程建设实施提供专家指导。会议从课程本身价值、项目推进思路与方式、项目发展特殊性和项目实践聚焦 4 个方面对项目实施作出要求。北京教育科学研究院、顺义区教委、顺义区教育研究和教师研修中心相关负责人，项目实验校校长及课程负责教师等 16 人参加会议。

（许立新）

物理教师“魔术”表演团探究

4 月 16 日和 24 日，顺义区物理教师“魔术”表演团分别在北京市第四中学顺义分校和北京市顺义区第十三中学开展物理实验探究活动。表演团展示力拔千钧、五彩缤纷、视力错觉、热力四射等实验，穿插提出问题，引导学生观察、思考。20 名物理教师参加活动。顺义区物理教师“魔术”表演团成立于 2018 年 11 月，由四中顺义分校特级教师马山牵头组建，有成员 20 人，通过自愿报名、面试等选拔程序产生，定期组织实验开发和表演彩排等活动。至 2019 年，魔术团在顺义表演 7 场，丰台表演 1 场，安徽阜阳、云南昆明举办的全国物理教学研讨会上各表演 1 场。

（杨华　周雪斌　陶红月）

4月16日，顺义区物理教师“魔术”表演团在四中顺义分校开展实验探究活动　　（四中顺义分校　供）

“挺腰工程”启动

4月25日，顺义区教委启动“挺腰工程”。“挺腰工程”是区教委围绕着力提升教育质量，增强学生在全市的竞争力，重点加强国家和北京市教育改革精神贯彻、落实力度而开展的重要教育工程。“挺腰工程”分为“德育教学融合”“精品课程建设”“打造高效课堂”“重视队伍建设”4个方面工作，包括21项具体措施，在全区27所学校全覆盖实施。项目以转变中学干部、教师教育理念为突破口，以层层提升教育、管理实效为抓手，规范各中学办学行为，挖掘办学特色，提升全区中学整体办学水平和育人质量。

（刘之海）

顺义教育大会

5月14日，顺义区政府召开顺义区教育大会。会议总结“十三五”以来顺义教育取得的新成绩，同时明确未来3年顺义教育发展思路、改革方向。会议强调要强化目标，全面推进顺义教育高质量发展；强基固本，加强新时代教师队伍建设；加强领导，确保教育优先发展各项措施落到实处、取得实效。顺义区各委、办、局、功能区、镇街领导及教育系统各单位负责人等700人参加会议。全区教育单位干部教师1.10万人通过区教委微信公众号在线观看会议。

（刘峣）

首届“蓓蕾杯”幼儿足球赛

5月25日，顺义区教委举办顺义区首届“蓓蕾杯”幼儿足球赛决赛暨颁奖典礼。23所幼儿园选派34支队伍330名运动员参加比赛。经过小组赛比拼，15支队伍晋级决赛。最终，北京市顺义区牛栏山第一幼儿园、北京市顺义区顺和花园幼儿园、北京市顺义区澜西园四区幼儿园分获大班组前三名；顺和花园幼儿园、北京市顺义区后沙峪第一幼儿园、北京市顺义区杨镇中心幼儿园分获中班组前三名。区教委相关科室负责人，各参赛园园长、教练、幼儿及家长500余人参加活动。

（吴天强）

一校一品体育教学改革成果展示

5月29日，北京市“一校一品”体育教学改革阶段性成果展示（顺义分会场）活动在首都师范大学附属顺义实验小学举行。活动展示素质操、跳绳操、篮球特色操等项目。在“一校多品”展示环节中，学生展示跳皮筋、冰雪操、轮滑等项目，将体育运动与音乐旋律结合。活动同时开展安全教育演练，设置8个项目。在体育教学改革阶段性成果研讨会上，全体参会人员观看北京市“一校一品”体育教学改革阶段成果宣传片；校长、教师代表分别作体育工作汇报和“一校一品”体育教学改革阶段性经验分享。区教委等相关单位负责人，北京市“一校一品”项目特邀指导专家，全区47所小学校长、主管体育干部和体育组长等150余人参加会议。

（张云鹏）

牛栏山一中教育集团成立

6月17日，顺义牛栏山第一中学教育集团成立启动仪式在北京市顺义牛栏山第一中学举行。会议宣读《关于成立牛栏山一中教育集团的决定》并为集团揭牌。各集团校校长签订合作协议。牛栏山一中教育集团由牛栏山一中牵头，另有北京市牛栏山一中实验学校、北京市牛栏山一中实验学校小学部、北京市顺义区第十五中学、北京市顺义区牛山第二中学4所成员校。集团将以市教委《关于推进中小学集团化办学的指导意见》为指导，推进教育领域综合改革，优化马坡、牛栏山地区和双丰街道教育结构布局，同时发挥牛栏山一中优质示范校引领、带动作用，科学整合和扩大优质教育资源，提升牛栏山、马坡地区和双丰街道的基础教育办学水平。

（孙勇　许坤）

首批中小学校长职级评审

11月至12月，顺义区教委开展首批中小学校长职级评审工作。顺义区中小学校长职级制评审委员会研究制定《中小学校长职级制评审工作细则》。经过个人申报、答辩、评议等环节。最终，认定特级校长6人、高级校长45人、中级校长54人、初级校长11人。按市教委统一部署，校长职级评审工作于2019年11月启动，每年评审1次，市教委负责特级校长评审，每2年评审1次。

（刘京）

合同审核备案工作

12月31日，北京市顺义区教育法治事务中心完成全年合同审核备案工作。其中，审核通过区教委合同64个；完成区教委及所属单位重大合同备案手续271个；完成区教委所属单位50万元以下的一般合同备案手续1232个。年内，顺义区合同审核备案工作开始实践“互联网+服务”管理模式，完成“顺义区教育系统合同审核备案管理系统”调整。

（高洁）

昌平区

概述

2019年，昌平区教委辖属教育单位309个，其中，幼儿园143所（教育部门办园32所、事业单位办园3所、部队办园7所、地方企业办园2所、集体办园23所、民办园76所），小学93所（公办校79所、民办校14所），初级中学13所，九年一贯制学校17所（包括民办校2所），十二年一贯制学校19所（包括民办校9所），完全中学7所，民办高级中学1所，中等职业学校6所，特殊教育学校1所，其他法人单位9个。招生39228人（幼儿园16890人、小学11919人、初中6334人、普通高中2026人、中等职业学校2034人、特殊教育学校25人）；毕业24577人（幼儿园8769人、小学8640人、初中4344人、普通高中1845人、中等职业学校968人、特殊教育学校11人）；在校生123942人（幼儿园37551人、小学56609人、初中16750人、高中5619人、中等职业学校7311人、特殊教育学校102人）。教职工18444人（幼儿园6631人、中小学10687人、中等职业学校1092人、特殊教育34人）。专任教师中，高级职称2048人、中级职称3470人。北京市特级教师34人、北京市骨干教师142人、北京市学科教学带头人20人。全年教育总投入49.98亿元。中小学固定资产总值30.99亿元。

2019年，昌平区教育系统推进教育教学改革，全面提升教育教学质量，加快推进教育现代化，促进经济社会持续健康发展。加强党对教育工作的全面领导，指导督促157个基层党组织推进“不忘初心、牢记使命”主题教育，围绕服务保障国庆、接诉即办、学区制集团化办学改革等专题，开展基层调研50余次。举办“我是昌平教育人、昌平教育我建言”活动，征集建言1.70万条，设立“校长信箱”120余个。教育系统各基层党组织成立党员读书班514个，评选学习之星874人。

教育公共服务更加公平。实施第三期学前教育行动计划，增加普惠性学前学位6900个，普惠率78%。新增8所公办幼儿园，增加学前学位2610个。新增中小学学位6920个。义务教育阶段小学入学12000人、初中入学6369人。提高“回天地区”教育教学质量，承办北京市“回天行动计划”现场会。与内蒙古阿鲁科尔沁旗、太仆寺旗，河北尚义县等受援地开展对口帮扶活动，为受援地区培训干部教师3500余人次。

积极回应群众关切问题。研究制定《教育系统市民服务热线办理优化提升工作方案》，成立“接诉即办”专班，落实“民有所呼、我有所应”要求，全年收到12345热诉4579件，响应率100%，解决率和满意率超过70%。“昌平教育”微信公众号关注量6.10万人，推送消息720条。市、区两级媒体宣传推广昌平教育各类活动信息300余条，在昌平电视台制作播出“花开未来”节目40余期。

优质教育供给增强。清华大学附属小学昌平学校、中国人民大学附属中学昌平学校、北京航空航天大学附属小学昌平学校、北京市西城区黄城根小学昌平学校、北京市中关村第二小学昌平学校、北京市昌平区清悦幼儿园、清华附小成志幼儿园7所引进名校名园建成并开学，引进名优资源校数量增至26所，占全区公办校（园）数的13.6%。深化职业教育产教融合、校企合作，北京市昌平职业学校被评为“全国教育系统先进集体”，与“一带一路”沿线国家开展合作，扩大昌平职业教育影响力。

加强两支队伍建设。推进中小学校长职级制改革，评审认定高级校长42人、中级校长65人、初级校长7人，5名校长被推荐并认定为北京市特级校长。21名校长进入教育部、北京市名校长发展工程。

教育教学质量稳步提高。推进课堂教学改革和招生考试改革，中考总优秀率54.6%，及格率98.6%；高考本科上线率95.35%。深化课程建设，开设开放性科学实践活动区级课程36门，学生上课1.97万课次。制定《昌平区加强乡村小规模学校和乡镇寄宿制学校建设的实施方案》，举办北京市农村教育质量提升工作现场会和“春雨计划”项目研讨会，展示昌平区农村学校办学特色。发展“互联网＋教育”，建设昌平区数字教学资源平台，“虚拟学校”累计为0.65万名教师、6.30万名学生提供教育服务。

学生综合素养全面提升。将“课程思政”融入课堂和教育教学活动。开展“冬奥知识进校园”“民族艺术进校园”“校园科普讲座”系列活动，5.60万名师生参与，覆盖率100%。研究制定《昌平区教育委员会关于加强中小学劳动教育的实施意见（试行）》，成立昌平区中小学劳动教育课程服务中心，保障劳动教育有效实施。

推进教育综合改革。健全教育领导体制机制，成立由区委书记任组长，16个部门为成员的区委教育工作领导小组。召开昌平区教育大会，推进昌平教育现代化。在推进校际联盟、联片协作、学前教育发展共同体的基础上，开展义务教育阶段学区制管理集团化办学改革，成立天通苑学区、回龙观东学区、回龙观西学区、南口学区4个学区，涉及27所学校；成立昌平一中教育集团、昌平二中教育集团、首师大附属回龙观育新教育集团、北师大昌平基础教育集团4个教育集团，涉及14所学校。

完成庆祝新中国成立70周年活动服务保障工作。组建由33名体育教师组成的教练团队，承担“美好生活”方阵训练工作。

（王丽梅　王东兴）

引进学校三年发展规划与评价

2019年，昌平区教委制定《昌平区引进名校合作办学定位、总体发展目标及阶段性任务规划方案（2019—2021年）》和《昌平区引进学校发挥教育教学引领作用评价办法（试行）》，指导10所学校（幼儿园）发挥优质教育资源引领辐射作用。10所学校（幼儿园）分别完成发展形势和发展基础、合作办学定位和总体发展目标以及重点工作规划。评价工作由区教委牵头，联合相关部门，组织部分中小学代表，组成区级评价工作组，根据评价办法中列出的年度考核指标，每

3 年对引进学校进行综合评价，给出评价结果，学校总分达到 80 分以上（含 80 分），将作为“昌平区引进学校（幼儿园）发挥教育教学引领作用优秀学校”接受表彰。全年新引进“五校两园”优质资源校，总建筑规模 211 个教学班，可提供 6330 个学位。5 所中小学首批开设小学教学班 20 个，招生 803 人；2 所幼儿园首批开设教学班 8 个，招生 218 人。

（朱冠宇）

对口支援

2019 年，昌平区教委调研内蒙古阿鲁科尔沁旗、太仆寺旗，河北尚义县，青海曲麻莱县工作，实施对口支援。组织 44 名教研员和基层学校骨干教师到阿鲁科尔沁旗、太仆寺旗，以集中式主题讲座、同课异构活动和任务驱动式培训形式，开展新教师培训、中小学班主任和德育干部培训 7 次，培训 3700 余人次。举办昌平—尚义中小学班主任跟岗培训，培训中小学班主任 20 人。开展学前教育协作交流活动，组织尚义县 30 名新入职幼儿园教师到昌平优质园所跟岗培训。暑假期间，组织 15 名干部教师到太仆寺旗，开展党建、学生心理健康、教育技术培训，其中党建培训 16 课时、心理健康讲座 16 课时、教育技术培训 64 课时，培训党务工作者 50 人、班主任 200 人、学科教师 200 人。接待太仆寺旗教育局、内蒙古锡林郭勒盟教育局领导来访 4 次，为两地培训职业院校、普通高中校长、书记、主任和中小学管理人员 75 人。新签订帮扶协议 12 份，其中与太仆寺旗教育局签订的帮扶协议达到学校全覆盖。接待太仆寺旗 30 名领导干部到昌平跟岗培训交流 3 个月，太仆寺旗 20 名幼儿教师在昌平 4 所幼儿园跟岗培训 20 天。与青海省玉树州教育局签订合作协议，对玉树地区采取“2 + 1”人才培养模式，通过组织当地干部教师来京访学实施精准帮扶。

（臧鹏　安凯杰　姚晓娟）

校长培训项目启动

2019 年，昌平区委教育工委、区教委委托北京师范大学开展“创新昌平·卓越校长领导力诊断与提升”培训项目。项目以培养一批教育信念坚定、视野开阔、办学思想独特、学识修养丰厚、办学业绩突出、有卓越领导力，在全市乃至全国有一定影响力和知名度的校长为目标，对 20 名校长进行观摩学习、专家会诊、校长实践改进等培训。全年举办通识培训 14 次，聘请北师大教授等举办时政、教育主题讲座。开展读书分享活动 12 次，组织阅读《学校如何运转》《让学校重生》《大家三小》等 15 本书籍。开展校长管理案例研究活动 8 次，参训校长分别撰写各校管理问题案例以供分享讨论。开展市内观摩学习活动 2 次、市外观摩学习活动 1 次。开展热点问题研讨活动 2 次。

（郝志惠）

中小学生阳光体育系列竞赛

1 月至 12 月，昌平区教委、区体育局联合举办中小学生阳光体育系列竞赛。活动举办篮球、乒乓球、羽毛球、定向越野、武术、中国跤、跆拳道、健美操、跳绳、象棋、围棋、国际象棋、游泳、击剑、啦啦操、民族民间传统体育等项目比赛。中小学生 1.50 万人次参赛。阳光体育系列竞赛作为昌平区品牌活动，开始于 1998 年，已连续举办 22 届。

（杜建军）

区政府教育督导室机构调整

3 月，昌平区将区政府教育督导室由区教委代管调整为在区教委加挂牌子，不再保留区政府教育督导室综合科、督导一科、督导二科，设立督导科。督导科主要职责为负责北京市昌平区人民政府教育督导委员会办公室日常工作；统筹规划、组织实施本区教育督导工作，制订有关教育督导与评价的规章制度和实施方案；负责全区各级各类教育发展状况和质量的监测以及各级各类学校办学状况和教育教学水平的督导评估；组织实施教育方针政策和教育法律法规规章贯彻执行情况的督导检查；对本区义务教育工作落实情况进行监测，对义务教育的教育教学质量和均衡发展状况实施督导检查；对中等以下教育进行督导评估，并根据法律、法规规定开展对职业教育和民办教育等其他教育的督导检查；对教育督导的重大问题进行调查研究，对本区教育公共政策的实施效果进行评价，并

7 月 6 日，昌平区举办中小学生阳光体育系列比赛——第四届中华传统体育项目比赛　（昌平区教委　供）

提出报告和建议；对各镇（街道）教育工作职责履行情况进行督导和评估；负责发布教育督导报告；承办区政府各职能部门、镇（街道）、学校和社会企业（人民团体）语言文字规范化工作；负责本区教育督导信息化建设与管理工作。

（苏凤兰）

首次开展“农户论坛”

5月7日，昌平区农广校农村实用人才培训活动首次以“农户论坛”形式在昌平区昆利果品专业合作社农民田间学校举行。“农户论坛”以农民讨论为主要形式，邀请2名专家解答相关问题。活动组织学员到通州区西集镇的金果天地生态科技有限公司参观。专家介绍果树种植模式、果树苗木繁育、果实销售方法和途径等内容，与学员共同讨论樱桃和桃树的病虫害防治、施肥要点、夏剪工作和注意事项等内容。学员45人参加活动。

（郑丽媛）

昌平教育大会

5月28日，昌平区委、区政府主持召开昌平区教育大会。会议全面总结“十二五”以来昌平教育改革发展成就，明确当前和今后一个时期昌平教育发展总体要求、战略目标和重点工作，印发《北京市昌平区教育政策文件汇编》。市委教育工委、区委、区人大、区政府、区政协主要领导参加会议并讲话。各委办局党政一把手，各镇街领导，区委教育工委、区教委班子成员和副科级以上干部，北京交通职业学院班子成员，民办高校党组负责人，中小学、幼儿园、直属单位、昌平区卫生学校党政负责人等500人参加会议。

（杨然）

传染病防控工作培训

5月28日，昌平区教委举办昌平区中小学幼儿园传染病防控工作培训会。区结核病防治所、区疾控中心传染病地方病防控科负责人分别针对“学校结核病防控工作”“学校托幼机构发生聚集性疫情如何处置”进行培训。会议部署开展新生入学结核病监测工作流程和如何做好日常学校结核病防控工作；介绍诺如病毒急性胃肠炎、流行性感冒、猩红热与链球菌感染以及手足口与疱疹性咽峡炎等春夏季常见传染病的防控，以及学校聚集性疫情的发现、上报、处理流程等；布置幼儿和学生入园、入学接种证查验和相关传染病防控工作。接种证查验对象为新入园幼儿和小学一年级、初中一年级、转入学生，100%查验接种记录。区教委为学校配发传染病防控卫生用品160份，下发宣传海报500张。全区公办、民办中小学、幼儿园校医、园医和学校卫生工作主管领导等500人参加培训。

（李媛媛）

校园足球中西暑期训练营

7月14日至23日，昌平区教委、区体育局、区政府外事侨务办联合主办昌平区第三届校园足球中西暑期训练营活动。活动分国内和国外两部分。全区各中小学选拔优秀师生160人参加国内部分活动，完成颠球运球、传接配合、趣味拓展等项目训练。全区选派20名校园足球优秀学生代表和2名教练员组成第二批赴西班牙校园足球研学代表团参加国外部分学习、实训、观摩活动。2013年9月，昌平区与西班牙马德里自治区托雷洪市缔结为友好城市关系，双方在教育、文化等领域开展交流并就校园足球合作达成初步共识。2017年6月，区教委与托雷洪市卫生及教育厅签订合作备忘录；7月，区教委引进3名西班牙足球青训专家，指导昌平区梯队训练和校园足球教练员业务培训。

（董素琴）

“1＋3”人才培养模式改革试验推进

7月，昌平区继续推进“1＋3”人才培养模式改革试验项目。通过自主报名、面试选拔，北京市昌平区第一中学和北京市昌平区第二中学分别招生60人。2017年，昌平区启动“1＋3”人才培养项目，有项目校2所。“1＋3”试验项目是指具有普通高中升学资格且在同一所初中具有连续2年学籍的初二年级学生，在初二年级结束后即可通过网上自主报名、试验校面试进入“1＋3”项目班，连续

7月14日至23日，昌平区举办第三届校园足球中西暑期训练营活动　（昌平区教委　供）

完成初三及高中共 4 年学习。

（彭博）

学区制管理和集团化办学改革启动

8 月 27 日，昌平区委教育工委、区教委共同召开昌平区中小学学区制管理、集团化办学改革启动会。按照《昌平区推进中小学学区制管理集团化办学改革工作方案》成立 4 个学区、4 个教育集团。4 个学区分别为天通苑学区（有 7 所成员校）、回龙观东学区（有 8 所成员校）、回龙观西学区（有 4 所成员校）、南口学区（有 8 所成员校），共有 27 所成员校；4 个教育集团分别为北京师范大学昌平基础教育集团（有 3 所成员校）、首都师范大学附属回龙观育新教育集团（有 4 所成员校）、昌平一中教育集团（有 3 所成员校）、昌平二中教育集团（有 4 所成员校），共有 14 所成员校。11 月，区教委印发《昌平区学区制管理集团化办学改革项目资金管理办法（试行）》。办法适用于昌平区学区制管理和集团化办学改革项目单位，明确学区制管理和集团化办学资金支持标准、实施方式及支出范围。

（张庚　李娜）

教育改革发展建言活动

10 月 10 日，昌平区委教育工委启动“我是昌平教育人，昌平教育我建言”活动。活动围绕昌平区教育发展规划、基础教育综合改革、提高教育教学质量等 9 个方面征集意见建议。全区教育系统 125 个单位 11096 人参加活动，参与率 96.3%，征集到各类建言 17895 条。其中，对学校的建言 6495 条，学校立行立改 3644 条；对区委教育工委、区教委的建言 11400 条，剔除不合理建言 396 条。昌平区建立长效机制，长期畅通电子信箱、二维码平台建言渠道，区委教育工委设立“主任信箱”，基层学校设立“校长信箱”120 余个，开通“学校服务热线”120 余条。

（白俊英）

回天地区幼儿园手拉手交流展示

11 月 22 日，昌平区教委举办昌平区“回天地区”幼儿园“手拉手”交流展示活动。活动组织观看 10 所“回天地区”拉手园展板介绍，参观北京市棉花胡同幼儿园回龙观园园所环境，观摩幼儿游戏活动。“回天地区”10 所拉手园通过现场访谈、沙画播放、主题汇报、舞台短剧和朗诵展示园所成长。为进一步扩大“‘回天地区’幼儿园手拉手”活动影响力，昌平区以“回天地区”10 所拉手园为“种子园”，指导其与区内 10 所民办园建立新的拉手关系并举行签约仪式。市教委、区教委相关科室负责人，10 所城区拉手园教师代表，“回天地区”幼儿园、社区办园点园长和教师代表等 200 人参加活动。2018 年 9 月，借助市教委平台，“回天地区”10 所幼儿园与北京市城区 10 所优质园建立“手拉手”关系。

（钮亚磊）

冰球嘉年华

12 月 19 日至 20 日，2019 年昌平区冰球嘉年华活动在北京市昌平职业学校举行。活动设置冰球体验、陆地冰球挑战赛、趣味滑冰 3 类冰雪体验活动，下设冰球文化、冰球体验、冰球游戏等 10 个项目。各中小学组织 1300 余名学生参加冰球嘉年华活动。昌平职校冰雪运动专业 51 名学生全程参与 NHL 嘉年华活动及陆地冰球赛事服务，担任趣味滑冰助教。

（邵琳雅）

3 个区级融合教育实践活动基地成立

12 月 30 日，昌平区委教育工委、区教委为 3 个昌平区融合教育实践活动基地颁牌。3 个基地分别为北京市昌平区马池口中心小学、北京市昌平区马池口中学和北京市昌平职业学校。3 个基地为特殊学生开展综合实践活动提供专业支持和服务保障，将对培养特殊儿童少年生活自理、与人交往、融入社会、劳动和就业等能力起到促进作用。3 所学校师生 80 人参加活动。

（王凤云）

城乡市民教育大讲堂

至年底，昌平区教委继续在全区范围内开展城乡市民教育大讲堂培训活动。区教委制定《昌平区 2019 年城乡市民教育大讲堂工作实施方案》，北京市昌平职业学校培训部和北京市昌平区成人教育中心各站校根据镇街、社区前期调研情况，制订培训实施计划和课程安排。培训设置种植养殖、手工制作、体育艺术等课程，同时举办十九大报告解读、学习型城区主题宣讲课等活动。活动在全区 18 个镇街、66 个社区展开，累计培训社区市民 1.70 万人次。大讲堂已连续开展 12 年。

（王颖）

2019 年，昌平区教委继续在全区范围内开展城乡市民教育大讲堂培训活动　（昌平区教委　供）

大兴区

概述

2019年，大兴区教委辖属教育单位264个，其中，幼儿园104所（教育部门办园47所、集体办园4所、民办园53所），小学83所（教育部门办校76所、民办校7所），九年一贯制学校17所（教育部门办校13所、民办校3所、县级其他部门办校1所），十二年一贯制学校6所（教育部门办校5所、民办校1所），中学22所（教育部门办校20所、民办校2所），中等职业学校3所（教育部门办校1所、民办校2所），特殊教育学校1所，其他法人单位28个。招生41310人（幼儿园18703人、小学13598人、初中6550人、普通高中2279人、中等职业学校180人）；毕业27594人（幼儿园12030人、小学8425人、初中4337人、普通高中2363人、中等职业学校439人）；在校生128108人（幼儿园36995人、小学65747人、初中17496人、普通高中6682人、中等职业学校1068人、特殊教育学校120人）。教职工总数11888人（幼儿园1804人、小学3597人、中学5493人、中等职业学校349人、特殊教育33人、无学生单位612人），包括高级职称2404人、中级职称4482人。北京市特级教师36人、北京市骨干教师134人、北京市学科教学带头人15人。全年教育总投入62.97亿元。中小学固定资产总值37.18亿元。乡镇成人学校14所、培训机构87个。设立学区8个。

2019年，大兴区教委以提升教育质量为统领，以促进优质均衡为主题，以教育综合改革为动力，以维护安全稳定为前提开展各项工作。被市教委认定为“北京市建设学习型城市工作示范区”。

立德树人，促进学生全面发展。推进全区小学“1＋2＋N”德育课程创新活动，创新德育课程，建立德育创新联盟，发挥N个学校资源优势，打造大兴德育特色品牌。提升学生科技、艺术素养，举办大兴区第七届中小学生器乐节、舞蹈节。组织15所学校94名选手参加世界机器人大赛华北区选拔赛，获冠军3个。开展阳光体育活动，推进足球、冰雪运动进校园，举办游泳、健美操等单项比赛，指导全区各中小学开展群众性体育活动。抓实劳动教育，将劳动教育及实践活动课程化、系列化、体系化，推进以“劳动教育”为主题的社会大课堂活动。举办庆祝中华人民共和国成立70周年“我和我的祖国”系列主题教育活动、“万米长卷迎国庆”爱国主义教育活动。推进大兴区戏曲进校园“一十百千万”工程，指导12所戏曲进校园试点校组建京剧社团，670名学生参与京剧课程学习。

12月3日，大兴区教委举办“戏曲进校园‘一十百千万’工程”展演 （大兴区教委 供）

深化改革，推动教育优质均衡发展。帮扶农村学校，开展语文、英语学科名师工作坊活动，十校联盟汇报会，“一三一五”科研项目活动。启动实施新高考综合服务信息化平台建设项目，推进高二年级选课走班管理和高考评价分析工作；加强教研部门、教学干部、学科教师对英语听说考试研究分析教研的指导。

建设高素质干部教师队伍。分批次、分重点开展高校专场招聘、社会招聘、乡村特岗招聘、专门招聘等招聘活动，招聘新教师400余人。举办英语教师、外籍教师高端培训，培训中小学英语教师102人；举办小学班主任带头人、骨干班主任培训，培训教师108人；组织小学德育干部60人，到浙江大学开展大兴区小学德育干部创新管理专题培训。强化干部培训、培养，提拔校级干部53人、中层干部143人。3人入选北京市第三批名校长（园长）工程，6人入选全国骨干校长（园长）高级研修班。强化典型宣传，评选20个师德先进集体、20名师德榜样，组建30人特色宣讲团。

规范管理，营造健康教育环境。开展扫黑除恶专项斗争，落实督导工作，对2018—2019学年工作开展综合督导评价。推进义务教育学校管理标准建设工作，完成第二批申报校实地验收工作。将课外活动与课后延时服务结合，全区7162名教师参与延时服务，惠及学生、幼儿16579人。

发挥优质教育资源引领辐射作用。引入清华大学附属中学入驻天宫院地区，成立北京市大兴区新源学校并于9月1日开学。引入由北京师范大学附属实验中学承办的市建共管学校北京第四实验学校，入驻大兴国际机场地区。组建北京市大兴区清城小学教育集团和北京市大兴区翡翠城小学教育集团。扩展境外合作领域，教育系统选派因公出访团组27批次到11个国家地区交流学习，参与教师46

人次、学生 335 人次。

（王海艳）

精准帮扶

2019 年，大兴区教委对 4 所优质校、5 所精准帮扶学校、8 所农村基础薄弱校进行分层分类精准帮扶。区教委领导走进 5 所精准帮扶学校，观摩课堂教学、与师生座谈、参与学校重要活动。17 所学校梳理学校发展历程，明晰学校发展优势，制订并落实各项质量提升方案。

（赵欣）

戏曲进校园工作推进

2019 年，大兴区教委推进戏曲进校园工作。开展大兴区戏曲进校园“一十百千万”工程，项目选定 12 所学校为戏曲进校园试点校，聘请专职京剧教师、京剧名家组成师资队伍，每个行当开设课程 4 课时 / 周，共计 1.20 万课时。700 余名学生参与京剧社团学习与活动。7 月 7 日，“传承经典文化 弘扬京剧国粹——暨大兴区戏曲进校园阶段性汇报展演”活动在大兴影剧院举行，12 所试点校 800 余名学生及家长参加活动。7 所试点校完成 7 部校园国剧并参加大兴区第一届“戏曲进校园”活动成果展示暨汇报演出。

（张宏）

干部队伍选拔与培养创新

2019 年，大兴区教委创新干部队伍选拔与培养方式。完成校级干部 53 人、中层干部 143 人考核、考察工作；推进校长职级制改革，完成 163 名中小学、幼儿园校（园）长职级认定工作，其中 6 名校长被认定为北京市首批特级校长；启动第二期名校长培养工程；牵头组织京津冀三地校长异地培训、校长论坛和干部挂职交流活动；成立张文凤名校长工作室；推选 3 人加入北京市第三批名校（园）长工程、12 人参加全国骨干校（园）长高级研修班学习；依托“理论学习中心组学习（扩大）会暨兴师教育论坛”，培训党员干部 2400 余人次；开展园长专业提升讲堂、“立德树人、师幼共成长”专题论坛等活动，围绕课程建设、队伍建设等内容开展学习活动。

（刘朵朵）

创城工作

2019 年，大兴区教委推进创城工作。完成全国文明城区网上申报工作及一季度至四季度创建全国文明城区实地测评工作；制订《大兴区教委创建全国文明城区工作方案》《大兴区创建全国文明城区未成年人教育环境建设指挥部工作实施方案》；健全学校、家庭、社会三结合育人体系；组织全区中小学开展“小手拉大手 创城路上一起走”文明创城主题活动；组织各中小学、少年宫填报《实地考察自查表》，督促各单位自查、整改；调查社区家长学校、未成年人活动场所及校外心理咨询室建设及使用情况。

（李春岭）

基础教育设施建设推进

2019 年，大兴区教委推进基础教育设施建设。全区推进、实施或完成项目 73 个（幼儿园 45 个、小学 13 个、初中 4 个、一贯制学校 10 个、高中 1 个），其中政府投资项目 47 个、开发商配套项目 26 个，包括开工在施项目 30 个（政府投资项目 18 个、开发商配套建设项目 12 个）。项目完成后，可提供幼儿园学位 15450 个、小学学位 21480 个、初中学位 10440 个、高中学位 8505 个，共计 55875 个。已完工项目 8 个，已解决小学学位 2880 个、幼儿园学位 2070 个。

（李建国）

首次学考合格性考试（大兴）

1 月 9 日至 11 日，大兴区教育考试中心完成全区 2019 年北京市第一次普通高中学业水平合格性考试组考工作。全区有 3265 人报考 8696 科次。其中，语文 1377 科次、数学 1054 科次、英语 1291 科次、物理 1013 科次、化学 921 科次、生物 298 科次、历史 111 科次、地理 73 科次、政治 2558 科次。9 日，全区开设考点 3 个；10 日，全区开设考点 2 个；11 日，全区集中开设考点 1 个。

（孙洪清）

新增 8 家区级社会大课堂资源单位

1 月 19 日、6 月 27 日和 7 月 23 日，大兴区中小学生社会大课堂办公室分 3 次开展大兴区社会大课堂资源单位集中评估和现场评估工作。经过评估，新认定亚洲一号京东智慧物流体验基地、礼贤王庄手工艺实践教育基地、坦博兴善苑传统文化与艺术基地、大兴青少年安全健康实践活动基地、寿山福海养老服务中心、康乃馨社区服务中心、中国书画院和大兴美术协会国学馆 8 家单位为区级资源单位。至此，大兴区社会大课堂资源单位增至 63 家。

（韩景贵）

区教委成立发展规划科

3 月 12 日，大兴区教委成立发展规划科。科室有编制人员 3 人（科长 1 人、科员 2 人），负责编制大兴区教育事业发展中长期规划，研究提出各类学校招生指导计划，协调管理区内各类教育布局、结构调整，区教委所属各类学校的设置、变更、终止初审，高中阶段学校设置、撤并工作并备案，各级各类教育基本信息统计、分析与发布。

（姜雷）

吴正宪小学数学教师工作站大兴分站成立

5 月 28 日，“吴正宪小学数学教师工作站大兴分站”成立大会在北京小学大兴分校举行。会上，小学数学教师二作总站负责人、特级教师吴正宪作引领课——“解决问题”；中央民族大学教授解读“吴正宪儿童数学教育思想”。分站有成员80人。相关教师代表等220人参加活动。

（李佳琦）

大兴教育大会

11月20日，大兴区政府召开大兴区教育大会。会议组织参会人员参观“奋进——大兴教育发展之路”大兴教育巡礼图片展，观看视频片《答卷》，听取大兴教育工作报告，明确大兴区近期、中期、远期教育发展目标。会议解读《加快推进大兴区教育现代化实施方案（2018—2022年）》《大兴区关于进一步深化教育体制机制改革的实施意见》《大兴区协同育人暨家家幸福安康工程三年行动计划》《关于强化学校体育促进学生身心健康全面发展的实施意见》4个文件。市教委、区政府领导，大兴区属相关单位负责人，教师及家长代表等近400人参加会议。

（姜雷）

首批校长职级评定

11月至12月，大兴区委教育工委开展大兴区首批校长职级评审与认定工作。全区有公办中小学、幼儿园校（园）长（含党组织书记）177人，民办学校校长（含党组织书记）62人，总计239人，其中163人报名参加评审认定（中学52人、小学64人、幼儿园47人）。经过基本材料评审和面试答辩评审2个环节，最终认定高级校长66人、中级校长83人、初级校长14人，同时推荐15名特级校长候选人参加市级面试答辩，6人被认定为北京市首批特级校长。

（刘朵朵）

大兴中小学生冬季运动会

12月28日至29日，大兴区教委、区体育局联合举办2019年“纳西亚杯”大兴区青少年冬季运动会暨大兴区中小学生冬季运动会。运动会以“共筑大兴新国门，悦享冰雪盼冬奥”为主题，设置竞技组和校园组2个组别。竞技组设有雪上项目——高山滑雪大回转（单板、双板），冰上项目——花样滑冰（自由滑）2项比赛；校园组设有冰上项目——冰球传球射门比赛（集体项目）和运球滑行接力赛（集体项目），雪上项目——双板大回转猜时赛（个人单项）和双板登坡绕障碍直滑降计时赛（集体项目）4项比赛。18所学校选派学生158人次参赛（10所学校87人次参加冰上项目、8所学校71人次参加雪上项目）。

（吕月晶）

12月14日，怀柔中小学生系列体育“精英赛”——棒垒球比赛

（怀柔区教委 供）

15555人完成初中开放性科学实践课程学习

至年底，大兴区15555名学生完成初中开放性科学实践课程学习。北京市大兴区第一职业学校及黄村镇成人学校、礼贤镇成人学校、魏善庄镇成人学校、长子营镇成人学校5所学校，经过课程申报、课程内容与教学设计、现场课程答辩和实地考察等审批环节，成为首批“区级初中开放性科学实践课程资源单位”。大兴一职开设“神奇的牛顿摆”“航空动力学体验——模拟飞行”“我是网络工程师”等科学实践课程；黄村镇成人学校开设“无机非金属材料之玻璃性能的探索与应用”课程；礼贤镇成人学校开设“易拉罐金属画制作”课程；魏善庄镇成人学校开设“压花画制作”课程；长子营镇成人学校开设非物质文化遗产项目“灯彩制作”等系列艺术实践课程。

（宋薇）

怀柔区

概述

2019年，怀柔区教委辖属教育单位125个，其中，幼儿园77所（教育部门办园18所、集体办园16所、民办园43所），小学18所（全部为教育部门办校），九年一贯制学校3所（全部为教育部门办校），民办十二年一贯制学校1所，中学15所（全部为教育部门办校），中等职业学校2所（教育部门办校1所、民办校1所），特殊教育学校1所，其他法人单位8个。招生10293人（幼儿园3671人、小学3066人、初中2175人、普通高中1270人、中等职业学校

6 月 26 日，"冰雪进校园"活动走进渤海中学

（怀柔区教委 供）

102 人、特殊教育 9 人）；毕业 8664 人（幼儿园 3220 人、小学 2585 人、初中 1622 人、普通高中 982 人、中等职业学校 249 人、特殊教育 6 人）；在校生 38189 人（幼儿园 10641 人、小学 17346 人、初中 6238 人、普通高中 3481 人、中等职业学校 395 人、特殊教育学校 88 人）。教职工总数 6310 人（幼儿园 1969 人、小学 1702 人、中学 2307 人、中等职业学校 295 人、特殊教育 37 人），包括高级职称 1159 人、中级职称 2400 人。北京市特级教师 10 人、北京市骨干教师 48 人、北京市学科教学带头人 6 人。全年教育总投入 25.01 亿元。中小学固定资产总值 19.61 亿元。设立学区 11 个（中学 5 个、小学 6 个），学前教育联盟 5 个。

2019 年，怀柔教育围绕"七有""五性"需求，聚焦以科学城为统领的"1 + 3"融合发展新格局要求，在建设"京北教育新高地"各项工作中努力担当。

落实立德树人，坚持五育并举。制定《中小学特色建设的实施意见》等文件，推动学校特色发展。全区有全国校园足球特色校 13 所、幼儿园 3 所，市级校园足球特色校 1 所。推广冰壶、滑冰等冰雪运动项目，举办怀柔区中小学生冰壶比赛，全年有 12 所学校开展"冰雪运动进校园"活动，全区参与冰雪文化进校园学生 6500 余人，参与冰雪运动学生 14000 余人次。国际象棋、围棋、攀岩等 11 个特色项目累计培训学生 3 万人次。建立区课外活动外聘教师资源库，为学校课外科技教育提供保障。与中国科学院大学合作落实"春分工程 · 怀柔青少年科普专项行动"，面向全区青少年开展实验室开放等科普活动。邀请来自中科院 104 家研究所的院士、专家走进中小学作科技前沿公益讲座。成立由怀柔区教委牵头，高校、科研院所、其他区教委、学校等 34 家成员单位组成的创新人才培养协作体。举办校级科技节 5 场、系列科技主题活动 22 项，参与师生 3000 人次。聘任中科院等科研院校教授、博士生导师担任 17 所中小学的科技副校长。全区 12 所中小学开展戏曲进校园活动，学校覆盖率 60% 以上。落实《北京市中小学养成教育三年行动计划》，开展"学规范、正行为、养习惯"主题教育月活动，启动"榜样的力量"系列公益活动。开展第 32 届"紫禁杯"优秀班主任和第 7 届"学生喜爱的班主任"评选表彰活动，7 人获北京市"紫禁杯"优秀班主任称号。组织师生 9504 人次参加"四个一"活动。

推进教育综合改革。制定并实施《提升教育质量工作考核办法》，设定党的建设、育人质量、安全稳定 3 个方面的考核内容。推进职业教育转型发展，发掘职教资源，服务全区中小学生社会大课堂技能体验实践活动。中学生科学实践体验课程培训学生 2000 余人，社会大课堂体验学生 1000 余人。对全区 81 所民办校进行全覆盖考核，行政约谈 18 所学校。联合开展第三阶段专项治理工作，暗访检查培训机构 47 家，立案核查 7 家。其中，3 家由于注销法人登记，依法撤案；3 家办学场所已无违法办学行为，不予行政处罚；1 家作出罚款 1200 元行政处罚。

加强干部教师队伍建设，培养高素质专业化人才。以选优配强校长为重点，调整干部 81 人，提拔正校级干部 6 人、副校级干部 7 人，平级交流 36 人，转任督学 30 人，免职 2 人。优化教师队伍结构，完成各类人事调整 333 人。招聘教师 128 人（京籍 77 人、非京籍 51 人），引进成熟型名师 43 人。加强师德师风建设，印发《师德考核办法》，将师德考核与教师绩效考核、年度考核挂钩。分 2 批选派干部教师 43 人赴东城区优质学校跟岗培训；选派 34 名优秀教师到海淀、东城两区开展为期 1 个学期的培训；组织 55 名市级骨干教师到华中师范大学参加"教研能力提升高级研修"；开展全学段各学科区级专业必修、区级小专题培训 151 个，培训教师 7544 人次。开展"吴正宪名师工作室怀柔工作站""王长青工作室"活动，成立 2 个"特级教师工作室"，成立"海淀—怀柔一体化教研发展项目"名师工作室 24 个。特级教师王长青数学教育专著《我的数学智慧教学》出版发行。

优化结构布局。推进科学城教育配套项目北京市第一 0 一中学怀柔分校、北京第二实验小学怀柔分校扩建工程。推进乡镇幼儿园建设，增加学前教育学位 530 个。对普惠性幼儿园拨付生均定额补助，全年落实补助资金 6700 余万元。普惠园覆盖率达到 98.25%。继续实施"1 + 3"贯通培养项目，一 0 一中怀柔分校和北京市怀柔区第一中学各招生 80 人，共计 160 人。落实"海怀战略合作框架协议"，与海淀区教委签订教育合作协议，推动北京市怀柔区教科研中心与北京市海淀教师进修学校实现一体化教研；利用海淀区名校（园）资源，引进北京市海淀区中关村第一小学、北京市海淀区五一小学和明天幼稚集团，分别与北京市怀柔区雁栖学校、北京市怀柔区杨宋镇中心小学、北京市怀柔区北房镇北房村幼儿园实行一体化办学。与东城区教育合作方面，怀柔一中、北京市怀柔区第三中学与北京市第一七一中学，北京市怀柔区第一小学与北京市东城区府学胡同小学实现一体化办学；引进青苗集团落户怀柔办园。确保低收入家庭学生资助全面覆盖，资助120所学校949名学生，资金总额145.77万元。

提升教育发展保障能力。建立怀柔区学校安全工作联席会议制度，明确校长（园长）为安全工作第一责任人。开展校园周边交通安全、食品安全、消防安全管理、社会治安综合治理和矛盾纠纷排查工作。加快“雪亮工程”建设，完成部分中小学和幼儿园监控设备升级改造。实现全区110个基层单位法治副校（园）长全覆盖。开展各类法治宣传教育活动150次，37100余人次参加法制宣传活动。依托怀柔区老干部大学教委分校，开办“老教师大讲堂”、文学鉴赏、声乐等文艺文化课程，对离退休教师进行思想政治、科学文化、传统文化、文学艺术等方面教育，全年累计上课140课时，接受教育人数8000人次。

（线金秋）

10月29日至11月3日，怀柔区教委举办扶贫协作地区创业致富技能培训班（怀柔区教委　供）

义务教育入学政策调整

2019年，怀柔区作出3项义务教育入学政策调整。第一，精准服务，简化审核程序。非京籍学生在怀柔接受义务教育，审核申请人只需开具在怀柔务工证明，无需其他证明。适龄儿童父母或其他法定监护人开好在怀柔务工证明后，需携带已有租房合同、全家户口薄、北京市居住证即可到居住地所在镇乡政府或街道办事处进行现场审核，实现“两站服务、一次审核”。第二，增班扩容，满足入学需求。与上年相比，怀柔区适龄儿童增加500余人，大部分集中在平原镇乡和城区。为满足适龄儿童入学需求，区教委在区直属小学增加2个班，在平原镇乡小学增加12个班。北京市怀柔区第二中学恢复初中部招生，开设2个教学班。第三，部门联审，完善入学政策。区政府印发《怀柔区2019年本市户籍无房家庭承租人适龄子女入学审核实施细则》，确保北京市非怀柔区户籍无房，符合长期在怀柔工作、居住3年以上条件家庭的适龄儿童，可以在怀柔接受义务教育。

（线金秋　王红俨）

68名干部教师分赴东城海淀跟岗培训

2019年，怀柔区教委分批组织68名干部教师到东城、海淀参加跟岗培训。3月25日和9月16日，怀柔区教育系统分2批选派干部教师43人赴东城区参加跟岗培训。干部挂职为期1个月、教师跟岗为期3个月。10月8日，组织11名干部和14名教师分赴海淀区教委机关、教育党校和7所中小学、幼儿园参加为期1个月、1个学期和1年的挂职和跟岗培训。

（线金秋　邢洪磊）

教育帮扶

2019年，怀柔区教委开展教育帮扶工作。与内蒙古四子王旗教育体育局签订教育帮扶协议，开展“组团式”帮扶，选派支教团队、培训指导团队，实施管理输入、示范引领和培训指导。北京市怀柔区第四幼儿园与四子王旗生盖营幼儿园、四子王旗民族幼儿园，怀柔区学生活动管理中心与四子王旗青少年学生校外活动中心分别签订帮扶协议。与河北怀安县教体局共同召开扶贫协作与支援合作工作会议，根据怀安县教育发展现状推进扶贫协作。北京市怀柔区第五中学与柴沟堡第二中学、北京市怀柔区实验小学与柴沟堡新民小学及怀安县左卫镇第二小学、北京市怀柔区第一幼儿园与怀安县幼儿园及左卫镇中心幼儿园分别签订帮扶协议。组织教师到青海省玉树州杂多县开展教育交流，投入300余万元，为杂多县第二民族中学、杂多县第二民族小学、杂多县中心幼儿园建设远程课堂互动平台。区教委分2次举办暑期教育扶贫协作研修班，分别培训河北、河南两地教师90人和内蒙古、青海两地教师96人。区委教育工委、区教委举办扶贫协作地区创业致富技能培训，为河北、内蒙古、河南三地培训创业致富带头人55人。

（线金秋　贾祎）

校园足球项目总结会

4月9日，怀柔区教委召开北京中赫国安“小比赛，大梦想”校园足球怀柔区项目总结会。数据显示怀柔区每生每学期平均参与 29.20 场比赛。怀柔区教委领导，北京中赫国安足球俱乐部、校园足球项目部相关人员及 7 所项目校主管校长共计 12 人参加会议。怀柔区于 2018 年启动该项目，至年底，全区已有 1500 名学生从中受益。

（线金秋　王昊）

怀柔教育大会

5 月 30 日，怀柔区召开全区教育大会。会议发布《怀柔区教育质量提升工作三年行动计划（2019—2021 年）》《关于提升教育质量工作的实施意见（2019—2023 年）》《关于全面深化新时代教师队伍建设改革的实施意见》的“1 + 2”系列文件，全面总结和部署全区教育工作。市教委、区委、区政府领导，各镇乡、街道党政正职，区教育两委班子成员，区教委各机关科室负责人，教育系统各基层单位党政正职等 200 余人参加会议。

（线金秋）

怀柔二中恢复初中招生

7 月，北京市怀柔区第二中学恢复初中部招生。初中部面向北京市怀柔区第一小学、北京市怀柔区第二小学、北京市怀柔区第三小学、北京市怀柔区实验小学、北京市怀柔区怀柔镇中心小学和北京市怀柔区第六小学 6 所小学招收具有北京市户籍的小学六年级毕业生。开设初一年级教学班 2 个，招生 80 人。师资队伍由该校具有中级和初级职称的 12 名教师组成。该校始建于 1962 年，时称怀柔县城关第二中学，为全日制初级中学；1971 年，增设高中部，成为全日制完全中学；1983 年，更名为怀柔县第二中学；2002 年，更名为北京市怀柔区第二中学；2004 年，因全区教育格局需要停止初中招生；2006 年 7 月，最后一批初中学生毕业，由完全中学转为高中校。

（线金秋）

打造攀岩特色项目

8 月，怀柔区教委组织 16 人攀岩队参加中华人民共和国第二届青年运动会，获 4 枚金牌、2 枚银牌、3 枚铜牌。其中，10 名队员入选国家少年攀岩队，代表中国参加亚洲少年攀岩锦标赛，获 1 枚金牌。2013 年，怀柔区开始建设攀岩体育特色品牌项目，区教委每年投入专项资金，鼓励学校开设攀岩运动课程，至 2019 年，全区共有 11 所学校开展攀岩项目，参训学生达到 1000 余人次。其间，区教委先后举办 4 届攀岩比赛，选拔优秀运动员组建区教委攀岩队，利用寒、暑假时间，聘请高水平教练为攀岩队队员开展集训。

（线金秋　王昊）

2 个特级教师工作室成立

9 月 19 日，怀柔区教委成立“张凤勤特级教师工作室”和“赵兰香特级教师工作室”。根据特级教师工作室建设方案，工作室建设目标及工作职责包括加强对外交流，与市、区研修部门，市、区教育学会和知名教育专家、特级教师建立联系，组织成员参加高层次培训；建立工作例会制度，定期开展研究活动，总结研究经验；立足课堂推广成果，在研修基础上积极撰写、发表个人研修论著、工作室教学教研成果并在全区范围内介绍、推广。41 名青年教师被选为工作室学员。至此，怀柔区有特级教师工作室 3 个。

（线金秋　姜亚菲）

创新人才培养协作体成立

11 月 29 日，怀柔区创新人才培养协作体推进研讨会暨怀柔区第一届青少年“科学探秘”奥林匹克、雏鹰爱心行动——怀柔行活动在北京市怀柔区实验小学举行。会议通过北京市基础教育阶段怀柔区教育委员会“创新人才培养协作体”章程，为协作体成员单位、指导专家颁发证书和聘书。协作体由区教委牵头，包括其他区教委、高校、中小学等各类成员单位 34 家，聚焦科技创新主题实验室翱翔学员培养、雏鹰建言行动、实施教师专业发展“翱翔工程”等方面内容。“科学探秘”奥林匹克活动中，怀柔学生代表展示弹射飞车、智慧搭建环保风力装置、纸杆托球、滑翔飞行、甜蜜云端、冰球奇遇记 6 个项目。雏鹰爱心行动活动中，学生参与“软陶艺术创想”“树叶粘贴画”2 个

11 月 29 日，怀柔区“创新人才培养协作体”推进研讨会——怀柔实验小学滑翔飞行制作互动　（怀柔区教委　供）

艺术体验项目。区政府、区教育两委、北京青少年科技创新学院办公室、中国科学院软件研究所等单位领导，中国人民公安大学、中国科学院微电子研究所、怀柔区冰雪运动协会等高校、科研院所领导、专家，中小学校长及师生代表等350人参加活动。

（综金秋　吕永梅）

首批校长职级评审认定

11月，怀柔区教委完成首批中小学校长职级评审认定工作。怀柔区中小学校长80人（含民办校1人）参加评审。经申报、述职、答辩等环节，评审认定怀柔区特级校长1人、高级校长27人、中级校长43人（含民办校1人）、初级校长3人，6人未定级。

（综金秋　申建勋）

聘任首批中小学科技副校长

12月27日，怀柔区教委举办第一批中小学校科技副校长聘任仪式。区教委聘请中国科学院大学教授、博士生导师17人分别担任17所中小学的科技副校长。科技副校长首次聘任期限为1年，期满后，由选派单位、需求学校及本人三方协商确定是否续聘及续聘期限。科技副校长职责包括：协助学校制订符合实际情况的科技教育发展规划；指导学校、教师开展科技教育工作及社团活动等；利用专业优势，对学校参与的青少年科技创新大赛等科技节相关赛事提供指导；发挥桥梁纽带作用，为学校引进优质科技教育资源，搭建高端科技教育平台；利用自身影响力，帮助学校提高科教意识与水平；每月至少1次走进学校现场办公，每周至少1次通过电话、邮件、微信等方式与学校沟通，为学校出谋划策、为师生答疑解惑。

（综金秋　杨雪）

平谷区

概述

2019年，平谷区教委辖属教育单位156个，其中，幼儿园79所（教育部门办园5所、集体办园38所、民办园36所），小学46所（教育部门办校45所、民办校1所），初级中学12所（全部为教育部门办校），完全中学4所（全部为教育部门办校），九年一贯制学校2所（全部为教育部门办校），民办十二年一贯制学校1所，中等职业学校1所，特殊教育学校1所，其他法人单位10个。招生11422人（幼儿园3871人、小学3592人、初中2452人、普通高中1423人、中等职业学校84人）；毕业9903人（幼儿园3895人、小学2869人、初中1776人、普通高中1319人、中等职业学校44人）；在校生43165人（幼儿园12586人、小学19002人、初中7019人、普通高中4210人、中等职业学校229人、特殊教育学校119人）。教职工总数6902人（幼儿园1897人、小学2092人、中学2702人、中等职业学校147人、特殊教育64人），包括高级职称1566人、中级职称2694人。北京市特级教师8人、北京市骨干教师50人、北京市学科教学带头人6人。全年教育总投入26.34亿元。中小学固定资产总值12.66亿元。设立学区9个。

2019年，平谷区教育系统坚持“问题导向、目标引领、质量优先、适度均衡”基本原则，完成《平谷区振兴教育事业三年行动计划》，启动《平谷区第二期振兴教育事业三年行动计划》。以全国及全市教育大会精神为引领，召开平谷区教育大会。把教学研究作为问题突破口，以问题为导向，加强教学研究，区、校两级每月开展一次教学研讨活动。把基地建设作为学科发展旗帜，在原有名师工作室基础上建立政治、历史、生物、化学4个学科教学基地，发挥优秀教师作用，带动优势学科发展。实施办学模式改革，深化集团化管理，在原有教育集团基础上，确定高学段带低学段、城区带农村、优质带薄弱原则，建立以4所高中校为引领的10个教育集团，形成以5所公立幼儿园为引领，辐射带动5个幼儿园学区的新格局。

6月6日，平谷区教委开展“北京市特级教师走进乡镇园”系列活动之——走进峪口中心幼儿园　（平谷区教委　供）

坚持立德树人，培养合格建设者和接班人。以《北京市中小学生行为习惯养成学段重点目标》为抓手，细化养成标准，重视心理健康教育，推进生涯规划教育，坚持文化立校。坚持主题活动育人，开展中学生中英双语演讲比赛，组织“家校进博”活动，鼓励家长陪同学生一起走进博物馆参观学习。开展家访活动，家访率100%。选派19名优秀高中学生赴加拿大参加研学交流，开展暑期英语夏令营和科学考察活动。开展庆祝中华人民共和国成立70周年主题教育、主题阅读活动。强化生态文明教育，举办2019年平谷区小学生“我爱地球妈妈”、中学生“中英双语”演讲比赛。

关注社会热点问题，提升办园质量。坚持依法办园，规范普惠性幼儿园办园行为，制订《平谷区普惠性幼儿园认定与管理办法（试行）》，加强普惠性幼儿园准入制度，提升普惠性幼儿园办园质量。挖掘园所内涵，创建园所特色，丰富课程资源，构建科学园本课程。加强质量监控，不断提高保教水平，开展“北京市幼儿园办园质量督导评估”，推进民办园规范发展。

1月12日，平谷区教委、区文化委联合举办“翰墨薪传——首届平谷中小学生师生书法作品展” （平谷区教委 供）

壮大队伍，提升教师专业素养。通过多种形式招聘，解决教师队伍断档问题。系统内调配，缓解师资结构性缺编问题。落实教师准入政策，635人通过教师资格认定，取得教师资格证。加强教师培训，开展百名教师培训工程，借助“互联网+”开展双师培训，组织推荐80余人次参加北京市特级教师高级研修项目和名校长、名师培养项目。

丰富文体艺术活动，提升学生综合素质。开设冰雪校本课程，建设冰雪特色校，组建冰球队；举办第三届“詹天佑”杯软式棒球友谊赛。北京绿谷小香玉艺术学校编排的经典豫剧作品《花木兰》在国家大剧院举办首场演出；参与并推进“中国书法之乡建设工程”，成立教师书画院，开设书法课程，举办“首届中小学师生作品展”。开展科学考察、模拟政协、英语夏令营等活动。各中小学以社会大课堂为依托，不断完善实践育人体系，深化实践体验活动，丰富劳动教育资源，提升学生创新能力和实践能力。

（吴玉仙）

五举措助力中国书法之乡提升工程

2019年，平谷区教委五举措助力“中国书法之乡提升工程”。重培训，提高书法教师专业素养，成立教师书画院，定期开展中小学书法教师常规培训和专项培训，邀请书法名家现场指导，培训学员500余人次，培养出中国书法家协会会员2人、北京书法家协会会员31人、平谷区书法家协会会员61人。强课程、组社团，实现2个百分百（100%学校开展书法项目、100%学生参与书法活动），全区小学各年级每周开设1节书法课、各中学组建书法社团，全区有42个书法社团定期开展活动。建基地，助力书法艺术进课堂，认定首批区级“书法培训基地”2个；选定5所学校创建区级书法培训学校，拨付20万元专款支持各校开展活动。搭平台，指导各中小学做好校级成果展示，青少年活动中心负责区级活动开展，筹办学生艺术节、师生书画印展等活动。带家长，形成“中国书法之乡”氛围，爱好书法的学生带动家长参与到村和社区书法培训活动中。1月12日，区教委、区文化委联合举办“翰墨薪传——首届平谷中小学生师生书法作品展”，展出优秀作品162件。

（吴玉仙）

推进“1＋3”项目试验

2019年，平谷区继续在北京市平谷中学开展“1＋3”项目试验，招收教学班2个，共计80人。项目招收对象为在平谷区公办普通初中校就读，具有普通高中升学资格且在同一学校具有连续2年学籍的初二年级学生；报名学生完成初二年级第二学期学习后，在自愿基础上参加试验学校面试，依据面试结果进入试验学校，在试验学校连续完成初三及高中共4年学习。参加试验的学生，无需参加中考，直升本校高中；也可在初三中考报名前退出试验，退出试验之后转回原初中校，可参加当年中考，但不能参加校额到校、市级统筹、统招定向招生录取。

（杜德生）

教育专网建设项目

2019年，平谷区教育信息中心在原政务外网改造基础上组织教育专网建设项目方案编辑制作。平谷区教育专网与平谷区政务外网融合项目规划搭建基础网络互联互通平台，覆盖全区所有单位，包括16个乡镇、2个街道、28个居委会、275个行政村、130个委办局、150个教育单位，实现农村远程教学、网上办事、技术技能培训，分别为“雪亮工程”、明厨亮灶视频监控、中高考电子巡考系统等专项业务提供资源分配以保障所需业务带宽。

（刘远洋）

成人教育工作者持证上岗

1月，平谷区教委开展成人教育服务“三项国家标准”培训并组织结业考试。202名成人教育工作者参加考试，全部合格并取得入门资格。至此，全区成人教育工作者全部完成“三项国家标准”培训并获得成人教育入门资格。“三项国家标准”是中国第一组成人教育培训国家标准，内容包括《成人教育培训服务术语》《成人教育培训工作者服务能力评价》《成人教育培训组织服务通则》。

（吴玉仙）

高中学科教学基地启动

3月29日，平谷区高中学科教学基地启动仪式在北京市平谷中学举行，创建政治、化学、历史、生物4个学科教学基地。全区各学科教学基地骨干成员，区教委、区教育研修中心相关人员等30余人参加活动。除上述4个学科教学基地外，平谷区计划再建学科教学基地5个，共计9个，初步选定学科基地校4所。建立学科基地校，目的是从基层课堂出发，打造一批快速成长的学科，培养一批中青年教学能手，推进新课程改革、提高教育质量。

（吴玉仙）

区政府教育督导机构调整

3月，平谷区政府教育督导室撤销。撤销后，在平谷区教委内设教育督导科，行使教育督导职能。教育督导机构是由区政府授权，代表区政府执行督导任务的行政监督机构。平谷区政府教育督导室设立于1988年3月。

（吴玉仙）

首届软式棒垒球锦标赛

5月11日，平谷区教委、区体育局联合举办首届平谷“桃花杯”软式棒垒球锦标赛暨慢投垒球赛。比赛设青少年组和成人组2个组别。全区9所小学、6所中学选派17支

5月11日，平谷区教委、区体育局联合举办首届平谷“桃花杯”软式棒垒球锦标赛暨慢投垒球赛　　（平谷区教委　供）

代表队236名学生参加比赛；13名体育教师代表区教委参加成人慢投垒球组比赛。最终，靠山集中心小学劲疾队、北杨桥中心小学闪电队、金海湖学校、靠山集中心小学泰坦队分获U8徒手组、U12徒手组、U12手套组、U15手套组冠军；区教委教工队以全胜成绩获成人慢投垒球组冠军；另评出最佳教练奖5个。国家体育总局、区政府、区委教育工委、区体育局相关领导参加闭幕式并为优胜队颁奖。

（赵振成）

特级教师走进乡镇园

6月6日，平谷区教委开展“北京市特级教师走进乡镇园”系列活动之——走进峪口中心幼儿园。北京市特级教师吴欣萍带领名园长工作室成员走进北京市平谷区峪口中心幼儿园，了解办园理念及民间游戏特色定位，听取园长工作汇报，观摩园所整体环境和“玩童学艺”开放游戏，就观摩内容展开交流研讨，针对园所存在的困惑给出可行性建议。区教委相关工作人员，部分学区园长、教师等40余人参加活动。3月至12月，“北京市特级教师走进乡镇园”活动共走进5所乡镇园开展观摩指导。

（张秀娟）

平谷区青少年科技教育体验中心开馆

9月1日，平谷区青少年科技教育体验中心开馆。该中心隶属于平谷区青少年活动中心，占地面积9866.67平方米，建筑面积5732.53平方米，主体建筑地下1层、地上3层，分为中庭主展区、探索谷、欢乐谷、儿童启蒙乐园、教育专区、科学广场6个区域，有展品51件。该中心将成为全区师生科技培训、科技活动、科技竞赛和社会大课堂的重要基地。200名师生代表参加开馆仪式并成为首批体验者。

（吴玉仙）

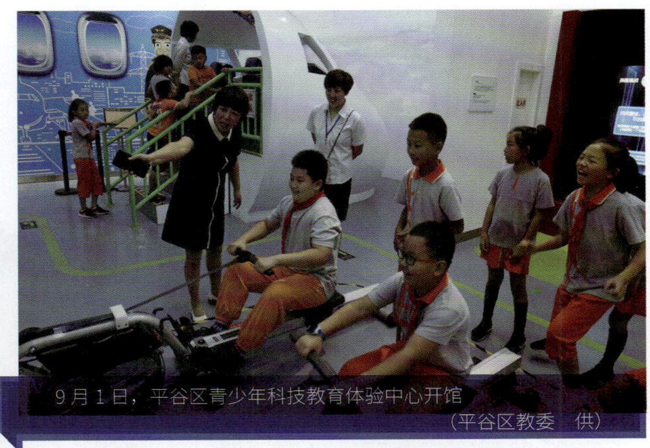

9月1日，平谷区青少年科技教育体验中心开馆
（平谷区教委　供）

区语委办更名为平谷区教育人才服务中心

9月，北京市平谷区语言文字工作委员会办公室更名为北京市平谷区教育人才服务中心。更名后教职工编制划转到北京市平谷区教育人才服务中心，负责教育系统人才管理的事务性工作，承担教育系统教职工相关信息系统的维

护、管理、统计以及教育系统在职、离退休教职工大病及生活生活困补统计汇总和教职工休养等工作。平谷语委办成立于1986年，为区政府直属机构，是区政府主管语言文字工作的职能部门，为区语委办事机构，行政上挂靠在平谷区教委。

（吴玉仙）

第15届全民终身学习活动周

11月3日，平谷区第15届“全民终身学习活动周”启动仪式在平谷琴湖公园举行。活动表彰平谷区3年间学习型先进单位62个、先进个人135人，宣传全民终身学习理念，交流各类学习型组织及先进个人创建经验，展示社区教育成果，发放各类学习宣传资料6000余份。宣传内容分为“没有围城的大学”“师生风采”“开展社区教育，服务终身学习”三部分。通过条幅、展板和传单等形式，向市民传达终身学习的意识观念。区教委领导，区建设学习型平谷工作领导小组66个成员单位、18所乡镇街道社教办相关人员及近千名市民参加活动。

（王文艳　赵国玲）

小学生游泳技能公益培训项目

11月，平谷区教委、区体育局联合启动“平谷区小学生游泳技能公益培训项目”。项目面向全区三年级小学生，本着自愿参与原则，提供12课时，共计18小时的蛙泳技能培训。第一批确定参训学校10所，惠及学生1400人。4日至7日，作为第一批项目校，北京市平谷区第二小学和北京第一师范学校附属小学平谷分校组织三年级学生156人，走进体育中心游泳馆参加游泳技能培训，培训时间为每天下午2：00至5：00。

（吴玉仙）

“接诉即办”响应率100%

至年底，平谷区教育系统“接诉即办”工作共受理工单1005件，响应率100%，满意率67%，解决率88%。其中，教育教学问题占26.2%、入学政策问题占9.5%、校外培训机构治理问题占16%、师德师风问题占9.4%、非正编教师工资待遇问题占3.5%、学校后勤管理问题占9.7%、涉法涉诉问题占2.2%、其他问题占23.5%。

（吴玉仙）

密云区

概述

2019年，密云区教委辖属教育单位151个，其中，幼儿园77所、小学40所、初级中学17所、完全中学1所、高级中学3所、九年一贯制学校2所、中等职业学校1所、特殊教育学校1所、其他法人单位9个。招生14037人（幼儿园4471人、小学3916人、初中3511人、普通高中2004人、中等职业学校117人、特殊教育学校18人）；毕业12005人（幼儿园4097人、小学3710人、初中2682人、普通高中1405人、中等职业学校83人、特殊教育学校28人）；在校生51454人（幼儿园13206人、小学22232人、初中9939人、普通高中5516人、中等职业学校405人、特殊教育学校156人）。教职工总数7083人（幼儿园2294人、小学2183人、中学2362人、中等职业学校197人、特殊教育学校47人），包括高级职称1192人、中级职称2364人。北京市特级教师18人、北京市骨干教师62人、北京市学科教学带头人12人。全年教育总投入26.13亿元。中小学固定资产总值14.03亿元。新建小学1所、幼儿园4所。设立教育集团2个，中学学区4个，小学城乡教育共同体7个。

2019年，密云区召开教育大会，区教委落实市、区教育大会精神，推进“五个典范之区”建设。

12月25日，密云区教委举办幼儿园早期阅读课程实施推进会
（密云区教委　供）

完善师资培养体系。优化师资结构，择优招聘新教师、外区调入教师194人，选拔校（科）级干部17人。4所学校入选北京市中小学教师教育基地。宣传师德典型事迹，评选表彰10个师德先进集体、115名师德先进个人。与高校、培训机构合作开展校（园）长、后备干部、骨干教师、新教师、民办园教师系列培训，推进干部教师赴华东师范大学研修项目，组织干部教师综合素质提升大讲堂2期，举办

“教坛新秀”评选，开发“研训一体”课程101门。继续开展教师综合素养与能力测试，完成对11个学科1800余名教师的测试工作。

各级各类教育优质发展。落实第三期学前教育行动计划，新增学位1100个；以北京市幼儿园办园质量督导评估为抓手，推动幼儿园普惠发展，普惠园覆盖率95.2%；完善管理机制，引导支持非教办园提高教师待遇；举办幼儿体育节、艺术节，完善早期阅读、无稿创意剪纸等课程建设，以展评促提升。深化学区制、城乡教育共同体建设，新建2个中学教育集团，加强初高中衔接，促进城乡教育一体化发展；小学阶段坚持推进“六大工程”，继续开展“整本书阅读”“诗词大会”等系列活动，深化课堂教学改革；中学阶段积极应对中高考改革，开展“生动课堂”“阅读工程”等项目，整体推进三级课程建设。职成教育打造“三有”课堂，深化校企融合、职普融通，与60余家大中型企业建立长期稳定合作关系，开展职业技能培训2800人次；推进学习型密云建设，成人学历教育招生1108人；推进校外培训机构专项治理，完成整改核销机构55个，在全国管理服务平台发布白名单68个，发布率119%。

6月15日，密云区举办第22届学生艺术节舞蹈展演活动
（密云区教委　供）

完善“五育”培养体系。以“美丽少年”教育为抓手，深入开展“我和我的祖国”系列主题教育活动；深化思政课建设，研讨思政课实施方法、途径。推进开放性科学实践活动，开展劳动教育“四个一”活动，开辟校内劳动实践基地，开设劳动体验课程，培养学生劳动习惯、劳动技能。加强班主任队伍建设，提高家访实效性，邀请家长走进学校、走进班级。落实学生每天一小时体育锻炼，开展校园篮球、足球、乒乓球、冰雪运动等项目。新申报全国校园足球特色校2所、北京市冰雪特色校2所。举办第22届学生艺术节，展示杨敏舞蹈工作室成果并启动新一轮合作。推进“高参小”项目，组织近百名学生走进中央党校、国家图书馆音乐厅，与作曲家谷建芬同台演出。学生6000余人次参加科技活动，获国家级奖项9个。

改善办学条件。实施修缮改造项目37个，实施设备配备、信息化建设项目36个。建成北京市密云区第二小学滨河校区，接收2所教育配套幼儿园，优化优质资源布局。贯彻落实《北京市中小学校幼儿园安全管理规定（试行）》，建成平安校园83所，占全区校园总数的97.6%。

推进教育帮扶。落实、发放各类补助资金，切实减轻贫困家庭负担。持续做好对大城子镇墙子路村的精准帮扶，组织协调社会资源，为该村安装高清数字监控系统。开展农民培训，有效帮助低收入农民解决生产生活疑难问题。深化对蔚县、巴林右旗等受援地区的教育帮扶，推进结对校游学互访，接收跟岗学习干部教师70余人。向受援地开放教育云平台网络教学资源，捐赠网络教学设备、图书等，直接资助贫困学生27人。

完成庆祝新中国成立70周年服务保障工作。98名教师完成国庆联欢训练、彩排、演出任务。

（王云阶）

教师队伍建设加强

2019年，密云区教委加强教师队伍建设，提升教师整体素质。招聘新教师160人（本地105人、外地55人），外区调入教师33人，引进河南省级名校长1人。全年安排204名教师进行岗位交流，包括城区教师到乡村交流89人、学科指导2人，乡村教师到城区交流84人。继续开展中小学教师学科能力测试，涉及中小学、幼儿园的11个学科，测试人数1800人。发挥名师、名校长工作室辐射作用，名校长工作室开展专题讲座40次，立项市、区级课题41个，召开个人办学实践研讨会2次。

（李士新）

助力脱贫攻坚

2019年，密云区教委加大教育帮扶力度，助力受援地区打赢脱贫攻坚战。加大教育人才交流培训工作力度，选派支教教师37人（包括7个月以上长期支教教师16人），支教教师单独指导贫困生500余人；接待各受援地区跟岗学习教师73人；为受援地区中小学、幼儿园干部教师开展各类培训1300余人次；为4个地区8所结对学校650余名教师开放密云教育云平台使用权限，开展信息化专题培训 200 余人次；组织跨学科 STEAM 名师工作室牵手蔚县常宁中心小学，为 570 名学生（包括 208 名贫困生）讲授科学实践课程；新增滦平县、蔚县结对校 5 所，校际帮扶结对校达到 22 所。聚焦帮扶建档立卡贫困户，组织蔚县职业技术教育中心、库伦旗多所初中校 51 名建档立卡贫困家庭学生到密云开展访学活动；赴库伦旗民族职业中专校开展职业技能培训 4 次，培训学生 213 人，包括建档立卡贫困家庭学生 33 人。开展物资捐赠活动，区教委结合受援地区实际需求捐赠网络交换机 13 台，乒乓球台 58 张，办公设备、食堂设备和学生住宿用品近 2000 件，价值 350 万元；组织相关学校捐赠书籍、学习用具、保暖衣物等 4300 余件，助学金 2.20 万元，直接帮助贫困或患病学生 85 人。

（李毅 李士新）

6 月 22 日，密云区教委举办中小学生校园足球联赛

（密云区教委 供）

法治副校（园）长全覆盖

2019 年，密云区实现中小幼法治副校（园）长全覆盖。按照市政府办公厅《关于进一步加强学前教育管理意见》要求，在建立中小学法治副校长制度基础上，各级各类幼儿园参照中小学建立法治副园长制度，聘请司法、公安等政法部门人员 45 人担任 75 所幼儿园的法治副园长，配备率 100%。法治副园长负责幼儿园法治管理指导和法治宣传教育工作，推进各级各类幼儿园依法管理。2000 年，密云区启动中小幼法治副校（园）长聘任工作；截至 2019 年，为全区 136 所中小学、幼儿园配备法治副校（园）长 45 人。

（马飞 李士新）

教育云平台服务能力提升

2019 年，密云区教委加大密云教育云平台建设，提升云平台服务能力。资源建设提速升级，根据教师研修部门和基层学校的实际需求，提供 54 万余条学科教学资源、20 余万条知网文献资源，覆盖小学、初高中全学段 17 个学科，打造拥有 3 亿条资源、200 余节 AI 教育视频、数百万道试题的百度智慧课堂，1431 条 3D 教学资源和小学阶段科学数字教材 vbook 资源满足师生浏览、检索、下载需求。

（李士新）

美育工作创新发展

2019 年，密云区教委以艺术教育为抓手，推进学校美育工作创新发展。密云区第 22 届学生艺术节中，5645 名学生参加 20 余项艺术活动，2170 人获奖。3 所学校在北京市第 22 届学生艺术节舞蹈展演中获金奖。加强合唱项目建设，新增班级合唱，实现校校有活动，班班有歌声；举办舞蹈、合唱优秀节目专场演出，引领区域特色项目发展。开展抓主管干部素质提升培训，组织 170 余人次走进国家大剧院欣赏音乐会，组织教师参加戏剧教育论坛。加强区际交流，提升金帆书画院建设水平，与昌平区开展交流活动，通过学校交流发言、参观作品展、观摩社团活动等形式，提升干部教师对金帆书画院建设的认识。“高参小”项目持续发力，校本课程覆盖小学各年级学生 5515 人；开展中外艺术交流，邀请奥地利威尔顿少年合唱团走进密云；举办 5 场项目校汇报演出，为学生搭建展示平台。

（冯丽 李士新）

校园足球普及与提高

2019 年，密云区教委推动校园足球普及与提高。全年新增全国青少年校园足球特色学校 2 所、北京市校园足球特色学校 4 所、北京市足球特色幼儿园 3 所。至年底，全区有全国及北京市校园足球特色学校 14 所、幼儿园 3 所，初步构建中、小、幼足球人才培养体系。校园足球师资水平不断提高，组织 130 余名师生分别参加校园足球 C、D、E 级教练员及国家三级裁判员培训，参训人员完成全部课程并参加市足协组织的相关测试。开展校园足球“小比赛”活动，全年累计进行 1000 余场比赛，参与人数 1 万人次；开展校园足球作品征集与文化展示活动，700 余件作品获市级奖励；组织 200 余名师生到北京工人体育场观看中赫国安主场比赛。区教委组队参加北京市校园足球精英赛获小学女子组亚军、中学女子组季军。3 名球员被评为国家二级运动员、15 名球员入选全国校园足球夏令营、1 名球员入选北京市校园足球最佳阵容、3 名球员被市教委推荐至教育部被评为未来之星。

（陈辉 李士新）

推进幼小衔接

2019年，密云区教委推进幼小衔接工作。以学前教育宣传月活动为契机，开展家长开放日、家长讲座等活动，引导家长树立正确的教育观、成长观，同时利用多媒体网络平台、密云教育及各幼儿园微信公众号等渠道持续进行“理解童心，科学做好入学准备”系列宣传报道，引导家长摒弃提前学习小学课程和教育内容的错误想法。各园所组织大班幼儿到小学参观体验，让幼儿了解小学环境，感受学习氛围。开展“理解童心，科学做好入学准备”主题征文活动，展示教师、教研员及家长科学育儿理念。

（张燕妮　李士新）

校园足球小比赛项目总结

4月4日，密云区教委召开校园足球“小比赛”工作总结会。5所首批项目试点学校分别进行工作总结与经验介绍。密云区12所校园足球特色校体育主管干部及教练30余人参加会议。校园足球“小比赛”项目为小学阶段学生量身打造，在小场地、踢小足球，通过班级联赛形式让更多学生参与到足球运动中。5所试点学校于2018年9月开始实施班级小场地比赛，截至2019年12月31日，比赛场次达到7000场，参与学生9万人次。

（陈辉　李士新）

教育两委机构改革完成

4月，密云区教育两委完成机构改革。根据《密云区机构改革方案》，区政府教育督导室由区教委代管调整为在区教委加挂牌子，内设科室和人员编制纳入区教委统一管理，不再保留区政府教育督导室下设综合科和督政科，职责划入督学科；不再保留教育基金办公室、语言文字办公室，职责由职业成人教育科及新成立的服务保障科负责；设立组织科、党建科、服务保障科、机关党委、机关纪委，综合治理科加挂安全生产科牌子。改革后密云区教育两委内设职能科室19个，即工委办公室、组织科、党建科、内审科、教委办公室、学前教育科、小学教育科、中学教育科、职业成人教育科、体育美育卫生科、综合治理科（安全生产科）、督学科、财务基建科、服务保障科、人事科、机关党委、机关纪委、工会、团委，编制60人。

（李士新）

1759名教师综合素养与能力测试完成

5月25日、9月21日和10月19日，密云区教委分3次完成1759名学科教师综合素养与能力测试。5月，827名幼儿教师参加幼儿园五大领域知识测试；9月，小学道德与法治、科学2个学科和初中5个学科的588名教师参加测试；10月，高中语文、数学、英语、物理、化学5个学科344名教师参加测试。3次测试均采取闭卷笔答形式，由北京教育科学研究院提供试题。其中，初高中学科教师测试及格率100%、幼儿园教师五大领域知识测试及格率97.6%、小学道德与法治学科教师测试及格率70.3%、小学科学学科教师测试及格率65.2%。2018年8月至2019年10月，密云区教委完成学前、小学、初中、高中各学段24个学科3512名教师的测试工作。

（李士新）

首届中小学生机器人马球比赛

6月14日至15日，密云区教委举办第一届机器人马球比赛。比赛围绕“运动炫科技，智慧赢未来”主题，采取分组加淘汰赛制，中、小学各分2个小组，每个小组前两名晋级半决赛。全区11所中小学13支队伍近百名学生参赛。经过23场比赛，北京市密云区第五小学、北京市密云区古北口中学分获小学组、中学组冠军。

（陈辉　李士新）

两个教育集团成立

8月26日，密云区教委举行中学集团化办学启动仪式，成立北京市密云区第二中学教育集团和首都师范大学附属密云中学教育集团2个教育集团。密云二中教育集团有密云二中、北京师范大学密云实验中学、北京市密云区第三

6月15日，密云区教委举办首届中小学生机器人马球比赛

（密云区教委　供）

中学、北京市密云区第五中学 4 所成员校，首师大附属密云中学教育集团有首师大附属密云中学和北京市密云区第六中学 2 所成员校，密云二中和首师大附属密云中学校长分别担任各集团组长。集团成员校将在学校管理、教师队伍建设、初高中衔接等方面开展交流合作。

（雒晓波　李士新）

密云教育大会

9 月 10 日，密云区教育大会召开。会议组织观看密云区教育发展宣传片，表彰密云教育系统优秀教育工作者 32 人，发布 6 个重要文件。会议提出建设“生态文明教育典范之区、思政课建设典范之区、义务教育优质均衡发展典范之区、优秀教育工作者培育典范之区、学校特色建设典范之区”的教育现代化目标。区委、区人大、区政府、区政协主要领导，各镇街（地区）党（工）委书记，各镇街教委副主任，区教委机关副科级（含）以上干部，全区副校级以上干部，退休校长代表、教师代表、学生代表、家长代表等 500 人参加会议。

（雒晓波　李士新）

16 所义务教育学校体育场向社会免费开放

9 月 15 日起，密云区 16 所义务教育学校室外体育场向社会免费开放。开放范围包括室外篮球场、足球场、田径场、羽毛球场及部分体育设施设备。开放时间为法定节假日及寒暑假 7:00—21:00（学生在校训练、社团活动时间除外），课余时间（工作日）19:00—21:00。学校委托第三方机构负责学校体育场馆开放期间校园环境卫生和校园安全保障。至年底，社区居民到学校体育场馆活动人数 18 万人次。

（张文华　李士新）

第 15 届全民终身学习活动周

11 月 30 日，密云区教委举办第 15 届全民终身学习活动周开幕式暨密云全民学习网启动式。活动中，22 家区级示范性“社区学习共同体”、4 名“首都市民学习之星”受到表彰；区教委领导与华佑教育集团代表共同为“密云全民学习网”启动揭牌。活动举办密云全民学习网专题讲座，介绍全民学习网的价值、功能和应用前景，并利用智能设备指导居民注册、登录、使用，现场体验线上学习。区教委领导，社区教育中心、职业学校、各镇街教委相关负责人，社区学习共同体代表及社区教育学员等 700 余人参加启动式。活动周以“城教融合谋发展，需求导向促改革”为主题，举办各种培训、讲座 31 场，参与人数 2.40 万人次。其间，区教委利用电视、宣传展板、悬挂宣传横幅等途径，宣传学习型密云建设成果和市民学习之星的先进事迹；在镇街举办全民终身教育、学习型组织发展、法律知识等讲座或培训；面向学生、面向社区开展技能培训和特色体验观摩活动，举办市民书画、摄影展览和征文、知识竞赛、演讲比赛等活动。

（李士新）

9 月 15 日起，密云区 16 所义务教育学校室外体育场向社会免费开放（密云区教委　供）

校长职级制评审

11 月，密云区教委完成 66 名中小学、幼儿园校（园）长职级制评审工作。区教委制订《北京市密云区推行中小学校长职级制度的实施方案（试行）》，成立由党政领导、名校长、专家组成的密云区校长职级制评审委员会并聘请高校及其他区名校长担任评委。评审设置校长个人申报、上交评审材料、个人述职、评委打分等环节，综合考量校长所在学校办学规模、办学绩效、社会评价和个人影响力等因素，最终评审认定特级校长 3 人、高级校长 24 人、中级校长 35 人、初级校长 4 人。

（张小菊　李士新）

发放各项扶贫助学资金 1870.07 万元

至年底，密云区教委发放各项扶贫助学资金 1870.07 万元，受助学生 67469 人次。其中，义务教育阶段学生享受学习补助、寄宿生生活补助、免教科书及免住宿费累计 1665 万元，受助学生 65517 人次；普高阶段困难学生享受助学金、免学费、免教科书及免住宿费累计 81 万元，受助学生 1485 人次；中等职业学校学生享受助学金累计 89.07 万元，受助学生 383 人次；学前阶段幼儿享受免保教费 35 万元，受助幼儿 84 人。

（刘海英　李士新）

12月9日，密云区教委开展“万名学生进雪场”体验活动
（密云区教委 供）

奥林匹克及冰雪项目进校园

至年底，密云区教委推进奥林匹克教育及冰雪项目进校园工作。成功申报北京市冰雪特色学校2所、北京市奥林匹克教育示范校4所；组织600余人观摩世界冰球、冰壶等比赛，组织500余人参观冬季博览会，在37所学校开展冬奥知识讲座；举办中小学生奥林匹克艺术品征集活动，让学生深入了解冬奥文化，掌握冰雪运动知识；通过政府购买服务方式，与云佛山滑雪场、南山滑雪场合作，继续开展密云区“万名学生进雪场活动”，1.60万余人次分别走进雪场进行滑雪技术体验与学习，免费发放3.50万张滑雪门票，选拔冰雪运动员定期开展训练。

（陈辉 李士新）

延庆区

概述

2019年，延庆区教委辖属教育单位117个，其中，幼儿园50所（教育部门办园36所、集体办园2所、民办园12所），小学28所，初级中学11所，完全中学2所，高级中学2所，九年一贯制学校6所，中等职业学校1所，特殊教育学校1所，其他法人单位16个。招生8145人（幼儿园2617人、小学2343人、初中1876人、普通高中1152人、中等职业学校157人）；毕业7579人（幼儿园2504人、小学2014人、初中1500人、普通高中1084人、中等职业学校477人）；在校生29689人（幼儿园7610人、小学12700人、初中5439人、普通高中3199人、中等职业学校657人、特殊教育学校84人）。教职工总数4837人（幼儿园1172人、小学1324人、中学2084人、中等职业学校220人、特殊教育37人）。专任教师3600人（幼儿园847人、小学1349人、中学1212人、中等职业学校161人、特殊教育31人），包括高级职称536人、中级职称1307人。北京市特级教师13人、北京市骨干教师58人、北京市学科教学带头人8人。全年教育总投入35.51亿元。中小学固定资产总值15.11亿元。设立学区13个（幼儿园4个、小学5个、初中3个、高中1个）。

2019年，延庆教育坚持立德树人根本任务，深化教育综合改革。

培养德智体美劳全面发展的学生。以世界园艺博览会、创城为契机，开展中华优秀传统文化进校园活动200场，组织学生参加雏鹰建议、模拟政协提案和时事述评辩论等活动。完成世界园艺博览会服务保障工作，选拔146名小学生参加开幕式“萌花萌芽与国家领导人共培友谊绿植”活动，选送100幅中小学绘画比赛优秀作品参加开幕式宣传展览，组织200名师生参加闭幕式。牵头制订《延庆区儿童青少年近视综合防控工作方案》，学生近视筛查结果达到区政府考核标准。开展民族艺术进校园、艺术节等活动130场，参与人数3万人次。延庆少年合唱团参加第十届世界和平合唱节比赛获金奖。实施中小学生实践教育活动，开发马铃薯基地、北菜园等10家劳动教育实践基地。北京市延庆区第一职业学校开发开放家政、烹饪、园艺等80门课程。

推进教育优质均衡发展。召开全区教育大会，印发“1＋3”教育改革文件。加快学前教育普及普惠发展，新增学位510个。落实各项补助金2068.60万元，支持社会力量开办普惠性幼儿园，覆盖率95.25%。制订《延庆区幼儿园办园质量督导评估办法》，对13所幼儿园进行现场督评。深化中小学课程教学改革，4所学校被认定为北京市智慧校园融合应用示范基地，2项课题入选北京市信息技术与课堂应用融合创新课题。18所中小学参加第二批义务教育学校管理标准达标创建工作。印发《延庆区加强乡村小规模学校和乡镇寄宿制学校建设的实施方案》《义务教育薄弱环节改善与能力提升工作方案》。北京市延庆区第一中学校额到校招生444人，同比增加244人。首届玉树高中班开学，招生39人。高考本科录取率83.41%，比上年提高2.12个百分点。首届民航班6人达到中国民航总局飞行员录取线，5人被录取为飞行员。推进职业教育改革发展，选派园艺、烹饪等专业师生200人到世园会园区酒店、特许商店、展园开展延庆特色文化宣传、志愿服务等工作。在职业高中新增冰雪专业，招生9人，开设冰雪服务相关培训课程。新增各类市级培训基地4个，培训2.15万人次。

提高基础设施保障水平。2所城区幼儿园实现开工建设，4所乡村幼儿园改扩建项目顺利推进，4所学校建设工程进入方案设计阶段。延庆一职新校区完成土方平衡施工。启动乡村教育质量行动，印发《延庆区加强乡村小规模学校和乡镇寄宿制学校建设的实施方案》。开展校园及周边安全隐患排查整治工作，每天有190名干部、教师、民警、家长志愿者在城区学校门前参与交通疏导；家长开车接送学生人数由每日6000人减至2100人；协调相关部门为校园门前及周边补充交通标志、标牌216套，新增施划交通标线6100平方米。

12月18日，延庆区教委举办中学特色课程建设研讨会
（延庆区教委　供）

加强干部教师队伍建设。开展教育两委理论学习中心组（扩大）学习22次。选优配强基层单位领导班子，调整校级干部64人。实施名优校长、青年人才等培养工程，组织干部赴名校参观学习，培训2000人次。引进非北京生源毕业生20人，公开招聘教师72人，区外调入教师54人。城区选派90名教师（含区级骨干23人）到乡村任教，乡村选派47名教师到城区顶岗交流。开展教师培训40项，参训教师3万人次。表彰优秀教师和教育工作者143人，奖励从教20年以上的优秀乡村教师25人。延庆一中被评为全国教育系统先进集体，2名教师被评为全国模范教师和优秀教师。

打造区域特色教育品牌。修订《中小学生态环境教育读本》纳入校本课程。全区中小学世园知识普及率100%，组织2万名师生参观世园会，学生4万人次参加“我游生态家园”实践活动，全区有北京市文明校园40所。组织5000名学生开展冰雪技能培训，成立冬奥会三大赛区学校奥林匹克教育联盟，4所中小学被认定为国家级冰雪特色学校，11所中小学被认定为国家级奥林匹克教育示范学校。开展班级、校级、区级足球比赛，15所学校被认定为全国校园足球特色学校，9所幼儿园全部被认定为全国足球特色幼儿园。

（赵文新）

校内课后服务

2019年，延庆区教委继续开展中小学生校内课后服务工作。课后服务坚持学生家长自愿、家校协商共治、因校因地制宜、完全公益普惠原则。服务形式包括课外活动、课余体育锻炼和课后托管服务，服务时间根据地域特点采取城区模式（每个工作日2小时左右）、农村模式（每个工作日不少于2小时）、寄宿制模式（全员寄宿中小学根据本校作息时间安排时间和内容）3种模式。区教委制定校园安全管理制度、课后服务应急预案等确保学生安全。小学阶段参加课后服务学生12644人（包括参与托管服务学生5684人），占在校生总数99.6%；初中阶段参加课后服务学生5399人（包括参与托管服务学生5299人），占在校生总数98.6%。小学阶段参与课后服务教职工1497人，占教职工总数93.6%；初中阶段参与课后服务教职工903人，占教职工总数90.5%。参与课后服务社会力量师资502人，包括家长志愿者68人。28所学校购买社会机构服务，53家机构280人提供服务。全区中小学实现全时段全覆盖。

（张美丽）

世园主题教育实践活动

2019年，延庆区教委在全区各中小学幼儿园开展“我为世园做贡献”主题教育实践活动。重新编写并为全市各区和延庆区各学校发放《2019年中国北京世界园艺博览会知识读本》；各学校结合社会大课堂、综合实践活动等，以“我游生态家园”为主题，组织学生走进各资源单位；鼓励家长利用周末、节假日带学生亲近自然；成立教师世园宣讲团，开展“世园知识大讲堂”进校园活动；各单位组织干部职工、在校生观看世园会宣传片、学唱世园金曲、开展爱心帮扶志愿行动等。教育系统各单位开展活动280次，教职工、学生、家长等5.40万人参与活动。

（张美丽）

新时代文明实践

2019年，延庆区教委开展新时代文明实践工作。加强新时代文明实践队伍建设，成立雨润妫川教育志愿服务支队，下设农村未成年人教育、属地高校教育和农民教育3支分队，有队员170人，为农村未成年人和农民群众提供教育服务；组建志愿指导员服务团体，遴选20名教育系统基层单位中层以上干部作为志愿指导员，分布到各个乡镇街道，具体负责对接村（社区）文明实践站相应工作。开展新时代文明实践资源整合工作，根据10个乡村少年宫现有场地、设施、师资力量优势和特点，成立15个文明实践基地，面向区域农民开放，周末、寒暑假为农民免费提供培训场地。面向未成年人和农民群众开展新时代文明实践活动，组织学生参加各类活动；部分学校发挥传统文化教学资源优势，为农民送春联、送温暖、送文化；各职成学校以世园会为契机，开展世园知识、花卉园艺、英语口语等专业培训。2018年10月，延庆区成为新时代文明实践中心建设全国50个试点县（市、区）之一，是北京市唯一试点区，全区18个乡镇街道被确定为新时代文明实践所，376个行政村和47个社区设立新时代文明实践站。

3月至6月，延庆三幼开展世园主题教育活动

（延庆三幼　供）

（张美丽）

世园会服务保障工作

2019年，延庆区教委完成世界园艺博览会服务保障工作。印发世博、世园、园艺和生态环境教育知识读本，纳入地方校本课程，全区中小学世园知识普及率100%。持续开展世园知识技能培训，参训群众5.40万人。选拔146名小学生、200名师生分别参加开、闭幕式，选送100幅世园主题中小学绘画比赛优秀作品参加开幕式宣传展览。系统各单位每周开展“延庆是我家 世园靠大家”主题活动，营造美丽延庆氛围。推进北京市延庆区下屯小学搬迁工作，将原校址提供给世园会周边环境整治工作指挥部使用。采取错峰放学、执勤引导、志愿服务等各种措施，开展城区各中小学、幼儿园周边交通治理工作，为世园会营造良好交通秩序。中国北京世界园艺博览会于4月29日至10月7日在北京市延庆区举行，会期162天。

（张美丽）

校企合作服务区域绿色大事

2019年，延庆区多所学校与企业合作培养人才服务区域绿色大事。2月至3月，延庆区教委与世园凯悦酒店合作开展培训。酒店选派员工86人到北京市延庆区第一职业学校参加为期9天的业务能力培训。4月1日至2日，由北京世园资产运营有限责任公司商务酒店主办，北京开放大学延庆分校承办的首届世园酒店志愿者应急救助培训班开班，招收学员28人，教授红十字运动常识、现场急救概述、内科常见急症与心肺复苏等急救知识。学员全部通过培训并获全国统一救护员证和大培训证书。至年底，延庆一职烹饪专业毕业生27人通过面试进入北京世园凯悦酒店、北京世园海泉湾商务酒店和北京世园璞燊酒店参加为期半年的顶岗实习和企业实践，并直接参与世园会期间接待和服务工作。全区4所职成学校开设职业礼仪、园林技术、志愿服务、冬奥知识等课程70门，开展各级各类培训活动3110期，累计培训65385人次。

（宋佳）

世园会青少年园艺科普中心建成

5月10日，世园会延庆区青少年园艺科普体验中心建成。中心建在延庆区科学技术馆二层，建筑面积480平方米，内设VR体验台12个、VR影院设备30套、平板电脑AR植物图片识别及植物百科App40个、AR体验设备15套、虚拟自助拍照设备1套、虚拟导游互动设备1套，提供园艺知识科普和世园、冬奥举办地欣赏等功能。中心由延庆区科学技术协会投资建设，投入资金97万元，面向全区中小学生免费开放。至年底，中心接待2000人次参观体验。

（赵文新　郑艳玲）

延庆教育大会

5月25日，延庆区召开教育大会。会议发布“1＋3”组合文件，即《加快推进延庆教育现代化实施方案（2019—2025年）》和《延庆区全面深化新时代教师队伍建设改革的实施方案（2019—2025年）》《延庆区职业教育改革发展行动计划（2019—2025年）》《延庆区校园冰雪运动特色发展行动计划（2019—2025年）》。区政府提出推进教育优先、均衡、特色、融合发展。市委教育工委肯定延庆教育发展并提出发展建议。市委教育工委、区委、区政府领导及教育系统教师代表等400人参加会议。

（赵文新）

社区教育外语专业展示

6月21日，延庆区教委与香水园街道联合举办社区教育外语专业展示活动。香水园街道英语班、儒林街道康安社区英语班、延庆社区教育中心英语班和日语班学员60人，以合唱、朗诵、对话、讲故事、谈感受等形式展示外语学习成果。2009年起，延庆社区教育中心开设英语班，分设初级班、口语班和音标班；2015年，中心开设日语班，教授日语基本口语，有学员20人；2017年，中心联合各街道社区开设英语班，招生160人，学习内容为英语口语和《世园英语100句》《市民英语100句》。学员300人次参与八达岭长城志愿服务等各类外语志愿服务工作。

（宋佳）

首个教师学院成立

7月11日，延庆区首个教师学院——延庆二小教师学院成立。学院有院长、分院长、成员等100人，下设7个学科分院，面向延庆二小全体学科教师（98人）和以延庆二小为牵头校的第二学区其他5所学校38名骨干教师，针对不同发展梯队分层培养教师。延庆二小为各分院聘请专业学科导师团队进行指导。各学科分院以一个学年为一个工作周期，采用过程性、阶段性、终结性相结合方式进行绩效考核管理。至年底，教师学院举办专题讲座、联合教研、课程解读等活动16次，参与活动人数320人次。同日，延庆二小与北京史家教育集团史家学院签约合作。合作期3年。2015年，史家教育集团成立史家学院，为多个区培训优秀教师。

（张美丽）

首届航空班5名学生被录取为飞行员

9月，延庆首届空军及民航类特色班5名学生被录取为飞行员。2016年，北京市延庆区第五中学开设空军及民航类特色班，实行军事化全寄宿制管理，面向该校高一学生招生，招收34人。航空班学员除完成高中教学大纲全部课程外，还需完成航空体育、航空概论、无人机技术等专业类课程学习。经过3年学习，达到飞行员标准的5名学员获得中国民航局从业人员体检合格证书，并被保送至对口航校享受全公费培养；未满足飞行员体检要求的29名学员被送入航空类院校空管、安全、雷达、无人机等专业继续学习。

（赵文新）

9月，延庆首届空军及民航类特色班5名学生被录取为飞行员
（延庆区教委 供）

升级版生态环境教材启用

9月，延庆学生启用升级版生态环境教材《2019年中国北京世界园艺博览会知识读本》。该教材由市教委联合北京世园会事务协调局委托北京教育科学研究院、延庆区教委和延庆教育科学研究中心共同编写，作为北京市地方教材在全市发行供中小学生使用。延庆区于2012年开始编制出版地方中小学生态环境教材，2012年至2018年在全区中小学实验使用，2019年，结合世界园艺博览会对教材进行修订，推出升级版生态环境教材。

（赵文新）

首届青海玉树对口高中班开班

9月，延庆区首届青海玉树对口高中班在北京市延庆区第五中学开班。学校开设藏语和英语2个班，招收青海玉树藏族自治州所辖市县优秀初中毕业生39人。学生在延庆完成3年高中学业，在北京市教委注册高中学籍，参加北京市普通高中学业水平考试，由市教委颁发毕业证，高中毕业后回青海参加高考。延庆五中承担玉树对口高中班学生学习和日常生活管理工作，并负责对学生进行综合素质评价。玉树对口高中班教师由延庆五中选拔，玉树州也选派优秀生活教师和藏文教师到延庆五中参与教学管理工作。4月11日，延庆区教委与青海省玉树州教育局签订对口高中班办学协议。

（赵文新）

服务区域绿色大事师资培训班结业

10月23日，延庆区服务区域绿色大事专业师资培训班结业。培训班于2018年9月开班，是基于服务2019年世界园艺博览会、2022年冬奥会开设的专题培训项目，面向全区4所职业学校，招收教师学员42人，举办“终身学习与教师专业发展”“2019北京世园会筹办情况介绍”等讲座10次；组织学员到广州、河北、黑龙江等地调研学习、考察职业院校服务冬奥经验模式、学习人才培养方案和课程体系设置。学员完成培训项目课程130学时并获结业证书；完成相关教育教学论文和实践案例报告39篇，其中24篇获奖并入选延庆区服务区域绿色大事专业师资培训班优秀论文集。

（宋佳）

延庆区教育督导与质量评估监测中心成立

12月，延庆区教育督导与质量评估监测中心成立。中心是集督导实践、评估监测、指导服务和督学队伍建设于一体的教育督导与质量评估监测部门，为非独立法人单位设置，挂靠在延庆区教育科学研究中心，受区教委督政督学科管理与指导，内设专职督学36人，均为校级或副校级干部，负责全区教育督导工作、教育质量评估检测工作和教育督导科研工作。全区实施督导点位100个，实施挂牌督导，划分5个督学责任区，实行责任区组长负责制。

（宋佳）

教师岗位交流

至年底，延庆区教委开展教师岗位交流工作。城区学校派出教师90人到对口川、山区任教，其中全职交流教师78人、兼职交流教师12人，包括骨干教师23人；47人从农村学校到城区中小学、幼儿园顶岗交流。2010年6月，区教委发布《中小学幼儿园教师交流工作意见》，建立城乡互动教师双向交流制度。至2019年，城区学校、幼儿园选派652人到农村学校任教，其中全职交流教师515人、兼职交流教师137人，包括骨干教师207人；农村学校选派教师359人到城区挂职培养或顶岗交流。

（张美丽）

落实义务教育减免政策资金1113.54万元

至年底，延庆区落实九年义务教育阶段各项减免政策资金1113.54万元，惠及学生52435人次。其中，落实义务教育阶段“三免两补”减免资金913.58万元，惠及50324人次；发放高中国家助学金59.26万元，惠及731人次；发放中等职业学校资助金44.99万元，惠及423人次；投入精准扶贫金81.31万元，惠及882人次；发放学前教育阶段资助金14.40万元，惠及75人次。

（赵文新）

燕山地区

概述

2019年，燕山教委辖属教育单位27个，其中，幼儿园7所、小学7所、中学5所、中等职业学校1所、其他法人单位7个。招生2279人（幼儿园628人、小学667人、初中649人、普通高中335人）；毕业2122人（幼儿园580人、小学696人、初中439人、普通高中407人）；在校生8369人（幼儿园1892人、小学3093人、初中2316人、普通高中1068人）。教职工总数1073人（幼儿园217人、小学281人、中学460人、其他法人单位115人），包括高级职称211人、中级职称487人。专任教师877人，包括北京市特级教师2人、北京市骨干教师11人、北京市学科教学带头人1人。全年教育总投入4.77亿元，学前、中小学固定资产总值3.79亿元。培训机构15个。设立学区4个。

2019年，燕山教委深入学习贯彻全国及全市教育大会精神，推进教育领域综合改革和全面实施“十三五”教育发展规划，实现地区教育事业健康发展。

加强顶层设计。召开地区教育大会，印发党的建设、学前教育、教育信息化建设、师德建设等系列文件。部门联动抓实学段衔接工作，与北京教育科学研究院合作，赴上海考察“五四学制”，在此基础上深挖燕山地区“五四学制”潜力，优化核心课程，重构实验课程，推进地区在“五四学制”背景下中小衔接工作的深入开展。

6月13日，2019年北京市中小学德育工作区校行活动走进燕山职业学校北台劳动技术体验基地 （燕山教委 供）

强化队伍建设。在教育系统采取分级分类推进方式开展“不忘初心，牢记使命”主题教育，遵循“知—情—意—行”教育规律，教育系统各级党组织以“学起来”“唱起来”“讲起来”“做起来”为主要内容开展主题教育活动，不划阶段、不分环节做实学习教育、调查研究、检视问题、整改落实各项任务。推进“科研支持”北京市燕山东风中学发展项目，完成东风片区中小衔接研讨活动、学前教研员与幼儿园教师共研互访等活动。完成2019年对口帮扶内蒙古突泉县六户镇、东杜尔基镇20名教师培训任务，采取跟岗实践、专家引领、下校考察等形式开展培训。与北京师范大学合作启动“励耘好校长计划”之燕山卓越校长培养工程，推选出30名校长、副校长及后备干部参与该项目，并于10月初完成首次异地研修活动。

5月15日，燕山教委启动燕山冰上运动中心冰雪体验课程
（燕山教委 供）

聚焦实践育人。完成“燕山中小学生劳动教育基地”挂牌，通过承办北京市中小学德育工作区校行走进燕山活动、北京市小学劳动技术学科“走进燕山劳动技术体验基地”教学展示交流会等活动提炼和展示地区劳动教育经验。主动融入地区工作大局，开展“小手拉大手”城市环境综合整治等劳动实践活动。组织地区家庭教育代表参加全国家庭教育宣传大会，展示燕山地区家庭教育发展成果。启动燕山冰上运动中心冰雪体验活动，课程覆盖地区所有中学部分学生以及7所幼儿园全体大班幼儿，共计4291人次参与课程体验。

开展庆祝中华人民共和国成立70周年“我和我的祖国”爱国主义主题教育。召开学习贯彻习近平总书记在学校思想政治理论课教师座谈会上重要讲话精神动员部署会，组织干部教师观摩地区思政课程。邀请党建专家为教育系统领导干部、政治教师开展《党的领导是思政课改革创新的重要保障》主题讲座。举办“‘高参小’我的祖国我的家”暨“让音乐属于每一个孩子”课程展示、“我和我的祖国”燕山地区庆祝第35个教师节暨教师风采展示等活动。在燕山工委宣传部宣传阵地开设“有声少年”栏目。燕山教育系统选派46名教职员工参加庆祝新中国成立70周年活动“从严治党”方阵游行。

（韩巍）

燕山老年大学向阳分校开学

3月20日，燕山教委举办燕山老年大学向阳分校开学典礼。经前期调研，根据向阳街道老年人学习需求，向阳分校开设硬笔书法和声乐2个班，培训学员60余人。燕山老年大学是在燕山工委办事处领导下，燕山教委指导下的一所开放型、服务型、公益性非学历老年人教育机构。向阳分校设在燕山向阳街道综合文化中心，是燕山老年大学3所分校之一，有专、兼职教师5人。

（谯伟）

3月20日，燕山老年大学向阳分校开学
（燕山地区教委 供）

城市环境综合整治工作启动

3月29日，燕山教委举办“小手拉大手”城市环境综合整治工作启动仪式。活动中，学生代表宣读《“爱我燕山 美化家园 从我做起”倡议书》；家长和学生代表分别上台领取燕山教委《致燕山学生家长一封信》和纪念品。燕山办事处、燕山教委、燕山市政市容和交通委、燕山城管监察分局、燕山地区各中小学校领导，北京市燕山向阳小学全体师生及部分学生家长1200余人参加活动。3月25日，燕山教委印发《关于开展“小手拉大手”城市环境综合整治工作实施方案》，确定“进校园、进课堂、进社区”“教师要成为投身城市环境综合整治工作的表率”“开展主题特色项目建设”的“三进一表率一特色”活动形式。

（王小利 韩巍）

冰雪体验课程启动

5月15日，燕山教委启动燕山冰上运动中心冰雪体验课程。课程覆盖地区内部分初、高中学生以及7所幼儿园的全体大班幼儿。学生 4291 人次参与体验课程。燕山冰上运动中心位于北京市房山区燕房路燕山体育馆院内，于 6 月 1 日建成并投入使用，占地面积 4553 平方米，训练馆为可拆卸式膜结构，是北京西南地区唯一标准化专业冰上场馆。

（加素娟）

北师大燕化附中西藏班健康教育基地揭牌

5 月 28 日，北师大燕化附中西藏班健康教育基地揭牌。北京师范大学燕化附属中学和北京燕化医院共同为基地揭牌并签订医疗保障协议。协议就如何进一步做好西藏生源学生身心健康服务保障，从医护工作人员陪同就医、开通紧急医疗救助绿色通道等方面达成共识。协议有效期 3 年。

（李建波）

一校一品体育教学改革成果展示

5 月 28 日，燕山教委举办"一校一品"体育教学改革燕山地区成果展示活动。活动分为现场展示和研讨交流 2 个部分。2 所第一批试点校选派师生 850 人，展示特色操、刀盾武术、全员运动项目等体育项目。活动同时开展安全教育演练，包括绳结展示、暴雨雷电及洪水逃生、sos 展示及地震逃生等内容。市教委、北京师范大学项目组相关领导，燕山办事处、燕山教委、燕山体育中心领导，各中小学校长、副校长、体育教师，学生、家长及社会代表等 900 余人参加活动。

（加素娟）

燕山地区教育大会

6 月 12 日，燕山地区召开教育大会。会议围绕"深化改革 追求卓越 办出特色 谱写新时代燕山教育发展新篇章"主题，总结近年来燕山教育工作取得的成绩和经验，对加快推进燕山教育现代化提出新的要求。燕山财政分局、燕山人力社保分局、迎风街道分别作表态发言。燕山教委印发关于党的建设、学前教育、教育信息化建设、师德建设等系列文件汇编。市委教育工委、市教委、燕山工委、燕山办事处领导，燕山地区各街道、委、办、分局党政正职以及燕山教育系统副科级以上干部和教师代表 200 余人参加会议。

（韩巍）

卓越校长培养工程启动

7 月，燕山教委与北京师范大学教育培训中心共同启动"卓越校长培训工程"合作项目。项目培训期 2 年，采取专家讲座、交流研讨、名校参访、对比教学等培训形式。经过组织推荐及面试答辩等环节，项目组推选出 30 名校长及后备干部参与项目。8 月 4 日至 8 日，参训人员参加北师大"励耘好校长计划"暑期研修营活动；10 月 12 日至 17 日，参训人员前往浙江参加校长党建、德育领导力提升与学校发展性评估主题研修活动。

（张岳川）

对口帮扶突泉县乡镇教职人员培训

10 月 14 日至 25 日，燕山教委开展对口帮扶突泉县乡镇教职人员培训。培训活动秉承"对口帮扶 互促发展"原则，坚持"引领、共研、分享、互促"工作思路，开展核心素养下的教学改革、教学设计与实施、学习方式变革等专题培训。完成对内蒙古突泉县六户镇、东杜尔基镇 20 名教师的培训任务。培训将跟岗实践与地区教学综合视导工作相结合，12 名教研员带领 20 名参训教师分学科走进中小学听课、入校观摩并与燕山地区优秀教师、教研员代表进行交流。

（王小利）

李卫东中学语文特级教师燕山工作室成立

10 月 23 日，李卫东中学语文特级教师燕山工作室开班仪式在北京市燕山职业学校举行。仪式宣读工作室工作实施方案，为工作室成员颁发证书并为工作室揭牌。工作室将开展为期 3 年的学科教学及研究活动，实现地区语文学科队伍整体素质提升。李卫东，正高级教师、北京市特级教师、北京教育科学研究院基础教育教学研究中心副主任。

（元丽平）

5 月 28 日，燕山教委举办"一校一品"体育教学改革燕山地区成果展
（燕山教委　供）

各区委教育工委、区教委领导名单

中共北京市东城区委教育工作委员会
书　　记　刘藻
北京市东城区教育委员会
主　　任　周玉玲

中共北京市西城区委教育工作委员会
书　　记　丁大伟
北京市西城区教育委员会
主　　任　赵蓬欣

中共北京市朝阳区委教育工作委员会
书　　记　周炜
北京市朝阳区教育委员会
主　　任　肖汶

中共北京市丰台区委教育工作委员会
书　　记　薛红（7 月 24 日免）
　　　　　房书勇（7 月 24 日任）
北京市丰台区教育委员会
主　　任　张洋

中共北京市石景山区委教育工作委员会
书　　记　郝显军（3 月 9 日免）
　　　　　石显富（3 月 9 日任）
北京市石景山区教育委员会
主　　任　李秀兰

中共北京市海淀区委教育工作委员会
书　　记　尹丽君
北京市海淀区教育委员会
主　　任　王方

北京市门头沟区教育委员会
主　　任　陈江锋

中共北京市房山区委教育工作委员会
书　　记　杜成喜
北京市房山区教育委员会
主　　任　顾成强

中共北京市通州区委教育工作委员会
书　　记　张立芳（5 月 25 日免）
　　　　　刘青松（5 月 25 日任）
北京市通州区教育委员会
主　　任　申键

中共北京市顺义区委教育工作委员会
书　　记　武捷
北京市顺义区教育委员会
主　　任　武捷

中共北京市昌平区委教育工作委员会
书　　记　王建（8 月 14 日任）
北京市昌平区教育委员会
主　　任　李成旺（8 月 26 日免）
　　　　　王建（8 月 26 日任）

中共北京市大兴区委教育工委
书　　记　王学军
北京市大兴区教育委员会
主　　任　王学军

中共北京市怀柔区委教育工作委员会
书　　记　杜连明（3 月 13 日免）
　　　　　肖正凯（3 月 13 日任）
北京市怀柔区教育委员会
主　　任　李连鑫（3 月 27 日免）
　　　　　肖正凯（3 月 27 日任）

中共北京市平谷区委教育工作委员会
书　　记　崔东辉
北京市平谷区教育委员会
主　　任　李学东

中共北京市密云区委教育工作委员会

书　　记　张文亮

北京市密云区教育委员会

主　　任　杨华利（11 月 28 日免）
　　　　　杨福军（11 月 28 日任）

中共北京市延庆区委教育工作委员会

书　　记　王建军（3 月 15 日免）
　　　　　常迎六（3 月 15 日任）

北京市延庆区教育委员会

主　　任　魏旭斌（3 月 19 日免）
　　　　　王建军（3 月 15 日任）

北京市房山区燕山教育委员会

党委书记　王迪

主　　任　张荣波

各区政府教育督导室领导名单

北京市东城区人民政府教育督导室

主　　任　付葵（3 月 18 日免）
　　　　　周玉玲（3 月 18 日任）

北京市朝阳区人民政府教育督导室

主　　任　王世元（2 月 27 日免）
　　　　　肖汶（2 月 27 日任）

北京市丰台区人民政府教育督导室

主　　任　刘建宾

北京市石景山区人民政府教育督导室

主　　任　王鑫（3 月免）
　　　　　李秀兰（3 月任）

北京市海淀区人民政府教育督导室

主　　任　乔键（12 月 5 日免）
　　　　　王方（12 月 5 日任）

北京市房山区人民政府教育督导室

主　　任　周靖和（3 月免）
　　　　　顾成强（3 月任）

北京市通州区人民政府教育督导室

主　　任　李少杰（3 月 14 日免）

北京市顺义区人民政府教育督导室

主　　任　张海东（3 月 27 日免）
　　　　　武捷（3 月 27 日任）

北京市昌平区人民政府教育督导室

主　　任　吴彬（3 月免）
　　　　　王建（8 月任）

北京市大兴区人民政府教育督导室

主　　任　王学军

北京市怀柔区人民政府教育督导室

主　　任　王恩成

北京市平谷区人民政府教育督导室

主　　任　王福胜（3 月 19 日免）

北京市密云区人民政府教育督导室

主　　任　王树生（3 月 13 日免）

北京市延庆区人民政府教育督导室

主　　任　闫利宽（3 月 18 日免）
　　　　　王建军（3 月 18 日任）

北京市房山区人民政府燕山办事处教育督导室

主　　任　张凤玲

（本栏责任编校　孙晓楠）

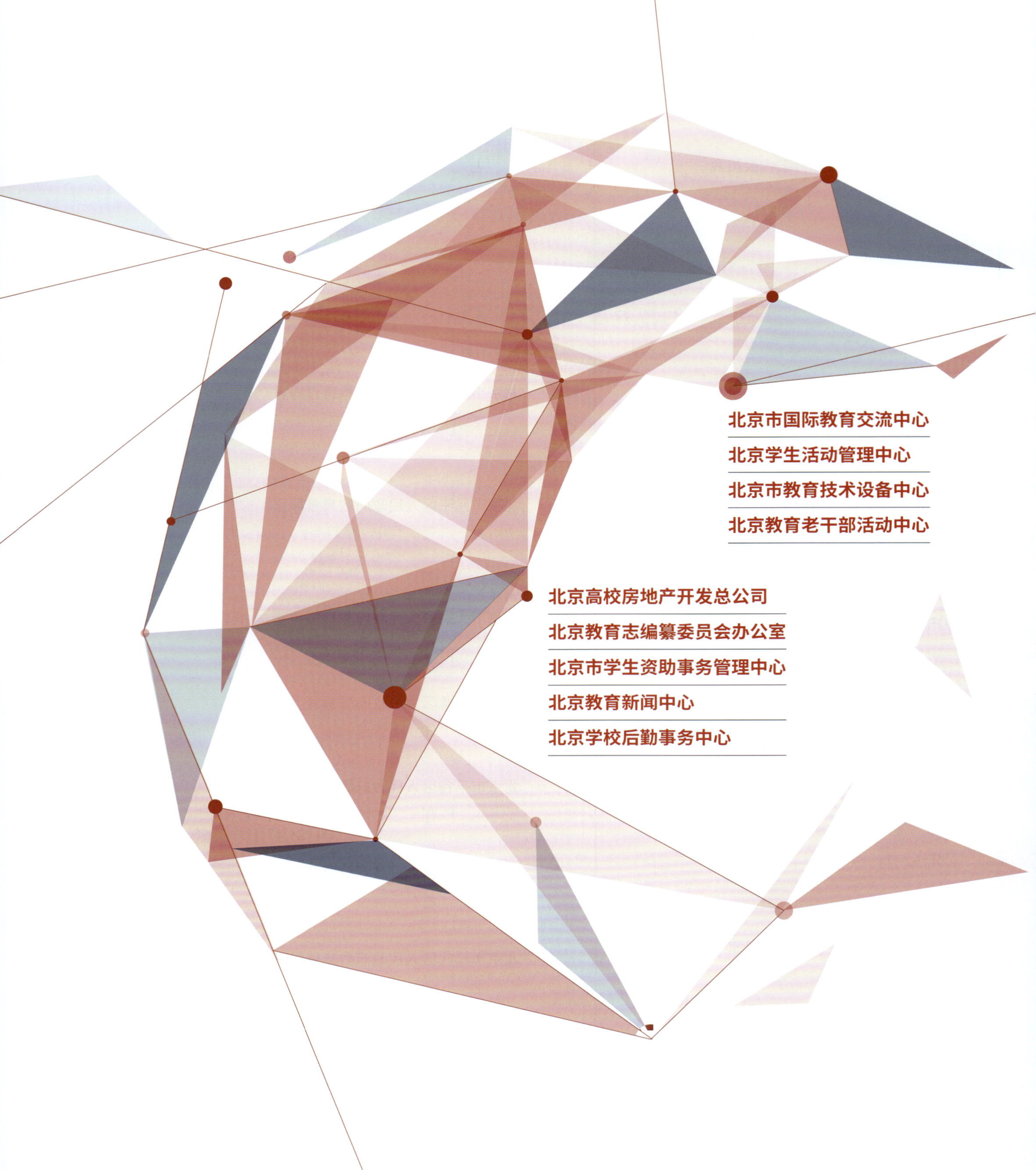

北京市国际教育交流中心

北京学生活动管理中心

北京市教育技术设备中心

北京教育老干部活动中心

北京高校房地产开发总公司

北京教育志编纂委员会办公室

北京市学生资助事务管理中心

北京教育新闻中心

北京学校后勤事务中心

2020 市教委直属单位

UNITS DIRECTLY SUBORDINATE TO BEIJING MUNICIPAL EDUCATION

- 北京教育科学研究院
- 北京教育考试院
- 北京教育音像报刊总社
- 北京市教工休养院
- 北京市校办产业管理中心
- 北京教育网络和信息中心
- 北京教育综合服务中心
- 北京市教育系统人才交流服务中心

市教委直属单位

UNITS DIRECTLY SUBORDINATE TO BEIJING MUNICIPAL EDUCATION

北京教育科学研究院

概述

2019 年，北京教育科学研究院内设机构 22 个，其中，教育科学、教学研究及辅助机构 14 个，机关行政处室 8 个。在职职工 380 人，具有专业技术职务 353 人，包括高级专业技术职务 196 人、中级 118 人；具有本科以上学历 368 人，包括博士 81 人、硕士 161 人；享受政府特殊津贴 1 人、北京市有突出贡献的科学技术管理人才 1 人、全国模范教师（市劳模待遇）1 人、北京市先进工作者（市劳模待遇）1 人、首都劳动奖章获得者 1 人、全国优秀教师 2 人、北京市特级教师 14 人。主要开展教育宏观决策研究、教育教学研究、教育理论研究；加强对教育科学、教学研究的领导和管理；为政府教育行政部门宏观决策以及学校管理提供服务，为提高学校的教育教学质量提供服务。全年承担 234 项重要课题和项目研究任务，包括各级各类规划课题 18 项（全国教育规划课题 7 项、北京市社会科学基金项目 2 项、北京市教育规划课题 9 项）、教育部和市委教育工委、市教委等上级部门临时性委托任务 149 项、各区及学校委托等各类横向项目 23 项、财政专项 35 项、院级课题 9 项。在各类学术期刊发表教育类学术论文 335 篇，包括社会科学引文索引（SSCI）期刊 2 篇、中文社会科学引文索引（CSSCI）期刊 9 篇、北大中文核心期刊 98 篇、论文集析出文献 49 篇、外刊 10 篇、人大复印转载 3 篇。出版专著、编著、译注等著作类成果 79 部，省部级以上教材 7 部。网址：www.bjesr.cn。

11 月 21 日，北京市第二届立德树人德育成果征集评优观摩展示活动举行 （北京教科院 供）

发挥教育智库作用，开展决策咨询研究。聚焦中央及市委市政府重大决策部署和教育发展重大战略需求，推进教育战略规划研究、教育政策与法制研究、区域教育协同发展研究、国际教育比较研究等工作，全年承担和参与起草政府、教育行政部门文件报告等 80 份。持续深化京津冀区域教育协同发展研究服务，完成北京市教育科学规划重大课题“京津冀协同发展战略下首都教育地位、作用和变革趋势的研究”，形成“1+2+N”（即1个课题成果、2本专著、多篇论文和内参）研究成果。承担河北省教育科学“十三五”规划重大委托课题“京津冀义务教育均衡发展比较研究”；与雄安新区开展合作并承担“雄安新区新建学校办学体制机制改革创新研究”；出版《京津冀教育发展报告2018—2019》。

开展教育实践服务工作。小学数学和高中生物作为教育部课程中心确立的全国教研基地挂牌成立，强化首都教研在全国基础教育界领先地位。推进学校加速发展计划，提炼出北京教科院办学的“两普双高”模式（即在普通办学基础、普通资源投入的中小学校中，依靠教育科研部门发挥创新精神与专业智慧，使学校实现高质量、高速度发展），固化A-S-K教育实验成果，形成系列教材、教学方案以及工具包等，申请国家知识产权保护（SAP SK C@C）并获批。持续推进新京版教材的质量提升与发展，拓展研学旅行课程项目、综合实践活动STEM课程、课程资源政府购买服务、数字化科学教材开发机制的配套研究。继续推进北京市中小学名师发展工程、中小学名校长（幼儿园园长）发展工程，加强与湖北、江苏等9个外省市名师名校长培养机构分享经验活动。推进北京职业教育“特高”“两师”项目建设，开发信息管理系统。继续开展学校发展“助力行动”，开展教育支援对口帮扶，到河北丰宁、湖北十堰、四川什邡等开展教育支持；接待宁夏银川、湖北十堰、江苏无锡等地教研员学术交流和跟岗培训。开放北京优质数字教育资源，向内蒙古、河北等省开放数字学校账号3000余套，为唐山市提供1万套平台账号，指导教师学习应用数字学校资源。构建多部门合作开展德育研究，推进小学、初中、高中德育地方课程教材建设，举办北京市美育工作推进会、劳动教育和思想政治课程教育大会，加强和改进中小学家庭教育指导服务工作。

开展教育质量评估研究，助力教育教学改革。启动北京市小学生综合素质评价实施方案和网络平台试点工作，完成初中学生综合素质评价改革即校额到校第一届毕业生评价结果运用相关任务。开展北京市学前教育发展战略与规划研究，完成2019年北京市学前教育发展状况监测工作。做好北京高校师生关系研究，强化高等教育质量评估（评价）监测研究。加强对贯通培养试验的过程跟踪和督导检查，促进“3+2”中高职衔接办学改革项目由规模发展向内涵发展转型。推动生态文明教育进社区的试点研究，与6个区签订生态文明教育合作协议，持续扩大全国学习型城市监测的城市覆盖。加强特殊教育教师队伍建设研究与实践指导。开展北京市中小学“紫禁杯”优秀班主任、“学生喜爱的班主任”评选、表彰推广工作等。

做好教育学术宣传服务工作。完成“北京市教育科学‘十三五’规划2019年度课题”评审立项，完善规划课题项目专家库建设，首次召开全市性的规划课题申报培训与示范结题培训会。《班主任》和《教育科学研究》质量持续提升。《教育快报》聚焦首都教育热点、重点、难点问题。举办以“生态文明教育助力美丽中国建设”为主题的第六届北京教育论坛，召开2019年学术年会。

院　　长　方中雄

副 院 长　桑锦龙　刘占军

党委书记　马谊平（2月免）

（倪永娟）

第六届北京教育论坛

11月9日，北京教科院与清华大学生态文明研究中心合作主办第六届北京教育论坛。论坛以“生态文明教育助力美丽中国建设”为主题，发布大会成果文件《面向2035的生态文明教育行动宣言》，举行北京教科院与石景山、房山、通州、顺义、延庆、密云区教委联合开展生态文明教育签约仪式。国内教育领域专家学者、各省市教科院所科研工作者、各级各类学校一线教育工作者以及教育行政部门负责人和北京教科院研究人员500余人参会。

（徐新容　裴晓燕）

11月9日，第六届北京教育论坛举办

（北京教科院　供）

“紫禁杯”优秀班主任工作室研修活动

12月5日，北京教科院举办第二届北京市“紫禁杯”优秀班主任工作室成果展示交流活动。区工作站和学校代表介绍班主任队伍建设经验，5名学员代表展示课题研究成果和先进经验，北京市“紫禁杯”优秀班主任工作室各区工作站站长、中小学德育干部、班主任代表200人参加活动。第二届“紫禁杯”优秀班主任工作室研修活动于3月22日启动，20名第31届北京市“紫禁杯”优秀班主任特等奖获得者入选该工作室并参加为期1年的研修活动。

（杨丙涛）

基础教育改革与发现教育之路研讨活动

12月18日，北京教科院举办“基础教育改革与发现教育之路”研讨活动。北京教育科学研究院通州第一实验小学展示16节“发现教育课堂”以及32个特色社团。教师团队从思维课程、A-S-K实践推进、教师成长、学生发展等不同层面介绍在北京教科院专业支持下学校发展的历程与成效。双方签署下一轮合作协议。北京教科院、通州区政府、通州区委教育工委、通州教委等有关负责人，通州区中小学校长以及雄安新区、内蒙古等地的校长 100 人参加会议。

（赵艳平）

聚智讲坛

至 12 月，北京教科院举办 5 期聚智讲坛。论坛以“信息技术浪潮中的教育变革”为主题，涉及 VR 与 AR 技术的教学应用、大数据支持下的教学改进、基于信息技术的学生分析、人工智能环境下的未来教室、国际基础教育创新驱动力报告等内容。通过讲坛，帮助教育科研人员掌握信息技术引领下教育教学领域变革的最新研究动态与实践探索。

（艾巧珍）

《教育快报》编发

至 12 月，北京教科院编发《教育快报》“教育决策参考”发刊 13 期，“国际教育动态”发刊 27 期，包括专刊 9 期。《教育快报》聚焦新中国成立 70 年来首都教育发展成就与经验、普通高中育人方式改革、高等教育与城市融合、市属世界一流大学建设等内容。“国际教育动态”反映世界城市、主要发达国家、重要国际组织、全球知名智库的教育政策和改革措施，以专刊形式呈现国际教育专题信息，部分成果在《中国教育报》《上海教育》专版或专题刊出。

（李志涛）

翱翔学员培养

至年底，北京教科院继续翱翔学员培养工作。开展第 11 批翱翔学员评价工作，举办第 11 届北京青少年翱翔科学论坛，首次整合呈现 4 个领域论坛，92 所高中 331 名学员汇报 286 份探究作品；开展第 12 批 233 名学员培养工作，开设过渡性课程近 400 门；完成第 13 批翱翔学员推选，137 所高中 1140 余名学生网上申报，642 人进入推选现场，234 人成为第 13 批翱翔培养学员。

（李海英　郭娜）

全国性班主任研究活动

至年底，北京教科院班主任杂志社主办全国性班主任研究与专业活动 3 项。6 月 13 日至 15 日，举办第九届“中国班主任研究”圆桌论坛，围绕“班级变革与儿童成长”主题展开研讨。9 月 14 日至 15 日，举办“乡村社区治理背景下的家庭、社区、学校合作”研讨会暨第三届全国乡村班主任发展研究论坛，围绕“乡村社区治理与资源开发”“乡村隔代教育与研学旅行”“乡村教师发展与家校社合作”“乡村学生发展与家校社合作”等主题展开研讨。9 月 25 日至 27 日，举办第四届全国田家炳中学优秀班主任论坛，围绕“德育为先，幸福田园”主题展开交流。

（杨丙涛）

北京教育考试院

概述

2019 年，北京教育考试院占地面积 1.43 万平方米、建筑面积 3.25 万平方米。设有 19 个部门，其中，综合处室 5 个、综合业务处室 5 个、业务处室 6 个以及直属单位 3 个（分别是北京市教育考试指导中心、北京市教育考试招生服务中心、北京考试报社）。全额拨款在职人员 164 人，包括专业技术人员 80 人（含双肩挑 1 人）、高级职称 28 人、中级职称 39 人。网址：www.bjeea.cn、www.bjeea.edu.cn。

2019 年，组织命制各类试题 693 套，印制试卷 289.32 万份，答题卡 325.3 万张，组织各类考试 77 次，涉及考生 221 万人，评阅试卷 272.9 万份，发放证书 12 万份，为各级各类招生单位录取新生 29.2 万人。与城市管理广播合作，组织 80 余所高校走进“教育面对面”高考直播等节目，及时让考生及家长了解各类信息。北京考试报社拓宽服务领域，改进服务方式，主报发行 78 期 450 万字，编校各类特刊 514 个版面 200 余万字。北京考试报 4 个官方微信公众号关注人数 15 万人，对考生开展全方位宣传服务和政策指导。北京考试院网站全年点击数 6.9 亿次，发布 3000 余条招考政策信息，为社会提供 314 余万科次成绩查询，提供 12.7 万个中、高考考生录取结果查询，组织完成 49 次网上报名报考，组织完成 4 次大型网上咨询活动，在线回答考生各类问题 1.1 万个，回答率 92%。向社会发布考试招生计划、照顾加分名单及高招自主招生名单等公示信息 10.9 万余条。

院　　长　李石柱
副 院 长　李鸿江　许晓革　袁槐莲
党委书记　李石柱

（刘莹）

7 月 8 日，2019 年北京市高考顺利结束
（北京考试院　供）

高招广播电台咨询系列活动

4 月 1 日至 30 日、6 月 11 日至 28 日和 7 月 7 日至 15 日，市教委、北京考试院、北京城市广播、北京考试报社分三个阶段联合举办高考招生本科、专科院校广播电台咨询系列活动。咨询节目通过北京城市广播“教育面对面”栏目

播出，每天播出 1.5 小时。80 余所本科高校、近 30 所高职院校以及北京市体检中心、部分区考试中心高招办负责人参加节目录制。

（姜华）

首届北京教育测量与评价国际研讨会

12 月 12 日，北京考试院和美国教育考试服务中心主办首届北京教育测量与评价国际研讨会。会议特邀美国教育考试中心（ETS）、国内高校等机构专家学者分享经验，交流思想，探讨问题。中外教育考试专家学者聚焦多维度教育评价实践与探索，注重教育评估创新，着力提高学习测评质量与效益，展示中国英语能力等级量表理论与实践，直面教育测评中设定划界分数问题与挑战，关注招考改革背景下教育测量与评价，以期实现思想交流及共同研究领域拓展和深化的目标，促进学生综合素质全面提升。各区考试中心、教研机构及考试院等相关专家学者 200 人参加会议。

（王翊）

区级考试评价服务

至年底，北京考试院完成部分区考试评价服务。组织评价专家为 10 个区进行整体和分学科的高考数据解读和培训，为 11 个区进行中考整体和分学科数据分析和解读，举办讲座 200 场。

（王翊）

中高考考试评价研究

至年底，北京考试院完成 2019 年北京市中考、高考各学科命题质量与考生水平评价研究。组织 18 个学科 57 名专家对北京市中、高考考生全样本数据开展定量分析，并结合教育教学实际开展定性研究分析，形成试题评价研究报告、考生水平评价报告及简缩版报告 39 篇，58 万余字。评价报告征订量创历史新高，高考评价报告征订 1.8 万套，中考评价报告征订 3000 余套。

（王翊）

北京教育音像报刊总社

概述

2019 年，北京教育音像报刊总社下辖“二报三刊”和 1 个音像出版社，“二报”为《现代教育报》（独立法人事业单位）和《健康咨询报》，“三刊”为《学前教育（幼教版、家教版）》《北京教育（高教版、普教版、德育版）》《中小学信息技术教育》，1 个音像出版社为北京高教音像出版社（独立法人单位）。总社内设 9 个管理部门，在职职工 179 人，包括高级专业技术职务 22 人、中级 65 人。网址：www.yxbk.com。新浪及腾讯官方微博：北京教育播报。官方微信公众平台订阅号：bjedu-news。

总社聚焦首都教育改革中心工作，按照教育公共服务需求明确事业发展的总体思路，加强舆论引导力建设。

抓住重大主题，宣传北京深化教育改革发展新亮点。推出庆祝新中国成立 70 周年主题宣传、北京市教育系统“不忘初心、牢记使命”主题教育宣传报道、首都大中小幼一体化德育宣传、首都教育综合改革等，并加强联动宣传。承接庆祝中华人民共和国成立 70 周年广场合唱搭建项目和录像信息采集项目，提供 15 次集体合练录像信息采集保障服务，完成 40 余所学校训练素材拍摄，制作完成《广场合唱汇报纪实》汇报片。制作北京市学生资助宣传片和北京教育系统老党员先锋队宣传片。

在教育公共服务工作中搭建平台。继续承担北京市青少年法治教育中心工作，完成教师法治教育基本能力展评、国家宪法日主题教育等活动。继续组织开展“寻找北京‘美丽乡村学校、美丽乡村校长、美丽乡村教师’”活动。继续组织开展“北京市大中小学生防近视控肥胖系列健康教育”活动。继续承担北京市教育学会初中教育研究分会、农村中小学教育研究会工作。继续开展“丘瑞斯”网上教育活动。首次承办《中国诗词大会》北京赛区选拔工作，启动首都师生迎冬奥规范文字啄木鸟行动。承担市教委委托的教育扶贫项目和京藏互动教育教学项目。

“健康教育进校园”系列活动——健康大讲堂走进建新小学
（音像报刊总社　供）

提供教育服务公共产

品。编制《北京教育新地图》图册，亮相新中国成立 70 周年系列主题新闻发布会。继续做好“身边的好学校”栏目、现代教育大讲堂等项目。

社　　长　李开发

党委书记　李开发

（张建平）

新版北京教育新地图编制完成

1 月，音像报刊总社完成《北京教育新地图》（2018）编制。新地图由星球地图出版社出版，16 开本，75 页，内容围绕“增量、提质、均衡、公平”主题，新增城市副中心控制性详细规划（街区层面）、教育设施布局规划示意图、城市副中心（局部）、大兴国际机场周边教育资源分布图；新增基础教育资源数据一览表（部分）、各区开展冬奥教育成果一览表（部分）等内容；更新雄安新区教育资源数据资料、北京与雄安新区教育交流成果；更新京津冀三地教育合作进展数据资料（部分），河北省石家庄、邯郸历史文化红色经典教育资源分布等；更新并集中展示北京各区在推进优质教育资源实质性扩大方面的新成果、新变化，突出服务学生，让学生充分享受教育改革成果的实际获得。

（李继君）

《北京教育》创刊 70 周年

8 月，《北京教育》入选由中国期刊协会评选的“致敬创刊 70 年”期刊。全国 1 万余种公开出版期刊参评，102 种刊物入选。入选期刊在有关新闻媒体和《中国期刊年鉴》、中国期刊协会通讯 / 网站 / 微信公众号等做专题宣传，并参加协会举办的“庆祝中华人民共和国成立 70 周年精品期刊展和巡展。《北京教育》创刊于 1949 年 10 月 24 日，时名《北京教师》；1951 年 3 月至 1953 年 7 月，变更为《教师月报》；1966 年初，更名为《北京教育通讯》；后因“文化大革命”停刊；1980 年初，北京市教育局成立北京教育杂志社，杂志复刊并更名为《北京教育》至今。

（张朝晖）

人工智能与 STEAM 教育国际高峰论坛

11 月 13 日至 15 日，音像报刊总社与杭州市拱墅区教育局在杭州市联合主办“面向未来重构生态——2019 人工智能与 STEAM 教育国际高峰论坛”。该论坛听取《从技术走向智慧，从信息走向大脑》《STEAM 教育跨领域课程设计》《全智育人，逐梦未来》主旨报告，平行设置以教育大脑、人工智能、STEAM 教育、研学路线管理与服务为主题的分论坛，探索如何深化信息技术与教育教学的融合发展，从服务教育教学拓展为服务育人全过程。来自全国教育行政部门和教研室的相关负责人、教研员，中小学校长，负责信息技术、人工智能教师代表以及来自美国和英国海外教师 500 人参加会议。会议由《中小学信息技术教育》承办。年内，《中小学信息技术教育》关注教育热点问题和重要事件，解析新出台的教育信息化相关政策，把握教育信息化在教育、教学、管理领域实践应用的脉动，举办 3 场创新教育实践研训活动。

（冯艳艳）

北京教育播报推出庆祝新中国成立 70 周年系列报道

至 12 月，音像报刊总社微信平台“北京教育播报”推出庆祝中华人民共和国成立 70 周年系列报道。报道有 4 个专题，根据不同主题特点综合运用新媒体传播优势进行综合报道，分别是走进与新中国同龄的京城学校、我是新时代班主任、讲述“难忘师生情”、走进京城红色班集体。“走进与新中国同龄的京城学校”以图片串联时间轴展现与新中国同龄的京城学校的 70 年变迁；“我是新时代班主任”面向北京寻找老、中、青三代获得“紫禁杯”等称号的优秀班主任，诠释三代人的育人情怀；“讲述‘难忘师生情’”将话语权交给教师和学生，以音频为特色，通过孩子童真的声音讲述师生间的温暖故事，呈现教师立德树人的精神风貌；“走进京城红色班集体”以视频为主要形式，聚焦京城爱国班，挖掘爱国主义教育的时代内涵。微信平台阅读量近 4 万，头条号、搜狐号等全平台阅读量 10 万。

（唐莉莉）

家庭教育公益讲座

至 12 月，音像报刊总社与海淀区教委合作举办 7 场家庭教育公益讲座。每次讲座均有 400 余名家长通过自主报名方式到现场参加学习。年内，总社还出版现代教育大讲堂图书《20 堂家庭教育课：提升父母养育力》。

（郝彬）

寻找北京“美丽乡村学校”活动

至 12 月，音像报刊总社继续举办 2019 年寻找北京“美丽乡村学校、美丽乡村校长、美丽乡村教师”活动。该活动以“走进乡村课堂”为亮点，观摩学校教学特色、感受真实学习状态。全年走访平谷、房山、密云、通州 4 区 6 所美丽乡村学校、4 名美丽乡村校长、9 名美丽乡村教师，与 190 名乡村教师，以主题访谈、集体采访、问卷调查等多形式开展。组织中央及北京媒体记者 25 人次参与寻访，形成报刊、广播、新媒体、视频等近 30 篇报道，累计 1.2 万字，通过报刊、网站、公众号、广播、视频等全媒体方式集中宣传报道。该活动于 2017 年启动，实现远郊区全覆盖，截至 2019 年累计走访 12 个区 22 所学校、美丽乡村学校 15 所、美丽乡村校长 15 人、美丽乡村教师 20 人，与 500 名乡村教师访谈互动。

（唐莉莉）

媒体融合发展

至年底，音像报刊总社现代教育报社推动媒体融合发展。微信公众号发布频率更高，每日推送首都教育相关最新原创新闻及深度解读，内容原创性更强。微信日常发布文章阅读打开率保持在5%，教师减负、校园资助人物评选等文章打开率超过37%。微信公众号粉丝量持续攀升。12月10日，现代教育报学习强国号开通，向学习强国平台输送原创新闻产品，现代教育报出品的图文和视频，频频获得首页推荐，点赞量最高超过35.4万人次。现代教育报实现各种媒介资源、生产要素有效整合，将报纸的高质量内容更迅速有效地传播给目标读者，放大一体效能。

（常悦）

《身边的好学校》栏目改版

至年底，音像报刊总社完成《身边的好学校》25所学校拍摄，并进行内容改版。由原来介绍学校特色视角改版为从观众视角出发，增加对学校重点特色的体验。在北广传媒地铁电视、北广传媒移动电视上播放，其中，微信总关注46141人，其中，杨镇一中的微信阅读量11182人次。

（郝彬）

北京市教工休养院

概述

2019年，北京市教工休养院占地面积13.36万平方米，建筑面积4.52万平方米，水域面积1.12万平方米，绿地面积7.72万平方米，树种200余种。内设15个部室，职工246人，包括在职事业编制79人。全年休养院接待休养教师218批次7469人（18598人次）；完成北京市中、高考命题接待工作;开展“不忘初心、牢记使命”主题教育活动;完成《北京市教工休养院2019年度接待休养教师汇编》编制工作；完成多项基础设施建设工作。

（刘子婧）

承接命题教师接待任务

5月16日至6月26日，教工休养院承接北京市中考、高考命题教师接待任务。院领导和相关部门人员组建入闱接待领导小组，下设8个工作保障组，68人参与入闱接待服务工作。

（刘子婧）

2019年，教工休养院全景

（教工休养院　供）

休养活动

至年底，教工休养院根据不同教师群体及年龄组织开展多种休养活动。组织休闲、交流、参观等多项活动70余次，收集各种活动影像图片2120张；组织开展“健康中国·幸福职工健康科普巡讲”健康知识讲座；举办趣味包饺子、健步走、趣味运动会等活动；组织休养教师1325人次参观湿地公园、森林公园、上宅陈列馆等。

（刘子婧）

投入995万元完成多项基础设施建设

至年底，教工休养院投入995万元完成多项基础设施建设。项目包括更新发电机、更新客房电视机、购置安装垃圾（草木）处理机、购置安装新风系统、购置安装命题工作台、完成楼顶防水工程、楼顶线路改造工程、洗衣房改造工程、阅卷基地双路电源改造、泳池太阳能工程（大型修缮）、无线覆盖与阅卷基地整体安全建设工程（综合布线）。

（刘子婧）

北京市校办产业管理中心

概述

2019年，北京市校办产业管理中心设办公室、国资企管部、科技成果推广部、综合事务部4个部门，在编13人。全年完成清产核资审计预算项目，完成市财政局企业年终决算和市国资委统计，完成市教委事业单位所属企业国有资产产权登记，与北京中细软网络科技有限公司联合举办2019北京高校科技成果推介会，推进市教委机关事业单位所办企业清理规范工作。中心组织50所高校参加校2018年全国普通高校校办企业统计，组织市属高校企业体制改革工作培训会、市教委高校企业体制改革和机关直属单位企业清理规范工作培训会，针对体制改革中涉及到的企业注销、转让以及企业工商办理、产权交易等业务开展培训，继续编印《2019 智库》，收录 107 项高校科技成果。

（宋慧宇）

审计预算项目清产核资

3 月至 12 月，校产管理中心完成清产核资审计预算项目。完成清产核资审计工作 91 户，实际执行预算 83.65 万元。其中，3 月，完成直属单位及试点高校 28 户企业清产核资审计；10 月至 12 月，完成 63 户高校企业清产核资审计。

（宋慧宇）

市财政局企业年终决算和市国资委统计工作完成

5 月，校产管理中心完成市财政局企业年终决算和市国资委统计工作。137 户数据通过国资统计和企业财务决算审核。根据 2018 年度国有资产统计情况，企业年末资产总额 54.42 亿元，负债总额 11.52 亿元，所有者权益 42.90 亿元，实现国有资产保值增值 104.67%。企业营业总收入 20.83 亿元，净利润 2.97 亿元。

（宋慧宇）

市教委事业单位所属企业国有资产产权登记

5 月至 8 月，校产管理中心完成市教委事业单位所属企业国有资产产权登记。完成网上填报、报送纸质资料、审核材料、打印盖章等工作。截至 9 月，审核通过并办理 115 家单位办理产权登记，其中，占有登记 10 家、年度检查 84 家、变动登记 9 家、注销登记 12 家。

（宋慧宇）

高校所属企业体制改革

6 月至 12 月，校产管理中心协助市教委开展市属高校所属企业体制改革。首批确定北京建筑大学和北京电子科技职业学院为试点高校。根据 3 次高校摸底工作情况，21 所市属高校（含试点高校）所属 459 户企业，包括正常经营 200 户企业、吊销企业 224 户、已经完成注销企业 35 户。2019 年是高校所属企业体制改革工作开局之年。

（宋慧宇）

高校科技成果推介活动

12 月 24 日，校产管理中心与北京中细软网络科技有限公司联合举办 2019 北京高校科技成果推介会。华北电力大学等 7 所高校各具特色的产业化项目进行路演。近 20 所高校从事科技成果转化与产业化工作的负责人、10 余家投资机构及企业的相关代表共 60 余人参加活动。

（宋慧宇）

市教委机关事业单位所办企业规范清理

至年底，校产管理中心推进市教委机关事业单位所办企业清理规范工作。配合市财政局开展企业保留的评审工作，通过拟企业保留情况答辩等环节，最终，上报 6 户保留企业，5 户被批准保留。截至 12 月 31 日，市教委 14 家直属单位 70 户企业，完成清理规范工作企业 39 户，包括注销 34 户。

（宋慧宇）

北京教育网络和信息中心

概述

2019 年，北京教育网络和信息中心设有中心办公室、总工程师办公室、财务与资产管理部、研究指导部、网络与电子政务部、系统管理部、资源管理部、教学培训部、影视开发部 9 个部门。在职职工 64 人，包括高级专业技术职称 14 人、中级 14 人、初级 15 人。

加大信息技术服务保障力度。全年向两委机关提供桌面支持、电子政务等信息技术服务 2260 余次，网站编发各类信息 3398 条，保障视频会议 157 次。开展“三通两平台”工作，保障北京教育信息网市级 40G/10G 链路的稳定运行，支撑 16 个区、25 所高校节点万兆带宽接入，光缆总长度 568.08 公里，完成 32 位与 48 位的 IPv6 地址部署准备，可实现全网路由分配。完成教育部、市公安局、市网信办组织的专项护网演练任务，各系统均未发现存在重大漏洞，符合演练发起方要求。开展重点时期网络安全保障工作，分析应对疑似攻击 3000 次，封禁可疑 IP 近 2 万个，未发生网络安全事件。

提升教育管理信息化水平。将北京市教育信息化分散的应用系统整合成为教育公共服务、教育公共管理、教育公共资源、教育大数据四个平台，形成统一教育信息化管理服务支撑体系。整合学前、中小学、中职、高等教育等全学段，管理、评估、督导等全业务信息平台 49 个，基本涵盖市委教育工委、市教委各处室。持续整合各项学生实践活动、青少年体育活动、教师网络研修等多元公共服务内容、数据和流程，建成覆盖全市的终身学习服务体系。升级建设北京市中小学学籍管理云平台，建设高校实验室危险化学品信息采集平台、全市高中课程资源调配系统、学前综合管理系统，助力政府实事工程。完成 77 万名中小学生北京市二卡合一北京通学生卡更换工作，约占中小学生总数的 50%。落实教育部管理信息中心“国家教育管理公共服务平台北京市数据中心及升级 CA”的建设和运维保障工作。

推动信息技术与教育教学融合创新发展。面向全市教育系统，围绕网络安全认证、教育信息化领导力、信息素养提升、信息技术专业能力提升四个方面开展教育信息技术专项培训，举办市级培训活动 20 次，培训教师近千人次。在全国中小学师生电脑作品制作活动中获得 120 个奖项，北京市获最佳组织奖；全国中小学信息技术创新与实践活动中获 362 个奖项，北京市获突出贡献奖。

优化“平台 + 教育”服务模式与能力。依托“北京教师在线”平台面向全市教育系统提供信息技术支持服务，面向全市教师提供教育技术保障服务 122865 次，问题解决率 99%，服务对象满意度 99%。利用北京教育信息技术服务热线电话为全市学生、家长提供教育技术平台咨询服务，全年累计呼入 174096 条咨询电话，用户满意度 80% 以上。组织北京市中小学教师参加教育部 2019 年度“一师一优课 一课一名师”活动，409 节课程获得国家级优课，在全国名列前茅。完成北京教育资源网、共享交换平台、北京市智慧校园资源服务与应用监测云平台更新维护，发放资源卡 2.4 亿点，资源总量 75 万条。

（贾鹏鲁）

11 月 26 日，房山区周口店古猿人遗址开展“虚拟现实 +5G”远程教育教学直播实验活动 （信息中心 供）

校园影视工作现状调查

5 月至 6 月，信息中心开展校园影视工作现状调查。此次调查在全市中小学校开展，围绕校园影视基础建设、队伍人员状况和工作开展情况等方面，通过多角度、全方位的数据展现，综合反映全市中小学校园影视工作现状。调查工作以调查数据为依据并结合实际工作经验，先后完成《北京市中小学校园影视工作现状统计分析报告》《北京市中小学校园电视台调查报告》和各区调查数据的分析报告，为各区开展工作和领导决策提供支持。调查具有几个特点：调查内容细致全面，基本全面涵盖学校影视工作，有 4 个主题 45 个题目；参与调查学校数量多，16 个区的 853 所中小学校和中职学校参与调查；科学分析，形成不同主题的调查报告。

（马东）

北京市教育公共资源平台建设

至年底，信息中心启动北京市公共资源平台建设工作。依托“北京教育信息化三年行动计划”和北京市教育信息化“三重一大”顶层设计，提出“4+N”的总体框架，即共享系统、管理、监测、门户 4 个共性横向平台，拓展 N 个纵向个性化数字资源专题应用，开展北京市教育公共资源平台建设工作，构建形成北京市数字教育资源的 4 个中心，即资源目录服务中心、资源汇聚共享中心、资源应用服务中心、资源监测评价中心，全面提升北京市数字教育资源的统一管理服务支撑能力。

（顾忆岚 宋洁）

教育信息网及数据中心运维服务

至年底，信息中心保障北京教育信息网市级 40G/10G 链路的稳定运行，支撑 16 个区及 25 所高校用户万兆带宽接入。维护光缆总长度 568.08 公里，接续盒 504 个，正常运行率 97%。互联网出口市教委和信息中心至三大运营商平均延迟 9.04 至 15.51ms，丢包率小于 0.01%，全年可用性 100%。CERNET 运行平稳，最高峰值流量达到 900M 以上，带宽峰值平均使用率 70% 左右，光缆中断 1 次。厂桥、和平门两地机房，直接维护 80 台市级网络设备、169 个模块，主要安全设备 50 余台、各类服务器 430 余台，存储系统 7 套，虚拟化平台 4 套，虚拟服务器 560 余个。机房空调 21 台，配套降噪、节能、加湿、新风等设备 28 台 / 套，UPS7 台，整体配电系统 4 套，机房消防系统 2 套。设备正常运行率 99% 以上。政务云创建虚拟服务器 645 台，使用资源 vCPU：4042 个，内存 12276GB，存储空间 500TB。

（陈昊）

网络服务管理

至年底，信息中心开展网络服务管理。受理来自各部门的变更申请 200 余次，全年变更执行率 100%。处理各部门 IT 服务需求，网络策略调整 132 次；域名调整 629 次；安全策略调整 100 余次；虚拟化运维服务 61 次。政务云上协调分配服务器 40 余台，对应地址及网络策略调整 60 余条；配合年底电子政务系统上云工作，协调分配服务器 400 余台，分配地址及网络策略 130 余条。新签行业 IT 基础设施服务协议 1 份，为盲人学校提供服务器租用、域名解析等服务。

（陈昊）

行业网络安全服务

至年底，信息中心完成行业网络安全服务工作。配合市教委部署重点时期教育行业安全保障工作，落实“零报告”

制度，配合市教委执行值班值守制度，接收 81 个单位上报的 105 天情况报告，及时向教育部科技司反馈网络安全情况。响应来自教育部、市经信局应急中心、网信委等单位的安全事件通报，处置转发 408 份（教育部 306 份、市经信局应急中心 58 份、网信委 44 份），督促相关单位及时处置整改、反馈结果。受市教委委托，两次组织市属教育行业 83 个信息系统的定级评审专家会，出具审批意见。配合市教委开展 2019 年教育行业网络安全自查及北京市教育行业网络安全联合检查工作。对 4 家单位开展现场抽查，组织技术力量对 26 家高校、直属单位的 100 个系统开展远程技术检测和渗透测试，发现各级漏洞千余条。对 18 家单位开展网络安全工作现场检查调研，指导督促各单位网络安全工作落实情况。为保障教育行业下半年重点时期工作顺利开展，组织力量对通过北京教育信息网向外服务的信息系统开展漏洞扫描挖掘，并通过教育部安全监测预警系统通报至各相关单位，审核通过 205 条。

（陈昊）

网络安全服务

至年底，信息中心开展网络安全服务工作。网络安全等级保护完成 16 个三级系统、12 个二级系统的测评。完成 10 个信息系统的渗透测试。及时响应、协调来自教育部、市公安局、市经信委、市网信办等单位的安全事件通报 12 起。应对预警 1 次，及时完成市委教育工委、市教委桌面 CVE-2019-0708 漏洞补丁升级，做到全覆盖无遗漏。面向中心各系统每月开展漏洞扫描，全年发出检测报告 100 余份，涉及 200 余个系统页面。对和平门、厂桥办公区有线及无线网络进行私网 IP 地址改造，提升办公区网络安全水平，降低终端受到恶意攻击的风险。7 月，组织网络安全培训，邀请公安部三所专家，结合中心现状，开展专题辅导。8 月，完成 2 人次 CISP 专项培训并通过认证考试。9 月，根据市公安局统一部署，在市教委指导下，开展针对大规模病毒攻击事件的应急演练。演练信息通报流程顺畅，各角色汇报内容准确，符合预案要求。

（陈昊）

北京教育综合服务中心

概述

2019 年，北京教育综合服务中心设有 4 个部门，职工 28 人，全部在编。全年完成市教委行政审批窗口服务工作，3 人参与市教委在北京市政务服务中心设置的窗口服务工作，主要承担市教委行政审批服务事项的咨询、受理等工作。至年底，市教委受理“行政许可”事项 229357 件，接待电话、网络、现场咨询 5177 次，实现零差错、零投诉，零差评，服务满意度连续 12 个月 100%。完成北京市非紧急救助服务中心教育委员会分中心解答咨询工作，解答咨询 46217 件，比上年同期下降 11%。其中，接听群众来电 41350 件、网上在线问答回复 3245 件、受理市民热线（12345）网络派单 1622 件。完成市教委政府信息公开工作，整理、收集市教委已发文件 1000 余件，市教委网上主动公开文件 427 件，包括行政规范性文件移送 25 件、依申请公开文件 35 件。信息公开月报发布 10 期。机关交换机要文件 2 万余件。完成高等院校及科研院所学位授予信息管理，2018—2019 学年度第一学期有 72 个学位授予单位报送数据，总计上报电子数据 37485 条（含光盘报送数据）；第二学期有 143 个学位授予单位报送数据，总计上报电子数据 243013 条（含光盘报送数据）。完成教育系统专业技术人员职称评审，中等专业学校教师专业技术职务评审 65 人，通过 58 人；高等学校教师专业技术职务学术评议 128 人，通过 103 人；中小学正高级教师专业技术职务评审 127 人，通过 108 人。同时，承担北京市人民教育基金会常务理事会办公室日常管理工作。

（罗芳）

职称备案

1 月至 3 月，综合服务中心受理市教委 9 个直属单位职称备案。年度备案 616 人，其中，正高级职称 1 人、副高级职称 101 人、中级职称 154 人、初级职称 360 人，办理核发各级专业技术资格证书 402 本。

（罗芳）

北京市教育系统人才交流服务中心

概述

2019 年，北京市教育系统人才交流服务中心（北京高校毕业生就业指导中心）在职职工 64 人，在编 34 人。中心内设信息开发与学籍就业事务部（积分落户服务办公室）、市场发展部、就业创业服务部、学历认证服务部等 7 个部门。中心配合市教委完善“一街三园多点”创业孵化体系，完成 151 个优秀创业团队评选和入驻创业园工作，提升创业孵化增值服务内涵及创业孵化成效；加强就业市场建设，举办各类双选会 206 场（同比增长 57%），服务用人单位 2.1 万家次，服务参会毕业生 22 万人次，深化京津冀一体化毕业生人才战略合作，助力“一带一路”战略人才需求，举办女大学生、残疾人等特殊群体专场双选会；参与北京市积分落户教育背景审核工作，对 10 万名申报人中未能直接通过在线比对的数据进行多轮次审核，6007 人落户北京；编制发布《2019 年北京地区高校毕业生就业质量年度报告》等调研成果；强化校企合作，组织北京 58 所高校和 95 家企业面对面对接供求信息；组织 1535 名就业创业教师及人事干部开展 14 次培训交流活动；管理毕业生档案及城六区教师档案 8767 余份，完成 6376 份人事档案整理装订；协助市教委举办首届北京市中小学特级校长评选；协助市教委为 93 所普通高校和 88 所科研单位 23.5 万名 2019 届毕业生完成就业手续办理，出具报到证 20.7 万余张；完成各层次学籍新生注册数据 65 万余人；完成市教委直属单位 30 名在编人员及区县教委 304 名乡村教师公开招聘工作；协助教育部受理学历认证申请 25665 份，出具学历报告 17404 份；整合信息化资源，通过就业信息网、教育人才网，微信公众号、成功就业订阅号等信息化宣传渠道，编发就业政策信息 1574 篇，微信订阅号推送 332 期，服务毕业生 280 万余人次。在园团队参加比赛并获得各类奖项 128 个，其中，国际奖项 7 个、国家奖项 49 个、省级奖项 72 个。北京高校毕业生就业信息网：www.bjbys.net.cn；北京教育人才网：www.jyrc.com.cn。

（刘勃）

年内，人才交流服务中心组织市教委直属处级事业单位公开招聘考试（人才交流中心 供）

质量报告和分析报告编制

至年底，人才交流中心协助市教委完成多份质量报告和分析报告的编制。编制完成《2019 届北京地区毕业生就业状况调查报告》《2019 届北京地区高校毕业生用人单位调查报告》《2019 年北京地区高校毕业生就业质量年度报告》《2019 年北京地区高校毕业生薪酬调查报告》《2019 年北京地区高校毕业生职业流向调查报告》，针对 86 所高校编制《高校毕业生就业状况调查陈述报告》，为合作高校编制《年度毕业生就业状况调查报告》校级报告 32 个、院系级报告 21 个。协助津冀两地教育行政部门编制《2019 届天津市高校毕业生就业状况调查报告》和《2019 年天津市高校毕业生用人单位调查报告》。

（刘勃）

人事档案管理服务

至年底，人才交流中心管理各类教师及未就业毕业生人事档案 8767 份。承担教育部北京公费师范生 63 人、北京市属公费师范生 1228 人和北京市乡村教师计划定向招收师范生 383 人履约管理工作。全年完成教育系统 69 家 6376 本人事档案整理工作，完成 5 家 109 本档案专项审核，提供人事档案专业化整理及档案专项审核服务。

（刘勃）

直属单位及乡村中小学公开招聘

至年底，人才交流中心协助市教委完成直属事业单位及乡村中小学公开招聘工作。协助市教委和海淀区、石景山区教委完成 9 次公开招聘，组织安排考试 7319 人。为市教委 6 家直属事业单位遴选 30 名在编工作人员，为 11 个区教委补充 304 名乡村教师。

（刘勃）

学历认证

至年底，人才交流中心协助教育部完成学历认证申请受理工作。受理学历认证申请 25665 份，录入全国学历认证系统 25358 份，出具学历报告 17404 份，通知单 6520 份。协助全国学历认证中心完成协查数据 6189 份。

（刘勃）

就业手续办理及学籍审核

至年底，人才交流中心协助市教委完成就业手续办理及学籍审核工作。协助市教委完成 93 所普通高校和 88 所科研单位的 23.5 万余名 2019 届毕业生就业手续办理，打印报到证 20.7 万张，办理改派手续 8000 人次，办理户口改迁手续 1507 人次，退学报到证 391 人次，办理报到证遗失证明 1621 份。完成各层次学籍新生注册数据 65 万人，学年注册数据 247 万人，毕业生注册数据 64 万册。完成优秀毕业生证书 11763 份的备案和打印工作，领取基层证书 4000 余本，发放 2020 届本专科协议书 13.7 万份，研究生协议书 11.4 万份，推荐表 25.1 万份，本专科登记表 14 万份，研究生登记表 6.7 万份，完成 2019 年退役士兵专升本材料报送及数据审核 922 人次。

（刘勃）

北京市国际教育交流中心

概述

2019 年，北京市国际教育交流中心（北京市汉语国际推广中心、北京市港澳台教育交流中心）有教职工 32 人。中心承担重大国际交往活动服务保障工作，配合联合国教科文组织中国全委会筹办国际人工智能与教育大会，为来自 100 余个国家、10 余个国际组织 300 名国际代表提供全方位接待和服务。全年为市委教育工委、市教委及直属单位因公出国（境）47 个团组，出访六大洲的 40 个国家和地区 317 人次提供服务；先后配合教育部、外交部、文化部等中央单位派出因公出国（境）团组 6 个，配合教育部、市教委、中国驻外使馆、中共中央党校、香港教育局等单位完成 18 个临时来访团组（含 4 个姊妹校平台建设团组）接待。全年派出 4 个团组赴境外开展北京教育说明会，参与学校涉及北京市大中学校 50 所 64 人次。全年累计开展 2 大类 7 项往来交流项目，参与对象覆盖 16 个区 130 余所大中小学校以及幼儿园 850 余名北京师生。对 229 名驻华使馆官员开展汉语及北京教育环境和中国文化培训。邀请 21 个国家 102 名境外汉语教师来京开展汉语教学能力的培训。受理国家留学基金公派高级研究学者及访问学者（含博士后）等 9 个大项 25 个子项目共计 434 人的选派工作。举办第二届“一带一路”暑期大学生科技创新训练营，来自“一带一路”沿线 12 个国家 14 所高校师生与北京 7 所高校师生 100 人参加以“智慧车辆智能制造魅力北京”为主题的科技夏令营。对 77 所引进外籍教师参与中小学英语教学改革项目校 79 名外籍教师开展评估，对受评学校的外籍教师负责人开展外籍教师聘用政策、教学管理及日常管理的培训，同时完成该项目三年总结，形成系统有效的全市性评估报告。网址：www.biee.bjedu.cn。

（史玉婷）

国际语言环境建设

3 月至 12 月，国际教育交流中心组织实施“2019 国际语言环境建设”项目。项目包含第八届首都学生外语展示系列活动和 2019BIEE 北京学生暑期英语夏令营两个子项目。3 月举办第八届首都学生外语展示系列活动，涉及英、法、日、韩、俄等 11 个语种。16 个区 62 所学校 74 个节目参加市级评选，最终评出英语类作品一等奖 7 个、二等奖 13 个、三等奖 24 个，多语种作品一等奖 8 个、二等奖 8 个、三等奖 11 个。7 月至 8 月举办 2019BIEE 北京学生暑期英语夏令营，邀请 127 名来自英国、美国及少数欧洲国家一线英语教师、人文社科专业的应届毕业生及语言教学志愿者，分赴通州、昌平、房山、平谷、密云、延庆 6 个区营地学校开展为期 10 天的全英文浸入式授课，惠及郊区 112 所中学近 1700 名师生。

（史玉婷）

3 项交流夏令营

7 月 15 日至 24 日、7 月 21 日至 27 日、7 月 28 日至 8 月 3 日，国际教育交流中心承办 3 项交流夏令营活动。其中，第九届国际学生北京夏令营共有来自 4 大洲 28 个国家 666 名中外师生参加；2019 京港澳学生交流夏令营有来自香港、澳门 257 名师生与来自北京 9 所学校 138 名北京师生参加；2019 台湾阿里山夏令营有 120 名北京师生参加。

（史玉婷）

7 月 28 日至 8 月 3 日，2019 台湾阿里山夏令营
（国际教育交流中心 供）

2 项友好交流活动

11 月 19 日至 23 日、25 日至 29 日，国际教育交流中心承办 2 项友好交流活动。其中，在 2019 年第 20 届北京—首尔青少年体育大会上，组织北京市第三十五中学、北京市陈经纶中学 38 名师生与首尔善一中学、景城中学学生举办篮球和冰球友谊赛；在 2019 北京—世宗青少年艺术交流活动上，组织北京市第十八中学和丰台区芳星园中学 40 名师生分别赴韩国世宗市御贞中学和世宗艺术高中开展艺术交流，中韩学生共同编排文艺演出，同台表演。

（史玉婷）

北京学生活动管理中心

概述

2019 年，北京学生活动管理中心（北京市少年宫、北京市青少年科技馆、北京教学植物园）占地面积 14.42 万平方米、建筑面积 4.92 万平方米。中心内设部门和机构 20 个，教职工 201 人，有专业教师 133 人，博士、硕士学历 53 人，高级职称 47 人，特级教师 1 人，市级骨干教师 2 人。中心党委完成换届选举，产生新一届党委，并成立纪委。全年完成中华人民共和国成立 70 周年庆祝活动等重大活动的服务保障任务，选派 17 人参与服务保障工作；参与宋庆龄基金会等主办的“我和祖国一起成长”国际儿童节主题演出服务保障工作；参与承办国家卫健委、教育部、市政府主办的第 24 个全国“爱眼日”北京现场科普宣传活动。完成市教委委托对口支援项目 5 个、出访任务 3 项，接待国际参访团 5 个。承办市级艺术类、科技类、体育类学生实践活动 38 项。开设艺术、科技、体育、美术等类别兴趣培训项目 50 余个，招收学员 400 个班 6500 人。建有市级阳光少年舞蹈团、阳光少年手风琴团、金鹏科技团、金帆书画院和管乐团、合唱团、朗诵团等学生社团。举办全国孙敬修儿童故事大赛、“中华美德少年行——家风故事宣讲”“最美宫娃娃”“快乐铛铛车”等特色品牌活动。依托教学植物园开展植物栽培大赛、绿色科技俱乐部、植物文化主题、气候变化主题等自然科普教学活动。开展校外教育改革与创新调研，指导全市创建校外教育精品项目、特色项目、创新项目 149 个。搭建社会大课堂资源平台，增补发展第七批资源单位 139 家，开展“四个一”等社会大课堂活动 40 万人次。组建市区两级专职学前教育督查队伍，开展全覆盖督查 8 轮。完成中心官网、少年宫网站、植物园网站整合工作，建成新的中心官网。突出健康教育，被确定为北京市学生视力健康教育活动中心。

11 月 24 日，举办第二届北京市学生“人工智能 +”活动
（学生活动管理中心 供）

（张艳飞）

承办 2 项篮球比赛

3 月 4 日至 11 月 2 日，学生活动管理中心承办 2 项学生篮球比赛。承办 2019 年北京市校园篮球特色学校篮球比赛，16 个区 160 所校园篮球特色学校参与，初中组清华大学附属中学男女队分获男女组冠军，代表北京参加全国大区赛。承办 2019—2020 耐克中国高中篮球联赛（北京赛区），14 个区 28 支代表参与 58 场比赛，清华附中男女队分获男女组冠军，代表北京参加明年全国分区赛。比赛由市教委、市体育局主办。

（池飞龙）

4 次主题教育活动

5 月 30 日和 10 月 11 日，学生活动管理中心举办 4 次主题教育活动，1.5 万余名学生参加。举办“少年心·中国梦”庆祝六一儿童节主题教育活动，5000 余名学生参加；举办“红领巾 · 向未来”纪念中国少先队建队 70 周年主题教育活动，400 余名少先队员及特殊教育学校学生参加；举办“最美宫娃娃”献礼祖国华诞风采展示活动，5000 余名学生参加；举办“新时代少年献礼祖国华诞”系列教育活动，5000 余名学生参加。

（刘美丽）

承办市级体育比赛

6 月至 12 月，学生活动管理中心承办市级体育比赛，3400 余名学生参加。承办 2019 年北京市中小学生冬季运动系列比赛、第 57 届北京市中学生田径运动会、北京市第四届中小学生冬季运动会。比赛由市教委、市体育局等主办。

（傅玥　池飞龙　齐景宇）

2 次市级科技活动

10 月至 11 月，学生活动管理中心主办 2 次市级学生科技活动，2000 名学生参加。主办第三届北京市中小学生“奇梦炫漫”动漫创客展评活动，200 名学生参加，800 人到场参与实践体验活动，来自河北、内蒙、广东等外省队伍报名参与交流；主办第二届北京市学生“人工智能 +”活动，近千名学生参加。

（孙雷　朱小羽　刘星汉）

首次举办体育教学成果汇报演出

11 月 23 日，学生活动管理中心举办首次体育教学成果汇报演出。演出《武韵》《拳道 · 非胜不言》《乒乓小将》《风云灵动武少年》《象棋世界》《巾帼英雄》《武术冠军现场教学》《武侠》8 个节目。体育教学教研组武

5月8日，植物主题科普活动——植物大课堂 百草园参观
（学生活动管理中心 供）

术初级班、中高级班、跆拳道班、乒乓球班 110 余名小学员参与演出。

（姚泽）

8 场艺术专场音乐会

至 12 月，学生活动管理中心组织 9 场艺术专场音乐会，1230 名学员参演，观众 8000 人。声乐项目举办教学汇报演出，200 名学员参演；合唱团、管乐团、手风琴乐团举办“庆祝六一国际儿童节——歌声飘过 70 年”主题音乐会，250 名学员参演；管乐团赴内蒙古举办交流音乐会、与手风琴乐团赴天津大剧院举办专场音乐会，200 名学员参演；民乐学科举办教学汇报音乐会，近 60 名学员参演；手风琴乐团举办建团 15 周年专场音乐会，150 名学员参演；手风琴乐团应 2019 第三届深圳 · 宝安国际手风琴艺术周暨第 72 届世界杯手风琴锦标赛组委会邀请，赴深圳举办专场音乐会并出演闭幕式演出，200 名学员参演；合唱团参加“北京友谊合唱团建团 30 周年纪念音乐会”，60 名学员参演；管乐团、合唱团举办 2019 年教学汇报音乐会，110 名学员参演。

（李鹤群）

3 项市级艺术类活动

至 12 月，学生活动管理中心承办 3 项市级艺术类活动，2 万名师生参加。组织选拔 11 所中小学 480 名师生参加全国第六届中小学生艺术展演活动；承办 2019 年北京阳光少年艺术节和第二十二届学生艺术节，近 2 万名师生参与。

（曹璐　王杨　刘思洋）

35 期周末阵地开放活动

至年底，学生活动管理中心举办 2019 年“快乐铛铛车”周末开放活动 35 期，1.2 万余名学员参与。活动包括非遗手工艺制作、古诗词游戏、儿童拓展游戏、跳蚤小市场等实践体验活动。

（刘美丽）

71 期植物主题科普活动

至年底，学生活动管理中心举办 71 期植物主题科普活动，全市 7820 名学生参加。举办 2 期“赏年宵花卉学传统技艺”公益主题科普冬令营，70 名学生参加；举办 1 期“有机种植 善待环境”首都义务植树日活动，150 名学生参加；分别举办六一儿童节庆祝活动和全国爱眼日宣传教育活动，600 余名学生参与；举办 3 期“夜游植物园 探访夜精灵”半日夏令营，100 名学生参加；开展 41 期植物大课堂，服务中小学 6200 余名师生；开发 12 期传统植物文化初中课程，100 名学生参与；开展 10 期气候变化主题教育活动，600 余名学生和家长参与。

（马凯）

17 项市级学生科技竞赛

至年底，学生活动管理中心承办市级学生科技竞赛 17 项，11.3 万余名学生参加。包括第 19 届北京市中小学生金鹏科技论坛活动、北京市中小学生天文观测竞赛（含知识竞赛）、北京市中小学生纸飞机比赛、“放飞心情筝舞蓝天”北京市中小学生风筝比赛、北京市中小学观鸟赛（含知识竞赛)、北京市中小学生农业体验实践活动等。

(张峥　黄鑫　蒋小建)

北京市教育技术设备中心

概述

2019 年，北京市教育技术设备中心建筑面积 3144 平方米，其中，办公场所 2144 平方米、库房 1000 平方米。中心设有办公室、发展规划科、管理科、技术科、采购科，职工 37 人。受市教委委托行使对中小学教育技术装备的管理与实践教学研究的职能，负责北京市中小学校实验室（专用教室）和教学仪器设备的建设、配备、管理、使用和质量检测及技术服务，承担全市初中开放性科学实践活动督查管理等工作。全年开展初中开放性科学实践活动督察管理；组织第九届书香燕京阅读指导活动；开展中小学教育装备安全与质量专项调研；修订义务教育办学条件标准细则；参与中小学危险化学品安全管理工作，完成放射源及 X 射线装置检查与统计；举办第二届北京市中小学实验教学说课活动，组织参加第七届全国中小学实验教学说课活动；举办实验员队伍培训，经市教委批准，实验员队伍培训纳入全市教师培训信息管理系统，录入继续教育学时和计算继续教育学分，完成 2017 年 329 人、2018 年 591 人、2019 年 453 人培训数据录入；推进图书管理工作。

(赵文强)

装备技术标准文库更新

3 月至 12 月，设备中心开展装备技术标准文库更新、替旧和审核工作。至此，标准库中收录与教育装备产品相关的标准 701 条，其中，国家标准 131 条、教育行业标准 380 条、其他行业标准 190 条。另收集北京市中小学实验室安全相关法律法规标准 129 条，涉及相关法律、行政法规、部门规章、国家标准、行业标准和团体标准。

(赵文强)

中小学图书管理工作推进

4 月至 12 月，设备中心推进中小学图书管理工作。开展 1 次图书馆员培训、10 次图书沙龙学习观摩活动。图书管理员培训内容包括中小学图书馆员信息化建设与管理、中小学图书馆员如何应对信息素养教育、如何落实图书清理审查标准等，全市 380 名图书馆教师参加；图书沙龙活动以参观考察为主要内容，包括交流学习、讲座、二次文献制作等，全市 340 人次参与。参与国家标准中小学图书馆评估指标的评估、图书馆试点剔旧、中小学图书馆工具书目录整理、《中小学基本藏书目录》修订等工作。

(赵文强)

中小学教育装备安全与质量专项调研

11 月，设备中心开展中小学教育装备安全与质量专项调研。调研工作以教室空气质量检测仪使用培训、实验室综合安全状况排查为主要内容，以市级调研培训带动各区学校自查为手段，采取检测仪器培训、实地测试、问卷调研形式，涉及 6 所学校理、化、生实验室以及劳技教室、通用技术教室等 36 间实验室的管理制度、用电安全、机械排风系统有效性、化学药品管理、采光照明等方面。

(赵文强)

参与初中开放性科学实践活动督查

至年底，设备中心受市教委委托参与开展北京市初中开放性科学实践活动督查。督查采用计分制管理，派出 91 名市级督查员督查 573 次、专项督查 9 次，对已发课程覆盖率 24.63%。中心在调研基础上形成资格预审前置文件调查报告；参与起草招标文件中资源单位开课地址、课程实施条件标准，资源单位资格条件评分标准、框架协议；完成与 693 家资源单位协议签订；审定资源单位纸质地址与管理平台上电子地址的一致性；参加招标答疑会，承担热线电话的接听与释疑解答，处理各类投诉。组织各区教委和资源单位参与集中结算，593 家资源单位产生实际费用，其中 415 家发起结算，351 家资源单位参与集中结算，占可结算单位数量的 85%。

(赵文强)

北京教育老干部活动中心

概述

2019 年，北京教育老干部活动中心有正式职工 17 人，内设办公室、活动部、生活服务部、宣传教育科 4 个部门，同时挂北京教育老干部大学和北京教育老干部党校两块牌子。建筑面积 5174.4 平方米，设有图书阅览、书画、棋牌、台球、乒乓球、茶艺、舞美、手工等厅室（教室）。中心以“文体活动展示平台、工作骨干培训基地、文化养老示范中心”建设为抓手，全年结合庆祝中国共产党成立 98 周年、中华人民共和国成立 70 周年以及“我和我的祖国”系列主题，举办全系统大小活动 14 次，直接参与老同志近万人，辐射全市各高校、区老同志 10 万人。老干部大学聘请 23 名教师，开设 10 个专业，34 个教学班，在校学员 1045 人次。开展老年思想政治教育课堂，举办“老干部党校大讲堂”“高校离退休党支部书记培训班”9 期，1000 余名党员参加培训。此外，中心直接管理兴趣队 19 支，包括老教授合唱团、舞蹈、摄影、乒乓球等，600 余名文体骨干活跃在中心。中心获市委组织部、市委老干部局、市人力和社保局评选的北京市老干部工作先进集体。

(王黎黎)

4 月 15 日至 16 日，老干部活动中心举办北京老教育工作者门球赛（老干部活动中心 供）

平房会议室多媒体系统改造项目及配套工程

3 月至 10 月，老干部活动中心对平房会议室多媒体系统开展装修改造工程及配套工程。两个项目分别投入 67.23 万元、14.63 万元。按照政府采购流程、社会公开招标及专家项目比选等最终完成改造，会议室实现音视频同步传输，会议、学习、教学共享。完成室外环境及造景配套改造，切实解决老同志上下楼困难问题。

（安红娟）

老教育工作者门球赛

4 月 15 日至 16 日，老干部活动中心在北京地坛公园举办北京老教育工作者门球赛。经过预赛、复赛、决赛，北京体育大学、北京育新花园老教协、北京大学医学部获得前三名。来自高校、区教委 20 支代表队 200 余人参加比赛。

（王黎黎）

庆祝祖国华诞 70 周年系列活动

5 月 13 日至 6 月 25 日，老干部活动中心举办庆祝祖国华诞 70 周年系列活动。5 月 13 日至 6 月 14 日，举办北京教育老干部大学师生书画摄影作品展，以“七十华诞贺辉煌，翰墨丹青展梦想”为主题展现新中国成立 70 年来的奋斗历程和中华大地的沧桑巨变。展览收到书画作品 300 幅、摄影作品 100 幅，20 个班级的师生参与展览。5 月 29 日，举办“喜迎祖国 70 华诞 舞动健身乐晚年”北京高校老同志健身项目展示活动，展示以健身操、健身舞类项目为主。经过专业评委评定，16 所高校获得阳光风采奖、16 所高校获得最佳风采奖。32 所高校 1000 人参加活动。6 月 12 日至 25 日，举办“歌舞庆华诞 共筑中国梦”2019 年北京老教育工作者文艺演出，分别在中国石油大学（北京）、北京语言大学、北京舞蹈学院、丰台区、通州区举行，81 个单位 4000 人参加演出，演出形式以歌舞为主，穿插模特走秀、朗诵等。

（王黎黎　董倩倩）

北京高校房地产开发总公司

概述

2019 年，北京高校房地产开发总公司有正式员工 33 人，包括具有高级职称员工 3 人、中级职称 11 人。公司内部机构设有办公室、党办、财务部、工程部、合同预算部、经营开发部、房改办、审计部。公司下属全资子公司为北京育新物业管理公司、北京育新实验幼儿园及北京市黄山教育研究中心。下属北京育新物业管理公司为国家一级资质物业服务企业；下属北京育新实验幼儿园为北京市“市级示范园”。年内，公司协助市教委完成住房售房工作，完成第一批 4 名住户《不动产权证书》办理。为北京学校提供技术咨询服务，协助学校完成测绘工程、环境影响评价、水资源影响评价等工作。为北京教育学院文兴街项目提供技术咨询服务，联合其他参建单位通过优化技术方案、加强施工质量的过程控制、加大力度监管安全等方法，解决项目因环境等因素造成的停工问题。拆除望京花园西区 128# 楼、212# 楼、石景山 B 栋 16 层的违建。修订《北京高校房地产开发总公司考勤管理制度》《关于职工子女医疗费报销的若干规定》等规章制度。受理“12345 接诉即办”案件 2 件，公司内部“接诉即办”案件 3 件，及时完成转办及处理工作。协助高校教师办理央产房上市手续，累计为 180 余名住户开具《住宅专项维修资金交存情况说明》。北京育新实验幼儿园工会委员会实现工会经费收支独立财务核算。

（李婷婷）

企业年金方案修订

7月，高校房地产总公司经职工代表大会表决同意修订《企业年金方案》。修订工作根据《企业年金办法》《企业年金基金管理办法》开展，修订后，新方案于8月收到海淀区人力资源和社会保障局复函，并于8月开始实施。

（肖雪　李婷婷）

静淑苑配电室改造工作完成

11月14日，校房地产总公司完成静淑苑配电室改造。公司与国网北京海淀供电公司签署静淑苑配电室《高压供用电合同》，协调海淀供电公司完成对静淑苑配电室高压电力电缆代维护协议书的补签及相关费用的补缴工作。改造工作总投资460万元。

（李祖榛　李婷婷）

规范清理下属单位

至12月，高校房地产总公司规范清理下属单位。总公司有9家下属子公司，2家清理完成，分别是北京高房资产管理有限公司及北京众利恒管线维修有限责任公司；北京育新广建建筑门窗制造有限责任公司、北京育新创景物业管理有限公司以及北京首育科技交流中心准备股权转让，正在进行资产评估；北京高校育新绿化中心有限公司进入法律程序；吉林市怡恒伟业房地产开发有限公司完成审计；两家僵尸企业北京高校首创资产管理有限公司及北京高校首创信息科技发展有限公司，需要向上级领导汇报后再确定是否走法律程序。下属物业公司2月完成吉林市育新伟业物业服务有限责任公司工商、税务及银行注销；5月完成北京首育科技交流中心、北京育新创景物业管理有限公司清产核资；6月完成北京众力恒管线维修有限责任公司清算注销工作；11月开展北京首育科技交流中心、北京育新创景物业管理有限公司审计工作以及延伸审计工作。

（杨文宾　刘晓宇　肖雪）

北京教育志编纂委员会办公室

概述

2019年，北京教育志编纂委员会办公室设有编辑一室、编辑二室和综合办公室，教职工10人，包括高级专业技术职务2人、中级3人。完成《北京教育年鉴》（2019）网络版发布，完成《北京教育年鉴》（2019）微信小程序发布，印制完成《北京教育年鉴简本》(2019)，出版《北京教育年鉴》（2019）正本纸质年鉴；为《中国教育年鉴》《北京年鉴》《北京农村年鉴》等提供相关内容；完成北京市地方志办公室课题“探索年鉴数据库及网络化建设”研究；撰写中国地方志领导小组《中国年鉴发展报告》中的“中国教育年鉴发展报告”部分。完成第二轮《北京志·教育志》修改、复审和终审工作，进入出版环节。《北京市教育管理志稿》《北京市学前教育志稿》《北京教育经费投入分析（1991—2010）》3本教育志丛书出版发行。完成资料室搬迁工作，整理上架图书7000余册。出版《北京市教育委员会文件选编》(2018)，印制《北京市教育委员会政报》《北京教育史志丛刊》。

（王永刚）

3本教育史志丛书出版

6月，教志办主持编纂的3本《北京教育志丛书（1991—2010）》由方志出版社出版发行。分别为《北京市教育管理志稿》《北京市学前教育志稿》《北京教育经费投入分析（1991—2010）》。《北京市教育管理志稿》49万字，主要记述北京市教育管理和教育督导方面1991年至2010年的发展变化，包括行政管理、教育督导和专记3篇，以附录方式收录部分重要文章资料。《北京市学前教育志稿》19万字，主要记述北京市学前教育1991年到2010年的发展变化，包括园所管理、园所建设、保育和教育、幼儿、教职工5章，收录各类园所数量、办园标准、级类建设、

年内，高校房地产总公司教育学院项目

（高校房地产总公司　供）

保教工作等内容，以附录形式收录部分重要文件和文章资料。《北京教育经费投入分析（1991—2010）》21 万字，梳理 1991 年至 2010 年北京市各级教育投入的规模、来源和使用结构情况，全书 9 章，第 1 章至第 8 章分别介绍教育投入的具体指标、北京市教育总体投入情况以及各级各类教育投入相关情况和教育经费的管理，第 9 章记述北京市各区县教育投入情况。

（张驰）

年鉴在线编纂系统取得计算机软件著作权登记证书

8 月 20 日，“北京教育年鉴在线编纂系统”取得国家版权局颁发的计算机软件著作权登记证书。在线编纂系统作为“北京教育年鉴在线资源平台”的重要组成部分，于 2016 年初开始建设，年底投入使用。编纂系统整合组稿、编辑、审稿、返稿等年鉴编纂的环节，通过即时提醒、数据分析、排重比对和稿件合拢等功能，实现年鉴编纂的现代化。至年底，已完成 4 年鉴的编纂，收录文字 1000 余万字、图片 2 万幅、视频资料 500 余条。

（华蕾）

《北京志·教育志》终审稿通过评议

12 月 10 日，市委党史研究室、市地方志办召开《北京志·教育志》终审稿专家评议会。评议会认为，《教育志》终审稿政治观点正确、篇目框架合理、内容全面系统、资料丰富翔实，从教育规模、教学、学生、教师、科研、管理等多个角度，客观真实地反映 20 年间北京地区各级各类教育事业发展的脉络和特点，着重记述学习型城市建设、教育交流与合作等内容，突出北京教育的亮点和特色，体现时代特征和首都特色。同时存在前插彩图顺序需要调整、个别记述内容不规范问题。经终审稿评议，会议建议该志通过终审验收。根据终审意见完成修改后，进入出版程序。市委党史研究室、市地方志办领导，市地方志评审专家，《教育志》责任编审等参加会议。

10 月 25 日，《北京志·教育志》复审会召开，北京教育志编纂委员会常务编委表决决定，《教育志》通过复审，进一步修改完善后报送市地方志办公室终审。11 月 26 日，《北京志教育志》终审稿报送市地方志编委会。12 月 20 日，市地方志编委会批复，《北京志教育志》通过终审验收，同意出版。《北京志·教育志》编写工作于 2007 年启动，历经资料准备、试写、初审、复审、终审，最终成书 62.78 万字、表格 240 幅、示意图 21 幅、图片 117 幅。全书按照篇章节编排设计，设编纂说明、前插彩图、概述、大事记、学前教育、基础教育、普通高等教育、职业教育、成人教育、学习型城市建设、教育交流与合作、教育经费、教育管理，以及附录、后记，正文 9 篇 42 章。

（王永刚）

《北京教育年鉴》（2019）编纂完成

12 月，教志办完成《北京教育年鉴》（2019）编纂工作。收到来稿 300 万字，包括 7000 余个条目，5100 余幅图片，129 个视频，自查资料 200 万字。经过编辑、审稿、返稿、合稿等环节，完成网络年鉴发布、年鉴简本印制、正本纸质年鉴公开出版、微信小程序发布。网络年鉴发布在“北京教育年鉴在线资源平台”网站（njzypt.jyzh.cn），收录实际字数 140 余万字（不同于纸质版面字数）、图片 1500 余幅、视频资料 50 余个，链接文献 70 余条。简本年鉴收录文字 34.80 万字、图片 140 幅，以口袋书的形式方便读者查阅。正本纸质年鉴收录文字 179 万字、图片 793 幅。网络年鉴和数字化后的正版纸质年鉴同时发布在“掌上北京教育年鉴”微信小程序。2019 卷年鉴根据北京教育发展实际，在内容上新增“年度关注”类目，内设“年度聚焦”“政策解读”“社会关注”3 个分目，以专题的形式记述中高考改革、课后三点半、义务教育均衡发展、校外培训机构治理等 15 项内容；增设“党的工作”类目，突出党的领导地位；“德育体育美育”类目下增设“劳育”分目，“师资建设”类目下增设“师德建设”分目。

（华蕾）

“探索年鉴信息化、网络化建设”课题结题

12 月，教志办承担的北京市地方志课题“探索年鉴信息化、网络化建设”结题。该课题于 2017 年 11 月立项，通过调研、召开研讨会、查阅资料等形式了解年鉴读者需求和年鉴的信息化发展现状，结合北京教育年鉴的供给侧改革

12 月，教志办完成《北京教育年鉴》（2019）编纂工作

（教志办 供）

实践开展年鉴的网络化、信息化探索，为年鉴同行探索信息化时代的年鉴发展创新之路提供借鉴。课题以报告形式结题。

（华蕾）

《北京教育史志丛刊》编印完成

12 月，教志办编印《北京教育史志丛刊》2 期合刊。其中，第一期合刊为教育系统第二轮修志工作专刊，通过图文形式记录修志工作历程，正文部分包括法规规划、工作文件、领导讲话、修志时限教育志编委会及参编人员名单。第二期合刊由彩色图片和正文组成，彩色图片为历次国庆大典组照，正文包括特载、工作指导、志鉴研究等 7 部分内容，刊登志书编纂、年鉴编辑工作政策理论文章以及北京地区教育历史研究文章。

（张驰）

北京市学生资助事务管理中心

概述

2019 年，北京市学生资助事务管理中心设有 2 个部门，职工 10 人全部在编。全年完成学生资助政策研究制定、资助工作监督管理、信息系统建设及数据统计、学生资助宣传及资助育人、学生资助队伍建设等工作。

（罗芳）

家庭经济困难学生普查登记

至 3 月，学生资助中心开展家庭经济困难学生普查登记工作。建立教委、民政和农业农村局联合普查机制，组织完成市属各级各类学校的家庭经济困难学生普查登记，并形成普查报告。

（罗芳）

年度学生资助检查及绩效考评

4 月，学生资助中心组织年度学生资助检查及绩效考评。中心和第三方专业机构组成检查组，对 37 家区、校开展资助业务和资金检查，实现“三年全覆盖”目标。2018 年度区、校学生资助绩效考核工作共评审 107 家单位提交的书面材料，对 55 家市属高校受助学生发起问卷调查，对 37 家单位开展实地考核。

（罗芳）

首届“春之润”暑期社会实践活动

7 月 7 日至 13 日，学生资助中心举办首届“春之润”暑期社会实践活动。组织清华大学等 3 所中央在京高校和北京工业大学等 16 所市属高校 41 名大学生，赴上海、杭州、南京参访阿里巴巴、上海电气集团、大专家 .com 等 9 家国家前沿科技企业。

（罗芳）

学生资助管理信息系统升级改造

至年底，北京市学生资助管理信息系统升级改造后投入使用。实现业务数据库动态查询、维护（特别是建档立卡贫困家庭学生受助情况），以及在线办理本专科生国家奖学金名额下达、市级预审等业务管理功能。建立每周督办机制，督促、指导各区校按时准确录入 2019 年学前教育、义务教育、普通高中、中等职业学校和普通高校学生资助数据。

（罗芳）

北京教育新闻中心

概述

2019 年，北京教育新闻中心设有办公室、策划部、舆情部、网络视频部 4 个职能科室，职工 29 人全部在编。全年聚焦为党育人的根本任务，以服务保障中华人民共和国成立 70 周年庆祝活动为重点，以“融媒体”思路不断增强首都教育新闻舆论工作影响力。围绕重点工作或时间节点，组织策划系列主题宣传战役，树立首都教育积极形象；加大先进典型宣传力度，到教育教学一线开展走基层采访活动；围绕“学前教育”“大学生思政”等主题，专题发布 10 余次，各级各类新闻发布活动近 100 次，宣传报道总量 5000 余篇。首都教育政务新媒体秉持用户思维，长期位居政务新媒体排行榜榜首，传播效应彰显。

（周也青）

系列主题宣传战役

至年底，新闻中心组织系列主题宣传战役，全面展示教育改革发展成果。围绕国际人工智能与教育大会、一带一路高峰论坛、世界园艺博览会等系列主场外交活动，形成相关报道千余篇。以融合理念做好“开学与教师节”主题宣传，打造短视频、H5 等融媒体宣传产品，形成原创报道近 500 条，比上年翻一番。持续宣传教师典型事迹，全年宣传各级各类教师近 100 名、思政课教师近 30 名，形成相关宣传报道近千篇。

（周也青）

“走基层寻找获得感”系列采访报道

至年底，新闻中心组织媒体到教育教学一线开展“走基层寻找获得感”系列采访报道。围绕义务教育均衡发展、中高考改革、学前教育、职业教育改革发展、高校大学生就业创业、大学生思政等主题开展集体采访活动 180 余次，形成相关宣传报道 5000 余篇。其中，中央电视台各频道刊

6月25日，新闻中心进行援疆干部现场采访
（新闻中心 供）

播首都教育正面报道304条，《新闻联播》8条，北京电视台刊播434条，《北京日报》头版刊发25条。

（周也青）

抖音平台推出89期短视频

至年底，市教委坚持原创经营抖音平台“首都教育”。在抖音推出89期短视频，播放量1613万，获赞66万。《3000人合唱为何惊艳全球？》播放量破千万，传播影响力初见成效。

（周也青）

北京学校后勤事务中心

概述

2019年，北京学校后勤事务中心设有安全科、后勤科和办公室，职工15人全部在编。安全管理方面，配合市教委制定并印发《北京市中小学校幼儿园安全管理规定（试行）》，并开展宣贯培训；完成全市650余名校（园）长培训年度工作任务，累计培训中小学幼儿园校（园）长3000余名；组织、配合、参与春季开学工作专项督导检查暨两会期间校园及周边安全、高校维稳专项督查等6次检查；组织开展“平安校园”建设调研和北京市中小学幼儿园“平安校园”建设市级基础性评估试点工作；持续推进“应急救援进校园”工作；完成年度20.60万套小学生交通安全帽（小黄帽）采购、配发；召开全市校方责任保险工作培训会；完成2019—2020学年度校方责任保险及附加无过失责任保险投保等；召开全市校服工作会；完成各区校服征订基本情况和数据统计，征订校服122.38万件（套），其中，体育装100.44万件（套）、制式装12.91万件（套）、其他款9.03万件（套），共减免1067件（套）。顺义、燕山政府购买14.68万套。后勤保障管理方面，完成北京市教育系统食品安全监测年度工作，确保食品安全监测网络整体运行平稳；召开教育系统食品安全工作年度培训会；与北京市教育学会共同举办《学校食品安全与营养健康管理规定》宣贯会暨北京市中小学食品安全与营养健康管理学术论坛；完成高校学生食堂价格平抑资金有序拨付并开展入校审计，确保资金使用效益；开展北京学生公交卡发放管理和学生春运返程集中购票相关工作；组织开展北京市中小学校食育作品征集评选活动；开展教育系统新能源物流配送车辆优先通行具体工作，第四季度，教育系统货车通行证发放车辆中新能源货车比例30%；开展2018年度北京市属高校节能目标责任评价考评活动；举办高校节能减排工作培训会，解读餐饮油烟排放“新地标”实施情况、节水和节能环保等方面相关法规政策等；开展高校油烟净化、用水管理和机房电热冷计量情况调研；通过教育系统节能减排应用平台，采集教育系统所有用能单位的水、电、气、热、油、煤等用能数据。

（张楠）

高校学生食堂价格平抑资金有序拨付

4月至12月，学校后勤事务中心完成北京高校学生食堂价格平抑资金有序拨付。结合2018年度高校平抑资金入校审计落实整改工作实际，分批有序完成平抑资金拨付工作，保障高校食堂价格平稳，同时督促学校规范使用平抑资金。2019—2020学年度平抑资金拨付1.9亿元。下半年，开展专项检查并抽取31所高校入校审计，推动高校进一步加强平抑资金使用的规范性，严格监管责任落实，确保相关投入资金取得实效，使广大学生真正受益，提升学生在校就餐满意度。

（崔莲莲）

节能减排工作

4月至12月，学校后勤事务中心开展多种措施推动节能减排工作。4月，启动2018年度北京市属高校节能目标责任评价考评，市属高校考评结果稳中向好，24所市属高校的2018年度考评结果均为及格及以上，其中9所考评结果为优秀，优秀率37.50%。6月，开展高校油烟净化情况、用水管理情况、机房电热冷计量情况调研，了解高校节能

3月1日，学校后勤中心举行应急救援进校园活动启动仪式
（学校后勤事务中心　供）

减排现状，查找节能减排存在问题。10月24日至25日，举办高校节能减排工作培训会，由北京市生态环境局、北京市水务局、北京节能环保中心就餐饮油烟排放“新地标”实施情况、节水和节能环保等方面相关法规政策等进行解读，分享交流高校垃圾分类工作，92所高校节能减排主管领导和工作人员近200人参加培训。全年，通过教育系统节能减排应用平台，实现对教育系统所有用能单位的水、电、气、热、油、煤等用能数据采集，保证基础大数据全面准确。

（张炀）

中小学校食育作品征集评选活动

6月至12月，学校后勤事务中心举办北京市中小学校食育作品征集评选活动。收到16个区推荐上交作品710份，经专家评选后，评选出一等奖作品46个、二等奖、三等奖作品共263个、优秀组织奖5个。

（王佳）

平安校园建设市级基础性试点评估

12月，学校后勤事务中心开展北京市中小学幼儿园“平安校园”建设市级基础性评估试点工作。专业评估小组深入燕山地区星城小学、星城幼儿园、东风中学，对中小学校幼儿园“平安校园”建设工作进行摸底，了解学校校园安全工作实际情况，对《北京市中小学幼儿园平安校园建设标准（试行）》可操作性进行验证、改进。

（陈娜　纪心光）

校方责任保险

至年底，学校后勤事务中心协调推进全市校方责任保险工作。完成2019—2020学年度校方责任保险及附加无过失责任保险投保工作。校方责任保险主险投保193.3万人，较上学年增加16.6万人，保费966.5万元；附加无过失保险投保151.8万人，较上学年增加14.02万人，保费759万元。同时，理赔工作正常有序开展，维护学校正常的教学秩序和教育系统的稳定。

（陈娜）

食品安全监测

至年底，学校后勤事务中心完成北京市教育系统食品安全监测年度工作任务。北京市教育系统食品安全监测网络153个监测终端启动检测，下达任务34180个、上传数据203300个、向各单位发出预警498次；中心检测室抽检158个监测终端、7716个检测样品，上传数据8168个，编制工作月报8期。

（王帅）

（本栏责任编校　华蕾　曾婷）

北京老教育工作者总会

北京校外教育协会

北京高校国防教育协会

北京教育装备行业协会

北京市红十字会

2020 社会团体

SOCIAL GROUPS

- 北京市教育学会
- 北京市高等教育学会
- 北京市职业技术教育学会
- 北京民办教育协会
- 北京市学前儿童保教工作者协会
- 北京市民族教育学会

社会团体

SOCIAL GROUPS

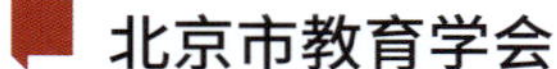

北京市教育学会

概述

2019 年，北京市教育学会有专业研究分会（专业委员会）76 个，区教育学会 13 个，集体会员 513 家；个人会员 7.50 万人。全年组织学术活动 40 场次，13358 人次参加；组织各类培训 33 次，7270 人次受训；组织国内教育研讨交流活动 13 次，2211 人次参加；组织国际交流 5 次，派出教师代表队 3 支、学生代表队 2 支，316 人次参加。学会所属各研究分会（专业委员会）及各区教育学会全年组织学术活动 168 场次，62624 人次参加；组织科普活动 437 场次，417206 人次参加；组织各类培训 595 次，69074 人次受训；组织评审调研课题 86 次；撰写文章 226 篇，编成论文集 35 册；组织国内教育研讨交流活动 86 次，23474 人次参加。

（马亚莉）

北京市中小学生庆祝新中国成立 70 周年书法教育现场会

（市教育学会　供）

“三字一话（画）”教师基本功专项展示

5 月至 11 月，市教育学会开展在“新时代教师专业基本功的挑战与实战”主题之下围绕“三字一话（画）”基本形式的教师基本功专项展示活动。市教育学会教师专业发展研究分会、书法教育研究分会、怀柔区教育学会等 13 个单位根据各自特点组织相关专项活动，动员广大中小学教师和会员积极参与。11 月 15 日，在市教育学会召开的学术年会上举办“新时代教师基本功的挑战与实践”分论坛，语文教学研究分会、幸福素养教育研究分会、书法教育研究分会等 8 个单位作专题汇报，展示活动成果，交流其在各自专业领域内提升教师基本功的做法和经验。来自北京教育科学研究院、北京教育学院、各区教育学会、教师研修中心以及内蒙古突泉县、河北省沧州市教育界的专家、学者和中小学校长 90 余人参加活动。

（马亚莉）

京蒙教育扶贫活动

6 月 10 日至 11 日，市教育学会组织京蒙教育扶贫活动，支持内蒙古自治区兴安盟突泉县教育发展。市教育学会、曹灿艺术培训学校、北京中旭天下教育有限公司捐赠书籍、文化用品，价值 85050 元，同时在突泉县三街小学设立“春雷勤英”奖励基金，捐赠资金 20000 元。三家单位分别为突泉县小学师生开展“曹灿朗诵课”和“STEM 实践”课程，曹灿艺术培训学校为突泉县三街小学进行朗读课示范引领，全县各小学低年级语文教师参加活动，三街小学全校师生同频观看；中旭科学研究院为突泉县五年级学生讲授 STEM 实践课程“投石机的制作”。此外，学会支教小分队到对口帮扶的扎赉特旗音德尔第三中学调研，探讨学校特色课程建设，介绍教育扶贫朗诵阅读工程并赠送书籍。

（马亚莉）

“曹灿杯”国际巡演活动

8月21日，由中国华文教育基金会与市教育学会联合主办的2019中国文化海外行——西班牙、葡萄牙朗诵专题营暨“曹灿杯”国际巡演活动在葡萄牙里斯本结束。中国驻葡萄牙大使馆参赞，葡萄牙中华总商会会长等旅葡侨团侨领代表及华人华侨代表以及淑敏语言文化中心师生数百人参加活动。活动现场朗诵《少年中国说》韵律，表达对祖国的热爱之情。活动于8月14日在位于西班牙埃尔切市的博思语言学校启动。“曹灿杯”国际巡演于2018年启动，首站为美国站，2019年启动朗诵名师指导团，邀请朗诵指导专家在短时间课程内将关于朗诵的经验、技巧、方法和理念教授给当地热爱中国语言文化、热爱朗诵的学生。

（马亚莉）

2019年学术年会

11月10日，市教育学会在北京市第四中学召开2019年学术年会。会议以“新时代教育的挑战与实践”为主题，围绕立德树人根本任务，聚焦教育质量提高，把握适应教育现代化对教师队伍的新要求和课程教材改革的新变化。从育人方式改革、教师专业发展、考试评价研究等方面，以多种形式展开学术交流和实践探索。会议听取教育部教师工作司司长题为《建强教师队伍　夯实新时代教育发展基础》、教育部教材局巡视员题为《用好统编教材　培养时代新人》、市教委副主任题为《提升教育教学治理能力　实现教育高质量发展》主旨报告。会议举办6场分论坛。各区教育学会、各专业研究分会（专业委员会）会长、理事、会员代表及部分省市教师代表1200余人参加。年会持续1个月，各研究分会围绕年会主题举办10余场分论坛。

（马亚莉）

中小学学科阅读专题研究项目

12月18日，市教育学会主办2019年北京市中小学学科阅读研讨会暨北京市中小学学科阅读专题研究项目启动仪式。陈经纶中学嘉铭分校教师展示不同学科开展阅读教学的课程25节，项目组领导、专家、联盟校代表就中小学学科阅读展开专题研讨。石景山京源学校小学部校长介绍开展阅读教学的经验。会议宣布“北京市中小学学科阅读联盟”成立，宣读联盟宣言。首批联盟学校39所。联盟将以“推动学科阅读，提升核心素养”为宗旨，加强各联盟校在学术交流、教学教研、资源整合等方面合作，推动北京市中小学学科阅读专题研究项目不断向纵深发展。项目将就学科阅读资源、学科阅读课程和学科阅读评价三个方面进行深入研究。会议由北京市陈经纶中学嘉铭分校和攀登阅读研究院共同承办，来自市教委、各区教委主管阅读素养提升工作的负责领导、各区教育学会负责人、中小学校长代表、北京市学科阅读项目组专家代表等300余人参加活动。

（马亚莉）

12月18日，中小学学科阅读专题研究项目启动，陈经纶中学嘉铭分校学生汇报表演　　（市教育学会　供）

北京市高等教育学会

概述

2019年，北京市高等教育学会有团体会员单位86个，其中，普通本科院校59所、高职院校18所、独立院校5所、教育管理科研院所1所、其他单位3个。全年举办各类学术年会、研讨会、学术报告会、学术论坛64场次，4490人次参与；科普活动7次，41600人次参与；课题研究调研40项，110人次参与；培训活动24次，3250人次参与。组织完成各类竞赛19场次；开展各类培训24次。网址：www.bjgjxh.org.cn。

（刘晖）

首届数据驱动的管理变革高端论坛

1月21日，市高教学会高校管理研究分会与北京理工大学管理与经济学院、能源与环境政策研究中心联合主办首届“数据驱动的管理变革高端论坛”。市高教学会领导和7名长江学者、国家“杰青”、国家“优青”、青年长江学者出席论坛并作学术报告。论坛充分探讨大数据背景下，能源、交通、健康等多个领域，不同学科下的管理模式变革问题。来自北京大学、清华大学、北京航空航天大学等高校、科研机构的专家学者 120 余人参加论坛。

（刘晖）

完成两项委托研究课题

至年底，市高教学会完成两项市委教育工委、市教委委托课题。分别是北京市属高校服务“四个中心”功能建设对策研究和北京市属高校本科教学工作审核评估总结分析。“北京市属高校服务‘四个中心’功能建设对策研究”课题总结北京市属高校对“四个中心”功能建设的支撑作用，分析存在的突出问题，提出进一步提高北京市属高校服务“四个中心”功能建设的对策建议。“北京市属高校本科教学工作审核评估总结分析”课题全面分析 21 所市属高校本科教学工作审核评估的评估报告、专家意见，总结北京市属高校本科教学工作取得的成绩，提出需要进一步改进的方面及改进的对策建议。两个课题的研究成果为教育主管部门科学决策提供科学依据，对北京市属高校发展具有现实意义。

（刘晖）

北京市职业技术教育学会

概述

2019 年，北京市职业技术教育学会设有秘书处（办公室、学术部、财务部）和 26 个分支机构（专业委员会、学科研究会），有团体会员 109 个，其中，高职院校 19 个，中专学校 19 个，职业高中 35 个，技工学校 18 个，市、区科研与服务机构 18 个。有常务理事 49 人、理事 161 人、个人会员 400 人。2019—2020 年度科研课题确定立项 96 个。确定 5 所高职、10 所中职学校获得“一校一品”德育品牌。配合市教委构建“北京职业素养”公共服务云平台，记录职业学校学生在思想品德、技术技能、文化艺术、体育科技等方面取得的成绩、荣誉和资格资质。承办 2019 年中国职教学会学术年会。与北京教育科学研究院职业教育与成人教育研究所共同组织首届中职学生英语口语大赛。组织北京市职业院校中华传统诗文知识和诗词比赛。

（张新颖）

职业院校中华传统诗文知识和诗词比赛

5 月，市职教学会组织北京市职业院校中华传统诗文知识（含硬笔书法）和诗词比赛。比赛以学校为单位报名，每个赛项3～10名选手参赛。23所职业学校学生报名，其中，参加笔试 212 人、参加现场比赛 188 人。最终，6 所学校获团体一等奖、8 所学校获团体二等奖、9 所学校获团体三等奖。

（张新颖）

与朝阳区教委合作开展课题研究

12 月，市职教学会受朝阳区教委委托，与朝阳区教育研究中心共同完成“专业建设质量评估与保障指标体系建设研究”课题研究。经过理论研究、调研访谈、构建指标体系、论证和修正等阶段，针对中等职业学校专业建设进行综合评估的工作需求，建立基于 CIPP 评价模式的中等职业学校专业评估指标体系，得出结论为应建立涵盖“数据管理、智能分析、质量监控”的专业建设质量评估与保障指标体系。课题以研究报告形式结题，报告总字数 4 万余字。

（张新颖）

组织首届中职学生英语口语大赛

12 月，市职教学会与北京教育科学研究院职业教育与成人教育研究所共同组织首届北京市中职学生英语口语大赛决赛。21 所中职学校 272 名学生参赛，他们是继 5 月全市中职学生在高等教育出版社 iSmart 平台上进行英语口语比赛预赛之后由各校选拔的优秀选手。比赛以小组形式进行，每组 2 人，比赛评出一等奖 14 组、二等奖 26 组、三等奖 51 组。

（张新颖）

北京民办教育协会

概述

2019 年，北京民办教育协会有团体会员单位 675 个，基础教育分会、农民工子女教育分会、互联网教育分会和汉语国际推广分会 4 个分支机构。全年编辑印发《北京民办教育参考》10 期，发至会员单位、相关民办教育机构及其他省市民办教育行业组织等 500 余家。组织专家完成 77 所民办高等教育机构办学状况年度检查工作；完成 61 所民办高校招生简章和广告备案；组织各类活动 40 余次。

（邵艳军）

《北京民办教育参考》电子刊创办

3 月，民教协会创办《北京民办教育参考》电子刊。创办该刊是为发挥民教协会“政府的助手、行业的推手、民办学校的帮手、行业发展的把手”作用，加强对民办教育领域党的建设、政策形势、未来发展等方面研究，团结凝聚广大会员单位，共同促进首都民办教育事业健康发展，增进协会与国内外同行、会员单位之间的互动交流和信息共享，为上级主管部门提供信息参考，更好地为会员单位服务。全年编辑印发《北京民办教育参考》10 期，发至会员单位、相关民办教育机构及其他省市民办教育行业组织等 500 余家。

（邵艳军）

北京市学前儿童保教工作者协会

概述

2019年，北京市学前儿童保教工作者协会有单位会员和个人会员248个，覆盖从业保教工作者万余人。年内，坚持“立足首都学前教育可持续发展，助力保教工作者专业水平提升，促进幼儿身心健康成长”宗旨，加强和完善党支部和协会组织建设；完成市教委委托课题“基于亲师关系提高家园共育质量的实践研究”；成立张雪门学前教育思想研究专业委员会；举办庆祝中华人民共和国成立70周年幼儿武术操汇演活动、第四届“童康杯”展示活动暨关心下一代全国幼儿园营养膳食制作技能竞赛（北京赛区）、“保教杯”幼儿教师幼儿体操和体育游戏创编活动等。赴河北省承德市滦平县进行扶贫支教考察调研，捐赠各类书籍6000余册。

（李华）

幼儿武术操汇演

5月23日，保教协会与中国关工委健体中心少儿武学院北京分院在北京地坛体育馆共同主办北京市第二届幼儿武术操汇演活动。19家幼儿园、369名幼儿分4组分别进行《中华小子》和《国学武术操》的集体表演展示。活动为5家单位颁发“最佳组织奖”，为5家单位颁发“武德风尚奖”，为4家单位颁发“网络视频大赛一等奖”，为5名优秀幼儿教师颁发论文评选大赛一等奖。该活动自举办以来，有113个单位136名教师参加相关技术培训，培训基础武术理论知识、趣味武术教学、幼儿武术论文写作、《国学武术操》《中华小子》武术操等内容。

（李华）

5月23日，北京市第二届幼儿武术操汇演

（保教协会 供）

幼儿园营养膳食制作技能竞赛

6月22日至23日，保教协会、北京烹饪协会、北京保护健康协会在北京市劲松职业高中举办北京市第四届“童康杯”展示活动暨关心下一代全国幼儿园营养膳食制作技能竞赛（北京赛区）。来自123所幼儿园522名幼儿园厨师参加比赛。比赛设立中餐热菜和中式面点两个项目的个人赛和营养餐团体赛，并邀请中国疾控中心、北京疾控中心专家以及国家级烹饪大师组成评审团，对营养团餐的营养搭配和菜品质量进行专业评审。组委会邀请幼儿园家长组成观摩团对比赛全过程进行监督、检查。北京电视台“特别关注”栏目对比赛进行专题报道。比赛于9月17日召开总结表彰大会。

（李华）

张雪门学前教育思想研究专业委员会成立

6月25日，保教协会召开张雪门学前教育思想研究专业委员会成立大会。会议产生张雪门教育思想研究组织。该专委会为保教协会分支机构，秘书处设在丰台区第一幼儿园，按照“研、训、论”一体化的设想，开展张雪门学前教育思想课题研究；开设“张雪门行为课程与幼儿园课程实践”专题培训；组织张雪门学前教育思想专题研讨会。7月13日至14日，保教协会联合北京教育学院、丰台区教委、学前教育杂志社共同举办“张雪门行为课程与幼儿园课程游戏化”学术研讨会，探讨张雪门行为课程对幼儿园课程游戏化的指导意义，探讨幼儿园游戏化课程实施的可行性和实践模式。9月至12月，举办张雪门行为课程专题研修班，50名园长和幼儿园中层干部参加培训并结业。

（李华）

市教委委托家园共育研究课题完成

至年底，保教协会与北京教育学院共同完成市教委委托课题“基于亲师关系提高家园共育质量的实践研究”。课题于2017年启动，取得系列成果：70个子课题结题，130所幼儿园参与研究，其中80%为远郊区幼儿园；在朝阳区、密云区、门头沟区、延庆区和平谷区分别举办“家园共育”培训班，组织优质培训资源送培上门，保证培训质量，400余人次参加培训；优秀研究成果结集出版，委托语文出版社编辑出版《携手未来——

家园共育实践论文集》和《滴露花语——家园共育优秀案例文集》。保教协会会同北京教育学院学前教育学院、学前教育杂志社于11月4日至6日举办家园共育全国论坛，以“创新·培育·发展”为主题，“基于亲师关系提升家园共育质量的实践研究”课题组代表、家园共育专题培训班学员代表以及来自全国的家园共育研究者380余人参加论坛。

（李华）

北京老教育工作者总会

概述

2019年，北京老教育工作者总会有团体会员单位45个；会员123632人，比上年增加862人；基层分会3959个；文化体育社团2709个。全年开展活动10003次，其中，区老教协开展活动7953次、高校老教分会开展活动2050次。发挥社会组织作用，开展纵横汉字输入法培训；赴育新分会调研，了解分会搭建居住地离退休教师学习交流平台、参与社区发展建设的情况；开展老教育工作者向贫困地区青少年学生捐赠图书，助力青少年健康成长公益活动，收到捐赠图书13799本，捐赠者5610人，图书附写寄语3786条。与密云区委教育工委签署新一轮支教协议书，15名退休特级教师面向密云区5所学校开展支教工作。

（陈继霞）

与密云区签署支教新协议

11月18日，老教总会与密云区委教育工委签署支教协议书。协议期至2021年11月。新一轮支教教师15人，为来自东城区、西城区、海淀区9个学科的退休特级教师，面向密云区南寨中学、密云区穆家峪中学、密云水库中学、密云区西田各庄中学、密云区十里堡中学5所学校开展支教工作。

（陈继霞）

北京校外教育协会

概述

2019年，北京校外教育协会有会员单位160家。组织开展第14届北京阳光少年活动，组织会员单位专项培训活动和交流活动。全年有91家会员单位组织中小学生活动5627项，220万人次学生参加活动。

（王媛媛）

北京校外教育安全论坛暨青少年安全自护教育论坛

11月28日至29日，校外教育协会举办首届北京校外教育安全论坛暨青少年安全自护教育论坛。论坛邀请6名全国知名专家，分别围绕校园欺凌、越轨社会学、儿童安全疏忽是国人的集体无意识、《学生伤害事故处理办法》案例分析、危机创伤事件处理与媒体公关以及《北京市中小学校幼儿园安全管理规定》的解读6个主题进行讲座。来自会员单位以及北京市各中小学校的领导、教师120人参与活动。

（王媛媛）

校外教育理论与实践研究培训班

12月4日至5日，校外教育协会举办2019北京校外教育理论与实践研究培训班。培训班上，为第七届北京校外教育理论与实践研究征文活动获奖作者代表颁奖。培训结合第八届北京校外教育理论与实践研究征文活动，以课堂讲授、实践体验相结合，邀请校外教育专家、学者围绕博物馆研学、博物馆青少年教育创新、教育研究新热点以及论文写作4个主题开展专题讲座。会员单位代表近100人参与活动。

（王媛媛）

6月4日，校外教育协会举办阳光少年系列活动

（校外教育协会　供）

北京高校国防教育协会

概述

2019 年，北京高校国防教育协会有本、专科院校会员单位 73 个，军训基地及相关企业会员单位 16 个。秘书处办公地点设在首都师范大学。协会坚持和进一步加强国防教育主题品牌活动建设、专业培训、社会实践、科学研究。全年举办国防教育相关活动 20 项，直接或间接参与人数 3 万人次，涉及北京地区 92 所高校。

（肖娜）

北京高校定向运动比赛

3 月至 11 月，国防教育协会推进北京高校定向运动比赛。5 月 11 日和 11 月 9 日，国防教育协会分别举办 2019 年北京高校“北斗杯”学生定向运动锦标赛和北京高校“铸剑杯”军事定向运动普及赛。学生定向运动锦标赛分 7 个组别，32 支队伍 338 名选手参赛；军事定向运动普及赛有 39 所北京高校代表队 1000 余名运动员参加。11 月 30 日，在通州大运河森林公园举办 2019 年北京高校学生军事定向运动积分赛总决赛。根据各学校定向代表队在 3 月至 10 月举办的 3 场分站赛中获得的积分，以及在“北斗杯”学生定向运动锦标赛、“铸剑杯”军事定向运动普及赛的积分成绩，最终 20 所高校 181 名运动员进入总决赛。这是协会为了磨练各高校定向运动选手的意志品质与技术水平而设计的全新赛事。

（肖娜）

北京市优秀在校退役大学生士兵评选

5 月 11 日，2019 年北京市国防教育暨征兵宣传进校园活动在北京交通大学举行。30 名获评的优秀在校退役大学生士兵受到市政府征兵办公室、市教委通报表彰。评选活动自 2018 年 12 月启动，68 所高校 79 名大学生参加评选，经高校推荐、专家评审、面试答辩等环节，30 名在校退役大学生士兵获评 2019 年北京市优秀在校退役大学生士兵称号。

（肖娜）

北京高校国防教育研讨会

12 月 25 日至 29 日，国防教育协会学习研讨活动在文昌卫星发射中心举办。现场观看新型大推力运载火箭长征五号遥三火箭发射，参观卫星发射基地；听取海南大学教授用亲身经历讲述海防战斗，学习从事高校国防教育的技能；听取航天工程师作《走向高轨、走向世界、走向深空》航天知识主题报告，了解新时代航天科技知识；参观全国青少年爱国主义教育示范基地——红色娘子军纪念园、全国青少年爱国主义教育基地——宋庆龄陈列馆，回顾红色革命足迹。来自 20 个单位 56 名主管学校国防教育工作的校领导、武装部部长、专干、军事课任课教师以及国防教育机构管理人员参加交流。

（肖娜　张兵）

北京教育装备行业协会

概述

2019 年，北京教育装备行业协会有会员单位 222 家，其中，事业单位会员 18 家、企业单位会员 204 家。新增会员单位 18 家。举办第 30 届北京教育装备展示会；组织北京企业参加第 76 届、第 77 届中国教育装备展示会。完成换届、法定代表人离任审计和换届准备工作。

（赵文强）

11 月 10 日，第十届北京高校国旗护卫队检阅式

（国防教育协会　供）

组织参加中国教育装备展示会

4月24日至28日、10月10日至14日，教育装备行业协会组织部分企业分别赴重庆市和青岛市参加第76届和第77届中国教育装备展示会。北京133家企业参加展示，包括协会会员企业86家、非会员企业47家；申请展位1370个，包括标展188个、特展1182个。各区教委、教育装备部门和学校教师参观考察。在展示会产品评选中，北京市14家会员企业的14件产品获得展示会金奖。

（赵文强）

承办全国青少年电子信息智能创新大赛北京赛区比赛

11月3日，由中国电子学会主办、教育装备行业协会承办的2019全国青少年电子信息智能创新大赛北京赛区比赛在北京市陈经纶中学举办。比赛设置电子控制工程赛、电子艺术挑战赛、智能运输器开元主题赛、互联网+无人驾驶主题赛、无人机竞技主题赛、Kodu创意编程主题赛6个赛项，200余所学校近800名学生参赛，决出一等奖120人，推选90人参加全国总决赛，71人获奖。

（赵文强）

北京市红十字会

概述

2019年，北京市红十字会有基层组织2686个，其中，学校红十字会基层组织1636个，包括高等院校89所、中小学校1547所。红十字青少年会员65万人，教职工会员2万人，12个区建会率100%。全市有保康促进学校1547所，“五星级”健康促进学校37所；红十字志愿服务队327个，注册志愿者2.70万人。新建成“红十字村”22个。建立应急救护培训基地15个，普及应急救护知识66.22万人次，技能和救护员培训14万人；培训应急救护师资300余人；全年实现募捐收入11191万元，先后开展“两节送温暖”活动、少儿大病救助、小天使基金、天使阳光基金、对口帮扶等救助项目，累计支出9767万元。至年底，市红十字会捐献服务中心成功捐献造血干细胞48例，其中，首都高校学生19例。

（郑卫东）

海淀首次将学校红会建设纳入政府专项督导

3月至5月，海淀区政府教育督导室对辖区中小学开展普通中小学校学生身心健康发展专项督导，其中，学校红十字会建设首次纳入专项督导，固定分值20分。此次督导涉及49所中学、79所小学，包括区属公办校、高校附属中学、教改集团化办学学校、市级示范校、区级示范校，单一校区学生总数超过800人的学校。

（刘东冬）

防艾同伴教育主持人培训班

4月20日至21日，由市红十字会主办、市青少年预防艾滋病核心小组承办的2019年第三期同伴教育主持人培训班（TOF）在北京举办。来自中央财经大学等13所高校和首次参加同伴教育项目试点的西城、海淀、丰台和房山4个区，以及北京师范大学附属中学等9所中学师生50余人参加培训。结业式上，8个组依次进行情景剧即兴表演，表演内容涵盖校园欺凌、暗恋、献血动员、艾滋病感染关爱等方面。至年底，市红十字会举办防艾同伴教育主持人培训班3期，29所大学和9所中学参加，98人获得同伴教育主持人资格，其中为山西晋中学院红十字会代培训2人。此外，3期培训均增加成分献血宣传内容，培训结束后，每名学员都成为献血“义务宣传员”。

（李胜华）

首都高校红十字青年国际人道问题辩论赛

5月至12月，市红十字会举办第三届首都高校红十字青年国际人道问题辩论赛。辩论赛由北京信息职业技术学院志愿者提供支持，共20支队伍参赛。辩论赛主题为“激扬青春、理辩人道”，经过初赛、复赛、半决赛、决赛多轮较量，最终由中国人民公安大学辩论队夺得冠军。活动旨在引导青年学生对国际人道领域相关问题进行深入思考探索，不断增强红十字人道博爱观念意识。

（杨一）

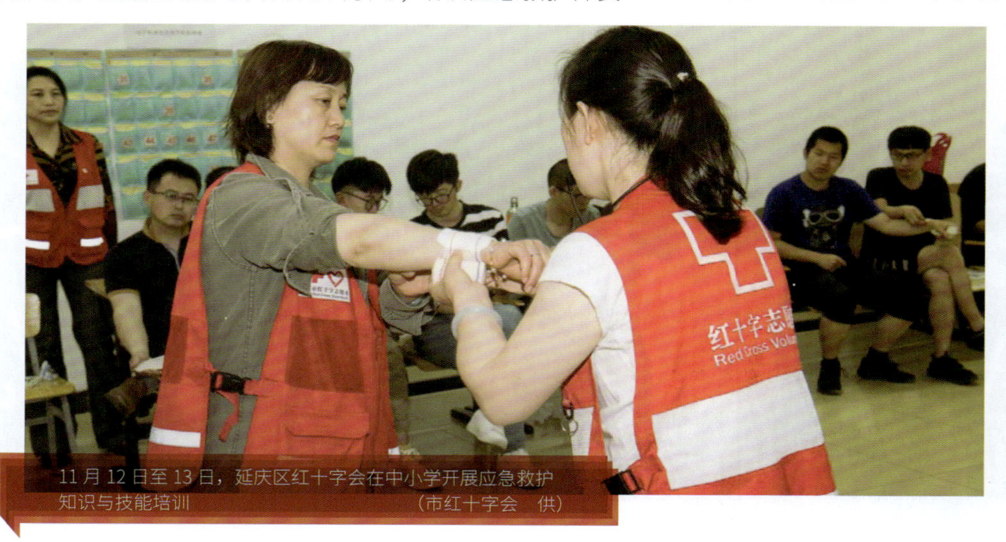

11月12日至13日，延庆区红十字会在中小学开展应急救护知识与技能培训　（市红十字会　供）

延庆区在中小学幼儿园开展应急救护知识与技能培训

11 月 12 日至 13 日，延庆区红十字会开展中小学应急救护知识与技能培训。组织 14 名市区应急救护培训师为全区 50 所中小学和幼儿园开展培训，分 2 个班 16 学时。培训结合学校、幼儿园常见的意外伤害情况，通过理论知识讲解、现场情景模拟和实际操作等授课形式，讲授心肺复苏、创伤救护、气道异物梗阻等救护知识和技能。通过培训，提升校医对突发事件和意外伤害情况发生时的应急处置能力。80 余名校医通过考试取得初级急救员证。

（蔡玉芬）

首批北京市五星级健康促进学校评选

11 月 28 日，市卫生健康委员会、市教委、市红十字会公布北京市第一批五星级健康促进学校名单。经过学校自评、区级评估推荐、市级现场评定等程序，确定东城区史家胡同小学等 37 所学校为第一批五星级健康促进学校。12 月 6 日，举行首批五星级健康促进学校命名颁牌仪式。

（李胜华）

首届成分献血主题演讲比赛

12 月 7 日，市红十字会学校工作委员会和市红十字血液中心联合举办首届“爱满京城血脉相连”成分献血主题演讲比赛决赛。活动于 6 月启动，包括初赛、复赛和决赛 3 个阶段，初赛在清华大学、北京师范大学、中国石油大学（北京）等 23 所高校内开展，500 余名选手参赛。9 所高校 9 名选手进入决赛，最终北京电影学院获得一等奖，北京林业大学和中国劳动关系学院分获二等奖，中国石油大学（北京）、北京信息科技大学、北京体育大学、中国矿业大学（北京）、华北电力大学、北京师范大学获得三等奖。

（杨一）

第 15 届首都高校红十字会高峰论坛

12 月 15 日，第 15 届首都高校红十字会高峰论坛在北京科技大学举行。活动主题是“筑梦青春、博爱京华”。到场嘉宾及各高校红十字会青年骨干围绕“新时代首都红十字青少年工作前景与发展”“如何开展防艾活动”“如何优化志愿服务”等主题进行交流讨论。论坛发布北京高校红十字会微信矩阵联盟，首批成员覆盖 30 余所高校。50 余所高校红十字会指导教师和学生骨干 200 余人参加活动。

（杨一）

北京市民族教育学会

概述

2019 年，北京市民族教育学会有单位会员 143 个，其中，小学 73 所、中学 52 所、高校 2 所、幼儿园和特殊教育学校 12 所、校外教育单位 4 个；个人会员 201 人；常务理事 95 人。全年开展各种活动 10 次，2000 人次参加。

4 月 18 日至 19 日，北京市内地民族班管理干部民族政策培训班（市民族教育学会　供）

2019 年，市民族教育学会以民族教育和民族团结教育为工作重点，开展多项活动。举办北京市内地民族班管理干部民族政策培训班和北京市内地民族班校长培训研讨会；组织内地民族班主管校长赴浙江、上海学习交流教育管理服务工作经验；开展京冀民族教育交流活动；举办第八届“民实杯”小学青年教师教学大赛，北京市第二届新疆、西藏内高班学生演讲比赛，首届青少年民族民间舞蹈大赛；开展非遗蜡染课程技能培训，举办风筝工艺制作和放飞展示及观摩活动。与中国民族图书馆合作，举办“中华传统文化进校园——中国民族典籍文化展”。组织专家完成京津冀民族团结进步教育知识大赛题库建设，出题 2400 道，其中 220 道题刊登在 12 月 3 日《中国民族报》。网址：www.mzjyxh.cn。

（王振清）

蜡染课程技能培训

4 月 23 日，市民族教育学会在北京市陈经纶中学民族分校开展非遗蜡染课程技能培训。来自民族团结教育示范学校的 70 名小学美术教师参加培训，参观陈经纶中学民族分校蜡染主题作品展览，听取学校教师研究成果事迹汇报，观看学校师生蜡染主题展览，现场制作蜡染作品。

（王振清）

京冀民族教育实践交流活动

5 月 7 日，市民族教育学会在河北省石家庄市回民小学召开京冀两地“将民族文化融入体育课堂教学研讨会暨促进民族体育教育现场会”。活动观摩北京第二外国语学院附属中学、陈经纶中学民族分校和石家庄市回民小学三四五年级合作的“插鸡尾翎”“背篓球”“夹包——传运支援”3 节体育课，并进行课后交流研讨。来自石家庄市新华区各校体育教师 59 人参加活动。

（王振清）

（本栏责任编校　胡雨）

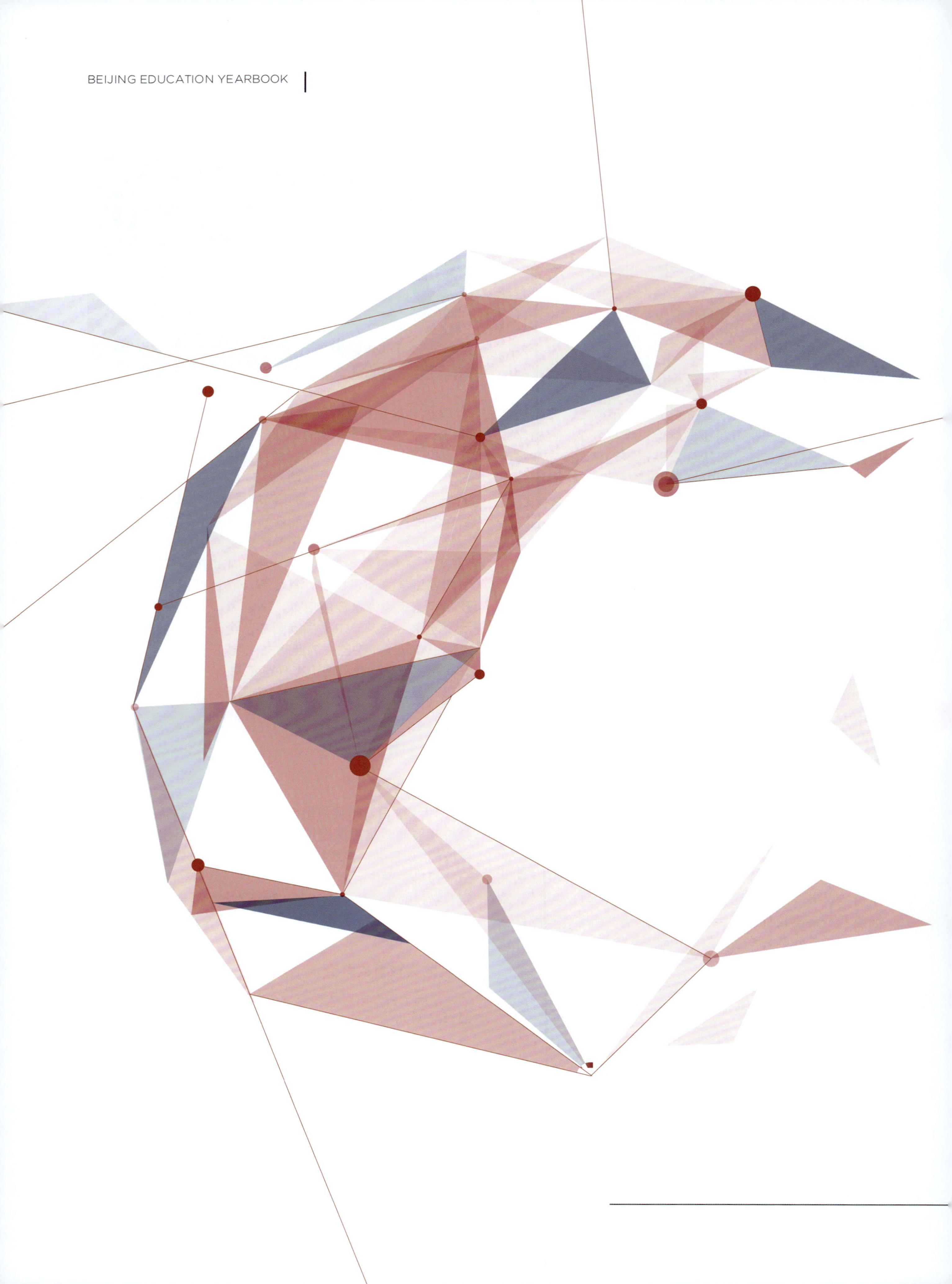

2020 | 人物

PERSONAGE

人物
PERSONAGE

先进人物

刘红

2月26日，北京航空航天大学教授刘红获“全国五一巾帼奖章”。该奖章由全国总工会组织评选，全国10人获奖。刘红，女，1964年10月23日出生，籍贯山东省德州市齐河县。1987年毕业于南京理工大学，获学士学位；1994年获莫斯科大学博士学位。“月宫一号”总设计师、首席科学家。带领团队突破关键技术30余项，从无到有建立中国自主知识产权的外太空长期生存核心技术，研制出空间基地生物再生生命保障系统地基综合实验装置“月宫一号”。该系统是世界上第一个成功的四生物链环人工闭合生态系统（人—植物—动物—微生物），共有3个舱室，总面积160平方米，总体积500立方米，植物种植面积120平方米。成功完成历时370天世界上时间最长、闭合度最高的长期有人密闭实验“月宫365实验”，该成果将为载人深空探测提供重要理论和技术支撑。

（朴悦嘉）

王万奇

2月28日，中央财经大学马克思主义学院博士研究生王万奇获2018年全国学雷锋志愿服务“四个100”先进典型“最美志愿者”称号。是北京高校唯一入选者。该评选由中宣部、中央文明办、民政部等13个部门联合组织开展，2015年开始举办，每年一次。王万奇，陕西宝鸡人，现任北京高校博士生宣讲团讲师、中央财大马克思主义学院博士研究生党支部副书记、2018级博士研究生团支部书记，央苗计划、瑶篮计划公益项目发起人。自2008年“汶川地震”以来，参与并带领同学开展各类公益实践活动，2014年7月至2015年8月，带队到广西壮族自治区富川瑶族自治县（国家级贫困县）志愿服务近2万小时。至年底，累计募集资金及爱心物资超40万元，帮助留守儿童3200余人。

（王卉乔）

4月26日，蒙古国科学院向民大王满特嘎（右一）颁发科学院外籍院士证书（民大 供）

王满特嘎

4月26日，中央民族大学教授王满特嘎当选蒙古国科学院外籍院士。王满特嘎，蒙古族，1955年

12 月出生于内蒙古，1982 年 1 月毕业于中央民族学院蒙古语言文学专业，现任民大少数民族语言文学学院副院长、蒙古语言文学系主任、博士生导师。致力于蒙古文学教学科研和中国少数民族语言文学学科建设工作，任教以来为本科生讲授“蒙文写作”“文学理论”“蒙古文论”等课程，为研究生讲授“文艺学与蒙古文论”“《诗镜论》研究”“蒙古族文学研究”等多门课程。在国内外学术期刊上发表本学科方向研究论文 80 余篇，出版著作 15 部，已构成蒙古文论研究方面的系列成果。是国内对蒙古文论系统深入研究并且成果最多的中青年学者之一，是国内唯一系统研究蒙古国现代文论并取得突出成绩的专家，主要学术著作有《蒙古现代文学理论批评研究》（2003）、《蒙古文化研究丛书·文论》（2004）、《蒙古国现代文学批评》（2005）等。

（周翊兰）

毕银丽

6 月 5 日，中国矿业大学（北京）教授毕银丽获第二届中国生态文明奖先进个人称号。中国生态文明奖是 2014 年经党中央批准设立的生态文明建设领域唯一政府奖项，每三年评选表彰一次，全国 35 个集体和 54 名个人在“第二届中国生态文明奖”中获奖。毕银丽，女，1971 年 7 月出生，籍贯陕西省榆林市米脂县，1993 年毕业于西北农林科技大学资源环境系获学士学位，1996 年毕业于中国科学院水土保持研究所获硕士学位，1999 年毕业于中国农业大学资源环境专业获博士学位，1999 年至 2001 年于矿大攻读博士后。2001 年到矿大工作。主要从事矿区生态修复和微生物复垦等科研工作，长期坚持在西部矿区研究推广土地复垦新技术，其研究成果在中国西部 25 个煤矿区废弃地推广，取得社会效益和经济效益。

（杨恬）

李保明

7 月 10 日，中国农业大学水利与土木工程学院教授李保明获 2019 年度美国农业生物工程师学会（ASABE）亨利·吉斯建筑与环境奖（Henry Giese Structures & Environment Award），成为该奖项设立 60 年来首位亚洲获奖学者。亨利吉斯建筑与环境奖设立于 1959 年，在全球范围内表彰为推进农业建筑与环境领域科学知识和科技进步做出杰出贡献的科技工作者，每年在全球范围内遴选获奖者 1 人。李保明，1961 年 1 月出生，籍贯浙江缙云，1983 年毕业于北京农业机械化学院农业建筑与环境工程专业获工学学士学位，1990 年毕业于北京农业工程大学农业生物环境工程专业获工学硕士学位，1997 年毕业于农大农业生物环境与能源工程专业获工学博士学位，1983 年留校任教。作为农业农村部设施农业工程重点实验室学科群主任以及农业生物环境与能源工程学科的带头人，带领团队开展协同创新与重点科技攻关，形成畜禽福利化健康养殖工艺与环境控制关键技术装备等创新成果，为推动中国设施农业产业健康可持续发展提供关键支撑。曾获 2015 年教育部高等学校优秀科学技术成果奖科技进步奖一等奖、2014—2015 年度中华农业科技奖一等奖等国家和省部级以上科技成果奖 10 项。

（杜伟）

康柏利

9 月 5 日，北京市延庆区第一职业学校援疆教师康柏利获得全国模范教师称号。康柏利，1966 年 10 月出生于北京市延庆区，2003 年至今就职于延庆一职。1988 年大学毕业后扎根乡村基础教育 15 年，职业教育 17 年，先后 4 次到和田援疆支教 6 年。曾协助和田地区教育学院、墨玉县职业学校、和田技师学院开展职业教育规划建设、实训室建设、师资培训等工作，两次被和田地区地委授予“优秀援疆教师”，一次被中共北京市援疆和田指挥部委员会评为“优秀援疆教师”，两次被新疆自治区评为“自治区优秀支教教师”称号。

（卫秀宗）

伊莎白·柯鲁克

9 月 17 日，北京外国语大学加拿大籍教授伊莎白·柯鲁克获中华人民共和国友谊勋章。该勋章是中国国家对外最高荣誉勋章，是由全国人大常委会决定、中国国家主席签发证书并颁授的国家勋章，主要授予在中国社会主义现代化建设和促进中外交流合作、维护世界和平中作出杰出贡献的外国人。伊莎白·柯鲁克（Isabel Crook），女，1915 出生于四川省成都市，1943 年加入英国共产党，1948 年参加中国革命工作，见证解放区土地改革，并留在中国从事外语教学，亲历、见证中国革命从艰难走向胜利的历史进程，奋力投身于中国革命建设伟大事业中。2016 年和 2018 年，获北京市政府颁发的十大功勋外教和改革开放 40 周年最具影响力外国专家称号。和丈夫大卫柯鲁克在艰难条件下为学习者创建良好的外语学习环境，编纂教材、改革课程，为新中国外语教育事业付出全部心血与智慧，培养新中国首批外事干部以及大批杰出学者和外交人才，是新中国外语教育事业拓荒者和奠基人。观察并记录中国革命与建设，撰写多部反映中国土地改革和农村发展建设富有原创意义专著，包括反映中国土地改革运动专著《十里店——一个中国村庄的革命》《十里店——中国一个村庄的群众运动》，以及反映中国农村建设专著《兴隆场——抗战时期四川农民生活调查（1940—1942）》《战时中国农村的风习、改造与抗拒——兴隆场（1940—1941）》等。

（朱玉清）

何满潮

9 月 19 日，中国矿业大学（北京）教授何满潮被授予阿根廷国家工程院外籍院士。院士授予仪式在阿根廷首都布宜诺斯艾利斯举行，阿根廷国家工程院为其颁发证书和徽章。阿根廷国家工程院是阿根廷工程技术界最高学术机构，与中国工程院同属于国际工程科技界最重要的学术组织——国际工程与技术科学院理事会（CAETS）成员单位。何满潮，1956年5月出生，河南省灵宝人，1981年毕业于长春地质学院工程地质专业，1985年在该校获硕士学位并留校工作，1989年获矿大北京研究生部工程力学博士学位，2011年获比利时MONS大学名誉博士学位，2013年当选中国科学院院士。现任全国政协第13届委员，兼任国际岩石力学学会副主席、中国岩石力学与工程学会理事长等职。主要从事矿山岩体大变形灾害控制理论和技术研究，曾获得全国杰出科技人才奖（2016年）和何梁何利基金科学与技术进步奖（2014年）等奖项。

（杨恬）

高铭暄

9月29日，中国人民大学教授高铭暄获人民教育家国家荣誉称号。该奖项由国家主席习近平签署主席令，十三届全国人大常委会第十三次会议表决通过。高铭暄，1928年5月24日出生，籍贯浙江省台州市玉环县，1951年毕业于北京大学法律系获学士学位，1953年毕业于人民大学法律系刑法研究生班，现任北京师范大学刑事法律科学研究院名誉院长、博士研究生导师、人民大学法学院荣誉一级教授，兼任国家教育考试指导委员会委员、中国法学会学术委员会荣誉委员。当代中国著名法学家和法学教育家，新中国刑法学主要奠基者和开拓者，中国国际刑法研究开创者，中国刑法学专业第一位博士研究生导师。有专著6部，主编、参与著述100余部，论文300余篇。其中，1993年主编《新中国刑法科学史》填补了新中国法学发展史研究空白，1994年10月主编法学专著《刑法学原理》三卷本集纳中国刑法总则理论领域重要成果，获国家图书最高奖项——第二届国家图书奖。曾获国家级“有突出贡献的中青年专家”“全国优秀教师”“全国师德先进个人”“吴玉章优秀科研奖”“切萨雷·贝卡里亚奖”，以及日本早稻田大学荣誉博士学位。

（楚艳红）

吴建平

9月30日，清华大学计算机系教授吴建平当选2019年英国皇家工程院外籍院士。吴建平，1953年10月出生，祖籍山东省菏泽市，1977年毕业于清华电子工程系获本科学位并留校任教，1997年获清华计算机科学与技术系博士学位，2015年当选中国工程院院士，现任清华计算机科学与技术系主任、信息化技术中心主任、网络科学与网络空间研究院院长。长期从事计算机网络技术研究，是中国互联网工程科技领域主要开拓者和学术带头人之一。先后主持研制成功中国教育和科研计算机网CERNET，中国下一代互联网示范工程核心网CNGI-CERNET2，突破IPV6核心路由器关键技术，攻克和引领国际下一代互联网真实源地址验证SAVA和4over6过渡两项技术创新。曾获国家级有突出贡献中青年专家、教育部长江学者奖励计划特聘教授称号、国家“973计划”“新一代互联网体系结构理论研究”项目首席科学家、国家杰出青年科学基金、跨世纪优秀人才培养计划基金。

（吴筱君）

张以河

9月，中国地质大学（北京）材料科学与工程学院教授张以河当选俄罗斯工程院外籍院士。俄罗斯工程院成立于1990年，是俄罗斯三大跨行业科学机构之一，拥有1500余名院士，包括外籍院士100余人。张以河，1964年生于山东，分别毕业于北京理工大学、哈尔滨工业大学、中国科学院获得学士、硕士、博士学位，香港理工大学博士后。2005年到地大工作，现任材料科学与工程学院院长、资源综合利用与新材料创新团队首席科学家，兼任中国复合材料学会矿物复合材料专委会主任委员、非金属矿物与固废资源材料化利用北京市重点实验室主任等职。长期从事“矿物复合材料及其环境能源生物应用”研究、开发及产业化。发表论文400余篇，包括《科学引文索引》（SCI）收录论文300余篇，累计被引1万余次，以第一或主要完成人获多项省部级科技奖。

（李媛媛）

李颖

9月，首都师范大学附属丽泽中学教师李颖被评为全国优秀教师，在庆祝2019年教师节暨全国教育系统先进集体和先进个人表彰大会中受到习近平总书记接见。李颖，1977年10月出生，籍贯北京。2000年毕业于首都师范大学获本科学历，当年到丽泽中学任教。在教育教学中，以“信奖状”方式激励不同层次学生在各自基础上获得更好发展，先后获得北京市师德标兵、北京市优秀教师、最美北京人等荣誉。

（李颖）

9月，首师大丽泽中学李颖被评为全国优秀教师

（丽泽中学 供）

王中林

10 月 6 日，中国科学院大学纳米科学与技术学院院长王中林获爱因斯坦世界科学奖。该奖项由世界文化理事会设立，1984 年起每年授予 1 名杰出科学家。王中林，1961 年出生，籍贯陕西蒲城，1982 年毕业于西北电讯工程学院（现西安电子科技大学），1987 年获美国亚利桑那州立大学物理学博士学位，1995 年任职佐治亚理工学院，2000 年 9 月创建佐治亚理工学院纳米科学和技术中心并担任中心主任，2004 年担任国家纳米科学中心第一届海外主任，2004 年任佐治亚理工学院终身校董事教授，2005 年推动成立北京大学工学院先进材料与纳米技术系担任首任系主任，2009 年当选中科院外籍院士，2012 年担任中科院北京纳米能源与系统研究所首席科学家。纳米科技领域领军人物，在纳米发电机和自供能系统研究方面做出开创性贡献，使人类从环境和生物系统中获取能量成为现实。首先证明纳米发电机起源于麦克斯韦的位移电流，建立利用机械能为移动传感器供电的原理和技术路线图，给出摩擦带电物理学科学阐释，为摩擦电纳发电机奠定理论基础。

（通拉嘎）

曲久辉

10 月 6 日，中国科学院生态环境研究中心研究员、清华大学环境学院特聘教授曲久辉当选美国国家工程院院士，成为该院新晋外籍院士中唯一的中国学者。曲久辉，1957 年 10 月出生，籍贯吉林农安，1982 年毕业于吉林大学化学系获学士学位，1988 年、1992 年毕业于哈尔滨建筑大学分别获工学硕士和工学博士学位，1994 年哈尔滨工业大学博士后出站后进入中科院生态环境研究中心工作，2009 年当选为中国工程院院士，2018 年当选发展中国家科学院院士。现任中国工程院环境与轻纺学部主任、国家自然科学基金委工程与材料学部主任，兼任中华环保联合会副主席、中国环境科学学会副理事长等职。主要从事水质科学与工程技术研究，目前重点关注饮用水水质风险控制、污水及废水资源化能源化、受污染水体生态修复等方面理论探索、技术创新和工程应用。在国内外学术期刊发表研究论文 400 余篇，包括《科学引文索引》（SCI）论文 300 余篇，获中国和国际发明专利 80 余项。2004 年和 2006 年分别获国家科学技术进步奖二等奖，2009 年获何梁何利基金科学与技术进步奖，2010 年分别获全球和东亚地区国际水协会（IWA）创新项目奖，2012 年和 2017 年分获国家技术发明奖二等奖。

（吴筱君）

姚期智

10 月 15 日，清华大学教授姚期智获第一届教学大师奖。全国仅 1 人获奖。该奖项由中国教师发展基金会评选，主要表彰在人才培养方面取得突出成绩、在国家战略性紧缺人才培养方面作出杰出贡献、具有全球卓越教学影响力、扎根教学一线的高校教师。姚期智，1946 年 12 月生于上海，1967 年获台湾大学物理学学士学位，1972 年获哈佛大学物理学博士学位，1975 年获伊利诺依大学计算机科学博士学位，先后在美国麻省理工学院数学系、斯坦福大学计算机系、加州大学伯克利分校计算机系任助理教授，1998 年当选为美国国家科学院院士，2000 年获图灵奖，是迄今唯一获得该奖的华人学者。2004 年在清华任全职教授，同年当选为中国科学院外籍院士，2005 年出任香港中文大学博文讲座教授，2011 年担任清华交叉信息研究院院长，2015 年当选香港科学院创院院士，2016 年放弃美国国籍成为中国公民，正式转为中科院院士。任教清华期间，倾心为本科生讲授专业核心课程，手把手指导青年教师教学工作，创办‘姚班’模式被评价为世界上‘最优秀的本科教育’，成为拔尖创新人才培养领跑者。

（胡雨）

黄如

10 月 15 日，北京大学教授黄如获得第一届杰出教学奖。全国 5 人获奖。该奖项由中国教师发展基金会评选，主要表彰在人才培养方面取得突出成绩、在国家战略性紧缺人才培养方面作出杰出贡献、具有全球卓越教学影响力、扎根教学一线的高校教师。黄如，女，回族，1969 年 11 月生于江苏省南京市，籍贯福建南安，1987 年考入东南大学电子工程系，先后获学士、硕士学位，1997 年获北大计算机科学与技术系博士学位后留校任教，2015 年当选中国科学院信息技术科学部院士。长期从事半导体新器件及其应用研究，主要包括低功耗新结构新原理器件、新型神经形态器件及相关技术、器件、电路可靠性与波动性、关键共性工艺等。任教 20 余载，立足国家发展战略，投身国家急需人才培养事业，始终坚持在育人一线和领域前沿，培养出一批能够制造“中国芯”的优秀青年，不仅是相关领域科学研究和产业发展的典范，也为我国集成电路高层次人才梯队建设作出突出贡献。

（汪玥）

谢飞

10 月 16 日，北京电影学院导演系教授谢飞获蒙古国最高荣誉——北极星国家勋章。该荣誉是表彰谢飞 1995 年在与蒙古国合作拍摄电影《黑骏马》的成功和长久影响。该片由电影学院青年电影制片厂与蒙古国电影机构、香港寰亚电影有限公司合作拍摄，全部外内景均在蒙古国景点和制片厂摄制完成，在近 40 个国家电影节、影院、课堂上放映。谢飞，1942 年 8 月 14 日出生于陕西省延安市，中国内地电影导演、编剧、制片人，毕业于电影学院导演系。代表作包括电影《火娃》《湘女萧萧》《本命年》等，曾获柏林国际电影节银熊奖、金熊奖、加拿大蒙特利尔国际电

10 月，电影学院导演系谢飞（左一）获得蒙古国“北极星国家勋章”
（电影学院　供）

影节最佳导演奖。

（程麒台　毕晟）

邓军

10 月 25 日，中国地质大学（北京）教授邓军获李四光地质科学奖科研奖。李四光地质科学奖由李四光地质科学奖基金会举办，是面向全国地质工作者最高层次地质科学奖，该奖每两年评选一次，每次获奖者不多于 15 人，获奖者只能授予一次并作为终身荣誉。邓军，1958 年 1 月出生，籍贯湖南常宁，1982 年毕业于武汉地质学院获本科学历，1989 年毕业于地大（武汉）矿产地质系地质力学专业在职硕士研究生，1992 年毕业于中国地质科学院地质力学研究所构造地质学（含地质力学）专业获博士学位。1992 年至今在地大（北京）工作，任博士生导师。长期从事成矿理论研究，出版第一作者专著 4 部，发表《科学引文索引》（SCI）收录论文 180 余篇，获得国家科技进步奖二等奖 4 项、省部级一等奖 4 项，享受国务院政府特殊津贴。

（李媛媛）

孙宝国

11 月 18 日，北京工商大学教授孙宝国获 2019 年度何梁何利基金科学与技术创新奖。孙宝国，1961 年 2 月出生，籍贯山东招远，工商大学教授、博士生导师、校长，中国工程院院士，中国工程院环境与轻纺学部副主任，中国食品科学技术学会副理事长。致力于通过改善食品香味、提升食品质量、保障食品安全以推动食品产业发展，以第一完成人获国家技术发明奖二等奖 1 项、国家科技进步奖二等奖 3 项，从“七五”开始参加国家科技攻关，先后主持国家级项目十余项，成果在国内 60 余家企业转化应用，著有科普作品《躲不开的食品添加剂》和《国酒》。

（杨蓉　杨巧明）

11 月 18 日，工商大学孙宝国获 2019 年度“何梁何利基金科学与技术创新奖”
（工商大学　供）

阎学通

11 月 19 日，清华大学国际关系研究院院长阎学通入选俄罗斯科学院国际关系领域外籍院士，成为中国首位获此称号的国际关系学者。阎学通，1952 年 12 月 7 日出生，籍贯天津。1982 年毕业于黑龙江大学英语系，1986 年毕业于国际关系学院国际政治学专业获硕士学位，1992 年获美国加州大学伯克利分校政治学博士学位。2000 年到清华工作，2018 年入选清华首批文科资深教授。出版《古代中国思想 现代中国实力》（Ancient Chinese Thought, Modern Chinese Power）、《领导力与大国崛起》（Leadership and the Rise of Great Powers）、《历史的惯性》和《中国国家利益分析》等中英文学术著作，创建道义现实主义理论体系。阎学通坚持以现实主义国家利益为出发点，提倡科学研究方法和预测的同时强调从中国古代思想中汲取学养，被称为“国际关系研究的清华路径”。获第五届北京市高等学校教学名师奖、全国教育系统职业道德建设标兵称号。

（吴筱君）

延斯·尼尔森

11 月 22 日，北京化工大学特聘教授延斯·尼尔森（Jens Nielsen）当选中国工程院外籍院士。尼尔森，1962 年 11 月出生，丹麦人，化大软物质科学与工程高精尖创新中心特聘教授，现任瑞典查尔姆斯理工大学教授，诺和诺德生物创新研究院院长，诺贝尔奖评审委员会委员，丹麦技术科学院、丹麦皇家文理院、瑞典皇家工程科学院院士，瑞

典皇家科学院院士，美国国家工程院、美国国家科学院、美国微生物科学院、美国医学与生物工程院外籍院士。主要从事高效细胞工厂构建、细胞机理深度解析、人类代谢疾病研究等，研究领域包括代谢工程、系统生物学、合成生物学。

（肖勇）

王蕴红

11月，北京航空航天大学计算机学院教授王蕴红当选2020年度国际电子电气工程师学会会士（IEEE Fellow）。该称号由国际电气与电子工程师协会（The Institute of Electrical and Electronics Engineers，IEEE）评选，每年由同行专家在做出突出贡献的会员中评选，是该协会授予的最高荣誉，在学术科技界被认定为权威荣誉和重要职业成就。本届新增国际电子电气工程师学会会士（IEEE Fellow）282人，包括中国大陆学者23人。王蕴红，女，1968年12月出生，籍贯河北玉田，1989年毕业于西北工业大学电子工程系，1998年毕业于南京理工大学电子工程系获博士学位，现任国际模式识别学会会士（IAPR Fellow）、中国计算机学会会士、中国人工智能学会智能交互专委会主任、中国人工智能学会常务理事、中国图象图形学学会常务理事。长期从事模式识别与计算机视觉方面的研究，在国际国内主流学术期刊和国际会议上发表的论文被谷歌学术引用15000余次，曾获中国青年科技奖、国家技术发明奖二等奖。

（朴悦嘉）

高原宁

11月22日，北京大学教授高原宁当选中国科学院数学物理学部院士。高原宁，1963年4月出生，黑龙江省牡丹江市人，1979年至1989年在北大物理系先后获得学士、硕士、博士学位。2018年到北大任教，现任北大核物理与核技术国家重点实验室主任、物理学院院长。主要研究方向涉及高能对撞机上粒子物理实验和粒子物理理论研究，先后在tau-charm物理，新粒子寻找和量子色动力学的实验检验以及B物理和CP破坏方面从事研究工作。

（徐聪颖）

汤超

11月22日，北京大学教授汤超当选中国科学院数学物理学部院士。汤超，1958年10月出生，籍贯南昌，1977年至1981年在中国科学技术大学获得学士学位，1981年至1986年在美国芝加哥大学先后获得硕士、博士学位。2001年帮助创立北大理论生物学中心并任主任，2011年到北大工作。主要研究方向为系统生物学、定量生物学、物理生物学，在统计物理学、凝聚态物理、非线性科学、系统生物学等领域开展工作。

（徐聪颖）

张锦

11月22日，北京大学教授张锦当选中国科学院化学部院士。张锦，1969年12月出生，籍贯宁夏同心，1992年至1998年在兰州大学先后获得学士、硕士、博士学位。1998年至2000年在英国利兹大学物理与天文学系做博士后研究，2000年至北大化学与分子工程学院工作。主要研究方向为利用化学气相沉积、SPM纳米结构加工以及化学组装等手段，发展面向未来器件的新结构和新材料，强调一维材料控制性生长和结构调控。

（徐聪颖）

彭练矛

11月22日，北京大学教授彭练矛当选中国科学院技术科学部院士。彭练矛，1962年9月出生，籍贯湖南平江，1978年至1982年在北大获学士学位，1983年至1988在美国亚利桑那州立大学获博士学位，1999年到北大工作。主要研究电子显微学和碳基电子学，在电子显微学领域发展可以精确处理一般材料体系反射和透射电子衍射、弹性和非弹性电子散射理论框架，在碳基电子学领域发展整套碳基互补金属氧化物半导体（CMOS）集成电路无掺杂制备新技术，首次制备出性能接近理论极限、栅长仅5纳米的碳管晶体管。

（徐聪颖）

张继平

11月22日，北京大学教授张继平当选中国科学院数学物理学部院士。张继平，1958年7月出生，1981年至1987年先后在山东大学、北大获学士、硕士、博士学位，后留北大任教。主要从事代数学研究，在80年代早期对有限单群分类中心有突出贡献，且在世界上第一个给出亏零P-块充要条件。随后在当代模表示论研究中做出重要贡献，创立和系统发展群的算术理论，解决Huppert猜想和共轭类长猜想等长期未解决难题，并在Zeta-函数和黎曼流形上的Laplace-Beltrami算子等研究领域得到应用。

（徐聪颖）

李景虹

11月22日，清华大学化学系教授李景虹当选中国科学院化学部院士。李景虹，1967年12月出生，籍贯吉林辽源，1991年获中国科学技术大学近代化学系化学物理和高分子物理双学士学位，1996年获中国科学院长春应用化学研究所理学博士学位。2004年到清华工作，现任清华化学系学术委员会主任、分析中心主任、分析化学所所长，教育部长江学者特聘教授、英国皇家化学会会士、第十二、十三届全国政协委员。长期致力于电分析化学、生物电化学、石墨烯分析化学、单细胞分析化学及纳米电化学领域的教学科研工作，以通讯作者发表《科学引文索引》（SCI）论文300余篇，论文被引用44600余次，2015年至2019年连续入选汤森路透全球高被引科学家。曾获清华教书育人先进个人、北京市优秀教师、卢嘉锡优秀导师奖等荣誉称号，曾获国家杰出青年基金、国家自然科学奖二等奖、教育部自然科学奖一等奖等奖项。

（吴筱君）

郑泉水

11月22日，清华大学航天航空学院教授郑泉水当选中国科学院技术科学部院士。郑泉水，1961年3月出生，籍贯江西省金溪县，1982年获江西工学院（现南昌大学）学士学位，1985年获湖南大学硕士学位，1989年获清华博士学位。1993年到清华工作，2009年起担任清华学堂钱学森力学班创办首席教授，2010年起担任清华微纳米力学与多学科交叉创新研究中心创办主任，2018年起担任深圳清华研究院超滑技术研究所创办所长。1995年获国家杰出青年科学基金，2000年入选教育部长江学者特聘教授，2004年和2017年作为第一完成人两次获得国家自然科学奖二等奖。

（吴筱君）

谢道昕

11月22日，清华大学生命学院教授谢道昕当选中国科学院生命科学和医学学部院士。谢道昕，1963年1月出生，籍贯湖南新邵县，1983年毕业于湖南农学院获学士学位，1987年和1990年分别获中国农科院研究生院（植物保护研究所和生物技术中心）植物病理专业硕士学位和植物遗传育种专业博士学位，1990年至1999年先后在英国约翰英纳斯研究中心（John Innes Centre）、莱斯特大学和东英吉利大学从事博士后研究，2006年到清华工作。原创性阐明两类重要激素受体感知机制，系统研究一类激素信号传导机制，发现植物抗性激素茉莉素受体感知机制，揭示茉莉素调控植物抗性和育性信号传导机制，阐明植物分枝激素独脚金内酯受体感知机制，研究成果入选2016年中国生命科学十大进展、中国高校十大科技进展和《科学—信号传导》（Science Signaling）评选的国际生物信号传导领域重要突破。曾获国家杰出青年科学基金，入选教育部长江学者特聘教授。

（吴筱君）

董晨

11月22日，清华大学医学院教授董晨当选中国科学院生命科学和医学学部院士。董晨，1967年7月出生，籍贯湖北武汉，1989年获武汉大学学士学位，1996年获美国阿拉巴马大学伯明翰分校博士学位，1997年至2000年在美国耶鲁大学免疫学系从事博士后研究。2013年到清华任职，任清华医学院院长、免疫学研究所所长。从事免疫学研究，在T细胞分化和自身免疫疾病领域做出多项开创性贡献，前后分别发现Th17和滤泡辅助（Tfh）细胞为独立的T细胞亚群，研究免疫耐受与肿瘤免疫重要分子机制，发表论文240余篇，2014年至2019年连续6年入选汤森路透全球高被引科学家。

（吴筱君）

成秋明

11月22日，中国地质大学（北京）教授成秋明当选中国科学院地学部院士。成秋明，1960年3月出生，籍贯山西太谷，1982年取得长春地质学院（现吉林大学）学士学位，1985年取得同校硕士学位后留校任教，1994年取得加拿大渥太华大学地学博士学位，1994年至1995年在加拿大能源部作博士后研究，2002年以“长江学者”特聘教授引入地大，2004年起担任地质过程与矿产资源国家重点实验室主任。长期从事数学地球科学研究，在复杂地质过程模拟、地学数据智能分析、矿产资源定量预测等方面取得系统性、创造性学术成果，他的奇异性矿产预测理论与方法体系在包括中国在内的世界36个重要成矿区带矿产预测和全球地球化学基准等重大科学工程项目中发挥重要作

11月22日，地大成秋明（左一）当选中国科学院院士

（地大 供）

用，并于 2013 年获国家科技进步奖二等奖（排名第一）。

（李媛媛）

徐春明

11 月 22 日，中国石油大学（北京）教授徐春明当选中国科学院化学部院士。徐春明，1965 年 2 月出生，籍贯山东省寿光市，1981 年至 1985 年就读华东石油学院炼制系炼油本科专业，1985 年至 1988 年获华东石油学院北京研究生部有机化工专业硕士学位，1988 年至 1991 年获石油大学（北京）化工系有机化工专业博士学位。曾任《中国科学（化学）》编委，担任《化工学报》《燃料化学学报》等杂志编委，出版本科教材 1 本、专著 4 部，发表《科学引文索引》（SCI）论文 300 余篇，《科学引文索引》（SCI）他引 6500 余次，授权国际发明专利 36 件、中国发明专利 102 件。获国家杰出青年基金，“全国优秀教师”称号。

（洪丽燕）

11 月 22 日，石油大学徐春明当选中国科学院化学部院士

（石油大学　供）

张跃

11 月 22 日，北京科技大学教授张跃当选中国科学院技术科学部院士。张跃，1958 年 11 月出生，籍贯湖南省长沙市，1982 年毕业于武汉水利电力大学（现武汉大学）获理学学士学位，1987 年、1993 年分别获北科大硕士、博士学位。1995 年后任教北科大，现任北京市新能源材料与技术重点实验室主任，兼任中国体视学会副理事长及材料科学分会理事长。长期从事低维半导体材料及其服役行为研究，致力于将材料研究和国防重大需求相结合，在基础理论、制备技术和工程应用方面做出贡献。曾获国家杰出青年科学基金，国家重大科学研究计划和重点研发计划项目首席科学家。

（陈曦）

王松灵

11 月 22 日，首都医科大学副校长王松灵当选中国科学院生命科学和医学学部院士。王松灵，1962 年出生，籍贯湖南湘乡，中国致公党员，1984 年获北京医科大学口腔医学院学士学位，1989 年获北京医科大学医学科学博士学位，2005 年到首医大任职，现任北京口腔医学研究所副所长、全国政协委员。长期致力于唾液腺疾病诊治及基础研究、牙发育和再生研究，是国家临床重点专科——口腔颌面外科学科带头人，尤其擅长唾液腺疑难疾病诊治。制定全国通用腮腺慢性炎性疾病新分类及诊疗方法，包括内镜诊断治疗唾液腺疾病治疗操作指南，首次发现人细胞膜硝酸盐转运通道，阐明硝酸盐具有胃肠、肝脏、唾液腺等器官重要保护作用，创建小型猪牙发育研究平台发现牙发育新机制，提出并成功实现“生物牙根再生”新理念，研发“牙髓间充质干细胞注射液”新药。发表论文 212 篇，包括发表《科学引文索引》（SCI）论文 103 篇。获两项国家科技进步奖二等奖、国际口腔权威威廉盖茨奖、国际再生医学及干细胞奖、何梁何利基金科学与技术进步奖。

（陈飞飞）

王俊

11 月 22 日，北京大学教授王俊当选中国工程院医药卫生学部院士。王俊，1963 年 11 月生，籍贯河南淮滨，北大人民医院胸外科主任医师，胸外科暨胸部微创中心主任，北京市海淀医院胸外科主任。创立中国新学科电视胸腔镜外科和胸部微创外科，在中国率先开展电视胸腔镜手术，首先开展并积极倡导肺癌术前纵隔镜病理分期和规范化治疗，建立中国术前定量预测肺切除术后肺功能的核素检查方法，提高胸外科手术安全性评估水平。

（徐聪颖）

董尔丹

11 月 22 日，北京大学教授董尔丹当选中国工程院工程管理学部院士。董尔丹，1959 年 3 月生，1983 年毕业于原内蒙古医学院医学系，1994 年毕业于原北京医科大学获博士学位，1995 年至 1999 年在美国罗切斯特大学博士后研修，2017 年至今任北大第三医院血管医学研究所研究员，北大心血管研究所所长，分子心血管学教育部重点实验室主任。长期从事交感肾上腺素受体对心血管功能调控机制研究。2000 年至 2017 年在国家自然科学基金委员会从事科技管理，曾任医学科学部常务副主任。

（徐聪颖）

庄惟敏

11 月 22 日，清华大学建筑学院教授庄惟敏当选中国工程院土木、水利与建筑工程学部院士。庄惟敏，1962 年 10 月出生于上海，1985 年至 1992 年在清华建筑学院获学士、硕士、博士学位，并留校工作。长期从事建筑设计及其理论研究，率先提出建筑策划与后评估理论方法体系，研发前策划后评估操作流程、原理方法和决策平台。主持完成国家会展中心（合作设计）、2008 年北京奥运会射击馆等近 100 项建筑工程设计项目，获国家优秀工程设计金银奖 5 项、国际奖 3 项。出版《建筑策划与设计》《后评估在中国》等专著 12 部，学术论文单篇他引 683 次，编写中国高校和注册师首部建筑策划教材，组建中国最早的建筑策划与后评估研究团队，获 2017 年教育部科技进步奖一等奖和 2019 年中国建筑学会科技进步奖一等奖。

（吴筱君）

郑纬民

11 月 22 日，清华大学计算机系教授郑纬民当选中国工程院信息与电子工程学部院士。郑纬民，1946 年 3 月出生，籍贯浙江宁波，1970 年毕业于清华并留校任教，1982 年获硕士学位。曾任中国计算机学会第十届理事长。长期从事并行分布处理、大规模数据存储系统领域教学科研工作，长期讲授计算机系统结构课程，发表论文 530 余篇，编写出版计算机系统结构教材和专著 10 本。获 2008 年国家级精品课程、国家科技进步奖一等奖 1 次、国家科技进步奖二等奖 2 次、国家技术发明奖二等奖 1 次、何梁何利基金科学与技术进步奖、2016 年获戈登贝尔奖。

（吴筱君）

宫声凯

11 月 22 日，北京航空航天大学材料科学与工程学院教授宫声凯当选中国工程院化工、冶金与材料工程学部院士。宫声凯，1956 年 7 月出生，籍贯辽宁省营口市盖县，1982 年毕业于东北工学院（现东北大学）获学士学位，1988 年毕业于日本东京工业大学获博士学位，1988 年至 1990 年在清华大学材料系从事博士后研究，1994 年起在北航材料与工程学院任教。现任中国腐蚀与防护学会副理事长，中国金属学会高温材料分会副理事长。长期从事新型金属间化合物基合金、单晶叶片及热障涂层研究，发明新型高承温低密度低铼 Ni3Al 基单晶合金和超高温热障涂层，研制出新型单晶叶片，支撑中国新型发动机研制，授权发明专利 80 余项，发表《科学引文索引》（SCI）论文近 300 篇。

（朴悦嘉）

苏东林

11 月 22 日，北京航空航天大学电子信息工程学院教授苏东林当选中国工程院信息与电子工程学部院士。苏东林，女，1960 年 3 月出生，籍贯山东莱芜，分别于 1983 年、1986 年、1999 年获北航本科、硕士、博士学位，现任北航电磁兼容技术研究所所长，工信部“智能系统与装备电磁环境效应重点实验室”主任。长期致力于电磁兼容基础理论研究、关键技术攻关、重大装备研制，主持国家级科研项目 20 多项，获国家技术发明奖一等奖 1 项、国家科技进步奖二等奖 2 项。

（朴悦嘉）

向锦武

11 月 22 日，北京航空航天大学教授向锦武当选中国工程院机械与运载工程学部院士。向锦武，1964 年出生，籍贯湖南岳阳，1984 年毕业于南京航空航天大学飞机系获学士学位，1990 年获西北工业大学工程力学系硕士学位，1993 年获南航飞机系博士学位，1993 年至 1995 年在南航航空宇航科学与技术博士后流动站进行博士后研究。1995 年任职北航，现任智能无人飞行系统先进技术工信部重点实验室主任。长期从事飞行器设计技术研究、型号研制与人才培养，主持研制中国第一型中高空远程长航时无人机系统，建立远程长航时无人机系统技术体系，发展系列化多型长航时无人机系统，授权发明专利 70 余项，发表学术论文 200 余篇。

（朴悦嘉）

王琦

11 月 22 日，北京中医药大学教授王琦当选中国工程院医药卫生学部院士。王琦，1943 年 2 月出生，籍贯江苏高邮，1980 年获中国中医科学院（原中医研究院）硕

11 月 22 日，北航宫声凯（右一）、苏东林（中）、向锦武（左一）当选中国工程院院士 （北航 供）

士学位，中医药大学终身教授，全国老中医药专家学术经验继承指导教师，中医药传承博士后合作导师，国家重点基础研究发展计划（“973 计划”）首席科学家，现任中医药大学国家中医体质与治未病研究院院长，第四届中央保健委员会会诊专家，国家中医药管理局中医体质辨识重点研究室主任。首次提出中医体质学说概念，主编《中医体质学说》《中医体质学》，把中医体质学分化成一门独立学科。主持制定中国首部《中医体质分类与判定》标准，创立体质辨识法被纳入《国家基本公共卫生服务规范》，实现中医药首次进入国家公共卫生服务体系。获国家科技进步奖二等奖 1 项，何梁何利基金科学与技术进步奖 1 项，拥有发明专利 15 项。

（齐佳丘）

11 月 22 日，中医药大学王琦当选中国工程院院士

（中医药大学 供）

项昌乐

11 月 22 日，北京理工大学教授项昌乐当选中国工程院机械与运载工程学部院士。项昌乐，1963 年 4 月出生，籍贯安徽省六安市，1984 年、1987 年、2001 年分别获北理工工学学士、硕士和博士学位。现任重大背景项目副总研究师，兼任车辆动力传动技术专业组组长、中国汽车工程学会副理事长等职。长期从事特种车辆传动理论研究、技术创新和装备研发等工作，承担重大基础研究、重大背景预研、国家自然科学基金重点项目等多项科研项目，攻克车用大功率液力变矩器、液力机械综合传动和机电复合传动关键技术，主持研发系列大功率液力变矩器、液力机械综合传动系统，实现系列装备批量应用，发明并主持研发大功率机电复合传动系统并在型号中应用，实现中国特种车辆传动技术的 2 次技术跨越。以第一完成人获国家科技进步奖二等奖两项，发明专利获授权 25 件，出版著作 2 部，发表《科学引文索引》《工程索引》（SCI/EI）论文 169 篇。

（岳鹏）

张平

11 月 22 日，北京邮电大学教授张平当选中国工程院信息与电子工程学部院士。张平，1959 年出生，陕西汉中人，1978 年考入陕西理工大学，1986 年毕业于西北工业大学获硕士学位，1990 年获北邮信号电路与系统专业博士学位后留校从事教学科研工作。现任北邮网络与交换技术国家重点实验室主任，先后担任国家自然科学基金委员会首届国际合作咨询委员、信息学部第三、五、六届咨询委员、国家科技重大专项“新一代宽带无线移动通信网”总体组专家、国家第六代移动通信（6G）技术研发总体专家组专家等职。长期从事移动通信理论研究及技术创新工作，提出 TDD 高速宽带技术体系方案，攻克 TDD 多模测试技术并研发仪器仪表，填补全球在此领域的“空白”。获国家科学技术进步奖 4 项、国家技术发明奖 2 项、何梁何利基金科学与技术进步奖，2017 年带领团队入选首批全国高校黄大年式教师团队。

（吴昊）

11 月 22 日，北邮张平当选中国工程院院士

（北邮 供）

任发政

11 月 22 日，中国农业大学食品科学与营养工程学院教授任发政当选中国工程院环境与轻纺工程学部院士。任发政，1962 年 8 月出生，籍贯辽宁营口，1984 毕业于北京农业大学畜牧学专业获本科学位。1987 年获北京农业大学动物营养专业硕士学位后留校任教，2003 年获农大食品科学专业博士学位，现任益生菌研究中心主任，教育部功能乳品实验室主任，食品营养与人类健康北京高精尖中心副主任，国际乳品联合会（IDF）中国国家委员会执行主席。长期从事乳品科学研究，以第一与通讯作者发表《科学引文索引》《工程索引》（SCI/EI）论文 150 余篇，获授权发明专利 60 余项。

（杜伟）

陈国青

12月，清华大学经济管理学院EMC讲席教授陈国青当选国际信息系统学会会士（AIS Fellow），成为自1999年设立该奖项以来首位获奖的中国学者。国际信息系统学会（AIS）是国际上信息系统领域最权威学术团体，该奖项旨在表彰国际信息系统领域研究、教育和服务方面具有突出贡献和影响力的学者。陈国青，1956年10月出生，籍贯福建永泰，1982年毕业于中国人民大学获学士学位，1985年教育部选派赴欧洲留学，分别于1988和1992年获比利时鲁汶大学硕士、博士学位。1995年到清华任职，任清华经济管理学院教授、博士生导师，常务副院长。现任国际模糊系统学会（IFSA）2003世界大会"信息系统"领域主席、国际模糊系统学会（IFSA）2005世界大会组委会主席、IEEE电子商务与工程国际会议（ICEBE2005）大会主席等职务。长期研究信息系统方法创新及其赋能创新，包括商务智能与大数据分析、IT战略与管理、新兴电子商务、不确定性建模等，1999年获国家杰出青年科学基金。

（吴筱君）

逝世人物

顾方舟

1月2日，北京协和医学院原院校长、病毒学家顾方舟在北京逝世，享年93岁。顾方舟，1926年6月出生，上海人，1950年毕业于北京大学医学院医学系，1955年获苏联医学科学院病毒学研究所病毒学专业博士，曾任中国医学科学院院长，中国协和医科大学校长，第三世界科学院院士，英国皇家内科学院（伦敦）院士，欧洲科学、艺术、文学学院院士。在脊髓灰质炎预防及控制方面研究长达42年，是中国组织培养口服活疫苗开拓者之一，被称为"中国脊髓灰质炎疫苗"之父。从"脊灰"病毒单克隆抗体杂交瘤技术入手，研制"脊灰"单克隆抗体试剂盒，在"脊灰"病毒单克隆抗体杂交瘤技术上取得成功，并建立起三个血清型、一整套"脊灰"单抗。建立"脊灰"病毒分离与定型方法，制定"脊灰"活疫苗的试制与安全性标准，主持制定中国第一部"脊灰活疫苗制造及检定规程"，指导中国20多年数十亿份疫苗生产与鉴定，为中国消灭脊髓灰质炎作出巨大贡献。9月17日，为庆祝中华人民共和国成立70周年，表彰为新中国建设和发展作出杰出贡献的功勋模范人物，习近平签署主席令，授予顾方舟等5人"人民科学家"称号。

（孙莉娜）

袁宝华

5月9日，中国人民大学原校长袁宝华因病逝世，享年103岁。袁宝华，1916年出生，河南南召人。1934年考入北京大学，1935年参加"一二·九"运动，1936年加入中国共产党，1937年"七七事变"爆发后回到家乡组织群众开展抗日救国运动，1940年到延安中央党校学习，1941年到中央组织部工作。曾任国家经济委员会主任、党组书记，人民大学校长，第二届中央顾问委员会委员。对中国的工业和经济发展做出重要贡献，主张经济建设必须从中国国情出发，尤其重视科学技术在发展生产中的积极作用，力主经济建设要走出中国新路子。中国企业管理科学基金会从2005年开始设立"袁宝华企业管理金奖"，每年举办一届评选活动，是中国企业管理的最高奖项。

（楚艳红）

宁滨

6月14日，北京交通大学教授宁滨因交通事故在北京逝世，享年60岁。宁滨，1959年5月出生，山西省稷山县人，控制系统工程（轨道交通运行控制）专家，中国工程院院士，博士生导师，北京交大原校长。1977年至2005年在北方交通大学先后获学士、硕士、博士学位，1982年留校任教，2008年3月至2019年5月担任北京交大校长，2017年当选工程院院士。宁滨是中国轨道交通数字化、网络化信号系统的开拓者和领军者之一，为实现中国地铁列控系统的自主可控、打造"高铁名片"和推进"走出去"战略做出突出贡献。曾获国家科学技术进步奖特等奖1项、二等奖3项、铁道部科技进步奖特等奖、一等奖和二等奖多项、何梁何利基金科学与技术进步奖、詹天佑大奖、获国家教学成果奖一等奖两次。

（高杰）

叶茂林

8月18日13时56分，北京建筑大学党委书记叶茂林因病逝世。叶茂林，安徽宿州人，1963年10月出生，1985年毕业于合肥工业大学铸造工艺及设备专业获工学学士学位，同年参加工作。1997年11月加入中国共产党，1997年获北京经济学院企业管理专业在职研究生经济学硕士学位，2002年获北京航空航天大学管理科学与工程专业管理学博士学位。长期在北京高教系统从事管理工作，历任北京市高教局科研处副处长、市教委科研处副处长，2003年任市教委科研处处长兼北京市学位委员会办公室主任，2009年任市教委委员（副局级），2013年任市委教育工委委员、市教委副主任。2019年5月任北京建筑大学党委书记。

（何其锋　张晓兰）

于瑾

9月20日，教育部追授对外经济贸易大学教授于瑾“全国优秀教师”称号并号召全国教师和教育科研工作者向其学习。于瑾，女，1966年2月出生，河北唐山人，外经贸大国际经济贸易学院教授、博士生导师。2018年5月24日上午在校指导博士生论文后回家午休中离世。于瑾几十年如一日，扎根三尺讲台，始终把学生放在第一位，先后为近1.8万名本硕博学生授课，培养硕士博士100余人。教育部要求全国教师和教育科研工作者以于瑾为榜样，学习她的先进事迹，做党和人民满意的“四有”好老师。

（曹亚红）

胡亚美

10月3日，首都医科大学附属北京儿童医院名誉院长胡亚美因病在北京逝世，享年95岁。胡亚美，女，1924年4月27日出生于北京，1947年毕业于北京大学医学院，曾担任北京儿童医院第二任院长，中国工程院院士。著名儿科医学教育家、中国儿童血液肿瘤学开创者。在20世纪50年代研究制定适合中国国情的小儿营养性贫血治疗和预防方案，60年代悉心研究婴儿腹泻的病因、发病机制和临床特点，制定并推广合理的输液疗法，使该病病死率由20%下降至1%，20世纪70年代末，对朗格罕细胞组织细胞增生症、血小板减少性紫癜、各类溶血性疾病，特别是对儿童白血病开展研究。1976年在中国率先开展儿童白血病治疗并取得突破性进展，截至目前，附属北京儿童医院诊治儿童急性淋巴细胞白血病5年无病生存率（即临床治愈）80%以上，至2016年底，治愈儿童白血病患者2300余人。

（陈飞飞）

卫兴华

12月6日，中国人民大学教授卫兴华因病逝世，享年94岁。卫兴华，1925年10月出生，山西省忻州市五台县人，1952年人民大学政治经济学专业研究生毕业后留校任教，政治经济学博士研究生导师，历任经济学系系主任、校学术委员会副主任、校学位评定委员会理论经济学分会主席、《中国人民大学学报》总编辑、第三届国务院学位委员会经济学科评议组成员、中国《资本论》研究会副会长、全国综合性大学《资本论》研究会会长等职，曾任国务院学位委员会经济学科评议组成员，马克思政治经济学中国化的奠基人之一。1991年享受国务院政府特殊津贴，2009年被授予人民大学首批荣誉一级教授称号。代表作品有《理论是非辨析》《企业活力与企业行为约束机制》《经济运行机制概论》《马克思的生产劳动理论》等，曾入选“影响新中国60年经济建设的100位经济学家”之一，2013年6月获世界马克思主义经济学奖。2019年9月29日获人民教育家国家荣誉称号。

（楚艳红）

田波

12月15日，中国科学院大学教授田波因病在北京逝世，享年88岁。田波，1931年12月25日生于山东桓台，1954年毕业于北京农业大学植物保护系，就职于中国科学院微生物研究所病毒学研究室，先后任研究实习员、助理研究员、副研究员、研究员、博士生导师。1991年当选为中国科学院院士，第八届、第九届全国政协委员。中国现代病毒学的先驱者，是病毒学国家重点实验室创始人之一，早年致力于植物病毒学研究，80年代开始研究亚病毒，90年代转入医学病毒研究。首次从由乙肝病毒引起的肝癌癌组织中发现热激蛋白GP96与病毒抗原肽复合物，为研发慢性乙肝和肝癌的治疗药物提供新策略。曾获多项荣誉和奖励，包括两次国家自然科学奖与国家科学技术进步奖，五次中国科学院自然科学和科技进步奖，三次省部级科学与技术进步奖。

（任春晓）

（本栏责任编校 华蕾　曾婷）

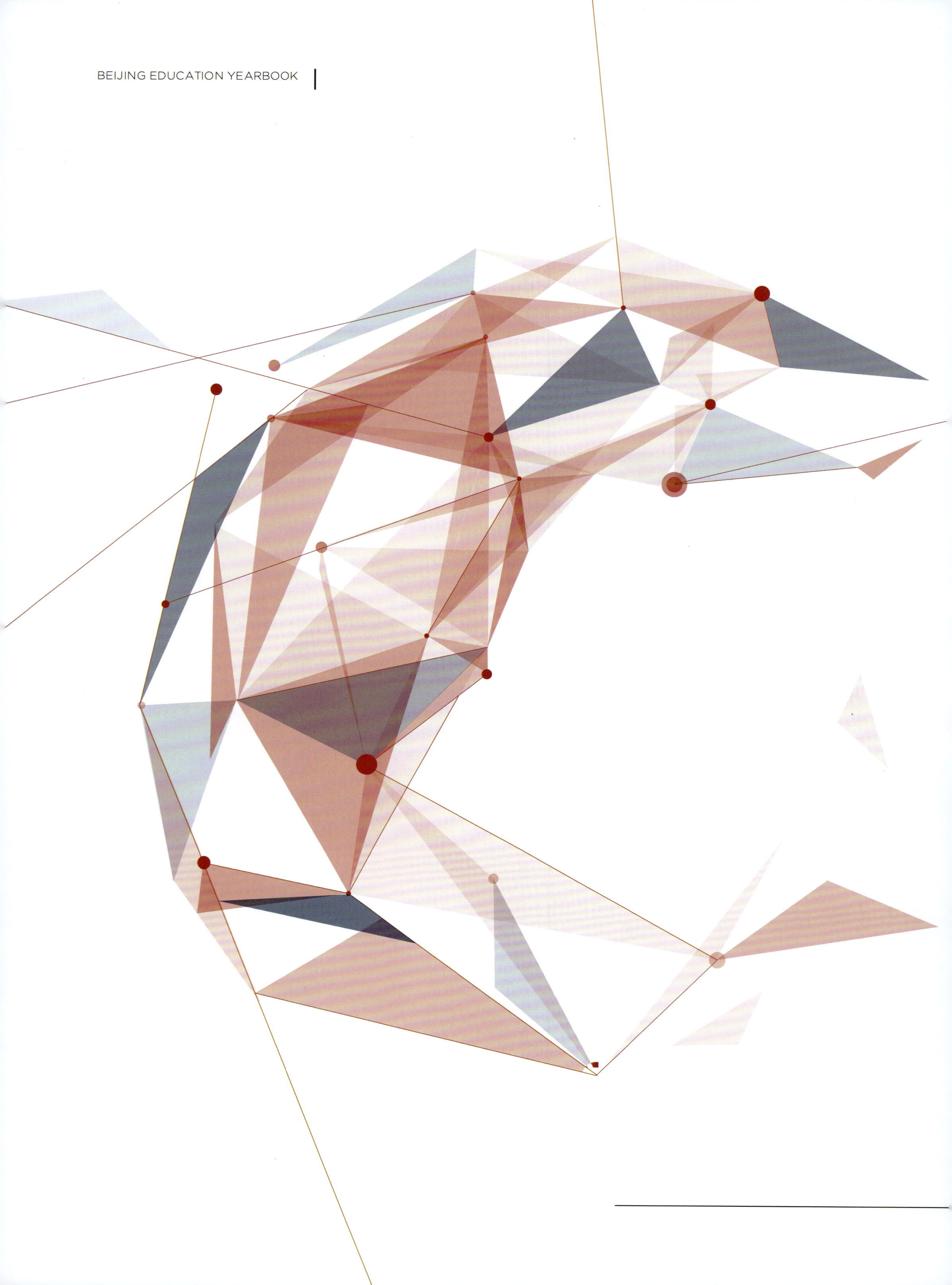

2020 | 文献

DOCUMENTS

文 献
DOCUMENTS

北京市中小学校幼儿园安全管理规定（试行）

第一章　总则

第一条　为全面加强北京市中小学幼儿园平安校园建设，构建学校安全风险防控体系，促进学校安全规范化管理，维护学校正常教育教学秩序，保障学生和教职工安全，根据国家和本市相关法律法规和政策规章，制定本规定。

第二条　本市普通中小学校、幼儿园、中等职业学校、特殊教育学校、专门学校（以下简称“学校”）的安全管理适用本规定。

第三条　学校安全管理坚持以人为本、生命至上、安全第一；坚持党政同责、一岗双责、齐抓共管、失职追责、尽职免责和管行业必须管安全、管业务必须管安全、管生产经营必须管安全；遵循积极预防、依法管理、综合防控、齐抓共管、各负其责、社会参与的原则。

第四条　学校及周边安全主要包括消防安全、治安安全、食品安全、卫生安全、交通安全、校舍安全、设备设施安全、教学实验安全、学生活动安全、学生欺凌和暴力以及自然灾害、突发意外事故等可能对师生造成伤害的安全威胁。

第五条　学校安全管理工作主要包括：

（一）构建学校安全领导组织体系，完善安全管理体制机制；

（二）构建学校安全管理制度体系，落实安全管理责任；

（三）构建学校安全宣传教育体系，提高师生安全防范能力；

（四）构建学校安全综合防控体系，提高安全预防水平；

（五）构建学校安全隐患排查整治体系，提升安全隐患治理能力；

（六）构建学校安全突发事件应急处置体系，提升应急管理水平；

（七）建立学校及周边安全综合治理机制，营造校园安全环境；

（八）建立学校安全事故调查处理机制，落实责任追究制度。

第二章　管理体制

第六条　各区政府全面落实本区学校安全工作领导和管理责任，将平安校园建设纳入本区平安建设规划，明确各部门、各街道乡镇安全监督管理职责，建立政府统一领导、部门齐抓共管、街道乡镇组织落实、社会协同联动的学校安全工作机制。

第七条　各街道乡镇落实属地学校安全管理责任，落实完善“街乡吹哨，部门报到”管理机制，组织协调开展校园及周边联合执法、安全隐患排查整治、社会治安综合治理，维护校园及周边环境秩序。

第八条　宣传部门对学校安全工作履行以下职责：

（一）负责统筹指导学校安全突发事件舆情应对工作，加强学校新闻发言人业务培训；

（二）负责组织协调学校及周边“扫黄打非”工作，组织查处学校周边制售含有涉政（宗教）、淫秽色情、凶杀暴力等内容非法出版物的单位和个人。

第九条 政法部门对学校安全工作履行以下职责：

（一）负责加强对学校及周边社会治安综合治理的统筹协调，将学校及周边社会治安综合治理工作纳入平安北京建设工作考核体系；

（二）负责协调各相关部门推进重大涉校矛盾纠纷的化解工作。

第十条 机构编制部门负责根据学校安全管理工作需要和本规定要求，在教育系统编制总量范围内确定安全管理人员数量。

第十一条 网信部门对学校安全工作履行以下职责：

（一）负责指导学校网络安全管理；

（二）负责指导协调涉校网络舆情应急处置；

（三）负责加强互联网法治宣传教育，管控网上各类有害信息，为学生成长创造健康的网络环境。

第十二条 教育部门对学校安全工作履行以下职责：

（一）负责制定学校安全工作考核目标，建立安全工作责任制和事故责任追究机制，加强对学校安全工作的检查指导，督促学校建立健全并落实安全管理制度；

（二）负责统筹制定学校安全教育规划和实施计划，指导学校有针对性地开展学生安全教育和应急演练；

（三）负责指导组织学校开展安全隐患排查整治，及时消除安全隐患；按规定配置安全监察员队伍；

（四）负责本系统安全突发事件的应对处置工作，指导督促学校制定安全突发事件应急预案；指导学校妥善处理学生伤害事故；

（五）负责组织开展对本级政府部门和下级政府以及学校安全工作的专项督导。

第十三条 公安机关对学校安全工作履行以下职责：

（一）负责学校及周边治安保卫工作，将校园及周边治安纳入社会治安防控体系，排查管控校园及周边治安隐患，依法严厉打击各类涉校违法犯罪活动；

（二）负责定期入校指导安全保卫工作，协助开展法治安全宣传教育，排查化解涉校矛盾纠纷，处理校园治安突发事件，依法查处围堵学校、殴打教职工、干扰学校正常教育教学秩序等校闹行为；

（三）负责落实完善上下学高峰期间勤务和日常巡逻防控制度，加强“护学岗”建设；

（四）负责完善校园周边交通标志标线和科技监控设备，建立学生上下学高峰时段交警执勤制度，对易发生交通拥堵或地处交通复杂路段的学校周边加强交通秩序维护和执法处罚力度；

（五）负责依法对校车许可申请进行审核和对校车标牌进行发放回收工作；做好校车驾驶人资格申请的受理、审查、认定工作，以及校车驾驶人审验、校车安全技术检验工作；加强对校车行驶线路的道路交通秩序管理、对校车运行情况的监督检查；依法查处校车道路交通安全违法行为。

第十四条 财政部门负责将学校安全工作经费纳入一般公共预算，优先保障学校安全风险防控经费的支出。

第十五条 人力社保部门对学校安全工作履行以下职责：

（一）负责将学校安全管理岗位设置纳入管理岗位序列；指导教育部门在学校绩效工资中适度加大对安全管理岗位

10月30日，府学胡同小学怀柔分校开展“蚂蚁行走课堂”安全教育体验课程（怀柔一小 供）

12月31日，门头沟一幼开展严格膳食管理，提高伙食质量活动
（门头沟区一幼 供）

的分配力度；

（二）负责加强对服务学校的劳务派遣公司、专业服务机构等第三方社会机构合法用工行为的监督管理，建立劳务派遣用工备案制度。

第十六条 生态环境部门对学校安全工作履行以下职责：

（一）负责对学校及周边环境污染防治的监督管理；

（二）负责对校园危险废物的环境污染防治提供政策指导，对放射源管理提供指导支持；

（三）负责查处危害校园的环境污染案事件。

第十七条 住房城乡建设部门对学校安全工作履行以下职责：

（一）负责指导督促学校开展校舍安全管理工作；

（二）负责指导督促学校对校舍使用安全开展检查和评估鉴定工作；

（三）负责依法加强对校舍工程建设的监督管理，查处违反法律法规和工程建设强制性标准的建设行为。

第十八条 交通部门对学校安全工作履行以下职责：

（一）负责合理调整学校周边公交线路，加大公交供给；

（二）负责统筹协调学校周边交通综合治理，加强学校周边停车管理，提高学校周边道路管养水平，实施疏堵工程，优化道路设施；

（三）负责依法对校车许可申请进行道路旅客运输资质审核，督促取得道路运输经营许可的校车服务提供者落实安全生产主体责任；依法对取得道路运输经营许可校车企业的违法行为进行处罚。

第十九条 文化旅游部门负责加强对学校周边互联网上网服务、歌舞娱乐、游艺娱乐等经营服务场所经营活动的监督管理；依法查处学校周边擅自设立的互联网上网服务营业场所、无照经营文化娱乐场所和非法出版物。

第二十条 卫生健康部门对学校安全工作履行以下职责：

（一）负责依法开展学校传染病防控和疫情处置工作，指导督促学校落实传染病防控措施，加强对学校疾病预防控制和卫生保健工作的监督指导；

（二）负责指导学校做好饮用水安全管理，开展食源性疾病预防和营养健康知识教育；

（三）负责组织开展学校公共卫生安全风险监测和公共卫生专业人员培训；

（四）负责组织医疗卫生机构救治校园安全事故中的伤患人员；

（五）负责协助开展校舍新建、改建、扩建工程的预防性卫生审查。

第二十一条 应急管理部门对学校安全工作履行以下职责：

（一）负责学校安全生产、实验室危险化学品使用安全的综合监督管理，依法依规查处学校安全生产和实验室危险化学品使用安全事故；

（二）负责配合教育部门指导学校开展安全突发事件应急工作；负责校车安全管理的综合监管工作。

第二十二条 消防救援部门对学校安全工作履行以下职责：

（一）负责开展消防安全监督检查，依法督促学校落实消防安全主体责任；

（二）负责指导学校开展日常消防安全管理、消防安全宣传教育和疏散演练；

（三）负责开展学校火灾的处置与救援，并依法进行火灾事故调查。

第二十三条 市场监管部门对学校安全工作履行以下职责：

（一）负责学校食堂供餐、学校外供餐企业供餐食品安全的监督管理和执法检查；建立学校食堂、学校外供餐企业食品安全信用档案；指导学校、学校外供餐企业加强食品安全管理和宣传教育；依法会同有关部门对学校食品安全事故进行调查处理；

（二）负责对学校周边各类经营单位进行监督检查和专项治理；负责对学校及周边特种设备安全进行重点监督检查；

（三）负责学校采购教学仪器设备、床上用品、校服等产品质量安全的监督管理。

第二十四条 城管执法部门负责对学校周边市容环境卫生、流动无照经营、店外经营、违法建设、乱堆物料、散发小广告等违法违规行为的监督检查和专项治理。

第二十五条 保险监管部门负责加强对涉校保险业务的监督管理，依法规范保险公司经营行为。

第三章 学校安全管理

第二十六条 学校全面落实安全管理主体责任；将安全工作纳入学校总体规划和首要任务；建立学校安全工作领导组织机构和统一领导、分工负责、齐抓共管、群防群治的学校安全管理工作机制。

第二十七条 学校安全工作实行校长负责制；学校校长直接分管安全工作，学校可设一名校级干部协助校长负责学校安全工作；学校结合岗位设置，明确其他校级干部、部门负责人及全校教育教学行政后勤岗位人员的安全管理职责，建立覆盖全体教职员工的安全管理责任体系，层层签订安全责任书。

第二十八条 学校设立安全管理工作机构（部门），统筹负责学校日常安全管理工作，督促落实各岗位安全管理职责；按照师生员工总人数 800 人（不含）以下至少配备 1 名专职安全管理干部；800 人（含）以上每增加 800 人至少增配 1 名专职安全管理干部；学校参照班主任补贴标准给予专职安全管理干部待遇。

第二十九条 学校按照师生员工总人数 1000 人（不含）以下至少配备 6 名专职保安员，有寄宿制的学校至少配备 8 名专职保安员；1000 人（含）以上每增加 500 人至少增配 1 名专职保安员，有寄宿制学生的学校每增加 300 人至少增配 1 名专职保安员。

第三十条 学校聘任法治副校长；协助学校加强安全工作，开展法治安全、防治校园欺凌和暴力等宣传教育培训；协助解决学校及周边涉校安全问题；联合心理专家对有不良行为学生开展教育转化工作。

第三十一条 学校建立食品和饮用水安全管理制度；实行阳光餐饮和集中用餐陪餐制度；严格学校食堂规范化管理和校外供餐管理，严格执行食堂卫生操作规范，严格执行食堂物资采购索证、查验、登记和饭菜留样、记录制度；严格落实饮用水安全卫生标准，定期开展水质检测和饮水设备维护清洗消毒。

第三十二条 学校建立消防安全管理制度；严格落实消防安全工作责任制；实行标准化管理；对消防设施和器材加强日常维护，规范设置消防安全标志标识，保证安全出口、疏散通道和消防通道畅通。

第三十三条 学校建立交通安全管理制度；严格内部驾驶员管理，保证学校车辆安全有效；严格执行校车安全管理规定；租用校外车辆组织师生参加活动，须租用有资质的租车服务单位的车辆，并签订租车安全责任书；校内机动车行驶或停放须与学生活动区域物理隔离，如校内不具备物理隔离条件，须禁止机动车进入校园；不得出租出借校内场地停放校外机动车辆，不得利用学校用地建设对

10 月 30 日，府学胡同小学怀柔分校开展“蚂蚁行走课堂”安全教育体验课程 （怀柔一小 供）

社会开放的停车场。

第三十四条 学校建立防治校园欺凌和暴力工作制度；开展预防欺凌和暴力教育，严格学生日常行为管理；公开工作机构和举报电话；对欺凌和暴力行为早发现、早预防、早控制，及时处置突发校园欺凌和暴力事件。

第三十五条 学校建立实验室安全管理制度；制定实验和设备的安全操作规程；开展实验安全教育培训，建立教育培训档案；严格落实中小学实验室规程，规范仪器设备和药品管理；严格落实实验室危险化学品安全管理规范标准，加强对危险化学品采购、储存、使用和危险废物处置的规范化管理。

第三十六条 学校建立水、电、气、热及设施设备运行安全管理制度；按规定接受行业主管部门的定期检查；定期检查设施设备运行情况，发现老化或损毁等安全隐患，及时进行维修或更换。

第三十七条 学校建立安全隐患排查整治制度；建立安全隐患台账，及时消除安全隐患；对无力解决或无法排除的重大安全隐患，及时书面报告上级主管单位或其他有权管理的单位，并采取有效措施，做好安全防范。

第三十八条 寄宿制学校建立寄宿制学生安全管理制度；专门配备宿舍安全管理人员，实行 24 小时宿舍值班和安全巡查制度；保证教室、宿舍、楼道、楼梯等场所的照明符合标准。

第三十九条 学校实行封闭式管理；校门实行 24 小时值守，门卫由配备专业器械的专职保安员持械上岗，校门口设置硬质防冲撞设施；实行外来人员出入校登记、检查制度，禁止无关人员和校外车辆进校，禁止将非教学用易燃易爆等危险物品、有毒物品、管制器具和动物等带入校园。

第四十条 学校实行上下学高峰时段校门口值班制度；组织带班干部、值周老师、保安员、家长志愿者等，配合公安机关共同维护校园门前安全秩序；小学上下学实行小黄帽路队制和接送交接制度，不得将晚离学校的低年级学生、幼儿交与无关人员。

第四十一条 学校建立安防视频监控管理系统；中小学校按要求覆盖所有重点部位，幼儿园实现公共活动区域全覆盖，并与属地公安、教育部门联网；建立安防视频监控值班监看、信息保存、调用调取、运行维护管理制度，保障安防监控系统正常运行；采集的视频图像信息保存期限达到法定时长；安装一键式报警装置并保持完好有效，与属地接警平台联网。

第四十二条 学校建立校外活动安全管理制度；成立活动安全管理机构，明确安全管理责任，制定安全应急预案，配备相应物资设备，配齐安全、医护等管理保障人员，提前对师生进行安全教育。

第四十三条 学校建立学生安全信息通报制度；将未按要求正常到校、非正常缺勤、擅自离校以及身体和心理异常学生情况等关系学生安全的信息，及时告知其监护人和校内相关负责人员。

第四十四条 学校加强学生日常和课间活动的安全管理；合理安排学生疏散时间和上下楼道顺序，安排专门人员值班巡查，防止拥挤、踩踏、伤害事故发生；加强对学校后勤维修工具、食堂厨房用具和体育器械等使用安全的管理。

第四十五条 学校建立合法用工和内部人员矛盾排查调处制度；学校领导要与劳务用工人员开展谈心谈话，全面掌握教职工思想状况；定期开展心理健康和内部矛盾排查；新录用教职工和外聘人员要进行身份核查和背景审查，不得聘用因故意犯罪而受到刑事处罚的人员、有精神病史人员入校工作。

第四十六条 学校按规定配备具有从业资格的专职医务（保健）人员或兼职卫生保健教师；寄宿制和学生人数 600 人以上的学校应设立卫生室，其他学校设置保健室；购置必需的急救器材和药品，保障对学生常见病的治疗，遇疑难病症及时送医救治。

第四十七条 学校建立学生健康管理制度；建立学生健康档案，定期组织开展学生体检和心理健康排查，依法保护学生的个人隐私；对有特异体质、特定疾病或异常心理状况的学生，应当给予适当关注和照顾；对生理、心理状况异常不宜在校学习的学生，应当休学，由监护人安排治疗、休养；监护人发现被监护人有特异体质、特定疾病或异常心理状况的，应当及时告知学校。

第四十八条 学校建立传染病防控管理制度；制定突发公共卫生事件应急预案；落实晨午检、因病缺勤登记追访、日常通风消毒、免疫规划管理、疫情报告、复课证明查验制度，做好登记和报告工作；积极配合疾控部门开展流行病学调查和传染病防控工作。

第四十九条 学校建立网络安全管理制度；落实网络安全主体责任，制定网络安全应急预案；保证网络安全工作值班值守，开展网络系统安全监测管理与检查维护，防范网络安全风险。

第五十条 学校建立安全工作档案管理制度，记录日常安全管理、安全责任落实、安全检查、安全隐患整改等情况，作为实施安全工作目标考核、责任追究和事故处理的依据。

第五十一条 学校不得组织学生参加抢险等应由专业人员或成人从事的活动，不得组织学生参与具有危险性的活动，不得组织学生参加商业性活动；不得将场地出租出借用于生产经营活动；不准商业广告进入校园。

第五十二条 学校加强与属地街道乡镇、社区和家长合作，建立学校安全志愿者队伍，协助开展安全工作。

第五十三条 学校举办者应当按规定为学校购买中小学幼儿园校方责任保险及附加无过失责任保险。

第四章　安全宣传教育

第五十四条 学校按规定开设安全教育课程；将安全教育作为重要教育教学内容，根据不同学龄阶段学生的生理心理特点、接受能力以及可能遇到的安全风险，增强安全教育的针对性和实效性。

第五十五条 学校在开学初、放假前，有针对性地对学生集中开展安全教育；新生入学后，应开展新生入学安全教育，帮助新生及时了解学校安全制度规定。

第五十六条 学校通过渐进式安全教育，在幼儿园和九年义务教育期间完成对学生的基本安全知识与技能的普及任务，确保学生掌握与年龄阶段相适应的基本安全知识、避险逃生能力以及自救互救技能。

第五十七条 学校开展实验室安全教育；针对不同课程实验课的特点与要求，对学生进行实验实训用品的防毒、防爆、防辐射、防污染等安全防护教育。

第五十八条 学校加强安全防范宣传教育；重点针对消防安全、治安安全、食品安全、交通安全、用电安全、用火安全和防溺水、防踩踏、防侵害、防暴恐袭击、防黑恶势力渗透、防极端天气、防自然灾害等可能造成伤害的安全威胁，使学生掌握基本防范技能和自救、互救、逃生能力。

第五十九条 有条件的学校建设专门的安全宣传教育体验教室，配备多个主题的安全体验设施设备，组织学生开展体验式学习，增强安全教育实效。各区加强对本区安全教育基地、场馆、教室资源的统筹，有条件的区可建设综合性或专业性较强的安全教育课外活动基地。

第六十条 学校充分利用政府、社会、高校、企事业单位等公共安全教育基地、博物馆、体验馆等资源，组织学生开展参观、宣传教育和实训体验活动。

第六十一条 学校定期组织开展各类突发事件应急演练，中小学每月开展一次应急疏散演练，幼儿园每季度开展一次应急疏散演练。

第六十二条 学校将教职工安全教育培训纳入年度工作计划，每年定期组织开展岗位安全教育培训，将安全培训纳入继续教育学分；对新入职教师进行岗前安全教育培训；定期组织保安员开展安全保卫和应急处突专业训练；提高教职员工指导学生预防事故、自救、逃生、紧急避险的能力。

第六十三条 学校结合本校情况组织开展应急救援进校园活动，帮助师生掌握初级急救知识和急救技能。

第六十四条 学校开展家校安全共育，引导家长履行监护人义务，对孩子开展家庭安全教育和遵纪守法教育，关心关注孩子身心健康，支持配合学校安全教育和日常管理工作。

第五章 学校周边安全管理

第六十五条 建立学生安全区域制度；在学校周边200米范围内，相关部门按职责重点整治学校周边环境秩序，加强对学校周边经营服务场所、经营服务活动监管以及治安状况、交通秩序整治；禁止新建对环境造成污染的企业、设施；禁止设立互联网上网服务、歌舞娱乐、游艺娱乐、彩票专营等营业场所。

第六十六条 公安机关加强学校及周边治安综合治理；建立校园及周边治安形势会商研判、信息互通共享、联动应急处置工作机制；加强涉校矛盾问题隐患排查化解；加强反恐防暴和应急处突能力建设；加强对校园及周边治安环境整治和巡逻防控。

第六十七条 公安机关严厉打击涉校违法犯罪；建立涉校案件摸排预防、快速出警核查、案件侦查等工作机制；加大对恶性伤害、欺凌和暴力、性侵等侵害师生人身财产安全违法犯罪案件的侦破力度。

第六十八条 公安机关建立警校合作工作机制；加强学校及周边警务室建设和民警入校指导安全防范工作；强化学校周边高峰勤务和“护学岗”机制；建立学校及周边安全网上快速巡查系统。

3月22日，海淀区教委举办全国中小学生安全教育日之百校百剧进校园展演（海淀区教委 供）

第六十九条 公安机关和交通部门加强学校周边交通综合治理；加强学校门前停车管理，校园门前 100 米（校门两侧各 50 米）禁止停放机动车；加大对学校门前及周边道路交通违法行为执法处罚力度；规范设置学校门前及周边道路交通标志标识标线、设施和科技监控设备；优化学校周边交通组织形式和公交站点设置，完善道路公交设施。

第七十条 市场监管部门加强学校周边食品安全专项整治；禁止学校周边无证无照餐饮经营；加强学校周边食杂店、便利店、小超市等食品销售单位的日常监管，定期开展食品安全专项检查；加大对学校周边批发市场、零售市场和农村市场等场所的整治力度，严禁销售不合格食品；严格规范网络餐饮经营行为。

第七十一条 市场监管和文化旅游部门加强学校周边非法经营行为治理；依法取缔学校周边兜售非法出版物、不合格文体用具、儿童玩具的游商和摊点；严格查处学校周边制售含有淫秽色情、凶杀暴力等内容出版物的单位和个人。

第七十二条 住房城乡建设部门加强对学校周边建设工程的执法检查，禁止任何单位或个人违规在学校围墙或建筑物边建设工程。

第六章 安全事故处理和应急管理

第七十三条 学校按照以人为本、依法依规、快速反应、注重实效的原则，制定以应急处置为核心的安全突发事件应急预案。

第七十四条 学校建立与区政府、相关部门和属地街道乡镇相衔接的安全突发事件应急处置机制，明确应急职责，规范应急程序，细化保障措施；定期组织开展应急预案演练；各相关部门和属地街道乡镇应加强对学校应急工作的指导和预案的衔接。

第七十五条 学校建立安全突发事件信息报送制度，遇有突发安全事件，按规定第一时间上报相关信息，杜绝瞒报、谎报、漏报、迟报。

第七十六条 学校建立新闻发言人制度和安全突发事件网络舆情管理制度；在相关专业部门的指导下，加强网络舆情监控，及时发布相关信息，加强正面引导，回应社会关切。

5 月 8 日，学校后勤中心在北工大食品检测室进行食品检测入校抽检 （学校后勤事务中心 供）

第七十七条 在发生地震、洪水、泥石流、台风等重大自然灾害和重大治安、公共卫生突发事件时，区政府及教育部门和学校应立即启动应急预案，及时转移、疏散学生，或采取其他必要防护措施，保障师生和学校安全。

第七十八条 学校发生火灾、食物中毒、治安案件等突发安全事件以及自然灾害时，应立即启动应急预案，组织教职工参与抢险、救助和防护，第一时间救治受伤学生，对受伤学生开展心理干预辅导，妥善做好善后工作。

第七十九条 学校发生学生伤亡事故，须按照《学生伤害事故处理办法》等规定的原则和程序，结合校方责任保险及附加无过失责任保险保障机制，及时实施救助；严禁借学生伤害事故，围堵学校、殴打教职工、干扰学校正常教育教学秩序等校闹行为。

第八十条 学校发生重大安全突发事件后，在市政府统一领导下，由市教育部门牵头组建市相关部门、纪检监察机关和有关专业机构、专家参加的突发事件调查组，及时组织开展调查评估工作；必要时，由教育部门牵头组织对较大、一般学校安全突发事件进行调查评估。

第八十一条 学校安全突发事件调查评估工作应对事件发生的原因、过程和造成的后果，以及事前、事发、事中、事后全过程的应对工作，进行全面客观的调查、分析、评估，提出改进措施，形成突发事件调查评估报告。

第七章 考核奖励与责任追究

第八十二条 市政府将学校安全工作作为对各区政府和各政府相关部门绩效考核的重要内容，具体考核评价办法和组织实施由市教育部门会同有关部门负责；各区政府将学校安全工作纳入对各区政府相关部门和街道乡镇的绩效考核内容；各区教育部门将学校安全工作纳入对学校的绩效考核。

第八十三条 市、区教育部门将学校安全工作作为教育督导的重要内容，加强对市政府有关部门、各区政府及有关部门、街道乡镇和学校落实安全工作职责的督导检查。

第八十四条 教育等有关部门，对于在学校安全工作中成绩显著或做出突出贡献的单位和个人，应当视情况联合或分别给予表彰奖励。

第八十五条 依据《中小学幼儿园安全管理办法》六十一条规定，政府相关部门不依法履行学校安全监督管理职责的，由上级部门给予批评；对直接责任人员由上级部门和所在单位视情节轻重，给予批评教育或行政处分；构成犯罪的，依法追究刑事责任。

第八十六条 依据《中小学幼儿园安全管理办法》六十二条规定，学校不履行安全教育管理职责，对重大安全隐患长期不整改或不采取有效措施的，有关主管部门应当责令其限期改正；拒不改正或有下列情形之一的，应当对学校负责人和其他直接责任人给予党纪、政纪或行政处分；构成犯罪的，依法追究刑事责任。

（一）发生重大安全事故、造成学生和教职工伤亡的；

（二）发生事故后未及时采取适当措施、造成严重后果的；

（三）瞒报、谎报、缓报重大事故的；

（四）妨碍事故调查或提供虚假情况的；

（五）拒绝或不配合有关部门依法实施安全监督管理职责的。

第八十七条 依据《中小学幼儿园安全管理办法》六十三条规定，校外单位或人员违反治安管理规定、引发学校安全事故的，或在学校安全事故处理过程中，扰乱学校正常教育教学秩序，由公安机关依法处理；构成犯罪的，依法追究刑事责任；造成学校财产损失的，依法承担赔偿责任。

第八十八条 对职责范围内发生学校安全事故，经查实已经全面履行有关职责，并全面落实了党委和政府有关工作部署的，不予追究相关人员责任。

第八章 保障机制

第八十九条 建立由市、区政府分管教育工作的领导为召集人、教育部门牵头、相关部门参加的学校安全工作联席会议制度，定期研究解决学校安全工作中存在的重大问题；教育部门履行联席会议办公室职责。

第九十条 建立由市、区政府分管教育工作的领导带队，由市教育、公安、交通、应急管理、卫生健康、市场监管、城管执法、消防救援等部门共同参加的学校安全联合检查机制，每年定期开展学校安全工作联合检查，对存在的重大安全隐患进行现场执法，严格处罚，并在一定范围内通报。

第九十一条 市、区政府建立学校安全预警和风险评估制度，制定学校安全风险清单，建立动态监测和数据搜集、分析机制，及时为学校提供安全风险提示，指导学校健全风险评估和预防制度。

第九十二条 建立学校安全经费投入保障机制；合理调整学校安全经费在教育经费中的投入比例，加大对人防、物防、技防经费的投入力度，优先保障学校安全风险防控经费的投入。

第九十三条 探索建立学校安全风险防控专业机构服务机制；采取政府采购、购买服务等方式，利用具备相应专业能力的组织机构，为学校安全教育和安全风险防控提供相关服务。

第九十四条 建立多元化的事故风险分担机制；完善学校校方责任保险及附加无过失责任保险制度，规范保险范围、投保理赔程序和理赔标准；严禁以学校名义指定学生家长购买或向学生直接推销保险产品；鼓励社会组织机构设立学校安全风险基金或学生救助基金，健全学生意外伤害救助机制。

第九十五条 完善校园伤害矛盾纠纷调处机制；建立学校法律顾问制度；积极利用行政调解、仲裁、人民调解、保险理赔、法律援助等方式，依法处理校园伤害事件。

第九十六条 社会团体、企业事业单位、其他社会组织和个人应积极参与支持学校安全工作，依法维护学校安全秩序。

第九十七条 强化家长对孩子的依法监护责任，加强对孩子良好品德和行为习惯的养成教育，加强遵纪守法教育，要求学生服从学校安全管理，管教孩子不得有危及自身或他人安全的活动，约束孩子的不良行为。

第九十八条 学生在校学习和生活期间，应遵守学校纪律和规章制度，服从学校的安全教育和日常行为管理，不得有危及自身或他人安全的行为。

第九章 附则

第九十九条 本市民办中小学校幼儿园、校外教育机构、外籍人员子女学校、中外合作举办的高中和幼儿园参照执行。

第一〇〇条 本规定自2019年9月1日起施行。

（市政府 京政字〔2019〕17号 批准施行）

（本栏责任编校 张晓兰）

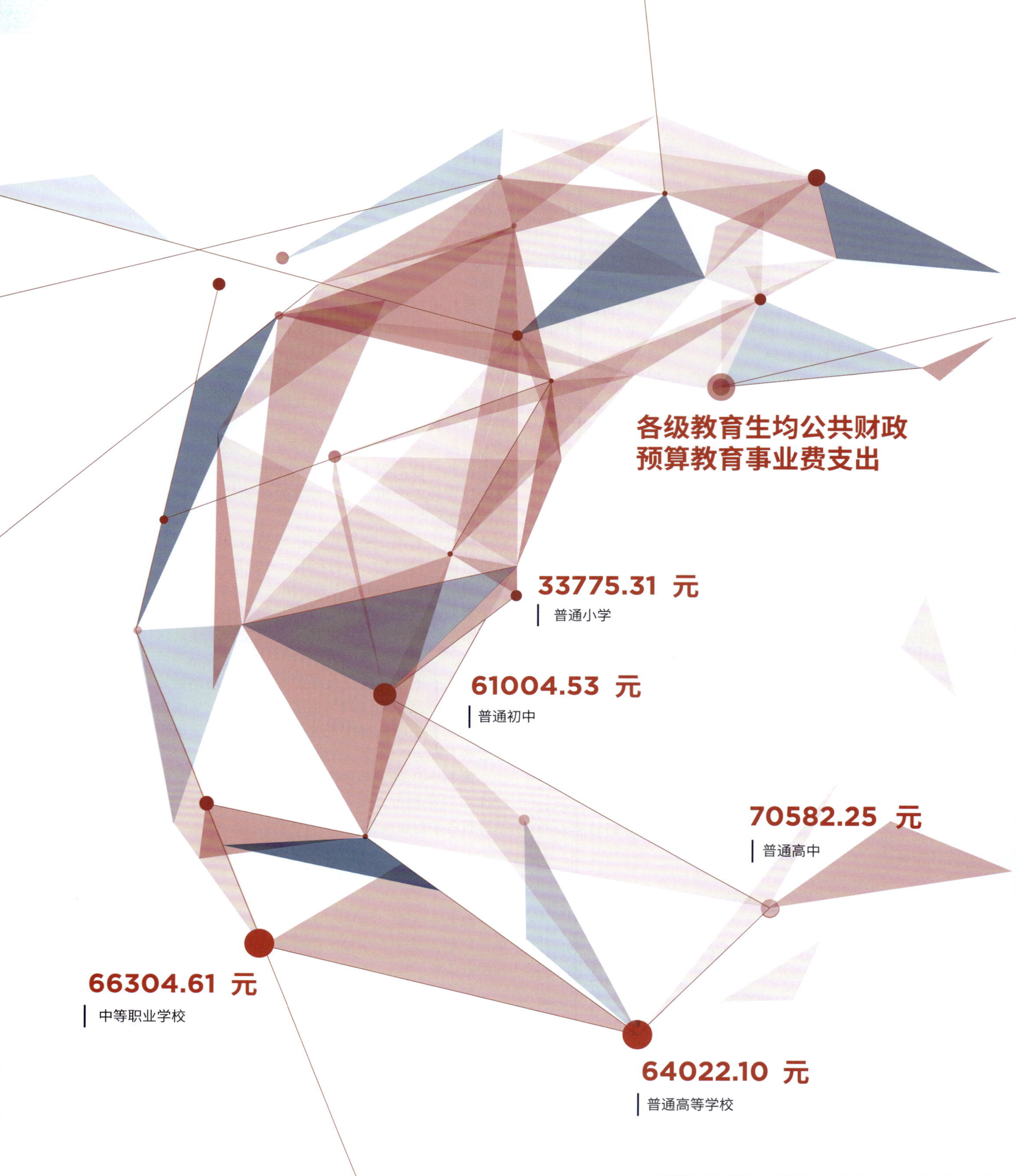
各级教育生均公共财政
预算教育事业费支出
33775.31 元
普通小学
61004.53 元
普通初中
70582.25 元
普通高中
66304.61 元
中等职业学校
64022.10 元
普通高等学校

2020 | 调研报告

RESEARCH REPORT

北京市 2019 年教育经费执行情况的公告

《中华人民共和国教育法》第五十五条规定："全国各级财政支出总额中教育经费所占比例应当随着国民经济的发展逐步提高"，第五十六条规定："各级人民政府教育财政拨款的增长应当高于财政经常性收入的增长，并使按在校学生人数平均的教育费用逐步增长，保证教师工资和学生人均公用经费逐步增长"。现将 2019 年北京市教育经费执行情况公告如下：

一、教育经费执行总体情况

本市地方各级政府一般公共预算教育经费（包括教育事业费、基建经费、教育费附加）1125.36 亿元，比上年增长 10.25%。财政部于 2004 年 1 月印发了《关于统一界定地方经常性收入口径的意见》（财预〔2004〕20 号），对财政经常性收入口径做出了界定，按此口径调整 2019 年财政经常性收入 4977.09 亿元，比上年降低 1.15%，一般公共预算教育经费增长比例高于财政经常性收入增长比例 11.40 个百分点。

2019 年本市一般公共预算支出 7408.19 亿元，一般公共预算教育经费占一般公共预算支出的比例为 15.19%，比上年增长了 1.53 个百分点。

二、各级教育生均一般公共预算教育事业费支出增长情况

2019 年全市幼儿园、普通小学、普通初中、普通高中、中等职业学校、普通高等学校生均一般公共预算教育事业费支出情况是：

（一）全市幼儿园为 37465.30 元，比上年的 36841.48 元增长 1.69%。

（二）全市普通小学为 33775.31 元，比上年的 31375.64 元增长 7.65%。

（三）全市普通初中为 61004.53 元，比上年的 59768.35 元增长 2.07%。

（四）全市普通高中为 70582.25 元，比上年的 66083.69 元增长 6.81%。

（五）全市中等职业学校为 66304.61 元，比上年的 53861.27 元增长 23.10%。

（六）全市普通高等学校为 64022.10 元，比上年的 58805.03 元增长 8.87%。

三、各级教育生均一般公共预算公用经费支出增长情况

2019 年全市幼儿园、普通小学、普通初中、普通高中、中等职业学校、普通高等学校生均一般公共预算公用经费支出情况是：

（一）全市幼儿园为 12929.31 元，比上年的 15488.29 元降低 16.52%。

（二）全市普通小学为 9974.53 元，比上年的 11092.22 元降低 10.08%。

（三）全市普通初中为 17814.78 元，比上年的 21603.57 元降低 17.54%。

（四）全市普通高中为 19742.13 元，比上年的 22721.41 元降低 13.11%。

（五）全市中等职业学校为 23283.10 元，比上年的 21712.91 元增长 7.23%。

（六）全市普通高等学校为 27431.32 元，比上年的 26795.81 元增长 2.37%。

特此公告。

附件：2019 年北京市教育经费执行情况统计表

北京市教育委员会
北京市财政局
北京市统计局
北京市发展和改革委员会
北京市科学技术委员会
2020 年 12 月 7 日

注：

公告中的 2019 年北京市一般公共预算支出 7408.19 亿元来源于《北京市 2019 年决算报告》。

2019 年北京市教育经费执行情况统计表

表一　一般公共预算教育经费增长情况

地区	一般公共预算教育经费（亿元）	一般公共预算教育经费占一般公共预算支出的比例（%）	一般公共预算教育经费本年比上年增长（%）	财政经常性收入本年比上年增长（%）	一般公共预算教育经费增长与财政经常性收入增长幅度比较（百分点）
东城区	69.76	26.90	6.53	0.01	6.52
西城区	67.38	15.75	16.84	12.31	4.53
朝阳区	109.18	16.59	12.96	0.10	12.86
丰台区	39.44	15.61	-12.75	7.66	-20.41
石景山区	18.77	16.04	9.48	8.00	1.48
海淀区	125.05	17.94	7.93	0.11	7.82
门头沟区	19.69	17.75	26.69	10.10	16.59
房山区	56.09	22.49	23.16	10.58	12.58
通州区	46.52	12.93	26.43	6.36	20.07
顺义区	47.28	15.46	10.18	5.30	4.88
昌平区	46.42	20.79	20.91	0.24	20.67
大兴区	47.68	18.60	12.03	3.14	8.89
怀柔区	23.81	16.17	8.40	2.31	6.09
平谷区	23.03	18.12	5.67	-0.55	6.22
密云区	24.01	14.67	2.75	2.40	0.35
延庆区	20.60	16.05	1.17	1.14	0.03

表二（1）　各级教育生均一般公共预算教育事业费支出增长情况

单位：元

地区	幼儿园			普通小学			普通初中			普通高中		
	2018 年	2019 年	增减（%）	2018 年	2019 年	增减（%）	2018 年	2019 年	增减（%）	2018 年	2019 年	增减（%）
东城区	51,041.06	58,925.85	15.45	34,138.87	38,672.51	13.28	62,077.55	67,711.40	9.08	79,189.02	81,905.90	3.43
西城区	41,397.74	40,828.53	-1.37	23,086.65	26,421.51	14.44	45,119.98	48,901.95	8.38	78,070.22	71,276.26	-8.70
朝阳区	33,182.93	37,807.88	13.94	29,247.85	31,120.94	6.40	55,321.96	55,831.77	0.92	65,992.96	82,763.29	25.41
丰台区	27,571.80	19,772.26	-28.29	25,675.47	26,665.78	3.86	61,744.45	54,354.82	-11.97	62,134.10	58,614.58	-5.66

续表

地区	幼儿园			普通小学			普通初中			普通高中		
	2018 年	2019 年	增减(%)	2018 年	2019 年	增减(%)	2018 年	2019 年	增减(%)	2018 年	2019 年	增减(%)
石景山区	42,438.08	37,172.02	-12.41	27,835.27	32,513.62	16.81	56,263.05	62,719.64	11.48	52,803.68	64,272.47	21.72
海淀区	40,167.00	40,645.44	1.19	31,308.00	33,662.35	7.52	52,479.64	53,478.12	1.90	57,841.77	63,702.89	10.13
门头沟区	61,514.92	55,696.83	-9.46	40,919.76	48,364.51	18.19	71,605.87	79,781.81	11.42	59,735.95	72,979.46	22.17
房山区	46,186.62	33,913.13	-26.57	29,634.66	29,561.17	-0.25	66,836.41	58,129.77	-13.03	49,580.55	53,660.55	8.23
通州区	26,168.71	36,273.30	38.61	23,504.22	30,074.57	27.95	47,688.09	56,975.32	19.47	57,236.29	64,478.10	12.65
顺义区	33,481.82	33,513.43	0.09	33,518.71	33,757.45	0.71	71,213.68	71,233.06	0.03	76,896.37	79,786.98	3.76
昌平区	42,154.41	39,512.82	-6.27	32,687.71	38,054.19	16.42	58,282.51	64,687.93	10.99	65,662.53	70,577.84	7.49
大兴区	29,052.65	33,053.85	13.77	30,469.14	33,108.09	8.66	60,258.73	62,357.27	3.48	55,687.85	57,422.41	3.11
怀柔区	47,097.82	53,586.23	13.78	41,165.61	41,892.62	1.77	90,527.88	91,274.64	0.82	74,353.01	76,397.37	2.75
平谷区	19,855.55	17,758.54	-10.56	46,844.45	49,241.04	5.12	91,250.02	89,515.78	-1.90	56,717.38	65,238.24	15.02
密云区	46,547.30	42,395.14	-8.92	39,084.52	38,561.15	-1.34	66,774.38	63,139.05	-5.44	56,225.02	56,145.65	-0.14
延庆区	41,474.23	47,817.95	15.30	55,679.51	53,648.31	-3.65	88,311.33	90,418.07	2.39	69,722.46	76,893.78	10.29

表二（2） 各级教育生均一般公共预算公用经费支出增长情况

单位：元

地区	幼儿园			普通小学			普通初中			普通高中		
	2018 年	2019 年	增减(%)	2018 年	2019 年	增减(%)	2018 年	2019 年	增减(%)	2018 年	2019 年	增减(%)
东城区	11,674.82	14,915.20	27.76	9,067.88	8,020.83	-11.55	17,466.13	15,379.21	-11.95	17,225.65	15,457.10	-10.27
西城区	17,478.36	10,585.62	-39.44	7,942.84	7,699.21	-3.07	15,525.14	14,151.20	-8.85	35,731.37	17,436.03	-51.20
朝阳区	20,782.81	22,682.20	9.14	9,568.76	8,314.28	-13.11	21,286.09	17,538.75	-17.60	25,894.30	33,531.56	29.49
丰台区	11,276.49	4,882.50	-56.70	7,845.98	5,645.50	-28.05	25,325.74	11,823.78	-53.31	25,593.88	13,948.21	-45.50
石景山区	20,107.19	8,286.28	-58.79	6,762.34	7,492.22	10.79	15,793.27	16,052.27	1.64	13,206.52	16,435.52	24.45
海淀区	19,871.57	15,902.34	-19.97	13,313.79	12,521.16	-5.95	21,063.42	17,363.33	-17.57	21,956.58	20,993.05	-4.39
门头沟区	29,227.90	19,068.62	-34.76	15,562.42	14,894.78	-4.29	26,736.59	21,695.18	-18.86	26,682.14	28,720.05	7.64
房山区	18,281.62	5,454.88	-70.16	10,505.67	7,925.89	-24.56	28,905.33	16,359.59	-43.40	14,422.30	10,864.24	-24.67
通州区	11,337.93	17,364.26	53.15	9,431.77	11,380.37	20.66	19,374.56	21,459.30	10.76	24,636.86	22,937.93	-6.90
顺义区	11,787.33	9,801.91	-16.84	7,544.69	7,090.72	-6.02	16,270.40	15,283.92	-6.06	15,659.73	15,597.46	-0.40
昌平区	17,868.60	12,305.85	-31.13	10,194.77	10,440.71	2.41	18,819.53	18,823.87	0.02	24,138.56	24,306.22	0.69
大兴区	9,867.42	12,034.50	21.96	9,606.79	9,463.75	-1.49	20,556.31	18,251.16	-11.21	15,083.71	11,430.07	-24.22
怀柔区	16,989.78	15,949.10	-6.13	14,690.18	11,996.86	-18.33	34,131.47	29,668.40	-13.08	29,378.44	22,220.22	-24.37
平谷区	9,298.40	5,435.54	-41.54	10,415.76	7,780.40	-25.30	23,807.93	16,956.92	-28.78	11,250.53	12,291.42	9.25
密云区	19,036.30	7,005.81	-63.20	16,438.16	12,954.39	-21.19	25,791.86	19,913.09	-22.79	22,962.58	17,152.97	-25.30
延庆区	10,828.79	10,926.74	0.90	17,285.50	11,969.68	-30.75	27,230.99	25,391.90	-6.75	22,183.98	22,210.00	0.12

《高校党建工作标准》课题调研报告

为深入学习贯彻习近平新时代中国特色社会主义思想和党的十九大精神，落实全国高校思想政治工作会议精神，提高高校党的建设质量，为写好高等教育“奋进之笔”提供坚强保证，受教育部思政司委托，市委教育工委承担《高校党建工作标准》课题项目的研究工作。课题组围绕课题研究的背景和意义、高校党建工作的现状分析、高校党建工作评估的现状分析，以及进一步推进高校党建工作的意见建议四个方面进行广泛深入的调研，现将调研情况报告如下：

一、调研的背景和意义

加强和改进高校党的建设，事关办什么样的大学、怎样办大学的根本问题，事关党对高校的领导，事关中国特色社会主义事业后继有人，是一项重大的政治任务和战略工程。党的十八大以来，以习近平同志为核心的党中央把高校党建摆在突出位置，作出一系列重大决策部署加以推进。特别是全国高校思想政治工作会议的召开，习近平总书记亲自出席并发表重要讲话，深刻阐述了重大意义、原则立场、任务要求等一系列方向性、根本性问题，为新形势下加强高校党建和思想政治工作指明前进方向，提供根本遵循。党中央、国务院印发《关于加强和改进新形势下高校思想政治工作的意见》（以下简称《意见》），高位谋划、科学部署，从重要意义和总体要求、强化思想理论教育和价值引领、发挥哲学社会科学育人功能、加强对课堂教学和各类思想文化阵地的建设管理、加强教师队伍和专门力量建设、推进高校思想政治工作改革创新、加强和改善党对高校的领导等 7 个方面提出一系列重要安排和重大举措，为做好形势下高校思想政治工作提供行动指南。面对新任务新要求，制定《高校党建工作基本标准》对于加强党对高校的领导、落实全面从严治党各项要求、推进高等教育事业科学发展具有重要意义。

（一）制定《高校党建工作基本标准》是贯彻落实党的十九大精神、持续推动全国高校思想政治工作会议精神落地见效的必然要求。当前，高校党的建设任务要求已经明确，从对全国高校思想政治工作会议精神贯彻落实情况专项督查来看，各地各高校对标对表中央有关部署和要求，深入学习贯彻习近平中国特色社会主义思想和党的十九大精神，围绕贯彻落实全国高校思想政治工作会议精神，深化思想认识、加大推进力度、进展成效逐步显现，但也存在贯彻会议精神不均衡不彻底不具体、意识形态工作责任制落实不到位、三全育人格局存在盲区断点、党对高校领导体制机制难点问题没有完全破解等突出问题和薄弱环节。制定《高校党建工作基本标准》，对标对表党中央有关部署和要求，并以标准的形式予以呈现，对于更加深入贯彻落实中央决策部署、持续推进全国高校思想政治工作会议精神落地见效具有重要的方向引领和指导作用。

（二）制定《高校党建工作基本标准》是加强和改进高校党的建设、提高高校党的建设质量的应然之举。中组部、教育部党组围绕巡视发现的高校党的领导弱化、党的建设缺失、管党治党不力、体制机制不健全等突出问题，印发《高校党建工作重点任务》，从认真执行党委领导下的校长负责制、加强领导班子和干部队伍建设、加强院（系）党建工作、加强高校师生党支部和党员队伍建设、落实党建责任等 7 个方面，提出 20 项重点任务，明确任务要求和时限责任，着力破解难点重点问题；教育部党组印发《高校思想政治工作质量提升工程实施纲要》，系统做好新时代高校思想政治工作的“内部精装修”。这些部署都为我们贯彻落实高校思想政治工作会议精神提出方法路径和具体要求。制定《高校党建工作基本标准》正是将这些部署和要求体现在标准中，为加强和改进高校党建和思想政治工作提供基本规范，对加强党对高校的领导、提高高校党建和思想政治工作科学化制度化规范化水平、提高高校党的建设质量具有重要推动作用。

9 月，北大在国庆 70 周年群众游行方阵训练工作中，组建临时党支部重温入党誓词　（北大　供）

（三）制定《高校党建工作基本标准》是督导高校党委落实党建主体责任、检查高校党建和思想政治工作成效的有力抓手。《意见》指出，高校党委对本校党的建设全面负责，履行管党治党、办学治校主体责任，严格执行和维护政治纪律和政治规矩，落实党建责任制，切实发挥领导核心作用。制定《高校党建工作基本标准》正是对高校党委两个主体责任的标准化、具体化，将“软指标”变成“硬约束”，进一步明晰责任清单，具化任务要求，为高校党建和思想政治工作划定“标尺”，为高校党委落实党建工作责任制提供“路标”，推进全面从严治党向高校基层延伸，有助于增强高校党委落实两个主体责任的自觉性和主动性，也为地方党委和部委党组开展周期性党建和思想政治工作督导检查提供科学依据和有力抓手。

5月24日，中央音乐学院举办《胸怀家国，放歌人民，奏时代强音》音乐党课 （中央音乐学院 供）

二、高校党建工作的现状分析

党的十八大以来，在以习近平为核心的党中央的坚强领导下，各地各高校以习近平新时代中国特色社会主义思想为指导，深入贯彻落实全国高校思想政治工作会议精神，主动作为、扎实工作，高校党建和思想政治工作呈现持续加强改进、不断向上向好的发展态势。

（一）党委对学校工作的全面领导

党的领导和党的建设更加有力。高校党的领导和党的建设制度机制逐步健全，高校党委全面落实管党治党、办学治校主体责任更加明确，党委领导下的校长负责制基本落实，各高校党组织积极围绕教育部党组“对标争先”建设计划，实施基层党建质量提升攻坚行动，大力培育高校基层党组织书记队伍，高校党建工作体系不断完善，党对高校的全面领导不断加强。福建对党委领导下的校长负责制执行不到位的一些高校，提出37条问责建议并抓好督促整改。天津开展“维护核心、铸就忠诚、担当作为、抓实支部”主题教育实践活动。上海交通大学、华南师范大学等高校建立党委常委会重要议题磋商制度、书记和校长定期沟通制度。

存在的主要问题：一是党的领导和党建工作力度层层递减，“上热中温下凉”的现象比较普遍。主要表现在校、院、系三级层层衰减，高校党建责任向基层延伸不够、压力传导不够，中央、市委的决策部署越到基层声音越小，党建工作层层衰减的现象普遍存在。二是党委领导下的校长负责制执行不到位。主要表现为党委常委会和校长办公会议事决策范围不够明晰、程序不够规范，高校党委书记、校长之间经常性沟通协调不够，贯彻民主集中制原则不到位等。

（二）领导班子和干部队伍建设

领导班子和干部队伍建设持续加强。立足精准科学识人用人，开展高校领导班子和干部队伍建设专题调研，探索对高校领导班子综合分析研判，高校领导班子配备更加合理。落实党管干部原则，强化党组织领导和把关作用，按照社会主义政治家和教育家要求，突出政治标准，坚持事业为上，体现专业化要求，着力培养选拔信念坚定、为民服务、勤政务实、敢于担当、清正廉洁的好干部，高校领导干部“四个意识”“四个自信”不断增强，维护习近平总书记核心地位、维护党中央权威和集中统一领导、听党话跟党走的自觉性坚定不断增强。四川推行高校领导班子结构功能模型管理和综合分析研判，全省统筹选配高校书记、校长。上海注意从部属院校中遴选优秀干部充实市属高校领导班子，市属高校186名校级领导干部中，45名来自部属高校。天津大学制定加强领导班子建设的意见，强化党委统揽全局、协调各方的领导作用。

存在的主要问题：高校领导班子整体素质尤其是思想政治素质和能力素质还存在一定差距，推动学校改革创新发展的能力仍需提高。主要表现为有的高校用党的创新理论武装头脑做得不够深、不够实。有的领导干部教育情怀还不够深厚，深入基层和一线教师、学生不够，日常谈心谈话力度不够。在高校人才干部队伍建设中，仍然存在着“重选拔、轻培养，重使用、轻管理”等问题，中层和年轻后备干部队伍建设是弱项，校内干部挂职、交流轮岗力度不够，干部教育培训针对性实效性不强，人才引进还不够规范等。

（三）基层党组织建设和作用发挥

基层党组织建设基础更加巩固。以提升组织力为重点，突出政治功能，进一步完善院系党政联席会议制度，全面加强院系党组织和师生党支部建设，充分发挥基层党组织战斗堡垒作用和党员先锋模范作用。天津全面推行高校院系党组织前置研究重大事项制度，“三重一大”事项实行书记、院长“双签”。广东开展加强高校基层党组织建设“三年行动”，全面推进党支部标准化、规范化建设。北京每年投入市财政经费7500余万元，落实教师党支部书记每人每月1000元激励经费和学生党员每人每年300元党支部工作和活动经费，有效提升基层组织力。浙江25所高校63个院系试点开展党组织领导下的院长负责制，探索破解党的领导在院系的“中梗阻”问题。辽宁推进高校党支部规范化建设，建立分类指导、晋位升级工作机制，整顿不规范党支部，创建“规范化党支部”5472个、“示范性党支部”1317个、“红旗党支部”392个。清华大学成立“青年教师骨干领航工作站”，20个院系的37名青年学者成为首批工作站成员，其中近六成入选国家级人才项目。上海大学以“党建+”的系统思维，构建思想引领、管理创新、队伍建设、品牌创建“四位一体”的党建工作模式。中山大学大力加强教师党支部书记队伍建设，“双带头人”达到100%，并注重发挥党支部在人才引进、教师评聘中的把关注作用。

存在的主要问题：院系党组织发挥作用缺乏制度保障和力量支撑。主要表现为院系议事决策制度不够规范，一些高校院系党组织履行研究决定干部任用、前置讨论重大事项、把好教师评聘和人才引进政治关等职责，缺乏具体的制度规定。党建工作力量薄弱，一些院系党委书记影响力不强，还是由专职管理干部、党务干部担任，没有学术身份，在师生中威望不高；院系抓党建工作的主要是党委书记、副书记和党务干事，对党务工作队伍建设缺乏长远规划和过硬措施，党务岗位缺乏吸引力，人难选、不愿干的问题比较突出。

（四）党风廉政建设及反腐败斗争

高校风清气正的良好政治生态初步形成。高校推进全面从严治党向纵深发展责任逐步压实，作风建设长效机制基本建立，监督执纪“四种形态”得到有效运用，腐败蔓延势头得到有效遏制，反腐败斗争压倒性态势已经形成。

存在的主要问题：高校全面从严治党压力传导仍不到位，推动“两个责任”落实还不够，党风廉政责任向基层延伸不够，监督执纪问责宽松软现象仍然存在，制度建设还不完善，违反八项规定精神的问题还时有发生。

（五）宣传思想工作

高校思想政治工作成效明显。各地各高校紧紧围绕落实立德树人根本任务，坚持社会主义办学方向不动摇，着力强化政治引领，师生思想基础更加巩固。推动习近平新时代中国特色社会主义思想进教材、进学科、进课程、进课堂、进网络、进头脑，措施有力效果凸显；围绕教育部“高校思想政治工作质量提升工程”，思想政治课质量和水平不断提高；深化全员全过程全方位育人综合改革，以“课程思政”为目标推进课堂教学改革，落实高校思想政治工作队伍和党务工作队伍建设政策要求，“大思政”工作格局逐步形成。北京市实施“北京高校思想政治工作难点攻关计划”，投入200万元支持10所高校围绕“课程思政”“三全育人”等开展集中攻坚。江西高校立足红色资源优势，大力推进井冈山精神融入高校思想政治工作。华中科技大学开设“深度中国”课程，推动学习贯彻习近平新时代中国特色社会主义思想走向深入。湖南大学建立文化、实践、情感、团队、创业、榜样“六位一体”的资助育人模式，深入挖掘育人功能。

存在的主要问题：一是意识形态工作责任制落实不到位。主要表现为部分地方和高校对意识形态领域问题的复杂性、严峻性认识不够，管理不严、措施不硬，还存在不少薄弱环节。二是“三全”育人格局存在盲区断点。主要表现为全员育人、全程育人、全方位育人在认识和实践上还需要进一步融合贯通、精准发力。三是师德师风建设有待进一步加强。主要表现为一些教师重业务轻政治，少数教师师德失范，触碰学术道德和师德师风红线底线，部分教师只教书不育人，“不愿做、不会做”学生工作等问题。

9月9日，清华青年教师带孩子参加升旗仪式（清华　供）

（六）安全稳定工作

维护校园稳定工作不断加强。建立多方协同、上下联动、运行顺畅的高校维稳工作体系，大力推进平安校园建设，加强分析研判和应急处突，坚决管制重点人、重点事、重要节点、重要阵地，高校系统和谐稳定的局面进一步巩固。

存在的主要问题：高校安全管理存在落实不到位的现象，高校实验室、危化品管理有待进一步加强，部分技防设施存在陈旧老化的现

3月4日，北京高校宣传教育工作会召开

（新闻中心 供）

象，大学生的安全意识教育需进一步加强。

（七）统一战线工作

高校统战工作基础更加坚实。坚持正确处理一致性和多样性关系的方针，党外知识分子思想政治引导不断加强，党外代表人士队伍建设和高校民主党派、无党派人士工作稳步推进，各民族师生交往交流交融更加深入，利用宗教对高校进行渗透和校园传教现象得到全面遏制，高校港澳台侨学生的国家认同和中华民族意识进一步增强。

存在的主要问题：高校对统战工作的重要性认识有待加强，统战机构设置和队伍建设不适应新形势要求，党外人士培养选拔工作尚待加强，民族宗教工作体制机制有待进一步健全。

三、高校党建工作评估的现状分析

一直以来，高校党建工作主要的依据包括《中国共产党章程》《高等教育法》《中国共产党普通高等学校基层组织工作条例》《普通高等学校党建工作基本标准》等，这些文件对高校党建工作既有系统部署也有专项要求，是各高校开展党建工作的指导文件。特别是1998年，中组部、中宣部、教育部党组印发的《普通高等学校党建工作基本标准》，从党委对学校工作的领导、领导班子建设、党的总支、支部建设、思想政治教育工作、组织机构和党务干部队伍建设、对工会、共青团、教代会、学生会和统战工作的领导6个方面提出30条具体要求，成为一个时期以来指导高校党建和思想政治工作的规范性要求。

20年来，各省市教育部门普遍开展高校党建工作的督促检查与考评活动，特别是北京市、江苏省、湖北省、山东省等省市教育部门以《普通高等学校党建工作基本标准》为依托，结合新形势新要求，不断修订实施细则，综合运用评估方式，定期开展党建评估，积累丰富的实践经验，成为加强和改进高校党建和思想政治工作的重要举措和有力抓手。北京市2003年制定《北京普通高等学校党建和思想政治工作基本标准》，并形成每五年修订一次并开展一次集中检查的长效机制。2017年对标对表，按照中央最新部署和全国高校思想政治工作会议精神，对《北京普通高等学校党建和思想政治工作基本标准》进行新一轮修订，共10个一级指标、44个二级指标、106个测评要素。2017年11—12月，市委教育工委对61所高校进行全覆盖的集中入校检查，并逐一反馈意见和问题清单，持续推进整改落实，有效提高高校党建工作科学化、规范化水平。经过多年实施，《北京普通高等学校党建和思想政治工作基本标准》已经成为北京高校党建和思想政治工作的基本规范，有力提高高校党建工作质量，形成北京高校党建工作品牌，做法得到中组部、教育部和各高校充分肯定，也被多个省市借鉴推广。江苏省2003年制定《江苏省普通高等学校基层党组织建设工作考核实施意见》及其基本标准，其中《基本标准》一级指标5项、二级指标23项，总分计1000分，同时为鼓励高校积极探索基层党组织建设工作新思路，另设特色工作附加分，满分为100分。考核结果评定同时参考总分和特色工作附加分，等级分为优秀、良好、合格、不合格四类，力求夯实高校基层党组织建设基础，推进基层党组织工作创新。2016年湖北省印发《关于开展2016年度湖北省高等学校党的基层组织建设考核评价工作的通知》，考核评价设置6项一级指标、13项二级指标、43项考核内容，主要通过查阅资料、实地查看和量化评分进行考核，重点考评高校党委自身建设情况和开展基层党建工作情况。山东省2017年制定《山东普通高等学校党建工作考核标准（试行）》，包括“基本指标”“特色指标”“负面清单”三部分，设置10项一级指标、27项二级指标、58项三级指标和94项考核标准，明确高校党建工作任务，检验党建工作成效，推进全面从严治党向高校基层延伸，推动高校“两学一做”学习教育常态化制度化，进一步加强高校基层党组织建设，充分发挥党组织政治核心作用、战斗堡垒作用和党员先锋模范作用。

党建工作具有系统性，对其进行评价是党建工作中的重要一环。目前很多地方党委和高校都在对党建工作进行考核，也取得相应的工作成果，比如通过考核评价督促，层层压实基层党建工作责任，推进全面从严治党向基层延伸；通过党建特色工作评选，有力推动基层党建工作创新，增强党建工作的凝聚力、创造力；通过构建指标评价体系，有效夯实基层党建工作基础，提高党建工作的科学化、制度化和规范化。但从各地各高校考核评价实施的具体情况看，还存在一定的不足：一是考核的内容跟不上新形势要求。党的十八大以来，中央对高校党的建设提出一系列新要求，考核评价体系作为高校党建工作的指挥棒，势必要及时根据中央的最新精神对考核内容进行修订，目前大部分指标体系的评价内容均未及时修订，不适应形势要求。二是党建工作评价体系不完善。各地方党委在评价指标体系设计上不统一，有的是“大党建”的概念，有的是“小党建”的概念，评价指标权重设计也不太科学。评价方法仍多采用查看书面材料的形式，不能确保评价结果的真实性；三是缺乏对评价结果的奖惩措施。由于不重视考评工作，考核完后只分出不同的等级，没有相应的奖惩措施，考核结果对各部门不具有威慑力。

四、进一步推进高校党建工作的意见建议

深入贯彻党中央关于高校党建工作的决策部署，持续推动全国高校思想政治工作会议精神落地见效，是一项长期任务，综合调研情况，我们对进一步加强和改进高校党建工作，完善高校党建工作评估机制，提出 4 方面建议。

（一）坚持和加强党对高校工作的全面领导

一是理顺机制，健全完善地方党委和主管部委抓部属高校党建工作责任体系。进一步明晰地方党委和主管部委抓部属高校党建职责。党组织关系在地方的部属高校，党的建设工作以地方党委管理为主，教育部等主管部委履行好党的建设相应责任。完善地方党委和主管部委沟通协调机制。地方和部委对于高校党建重要部署、重要情况要及时沟通，重要文件要相互抄送；地方党委组织、教育等部门要建立与部属高校党委定期联系沟通制度，及时通报情况，共同研究解决突出问题。

二是加强统筹，全面贯彻执行党委领导下的校长负责制。一方面，要细化完善高校党政议事决策规则。可由教育部制定高校党委全委会、常委会和校长办公会议事决策规则范本，督促高校结合自身实际，对照修订本校规则，详细列出党委会、校长办公会具体议事事项，报经地方党委和主管部委审定后执行。另一方面，落实党委领导下的校长负责制执行情况报告制度。学校党委要结合年度考核向地方党委和主管部委专题报告执行情况；领导班子成员在民主生活会、述职评议、年度工作总结中要报告个人执行情况；主管部委要结合班子建设加强督促检查，发现问题及时纠正处理。

（二）推动高校基层党组织全面进步全面过硬

一是健全院系议事决策制度，保证院系党组织有位有权。高校结合实际，完善院系党政联席会议和党组织会议决策内容和程序，列出院系党组织会议研究决定、前置讨论以及政治把关的具体事项。二是建强院系党务干部队伍。注重选拔政治过硬、具有较高学术造诣和较强影响力的党员教师担任院系党组织书记，充实院系党务干部力量，强化党支部书记和党务工作者培训。三是强化师生党支部地位作用。涉及教师职称评聘、课题申报、教学科研、绩效考核、评奖评优以及人才引进等问题，应征求党支部意见，对政治立场、意识形态、师德师风等方面存在问题的实行“一票否决”。把抓好经常性思想政治工作作为师生党支部最重要的职责，建立党支部定期走访谈心和分析研判师生思想政治状况制度。四是加强对党支部工作的督促指导。优化党支部设置，探索将辅导员、班主任编入低年级学生党支部，延伸党的工作手臂。加强党支部标准化、规范化建设，完善考核评价办法，坚持“三会一课”等基本组织生活制度，定期开展主题党日。健全学校、院系领导干部直接联系党支部制度，覆盖每一个师生党支部。完善发展党员工作机制，建立学校领导干部直接联系高层次人才和优秀青年教师制度，加强思想引导和政治吸纳。

（三）构建运行有力的高校党建工作体系

一是健全高校党建工作运行机制。健全部署推动机制，完善院系党委书记和师生党支部书记工作例会制度，定期部署、交流工作，研究解决突出问题。健全考核评价机制，将党建和师生思想政治工作情况作为院系班子综合考核、领导干部个人年度考核重要内容，将教书育人、师德师风情况作为教师绩效考核、职称评聘、课题申报、评先评优的重要依据。组织开展院系党组织书记和师生党支部书记抓党建述职评议考核，党建考核结果将作为个人年度考核的重要依据。健全督促检查机制，将党建工作纳入学校督查、巡察体系，制定院系党建工作任务清单、问题清单、责任清单并抓好落实。二是强化抓党建工作力量统筹。着眼于构建融入式、嵌入式、渗入式党建和“大思政”工作格局，加强学校党委对组织、宣传、统战、教工、学工、团委等部门的工作统筹和院系党务工作者、班主任、专兼职辅导员等工作力量的统筹，把党建工作与师生思想政治工作、意识形态工作通盘谋划、一体推动。坚持学校党委领导班子成员及职能部门建立基层党建联系点制度，学校党委组织部门要配备专制组织员，加强对院系党建工作的日常指导，推动党建工作力量下沉。

（四）建立健全高校党建工作评估机制

一是建立评估机制，压实党建责任。教育部可结合中央最新文件精神，研究出台《高校党建工作基本标准》或《高校党建工作考核评估指导意见》等规定性文件，解决顶层设计的根本问题，并要求各地方和广大高校主动实践积极探索，制定基层考核办法，创新实践经验。二是抓好制度衔接，推进纵深发展。各地各高校要根据新出台的党建基本标准或考核评估意见，建立健全本地区本高校党建考核评估办法，并推进完善校院系三级党组织考核办法，做好各项制度的衔接，避免重复进行考核。三是落实工作保障，推进落地见效。制定考核办法后，要建立相应的考核管理细则，建立制度保障，纳入高校的任期和年度考核中，同时，应进一步强化党建人才队伍建设措施，明确党建经费落实的保障渠道，做好人财物等各项保障。

（市委教育工委常务副书记　郑吉春）

首都教育改革基本经验研究

新中国成立以来，首都教育发展取得历史性成就。改革开放40多年，特别是党的十八大以来，在习近平新时代中国特色社会主义思想指引下，首都教育系统全面贯彻党的教育方针，紧紧把握首都城市战略定位，以办好人民满意的教育为总目标，坚持教育优先发展，主动适应首都经济社会发展的要求，积极回应群众呼声，全面推进教育综合改革，在服务于首都改革和发展事业的大局中，不断推进教育现代化。目前，首都教育总体发展水平处于全国前列，主要指标整体上达到发达国家平均水平，正在从基本现代化向全面现代化加速迈进。首都教育站在新的历史起点上，正在迈进一个内涵更丰富、发展更具活力、更具可持续性的新时期。

从历史实践中总结经验是我们党的一个重要法宝。特别是2016年教师节前夕，习近平总书记视察北京市八一学校，对十八大以来北京市教育综合改革给予充分肯定。他特别强调，教育改革要坚持文化自信，好经验要坚持，不足的要补齐。因此，系统总结和正确认识新时代首都教育改革发展的基本经验，从理论高度深刻理解和把握首都教育改革发展的规律性，不仅对于科学制定首都教育现代化战略和政策具有重要参考价值，也对深入理解教育现代化建设的“中国模式”，坚定教育领域的“四个自信”具有重要意义。同时，对国内其他地区推进教育现代化建设也具有积极的借鉴意义。

一、首都教育改革发展的历史进程及特征

根据北京经济社会发展的阶段性特征和教育自身改革发展战略的变化，40多年来首都教育改革发展的历程总体上可以分为四个历史时期。

第一，恢复重建启动改革时期（1978—1990年）。

从20世纪80年代初开始，《中共中央关于经济体制改革的决定》《关于科学技术体制改革的决定》《中共中央关于教育体制改革的决定》等文件陆续出台，经济体制、教育和科技体制进入全面改革阶段。北京教育事业在全面恢复重建中加快改革发展的步伐，这一时期有三个影响北京教育发展的标志性事件，恢复高考制度、实施“三个面向”的教育战略和启动教育体制改革。

到20世纪90年代初，北京市九年义务教育地区人口覆盖率提高到99.4%，小学入学率为99.7%，初中入学率为99.5%，巩固率都达到99%以上。职业教育规模大幅增长。1978年到1990年，中专学校从107所增加到120所，在校生从1.77万人增加到5.74万人，专任教师从2905人增加到6626人；职业中学1990年为178所，在校生规模由1978年的1802人扩展到1990年的5.11万人。

第二，率先“普九”稳步推进时期（1991—2000年）。

“八五”和“九五”期间，随着《中国教育改革和发展纲要》的颁布实施，1994年北京率先在全国提出实现教育现代化的发展目标。到20世纪末，北京市教育人口约占常住人口的30%，同时北京也成为全国教育普及水平最高的地区。这一时期首都教育的一系列教育发展指标居于全国前列，“率先”一词开始成为发展的标志性话语。

1993年北京在全国率先普及九年义务教育。“九五”期间，高中入学率一直保持在90%以上，逐步达到95%。北京地区高等学校通过“共建、调整、合作、合并”等措施，到2000年底，共有普通高等学校59所，成人高等学校61所，“九五”末比“八五”末提高67%。到“九五”末，全市18～22岁年龄段人口高等教育毛入学率约为40%，在全国率先进入高等教育大众化阶段。2000年的在读研究生数、招生规模分别比“八五”末增长118%和94%。大力推进高等职业教育发展，社区教育功能不断拓展，初步建立社区学习网络。教育投入保障能力不断增强，到2000年北京市财政性教育经费为90.26亿元，财政性教育经费支出占GDP的3.67%，比1995年的2.52%增

11月15日，东城区第15届小学课改培训月主题活动举行（东城区教委 供）

长 1.15%。

第三，教育优先快速发展时期（2001—2010 年）。

“十五”和“十一五”时期，首都教育加快发展步伐。1999 年在全国率先明确提出“在制定经济和社会发展年度计划及长远规划、安排年度财政预算、规划城市建设、配备干部和改善职工待遇时，实行‘教育优先’的政策”，使教育优先发展的战略地位得到更加切实的制度保障，教育发展的质量和效益显著提高，绝大部分教育发展指标基本达到中等发达国家同期水平。

在全国最早发布政府文件，以课程体系建设为核心，全面在中小学实施素质教育。中小学教师本科学历已成主流。“十一五”末期，义务教育和高中教育普及率超过发达国家平均水平，职业教育规模结构持续调整。2005 年高等教育毛入学率达到 53%，在全国率先进入高等教育普及化阶段。教育对外开放力度进一步加大，北京地区招收外国留学生的院校达 81 所，来自 183 个国家的留学生超过 8 万人。各级各类教育机构任教的外籍教师已达到 4000 多人。财政性教育经费投入逐年上升，各级教育生均预算内教育事业费和公用经费水平不断提高，领跑全国。

第四，深化改革内涵发展时期（2011 年至今）。

“十二五”和“十三五”期间，发展的主基调是通过全面深化教育教学改革，推动首都教育发展转型，更加注重发展的公平、质量和效益。党的十八以来，围绕首都城市战略定位，聚焦人民群众的“七有”“五性”（“七有”即幼有所育、学有所教、劳有所得、病有所医、老有所养、住有所居、弱有所扶；“五性”即便利性、宜居性、多样性、公正性、安全性），北京教育进入深化内涵发展和全面提质提速阶段，逐步形成“公平、优质、开放、创新”教育发展新格局。

深化教育综合改革。统筹拓展基础教育优质资源，积极推进“双增量改革”，优质教育资源覆盖面不断扩大，教育布局进一步优化，人民群众的教育获得感持续提升。“十二五”期间，16 个区全部通过国家义务教育发展基本均衡县评估。目前，已经实现全市公办小学、初中 100% 实行划片就近入学。学前三年毛入园率、义务教育毛入学率、高中阶段教育毛入学率、高等教育毛入学率等指标均维持在高位水平。新增劳动力平均受教育年限保持上升态势。持续提升“互联网 + 教育”水平，推进人工智能和教育深度融合。积极推进中、高考招生制度改革。高等教育规模结构稳步调整，若干高校和学科进入国家“双一流”建设名单。教育对外开放持续扩大，国际学生规模达到 12 万人，能接收外国学生的高校规模达 92 所。

二、首都教育改革的基本经验

首都教育现代化建设取得的重大历史性成就，内在蕴含着宝贵的成功经验。回顾这些成就，我们深切地认识到，这些成功经验是在党中央坚强领导下，市委、市政府全面贯彻党的教育方针，坚定不移地走中国特色社会主义教育现代化道路，努力办好人民群众满意的首都教育的伟大实践中积累形成的。特别是党的十八大以来，北京市教育事业取得历史性成就、发生历史性变革，根本原因在于首都教育在习近平新时代中国特色社会主义思想的指导下，始终坚持党对教育事业的全面领导，习近平总书记关于教育的重要论述在首都教育领域落地生根、形成生动实践。具体来说，需要总结提炼和进一步发扬的经验和做法有如下五个方面。

（一）始终坚持党对教育事业的全面领导，切实落实教育优先发展战略

北京教育领域始终坚持党的全面领导，坚持社会主义办学方向，全面贯彻党的教育方针，将教育置于优先发展战略地位，以率先在全国实现教育现代化作为战略目标，将教育发展与首都政治和经济社会发展统筹结合、协调发展，突出教育在首都经济社会发展中的基础性、先导性、全局性作用。

切实落实教育优先发展战略地位。1994 年北京市提出率先在全国实现教育现代化，1999 年在全国率先提出“教育优先”政策，使教育优先发展的战略地位得到更加切实

4 月 29 日，北京市陈经纶分校望京实验学校承办区小初衔接课程改革项目现场会——英语研究课　（朝阳区教委　供）

的制度保障。2004年全市教育大会上确立“率先基本实现教育现代化”的战略目标，提出“为了实现北京教育改革发展的总目标，必须确立首都教育观念”。自“八五”到“十三五”时期，北京市教育经费保障水平持续提高，公共财政教育支出、一般公共预算教育支出逐年上升，各类教育生均公共财政预算教育事业费支出居全国之首。

10月22日，首师大附中昌平学校举办“体验科学、创想未来”首届科技节活动 （首师大附中昌平学校 供）

全面推进具有中国特色、首都特点的社会主义教育现代化建设。40多年来，首都教育坚持立足北京、服务国家、面向世界，稳步推进首都教育现代化。“十一五”期间首都教育发展水平即已超过中等发达国家同期平均水平，部分指标已达到发达国家平均水平。2010年基本实现首都教育现代化。党的十八大以来，首都教育紧紧围绕“四个中心”城市战略定位，着力提升为首都培育创新人才的能力。基础教育阶段，积极探索创新人才培养模式，全面提升学生的创新意识、创新能力、科学素养；高等教育阶段，主动服务首都经济结构调整和产业转型升级，深入实施高水平人才交叉培养计划、卓越人才培养计划；职业教育阶段，深入实施高端技术技能人才贯通培养试验，充分利用多种资源联合培养北京高端产业急需的各类人才。

（二）始终坚持落实立德树人根本任务，努力培养全面发展的建设者和接班人

教育的根本目的是培养人。首都教育在推进教育现代化进程中，始终紧紧围绕培养德智体美劳全面发展的建设者和接班人的社会主义教育根本目标，以社会主义核心价值观为统领，坚持落实立德树人根本任务，全面推进素质教育。以首都教育的扎实实践切实回答培养什么人、为谁培养人、怎样培养人的根本问题。

坚持把德育摆在学校教育的首位，贯穿于教育教学各个环节。1999年北京市率先在全国发布《关于深化教育改革全面推进素质教育的意见》，在全市大中小学全面推进素质教育。实施大中小学德育整体规划，构建和完善领导管理体制，调整基础教育的课程标准，着力构建知识、能力、素质三位一体的新型人才培养模式。党的十八大以来，首都教育领域按照《关于深化教育体制机制改革的意见》的要求，全面落实立德树人根本任务。研究制定《北京市社会主义核心价值观三维度四学段目标体系》，大力加强思政课教师和辅导员队伍建设，不断完善思想政治工作体系。强化课程育人，积极推进《道德与法治》《思想政治》的统一使用，有效实施《中国梦》《中华优秀传统文化》等地方课程。

坚持探索实施素质教育的有效途径，实施学校教育、家庭教育和社会教育三结合，建立多层次、多渠道、全方位的育人格局。“九五”规划的五年间，累计投入中小学德育工作的经费就有4000万元，建立起51个市级青少年教育基地，500多个区县级教育基地，500多个校级教育基地，初步形成学校教育、家庭教育和社会教育相结合、多层次、多渠道、全方位的育人格局。“十五”时期，在全市组织实施《青少年学生思想道德建设行动计划》。2008年9月启动北京市中小学生社会大课堂建设，由政府统筹协调包括故宫博物院、首都博物馆、国家大剧院等上千家社会资源单位，免费或优惠向全市中小学生开放，在推进中小学生社会实践方面积极探索。

坚持五育并举，全面推进素质教育。扎实开展体育、美育、科技教育等教育工作。大力加强体育教学和课外锻炼，开展校园足球活动和冰雪运动，努力让学生掌握一至两项运动技能，“一校一品”“一校多品”的教学模式正在形成。不断完善美育机制和科技教育体系，持续推进高水平的艺术节、科技节、高雅艺术进校园等活动。积极调动高等院校和社会力量支持参与中小学体育、美育发展。出台《关于依托社会大课堂完善中小学实践育人体系的指导意见》，深度整合课内外、校内外资源，完善中小学实践育人体系。依托社会大课堂组织实施“一十百千”工程，组织开展“四个一”活动，实施初中开放性科学实践活动课程、中小学“学农”实践体验活动和“游学”活动，为学生创设更真实、更广阔的成长空间。在实施义务教育课外活动计划的基础上，实现课后服务全覆盖。

（三）始终坚持以人民为中心，持续提高人民群众的教育获得感和满意度

改革开放40多年来，北京教育发展始终坚持为人民办教育、依靠人民办教育的理念，坚持把以人为本、促进人

的全面发展作为根本宗旨。坚持教育为人民服务，为中国共产党治国理政服务，为巩固和发展中国特色社会主义制度服务，为改革开放和社会主义现代化建设服务，努力破解人民群众关心的教育热点难点问题，积极满足人民群众日益增长的教育需求，努力办好人民满意的教育。

一是北京市将保障教育公平视为教育改革发展的基石。通过多种方式增加学前教育资源供给、推进基础教育资源优质均衡发展、坚持实施义务教育阶段就近入学。学前教育方面，主要以三个行动计划为抓手推进工作，多途径增加学位供给，不断提高普及普惠水平。基础教育方面，围绕学区制改革，大力推进教育集团、教育集群、大校年级组制、名校办分校、城乡一体化学校等举措，使优质教育资源的总量和覆盖面进一步扩大、资源布局更趋均衡合理，其辐射和引领效应明显增强。

二是着力推进城乡一体化，城乡差距和区域差距有所缩小。通过积极统筹城乡资源配置，使优质资源向远郊区倾斜。在城乡结合部和远郊区新建一批优质校；中招设立乡村专项招生计划；完善城乡义务教育经费保障机制，全面落实乡村教师支持计划，把乡村教师培训纳入基本公共服务体系。

三是继续完善义务教育入学政策，免试就近入学成为常态。在全市范围内合理划定招生范围，取消“共建”和“推优”“特长生”入学方式，全面实行划片入学。2019 年小学、初中就近入学比例首次双双达到 99% 以上，初中学生升入优质高中比例达到 50% 以上，覆盖城乡的 130 多个学区、150 多个教育集团满足绝大多数孩子在家门口上好学的期盼。

四是依法保障特殊群体受教育权利。以特殊教育学校为基础、随班就读为主体、送教上门为补充的特殊教育保障体系基本形成。依法保障符合条件的非本市户籍适龄儿童少年在京接受义务教育。

（四）始终坚持以改革创新为根本动力，努力推进首都教育治理体系和能力现代化

改革创新是教育事业发展的源泉。自 1985 年《关于教育体制改革的决定》颁布，到党的十八大以来深化教育领域综合改革，北京市始终坚持将改革创新作为推进教育现代化的根本动力，在不同历史时期，针对首都教育发展中的突出问题，扎扎实实全面推进教育管理体制、招生就业改革、学校布局结构调整、投入体制机制等领域的改革，深入探索完善中国特色社会主义教育体系。

“七五”期间，北京市以“三个面向”为指导思想，深入推进教育体制改革，启动招生就业制度、内部管理体制、学校布局结构调整、投入体制和科技产业等方面的改革探索。“八五”“九五”时期，基础教育全面实施素质教育改革。改革高校管理体制，普遍推行内部管理体制改革，在精简机构、人员聘任、收入分配等方面采取的改革措施，极大地激发学校发展的活力。民办教育方面，率先在国内开展民办高等教育学历文凭试点工作，不但对北京民办教育的发展起到促进作用，同时也对全国民办教育发展起到积极的引领作用。

党的十八大以来，首都教育立足首都功能定位和发展实际，以推进教育治理体系和治理能力现代化为目标，深化教育领域综合改革，不断完善中国特色社会主义教育制度。在改革过程中始终注重增强系统性、整体性和协同性，破除不合时宜的体制机制弊端。充分运用新技术、新机制、新模式，创新教育服务供给方式，激发教育发展活力，形成上下齐心、协力推进首都教育现代化的开放共赢局面。

创新人才培养体制机制。基础教育阶段，积极探索创新人才培养模式，全面提升学生的创新意识、创新能力、科学素养；持续开展北京青少年科技创新“雏鹰计划”“翱翔计划”。探索构建促进学生核心素养培养、各学段贯通的课程教材体系。运用教育内外、线上线下各种教育资源创设支持合作学习、个性化学习以及探究学习的环境，推进信息技术与教育教学的有效整合。推进大中小幼的有效衔接，深化产教融合、校企融合与学校、家庭、社会一体化及中外合作，多种方式联合培养多元化人才。构建以就业为导向、聚焦岗位技能的现代职业教育体系，促进职业教育与其他类型教育的联通，畅通人才成长渠道。加强创新创业教育，支持学生自主创业。

5 月 9 日，北京市综合实践活动课程建设与展示研讨会召开
（怀柔区教委　供）

深化教师队伍建设改革。市委市政府出台《深化新时代教师队伍建设改革

11月8日，外事学校劳动教育课程推介会——“一收一纳间”课程展示（外事学校 供）

的实施意见》，提出把管理体制改革与机制创新作为突破口，把提高教师地位待遇作为真招实招，增强教师职业吸引力。从着力提升思想政治素质，全面加强师德师风建设；着力提升教师专业素质能力，全面深化教师管理综合改革；强化保障，确保政策举措落地见效，全面部署教育队伍建设的改革举措。

平稳推进考试招生改革。以考试招生评价制度改革和优质教育资源整合为切入点，积极探索考试招生制度和多元录取机制改革。根据教育部统一部署，研究出台新的中考改革方案。作为第二批高考综合改革试点省份，出台深化高考综合改革实施方案，制定普通高中学业水平考试实施办法、综合素质评价实施办法等14个配套文件。

推进首都教育治理体系和治理能力现代化，扎实推进依法治教。坚持运用法治思维和法治方式推动教育改革发展，强化教育法律体系和行政执法体制机制建设，围绕政府职能转变主线，积极推进“管办评分离”改革，做好“接、放、管”工作。大力推进政府依法行政、学校依法办学、教师依法执教、社会依法评价、教育法治实施机制和监督体系建设。

（五）始终坚持市级统筹和区域协同，统筹全社会资源办好人民满意的教育

北京始终坚持充分发挥地方教育的统筹权、决策权，坚持资源统筹整合的教育发展方针，强化市级统筹和区域协同，尊重基层首创精神，统筹规划配置社会教育资源，动员全社会关心、支持和积极参与支持首都教育现代化建设。

北京是全国教育资源最丰富的城市，也是世界上各类教育机构最密集的城市之一。改革开放之初，市委市政府就提出“通过体制改革，把各级政府、各行各业、各个方面办学的积极性都调动起来，形成合力”的教育发展思路。1999年提出“充分发挥社会各方面参与教育改革与发展的积极性，制定新的政策，鼓励和支持社会力量办学和中外合作办学，使之成为公办教育的有力补充。吸引广大群众参与到办学体制、教育体制以及学校劳动人事制度、人才培养模式等各项改革中去，使教育事业真正成为全社会共同关注的事业”的要求。

党的十八大以来，出台《关于加强市级政府教育统筹工作的意见》。一是抓好教育资源的统筹与协同。积极推进“双增量改革”，提出按照“政府主导、社会支持、学校组织、学生自愿”的原则，优质教育覆盖范围不断扩大。以疏解北京非首都功能为契机，优化京津冀区域教育资源布局。积极推进市、区各级与津冀各地方开展教育合作，支持三地资源通过合作办学、学科共建、学校联盟等多种方式共建共享、协同创新，从而更好地发挥优质教育资源的辐射带动作用。二是纵向衔接和横向沟通的终身教育体系更加完善。进一步提升各级各类教育的纵向衔接和横向沟通，依托互联网技术和理念，强化终身学习资源平台的建设和整合。坚持推进各类学习型组织建设，规范性、有效性进一步提升。三是在加强市级教育统筹改革过程中，始终以统筹城乡、区域和各级各类教育发展为基础，抓重点、强弱项，补齐教育发展短板。统筹利用国内国际两种资源，坚持以我为主，扩大教育对外开放，充分调动各方面力量，协同推进首都教育现代化。统筹学校教育、社会教育、家庭教育，实现教育与首都经济社会深度融合、协同发展。

教育是国之大计、党之大计。伴随着《北京城市总体规划（2016年—2035年）》的颁布实施，首都城市现代化建设站在一个新的历史起点，教育的分量和地位比以往任何时候都更加重要和突出。改革开放40多年、特别是党的十八大以来积累的宝贵经验是首都教育系统弥足珍贵的精神财富，对新时代坚持和发展中国特色、首都特点的社会主义教育现代化有着极为重要的指导意义，必须倍加珍惜、长期坚持，在实践中不断丰富和发展。当前，进入新时代的首都教育正在从基本实现教育现代化阶段向全面实现教育现代化阶段加速迈进。面向2035，首都教育系统必须在习近平新时代中国特色社会主义思想指引下，全面贯彻党的教育方针，在继承中创新，努力培养德智体美劳全面发展的社会主义建设者和接班人，努力培养担当民族复兴大任的时代新人，努力发展具有首都特点、中国特色、世界水平的现代教育，为加快推进教育现代化、建设教育强国、办好人民满意的教育做出更大的贡献。

（市教委主任　刘宇辉）

北京高校思想政治理论课守正创新调研报告

思想政治理论课是立德树人的关键课程，为深入学习贯彻习近平总书记在学校思想政治理论课教师座谈会上的重要讲话精神，切实落实《关于深化新时代学校思想政治理论课改革创新的若干意见》，根据市委和两委开展“不忘初心、牢记使命”主题教育实施方案，两委组织开展“北京高校思想政治理论课守正创新”专题调研。

一、调研思路和形式

专题调研将“落实立德树人根本任务，以首善标准办好学校思政课”作为主要目标，重点聚焦“内容够用、方法管用”等问题，结合《北京市深化新时代学校思想政治理论课改革创新行动计划》等文件的制定，研究破解制约思政课改革创新的思路举措，确保调研取得实效。

一是围绕重点制定调研方案。明确调研任务、研究重点和内容、进度安排等，确保调研工作科学高效。

二是开展座谈调研。先后召开4次专题座谈会：马克思主义学院院长代表座谈会、思政课教师代表座谈会、中国特色社会主义理论研究协同创新中心负责人座谈会、艺术类院校思政课建设座谈会，充分听取和广泛征求不同群体、不同类型学校在思政课改革创新、师资队伍建设等方面的意见和建议。

三是开展实地调研。共入校实地调研8次：结合市级重点马克思主义学院遴选，赴北京航空航天大学、中央民族大学、北京理工大学、中国农业大学、中国地质大学（北京）、首都经济贸易大学等6所高校开展实地调研，与学校师生代表座谈交流，进一步了解学校思政课课堂教学实效及学生满意度；赴中国音乐学院，针对艺术类院校思政课建设开展专题调研，了解掌握当前艺术类高校思政课建设发展现状及存在问题；赴北京科技大学，调研了解“数字马院”建设情况。

四是统计相关数据信息。面向56所高校，先后就思政课专职教师配备进展、思政课教师政治面貌以及45周岁以下中青年骨干教师等情况进行摸底统计，为工作开展提供有力支撑。

五是结合重点工作掌握实际情况。结合思政课教师暑期备课会、思政课教师“看北京、看变化、看成就”工作、思政课教学案例库建设以及新入职思政课教师培训等重点工作，进一步了解情况、查找问题，明确思路。

二、调研概况

近年来，北京市高度重视学校思政课建设，既做“试验田”，也当“排头兵”，取得一些成绩，也形成一系列规律性认识和成功经验，一线专职思政课教师岗位补贴、思政课特级教授特级教师、中国特色社会主义理论研究协同创新中心、思政课“高精尖”创新平台等创新举措，得到习近平总书记的高度肯定。

但是，在调研中也发现，当前北京高校思政课建设的整体情况，对照总书记重要讲话的要求和学生对思政课的期待，还存在不小的差距，例如：目前北京市思政课专职教师队伍“数量不够，结构不优，后劲不足”的问题还没有得到根本解决（目前56所高校应配备专职思政课教师2154人，实际配备专职思政课教师1765人，占应配总人数的82%，仍有38所高校专职教师队伍仍存在缺口）；领军人物比较稀缺（目前在全国具有影响力的北京高校思政课教师约20余人，尽管较其他省份处于较高水平，但相对于北京高校总数仍显稀缺）；不同高校思政课教师队伍建设不平衡、不充分的问题依然存在（不同学校教师队伍发展差异较大，如北京联合大学共有思政课专职教师69人，已超额完成配备任务，目前仍在补强，但中国音乐学院原只有1名思政课专职教师，该校思政部2018年刚刚组建，一次性引进3名教师，教师队伍发展存在一定隐患；有的高校名师多，中青年骨干教师充足，但有的高校师资力量薄弱，教师年龄结构不合理，老教师和青年教师比重过大）；课程改革创新“只见高峰，不见高原”“只见盆景，不见风景”状况依然存在（目前，北京市共有4家全国重点马克思主义学院，并设立21个思政课改革创新示范点

7月15日，北京高校思想政治理论课教师暑期集体备课会暨“看北京、看变化、看成就”工作启动仪式（新闻中心 供）

和 13 个思政课改革创新重大项目，也涌现出以中央财经大学思政课“问题链”教学法为代表的一系列教学模式，但是高水平马院对于其他高校马院的带动不足，对于改革创新示范模式的推广应用不够，高校思政课建设整体水平未见明显提升）；思政课在呼应现实生活、回击错误思潮、解答学生困惑等方面仍然缺乏“存在感”（在重点学生的教育转化过程中，有学生反映学校思政课存在“就理论讲理论”的问题，不能用马克思主义立场、观点、方法分析阐释现实问题和理论热点）；思政课课堂教学实效仍有待加强（调研过程中发现，有的课堂教学仍是照本宣科、“满堂灌”，课堂抬头率、互动性不够）。

三、调研的思考与体会

在调研过程中，调研组对北京高校思政课守正创新也进行深刻的思考，可以概括为三个方面：

一是要理直气壮开好思想政治理论课。习近平总书记强调“要理直气壮开好思政课”，其要义就在于“理直气壮”，要有底气，不扭捏，这与习近平总书记在全国宣传思想工作会议上提出的“旗帜鲜明讲政治”具有内在一致性。通过调研了解到，近年来，主流舆论强势地位不断巩固，北京高校思政课建设也得到前所未有的重视，在全社会形成向上向好的发展氛围：在全市层面，蔡奇带头到北京师范大学听思政课，其他市领导也纷纷深入高校，调研了解思政课建设工作。在学校层面，北京高校不断加强思政课建设，队伍配备方面力度很大（如中国农业大学、北京理工大学等高校每年拿出十几个编制引进思政课教师，为思政课教师职务职称评定“单列计划、单设标准、单独评审”，并积极为马克思主义学院改善教学科研环境），截至目前，全市高校共有思政课专职教师 1765 人，较上年同期增长 40%。在教师个人层面，一线岗位补贴、特级教授特级教师等激励政策，让思政课教师职业认同感进一步增强，涌现出北京师范大学温静、清华大学李蕉等一批在全国具有广泛影响的教师典型，极大地提升思政课教师的社会影响力。可以说，高校思政课建设迎来历史上最好的发展时期，要抓住机遇，更加理直气壮地开好学校思政课，以首善标准把思政课越办越好！

二是发挥思想政治理论课作为立德树人关键课程的作用。在调研中发现，尽管很多高校在思政课改革创新方面投入很大，但教学效果仍不尽如人意，归根结底，是对思政课作为关键课程的关键作用认识不够：有的思政课教师简单对照自然科学或其他社会科学的标准授课，有知识传授，无价值引领；有的思政课教师对“为党育人，为国育才”的初心使命认识不够，爱国、爱党和爱社会主义的逻辑理不顺、弄不清、讲不透。调研组认为，对思政课要形成区别于其他课程的授课标准，从立德树人和培养社会主义合格建设者和接班人的高度来认识思政课的关键任务，让思政课更好地发挥“旗舰效应”。下一阶段，要着重发挥好思政课对其他课程的引领作用，推动“思政课程”“课程思政”同向同行，激发其他课程挖掘运用思政教学资源的自觉性和主动性，形成“课程思政”建设标准。同时，要发挥好思政课、马克思主义学院在学生社会实践的策划、统领作用，让社会实践有立场、有导向、有方法，真正让关键课程发挥关键作用。

三是要让有信仰的人讲信仰。在调研中发现，在习近平总书记对思政课教师提出的六种素养中，“政治要强”是最首要，也是最难的，因为很难从实操层面，通过量化指标来衡量一位教师是否有信仰。这对下一阶段做好思政课教师队伍建设工作提出新的更高要求：要对思政课教师的师德建设提出更高要求，特别是在当前的舆论环境下，要引导思政课教师用更高更严的政治标准规范自身言行，更好地回应社会期待。同时，要引导思政课教师切实做到知行合一，将课堂教学与日常言行统一起来。最后，“同言而信，信其所亲”（出自《颜氏家训》，意为：同样的话，关系亲密的人所说的话，人们容易相信），要从信仰传播的角度重新审视思政课教学工作，不仅要在课上把课讲深讲透，更要把了解学生，关心学生作为思政课教师的必修课。

四、政策建议

在充分调研的基础上，调研组确定推进思政课守正创新的基本原则，一是坚持问题导向与目标导向相统一，针对教学改革和师资队伍建设重点问题，集中发力，切实提升课堂实效性和学生获得感。二是坚持继承性与创新性相统一，对于已经在全国起到示范引领作用的措施，要结合新要求新形势，进一步加以完善，更好地发挥作用。三是坚持一般性与特色性相统一，既落实好中央和教育部的任务部署，同时也体现北京特色、北京经验，继续推出一批在全国起到引领示范作用的举措。

结合《北京市深化新时代学校思想政治理论课改革创新行动计划》的研究制定，围绕思政课课程创优和配齐建强教师队伍，聚焦提升课堂实效性和学生实际获得，建议组织实施思政课教学改革创新“十大工程”。

一是实施“数字马院”建设工程，调动学生学习思政课的积极性。开发思政课“智慧学伴”网上平台及手机 App，探索建立北京市学校思政课“双师课堂”，实现网络名师与课堂授课教师相互配合、相得益彰。

二是实施网络引领工程，拓展思政课教师发挥作用的渠道。鼓励思政课教师积极关注学生的网络行为和言论，鼓励教师针对热点问题积极发声，用马克思主义的立场观点方法进行研究评论，抢占意识形态网络阵地。制定思政主题网络文化作品成果奖励及认定办法，鼓励思政课教师积极创作发布倡导主流价值、驳斥错误观点的网络作品，支持建设一批影响力大、服务思政课教学的微信公众号。

三是实施课程思政建设工程，发挥各类课程的协同效应。发挥思政课的政治引领和价值引领作用，开发思政课导论课，筑牢学好思政课、办好课程思政和学科德育的共同思想基础。建立马克思主义学院参与策划指导学生社会实践工作模式，健全知、情、意、行有机统一的育人机制。推进学校依据课程特点分门类制定课程思政实施方案，评选教书育人“最美课堂”，打造课程思政建设 10 所示范校、100 个优秀教学团队和 1000 门示范课程；发挥党建引领作用，把课程思政作为教师党支部建设的重要内容，把每一个教师党支部打造成为推进课程思政建设的坚强战斗堡垒，推动各门课程与思政课相互配合、同向同行。

四是实施思政课教师培优工程，配齐建强思政课专职教师队伍。创新机制，吸引一批政治素质过硬、理论水平高的离退休干部到高校担任思政课教师；鼓励有一定理论功底、实践经验丰富的优秀在职干部到高校兼职讲思政课。完善高校马克思主义理论研究生“双百奖学金”评选办法，鼓励优秀学生参与思政课教学。积极为思政课教师提供挂职锻炼机会。定期组织思政课教师开展“看北京、看变化、看成就”学习实践，深化“扬帆资助计划”“择优资助计划”，遴选建设一批教书育人“名师工作室”，培育一批思政课教学领军人物。

五是实施思政课教法创优工程，提升课堂教学亲和力和针对性。与北京师范大学共同建立北京市学校思政课教学创新中心，单设思政课教育教学研究专项课题，为广大教师开展思政课教学研究搭建平台。依托教学研究专门机构，组织思政课教研员等专门力量为一线教师提供支撑和指导，开展新上岗教师培训等各项素质提升工作。聚焦课堂教学方法，集中破解当前课堂教学中存在的重点难点问题，形成一系列行之有效的思政课教学示范模式，面向全市高校推广应用。

六是实施思政课质量保障工程，树立重视教学的鲜明导向。开展全市思政课教学质量监测，组织思政课教学督导员专门听课，实现听课全覆盖，建立思政课教学“一师一档”和个性化诊断制度。依据教学实效，评选北京市教书育人特级教授、特级教师，差额发放一线教师岗位补贴，发挥市级补贴对提高教学绩效的激励作用。推动学校建立领导专家听课与学生评教相结合的教学质量综合评价体系，提高对思政课教师评价中教学和教学研究的占比。

七是实施思政课教育教学资源共享工程，促进思政课建设整体水平提升。定期邀请教学名师开展“同备一堂课”“同上一堂课”等活动，完善思政课教师网络备课服务支撑系统。深化在京部委属高校与市属高校马克思主义学院“1+1”结对帮扶机制。发挥艺术体育类院校在全市思政课建设中的特殊作用，加强对高职高专类院校思政课建设的指导支持。选拔一批教学效果突出的教师组建讲师团，支持民办学校、中外合作办学院校办好思政课。

八是实施思政课创新孵化工程，形成一批积极探索和示范引领的课堂形式。支持有条件的学校立足校史校情、专业特色、行业背景，开设市级共享课；支持教师将行之有效的教学探索在全市推广应用。建立市级思政课特聘教授制度，聘请各领域名师大家讲授“名家领读经典”“学习大家谈”“热点面对面”等市级示范课。建设思政课教学重点难点问题库，组织专家集中攻关，将研究成果融入课堂教学，引导学生正确认识社会问题，培养学生用马克思主义立场观点方法分析问题的能力。

九是实施北京市大中小学思政课一体化建设工程，统筹推进育人体系的纵向衔接。组建北京市学校思政课教学指导委员会，统筹指导各类学校思政课建设，整体规划以习近平新时代中国特色社会主义思想为核心的课程群建设。建立纵向跨学段、横向跨学科的交流研修机制，定期组织相邻学段思政课教师教学交流研讨。在有条件的高校设立专项计划，支持中小学思政课教师进修访学、在职攻读学位。推动同一区域大中小学建立思政课教学共同体，共享教学资源。组织编写衔接各学段的思想教育通俗读物，开发具有北京特色的思政课选修课程。

十是实施北京高校思政课案例库建设工程，用案例教学提升课堂实效。联合有关部门打造立足北京、面向全国的权威性思政课教学案例库，把习近平新时代中国特色社会主义思想在京华大地的生动实践转化为鲜活的课堂。在“12345”市民热线服务中心、中关村自主创新示范区展示中心、城市副中心等，建设一批思政课实践教学基地，用鲜活实践增进理论认同。

（市委教育工委副书记　狄涛）

北京地区高校师德考核办法研究报告
——基于北京市 59 所高校的政策文本分析

一、前言

师德和师德规范是教师职业价值的重要保障机制。师德是教师内在的自我约束，师德规范是社会对教师的职业要求。高校作为培养社会主义合格建设者和可靠接班人的主阵地，尤其需要加强以师德为先的高素质教师队伍建设。近些年来，一些高校的确存在对教师职业素养、伦理规范及社会责任感要求不够的情况，学术不端、轻教学、师生关系畸形等屡屡成为社会舆论热点，高校教师师德经受着更为严峻的困境与社会拷问。为进一步加强师德师风建设，国家层面先后颁布《关于建立健全高校师德建设长效机制的意见》《关于深化高校教师考核评价制度改革的指导意见》、《新时代高校教师职业行为十项准则》等，将“突出师德”作为教师队伍建设的重要原则，师德违规惩处办法提上紧急日程。在教育行政部门部署下，各高校纷纷出台本校师德建设考核办法，“师德一票否决”成为核心。各高校出台的政策文本是国家宏观政策的具体配套措施，成为落实高校师德师风和解决师德失范、学术不端的有力抓手。现阶段学界更多关注的高校师德建设宏观方面，甚少关注区域内的高校师德政策文本解读。由此，本研究拟对北京市高校“师德一票否决”政策文本进行分析，发现问题，提出针对性的政策建议，为国家和省级教育部门的相关政策制定提供实践依据和学理性支持。

二、研究设计

（一）研究对象及样本

本研究以 2016—2018 年北京市各高校颁发师德考核办

法文本为研究对象。依托北京市教育委员会委托课题，根据不同院校属性对研究样本进行初筛，最终确定59个样本，其中，普通高等院校52所（包括双一流高校8所、一般院校44所）和高职院校7所（市属3所、民办2所及其他2所）。样本来自北京不同层次办学的高等院校，可以反映出北京市在高校师德建设方面的基本情况，具有较充分的可信度和代表性。从政策发布机构来看，研究样本多由学校党委委员会发布。从政策文本类型来看，以通知为主，包括规范、方案、细则等多种形式。

（二）研究思路与方法

本研究采取量化研究与质性研究相结合的方式，软件工具采用NVivo11，对各个政策文本及合并文本进行词频分析以及相关内容进行编码分析，生成关键词词云图，根据词云图和主题编码，统计各个主题文本所占百分比，进行量化对比分析，找出其重要特征及存在问题，分析其共性特征，发现问题，提出有针对性的政策建议。

三、政策文本研究的结果

本研究分师德考核的主客体、主要内容、具体程序和主要方式四部分展开，由课题组成员联合攻关。

（一）师德考核主客体

师德考核主体由领导主体、组织主体、实施主体、认定主体、申诉受理主体构成，考核客体包括学校全体教职工，或以学校名义招聘的专兼职教师和研究人员、博士后人员、外聘教师、访问学者、进修教师，名誉（客座、兼职）教授。

北京市高校师德考核主体具有系统性特征，这个特征是由师德考核的管理和领导、组织、实施、查定、执行、申诉受理等系统过程决定的。从现有高校师德考核文本来看，有22所高校成立师德建设委员会，有6所高校成立师德建设和监督委员会，有12所高校成立师德建设（工作）领导小组，其余高校则有教师职业道德和纪律委员会、教师思想政治工作委员会，师德师风建设（工作）委员会等相应考核领导主体。从组织主体看大部分高校是在党委教师工作部的组织下开展的，个别的高校由师德处理委员会、学术道德建设委员会及师德建设委员会办公室来组织。北京市高校师德考核的设施主体主要是由党委教师工作部组织下的基层二级单位和职能管理部门具体负责考核工作，职能管理部门与其管理业务紧密相连，宣传部涉及意识形态考核，教务处或研究生院涉及教学工作，学术道德由科研处（社科处、科技处、学术委员会及其下设学术道德建设专门委员会、学校学风建设委员会、学术委员会）负责、违纪违法由纪委等核定，还有专门调查小组，涉及外籍教师的由国际合作处来实施。大部分高校的师德考核认定主体由学校党委常委会来担任。师德考核“一票否决”后申诉受理主体情况比较复杂，各高校的申诉受理主体差异很大，有申诉公正委员会、教师申诉委员会、劳动人事争议调解委员会、争议调解委员会、师德建设领导小组、申诉受理委员会、师德处理专门委员会、上级教育行政管理部门、教职工纪律处分申诉委员会、师德建设委员会、教职工申诉委员会等。申诉后不服的申诉主体较为一致，主要是上级教育行政主管部门。

（二）师德考核的主体内容

师德考核的主体内容是以各高校“一票否决”或“负面清单”为研究内容。本部分首先使用NVivo11软件工具对各个政策文本及合并文本进行词频分析，将相似性较强的词汇进行合并处理，得出关键词词频；其次利用NVivo11中内嵌的词频分析功能对合并文本进行分析，形成关键词词云图；最后根据关键词词频、词云图和文本主体内容，并结合相关国家宏观政策确定六个主题，依据主题对59份政策文本进行编码量化统计。

1. 政策文本的关键词词频分析

本研究将59所高校政策文本进行分词和词频分析，将“反对”“破坏”“侵害”“违背”“违反”等类似的相近词进行合并处理，剔除与主题无关词汇，形成各高校政策文本关键词，并对59所高校的政策文本进行合并处理生成频次排名前30位的关键词。

表1 合并文本关键词及频次

关键词	频次	关键词	频次	关键词	频次	关键词	频次	关键词	频次
行为	434	违反	293	工作	350	学术	219	活动	198
教学	195	利益	193	学校	187	实施	184	国家	173
教育	171	损害	170	师德	151	影响	150	关系	150
科研	150	否决	144	家长	137	教师	124	规定	110
滥用	110	信息	106	弄虚作假	98	传播	98	资源	97
社会	95	支付	92	情形	91	安全	89	造成	95
使用	170	擅自	79	发生	87	正当	76	体罚	74
不良	70	参加	74	违规	69	职业道德	68	成果	66
考试	63	严重	62	性骚扰	62	剽窃	60	招生	60
从事	64	抄袭	59	篡改	61	徇私舞弊	58		

通过分析发现，各高校政策文本高频词各不相同，这体现各高校政策的侧重点不同，合并词文本中“行为”“违反”“工作”等频次最高，“活动”“教学”“利益”“学校”“实施”“国家”等频次较高，这体现政策重视社会认同、职业认同、教育伦理等方面，从整体概况可以看出：高校师德否决与教师在社会认同、职业认同、教育伦理、科研伦理、家校伦理、个人修养六个主要方面存在互动耦合。

2. 政策文本的词云图分析

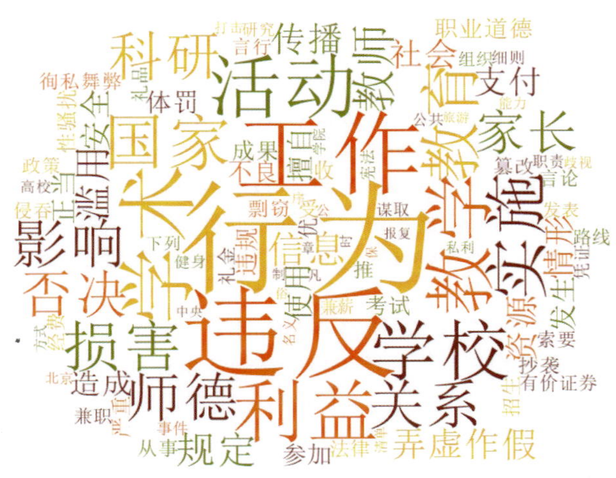

图 1　根据文本资料构成的词云图

通过分析发现，NVivo11 中内嵌的词频分析功能通过可视化的直观方式展现出原始资料的主要关注点，如图 1 所示，行为、违反、工作、学术是排名前四的关键词，具有否定意义的“否决”也具有较高的词频，或许能够挖掘出师德与行为之间更加深层的问题；教学、师德、利益、擅自等词含有比较丰富的信息量，需要对此引起重视。除此之外，弄虚作假、滥用、徇私舞弊、性骚扰、篡改、侵吞、抄袭、体罚等负面词包围在外环。

3. 编码量化分析

通过 Nvivo11 软件对政策文本进行编码和分析，各高校政策文本由多个主题内容组成，本研究根据各高校政策文本的主题内容，结合国家宏观政策“关于全面深化新时代教师队伍建设改革的意见”“新时代高校教师职业行为十项准则”等相关要求，确定能够涵盖所有政策文本内容的两大类 6 个主题词：即观念伦理中的社会认同、职业认同，实践伦理中教育伦理、科研伦理、家校伦理、个人修养。在此基础上，本研究将各文本按照 6 个主题进行编码，统计各个主题文本所占百分比，并进行量化对比分析，结果如图 2。

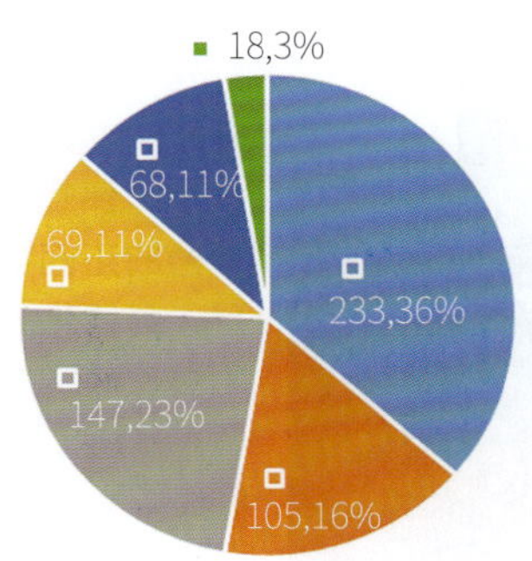

■社会认同 ■职业认同 ■教育伦理 ■科研伦理 ■家校伦理 ■个人修养

图 2　政策文本探索图表分析

利用 NVivo11 自动图表分析的功能，对合成文本进行内容分析，探索文本的各项内容所占比重，根据节点的统计，社会认同在数据中占据主导位置；其次为教育伦理，职业认同排在第三位，科研伦理和家校伦理并列第四。说明在各个高校中这两种类型行为是制定师德一票否决制和负面清单考虑的重点。

（三）师德考核的具体程序

师德考核的具体程序主要体现在针对师德“一票否决”的审查认定、结果运用和组织保障三个方面。

各高校针对师德问题的审查认定一般包括四个方面的内容：(1) 审查认定的基本原则：各高校都阐明师德问题审查认定和处理应坚持公平公正、教育与惩处相结合的原则；(2) 审查认定的组织机构：各高校都力图建立一套师德失范行为受理与调查处理的机制，指定或设立专门组织负责师德问题的审查认定，约 87% 高校成立以“师德建设委员会”“师德建设与监督委员会”“师德建设领导小组”“师德处理委员会”等名称命名的组织机构，专责师德“一票否决”相关事项审查认定的领导、组织和协调。具体实施多规定由党委教师工作部负责，少数高校由学校学术委员会下设的学术道德建设专门委员会承担。(3) 审查认定的流程：在各高校发布的师德“一票否决”实施细则中，虽详略不一，但均明确违反师德行为的受理、调查、认定、处理、复核等流程。(4) 陈述和申辩机制：各高校的师德“一票否决制”实施细则中规定相应的陈述和申辩机制，教师本人有权进行陈述和申辩，学校不得因教师的申辩而加重处理。

经过审查认定，被确认存在违反师德行为的教师，各高校给予“一票否决”等相应处理意见，被认定存在违反师德行为的教师，师德年度考核为不合格，同时当年年度考核不合格，减少或者取消该教师个人当年考核绩效和奖励绩效津贴，降低岗位等级或者调整岗位聘用，若存在连续几年师德考核不合格或者累计数次考核不合格者，学校可以单方面解除或终止聘用关系。其次，各高校根据违反师德行为的情节轻重会做出进一步的处理。在处理期限内，被师德“一票否决”的教师将取消评奖评优、职务晋升、职称评定、岗位聘用、工资晋级、干部选任、项目资助与申报、境内外学习培训、各层次人才推选等资格。情节较重的依照各项规定给予行政处分，情节严重、影响恶劣的，应当报请主管教育部门撤销其教师资格，中共党员的教师同时给予党纪处分。各高校在师德“一票否决”处理的执行期上，绝大多数高校规定为不少于 6 个月或不少于 12 个月，一所高校规定情节严重者执行期为 24 个月。

在师德建设的组织保障方面，各高校落实师德建设的主体责任。规定由党委书记和校长共同管理师德建设工作，共同担任师德建设的第一责任人。院（系）行政主要负责人和党组织主要负责人对本单位师德建设负直接共同领导责任。

（四）师德考核的主要方式

本研究主要从考核时间、考核方法、考核结果呈现与使用等三个方面来描述当前各高校开展师德考核过程中所采用的主要方式。

考核时间以年度考核为主，部分高校辅之以关键事件为节点的专项考核和以日常生活为对象的常态化考核，以年为周期对教师进行师德考核是高校通行的做法。在年度考核中，不同的高校在具体实施过程中，又表现出不同的特点。相当多的高校将教师的师德考核与教师的年度考核结合在一起，将师德考核作为教师年度整体考核的一部分来实施。少数高校将师德年度考核从年度考核中单列出来，进行单独考核。

根据不同的分类标准，北京高校的师德考核方法区分为两种类型：(1) 以内容分化程度为依据的整体性考核和分项式考核：在具体的评价方式方面，一些高校采取的是较为笼统的整体性评价，即让教师个人对照教育部和本校所指定的相关师德文件来进行自我评价。而有的高校则将师德考核的内容进一步操作化为若干具体细项，来对教师的师德进行逐项评价。(2) 以信息处理手段不同为依据的质性评价和量化评价：从样本分析看，主要包括整体化的质性考核、分项式的质性考核以及分项式的量化考核三种。在分项评价方面，有些高校采取明显的量化考核方式，将教师的师德考核用具体量化指标来描述。总体而来，各高校均重视学校主导和单位自主、教师自评和单位考评相统一的考核方式，采用整体化的质性考核的高校，一般在师德考核过程中赋予教师个人和二级单位更多的自主权；采用分项式质性考核和分项式量化考核的高校，则更强调学校在师德考核方面的主导地位，教师个人和二级单位的自主性相对较少。

各高校考核结果呈现方式均为等次性呈现，考核结果的使用与教师个体之间是高利益相关性。(1) 等级化评价的结果呈现：根据教师个人的表现将其定位为不同的等次，不同的学校所划分的等次会有较大的差异，采用“合格与不合格”两级等次的高校最多。(2) 高利益相关性的结果使用：将师德评价的结果与教师个人的切身利益紧密挂钩。

四、研究发现的问题

教师职业道德水平难以直接考核评估，常通过教师外在的职业行为来反映和呈现。本研究发现 59 所北京市高校的师德考核政策文本中考核主体名称不统一，考核客体与考核内容存在逻辑不一致，考核的主要内容偏重禁止性规定，考核具体程序使用语言不一致、考核结果运用缺乏对群体违规的认定以及过于强调终结性评价、缺少对考核不合格教师的师德成长进行帮扶等问题，这表明高校师德考核政策尚未处理好外在制度规定与内在道德观念之间的张力问题。

（一）师德考核主客体存在的问题

各高校在制定师德考核主体的体系性状况很不相同，各主体的名称不统一，有的高校甚至没有相应主体。考核客体与考核内容存在逻辑不一致问题，考核客体涵盖全体教职工，但考核内容只涉及到专任教师。从完整的逻辑来看，应针对不同的考核客体制定出普遍和特殊两种逻辑关系的考核标准，从而使考核标准适应于所有在高等学校工作的个体。此外，还存在“被调查人”“被处理教师”概念在文本中的对象指向性不一致、考核调查主体中“二级单位”名称不统一、“一票否决”后的处罚对象不一致、“一票否决制”执行过程的监督缺失等问题。

（二）师德考核主要内容存在的问题

高校师德考核惩处文本中侧重反向规制，大量出现“损害”“违背”“弄虚作假”“篡改”“违规”“徇私舞弊”“违规”“违反”等词汇，构成“一票否决”的主体内容，从反方向划定师德惩处的“红线”，禁区之内均为不合格。只要教师不触犯师德考核“禁区”，其关键利益将不会受到影响，教师之间的利益分殊不会有根本性不同，反向规制的禁区更多的是起到一个“保底”作用，对教师师德的正面提升作用明显不足。师德惩处文本细化差异明显，兼容个性的细化标尺亟待确定，从目前文本看，制度设计中仅有少数高校区分普通考核和特殊考核内容，如体育类大学强调教练员职业操守与普通高校教师师德规范合二为一、公检法

1月4日，北京化工大学师德师风建设工作会召开
（化工大学 供）

类大学强调警察、检察官、法官职业操守与普通高校教师师德的双重规范；涉及到的 7 所高职院校师德考核内容与普通高校几乎没有差异。

（三）师德考核具体程序存在的问题

从文本分析，北京高校在师德考核程序中涉及师德问题时使用的语言不一致，较为混乱。有用“违反师德”的、也有用“师德失范”的。目前各高校的常规考核流程与“一票否决”流程混在一起。常规考核是肯定性考核，“一票否决”是否定性考核，各高校并没有做出明确的区分。调查取证一般都由高校各部门内部进行，在问题的调查和处理上存在缺失专业性和公正性的制度漏洞。在考核结果运用上缺乏对群体违规的认定，绝大多数高校是针对处理教师个体违反师德的规定。此外，各高校在师德“一票否决”处理的执行期规定上不统一、违反师德行为的处理意见上缺乏相应的细分标准、审查认定的组织机构不统一、分级负责制缺乏细化、考核时间缺少常态化设计等问题。

（四）师德考核方式存在的问题

当前的师德考核基本上体现的是一种行为主义的教育价值观，在制度设计上更强调高度相关利益性的惩戒对师德的作用，更多地看到外在的规范约束和有形的利益刺激对师德的作用，较少关注师德对于教师职业幸福和个人发展的内在价值和意义，从而不可避免地忽视师德考核中教师作为活生生的人的存在，这必然导致现有的师德考核方式存在诸多不足。从文本分析看，存在着考核的教育功能相对欠缺、考核的意义激励作用不明显、考核的方向引领性的高度不够等问题，过于强调终结性评价，缺乏后续的职业成长引导，很少考虑师德本身对于教师从教的内在意义及其支撑作用。

五、政策建议

提高当前师德考核的科学性和有效性，需要在考核的教育哲学层面重新肯定人的价值和意义，不能用一种“原罪”的价值假设来看待教师的师德考核问题。否则一方面既可能挫伤广大教师的积极性，另一方面也容易引发教师对师德考核的内心抵触情绪。党的十九大报告明确地提出“加强师德师风建设，培养高素质教师队伍，倡导全社会尊师重教”，师德考核不是整治教师的手段，其目的是通过激励、约束广大教师规范职业行为，从而维护和提升高校教师队伍的整体形象。

（一）建立高校考核的二级管理体制，调整考核标准的结构

为下好首都高校师德考核一盘棋，建议建立北京高校考核的二级管理体制，分级考核管理。第一级管理体制为北京市委教工委的师德考核管理，成立北京市委教工委师德建设委员会，秘书处设在北京市委教工委教师工作部，负责领导、制定、部署北京市高校师德考核的标准、实施、评价工作，接受被处理人的不服申诉工作。第二级管理体制为北京市各高校的师德考核管理：北京市各高校成立校师德建设委员会，秘书处设在各高校党委教师工作部，负责领导本校师德建设工作，认真执行北京市委教工委师德考核的管理规定。建议调整北京高校师德考核标准的结构，年度合格考评和“一票否决”查定分成，前者是师德肯定性考核，后者是师德否定性考核，它们具有激励和惩罚的不同功能，两者相互借力支撑。

（二）建议外在要求与内在需要相统一，突出职业成长的正向作用

师德作为一种职业道德，不可避免地会包含相关职业道德规范的外在要求。但师德对于教师而言，不仅是一种职业道德的外在要求，更是教师从事教育职业，获得职业成长和职业幸福感的内在需要。如师德考核只重反向规制和外在要求，仅强调师德问题与教师个人利益相结合，难免陷入一种行为主义的师德考核模式。对教师的师德考核，在强化外在要求的同时，也应注意师德的意义激励，突出师德考核的人本色彩。国家与政府新时期加强高校师资队伍建设的诸多政策规定，均要求坚持教书和育人相统一，坚持言传和身教相统一，坚持潜心问道和关注社会相统一，坚持学术自由和学术规范相统一，引导广大教师以德立身、以德立学、以德施教。教师是道德的主体，离开教师主体性的职业成长和幸福感，便无从讨论教师道德建设问题。

（三）建议注重师德考核程序的公正性和科学性，做好制度顶层设计

全面、客观与公正地实施师德考评，必须立足于科学的考核指标体系。当前师德考核中存在专业性不够、投诉机制不畅通、监督机制不健全等问题，主要原因是未能在制度设计中充分贯彻公正原则。高校师德考核程序存在用语混乱，考核标准的细分不明确，执行期长短不一等问题，充分反映师德考核程序设计方面存在着的科学性不高的问题，必将影响师德考核本身的严肃性和公信力，建议在制度设计时要予以充分加强。

（四）建议底线道德与高尚道德相统一，突出师德的方向引领作用

师德考核不仅要守住师德的底线，也要揭示师德发展的方向。当前师德考核，主要聚焦于对教师底线道德的要求，这无疑是十分必要的。但底线式的考核更多的是否定性的考核，过于强调否定性考核，一方面不利于发挥师德考核的正面教育作用，另一方面也极易引起教师反感，不利于发挥师德对教师成长和发展的激励作用。因此，有必要在目前重视对师德的底线考核基础上，增加对高尚师德的评选。建议将对教师的否定性考核和积极性考核有机结合起来，充分发挥师德考核的自我诊断和教育功能。

（市教委副主任　李奕）

（本栏责任编校 张晓兰）

2020 统计表

STATISTICAL LIST

- 各级各类学校校数、教职工、专任教师情况
- 各级各类学历教育学生情况
- 各级各类非学历教育学生情况
- 各级民办教育和中外合作办教育基本情况
- 普通高校分学科研究生数
- 普通本科、专科学生数（分类型、性质类别）
- 高等学校教职工情况

STATISTICAL LIST

统计表

2019—2020 学年度北京市教育事业统计资料

一、综合

1-1 各级各类学校校数、教职工、专任教师情况

单位：人

	校数（所）	教职工数	
		计	其中：专任教师
总计	3640	394425	248239
一、高等教育	175	147629	71206
（一）研究生培养机构	（147）		（64853）
1. 高等学校	（59）		（53999）
2. 科研机构	（88）		（10854）
（二）普通高等学校	93	141372	68685
1. 中央部委属高校	39	102839	46401
2. 市属高校	54	38533	22284
其中：公办高校	38	32825	19580
民办高校	16	5708	2704
（三）成人高等学校	18	3259	1376
（四）民办的其他高等教育机构	64	2998	1145
二、中等教育	765	103598	78901
（一）高中阶段教育	429	103598	54956
1. 普通高中	318	91277	47326
2. 中等职业教育	111	12321	7630
普通中专	29	3242	1825
成人中专	11	563	277
职业高中	44	5517	3917
技工学校	27	2999	1611
（二）初中阶段教育	336		23945
三、小学教育	941	61934	55758
四、工读学校	6	253	194
五、特殊教育	20	1234	993
六、学前教育	1733	79777	41187

注：
1. “（ ）”内数据未包含在总计中。
2. 因完全中学中的高中、初中教职工不易区分统计，故普通高中教职工数包含普通初中教职工数。

1-2 各级各类学历教育学生情况

单位：人

	毕业生数	招生数	在校生数	预计毕业生数
总计	1018835	1196902	4124862	658559
一、高等教育	602554	654285	2170144	345818
（一）研究生	91874	123938	360621	131781
1. 高等学校	87259	118034	341717	124188
2. 科研机构	4615	5904	18904	7593
（二）普通本专科	144654	156820	585971	154592
1. 中央部委属高校	73832	81432	322730	79368
2. 市属高校	70813	75388	263241	75224
其中：公办高校	54683	58922	206208	25260
民办高校	16130	16466	57033	49964
（三）成人本专科	58535	47601	129736	59445
1. 成人高等学校	4485	5274	11444	5215
2. 普通高等学校	54050	42327	118292	54230
（四）在职人员攻读硕士学位			21362	
（五）网络本专科生	307500	325926	1072454	
二、中等教育	157545	190366	538096	174160
（一）高中阶段教育	84201	72968	229374	82032
1. 普通高中	50390	51403	152857	53714
其中：本市户籍	47135	46930	141451	50368
2. 中等职业教育	33811	21565	76517	28318
普通中专	12707	8271	29951	10501
成人中专	6970	1274	11240	5411
职业高中	3262	3033	8165	2674
技工学校	10872	8987	27161	9732
（二）初中阶段教育	73344	117398	308722	92128
其中：本市户籍	60075	92505	245561	75931
三、小学教育	138968	182873	941614	138581
其中：本市户籍	91456	136722	683799	98562
四、工读学校	204	186	451	
五、特殊教育	1386	1026	6962	
六、学前教育	118178	168166	467595	

补充资料：外国留学生在校学生数为 50760 人。
注：高等教育小计中未包含自学考试的学生数。

1-3 各级各类非学历教育学生情况

单位：人、人次

	毕（结）业生数	在校（注册）生数
总计	3777053	—
一、高等教育	1247774	1557
（一）自考助学班	33	166
（二）普通预科生	—	1391
（三）进修及培训	1247741	—
二、中等教育	2529279	
其中：资格证书培训	209734	—
岗位证书培训	228035	—
（一）中等职业教育	106041	—
其中：资格证书培训	3043	—
岗位证书培训	14411	—
（二）职业技术培训机构	2423238	—
其中：资格证书培训	206691	—
岗位证书培训	213624	—

1–4 各级民办教育和中外合作办教育基本情况

单位：人

	校数（所）	毕业生数	招生数	在校生数	教职工数		兼任教师
					计	其中：专任教师	
总计	1022	74162	100528	307574	59401	28619	3268
一、高等教育	80	16130	16466	57033	8706	3849	3039
民办普通高校	16	16130	16466	57033	5708	2704	1896
民办高等教育机构	64				2998	1145	1143
二、中等教育	122	8805	11702	32982	14648	8597	191
（一）高中阶段教育	94	2629	2165	7678	14648	8597	191
1. 民办普通高中	71	1657	1864	6465	13508	8081	30
2. 中外合作办普通高中	4	136	48	218	464	189	2
3. 民办中等职业教育	19	836	253	995	676	327	159
4. 中外合作办中等职业教育							
（二）初中阶段教育	28	6176	9537	25304	—	—	—
1. 民办普通初中	28	6176	9537	25304	—	—	—
2. 中外合作办普通初中	—	—	—	—	—	—	—
三、民办小学	53	8219	8371	44380	1826	1255	5
1. 民办小学	53	8219	8371	44380	1826	1255	5
2. 中外合作办小学	—	—	—	—	—	—	—
四、民办幼儿园	767	41008	63989	173179	34221	14918	33
1. 民办幼儿园	765	42830	63798	172492	34105	14867	33
2. 中外合作办幼儿园	2	178	191	687	116	51	—
另有：职业技术培训机构	1104	1166116	—	1504241	28148	13520	6241
1. 民办职业技术培训机构	1102	1165976	—	1504101	28135	13518	6239
2. 中外合作办职业技术培训机构	2	140	—	140	13	2	2

注：培训机构毕业生数为结业人次数，在校生数为注册学生数

二、高等教育

2-1 普通高校分学科研究生数

		毕业生数		
		合计	硕士	博士
总计		87259	72635	14624
其中：女		45930	40070	5860
学术型学位	小计	48185	34249	13936
	哲 学	590	396	194
	经济学	2949	2343	606
	法 学	4378	3592	786
	教育学	1571	1290	281
	文 学	3423	2858	565
	历史学	565	399	166
	理 学	7294	3685	3609
	工 学	18657	13322	5335
	农 学	1122	710	412
	医 学	2229	1325	904
	军事学	8	6	2
	管理学	4123	3297	826
	艺术学	1276	1026	250
专业学位	小计	39074	38386	688
	哲 学			
	经济学	3667	3667	
	法 学	3207	3207	
	教育学	2551	2517	34
	文 学	1876	1876	
	历史学	156	156	
	理 学			
	工 学	12197	12162	35
	农 学	1000	1000	
	医 学	2603	1984	619
	军事学			
	管理学	9959	9959	
	艺术学	1858	1858	

单位：人

	招生数			在校生数		
	合计	硕士	博士	合计	硕士	博士
	118034	95211	22823	341717	247146	94571
	61742	51845	9897	170829	131954	38875
	61286	40167	21119	201855	111881	89974
	633	392	241	2260	1177	1083
	3407	2373	1034	10604	6109	4495
	5559	4115	1444	16732	10725	6007
	1977	1502	475	6384	4412	1972
	3788	2936	852	12212	8495	3717
	666	418	248	2390	1260	1130
	10388	5510	4878	35271	15121	20150
	24013	15682	8331	81824	44813	37011
	1499	915	584	4619	2212	2407
	3027	1647	1380	8926	4673	4253
				10	1	9
	4754	3544	1210	15592	9351	6241
	1575	1133	442	5031	3532	1499
	56748	55044	1704	139862	135265	4597
	4589	4589		8873	8873	
	4510	4510		11314	11314	
	3984	3834	150	9381	8930	451
	2226	2226		4609	4609	
	206	206		463	463	
	19700	19103	597	50530	49332	1198
	1584	1557	27	3600	3540	60
	3322	2392	930	9859	6971	2888
	13971	13971		33587	33587	
	2656	2656		7646	7646	

2-2 普通本科、专科学生数（分类型、性质类别）

		学校数（所）		毕业生数		
		计	其中：中央	合计	专科	本科
总计		93	39	144645	26008	118637
按类型分	本科院校	68	39	124281	5644	118637
	其中：独立学院	5		5173		5173
	专科院校	25		19777	19777	
	其中：高等职业学校	24		18721	18721	
	其他机构（不计校数）	4	1	587	587	
按性质类别分	综合大学	5	3	18657	1688	16969
	理工院校	31	13	57395	10406	46989
	农业院校	3	1	5907	1549	4358
	林业院校	1	1	3027		3027
	医药院校	4	2	3919	1639	2280
	师范院校	2	1	5084		5084
	语文院校	10	6	11416	2263	9153
	财经院校	16	2	18884	5104	13780
	政法院校	8	5	9898	3135	6763
	体育院校	3	1	2983	71	2912
	艺术院校	9	3	4770	153	4617
	民族院校	1	1	2705		2705
按举办者分	1. 中央部门	39	39	73832	1517	72315
	教育部	25	25	53417	241	53176
	其他部门	14	14	20415	1276	19139
	2. 地方	38		54683	18728	35955
	教育部门	24		41547	5993	35554
	其他部门	14		13136	12735	401
	3. 民办	16		16130	5763	10367

单位：人

	招生数			在校生数		
	合计	专科	本科	合计	专科	本科
	156820	27504	129316	585971	73977	511994
	134696	5380	129316	526259	14265	511994
	5257		5257	20598		20598
	21624	21624		58188	58188	
	20910	20913		55397	55397	
	500	500		1524	1524	
	18990	1878	17112	71115	3833	67282
	62698	10378	52320	235501	28789	206712
	6427	1470	4957	23110	3911	19199
	3329		3329	13449		13449
	5157	1636	3521	19364	4578	14786
	6207	182	6025	22244	222	22022
	11886	2271	9615	44630	6571	38059
	20833	6406	14427	74330	16292	58038
	9793	2963	6830	36935	8938	27997
	3366	125	3241	12824	312	12512
	5285	195	5090	21137	531	20606
	2849		2849	11332		11332
	81432	761	80671	322730	3302	319428
	60418	405	60013	241007	1084	239923
	21014	356	20658	81723	2218	79505
	58922	21321	37601	206208	56707	149501
	45767	8654	37113	168109	20519	147590
	13155	12667	488	38099	36188	1911
	16466	5422	11044	57033	13968	43065

2–3 高等学校教职工情况

	教职工数		
	合计	校本部教职工	
		计	专任教师
一、普通高校	141372	125045	68685
其中：女	69935	62766	31726
分类型　本科院校	132294	116025	63876
其中：独立学院	1957	1957	1119
专科院校	8649	8591	4590
其中：高等职业学校	8346	8295	4361
其他机构	429	429	219
分性质类别　综合大学	24037	21438	10495
理工院校	55335	48636	27818
农业院校	4454	4328	2720
林业院校	1994	1935	1258
医药院校	16443	10515	3465
师范院校	5583	5502	3711
语文院校	7787	7383	4530
财经院校	10893	10783	6563
政法院校	6244	6178	2970
体育院校	1762	1730	1187
艺术院校	4997	4864	2843
民族院校	1843	1753	1125
分举办者　1. 中央部门	102839	87068	46401
教育部	70120	60877	32716
其他部门	32719	26191	13685
2. 地方	32825	32269	19580
教育部门	26998	26485	16429
其他部门	5827	5784	3151
3. 民办	5708	5708	2704
二、成人高校	3259	3220	1376
其中：女	1966	1938	913

单位：人

	教职工数					
	校本部教职工			科研机构人员	校办企业职工	辅设机构人员
	行政人员	教辅人员	工勤人员			
	25848	**17477**	**13035**	**11997**	**1348**	**2982**
	15118	11210	4712	5056	403	1710
	23347	16512	12290	11968	1331	2970
	327	130	381			
	2432	842	727	29	17	12
	2395	816	723	23	17	11
	69	123	18			
	4095	3419	3429	1917	149	533
	10615	4923	5280	4334	587	1778
	930	495	183	14	25	87
	347	284	46		29	30
	1437	3909	1704	5458	360	110
	915	694	182	24	57	
	1802	667	384	158	18	228
	2505	955	760		91	19
	1476	878	854		2	64
	378	99	66		10	22
	985	948	88	63	20	50
	363	206	59	29		61
	17511	13264	9892	11851	1120	2880
	13294	8195	6672	6178	614	2451
	4217	5069	3220	5673	506	349
	6999	3831	1859	146	228	182
	5354	3151	1551	120	219	174
	1645	680	308	26	9	8
	1338	382	1284			
	955	**637**	**252**	**25**	**6**	**8**
	570	376	79	21		7

三、中等职业教育

3-1 中等职业学校机构数

	合计	中央部门
总计	84	8
普通中等专业学校	29	7
成人中等专业学校	11	1
职业高中学校	44	
附设中职班（不计校数）	29	1

3-2 中等职业学校（机构）各类学生数

	毕（结）业生数	
	计	其中：获得职业资格证书
一、中职学生计	22939	9377
其中：中职全日制学生	20620	9377
中职非全日制学生	2319	
普通中专学生	12707	4669
成人中专学生	6970	2796
其中：全日制学生	4651	2796
非全日制学生	2319	
职业高中学生	3262	1912
二、培训学生	106041	
三、外国留学生	269	

单位：所

	地方				民办
	计	教育部门	其他部门	地方企业	
	57	**34**	**18**	**5**	**19**
	21	5	14	2	1
	9	2	4	3	1
	27	27			17
	26	17	9		2

注：中等职业学校中不包含技工学校数

单位：人

	招生数				在校生数
	计	其中：应届毕业生		其中：五年制高职 / 中职段	
		计	其中：初中毕业		
	11095	**11095**	**10672**	**6773**	**49356**
	11095	11095	10672	6773	44463
					4893
	7776	7776	7354	5011	29951
	306	306	306		11240
	306	306	306		6347
					4893
	3013	3013	3012	1762	8165
					358

3-3 职业高中分区基本情况

	校数（所）	毕业生数	招生数
总计	44	3262	3033
东城区	3	265	191
西城区	4	539	106
朝阳区	5	535	392
丰台区	5	198	284
石景山区	3	94	60
海淀区	1	583	677
门头沟区	1	56	13
房山区	4	141	143
其中：房山	3	141	143
燕山	1		
通州区	2	102	127
顺义区	5	5	11
昌平区	3	355	616
大兴区	3	97	159
怀柔区	2	43	3
平谷区	1	44	84
密云区	1	83	117
延庆区	1	122	50

单位：人

	在校生数	教职工数	专任教师
	8165	5517	3917
	522	489	391
	219	708	558
	1113	874	706
	590	430	228
	237	178	109
	1979	434	318
	39	123	85
	441	279	213
	441	235	178
		44	35
	353	140	121
	41	155	63
	1377	475	368
	419	373	244
	51	295	154
	229	147	69
	405	197	129
	150	220	161

四、普通中学

4-1 普通中学分区基本情况

	校数(所)		班数(个)			毕业生数	
	合计	其中：高中及完中	合计	初中	高中	初中	高中
总计	654	318	15127	10073	5054	73344	50390
东城区	41	31	1201	701	500	5549	4993
西城区	42	37	1487	894	593	6876	6436
朝阳区	92	44	2087	1606	481	8293	4078
丰台区	47	21	877	605	272	3872	2254
石景山区	23	10	399	268	131	1963	1385
海淀区	81	65	3335	1956	1379	15841	13758
门头沟区	17	6	241	160	81	1255	659
房山区	50	13	824	576	248	4371	2448
其中：房山	45	12	722	508	214	3932	2041
燕山	5	1	102	68	34	439	407
通州区	43	16	799	571	228	4365	2357
顺义区	33	13	777	518	259	4616	3060
昌平区	57	27	820	634	186	4344	1845
大兴区	45	17	809	599	210	4419	2327
怀柔区	19	5	361	252	109	1622	982
平谷区	19	5	346	225	121	1776	1319
密云区	24	4	466	310	156	2682	1405
延庆区	21	4	298	198	100	1500	1084

单位：人

	招生数		在校生数			教职工数	
	初中	高中	合计	初中	高中	合计	其中：专任教师
	117398	51403	461579	308722	152857	91277	71271
	8602	4931	37250	22556	14694	6574	5627
	12513	6120	49876	31597	18279	7869	6280
	16618	4206	54018	41436	12582	14782	11873
	6555	2728	24175	16635	7540	5601	4663
	2828	1235	11342	7689	3653	2902	2266
	25440	12558	106195	66726	39469	15301	11720
	1609	877	7048	4534	2514	1250	942
	6372	2731	26472	18139	8333	4433	3554
	5723	2396	23088	15823	7256	4011	3182
	649	335	3384	2316	1068	422	372
	7553	2740	27228	19299	7929	4872	3954
	6395	3196	26387	17230	9157	5305	3850
	6333	2026	22369	16750	5619	6699	4997
	6566	2206	24178	17496	6682	6021	4790
	2175	1270	9719	6238	3481	2413	1789
	2452	1423	11229	7019	4210	2702	1663
	3511	2004	15455	9939	5516	2469	1873
	1876	1152	8638	5439	3199	2084	1430

五、小学

5-1 小学分区基本情况

	校数（所）	班数（个）	毕业生数
总计	941	27970	138968
东城区	51	1706	9503
西城区	57	2450	12750
朝阳区	73	4921	20579
丰台区	75	1953	10003
石景山区	28	741	3734
海淀区	85	4683	27129
门头沟区	23	419	1777
房山区	108	1681	7843
其中：房山	101	1593	7147
燕山	7	88	696
通州区	84	1845	9963
顺义区	50	1489	7164
昌平区	93	1846	8640
大兴区	83	1968	8705
怀柔区	18	509	2585
平谷区	46	637	2869
密云区	39	662	3710
延庆区	28	460	2014

六、工读学校

6-1 工读学校基本情况

	校数（所）	班数（个）	离校人数
合计	6	25	204
其中：女			27

单位：人

	招生数	在校生数	教职工数	
			合计	其中：专任教师
	182873	941614	61934	55758
	11990	61571	5429	5040
	18623	90638	6169	5740
	28305	146979	7482	7011
	12111	64663	4805	4418
	4501	23459	1352	1193
	31686	173141	8328	7846
	2546	13157	1199	973
	11020	54304	3813	3333
	10353	51211	3528	3073
	667	3093	285	260
	13906	69657	4498	4249
	9745	50409	3861	3192
	11918	56609	3988	3568
	13606	65747	3922	3363
	3065	17346	1596	1319
	3592	19002	2092	1736
	3916	22232	2076	1646
	2343	12700	1324	1131

单位：人

	入校人数	在校生数	教职工数	
			计	其中：专任教师
	186	451	253	194
	30	70	109	87

七、特殊教育

7-1 特殊教育分区基本情况

	校数(所)	班数(个)	毕业生数
总计	20	321	1386
东城区	2	23	58
西城区	2	47	135
朝阳区	1	38	434
丰台区	1	14	50
石景山区	1	10	32
海淀区	2	61	228
门头沟区	1	9	12
房山区	1	17	41
其中：房山	1	15	37
燕山		2	4
通州区	1	18	69
顺义区	2	24	84
昌平区	1	9	78
大兴区	1	9	50
怀柔区	1	6	6
平谷区	1	15	35
密云区	1	12	56
延庆区	1	9	18

单位：人

	招生数	在校生数	教职工数	
			合计	其中：专任教师
	1026	**6962**	**1234**	**993**
	58	393	120	104
	79	577	226	197
	241	1485	84	78
	56	532	41	39
	20	141	33	29
	172	1112	226	168
	12	114	29	24
	31	342	32	27
	28	316	32	27
	3	26		
	51	347	58	57
	66	422	131	76
	95	443	36	27
	35	358	33	28
	19	154	37	32
	39	231	64	40
	30	156	47	36
	22	155	37	31

八、幼儿教育

8-1 幼儿园分区基本情况

	园数(所)	班数(个)	离园(班)人数
总计	1733	16934	118178
东城区	63	628	4400
西城区	86	834	5713
朝阳区	283	3248	19566
丰台区	139	1547	10095
石景山区	51	549	2999
海淀区	185	2253	18109
门头沟区	36	301	1706
房山区	120	1175	9053
其中：房山	113	1117	8473
燕山	7	58	580
通州区	136	1077	7613
顺义区	104	961	7788
昌平区	143	1385	8769
大兴区	104	1331	8651
怀柔区	77	380	3220
平谷区	79	503	3895
密云区	77	484	4097
延庆区	50	278	2504

单位：人

入园(班)人数	在园(班)人数	教职工数	
		合计	其中：专任教师
168166	**467595**	**79777**	**41187**
6162	17981	3251	2174
8573	21962	4092	2443
28153	84489	15895	7994
14475	41797	7252	3618
5553	14544	2631	1256
23635	67482	12407	5712
3240	8318	1369	883
11496	32673	5190	2894
10868	30781	4972	2754
628	1892	218	140
11020	29797	4395	2358
10394	29963	4865	2054
16890	37551	6631	3182
13945	36995	4467	2399
3671	10641	1969	1200
3871	12586	1897	825
4471	13206	2296	1348
2617	7610	1172	847

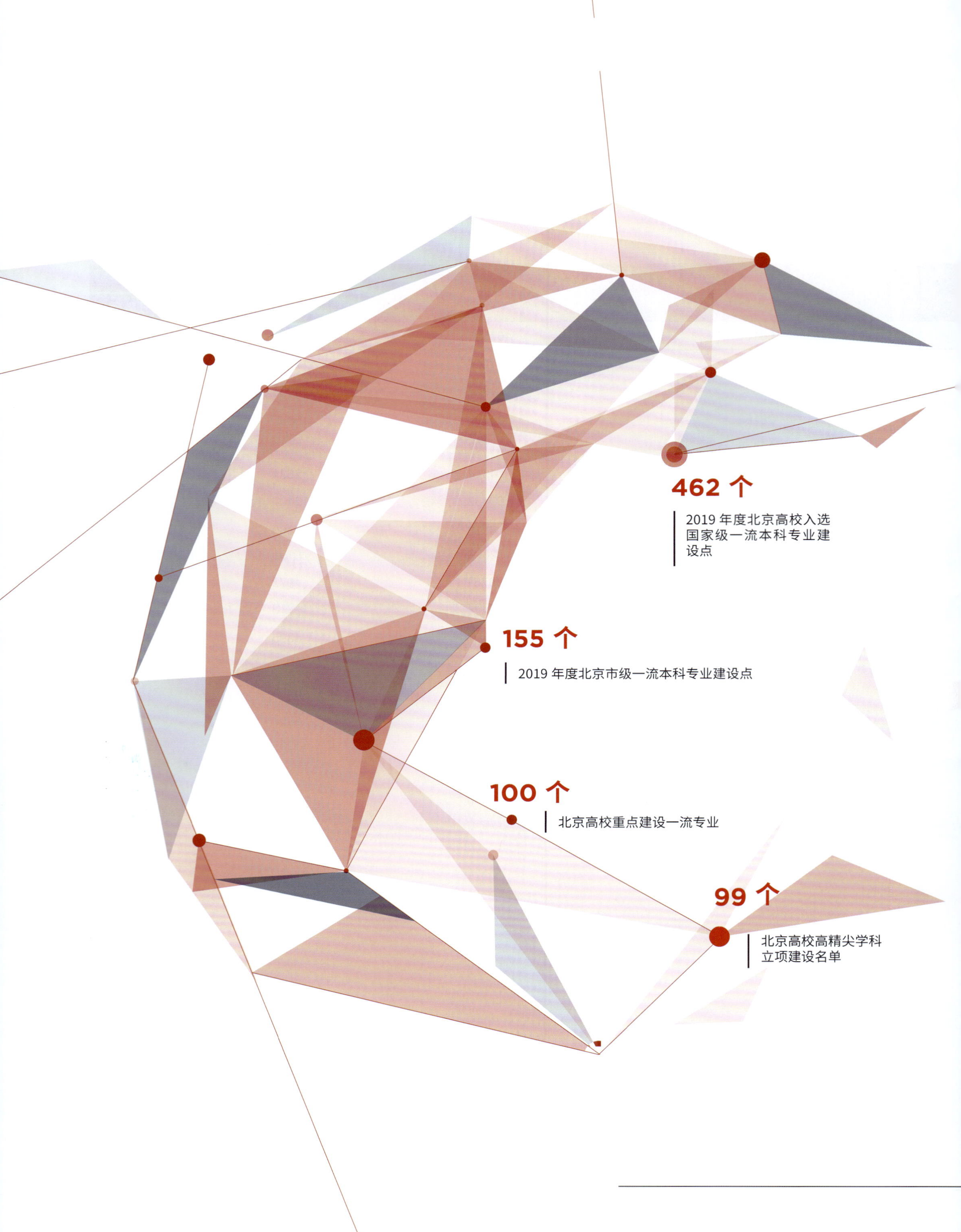
462 个
2019 年度北京高校入选国家级一流本科专业建设点
155 个
2019 年度北京市级一流本科专业建设点
100 个
北京高校重点建设一流专业
99 个
北京高校高精尖学科立项建设名单

2020 附录

APPENDIX

- 第三批北京市民终身学习示范基地
- 第十五届北京市高等学校教学名师奖获奖名单
- 第三届北京市高等学校青年教学名师奖获奖名单
- 部分单位全称简称对照表

高等教育

2019 年度北京高校入选国家级一流本科专业建设点

序号	学校名称	专业名称
1	北京大学	哲学、经济学、金融学、法学、国际政治、社会学、汉语言文学、英语、俄语、德语、法语、阿拉伯语、日语、印地语、世界史、考古学、数学与应用数学、信息与计算科学、物理学、化学、人文地理与城乡规划、大气科学、生物科学、生物技术、心理学、统计学、理论与应用力学、电子信息科学与技术、计算机科学与技术、环境科学、基础医学、临床医学、口腔医学、预防医学药学、艺术史论
2	中国人民大学	哲学、经济学、国民经济管理、财政学、金融学、法学、政治学与行政学、社会学、中国共产党历史、马克思主义理论、汉语言文学、新闻学、传播学、历史学、数学与应用数学、统计学、计算机科学与技术、工商管理、会计学、农林经济管理、行政管理、档案学
3	清华大学	经济与金融、法学、新闻学、数学与应用数学、物理学、生物科学、工程力学、机械工程、车辆工程、测控技术与仪器、材料科学与工程、能源与动力工程、电气工程及其自动化、电子信息科学与技术、自动化、计算机科学与技术、土木工程、建筑环境与能源应用工程、水利科学与工程、工程物理、环境工程、生物医学工程、建筑学、工业工程、环境设计、产品设计、艺术与科技
4	北京交通大学	通信工程、轨道交通信号与控制、计算机科学与技术、经济学、会计学、信息管理与信息系统、物流管理、交通运输、交通工程、电子商务、土木工程、车辆工程、测控技术与仪器、电气工程及其自动化、软件工程、信息与计算科学、光电信息科学与工程
5	北京科技大学	机械工程、材料科学与工程、材料物理、冶金工程、能源与动力工程、通信工程、自动化、计算机科学与技术、采矿工程、矿物加工工程、环境工程、安全工程、信息管理与信息系统
6	北京化工大学	化学工程与工艺、环境工程、能源化学工程、高分子材料与工程、材料科学与工程、过程装备与控制工程、自动化、会计学、应用化学、生物工程、制药工程
7	北京邮电大学	机械工程、电子科学与技术、通信工程、信息工程、计算机科学与技术、软件工程、信息安全、数字媒体技术、电子商务
8	中国农业大学	化学、生物科学、计算机科学与技术、农业工程、农业水利工程、资源环境科学、食品科学与工程、农学、园艺、植物保护、动物科学、动物医学、草业科学、农林经济管理、土地资源管理
9	北京林业大学	生物科学、木材科学与工程、林产化工、环境工程、风景园林、园艺、水土保持与荒漠化防治、林学、园林、森林保护、草业科学、农林经济管理
10	北京中医药大学	中医学、针灸推拿学、中药学、护理学
11	北京师范大学	哲学、经济学、法学、思想政治教育、教育学、学前教育、特殊教育、体育教育、汉语言文学、英语、历史学、数学与应用数学、物理学、化学、地理科学、生物科学、心理学、环境科学、戏剧影视文学
12	北京外国语大学	阿尔巴尼亚语、罗马尼亚语、波兰语、意大利语言文学、保加利亚语、匈牙利语、俄语、朝鲜语、马来语、僧伽罗语、泰语、土耳其语、西班牙语、阿拉伯语、德语、日语语言文学、汉语国际教育、新闻学、法语专业、英语、翻译、葡萄牙语、法学
13	北京语言大学	汉语国际教育、汉语言文学专业、英语、法语、阿拉伯语
14	中国传媒大学	传播学、新闻学、戏剧影视文学、广播电视编导、动画、数字媒体艺术、文化产业管理、播音与主持艺术、广告学、广播电视学、编辑出版学

序号	学校名称	专业名称
15	中央财经大学	经济学、财政学、金融学、保险学、国际经济与贸易、法学、统计学、信息管理与信息系统、市场营销、会计学、行政管理、电子商务
16	对外经济贸易大学	经济学、国际经济与贸易、金融学、会计学、市场营销、电子商务、金融工程、法学、阿拉伯语、商务英语
17	国际关系学院	国际政治、法学
18	中央音乐学院	音乐表演、作曲与作曲技术理论
19	中央美术学院	中国画、绘画、实验艺术、视觉传达设计、美术学、建筑学
20	中央戏剧学院	表演、戏剧影视导演、戏剧影视文学
21	中国政法大学	法学、政治学与行政学、行政管理、社会学、新闻学、思想政治教育
22	华北电力大学	机械工程、新能源材料与器件、能源与动力工程、电气工程及其自动化、通信工程、自动化、计算机科学与技术、环境工程
23	中国矿业大学（北京）	采矿工程、安全工程、资源勘查工程、地球物理学、环境工程、矿物加工工程、土木工程、城市地下空间工程、信息与计算科学
24	中国石油大学（北京）	资源勘查工程、石油工程、化学工程与工艺、能源化学工程、环境工程、机械设计制造及其自动化、勘查技术与工程、安全工程、应用化学、能源经济、会计学
25	中国地质大学（北京）	地理信息科学、地质学、地质工程、资源勘查工程、石油工程、土地资源管理
26	北京航空航天大学	法学、英语、数学与应用数学、应用物理学、工程力学、机械工程、测控技术与仪器、材料科学与工程、电子信息工程、自动化、计算机科学与技术、软件工程、信息安全、交通运输、飞行器设计与工程、飞行器动力工程、生物医学工程专业、信息管理与信息系统、行政管理
27	北京理工大学	电子信息工程、信息对抗技术、材料科学与工程、信息管理与信息系统、弹药工程与爆炸技术、安全工程、工程力学、飞行器设计与工程、自动化、电气工程及其自动化、装甲车辆工程、机械工程、光电信息科学与工程、测控技术与仪器、化学工程与工艺、车辆工程、计算机科学与技术、软件工程
28	北京电子科技学院	信息安全、保密管理
29	北京协和医学院	临床医学
30	外交学院	外交学、英语
31	中国人民公安大学	治安学、侦查学、刑事科学技术
32	北京体育大学	体育教育、运动训练、武术与民族传统体育、运动人体科学、运动康复、体育经济与管理
33	中央民族大学	民族学、中国少数民族语言文学、舞蹈表演、社会学、历史学、美术学、公共事业管理、法学、新闻学、经济学、教育学、计算机科学与技术
34	中国劳动关系学院	劳动关系
35	中国科学院大学	数学与应用数学、物理学、计算机科学与技术
36	中国社会科学院大学	法学、社会学、思想政治教育、新闻学、英语语言文学、政治学与行政学、中国语言文学
37	北京工业大学	电子科学与技术、计算机科学与技术、软件工程、自动化、材料科学与工程、建筑学、机械工程、环境工程、交通工程、土木工程、社会学
38	北方工业大学	电气工程及其自动化、电子信息工程、计算机科学与技术、城市地下空间工程、工商管理
39	北京工商大学	会计学、物流管理、金融、贸易经济、高分子材料与工程、新闻学、食品科学与工程
40	北京服装学院	服装与服饰设计、产品设计、数字媒体艺术
41	北京印刷学院	编辑出版学、印刷工程、视觉传达设计、数字媒体艺术
42	北京建筑大学	土木工程、建筑环境与能用应用工程、给排水科学与工程、遥感科学与技术、建筑学、工程管理
43	北京石油化工学院	化学工程与工艺、机械工程、高分子材料与工程
44	北京农学院	园艺、农林经济管理
45	首都医科大学	护理学、预防医学、口腔医学、临床医学、临床药学
46	首都师范大学	教育学、小学教育、汉语言文学、俄语语言文学、世界史、数学与应用数学、物理学、地理信息科学、生物科学、美术学
47	首都体育学院	体育教育、武术与民族传统体育
48	北京第二外国语学院	英语、日语、俄语、阿拉伯语、旅游管理

序号	学校名称	专业名称
49	北京物资学院	物流管理、信息管理与信息系统
50	首都经济贸易大学	工商管理、统计学、资产评估、经济学、国际经济与贸易、劳动与社会保障、会计学、金融学
51	中国音乐学院	音乐表演、作曲与作曲技术理论
52	中国戏曲学院	表演
53	北京电影学院	戏剧影视导演、动画、影视摄影与制作
54	北京舞蹈学院	舞蹈表演、舞蹈编导
55	北京信息科技大学	机械设计制造及其自动化、测控技术与仪器、自动化、计算机科学与技术专业、工商管理
56	北京联合大学	人文地理与城乡规划、财务管理、旅游管理

（张晓兰）

2019 年度北京市级一流本科专业建设点

序号	学校名称	专业名称
1	北京大学	保险学、政治学与行政学、社会工作、西班牙语、历史学、文物保护技术、应用化学、生态学、会计学
2	中国人民大学	伦理学、资源与环境经济学、国际经济与贸易、国际政治、英语、土地资源管理
3	清华大学	信息管理与信息系统、历史学、国际政治、雕塑、视觉传达设计、英语
4	北京交通大学	铁道工程、机械工程、传播学、视觉传达设计、法学
5	北京化工大学	计算机科学与技术、电子科学与技术、法学、
6	北京邮电大学	数学与应用数学、电子信息科学与技术、物联网工程
7	中国农业大学	应用化学、生态学、水利水电工程、农业机械化及其自动化、食品质量与安全
8	北京林业大学	国际经济与贸易、应用心理学、计算机科学与技术、产品设计
9	北京师范大学	传播学、天文学、统计学、计算机科学与技术、公共事业管理
10	北京语言大学	翻译
11	中国传媒大学	汉语言文学、葡萄牙语、公共关系学、通信工程、音乐学
12	中央财经大学	投资学、社会学、工商管理、财务管理
13	对外经济贸易大学	朝鲜（韩）语、精算学、财务管理
14	中央美术学院	产品设计、艺术管理
15	中国政法大学	英语（法律英语）
16	华北电力大学	市场营销、应用化学、应用物理学、英语
17	中国矿业大学（北京）	电气工程及其自动化
18	中国石油大学（北京）	英语、能源与动力工程、海洋油气工程、环境科学
19	中国地质大学（北京）	宝石及材料工艺学、计算机科学与技术、水文与水资源工程、安全工程
20	北京航空航天大学	化学、土木工程、飞行器质量与可靠性、环境工程、工业工程
21	北京理工大学	应用物理学、法学、数学与应用数学、能源与动力工程专业、化学
22	北京电子科技学院	计算机科学与技术
23	北京协和医学院	护理学
24	外交学院	法学
25	中国人民公安大学	涉外警务
26	北京体育大学	公共事业管理、数据科学与大数据技术
27	中央民族大学	文物与博物馆学、音乐学、生态学、光电信息科学与工程
28	中华女子学院	女性学、学前教育
29	中国劳动关系学院	社会工作
30	中国科学院大学	生物科学
31	中国社会科学院大学	财务管理、历史学
32	北方工业大学	自动化、数字媒体技术、统计学
33	北京工商大学	财务管理、信息管理与信息系统、应用统计学、应用化学
34	北京服装学院	服装设计与工程、市场营销、公共艺术
35	北京印刷学院	数字出版、机械工程、包装工程
36	北京建筑大学	车辆工程、计算机科学与技术、城乡规划
37	北京石油化工学院	制药工程、自动化
38	北京农学院	动物医学、食品科学与工程

序号	学校名称	专业名称
39	首都医科大学	中医学、基础医学
40	首都师范大学	思想政治教育（师范）、历史学、化学、地理科学、音乐学
41	首都体育学院	运动康复、社会体育指导与管理
42	北京第二外国语学院	翻译、财务管理
43	北京物资学院	采购管理
44	首都经济贸易大学	法学、信息管理与信息系统、传播学
45	中国戏曲学院	戏剧影视美术设计
46	北京电影学院	戏剧影视文学、录音艺术、戏剧影视美术设计
47	北京舞蹈学院	舞蹈学
48	北京信息科技大学	智能科学与技术、信息管理与信息系统
49	北京联合大学	酒店管理、数字媒体艺术
50	北京城市学院	软件工程、社会工作、学前教育
51	北京警察学院	网络安全与执法
52	北京吉利学院	车辆工程
53	首都师范大学科德学院	会展经济与管理
54	北京工商大学嘉华学院	金融学
55	北京邮电大学世纪学院	物联网工程
56	北京工业大学耿丹学院	工程管理
57	北京第二外国语学院中瑞酒店管理学院	酒店管理

（陈雷）

北京高校重点建设一流专业

序号	学校名称	专业名称
1	北京大学	计算机科学与技术、临床医学
2	清华大学	水利科学与工程、艺术与科技
3	中国人民大学	马克思主义理论、经济学、法学
4	北京师范大学	人文地理与城乡规划、学前教育
5	中国农业大学	植物保护、动物医学
6	北京交通大学	交通运输、轨道交通信号与控制、物流管理
7	北京科技大学	材料科学与工程、能源与动力工程
8	北京化工大学	高分子材料与工程
9	北京邮电大学	通信工程、信息安全
10	北京林业大学	林学、风景园林
11	北京中医药大学	中医学
12	北京外国语大学	英语、阿拉伯语
13	北京语言大学	汉语言（来华留学生）
14	中国传媒大学	广播电视学
15	中央财经大学	金融学、会计学、统计学
16	对外经济贸易大学	国际经济与贸易、会计学
17	中央音乐学院	音乐表演
18	中央美术学院	雕塑
19	中央戏剧学院	表演
20	中国政法大学	法学、政治学与行政学
21	华北电力大学	新能源科学与工程
22	中国矿业大学（北京）	地球物理学、城市地下空间工程
23	中国石油大学（北京）	化学工程与工艺、油气储运工程
24	中国地质大学（北京）	宝石及材料工艺学
25	北京航空航天大学	电子信息工程、自动化
26	北京理工大学	计算机科学与技术、车辆工程、光电信息科学与工程
27	北京协和医学院	临床医学
28	外交学院	英语
29	中央民族大学	民族学
30	北京工业大学	机械工程、电子科学与技术、材料科学与工程、土木工程
31	北方工业大学	电子信息工程、自动化
32	北京工商大学	食品科学与工程、会计学、金融学
33	北京服装学院	服装与服饰设计、服装设计与工程
34	北京印刷学院	印刷工程、编辑出版学
35	北京建筑大学	建筑学、土木工程
36	北京石油化工学院	环境工程、制药工程、安全工程

序号	学校名称	专业名称
37	北京农学院	园艺、动物医学
38	首都医科大学	临床医学、护理学、口腔医学、预防医学
39	首都师范大学	小学教育、地理信息科学、生物科学
40	首都体育学院	体育教育、武术与民族传统体育
41	北京第二外国语学院	翻译、旅游管理
42	北京物资学院	物流管理
43	首都经济贸易大学	会计学、金融学、经济学、工商管理
44	中国音乐学院	音乐表演、作曲与作曲技术理论
45	中国戏曲学院	表演
46	北京电影学院	戏剧影视导演、表演、影视技术
47	北京舞蹈学院	舞蹈编导、舞蹈表演
48	北京信息科技大学	测控技术与仪器、通信工程、机械设计制造及其自动化
49	北京联合大学	旅游管理、软件工程、档案学

（陈雷　张晓兰）

北京高校高精尖学科立项建设名单

北京大学
　智慧医疗工程与技术、人工智能、分子光谱学

中国人民大学
　新时代中国经济学、科技金融

清华大学
　环境学科、先进材料及其加工技术、安全科学与工程

北京交通大学
　新一代信息技术及应用

北京工业大学
　机械工程、控制科学与工程、光学工程、材料科学与工程

北京航空航天大学
　网络空间安全、人工智能、先进无人飞行器

北京理工大学
　数字表演与创意学、空天智能信息网络科学与技术、光机电微纳制造科学与技术

北京科技大学
　安全科学与工程、人工智能科学与工程

北方工业大学
　控制科学与工程

北京化工大学
　新能源材料与器件、生物安全

北京工商大学
　应用经济学、食品科学与工程、工商管理

北京服装学院
　设计学

北京邮电大学
　网络空间治理、信息材料科学与工程

北京印刷学院
　设计学、新闻传播学

北京建筑大学
　土木工程、建筑学、测绘科学与技术

北京石油化工学院
　机械工程

北京电子科技学院
　网络空间安全

中国农业大学
　农业绿色发展、作物智能育种生物学

北京农学院
　园艺学

北京林业大学
　生态修复工程学、城乡人居生态环境学

北京协和医学院
　群医学

首都医科大学
　口腔医学、临床医学、基础医学

北京中医药大学
　中医生命科学、系统中药学

北京师范大学
　认知神经学、陆地表层学、文化遗产与文化传播

首都师范大学
　教育学、马克思主义理论、艺术类学科群、中国语言文学、历史学

首都体育学院
　体育学

北京外国语大学
　外语教育学

北京第二外国语学院
　旅游管理、外国语言文学

北京语言大学
　国别区域学、中国语言文学

中国传媒大学
　互联网信息、文化产业

中央财经大学
　金融安全工程、战略经济与军民融合

对外经济贸易大学
　数字贸易

北京物资学院
管理科学与工程
首都经济贸易大学
统计学、应用经济学、工商管理
外交学院
中国特色国际关系与外交学
中国人民公安大学
国家安全学
国际关系学院
国家安全学
北京体育大学
运动康复医学
中央音乐学院
音乐人工智能与音乐信息科技
中国音乐学院
音乐与舞蹈学
中央美术学院
视觉艺术管理
中国戏曲学院
戏剧与影视学
北京电影学院
电影学、艺术学理论
北京舞蹈学院
音乐与舞蹈学
中央民族大学
城市民族学、民族艺术学、质谱成像与代谢组学
中国政法大学
证据科学
北京信息科技大学
仪器科学与技术、机械工程
华北电力大学
清洁能源学
中国矿业大学（北京）
城市工程地球物理、城市地下空间工程
中国石油大学（北京）
城市能源供给安全与保障、清洁低碳能源工程
中国地质大学（北京）
城市地质环境与工程
北京联合大学
北京学、工商管理
中国科学院大学
智能科学与技术、工程科学、地质与地球物理学

（侯东云）

2019 年北京高校“优质本科课程”

学校名称	项目名称	课程类型	项目类型
北京大学	人体解剖学	专业课	重点
中国人民大学	中国共产党历史	专业课	重点
清华大学	素描（1）	专业课	重点
北京交通大学	信号与系统	专业课	重点
北京科技大学	传热传质学（双语）	专业课	重点
北京化工大学	化工原理	公共课	重点
中国农业大学	生物化学	专业课	重点
北京中医药大学	伤寒论	专业课	重点
北京师范大学	物理化学	专业课	重点
北京语言大学	外国文学史	专业课	重点
中国传媒大学	电视影像语言	专业课	重点
国际关系学院	国家安全教育	公共课	重点
中央音乐学院	复调	专业课	重点
中央戏剧学院	表演课	专业课	重点
华北电力大学	电力系统自动化	专业课	重点
中国石油大学（北京）	沉积岩石学	专业课	重点
中国地质大学（北京）	构造地质学	专业课	重点
北京航空航天大学	航空航天概论	公共课	重点
北京电子科技学院	密码学	专业课	重点
北京协和医学院	护理学基础	专业课	重点
北京体育大学	运动生理学	专业课	重点
中国科学院大学	化学原理	专业课	重点
北京工业大学	水质工程学	专业课	重点
北方工业大学	电路分析	专业课	重点
北京工商大学	会计学原理	专业课	重点
北京服装学院	设计思维与方法	专业课	重点
北京石油化工学院	机械制图	公共课	重点
北京农学院	设施园艺学	专业课	重点
首都医科大学	眼科学	专业课	重点
首都师范大学	教育研究概论	公共课	重点
北京物资学院	高等数学	公共课	重点
中国音乐学院	和声分析	公共课	重点
北京电影学院	剪辑 I	专业课	重点
北京舞蹈学院	芭蕾舞教学剧目	专业课	重点
北京信息科技大学	运营管理	专业课	重点
北京服装学院	中国国情教育系列课程	公共课	重点委托
北京大学	发展心理学	专业课	
北京大学	社会科学中的计算思维方法	公共课	

学校名称	项目名称	课程类型	项目类型
北京大学	哲学导论	专业课	
北京大学	政治学原理	公共课	
中国人民大学	国际经济法	专业课	
中国人民大学	管理学原理	专业课	
中国人民大学	线性代数 C	公共课	
中国人民大学	程序设计 I	专业课	
清华大学	社会学的想象力：结构、权利与转型	专业课	
清华大学	医学免疫学	专业课	
清华大学	数据与算法	专业课	
北京交通大学	概率论与数理统计	公共课	
北京交通大学	铁路行车组织	专业课	
北京交通大学	传感器原理及应用	专业课	
北京科技大学	人力资源管理	专业课	
北京科技大学	环境工程微生物学	专业课	
北京科技大学	工业自动化生产线实训	专业课	
北京化工大学	仪器分析	专业课	
北京化工大学	线性代数	公共课	
北京化工大学	思想道德修养与法律基础	公共课	
北京邮电大学	现代交换原理	专业课	
北京邮电大学	现代通信技术	专业课	
北京邮电大学	电路分析基础	专业课	
北京邮电大学	大学物理	公共课	
中国农业大学	植物学 A	专业课	
中国农业大学	大学物理实验	公共课	
中国农业大学	设施园艺学	专业课	
中国农业大学	程序设计	专业课、公共课	
北京林业大学	水文学	专业课	
北京林业大学	地质地貌学	专业课	
北京林业大学	风景园林设计	专业课	
北京林业大学	Web 前端开发	专业课	
北京中医药大学	医院会计与财务管理	专业课	
北京中医药大学	针灸学	专业课	
北京中医药大学	正常人体解剖学	专业课	
北京师范大学	德育原理	专业课	
北京师范大学	电子政务	专业课	
北京师范大学	光学	专业课	
北京师范大学	线性代数	公共课	
北京外国语大学	语言学概论	专业课	
北京外国语大学	朝鲜语口译	专业课	
北京外国语大学	德国外交导论	专业课	
北京外国语大学	汉译法专题笔译	专业课	
北京语言大学	高级汉语综合课	专业课	
北京语言大学	跨文化交际	公共课	
北京语言大学	ERP 原理与应用	专业课	
中国传媒大学	网络传播理论与实践	专业课	
中国传媒大学	播音主持创作基础	专业课	
中国传媒大学	中国传统文化：翻译与传播	专业课	
中央财经大学	审计学	专业课	
中央财经大学	政府预算管理	专业课	
中央财经大学	市场营销学	专业课	
中央财经大学	高等代数	公共课	
对外经济贸易大学	组织行为学	专业课	
对外经济贸易大学	公司金融	专业课	
对外经济贸易大学	刑事诉讼法学	专业课	
对外经济贸易大学	投资学	专业课	
国际关系学院	美国政府与政治	专业课	
国际关系学院	综合英语 3SPOC	公共课	
国际关系学院	国际人权法	专业课	
中央音乐学院	作品分析	专业课	
中央音乐学院	实用性综合音乐能力训练课	专业课	
中央美术学院	宋人山水临摹	专业课	
中央美术学院	色彩	专业课	
中央美术学院	版画概念的空间拓展	专业课	
中央戏剧学院	建筑写生	专业课	
中央戏剧学院	主持艺术概论	专业课	
中国政法大学	口述当代中国外交	专业课	
中国政法大学	国际私法	专业课	
中国政法大学	中国法律史	专业课	
中国政法大学	犯罪心理学	专业课	
华北电力大学	高级语言程序设计（C）	公共课	
华北电力大学	机械设计基础	专业课	
华北电力大学	管理学原理	专业课	
中国矿业大学（北京）	土木工程概论	专业课	
中国矿业大学（北京）	能源地质学	专业课	
中国矿业大学（北京）	化工原理 A2	专业课	
中国矿业大学（北京）	数理统计	专业课	
中国石油大学（北京）	化工原理	专业课	

学校名称	项目名称	课程类型	项目类型
中国石油大学（北京）	油藏工程	专业课	
中国石油大学（北京）	财务报告分析	专业课	
中国地质大学（北京）	沉积岩岩石学	专业课	
中国地质大学（北京）	玉雕与玉器	公共课	
中国地质大学（北京）	土地复垦学	专业课	
北京航空航天大学	机械原理	公共课	
北京航空航天大学	职业生涯规划	公共课	
北京航空航天大学	高级英语	专业课	
北京航空航天大学	基础物理实验	公共课	
北京理工大学	人因工程学	专业课	
北京理工大学	工程力学(全英文)	专业课	
北京理工大学	生产计划与控制	专业课	
北京理工大学	控制科学基本原理与应用	专业课	
北京理工大学	中国近现代史纲要	公共课	
北京电子科技学院	数据库原理与安全	专业课	
北京电子科技学院	电路分析	专业课	
北京协和医学院	放射诊断学	专业课	
北京协和医学院	组织胚胎学	专业课	
外交学院	保险学原理（英语授课）	专业课	
外交学院	媒体应对	专业课	
外交学院	杰赛普国际模拟法庭竞赛（英语授课）	专业课	
中国人民公安大学	网络犯罪侦查与取证	专业课	
中国人民公安大学	侦查讯问学	专业课	
中国人民公安大学	犯罪现场勘查	专业课	
北京体育大学	乒乓球专项训练实践与理论	专业课	
北京体育大学	武术健身功法	公共课	
中央民族大学	中国古代史	专业课	
中央民族大学	人类学入门导读	专业课	
中央民族大学	国际经济学	专业课	
中央民族大学	计算机文化基础	公共课	
中华女子学院	女性学导论	公共课	
中华女子学院	社区工作	专业课	
中华女子学院	幼儿音乐教育与活动指导	专业课	
中国劳动关系学院	北京旅游	公共课	
中国劳动关系学院	财务分析	专业课	
中国劳动关系学院	社会学概论	专业课	

学校名称	项目名称	课程类型	项目类型
中国科学院大学	程序设计基础与实践（体系结构教研室）	公共课	
中国科学院大学	原子物理学	公共课	
中国社会科学院大学	全媒体播音主持	专业课	
中国社会科学院大学	民事经济法律诊所	专业课	
中国社会科学院大学	数据新闻	专业课	
北京工业大学	半导体物理学	专业课	
北京工业大学	大学体育 - 游泳	公共课	
北京工业大学	结构力学	专业课	
北方工业大学	马克思主义基本原理概论	公共课	
北方工业大学	人力资源管理	专业课	
北方工业大学	高等数学	公共课	
北京工商大学	管理学	专业课	
北京工商大学	微生物学	专业课	
北京工商大学	马克思主义基本原理概论	公共课	
北京服装学院	传统元素首饰设计	专业课	
北京服装学院	设计数学	公共课	
北京服装学院	创意影像与视觉设计	专业课	
北京印刷学院	信息技术与跨媒体传播 I	专业课	
北京印刷学院	投资学	专业课	
北京印刷学院	设计表达	专业课	
北京印刷学院	游戏脚本及编程技术	专业课	
北京建筑大学	自动控制原理	专业课	
北京建筑大学	泵与泵站	专业课	
北京建筑大学	刑事诉讼法	专业课	
北京建筑大学	土木工程施工 I	专业课	
北京石油化工学院	工程训练	公共课	
北京石油化工学院	电子工程设计	专业课	
北京石油化工学院	金属学与热处理	专业课	
北京农学院	植物学	专业课	
北京农学院	计算机基础	公共课	
北京农学院	统计方法与应用	专业课	
首都医科大学	传染病学	专业课	
首都医科大学	耳鼻咽喉学	专业课	
首都医科大学	成人护理学	专业课	
首都师范大学	人格心理学	专业课	
首都师范大学	细胞生物学	专业课	
首都师范大学	博物馆学概论	专业课	
首都体育学院	项目管理概论	专业课	
首都体育学院	国际标准舞	专业课	

学校名称	项目名称	课程类型	项目类型
首都体育学院	马克思主义基本原理概论	公共课	
北京第二外国语学院	旅游经济学	专业课	
北京第二外国语学院	影像中的经典：文学经典赏析	专业课	
北京第二外国语学院	阿拉伯历史	专业课	
北京物资学院	概率论与数理统计	公共课	
北京物资学院	行政法与行政诉讼法	专业课	
北京物资学院	中级财务会计	专业课	
首都经济贸易大学	资产评估	专业课	
首都经济贸易大学	财政学	专业课	
首都经济贸易大学	微积分	公共课	
首都经济贸易大学	商务英语	公共课	
中国音乐学院	歌曲创作	公共课	
中国音乐学院	钢琴表演课程	专业课	
北京电影学院	电影剧作理论与技巧III	专业课	
北京电影学院	社会调查与艺术创作	专业课	
北京舞蹈学院	中国民族民间舞基础训练（朝鲜族女班）	专业课	
北京信息科技大学	工程制图	公共课	
北京信息科技大学	通信原理	专业课	
北京信息科技大学	计算机导论	专业课	
北京联合大学	商业银行业务管理	专业课	
北京联合大学	Web 前端设计	专业课	
北京联合大学	家具设计与工艺	专业课	
北京联合大学	大学英语	公共课	
北京警察学院	计算机组成原理	专业课	
北京警察学院	刑事图像技术	专业课	
北京警察学院	痕迹学 I	专业课	
北京城市学院	数据结构	专业课	
北京城市学院	中药炮制学	专业课	
北京城市学院	社会工作价值与伦理	专业课	
北京吉利学院	UI 设计	专业课	
北京吉利学院	数控加工与编程	专业课	
首都师范大学科德学院	Maya 三维动画制作	专业课	
首都师范大学科德学院	无人机摄影（影视）	专业课	
北京工商大学嘉华学院	大学英语	公共课	
北京工商大学嘉华学院	微观经济学	专业课	
北京邮电大学世纪学院	管理学	专业课	
北京工业大学耿丹学院	基础会计	专业课	
北京第二外国语学院中瑞酒店管理学院	酒店人力资源管理	专业课	

（陈雷）

职业与继续教育

第三批北京市民终身学习示范基地

北京国际职业教育学校
中国华侨历史博物馆
北京满堂香国际茶文化发展有限公司
北京菜市口百货股份有限公司
北京市财会学校
北京市朝阳区规划艺术馆
北京艺十文化服务有限公司
北京市求实职业学校
北京市电气工程学校
北京市黄庄职业高中
北京市大兴区旧宫镇成人学校
北京市大兴区采育镇成人学校
北京市大兴区亦庄镇成人学校
北京市房山区第二职业高中
北京市房山区房山职业学校
现代管理大学
北京市房山区青龙湖镇社区成人职业学校
北京市房山区西潞街道社区成人职业学校
北京市房山区城关街道社区成人职业学校
北京市密云区溪翁庄镇成人学校
北京市平谷区食品药品安全监控中心
中国共产党北京市昌平区委员会老干部局
北京市昌平区龙泽园街道办事处龙泽苑社区居民委员会
北京顺旅水上公园投资发展有限公司
北京焦庄户地道战遗址纪念馆
北京中农富通园艺有限公司
北京新城职业学校
北京市通州区宋庄成人文化技术学校
北京市通州区台湖成人文化技术学校
北京三山蔬菜产销专业合作社

北京响水湖长城旅游有限公司
北京卫生职业学院
北京市经济管理学校培训学校
首钢工学院
北京经济管理职业学院

（胡雨）

第三批北京市职工继续教育基地

北京市通州区马驹桥成人文化技术学校
北京市密云区职业学校
北京开放大学延庆分校
北京顺义中建教育培训学校
北京市房山区总工会工人俱乐部
北京市房山区房山职业学校
北京市房山区阎村镇社区成人职业学校
北京市大兴区采育镇成人学校
北京市大兴区亦庄镇成人学校
北京市大兴区北臧村镇成人学校
北京市海淀区卫生学校教育培训中心
北京市经济管理学校
北京市园林学校
北京汇佳职业学院

（胡雨）

第三批北京市新型职业农民培训基地

北京黑山寨果品专业合作社农民田间学校
北京金六环农业园
北京市农业广播电视学校大兴分校
北京市大兴区庞各庄镇成人学校
北京市房山区大安山乡社区成人职业学校
北京市房山区南窖乡社区成人职业学校
北京市房山区蒲洼乡社区成人职业学校
北京市房山区青龙湖镇社区成人职业学校
北京市密云区农业职业技术学校
北京互联农业发展有限责任公司
北京野馨科技发展有限公司
北京硕丰磊白山药产销专业合作社
北京龙湾巧嫂果品产销专业合作社
北京兴农天力农机服务专业合作社
北京小白河种植专业合作社
北京立军老诶种植专业合作社
北京大山鑫港核桃种植专业合作社
北京农业职业学院

（胡雨）

师资建设

第十五届北京市高等学校教学名师奖获奖名单

清华大学　邓俊辉　朱桂萍　张留碗
北京大学　张卫光　孙蚌珠　陈保亚　顾红雅　李文新
中国人民大学　冯仕政　徐经长
北京交通大学　修乃华　聂磊
北京航空航天大学　高小鹏　王俊　杨义川　洪杰
北京理工大学　李晖　史庆藩
北京科技大学　姚琳　范慧俐
北京化工大学　李大字
北京邮电大学　尹长川　张洪欣
中国农业大学　郭仰东　宋正河
北京林业大学　南宫梅芳　张帆
北京中医药大学　闫永红　刘春生
北京师范大学　王磊　葛岳静　刘全儒
北京语言大学　陈戎女
中国传媒大学　曾祥敏　赵俐
对外经济贸易大学　史兴松
中国人民公安大学　李春雷
北京体育大学　李春满　刘昕
中央音乐学院　王次炤
中央美术学院　邱志杰
中央戏剧学院　孙大庆
中央民族大学　杨桂萍
中国政法大学　杨秀清
华北电力大学　杨世关　刘向杰
中国矿业大学（北京）　刘钦甫
中国石油大学（北京）　王智广　韩国庆
中国地质大学（北京）　吕建国　赵志丹
北京工业大学　叶红玲　王丹
北方工业大学　宋瑞霞
北京工商大学　刘红艳
北京服装学院　王群山
北京印刷学院　刘秀伟

北京建筑大学	杨建伟
北京石油化工学院	陈飞 张晓明
北京农学院	王文和
首都医科大学	龚慕辛
首都师范大学	晏绍祥 张玉榛
首都体育学院	王子朴
北京第二外国语学院	龙云
首都经济贸易大学	李百兴
中国音乐学院	沈诚
北京电影学院	童雷
北京舞蹈学院	黄奕华
国家开放大学	张遐
北京市崇文区职工大学	张淑娟
北京宣武红旗业余大学	任心燕
北京市朝阳区职工大学	林群
北京教育学院	余新
北京开放大学	贾红霞

（赵晓琳）

第三届北京市高等学校青年教学名师奖获奖名单

北京大学	车浩 穆良柱
清华大学	吴昊 冯务中
中国人民大学	胡百精 周华 柯媛元
北京交通大学	景云 陶丹
北京航空航天大学	徐华平
北京理工大学	嵩天 刘新刚
北京科技大学	李娜 石志国
北京化工大学	涂建华
北京邮电大学	张钫炜 袁健华
北京电子科技学院	傅强
中国农业大学	董玉兰
北京林业大学	王云琦
北京协和医学院	吴东
北京中医药大学	陈子杰
北京师范大学	徐琳瑜 金蛟
北京外国语大学	董希骁
北京语言大学	黄悦
中国传媒大学	曹培鑫
中央财经大学	章宁
对外经济贸易大学	祝继高 冯辉
外交学院	石毅
中国人民公安大学	刘晶晶
中央音乐学院	温泉
中央美术学院	张战地
中央戏剧学院	王鑫
中国石油大学（北京）	陈冬霞
中国地质大学（北京）	刘豪
中国劳动关系学院	王多吉
中国科学院大学	张玉军
中国社会科学院大学	黄敬宝
北京工业大学	崔有为 高国华
北方工业大学	王湘
北京工商大学	何玉润
北京服装学院	彭璐
北京印刷学院	张晓东
北京建筑大学	王崇臣
北京石油化工学院	刘学君
首都师范大学	钱益汇
首都体育学院	兰馨
北京第二外国语学院	魏启荣
北京物资学院	鞠红梅
首都经济贸易大学	范合君 詹婧
中国音乐学院	刘蔓
中国戏曲学院	张艳红
北京电影学院	刘言韬
北京舞蹈学院	宋海芳
北京联合大学	徐鲲 江静 玄祖兴
北京警察学院	顾明
北京城市学院	孙巧云
北京邮电大学世纪学院	刘冰
国家开放大学	孙志娟
北京市东城区职工业余大学	巩玉环
北京市石景山区业余大学	吴琳
北京医药集团职工大学	胡晓静
北京教育学院	赵灵萍
北京开放大学	赵春荣

（赵晓琳）

部分单位全称简称对照表

由于篇幅有限，年鉴中出现的国务院和北京市部分机构名称原则上使用规范简称。学校、市教委直属单位和社会团体等单位名称在本单位栏目内或在同一条目中第二次出现时使用简称。以下为部分单位全称简称对照表。

国务院部分机构全称简称对照表

全称	简称
中华人民共和国外交部	外交部
中华人民共和国国家发展和改革委员会	国家发展改革委
中华人民共和国教育部	教育部
中华人民共和国科学技术部	科技部
中华人民共和国工业和信息化部	工业和信息化部
中华人民共和国国家民族事务委员会	国家民委
中华人民共和国公安部	公安部
中华人民共和国民政部	民政部
中华人民共和国司法部	司法部
中华人民共和国财政部	财政部
中华人民共和国人力资源和社会保障部	人社部
中华人民共和国自然资源部	自然资源部
中华人民共和国生态环境部	生态环境部
中华人民共和国住房和城乡建设部	住房和城乡建设部
中华人民共和国交通运输部	交通运输部
中华人民共和国水利部	水利部
中华人民共和国农业农村部	农业农村部
中华人民共和国商务部	商务部
中华人民共和国文化和旅游部	文化和旅游部
中华人民共和国国家医疗保障局	国家医疗保障局
中华人民共和国国家卫生健康委员会	国家卫生健康委
中华人民共和国退役军人事务部	退役军人事务部
中华人民共和国应急管理部	应急管理部
中华人民共和国海关总署	海关总署
国家税务总局	国家税务总局
中华人民共和国国家知识产权局	国家知识产权局
中华人民共和国国家市场监督管理总局	国家市场监管总局
中华人民共和国国家广播电视总局	国家广电总局
中华人民共和国国家体育总局	体育总局
中华人民共和国国家统计局	国家统计局
中华人民共和国国家林业和草原局	国家林业和草原局
中华人民共和国国家知识产权局	国家知识产权局
国务院国有资产监督管理委员会	国资委

（孙晓楠）

北京市部分机构全称简称对照表

全称	简称
中国共产党北京市委员会	市委
北京市人民政府	市政府
中共北京市委教育工作委员会	市委教育工委
北京市教育委员会	市教委
北京市人民政府教育督导室	市政府教育督导室
中共北京市委教育工作委员会、北京市教育委员会	两委
北京市发展和改革委员会	市发展改革委
北京市科学技术委员会	市科委
北京市经济和信息化局	市经济信息化局
北京市民族宗教事务委员会	市民族宗教委
北京市公安局	市公安局
北京市民政局	市民政局
北京市司法局	市司法局
北京市财政局	市财政局
北京市人力资源和社会保障局	市人力社保局
北京市规划和自然资源委员会	市规划自然资源委
北京市生态环境局	市生态环境局
北京市住房和城乡建设委员会	市住房城乡建设委
北京市城市管理委员会	市城市管理委
北京市交通委员会	市交通委
北京市农业农村局	市农业农村局
北京市水务局	市水务局
北京市商务局	市商务局
北京市文化和旅游局	市文化和旅游局
北京市卫生健康委员会	市卫生健康委
北京市审计局	市审计局
北京市人民政府外事办公室	市政府外办
北京市社会建设工作办公室	市社会办
北京市人民政府国有资产监督管理委员会	市国资委
北京市地方税务局	市地税局
北京市市场监督管理局	市市场监管局
北京市应急管理局	市应急管理局
北京市广播电视局	市广播电视局
北京市文物局	市文物局
北京市体育局	市体育局
北京市统计局	市统计局
北京市园林绿化局	市园林绿化局
北京市地方金融监督管理局	市地方金融监管局
北京市知识产权局	市知识产权局
北京市人民防空办公室	市人防办

（孙晓楠）

部分学校全称简称对照表

全称	简称
普通高等学校	
北京大学	北大

中国人民大学	人民大学
清华大学	清华
北京交通大学	北京交大
北京工业大学	北工大
北京航空航天大学	北航
北京理工大学	北理工
北京科技大学	北科大
北方工业大学	北方工大
北京化工大学	化大
北京工商大学	工商大学
北京服装学院	北服
北京邮电大学	北邮
北京印刷学院	印刷学院
北京建筑大学	建筑大学
北京石油化工学院	石化学院
北京电子科技学院	电科院
中国农业大学	农大
北京农学院	农学院
北京林业大学	北林大
北京协和医学院	协和医学院
首都医科大学	首医大
北京中医药大学	中医药大学
北京师范大学	北师大
首都师范大学	首师大
首都体育学院	首体院
北京外国语大学	北外
北京第二外国语学院	二外
北京语言大学	北语
中国传媒大学	传媒大学
中央财经大学	中央财大
对外经济贸易大学	外经贸大
北京物资学院	物资学院
首都经济贸易大学	首经贸
外交学院	外交学院
中国人民公安大学	公安大学
国际关系学院	国关学院
北京体育大学	北体大
中央音乐学院	中央音乐学院
中国音乐学院	中国音乐学院
中央美术学院	中央美院
中央戏剧学院	戏剧学院
中国戏曲学院	戏曲学院
北京电影学院	电影学院
北京舞蹈学院	舞蹈学院
中央民族大学	民大
中国政法大学	法大
华北电力大学	电力大学
中华女子学院	女子学院
北京信息科技大学	信息科大
中国矿业大学（北京）	矿大
中国石油大学（北京）	石油大学
中国地质大学（北京）	地大
北京联合大学	联合大学
中国青年政治学院	中青院
中国劳动关系学院	劳关学院
北京警察学院	警察学院
中国科学院大学	国科大
中国社会科学院大学	社科大
中国农业科学院研究生院	农科院研究生院
北京工业职业技术学院	北工职院
北京信息职业技术学院	信息职院
北京电子科技职业学院	电科职院
北京京北职业技术学院	京北职院
北京交通职业技术学院	交通职院
北京青年政治学院	北青政
首钢工学院	首钢工学院
北京农业职业学院	农职院
北京政法职业学院	政法职院
北京财贸职业学院	北财院
北京戏曲艺术职业学院	北戏
北京经济管理职业学院	经管职院
北京劳动保障职业学院	京劳职院
北京社会管理职业学院	社职院
北京体育职业学院	北京体职院
北京交通运输职业学院	交通运输职院
北京卫生职业学院	卫生职院
民办高等学校及高等教育机构	
北京城市学院	城市学院
北京北大方正软件技术学院	北大方正软件学院
北京经贸职业学院	经贸职院
北京经济技术职业学院	经济职院
北京汇佳职业学院	汇佳职院
北京吉利学院	吉利学院
首都师范大学科德学院	科德学院
北京工商大学嘉华学院	嘉华学院
北京科技职业学院	北科院
北京培黎职业学院	培黎职院
北京邮电大学世纪学院	世纪学院

全称	简称
北京工业大学耿丹学院	耿丹学院
北京第二外国语学院中瑞酒店管理学院	中瑞学院
北京网络职业学院	网络职院
北京现代音乐研修学院	北音
北京工商管理专修学院	北工商
成人高等学校	
国家开放大学	国开大
北京教育学院	教育学院
北京开放大学	北开大
北京宣武红旗业余大学	红旗大学
北京市总工会职工大学	市总职大
北京市西城经济科学大学	西城经科大
国家重点中等职业学校	
北京市昌平职业学校	昌平职校
北京市延庆区第一职业学校	延庆一职
北京市密云区职业学校	密云职校
北京市怀柔区职业学校	怀柔职校
北京金隅科技学校	金隅学校
北京市园林学校	园林学校
中央音乐学院附属中等音乐学校	中央音乐学院附中
北京市什刹海体育运动学校	什刹海体校
北京市外事学校	外事学校
北京市西城职业学校	西城职校
北京市财会学校	财会学校
北京市实验职业学校	实验职校
北京市黄庄职业高中	黄庄职高
北京市丰台区职业教育中心学校	丰台职教中心校
北京市电气工程学校	电气工程学校
北京市求实职业学校	求实学校
北京市平谷区职业学校	平谷职校
北京国际职业教育学校	北京国职
北京市大兴区第一职业学校	大兴一职
北京现代职业学校	现代职校
北京铁路电气化学校	京铁电校
北京市商业学校	商业学校
北京商贸学校	商贸学校
北京市供销学校	供销学校
北京水利水电学校	水电学校
北京市自动化工程学校	自动化学校
北京市劲松职业高中	劲松职高
中国音乐学院附属中等音乐专科学校	中国音乐学院附中

（张晓兰　胡雨）

市教委直属单位全称简称对照表

全称	简称
北京教育科学研究院	北京教科院
北京教育考试院	北京考试院
北京教育音像报刊总社	音像报刊总社
北京市教工休养院	教工休养院
北京市校办产业管理中心	校产管理中心
北京教育网络和信息中心	信息中心
北京教育综合服务中心	综合服务中心
北京市教育系统人才交流服务中心	人才交流中心
北京市国际教育交流中心	国际教育交流中心
北京学生活动管理中心	学生活动管理中心
北京市教育技术设备中心	设备中心
北京教育老干部活动中心	老干部活动中心
北京高校房地产开发总公司	高校房地产总公司
北京教育志编纂委员会办公室	教志办
北京市学生资助事务管理中心	学生资助中心
北京教育新闻中心	新闻中心
北京学校后勤事务中心	学校后勤事务中心

（华蕾）

社会团体全称简称对照表

全称	简称
北京市教育学会	市教育学会
北京市高等教育学会	市高教学会
北京市职业技术教育学会	市职教学会
北京民办教育协会	民教协会
北京市学前儿童保教工作者协会	保教协会
北京老教育工作者总会	老教总会
北京校外教育协会	校外教育协会
北京高校国防教育协会	国防教育协会
北京教育装备行业协会	教育装备行业协会
北京市红十字会	市红十字会
北京市民族教育学会	市民族教育学会

（胡雨）

（本栏责任编校　华蕾　张晓兰　胡雨　孙晓楠）

INDEX
索 引

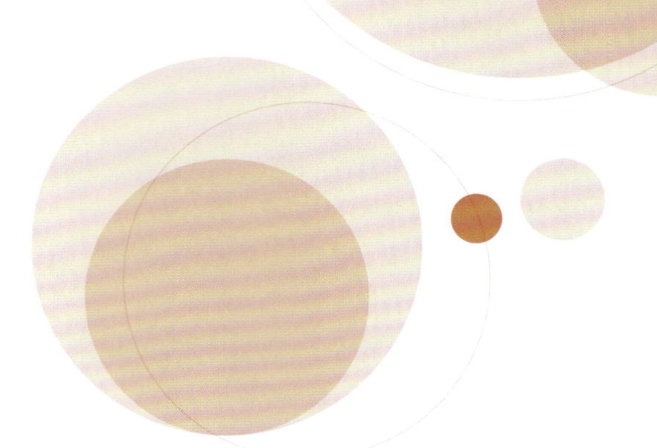

说 明：

一、本索引由条目主题词索引、单位名称索引、人名索引和表格索引四部分组成。

二、本索引词条均以汉语拼音顺序排列，第一个字相同的，按第二个字顺序排列，余类推。

三、本索引数码标记依次为：页码、栏序、本栏目自上而下条目所处位置，三部分均用“/”隔开。如：安全教育活动 54/左/3，则表示 54 页左栏第 3 个条目内容涉及“安全教育活动”。

四、本索引检索范围包括全书各级各类教育的主体部分，文献、调研报告等文章体的内容，以及名单不在检索范围。

五、条目主题词索引选取出现频次较高、社会关注度较高，以及体现新事物、新情况、新发展的词语，检索内容涉及该主题词表述主旨。部分主题词包含二级主题词。例如：“冰雪活动”主题词下设“冰雪运动”“奥林匹克及冰雪项目进校园”“冰雪场上思政课”等二级主题词。

六、表格索引只标注表格所在页码，不标注栏别。

七、单位名称索引检索到单位名称标题栏，以及除本栏以外的具有检索意义的内容。中小学、幼儿园不单独设单位名称索引，相关内容在所辖区索引内。

八、人名索引不含外国人（华侨、华人除外）。

条目主题词索引

B

C

D

H

J

K

L

M

N

P

Q

T

单位名索引

B

C

D

F

G

H

M

P

Q

人名索引

表格索引

E

G

P

Q

S

T

X

Y

Z

版 权 声 明

编辑部地址：北京市东城区夕照寺街东玖大厦 B 座 802 室

邮 政 编 码：100061

电　　　话：87194371

传　　　真：87194370

电 子 信 箱：szb@jw.beijing.gov.cn